Contabilidade de Custos

Uma abordagem gerencial

Contabilidade de Custos 11ª Edição

Uma abordagem gerencial

CHARLES T. HORNGREN
Stanford University

SRIKANT M. DATAR
Harvard University

GEORGE FOSTER
Stanford University

Tradução
Robert Brian Taylor

Revisão Técnica
Arthur Ridolfo Neto
Doutor em Administração Contábil e Financeira da FGV/EAESP
Professor da FGV/EAESP
Antonieta Elisabete Magalhães de Oliveira
Mestre em Administração Contábil e Financeira da FGV/EAESP
Professora da FGV/EAESP
Fabio Gallo Garcia
Doutor em Administração Contábil e Financeira da FGV/EAESP
Professor da FGV/EAESP e da PUC/SP

Pearson

© 2004 by Pearson Education do Brasil
Título original: Cost Accounting — A Managerial Emphasis — Eleventh Edition

© 2003 by Pearson Education, Inc.
Publicação autorizada a partir da edição original em inglês
publicada pela Pearson Education Inc., sob o selo Prentice Hall

Todos os direitos reservados. Nenhuma parte desta publicação
poderá ser reproduzida ou transmitida de qualquer modo
ou por qualquer outro meio, eletrônico ou mecânico, incluindo fotocópia,
gravação ou qualquer outro tipo de sistema de armazenamento e transmissão
de informação, sem prévia autorização, por escrito, da Pearson Education do Brasil.

Gerente de Produção: Heber Lisboa
Editora de texto: Adriane Gozzo
Preparação: Magale Müller
Revisão: Alexandra Costa e Rita Sorrocha
Capa: Marcelo Françozo, a partir do projeto original de John Romer e foto de Thomason/Getty Images Stone
Diagramação: Figurativa Arte e Projeto Editorial

```
Dados Internacionais de Catalogação na Publicação (CIP)
            (Câmara Brasileira do Livro, SP, Brasil)

Horngren, Charles T.
    Contabilidade de Custos, v. 1 : uma abordagem gerencial /
Charles T. Horngren, Srikant M. Datar, George Foster; tradução
Robert Brian Taylor; Revisão técnica Arthur Ridolfo Neto,
Antonieta E. Magalhães Oliveira, Fabio Gallo Garcia -- 11. ed.
São Paulo : Prentice Hall, 2004.


    Bibliografia.
    ISBN 978-85-87918-40-6

    1. Contabilidade de custos 2. Custos industriais
I. Datar, Srikant M.  II. Foster, George.   III. Título


03-5547                                           CDD-658.1511

                    Índices para catálogo sistemático:

1. Custos : Contabilidade gerencial : Empresas : Administração de
    empresas    658.1511
```

Direitos exclusivos cedidos à
Pearson Education do Brasil Ltda.,
uma empresa do grupo Pearson Education
Avenida Santa Marina, 1193
CEP 05036-001 - São Paulo - SP - Brasil
Fone: 19 3743-2155
pearsonuniversidades@pearson.com

Distribuição
Grupo A Educação
www.grupoa.com.br
Fone: 0800 703 3444

Para nossas famílias

Joan, Scott, Mary, Susie, Cathy (CH)
Swati, Radhika, Gayatri, Sidharth (SD)
À família Foster (GF)

Sumário

Volume 1

Parte 1

Fundamentos de contabilidade de custos

1. O papel do contador na organização 1
2. Uma introdução aos termos e propósitos de custos 25
3. Análise de custo-volume-lucro 55
4. Custeio por ordem de produção 88
5. Custeio e gestão baseados em atividades 126

Parte 2

Ferramentas para o planejamento e o controle

6. Orçamento geral e contabilidade por responsabilidade 165
7. Orçamentos flexíveis, variações e controle gerencial I 203
8. Orçamentos flexíveis, variações e controle gerencial II 236
9. Custeio de estoques e análise de capacidade 268

Parte 3

Informações de custos para decisões

10. Determinando o comportamento dos custos 303
11. Tomadas de decisão e informações relevantes 346
12. Decisões de precificação e gestão dos custos 384

Parte 4

Alocação de custos e receitas

13. Estratégia, *balanced scorecard* e análise estratégica da rentabilidade 419
14. Custeio por processo 453

Apêndice A 490
Glossário 498
Índice 513

Volume 2

Parte 1

Alocação dos custos e receitas
1. Alocação de custos, análise da lucratividade do cliente e análise da variação nas vendas
2. Apropriação de custos do departamento de apoio, custos comuns e receitas
3. Apropriação de custos: produtos conjuntos e subprodutos

Parte 2

Qualidade e *JIT*
4. Sucata, retrabalho e refugos
5. Qualidade, tempo e a teoria das restrições
6. Gestão de estoques, *JIT* e custeio retrocedido

Parte 3

Decisões de investimentos e sistemas de controle administrativos
7. Orçamentos de capital e análise de custos
8. Sistemas de controle administrativos, precificação de transferência e considerações de multinacionais
9. Mensuração do desempenho, compensação e considerações multinacionais

Prefácio

Estudar contabilidade de custos é um dos melhores investimentos que um aluno pode fazer. Por quê? Porque o sucesso em qualquer organização — da menor loja à maior corporação multinacional — requer o uso de conceitos e práticas da contabilidade de custos. A contabilidade de custos proporciona dados-chave aos administradores para planejamento e controle, assim como para o custeio de produtos, serviços e clientes. Os tópicos que formam este livro também são de grande valia na gestão financeira pessoal. Por exemplo, adquirir conhecimento sobre orçamentos traz retornos para toda a vida.

O foco central deste livro é entender de que maneira a contabilidade de custos ajuda os administradores a tomar decisões mais acertadas. Contadores de custos estão, cada vez mais, tornando-se membros integrantes das equipes de tomada de decisão em vez de meros fornecedores de dados. Para criar um elo com ênfase na tomada de decisão, o tema 'custos diferentes para propósitos diferentes' é usado ao longo de todo o livro. Ao enfocar conceitos, análises, usos e procedimentos básicos em vez de apenas procedimentos, reconhecemos a contabilidade de custos como uma ferramenta gerencial para a estratégia empresarial e sua implementação. Também preparamos os alunos para os prêmios e desafios que terão pela frente no mundo da contabilidade de custos profissional, hoje e amanhã.

Pontos fortes da décima edição mantidos e salientados

Os revisores da décima edição louvaram os seguintes aspectos, mantidos e fortalecidos nesta décima primeira edição:

- Abordagem particular nos usos gerenciais de informações sobre custos
- Clareza e fácil compreensão do texto
- Excelente equilíbrio em integrar tópicos modernos com conteúdo existente
- Ênfase nos aspectos do comportamento humano
- Uso extensivo de exemplos do mundo real
- Possibilidade de ensinar os capítulos em seqüências diferentes
- Excelentes quantidade, qualidade e amplitude de material de trabalho

Os primeiros 13 capítulos fornecem a essência de um curso de um termo (trimestre ou semestre). Há texto e material de trabalho suficientes nos 23 capítulos que englobam os dois volumes de *Contabilidade de custos* para um curso de dois termos. Este livro pode ser usado de imediato após o aluno ter tido um curso introdutório em contabilidade financeira ou, alternativamente, pode construir o alicerce de um curso introdutório em contabilidade gerencial.

A decisão sobre a seqüência de um livro didático é um desafio. Cada professor tem uma maneira favorita de organizar seu curso. Portanto, apresentamos uma organização modular e flexível, que permite seja ele ministrado sob encomenda. *Essa organização facilita diversas abordagens ao ensino e ao aprendizado.*

Como exemplo da flexibilidade do livro, considere nosso tratamento do custeio por processo, descrito nos Capítulos 14 do volume 1 e 4 do volume 2. Professores interessados em preencher a perspectiva do aluno sobre sistemas de custeio podem ir direto de custeio por serviço, descrito no Capítulo 4 do volume 1, para o Capítulo 14, do mesmo volume, sem interrupção no fluxo de material. Outros professores poderão querer que seus alunos aprofundem-se no custeio por atividade e orçamentos e tópicos mais voltados para a tomada de decisão. Tais professores podem preferir adiar a discussão sobre custeio por processo.

Mudanças no conteúdo e na pedagogia da décima primeira edição

O ritmo de mudança em organizações continua a ser rápido. A décima primeira edição de *Contabilidade de custos* reflete as mudanças que estão ocorrendo no papel da contabilidade de custos em organizações e na pesquisa sobre este tema. Exemplos de adições e mudanças-chave nas áreas de tópicos da décima primeira edição são:

1. *Aumento na cobertura de estratégia e usos de informações de custos.* O Capítulo 13, intitulado 'Estratégia, *Balanced Scorecard* e Análise Estratégica da Rentabilidade', foi revisado e simplificado. Além disso, o Capítulo 1 do volume 1 descreve a estratégia e sua implementação; o Capítulo 3 do volume 1 apresenta a aplicação da análise de custo-volume-lucro às decisões estratégicas, como na precificação, na promoção de produtos e na escolha de estruturas de custos; os Capítulos 6, 7 e 8 do volume 1 discutem de que forma orçamentos e variâncias proporcionam *feedback* aos administradores sobre a validade de suas estratégias; o Capítulo 9 do volume 1 descreve como os administradores tomam decisões estratégicas com relação à capacidade; os Capítulos 11 e 12 mostram a aplicação de custos e receitas relevantes às decisões estratégicas, como abrir e fechar divisões e a precificação de produtos; os Capítulos 5 e 6 do volume 2 endereçam os benefícios estratégicos de sistemas da qualidade e de inventários *just-in-time*. O Capítulo 7 do volume 2 mostra de que maneira técnicas de orçamento de capital ajudam nas decisões estratégicas, como nos relacionamentos de longo prazo com clientes.

2. *Uma estrutura para a contabilidade de custos e a gestão de custos introduzida no Capítulo 2 do volume 1* fornece uma ponte entre os conceitos apresentados nos Capítulos 1 e 2 (volume 1) e os tópicos mostrados nos Capítulos 3 a 12 (volume 1). A estrutura enfatiza três idéias-chave para o estudo de contabilidade de custos e gestão de custos: (1) calcular o custo de produtos, serviços e outros objetos de custo, (2) obter informações para o planejamento, o controle e a avaliação do desempenho e (3) identificar informações relevantes para a tomada de decisão. A estrutura fornece uma maneira para discutir tópicos em capítulos posteriores, como a avaliação da estratégia, a qualidade e o *just-in-time*, que, invariavelmente, têm perspectivas de custeio do produto, do planejamento e do controle e tomadas de decisão.

3. *Custeio por atividade (ABC) é apresentado em um único capítulo (Capítulo 5 do volume 1),* com ligações para sistemas de custeio por serviço mais simples (apresentadas no Capítulo 4 do volume 1). Material novo relacionado ao ABC foi adicionado nos orçamentos (Capítulo 6 do volume 1), nas escolhas de capacidade para calcular níveis de atividade (Capítulo 9 do volume 1), nas estimativas de custos (Capítulo 10) e na análise da rentabilidade do cliente (Capítulo 1 do volume 2). Material sobre custeio e gestão baseados em atividades também foi incluído nos Capítulos 7 e 8 do volume 1, no que se refere à análise de variâncias; o Capítulo 11 trata da terceirização e da adição ou eliminação de segmentos do negócio; o Capítulo 12 diz respeito a decisões sobre o desenho; o Capítulo 13 trata da reengenharia e da redução da estrutura; o Capítulo 5 do volume 2 se refere aos custos da qualidade e das melhorias na qualidade; e o Capítulo 6 do volume 2 trata da análise de fornecedores.

4. *Aumento na discussão sobre utilização de informações da contabilidade de custos em decisões.* Esse aumento ocorre em muitas áreas de tópicos como o custeio baseado em atividade (Capítulo 5 do volume 1), a análise de variâncias (Capítulos 7 e 8 do volume 1), a análise da capacidade (Capítulo 9 do volume 1), as estimativas de custos (Capítulo 10), os custos e preços relevantes (Capítulos 11 e 12), as alocações de custos conjuntos (Capítulo 3 do volume 2), o custeio por processo (Capítulo 14), a gestão da qualidade (Capítulo 5 do volume 2) e o preço de transferência (Capítulo 8 do volume 2).

5. *Incorporação sistemática de novos pensamentos administrativos em evolução,* incluindo decisões sobre a capacidade (Capítulo 9 do volume 1), análise da cadeia de fornecimento, inventário gerenciado pelo fornecedor, sistemas de planejamento de recursos da empresa (Capítulo 6 do volume 2) e relacionamentos de longo prazo com clientes (Capítulo 7 do volume 2).

6. *Incorporação de avanços tecnológicos* na cobertura de tópicos. Muitos dos quadros sobre 'Conceitos em Ação' enfocam a tecnologia nos sistemas de informação e a Internet — por exemplo, estratégias de *e-commerce* e contador gerencial (Capítulo 1 do volume 1); de que maneira os fornecedores de serviços para aplicativos

(ASPs) influenciam estruturas de custos (Capítulo 2 do volume 1); estruturas de custos e equilíbrio de risco-retorno na Amazon.com (Capítulo 3 do volume 1); utilização do custeio baseado em atividades para mensurar e gerenciar o *e*-varejo (Capítulo 5 do volume 1); orçamentos utilizando tecnologia baseada na Web (Capítulo 6 do volume 1); precificação na Internet (Capítulo 12); escolhas de crescimento *versus* rentabilidade de empresas ponto.com (Capítulo 13); fabricação de jeans feitos sob encomenda na Levi Strauss (Capítulo 14); superando gargalos na Internet (Capítulo 5 do volume 2); imprimindo livros a pedido (Capítulo 6 do volume 2).

7. *Mais atenção dada às questões comportamentais*, como a redução de folga orçamentária, a motivação de administradores e funcionários e a criação de uma cultura para o aprendizado e o apoio (Capítulo 6 do volume 1); o equilíbrio entre estabelecer padrões atingíveis e padrões ideais (Capítulo 7 do volume 1); o efeito de apropriação de custos conjuntos sobre a mensuração do desempenho e o comportamento gerencial (Capítulo 3 do volume 2); o efeito de controle gerencial e preços de transferência sobre o comportamento de administradores (Capítulo 8 do volume 2); o papel da cultura, dos valores e da motivação intrínseca da organização na motivação de administradores (Capítulo 9 do volume 2).

GRANDES MUDANÇAS NO CONTEÚDO E NA SEQÜÊNCIA

Uma atenção especial foi dada no sentido de simplificar as apresentações em todos os capítulos do livro, assim como em fornecer melhores e mais claras explicações. Cada capítulo foi esmiuçado por críticos especializados antes de a versão final ser completada. O resultado foi um livro mais enxuto e voltado ao aluno. Grandes e específicas mudanças no conteúdo e na seqüência de capítulos individuais são:

1. O Capítulo 2 do volume 1 apresenta uma estrutura para o estudo e a compreensão de contabilidade de custos e gestão de custos.

2. Os Capítulos 6 e 7 do volume 1 têm mais cobertura no que se refere aos efeitos comportamentais de orçamentos, incluindo a forma como motivam administradores e funcionários, de que maneira os administradores conseguem reduzir a folga orçamentária e o equilíbrio entre padrões atingíveis e padrões ideais.

3. O Capítulo 7 do volume 1 mostra como variâncias podem ser usadas para reconciliar o lucro das operações do orçamento estático e o lucro real das operações.

4. O Capítulo 8 do volume 1 mostra como a variância no volume de produção é relacionada àquela no volume de vendas e o que cada uma procura explicar.

5. A Parte 2 no Capítulo 9 do volume 1, que trata das escolhas em nível de denominador, foi significativamente reorganizada, e material novo — sobre o efeito de escolhas em nível de denominador ao custeio por produto, à gestão da capacidade e à precificação — foi adicionado.

6. No Capítulo 13, o exemplo usado em todo o capítulo foi simplificado ao reduzir o número de categorias de custos.

7. Os Capítulos 14 e 16 da décima edição foram reestruturados e aparecem como os Capítulos 1 e 2 do volume 2 na décima primeira edição. Na décima edição, o Capítulo 15 versava sobre custos conjuntos, agora abordados no Capítulo 1 do volume 2 na décima primeira edição. O Capítulo 1 do volume 2 enfoca as questões macro na análise de custos e receitas, o que inclui material sobre apropriação de custos corporativos para as divisões (do Capítulo 14 na décima edição), análise da rentabilidade do cliente e análise da receita de vendas (do Capítulo 16 na décima edição). O Capítulo 2 do volume 2 enfoca as questões micro nas apropriações de custos e receitas, como a apropriação de custos do departamento de apoio aos departamentos de operação e a apropriação de custos e de receitas comuns. Os Capítulos 1 e 2 do volume 2 mantêm a estrutura modular do restante do livro. Professores que desejam enfocar apropriações de custos e receitas podem ir direto da primeira parte do Capítulo 1 do volume 2 para o Capítulo 2, também do volume 2, sem interrupção do fluxo de material. O Capítulo 2 do volume 2 também contém material novo sobre o uso da capacidade prática para calcular índices de apropriação de custos, uma segunda abordagem para fazer apropriações recíprocas e o valor Shapley para apropriações de custos comuns.

8. O Capítulo 7 do volume 2, que trata dos orçamentos de capital, foi reestruturado. A apresentação de análise do fluxo de caixa relevante no orçamento de capital foi consolidada em uma seção que inclui uma discussão sobre os efeitos do imposto de renda. Esta seção segue a apresentação dos quatro métodos de orçamento de capital: o valor presente líquido, a taxa de retorno interna, o retorno do investimento e a taxa de retorno da contabilidade de provisões.
9. Exemplos numéricos de empresas em capítulos-chave foram atualizados ou revisados para agilizar a exposição e fornecer melhores explicações.

MATERIAL DE TRABALHO

A décima primeira edição mantém a conexão estreita muito aplaudida entre o texto e o material de trabalho formado nas edições anteriores. Também expandimos significativamente o material de trabalho, fornecendo mais estrutura e adicionando mais variedade.

O material de trabalho no final dos capítulos é dividido em quatro grupos: Perguntas, Exercícios, Problemas e Problemas para Aprendizagem em Grupo. As perguntas exigem que os alunos compreendam os conceitos básicos e o significado de termos-chave. Os exercícios são tarefas curtas e estruturadas que testam as questões básicas apresentadas no capítulo. Os problemas são tarefas mais longas e difíceis. Cada capítulo tem um problema relacionado à ética e um exercício ou problema ligado a uma aplicação com Excel. A aplicação com Excel dá instruções passo a passo ao aluno, possibilitando criar uma planilha em Excel com a finalidade de trabalhar o exercício ou o problema.

OUTRAS MUDANÇAS PEDAGÓGICAS

1. Um novo recurso, *Pontos de Decisão,* utiliza um formato de pergunta e resposta para resumir os objetivos de aprendizagem do capítulo. A pergunta é relativa a um objetivo de aprendizagem e colocada em forma de decisão. A resposta para a pergunta é colocada como diretrizes para a decisão.

ILUSTRAÇÕES DE EMPRESAS REAIS

Os alunos ficam muito motivados em aprender contabilidade de custos se puderem relacionar a matéria ao mundo real. Passamos muito tempo interagindo com a comunidade de negócios, investigando novas utilizações de informações de contabilidade de custos e adquirindo discernimento sobre como as mudanças na tecnologia estão afetando os papéis da informação de contabilidade de custos. Ilustrações do mundo real são encontradas em muitas partes do livro.

Quadros de 'Conceitos em Ação'. Encontrados em todos os capítulos, esses quadros discutem de que maneira os conceitos de contabilidade de custos são aplicados individualmente por empresas. Exemplos são tirados de muitos países diferentes, incluindo *Estados Unidos* (Amazon.com, Colorscope, Analog Devices, American Airlines e Federal Express), *Brasil* (Volkswagen), *Canadá* (Polysar), *Japão* (Nissan Motor Company), *Suíça* (Novartis) e *Reino Unido* (Cooperative Bank).

Os quadros de 'Conceitos em Ação' cobrem um conjunto diverso de indústrias, incluindo as de transporte aéreo, as automobilísticas, os bancos, as indústrias químicas, as de computadores, as eletrônicas, as de *e*-varejo, as de equipamento da Internet, as de produção, as de publicação e as têxteis.

Quadros de 'Pesquisas de Práticas Empresariais'. Resultados de pesquisas em mais de 15 países são citados nos muitos quadros de 'Pesquisas de Práticas Empresariais' encontrados em todo o livro. Exemplos incluem:

- Propósitos gerenciais para classificar custos — cita mostras da Austrália, Japão e Reino Unido.
- Informações sobre o custeio baseado em atividade — cita mostras dos Estados Unidos, Canadá, Holanda, Irlanda, Nova Zelândia e Reino Unido.
- Custos-padrão — cita mostras dos Estados Unidos, Canadá, Irlanda, Japão, Suécia e Reino Unido.
- Custeio variável — cita mostras dos Estados Unidos, Canadá, Austrália, Japão, Suécia e Reino Unido.

- *Balanced Scorecard* — cita mostras dos Estados Unidos, Canadá, Finlândia, Portugal e Escandinávia.
- Propósitos de apropriação de custos — cita mostras dos Estados Unidos, Austrália, Canadá e Reino Unido.
- Práticas de orçamento de capital — cita mostras dos Estados Unidos, Austrália, Canadá, Irlanda, Japão, Escócia, Coréia do Sul e Reino Unido.
- Práticas de preço de transferência — cita mostras dos Estados Unidos, Austrália, Canadá, Índia, Japão, Nova Zelândia e Reino Unido.
- Medidas do desempenho — cita mostras dos Estados Unidos, Canadá, Austrália, Alemanha, Itália, Japão, Suécia e Reino Unido.

As mostras extensivas de pesquisas permitem que os alunos percebam que muitos dos conceitos aprendidos são amplamente usados em todo o mundo.

Nota: Até a data de publicação deste livro, todos os URLs mencionados no texto estavam funcionando. Devido ao caráter dinâmico da Internet, alguns deles podem mudar ou deixar de existir. Para tentar encontrar os sites e informações mencionados, use a ferramenta de busca como www.google.com ou www.yahoo.com.

AGRADECIMENTOS

Devemos a muitos por suas idéias e ajuda. Nossos agradecimentos iniciais vão para os muitos acadêmicos e profissionais que aprimoraram nosso conhecimento de contabilidade de custos.

O pacote de material de ensino por nós apresentado é o trabalho de muitos habilidosos e valiosos membros da equipe. John K. Harris nos ajudou imensamente em todos os estágios de desenvolvimento e produção deste livro. Ele fez a crítica da décima edição e uma revisão detalhada do manuscrito da décima primeira edição. M. Zafar Iqbal revisou o manuscrito e deu sugestões para melhoria, além de desenvolver material de trabalho excelente para o final dos capítulos. Sheryl Powers contribuiu com muitas idéias valiosas sobre o texto e o manual de soluções. Beverly Amer provou ser um recurso inestimável em pesquisar e escrever os casos dos vídeos. Eric Blazer criativamente desenvolveu os exercícios para a Internet, e Dennis Campbell metodicamente criou as aplicações em Excel. Jeremy Cott e Edie Prescott forneceram ajuda fora de série nas pesquisas sobre questões técnicas e desenvolvimentos atuais. O livro tornou-se significativamente melhor graças aos esforços desses colegas.

Professores que fizeram revisões detalhadas, por escrito, da edição anterior ou comentários sobre os rascunhos desta edição:

Robyn Alcock
Central Queensland University

David S. Baglia
Grove City College

Charles Bailey
University of Central Florida

Dennis Caplan
Columbia University

Donald W. Gribbin
Southern Illinois University

Rosalie Hallbauer
Florida International University

Jean Hawkins
William Jewell College

Jiunn C. Huang
San Francisco State University

Larry N. Killough
Virginia Polytechnic Inst. & State Univ.

Peter D. Woodlock
Youngstown State University

James Williamson
San Diego State University

Sandra Lazzarini
University of Queensland

Gary J. Mann
University of Texas at El Paso

Ronald Marshall
Michigan State University

Marjorie Platt
Northeastern University

Gim S. Seow
University of Connecticut

Rebekah A. Sheely
Northeastern University

Robert J. Shepherd
University of California, Santa Cruz

Vic Stanton
California State Univ. – Hayward

Carolyn Streuly
Marquette University

Sung-Soo Yoon
UCLA at Los Angeles

Os docentes que participaram dos muitos grupos de foco para a décima edição forneceram *feedback* extremamente valioso. Muitos alunos contribuíram para esta e a edição anterior, incluindo Sudhakar Balachandran, Laura Donahue, Susan Kulp, Elizabeth Demers, Philip Joos, Patricia Joseph, Kazbi Kothaval, Mee Sook Lee, Erik Steiner e Kenton Yee. O auxílio de Dennis Campbell em checar o manual de soluções foi muito apreciado. Além disso, recebemos sugestões úteis de muitos usuários, infelizmente numerosos demais para serem mencionados aqui. A décima primeira edição é muito melhor devido ao *feedback* e ao interesse de todas estas pessoas. Somos muito gratos a esse apoio.

Nossa associação com a CAM-I tem sido uma fonte de muito estímulo e prazer. A CAM-I teve um papel fundamental em estender as fronteiras do conhecimento sobre a gestão de custos. Apreciamos nossa grande e contínua interação com Jim Brimson, Callie Berliner, Charles Marx, R. Steven Player, Tom Pryor, Mike Roberts e Pete Zampino.

Agradecemos às pessoas da Prentice Hall pelo trabalho árduo e dedicação, incluindo Thomas Sigel, Mike Elia, Anne Graydon, Beth Toland, Arnold Vila, Linda Albelli, Fran Toepfer e Pat Smythe. Também gostaríamos de agradecer Cindy Regan, Vincent Scelta, Steve Deitmer, P. J. Boardman, Michael Weinstein e Annie Todd pelo seu apoio e encorajamento durante todo o processo, e Donna King na Progressive Publishing Alternatives.

Aza Gevorkian, Ariel Shoresh e Jiranee Tongudai administraram os aspectos de produção de toda a preparação do manuscrito com uma habilidade soberba e muita elegância. Apreciamos imensamente seu bom humor, lealdade e habilidade de se manterem calmos nos momentos mais tensos. O suporte constante de Bianca Baggio, Niesha Bryant, Katie Haskin, Chris Lion, Luz Velasquez, Carla West e Debbie Wheeler também foi muito apreciado.

Nossa apreciação também se estende ao Instituto Americano de Contadores Públicos, ao Instituto de Contadores Gerenciais, à Sociedade de Contadores Gerenciais do Canadá, à Associação de Contadores Gerais do Canadá, ao Instituto de Executivos Financeiros da América e a muitas outras editoras e empresas por sua generosa permissão de citar suas publicações. Problemas dos exames para Uniform CPA são designados (CPA); problemas dos exames canadenses ministrados pela Sociedade de Contadores Gerenciais são designados (SMA); problemas da Associação de Contadores Gerais do Canadá são designados (CGA). Muitos desses problemas foram adaptados para destacar pontos específicos.

Estamos muito gratos aos professores que contribuíram com material de trabalho para esta edição. Seus nomes estão indicados entre parênteses no início dos respectivos exercícios.

Comentários de usuários são bem-vindos.

Charles Horngren
Srikant M. Datar
George Foster

capítulo

1 O PAPEL DO CONTADOR NA ORGANIZAÇÃO

Objetivos de aprendizagem

1. Descrever como a contabilidade de custos apóia a contabilidade gerencial e a financeira
2. Compreender como os contadores gerenciais influenciam decisões estratégicas
3. Distinguir entre as decisões de planejamento e de controle dos administradores
4. Distinguir entre os papéis de solução de problemas, registros e direcionamento da atenção dos contadores gerenciais
5. Identificar os quatro temas que os administradores devem considerar para obter êxito
6. Descrever o conjunto de funções de negócios da cadeia de valor
7. Descrever três maneiras pelas quais os contadores gerenciais apóiam os administradores
8. Compreender como a contabilidade gerencial se encaixa na estrutura da organização
9. Compreender o significado da ética profissional para os contadores gerenciais

Se você imagina contabilidade como uma lista de números a ser somados, selecionados e acompanhados, terá uma surpresa. A moderna contabilidade de custos é mais do que números, muito mais. Trata-se de um fator essencial no processo gerencial de tomada de decisão. A contabilidade de custos tem papel fundamental: desde fornecer informações para o planejamento de novos produtos até a avaliar o sucesso da mais recente campanha de marketing.

Na Flórida, a Regal Marine utiliza as informações da contabilidade de custos em todos os passos da operação na construção de barcos. A equipe de pesquisa e desenvolvimento examina os custos de projetos alternativos de barcos. O departamento de produção controla os custos dos materiais e da mão-de-obra em observância aos orçamentos. O grupo de marketing avalia as diferentes mídias para fazer a melhor escolha, e a distribuição administra os custos de entrega das embarcações para os clientes. Os administradores de cada uma dessas áreas, na Regal Marine, apóiam-se em informações da contabilidade de custos para manter a empresa flutuando.

A moderna contabilidade de custos fornece aos administradores as informações de que necessitam ao tomar decisões. Seu estudo permite melhor compreensão das atividades dos administradores e contadores dentro de uma organização. Muitas empresas de porte — como Fidelity Investments, GTE Corporation, Loral Aerospace e Nike — têm executivos seniores com formação contábil.

Este livro enfoca basicamente o processo gerencial de tomada de decisão. Os administradores usam a informação da contabilidade gerencial para escolher a estratégia, comunicá-la e determinar a melhor maneira de implementá-la. Utilizam a informação da contabilidade gerencial para coordenar as decisões sobre o projeto, a produção e a comercialização de um produto ou serviço. Este capítulo descreve os desafios que os administradores enfrentam e como a contabilidade gerencial pode fornecer informações financeiras e não-financeiras que lhes orientam sobre o meio mais adequado de lidar com esses desafios.

Contabilidade gerencial, contabilidade financeira e contabilidade de custos

Sistemas contábeis utilizam eventos e transações econômicas ocorridas e processam esses dados, gerando informações úteis para os administradores e outros usuários, como representantes de vendas e supervisores de produção. O processamento de qualquer transação econômica envolve registro, categorização, resumo e análise. Por exemplo, custos são registrados por categorias (materiais, mão-de-obra e embarque); resumidos, para determinar custos totais mensais, trimestrais ou anuais; e analisados, para avaliar como os custos se alteraram em relação às receitas, digamos, de um período a outro. Fornecem informações, como demonstrativos financeiros (demonstrativo de resultado, balanço e demonstrativo de fluxo de caixa) e relatórios de desempenho (como o custo operacional de uma fábrica ou do fornecimento de um serviço). Contadores utilizam informações contábeis para administrar cada atividade ou área funcional pelas quais são responsáveis e para coordenar essas atividades ou funções dentro do cenário da organização como um todo. Este livro aborda também de que modo a contabilidade auxilia os administradores nessas tarefas.

Os administradores solicitam, com freqüência, que as informações em um sistema contábil sejam preparadas ou apresentadas de maneira diferente. Considere, por exemplo, informações sobre pedidos feitos pelos clientes. O gerente de vendas tem o interesse voltado para o valor total de vendas, em dólares, para determinar as comissões a serem pagas. O gerente de distribuição na quantidade de pedidos, por região, e datas solicitadas pelos clientes, para garantir entregas no prazo. O gerente de produção pauta-se na quantidade de vários produtos e datas de entrega desejadas para programar a produção.

O banco de dados ideal — o *data warehouse* ou *infobarn* — consiste de pequenas partes de informação usadas para diversos propósitos. Por exemplo, o banco de dados de pedidos de venda contém informações detalhadas sobre produto, quantidade encomendada, preço de venda e detalhes da entrega (local e data) para cada encomenda. O banco de dados guarda a informação de maneira a permitir que os administradores a acessem conforme a necessidade.

A contabilidade gerencial e a financeira têm diferentes objetivos. A **contabilidade gerencial** mede e relata informações financeiras e não-financeiras que ajudam os administradores a tomar decisões para alcançar os objetivos de uma organização. Os administradores usam essas informações para escolher, comunicar e implementar a estratégia. Utilizam-nas, também, para coordenar o projeto do produto, a produção e as decisões de comercialização. Isso significa que a contabilidade gerencial se baseia em demonstrativos internos.

A **contabilidade financeira** concentra-se em demonstrativos para grupos externos, medindo, registrando transações de negócios e fornecendo demonstrativos financeiros baseados em princípios contábeis geralmente aceitos (PCGA). Os administradores são responsáveis pelos demonstrativos financeiros emitidos para investidores, órgãos reguladores do governo e outros interessados fora da organização. A remuneração dos executivos é freqüente e diretamente afetada pelos números, nesses relatórios financeiros. Não é difícil perceber que os administradores têm interesse tanto na contabilidade gerencial quanto na financeira.

A **contabilidade de custos** fornece informações tanto para a contabilidade gerencial quanto para a financeira. Mede e relata informações financeiras e não-financeiras relacionadas ao custo de aquisição ou à utilização de recursos em uma organização; inclui aquelas partes, tanto da *contabilidade gerencial* quanto da *financeira*, em que as informações de custos são coletadas e analisadas.

A distinção demonstrativos internos–demonstrativos externos, recém-mencionada, é somente uma das várias e importantes diferenças entre a contabilidade gerencial e a financeira. Outras distinções são, por exemplo, a ênfase da contabilidade gerencial no futuro — ou seja, o orçamento — e na influência no comportamento dos administradores e funcionários. Outra distinção é a de que a contabilidade gerencial não é tão fortemente controlada pelos PCGA quanto a financeira. Por exemplo, os administradores podem cobrar juros sobre o capital próprio para ajudar a avaliar o desempenho de uma divisão, mesmo que essa cobrança não seja permitida de acordo com os PCGA.

Demonstrativos, como balanços, de resultados e de fluxo de caixa, são comuns tanto para a contabilidade gerencial quanto para a financeira. A maioria das empresas adere, ou difere muito pouco, aos PCGA para seus demonstrativos financeiros internos. Por quê? Porque a contabilidade de resultados fornece uma maneira uniforme de mensurar o desempenho financeiro de uma empresa, para propósitos internos e externos. No entanto, a contabilidade gerencial é mais abrangente que a ênfase da contabilidade financeira em demonstrativos financeiros, pois abrange de forma mais extensa tópicos como o desenvolvimento e a implementação de estratégias e políticas, previsões orçamentárias, estudos especiais e projetos, influência no comportamento dos funcionários, informações não-financeiras e também financeiras.

Administração de custos e sistemas contábeis

O termo *administração de custos* é empregado atualmente de maneira muito ampla no mundo dos negócios. Infelizmente, não existe uma definição uniforme. Utilizamos **administração de custos** para descrever as abordagens e as atividades dos administradores voltadas para decisões de planejamento e controle de curto a longo prazo, que agregam valor aos clientes e reduzem os custos de produtos e serviços. Por exemplo, os administradores tomam decisões relativas à quantidade e ao tipo de material utilizados, mudanças nos processos das fábricas e no desenho dos produtos. Informações dos sistemas contábeis os ajudam a tomar essas decisões, mas informação e sistemas contábeis propriamente ditos não é administração de custos.

A administração de custos tem um foco abrangente. Por exemplo, inclui — mas não se limita a — contínua redução de custos. O planejamento e controle de custos é normal e intrinsicamente ligado ao planejamento de receita e lucro. Exemplificando, para aumentar receitas e lucros, os administradores com freqüência e deliberadamente assumem custos adicionais com propaganda e modificação de produtos.

A administração de custos não é praticada isoladamente. Constitui parte integral das estratégias de administração e sua implementação. Exemplos incluem programas que aumentam a satisfação do cliente e a qualidade, assim como programas que promovem forte impacto no desenvolvimento de novos produtos.

Decisões estratégicas e o contador gerencial

Uma empresa obtém lucros atraindo clientes dispostos a pagar por produtos e serviços que ela oferece. Os clientes comparam os bens e serviços oferecidos por uma empresa com os mesmos bens e serviços oferecidos por outras. A chave para o sucesso de uma empresa é a criação de valor para os clientes enquanto se diferencia dos competidores. Identificar como a empresa realizará isso é o objetivo principal da estratégia. Porém, uma estratégia escolhida é apenas tão boa quanto sua implementação.

O contador gerencial fornece dados que ajudam no desenvolvimento da estratégia, na construção de recursos e capacidades, e na implementação da estratégia. Para entender o papel do contador gerencial, devemos em primeiro lugar compreender com mais detalhes as tarefas dos administradores.

Desenvolvendo uma estratégia

A **estratégia** especifica de que maneira uma organização combina as próprias capacidades com as oportunidades de mercado para atingir seus objetivos. Em outras palavras, a estratégia descreve de que forma uma empresa competirá e as oportunidades que os funcionários devem buscar e perseguir. As empresas seguem uma de duas amplas formas de estratégia. Algumas, como a Southwest Airlines e a Vanguard Investments, competem com base em oferecer um produto ou serviço de qualidade a preços reduzidos. Outras, como EMC Corporation, fabricante de equipamentos de armazenamento de dados, e Pfizer, gigante farmacêutico, competem com a habilidade em oferecer produtos ou serviços únicos e, freqüentemente, com preços superiores aos produtos e serviços dos competidores.

Decidir entre as estratégias possíveis é parte substancial do trabalho dos administradores. Os contadores gerenciais trabalham ao lado deles na formulação da estratégia mediante o fornecimento de informações sobre as fontes de vantagem competitiva — por exemplo, custo, produtividade ou vantagem na eficiência da empresa em relação aos competidores, ou os preços superiores que uma empresa pode cobrar em relação aos custos de adicionar características que tornem seus produtos ou serviços diferenciados. O contador gerencial também ajuda a formular a estratégia com respostas para questões como:

- Quem são nossos clientes mais importantes?
- Qual a proporcionalidade das compras em relação a preço, qualidade e serviço?

- Quem são nossos fornecedores mais importantes?
- Que produtos alternativos existem no mercado e como estes se diferenciam de nosso produto em termos de preço e qualidade?
- A demanda da indústria está crescendo ou diminuindo?
- Existe capacidade ociosa?

A **administração estratégica de custos** é freqüentemente usada para descrever a administração de custos especificamente voltada para questões estratégicas como essas.

Construindo recursos e capacidades

Os administradores devem combinar o conhecimento das oportunidades e ameaças que existem no mercado com os recursos e capacidade de sua empresa. Essa análise normalmente começa pelos ativos do balanço patrimonial, em que o contador gerencial encontra as informações para ajudar os administradores a reconhecer os pontos fortes da empresa, assim como os pontos fracos e as oportunidades para construir novas capacidades.

Ativos circulantes

Ativos circulantes são caixa ou ativos normalmente transformados em capital, em menos de um ano. Ativos circulantes incluem caixa, contas a receber e estoque. O caixa é necessário para pagamento de fornecedores e funcionários e também para o pagamento de empréstimos. Qualquer estratégia deve ser testada contra o caixa necessário para sua implementação. Por exemplo, haverá caixa adequado disponível para financiar a estratégia ou serão necessários fundos adicionais?

A redução de estoques também ajuda uma empresa a desenvolver capacidade. Muitas, como Dell Computer, General Eletric e Toyota, implementaram técnicas de *produção* e *compras just-in-time (JIT)*. A *JIT* é um sistema em que cada componente em uma linha de produção é produzido assim que possível e somente quando necessário para o próximo passo. O pedido de um cliente inicia cada passo na linha de produção, da compra de materiais (insumos) até o produto final. A ausência de estoques significa que, se algum passo na linha de produção falhar, toda a linha de produção será forçada a uma parada. As empresas que implementam o *JIT* trabalham muito para melhorar seus processos produtivos e a qualidade do produto, fortalecendo assim sua habilidade para competir no mercado.

Ativos permanentes

Estes são ativos mantidos por mais de um ano e usados para produzir bens e serviços para clientes. Ativos permanentes incluem edifícios, equipamento de produção, computadores e infra-estrutura de informação e tecnologia, como *hardware* e *software* usados para automatizar a produção e permitir ao pessoal de vendas acessar o banco de dados da empresa durante visitas aos clientes.

Em fábricas nas quais o computador está integrado ao processo de produção (*computer-integrated manufacturing* — CIM), este fornece instruções que automaticamente programam e põem em funcionamento equipamentos. O papel da mão-de-obra na produção em uma fábrica é, em grande parte, a programação de computadores e o suporte de engenharia e manutenção de equipamentos de robótica, tecnologia que torna o sistema de produção flexível. Exemplificando, uma fábrica pode, com rapidez, fazer grandes alterações em um projeto como, na produção de um carro de duas portas, mudar para um de quatro portas. A habilidade para produzir uma variedade de produtos com o mesmo equipamento resulta em maior flexibilidade e resposta mais rápida às mudanças nas preferências dos consumidores.

Os computadores em fábricas automatizadas monitoram um produto à medida que ele progride ao longo do processo de produção, controlando-o diretamente, a fim de atingir um resultado de alta qualidade. O contínuo monitoramento e o controle dos processos produtivos permitem aos computadores relatar informações em tempo real relacionadas aos parâmetros do processo (como temperatura e pressão), às unidades produzidas, aos defeitos e aos custos de produção. Sempre que um defeito ocorre, os administradores usam a informação de processo para identificar as razões desse defeito e modificar o processo, de modo que não ocorram novamente. De forma semelhante, a tecnologia de informação permite aos administradores ter acesso a informações precisas e em tempo real sobre custos, desenvolvimento de produtos, produção, comercialização e distribuição. Contadores gerenciais usam essa informação para analisar tendências e medir eficiência.

A Internet e a *World Wide Web* tornam possível à empresa facilitar o contato com clientes e fornecedores. Muitas começaram a usar as vantagens da Internet como meio de distribuição; seu enorme alcance e facilidade de uso as tornam mais produtivas, diminuem custos, possibilitam inovar e globalizar. Empresas como Amazon.com, Barnes & Noble e Toys Я Us vendem livros e brinquedos diretamente aos clientes, nas compras *on-line*. Os clientes também podem acompanhar, *on-line*, a situação de seus pedidos, como quando os produtos serão recebidos. Outras empresas, como Wal-Mart e Sears, usam a Internet para coordenar suas relações com fornecedores, como Procter & Gamble, para, em conjunto, administrar o nível de seus estoques. O desenvolvimento de uma rede de relacionamentos com clientes e fornecedores apresenta-se como valiosa fonte de vantagem competitiva para uma empresa.

Fazer os investimentos corretos em ativos permanentes está entre as decisões estratégicas mais importantes que os administradores tomam. Quanto a empresa deve investir em tecnologias de produção avançadas? Em tecnologia de informação? Em aplicativos da Internet? O contador gerencial auxilia o administrador nessas decisões, identificando custos e benefícios financeiros e não-financeiros, associados com as escolhas alternativas.

Ativos intangíveis

Estes são ativos como patentes e marcas registradas. Freqüentemente, uma empresa tem outros ativos intangíveis, não registrados como ativos, porque seu valor futuro não pode ser facilmente mensurado. Exemplos desses ativos intangíveis incluem a capacidade de realizar pesquisa (por exemplo, Merck & Company, gigante farmacêutico), para criar uma marca (Nike e McDonald's Corporation), para construir redes de distribuição (Kraft Foods) e para desenvolver sistemas de informação (sistema de reservas de passageiros da American Airlines).

No planejamento da estratégia, a empresa deve combinar oportunidades e ameaças do mercado com recursos e capacidades. Às vezes, a empresa pode enxergar oportunidades e ameaças que requerem a construção de capacidades. Por exemplo, depois do sucesso da Amazon.com com a venda de livros *on-line*, a Barnes & Noble também desenvolveu capacidades para vender *on-line*. Em outros momentos, as empresas usam a capacidade existente para criar novas oportunidades. Por exemplo, a Kellogg Company vale-se da reputação de sua marca para introduzir novos tipos de cereais. Porém, as mais bem planejadas estratégias e as mais bem desenvolvidas capacidades são inúteis se não forem executadas com eficiência.

A FUNÇÃO DO ADMINISTRADOR GERENCIAL NA IMPLEMENTAÇÃO DA ESTRATÉGIA

Os administradores implementam a estratégia traduzindo-a em ações. Eles fazem isso usando sistemas de planejamento e controle elaborados para ajudar nas decisões coletivas dentro da organização.

O planejamento engloba (a) a seleção dos objetivos da organização, previsão de resultados a partir de várias alternativas de alcançá-los, decisão de como alcançar os resultados desejados, e (b) comunicação para toda a organização dos objetivos e como alcançá-los.

Uma ferramenta de planejamento comum é o *orçamento*. Um **orçamento** é a expressão quantitativa de um plano de ação proposto pela administração e é uma ajuda na coordenação do que necessita ser feito para a implementação desse plano. A informação usada para projetar valores orçados inclui informações financeiras e não-financeiras passadas normalmente, registradas em sistemas contábeis. O orçamento expressa a estratégia pela descrição do plano de vendas, custos e investimentos necessários para atingir os objetivos de vendas, fluxos de caixa antecipados e as potenciais necessidades de financiamento. O processo de preparação de um orçamento impõe coordenação e comunicação por meio das unidades de negócios de uma empresa, assim como com seus fornecedores e clientes.

Controle consiste em tomar ações que implementem as decisões de planejamento e decidir como avaliar o desempenho e qual *feedback* a fornecer que ajude na tomada de decisão futura.

Os indivíduos prestam atenção na maneira pela qual seus desempenhos são avaliados. Eles tendem a favorecer as medidas que fazem com que seus desempenhos pareçam melhor. As medidas de desempenho informam aos administradores quão bem eles e suas subunidades estão trabalhando. Recompensas ligadas ao desempenho ajudam a motivá-los. Tais recompensas são tanto intrínsecas (satisfação pessoal por um trabalho bem-feito) como extrínsecas (salário, bônus e promoções ligados ao desempenho). Um orçamento serve tanto como ferramenta de controle como de planejamento. Por quê? Porque o orçamento é uma referência com a qual o desempenho real pode ser comparado.

FEEDBACK: LIGANDO PLANEJAMENTO E CONTROLE

Planejamento e controle são ligados por *feedback*. O *feedback* envolve administradores que examinam desempenho passado (a função de controle) e exploração sistemática de alternativas para tomar decisões e fazer planos mais bem informados no futuro. O *feedback* pode levar a mudanças em objetivos, nas maneiras em que as alternativas de decisão são identificadas e na abrangência das informações coletadas no processo de previsão. Os contadores gerenciais têm um papel ativo no processo de relacionar controle com planejamento futuro.

UM EXEMPLO: PLANEJAMENTO E CONTROLE E O CONTADOR GERENCIAL

Um jornal diário, o *Daily News*, tem uma estratégia para se diferenciar de seus competidores, concentrando-se em profundas análises das notícias por seus conceituados jornalistas, utilizando cor a fim de aumentar a atratividade para os leitores e anunciantes e desenvolvendo seu site Web para fornecer notícias atualizadas, entrevistas e análises. Possui substancial capacidade de entrega com essa estratégia. Possui instalações de impressão automatizada e informatizada, de ponta, e desenvolve uma infra-estrutura de tecnologia de informação baseada na Web. Para que a estratégia seja bem-sucedida, ele deve estar apto a aumentar suas receitas.

Vejamos como o *Daily News* implementará a estratégia. O lado esquerdo do Quadro 1.1 fornece uma visão das decisões de *planejamento* e *controle* no *Daily News*. O lado direito do Quadro 1.1 destaca como o sistema de contabilidade gerencial facilita a tomada de decisões.

Quadro 1.1 Como a contabilidade facilita o planejamento e o controle no *Daily News*.

Exemplo de uma decisão gerencial no DN	Sistema contábil gerencial	
PLANEJAMENTO • Aumentar o valor de anúncios em 4%	**Orçamentos** • Páginas de anúncios vendidas, valor por página e receita	Representação financeira dos planos
CONTROLE **Ação** • Implementar um aumento de 4% no valor do anúncio	**Sistema contábil** • Documentos de origem (faturas para os anunciantes, indicando número de páginas vendidas, valores por páginas e pagamentos recebidos) • Registros em geral e relatórios razão subsidiários	Registro de transações e classificação destas em registros contábeis
Avaliação de desempenho e *feedback* • Receitas de propaganda 7,2% menor que as orçadas	**Demonstrativos de desempenho** • Comparação de vendas reais de páginas de anúncios, valor médio por página e receita das quantidades orçadas	Demonstrativos comparando orçamentos com resultados verificados

Feedback

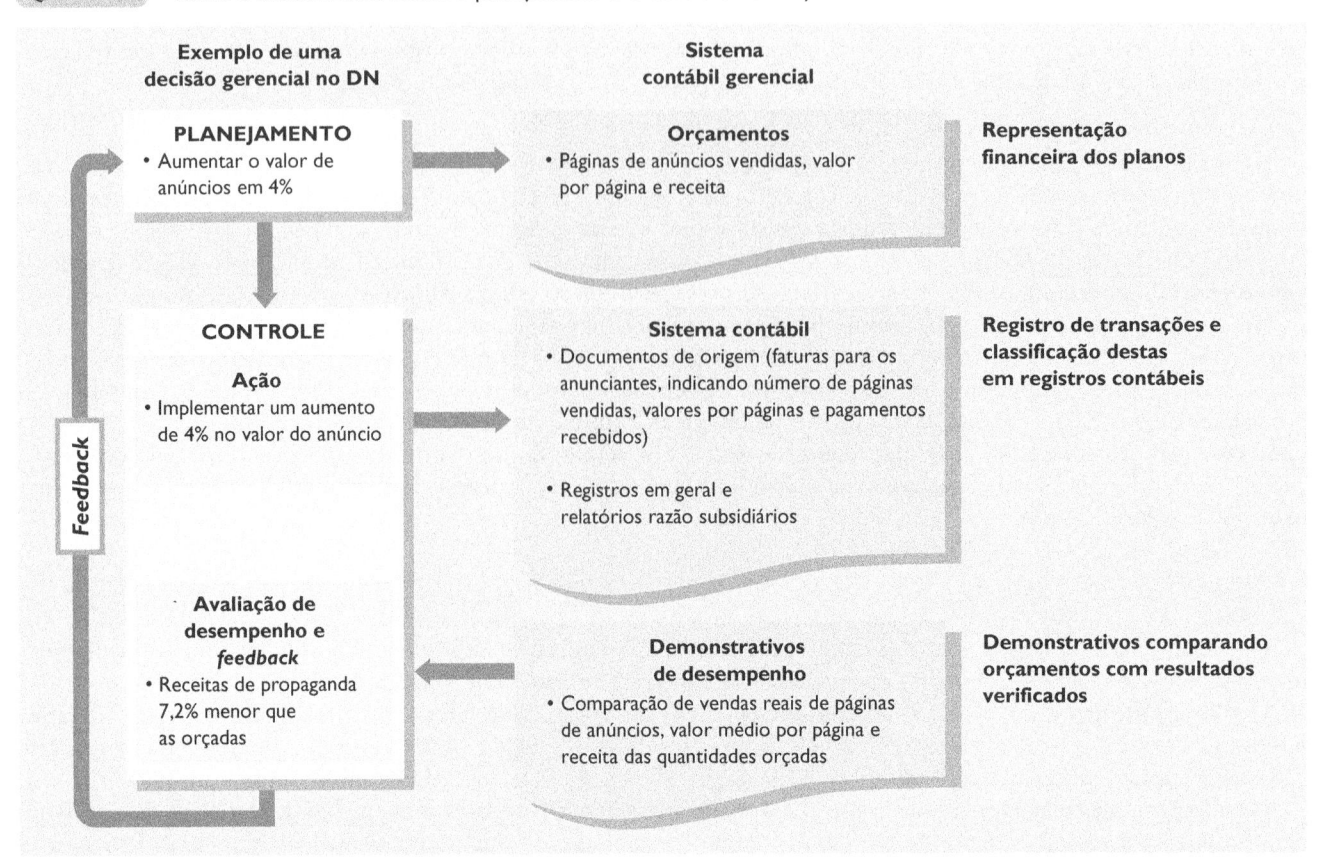

Considere em primeiro lugar as decisões de planejamento. Para aumentar a receita operacional e ser consistente com essa estratégia, duas alternativas principais foram avaliadas:

1. Aumentar o preço de venda, por jornal.
2. Aumentar o valor, por página, cobrado dos anunciantes.

A administradora do *Daily News*, Naomi Crawford, decidiu aumentar o valor dos anúncios em 4 por cento, para $ 5 200 por página, a partir de março de 2004. Ela orçou receitas de propaganda em $ 4 160 000 ($ 5 200 por página × 800 páginas previstas para serem vendidas em março de 2004).

Agora, considere as decisões de controle do *Daily News*. Uma decisão de controle é comunicar o novo cronograma de valor de anúncio para seus representantes de vendas e anunciantes.

Outra decisão de controle é a avaliação de desempenho, como uma revisão mensal do 'alcance dos objetivos dos administradores', em que os resultados verificados em um período são comparados com os valores para ele orçados. Durante março de 2004, o jornal vendeu propaganda, emitiu notas e recebeu pagamentos. As notas e recibos foram registrados no sistema contábil. As receitas de propaganda para março são o agregado dos anúncios feitos naquele mês para cada conta individual. O Quadro 1.2 mostra o demonstrativo de desempenho das receitas de propaganda do *Daily News* em março de 2004. Esse demonstrativo indica que 760 páginas de propaganda (40 a menos que as 800 páginas orçadas) foram vendidas. O valor médio por página foi de $ 5 080, em comparação com o valor orçado de $ 5 200, gerando receitas reais de propaganda de $ 3 860 800. A receita real de propaganda foi $ 299 200 menor que a projetada, de $ 4 160 000.

O demonstrativo de desempenho do Quadro 1.2 incita investigação e mais decisões. Por exemplo, será que o departamento de marketing se esforçou o suficiente para convencer os clientes de que, mesmo com o maior valor de $ 5 200 por página, anunciar no *Daily News* era uma boa compra? Por que o valor médio por página foi de $ 5 080 em vez de $ 5 200, como inicialmente orçado? Alguns representantes de vendas ofereceram descontos? Será que condições econômicas causaram o declínio nas receitas de propaganda? As respostas para essas perguntas poderiam levar o editor do jornal a tomar outras medidas, incluindo, por exemplo, motivar os gerentes de marketing a renovar seus esforços para promover propaganda entre os atuais e potenciais anunciantes.

Um plano deve ser flexível o suficiente de maneira a que os administradores possam aproveitar oportunidades repentinas e imprevistas no momento de sua formulação. Em nenhum caso, o controle deve significar que os administradores se agarrem a um plano quando eventos em desenvolvimento indicam que ações não alinhadas por esse plano podem oferecer melhores resultados para a empresa.

Quadro 1.2 Demonstrativo de desempenho das receitas de propaganda no *Daily News* para março de 2004.

	Resultado real (1)	Valor orçado (2)	Diferença: (resultado real − valor orçado) (3) = (1) − (2)	Diferença como porcentagem do valor orçado (4) = (3) ÷ (2)
Páginas de anúncios vendidas	760 páginas	800 páginas	40 páginas a menos	5% a menos
Valor médio por página	$ 5 080	$ 5 200	$ 120 a menos	2,3% a menos
Receitas de propaganda	$ 3 860 800	$ 4 160 000	$ 299 200 a menos	7,2% a menos

Solução de problemas, registro e direção da atenção

Contadores gerenciais contribuem para as decisões da empresa sobre estratégia, planejamento e controle mediante solução de problemas, registro e direção da atenção.

- **Solução de problemas** — Análise comparativa para tomada de decisão: entre as várias alternativas disponíveis, qual é a melhor? Um exemplo é a análise do *Daily News* sobre as projeções de receita e propostas de custos de três diferentes empresas para desenvolver a nova versão do *Daily News* na Internet. Essa informação é um dado valioso em sendo necessária uma tomada de decisão estratégica importante.

- **Registro** — Reunir dados e relatar resultados para todos os níveis da gerência, descrevendo como a organização está se saindo. Exemplos de registros no *Daily News* são os das receitas obtidas e compras de papel para impressão relativos aos valores orçados.

- **Direção da atenção** — Ajudar os gerentes a se concentrar em oportunidades e problemas. Exemplos de direção da atenção no *Daily News* são (a) o número de cópias não vendidas do jornal, recolhidas por dia, e (b) os custos diários de serviços operacionais das impressoras. Dirigir atenção significa colocar os administradores concentrados em todas as oportunidades que adicionariam valor à empresa e não se concentrariam somente em oportunidades de redução de custos.

Diferentes decisões põem diferentes ênfases nessas três funções. Para decisões estratégicas e de planejamento, a função de solução de problemas é a mais proeminente. Considere a decisão estratégica do *Daily News* de aumentar a receita operacional mediante aumento dos valores de propaganda (Quadro 1.1). O contador gerencial do jornal serve como um solucionador de problemas para ajudar na tomada da decisão estratégica por meio do fornecimento de informações sobre aumentos ou reduções em valores e subseqüentes mudanças em receitas de propaganda, assim como pela coleta e análise de informações sobre taxas de propaganda cobradas por outros meios de distribuição competidores (incluindo outros jornais). O objetivo é o de assistir o administrador na melhor decisão sobre aumentar ou não o valor da página de anúncio e, se for o caso, decidir a magnitude do aumento.

Para decisões de controle no *Daily News* (que incluem tanto ações para implementar decisões de planejamento quanto decisões sobre avaliação de desempenho), as funções de registro e direção de atenção são mais proeminentes porque fornecem *feedback* aos administradores. Um exemplo a ser citado do *Daily News* é o registro dos detalhes de receita de propaganda no sistema contábil e a preparação de um resumo no relatório de receitas mensal. Exemplo da função de direção da atenção é um demonstrativo destacando a redução nas receitas de propaganda de março de 2004, detalhando anunciantes específicos que diminuíram ou cortaram anúncios depois que o aumento ocorreu. O *feedback* ajuda os administradores a decidir quais anunciantes devem tornar-se alvos de intensivos *follow-ups* dos representantes de vendas.

Com freqüência, o *feedback* de registros e direção da atenção leva os administradores a revisar as decisões de planejamento e, às vezes, tomar novas decisões estratégicas. Informações que levam a uma decisão de planejamento são freqüentemente reanalisadas e suplementadas pelo contador gerencial, exercendo a função de solução de problemas. A contínua interação entre decisões estratégicas, de planejamento e de controle significa que os contadores gerenciais estão, constantemente, realizando atividades de solução de problemas, registro e direção da atenção.

A informação contábil gerencial deve ser relevante e oportuna para ser útil aos administradores. Por exemplo, um grupo de contabilidade gerencial da Johnson & Johnson (fabricante de muitos produtos de consumo, como Band-Aid) tem objetivos específicos: 'extasiar os clientes' e 'ser a melhor'. A contabilidade gerencial é bem-sucedida quando fornece aos administradores informações que melhoram suas decisões de estratégia, planejamento e controle. A Nortel Networks, empresa global de telecomunicações, faz com que seus administradores avaliem o grupo de contabilidade gerencial quando grandes mudanças nos sistemas de contabilidade gerencial são feitas. A relação entre administradores e a contabilidade gerencial flui nos dois sentidos. Administradores que apóiam seus contadores gerenciais alocam os recursos (como *software* de computador) necessários para a realização de seu trabalho. Com esses recursos, os contadores gerenciais estão mais capacitados para oferecer apoio bastante para que os administradores possam tomar suas decisões. O demonstrativo 'Pesquisas de Práticas Empresariais' aponta o papel cada vez mais importante dos contadores gerenciais em ajudar os administradores no desenvolvimento e na implementação da estratégia. O relatório também descreve as habilidades necessárias para que alguém venha a tornar-se um contador gerencial bem-sucedido.

ACENTUANDO VALOR DOS SISTEMAS CONTÁBEIS GERENCIAIS

O planejamento de um sistema contábil gerencial deve ser guiado pelos desafios que os administradores enfrentam. O Quadro 1.3 apresenta quatro temas comuns a muitas empresas. O tema 'foco no cliente' é particularmente crítico. Os outros três — cadeia de valor e análise da cadeia de suprimentos (*supply chain*), fatores críticos de sucesso e melhoria contínua e *benchmarking* — são destinados para melhorar o foco no cliente e sua satisfação. A contabilidade gerencial ajuda os administradores a se concentrarem nesses quatro temas.

1. **Foco no cliente**. O número de organizações almejando ser "orientadas pelo cliente" é grande e está crescendo. Por exemplo, a *Asea Brown Boveri* (*ABB*) — fabricante global de produtos industrializados — prioriza o foco no cliente:

   Foco no cliente é um princípio que guia nossa maneira de fazer negócios. Trata-se de uma atitude relacionada a tudo o que fazemos e que constantemente incita a nos perguntarmos: "Como posso adicionar valor para o cliente?" Nosso comprometimento com o foco no cliente tem sido reforçado pelos impactos mensuráveis que tiveram na moral dos funcionários e nas contas finais.

   O desafio dos administradores é continuar investindo recursos suficientes na satisfação do cliente, de modo que aqueles que dão mais lucros às empresas sejam atraídos e mantidos. Por essa razão, as companhias aéreas têm atenção especial com seus clientes mais freqüentes. O sistema de contabilidade gerencial também deve acompanhar se as funções internas do negócio adicionam valor para os clientes.

2. **Cadeia de valor e análise da cadeia de suprimentos**. **Cadeia de valor** refere-se à seqüência de funções do negócio em que são adicionadas utilidades aos produtos e serviços de uma empresa. O termo valor refere-se ao aumento na utilidade do produto ou serviço e, como conseqüência, seu valor para o *cliente*. O Quadro 1.4 mostra seis funções de negócios — pesquisa e desenvolvimento, planejamento, produção, marketing, distribuição e serviço ao cliente. Os contadores gerenciais fornecem aos administradores as informações necessárias para tomar decisões. Ilustramos essas funções, usando o exemplo da divisão de televisores da Sony Corporation.

Quadro 1.3 Temas-chave na tomada de decisão gerencial.

- Foco no cliente
- Cadeia de valor e análise da cadeia de suprimentos
- Fatores críticos de sucesso
  - Custo e eficiência
  - Qualidade
  - Tempo
  - Inovação
- Melhoria contínua e *benchmarking*

Quadro 1.4 Administradores em diferentes partes da cadeia de valor.

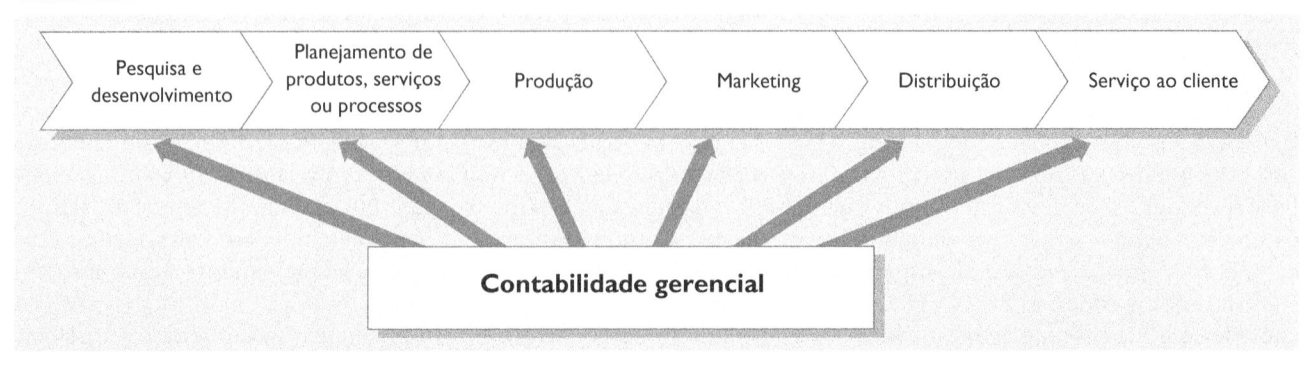

Pesquisa e desenvolvimento → Planejamento de produtos, serviços ou processos → Produção → Marketing → Distribuição → Serviço ao cliente

Contabilidade gerencial

- **Pesquisa e desenvolvimento** — Gerando e experimentando com novas idéias relacionadas a novos produtos, serviços ou processos. Na Sony, essa função inclui pesquisa de maneiras alternativas de transmissão de sinal em televisores (análoga, digital, alta definição) e na claridade das diferentes formas de telas dos aparelhos.
- **Planejamento de produtos, serviços ou processos** — Planejamento e engenharia detalhada de produtos, serviços e processos. O planejamento na Sony inclui determinar o número de componentes em um aparelho de televisão e o efeito de projetos alternativos de produtos nos custos de fabricação.
- **Produção** — Aquisição, coordenação e montagem dos recursos para produzir um produto ou entregar um serviço. A produção de um aparelho de televisão Sony inclui aquisição e montagem das partes eletrônicas, da caixa externa e da embalagem usada na expedição.
- **Marketing** — Promoção e venda de produtos ou serviços aos clientes ou potenciais clientes. A Sony comercializa televisores por meio de feiras, propaganda em jornais e revistas e na Internet.
- **Distribuição** — Entrega de produtos ou serviços aos clientes. A distribuição da Sony inclui expedição para os distribuidores de varejo, vendedores por catálogo, vendas diretas pela Internet e outros canais por meio dos quais os clientes compram televisores.
- **Serviço ao cliente** — Prover serviço de suporte pós-venda para os clientes. A Sony provê serviço ao cliente na forma de linhas telefônicas de ajuda ao cliente, suporte pela Internet e garantia para serviços de reparos.

Cada função é essencial para a Sony satisfazer seus clientes e, assim, mantê-los satisfeitos (e mesmo superando expectativas) ao longo do tempo. O Quadro 1.4 retrata a ordem natural em que as atividades das diferentes funções de negócios fisicamente ocorrem. Porém, não interprete o Quadro 1.4 como sugerindo que os gerentes devam proceder seqüencialmente por meio da cadeia de valor, quando planejam e administram suas atividades. As empresas ganham (em termos de custo, qualidade e velocidade de desenvolvimento dos novos produtos) se duas ou mais das funções de negócios individuais trabalham como um time. Por exemplo, sugestões dos administradores nas decisões de projeto, produção, comercialização, distribuição e serviço ao cliente freqüentemente levam a escolhas que reduzem custos em todas as funções da cadeia de valor.

O termo **cadeia de suprimentos** descreve o fluxo de bens, serviços e informações das fontes iniciais de materiais e serviços até a entrega dos produtos aos consumidores, independentemente se essas atividades ocorreram na mesma organização ou em outras. Considere os refrigerantes Coca-Cola e Pepsi. Muitas empresas têm uma participação até o ponto em que esses produtos chegam aos consumidores. O Quadro 1.5 apresenta uma visão da cadeia de suprimentos. A administração de custos enfatiza a integração e coordenação das atividades por meio de todas as empresas na cadeia de suprimentos, bem como de cada função negocial na *cadeia de valor* individual de uma companhia. Por exemplo, tanto a Coca-Cola Company quanto a Pepsi Bottling Group contratam com seus fornecedores (como fabricantes de vidro e latas e produtores de açúcar) para que façam a entrega de pequenas quantidades de materiais diretamente no piso de produção, visando a reduzir custos de manuseio de materiais.

3. **Fatores críticos de sucesso**. Os clientes estão demandando que as companhias usem a cadeia de valor e a de suprimentos para entregar níveis de desempenho em constante melhoria em relação a vários (ou mesmo a todos) dos seguintes:
   - **Custo e eficiência** — As companhias enfrentam contínua pressão para reduzir o custo dos produtos e serviços que vendem. A compreensão das tarefas ou atividades (como a preparação de máquinas ou distribuição de produtos) que provocam o surgimento de custos é útil para calcular e administrar o custo dos produtos. Para estabelecer metas de redução, os administradores começam verificando o mercado para determinar os preços que os clientes estão dispostos a pagar por produtos ou serviços. Deste 'preço alvo', os administradores subtraem a receita operacional que eles desejam receber para chegar ao custo-alvo.

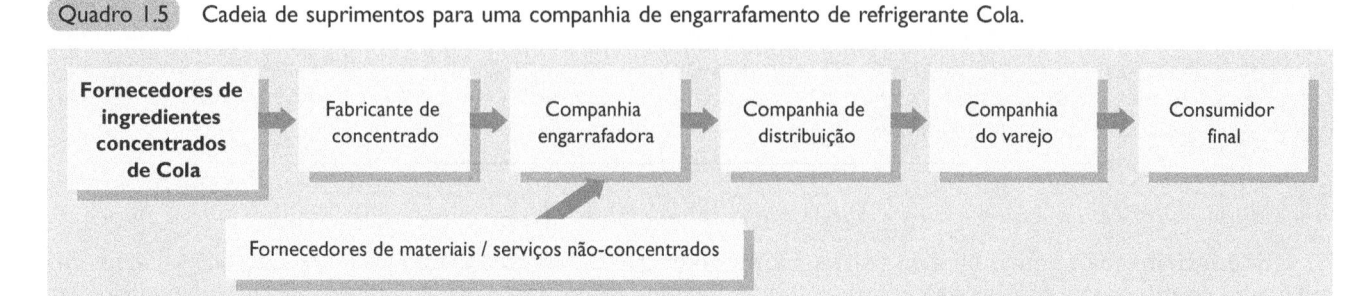

Quadro 1.5 Cadeia de suprimentos para uma companhia de engarrafamento de refrigerante Cola.

Fornecedores de ingredientes concentrados de Cola → Fabricante de concentrado → Companhia engarrafadora → Companhia de distribuição → Companhia do varejo → Consumidor final

Fornecedores de materiais / serviços não-concentrados

Os administradores se esforçam para chegar ao custo-alvo eliminando algumas atividades (como retrabalho) e reduzindo os custos de realização das atividades. Eles fazem isso por meio de todas as funções da cadeia de valor e durante todo o ciclo de vida do produto — de sua pesquisa e desenvolvimento inicial até quando o serviço e o apoio ao cliente e ao produto não são mais oferecidos.

- **Qualidade** — Os clientes esperam altos níveis de qualidade. O Programa de Qualidade Total (*Total Quality Management — TQM*) é uma filosofia pela qual a gerência melhora as operações por meio da cadeia de valor para entregar produtos e serviços que superem as expectativas dos clientes. TQM envolve projetar o produto ou serviço para atender a necessidades e desejos dos clientes, assim como fazer produtos com defeitos zero (ou mínimos) e sem desperdício. Os contadores gerenciais avaliam os custos e os benefícios de receita com as iniciativas de programas de qualidade total.
- **Tempo** — O tempo tem muitos componentes. O *tempo de desenvolvimento de um novo produto* é para desenvolver e levar novos produtos ao mercado. O ritmo cada vez mais acelerado das inovações tecnológicas provocou ciclos de produção mais curtos e a necessidade das empresas de levar novos produtos ao mercado mais rapidamente.

O tempo de resposta do consumidor descreve a velocidade de uma empresa em responder aos pedidos dos clientes. Para aumentar a satisfação destes, as organizações devem completar as atividades mais rapidamente e atender aos prazos estabelecidos com confiabilidade. Atrasos ou gargalos ocorrem quando o trabalho a ser executado excede a capacidade disponível. Para aumentar o rendimento, os administradores precisam aumentar a capacidade da operação no ponto de 'gargalo'. O papel do contador gerencial é quantificar o custo e os benefícios de aliviar os gargalos limitantes.

Inovação — Um fluxo constante de produtos ou serviços inovadores é a base para o sucesso contínuo de uma empresa. O contador gerencial ajuda os administradores a avaliar as decisões de investimento, alternativas, e as decisões de pesquisa e desenvolvimento, e, também, a acompanhar o desempenho dos fatores críticos de sucesso em relação ao desempenho dos competidores nos mesmos fatores. Acompanhar o que acontece em outras empresas alerta os administradores sobre as mudanças naquilo que os próprios clientes estão observando e avaliando.

4. **Melhoria contínua e *benchmarking*.** A melhoria contínua dos competidores cria uma incessante demanda por níveis mais elevados de desempenho para satisfazer os clientes. Algumas frases típicas desse tema são: "Nós estamos correndo mais apenas para ficar no mesmo lugar" e "Se você não está indo para frente, está indo para trás."

Para competir, muitas empresas estão se concentrando em melhorar diferentes aspectos de suas próprias operações. Porém, tenha em mente que indústrias diferentes se concentrarão em melhorar diferentes fatores operacionais. Companhias de aviação, como a Southwest Airlines, procuram aumentar a porcentagem de vôos que chegam no horário previsto. Companhias da Internet, como eBay, procuram melhorar a porcentagem de cada período de 24 horas para que os clientes possam acessar sem demora seus serviços *on-line*. Sumitomo Eletric Industries, fabricante japonês de fios elétricos e cabos, mantém reuniões diárias para que todos os funcionários mantenham um foco contínuo na redução de custos.

Os alvos de contínuas melhoras são freqüentemente estabelecidos por meio de *benchmarking*, ou seja, a medição da qualidade de produtos, serviços e atividades da companhia, contra os melhores níveis de desempenho encontrados em empresas competitivas. Por exemplo, a Continental Airlines estabelece a meta de porcentagem de pontualidade no ponto de destino, baseada na empresa que tem a melhor porcentagem da indústria de aviação comercial.

Às vezes, uma empresa pode ter de fazer mudanças fundamentais em suas operações e reestruturar — programa também conhecido como reengenharia — seus processos para obter melhoras de custo, qualidade, pontualidade ou serviço. Os contadores gerenciais fornecem as informações financeiras e não-financeiras que ajudam os administradores a tomar decisões sobre reengenharia e melhoria contínua.

Pense nesses quatro temas como se sobrepondo e interagindo entre si. Por exemplo, foco no cliente (tema 1) é um ingrediente-chave no desenvolvimento de novos produtos (tema 2) em todas as empresas. Os projetistas de produtos são incentivados a buscar oportunidades de redução de custos em todos os estágios da cadeia de valor e na cadeia de suprimentos (temas 3 e 4). O quadro 'Conceitos em Ação' descreve como as companhias escolhem as suas estratégias de *e-business* para integrar os quatro temas.

Princípios-chave de contabilidade gerencial

Três princípios importantes ajudam os contadores gerenciais a fornecer maior valor quando participando das atividades de solução de problemas, registro e direção da atenção: utilizar uma abordagem de custo–benefício, dar

> ## PESQUISAS DE PRÁTICAS EMPRESARIAIS
>
> ### 'Um dia na vida' de um contador gerencial
>
> O que fazem os contadores gerenciais? A seguinte tabela, baseada em uma pesquisa de Contadores Gerenciais Certificados[a], mostra a porcentagem dos que responderam e nomearam uma atividade de trabalho em especial como entre as cinco (entre 29 atividades para eles identificadas) cuja dedicação dispende mais tempo.
>
> | | | | |
> |---|---|---|---|
> | Sistemas contábeis e demonstrativos financeiros | 62% | Melhorias de processos | 20% |
> | Administração da função contábil/financeira | 42% | Avaliação de desempenho | 17% |
> | Consultoria interna | 42% | Conformidade fiscal | 14% |
> | Orçamento de curto prazo | 37% | Política contábil | 13% |
> | Planejamento estratégico de longo prazo | 25% | Contabilidade de projetos | 11% |
> | Análise financeira e econômica | 24% | Consolidações | 11% |
> | Sistemas de computadores e operações | 21% | | |
>
> Em termos de importância, os contadores gerenciais classificaram da seguinte forma as habilidades e proficiências necessárias para o sucesso:
>
> - Habilidades de comunicação
> - Habilidade para trabalhar em equipe
> - Habilidades analíticas e na solução de problemas
> - Sólidos conhecimentos de contabilidade
> - Compreensão do funcionamento de um negócio
> - Habilidade em informática
>
> Que mudanças nas atividades de trabalho estão previstas no futuro para os contadores gerenciais? Previstas a se tornarem as mais importantes estão:
>
> - Consultoria interna
> - Planejamento estratégico de longo prazo
> - Sistemas de computadores e operações
> - Melhorias de processos
> - Execução de análise financeira e econômica
>
> Previstas para se tornarem menos importante estão:
>
> - Sistemas contábeis e demonstrativos financeiros
> - Consolidações
> - Administração da função contábil/financeira
> - Política contábil
> - Previsão orçamentária de curto prazo
> - Contabilidade de projetos
>
> O crescente uso da tecnologia da informação no futuro era visto na pesquisa como algo que ajudará os contadores gerenciais a gastar uma porcentagem menor do seu tempo na coleta de dados e na preparação de demonstrações financeiras e maior porcentagem em análise financeira.
>
> A pesquisa indica um claro afastamento de atividades que tradicionalmente vemos como sendo as principais responsabilidades do *controller* — administração da função, garantia de controle e planejamento e demonstrativos — em direção a atividades que vemos como compartilhadas — planejamento estratégico, liderança de negócios, análise e interpretação de informações, tomada de decisões, melhorias de processos e avaliação de desempenho.
>
> O *controller* da USWest apoiou esta conclusão: "Estamos nos tornando mais pessoas de negócios e menos meros contadores". O *controller* da Caterpillar descreveu o trabalho como sendo um "conselheiro de negócios para ajudar a equipe a desenvolver estratégia e focá-la em todos os sentidos mediante recomendações e implementação".
>
> a. G. Siegel e J. Sorensen, "The 1999 practice analysis of management accounting".

total reconhecimento a considerações comportamentais, assim como técnicas, e usar diferentes custos para diferentes objetivos.

ABORDAGEM CUSTO–BENEFÍCIO

Os contadores gerenciais se deparam continuamente com decisões de alocações de recursos, tais como adquirir um novo pacote de *software* ou contratar um novo funcionário. A **abordagem custo-benefício** deve ser usada para a tomada dessas decisões: recursos devem ser gastos se provavelmente forem contribuir para o melhor alcance dos objetivos da empresa em relação ao custo esperado desses recursos. Os benefícios esperados dos gastos devem superar os custos esperados. Os benefícios esperados e seus custos podem não ser facilmente identificados. Ainda assim, a abordagem custo-benefício é útil para tomar decisões relacionadas à alocação de recursos.

Considere a implantação do primeiro sistema orçamentário de uma empresa. Anteriormente, a companhia usava registros históricos e pouco planejamento formal. Um grande benefício da implantação de um sistema orçamentário é que ele obriga os administradores a planejar de forma mais formal. Isso pode levar a diferentes decisões que geram mais lucro, em vez de decisões tomadas usando-se o sistema de informações históricas. Os benefícios esperados excedem os custos esperados do novo sistema orçamentário. Esses custos incluem investimentos em ativos permanentes, em treinamento de pessoas e custos operacionais contínuos.

CONSIDERAÇÕES COMPORTAMENTAIS E TÉCNICAS

A abordagem custo-benefício é o critério que apóia os administradores a decidir se implantam um sistema orçamentário proposto ou se continuam a usar um sistema existente de registros históricos. Considere o lado humano (comportamental) do motivo pelo qual o orçamento é utilizado. Orçamentos induzem um conjunto diferente de decisões coletivas por causa do planejamento obrigatório. Um sistema contábil gerencial deve possuir duas missões simultâneas no que se refere ao fornecimento de informações: (a) ajudar os administradores a tomar boas decisões econômicas e (b) motivar os administradores e outros funcionários a focarem-se e esforçarem-se pelos objetivos da organização (quando os administradores enfatizam uma medida ou objetivo em particular, os funcionários prestam mais atenção a ela).

Não subestime o papel dos indivíduos e dos grupos no planejamento gerencial e nos sistemas de controle. Tanto os contadores quanto os administradores devem sempre lembrar que sistemas gerenciais não estão restritos exclusivamente a questões técnicas, como tipos de *software* usados e a freqüência em que demonstrativos são preparados. Administração é, em primeiro lugar, uma atividade humana que se deve concentrar em como ajudar as pessoas a fazer de maneira melhor seus trabalhos, como, por exemplo, ajudando-as a entender as atividades que agregam valor (desenho de produto), e aquelas que não o fazem (defeitos e retrabalho). De maneira semelhante, é com freqüência melhor para os administradores discutir pessoalmente como melhorar o desempenho de funcionários cujo nível está abaixo do desejado, em vez de apenas enviar um relatório destacando a baixa produtividade.

DIFERENTES CUSTOS PARA DIFERENTES OBJETIVOS

Este livro examina maneiras alternativas de computar custos, o que explica por que estamos preocupados com diferentes custos para diferentes objetivos. Esse tema é a versão do contador gerencial para a noção 'um tamanho não veste todos'. Um conceito de custo usado como demonstrativo contábil externo pode, para os gerentes, não ser um conceito apropriado para demonstrativos internos e rotineiros.

Considere os custos de propaganda associados ao lançamento de um importante novo produto da Microsoft Corporation. Espera-se que o produto tenha uma vida útil de dois anos ou mais. Para demonstrativos externos para os acionistas, os custos de propaganda em televisão estão apontados na demonstração de resultados do exercício em que incorrem. Essa despesa imediata é um requisito dos princípios contábeis geralmente aceitos (PCGA), que governam demonstrativos externos nos Estados Unidos.* Porém, para objetivo interno de avaliação de desempenho da administração, os custos de propaganda em televisão poderiam ser capitalizados e depois amortizados, ou listados como despesas durante muitos anos. A Microsoft poderia capitalizar esses custos de propaganda se acreditasse que assim representaria melhor o desempenho dos administradores durante o lançamento de um produto. Existem muitos grupos externos e muitos grupos internos para os quais os demonstrativos financeiros são preparados. Qualquer método contábil específico (como registro integral de custos de propaganda em televisão) dificilmente será o método preferível para todos os grupos externos e internos. Mesmo um administrador em particular pode preferir um método contábil A, para uma decisão, e um método contábil B, para outra decisão.

Neste momento, iremos discutir como a estrutura organizacional afeta as responsabilidades de informação do contador gerencial.

CONCEITOS EM AÇÃO

Estratégias de e-business e o contador gerencial

Como uma empresa deve escolher sua estratégia de e-business? Ela deve concentrar-se em iniciativas que reduzem custos, tornar a companhia mais sensível aos clientes, ou integrar a cadeia de valor e a de suprimentos? As oportunidades de e-business envolvem todos os quatro temas — foco no cliente, cadeia de valor e análise da cadeia de suprimentos, melhoria contínua e fatores críticos de sucesso — custo e eficiência, qualidade, tempo e inovação — que são importantes para que os administradores tenham sucesso nas suas decisões de planejamento e controle.

Uma maneira de pensar sobre escolhas estratégicas é a Matriz de Valor de e-business, organizada em quatro quadrantes ao longo das dimensões de importância para o negócio e inovação prática.

Continua

---

* No Brasil, os PCGAs permitem a diferenciação desse tipo de despesa, lançando-a na conta do balanço — ativos diferidos. (N. do RT.)

Importância para o negócio
(importância da aplicação para o sucesso do negócio)

	Inovação de práticas (Baixa → Alta)	
Alta	Excelência operacional	Estratégias revolucionárias
Baixa	Novos fundamentos	Experimentação racional

Inovação de práticas
(criação de novos mercados ou novas maneiras de fazer negócios)

Novos fundamentos incluem aplicações de *e-business* como a criação de um diretório de funcionários ou colocar informações de benefícios aos funcionários em um *site* (*Web*) interno de modo que eles possam acessar a informação com facilidade. Essas aplicações não são críticas para o sucesso do negócio nem criam novos mercados, mas elas provavelmente reduzem custos e necessitam apenas de um pequeno investimento.

A *experimentação racional* se refere a estratégias como as perseguidas pelas empresas farmacêuticas, incluindo Merck, Novartis e Pfizer, para fornecer informações e literatura sobre seus produtos para médicos e seguradoras. Essas práticas são inovadoras, mas não críticas para o sucesso do negócio, porque os representantes de vendas das empresas também podem suprir os médicos com essas informações. Tais iniciativas podem ser justificadas com base no seu potencial de receita e redução de custos.

Estratégias revolucionárias são estratégias como as perseguidas pela Amazon.com, que vende livros e brinquedos pela Internet, ou pelo Yahoo, que organiza e agrega informação sobre conteúdo da Internet. Essas estratégias são inovadoras, críticas e arriscadas, motivadas por oportunidades de rápido crescimento de receita.

Excelência operacional inclui estratégias perseguidas por companhias como a Dell Computer. A Dell usa a Internet para vender computadores diretamente aos consumidores e para, de forma eficiente, comprar materiais e componentes dos fornecedores. A administração dos relacionamentos com os clientes e com a cadeia de suprimentos é crítica para o negócio da Dell, mas o uso da Internet se tornou prática comum para a companhia. A excelência operacional da Dell leva a custos menores e, conseqüentemente, a mais vendas; e isso é fundamental para sustentar sua vantagem competitiva.

A maioria das empresas de sucesso tentou habitar os quatro quadrantes com suas iniciativas de *e-business*. Os contadores gerenciais ajudaram a identificar os custos e benefícios dessas estratégias de investimento alternativas. De forma geral, os benefícios das iniciativas de *e-business* no lado esquerdo da matriz enfatizaram a redução de custos; os benefícios do lado direito enfatizaram o crescimento da receita a partir de ofertas de produtos distintas.

Fonte: A. Hartman, J. Sifonis e J. Kador. *Net ready*. New York: McGraw Hill, 2000. (Usado com permissão.)

ESTRUTURA ORGANIZACIONAL E O CONTADOR GERENCIAL

RELACIONAMENTOS DE LINHA E ADMINISTRATIVAS

A maioria das organizações faz uma distinção entre a gerência de linha e a administração. A **gerência de linha**, como gerência de produção, marketing e distribuição, é diretamente responsável pelo alcance dos objetivos da organização. Por exemplo, os gerentes de divisões de produção podem visar certos níveis de previsão de receita operacional, de qualidade de produto e de segurança e conformidade com leis ambientais. A **administração** — contadores gerenciais, a gerência de tecnologia da informação e de recursos humanos — dá suporte no sentido de aconselhar e apoiar a gerência de linha. O gerente de fábrica (função de linha) pode ser responsável pelo investimento em novos equipamentos. O contador gerencial (função administrativa) apóia o gerente da fábrica preparando comparações detalhadas dos custos operacionais das peças de equipamento, alternativas.

As organizações estão usando com cada vez mais freqüência equipes para alcançar resultados. Essas equipes podem envolver tanto a gerência de linha como a administração, e, como resultado, a tradicional distinção existente entre gerência de linha e administração é menor que a havida dez anos atrás.

O *CHIEF FINANCIAL OFFICER* E O *CONTROLLER*

O *chief financial officer* (*CFO*) — também conhecido em muitos países como **diretor financeiro** — é o executivo responsável pela administração das operações financeiras de uma organização. As responsabilidades do *CFO* variam nas organizações, mas geralmente incluem as seguintes áreas:

- **Controle** — inclui o fornecimento de informações financeiras, por meio de demonstrativos, aos administradores e acionistas, assim como a supervisão do sistema contábil.
- **Tesouraria** — inclui operações bancárias e financiamentos de curto e longo prazos, investimentos e administração de recursos financeiros.
- **Administração de riscos** — inclui a administração de riscos financeiros de taxas de juros, operações de moedas estrangeiras e derivativos.
- **Fiscal** — inclui impostos sobre receitas, vendas e o planejamento fiscal internacional.

- **Auditoria interna** — inclui revisão e análise de registros financeiros, e outros, para atestar a integridade dos demonstrativos financeiros da organização, assim como a adesão a políticas e procedimentos.

Em algumas organizações, o CFO também é o responsável pelo sistema de informações. Em outras, um executivo de posição equivalente ao CFO — chamado *chief information officer* — é o responsável pelo sistema de informações.

O *controller* (também chamado *chief accounting officer*) é o executivo financeiro responsável pela contabilidade gerencial e financeira. Este livro aborda a função do *controller* na qualidade de executivo chefe da contabilidade gerencial. Os *controllers* modernos não exercem nenhum controle em termos de autoridade na linha de produção, exceto sobre seus próprios departamentos. Ainda assim, o conceito moderno de controladoria afirma que os *controllers* exercem o controle em um sentido especial, ou seja, por meio da preparação de demonstrativos e interpretação das informações relevantes (papel de solução de problemas e direção da atenção), o *controller* exerce uma influência que induz a administração a tomar decisões melhores baseadas na informação disponível.

O Quadro 1.6 é um organograma do CFO e do *controller* corporativo na Nike, empresa líder em calçados e vestuários esportivos. O CFO é uma função da administração que se reporta ao *chief operating officer* (COO), que se reporta ao *chief executive officer* (CEO). Como na maioria das organizações, o *controller* corporativo da Nike se reporta ao CFO. Organogramas como o do Quadro 1.6 mostram linhas de relacionamentos formais. Na maioria das organizações, também há relacionamentos informais que devem ser compreendidos quando os administradores tentarem implementar suas decisões. Exemplos de relacionamentos informais são a amizade entre administradores (de um tipo profissional ou pessoal) e as preferências pessoais da alta administração sobre o tipo de administradores em que irão se apoiar para pautar as suas decisões.

Na Nike, o CFO é um dos diretores corporativos que, ao todo, são o CEO, o COO e o CFO; os principais executivos das regiões geográficas dos Estados Unidos, Ásia, Américas e Europa; os diretores dos produtos de calçados e vestuário; a gerência de marketing esportivo e um chefe de assuntos fiscais. O Quadro 1.6 dá exemplos das funções dentro do grupo do *controller*. Cada um dos principais grupos geográficos da Nike (Estados Unidos, Ásia, Américas e Europa) conta com um *controller* regional. Muitos países, dentro de cada grupo geográfico, têm seu próprio *controller*.

Todos os membros de uma empresa, independentemente se na gerência de linha ou na administração, são responsáveis por garantir conformidade com os padrões éticos da organização.

ÉTICA PROFISSIONAL

Dada a responsabilidade pela integridade das informações financeiras fornecidas a grupos internos e externos, os contadores possuem responsabilidades especiais em relação à ética. Em relação à postura ética, os contadores estão, consistentemente, entre os mais bem posicionados em pesquisas de opinião pública nas diferentes profissões.

DIRETRIZES ÉTICAS

Organizações contábeis profissionais desenvolvem altos padrões éticos. Organizações de representação dos contadores gerenciais existem em muitos países. Cada uma dessas organizações tem programas de certificação. Por exemplo, o **Institute of Management Accountants (IMA)** — a maior associação de contadores gerenciais dos Estados

Quadro 1.6 Nike — Relações hierárquicas do CFO e do *controller* corporativo.

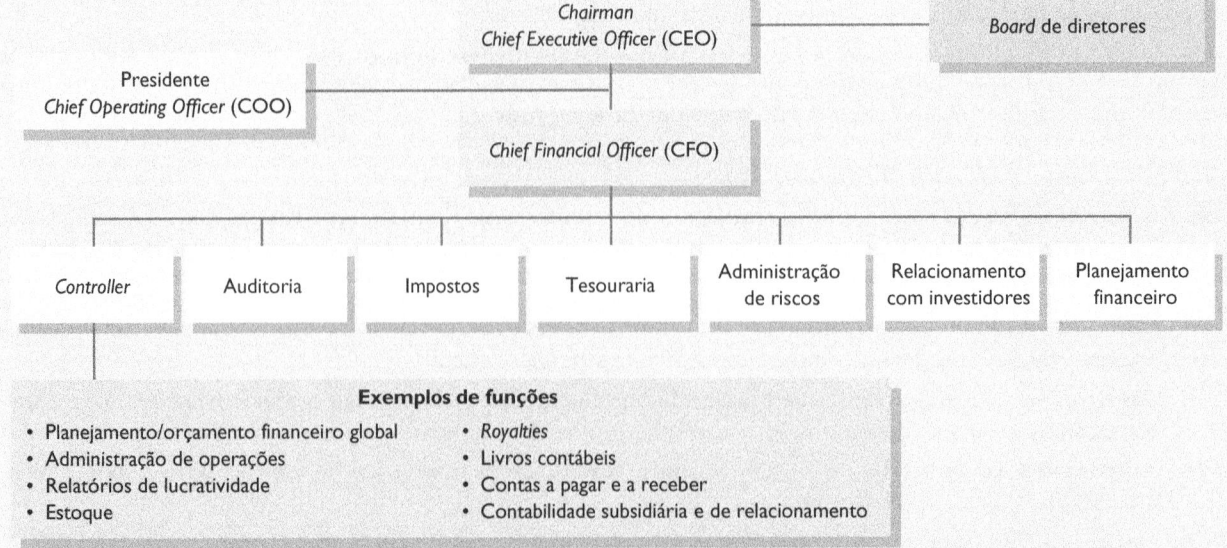

Unidos — tem programas que levam a certificados como o **Certified Management Accountant (CMA)** e o **Certified in Financial Management (CFM)**, ambos indicadores de que o titular demonstrou competência e conhecimento técnico exigidos pelo IMA em contabilidade gerencial e em administração financeira, respectivamente.

O IMA publicou o *Standards of Ethical Conduct for Management Accountants*. O Quadro 1.7 a seguir apresenta o guia do IMA sobre questões relacionadas à competência, confidencialidade, integridade e objetividade. O IMA oferece aos membros um serviço de ética *hotline* para o qual podem ligar, sendo atendidos por conselheiros profissionais do Serviço de Aconselhamento do IMA, para discutir seus dilemas éticos. Os conselheiros ajudam a identificar as questões éticas-chave e maneiras alternativas possíveis para resolvê-las, com confidencialidade garantida.

Desafios éticos típicos

Questões éticas podem desafiar os contadores gerenciais de muitas maneiras. Aqui estão dois exemplos:

- **Caso A:** Um contador gerencial consciente, que relatar uma perda para uma divisão de *software*, resultando em outra iniciativa de ajustes (termo suave para indicar demissões), tem preocupações sobre o potencial comercial do *software* para o qual custos de Pesquisa e Desenvolvimento estão sendo apropriados como ativo, em vez de registrados como despesa para fins de demonstrativo interno. O administrador da divisão argumenta que o novo produto será um 'campeão', mas apresenta pouca evidência para dar suporte ao seu argumento. Os últimos dois produtos dessa divisão não tiveram sucesso. O contador gerencial tem muitos amigos na divisão e quer evitar um confronto pessoal com a gerente da divisão.

- **Caso B:** Um fornecedor de embalagens, concorrendo por um novo contrato, oferece ao contador gerencial da companhia compradora um final de semana para assistir ao *Super Bowl* com todas as despesas pagas. O fornecedor não menciona o novo contrato quando faz o convite. O contador não é um amigo pessoal do fornecedor. Ele sabe que questões de custo são críticas para a aprovação do novo contrato e está preocupado, imaginando que o fornecedor irá pedir detalhes sobre as ofertas das empresas de embalagens concorrentes.

Em cada caso, o contador gerencial está diante de um dilema ético. O Caso A envolve competência, objetividade e integridade. O contador gerencial deveria solicitar ao administrador da divisão que este fornecesse evidências concretas de que o novo produto é viável comercialmente. Se o administrador não fornecer essa evidência, alocar gastos de P & D no período corrente é o mais apropriado. O Caso B envolve confidencialidade e integridade. Questões éticas nem sempre são absolutamente claras. O fornecedor do Caso B pode não ter a intenção de levantar questões relacionadas com a concorrência. Porém, a aparência e o conflito de interesses é suficiente para que muitas empresas proíbam que funcionários aceitem 'favores' de fornecedores. O Quadro 1.8 a seguir apresenta a orientação do IMA para a 'Resolução de Conflitos Éticos'. O contador, no Caso B, deveria discutir o convite com o seu superior imediato. Se houver consetimento para a visita, o fornecedor deverá ser informado formalmente, obedecendo à política corporativa (o que inclui a confidencialidade de informação).

A maioria das organizações contábeis profissionais do mundo emite declarações sobre ética profissional. Tais declarações incluem muitas das mesmas questões discutidas pelo IMA e estão relacionadas nos Quadros 1.7 e 1.8. Por exemplo, o *Chartered Institute of Management Accountants* (*CIMA*), no Reino Unido, identifica os mesmos quatro princípios fundamentais discutidos no Quadro 1.7: competência, confidencialidade, integridade e objetividade.

Quadro 1.7 Padrões de conduta ética para contadores gerenciais.

Os profissionais de contabilidade gerencial e administração financeira têm uma obrigação para com o público, sua profissão, a organização a que servem e com eles mesmos, visando manter os mais altos padrões de conduta ética. Em reconhecimento a essa obrigação, o *Institute of Management Accountants* promulgou padrões de conduta ética para os profissionais de contabilidade gerencial e administração financeira. A adesão a esses padrões, tanto doméstica quanto internacionalmente, é fundamental para alcançar os 'Objetivos da Contabilidade Gerencial'. Os profissionais de contabilidade gerencial e administração financeira não irão cometer atos contrários a esses padrões, nem irão tolerar o seu cometimento, por outros, dentro de suas organizações.

Competência

Os profissionais de contabilidade gerencial e administração financeira têm a responsabilidade de:

- Manter um nível apropriado de competência profissional por meio do desenvolvimento contínuo de seus conhecimentos e habilidades.
- Executar suas tarefas profissionais de acordo com as leis relevantes, regulamentos e padrões técnicos.
- Preparar demonstrativos completos e claros e recomendações depois de análise apropriada de informação relevante e confiável.

Confidencialidade

Os profissionais de contabilidade gerencial e administração financeira têm a responsabilidade de:

- Abster-se de revelar informações confidenciais adquiridas no curso de suas atividades de trabalho, exceto quando autorizados, a não ser que obrigados por lei.
- Informar adequadamente os subordinados em relação à confidencialidade de informações adquiridas no curso de suas atividades de trabalho e monitorá-las para garantir a manutenção da confidencialidade.
- Abster-se de usar ou demonstrar usar informações confidenciais adquiridas no curso de suas atividades de trabalho para fins não éticos ou ilegais, seja pessoalmente ou por meio de terceiros.

Integridade

Os profissionais de contabilidade gerencial e administração financeira têm a responsabilidade de:

- Evitar conflitos de interesse, reais ou aparentes, e esclarecer a todos os grupos afins sobre qualquer conflito potencial.
- Abster-se de se engajar em qualquer atividade que possa prejudicar a sua capacidade de exercer as obrigações de forma ética.
- Recusar qualquer presente, favor ou hospitalidade que possa influenciar ou demonstrar influência sobre suas ações.
- Abster-se de subverter, ativa ou passivamente, o alcance dos objetivos legítimos e éticos da organização.
- Reconhecer e comunicar limitações profissionais ou outras restrições que poderiam evitar uma avaliação responsável ou performance bem-sucedida de uma atividade.
- Comunicar informações desfavoráveis, assim como favoráveis, e avaliações profissionais e opiniões.
- Abster-se de participar ou apoiar qualquer atividade que poderia trazer descrédito para a profissão.

Objetividade

Os profissionais de contabilidade gerencial e administração financeira têm a responsabilidade de:

- Comunicar informações de forma justa e objetiva.
- Revelar totalmente qualquer informação relevante que poderia influenciar, de qualquer forma, a compreensão pretendida de demonstrativos, comentários e recomendações apresentadas.

Fonte: Institute of Management Accountants, "Standards of Ethical Conduct for Practitioners of Management Accounting and Financial Management", Management Accounting, v. LXXIX, n. 1.

Quadro 1.8 Resolução de conflito ético.

Na aplicação dos padrões de conduta ética, os profissionais de contabilidade gerencial e administração financeira podem encontrar problemas para identificar comportamentos não éticos ou resolver um conflito ético. Quando diante de questões éticas significativas, os profissionais de contabilidade gerencial e administração financeira devem seguir as políticas estabelecidas pela direção da organização na resolução dos conflitos em questão. Se tais políticas não resolverem o conflito ético, os profissionais devem considerar os seguintes cursos de ação:

- Discutir esses problemas com o superior imediato, exceto quando este estiver envolvido, caso em que o problema, inicialmente, deve ser apresentado para o nível gerencial imediatamente acima. Se uma resolução satisfatória ainda assim não puder ser encontrada, submeta as questões ao próximo nível gerencial.

    Se o superior imediato for o CEO, ou equivalente, a autoridade de revisão aceitável pode ser um grupo como o comitê de auditoria, comitê executivo ou o *board* de diretores, curadores ou proprietários. O contato com níveis acima do superior imediato deve ser iniciado somente com o conhecimento do superior, assumindo que este não esteja envolvido. A comunicação de tais problemas para autoridades ou indivíduos não-funcionários ou contratados, na empresa, não é considerada apropriada, com exceção de casos legalmente prescritos.

- Esclarecer questões éticas relevantes por meio de discussão confidencial com um conselheiro (por exemplo, Serviço de Aconselhamento Ético do IMA) para conseguir uma melhor compreensão dos possíveis cursos de ação.
- Consulte o seu próprio advogado em relação às obrigações legais e direitos pertinentes ao conflito ético.
- Se o conflito ético persistir após esgotadas as possibilidades de revisão interna, pode não haver outro recurso em assuntos significativos do que o do desligamento da organização, e submeter um *memorandum* informativo para um representante seu hierarquicamente superior. Após o desligamento, dependendo da natureza do conflito ético, também pode ser apropriado notificar outros grupos.

Fonte: Institute of Management Accountants, "Standards of Ethical Conduct for Practitioners of Management Accounting and Financial Management", Management Accounting, v. LXXIX, n. 1.

Problema para auto-estudo

A Campbell Soup Company incorre nos seguintes custos:

a. Compra de tomates, pela unidade de enlatados, das sopas de tomate da Campbell.
b. Compra de material para redesenho das embalagens de biscoito da Pepperidge Farm, ideais para que os biscoitos fiquem frescos por mais tempo.
c. Pagamentos à Backer, Spielvogel e Bates, agência de publicidade, pelo trabalho de propaganda desenvolvido para a linha de sopas da Healthy Request.
d. Salários dos técnicos de alimentos que pesquisam a viabilidade de um molho de pizza Prego, de baixa caloria.
e. Pagamentos à Safeway por conseguir espaço de prateleira para os produtos alimentícios da Campbell.
f. Custo de uma linha telefônica *toll-free,* usada para atendimento ao consumidor, sobre possíveis problemas verificados nas sopas Campbell.
g. Custo de luvas usadas pelos operadores da linha de produção de alimentos matinais da Swanson Fiesta.
h. Custo de computadores de bolso usados pelo pessoal de entregas da Pepperidge Farm, que atende às principais contas de supermercados.

Pede-se

Classifique cada item de custo (**a-h**) como uma das funções de negócios na cadeia de valor mostrada no Quadro 1.4.

Solução

a. Produção
b. Desenho de produtos, serviços ou processos
c. Marketing
d. Pesquisa e desenvolvimento
e. Marketing
f. Serviço ao cliente
g. Produção
h. Distribuição

Pontos de decisão

Resumo

O seguinte formato de perguntas e respostas resume os objetivos de aprendizagem do capítulo. Cada decisão apresenta uma pergunta-chave relacionada a um objetivo de aprendizagem. As diretrizes são as respostas a esta pergunta.

Decisão	Diretrizes
1. Quais as informações proporcionadas pela contabilidade de custos?	A contabilidade de custos mede e relata as informações financeiras e outras informações relativas à aquisição ou ao consumo dos recursos de uma organização. A contabilidade de custos proporciona informações para a contabilidade gerencial e a contabilidade financeira.
2. Como os contadores gerenciais dão suporte às decisões estratégicas?	Contadores gerenciais contribuem para as decisões estratégicas ao fornecerem informações sobre as fontes de vantagem competitiva e ao ajudar os gerentes a identificar e construir os recursos e as capacidades da empresa.
3. Como os gerentes implementam a estratégia?	Gerentes tomam decisões de planejamento e de controle. Decisões de planejamento incluem aquelas sobre metas organizacionais, a previsão de resultados sob maneiras alternativas de realizar tais metas e em seguida decidir como conseguir as metas desejadas. Decisões de controle incluem medidas para implementar as decisões de planejamento e decidir sobre a avaliação do desempenho e o *feedback* que ajudará nas tomadas de decisão futuras.
4. Quais os papéis desempenhados por contadores gerenciais?	Na maioria das organizações, os contadores gerenciais desempenham papéis múltiplos: solução de problemas (análises comparativas para tomadas de decisão), manutenção de dados (acumulando dados e relatando resultados confiáveis) e direcionamento da atenção (ajudando os gerentes a focar corretamente a sua atenção).

5. O que os gerentes deveriam fazer para competir com eficácia?	Quatro temas para gerentes obterem sucesso são: foco no cliente, análise da cadeia de valores e da cadeia de fornecimento, fatores-chave de sucesso, melhoria contínua e *benchmarking*.
6. Como as empresas adicionam valor?	Empresas adicionam valor por meio da P&D; desenho dos produtos, serviços ou processos; produção; marketing; distribuição; atendimento ao cliente. Gerentes em todas as funções da cadeia de valores do negócio são clientes de informações da contabilidade gerencial.
7. Quais as diretrizes usadas por contadores gerenciais?	Três diretrizes que ajudam os contadores gerenciais a aumentar seu valor para os gerentes são (a) empregar uma abordagem de custo-benefício, (b) reconhecer considerações comportamentais bem como técnicas e (c) identificar custos diferentes para propósitos diferentes.
8. Onde a função da contabilidade gerencial se encaixa na estrutura de uma organização?	A contabilidade gerencial é uma parte integral da função do *controller* em uma organização. Na maioria das organizações, o *controller* reporta para o diretor financeiro, que é um membro-chave da equipe da elite executiva.
9. Quais são as responsabilidades éticas de contadores gerenciais?	Os contadores gerenciais têm responsabilidades éticas relacionadas à competência, à confidencialidade, à integridade e à objetividade.

Termos para aprender

Cada capítulo incluirá esta seção. Como todos os termos técnicos, os termos contábeis têm significados precisos. Aprenda as definições dos termos novos quando você os encontrar pela primeira vez. O significado de cada um dos termos a seguir é dado neste capítulo e no Glossário no final do livro.

abordagem do custo-benefício
atendimento ao cliente
cadeia de fornecimento
cadeia de valor
Certificado em Contabilidade Gerencial (CMA)
Certificado em Gestão Financeira (CFM)
chief financial officer (CFO)
contabilidade de custos
contabilidade financeira
contabilidade gerencial
controle
controller
desenho de produtos, serviços e processos
direcionamento da atenção
diretor financeiro

distribuição
estratégia
feedback
gerenciamento de linha
gerenciamento de pessoal
gestão do custo
gestão estratégica do custo
Instituto de Contadores Gerenciais (IMA)
manutenção de dados
marketing
orçamento
pesquisa e desenvolvimento
planejamento
produção
solução de problemas

Material de trabalho

Perguntas

1-1 Como um contador gerencial pode ajudar na formulação de uma estratégia?

1-2 De que forma a contabilidade gerencial difere da contabilidade financeira?

1-3 Distinguir decisões de planejamento de decisões de controle.

1-4 Quais são os três papéis que os contadores gerenciais realizam?

1-5 "A contabilidade gerencial não deve se enquadrar na camisa de força da contabilidade financeira." Explique e dê um exemplo.

1-6 Descreva as funções de negócios na cadeia de valores.

1-7 Um observador gerencial líder afirmou que as empresas mais bem-sucedidas são aquelas que têm obsessão para com seus clientes. Essa afirmação é pertinente a contadores gerenciais? Explique.

1-8 Descreva quatro temas importantes para que os administradores alcancem sucesso e nos quais a contabilidade gerencial pode ter papel significativo no suporte da decisão.

1-9 Explique o termo 'cadeia de oferta' e sua importância à gestão de custos.

1-10 Quais as três diretrizes que ajudam os contadores gerenciais a proporcionar mais valor aos administradores?

1-11 "O conhecimento de questões técnicas, como a tecnologia da informática, é uma condição necessária, porém não suficiente, para se tornar um contador gerencial bem-sucedido." Você concorda? Por quê?

1-12 Como novo *controller*, responda a este comentário feito por um gerente de fábrica: "Do meu modo de vista, os nossos contadores podem ser necessários para manter registros para os acionistas e o Leão, mas eu não os quero colocando os seus narizes nas minhas operações do dia-a-dia. Eu trabalho da melhor maneira que conheço. Nenhum contador de feijão conhece o suficiente sobre as minhas responsabilidades para poder ter alguma utilidade para mim".

1-13 Da forma como são utilizadas na contabilidade, o que representam IMA e CMA?

1-14 Cite as quatro áreas em que normas de conduta ética se aplicam aos contadores gerenciais, nos Estados Unidos. Qual organização estabelece tais normas?

1-15 Quais medidas devem ser tomadas por um contador gerencial se as políticas escritas e estabelecidas fornecerem orientação insuficiente sobre como lidar com um conflito ético?

Exercícios

1-16 Decisões de planejamento e de controle. A Barnes & Noble é uma livraria de varejo. A maior parte de suas vendas é efetuada nas suas próprias lojas, localizadas em shoppings ou em centros comerciais. Uma porcentagem pequena, porém cada vez maior, é efetuada via BarnesandNoble.com, em que a sua principal concorrente é a Amazon.com.

Os cinco relatórios a seguir foram preparados recentemente pelo grupo de contabilidade gerencial da Barnes & Noble:

1. Demonstrações financeiras anuais.
2. Relatório semanal para o vice-presidente de operações para cada loja da Barnes & Noble — incluindo receitas, margem bruta e custos operacionais.
3. Um estudo para o vice-presidente de desenvolvimento de negócios novos sobre as receitas e os custos esperados da BarnesandNoble.com, no segmento de música (CDs, fitas, etc.), assim como livros.
4. Um relatório semanal para as editoras de livros e revistas comerciais sobre as vendas dos dez livros de ficção e de não-ficção mais vendidos, nas suas próprias lojas e na BarnesandNoble.com.
5. Um relatório para a empresa de seguros sobre as perdas da Barnes & Noble nas suas três lojas de São Francisco, devido a um terremoto.

Para cada relatório, identifique um uso para uma decisão de planejamento e para uma decisão de controle por um administrador da Barnes & Noble.

1-17 Resolvendo problemas, mantendo os números do jogo e direcionando a atenção. Para cada uma das seguintes atividades, identifique o papel principal que o contador está realizando — resolvendo problemas, mantendo os números do jogo ou orientando a atenção.

1. Preparando uma demonstração mensal das vendas australianas para o vice-presidente de marketing da IBM.
2. Interpretando diferenças entre resultados reais e quantias orçadas em um demonstrativo de desempenho para o Departamento de Garantias ao Cliente da General Electric.
3. Preparando uma programação de depreciação para empilhadeiras no Departamento de Recebimento de uma fábrica da Hewlett-Packard Company, na Escócia.
4. Analisando a vantagem de ter algumas autopeças feitas na Coréia por um gerente de produção internacional da Mitsubishi.
5. Interpretando por que um centro de distribuição de Birmingham excedeu o seu orçamento de custos de entrega.
6. Explicando um relatório de desempenho do Departamento de Despacho da Xerox Corporation.
7. Preparando uma comparação de custos de dois sistemas de controle de produção por computador para o gerente de controle de produção de uma siderúrgica nos EUA.
8. Preparando um relatório de sucata para o Departamento de Acabamento de uma fábrica de peças da Toyota.
9. Preparando o orçamento para o Departamento de Manutenção do Hospital Mount Sinai.
10. Analisando o impacto sobre os custos de produção de um novo farol, para um projetista de produtos da General Motors.

1-18 Resolvendo problemas, mantendo os números do jogo e direcionando a atenção. Para cada uma das seguintes atividades, identifique o papel principal que o contador está realizando — resolvendo problemas, mantendo os números do jogo ou orientando a atenção.

1. Interpretando as diferenças entre os resultados reais e as quantias orçadas em um relatório de desempenho do gerente de despachos em um centro de distribuição da Daewoo.
2. Preparando um relatório, mostrando os benefícios de fazer um *leasing** para os veículos em vez de comprá-los.
3. Preparando lançamentos nos diários para a depreciação do equipamento de escritório do gerente de pessoal do Citibank.
4. Preparando o extrato mensal do cliente para uma loja da Sears.
5. Processando a folha de pagamento semanal para o Departamento de Manutenção da Universidade de Harvard.
6. Explicando o relatório de desempenho do gerente de desenho do produto de uma divisão da Chrysler.
7. Analisando os custos, de maneiras diferentes, de misturar materiais na fundição de uma fábrica da General Electric.
8. Somando vendas, por filial, para o vice-presidente de vendas da Unilever.
9. Analisando o impacto de um novo produto contemplado, sobre o lucro líquido, para o presidente da Microsoft.
10. Interpretando por que um setor de vendas da IBM não alcançou a sua cota de vendas.

1-19 Cadeia de valores e classificação de custos, empresa de computadores. A Compaq Computer incorre nos seguintes custos:

a. Custos de energia elétrica para a fábrica, na montagem da linha de produtos do computador Presario.
b. Custos de transporte para despachar a linha de produtos do Presario para uma rede de varejo.
c. Pagamento, para a David Kelley Designs, pelo desenho do Notebook Armada.
d. Salário do cientista da computação que trabalha na próxima geração de minicomputadores.
e. Custo da visita dos funcionários da Compaq a um grande cliente para demonstrar a habilidade da Compaq em interconectar com outros computadores.
f. Compra de produtos de concorrentes para testes comparativos com produtos em potencial da Compaq.
g. Pagamento para uma rede de televisão por veicular anúncios da Compaq.
h. Custo de cabos comprados de um fornecedor externo a serem usados com a impressora Compaq.

Para fazer: Classifique cada um dos itens de custo (**a-h**) em uma das funções de negócios da cadeia de valor mostrada no Quadro 1.4.

1-20 Cadeia de valores e classificação de custos, empresa farmacêutica. A Merck incorre nos seguintes custos:

a. Custo para redesenhar as embalagens de *blister* para fazer com que os recipientes de medicamentos sejam mais difíceis de serem violados.
b. Custo de vídeos enviados para médicos para promover a venda de um novo medicamento.
c. Custo de uma linha telefônica DDG usada para informar o consumidor sobre o uso, os efeitos colaterais de medicamentos, e assim por diante.
d. Equipamento comprado para realizar experiências em medicamentos ainda não aprovados pelo governo.
e. Pagamento a atores, de comerciais de longa duração a serem veiculados na televisão, promovendo um novo produto de renovação capilar para homens que apresentam alopecia.
f. Custos de mão-de-obra de trabalhadores da área de embalagens, de uma instalação de produção.
g. Bônus pago a um vendedor por exceder a sua cota mensal de vendas.
h. Custo do serviço de *courier*, da Federal Express, por entregar medicamentos aos hospitais.

Para fazer: Classifique cada um dos itens de custo (**a-h**) em uma das funções de negócios da cadeia de valor mostrada no Quadro 1.4.

1-21 Sistema de contabilidade gerencial e foco no cliente. Um relatório anual, recente, da Ford Motor Company, incluía os seguintes comentários:

- Proporcionar grande valor aos nossos clientes. Essa é a nossa paixão.
- Em toda a Ford Motor Company, nós estamos focados em melhorar a qualidade e o valor de nossos produtos, e em atender rapidamente ao mercado.
- Todos os nossos esforços estão concentrados em exceder as expectativas dos clientes. Essa é a melhor maneira de atrair e manter clientes.

---

* *No Brasil, o* leasing *é um tipo de operação financeira tecnicamente denominada 'Operação de Formato Comercial'. (N. do RT.)*

Para fazer:
1. Quem são os clientes das funções da contabilidade gerencial?
2. Como pode ser destacado o valor dos sistemas de contabilidade gerencial aos seus clientes?

1-22 Temas gerenciais e mudanças na contabilidade gerencial. Uma pesquisa sobre de que maneiras as organizações estão mudando os seus sistemas de contabilidade gerencial relatou o seguinte:

a. A Companhia A agora prepara uma demonstração de resultado da cadeia de valor para cada marca que ela vende.
b. A Companhia B agora apresenta em um único relatório todos os custos relacionados ao alcançar níveis de alta qualidade para os seus produtos.
c. A Companhia C agora apresenta nos seus relatórios de desempenho estimativas de custos de produção de seus dois principais concorrentes, além de seus próprios custos de produção.
d. A Companhia D reduz em 1 por cento o custo orçado da mão-de-obra para a montagem de um produto, avaliando o desempenho de um gerente de fábrica.
e. A Companhia E agora relata as medidas de rentabilidade e de satisfação (como avaliadas por um terceiro), baseadas em cliente por cliente.

Para fazer: Ligue cada uma dessas mudanças a um dos temas-chave que são importantes para os administradores serem bem-sucedidos. (Veja Quadro 1.3.)

1-23 Ética profissional e relatando o desempenho divisional. A Márcia Souza é *controller* de divisão e Tomás Monteiro é o gerente divisional da Sapatos Ramos. Souza tem responsabilidade de linha para com Monteiro, mas também tem responsabilidade de assessoria ao *controller* da empresa.

Monteiro está sob muita pressão, precisando atingir a receita da divisão orçada para o ano. Ele pediu que Souza lançasse $ 200 mil em receitas, no dia 31 de dezembro. Os pedidos da empresa são firmes, porém os sapatos ainda estão em processo de produção, com previsão para serem despachados em 4 de janeiro, aproximadamente. Monteiro diz a Souza: "O principal é conseguir o pedido de vendas, e não o despacho dos sapatos. Você deveria me apoiar, e não me obstruir na obtenção de minhas metas divisionais".

Para fazer:
1. Descreva as responsabilidades éticas de Souza.
2. O que Souza deveria fazer se Monteiro lhe dá uma ordem direta de lançar as vendas?

Problemas

1-24 Diretrizes de contabilidade gerencial. Para cada um dos itens a seguir, identifique qual das diretrizes gerenciais se aplica — abordagem de custo-benefício, considerações comportamentais e técnicas ou custos diferentes para propósitos diferentes.

1. Analisando se deve manter a função de faturamento dentro da organização ou se deve terceirizá-la.
2. Decidindo dar bônus aos funcionários, por desempenho superior, em uma subsidiária japonesa, e tempo adicional de férias aos funcionários de uma subsidiária sueca.
3. Incluindo os custos de todas as funções da cadeia de valores antes de decidir lançar um novo produto, mas incluindo somente os custos de produção para determinar a valorização de seu inventário.
4. Considerando a vantagem de empregar mais um vendedor.
5. Dando a cada vendedor a opção da compensação de escolher entre um salário baixo e uma porcentagem alta para a comissão sobre vendas, ou um salário alto e uma porcentagem baixa para a comissão sobre vendas.
6. Escolhendo o sistema de computador mais caro após considerar dois sistemas.
7. Instalando um sistema de orçamento participativo em que os gerentes estabelecem suas próprias metas de desempenho, em vez de a alta administração impor metas de desempenho para os gerentes.
8. Lançando custos de pesquisa como uma despesa para propósitos de demonstrações financeiras (como exigido pela GAAP, nos EUA), mas capitalizando e contabilizando-os como despesas sobre um período mais longo para propósitos gerenciais de avaliação de desempenho.
9. Introduzindo um plano de participação nos lucros para os funcionários.

1-25 Decisões de planejamento e de controle, empresa da Internet. A WebNews.com é uma empresa da Internet que oferece múltiplos serviços *on-line* aos assinantes, de uma programação comentada de televisão a informações sobre cinemas e restaurantes locais. Ela tem duas fontes principais de receita:

- Taxas mensais de assinantes. Os dados recentes são:

Mês/Ano	Número real de assinantes	Taxa mensal real por assinante
Junho 2001	28 642	$ 14,95
Dezembro 2001	54 813	$ 19,95
Junho 2002	58 178	$ 19,95
Dezembro 2002	86 437	$ 19,95
Junho 2003	146 581	$ 19,95

- Taxas de banners de anúncios de empresas anunciando nos sites da página da WebNews.com. Os dados recentes são:

Mês/Ano	Receitas de anúncios
Junho 2001	$ 400 988
Dezembro 2001	833 158
Junho 2002	861 034
Dezembro 2002	1 478 072
Junho 2003	2 916 962

As seguintes decisões foram tomadas de junho a outubro de 2003:

a. Junho. Decisão de aumentar a taxa de assinatura mensal de $ 19,95 para $ 24,95 por mês em julho. A aplicação da taxa de $ 19,95 começou em dezembro de 2001.

b. Junho. Decisão de informar os assinantes de que a taxa da assinatura, em julho, seria de $ 24,95.

c. Julho. Decisão de melhorar os serviços *on-line* e de oferecer melhores serviços de correio pela Internet.

d. Outubro. O vice-presidente de marketing foi rebaixado de cargo após uma redução significativa no crescimento de contas de assinantes e receitas. Os resultados incluem:

Mês/Ano	Número real de assinantes	Taxa mensal real de assinantes
Julho 2003	128 933	$ 24,95
Agosto 2003	139 419	$ 24,95
Setembro 2003	143 131	$ 24,95

As quantias orçadas (estabelecidas em junho 2003) para o número de assinantes foram de 140 mil para julho de 2003, 150 mil para agosto de 2003, e 160 mil para setembro de 2003.

e. Outubro de 2003. Decisão de reduzir a taxa mensal para assinaturas de $ 24,95, em setembro de 2003, para $ 21,95 em outubro de 2003.

Para fazer:

1. Distinguir entre decisões de planejamento e decisões de controle na WebNews.com.
2. Classificar cada uma das decisões de (a) a (e) como uma decisão de planejamento ou de controle.

1-26 Resolvendo problemas, marcando os números do jogo, direcionando a atenção e *feedback*, empresa da Internet (continuação do problema 1-25). Contadores gerenciais na WebNews.com podem ter três papéis em cada uma das cinco decisões descritas no Problema 1-25: resolver problemas, marcar os números do jogo e direcionar a atenção.

Para fazer:

1. Distinguir entre os papéis de resolver problemas, marcar os números do jogo e direcionar a atenção de um contador gerencial na WebNews.com.
2. Para cada uma das cinco decisões delineadas no Problema 1-25, descreva um papel de resolver problemas, marcar os números do jogo ou direcionar a atenção. Quando possível, forneça o seu próprio exemplo de um item de informação que um contador gerencial poderia fornecer para cada decisão.
3. Qual foi o papel de *feedback* nas decisões tomadas no período?
4. Que medida adicional a WebNews.com poderia tomar baseada no *feedback* das informações sobre os assinantes de julho a setembro?

1-27 O diretor financeiro e o *controller*. Juan Rodriguez era o *controller* da Eletrônica Unida e acaba de ser promovido para a posição de diretor financeiro da empresa.

Para fazer:

1. Descreva as principais responsabilidades de Rodriguez na sua posição anterior como *controller*.
2. Como diretor financeiro, qual o escopo das novas responsabilidades de Rodriguez?

1-28 Decisões sobre a compra de *software*, ética. Jorge Miguel é o *controller* da Fiesta Foods, de Chicago, um fabricante e comerciante em franco crescimento de produtos alimentícios mexicanos. Miguel atualmente está considerando a compra de um novo pacote de gestão de custos para ser usado por cada uma das seis fábricas de produção da empresa e por seu pessoal de marketing. Quatro principais produtos concorrentes estão sendo considerados por Miguel.

Horizon 1-2-3 é uma criadora agressiva de *software*. Ela percebe na Fiesta Foods um alvo de oportunidade. A cada seis meses, a Horizon promove, para usuários, uma conferência de três dias em algum lugar do Caribe. Cada conferência permite tempo bastante para 'descanso e recreação'. A Horizon oferece, para Miguel, uma visita com todas as despesas pagas na próxima conferência que será em Cancun, no México. Miguel aceita a oferta acreditando ser muito útil conversar com outros usuários de *software* da Horizon. Ele está especialmente interessado na visita porque tem parentes na região de Cancun.

Antes de partir, Miguel recebe uma visita da presidente da Fiesta, que lhe mostra uma carta anônima recebida por ela. A carta argumenta que a Horizon está sendo favorecida na escolha do *software* no processo decisório da Fiesta. A carta menciona, especificamente, 'o pacote com todas as despesas pagas para Cancun durante o inverno gelado de Chicago', oferecido a Miguel. Miguel está extremamente ofendido. Ele afirma que ainda não tomou nenhuma decisão e que acredita ser bastante capaz de escolher um *software* baseado nos méritos de cada produto. Atualmente, a Fiesta não tem nenhum código formal de ética, por escrito.

Para fazer:

1. Você acredita que Miguel enfrenta um problema ético em relação à sua iminente visita à reunião do grupo de usuários da Horizon? Refira-se ao Quadro 1.7. Explique.
2. A Fiesta deveria permitir que os executivos participem de reuniões de usuários enquanto estão negociando com outros fornecedores sobre uma decisão de compra? Explique. Se sim, as condições que deveriam se aplicar à participação?
3. Você recomendaria que a Fiesta desenvolvesse o seu próprio código de ética para lidar com situações como esta? Quais são os pontos a favor e contra de ter um código desse tipo, por escrito?

1-29 Ética profissional e jogos do final de ano. Janete Silva é a nova *controller* divisional de comidas rápidas da Gourmet Foods. A Gourmet Foods tem relatado um crescimento mínimo de 15 por cento nos lucros anuais em cada um dos últimos cinco anos. A divisão de comidas rápidas tem relatado um crescimento anual nos lucros de mais de 20 por cento em cada um dos anos nesse mesmo período. Durante o presente ano, a economia entrou em recessão. O *controller* corporativo estima, para a Gourmet Foods, uma taxa de crescimento anual nos lucros de 10 por cento este ano. Um mês antes do final do ano fiscal deste ano, no dia 31 de dezembro, Silva estima que a divisão de comidas rápidas registrará um crescimento anual nos ganhos de apenas 8 por cento. Walter Rios, presidente da divisão de comidas rápidas, não está muito contente mas diz, com um sorriso amargo: "Que comecem os jogos de final de ano".

Silva faz algumas pesquisas e consegue compilar a seguinte lista de jogos de final de ano, mais ou menos aceitos pelo *controller* divisional anterior:

a. Deferir a manutenção mensal de rotina, de dezembro, realizada no equipamento de embalagens por uma empresa independente, até janeiro do próximo ano.
b. Estender o fechamento do ano fiscal atual além de 31 de dezembro, para que algumas vendas do próximo ano sejam incluídas no ano atual.
c. Alterar datas de documentos de despacho das vendas de janeiro próximo para registrá-las como vendas de dezembro do presente ano.
d. Dobrar o bônus para os vendedores, visando exceder as metas de vendas para dezembro.
e. Deferir os custos relatados de publicidade do período atual ao reduzir o número de anúncios na televisão para dezembro e colocar mais do que o planejado em janeiro do próximo ano.
f. Deferir os custos relatados de publicidade do período atual ao fazer com que a agência de publicidade, externa, da Gourmet Foods, atrase o faturamento dos anúncios de dezembro até janeiro do próximo ano, ou fazer com que a agência altere as faturas para esconder a data de dezembro.
g. Persuadir transportadoras a aceitar mercadorias para despacho, em dezembro do presente ano, embora usualmente não o façam.

Para fazer:

1. Por que o presidente da divisão de comidas rápidas pretende jogar os jogos de final de ano?
2. A *controller* divisional está muito preocupada. Ela lê as 'Normas de Conduta Ética para Contadores Gerenciais' no Quadro 1.7. Classifique cada um dos jogos de final de ano (**a-g**) como (i) aceitável ou (ii) inaceitável, conforme o documento.

3. O que Silva deve fazer caso Rios sugira que os jogos de final de ano sejam jogados em todas as divisões da Gourmet Foods, e que ela prejudicaria, e muito, a divisão de comidas rápidas não aderindo a isso? Pinte um quadro dos mais belos possíveis sobre os resultados da divisão.

Problema para aprendizagem em grupo

1-30 Empresa global, desafios éticos com subornos. Em junho de 2003, o governo do Safistão promoveu licitações para a construção de duas usinas hidroelétricas. A Companhia Norte de Energia obteve as informações e as especificações necessárias. Como a Cia. Norte estava ansiosa para entrar no mercado a que o Safistão está afeto, o lance da empresa foi preparado cuidadosamente, com uma margem de lucro esperado de apenas a metade do lucro normal sobre projetos similares. O lance foi submetido antes do prazo. Depois de duas semanas, a Cia. Norte recebeu a confirmação do Ministério de Águas e Energia do Safistão de que o seu lance foi recebido. Passaram-se várias semanas sem nenhuma comunicação adicional. Após esperar o que a Cia. Norte considerava um período razoável, Saulo Leite, vice-presidente de operações globais, escreveu cartas para as devidas autoridades do governo do Safistão, mas não recebeu resposta. Ele falou por telefone com vários dos integrantes do Ministério, mas eles foram de pouca ajuda. Finalmente, Leite buscou o auxílio do adido comercial dos EUA no Safistão. O adido comercial aconselhou Leite a visitar o Safistão porque: "Nessa cultura, eles somente negociam com empresários que eles conhecem pessoalmente". Leite partiu imediatamente para o Safistão. O adido comercial conseguiu uma reunião entre Leite e o Ministro Adjunto de Águas e Energia. Leite familiarizou-se de todo com as especificações do projeto e o lance, preparando-se para a reunião com o ministro adjunto. Ele estava ansioso para que a reunião corresse bem, porque era um projeto de vários milhões de dólares.

Leite foi até o escritório do ministro adjunto e de lá foi levado para a sala de reuniões. O ministro adjunto logo chegou com o seu segundo em comando, Sufi Gharib. Após as apresentações e a troca de gentilezas, o ministro adjunto fez algumas perguntas sobre o lance da Cia. Norte. Após escutar as respostas de Leite, o ministro adjunto disse: "Eu estou considerando o seu lance favoravelmente, porém é preciso discutir alguns detalhes. Eu preciso ir para uma outra reunião, mas o Sr. Gharib está autorizado a negociar com você".

Após a saída do ministro adjunto, Gharib disse a Leite: "Eu posso garantir que o seu lance será aceito se você pagar uma comissão de $ 1 milhão". Estava claro para Leite que a 'comissão' não passava de um suborno. Ele disse a Gharib que seria impossível para a sua empresa fazer um pagamento desse tipo devido às leis dos EUA e à política corporativa. Gharib levantou, apertou a mão de Leite e desejou uma boa viagem de volta para casa.

Para fazer:

1. Como acionista da empresa, você preferiria que a Cia. Norte fizesse o pagamento?
2. Leite contou a Charles Braga a sua experiência no Safistão. Braga, gerente de operações globais de outra empresa, disse que a sua 'filosofia pessoal' é a de fazer esses tipos de pagamento se a prática fizer parte da cultura local. Você acha que o comentário de Charles tem algum mérito?
3. Por que a Cia. Norte teria uma política corporativa contra esse tipo de pagamento?

capítulo 2

UMA INTRODUÇÃO AOS TERMOS E PROPÓSITOS DE CUSTOS

Objetivos de aprendizagem

1. Definir e ilustrar um objeto de custo
2. Distinguir entre custos diretos e custos indiretos
3. Explicar custos variáveis e custos fixos
4. Interpretar com cautela custos por unidade
5. Distinguir entre empresas de produção, empresas comerciais e empresas do setor de serviços
6. Descrever as três categorias de estoque comumente encontradas em empresas de produção
7. Diferenciar entre custos inventariáveis e custos do período
8. Explicar por que custos do produto são computados de formas diferentes para propósitos diferentes
9. Apresentar aspectos-chave de contabilidade de custos e gestão de custos

O que os cães e o dinheiro têm em comum? Na padaria Three Dog, eles combinam para formar um dos conceitos empresariais mais singulares existentes. A padaria se especializa em fazer guloseimas assadas — para cães. Quando os fundadores, Dan Dye e Mark Beckloff, começaram a empresa, a contabilidade de custos não fazia parte de sua receita de negócios. Mas hoje em dia, os administradores da empresa entendem de objetos de custos, custos diretos e custos indiretos, custos fixos e custos variáveis, e mais. Agora, seus custos são acumulados, analisados e relatados de forma pontual. Os relatórios são usados por gerentes de produção para compreenderem e controlarem os custos de produção do produto. Externamente, os bancos e os acionistas usam os relatórios para avaliar o desempenho da empresa. Não há uma decisão tomada hoje que não seja de alguma forma influenciada pelas informações contábeis associadas com as suas saborosas guloseimas — saborosas para os consumidores caninos.

Relatórios contábeis contêm uma variedade de conceitos e termos de custos representando muita informação. Administradores que compreendem esses conceitos e termos são capazes de utilizar melhor as informações geradas, assim como de evitar o mau uso dessas informações. Uma compreensão comum do significado de conceitos e termos de custos facilita a comunicação entre os administradores e os contadores gerenciais. Este capítulo discute os conceitos e termos de custos expressos nas informações contábeis usadas para os relatórios internos e externos.

Custos e terminologia de custos

Contadores definem **custos** como um recurso sacrificado ou renunciado para conseguir um objetivo específico. Um custo (como materiais diretos ou publicidade) é normalmente medido como a quantia monetária que precisa ser paga para adquirir bens ou serviços. Um **custo real** é o custo incorrido (um custo histórico) em comparação a um custo orçado (ou previsto).

Para dirigir as suas decisões, os administradores querem saber quanto uma coisa específica (como um produto, uma máquina, um serviço ou um processo) custa. Chamamos essa 'coisa' de **objeto de custo**, que é qualquer coisa para a qual uma medida de custos é desejada. O Quadro 2.1 lista exemplos de sete tipos diferentes de objetos de custo para os quais a Procter & Gamble, a empresa de produtos de consumo, quer saber os custos.

Um sistema de custeio típico justifica custos em dois estágios básicos: acúmulo seguido por apropriação. O **acúmulo de custos** é a coleta de dados de custos, de alguma forma organizada, por meio de um sistema de contabilidade. Por exemplo, uma editora que compra rolos de papel para a impressão de revistas acumula os custos de rolos comprados em dado mês para obter o custo mensal total de papel. Além de acumular custos, os administradores os distribuem para objetos de custos designados (como as diferentes revistas que a editora publica), a fim de ajudar na tomada de decisão (como a precificação de revistas diferentes). Administradores apropriam custos para objetos de custo por muitas razões. Custos apropriados para um departamento facilitam decisões sobre a eficiência do departamento. Custos apropriados para produtos ajudam nas decisões sobre precificação e na análise de sua rentabilidade. Custos apropriados para clientes ajudam os administradores a compreender o lucro ganho de diferentes clientes e a tomar decisões sobre como apropriar recursos para lhes dar suporte. A **apropriação de custos** é um termo geral que engloba (1) o rastreamento de custos acumulados que têm um relacionamento direto com um objeto de custo e (2) a apropriação de custos acumulados que têm um relacionamento indireto com um objeto de custo.

Custos diretos e custos indiretos

Rastreamento de custos e apropriação de custos

- **Custos diretos de um objeto de custo** são relativos ao objeto de custo em particular, e podem ser rastreados para aquele objeto de custo de forma economicamente viável (de custo eficaz). Por exemplo, o custo das latas ou garrafas é um custo direto da Pepsi. O custo das latas ou garrafas pode ser facilmente rastreado para, ou identificado com, a bebida. O termo

Quadro 2.1 Exemplos de objetos de custo na Procter & Gamble.

Objeto de custo	Ilustração
Produto	*Crest Tartar Control*: Produto de pasta de dente de Sabor Original
Serviço	Linha telefônica que fornece informações e auxílio aos usuários dos produtos das *Fraldas Pampers*
Projeto	Projeto de P&D sobre fórmulas alternativas, sem perfume, de produtos do detergente *Ariel*
Cliente	Carrefour, a loja de varejo, que compra uma ampla gama de produtos da Procter & Gamble
Categoria de marcas	Produtos para os cabelos, da *Vidal Sassoon*
Atividade	Desenvolvimento e atualização do site na Internet ou o ajustamento de máquinas para a produção
Departamento	Departamento do Meio Ambiente, Saúde e Segurança

rastreamento de custos é usado para descrever a apropriação de custos diretos para o objeto de custo em particular.
- **Custos indiretos de um objeto de custo** são relativos ao objeto de custo em particular, mas não podem ser rastreados para aquele objeto de custo de forma economicamente viável (de custo eficaz). Por exemplo, os salários de supervisores que inspecionam a produção dos muitos produtos diferentes de refrigerantes engarrafados em uma fábrica da Pepsi é um custo indireto da Pepsi. Custos de supervisão são relativos ao objeto de custo (Pepsi) porque a supervisão é necessária para administrar a produção e a venda da Pepsi. Custos de supervisão são custos indiretos porque os supervisores também supervisionam a produção de outros produtos, como a 7-Up. Diferentemente do custo de latas ou garrafas, é difícil rastrear os custos da supervisão para a linha da Pepsi. O termo **apropriação de custos** é usado para descrever a distribuição de custos indiretos para um objeto de custo em particular.

O Quadro 2.2 retrata custos diretos e custos indiretos e ambas as formas de distribuição de custos — rastreamento de custos e alocação de custos — usando o exemplo da revista *Sports Illustrated*, publicada pela AOL Time Warner. O objeto de custo é a revista *Sports Illustrated*. O papel em que a revista é impressa é um custo direto. Esse papel pode ser rastreado de forma eficaz, em custos para a revista *Sports Illustrated*. Considere o custo de alugar o prédio que abriga a redação de revistas como a *Time*, *People* e *Sports Illustrated*. O custo do aluguel é, para a revista, um custo indireto. A Time Warner consegue *rastrear* o valor de aluguel pago por todo o prédio, mas não há nenhum contrato individual, de aluguel, para o espaço usado pela equipe editorial da *Sports Illustrated*, o que impede que a Time Warner consiga rastrear esse custo em particular. No entanto, a Time Warner consegue *apropriar* para a *Sports Illustrated* uma parte do custo do aluguel do prédio todo, por exemplo, baseando-se em uma estimativa da porcentagem relativa do total de espaço ocupado pela equipe editorial da *Sports Illustrated*.

Administradores querem distribuir custos para objetos de custo de forma precisa. Custos imprecisos de produtos enganarão os administradores quanto à rentabilidade de produtos diferentes; como resultado, os administradores podem promover produtos não-rentáveis enquanto desenfatizam a produção de outros produtos rentáveis. Geralmente, os administradores são mais confiantes quanto à precisão de custos diretos dos objetos de custo, como o do papel para a revista *Sports Illustrated*. Custos indiretos apresentam mais problemas. Para alguns deles, como o de aluguéis, a apropriação de custos baseada no total de espaço ocupado pela assessoria editorial de cada revista mede os recursos do prédio exigidos por cada revista de forma razoavelmente precisa. Essa apropriação supõe que a qualidade do espaço (como as vistas de janelas, manutenção etc.) usada pelas diferentes revistas seja bastante parecida. A apropriação precisa de outros custos de gastos gerais, como os da alta gerência da AOL Time Warner, para a revista *Sports Illustrated*, já é mais difícil. Deveriam esses custos ser apropriados com base no tamanho da assessoria editorial? No número de revistas vendidas? Com base em alguma outra medida? Não é tão claro quanto medir a divisão de tempo da alta gerência, exigida por cada uma das revistas.

FATORES QUE AFETAM AS CLASSIFICAÇÕES DE CUSTOS DIRETOS/INDIRETOS

Vários fatores afetam a classificação de um custo como sendo direto ou indireto:

1. *A materialidade do custo em questão.* Quanto maior a quantia de um custo, mais provável é que seja economicamente viável rastrear aquele custo para um objeto de custo em particular. Considere uma empresa de vendas por catálogo. É provável que, economicamente, fosse viável rastrear os custos do *courier* para a entrega de cada pacote diretamente para um cliente específico. Em contrapartida, é bem possível que o custo do papel da fatura, incluído no pacote enviado para o cliente, viesse a ser classificado como um custo indireto. Por quê?

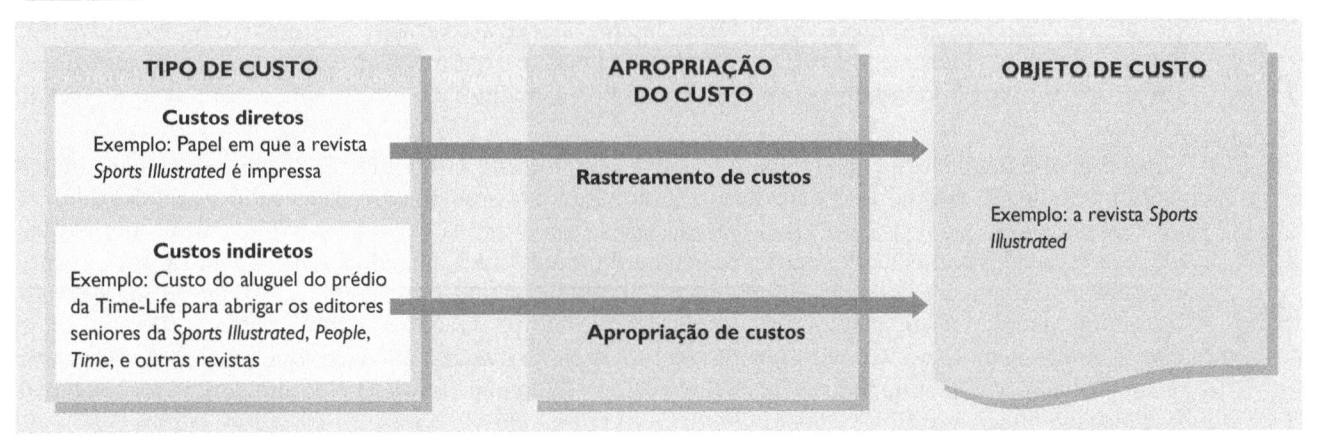

Quadro 2.2 Apropriação de custos para um objeto de custo.

TIPO DE CUSTO	APROPRIAÇÃO DO CUSTO	OBJETO DE CUSTO
Custos diretos Exemplo: Papel em que a revista *Sports Illustrated* é impressa	Rastreamento de custos	Exemplo: a revista *Sports Illustrated*
Custos indiretos Exemplo: Custo do aluguel do prédio da Time-Life para abrigar os editores seniores da *Sports Illustrated*, *People*, *Time*, e outras revistas	Apropriação de custos	

Porque embora o custo do papel, por cliente, possa ser rastreado, não é eficaz rastrear o custo dessa pequena quantidade de papel. Os benefícios de saber o número exato de, digamos, 0,5 centavos de papel incluído em cada pacote, não excedem os custos do dinheiro e do tempo envolvidos para rastrear o custo por pacote.

2. *Tecnologia disponível para a coleta de informações.* Melhorias na tecnologia de coleta de informações estão fazendo com que seja possível considerar um número cada vez maior de custos, como custos diretos. Por exemplo, códigos de barra permitem que muitas empresas de produção tratem certos materiais, anteriormente classificados como custos indiretos, como custos diretos de produtos. Muitas peças de componentes têm um código de barra que pode ser escaneado em todos os pontos do processo de produção. Os códigos de barra podem ser lidos para um arquivo de custos de produção ao passar uma 'vara mágica', da mesma maneira rápida e eficiente que caixas de supermercado entram com o custo de cada item comprado por um cliente.

3. *Desenho das operações.* Classificar um custo como direto é mais fácil se a instalação de uma empresa (ou alguma parte dela) for usada exclusivamente para um objeto de custo específico, como um produto específico ou um cliente em particular.

Este livro examina maneiras diferentes de apropriar custos para objetos de custo. Por agora, esteja ciente de que um custo específico pode ser direto, de um objeto de custo, e indireto, de outro. *Ou seja, a classificação direto/indireto depende da escolha do objeto de custo.* Por exemplo, o salário de um supervisor do Departamento de Montagem, da Ford, é um custo direto se o seu objeto for o Departamento de Montagem, mas é indireto se o objeto de custo for um produto, como o Ford Windstar, porque o Departamento de Montagem monta muitos modelos diferentes. Uma regra empírica útil é que, quanto mais ampla for a definição do objeto de custo — o Departamento de Montagem em vez do Windstar —, mais alta será a proporção de custos totais que são os custos diretos, e mais confiança a administração terá na precisão das quantias de custos resultantes. Agora, vamos discutir custos e seus comportamentos.

PADRÕES DE COMPORTAMENTO DE CUSTOS: CUSTOS VARIÁVEIS E CUSTOS FIXOS

Sistemas de custeio registram os custos de recursos adquiridos e rastreiam como são então usados. O registro dos custos de recursos adquiridos e usados permite aos administradores observarem como os custos se comportam. Considere dois tipos básicos de padrão de comportamento de custos encontrados em muitos sistemas contábeis. O **custo variável** muda *no total* em proporção às mudanças no nível relativo de atividade ou volume total. O **custo fixo** permanece inalterado *no total* por um dado período de tempo, apesar de mudanças amplas no nível relativo de atividade ou volume total. Custos são definidos como sendo variáveis ou fixos com respeito a um *objeto de custo específico* e por um *dado período de tempo*. As Pesquisas de Práticas Empresariais indicam que a identificação de um custo como variável ou fixo ajuda na previsão dos custos totais e na tomada de muitas decisões administrativas. Para ilustrar esses dois tipos básicos de custo, considere os da fábrica da Ford em Oakville, Ontário.

- *Custos variáveis:* Se a Ford comprasse um volante a $ 60 para cada um de seus veículos Ford Windstar, então o custo total de volantes deveria ser $ 60 vezes o número de veículos montados. Se a Ford produzir mil Windstars, o custo total de volantes será de $ 60 000 ($ 60 por volante × 1 000 volantes). Se a Ford produzir três mil Windstars, o custo total de volantes será de $ 180 000 ($ 60 × 3 000). O custo de volantes é um exemplo de um custo variável, um custo que muda *no total* em proporção às mudanças no número de veículos montados (veja o Quadro 2.3, Painel A). Um outro exemplo de custo variável em relação a um nível de atividade é o salário por hora, de $ 20, pago para a mão-de-obra voltada ao ajustamento de máquinas na fábrica de Oakville. O custo da mão-de-obra para ajustamentos é um custo variável, que muda *no total* em proporção ao número de horas de ajustamento usado (veja o Quadro 2.3, Painel B). Nos Painéis A e B, os custos são representados por uma linha reta. As frases 'estritamente variável' ou 'proporcionalmente variável' às vezes são usadas para descrever os custos variáveis representados no Quadro 2.3. Observe que nos Painéis A e B, o custo variável por unidade é o mesmo: $ 60 para cada veículo montado no Painel A e $ 20 por hora de ajustamento no Painel B. No entanto, os custos totais mudam com o nível de atividade ou volume.

- *Custos fixos:* Em um dado ano, a Ford pode incorrer num total de $ 100 milhões de custo de aluguel para a fábrica de Oakville. Esse custo é inalterado, *no total*, sobre um certo número de veículos montados durante dado período de tempo. Os custos fixos *por unidade* se tornam cada vez menores, enquanto o número de veículos montados aumenta. Por exemplo, se a Ford montasse dez mil veículos nessa fábrica, em um ano, o custo fixo do aluguel por veículo seria de $ 10 000 ($ 100 000 / 10 000 veículos). Se 50 mil veículos fossem montados, o custo fixo por veículo seria de $ 2 000 ($ 100 000 / 50 000 veículos). Não se engane com a mudança no custo fixo por unidade. *Quando se estiver considerando custos fixos, foque sempre nos custos totais.* Os custos são fixos quando os totais permanecem inalterados a despeito das mudanças no nível total de atividade ou volume.

Quadro 2.3 Exemplos de custos variáveis.

PAINEL A: Custos de volantes a $ 60 por veículo montado

PAINEL B: Custos de mão-de-obra para ajustamentos a $ 20 por hora

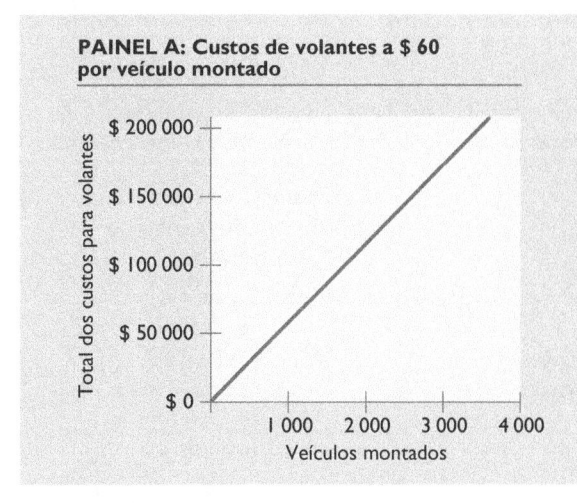

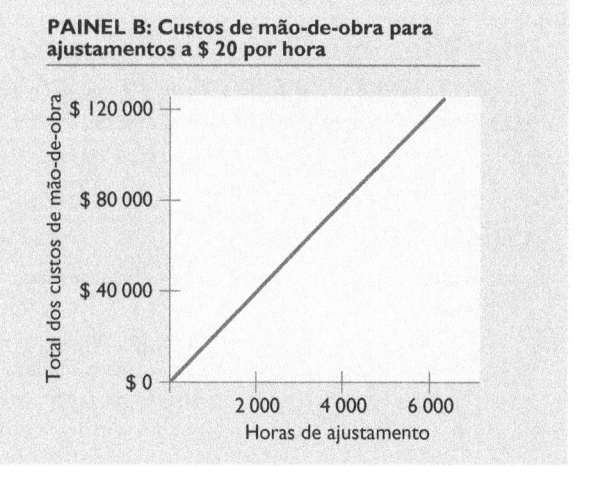

Por que alguns custos são variáveis e outros fixos? Lembre-se: um custo é normalmente medido como a quantia em dinheiro necessária para adquirir bens e serviços. O total do custo de volantes é um custo variável porque a Ford compra volantes somente quando necessários. Com a produção de mais Windstars, mais volantes são adquiridos e proporcionalmente mais custos são incorridos.

Compare a descrição de custos variáveis com os $ 100 milhões em custos fixos incorridos pela Ford para alugar a fábrica de Oakville por um ano. A capacidade de fábrica é adquirida muito antes de a Ford utilizá-la para produzir Windstars e mesmo antes de a Ford saber quanto da capacidade ela irá usar. Digamos que a fábrica tenha a capacidade de produzir 50 mil Windstars a cada ano. Se a demanda for de apenas 45 mil, a capacidade total não será necessária ou utilizada. No entanto, a Ford terá que pagar pela capacidade não usada. Se a demanda for ainda menor, digamos de apenas 40 mil Windstars, os custos do aluguel da fábrica não mudarão, permanecendo em $ 100 milhões. No entanto, agora, ainda menos da capacidade será utilizada. Diferentemente dos custos variáveis, os custos fixos pagam por recursos, como a capacidade da fábrica, que não podem ser rápida nem facilmente alterados para combinar com os recursos necessários ou utilizados. É claro que com o decorrer do tempo, os administradores podem tomar medidas para reduzir os custos fixos. Por exemplo, a Ford pode escolher alugar apenas parte da fábrica ou sublocar parte dela para outras empresas.

Não suponha que itens de custo sejam inerentemente variáveis ou fixos. Considere os custos da mão-de-obra — eles podem ser puramente variáveis com respeito às unidades produzidas quando os trabalhadores são pagos, baseados em um valor por unidade. Alguns trabalhadores do setor de vestuário são pagos por unidade de camisa costurada. Em contrapartida, custos de mão-de-obra em uma fábrica para o ano vindouro são apropriadamente classificados como fixos quando um acordo trabalhista ou um contrato implícito com os trabalhadores tenha estabelecido salários e condições anuais, contendo uma cláusula de garantia de emprego e restringindo severamente a flexibilidade da empresa em designar trabalhadores para uma outra fábrica que tenha demanda pela mão-de-obra. Por exemplo, por muito tempo, empresas japonesas têm tido uma política de emprego vitalício para os seus trabalhadores. Embora uma política desse tipo possa acarretar custos mais altos de mão-de-obra, especialmente em períodos de recessão econômica, os benefícios incluem maior lealdade e dedicação à empresa e produtividade mais alta. O destaque de 'Conceitos em Ação' descreve como a Internet oferece às empresas a oportunidade de converterem custos fixos de aplicativos em custos variáveis ao alugarem-nos quando necessário.

Um item de custo em particular pode ser variável no que diz respeito a um nível de atividade e fixo no que se refere a outro. Considere os custos de registro e licenciamento anual de uma frota de aviões pertencentes a uma companhia aérea. Seriam um custo variável com respeito ao número de aviões possuídos. Mas os custos de registro e licenciamento para um avião em particular são fixos, no que diz respeito ao número de quilômetros voado por aquele avião durante um ano.

DIRECIONADORES DE CUSTO

Um **direcionador de custo** é uma variável, como o nível de atividade ou volume, que causalmente afeta os custos sobre dado período de tempo. Ou seja, existe um relacionamento de causa e efeito entre uma mudança no nível de atividade ou volume e no nível de custos totais. Por exemplo, se os custos do desenho do produto mudarem com o número de peças em um produto, o número de peças será um direcionador de custo dos custos do desenho do produto. Da mesma forma, o número de quilômetros dirigidos é freqüentemente um direcionador de custo para os de distribuição.

O direcionador de custo de um custo variável é o nível de atividade ou volume cuja mudança causa outras, proporcionais, nos custos (variáveis). Por exemplo, o número de veículos montados é o direcionador de custo para o custo

Pesquisas de práticas empresariais

Razões para as empresas distinguirem entre custos variáveis e custos fixos

Muitos capítulos neste livro ilustram a distinção entre custos variáveis e custos fixos. Uma pesquisa com empresas dos EUA relatou a seguinte classificação das razões para distinção entre custos variáveis e fixos (as 15 razões mais importantes).[a]

Classificação	Razão	Capítulo(s) deste livro que discute(m) a razão em detalhes
1 (igual)	Precificação	4, 5, 11, 12 e 13
1 (igual)	Orçamento	6
3	Análise de rentabilidade — produtos existentes	4, 5, 11, 12 e 13
4	Análise de rentabilidade — produtos novos	11, 12 e 13
5	Análise de custo-volume-lucro (CVL)	3
6	Análise de variações	7, 8 e 1 (volume 2)

Pesquisas de empresas australianas, japonesas e do Reino Unido proporcionaram provas adicionais sobre a classificação dos administradores das razões motivadoras da distinção entre custos variáveis e custos fixos (1 = razão mais importante):[b]

Razão	Empresas australianas	Classificação por empresas japonesas	Empresas do Reino Unido
Decisões sobre precificação	1	5	1
Orçamento	2	2	3
Planejamento de lucros	3	1	2
Redução de custos	6	3	5 (igual)
Análise CVL	4 (igual)	4	4
Análise de custo-benefício	4 (igual)	6	5 (igual)

Tais pesquisas destacam a ampla gama de decisões para a qual os administradores acreditam ser importante ter uma compreensão do comportamento de custos.

a. Adaptado de Mowen, *Contabilidade de custos fixos e variáveis*.
b. Blayney e Yokoyama, *Comparative analysis of japanese and australian cost accounting and management practices*.

Conceitos em ação

Como os fornecedores de serviços aplicativos (ASPs[1]) influenciam as estruturas de custos[a]

Seria possível prever o dia em que empresas não estarão comprando computadores ou *software* e, em vez disso, estarão alugando o *software* de que precisam de um fornecedor de serviços? Se sim, você está enxergando o mundo dos Fornecedores de Serviços de Aplicativos (ASPs).[b] Os ASPs permitem que as empresas acessem o *software* de aplicativos de um servidor remoto por meio da Internet. De acordo com *ASP News.com*, um informativo *on-line:* "Dentro de poucos anos os usuários não vão querer instalar os seus aplicativos localmente. Em vez disso, eles acessarão os aplicativos de que necessitam, quando quiserem, de fornecedores *on-line*, que irão cobrar por segundo pelo valor preciso das características e recursos específicos utilizados".

Reflitamos sobre o que esse desenvolvimento significa. Considere aplicativos como o correio eletrônico e serviços de mensagens, a cadeia de fornecimento (*supply chain*) e o planejamento de compras, a gestão de

a. T. Eisenmann e S. Pothen, *Application Service Providers*, Harvard Business School Note, 2001.
b. R. Lavery, "The ABCs of ASPs", *Strategic Finance*, maio de 2001.

Continua

1. *ASPs do inglês* Application Service Providers.

recursos humanos, a gestão do relacionamento com clientes ou orçamentos necessários para uma empresa pequena ou média, de aproximadamente 250 funcionários. Quais as opções da empresa? Ela pode (1) escolher elaborar os seus próprios sistemas proprietários a um custo muito alto, ou (2) comprar *software*, recrutar e reter recursos de tecnologia da informação (TI) internos para instalar e mantê-lo, bem como construir e manter a infra-estrutura de TI necessária para sustentar o aplicativo. Ambas as soluções acarretam altos custos fixos, levando muitas empresas pequenas a não automatizarem processos básicos como relatórios financeiros e de recursos humanos.

ASPs como a Corio, Jamcracker, Microsoft e Sprint projetam, desenvolvem, mantêm e atualizam os pacotes de aplicativos e depois cobram um preço das empresas pelo uso do pacote. Da perspectiva de seus clientes, ASPs convertem custos fixos de aplicativos em custos variáveis. Se os negócios sofrerem uma redução, os clientes de ASPs não ficarão amarrados com os custos fixos dos aplicativos. É claro que se os clientes usarem mais dos aplicativos, eles acabarão pagando mais no geral do que teriam pago se tivessem desenvolvido os aplicativos por conta própria.

Três razões não financeiras do porquê de empresas não usarem ASPs são (1) preocupações com a segurança dos dados enviados pela Internet, (2) a perda de controle sobre aplicativos importantes e (3) a falta de confiabilidade na rede (é por isso que os ASPs oferecem contratos de serviço que garantem o funcionamento 99,9 por cento do tempo).

dos volantes. Se trabalhadores em ajustamentos receberem salário por hora, o número de horas de ajustamento será o direcionador de custo para os de ajustamento (variáveis).

Custos que são fixos no curto prazo não têm nenhum direcionador de custo no curto prazo, mas podem tê-lo no longo prazo. Considere os custos para testar computadores pessoais na Dell. Eles consistem de custos do pessoal e do equipamento do Departamento de Testes, difíceis de serem mudados e, portanto, fixos no curto prazo, com respeito às mudanças no volume de produção. Nesse caso, o volume de produção não é um direcionador de custos para os custos dos testes no curto prazo. Porém, no longo prazo, a Dell aumentará ou reduzirá o equipamento e o pessoal do Departamento de Testes até o ponto necessário para sustentar volumes futuros de produção. No longo prazo, o volume de produção é um direcionador de custo para os custos dos testes.

Faixa relevante

A **faixa relevante** é a banda do nível ou volume normal de atividade em que há um relacionamento específico entre o nível de atividade ou volume e o custo em questão. Por exemplo, um custo fixo é fixo apenas em relação a determinada faixa (normalmente larga) da atividade ou volume total (na qual se espera que a empresa opere) e por dado período de tempo (normalmente um período orçamentário em particular). Considere a Thomas Transport Company (TTC), que aluga dois caminhões refrigerados que transportam produtos agrícolas para o mercado. Cada caminhão tem custos anuais fixos de aluguel de $ 40 000. O uso anual máximo de cada caminhão é de 120 mil milhas. No presente ano (2004), o total previsto de frete combinado para os dois caminhões é de 170 mil milhas.

O Quadro 2.4 mostra como os custos fixos anuais se comportam aos níveis diferentes de milhas de frete. Até 120 mil milhas, a TTC pode operar com um caminhão; de 120 001 a 240 mil milhas, ela opera com dois caminhões; de 240 001 a 360 mil milhas, ela opera com três caminhões. Esse modelo continuaria enquanto a TTC adicionasse caminhões à sua frota para proporcionar mais milhas de frete. Dado o uso previsto de 170 mil milhas para 2004, a faixa de 120 mil a 240 mil milhas de frete é a faixa em que a TTC espera operar, resultando em custos fixos dos caminhões de $ 80 000. Dentro dessa faixa relevante, as mudanças em milhas de frete não afetarão os custos fixos anuais.

Os custos fixos podem mudar de um ano para o outro. Por exemplo, se o total dos valores de aluguel para os dois caminhões refrigerados for, em 2005, aumentado em $ 2 000, a quantia total de custos fixos aumentará para $ 82 000

Quadro 2.4 Comportamento de custos fixos na Thomas Transport Company.

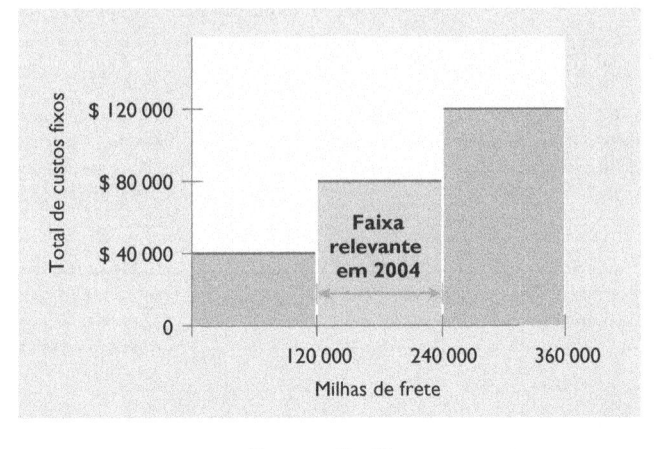

(com todo o resto permanecendo igual). No entanto, se esse aumento acontecesse, o total dos custos dos caminhões ficaria fixado nesse novo nível de $ 82 000, em 2005, para as milhas de frete na faixa de 120 001 a 240 mil.

A suposição básica da faixa relevante também se aplica aos custos variáveis. Ou seja, fora da faixa relevante, os custos variáveis, como para materiais diretos, podem não mudar proporcionalmente com as mudanças no volume de produção. Por exemplo, acima de certo volume, os custos de materiais diretos podem aumentar a uma taxa menor por causa de descontos sobre as compras maiores do que certa quantidade.

Relacionamentos entre os tipos de custos

Apresentamos duas das principais classificações de custos: diretos/indiretos e variáveis/fixos. Ao mesmo tempo, os custos podem ser:

- Diretos e variáveis
- Diretos e fixos
- Indiretos e variáveis
- Indiretos e fixos

O Quadro 2.5 mostra exemplos de custos em cada uma dessas quatro classificações de custo para o Ford Windstar.

Custos totais e custos unitários

Custos por unidade e custos médios

A seção anterior concentrou-se nos padrões de comportamento de custos totais em relação aos níveis de atividade ou de volume. Geralmente, o tomador de decisão deve pensar em termos de custos totais em vez de custos unitários. No entanto, em muitos contextos decisórios, o cálculo do custo por unidade se torna essencial. Considere o presidente do comitê social de uma associação estudantil tentando decidir se deve contratar um conjunto musical para a próxima festa. O valor total pode ser previsto com certeza como sendo de $ 1 000. Esse dado é útil para a decisão, mas pode não ser o suficiente.

Antes que se possa chegar a uma decisão, o presidente precisa prever o custo total e o número provável de pessoas que irão participar. Sem conhecimento dos dois, ele não pode tomar uma decisão inteligente sobre um possível preço de entrada ou mesmo se ele deve ir em frente com a festa. Então, ele computa o custo por unidade ao dividir o custo total pelo número esperado de pessoas. Se mil pessoas participarem, o custo unitário será de $ 1 por pessoa; se cem pessoas participarem, o custo por unidade subirá para $ 10.

A não ser que o custo total seja dividido por unidade (ou seja, achar a média com respeito ao objeto de custo), o custo de $ 1 000 fica difícil de interpretar. O custo por unidade combina o custo total e o número de pessoas de forma prática e comunicativa.

Sistemas contábeis relatam as quantias de custos totais e as quantias de custo médio por unidade. Um **custo unitário**, também chamado de **custo médio**, é computado ao dividir alguma quantia dos custos totais pelo número relativo de unidades. Tais unidades podem ser expressas de várias maneiras. Exemplos incluem automóveis montados, pacotes entregues ou horas trabalhadas. Suponha que $ 40 milhões de custos de produção sejam incorridos em 2004 para produzir 500 mil telefones celulares na fábrica da Produtos Tennessee, de Memphis. O custo por unidade seria de $ 80:

$$\frac{\text{Total de custos de produção}}{\text{Número de unidades fabricadas}} = \frac{\$\ 40\ 000\ 000}{500\ 000\ \text{unidades}} = \$\ 80\ \text{por unidade}$$

Quadro 2.5 Exemplos de custos em combinações das classificações de custos diretos/indiretos e variáveis/fixos.

Padrões de comportamento de custos		Distribuição de custos para o objeto de custo	
		Custos diretos	**Custos indiretos**
	Custo variável	* Objeto de custo: Ford Windstar Exemplo: Pneus usados na montagem do automóvel.	* Objeto de custo: Ford Windstar Exemplo: Custos de energia na fábrica de Detroit. O consumo de energia medido é apenas da fábrica, onde vários produtos são montados.
	Custo fixo	* Objeto de custo: Ford Windstar Exemplo: Salário do supervisor na linha de montagem para o Ford Windstar.	* Objeto de custo: Ford Windstar Exemplo: Custos anuais de aluguel da fábrica de Detroit. O aluguel é da fábrica toda, onde vários produtos são montados.

Se 480 mil unidades forem vendidas e 20 mil unidades ficarem no estoque final, o conceito de custo por unidade ajudará na determinação dos custos totais da demonstração de resultado do exercício e no balanço patrimonial.

Custo de mercadorias vendidas na demonstração de resultado do exercício, 480 mil unidades × $ 80 por unidade	$ 38 400 000
Estoque final no balanço, 20 mil unidades × $ 80 por unidade	1 600 000
Total dos custos de produção de 500 mil unidades	$ 40 000 000

Custos por unidade são encontrados em todas as áreas da cadeia de valor — por exemplo, o custo por unidade do desenho do produto, de visitas de vendas e de chamadas de atendimento ao cliente.

UTILIZE CUSTOS UNITÁRIOS COM CAUTELA

Custos por unidade são usados regularmente em relatórios financeiros. *No entanto, para muitas decisões, os administradores devem pensar em termos de custos totais e não em custos unitários.* Considere o gerente da fábrica de produção da Tennessee Products, em Memphis. Suponha que os custos de $ 40 milhões em 2004 consistam de $ 10 milhões de custos fixos e $ 30 milhões de custos variáveis (a $ 60 em custos variáveis por telefone montado). Suponha que o total de custos fixos e o custo variável por telefone em 2005 devam ficar inalterados de 2004. Os custos orçados para 2005 em níveis diferentes de produção calculados na base do total de custos variáveis, o total de custos fixos e os custos totais são de:

Unidades produzidas	Custo variável por unidade	Total dos custos variáveis	Total dos custos fixos	Custos totais	Custo unitário
100 000	$ 60	$ 6 000 000	$ 10 000 000	$ 16 000 000	$ 160,00
200 000	$ 60	$ 12 000 000	$ 10 000 000	$ 22 000 000	$ 110,00
500 000	$ 60	$ 30 000 000	$ 10 000 000	$ 40 000 000	$ 80,00
800 000	$ 60	$ 48 000 000	$ 10 000 000	$ 58 000 000	$ 72,50
1.000 000	$ 60	$ 60 000 000	$ 10 000 000	$ 70 000 000	$ 70,00

Um gerente de fábrica que usa o custo por unidade, de 2004, de $ 80, subestimaria os custos totais reais se a produção de 2005 for abaixo da do nível de 2004, de 500 mil unidades. Se o volume real fosse de 200 mil unidades devido, digamos, à presença de um novo concorrente, os custos reais seriam de $ 22 milhões. Usando o custo unitário de $ 80 vezes 200 mil unidades, chegamos a $ 16 milhões, o que subestimaria os custos totais reais em $ 6 milhões ($ 22 milhões – $ 16 milhões). *O custo unitário de $ 80 se aplica apenas quando 500 mil unidades forem produzidas.* A dependência excessiva do custo unitário, nessa situação, poderia levar a uma insuficiência de caixa disponibilizável para pagar os custos se o volume diminuir para 200 mil unidades. Como indica a tabela acima, para tomadas de decisão, os administradores devem pensar em termos do total de custos variáveis e fixos, e o total de custos em vez do custo unitário.

Agora, vamos discutir os conceitos de custo usados nos diferentes setores da economia.

EMPRESAS DE PRODUÇÃO, DE COMERCIALIZAÇÃO E DO SETOR DE SERVIÇOS

Primeiro, definiremos três setores diferentes e forneceremos exemplos de empresas em cada um desses setores.

- **Empresas do setor de produção** compram materiais e componentes e os convertem em vários produtos acabados. Exemplos são as empresas automotivas, as empresas de processamento de alimentos e as empresas têxteis.
- **Empresas do setor de comercialização** compram e depois vendem produtos tangíveis sem alterar a sua forma básica. Esse setor inclui empresas engajadas no varejo (como livrarias ou lojas de departamento), na distribuição ou no atacado.
- **Empresas do setor de serviços** fornecem serviços ou produtos intangíveis — por exemplo, conselhos legais ou auditorias — aos seus clientes. Exemplos são escritórios de advocacia, escritórios contábeis, bancos, companhias de seguro, empresas de transporte, agências de publicidade, canais de televisão e de rádio, e empresas de Internet.

DEMONSTRAÇÕES FINANCEIRAS, CUSTOS INVENTARIÁVEIS E CUSTOS DO PERÍODO

A distinção entre *custos inventariáveis* e *custos do período* é necessária para relatos financeiros nos setores de produção e de comercialização da economia. Como histórico, vamos examinar primeiro os tipos diferentes de inventário que as empresas mantêm, e algumas classificações comumente usadas de custos de produção.

Tipos de estoque

Empresas do setor de produção compram materiais e componentes e os convertem em vários produtos acabados. Essas empresas têm, em geral, um ou mais dos três seguintes tipos de estoque:

1. **Estoques de materiais diretos**. Materiais diretos em estoque e esperando consumo no processo de produção (por exemplo, os *chips* de computador e os componentes necessários para fabricar telefones celulares).
2. **Estoques de produtos em processamento ou fabricação**. Produtos parcialmente trabalhados, porém não totalmente acabados (por exemplo, telefones celulares em vários estágios de acabamento no processo de produção). Também chamado de **produtos em andamento**.
3. **Estoques de produtos acabados**. Produtos (por exemplo, telefones celulares) totalmente acabados, mas ainda não vendidos.

Empresas do setor de comercialização compram produtos tangíveis e depois os vendem sem alterar a sua forma básica. Elas mantêm apenas um tipo de estoque, o produto na sua forma original, chamado de *inventário de comercialização*. Empresas do setor de serviços fornecem apenas serviços ou produtos intangíveis; elas não mantêm estoques de produtos tangíveis para venda.

Classificações comumente utilizadas de custos de produção

Três termos comumente usados, quando se descreve custos de produção, são custos de materiais diretos, custos de mão-de-obra direta e custos indiretos de fabricação.

1. **Custos de materiais diretos** são os custos de aquisição de todos os materiais que eventualmente se tornam parte do objeto de custo (produtos em fabricação e depois produtos acabados) e que podem ser rastreados até o objeto de custo de forma economicamente viável. Custos de aquisição de materiais diretos incluem as cobranças de frete de entrada de mercadorias, impostos sobre as vendas e tarifas alfandegárias. Exemplos de custos de materiais diretos incluem o alumínio usado para fazer as latas da Pepsi e o papel usado para imprimir a revista *Sports Illustrated*.
2. **Custos de mão-de-obra direta** incluem a compensação de toda mão-de-obra direta de produção que pode ser rastreada para o objeto de custo (produtos em processamento e produtos acabados) de maneira economicamente viável. Exemplos incluem os salários e os benefícios pagos para operadores de máquinas e trabalhadores na linha de montagem que convertem os materiais diretos comprados em produtos acabados.
3. **Custos indiretos de fabricação** são todos os custos de produção relativos ao objeto de custo (produtos em fabricação e produtos acabados) que não podem ser apropriados para aquele objeto de custo de maneira economicamente viável. Exemplos incluem energia elétrica, suprimentos, materiais indiretos como lubrificantes, mão-de-obra de produção indireta, como a manutenção da fábrica e a mão-de-obra de limpeza, aluguel, seguro, impostos prediais e depreciação da fábrica, bem como o salário dos gerentes de fábrica. Essa categoria de custos também é chamada de **custos de gastos gerais de fabricação** e **custos de gastos gerais de fábrica**. Neste livro, usamos *custos indiretos de produção* e *custos de gastos gerais de fabricação* de maneira intercambiável.

A seguir, descrevemos a importante distinção entre custos inventariáveis e do período.

Custos inventariáveis

Custos inventariáveis são todos os custos de um produto considerados ativos quando incorridos e que depois se tornam o custo de mercadorias vendidas quando o produto é vendido. Para empresas do setor de produção, todos os custos de fabricação são inventariáveis. Os custos de materiais diretos emitidos para a produção do estoque de materiais diretos, os de mão-de-obra direta e os indiretos de fabricação criam ativos novos, começando como estoque de produtos em fabricação e tornando-se produtos acabados. Assim, custos de produção são incluídos no estoque de produtos em fabricação e no estoque de produtos acabados (são 'inventariados') para acumularem os custos envolvidos para criar esses ativos. Quando os produtos acabados são vendidos, o custo de produção das mercadorias vendidas é comparado em oposição às receitas provenientes da venda. O custo de mercadorias vendidas inclui todos os custos de produção (custos de materiais diretos, mão-de-obra direta e custos indiretos de fabricação) incorridos para produzir as mercadorias vendidas. Produtos acabados podem ser vendidos durante um período contábil diferente do período em que foram fabricados e contabilizar os gastos dos custos de produção de mercadorias vendidas mais tarde, quando as receitas são reconhecidas, conseguindo equiparar as receitas e as despesas.

Para empresas do setor de comercialização, os custos inventariáveis são os de compra dos produtos revendidos na sua mesma forma. São os custos dos produtos em si e de frete de entrada de mercadorias, seguro, e manuseio para aqueles produtos. Para empresas do setor de serviços, a ausência de inventários significa que não há custos inventariáveis.

Custos do período

Custos do período são todos os custos na demonstração de resultados além dos custos de mercadorias vendidas. Custos do período são tratados como gastos do período em que foram incorridos porque eles devem beneficiar as receitas no período atual e não fazê-lo em períodos futuros (talvez por não haver indícios suficientes de que tal benefício exista). Contabilizar esses custos no período atual equipara as despesas às receitas.

Para empresas do setor de produção, custos do período na demonstração de resultado são todos os custos de não-produção (por exemplo, custos de desenho e de distribuição). Para empresas do setor de comercialização, custos do período na demonstração de resultado são todos gastos não relacionados com o custo de mercadorias compradas para a revenda. Exemplos de custos do período são os custos de mão-de-obra do pessoal de venda do chão-da-loja e os de marketing. Como não há custos inventariáveis para as empresas do setor de serviços, todos os seus custos na demonstração de resultado são custos do período.

Ilustrando o fluxo de custos inventariáveis e os custos do período

Exemplo do setor de produção

A demonstração de resultado de um fabricante, a Produtos Celulares, é mostrada no Quadro 2.6. As receitas da PC são (em milhares) $ 210 000. **Receitas** são entradas de ativos (normalmente dinheiro ou contas a receber) recebidas por produtos ou serviços fornecidos aos clientes. O custo de mercadorias vendidas em uma empresa de produção é normalmente computado da seguinte maneira:

Estoque inicial de produtos acabados + Custo de produção − Estoque final de produtos acabados = Custo de mercadorias vendidas

Para a Produtos Celulares, em 2004, as quantias correspondentes (em milhares) no Quadro 2.6, Painel A, são:

$ 22 000 + $ 104 000 − $ 18 000 = $ 108 000

O **custo de produção** refere-se ao custo de produtos que são acabados se iniciados antes ou durante o período contábil atual. Em 2004, esses custos somam a $ 104 000 para a Produtos Celulares (veja a Tabela do Custo de Produção no Quadro 2.6, Painel B). Um item no Painel B é 'Custos de produção incorridos durante 2004' de $ 105 000. Esse item se refere à soma dos custos diretos e indiretos de produção incorridos durante 2004 para todos os produtos processados durante aquele ano, independentemente de esses produtos serem totalmente nele completados. A Produtos Celulares classifica os seus custos de produção nas três categorias descritas anteriormente:

1. *Custos de materiais diretos.* O custo de materiais diretos é computado no Quadro 2.6, Painel B, como:

Estoque inicial de materiais diretos + Compra de materiais diretos − Estoque final de materiais diretos = Materiais diretos consumidos

$ 11 000 + $ 73 000 − $ 8 000 = $ 76 000

2. *Custos diretos de mão-de-obra.* Quadro 2.6, Painel B, relata esses custos a $ 9 000.
3. *Custos indiretos de fabricação.* Quadro 2.6, Painel B, relata esses custos a $ 20 000.

O Quadro 2.7 mostra as contas T relativas à razão geral para o fluxo de custos de produção da Produtos Celulares. Observe como o custo de produção de $ 104 000 é o de todos os produtos acabados durante o período contábil e são todos custos inventariáveis. Os produtos acabados durante o período são transferidos para o estoque de produtos acabados. Esses custos se tornam o custo de mercadorias vendidas quando os produtos são vendidos.

Os $ 70 000 compostos de custos de marketing, de distribuição e de atendimento ao cliente são os custos do período da Produtos Celulares. Eles incluem, por exemplo, os salários de vendedores, a depreciação sobre os computadores e outros equipamentos usados no marketing e o custo do aluguel de espaço de armazéns para a distribuição. O lucro operacional da Produtos Celulares é de $ 32 000. O **lucro operacional** é o total de receitas das operações menos o custo das mercadorias vendidas e os custos operacionais (incluindo juros e imposto de renda).

Novatos na contabilidade de custos freqüentemente supõem que custos indiretos, como aluguel, telefone e depreciação sejam sempre custos do período em que foram incorridos e não associados aos estoques. Quando esses custos são incorridos no marketing ou na matriz corporativa, eles são custos de período. No entanto, quando esses custos estão relacionados à produção, eles são custos indiretos de fabricação e são inventariáveis.

Recapitulação dos custos inventariáveis e dos custos do período

O Quadro 2.8 destaca as diferenças entre os custos inventariáveis e os do período.

O Painel A usa o setor de produção para ilustrar essas diferenças. O setor de comercialização é mostrado no Painel B. Estude primeiro o Painel A. Os custos de produção para os produtos acabados incluem materiais diretos, outros

Quadro 2.6 Demonstração do resultado do exercício e tabela do custo de produção de uma empresa do setor de produção, Produtos Celulares.

PAINEL A: DEMONSTRAÇÃO DE RESULTADO DO EXERCÍCIO

Produtos Celulares
Demonstração de resultados do exercício
para o ano findando em 31 de dezembro de 2004 (em milhares)

Receitas		$ 210 000
Custo de mercadorias vendidas:		
Produtos acabados inicial, 1º de janeiro de 2004	$ 22 000	
Custo de produção (veja Painel B)	104 000	
Custo de produtos disponíveis para venda	126 000	
Produtos acabados final, 31 de dezembro de 2004	18 000	
Custo de mercadorias vendidas		108 000
Margem bruta (ou lucro bruto)		102 000
Custos operacionais:		
Custos de marketing, distribuição e atendimento ao cliente	70 000	
Total dos custos operacionais		70 000
Lucro operacional		$ 32 000

PAINEL B: CUSTO DE PRODUÇÃO

Produtos Celulares
Tabela do custo de produção[a]
para o ano findo em 31 de dezembro de 2004 (em milhares)

Materiais diretos:		
Estoque inicial, 1º de janeiro de 2004	$ 11 000	
Compras de materiais diretos	73 000	
Custo de materiais diretos disponíveis para consumo	84 000	
Estoque final, 31 de dezembro de 2004	8 000	
Materiais diretos consumidos		$ 76 000
Mão-de-obra direta		9 000
Custos indiretos de produção:		
Mão-de-obra indireta	7 000	
Suprimentos	2 000	
Calefação, iluminação e energia	5 000	
Depreciação — prédio da fábrica	2 000	
Depreciação — equipamento da fábrica	3 000	
Diversos	1 000	
Total dos custos indiretos de produção		20 000
Custos de produção incorridos durante 2004		105 000
Mais estoque inicial de produtos em fabricação, 1º de janeiro de 2004		6 000
Total de custos de produção para contabilizar		111 000
Menos estoque final de produtos em fabricação, 31 de dezembro de 2004		7 000
Custo de produção (para a demonstração de resultado)		$ 104 000

a. Observe que o termo custo de produção se refere ao custo de produtos que são acabados durante o ano, se iniciados antes ou durante o ano atual. Alguns dos custos de produção incorridos durante o ano são segurados como custos do estoque final de produtos em fabricação; da mesma maneira, os custos do estoque inicial de produtos em fabricação tornam-se parte do custo de produção para o ano. Observe, também, que esta tabela pode se tornar uma Tabela de Mercadorias Fabricadas e Vendidas ao simplesmente incluir os números dos estoques inicial e final de produtos acabados na tabela de apoio em vez de no corpo da demonstração de resultado.

Quadro 2.7 Contas T da razão geral para o fluxo de custos de produção da Produtos Celulares.

Estoque de produtos em fabricação			Estoque de produtos acabados		Custo de mercadorias vendidas	
Saldo 1º de jan. 2004	6 000	Custo de produção 104.000	Saldo 1º de jan. 2004	22 000	Custo de mercadorias vendidas 108 000	108 000
Materiais diretos consumidos	76 000			104 000		
Mão-de-obra direta	9 000					
Custos indiretos de fabricação	20 000		Saldo 31 de dez. 2004	18 000		
Saldo 31 de dez. 2004	7 000					

Quadro 2.8 — Relacionamentos entre custos inventariáveis e custos do período.

PAINEL A: EMPRESA DE PRODUÇÃO

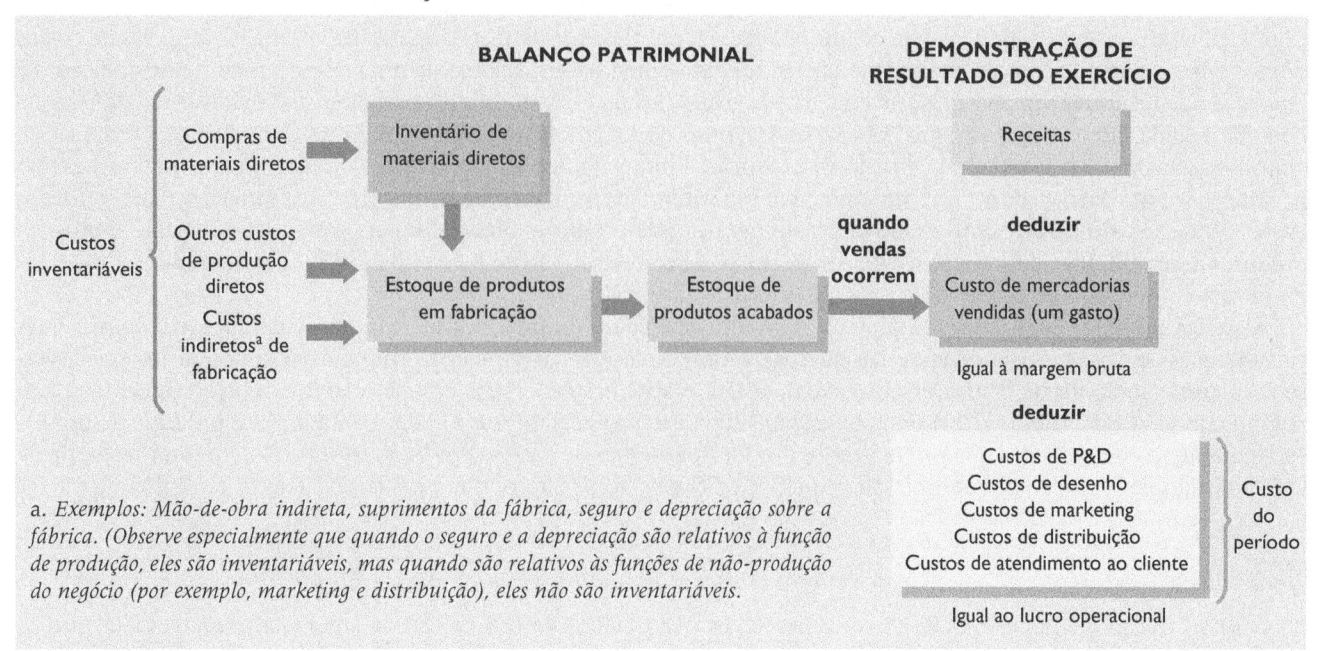

BALANÇO PATRIMONIAL

Custos inventariáveis:
- Compras de materiais diretos → Inventário de materiais diretos
- Outros custos de produção diretos
- Custos indiretos[a] de fabricação

→ Estoque de produtos em fabricação → Estoque de produtos acabados → (quando vendas ocorrem)

DEMONSTRAÇÃO DE RESULTADO DO EXERCÍCIO

Receitas
deduzir
Custo de mercadorias vendidas (um gasto)
Igual à margem bruta
deduzir
- Custos de P&D
- Custos de desenho
- Custos de marketing
- Custos de distribuição
- Custos de atendimento ao cliente

(Custo do período)

Igual ao lucro operacional

a. *Exemplos: Mão-de-obra indireta, suprimentos da fábrica, seguro e depreciação sobre a fábrica. (Observe especialmente que quando o seguro e a depreciação são relativos à função de produção, eles são inventariáveis, mas quando são relativos às funções de não-produção do negócio (por exemplo, marketing e distribuição), eles não são inventariáveis.*

PAINEL B: EMPRESA COMERCIAL (VAREJISTA OU ATACADISTA)

BALANÇO PATRIMONIAL

Custos inventariáveis: Compras de mercadorias → Estoque de mercadorias → (quando vendas ocorrem)

DEMONSTRAÇÃO DE RESULTADO DO EXERCÍCIO

Receitas
deduzir
Custo de mercadorias vendidas (um gasto)
Igual à margem bruta
deduzir
- Custos de desenho
- Custos do depto. de compras
- Custos de marketing
- Custos de distribuição
- Custos de atendimento ao cliente

(Custos do período)

Igual ao lucro operacional

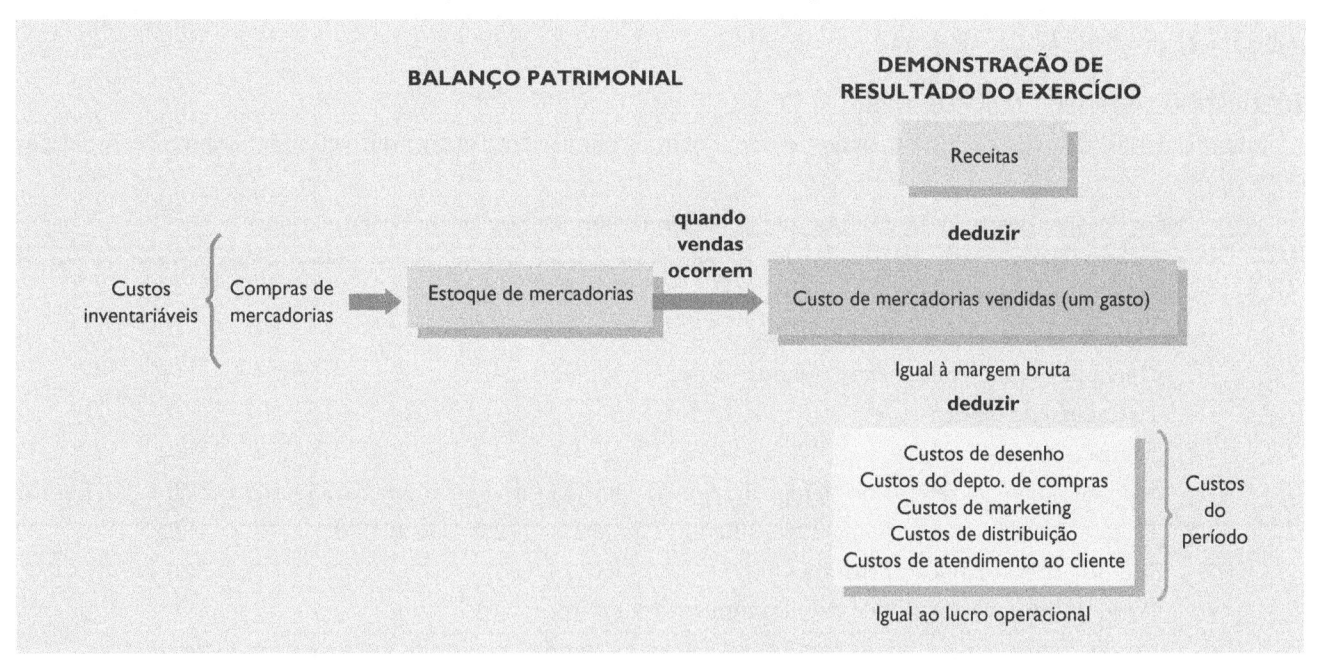

custos diretos de produção como da mão-de-obra direta, e os custos indiretos de fabricação. Todos esses custos são inventariáveis: Eles são apropriados para o estoque de produtos em fabricação ou ao estoque de produtos acabados até os produtos serem vendidos.

Agora, considere o Painel B. Um varejista ou atacadista compra mercadorias para a revenda. O *único* custo inventariável é o das mercadorias. Produtos não vendidos são mantidos como estoque de mercadorias cujo custo é mostrado como um ativo no balanço. Quando os produtos são vendidos, seus custos são mostrados na demonstração de resultado como custos de mercadorias vendidas. Um varejista, ou um atacadista, também tem uma variedade deles entre marketing, distribuição e atendimento ao cliente que são custos do período. Na demonstração de resultado, eles são deduzidos das receitas sem nunca terem sido incluídos como parte do inventário.

Custos primários e custos de conversão

Dois termos usados para descrever classificações de custos em sistemas de custeio de produção são custos primários e custos de conversão. **Custos primários** são todos os custos diretos de fabricação. Para a Produtos Celulares, os custos primários são de $ 85 000 ($ 76 000 de custos de materiais diretos + $ 9 000 de custos diretos de mão-de-obra). Como já discutimos anteriormente, quanto maior a proporção de custos primários na estrutura de custo de uma empresa, mais confiantes os administradores podem estar sobre a precisão dos custos de vários objetos de custo como os produtos. Com a melhora na tecnologia de coleta de informações, as empresas podem adicionar cada vez mais categorias de custos diretos. Por exemplo, custos de energia podem ser medidos em áreas específicas de uma fábrica, totalmente dedicadas à fabricação de produtos separados. Neste caso, custos primários incluiriam os materiais diretos, a mão-de-obra direta e a energia medida direta (supondo que já haja as categorias de materiais diretos e de mão-de-obra direta). Empresas de *software* muitas vezes têm um item de custo de produção direta para 'tecnologia comprada'. Esse item, o qual representa pagamentos para fornecedores que desenvolvem algoritmos de software para um produto, também é incluído nos custos primários. **Custos de conversão** são todos os custos de produção incorridos para converter materiais diretos em produtos acabados. Para a Produtos Celulares, os custos de conversão são de $ 29 000 ($ 9 000 de custos diretos de mão-de-obra de produção + $ 20 000 de custos indiretos de fabricação).

Algumas empresas de produção usam custos de conversão para simplificar a sua contabilidade. Eles têm apenas duas classificações de custos: custos de materiais diretos e custos de conversão. Para essas empresas, todos os custos de conversão são custos indiretos de fabricação. Um exemplo são os sistemas de custeio em fábricas de produção integradas com computadores (CIM). Fábricas CIM têm poucos trabalhadores. O papel do trabalhador é monitorar o processo de produção e manter o equipamento que produz vários produtos. Sistemas de custeio em fábricas CIM *não* têm uma categoria de custos diretos de mão-de-obra porque são pequenos e porque é difícil apropriar esses custos para os produtos.

A MENSURAÇÃO DE CUSTOS REQUER DISCERNIMENTO

A mensuração de custos requer discernimento. Isto se deve ao fato de existir maneiras alternativas em que os custos podem ser definidos e classificados. Empresas diferentes ou às vezes até subunidades diferentes dentro da mesma empresa podem definir e classificar os custos diferentemente. Tenha cuidado ao definir e compreender a maneira como custos são medidos em uma empresa ou situação. Ilustramos esse ponto primeiramente em relação à mensuração do custo da mão-de-obra.

MEDINDO CUSTOS DE MÃO-DE-OBRA

Embora as classificações de custo de mão-de-obra de produção variem entre empresas, a maioria tem as seguintes categorias:

- Mão-de-obra direta (mão-de-obra que pode ser apropriada aos produtos individuais)
- Gastos gerais de fabricação (exemplos de componentes proeminentes de mão-de-obra para esses gastos gerais de fabricação seguem):
  - Mão-de-obra indireta (compensação)

    Operadores de empilhadeiras (manuseio interno de materiais)

    Faxineiros da fábrica

    Seguranças da fábrica

    Mão-de-obra para retrabalho (tempo despendido por mão-de-obra direta para refazer trabalho defeituoso)

    Prêmio de hora extra pago para trabalhadores da fábrica (explicado abaixo)

    Tempo ocioso (explicado abaixo)
- Salários de gerentes, chefes de departamento e supervisores
- Custos de folha de pagamento para benefícios (por exemplo, planos de saúde, custos de pensão)

Toda compensação para a mão-de-obra de produção além da mão-de-obra direta, salários de gerentes, salários de chefes de departamento e salários de supervisores é normalmente classificada como *custos indiretos da mão-de-obra*, um dos principais componentes de gastos gerais de produção. Os custos indiretos de mão-de-obra são comumente divididos em muitas subclassificações para reter informações sobre categorias diferentes de mão-de-obra indireta. Por exemplo, os ordenados de operadores de empilhadeiras geralmente não são misturados com os ordenados do pessoal de faxina, embora ambos sejam considerados custos de mão-de-obra indireta.

Normalmente, os salários de gerentes não são classificados como custos de mão-de-obra indireta. Em vez disso, os salários de supervisores, chefes de departamento e todos os outros considerados gerência de produção são colocados em uma classificação separada de gastos gerais de produção.

PRÊMIO PARA HORAS EXTRAS

O propósito de classificar custos em detalhes é associar um custo individual com uma causa ou razão específica de por que foi incorrido. Duas classes de mão-de-obra indireta — prêmio por horas extras e tempo ocioso — merecem uma atenção especial. O **prêmio por horas extras** é uma taxa salarial paga para trabalhadores (para a mão-de-obra direta e indireta) excedentes à sua remuneração relativa à jornada normal de trabalho. Todo prêmio para horas extras é normalmente considerado como uma parte de custos indiretos ou gastos gerais. Considere um exemplo do setor de serviços. George Flexner faz reparos residenciais para o Serviços em Eletrodomésticos, da Sears. Ele recebe $ 20 por hora para o tempo normal e $ 30 por hora (tempo e meio) por horas extras. O seu prêmio é de $ 10 por hora extra. Se ele trabalhar 44 horas, incluindo quatro horas de hora extra, em uma semana, a sua compensação bruta será classificada da seguinte maneira:

Mão-de-obra direta de serviços, 44 horas × $ 20 por hora	$ 880
Prêmio de horas extras: 4 horas × $ 10 por hora	40
Compensação total por 44 horas	$ 920

Por que o prêmio para horas extras de mão-de-obra direta é normalmente considerado um custo indireto e não um custo direto? Afinal de contas, ele pode ser apropriado para lotes específicos de trabalho. O prêmio por horas extras geralmente não é considerado um custo direto, porque a programação de trabalhos de reparo costuma ser aleatória ou de acordo com a minimização do tempo global de viagem. Por exemplo, suponha que os trabalhos 1-5 estejam programados para terminar em um dia específico de trabalho de dez horas, incluindo duas horas de hora extra. Cada trabalho (chamada de serviço) necessita de duas horas. O trabalho programado durante as horas 9 e 10 deve ser distribuído para o prêmio de horas extras? Ou o prêmio deve ser rateado proporcionalmente entre os cinco trabalhos? O rateio do prêmio por horas extras não 'penaliza' — adicionado ao custo de — um lote específico de trabalho apenas porque acabou sendo efetuado durante as horas extras. *Em vez disso, o prêmio por horas extras é considerado como sendo atribuível ao volume pesado global de trabalho. O seu custo é considerado parte de gastos gerais de serviço, assumido por todos os trabalhos de reparo.*

Às vezes, o tempo de hora extra não é aleatório. Por exemplo, um cliente solicitando um trabalho de 'emergência' poderá claramente ser a única fonte das horas extras. Em tais circunstâncias, o prêmio por horas extras é considerado custo direto daquele trabalho.

Uma outra subclassificação da mão-de-obra indireta é o *tempo ocioso* da mão-de-obra de produção ou serviços, direta ou indireta. **Tempo ocioso** são ordenados pagos por tempo não produtivo causado pela falta de pedidos, quebras de máquinas, falta de materiais, má programação e coisas do gênero. Por exemplo, se o caminhão de reparos da Sears ficasse quebrado por três horas, os ganhos do Flexner seriam classificados da seguinte maneira:

Mão-de-obra direta de serviços, 41 horas × $ 20/hora	$ 820
Tempo ocioso (gastos gerais de serviço): 3 horas × $ 20/hora	60
Prêmio de horas extras: 4 horas × $ 10/hora	40
Ganhos totais por 44 horas	$ 920

Claramente, o tempo ocioso não está relacionado com um trabalho específico e nem, como já discutimos, com o prêmio por horas extras. Tanto o prêmio por horas extras quanto o tempo ocioso são considerados custos indiretos.

Benefícios em definir termos contábeis

Administradores, contadores, fornecedores e outros evitarão muitos problemas se compreenderem totalmente e concordarem com as classificações e os significados dos termos de custos introduzidos neste capítulo e mais adiante neste livro.

Considere a classificação dos *custos de benefícios na folha de pagamento* para a mão-de-obra de produção (por exemplo, pagamentos de empregadores pelos benefícios como INSS, seguro de vida, plano de saúde e pensão). Algumas empresas classificam esses custos como gastos gerais de fabricação. Em outras, os benefícios relacionados à mão-de-obra direta são tratados como um custo de mão-de-obra direta adicional. Por exemplo, considere um operário direto, como o torneiro mecânico, cujo salário bruto é computado na base de uma taxa por hora de $ 20 e benefícios totalizando, digamos, $ 5 por hora. Algumas empresas classificam os $ 20 como um custo de mão-de-obra direta, e os $ 5 como um custo de gastos gerais de produção. Outras empresas classificam os $ 25 totais como um custo de mão-de-obra direta. Esta última abordagem é preferível porque o salário e os custos dos benefícios juntos são uma parte fundamental para a aquisição de serviços de mão-de-obra direta.

Cuidado: Em todas as situações, indique clara e exatamente o que a mão-de-obra direta inclui e exclui. A clareza pode prevenir disputas relativas a contratos de reembolso de custos, pagamentos de imposto de renda e questões de sindicatos trabalhistas. Considere que alguns países oferecem economias substanciais nos impostos de renda para empresas como a Intel, que instalam fábricas dentro de suas fronteiras. Para qualificar, os custos de mão-de-obra direta dessas empresas naquele país precisam ser ao menos iguais a uma porcentagem especificada do total de custos de produção de seus produtos. Têm surgido disputas sobre como calcular a porcentagem de mão-de-obra direta para qualificar tais benefícios fiscais. Por exemplo, os benefícios na folha de pagamento para a mão-de-obra direta fazem parte dos seus custos ou dos gastos gerais de fabricação? Dependendo de como as empresas classificam esses custos, você pode ver como elas podem apresentar a mão-de-obra direta como porcentagens diferentes do total de custos de produção. Considere uma empresa com $ 5 000 000 em custos de benefícios na folha de pagamento (os números são presumidos, em milhões):

	CLASSIFICAÇÃO A			CLASSIFICAÇÃO B	
	Custos	Porcentagem		Custos	Porcentagem
Materiais diretos	$ 40	40%	Materiais diretos	$ 40	40%
Mão-de-obra direta	20	20	Mão-de-obra direta	25	25
Gastos gerais de fabricação	40	40	Gastos gerais de fabricação	35	35
Total de custos de fabricação	$ 100	100%	Total de custos de fabricação	$ 100	100%

A Classificação A supõe que os custos de benefícios na folha de pagamento façam parte dos custos de gastos gerais de fabricação. Em contrapartida, a Classificação B supõe que os custos de benefícios na folha de pagamento façam parte dos custos de mão-de-obra direta. Se um país estabelecesse uma porcentagem mínima de custos de mão-de-obra direta em 25 por cento, a empresa receberia uma ajuda fiscal se usasse a Classificação B, mas não receberia nenhuma ajuda fiscal se usasse a Classificação A. Além de benefícios, outros itens debatidos são a compensação por tempo de treinamento, tempo ocioso, férias, licença médica e prêmios por hora extra. Para prevenir contestações, os contratos e as leis devem ser tão específicos quanto viáveis em relação às definições e às medidas.

OS MUITOS SIGNIFICADOS DE CUSTOS DE PRODUTO

Muitos termos de custos encontrados na prática têm significados ambíguos. Considere o termo *custo do produto*. Um **custo do produto** é a soma de custos distribuídos para um produto por uma razão específica. Razões diferentes podem resultar em medidas diferentes do custo do produto, como ilustrado na cadeia de valor no Quadro 2.9:

1. *Decisões sobre a precificação e o mix de produtos.* Para os propósitos de tomadas de decisão sobre a precificação e quais produtos rendem os maiores lucros, o administrador está interessado na rentabilidade global (total) de produtos diferentes e, conseqüentemente, na distribuição de custos incorridos em todas as funções de negócios da cadeia de valores para os diferentes produtos.

2. *Contratos com agências do governo.* Contratos governamentais muitas vezes reembolsam empreiteiros com base nos 'custos de um produto' mais uma margem de lucro preestabelecida. Devido à natureza 'mais o custo' do contrato, as agências governamentais fornecem diretrizes detalhadas sobre os itens de custo que irão permitir ou não quando se fizer o cálculo sobre um produto. Por exemplo, algumas agências do governo explicitamente excluem custos de marketing dos custos do produto que qualificam para o reembolso e podem reembolsar apenas uma parte dos custos de P&D. Essas agências querem reembolsar empreiteiros apenas por aqueles custos mais relacionados à entrega dos produtos inclusos no contrato. A segunda chave no Quadro 2.9 mostra como os cálculos sobre o produto, para um contrato específico, podem permitir todos os custos de desenho e de produção, e apenas uma parte dos custos de P&D.

3. *Preparando as demonstrações financeiras para os relatórios externos conforme GAAP.* Sob GAAP, somente os custos de produção podem ser distribuídos para os estoques nas demonstrações financeiras. Para propósitos de cálculo dos custos de estoques, os custos do produto incluem apenas custos inventariáveis (de produção).

O Quadro 2.9 ilustra como medidas de custo do produto variam de um conjunto estreito de custos para relatórios financeiros, que incluem apenas os custos inventariáveis, para um conjunto amplo de custos, para reembolso sob um contrato governamental, para um conjunto ainda mais amplo de custos, para decisões sobre precificação e para o *mix* de produtos.

Quadro 2.9 Custos diferentes de produto para propósitos diferentes.

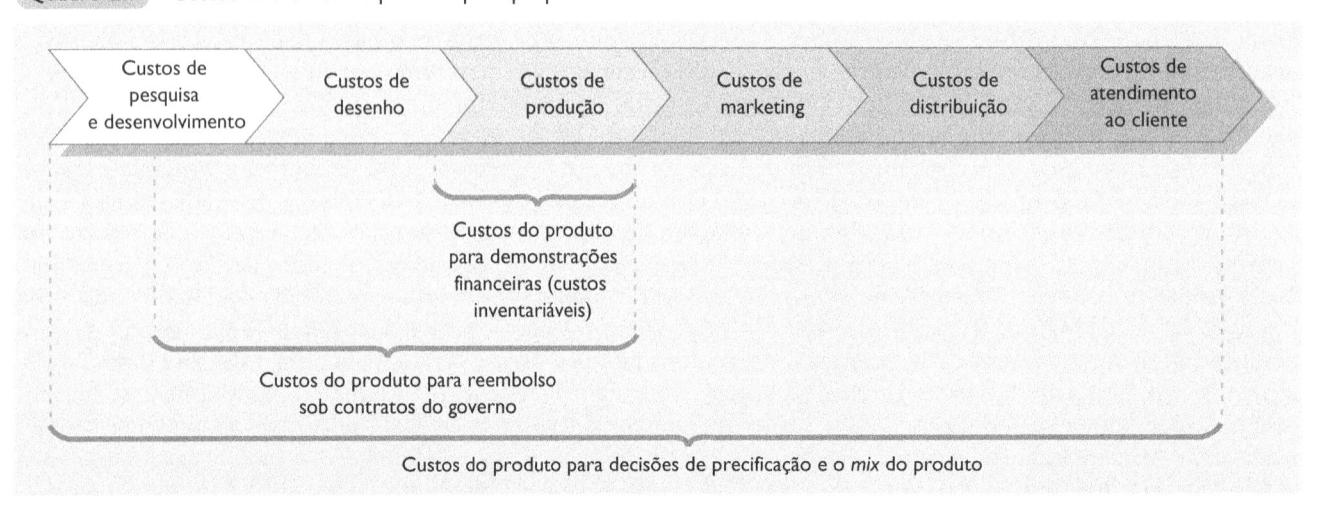

Esta seção se concentra em como propósitos diferentes podem resultar na inclusão de itens diferentes na cadeia de valores das funções do negócio quando custos do produto forem calculados. A mesma cautela com respeito à necessidade de ser claro e preciso sobre conceitos de custos e à sua mensuração se aplica a cada classificação de custo introduzida neste capítulo. O Quadro 2.10 resume as classificações-chave de custos. A próxima seção descreve como os conceitos básicos introduzidos neste capítulo levam a uma estrutura para a compreensão da contabilidade de custos e da gestão de custos que, por sua vez, pode ser aplicada ao estudo de muitos tópicos, como a avaliação da estratégia, a qualidade e as decisões sobre investimentos.

UMA ESTRUTURA PARA A GESTÃO DE CUSTOS

Três aspectos de contabilidade de custos e de gestão de custos em uma vasta gama de aplicações são:

1. Calcular o custo de produtos, serviços e outros objetos de custo
2. Obter informações para planejamento e controle e a avaliação do desempenho
3. Analisar as informações relevantes para a tomada de decisões

Desenvolvemos essas idéias nos Capítulos 3 a 12, as quais também formam o alicerce para o estudo de vários tópicos deste livro, mais adiante.

Calcular o custo de produtos, serviços e outros objetos de custo. Já vimos os diferentes propósitos e medidas de custos do produto. Não importa o propósito, o sistema de custeio apropria custos diretos e aloca os indiretos aos produtos. Os Capítulos 4 e 5 descrevem sistemas básicos usados para calcular os custos totais e por unidade de produtos e serviços, e como administradores usam essas informações para decisões sobre precificação, o *mix* de produtos e a gestão de custos.

Obter informações para o planejamento, controle e a avaliação do desempenho. O orçamento é a ferramenta mais comumente usada para planejamento e controle. Um orçamento força os administradores a olharem para frente, a traduzirem estratégia em planos, a coordenarem e comunicarem dentro da organização e a proporcionarem uma referência para a avaliação do desempenho. O Capítulo 6 descreve sistemas orçamentários.

No final de um período de relatórios, os administradores comparam os resultados reais ao desempenho planejado. A tarefa do administrador é compreender por que surgem diferenças entre o desempenho real e o planejado (chamadas de variações) e usar as informações proporcionadas por essas variações como *feedback* para promover a aprendizagem e a melhoria futuras. Os administradores também usam variações, assim como medidas não-financeiras, como índices de defeitos e índices de satisfação do cliente, para controlar e avaliar o desempenho de vários departamentos, divisões e administradores. Os Capítulos 7 e 8 discutem a análise de variações. O Capítulo 9 descreve o planejamento, o controle e as questões de custeio do estoque relativas à capacidade.

Analisar as informações relevantes para a tomada de decisões. Quando estão tomando decisões, os administradores precisam compreender quais receitas e custos eles devem considerar e quais eles devem ignorar. Contadores gerenciais ajudam os administradores a identificar quais as informações relevantes e quais as irrelevantes. Considere uma decisão sobre se deve comprar um produto de um fornecedor externo ou fazê-lo internamente. O sistema de custeio estipula o valor de $ 25 por unidade para fazer o produto internamente. Um fornecedor oferece o produto por $ 22 a unidade. De pronto, parece que custará menos para a empresa comprar o produto do que fazê-lo. No entanto, suponha que, dos $ 25 para fazer o produto internamente, $ 5 consista em pagamentos de aluguel da fábrica que a empresa terá de fazer se o produto for fabricado internamente ou comprado. Sob esta condição, custará menos fazer o produto do que comprá-lo. Por quê? Porque fazer o produto custa apenas $ 20 adicionais por unidade ($ 25 − $ 5), comparado com os $ 22 adicionais por unidade se comprado. Os $ 5 por unidade para pagamento do aluguel são irrelevantes para a decisão porque serão incorridos se o produto for fabricado ou comprado. A análise de informações relevantes é um aspecto-chave da tomada de decisões.

Quadro 2.10 Classificações alternativas de custos.

1. Função de negócios
   a. Pesquisa e desenvolvimento
   b. Desenho de produtos, serviços ou processos
   c. Produção
   d. Marketing
   e. Distribuição
   f. Atendimento ao cliente
2. Distribuição para um objeto de custo
   a. Custos diretos
   b. Custos indiretos
3. Modelo de comportamento em relação às mudanças no nível de atividade ou volume
   a. Custos variáveis
   b. Custos fixos
4. Agregado ou médio
   a. Custos totais
   b. Custos por unidade
5. Ativos ou despesas
   a. Custos inventariáveis
   b. Custos do período

Quando tomam decisões sobre quais produtos produzir, os administradores precisam saber como as receitas e os custos variam com as mudanças nos níveis de produção. Para esse propósito, os administradores precisam distinguir entre os custos fixos e os variáveis. O Capítulo 3 analisa como o lucro operacional muda com as alterações nos níveis de produção e como os administradores usam essas informações para tomar decisões como quanto investir em publicidade. O Capítulo 10 descreve métodos para estimar os componentes fixos e variáveis de custos. O Capítulo 11 aplica o conceito de relevância na tomada de decisão em muitas situações diferentes. O Capítulo 12 descreve como os contadores gerenciais ajudam os administradores a determinar preços e a administrar custos em toda a cadeia de valores e durante a vida do produto.

Capítulos posteriores, no livro, discutem tópicos como a avaliação da estratégia, a rentabilidade do cliente, a qualidade, sistemas *JIT*, decisões de investimento, precificação de transferência e avaliações de desempenho. Invariavelmente, cada um desses tópicos tem perspectivas de custeio do produto, planejamento e controle, e tomadas de decisão. Um comando sobre os primeiros 12 capítulos é útil para dominá-los. Por exemplo, o Capítulo 13, sobre estratégia, descreve um conjunto equilibrado de medidas financeiras e não-financeiras usadas para implementar a estratégia que usa as funções de planejamento e controle como base. A seção sobre a análise estratégica do lucro operacional emprega idéias sobre o custeio do produto e a análise de variações como base. A seção sobre a redução do quadro e a capacidade administrativa detém-se nas receitas e nos custos relevantes como base.

Problema para auto-estudo

A Companhia Campos é um fabricante de cortes de metal e madeira, vendendo produtos para o mercado de construção residencial. Considere os seguintes dados para o ano de 2004:

Lixa	$ 2 000
Custos de manuseio de materiais	70 000
Lubrificantes e líquidos refrigerantes	5 000
Mão-de-obra indireta — diversos	40 000
Mão-de-obra direta	300 000
Materiais diretos, 1º de janeiro de 2004	40 000
Materiais diretos, 31 de dezembro de 2004	50 000
Produtos acabados, 1º de janeiro de 2004	100 000
Produtos acabados, 31 de dezembro de 2004	150 000
Produtos em fabricação, 1º de janeiro de 2004	10 000
Produtos em fabricação, 31 de dezembro de 2004	14 000
Custos de aluguel de fábrica	54 000
Depreciação — equipamento da fábrica	36 000
Impostos sobre o equipamento da fábrica	4 000
Seguro contra incêndio sobre o equipamento da fábrica	3 000
Materiais diretos comprados	460 000
Receitas	1 360 000
Promoções de marketing	60 000
Salários de marketing	100 000
Custos de distribuição	70 000
Custos de atendimento ao cliente	100 000

Para fazer:

1. Prepare uma demonstração de resultado do exercício com uma tabela de apoio em separado do custo de produção. Para todos os itens de produção, indique com V ou F se cada um é, basicamente, custo variável ou custo fixo (quando o objeto de custo for uma unidade de produto). Se tiver dúvidas, decida com base em se o custo total mudará substancialmente sobre uma grande amplitude de unidades produzidas.

2. Suponha que os custos de materiais diretos e os custos do aluguel da fábrica restrinjam-se à produção de 900 mil unidades. Qual é o custo de material direto para cada unidade produzida? Qual é o custo do aluguel da fábrica por unidade? Suponha que o custo do aluguel da fábrica seja um custo fixo.

3. Suponha que a Companhia Campos venha a fabricar um milhão de unidades no próximo ano. Repita a computação na Parte 2 para os custos de materiais diretos e do aluguel da fábrica. Suponha que ainda persistam os modelos de comportamento de custos inferidos.

4. Como consultor administrativo, explique concisamente ao presidente da empresa por que o custo por unidade para materiais diretos não mudou nas Partes 2 e 3; porém, o custo por unidade para custos do aluguel da fábrica mudou.

Solução

1.

Companhia Campos
Demonstração de resultado de exercício
para o ano, findo em 31 de dezembro de 2004

Receitas		$ 1 360 000
Custo de mercadorias vendidas:		
Produtos acabados inicial, 1º de janeiro de 2004	$ 100 000	
Custo de produção (veja tabela a seguir)	960 000	
Custo de produtos disponíveis para a venda	1.060 000	
Produtos acabados final, 31 de dezembro de 2004	150 000	910 000
Margem bruta (ou lucro bruto)		450 000
Custos de marketing, distribuição e atendimento ao cliente		
Promoções de marketing	60 000	
Salários de marketing	100 000	
Custos de distribuição	70 000	
Custos de atendimento ao cliente	100 000	330 000
Lucro operacional		$ 120 000

Companhia Campos
Tabela do custo de produção
para o ano, findo em 31 de dezembro de 2004

Materiais diretos:			
Saldo inicial, 1º de janeiro de 2004		$ 40 000	
Compras de materiais diretos		460 000	
Custo de materiais diretos disponíveis para o consumo		500 000	
Saldo final, 31 de dezembro de 2004		50 000	
Materiais diretos consumidos		450 000	(V)
Mão-de-obra direta		300 000	(V)
Custos indiretos de fabricação:			
Lixa	$ 2 000 (V)		
Custos de manuseio de materiais	70 000 (V)		
Lubrificantes e líquidos refrigerantes	5 000 (V)		
Mão-de-obra indireta — diversos	40 000 (V)		
Custos de aluguel de fábrica	54 000 (F)		
Depreciação — equipamento da fábrica	36 000 (F)		
Impostos sobre o equipamento da fábrica	4 000 (F)		
Seguro contra incêndio sobre o equipamento da fábrica	3 000 (F)	214 000	
Custos de fabricação incorridos durante 2004		964 000	
Mais: produtos em fabricação inicial, 1º de janeiro de 2004		10 000	
Total de custos da fabricação para contabilizar		974 000	
Menos produtos em fabricação final, 31 de dezembro de 2004		14 000	
Custo de produção (para a demonstração de resultado)		$ 960 000	

2.   Custo por unidade de materiais diretos = Materiais diretos consumidos ÷ Unidades produzidas
                                       = $ 450 000 ÷ 900 000 unidades = $ 0,50 por unidade
   Custo por unidade do aluguel da fábrica = Custo de aluguel da fábrica ÷ Unidades produzidas
                                       = $ 54 000 ÷ 900 000 unidades = $ 0,06 por unidade

3. Os custos de materiais diretos são variáveis, então eles aumentariam no total de $ 450 000 para $ 500 000 (1 000 000 unidades × $ 0,50 por unidade). No entanto, o custo por unidade não seria afetado: $ 500 000 ÷ 1 000 000 de unidades = $ 0,50 por unidade.

Em contrapartida, o custo de $ 54 000 para o aluguel da fábrica é fixo, então ele não aumentaria no total. No entanto, o custo do aluguel da fábrica por unidade diminuiria de $ 0,06 para $ 0,054: $ 54 000 ÷ 1 000 000 = $ 0,054.

4. A explicação começaria com a resposta na Parte 3. Como consultor, você deve enfatizar que o tratamento de custos como unidades (médias), com padrões diferentes de comportamento, pode ser um equívoco. É um erro comum supor que um custo total por unidade — muitas vezes, a soma do custo variável por unidade e o custo fixo por unidade — seja um indicador de que os custos totais mudam em proporção às mudanças nos níveis de produção.

O próximo capítulo demonstra a necessidade de distinguir entre os padrões de comportamento dos custos. Você precisa ter cautela, especialmente em relação ao custo fixo médio por unidade. Muitas vezes, o custo fixo por unidade é erroneamente considerado como sendo indistinguível do custo variável por unidade.

Pontos de decisão

Resumo

O seguinte formato de perguntas e respostas resume os objetivos de aprendizagem do capítulo. Cada decisão apresenta uma pergunta-chave relacionada a um objetivo de aprendizagem. As diretrizes são as respostas a essa pergunta.

Decisão	Diretrizes
1. Como os administradores decidem sobre um objeto de custo?	Um objeto de custo é qualquer coisa para a qual uma medida separada de custos é necessária. Exemplos incluem produto, serviço, projeto, cliente, categoria de marca, atividade e departamento.
2. Como os administradores decidem se um custo é direto ou indireto?	O custo direto é qualquer um relacionado a um objeto de custo em particular e que para ele pode ser apropriado de forma economicamente viável. Custos indiretos são os relativos ao objeto de custo em particular, porém não podem ser apropriados por ele de forma economicamente viável. O mesmo custo pode ser direto para um objeto de custo e indireto para outros. Este livro usa a *apropriação de custos* para descrever a distribuição de custos diretos a um objeto de custo, e a *alocação de custos* para descrever a distribuição de custos indiretos a um objeto de custo.
3. Como os administradores decidem se um custo é variável ou fixo?	O custo variável muda no total em proporção às mudanças no nível relativo de atividade ou volume total. O custo fixo permanece inalterado no total por dado período de tempo apesar de mudanças amplas no nível relativo de atividade ou volume total.
4. Como os custos devem ser estimados?	No geral, foque nos custos totais e não nos custos por unidade. Quando fizer estimativas de custos totais, pense nos variáveis como quantia por unidade e nos fixos como quantia total. O custo por unidade de um objeto de custo deve ser interpretado com cautela quando este incluir um componente de custo fixo.
5. Como você distingue entre empresas de produção, de comerciais e de serviços?	Empresas do setor de produção compram materiais e componentes e os convertem em produtos acabados. Empresas do setor comercial compram e depois vendem produtos tangíveis sem alterar a sua forma básica. Empresas do setor de serviços fornecem serviços ou produtos intangíveis aos seus clientes.
6. Como as empresas de produção categorizam os estoques?	As três categorias de estoque encontradas em muitas empresas de produção retratam estágios no processo de conversão — materiais diretos, produtos em fabricação e produtos acabados.
7. Quais custos são inicialmente tratados como ativos para relatórios externos e quais custos são contabilizados quando incorridos?	Custos inventariáveis são todos os custos de um produto considerados como sendo um ativo quando incorridos e que depois tornam-se o custo de mercadorias vendidas quando o produto for vendido. Custos do período são contabilizados no período em que são incorridos e todos são custos de uma demonstração de resultado além do custo de mercadorias vendidas.
8. Como os administradores apropriam custos aos objetos de custo?	Administradores podem apropriar custos diferentes ao mesmo objeto de custo dependendo do propósito. Por exemplo, para o propósito de relatórios externos em uma empresa de produção, o custo inventariável de um produto inclui apenas os de produção. Em contraste, os custos de todas as funções do negócio da cadeia de valores são distribuídos a um produto para decisões sobre precificação e *mix* de produtos.
9. Quais são as características de sistemas de contabilidade de custos e de gestão de custos?	Três características de contabilidade de custos e de gestão de custos são (1) o cálculo do custo de produtos, serviços e outros objetos de custo, (2) a obtenção de informações para planejamento e controle e a avaliação do desempenho e (3) a análise de informações relevantes para a tomada de decisões.

Termos para aprender

Este capítulo contém mais termos básicos do que qualquer outro neste livro. Não prossiga antes de checar a sua compreensão dos seguintes termos. Tanto este capítulo quanto o Glossário no final do livro contêm definições.

acúmulo de custos
apropriação de custos
critério de custo
custo
custo de produção
custo do produto
custo fixo
custo médio
custo unitário
custo real
custo variável
custos de conversão
custos da fábrica
custos de fabricação
custos de mão-de-obra direta
custos de materiais diretos
custos diretos de um objeto de custo

custos do período
custos indiretos de fabricação
custos indiretos de um objeto de custo
custos inventariáveis
custos primários
empresas do setor comercial
empresas do setor de produção
empresas do setor de serviços
estoque de materiais diretos
estoque de produtos acabados
estoque de produtos em processamento
faixa relevante
lucro operacional
objeto de custo
prêmio por hora extra de produtos em fabricação
receitas
tempo ocioso

Material de trabalho

Perguntas

2-1 Defina *objeto de custo* e dê três exemplos.

2-2 Defina *custos diretos* e *custos indiretos*.

2-3 Por que os administradores consideram custos diretos como sendo muito mais precisos que os indiretos?

2-4 Cite três fatores que afetarão a classificação de um custo como direto ou indireto.

2-5 Descreva como empresas dos setores de produção, comercial e serviços diferem umas das outras.

2-6 O que é um *critério de custo*? Dê um exemplo.

2-7 Defina *custo variável* e *custo fixo*. Dê um exemplo de cada.

2-8 O que é *faixa relevante*? Qual o papel do conceito de faixa relevante em explicar como os custos se comportam?

2-9 Explique por que os *custos unitários* muitas vezes precisam ser interpretados com cautela.

2-10 O que são três tipos diferentes de estoque que empresas de produção mantêm?

2-11 Compare *custos inventariáveis* e *custos do período*.

2-12 Empresas do setor de serviços têm custos inventariáveis? Explique.

2-13 Defina o seguinte: *custos de materiais diretos, custos de mão-de-obra direta, custos indiretos de produção, custos primários* e *custos de conversão*.

2-14 Descreva as categorias de prêmio por hora extra e de tempo ocioso da mão-de-obra indireta.

2-15 Defina *custo do produto*. Descreva três propósitos diferentes para a computação de custos do produto.

Exercícios

2-16 Computando e interpretando custos unitários de produção. A Produtos Florestais do Paraná (PFP) produz três produtos diferentes de papel na sua fábrica em Maringá — Supremo, Luxo e Comum. Cada produto tem a sua própria linha de produção na fábrica. Atualmente, ela usa a seguinte classificação para os seus custos de produção: materiais diretos, mão-de-obra direta e custos indiretos de produção. O total dos custos indiretos de produção da fábrica, em julho de 2004, é de $ 150 milhões (sendo $ 20 milhões fixos). Essa quantia total é alocada para cada linha de produto baseada nos custos de mão-de-obra direta de cada linha. Dados resumidos (em milhões) para julho de 2004 são:

	Supremo	Luxo	Comum
Custos de materiais diretos	$ 84,0	$ 54,0	$ 62,0
Custos de mão-de-obra direta	$ 14,0	$ 28,0	$ 8,0
Custos indiretos de fabricação	$ 42,0	$ 84,0	$ 24,0
Unidades produzidas	80	120	100

Para fazer:

1. Calcule o custo unitário de produção para cada produto produzido em julho de 2004.
2. Suponha que em agosto de 2004 a produção tenha sido de 120 milhões de unidades do Supremo, 160 milhões de unidades do Luxo e 180 milhões de unidades do Comum. Por que as informações de custo por unidade, para julho de 2004, podem ser enganosas quanto à previsão dos custos totais de produção em agosto de 2004?

2-17 Custos diretos e indiretos, efeito de mudança da classificação de um item de custo. A Produtos Florestais do Paraná (PFP) emprega um consultor para ajudar a reduzir os custos de energia na sua fábrica de Londrina. Atualmente, a PFP não apropria os custos de energia para cada um dos seus três produtos diferentes de papel — Supremo, Luxo e Comum. O consultor de energia observa que cada linha de produção na fábrica de Londrina tem medidas múltiplas de energia e que é possível apropriar os custos de energia para cada linha. Dos $ 150 milhões de custos indiretos de fabricação em julho de 2004, $ 90 milhões são para os custos de energia apropriáveis às linhas de produção individuais. Os outros $ 60 milhões restantes de custos indiretos de fabricação da fábrica (incluindo $ 20 milhões de custos fixos) são apropriados para cada linha de produto com base nos custos de mão-de-obra direta de fabricação. Usando essa informação, a análise de custos da PFP relata os seguintes números (em milhões) para julho de 2004:

	Supremo	Luxo	Comum
Materiais diretos	$ 84,0	$ 54,0	$ 62,0
Mão-de-obra direta de fabricação	$ 14,0	$ 28,0	$ 8,0
Custos diretos de energia	$ 39,8	$ 40,7	$ 9,5
Custos indiretos de fabricação	$ 16,8	$ 33,6	$ 9,6
Unidades produzidas	80	120	100

Para fazer:

1. Faça a distinção entre um custo direto e um custo indireto.
2. Por que os gerentes da PFP preferem que os custos de energia sejam um custo direto em vez de um custo indireto de fabricação?
3. Compute o custo de fabricação unitário das linhas de produtos.

2-18 Classificação de custos, setor de serviços. Foco no Consumidor é uma empresa de pesquisa de marketing que organiza grupos de pesquisa para as empresas de produtos para consumo. Cada grupo de pesquisa tem oito indivíduos que recebem $ 50 por sessão para fazer comentários sobre os novos produtos. Esses grupos de pesquisa encontram-se em hotéis e são liderados por um especialista em marketing, treinado e independente, contratado pela Foco no Consumidor. Cada especialista recebe um valor fixo para conduzir um mínimo de sessões e honorários de $ 2 000 por sessão. Um membro da equipe da Foco no Consumidor participa de cada sessão para certificar-se de que todos os aspectos logísticos funcionem de maneira uniforme.

Para fazer: Classifique cada item de custo como:

a. Custos diretos ou indiretos (D ou I) no que diz respeito a cada grupo de pesquisa individual.
b. Custos fixos ou variáveis (F ou V) no que diz respeito a como o total de custos da Foco no Consumidor muda à medida que o número de grupos de foco conduzidos mudem. (Caso tenha dúvidas, selecione com base em se o total de custos mudará substancialmente se houver uma grande mudança no número de grupos conduzidos.)

Você terá duas respostas (D ou I; F ou V) para cada um dos seguintes itens:

Item de custo	D ou I	F ou V

A. Pagamento para os indivíduos em cada grupo de pesquisa para fazer comentários sobre os novos produtos.
B. Assinatura anual da *Consumer Reports* feita pela Foco no Consumidor.
C. Chamadas telefônicas feitas pelos membros da Foco no Consumidor para confirmar os indivíduos que irão participar de uma sessão do grupo de pesquisa (os registros de chamadas individuais não são mantidos).
D. Pagamento do valor para o líder do grupo de pesquisa conduzir 20 grupos de pesquisa por ano, sobre novos produtos médicos.
E. Refeições oferecidas aos participantes em cada grupo de pesquisa.
F. Pagamento de aluguel pela Foco no Consumidor para os escritórios corporativos.
G. Custo de fitas usadas para gravar os comentários feitos pelos indivíduos em uma sessão do grupo de pesquisa (essas fitas são enviadas para a empresa cujos produtos estão sendo testados).
H. Custos com combustível para os veículos da equipe da Foco no Consumidor (membros da equipe enviam faturas mensais sem limite de quilometragem).

2-19 Classificação dos custos, setor comercial. Home Entertainment Center (HEC) opera uma grande loja em São Francisco. A loja tem uma seção de vídeos e outra de música (CDs e fitas). A HEC reporta receitas para a seção de vídeos separadamente da seção de música.

Para fazer: Classifique cada um dos seguintes itens de custo como:

a. Custos diretos ou indiretos (D ou I) no que diz respeito à seção de vídeos.
b. Custos fixos ou variáveis (F ou V) no que diz respeito a como o total de custos da seção de vídeos muda à medida que o número de vídeos vendidos muda. (Caso tenha dúvidas, selecione com base em se o total de custos mudará substancialmente se houver grande mudança no número de vídeos vendidos.)

Você terá duas respostas (D ou I; F ou V) para cada um dos seguintes itens:

Item de custo	D ou I	F ou V

A. Sinal anual pago a um distribuidor de vídeos.
B. Custo de eletricidade da loja HEC (uma única conta cobre toda a loja).
C. Custos dos vídeos comprados para venda.
D. Assinatura da revista *Video Trends*.
E. Aluguel de *software* para computador usado no orçamento financeiro da loja HEC.
F. Custo da pipoca oferecida gratuitamente a todos os clientes da HEC.
G. Apólice de seguro contra terremoto para a loja HEC.
H. Custos do frete de entrada dos vídeos comprados pela HEC.

2-20 Custos de classificação, setor de produção. A fábrica em Fremont, Califórnia, da New United Motor Manufacturing, Inc. (NUMMI), um empreendimento conjunto da General Motors e Toyota, monta dois tipos de carros (Corolla e Geo Prisms). São usadas linhas de montagem separadas para cada tipo de carro.

Para fazer: Classifique cada um dos seguintes itens de custo como:

a. Custos diretos ou indiretos (D ou I) no que diz respeito ao tipo de carro montado (Corolla ou Geo Prisms).
b. Custos fixos ou variáveis (F ou V) no que diz respeito a como o total de custos da fábrica muda à medida que o número de carros montados muda. (Caso tenha dúvidas, selecione com base em se o total de custos mudará substancialmente se houver grande mudança no número de carros montados.)

Você terá duas respostas (D ou I; F ou V) para cada um dos seguintes itens:

Item de custo	D ou I	F ou V

A. Custo dos pneus usados no Geo Prisms.
B. Salário do gerente de relações públicas para a fábrica da NUMMI.
C. Jantares anuais de premiação para os fornecedores do Corolla.
D. Salário do engenheiro que monitora as mudanças no projeto do Geo Prisms.
E. Custos de frete dos motores do Corolla enviados de Toyota City, Japão, para Fremont, Califórnia.
F. Custo de eletricidade para a fábrica da NUMMI (uma única conta cobre toda a fábrica).

G. Salários pagos aos operários temporários na linha de montagem empregados nos períodos de pico de produção (pagamento em horas).
H. Custo anual da apólice de seguros contra incêndio para a fábrica da NUMMI.

2-21 Custos variáveis e custos fixos. Consolidated Minerals (CM) adquiriu direito de extrair minerais da areia das praias em Fraser Island. A CM tem custos em três áreas:

a. Pagamento para um subempreiteiro que cobra $ 80 por tonelada de areia processada e retornada para a praia (depois de ser processada em terra para extrair três minerais — ilmenita, rutílio e zircônio).

b. Pagamento de um imposto de mineração e ambiental de $ 50 por tonelada processada de areia da praia.

c. Pagamento para um operador de batelão que cobra $ 150 000 por mês para transportar cada lote de areia da praia — acima de cem toneladas por lote/ dia — para a terra e depois devolvê-la a Fraser Island. (Isto é, 0-100 toneladas/ dia = $ 150 000 por mês; 101-200 toneladas/ dia = $ 300 000 por mês, e daí por diante.) Cada batelão opera 25 dias por mês. A cobrança mensal de $ 150 000 precisa ser paga mesmo transportadas menos de cem toneladas em um dia e mesmo se a CM exigir menos de 25 dias de transporte do batelão para aquele mês.

A CM está atualmente minerando 180 toneladas de minerais da praia, 25 dias por mês.

1. Qual é o custo variável por tonelada de areia da praia processada? Qual é o custo fixo da CM por mês?
2. Marque um gráfico dos custos variáveis e outro dos custos fixos da CM. Seus gráficos devem ser similares aos dos Quadros 2.3 e 2.4. O conceito da faixa relevante é aplicável ao seu gráfico? Explique.
3. Qual é o custo unitário por tonelada de areia da praia processada (a) se forem mineradas 180 toneladas a cada dia, ou (b) se forem processadas 220 toneladas a cada dia? Explique as diferenças nos números de custo unitário.

2-22 Critérios de custos e a cadeia de valores. Um analista da Johnson & Johnson está preparando uma apresentação sobre critérios de custos na sua subsidiária de medicamentos farmacêuticos. Infelizmente, ambas as listas de suas funções comerciais e a lista anexa de critérios de custos representativos foram acidentalmente colocadas de maneira aleatória. As duas listas agora na tela do computador são

Função comercial	Critérios de custos representativos
A. Produção	1. Minutos de tempo de propaganda na TV no '*60 Minutos*'
B. Pesquisa e desenvolvimento	2. Número de chamadas grátis do cliente
C. Marketing	3. Horas que a linha de embalagem de Tylenol está operando
D. Distribuição	4. Número de embalagens enviadas
E. Desenho dos produtos/projetos	5. Horas gastas projetando frascos à prova de violação
F. Atendimento ao cliente	6. Número de patentes protocoladas no Escritório de Patentes

Para fazer:

1. Combine cada função comercial com seu critério de custo representativo.
2. Dê um segundo exemplo de critério de custo para cada função comercial da subsidiária de medicamentos farmacêuticos da Johnson & Johnson.

2-23 Critérios de custos e funções. A lista dos critérios de custos representativos na coluna da direita abaixo foi colocada de forma aleatória no que diz respeito à lista de funções comerciais na coluna da esquerda. Isto é, elas não combinam.

Função comercial	Critérios de custos representativos
A. Contabilidade	1. Número de faturas enviadas
B. Pessoal	2. Número de pedidos de compras
C. Processamento de dados	3. Número de cientistas de pesquisa
D. Pesquisa e desenvolvimento	4. Horas da unidade de processamento do computador (CPU)
E. Compras	5. Número de novas admissões
F. Faturamento	6. Número de transações processadas

Para fazer:

1. Combine cada função com seu critério de custo representativo.
2. Dê um segundo exemplo de critério de custo para cada função.

2-24 Total de custos e custos por unidade. Uma associação estudantil empregou um novo grupo musical para uma festa de formatura. O custo será uma quantia fixa de $ 4 000.

Para fazer:

1. Suponha que 500 pessoas participarão da festa. Qual será o custo total do grupo musical? E do custo por pessoa?

2. Suponha que duas mil pessoas participem. Qual será o custo total do grupo musical? E do custo por pessoa?
3. Para a previsão do total de custos, o gerente da festa deveria usar o custo por unidade na Parte 1? O custo por unidade na Parte 2? Qual é a principal lição deste exercício?

2-25 Total de custos e custos por unidade. Susan Wang é uma engenheira de *software* bastante conhecida. Sua especialidade é escrever códigos de *software* usados na manutenção da segurança de informações de cartões de crédito. Susan foi procurada pela Electronic Commerce Group (ECG). Eles ofereceram a ela $ 100 000 pelo direito de usar o seu código sob licença no pacote de *software e.procurement*. Wang rejeita a oferta por não oferecer a ela nenhuma compensação caso o pacote da *e.procurement* seja um sucesso estrondoso. Ambas as partes concordam com um contrato em que a ECG pague a ela um fixo de $ 100 000 pelo direito de usar o seu código em até dez mil pacotes. Se o *e.procurement* vender mais de dez mil pacotes, Susan receberá $ 8 adicionais por cada pacote vendido além do nível de dez mil.

Para fazer:
1. Qual é o custo unitário para a ECG do código de *software* de Susan, incluído no pacote da *e.procurement*, ao vender (a) dois mil pacotes, (b) seis mil pacotes, (c) dez mil pacotes e (d) vinte mil pacotes? Comente os resultados.
2. Para prever o custo total da ECG do uso do código de *software* de Susan no *e.procurement*, qual o custo por unidade (caso haja algum) que você recomendaria a ECG usar de (a) a (d) na Parte 1? Explique.

2-26 Custos inventariáveis *versus* custos do período. Cada um dos itens de custos seguintes pertence a uma dessas empresas: General Electric (uma empresa do setor de produção), Safeway (uma empresa do setor comercial) e AOL (uma empresa do setor de serviço):

a. Água mineral *Perrier* comprada pelo Safeway para venda aos seus consumidores.
b. Eletricidade usada na iluminação da linha de montagem na fábrica de refrigeradores da General Electric.
c. Depreciação nos equipamentos de computação da AOL usados para atualizar os diretórios dos sites da Web.
d. Eletricidade usada na iluminação dos corredores da Safeway.
e. Depreciação nos equipamentos de computação da General Electric usados nos testes de qualidade dos componentes de refrigeração durante o processo de montagem.
f. Salários do pessoal de marketing do Safeway que planejam as campanhas publicitárias veiculadas nos jornais locais.
g. Água mineral *Perrier* comprada pela AOL para o consumo dos engenheiros de *software*.
h. Salários do pessoal de marketing da AOL que vendem *banners* de publicidade.

Para fazer:
1. Faça a distinção entre as empresas do setor de produção, do setor comercial e do setor de serviço.
2. Faça a distinção entre custos inventariáveis e custos do período.
3. Classifique cada um dos itens de custos (a-h) como um custo inventariável ou um custo do período. Explique a sua resposta.

2-27 Computando o custo dos produtos comprados e o custo dos produtos vendidos. Os dados abaixo são da Loja de Departamentos Marvin. O saldo das contas (em milhares) é para 2004.

Custos de marketing, distribuição e atendimento ao cliente	$ 37 000
Estoque de mercadorias, 1º de janeiro de 2004	27 000
Utilidades	17 000
Custos gerais e administrativos	43 000
Estoque de mercadorias, 31 de dezembro de 2004	34 000
Compras	155 000
Custos de miscelâneas	4 000
Transporte	7 000
Devoluções de compras e tolerâncias	4 000
Descontos de compras	6 000

Para fazer: Calcule (a) o custo dos produtos comprados e (b) o custo dos produtos vendidos.

2-28 Custo dos produtos produzidos. Considere os seguintes saldos de contas (em milhares) para a Empresa Canseco:

	Início de 2004	Final de 2004
Estoque de materiais diretos	$ 22 000	$ 26 000
Estoque de produto em fabricação	21 000	20 000
Estoque de produtos acabados	18 000	23 000
Compras de materiais diretos		75 000
Mão-de-obra direta		25 000
Mão-de-obra indireta		15 000
Seguro da fábrica		9 000
Depreciação — prédio da fábrica e equipamentos		11 000
Conserto e manutenção — fábrica		4 000
Custos de marketing, distribuição e atendimento ao cliente		93 000
Custos gerais e administrativos		29 000

Para fazer:

1. Prepare uma tabela de custo de produção para 2004.
2. As receitas em 2004 foram de $ 300 000 000. Prepare a demonstração de resultado de exercício para 2004.

Aplicação do Excel. Para os alunos que desejam praticar suas habilidades com a planilha, é apresentada a seguir uma rotina passo a passo da criação de uma planilha do Excel para trabalhar esse problema.

Passo a passo

1. Em uma nova planilha, crie uma demonstração de resultado e uma tabela de custo de produção no mesmo formato do Quadro 2.6. As categorias de custos indiretos de fabricação serão diferentes das do Quadro 2.6 e devem ser as seguintes: mão-de-obra indireta de fabricação, seguro da fábrica, depreciação, conserto e manutenção.
2. Na sua tabela de custo de produção, insira as quantias para o estoque inicial de materiais diretos, compras de materiais diretos, estoque final de materiais diretos, mão-de-obra direta, mão-de-obra indireta de fabricação, seguro da fábrica, depreciação, conserto e manutenção do estoque inicial de produtos em fabricação e do estoque final de produtos em fabricação. Siga o formato do Painel B no Quadro 2.6.

(Programe sua planilha para realizar todos os cálculos necessários. Não deixe qualquer quantia com *hard code*, como margem bruta ou lucro operacional, que exigem operações de adição ou subtração.)

3. Na sua tabela de custo de produção, insira os cálculos para (a) custo de materiais diretos disponíveis para uso e (b) materiais diretos usados.
4. Na sua tabela de custo de produção, insira os cálculos para (a) o total de custos indiretos de fabricação, (b) custos de fabricação incorridos durante o período, (c) total de custos de fabricação para serem contabilizados e (d) custo de produção.
5. Na sua demonstração de resultado de exercício, insira o cálculo que estabelece que a quantia de custo de produção é igual à quantia na célula em que você calculou o custo de produção na Etapa 4.
6. Para completar a demonstração de resultado: insira as receitas e as quantias para os custos de marketing, distribuição e atendimento ao cliente, custos gerais e administrativos, estoque inicial de produtos acabados e estoque final de produtos acabados. Insira o cálculo para os custos disponíveis para venda. Por último, insira os cálculos para a margem bruta, custos operacionais e lucro operacional.
7. *Verifique a precisão da sua planilha*. Vá para a sua tabela de custo de produção e mude a mão-de-obra indireta de $ 25 000 para $ 35 000. Se a sua planilha estiver programada corretamente, o custo de produção deve mudar para $ 146 000 e o lucro operacional deve mudar para $ 37 000.

2-29 Demonstração de resultado do exercício e tabela dos produtos produzidos. A Corporação Howell tem os seguintes saldos de contas (em milhões):

Para uma data específica		Para o ano de 2004	
Materiais diretos, 1/1/2004	$ 15	Compra de materiais diretos	$ 325
Produtos em fabricação, 1/1/2004	10	Mão-de-obra direta	100
Produtos acabados, 1/1/2004	70	Depreciação — prédio da fábrica e equipamentos	80
Materiais diretos, 31/12/2004	20	Salários de supervisão da fábrica	5
Produtos em fabricação, 31/12/2004	5	Gastos gerais de miscelâneas da fábrica	35
Produtos acabados, 31/12/2004	55	Receitas	950
		Custos de marketing, distribuição e atendimento ao cliente	240
		Suprimentos usados da fábrica	10
		Utilidades da fábrica	30
		Mão-de-obra indireta de fabricação	60

2-30 Interpretação das demonstrações (continuação do 2-29).

Para fazer:

1. Como a resposta para o Problema 2-29 seria modificada se fosse solicitada uma tabela de custo de produtos fabricados e vendidos em vez do custo de produção. Seja específico.
2. O salário do gerente de vendas (incluído nos custos de marketing, distribuição e atendimento ao cliente) seria contabilizado de maneira diferente se a Corporação Howell fosse uma empresa do setor comercial em vez de uma empresa do setor de produção? Usando o fluxo de custos de produção esboçados no Quadro 2.7, descreva como os salários de um montador na fábrica seriam contabilizados nessa empresa de produção.
3. Os salários de supervisão da fábrica são geralmente considerados custos indiretos de fabricação. Quando alguns desses custos podem ser considerados custos diretos fabricação? Dê um exemplo.
4. Suponha que os materiais diretos usados e a depreciação da fábrica estejam relacionados com a produção de 1 milhão de unidades do produto. Qual é o custo unitário para os materiais diretos atribuídos a essas unidades? Qual é o custo unitário para a depreciação do prédio da fábrica e dos equipamentos? Suponha que a depreciação anual da fábrica seja computada com base na linha reta.
5. Suponha que os modelos de comportamento dos custos implícitos na Parte 4 persistam. Isto é, que os custos de materiais diretos se comportem como custo variável, e que a depreciação se comporte como custo fixo. Repita as computações na Parte 4, supondo que os custos estão sendo previstos para a produção de 1,2 milhão de unidades do produto. Como o total de custos seria afetado?
6. Como contador gerencial, explique de maneira concisa para o presidente por que os custos diferem nas Partes 4 e 5.

2-31 Demonstração de resultado do exercício e da tabela do custo de produção. Os itens seguintes (em milhões) pertencem a Corporação Chain:

Para uma data específica		Para o ano de 2004	
Produtos em fabricação, 1/1/2004	$ 10	Utilidades da fábrica	$ 5
Materiais diretos, 31/12/2004	5	Mão-de-obra indireta de fabricação	20
Produtos acabados, 31/12/2004	12	Depreciação — prédio da fábrica e equipamentos	9
Contas a pagar, 31/12/2004	20	Receitas	350
Contas a receber, 1/1/2004	50	Gastos gerais de miscelâneas da fábrica	10
Produtos em fabricação, 31/12/2004	2	Custos de marketing, distribuição e atendimento ao cliente	90
Produtos acabados, 1/1/2004	40		
Contas a receber, 31/12/2004	30	Materiais diretos comprados	80
Contas a pagar, 1/1/2004	40	Mão-de-obra direta	40
Materiais diretos, 1/1/2004	30	Suprimentos da fábrica usados	6
		Impostos prediais da fábrica	1

O sistema de custeio de produção da Chain usa uma classificação em três itens: materiais diretos, mão-de-obra direta e custos indiretos de fabricação.

Para fazer: Prepare uma demonstração de resultado e uma tabela de apoio do custo de produção. (Para questões adicionais a respeito desses fatos, veja o próximo problema.)

2-32 Terminologia, interpretação das demonstrações (continuação do 2-31).

Para fazer:

1. Calcule o total de custos primários e o total de custos de conversão.
2. Compute o total de custos inventariáveis e os custos do período.
3. Os custos de projeto e os custos de P&D não são considerados custos do produto para os propósitos de relatórios financeiros. Quando alguns desses custos podem ser considerados custos do produto? Dê um exemplo.
4. Suponhamos que os materiais diretos usados e a depreciação da fábrica estejam relacionados à produção de 1 milhão de unidades do produto. Determine o custo unitário para os materiais diretos atribuídos a essas unidades e o custo unitário para a depreciação da fábrica, do prédio e do equipamento. Suponha que a depreciação anual seja computada com base na linha reta.
5. Suponha que os padrões de comportamento dos custos implícitos na Parte 4 persistam. Isto é, que os custos de materiais diretos se comportem como custo variável e a depreciação da fábrica se comporte como custo fixo. Repita as computações na Parte 4, supondo que os custos estejam sendo previstos para a produção de 1,5 milhão de unidades do produto. Determine o efeito sobre o total de custos.
6. Suponha que a depreciação sobre os equipamentos (mas não da fábrica e do prédio) seja computada baseada em um número de unidades produzidas, motivadoras da deterioração dos equipamentos. A taxa de depre-

ciação é de $ 4 por unidade. Calcule a depreciação dos equipamentos supondo que (a) foram produzidas 1 milhão de unidades e (b) 1,5 milhão de unidades.

2-33 Prêmio sobre as horas extras. Guilherme Bento e Jaime Prado são representantes de vendas da Produção de Eletrônicos Ltda. (MEL). Cada um recebe salário-base mais um bônus baseado em 20 por cento da margem bruta real de cada pedido. Os custos indiretos de produção, excluindo o prêmio sobre as horas extras, são determinados como 200 por cento do custo de mão-de-obra direta.

Os dados resumidos para os dois pedidos mais recentes são:

Cliente	Westec	BBC
Representante de vendas	**Prado**	**Bento**
Receitas	$ 420	$ 480
Materiais diretos	$ 250	$ 270
Mão-de-obra direta	$ 40	$ 40
Mão-de-obra indireta de fabricação	$ 80	$ 80
Horas de mão-de-obra direta	2 horas	2 horas

A MEL cobra um prêmio sobre as horas extras demandadas no atendimento de pedidos urgentes. Quando as horas extras são causadas por um volume maior de produção, e não por causa de qualquer pedido urgente, o prêmio dos gastos gerais é alocado para todos os pedidos. A taxa de mão-de-obra direta em tempo direto é de $ 20 por hora, e a taxa de horas extras é 50 por cento mais alta.

Para fazer:

1. Calcule a margem bruta que a MEL relataria em cada um dos dois pedidos se apenas o da BBC fosse um pedido urgente que demandasse horas extras.
2. Suponha que apenas o pedido urgente da Westec tenha demandado horas extras. Compute a margem bruta revisada que a MEL relataria em cada um dos dois pedidos.
3. Suponha que nem a BBC nem a Westec tivessem pedidos urgentes. Calcule a margem bruta que a MEL relataria em cada um desses dois pedidos. Não havia outros pedidos. Houve um total de duas horas extras.

2-34 Encontrando quantias desconhecidas. Um auditor da Receita Federal está tentando reconstruir alguns registros parcialmente destruídos de dois contribuintes. Para cada um dos casos na lista a seguir, encontre os valores desconhecidos designados pelas letras A a D.

	Caso 1	Caso 2
	(em milhares)	
Contas a receber, 31/12	$ 6 000	$ 2 100
Custo de produtos vendidos	A	20 000
Contas a pagar, 1/1	3 000	1 700
Contas a pagar, 31/12	1 800	1 500
Estoque de produtos acabados, 31/12	B	5 300
Margem bruta	11 300	C
Produto em fabricação, 1/1	0	800
Produto em fabricação, 31/12	0	3 000
Estoque de produtos acabados, 1/1	4 000	4 000
Materiais diretos usados	8 000	12 000
Mão-de-obra direta	3 000	5 000
Custos indiretos de fabricação	7 000	D
Compras de materiais diretos	9 000	7 000
Receitas	32 000	31 800
Contas a receber, 1/1	2 000	1 400

2-35 Perda com incêndio, computando os custos de estoques. Um funcionário atormentado, Cabeça Quente, pôs fogo em uma fábrica de produção provocando um tempestuoso 26 de fevereiro. O fogo destruiu a fábrica e o que ela continha. Felizmente, certos registros contábeis eram mantidos em outro prédio. Eles revelam o seguinte para o período de 1º de janeiro de 2004 a 26 de fevereiro do mesmo ano:

Materiais diretos comprados	$ 160 000
Produto em fabricação, 1/1/2004	34 000
Materiais diretos, 1/1/2004	16 000

Produtos acabados, 1/1/2004	30 000
Custos indiretos de fabricação	40% dos custos de conversão
Receitas	500 000
Mão-de-obra direta	180 000
Custos primários	294 000
Porcentagem da margem bruta baseada nas receitas	20%
Custo dos produtos disponíveis para venda	450 000

A perda é totalmente coberta pelo seguro. A companhia de seguro quer saber o custo histórico dos estoques como base de negociação de um acordo, embora este seja realmente baseado nos custos de reposição, não nos custos históricos.

Para fazer: Calcule o custo de:

1. Estoque de produtos acabados, 26/2/2004
2. Estoque de produtos em fabricação, 26/2/2004
3. Estoque de materiais diretos, 26/2/2004

2-36 Problema abrangente sobre os custos por unidade, custos do produto. A Equipamentos para Escritórios Tampa fabrica e vende prateleiras de metal, tendo iniciado suas operações em 1º de janeiro de 2004. Os custos incorridos para 2004 são (V é para variável; F é para fixo):

Custos dos materiais diretos	$ 140 000 V
Custos de mão-de-obra direta	30 000 V
Custos de energia da fábrica	5 000 V
Custos de mão-de-obra indireta de fabricação	10 000 V
Custos de mão-de-obra indireta de fabricação	16 000 F
Outros custos indiretos de fabricação	8 000 V
Outros custos indiretos de fabricação	24 000 F
Custos de marketing, distribuição e atendimento ao cliente	122 850 V
Custos de marketing, distribuição e atendimento ao cliente	40 000 F
Custos administrativos	50 000 F

Custos variáveis de produção são variáveis no que diz respeito às unidades produzidas. Custos variáveis de marketing, distribuição e atendimento ao cliente são variáveis no que diz respeito às unidades vendidas.

Os dados de estoque são:

	Inicial 1º de janeiro de 2004	Final 31 de dezembro de 2004
Materiais diretos	0 kg	2 000 kgs
Produto em fabricação	0 unidades	0 unidades
Produtos acabados	0 unidades	? unidades

A produção em 2004 foi de cem mil unidades. São usados dois quilos de materiais diretos para fazer uma unidade de produto acabado.

As receitas em 2004 foram de $ 436 800. O preço unitário de venda e o preço de compra por quilo de material direto ficaram estáveis durante o ano. O estoque final de produtos acabados da empresa é transportado pela média de custos de produção por unidade em 2004. O estoque de produtos acabados, em 31 de dezembro de 2004, foi de $ 20 970.

Para fazer:

1. Calcule o estoque de materiais diretos, custo total, 31 de dezembro de 2004.
2. Calcule o estoque de produtos acabados, total de unidades, 31 de dezembro de 2004.
3. Calcule o preço de venda por unidade, 2004.
4. Calcule o lucro operacional, 2004.

2-37 Custos do produto, efeito da mudança na classificação de custos (continuação do problema 2-36). Suponha que alguns fatos sejam como no Problema 2-36, com exceção de que os custos fixos indiretos de fabricação não são considerados custos inventariáveis. Em 31 de dezembro de 2004 havia nove mil unidades no estoque de produtos acabados.

Para fazer:

1. Calcule o estoque de produtos acabados, total de custos, 31 de dezembro de 2004.
2. Calcule o lucro operacional, 2004.

Problemas

2-38 Análise de custos, risco de litígio, ética. Samuel Paiva é o gerente de desenvolvimento de um novo produto da Sempre Jovem (SJ). Paiva está, atualmente, considerando o Realce como o próximo produto da SJ a ser o principal. Todos os atuais produtos da SJ são cosméticos destinados aos cuidados da pele, aplicáveis pelo próprio consumidor. O Realce, por sua vez, é um produto injetável, cuja aplicação só é possível com auxílio médico. É certo que cada tratamento custe, para os pacientes, $ 300, com duração prevista de três meses. O Realce tem a propriedade de preencher rugas na pele na sua quase totalidade. A SJ planeja vender o Realce para médicos a $ 120 por tratamento, oferecendo-lhes grande incentivo ao promoverem o produto. Paiva, no entanto, questiona a economia desse produto. No momento, todos os custos reconhecidos, inclusive a produção por terceiros, são de $ 100 por tratamento. A principal preocupação do Paiva é a de que a atual proposta de custeio exclua os custos de litígio na defesa de processos relacionados ao Realce. Elisabete Savage, diretora executiva da empresa, descorda totalmente de Paiva. Ela afirma ter confiança plena na sua equipe de pesquisas médicas e direciona Paiva a não incluir qualquer quantia de seu custo potencial de litígio, de $ 110 por tratamento, na sua apresentação para o quadro de diretores sobre a economia e precificação do produto Realce. Paiva era, anteriormente, o *controller* da SJ.

Para fazer:

1. Quais os motivos que Savage pode ter em não querer que Paiva inclua os custos potenciais de litígio no produto na apresentação da economia e precificação do Realce?
2. A SJ estabelece os preços adicionando 20 por cento do total de custos. Qual seria o preço de venda por unidade se a proposta de Paiva em incluir os custos potenciais de litígio também fosse incluída? Como este preço afetaria a promoção do Realce?
3. Savage orienta Paiva a desistir de qualquer discussão adicional sobre a questão de litígio. É para Paiva concentrar-se em fazer com que o Realce seja um produto campeão de vendas que a pesquisa de campo sugere que ele será. Paiva não se sente confortável com esse direcionamento. Ele diz para Savage que esta é uma 'abordagem avestruz' (que se omite de constatar) para um problema real que poderia, potencialmente, levar a empresa à bancarrota. Savage pede a Paiva que se retire e reflita sobre sua sugestão. O que Paiva deveria fazer em seguida?

Problema para aprendizagem em grupo

2-39 Falta de dados. Os dados da Plásticos Utile Ltda., selecionados para agosto de 2004, são apresentados abaixo (em milhões):

Estoque de produtos em fabricação, 1/8/2004	$ 200
Estoque de materiais diretos, 1/8/2004	90
Materiais diretos comprados	360
Materiais diretos usados	375
Custos indiretos variáveis de produção	250
Total de custos indiretos de produção	480
Total de custos de produção	1 600
Custo dos produtos produzidos	1 650
Custo dos produtos vendidos	1 700
Estoque de produtos acabados, 1/8/2004	125

Para fazer: Calcule os seguintes custos:

1. Estoque de materiais diretos, 31/8/2004.
2. Custos de gastos gerais fixos de produção para agosto.
3. Custos de mão-de-obra direta para agosto.
4. Estoque de produtos em fabricação, 31/8/2004.
5. Produtos disponíveis para venda em agosto.
6. Estoque de produtos acabados, 31/8/2004.

capítulo 3

Análise de custo-volume-lucro

Objetivos de aprendizagem

1. Compreender os pressupostos da análise de custo-volume-lucro (CVL)
2. Explicar as características da análise CVL
3. Determinar o ponto de equilíbrio e o nível de produção necessário para atingir um lucro operacional alvo
4. Compreender como o imposto de renda afeta a análise CVL
5. Explicar a análise CVL na tomada de decisões e como a análise de sensibilidade ajuda os administradores a lidar com a incerteza
6. Usar a análise CVL para planejar custos variáveis e custos fixos
7. Aplicar a análise CVL em uma empresa que produz produtos diferentes
8. Adaptar a análise CVL a situações em que um produto tem mais que um critério de custo
9. Distinguir margem de contribuição de margem bruta

Como os administradores da rede de lojas de conveniência Store 24 conseguem ver os efeitos de vender um novo sabor de café durante o movimento da manhã, do aumento do preço do leite ou da abertura de lojas em novos bairros? Seria, um pouco, como olhar em uma bola de cristal? Mas não há nenhuma mágica envolvida em adquirir esse conhecimento, pois ele vem de uma técnica chamada *análise de custo-volume-lucro (CVL)*, e o custo é o de apenas um pouco de tempo. A análise CVL ajuda administradores no planejamento ao avaliar várias alternativas. Não é necessário usar uma bola de cristal!

A **análise de custo-volume-lucro (CVL)** examina o comportamento de receitas totais, custos totais e o lucro das operações com a ocorrência de mudanças no nível de produção, no preço de venda, no custo variável por unidade e/ou nos custos fixos de um produto. Administradores usam a análise CVL para ajudar a responder perguntas como: Como as receitas e os custos totais serão afetados se o nível de produção (o *volume* na análise CVL) mudar — por exemplo, se vendermos mais mil unidades? E se aumentarmos ou reduzirmos o preço de venda, como isso afetará o nível de produção? E se expandirmos os nossos negócios para mercados estrangeiros, como isso afetará os custos, o preço de venda e o nível de produção? Essas perguntas têm em comum a condicionante 'e se?' Ao examinar os resultados das possibilidades do 'e se?' e suas alternativas, a análise CVL ilustra os ganhos dessas possibilidades e orienta o planejamento dos administradores.

Pressupostos e terminologia de custo-volume-lucro

A análise CVL é baseada em vários pressupostos.

1. Mudanças nos níveis de receitas e custos surgem apenas por causa de mudanças no número de unidades de produto (ou serviço) produzidas e vendidas — por exemplo, o número de aparelhos de televisão produzidos e vendidos pela Sony Corporation. O número de unidades de produção é o único *direcionador de receita* e o único *direcionador de custo*. Assim como um direcionador de custo é qualquer fator que afete custos, um **direcionador de receita** é uma variável, como o volume, que afeta as receitas causalmente.

2. Custos totais precisam ser separados em um componente fixo que não varia com o nível de produção e um componente que é variável no que diz respeito ao nível de produção. Além disso, você sabe, do Capítulo 2 (Quadro 2.5), que os custos variáveis incluem custos diretos variáveis e custos indiretos variáveis de um produto. Da mesma forma, os custos fixos de um produto incluem custos diretos e indiretos fixos. (No Capítulo 10, veremos detalhes sobre a determinação de componentes fixos e variáveis de custos.)

3. Quando representados de forma gráfica, os comportamentos de receitas e custos totais são lineares (o que quer dizer que eles podem ser representados como uma linha reta) em relação ao nível de produção dentro de uma faixa relevante (e período de tempo).

4. O preço de venda, o custo variável por unidade e os custos fixos (dentro de uma faixa relevante e período) são conhecidos e constantes. (Essa suposição é discutida mais tarde neste capítulo e seu anexo.)

5. A análise cobre um único produto ou supõe que a proporção de produtos diferentes, quando produtos múltiplos são vendidos, permanecerá constante a despeito da mudança no nível de unidades totais vendidas. (Essa suposição será vista mais tarde neste capítulo.)

6. Todas as receitas e custos podem ser somados e comparados sem levar em conta o valor do dinheiro no tempo. (O Capítulo 7 do volume 2 considera o valor do dinheiro no tempo.)

Muitas empresas (bem como divisões e fábricas de empresas) em indústrias como companhias aéreas, automobilísticas, de produtos químicos, plásticos e semicondutores descobriram que mesmo a análise CVL mais simples pode ajudar na tomada de decisões sobre o planejamento estratégico e de longo prazo, assim como decisões sobre características de produtos e precificação. Em alguns ambientes do mundo real, as seis suposições descritas acima podem não se manter. Por exemplo, a previsão de receitas e de custos totais pode precisar de critérios múltiplos de receitas e de custos (como o número de unidades de produção, o número de visitas de vendas feitas a clientes e o número de anúncios veiculados). A análise CVL pode ainda ser útil nessas situações, mas se torna mais complexa. Considere sempre que uma análise CVL simplificada gera previsões suficientemente precisas sobre como receitas e custos totais se comportam. Use uma abordagem mais complexa com critérios múltiplos de receita, critérios múltiplos de custo e funções de custo não-lineares somente se melhorar significativamente as decisões.

Antes de explicar os pontos básicos da análise CVL, precisamos esclarecer alguns termos. Como descrito no Capítulo 2,

$$\text{Lucro operacional} = \text{Receitas totais das operações} - \text{Custo de mercadorias vendidas e custos operacionais (excluindo imposto renda)}$$

O **lucro líquido** é o lucro operacional mais as receitas não-operacionais (como receitas financeiras) menos os custos não-operacionais (como despesas financeiras) menos o imposto de renda. Por uma questão de simplicidade, em todo o capítulo suspusemos que receitas não-operacionais e custos não-operacionais sejam zero. Assim, o lucro líquido é computado como:

Lucro líquido = Lucro operacional − Imposto de renda

Fundamentos da análise CVL

No exemplo do *software* Faça Tudo, o privilégio de devolver pacotes não vendidos significa que o custo de mercadorias vendidas é variável em relação ao número de unidades vendidas.

Para começar, usamos um exemplo para mostrar como a análise CVL funciona.

> **Exemplo:** *Maria Neves planeja vender o* software *Faça Tudo — um pacote de software para escritórios residenciais — em uma convenção de informática com duração de dois dias, em Chicago. Maria pode comprá-lo de um varejista de software a $ 120 o pacote e vender cada unidade a $ 200, com o privilégio de poder devolver os não vendidos e receber um reembolso de $ 120 por pacote. Ela já pagou $ 2 000 para a Convenções de Informática Ltda. pelo aluguel do estande. Suponha que não haja outros custos. Quais serão os lucros da Maria por quantidades diferentes dos pacotes vendidos?*

O custo de $ 2 000 pelo aluguel do estande é um custo fixo por não se alterar em razão do número de pacotes que Maria vier a vender. O custo do pacote é variável porque ele aumenta na proporção do número de unidades vendidas. Para cada unidade vendida, Maria incorre um custo de $ 120 para comprá-lo. Se Maria vender cinco pacotes, os custos variáveis de compra serão de $ 600 ($ 120 × 5).

Maria pode usar a análise CVL para examinar mudanças no lucro operacional como resultado da venda de quantidades diferentes de pacotes. Se Maria vender cinco pacotes, ela receberá a receita de $ 1 000 ($ 200 por pacote × 5 pacotes), incorrerá custos variáveis de $ 600 ($ 120 por pacote × 5 pacotes), incorrerá custos fixos de $ 2 000 e registrará um prejuízo operacional de $ 1 600 ($ 1 000 – $ 600 – $ 2 000). Se Maria vender 40 pacotes, ela receberá a receita de $ 8.000 ($ 200 por pacote × 40 pacotes), incorrerá custos variáveis de $ 4 800 ($ 120 por pacote × 40 pacotes), incorrerá os mesmos custos fixos de $ 2 000 e registrará um lucro operacional de $ 1 200 ($ 8 000 – $ 4 800 – $ 2 000).

Os únicos valores que mudam, da venda de quantidades diferentes de pacotes, são as *receitas totais* e os *custos variáveis totais*. A diferença entre as receitas e os custos variáveis totais é chamada de **margem de contribuição**, pois indica por que o lucro operacional muda ao mudar o número de unidades vendidas. Quando Maria vende cinco pacotes, a margem de contribuição é de $ 400 ($ 1 000 em receitas totais menos $ 600 em custos variáveis totais); quando Maria vende 40 pacotes, a margem de contribuição é de $ 3 200 ($ 8 000 em receitas totais menos $ 4 800 em custos variáveis totais). Certifique-se de subtrair todos os custos variáveis quando estiver calculando a margem de contribuição. Por exemplo, se Maria tivesse custos variáveis de venda por pagar a vendedores uma comissão sobre cada pacote que eles vendessem na convenção, os custos variáveis incluiriam o custo do pacote mais a comissão de vendas.

A *margem de contribuição unitária* é uma ferramenta útil para o cálculo da margem de contribuição. A **margem de contribuição unitária** é a diferença entre o preço de venda e o custo variável por unidade. No exemplo do *software* Faça Tudo, a margem de contribuição por pacote, ou por unidade, é de $ 200 – $ 120 = $ 80. A margem de contribuição pode ser calculada da seguinte maneira:

Margem de contribuição = Margem de contribuição unitária × Número de unidades vendidas

Por exemplo, quando 40 pacotes são vendidos, a margem de contribuição = $ 80 por unidade × 40 unidades = $ 3 200.

A margem de contribuição representa a receita menos os custos variáveis que *contribuem* para a recuperação de custos fixos. Uma vez totalmente recuperados os custos fixos, a margem de contribuição remanescente aumenta o lucro operacional. O Quadro 3.1 computa margens de contribuição para quantidades diferentes de pacotes vendidos, e mostra como a margem de contribuição recupera os custos fixos e gera lucro operacional com o número crescente de pacotes vendidos. A demonstração de resultado no Quadro 3.1 é chamada de **demonstração de resultado da contribuição** por agrupar custos em custos variáveis e fixos para realçar a margem de contribuição. Veja como cada pacote adicional vendido de 0 a 1 a 5 aumenta a margem de contribuição em $ 80 por pacote, recuperando mais dos custos fixos e reduzindo o prejuízo operacional. Se Maria vender 25 pacotes, a margem de contribuição será igual a $ 2 000 ($ 80 por pacote × 25 pacotes), recuperando exatamente os custos fixos e resultando em $ 0 de lucro operacional. Se Maria vender 40 pacotes, a margem de contribuição aumentará em mais $ 1 200 ($ 3 200 – $ 2 000), tornando-se lucro operacional. Quando você examinar o Quadro 3.1, da esquerda para a direita, você verá que o aumento na margem de contribuição é exatamente igual ao aumento do lucro operacional (ou a redução do prejuízo operacional).

Quadro 3.1 Demonstração de resultado da contribuição para quantidades diferentes de pacotes vendidos do *software* Faça Tudo.

	Número de pacotes vendidos				
	0	1	5	25	40
Receitas a $ 200 por pacote	$ 0	$ 200	$ 1 000	$ 5 000	$ 8 000
Custos variáveis a $ 120 por pacote	0	120	600	3 000	4 800
Margem de contribuição a $ 80 por pacote	0	80	400	2 000	3 200
Custos fixos	2 000	2 000	2 000	2 000	2 000
Lucro operacional	$ (2 000)	$ (1 920)	$ (1 600)	$ 0	$ 1 200

Em vez de expressar a margem de contribuição como uma quantia de dinheiro por unidade, podemos expressá-la como porcentagem. A **porcentagem da margem de contribuição** (também chamada de **índice da margem de contribuição**) é a margem de contribuição por unidade dividida pelo preço de venda.

No nosso exemplo,

$$\text{Porcentagem da margem de contribuição} = \frac{\$\,80}{\$\,200} = 0{,}40 \text{ ou } 40\%$$

A porcentagem da margem de contribuição é a margem de contribuição por receita. Nesse exemplo, ela indica que 40 por cento de cada tostão em receita (igual a 40 centavos) é margem de contribuição.

Maria pode calcular a margem de contribuição total para níveis diferentes de produção ao multiplicar a porcentagem da margem de contribuição pelas receitas totais mostradas no Quadro 3.1. Por exemplo, se Maria vender 25 pacotes, as receitas serão de $ 5 000 e a margem de contribuição igual a 40 por cento de $ 5 000 = $ 2 000, compensando exatamente os custos fixos. Maria atingirá o ponto de equilíbrio ao vender 25 pacotes para um total de $ 5 000.

O PONTO DE EQUILÍBRIO

O **ponto de equilíbrio (P E)** é a quantidade de produtos vendidos em que as receitas totais se igualam aos custos totais — ou seja, a quantidade de produção vendida em que o lucro operacional é $ 0. Os administradores estão interessados no ponto de equilíbrio porque querem evitar perdas nas operações. O ponto de equilíbrio aponta quanto da produção eles precisam vender para evitar uma perda. Continuaremos a usar os dados anteriores sobre o *software* Faça Tudo para examinar três métodos para determinar o ponto de equilíbrio: o método da equação, o método da margem de contribuição e o método gráfico. No entanto, usaremos o termo mais geral 'quantidade de *unidades* de produção vendidas', em vez de quantidade de *pacotes* vendidos.

Familiarize-se com estas abreviações. Você as achará úteis enquanto apresentamos a análise CVL.

PV = Preço de venda
CVU = Custo variável por unidade
MCU = Margem de contribuição unitária (PV – CVU)
$MC\%$ = Porcentagem da margem de contribuição (MCU ÷ PV)
CF = Custos fixos
Q = Quantidade de unidades de produção vendidas (e fabricadas)
LO = Lucro das operações
LAO = Lucro operacional-alvo
LAL = Lucro alvo líquido

MÉTODO DA EQUAÇÃO

Para usar o método da equação na determinação do ponto de equilíbrio, a demonstração de resultado é expressa como a seguinte equação:

Receitas – Custo variável – Custos fixos = Lucro operacional

$$\begin{pmatrix} \text{Preço de} \\ \text{venda} \end{pmatrix} \times \begin{pmatrix} \text{Quantidade de unidades} \\ \text{de produtos vendidos} \end{pmatrix} - \begin{pmatrix} \text{Custo variável} \\ \text{unitário} \end{pmatrix} \times \begin{pmatrix} \text{Quantidade de unidades} \\ \text{de produtos vendidos} \end{pmatrix} - \text{Custos fixos} = \text{Lucro operacional}$$

$$(PV \times Q) - (CVU \times Q) - CF = LO \qquad (1)$$

A equação fornece a abordagem mais geral — e mais fácil de lembrar — para qualquer situação de CVL. Usando os dados do *software* Faça Tudo e estabelecendo o lucro operacional igual a $ 0, nós obtemos:

$$\begin{aligned} \$\,200Q - \$\,120Q - \$\,2\,000 &= \$\,0 \\ \$\,80Q &= \$\,2\,000 \\ Q &= \$\,2\,000 \div \$\,80 \text{ por unidade} = 25 \text{ unidades} \end{aligned}$$

Se Maria vender menos de 25 unidades, ela terá perda; se vender 25 unidades, atingirá o ponto de equilíbrio; e se vender mais de 25 unidades, obterá lucro. Esse ponto de equilíbrio é expresso em unidades. Ele também pode ser expresso em termos de receitas: 25 unidades × $ 200 de preço de venda = $ 5 000.

MÉTODO DA MARGEM DE CONTRIBUIÇÃO

O método da margem de contribuição simplesmente reagrupa os termos da equação 1, que são:

$$(PV \times Q) - (CVU \times Q) - CF = LO$$

Reescrevendo a equação 1:

$$(PV - CVU) \times Q = CF + LO$$

Ou seja,

$$MCU \times Q = CF + LO$$
$$Q = \frac{CF + LO}{MCU} \quad (2)$$

No ponto de equilíbrio, o lucro operacional é, por definição, $ 0. Estabelecendo o $LO = 0$, obtemos:

$$Q = \frac{CF}{MCU} \quad (3)$$

$$\text{Número de unidades do ponto de equilíbrio} = \frac{\text{Custos fixos}}{\text{Margem de contribuição unitária}}$$

O cálculo no método da equação e o cálculo no método da margem de contribuição parecem similares porque uma equação é a mera reafirmação da outra. No nosso exemplo, os custos fixos são de $ 2 000 e a margem de contribuição por unidade é de $ 80 ($ 200 – $ 120). Portanto,

$$\text{Número de unidades do ponto de equilíbrio} = \frac{\$\ 2\ 000}{\$\ 80\ \text{por unidade}} = 25\ \text{unidades}$$

Para calcular o ponto de equilíbrio em termos de receitas, lembre-se de que no exemplo do *software* Faça Tudo, $MC\% = MCU \div PV = \$\ 80 \div \$\ 200 = 0{,}40$, ou 40 por cento; ou seja, 40 por cento de cada tostão de receitas, ou 40 centavos, é margem de contribuição. Para atingir o ponto de equilíbrio, a margem de contribuição precisa ser igual aos custos fixos de $ 2 000. Para ganhar $ 2 000 de margem de contribuição, as receitas precisam ser iguais a $ 2 000 ÷ 0,40 = $ 5 000.

$$\text{Receitas do ponto de equilíbrio} = \frac{CF}{MC\%} = \frac{\$\ 2\ 000}{0{,}40} = \$\ 5\ 000$$

Método gráfico

No método gráfico, nós representamos os custos e as receitas totais graficamente. Cada qual é mostrado no gráfico como uma linha. O ponto em que cruzam é o ponto de equilíbrio. O Quadro 3.2 ilustra o método gráfico para o *software* Faça Tudo. Como supomos que os custos e as receitas totais se comportam de modo linear, precisamos apenas de dois pontos para marcar a linha que representa cada um.

1. **Linha dos custos totais**. A linha dos custos totais é a soma dos custos fixos e dos custos variáveis. Os custos fixos são de $ 2 000 em todos os níveis de produção dentro da faixa relevante. Para marcar os custos fixos, meça $ 2 000 no eixo vertical (ponto *A*) e estenda uma linha horizontalmente para a direita de $ 2 000 no eixo vertical. Os custos variáveis são de $ 120 por unidade. Para marcar a linha dos custos totais, use como um ponto os custos fixos de $ 2 000 a zero unidades vendidas (ponto *A*), porque os custos variáveis são de $ 0 quando nenhuma unidade foi vendida. Selecione um segundo ponto ao escolher qualquer outro nível conveniente de produção (digamos, 40 unidades vendidas) e determine os custos totais correspondentes. Os custos variáveis totais a esse nível de produção são de $ 4 800 (40 unidades × $ 120 por unidade). Como os custos fixos são de $ 2 000 em todos os níveis de produção dentro da faixa relevante, os custos totais a 40 unidades vendidas são de $ 6 800 ($ 2 000 + $ 4 800), o que é o ponto *B* no Quadro 3.2. A linha dos custos totais é a linha reta que se estende do ponto *A* passando pelo ponto *B*.

2. **A linha de receitas totais**. Um ponto inicial conveniente é $ 0 em receitas a 0 unidades vendidas, o que seria o ponto *C* no Quadro 3.2. Selecione um segundo ponto ao escolher qualquer outro ponto conveniente de produção e determinar as receitas totais correspondentes. Com 40 unidades vendidas, as receitas totais são de $ 8 000 ($ 200 por unidade × 40 unidades), ou o ponto *D* no Quadro 3.2. A linha das receitas totais é a linha reta do ponto *C* passando pelo ponto *D*.

O ponto de equilíbrio é a quantidade de unidades vendidas em que a linha de receitas totais e a linha de custos totais cruzam. Nesse ponto (25 unidades vendidas no Quadro 3.2), receitas totais se igualam aos custos totais. No entanto, o Quadro 3.2 mostra as previsões de resultado para uma vasta gama de quantidades de unidades vendidas além do ponto de equilíbrio. Os lucros ou perdas nos níveis de vendas além das 25 unidades podem ser determinados pelas distâncias verticais entre as duas linhas naqueles níveis. Para quantidades abaixo das 25 unidades vendidas, os custos totais excedem as receitas totais, e a área cinza-claro indica as perdas operacionais. Para quantidades acima das 25 unidades vendidas, as receitas totais excedem os custos totais e a área cinza-escuro indica os lucros das operações.

Lucro operacional alvo

Introduzimos um elemento de lucro na nossa análise de CVL para o *software* Faça Tudo ao perguntar: Quantas unidades precisam ser vendidas para obter-se um lucro operacional de $ 1 200? Usando a Equação 1, precisamos descobrir Q onde:

Quadro 3.2 Gráfico de Custo-Volume-Lucro para o *software* Faça Tudo.

*Inclinação das linhas de custos totais é o custo variável por unidade = $ 120
**Inclinação da linha de receitas totais é o preço de venda = $ 200

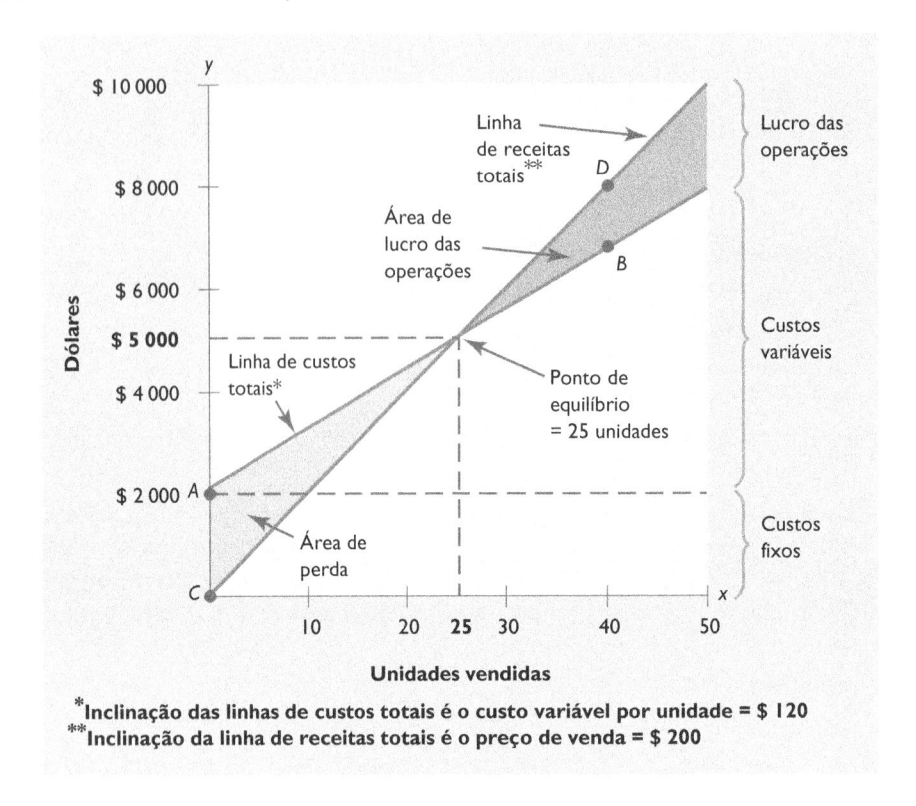

$$\$ 200Q - \$ 120Q - \$ 2\,000 = \$ 1\,200$$
$$\$ 80Q = \$ 2\,000 + \$ 1\,200 = \$ 3\,200$$
$$Q = \$ 3\,200 \div \$ 80 \text{ por unidade} = 40 \text{ unidades}$$

Alternativamente, poderíamos usar o método da margem de contribuição e a Equação 2, na qual o numerador consiste de custos fixos mais o lucro operacional meta:

$$Q = \frac{\text{Custos fixos + Lucro operacional alvo}}{\text{Margem de contribuição por unidade}} = \frac{CF + LAO}{MCU}$$

$$Q = \frac{\$ 2\,000 + \$ 1\,200}{\$ 80 \text{ por unidade}} = \frac{\$ 3\,200}{\$ 80 \text{ por unidade}} = 40 \text{ unidades}$$

Prova:

Receitas, $ 200 por unidade × 40 unidades	$ 8 000
Custos variáveis, $ 120 por unidade × 40 unidades	4 800
Margem de contribuição, $ 80 por unidade × 40 unidades	3 200
Custos fixos	2 000
Lucro operacional	$ 1 200

As receitas necessárias para obter um lucro operacional de $ 1 200 também podem ser calculadas diretamente ao reconhecer (1) que $ 3 200 de margem de contribuição precisam ser obtidos (dado os custos fixos de $ 2 000) e (2) que cada tostão de receita ganha 40 centavos de margem de contribuição. Para ganhar $ 3 200 de margem de contribuição, as receitas precisam ser iguais a $ 3 200 ÷ 0,40 = $ 8 000.

$$\text{Receitas necessárias para ganhar } \$ 1\,200 = \frac{CF + LAO}{MC\%} = \frac{\$ 2\,000 + \$ 1\,200}{0,40} = \frac{\$ 3\,200}{0,40} = \$ 8\,000$$

O gráfico no Quadro 3.2 não é útil para responder à pergunta sobre quantas unidades Maria precisa vender para obter um lucro operacional de $ 1 200. Por que não é útil? Porque não é fácil determinar no gráfico o ponto em que a diferença entre a linha de receitas totais e a linha de custos totais é de $ 1 200. No entanto, refazer o Quadro 3.2 na forma de um gráfico de lucro-volume (LV) faz com que seja possível responder a essa pergunta.

Um **gráfico LV** mostra como mudanças na quantidade de unidades vendidas afetam o lucro operacional. O Quadro 3.3 é o gráfico LV para o *software* Faça Tudo (custos fixos, $ 2 000; preço de venda, $ 200; e custo variável por unidade, $ 120). A linha LV pode ser desenhada usando dois pontos. Um ponto conveniente (X) é o prejuízo operacional com 0 unidades vendidas, igual aos custos fixos de $ 2 000, mostrado no – $ 2 000 no eixo vertical. Um segundo ponto conveniente (Y) é o ponto de equilíbrio, que são as 25 unidades no nosso exemplo. A linha LV é a linha reta do ponto

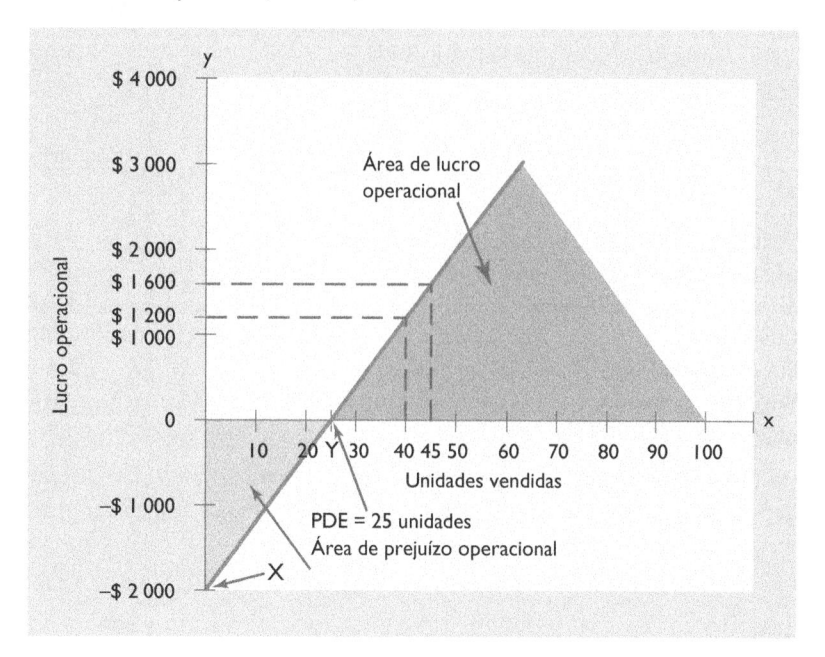

Quadro 3.3 — Gráfico de Lucro-Volume para o *software* Faça Tudo.

[Gráfico de Lucro-Volume mostrando a linha LV cruzando o eixo x no ponto PDE = 25 unidades. Eixo y varia de –$ 2 000 a $ 4 000 (Lucro operacional); eixo x varia de 0 a 100 (Unidades vendidas). Linhas tracejadas indicam lucro operacional de $ 1 200 em 40 unidades e $ 1 600 em 45 unidades. Área de lucro operacional acima do eixo x e área de prejuízo operacional abaixo.]

X passando pelo ponto Y. Para achar o número de unidades que Maria precisa vender para ganhar um lucro das operações de $ 1 200, desenhe uma linha horizontal correspondendo aos $ 1 200 no eixo vertical (esse é o eixo y). No ponto em que essa linha cruza a linha LV, desenhe uma linha vertical para o eixo horizontal (esse é o eixo x). A linha vertical cruza o eixo horizontal no ponto de 40 unidades, indicando que ao vender 40 unidades, Maria obterá um lucro operacional de $ 1 200.

LUCRO LÍQUIDO ALVO E IMPOSTO DE RENDA

Até agora, ignoramos o efeito do imposto de renda na nossa análise CVL. Às vezes, administradores querem saber o efeito de suas decisões sobre o lucro operacional depois de o imposto de renda ser pago. O lucro líquido é o lucro operacional menos o imposto de renda. Para fazer essas avaliações, os cálculos CVL para a renda alvo precisam ser colocados em termos de lucro líquido alvo e de lucro operacional alvo. Por exemplo, Maria pode estar interessada em saber a quantidade de unidades que ela precisa vender para obter um lucro líquido de $ 960, supondo uma alíquota para o imposto de renda de 40 por cento. Modificamos os cálculos do lucro operacional alvo da seção anterior para que possamos considerar o efeito do imposto de renda. Usando o método da equação,

$$\text{Receitas} - \text{Custos variáveis} - \text{Custos fixos} = \text{Lucro operacional alvo}$$

Além disso,

$$\text{Lucro líquido alvo} = (\text{Lucro operacional alvo}) - (\text{Lucro operacional alvo} \times \text{Alíquota tributária})$$

$$\text{Lucro líquido alvo} = (\text{Lucro operacional alvo})(1 - \text{Alíquota tributária})$$

$$\text{Lucro operacional alvo} = \frac{\text{Lucro líquido alvo}}{1 - \text{Alíquota tributária}}$$

Substituindo para o lucro operacional alvo:

$$\text{Receitas} - \text{Custos variáveis} - \text{Custos fixos} = \frac{\text{Lucro líquido alvo}}{1 - \text{Alíquota tributária}}$$

Substituindo números do nosso exemplo do *software* Faça Tudo:

$$\$200Q - \$120Q - \$2\,000 = \frac{\$960}{1 - 0{,}40}$$

$$\$200Q - \$120Q - \$2\,000 = \$1\,600$$

$$80Q = \$3\,600$$

$$Q = \$3\,600 \div \$80 \text{ por unidade} = 45 \text{ unidades}$$

Alternativamente, podemos usar o método da margem de contribuição da Equação 2 e substituir:

$$\text{Lucro operacional alvo} = \frac{\text{Lucro líquido alvo}}{1 - \text{Alíquota tributária}}$$

CAPÍTULO 3 ANÁLISE DE CUSTO-VOLUME-LUCRO

$$\text{Ou seja, } Q = \frac{\text{Custos fixos} + \dfrac{\text{Lucro líquido alvo}}{1 - \text{Alíquota tributária}}}{\text{Margem de contribuição por unidade}} = \frac{CF + \dfrac{LLA}{1 - \text{Alíquota tributária}}}{MCU}$$

$$Q = \frac{\$\,2\,000 + \dfrac{\$\,960}{1 - 0{,}40}}{\$\,80} = \frac{\$\,2\,000 + \$\,1\,600}{\$\,80 \text{ por unidade}} = 45 \text{ unidades}$$

Prova:

Receitas, $ 200 por unidade × 45 unidades	$ 9 000
Custos variáveis, $ 120 por unidade × 45 unidades	5 400
Margem de contribuição	3 600
Custos fixos	2 000
Lucro operacional	1 600
Impostos de renda, $ 1 600 × 0,40	640
Lucro líquido	$ 960

Focar a análise sobre o lucro líquido alvo em vez de no lucro operacional alvo não alterará o ponto de equilíbrio. Não altera porque, por definição, o lucro operacional no ponto de equilíbrio é $0, e nenhum imposto de renda é pago quando não há lucro operacional.

Maria também pode usar o gráfico LV no Quadro 3.3. Para um lucro líquido alvo de $ 960,

$$\text{Lucro operacional alvo} = \frac{\text{Lucro líquido alvo}}{1 - \text{Alíquota tributária}} = \frac{\$\,960}{1 - 0{,}40} = \$\,1\,600$$

Do Quadro 3.3, para ganhar um lucro operacional alvo de $ 1 600, Maria precisa vender 45 unidades.

USANDO ANÁLISE CVL PARA TOMADAS DE DECISÃO

Mostramos como a análise CVL é útil para determinar a quantidade de ponto de equilíbrio e a quantidade para atingir o lucro operacional alvo e o lucro líquido alvo. Os administradores também usam a análise CVL para orientar outras decisões, muitas delas estratégicas. Considere uma decisão sobre quais características adicionar a um produto existente. Escolhas diferentes podem afetar os preços de venda, o custo variável por unidade, os custos fixos, as unidades vendidas e o lucro operacional. A análise CVL ajuda os administradores a tomarem essa decisão ao estimar a rentabilidade esperada de longo prazo das escolhas. A análise CVL também ajuda os administradores a decidir sobre quanto anunciar, se devem expandir para mercados novos e como precificar o produto.

Decisões estratégicas invariavelmente acarretam risco. A análise CVL avalia como o lucro operacional será afetado se os dados originalmente previstos não forem atingidos — digamos, se as vendas forem 10 por cento abaixo do estimado. A avaliação desse risco afeta outras decisões estratégicas que uma empresa pode tomar. Por exemplo, se a probabilidade de uma queda nas vendas parecer alta, o administrador poderá tomar medidas para alterar a estrutura de custo para ter mais custos variáveis e menos custos fixos.

DECISÃO DE ANUNCIAR

Considere o *software* Faça Tudo. Suponha que Maria espere vender 40 unidades. O Quadro 3.3 indica que o lucro operacional de Maria seria de $ 1 200. Maria está considerando colocar um anúncio descrevendo o produto e as suas características no panfleto da convenção. O anúncio custará $ 500. O custo será fixo porque ele precisa ser pago e não mudará independentemente do número de unidades que Maria vender. Ela acredita que o anúncio aumentará as vendas em 10 por cento, passando para 44 pacotes. Maria deveria colocar o anúncio? A seguinte tabela apresenta a análise CVL.

	40 pacotes vendidos sem anúncio (1)	44 pacotes vendidos com anúncio (2)	Diferença (3) = (2) − (1)
Margem de contribuição ($ 80 × 40; $ 80 × 44)	$ 3 200	$ 3 520	$ 320
Custos fixos	2 000	2 500	500
Lucro operacional	$ 1 200	$ 1 020	$ (180)

O lucro operacional cai em $ 180, portanto Maria não deveria colocar o anúncio. Observe que Maria poderia focar apenas a coluna da diferença (3) e chegar à mesma conclusão: se ela colocar o anúncio, a margem de contribuição aumentará em $ 320 ($ 80 por unidade × 4 unidades adicionais) e os custos fixos aumentarão em $ 500, resultando em uma queda de $ 180 no lucro operacional.

Decisão de reduzir o preço de venda

Após decidir não colocar o anúncio, Maria está avaliando se deveria reduzir o preço de venda para $ 175. A esse preço ela acredita que venderá 50 unidades. Nessa quantidade, o atacadista que fornece o *software* Faça Tudo venderá o pacote para Maria a $ 115 por unidade, em vez de $ 120. Deveria Maria reduzir o preço de venda? Não, como mostra a seguinte análise de CVL.

Margem de contribuição da queda no preço para $ 175: ($ 175 – $ 115) por unidade × 50 unidades	$ 3 000
Margem de contribuição por manter o preço em $ 200: ($ 200 – $ 120) por unidade × 40 unidades	3 200
Mudança na margem de contribuição da queda no preço	$ (200)

Diminuir o preço reduzirá a margem de contribuição em $ 200 e, pelo fato de os custos fixos de $ 2 000 não mudarem, ele também reduzirá o lucro operacional em $ 200.

Maria pode examinar outras alternativas para aumentar o lucro operacional, como aumentar simultaneamente os custos de propaganda e diminuir os preços. Em cada caso, Maria comparará as mudanças na margem de contribuição (por meio dos efeitos nos preços de venda, nos custos variáveis e nas quantidades de unidades vendidas) com as mudanças nos custos fixos, e ela escolherá a alternativa que lhe der o lucro operacional mais alto.

Análise de sensibilidade e incerteza

Antes de escolher entre as alternativas, os administradores freqüentemente analisam a sensibilidade de suas decisões às mudanças nas suposições básicas. **Análise de sensibilidade** é uma técnica do 'e se' que os administradores usam para examinar como um resultado mudará se os dados previstos originalmente não forem atingidos ou se uma suposição básica mudar. No contexto da análise CVL, a análise da sensibilidade responde perguntas como "Qual será o lucro operacional se a quantidade de unidades vendidas cair em 5 por cento da previsão original?" e "Qual será o lucro das operações se os custos variáveis por unidade aumentarem 10 por cento?". A sensibilidade do lucro operacional aos vários resultados possíveis amplia as perspectivas dos administradores sobre o que pode realmente acontecer *antes* que eles confiem os custos.

As planilhas eletrônicas possibilitam os administradores a conduzirem análises da sensibilidade baseadas na CVL de maneira eficiente e sistemática. Ao usar as planilhas, os administradores podem conduzir análise da sensibilidade para examinar o efeito e a interação das mudanças no preço de vendas, nos custos variáveis por unidade, nos custos fixos e no lucro das operações-alvo. O Quadro 3.4 mostra uma planilha para o exemplo do *software* Faça Tudo. Maria pode ver imediatamente as receitas que precisam ser geradas para atingir níveis específicos de lucro operacional, dados os níveis alternativos de custos fixos e custo variável por unidade. Por exemplo, são necessárias receitas de $ 6 400 ($ 200 por unidade × 32 unidades) para obter um lucro operacional de $ 1 200 se os custos fixos são de $ 2 000 e o custo variável por unidade é de $ 100. Maria também pode usar o Quadro 3.4 para avaliar as receitas de que ela precisa para atingir um ponto de equilíbrio (obter um lucro operacional de $ 0) se, por exemplo, o aluguel do estande na convenção de Chicago é aumentado para $ 2 800 (aumentando os custos fixos para $ 2 800) ou se o fornecedor de *software* aumentar o seu preço para $ 150 (aumentando o custo variável para $ 150 por unidade).

Um aspecto da análise da sensibilidade é a **margem de segurança**, a quantia de receitas orçadas acima das receitas do ponto de equilíbrio. Expressa em unidades, a margem de segurança responde às questões 'e se': Se as receitas orçadas estão acima do ponto de equilíbrio e têm uma queda, quanto elas poderão cair abaixo do orçamento antes que o ponto de equilíbrio seja atingido? Essa queda poderia ser causada por um concorrente que introduziu um produto melhor, ou devido a programas de marketing pobremente executados e daí por diante. Suponha que Maria tenha custos fixos de $ 2 000, um preço de venda de $ 200 e custos variáveis por unidade de $ 120. Para 40 unidades vendidas, as receitas orçadas são de $ 8 000 e o lucro operacional orçado é de $ 1 200. O ponto de equilíbrio para esse conjunto de suposições é de 25 unidades ($ 2 000 ÷ $ 80 por unidade), ou $ 5 000 ($ 200 por unidade × 25 unidades). A margem de segurança é de 15 (40 – 25) unidades ou $ 3 000 (8 000 – $ 5 000).

A análise da sensibilidade é uma abordagem para reconhecer a **incerteza**, que é a possibilidade de que uma quantia real se desvie da quantia esperada. Uma outra abordagem para reconhecer a incerteza é computar os valores esperados usando as distribuições de probabilidade. Esta está ilustrada no anexo deste capítulo.

Planejamento de custo e CVL

Estruturas alternativas de custo fixo/custo variável

A análise da sensibilidade baseada na CVL realça os riscos e retornos à medida que os custos fixos são substituídos por custos variáveis na estrutura de custo de uma empresa.

No Quadro 3.4, compare a linha 2 (custos fixos, $ 2 000; custo variável por unidade, $ 120) e a linha 7 (custos fixos, $ 2 800; custo variável por unidade, $ 100). Veja como as receitas necessárias para o ponto de equilíbrio são *mais*

Quadro 3.4 Análise de planilha dos relacionamentos CVL para o *software* Faça Tudo.

		Receitas necessárias no preço de venda de $ 200 para obter lucro operacional de			
Custos fixos	Custo variável por unidade	0	$ 1 200	$ 1 600	$ 2 000
$ 2 000	$ 100	$ 4 000	$ 6 400[a]	$ 7 200	$ 8 000
	120	5 000	8 000	9 000	10 000
	150	8 000	12 800	14 400	16 000
2 400	100	4 800	7 200	8 000	8 800
	120	6 000	9 000	10 000	11 000
	150	9 600	14 400	16 000	17 600
2 800	100	5 600	8 000	8 800	9 600
	120	7 000	10 000	11 000	12 000
	150	11 200	16 000	17 600	19 200

a. $\dfrac{\text{Número de unidades}}{\text{que precisam ser vendidas}} = \dfrac{\text{Custos fixos} + \text{Lucro operacional alvo}}{\text{Margem de contribuição por unidade}} = \dfrac{\$\,2\,000 + \$\,1\,200}{\$\,200 - \$\,100} = 32 \text{ unidades}$

$\dfrac{\text{Receitas}}{\text{necessárias}} = \dfrac{\text{Número de unidades que}}{\text{precisam ser vendidas}} \times \text{Preço de venda} = 32 \text{ unidades} \times \$\,200 = \$\,6.400$

altas para a linha 7 ($ 5 600 *versus* $ 5 000 na linha 2), enquanto as receitas para obter $ 2 000 de lucro das operações são *mais baixas* na linha 7 ($ 9 600 *versus* $ 10 000 na linha 2). A linha 7, com custos fixos mais altos, tem mais risco de perda (tem um ponto de equilíbrio mais alto), mas oferece um retorno maior (mais lucros) à medida que as receitas aumentam. A análise CVL pode ajudar os administradores a avaliar as várias estruturas de custo fixo/custo variável. Para considerar essas escolhas mais detalhadamente, vamos voltar para o exemplo do *software* Faça Tudo. Maria está pagando uma taxa de $ 2 000 pelo aluguel do estande. Suponha que a Convenção de Informática ofereça a Maria três alternativas de aluguel:

- *Opção 1*: taxa fixa de $ 2 000
- *Opção 2*: taxa fixa de $ 800 mais 15 por cento das receitas da convenção
- *Opção 3*: 25 por cento das receitas da convenção sem taxa fixa

Maria prevê a venda de 40 unidades (pacotes). Ela está interessada em saber como a sua escolha de um acordo de aluguel afetará a receita que ela obtiver e os riscos que ela enfrenta. O Quadro 3.5 descreve graficamente o relacionamento lucro-volume para cada opção. A linha, representando o relacionamento entre unidades vendidas e lucro operacional para a Opção 1, é a mesma linha no gráfico LV mostrado no Quadro 3.3 (custos fixos de $ 2 000 e margem de contribuição por unidade de $ 80). A linha, representando a Opção 2, mostra custos fixos de $ 800 e uma margem de contribuição por unidade de $ 50 [preço de venda, $ 200, menos custo variável por unidade, $ 120, menos taxa variável de aluguel por unidade, $ 30 (0,15 × $ 200)]. A linha, representando a Opção 3, tem custos fixos de $ 0 e uma margem de contribuição por unidade de $ 30 [$ 200 − $ 120 − $ 50 (0,25 × $ 200)].

Se Maria vendesse 40 unidades, ela deveria ser indiferente às opções. Cada opção resulta no lucro operacional de $ 1 200. A análise CVL, no entanto, realça os riscos diferentes de perdas e os retornos associados a cada opção se as vendas diferirem de 40 unidades. O risco de uma perda mais alta na Opção 1 é devido a custos fixos mais altos ($ 2 000), que resultam em um ponto de equilíbrio mais alto (25 unidades) e uma margem de segurança mais baixa (40 − 25 = 15 unidades) em relação às outras opções. A linha, representando a Opção 1, cruza no eixo horizontal mais para a direita do que as linhas representando as Opções 2 e 3.

Considere o lucro operacional sob cada opção se o número de unidades vendidas cair para 20. O Quadro 3.5 mostra que a Opção 1 leva a um prejuízo operacional, enquanto as Opções 2 e 3 continuam a gerar lucro operacional. (Uma linha vertical de 20 unidades vendidas corta a linha da Opção 1 abaixo do eixo horizontal na região cinza-claro e corta as linhas das Opções 2 e 3 acima do eixo horizontal na área cinza-escuro.) Na Opção 1, no entanto, o risco mais alto de prejuízo precisa ser avaliado *versus* benefícios potenciais. A Opção 1 tem a margem de contribuição mais alta por unidade devido a custos variáveis baixos. Quando os custos fixos são recuperados com as vendas de 25 unidades, cada unidade adicional vendida adiciona $ 80 da margem de contribuição e, conseqüentemente, $ 80 de lucro operacional por unidade. Por exemplo, com a venda de 60 unidades, a Opção 1 mostra um lucro operacional de $ 2 800, muito acima do lucro operacional para a venda de 60 unidades sob as Opções 2 e 3. Ao se movimentar da Opção 1 em direção à Opção 3, Maria enfrenta menos riscos de prejuízo quando a demanda está baixa, isso devido a custos fixos mais baixos e porque ela perde menos margem de contribuição por unidade. Ela deve, entretanto, aceitar menos lucro operacional quando a demanda for alta por causa dos custos variáveis mais altos da Opção 3, em comparação às Opções 1 e 2. A escolha entre as Opções 1, 2 e 3 será influenciada pela sua confiança no nível de demanda para o pacote de *software* e a sua disposição em arriscar perdas se a demanda estiver baixa.

A relação risco/retorno entre as estruturas alternativas de custo pode ser medida como *alavancagem operacional*. A **alavancagem operacional** descreve os efeitos que os custos fixos têm no lucro das operações à medida que as mudanças ocorrem nas unidades vendidas e, conseqüentemente, na margem de contribuição. As organizações com altas proporções de custos fixos em suas estruturas de custo, como no caso da Opção 1, têm alta alavancagem operacional. A linha representando a Opção 1 no Quadro 3.5 é a mais inclinada das três linhas. Pequenos aumentos nas vendas levam a grandes aumentos no lucro operacional. Pequenas quedas nas vendas resultam em quedas relativamente grandes no lucro operacional, levando a um risco maior de prejuízo operacional. *Em qualquer nível de vendas*, o **grau de alavancagem operacional** é igual à margem de contribuição dividida pelo lucro operacional.

A tabela seguinte mostra o grau de alavancagem operacional nas vendas de 40 unidades para as três opções de aluguel.

	Opção 1	Opção 2	Opção 3
1. Margem de contribuição unitária (p. 64)	$ 80	$ 50	$ 30
2. Margem de contribuição (coluna 1 × 40 unidades)	$ 3 200	$ 2 000	$ 1 200
3. Lucro operacional (do Quadro 3.5)	$ 1 200	$ 1 200	$ 1 200
4. Grau de alavancagem operacional	$ 3 200 / $ 1 200 = 2,67	$ 2 000 / $ 1 200 = 1,67	$ 1 200 / $ 1 200 = 1,00

Esses números indicam que, quando as vendas são de 40 unidades, uma mudança porcentual nas vendas e na margem de contribuição resultará em 2,67 vezes a mudança porcentual no lucro operacional para a Opção 1, mas a mesma mudança porcentual no lucro operacional para a Opção 3. Considere, por exemplo, um aumento de 50 por cento nas vendas, de 40 para 60 unidades. A margem de contribuição aumentará em 50 por cento sob cada opção. O lucro das operações, no entanto, aumentará em 2,67 × 50% = 133%, de $ 1 200 para $ 2 800 na Opção 1, mas este aumentará apenas 1,00 × 50% = 50%, de $ 1 200 para 1 800, na Opção 3 (veja o Quadro 3.5). O grau de alavancagem operacional em um certo nível de vendas ajuda os administradores a calcular o efeito das flutuações nas vendas sobre o lucro operacional.

Os 'Conceitos em Ação' descrevem como as empresas podem influenciar os custos fixos e variáveis em suas estruturas de custos e como essas decisões afetam a relação risco-retorno.

Efeito do horizonte de tempo

Na análise CVL, presumimos que os custos são variáveis ou fixos. Mas se um custo é variável ou fixo depende do período de tempo para uma decisão. Quanto mais curto for o horizonte de tempo, maior será a porcentagem do total de custos a ser considerado como fixo. Suponha que um avião da American Airlines iria sair do seu portão nos próximos 60 minutos com 20 assentos não vendidos. Um passageiro potencial chega com uma passagem transferí-

Quadro 3.5 Gráfico do Volume-Lucro para as opções alternativas de aluguel para o *software* Faça Tudo.

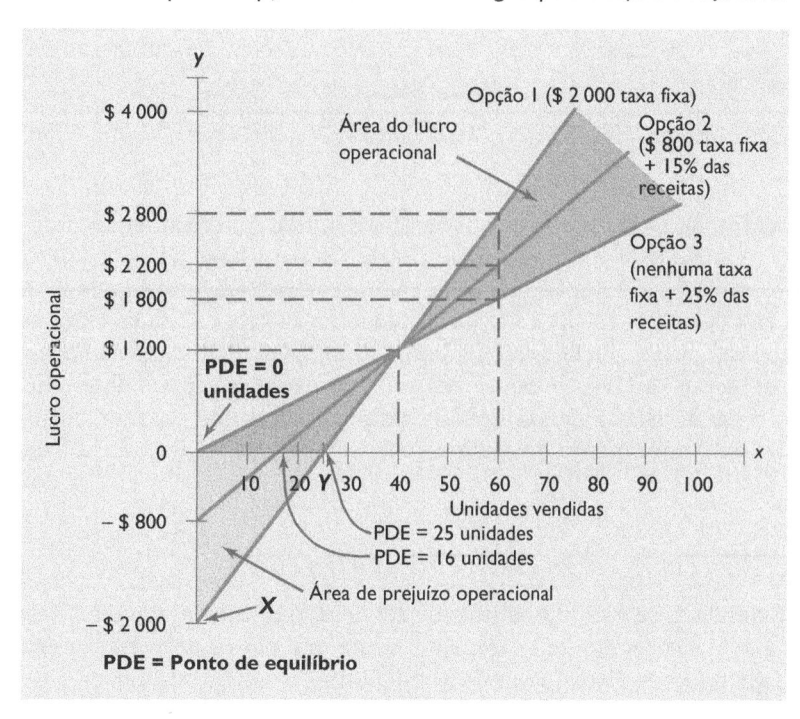

CONCEITOS EM AÇÃO

Influenciando as estruturas de custo para gerenciar a relação risco-retorno na Amazon.com

Acumular muitos custos fixos pode ser prejudicial à saúde de uma empresa. Como os custos fixos, ao contrário dos variáveis, não decrescem automaticamente à medida que o volume decresce, as empresas com muitos custos fixos podem perder uma quantia considerável de dinheiro durante os tempos mais fracos. A Amazon.com, varejista da Internet, entendeu esse conceito muito bem. A Amazon começou a usar um modelo comercial 'virtual'. Quando ela recebia o pedido de um consumidor de um livro no seu site da Web, ela imediatamente fazia o pedido com um atacadista de livros, que o enviava diretamente para o consumidor. O 'virtual' no modelo comercial da Amazon se referia ao fato de que ela conseguia vender livros sem ter que investir em armazenagem e estoques. À Amazon apenas incorria os custos de adquirir livros, conforme eram necessários, depois que ela recebia um pedido confirmado de um consumidor. A Amazon tinha essencialmente uma estrutura de custo variável — os custos eram altos quando as vendas estavam fortes, e baixos quando as vendas estavam fracas. Sem os custos de armazenagem e estoques, a Amazon evitou ficar presa com os custos se os negócios estivessem em baixa. Mas essa estratégia de baixo risco teve um preço — comprar livros de atacadistas custa significativamente mais do que comprar livros dos editores.

A desvantagem competitiva com os custos de livros mais altos se tornou aparente em 1997, quando a Barnes & Noble, o maior varejista de livros em 'carne e osso', abriu uma loja *on-line*. A Barnes & Noble já tinha um grande centro de distribuição para fornecer livros para as suas lojas reais. Ela planejava usar as mesmas instalações de armazenagem para cumprir os pedidos que recebia dos consumidores *on-line*. Além disso, a Barnes & Noble pagava menos pelos seus livros do que a Amazon porque a capacidade de seu centro de distribuição permitia que ela pedisse livros nas quantidades mínimas exigidas pelos editores. Quando abriu sua loja *on-line*, a Barnes & Noble dizia que ofereceria 'os preços mais baixos de qualquer vendedor de livros todos os dias', assim como um serviço melhor, pois ela controlava o produto em si em vez de contar com um atacadista para fornecê-lo. A Barnes & Noble tinha custos fixos mais altos mas custos variáveis mais baixos do que a Amazon. Nos níveis de volume alto, os custos da Barnes & Noble seriam menores que os custos da Amazon.

Em resposta à ameaça da Barnes & Noble, a Amazon decidiu construir e adquirir um centro de distribuição próprio. Ao fazer isso, os custos fixos, a alavancagem operacional e os riscos da Amazon aumentaram, mas seus custos variáveis tiveram uma queda. A Amazon estava contando com uma expansão rápida e dramática nas vendas. Quão rápida? No início de 2000, os analistas de ações estimaram que a capacidade de armazenagem da Amazon era de três a cinco vezes mais do que ela precisava. No início de 2001, a Amazon reconheceu que as vendas de 2000 haviam caído abaixo das expectativas, assim, projetou crescimento de vendas até mais baixo em 2001, e anunciou o fechamento de dois de seus centros de distribuição. À medida que as vendas caíam, a Amazon teve que cortar os seus custos fixos para aumentar as suas chances de atingir o ponto de equilíbrio.

Fonte: Demonstrações financeiras da Amazon.com, relatórios de analistas de ações e conversas com a administração da empresa.

---

vel de uma empresa concorrente. Quais são os custos variáveis para a American de colocar mais um passageiro em um assento vazio? Custos variáveis (como mais uma refeição) seriam negligenciáveis. Em teoria, todos os custos nesta situação de decisão (como os da tripulação e os de manuseio da bagagem) são fixos. Alternativamente, suponha que a American precisa decidir se inclui uma outra cidade na sua rota. Essa decisão pode ter um horizonte de tempo de um ano. Muito mais custos, incluindo os da tripulação, os de manuseio da bagagem e as taxas dos aeroportos seriam considerados como variáveis; e poucos custos (por exemplo, custos do escritório corporativo) seriam considerados como fixos nessa decisão. Este exemplo deveria esclarecer que para um custo ser fixo depende fortemente da faixa relevante, do comprimento do horizonte de tempo que está sendo considerado e da situação de decisão específica.

EFEITOS DO *MIX* DE VENDAS SOBRE O RESULTADO

Mix de vendas é a quantidade de vários produtos (ou serviços) que constituem o total de unidades vendidas por uma empresa. Suponha que Maria agora esteja fazendo o orçamento para a próxima convenção. Ela planeja vender dois produtos de *software* diferentes — Faça Tudo e Superpalavra — e orçou o seguinte:

	Faça tudo	**Superpalavra**	**Total**
Unidades vendidas	60	40	100
Receitas, $ 200 e $ 100 por unidade	$ 12 000	$ 4 000	$ 16 000
Custos variáveis, $ 120 e $ 70 por unidade	7 200	2 800	10 000
Margem de contribuição, $ 80 e $ 30 por unidade	$ 4 800	$ 1 200	$ 6 000
Custos fixos			4 500
Lucro operacional			$ 1 500

Qual é o ponto de equilíbrio? Diferentemente da situação de produto (ou serviço) único, não há um número único do total de unidades para uma empresa que vende produtos múltiplos. O número do total de unidades que precisam ser vendidas para atingir o ponto de equilíbrio depende do *mix* de vendas — o número de unidades vendidas do Faça Tudo em comparação com o número de unidades vendidas do Superpalavra. Uma suposição possível é a de que o *mix* de vendas orçado (três unidades do Faça Tudo vendidas para cada duas unidades do Superpalavra vendidas) não mudará em níveis diferentes do total de vendas por unidade. Isto é, se cinco unidades forem vendidas, três unidades serão do Faça Tudo e duas do Superpalavra. Se forem vendidas dez vezes mais unidades (5 × 10 = 50 unidades), 3 × 10 = 30 unidades serão do Faça Tudo e 2 × 10 = 20 unidades serão do Superpalavra. No geral, se forem vendidas 5 × S (escrito como $5S$) do total de unidades, 3 × S ($3S$) unidades serão do Faça Tudo e 2 × S ($2S$) unidades serão do Superpalavra. Para calcular o ponto de equilíbrio:

Receitas − Custos variáveis − Custos fixos = Lucro operacional = 0

Onde,

Receitas = (Preço de venda do Faça Tudo × Número de unidades vendidas do Faça Tudo) + (Preço de venda do Superpalavra × Número de unidades vendidas do Superpalavra)

= $ 200 por unidade × $3S$ unidades + $ 100 por unidade × $2S$ unidades
= $ $600S$ + $ $200S$
= $ $800S$

Custos variáveis = (Custo variável unitário do Faça Tudo × Número de unidades vendidas do Faça Tudo) + (Custo variável unitário do Superpalavra × Número de unidades vendidas do Superpalavra)

= $ 120 por unidade × $3S$ unidades + $ 70 por unidade × $2S$ unidades
= $ $360S$ + $ $140S$
= $ $500S$

Para calcular o ponto de equilíbrio,

$$
\begin{aligned}
\text{Receitas} - \text{Custos variáveis} - \text{Custo fixos} &= 0 \\
\$\,800S - 500S - \$\,4\,500 &= 0 \\
\$\,800S - 500S &= \$\,4\,500 \\
\$\,300S &= \$\,4\,500 \\
S &= 15 \text{ unidades} \\
\text{Número de unidades do Faça Tudo para o PDE} &= 3S = 3 \times 15 = 45 \text{ unidades} \\
\text{Número de unidades do Superpalavra para o PDE} &= 2S = 2 \times 15 = 30 \text{ unidades}
\end{aligned}
$$

O ponto de equilíbrio é de um total de 75 unidades quando o *mix* de vendas é de 45 unidades do Faça Tudo e 30 unidades do Superpalavra. Esse é o *mix* de vendas que mantém o índice de três unidades do Faça Tudo para duas unidades do Superpalavra. Neste *mix*, a margem de contribuição de $ 4 500 (Faça Tudo $ 80 por unidade × 45 unidades = $ 3 600 + Superpalavra $ 30 por unidade × 30 unidades = $ 900) é igual aos custos fixos de $ 4 500.

Uma outra maneira de computar o ponto de equilíbrio é calcular a média ponderada *margem de contribuição unitária* para os dois produtos juntos.

$$
\text{Média ponderada da margem de contribuição unitária} = \frac{(\text{MCU do Faça Tudo} \times \text{Número de unidades vendidas do Faça Tudo}) + (\text{MCU do Superpalavra} \times \text{Número de unidades vendidas do Superpalavra})}{\text{Número de unidades do Faça Tudo} + \text{Número de unidades do Superpalavra}}
$$

$$
= \frac{(\$\,80 \times 60) + (\$\,30 \times 40)}{60 + 40} = \frac{\$\,6\,000}{100} = \$\,60
$$

Temos então,

$$
\text{Ponto de equilíbrio} = \frac{\text{Custos fixos}}{\text{Margem de contribuição de média ponderada por unidade}} = \frac{\$\,4\,500}{\$\,60} = 75 \text{ unidades}
$$

Pelo fato de o índice de vendas do Faça Tudo para as vendas do Superpalavra ser 60:40, ou 3:2, o ponto de equilíbrio é 45 (0,60 × 75) unidades do Faça Tudo e 30 (0,40 × 75) unidades do Superpalavra.

Podemos também calcular o ponto de equilíbrio em receitas para as situações de produtos múltiplos usando a porcentagem da margem de contribuição de média ponderada.

$$\text{Média ponderada da margem de contribuição porcentual} = \frac{\text{Total da margem de contribuição}}{\text{Total de receitas}} = \frac{\$ 6\,000}{\$ 16\,000} = 0{,}375, \text{ ou } 37{,}5\%$$

$$\text{Total de receitas necessárias para o ponto de equilíbrio} = \frac{\text{Custos fixos}}{\text{Média ponderada da MC porcentual}} = \frac{\$ 4\,500}{0{,}375} = \$ 12\,000$$

O total de receitas de $ 16 000 está no índice de 3 : 1 ($ 12 000 : $ 4 000), ou 75% : 25%. Desse modo, o ponto de equilíbrio das receitas de $ 12 000 deveria ser dividido no mesmo índice, 75%:25%. Essas quantias para as receitas do ponto de equilíbrio de $ 9 000 (75% × $ 12 000) do Faça Tudo e $ 3 000 (25% × $ 12 000) do Superpalavra. A um preço de venda de $ 200 para o Faça Tudo e $ 100 para o Superpalavra, o ponto de equilíbrio é igual a 45 unidades ($ 9 000 ÷ $ 200) do Faça Tudo e 30 unidades ($ 3 000 ÷ $ 100) do Superpalavra.

Mixes alternativos de vendas (em unidades) que têm uma margem de contribuição de $ 4.500 e fazem com que Maria atinja o ponto de equilíbrio incluem:

	Unidades									
Faça Tudo	54	48	42	36	30	24	18	12	6	0
Superpalavra	6	22	38	54	70	86	102	118	134	150
Total	60	70	80	90	100	110	120	130	140	150

Nenhum desses *mixes* de vendas, no entanto, descreve o ponto de equilíbrio no nosso exemplo. Por quê? Porque eles não combinam com o *mix* de vendas orçado de três unidades do Faça Tudo para cada duas unidades do Superpalavra. Se o *mix* de vendas mudar para três unidades do Faça Tudo para cada sete unidades do Superpalavra, você pode ver na tabela acima que o ponto de equilíbrio aumenta de 75 unidades para cem unidades, contendo 30 unidades do Faça Tudo e 70 unidades do Superpalavra. A quantidade do ponto de equilíbrio aumenta porque o *mix* de vendas se deslocou em direção ao produto com margem de contribuição mais baixa, Superpalavra, diminuindo a margem de contribuição de média ponderada por unidade.

No geral, todas as outras coisas permanecendo iguais, para qualquer quantidade total de unidades vendidas, à medida que o *mix* de vendas se deslocar em direção às margens de contribuição mais altas, o lucro das operações será mais alto. Se o *mix* se deslocar em direção ao Faça Tudo (digamos 60% para 70%), que tem uma margem de contribuição duas vezes maior que a do Superpalavra, o lucro operacional de Maria aumentará.

ANÁLISE CVL NAS ORGANIZAÇÕES DE SERVIÇOS E SEM FINS LUCRATIVOS

Até agora, nossa análise CVL focou em uma empresa de comercialização. A CVL também pode ser aplicada às decisões pelas organizações de produção, serviço e sem fins lucrativos. Para aplicar a análise CVL nas organizações de serviço e sem fins lucrativos, precisamos focar na medida de suas produções, diferentemente das unidades tangíveis vendidas em uma empresa de comercialização. Os exemplos de medidas de produção nas várias indústrias de serviço e sem fins lucrativos são

Indústria	Medida de produção
Empresas aéreas	Milhas por passageiro
Hotéis/motéis	Noites de ocupação dos quartos
Hospitais	Dias do paciente
Universidades	Horas de crédito do estudante

Considere um órgão governamental voltado à área do bem-estar social, com uma verba orçamentária de $ 900 mil (sua receita) para 2003. O propósito desse órgão sem fins lucrativos é dar assistência às pessoas deficientes que procuram emprego. Na média, a agência suplementa a renda de cada pessoa com $ 5 000 anualmente. Os custos fixos da agência são de $ 270 mil. Ela não tem outros custos. O gerente da agência quer saber quantas pessoas poderiam ser ajudadas em 2003. Podemos usar a análise CVL aqui estabelecendo o lucro operacional em $ 0. Q será o número de deficientes ajudados:

$$\text{Receitas} - \text{Custos variáveis} - \text{Custos fixos} = 0$$
$$\$ 900\,000 - \$ 5\,000Q - \$ 270\,000 = 0$$
$$\$ 5\,000Q = \$ 900\,000 - \$ 270\,000 = \$ 630\,000$$
$$Q = \$ 630\,000 \div \$ 5\,000/\text{pessoa} = 126 \text{ pessoas}$$

Suponha que o administrador esteja preocupado que a verba orçamentária para 2004 seja reduzida em 15% para $ 900 mil × (1 – 0,15) = $ 765 mil. Ele quer saber quantas pessoas deficientes poderiam ser ajudadas com esse orçamento reduzido. Suponha a mesma quantia de assistência monetária por pessoa:

$$\$\,765\,000 - \$\,5\,000Q - \$\,270\,000 = \$\,0$$
$$\$\,5\,000Q = \$\,765\,000 - \$\,270\,000 = \$\,495\,000$$
$$Q = \$\,495\,000 \div \$\,5\,000/\text{pessoa} = 99 \text{ pessoas}$$

Observe as duas características seguintes dos relacionamentos da CVL nessa situação sem fins lucrativos:

1. A queda porcentual no número de pessoas assistidas, (126 – 99) ÷ 126, ou 21,4 por cento, é mais que os 15 por cento de redução na verba orçamentária. Por quê? Porque os $ 270 mil em custos fixos continuam a ser pagos, deixando um orçamento proporcionalmente mais baixo para assistir as pessoas. A queda porcentual no serviço excede a queda porcentual na verba orçamentária.

2. Dada a verba orçamentária reduzida (receitas) de $ 765 000, o administrador pode ajustar as operações para ficar dentro dessa verba em uma ou mais das três maneiras básicas: (a) reduzir o número de pessoas assistidas do número atual de 126, (b) reduzir o custo variável (a extensão de assistência por pessoa) dos $ 5 000 atuais por pessoa ou (c) reduzir o total de custos fixos dos atuais $ 270 mil.

Critérios de custos múltiplos

Por todo o capítulo, supomos que o número de unidades de produção é o único critério de receitas e o único critério de custos. Agora, descreveremos como alguns aspectos da análise CVL podem ser adaptados para o caso geral de critérios de custos múltiplos.

Considere novamente o exemplo de produto único do *software* Faça Tudo. Suponha que Maria incorrerá um custo variável de $ 10 para preparar a documentação (incluindo uma fatura) para cada cliente que compra o *software* Faça Tudo. Isto é, o critério de custo dos custos de preparo da documentação é o número de clientes que compram o *software* Faça Tudo. O lucro das operações de Maria pode então ser expresso em termos de receitas e esses custos:

$$\text{Lucro operacional} = \text{Receitas} - \begin{pmatrix} \text{Custo de cada} \\ \text{pacote do Faça} \\ \text{Tudo} \end{pmatrix} \times \begin{pmatrix} \text{Número} \\ \text{de pacotes} \end{pmatrix} - \begin{pmatrix} \text{Custo de preparar} \\ \text{documentos para} \\ \text{cada cliente} \end{pmatrix} \times \begin{pmatrix} \text{Número} \\ \text{de clientes} \end{pmatrix} = \text{Custos fixos}$$

Se Maria vender 40 pacotes para 15 clientes, então

$$\text{Lucro operacional} = (\$\,200 \text{ por pacote} \times 40 \text{ pacotes}) - (\$\,120 \text{ por pacote} \times 40 \text{ pacotes})$$
$$- (\$\,10 \text{ por cliente} \times 15 \text{ clientes}) - \$\,2\,000$$
$$= \$\,8\,000 - \$\,4\,800 - \$\,150 - \$\,2\,000 = \$\,1\,050$$

Se no entanto Maria vender 40 pacotes para 40 clientes, então

$$\text{Lucro operacional} = (\$\,200 \times 40) - (\$\,120 \times 40) - (\$\,10 \times 40) - \$\,2\,000$$
$$= \$\,8\,000 - \$\,4\,800 - \$\,400 - \$\,2\,000 = \$\,800$$

O número de pacotes vendidos não é o único determinante do lucro operacional de Maria. Para um certo número de pacotes vendidos, ele será mais baixo se ela vender o *software* Faça Tudo para mais clientes. Os custos de Maria dependem de dois critérios — o número de pacotes vendidos e o número de clientes.

Assim como no caso de produtos múltiplos, não há um ponto de equilíbrio único quando existem critérios de custos múltiplos. Por exemplo, Maria atingirá o ponto de equilíbrio se ela vender 26 pacotes para oito clientes ou 27 pacotes para 16 clientes:

$$(\$\,200 \times 26) - (\$\,120 \times 26) - (\$\,10 \times 8) - \$\,2\,000 = \$\,5\,200 - \$\,3\,120 - \$\,80 - \$\,2\,000 = \$\,0$$
$$(\$\,200 \times 27) - (\$\,120 \times 27) - (\$\,10 \times 16) - \$\,2\,000 = \$\,5\,400 - \$\,3\,240 - \$\,160 - \$\,2\,000 = \$\,0$$

Este exemplo ilustra o fato de que a análise CVL pode ser adaptada para as situações de critérios de custos múltiplos. Entretanto, nos casos que os envolvem, as fórmulas simples descritas anteriormente no capítulo, por exemplo, para calcular o ponto de equilíbrio, não podem ser usadas.

Margem de contribuição *versus* margem bruta

Vamos contrastar margem de contribuição, que fornece informações para a análise da CVL, com margem bruta, discutida no Capítulo 2.

$$\text{Margem bruta} = \text{Receitas} - \text{Custo dos produtos vendidos}$$
$$\text{Margem de contribuição} = \text{Receitas} - \text{Todos os custos variáveis}$$

O custo dos produtos vendidos no comércio é composto de bens comprados e em seguida vendidos. O custo dos produtos vendidos no setor de produção consiste inteiramente dos custos de fabricação (incluindo seus custos fixos). A frase "todos os custos variáveis" se refere aos custos variáveis em cada uma das funções comerciais da cadeia de valores.

As empresas no setor de serviço podem computar uma margem de contribuição, mas não uma margem bruta. Isso porque as empresas no setor de serviços não têm um item da linha de custo dos produtos vendidos em suas demonstrações de resultado.

Empresas comerciais

A diferença mais comum entre margem de contribuição e margem bruta, para as empresas comerciais, é a referente aos custos variáveis não incluídos no custo dos produtos vendidos. Um exemplo de item de custo variável é a comissão paga aos vendedores como porcentagem das receitas. A margem de contribuição é computada deduzindo todos os custos variáveis das receitas, enquanto a margem bruta é computada deduzindo apenas o custo dos produtos vendidos das receitas. O exemplo seguinte (os números estão em milhares) ilustra a diferença:

Demonstração de resultado da contribuição enfatizando a margem de contribuição			Demonstração de resultado contábil financeiro enfatizando a margem bruta	
Receitas		$ 200	Receitas	$ 200
Custos variáveis de produtos vendidos	$ 120		Custo dos produtos vendidos	120
Custos variáveis de operação	43	163		
Margem de contribuição		37	Margem bruta	80
Custos fixos de operação		19	Custos de operação ($ 43 + $ 19)	62
Lucro operacional		$ 18	Lucro operacional	$ 18

Os custos operacionais variáveis de $ 43 mil são deduzidos das receitas quando calculamos a margem de contribuição, mas não quando calculamos a margem bruta.

Setor de produção

Para as empresas no setor de produção, a margem de contribuição e a margem bruta diferem em dois aspectos: custos fixos de produção e custos variáveis de não-produção. O exemplo seguinte (os números estão em milhares) ilustra a diferença:

Demonstração de resultado enfatizando a margem de contribuição			Demonstração de resultado enfatizando a margem bruta	
Receitas		$ 1 000	Receitas	$ 1 000
Custos variáveis de produção	$ 250		Custo dos produtos vendidos ($ 250 + $ 160)	410
Custos variáveis de não-produção	270	520		
Margem de contribuição		480	Margem bruta	590
Custos fixos de produção	160		Custos de não-produção	
Custo fixos de não-produção	138	298	($ 270 + $ 138)	408
Lucro operacional		$ 182	Lucro operacional	$ 182

Os custos fixos de produção de $ 160 mil não são deduzidos das receitas quando computamos a margem de contribuição, mas são deduzidos quando computamos a margem bruta. O custo dos produtos vendidos em uma empresa de produção inclui todos os seus custos variáveis e fixos ($ 250 000 + $ 160 000). Os custos variáveis de não-produção, de $ 270 mil, são deduzidos das receitas quando computada a margem de contribuição, mas não quando computada a margem bruta.

Assim como a margem de contribuição, a *margem bruta* pode ser expressa como um total, uma quantia por unidade ou porcentagem. Por exemplo, a **porcentagem da margem bruta** é a margem bruta dividida pelas receitas — 59% ($ 590 ÷ $ 1 000) no nosso exemplo do setor de fabricação.

Problemas para auto-estudo

A Agência de Viagens Wembley é especializada em vôos entre Los Angeles e Londres. Ela faz reservas na United Airlines a $ 900 por passagem ida e volta. Até o mês passado, a United pagou para a Wembley uma comissão de 10 por cento do preço da passagem pago por cada passageiro. Essa comissão era a única fonte de receita da Wembley. Os custos fixos da Wembley são de $ 14 mil por mês (para salários, aluguel e demais) e seus custos variáveis são de $ 20 por passagem comprada por um passageiro. Esses $ 20 incluem uma taxa de entrega de $ 15 por passagem paga à Federal Express. (Para manter a análise simples, supomos que cada passagem de ida e volta comprada é entregue em pacotes separados. Assim, a taxa de entrega de $ 15 se aplica a cada passagem.)

A United Airlines acabou de anunciar uma tabela de pagamento revista para os agentes de viagens. Ela agora pagará aos agentes de viagens uma comissão de 10 por cento por até um máximo de $ 50. Qualquer passagem que custe mais de $ 500 gerará apenas $ 50 de comissão, independentemente do preço da passagem.

Para fazer:

1. Sob a antiga estrutura de comissão de 10 por cento, quantas passagens de ida e volta a Wembley vende a cada mês para (a) ficar no ponto de equilíbrio e (b) obter um lucro operacional de $ 7 000?
2. Como a tabela de pagamento revista da United afeta a sua resposta para (a) e (b) na Questão 1?

Solução

1. A Wembley recebe uma comissão de 10 por cento em cada passagem: 10% × $ 900 = $ 90. Assim,

   SP = $ 90 por bilhete
   CVU = $ 20 por passagem
   MCU = $ 90 − $ 20 = $ 70 por passagem
   CF = $ 14 mil por mês

   a. $Q = \dfrac{CF}{MCU} = \dfrac{\$\,14\text{ mil}}{\$\,70 \text{ por passagem}} = 200$ passagens por mês

   b. Quando o lucro alvo operacional (LAO) = $ 7 000 por mês:

   $Q = \dfrac{CF + LAO}{MCU}$

   $= \dfrac{\$\,14\,000 + \$\,7\,000}{\$\,70 \text{ por passagem}} = \dfrac{\$\,21\,000}{\$\,70 \text{ por passagem}}$

   $= 300$ passagens por mês

2. Sob o novo sistema, a Wembley receberia apenas $ 50 sobre a passagem de $ 900. Assim,

   SP = $ 50 por passagem
   CVU = $ 20 por passagem
   MCU = $ 50 − $ 20 = $ 30 por passagem
   CF = $ 14 mil por mês

   a. $Q = \dfrac{\$\,14\text{ mil}}{\$\,30 \text{ por passagem}} = 467$ passagens por mês (arredondados)

   b. $Q = \dfrac{\$\,21\,000}{\$\,30 \text{ por passagem}} = 700$ passagens

O limite de $ 50 sobre a comissão paga por passagem faz com que o ponto de equilíbrio seja mais do que o dobro (de 200 para 467 passagens) e os bilhetes vendidos para obter $ 7 000 por mês também são mais do que o dobro (de 300 para 700 passagens). Os agentes de viagens reagiram muito negativamente ao anúncio da United Airlines de mudar os pagamentos das comissões.

Pontos de decisão

Resumo

O seguinte formato de perguntas e respostas resume os objetivos de aprendizagem do capítulo. Cada decisão apresenta uma pergunta-chave relacionada a um objetivo de aprendizagem. As diretrizes são as respostas a essa pergunta.

Decisão	Diretrizes
1. Quais pressupostos precisam se manter para a análise CVL?	A análise CVL exige a simplificação dos pressupostos, como os custos são fixos ou variáveis no que diz respeito ao número de unidades de produção (unidades produzidas e vendidas) e o relacionamento entre o total de receitas e o total de custos é linear.

2.	Como a análise CVL pode ajudar os administradores?	A análise CVL ajuda os administradores no entendimento do comportamento do total de custos, total de receitas e lucro operacional de um produto à medida que as mudanças ocorrem no nível de produção, preço de venda, custos variáveis e custos fixos daquele produto.
3.	Como as empresas determinam o ponto de equilíbrio ou a produção necessária para atingir um lucro operacional alvo?	O ponto de equilíbrio é a quantidade de produção em que o total de receitas é igual ao total de custos. Os três métodos para computar o ponto de equilíbrio e a quantidade de produção para atingir o lucro operacional alvo são o método da equação, o método da margem de contribuição e o método gráfico. Cada método é simplesmente uma reafirmação dos outros. Os administradores geralmente selecionam o método que eles acreditam ser o mais fácil de usar em situações específicas.
4.	Como as empresas deveriam incorporar o imposto de renda na análise CVL?	O imposto de renda pode ser incorporado na análise CVL usando o lucro líquido alvo em vez do lucro operacional alvo. O ponto de equilíbrio não é afetado pela presença de imposto de renda por não ser pago se não houver lucro operacional.
5.	Como as empresas deveriam lidar com a incerteza ou mudanças nos pressupostos básicos?	A análise da sensibilidade, uma técnica 'e se?', examina como um resultado mudará se os dados originalmente previstos não forem atingidos ou se um pressuposto básico mudar. Ao tomar as decisões, os administradores usam a análise CVL para comparar as margens de contribuição e os custos fixos sob pressupostos diferentes.
6.	Como as empresas deveriam escolher entre as estruturas de custos variáveis/custo fixos?	A análise CVL realça o risco de prejuízo quando as receitas são baixas e o retorno superior quando as receitas são altas, de proporções diferentes de custos variáveis e fixos na estrutura de custo de uma empresa.
7.	A análise CVL pode ser aplicada a uma empresa que produz produtos múltiplos?	A análise CVL pode ser aplicada a uma empresa que produz produtos múltiplos contanto que o *mix* de produtos vendidos permaneça constante à medida que o total de unidades vendidas muda. Não há um número singular de equilíbrio de unidades para uma empresa que produz produtos múltiplos.
8.	A análise CVL pode ser aplicada a um produto que tenha critérios de custos múltiplos?	Os conceitos básicos da análise CVL podem ser aplicados às situações de critérios de custos múltiplos, mas as fórmulas simples do caso do critério de custo único, por exemplo, para calcular o ponto de equilíbrio, não podem ser usadas.
9.	A margem de contribuição e a margem bruta podem ser usadas alternadamente?	Não. Margem de contribuição é a receita menos todos os custos variáveis (pela cadeia de valores); margem bruta é a receita menos o custo dos produtos vendidos.

Anexo: Modelos de decisões e incerteza

Este anexo explora as características da incerteza e descreve uma abordagem que os administradores podem usar para tomar decisões em um mundo de incerteza. Também ilustraremos os discernimentos obtidos quando a incerteza é reconhecida na análise CVL.

LIDANDO COM A INCERTEZA[1]

Função de um modelo de decisão *Incerteza* é a possibilidade de que uma quantia real se desviará da quantia esperada. No exemplo do Faça Tudo, Maria pode prever vendas de até 40 unidades, mas as vendas reais poderão ser de 30 ou 60 unidades. Um *modelo de decisão* ajuda os administradores a lidar com essas incertezas. É um método formal para fazer uma escolha, comumente envolvendo análises qualitativas e quantitativas. A análise quantitativa geralmente envolve as seguintes etapas:

Etapa 1: **Identificar um critério de decisão.** Um **critério de decisão** é um objetivo que pode ser quantificado. Esse objetivo pode ter muitas formas. Na maioria das vezes, o critério de decisão é destinado a maximizar a renda e minimizar os custos. O critério de decisão de Maria é maximizar o lucro operacional esperado na convenção de informática.

---

1. *A apresentação dos esboços (em parte) foi tirada dos ensinamentos preparados por R. Williamson.*

Anexo: Modelos de decisões e incerteza
Continuação

Etapa 2: **Identificar o conjunto de ações alternativas a serem consideradas.** Usamos a letra *a* com os subscritos $_1$, $_2$ e $_3$ para distinguir cada uma das três ações possíveis de Maria:

a_1 = Pagar um taxa fixa de $ 2 000
a_2 = Pagar $ 800 de taxa fixa mais 15% das receitas da convenção
a_3 = Pagar 25% das receitas da convenção sem taxa fixa

Etapa 3: **Identificar o conjunto de eventos que podem ocorrer.** Um **evento** é uma possível ocorrência relevante, como o número real de pacotes que Maria poderá vender na convenção. O conjunto de eventos deveria ser mutuamente excludente e coletivamente exaustivo. Eventos são mutuamente excludentes se não puderem ocorrer ao mesmo tempo, e coletivamente exaustivos se, juntos, formarem todo o conjunto de possíveis ocorrências relevantes (não pode ocorrer nenhum outro evento). Exemplos de eventos mutuamente excludentes e coletivamente exaustivos são crescimento, declínio ou nenhuma mudança na demanda da indústria, e aumento, queda ou nenhuma mudança nas taxas de juros. Apenas um evento de todo o conjunto de eventos mutuamente excludentes e coletivamente exaustivos irá realmente ocorrer. Suponha que a única incerteza de Maria seja o número de unidades do *software* Faça Tudo que ela possa vender. Para simplificar, suponha que Maria estime que as vendas serão de 30 ou 60 unidades. Usaremos a letra x com subscritos $_1$ e $_2$ para distinguir o conjunto de eventos mutuamente excludentes e os coletivamente exaustivos:

x_1 = 30 unidades
x_2 = 60 unidades

Etapa 4: **Atribuir uma probabilidade para cada evento que possa ocorrer.** Uma **probabilidade** é a possibilidade ou chance de que um evento ocorrerá. A abordagem do modelo de decisão em lidar com a incerteza atribui probabilidades aos eventos. Uma **distribuição de probabilidade** descreve a possibilidade ou a probabilidade de que cada conjunto de eventos mutuamente excludentes e coletivamente exaustivos ocorrerá. Em alguns casos, haverá uma evidência maior para direcionar a atribuição de probabilidades. Por exemplo, a probabilidade de obter 'cara' quando joga a moeda para cima é ½, e a probabilidade de tirar uma carta específica de um baralho padrão bem embaralhado é de $1/52$. Nos negócios, a probabilidade de ter uma porcentagem especificada de unidades defeituosas pode ser atribuída com grande confiança com base na experiência da produção com milhares de unidades. Em outros casos, haverá pouca evidência que apóie as probabilidades estimadas — por exemplo, as vendas esperadas de um novo produto farmacêutico no próximo ano. Suponha que Maria, com base na experiência passada, avalie uma chance de 60 por cento, ou uma probabilidade de $6/10$, de que ela venderá 30 unidades, e uma chance de 40 por cento, ou uma probabilidade de $4/10$, de que ela venderá 60 unidades. Usando *P(x)* como notação para a probabilidade de um evento, as probabilidades são

$$P(x_1) = \frac{6}{10} = 0,60$$

$$P(x_2) = \frac{4}{10} = 0,40$$

A probabilidade desses eventos soma 1,00 porque eles são mutuamente excludentes e coletivamente exaustivos.

Etapa 5: **Identificar o conjunto de resultados possíveis. Resultados** medem, em termos de critério de escolha, os resultados econômicos das várias combinações possíveis de ações e eventos. Os resultados no exemplo do *software* Faça Tudo toma a forma de seis possíveis lucros operacionais dispostos numa *tabela de decisão* no Quadro 3.6. Uma **tabela de decisão** é um resumo das ações alternativas, eventos, resultados e probabilidades de eventos.

Compare ações de eventos. Ações são escolhas disponíveis aos administradores — por exemplo, as alternativas específicas de aluguel que Maria pode escolher. Eventos são conjuntos de todas as ocorrências relevantes que podem acontecer — por exemplo, as quantidades diferentes de pacotes de *software* que podem ser vendidos na convenção. O resultado é o lucro operacional que a empresa obtém, que depende tanto da ação que o administrador escolhe (alternativa escolhida de aluguel) quanto do evento que ocorre (quantidade de pacotes vendidos).

O Quadro 3.7 apresenta uma visão geral do relacionamento entre um modelo de decisão, a implementação de uma ação escolhida, seu resultado e a avaliação subseqüente do desempenho.

Anexo: Modelos de decisões e incerteza

Quadro 3.6 Tabela de decisão para o *software* Faça Tudo.

	Probabilidade de eventos	
Ações	$x_1 = 30$ unidades vendidas $P(x_1) = 0,60$	$x_2 = 60$ unidades vendidas $P(x_2) = 0,40$
a_1: Pagar uma taxa fixa de $ 2 000	$ 400[l]	$ 2 800[m]
a_2: Pagar uma taxa fixa de $ 800 mais 15% das receitas da convenção	$ 700[n]	$ 2 200[p]
a_3: Pagar 25% das receitas da convenção sem taxa fixa	$ 900[q]	$ 1 800[r]

l. Lucro operacional = ($ 200 – $ 120)(30) – $ 2 000 = $ 400
m. Lucro operacional = ($ 200 – $ 120)(60) – $ 2 000 = $ 2 800
n. Lucro operacional = ($ 200 – $ 120 – $ 30*)(30) – $ 800 = $ 700
p. Lucro operacional = ($ 200 – $ 120 – $ 30*)(60) – $ 800 = $ 2 200
q. Lucro operacional = ($ 200 – $ 120 – $ 50**)(30) = $ 900
r. Lucro operacional = ($200 – $ 120 – $ 50**)(60) = $ 1 800
* $ 30 = 15% do preço de venda de $ 200
** $ 50 = 25% do preço de venda de $ 200

Quadro 3.7 Um modelo de decisão e a sua ligação com a avaliação do desempenho.

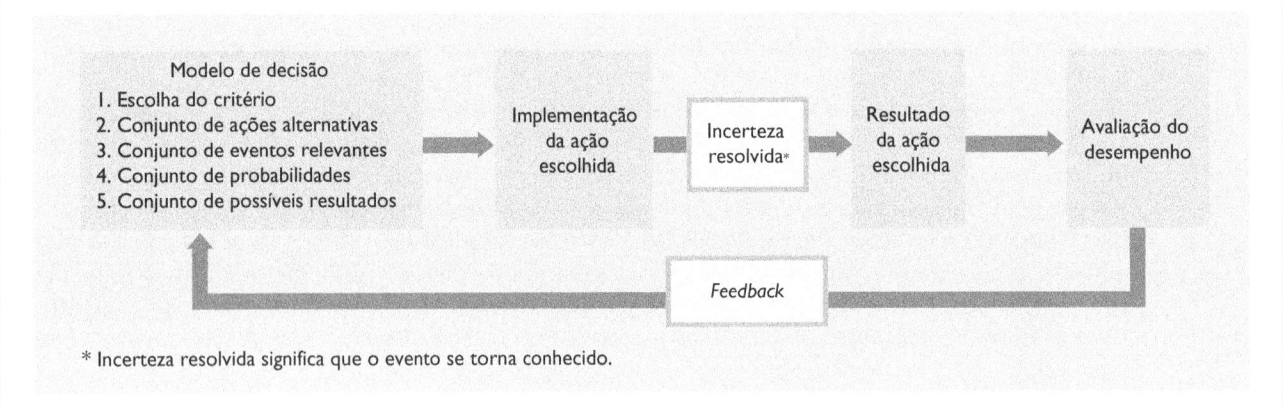

Modelo de decisão
1. Escolha do critério
2. Conjunto de ações alternativas
3. Conjunto de eventos relevantes
4. Conjunto de probabilidades
5. Conjunto de possíveis resultados

→ Implementação da ação escolhida → Incerteza resolvida* → Resultado da ação escolhida → Avaliação do desempenho

Feedback

* Incerteza resolvida significa que o evento se torna conhecido.

Valor esperado. Um **valor esperado** é a média ponderada dos resultados, com a probabilidade de cada resultado servir como o peso. Quando os resultados são medidos em termos monetários, o *valor esperado* é freqüentemente chamado de **valor monetário esperado**. Usando as informações no Quadro 3.6, o valor monetário esperado de cada alternativa de aluguel do estande denotado por $E(a_1)$, $E(a_2)$, e $E(a_3)$ é

Pagar uma taxa fixa de $ 2 000: $E(a_1) = 0,60 (\$ 400) + 0,40 (\$ 2 800) = \$ 1 360$
Pagar uma taxa fixa de $ 800 mais 15% de receitas: $E(a_2) = 0,60 (\$ 700) + 0,40 (\$ 2 200) = \$ 1 300$
Pagar 25% das receitas da convenção sem taxa fixa: $E(a_3) = 0,60 (\$ 900) + 0,40 (\$ 1 800) = \$ 1 260$

Para maximizar o lucro operacional esperado, Maria deveria selecionar a ação a_1 – pagar uma taxa fixa de $ 2 000 para a Convenção de Informática.

Para interpretar o valor esperado da seleção da ação a_1, imagine que Maria participe de muitas convenções, cada uma com a distribuição de probabilidade dos lucros operacionais dados no Quadro 3.6. Para uma convenção específica, Maria obterá lucro operacional de $ 400, se ela vender 30 unidades, ou $ 2 800, se ela vender 60 unidades. Mas se Maria participar de cem convenções, ela esperará obter lucro operacional de $ 400 60 por cento das vezes (em 60 convenções) e lucro operacional de $ 2 800 40 por cento das vezes (em 40 convenções), para um total de lucro operacional de $ 136 000 ($ 400 × 60 + $ 2 800 × 40). O valor esperado de $ 1 360 é o lucro operacional por convenção que Maria obterá quando se fizer uma média por todas as convenções ($ 136 000 ÷ 100).

Considere o efeito da incerteza sobre a escolha da ação preferida. Se Maria tivesse certeza de que ela poderia vender apenas 30 unidades (isto é, $P(x_1) = 1$), ela preferiria a alternativa a_3 – pagar 25 por cento das receitas da convenção sem taxa fixa. Para seguir esse raciocínio, examine o Quadro 3.6. Quando são vendidas 30 unidades, a alternativa a_3 resulta no lucro máximo das operações em $ 900. Porque os custos fixos são $ 0, os custos de aluguel do

Anexo: Modelos de decisões e incerteza *(Continuação)*

estande são mais baixos, iguais a $ 1 500 (25% das receitas = 0,25 × $ 200 por unidade × 30 unidades) quando as vendas são baixas.

No entanto, se Maria tivesse a certeza de que venderia 60 pacotes do *software* (isto é, $P(x_2) = 1$), ela preferiria a alternativa a_1 – pagar uma taxa fixa de $ 2 000. O Quadro 3.6 indica que quando vendidas 60 unidades, a alternativa a_1 resulta no lucro máximo das operações em $ 2 800. Os pagamentos de aluguel sob a_2 e a_3 aumentam com as unidades vendidas, mas são fixos sob a_1.

Apesar de grande a probabilidade de vender apenas 30 unidades, Maria prefere a ação a_1, isto é, pagar uma taxa fixa de $ 2.000. Isso porque o alto risco de lucro operacional baixo (a probabilidade de 60 por cento de vender apenas 30 unidades) é mais do que compensado pelo alto retorno com a venda de 60 unidades, que ocorre com uma probabilidade de 40 por cento. Se Maria tivesse mais aversão ao risco (medido no nosso exemplo pela diferença entre os lucros operacionais quando vendidas 30 unidades *versus* 60 unidades), ela talvez preferisse a ação a_2 ou a_3. Por exemplo, a ação a_2 garante um lucro operacional de pelo menos $ 700, maior do que o lucro operacional de $ 400 que ela obteria sob a ação a_1 se vendidas apenas 30 unidades. É claro que a escolha da ação a_2 limita o potencial superior em $ 2 200 em relação aos $ 2 800 sob a_1 se vendidas 60 unidades. Entretanto, se Maria estiver muito preocupada com o risco, ela poderá dispor-se a renunciar a alguns benefícios para se proteger de um resultado de $ 400 com a escolha de a_2.[2]

Decisões boas e resultados bons. Faça sempre a distinção entre decisão boa e resultado bom. Um pode existir sem o outro. Suponha que lhe seja oferecida uma única chance de tirar cara ou coroa. Você ganhará $ 20 se sair cara, mas perderá $ 1 se sair coroa. Como tomador de decisões, você procede pelas fases lógicas: reunir as informações, avaliar os resultados e fazer uma escolha. Você aceita o desafio. Por quê? Porque o valor esperado é de $ 9,50 [0,5 ($ 20) + 0,5(–$ 1)]. A sorte está lançada e saiu coroa. Você perdeu. Do seu ponto de vista, esta foi uma decisão boa, mas o resultado foi ruim.

Uma decisão pode ser tomada apenas com base nas informações disponíveis na hora de avaliar e tomar a decisão. Por definição, a incerteza anula a garantia, depois do fato de que será sempre obtido o melhor resultado. Como no nosso exemplo, é possível que a má sorte produza resultados ruins, mesmo quando tomadas decisões boas. Um resultado ruim não significa que foi tomada uma decisão ruim. A melhor proteção contra um resultado ruim é uma decisão boa.

---
2. *Para abordagens mais formais, veja G. Eppen, F. Gould, C. Schmidt, J. Moore e L. Weatherford,* Introductory management science: decision modeling with spreadsheets, *4. ed. (Upper Saddle River, NJ: Prentice Hall, 1998).*

Termos para aprender

Este capítulo e o Glossário no final do livro contêm definições dos seguintes termos importantes:

- alavancagem operacional
- análise da sensibilidade
- análise de custo-volume-lucro (CVL)
- critério de decisão
- critério de receita
- demonstração de lucros e perdas da contribuição
- distribuição de probabilidade
- evento
- gráfico VL
- grau de alavancagem operacional
- incerteza
- índice da margem de contribuição
- lucro líquido
- margem de contribuição
- margem de contribuição unitária
- margem de segurança
- *mix* de vendas
- ponto de equilíbrio (PE)
- porcentagem da margem de contribuição
- porcentagem de margem bruta
- probabilidade
- resultados
- tabela de decisão
- valor esperado
- valor monetário esperado

Material de trabalho

Obs.: Para grifar os relacionamentos básicos da CVL, o material de trabalho ignora o imposto de renda, a menos que seja relatado diferentemente.

Perguntas

3-1 Defina análise de custo-volume-lucro.

3-2 Descreva os pressupostos subjacentes à análise CVL.

3-3 Faça a distinção entre lucro operacional e lucro líquido.

3-4 Defina margem de contribuição, margem de contribuição unitária e porcentagem da margem de contribuição.

3-5 Descreva três métodos que podem ser usados para calcular o ponto de equilíbrio.

3-6 Por que é mais preciso descrever o assunto principal deste capítulo como análise CVL e não como análise do ponto de equilíbrio?

3-7 "Análise CVL é simples e simplista. Se você quiser análises realistas para corroborar sua decisão, vá além da análise CVL." Você concorda? Explique.

3-8 Como um aumento na taxa tributária afeta o ponto de equilíbrio?

3-9 Descreva a análise da sensibilidade. Como o advento das planilhas eletrônicas afetou o seu uso?

3-10 Dê um exemplo de como um administrador pode reduzir os custos variáveis e, ao mesmo tempo, aumentar os fixos.

3-11 Dê um exemplo de como um administrador pode aumentar os custos variáveis e, ao mesmo tempo, reduzir os fixos.

3-12 O que é alavancagem operacional? Como saber se o grau de alavancagem operacional é útil ao administrador?

3-13 "Não há custo fixo. Todos os custos podem 'deixar de ser fixos' em tempo suficiente." Você concorda? Qual a implicação da sua resposta para a análise CVL?

3-14 Como uma empresa com produtos múltiplos computa o seu ponto de equilíbrio?

3-15 "Na análise CVL, margem bruta é um conceito menos útil do que margem de contribuição." Você concorda? Explique brevemente.

Exercícios

3-16 Computações da CVL. Preencha os espaços em branco para cada um dos seguintes casos independentes.

Caso	Receitas	Custos variáveis	Custos fixos	Total de custos	Lucro operacional	Porcentagem da margem de contribuição
a.	$ —	$ 500	$ —	$ 800	$ 1 200	—
b.	2 000	—	300	—	200	—
c.	1 000	700	—	1 000	—	—
d.	1 500	—	300	—	—	40%

3-17 Computações da CVL. A produção Patinhas vendeu 180 mil unidades de seu produto por $ 25 por unidade em 2003. O custo variável por unidade é de $ 20 e o total de custos fixos é de $ 800 000.

Para fazer:

1. Calcule (a) margem de contribuição e (b) lucro operacional.
2. O processo atual de produção da Patinhas é de mão-de-obra intensiva. Kátia Mendes, gerente de produção da Patinhas, propôs investimento em equipamentos de produção mais avançados, que aumentarão os custos fixos anuais para $ 2 500 000. É esperado que os custos variáveis caiam para $ 10 por unidade. A Patinhas espera manter o mesmo volume de vendas e preço de venda no próximo ano. Como a aceitação da proposta da srta. Mendes afetaria as respostas para (a) e (b) na Questão 1?
3. A Patinhas deveria aceitar a proposta da Mendes? Explique.

3-18 Análise CVL, mudando as receitas e os custos. A Agência de Viagens Sol Nascente é especializada em vôos entre Toronto e Jamaica. Ela faz reservas para os passageiros na Canadian Air. Os custos fixos da Sol Nascente são de $ 22 000 por mês. A Canadian Air cobra $ 1 000 por passagem ida e volta.

Para fazer: Calcule o número de passagens que a Sol Nascente precisa vender a cada mês para (a) atingir o equilíbrio e (b) obter um lucro operacional alvo de $ 10 000 mensal em cada um dos casos independentes.

1. Os custos variáveis da Sol Nascente são de $ 35 por passagem. A Canadian Air paga para a Sol Nascente uma comissão de 8 por cento sobre o preço de cada passagem.

2. Os custos variáveis da Sol Nascente são de $ 29 por passagem. A Canadian Air paga uma comissão de 8 por cento sobre o preço de cada passagem para a Sol Nascente.

3. Os custos variáveis da Sol Nascente são de $ 29 por passagem. A Canadian Air paga para a Sol Nascente uma comissão fixa de $ 48 por passagem. Comente os resultados.

4. Os custos variáveis da Sol Nascente são de $ 29 por passagem. Ela recebe da Canadian Air uma comissão de $ 48 por passagem e cobra de seus clientes uma taxa de entrega de $ 5 por passagem. Comente os resultados.

3-19 Margem bruta e margem de contribuição, tomando decisões. As receitas e dados de custos para 2004 da Roupas Masculinas Silva aparecem abaixo:

Receitas		$ 500 000
Custo dos produtos vendidos (40% das vendas)		200 000
Margem bruta		300 000
Custos operacionais:		
Salários e ordenados	$ 150 000	
Comissões de vendas (10% das vendas)	50 000	
Depreciação dos equipamentos e acessórios	12 000	
Aluguel da loja ($ 4 000 por mês)	48 000	
Outros custos operacionais	50 000	310 000
Lucro operacional (prejuízo)		$ (10 000)

O Sr. Silva, proprietário da loja, está insatisfeito com os resultados operacionais. Uma análise dos outros custos operacionais revela que ela inclui $ 40 000 de custos variáveis, os quais variam com o volume de vendas, e $ 10 000 de custos fixos.

Para fazer:

1. Calcule a margem de contribuição da Roupas Masculinas Silva.
2. Calcule a porcentagem da margem de contribuição.
3. O Sr. Silva estima que ele pode aumentar as receitas em 20 por cento incorrendo custos adicionais de propaganda de $ 10 000. Calcule o impacto dessa ação no lucro operacional.

3-20 Exercícios da CVL. A Super Rosca possui e opera seis lojas de roscas em e ao redor de Campinas. Você tem os seguintes dados corporativos orçamentários para o próximo ano:

Receitas	$ 10 000 000
Custos fixos	1 700 000
Custos variáveis	8 200 000

Os custos variáveis mudam em relação ao número de roscas vendidas.

Para fazer: Calcule o lucro operacional orçado para cada um dos seguintes desvios dos dados do orçamento original. (Considere cada caso independentemente.)

1. Um aumento de 10 por cento na margem de contribuição, mantendo as receitas constantes.
2. Uma queda de 10 por cento na margem de contribuição, mantendo as receitas constantes.
3. Um aumento de 5 por cento nos custos fixos.
4. Uma queda de 5 por cento nos custos fixos.
5. Um aumento de 8 por cento nas unidades vendidas.
6. Uma queda de 8 por cento nas unidades vendidas.
7. Um aumento de 10 por cento nos custos fixos e um aumento de 10 por cento nas unidades vendidas.
8. Um aumento de 5 por cento nos custos fixos e uma queda de 5 por cento nos custos variáveis.

3-21 Exercícios da CVL. A Empresa Dorival produz e vende canetas. Atualmente são vendidas cinco milhões de unidades por ano a $ 0,50 por unidade. Os custos fixos são de $ 900 000 por ano. Os custos variáveis são de $ 0,30 por unidade.

Para fazer: Considere cada caso separadamente:

1. a. Qual é o lucro operacional atual por um ano?
   b. Qual é o ponto de equilíbrio atual nas receitas?

Calcule o novo lucro operacional para cada uma das seguintes mudanças:

2. Um aumento de $ 0,04 por unidade nos custos variáveis.
3. Um aumento de 10 por cento nos custos fixos e um aumento de 10 por cento nas unidades vendidas.
4. Uma queda de 20 por cento nos custos fixos, uma queda de 20 por cento no preço de venda, uma queda de 10 por cento no custo variável por unidade, e um aumento de 40 por cento nas unidades vendidas.

Calcule o novo ponto de equilíbrio nas unidades para cada uma das seguintes mudanças:

5. Um aumento de 10 por cento nos custos fixos.
6. Um aumento de 10 por cento no preço de venda e um aumento de $ 20 000 nos custos fixos.

3-22 Análise CVL, imposto de renda. A Empresa Guri tem custos fixos de $ 300 000 e uma porcentagem de custos variáveis de 80 por cento. A empresa obteve um lucro líquido de $ 84 000 em 2002. A alíquota tributária é de 40 por cento.

Para fazer: Compute (1) o lucro operacional, (2) a margem de contribuição, (3) o total de receita e (4) a receita de equilíbrio.

3-23 Análise CVL, imposto de renda. A Refeições Rápidas tem dois restaurantes que ficam abertos 24 horas por dia. Os custos fixos para os dois restaurantes totalizam $ 450 000 por ano. Os serviços variam de uma xícara de café a refeições completas. A média de comandas por cliente é de $ 8,00. A média de custo da comida e outros custos variáveis para cada cliente é de $ 3,20. A alíquota tributária é de 30 por cento. O lucro líquido alvo é de $ 105 000.

Para fazer:

1. Calcule a receita necessária para obter o lucro líquido alvo.
2. Quantos clientes são necessários para atingir o equilíbrio? E para obter um lucro líquido de $ 105 000?
3. Calcule o lucro líquido se o número de clientes for de 150 000.

3-24 Análise CVL, análise da sensibilidade. Carlos Manguaba é o líder recém-eleito do Partido Republicano. Ele é o queridinho da imprensa da direita. Sua atitude tem deixado muitos oponentes nos debates como que sentindo terem sido atropelados por um caminhão.

A Imprensa Editorial está negociando a publicação do *Manifesto Manguaba*, um novo livro que promete ser um campeão instantâneo de vendas. Os custos fixos de produzir e comercializar o livro serão de $ 500 000, e os variáveis de $ 4,00 por cópia vendida. São custos antes de qualquer pagamento feito ao Manguaba, que negociou um pagamento adiantado de $ 3 milhões, mais uma taxa de *royalties* de 15 por cento do preço líquido de venda de cada livro. O preço líquido de venda é o da lista da livraria, de $ 30 menos a margem a ela paga para vender o livro. Espera-se que seja aplicada a margem normal da livraria, que é de 30 por cento do preço da lista.

Para fazer:

1. Prepare um gráfico VL para a Imprensa Editorial.
2. Quantas cópias a Imprensa Editorial precisa vender para (a) atingir o equilíbrio e (b) obter um lucro operacional meta de $ 2 milhões?
3. Examine a sensibilidade do ponto de equilíbrio para as seguintes mudanças:
   a. Queda da margem normal da livraria para 20 por cento do preço da lista de $ 30.
   b. Aumento no preço da lista para $ 40, mantendo a margem da livraria em 30 por cento.
   c. Comente os resultados.

3-25 Análise CVL, margem de segurança. Suponha que o ponto de equilíbrio da Corporação Latina é a receita de $ 1 000 000. Os custos fixos são de $ 400 000.

Para fazer:

1. Calcule a porcentagem da margem de contribuição.
2. Calcule o preço de venda se os custos variáveis são de $ 12 por unidade.
3. Suponha que sejam vendidas 80 mil unidades. Calcule a margem de segurança.

3-26 Alavancagem operacional. A Tapetes Coloridos está promovendo uma liquidação de tapetes por duas semanas no Clube do Jerry, uma loja local. A Tapetes Coloridos planeja vender todos os tapetes por $ 500 cada. A empresa comprou os tapetes de um distribuidor local por $ 350 cada, com o privilégio de retornar qualquer unidade não vendida com restituição total. O Clube do Jerry ofereceu à Tapetes Coloridos dois pagamentos alternativos para o uso do espaço.

      Opção 1: um pagamento fixo de $ 5 000 para o período de liquidação.
      Opção 2: 10 por cento do total de receitas obtidas durante o período de liquidação.

Suponha que a Tapetes Coloridos não incorra em outros custos.

Para fazer:

1. Calcule o ponto de equilíbrio em unidades para (a) Opção 1 e (b) Opção 2.
2. Em qual nível de receitas a Tapetes Coloridos obterá o mesmo lucro operacional sob qualquer uma das opções?
3. a. Para qual faixa de unidade de venda a Tapetes Coloridos preferirá a Opção 1?
   b. Para qual faixa de unidade de venda a Tapetes Coloridos preferirá a Opção 2?

4. Calcule o grau da alavancagem operacional nas vendas de cem unidades para as duas opções de aluguel.
5. Explique brevemente e interprete sua resposta para a Questão 4.

3-27 Análise CVL, diferenças nas estruturas de custo internacionais. A Roupas de Lã Ltda. está considerando três países para ser o único fabricante de seu novo suéter: Cingapura, Tailândia e os Estados Unidos. Todos os suéteres serão vendidos em lojas varejistas, nos Estados Unidos, a $ 32 por unidade. Essas lojas varejistas acrescentam a sua própria remarcação para cima quando da venda para o consumidor final. Os três países diferem nos custos fixos e variáveis por suéter.

País	Custos fixos anuais	Custos variáveis de produção por suéter	Custos variáveis de marketing e distribuição por suéter
Cingapura	$ 6,5 milhões	$ 8,00	$ 11,00
Tailândia	4,5 milhões	5,50	11,50
Estados Unidos	12,0 milhões	13,00	9,00

Para fazer:
1. Calcule o ponto de equilíbrio da Roupas de Lã em (a) unidades vendidas por cada país e (b) receitas para cada país.
2. Se a Roupas de Lã Ltda. vender 800 mil suéteres em 2002, qual será o lucro operacional orçado para cada país? Comente os resultados.

3-28 *Mix* de vendas, clientes novos e em ascendência. Zapo 1-2-3 é um produto de planilha eletrônica que vende muito bem. A Zapo está para lançar a versão 5.0. Ela divide seus clientes em dois grupos: clientes novos e clientes em ascendência (aqueles que anteriormente compraram Zapo 1-2-3 nas versões 4.0 ou anteriores). Embora o mesmo produto físico seja oferecido para cada grupo de cliente, existem diferenças enormes nos preços de vendas e nos custos variáveis de marketing:

	Clientes novos		Clientes em ascendência	
Preço de venda		$ 210		$ 120
Custos variáveis				
Produção	$ 25		$ 25	
Marketing	65	90	15	40
Margem de contribuição		$ 120		$ 80

Os custos fixos do Zapo 5.0 são de $ 14 000 000. O *mix* de vendas planejado em unidades é de 60 por cento de novos clientes e 40 por cento de clientes em ascendência.

Para fazer:
1. Qual é o ponto de equilíbrio em unidades do Zapo 1-2-3 versão 5.0, presumindo que o *mix* de vendas planejado de 60 por cento/40 por cento seja atingido?
2. Se o *mix* de vendas é atingido, qual é o lucro operacional quando são vendidas 200 mil unidades?
3. Mostre como o ponto de equilíbrio em unidades muda com os seguintes *mixes* de clientes:
   a. Novos 50 por cento/Em ascendência 50 por cento
   b. Novos 90 por cento/Em ascendência 10 por cento
   c. Comente os resultados.

3-29 Bolsas de estudos atléticas, análise CVL. A Universidade do Meio-Oeste tem um orçamento anual de $ 5 000 000 para bolsas de estudo atléticas. Cada bolsa de estudo atlética é para $ 20 000 por ano. Os custos fixos operacionais do programa de bolsas de estudo atléticas são de $ 600 000, e os custos operacionais variáveis são de $ 2 000 por bolsa de estudo oferecida.

Para fazer:
1. Determine o número de bolsas de estudo atléticas que a Meio-Oeste pode oferecer a cada ano.
2. Suponha que o orçamento total para o próximo ano seja reduzido em 22 por cento. Os custos fixos permanecem os mesmos. Calcule o número de bolsas de estudo atléticas que a Meio-Oeste pode oferecer a cada ano.
3. Como na Questão 2, suponha uma redução no orçamento de 22 por cento e os mesmos custos fixos. Se a Meio-Oeste quisesse oferecer o mesmo número de bolsas que ofereceu na Questão 1, calcule a quantia a ser paga para cada aluno que receber a bolsa de estudos.

3-30 Análise CVL, critérios de custos múltiplos. Suzana Gomes é uma distribuidora de molduras para quadros em latão. Para 2002, ela planeja comprar molduras a $ 30 cada e vendê-las por $ 45 cada. É esperado que os custos fixos de Suzana para 2002 sejam de $ 240 000. Os únicos outros custos que a Suzana terá serão os custos variáveis de $ 60 por expedição para o preparo da fatura e documentos de entrega, para a organização da entrega e para o acompanhamento da cobrança das contas a receber. O custo de $ 60 será incorrido cada vez que Suzana enviar um pedido de molduras para quadros, independentemente do número de molduras no pedido.

Para fazer:

1. **a.** Suponha que Suzana venda 40 mil molduras para quadros em mil expedições em 2002. Calcule o lucro operacional de Suzana para 2002.

   b. Suponha que Suzana venda 40 mil molduras para quadros em 800 expedições em 2002. Calcule o lucro operacional de Suzana para 2002.

2. Suponha que Suzana antecipe que fará 500 expedições em 2002. Quantas molduras ela precisa vender para atingir o equilíbrio em 2002?

3. Calcule um outro ponto de equilíbrio para 2002, diferente daquele descrito na Questão 2. Explique brevemente por que Suzana tem pontos de equilíbrio múltiplos.

3-31 Margem bruta e margem de contribuição. (Adaptado de R. Lambert) A demonstração de lucros e perdas da Foreman Fork, Inc. para 2003 sobre a produção e venda de 200 mil unidades, é a seguinte:

Receitas	$ 2 600 000
Custo dos produtos vendidos	1 600 000
Margem bruta	1 000 000
Custos de marketing e distribuição	1 150 000
Lucro operacional (perda)	$ (150 000)

Os custos fixos de produção da Foreman são de $ 500 000, e os custos variáveis de marketing e distribuição são de $ 4 por unidade.

Para fazer:

1. **a.** Calcule os custos variáveis de produção da Foreman, por unidade, em 2003.

   b. Calcule os custos fixos de marketing e distribuição da Foreman em 2003.

2. A margem bruta da Foreman por unidade é de $ 5 ($ 1 000 000 ÷ 200 mil unidades). Samuel Reis, presidente da Foreman, acredita que se a produção e vendas fossem de 230 mil unidades, elas teriam coberto os $ 1 150 000 de custos de marketing e distribuição ($ 1 150 000 ÷ 5 = 230 mil) e possibilitado à Foreman atingir o ponto de equilíbrio para o ano. Calcule o lucro operacional da Foreman se a produção e vendas fossem iguais a 230 mil unidades. Explique brevemente por que Samuel Reis está errado.

3. Calcule o ponto de equilíbrio para 2003 em unidades e receitas.

3-32 Incerteza, análise CVL. (Anexo do capítulo) Angela King, de Las Vegas, é promotora do boxeador Mike Foreman. King está promovendo a nova luta do Campeonato Mundial para Foreman. A área-chave de incerteza é o tamanho do mercado do *pay-per-view* da TV a cabo. King pagará a Foremam uma taxa fixa de $ 2 milhões e 25 por cento das receitas líquidas do *pay-per-view* da TV a cabo. Cada residência com TV a cabo que receberá o evento pagará $ 29,95, dos quais King recebe $ 16. Ela pagará 25% dos $ 16 a Foreman.

King estimou a seguinte distribuição de probabilidades para as residências que compram o evento *pay-per-view*:

Demanda	Probabilidade
100 000	0,05
200 000	0,10
300 000	0,30
400 000	0,35
500 000	0,15
1 000 000	0,05

Para fazer:

1. Qual é o valor esperado do pagamento que a King fará a Foreman?

2. Suponha que a única incerteza é sobre a demanda pela luta na TV a cabo. Ela quer saber o ponto de equilíbrio, dado o próprio custo fixo de $ 1 milhão e os variáveis de $ 2 por residência. (Inclua também o pagamento que ela fará a Foreman no cálculo de sua resposta.)

Problemas

3-33 Análise CVL, empresa de serviço. A Escape Para a Vida Selvagem gera uma média de receita de $ 4 000 por pessoa, no pacote turístico de cinco dias para os parques do Quênia. Os custos variáveis por pessoa são:

Passagem aérea	$ 1 500
Acomodações nos hotéis	1 000
Refeições	300
Traslado	600
Ingressos para os parques e outros custos	200
Total	$ 3 600

Os custos fixos anuais totalizam $ 480 000.

Para fazer:

1. Calcule o número de pacotes de viagens que precisam ser vendidos para atingir o equilíbrio.
2. Calcule a receita necessária para obter um lucro operacional alvo de $ 100 000.
3. Se os custos fixos aumentam em $ 24 000, que queda nos custos variáveis precisa ser atingida para manter o ponto de equilíbrio calculado na Questão 1?

3-34 CVL, lucro meta, empresa de serviço. O Berçário Ursinho de Pelúcia presta serviços de segunda a sexta-feira. Os custos variáveis mensais por criança são:

Almoço e lanches	$ 100
Suprimentos educacionais	75
Outros suprimentos (produtos de papéis, artigos de higiene etc.)	25
Total	$ 200

Os custos fixos mensais consistem de

Aluguel	$ 2 000
Utilidades	300
Seguro	300
Salários	2 500
Miscelâneas	500
	$ 5 600

A Ursinho de Pelúcia cobra de cada pai $ 600 por criança.

Para fazer:

1. Calcule o ponto de equilíbrio.
2. O lucro operacional meta da Ursinho de Pelúcia é de $ 10 400 por mês. Calcule o número de crianças que precisam estar matriculadas para atingir o lucro operacional meta.
3. A Ursinho de Pelúcia deixou o imóvel, mudando-se para um outro prédio. O aluguel mensal do outro prédio é de $ 3 000. Seguindo a sugestão dos pais, a Ursinho de Pelúcia planeja levar as crianças em passeios fora da escola. Os custos desses passeios são de $ 1 000. Em quanto a Ursinho de Pelúcia deveria aumentar, por criança, a sua taxa para atingir o lucro operacional meta de $ 10 400 mensais, supondo que seja mantido o mesmo número de crianças da Questão 2?

3-35 Análise CVL. (Adaptado do CMA) O lucro operacional projetado da Galáxia Discos para 2003 é de $ 200 000, baseado num volume de vendas de 200 mil unidades. A Galáxia vende discos a $ 16 cada. Os custos variáveis consistem de $ 10 do preço de compra e um custo de $ 2 para o envio e manuseio. Os custos fixos anuais da Galáxia são de $ 600 000.

Para fazer:

1. Calcule o ponto de equilíbrio da Galáxia em unidades.
2. Calcule o lucro operacional da empresa em 2003 se houver um aumento de 10 por cento nas vendas unitárias projetadas.
3. Para 2004, a administração espera que o preço unitário de compra de disco aumente 30 por cento. Calcule a receita de vendas que a Galáxia precisa gerar em 2004 para manter o lucro operacional anual atual se o preço de venda permanecer inalterado.

3-36 Análise CVL, imposto de renda. (Adaptado do CMA) R.A.Ro e Companhia, um fabricante de travessas de nogueiras feitas à mão, tem tido um crescimento estável nas vendas nos últimos cinco anos. Entretanto, o aumento na concorrência levou o Sr. Ro, o presidente, a acreditar que seria necessária uma campanha agressiva de marketing no próximo ano para manter o crescimento atual da empresa. Para se preparar para a campanha de marketing do próximo ano, o *controller* da empresa preparou e apresentou para o Sr. Ro os seguintes dados para o ano atual, 2003:

Custos variáveis (por travessa)	
Materiais diretos	$ 3,25
Mão-de-obra direta	8,00
Gastos gerais variáveis (produção, marketing, distribuição e atendimento ao cliente)	2,50
Total de custos variáveis	$ 13,75
Custos fixos	
Produção	$ 25 000
Marketing, distribuição e atendimento ao cliente	110 000
Total de custos fixos	$ 135 000
Preço de venda	$ 25,00
Vendas esperadas, 20 mil unidades	$ 500 000
Alíquota tributária	40%

Para fazer:

1. Qual é o lucro líquido projetado para 2003?
2. Qual é o ponto de equilíbrio em unidades para 2003?
3. O Sr. Ro estabeleceu uma meta de receitas para 2004 de $ 550 000 (ou 22 mil travessas). Ele acredita que será necessário um custo adicional de marketing de $ 11 250 para publicidade em 2004, mantendo todos os outros custos constantes, para alcançar a meta de receita. Qual é o lucro líquido para 2004 se forem gastos os $ 11 250 adicionais e a meta de receita for alcançada?
4. Qual é o ponto de equilíbrio em receitas, para 2004, se forem gastos os $ 11 250 adicionais em publicidade?
5. Se forem gastos os $ 11 250 adicionais, qual a receita necessária em 2004 para que o lucro líquido anual seja igual ao lucro líquido de 2003?
6. A um nível de vendas de 22 mil unidades, qual a quantia máxima que pode ser gasta em publicidade se for desejado um lucro líquido de $ 60 000 para 2004?

3-37 Análise CVL, tomada de decisão. (Adaptado de M. Rajan) A empresa Tocchet produz CB1, um rádio-emissor faixa do cidadão. A fábrica da empresa tem uma capacidade anual de 50 mil unidades. Atualmente, a Tocchet vende 40 mil unidades a um preço de $ 105. Ela tem a seguinte estrutura de custo:

Custo unitário variável de produção	$ 45
Custos fixos de produção	$ 800 000
Custo unitário variável de marketing e distribuição	$ 10
Custos fixos de marketing e distribuição	$ 600 000

Para fazer: Considere cada parte independentemente.

1. O *departamento de marketing* indica que uma queda nos preço de venda para $ 99 aumentaria as vendas em 50 mil unidades. Essa estratégia exigirá que a Tocchet aumente os custos fixos de marketing e distribuição. Calcule o aumento *máximo* nos custos fixos de marketing e distribuição que permitirá que a Tocchet reduza o preço de venda para $ 99 e mantenha o lucro operacional.
2. O *departamento de produção* propõe mudanças no processo de fabricação para acrescentar novas características ao produto CB1. Essas mudanças aumentarão os custos fixos de produção em $ 100 000 e os custos unitários variáveis de produção em $ 2. Na atual quantidade de venda de 40 mil unidades, calcule o preço de venda *mínimo* que permitirá que a Tocchet acrescente essas novas características e mantenha o lucro operacional.

3-38 Margem de segurança. A Companhia Cooper fabrica bolas de futebol. Seus dados orçamentários para a marca popular 'Palha de Milho', para o próximo ano, são:

Vendas (10 mil unidades)	$ 1 000 000
Custos variáveis	600 000
Margem de contribuição	400 000
Custos fixos	250 000
Lucro operacional	$ 150 000

Para fazer:

1. Calcule o ponto de equilíbrio em unidades e em moeda.
2. Calcule a margem de segurança em unidades e em moeda.
3. Calcule o índice da margem de contribuição da Cooper. Se as vendas reais forem de $ 200 000 acima da quantia orçada, use o índice de margem de contribuição para calcular o lucro operacional incremental.

3-39 Análise CVL, loja de calçados. A Empresa de Calçados Ande Bem opera uma rede de lojas de calçados. As lojas vendem dez estilos diferentes de calçados masculinos baratos, com custo unitário e preço de venda idênticos. Uma unidade é definida como um par de sapatos. Cada loja tem um gerente que recebe um salário fixo. Os vendedores individuais recebem um salário fixo mais comissão de vendas. A Ande Bem está tentando determinar se abre ou não uma outra loja, esperando-se que tenha os seguintes relacionamentos de receita e custos:

Dados variáveis por unidade (por par de sapatos)		
Preço de venda	$	30,00
Custo dos sapatos	$	19,50
Comissões de vendas		1,50
Custos unitários variáveis	$	21,00

Custos fixos anuais		
Aluguel	$	60 000
Salários		200 000
Propaganda		80 000
Outros custos fixos		20 000
Total de custos fixos	$	360 000

Para fazer: Considere cada questão independentemente.

1. Qual é o ponto de equilíbrio anual em (a) unidades vendidas e (b) receitas?
2. Se forem vendidas 35 mil unidades, qual será o lucro operacional (prejuízo) da loja?
3. Se as comissões de vendas fossem interrompidas para os vendedores individuais em favor de um aumento de $ 81 000 nos salários fixos, qual seria o ponto de equilíbrio anual em (a) unidades vendidas e (b) receitas?
4. Veja os dados originais. Se o gerente da loja recebesse $ 0,30 por unidade vendida além de seu salário fixo, qual seria o ponto de equilíbrio anual em (a) unidades vendidas e (b) receitas?
5. Veja os dados originais. Se o gerente da loja recebesse uma comissão de $ 0,30 por unidade sobre cada unidade vendida além do ponto de equilíbrio, qual seria o lucro operacional da loja se vendidas 50 mil unidades. (Os $ 0,30 são além da comissão paga ao pessoal de vendas e o salário fixo do gerente da loja.)

Aplicação do Excel Para os alunos que desejam praticar suas habilidades com planilhas, segue uma abordagem passo a passo para criar uma planilha do Excel para trabalhar este problema.

Passo a Passo

1. No topo da nova planilha, crie uma seção de 'Dados Originais' para os dados fornecidos para a Ande Bem. Crie colunas para os dados variáveis por unidade e os dados de custos fixos anuais no mesmo formato mostrado acima para a Ande Bem.

(Programe a sua planilha para desempenhar todos os cálculos necessários. Não 'insira' nenhuma quantia, como as quantias de equilíbrio e receitas que requerem operações de adição, subtração, multiplicação ou divisão.)

2. Pule algumas colunas. Crie uma nova seção rotulada de 'Problema 1'. Crie colunas para a 'Margem de contribuição por unidade', 'a. Unidades de equilíbrio' e 'b. Receitas de equilíbrio'. Use os dados na seção de 'Dados Originais' e insira os cálculos para a margem de contribuição, unidades de equilíbrio e receitas de equilíbrio nas colunas a e b.
3. Pule duas colunas e crie uma nova seção rotulada de 'Problema 2'. Crie colunas para as receitas, custo dos sapatos, comissões de vendas, total de custos variáveis, margem de contribuição, total de custos fixos e lucro operacional. O formato deve ser similar à demonstração de resultado na seção 'Comercial'. Insira os cálculos para o custo dos sapatos e as comissões de vendas, o total de receitas, o total de custos variáveis, a margem de contribuição, o total de custos fixos e o lucro operacional.
4. Pule duas colunas. Crie uma nova seção rotulada de 'Problema 3' usando o mesmo formato criado para o 'Problema 1'. Insira os cálculos para a margem de contribuição, as unidades de equilíbrio e as receitas de equilíbrio que reflitem a interrupção das comissões de vendas e aumento nos salários fixos.
5. Pule duas colunas. Crie uma nova seção rotulada de 'Problema 4' usando o mesmo formato das Etapas 2 e 4. Insira os cálculos para a margem de contribuição, unidades de equilíbrio e receitas de equilíbrio que reflitam o novo salário fixo mais a estrutura de comissão.
6. Pule duas colunas. Crie uma nova seção rotulada de 'Problema 5'. Crie uma demonstração de resultado da contribuição usando o mesmo formato criado para o 'Problema 2'. Insira os mesmos cálculos como na etapa 3, refletindo o novo salário mais a estrutura de comissão e as 50 mil unidades vendidas.
7. *Verifique a precisão da sua planilha.* Vá para a seção de 'Dados originais' e mude o custo dos sapatos de $ 19,50 para $ 20,00. Se sua planilha foi programada corretamente, as receitas de equilíbrio no 'Problema 1' devem mudar para $ 1 270 588, e o lucro operacional no Problema 5 deve mudar para $ 62 706.

3-40 Análise CVL, lojas de calçados (continuação do 3-39). Veja a parte 3 do 3-39.

Para fazer:

1. Calcule o número de unidades vendidas em que o lucro operacional sob o plano de salário fixo e o plano de salário fixo e comissão mais baixa (apenas para os vendedores) seriam iguais. Acima desse número de unidades vendidas, um plano deveria ser mais rentável que o outro; abaixo desse número, ocorreria o inverso.
2. Compute o lucro operacional, ou perda, sob cada plano na Questão 1 ao nível de vendas de (a) 50 mil unidades e (b) 60 mil unidades.
3. Suponha que o lucro operacional meta seja de $ 168 000. Quantas unidades precisam ser vendidas para alcançar a meta sob (a) o plano do salário fixo e (b) o plano do salário fixo e comissão mais baixa?

3-41 Sensibilidade e inflação (continuação do 3-40). Como presidente da Ande Bem, você está preocupado que a inflação possa afetar a sua lucratividade. Especificamente, você se sente comprometido com o preço de venda de $ 30 e teme que um decréscimo na qualidade dos sapatos, em face do aumento nos custos, não seria uma estratégia sábia. Você espera que o custo dos sapatos aumente 10 por cento durante o próximo ano e está considerando — para evitar o aumento nos custos — fazer um pedido a um grande fornecedor, que não pode ser cancelado, que forneceria 50 mil unidades da qualidade especificada, para cada loja, a $ 19,50 a unidade. (Para simplificar esta análise, suponha que todas as lojas enfrentem demandas idênticas). Esses calçados poderiam ser adquiridos e pagos durante o ano, à medida que forem entregues. Entretanto, todos os sapatos precisam ser entregues às lojas até o final do ano.

Assim como todo comerciante astuto, você prevê alguns riscos. Se as vendas forem de menos de 50 mil unidades, você pensa ser necessária uma remarcação para baixo da mercadoria não vendida, para vender todos os produtos. Você prevê que a média do preço de venda das unidades que sobrarem seria de $ 18,00. Seria paga aos vendedores a comissão regular de 5 por cento.

Para fazer:

1. Suponha que as vendas reais para o ano sejam de 48 mil unidades a $ 30 por unidade, e que você fez um contrato por 50 mil unidades. Qual é o lucro operacional da loja?
2. Se você tivesse a habilidade de prever sem erro, você teria feito um contrato para 48 mil unidades se não 50 mil unidades. Qual seria o lucro operacional se você tivesse feito um pedido de 48 mil unidades?
3. Dadas as vendas reais de 48 mil unidades, em quanto a média de custo por unidade teria que subir para que você tivesse sido indiferente quanto a fazer ou não o contrato de 50 mil unidades?

3-42 Análise CVL, imposto de renda, sensibilidade. (Adaptado do CMA) A Empresa Almo fabrica e vende toldos que são conectados a *trailers* e *trailers* motorizados. Para o orçamento de 2004, a Almo estima o seguinte:

Preço de venda	$	400
Custo variável por toldo	$	200
Custos fixos anuais	$	100 000
Lucro líquido	$	240 000
Alíquota tributária		40%

As demonstrações financeiras de maio registravam que as vendas não estavam satisfazendo as expectativas. Nos cinco primeiros meses do ano, haviam sido vendidas apenas 350 unidades no preço estabelecido, com os custos variáveis como planejado, e estava claro que a projeção do lucro líquido para 2004 não seria alcançada, a menos que fossem tomadas algumas medidas. Um comitê administrativo apresentou as seguintes alternativas mutuamente exclusivas para o presidente.

a. Reduzir o preço de venda em $ 40. A organização de vendas prevê que a esse preço, significativamente reduzido, poderão ser vendidas 2 700 unidades durante o restante do ano. O total de custos unitários fixos e variáveis permanecerá como o orçado.
b. Abaixar o custo variável por unidade em $ 10 mediante uso de materiais diretos menos caros e modificar ligeiramente as técnicas de produção. O preço de venda também será reduzido em $ 30 e são esperadas vendas de 2 200 unidades para o restante do ano.
c. Reduzir os custos fixos em $ 10 000 e abaixar o preço em 5 por cento. O custo unitário variável não será alterado. São esperadas vendas de duas mil unidades para o restante do ano.

Para fazer:

1. Se não forem feitas mudanças no preço de venda ou na estrutura de custo, determine o número de unidades que a Empresa Almo precisa vender para (a) atingir o equilíbrio e (b) alcançar o seu objetivo de lucro líquido.
2. Determine qual alternativa a Almo deveria selecionar para alcançar o seu objetivo de lucro líquido. Mostre os seus cálculos.

3-43 Escolha entre os planos de remuneração, alavancagem operacional. (Adaptado do CMA) A Corporação Máster produz produtos farmacêuticos vendidos por meio de uma rede de agentes de vendas. Os agentes recebem uma comissão de 18 por cento das receitas. A demonstração de resultado para o ano findo em 31 de dezembro de 2002 é a seguinte:

Corporação Máster
Demonstração de resultados
para o ano findo em 31 de dezembro de 2002

Receitas		$ 26 000 000
Custo dos produtos vendidos		
Variáveis	$ 11 700 000	
Fixos	2 870 000	14 570 000
Margem bruta		11 430 000
Custos de marketing		
Comissões	4 680 000	
Custos fixos	3 420 000	8 100 000
Lucro operacional		$ 3 330 000

A Máster está considerando empregar o seu próprio pessoal de venda para substituir a rede de agentes de vendas. A Máster pagaria uma comissão de 10 por cento das receitas aos seus vendedores e incorreria custos fixos adicionais de $ 2 080 000.

Para fazer:

1. Calcule o ponto de equilíbrio da Corporação Máster em receitas para 2002.
2. Calcule o ponto de equilíbrio da Corporação Máster em receitas para 2002 se a empresa tivesse empregado sua própria força de trabalho em 2002 para substituir a rede de agentes de vendas.
3. Calcule o grau de alavancagem operacional em receitas de $ 26 000 000 se (a) a Máster usasse os agentes de vendas e (b) se ela empregasse o seu próprio pessoal de vendas. Descreva as vantagens e desvantagens de cada alternativa.
4. Se a Máster tivesse empregado o seu próprio pessoal de vendas e aumentado a comissão paga a eles em 15 por cento, mantendo todos os outros modelos de comportamento dos custos iguais, quanta receita ela teria de gerar para obter o mesmo lucro operacional de 2002?

3-44 *Mix* de vendas, três produtos. A Empresa Rolando tem três linhas de produtos de cintos: A, B e C com uma margem de contribuição de $ 3, $ 2 e $ 1, respectivamente. O presidente da empresa prevê vendas de 200 mil unidades no período vindouro, consistindo de 20 mil unidades de A, 100 mil unidades de B e 80 mil unidades de C. Os custos fixos da empresa para o período são de $ 255 000.

Para fazer:

1. Qual é o ponto de equilíbrio em unidades para a empresa, supondo que o *mix* de vendas dado seja mantido?
2. Se o *mix* de vendas for mantido, qual é o total da margem de contribuição quando vendidas 200 mil unidades? Qual é o lucro operacional?
3. Qual seria o lucro operacional se vendidas 20 mil unidades de A, 80 mil unidades de B e 100 mil unidades de C? Qual é o novo ponto de equilíbrio em unidades se esses relacionamentos persistirem no próximo período?

3-45 Equilíbrio de produtos múltiplos, tomada de decisão. A Corporação Advento fabrica e vende um único produto — uma cadeira de carro para bebês chamada Pluma — a um preço de $ 50. Os custos variáveis são iguais a $ 20 por cadeira. Os custos fixos são de $ 495 000. A Advento produz a Pluma após o recebimento de pedidos de seus clientes. Em 2003, ela vendeu 30 mil unidades da Pluma. Um dos clientes da Advento, a Corporação Gama, perguntou se em 2004 a Advento iria fabricar um estilo diferente de cadeira para carro, chamada Passeio. A Gama pagará $ 25 por cada unidade da Passeio. Os custos variáveis da Passeio são estimados em $ 15 por cadeira. A Advento tem capacidade suficiente para fabricar todas as unidades da Pluma que ela pode vender, assim como as unidades da Passeio que a Gama quer, e, conseqüentemente, não incorrerá custos fixos adicionais. A Advento estima que em 2004 ela venderá 30 mil unidades da Pluma (presumindo o mesmo preço e custos variáveis em 2003) e 20 mil unidades da Passeio.

André Marques, presidente da Advento, checou o efeito de aceitar o pedido da Gama nas receitas de equilíbrio em 2004. Usando o *mix* de vendas planejado para 2004, ele ficou surpreso ao descobrir que as receitas necessárias para atingir o equilíbrio pareciam ter aumentado. Ele não tinha certeza se esses números estavam corretos, mas se estivessem, ele estava inclinado a rejeitar a oferta da Gama. André pediu a sua opinião.

Para fazer:

1. Calcule o ponto de equilíbrio em unidades e receitas para 2003.
2. Calcule o ponto de equilíbrio em unidades e receitas para 2004 no *mix* de vendas planejado.
3. Explique por que o ponto de equilíbrio em receitas calculado nas Questões 1 e 2 é diferente.
4. André deveria aceitar a oferta da Gama? Forneça cálculos de apoio.

3-46 *Mix* **de vendas, dois produtos**. A Companhia Gomes vende dois produtos, uma versão padrão e uma versão luxo de carrinhos para malas. A demonstração de resultado orçada para o próximo período é a seguinte:

	Padrão	De Luxo	Total
Unidades vendidas	150 000	50 000	200 000
Receitas a $ 20 e $ 30 por unidade	$ 3 000 000	$ 1 500 000	$ 4 500 000
Custos unitários variáveis a $ 14 e $ 18 por unidade	2 100 000	900 000	3 000 000
Margem unitária de contribuição a $ 6 e $ 12 por unidade	$ 900 000	$ 600 000	$ 1 500 000
Custos fixos			1 200 000
Lucro operacional			$ 300 000

Para fazer:

1. Calcule o ponto de equilíbrio em unidades, presumindo que o *mix* de vendas planejado seja alcançado.
2. Calcule o ponto de equilíbrio em unidades (a) se forem vendidos apenas os carrinhos padrão e (b) se forem vendidos apenas os carrinhos de luxo.
3. Suponha que tenham sido vendidas 200 mil unidades, mas apenas 20 mil delas são de luxo. Calcule o lucro operacional. Calcule o ponto de equilíbrio em unidades. Compare sua resposta com a resposta na Questão 1. Qual a principal lição deste problema?

3-47 Análise CVL sob a incerteza. (Anexo do capítulo, adaptado de R. Jaedicke e A. Robichek) A Empresa Jaro está considerando duas novas cores para seus guarda-chuvas: verde-esmeralda e rosa-choque. Ambos podem ser produzidos usando as instalações atuais. Cada produto requer um aumento nos custos fixos anuais de $ 400 000. Os produtos têm o mesmo preço de venda de $ 10 e o mesmo custo unitário variável de $ 8.

A administração, depois de estudar experiência passada com produtos similares, preparou a seguinte distribuição de probabilidade:

	Probabilidade para	
Evento (unidades demandadas)	Guarda-chuva verde-esmeralda	Guarda-chuva rosa-choque
50 000	0,0	0,1
100 000	0,1	0,1
200 000	0,2	0,1
300 000	0,4	0,2
400 000	0,2	0,4
500 000	0,1	0,1
	1,0	1,0

Para fazer:

1. Qual é o ponto de equilíbrio em unidades para cada produto?
2. Qual produto deveria ser escolhido, presumindo que o objetivo seja maximizar o lucro operacional esperado? Por quê? Mostre seus cálculos.
3. Suponha que a administração esteja absolutamente certa de que serão vendidas 300 mil unidades do guarda-chuva rosa-choque, mas ainda não tem muita certeza sobre a demanda para o guarda-chuva verde-esmeralda, como mostra o problema. Qual produto deveria ser escolhido? Por quê? Quais os benefícios disponíveis para a administração em ter a distribuição completa da probabilidade em vez de apenas o valor esperado?

3-48 Ética, análise CVL. A Corporação Alan produz um estojo moldado de plástico, LX201, para computadores. Os dados resumidos de demonstração de resultado de 2003 são os seguintes:

Receitas	$ 5 000 000
Custo variáveis	3 000 000
Custos fixos	2 160 000
Lucro operacional	$ (160 000)

Jane Lopes, presidente da Alan, está muito preocupada com a medíocre rentabilidade da empresa. Ela pediu a Maximo Lemondo, gerente de produção, e a Luis Oliveira, *controller*, para ver se havia meios de reduzir os custos.

Depois de duas semanas, Maximo retornou com uma proposta de reduzir os custos variáveis para 52 por cento da receita, reduzindo os custos que a Alan atualmente incorre com a remoção segura da sucata de plástico. Luis está preocupado se essa atitude não exporia a empresa às potenciais responsabilidades ambientais. Ele diz a Maximo: "Precisaríamos estimar alguns desses custos ambientais potenciais e inclui-los em nossa análise". "Você não pode fazer isso", responde Maximo. "Nós não estamos violando nenhuma lei. Há a possibilidade de que tenhamos de incorrer custos ambientais no futuro, mas se trouxermos isto à tona agora, a proposta não será aceita porque a gerência sênior sempre supõe que esses custos são mais altos do que eles realmente acabam sendo. O mercado está muito difícil, e corremos o risco de ter que fechar a empresa. Não queremos que nossos companheiros percam seus empregos. O único motivo de os nossos concorrentes estarem fazendo dinheiro é porque eles estão fazendo exatamente o que estou propondo."

Para fazer:
1. Calcule o equilíbrio em receitas da Alan para 2003.
2. Calcule o equilíbrio em receitas da Alan se os custos forem 52 por cento das receitas.
3. Calcule o lucro operacional da Alan em 2003 se os custos variáveis tivessem sido 52 por cento da receita.
4. Observando os comentários de Maximo Lemondo, o que Luis Oliveira deveria fazer?

PROBLEMA PARA APRENDIZAGEM EM GRUPO

3-49 Decidindo onde produzir. (Adaptado do CMA) A Divisão PTO produz as mesmas unidades de decolagem com potência em duas fábricas: uma nova fábrica em Palmas e uma mais antiga em Molina. A Divisão PTO espera produzir e vender 192 mil unidades de decolagem com potência durante o próximo ano. Os dados seguintes estão disponíveis para as duas fábricas.

	Palmas	Molina
Preço de venda	$ 150 000	$ 150 000
Custo unitário variável de fabricação	$ 72,00	$ 88,00
Custo unitário fixo de fabricação	30,00	15,00
Custo unitário variável de marketing e distribuição	14,00	14,00
Custo unitário fixo de marketing e distribuição	19,00	14,50
Total de custo por unidade	135,00	131,50
Lucro unitário operacional	$ 15,00	$ 18,50
Taxa de produção por dia	400 unidades	320 unidades

Todos os custos unitários fixos são calculados com base em um ano normal consistindo em 240 dias trabalhados. Quando o número de dias trabalhados excede 240, os custos variáveis de produção aumentam em $ 3,00 por unidade em Palmas e $ 8,00 por unidade em Molina. A capacidade para cada fábrica é de 300 dias trabalhados por ano.

Desejando aproveitar o lucro unitário operacional mais alto em Molina, o gerente de produção da PTO decidiu produzir 96 mil unidades em cada fábrica. O resultado desse plano de produção foi o de que a fábrica em Molina operou na capacidade (320 unidades por dia × 300 dias) e a de Palmas operou no seu volume normal (400 unidades por dia × 240 dias).

Para fazer:
1. Calcule o ponto de equilíbrio em unidades para as fábricas de Palmas e Molina.
2. Calcule o lucro operacional que poderia resultar do plano do gerente de produção em produzir 96 mil unidades em cada fábrica.
3. Determine como a produção de 192 mil unidades seria alocada entre as fábricas de Palmas e Molina para maximizar o lucro operacional da Divisão PTO. Mostre seus cálculos.

capítulo 4

Custeio por ordem de produção

Objetivos de aprendizagem

1. Descrever os conceitos de blocos de construção dos sistemas de custeio
2. Distinguir o custeio por ordem de produção do custeio por processo
3. Delinear a abordagem de sete etapas para o custeio por ordem de produção
4. Distinguir custeio real de custeio normal
5. Rastrear o fluxo de custos em um sistema de custeio por ordem de produção
6. Contabilizar os custos indiretos alocados a maior ou a menor para o final do período usando métodos alternativos
7. Aplicar as variações do custeio normal

Quanto custa para a DaimlerChrysler fabricar um PT Cruiser? Quanto custa para a PriceWaterhouseCoopers tabular os resultados da votação do Oscar? Quanto custa para o Wal-Mart vender produtos diferentes em seu site na Web? Quanto custa para a Dell Computer montar e vender o seu mais novo modelo de computador laptop? Os administradores fazem esse tipo de pergunta por muitos motivos, incluindo o desenvolvimento de estratégias, tomando as decisões de preço e gestão de custos, e satisfazendo exigências de relatórios externos. Cada uma dessas questões se relaciona a um 'serviço', com custos específicos associados à conclusão do trabalho para fazer o serviço específico.

A Dell produz muitos modelos e tipos de computador, dos menos caros, da linha de laptop Inspiration, aos mais caros, da série Dimension de computadores de mesa; mas não sem antes receber os pedidos de clientes especificando as características desejadas. Cada computador consiste dos componentes de *hardware*, como as placas de circuitos, processador, *chips* de memória e instrumentos de armazenagem secundários que atenderão às características especificadas pelo cliente. Cada item de *hardware* tem um custo associado. Há também os salários pagos aos operários que montam cada computador. Os custos de *hardware* e mão-de-obra são considerados custos diretos relacionados à montagem de um computador específico para satisfazer o pedido do cliente. Há também custos indiretos, como os de energia e iluminação da fábrica. A Dell considera cada pedido de computador um serviço separado, e rastreia os custos para cada pedido. A contabilidade ajuda os administradores da Dell a responderem questões relacionadas à rentabilidade do período atual, assim como a desenvolverem direções estratégicas futuras.

Para começar a explorar os detalhes dos sistemas de custeio, você verá que é útil ter em mente esses quatro pontos.

1. *A abordagem de custo-benefício que discutimos no Capítulo 1 é essencial para o desenvolvimento e escolha dos sistemas de custeio.* Os custos de um sistema de custeio complexo, incluindo os custos para educar os administradores e outras pessoas a usarem-nos, podem ser altos. Os administradores deveriam instalar um sistema mais complexo apenas se acreditarem que seus benefícios adicionais — como tomar decisões mais bem informadas — compensarão os custos adicionais.
2. *Os sistemas de custeio devem ser elaborados para as operações básicas; as operações não devem ser elaboradas para se ajustarem aos sistemas de custeio.* É provável que qualquer mudança significativa nas operações justifique outra correspondente no sistema de custeio. A elaboração do melhor sistema começa com um estudo sobre como as operações são conduzidas e, em seguida, com a determinação, a partir desse estudo, de quais informações coletar e relatar.
3. *Sistemas de custeio acumulam os custos para facilitar as decisões.* Por não ser sempre possível prever as decisões específicas que serão tomadas, os sistemas de custeio são elaborados para satisfazer as necessidades gerais dos administradores. Neste capítulo, focaremos as decisões a respeito do custeio do produto dando mais atenção à parte do sistema de custeio que tem por objetivo relatar os números de custos que indicam o modo pelo qual os objetos de custos específicos — como os produtos ou serviços — usam os recursos de uma organização. Os administradores utilizam as informações do custeio do produto para as tomadas de decisão e estratégia, para planejamento e controle, para a gestão de custos e para a valorização do estoque.
4. *Os sistemas de custeio são apenas uma fonte de informação para os administradores.* Quando estão tomando decisões, os administradores combinam as informações sobre custos com outras informações que não são de custos, como a observação pessoal das operações e as medidas de desempenho não-financeiras, como tempos de *set-ups*, taxas de absenteísmo e número de reclamações dos clientes.

CONCEITOS DE BLOCOS DE CONSTRUÇÃO DOS SISTEMAS DE CUSTEIO

Vamos rever alguns termos discutidos no Capítulo 2 que usaremos agora para introduzir os sistemas de custeio:

- *Objeto de custo* — qualquer coisa para a qual a medida de custos é desejada; um exemplo é um produto, como um computador iMac, ou um serviço, como o custo para consertar um computador iMac.
- *Custos diretos de um objeto de custo* — custos relacionados a um objeto de custo específico que possam ser apropriados para aquele objeto de custo de maneira economicamente viável (de custo eficaz).
- *Custos indiretos de um objeto de custo* — custos relacionados a um objeto de custo específico que não possam ser apropriados para aquele objeto de custo de maneira economicamente viável (de custo eficaz). Os custos indiretos são apropriados ao objeto de custo usando um método de apropriação de custos.

Atribuição de custos é um termo genérico para atribuir custos, sejam diretos, sejam indiretos, para um objeto de custo. Rastreamento de custos é um termo específico para atribuir custos; alocação de custos é uma referência específica à atribuição de custos indiretos. O relacionamento entre esses três conceitos pode ser graficamente representado como

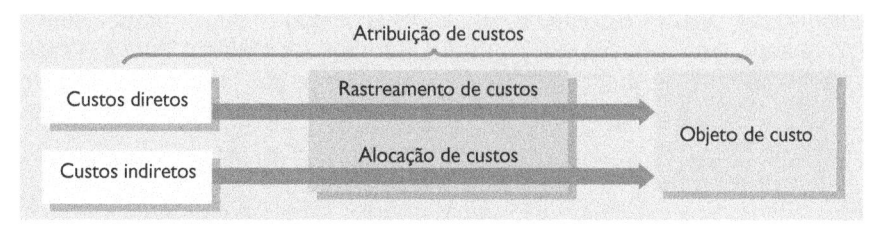

Para tratar devidamente dos sistemas de custeio, precisamos introduzir e explicar mais dois termos:

- *Grupos de custos*. Um **grupo de custos** é o agrupamento de itens de custos individuais. Os grupos de custos variam de amplos, como todos os custos de fabricação, para mais específicos, como os custos de operação das máquinas de corte de metal.
- *Base de alocação de custos*. Como uma empresa deve alocar os custos de operação das máquinas de corte de metal, coletados em um único grupo de custos, entre diferentes produtos? Uma maneira seria alocar os custos com base no número de horas-máquina usadas para produzir diferentes produtos. A **base de alocação dos custos** (no nosso exemplo, o número de horas-máquina) é um fator que relaciona, de maneira sistemática, um custo indireto ou um grupo de custos indiretos (no nosso exemplo, custos operacionais de todas as máquinas de corte de metal) ao objeto de custo (no nosso exemplo, produtos diferentes). As empresas geralmente usam o direcionador dos custos indiretos (número de horas-máquina) como base de alocação dos custos devido à relação de causa e efeito entre as mudanças no nível do direcionador de custo e as mudanças nos custos indiretos. Uma base de alocação pode ser financeira (como os custos da mão-de-obra direta) ou não-financeira (como o número de horas-máquina). Quando o objeto de custo é um serviço, produto ou cliente, a base de alocação também é chamada de **base de aplicação dos custos**.

Os conceitos, representados por esses cinco termos, constituem os blocos de construção que iremos usar para elaborar os sistemas de custeio descritos neste capítulo.

DOIS OBJETOS DE CUSTO IMPORTANTES: PRODUTOS E DEPARTAMENTOS

Os custos são registrados em um sistema contábil para orientar os gerentes a tomar decisões. Os objetos de custo são escolhidos para ajudar a tomar essas decisões. Um objeto de custo importante de um sistema contábil é o *produto*. Outro objeto de custo importante é o *centro de responsabilidade*, que é parte, segmento ou subunidade de uma organização cujos gerentes são responsáveis por atividades especificadas. Os exemplos dos centros de responsabilidade são os departamentos, grupos de departamentos, divisões ou territórios geográficos.

O centro de responsabilidade mais comum é o departamento. A identificação dos custos do departamento ajuda os gerentes a controlar os custos pelos quais eles são responsáveis. Ela também possibilita aos gerentes seniores avaliar o desempenho de seus subordinados e o desempenho das subunidades como investimentos econômicos. Nas empresas industriais, os custos do departamento de produção incluem todos os relativos a materiais, mão-de-obra de fabricação, supervisão, engenharia, produção e controle da qualidade.

Você deveria estar ciente de que os custos de supervisão, engenharia e controle de qualidade, considerados custos indiretos (ou custos de gastos gerais), quando custeando serviços individuais são considerados custos diretos do departamento de produção. O motivo é que esses custos são difíceis de rastrear de maneira economicamente viável para as ordens de serviços individuais dentro do departamento de produção, mas são facilmente identificados como departamento em si.

SISTEMA DE CUSTEIO POR ORDEM DE PRODUÇÃO E CUSTEIO POR PROCESSO

Para atribuir custos a produtos ou serviços são usados dois tipos de sistema de custeio:

- **Sistema de custeio por ordem de serviço**. Neste sistema, o objeto de custo é uma unidade ou unidades múltiplas de um produto ou serviço *distinto* chamado *serviço*. O produto ou serviço é freqüentemente uma unidade única, como uma máquina especial feita pela Hitachi, um projeto de construção administrado pela Bechtel Corporation, um serviço de conserto feito em um Audi Service Center ou uma campanha publicitária produzida pela Saatchi & Saatchi. Cada máquina especial feita pela Hitachi é única. Uma campanha publicitária para um cliente da Saatchi & Saatchi é bastante diferente das campanhas publicitárias para os outros clientes. O custeio por ordem de serviço também é usado para custear unidades múltiplas de um produto distinto, como os custos incorridos pela Raytheon Corporation para fabricar múltiplas unidades do míssil Patriot para o Departamento de Defesa dos Estados Unidos. Pelo fato de os produtos e serviços serem distintos, os sistemas de custeio por ordem de serviço acumulam separadamente os custos de cada produto ou serviço.
- **Sistema de custeio por processo**. Neste sistema, o objeto de custo é massa de unidade de um produto ou serviço *idêntico ou similar*. Por exemplo, o Citibank fornece o mesmo serviço para todos os seus clientes no processamento de depósitos. A Intel fornece o mesmo produto (digamos, um *chip* de Pentium 4) para cada um de seus clientes. Os clientes da General Chemicals recebem, todos, o mesmo produto (digamos, soda calcinada). Em cada período, os sistemas de custeio por processo dividem os custos totais de produção de um produto/serviço idêntico ou similar pelo total de unidades produzidas para obter um custo por unidade. O custo unitário é o custo médio que se aplica a cada uma das unidades idênticas ou similares produzidas.

O Quadro 4.1 apresenta exemplos de custeio por ordem de serviço e de custeio por processo nos setores de serviço, comercial e industrial.

Quadro 4.1 Exemplos de custeio por ordem de serviço e custeio por processo nos setores de serviço, comercial e industrial.

	Setor de serviço	Setor comercial	Setor industrial
Uso de custeio por ordem	• Auditoria • Empresas de consultoria • Campanhas das agências de publicidade • Casos jurídicos	• Envio de itens de pedido especial pelo correio • Promoção especial de novos produtos na loja	• Montagem de aviões • Construção de casas
Uso de custeio por processo	• Compensação de cheques bancários • Entrega pelo correio (itens-padrão)	• Comércio de grãos • Comércio de madeira	• Refinaria de óleo • Produção de bebidas

Esses dois tipos de sistemas de custeio são considerados lados opostos de um *continuum*; entre eles, um tipo de sistema pode mesclar-se ao outro até certo ponto.

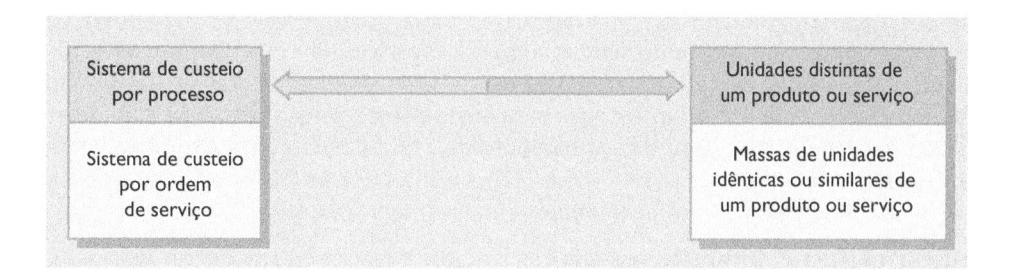

```
Sistema de custeio         ←——————→        Unidades distintas de
   por processo                              um produto ou serviço

Sistema de custeio                          Massas de unidades
   por ordem                                idênticas ou similares de
   de serviço                               um produto ou serviço
```

Muitas empresas têm sistemas de custeio que não são puramente custeio por ordem de serviço nem por processo, mas que têm elementos de ambos. Por exemplo, a Kellog Corporation usa o custeio por ordem de serviço para calcular o custo total de fabricação de cada um dos seus diferentes tipos de produtos — como Cornflakes, Crispix e Froot Loops —, mas usa o custeio por processo para calcular o custo unitário de cada caixa de, digamos, Cornflakes. Neste capítulo, abordaremos os sistemas de custeio por ordem de serviço.

CUSTEIO POR ORDEM DE SERVIÇO NA INDÚSTRIA

Ilustramos o custeio por ordem de serviço usando a Robinson Company, que opera com capacidade plena na fabricação e instalação de máquinas especializadas para a indústria de papel, na sua fábrica em Green Bay, Wisconsin. No custeio por ordem de serviço, a Robinson acumula custos incorridos no serviço (a fabricação e instalação de cada máquina) em fases diferentes da cadeia de valores — por exemplo, fabricação, marketing e atendimento ao cliente. Para começar, abordaremos as funções de fabricação e instalação da Robinson. Para fazer uma máquina, a Robinson compra alguns componentes de fornecedores externos e outros ela mesma fabrica. Cada uma das ordens da Robinson tem um elemento: instalar uma máquina no local do cliente, integrá-la com as outras máquinas e processos em operação e certificar-se de que ela funciona de acordo com as expectativas do cliente. Nosso exemplo transpõe as operações de fabricação e de serviço.

O serviço específico que iremos abordar é o da produção e instalação de uma pequena máquina de polpa, que converte madeira em polpa, para a Western Pulp and Paper Company, em 2003. Baseada na estimativa de custos, a Robinson precifica a ordem em $ 15 000. O conhecimento sobre os seus custos ajuda a Robinson a selecionar o preço em que obterá lucro, bem como a fazer estimativas dos custos de encomendas futuras.

Considere o sistema de *custeio atual* da Robinson que usa *custos reais* para determinar o custo de ordens individuais. **Custeio real** é um método de custeio que rastreia os custos diretos para um objeto de custo usando as taxas reais de custos diretos vezes a quantidade real de recursos diretos. Ele aloca os custos indiretos baseado nas suas taxas reais vezes a quantidade real de bases de alocação de custos. A próxima seção descreve os cálculos das taxas de custos diretos e indiretos e custos reais.

ABORDAGEM GERAL AO CUSTEIO POR ORDEM

Há sete etapas na atribuição de custos para uma ordem individual. Este procedimento de sete etapas aplica-se igualmente à atribuição de custos a uma ordem nos setores de produção, comercialização e serviços.

Etapa 1. Identificar a ordem realizada com o objeto de custo escolhido. O objeto de custo, no exemplo da Robinson Company, é o serviço nº WPP 298, de fabricação de uma máquina de polpa para a Western Pulp and Paper Company, em 2003.

Etapa 2. Identificar os custos diretos da ordem. A Robinson identifica duas categorias de custos diretos de fabricação: materiais diretos e mão-de-obra direta. Os custos dos materiais diretos para a ordem WPP 298 são de $ 4 606; os custos de mão-de-obra direta de fabricação são de $ 1 579. Os custos dos materiais diretos são calculados multiplicando-se a quantidade de cada material usado para o serviço WPP 298 pelo seu custo unitário (a taxa de custo direto) mais a soma dos custos de todos os materiais. Similarmente, os custos de mão-de-obra direta são calculados multiplicando as horas trabalhadas por cada operário no serviço WPP 298 pela taxa salarial dele/dela e somando esses custos.

Etapa 3. Selecionar as bases de alocação de custos a serem usadas para alocar os custos indiretos à ordem. Os custos indiretos de fabricação são necessários para fazer uma ordem que não pode ser rastreada para outra específica. Seria impossível completar uma ordem sem incorrer em custos indiretos, como supervisão, engenharia de produção, instalação e manutenção. Pelo fato de esses custos não poderem ser rastreados para uma ordem específica, eles precisam ser alocados para todas as ordens, mas não de maneira coletiva. Ordens diferentes exigem quantidades diferentes de recursos indiretos. O objetivo é alocar os custos dos recursos indiretos de maneira sistemática para as ordens relacionadas.

As empresas geralmente usam bases múltiplas de alocação de custos para alocar os indiretos (veja 'Pesquisas de Práticas Empresariais', a seguir). A Robinson, no entanto, escolhe as horas de mão-de-obra direta como base única de alocação para ligar todos os custos indiretos de fabricação para os serviços. Por quê? Porque a Robinson acredita que o número de horas de mão-de-obra direta é uma medida de como as ordens individuais usam todos os recursos dos custos indiretos de fabricação, como os salários pagos para supervisores, engenheiros, pessoal de apoio à produção e pessoal da gestão da qualidade. Há um forte relacionamento de causa e efeito entre as horas de mão-de-obra diretas requeridas por uma ordem individual — a causa — e os recursos indiretos de fabricação demandados pelo serviço — o efeito. Em 2003, a Robinson registra 27 mil horas reais de mão-de-obra direta.

Etapa 4. Identificar os custos indiretos associados a cada base de alocação de custos. Como a Robinson acredita que uma base única de alocação de custos — horas de mão-de-obra direta — pode ser usada para alocar os custos indiretos de fabricação aos produtos, ela cria um grupo de custo único chamado de *custos*

PESQUISAS DE PRÁTICAS EMPRESARIAIS

Bases de alocação de custos usadas para os custos indiretos de fabricação

Como as empresas no mundo todo alocam os custos indiretos de fabricação aos produtos? As porcentagens na tabela seguinte indicam com que freqüência bases de alocação de custos específicas são usadas nos sistemas de custeio em cinco países. As porcentagens registradas para cada país excedem 100 por cento porque muitas empresas estudadas usam mais de uma base de alocação de custos.

	Estados Unidos[a]	Austrália[b]	Irlanda[c,d]	Japão[b]	Reino Unido[b]
Horas de mão-de-obra direta	31%	36%	38%	50%	31%
Valor da mão-de-obra direta	31	21	13	7	29
Horas-máquina	12	19	22	12	27
Valor dos materiais diretos	4	12	7	11	17
Unidades de produção	5	20	28	16	22
Custos primários (%)	—	1	—	21	10
Outros	17	—	21	—	—

Pesquisas[e] indicam que à medida que as empresas começam a identificar os critérios de custos dos custos indiretos de fabricação, como horas de ajustamentos e de inspeção, mais dos custos indiretos de fabricação são alocados aos produtos usando medidas além das horas de mão-de-obra direta e horas-máquina.

a. Adaptado de Cohen e Paquette, *Management Accounting*.
b. Blayney e Yokoyama, *Comparative Analysis*.
c. Clarke, *A Survey of*.
d. Clarke e Brislane, *An Investigation into*.
e. T. Groot, *Activity-Based Costing*.

indiretos de fabricação. Esse grupo representa os custos indiretos do departamento de produção de Green Bay, difíceis de rastrear diretamente às ordens individuais. Em 2003, o total de custos indiretos reais de fabricação é de $ 1 215 000.

Etapa 5. **Calcule a taxa por unidade de cada base de alocação de custos usada para alocar os custos indiretos às ordens**. Para cada grupo de custos, a **taxa de custos indiretos** é calculada dividindo-se o total de custos indiretos no grupo (determinado na Etapa 4) pela quantidade total da base de alocação de custos (determinada na Etapa 3). A Robinson calcula a taxa de alocação para o seu único grupo de custos indiretos de fabricação da seguinte maneira:

$$\text{Taxa real de custos indiretos} = \frac{\text{Total de custos reais no grupo de custos indiretos}}{\text{Quantidade total real da base de alocação de custos}}$$

$$= \frac{\$ 1\ 215\ 000}{27\ 000 \text{ horas de mão-de-obra direta de fabricação}}$$

$$= \$ 45 \text{ por hora de mão-de-obra direta de fabricação}$$

Etapa 6. **Calcule os custos indiretos alocados à ordem**. Os custos indiretos de uma ordem são calculados multiplicando-se a quantidade real de cada base diferente de alocação de custos (uma base de alocação para cada grupo de custo), associada à ordem pela taxa de custos indiretos de cada base de alocação (calculada na Etapa 5). Para fazer a máquina de polpa, a Robinson usa 88 horas de mão-de-obra direta, a base de alocação de custos para o seu único grupo de custos indiretos (tirada do total de 27 mil horas de mão-de-obra direta de fabricação para 2003). Os custos indiretos alocados para a máquina de polpa são iguais a $ 3 960 ($ 45 por hora de mão-de-obra direta de produção × 88 horas).

Etapa 7. **Calcule o custo total da encomenda somando todos os custos diretos e indiretos atribuídos à ordem**. O custo da ordem da Western Pulp é de $ 10 145.

Custos diretos de fabricação		
Materiais diretos	$ 4 606	
Mão-de-obra direta de fabricação	1 579	$ 6 185
Custos indiretos de fabricação		
($ 45 por hora de mão-de-obra direta de fabricação × 88 horas)		3 960
Total de custos de fabricação da ordem		$ 10 145

Lembre-se, a Robinson recebeu $ 15 000 pela encomenda. Com essa receita, o sistema de custeio real mostra uma margem bruta de $ 4 855 ($ 15 000 − $ 10 145) e uma porcentagem da margem bruta de 32,4 por cento ($ 4 855 ÷ $ 15 000 = 0,324).

A Robinson pode usar os cálculos da margem bruta e da porcentagem de margem bruta para comparar a rentabilidade dos serviços e o motivo de algumas ordens mostrarem baixa rentabilidade: Teriam os materiais diretos sido desperdiçados? A mão-de-obra direta de produção é muito alta? Haveria meios de melhorar a eficácia desses serviços? Ou teriam esses serviços simplesmente sido precificados a menor? A análise do custeio por serviço fornece as informações necessárias para julgar o desempenho e fazer melhorias futuras. (O 'Conceitos em Ação' descreve a precificação e os ganhos de eficiência com o custeio por ordem na Colorscope, um laboratório fotográfico de efeitos especiais.)

O Quadro 4.2 é uma visão geral do sistema de custeio por ordem da Robinson Company. Ele representa os conceitos contidos nos cinco blocos de construção — *objeto de custo, custos diretos de um objeto de custo, custos indiretos de um objeto de custo, grupo de custos indiretos* e *base de alocação dos custos* — dos sistemas de custeio de serviço. As visões gerais do sistema de custeio, como a do Quadro 4.2, são ferramentas importantes no aprendizado. Recomendamos que você faça um esboço das visões gerais quando precisar entender um sistema de custeio nas empresas industriais, comerciais ou de serviços. (Os símbolos no Quadro 4.2 são usados consistentemente nas visões gerais dos sistemas de custeio apresentadas neste livro. Por exemplo, um triângulo sempre identifica um custo direto; um retângulo, o grupo de custos indiretos; um octógono, a base de alocação dos custos.) Observe o paralelo entre o diagrama do Quadro e o custo da máquina de polpa descrito na Etapa 7. O Quadro 4.2 mostra duas categorias de custos diretos (materiais diretos e mão-de-obra direta de fabricação) e uma categoria de custos indiretos (de fabricação) usadas para alocá-los. Os custos na Etapa 7 também têm quantias de três valores monetários, cada um deles correspondendo respectivamente às duas categorias de custos diretos e a uma de custos indiretos.

DOCUMENTOS DE REGISTRO

Os gerentes e contadores da Robinson agrupam informações que vão aos seus sistemas de custeio por meio de *documentos de registro*. O **documento** é um registro original (como um cartão de ponto em que as horas de trabalho de um funcionário são registradas) que apóia os lançamentos no diário em um sistema contábil. O principal documento de registro em um sistema de custeio por ordem é um **registro do custeio de ordem**, também chamado de **planilha do custeio da ordem**, que registra e acumula todos os custos atribuídos a uma ordem específica ao iniciar o trabalho.

Quadro 4.2 Visão geral do custeio por ordem de produção para determinar os custos de fabricação na Robinson Company.

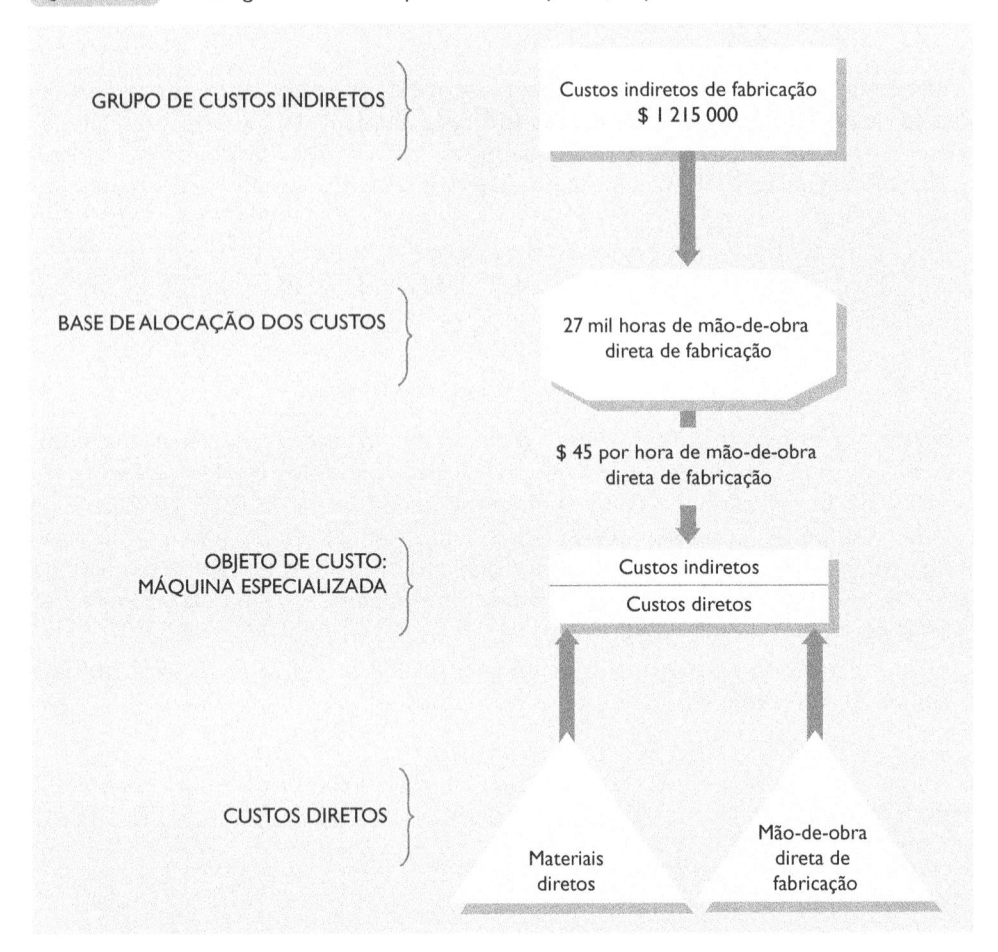

```
GRUPO DE CUSTOS INDIRETOS  ────  Custos indiretos de fabricação
                                        $ 1 215 000
                                            │
                                            ▼
BASE DE ALOCAÇÃO DOS CUSTOS  ──  27 mil horas de mão-de-obra
                                   direta de fabricação
                                            │
                                    $ 45 por hora de mão-de-obra
                                       direta de fabricação
                                            ▼
OBJETO DE CUSTO:             ──  Custos indiretos
MÁQUINA ESPECIALIZADA            ─────────────────
                                 Custos diretos
                                    ▲        ▲
                                    │        │
CUSTOS DIRETOS  ──           Materiais    Mão-de-obra
                             diretos      direta de
                                          fabricação
```

O Quadro 4.3, Painel A, mostra o registro do custeio por ordem para a máquina de polpa pedida pela Western Pulp and Paper Company.

Vários itens individuais em um registro de custeio por ordem também têm documentos de registro. Considere os materiais diretos. Com base nas especificações da engenharia e nos desenhos fornecidos pela Western Pulp, um engenheiro de produção requisita os materiais do depósito. Isto é feito usando-se um documento básico chamado de **registro de requisição de materiais**, que contém informações sobre o custo dos materiais diretos usados em uma ordem e departamento específicos. O Quadro 4.3, Painel B, mostra um registro de requisição de materiais para a Robinson Company. Veja como o registro especifica a ordem para a qual o material foi requisitado (WPP 298), a descrição do material (peça nº MB 468-A, suportes de metal), a quantidade real (8), o custo real por unidade ($ 14) e o custo total real ($ 112). O custo total real de $ 112 também aparece no registro do custeio da ordem. A soma do custo de todas as requisições de materiais nos dá os custos reais dos materiais diretos, de $ 4 606, mostrados no registro do custeio da ordem.

A contabilidade para a mão-de-obra direta de fabricação é similar à contabilidade descrita para os materiais diretos. O documento básico para a mão-de-obra direta é um **registro do tempo de fabricação**, que contém informações sobre o tempo de mão-de-obra usado em uma ordem e departamento específicos. O Quadro 4.3, Painel C, mostra um registro típico da mão-de-obra semanal para um funcionário específico (G. L. Cook). Cada dia, Cook registra o tempo gasto nos serviços individuais (neste caso, WPP 298 e JL 256), bem como o tempo gasto em outras tarefas, como a manutenção de máquinas ou limpeza, não relacionadas a uma ordem específica.

As 25 horas que Cook gasta no serviço WPP 298 aparecem no registro do custeio da ordem, no Painel A, a um custo de $ 450 (25 horas × $ 18 por hora). Similarmente, o registro do custeio da ordem para o JL 256 totalizará um custo de $ 216 (12 horas × $ 18 por hora). As três horas de tempo gastas na manutenção e na limpeza a $ 18 por hora correspondem a $ 54, que fazem parte dos custos indiretos de fabricação porque eles não são rastreados para uma ordem específica. Esse custo indireto é incluído como parte do grupo de custos indiretos de fabricação alocado aos serviços usando horas de mão-de-obra direta de fabricação. O total de custos de mão-de-obra direta de fabricação de $ 1 579 para a máquina de polpa, que aparece no registro do custeio por ordem, no painel A, é a soma de todos os custos de mão-de-obra direta de fabricação cobrada para esse serviço pelos diferentes funcionários.

As empresas dão atenção especial à precisão dos documentos de registro porque a confiabilidade dos registros do custeio por ordem depende da confiabilidade das informações. Ocorrem problemas no que diz respeito à precisão de

Quadro 4.3 Documentos de registro na Robinson Company: registro do custeio por ordem de produção, registro de requisição de materiais e registro do tempo de mão-de-obra.

PAINEL A:

REGISTRO DO CUSTEIO POR ORDEM DE PRODUÇÃO

SERVIÇO Nº: WPP 298   CLIENTE: Western Pulp and Paper
Data inicial: 3 de fevereiro de 2003   Data completada: 28 de fevereiro de 2003

MATERIAIS DIRETOS

Data recebida	Requisição de materiais nº	Peça nº	Quantidade usada	Custo unitário	Total de custos
3/fevereiro/03	2003: 198	MB 468-A	8	$ 14	$ 112
3/fevereiro/03	2003: 199	TB 267-F	12	63	756
					•
					•
Total					$ 4 606

MÃO-DE-OBRA DIRETA DE FABRICAÇÃO

Período coberto	Registro do tempo de mão-de-obra nº	Nº do funcionário	Horas usadas	Taxa por hora	Total de custos
3-9/fevereiro/03	LT 232	551-87-3076	25	$ 18	$ 450
3-9/fevereiro/03	LT 247	287-31-4671	5	19	95
					•
					•
Total					$ 1 579

CUSTOS INDIRETOS DE FABRICAÇÃO*

Data	Categoria do grupo de custos	Base de alocação	Unidades usadas na base de alocação	Taxa da base de alocação	Total de custos
31/dezembro/03	Produção	direta de fabricação Horas de mão-de-obra	88 horas	$ 45	$ 3 960
Total					$ 3 960

TOTAL DO CUSTEIO DE SERVIÇO $ 10 145

PAINEL B:

REGISTRO DE REQUISIÇÃO DE MATERIAIS

Registro de requisição de materiais nº 2003: 198
Serviço nº: WPP 298   Data: 3/fevereiro/03

Peça nº	Peça Descrição	Quantidade	Custo unitário	Custo total
MB 468-A	Metal Brackets	8	$ 14	$ 112

Emitido por: B. Clyde   Data: 3/fevereiro/03
Recebido por: L. Daley   Data: 3/fevereiro/03

PAINEL C:

REGISTRO DO TEMPO DE MÃO-DE-OBRA

Registro do tempo de mão-de-obra nº: LT 232
Nome do funcionário: G. L. Cook   Nº do funcionário: 551-87-3076
Código de classif. do funcionário: Maquinista grau 3
Taxa por hora: $ 18
Semana início: 3/fev./03   Semana final: 9/fev./03

Nº do serviço	S	T	Q	Q	S	S	D	Total
WPP 298	4	8	3	6	4	0	0	25
JL 256	3	0	4	2	3	0	0	12
Manutenção	1	0	1	0	1	0	0	3
Total	8	8	8	8	8	0	0	40

Supervisor: R. Stuart   Data: 10/fev./03

---

* *A Robinson Company usa um único grupo de custos indiretos de fabricação. O uso de múltiplos grupos de custos indiretos significaria entradas múltiplas na seção de "Custos Indiretos de Fabricação" do registro do custeio da ordem.*

---

informações nos documentos de registro, como os números incorretos de ordem atribuídos às entradas de materiais ou de mão-de-obra.

Em muitos sistemas de custeio, os documentos de registro existem apenas na forma de registro eletrônico. O código de barras e outras formas de registro *on-line* de informações reduzem a intervenção humana e possibilitam maior precisão nos registros de materiais e tempo de mão-de-obra usados nas ordens de serviços.

O papel da tecnologia

Para melhorar a eficiência de suas operações, os gerentes usam informações de custeio do produto para controlar os custos de materiais, de mão-de-obra e custos indiretos. A moderna tecnologia da informação fornece aos gerentes informações rápidas e precisas sobre o custeio do produto, que facilitam a administração e o controle dos serviços.

Considere, por exemplo, os materiais diretos utilizados nas ordens com propósito de custeio do produto. Os gerentes controlam esses custos bem antes de os materiais serem usados. Por meio de tecnologias — como a Electronic Data

Conceitos em ação

Precificação e ganhos de eficiência do custeio por ordem de produção na Colorscope

A Colorscope, Inc., é um laboratório fotográfico de efeitos especiais que desenvolve impressos de publicidade para empresas como a Saatchi & Saatchi, J. Walter Thompson, Walt Disney e R. H. Macy. As pressões competitivas e as magras margens de lucro fizeram com que a adequação dos custos fosse crítica nas decisões de precificação. Cada serviço precisa ser estimado individualmente porque o produto final único demanda quantias diferentes de recursos da Colorscope.

Anteriormente, a Colorscope cobrava o mesmo preço para todos os seus serviços. Isso porque, independentemente do resultado final, todos os serviços dos clientes passavam por cinco estágios: preparação do serviço, escaneamento, montagem, revelação do filme e controle da qualidade. No estágio de *preparação do serviço*, o molde é criado por meio do corte e colagem de textos, gráficos e fotografias, especificando o *layout*, a fonte, a cor e o sombreamento. O molde do serviço é em seguida *escaneado* em um computador, onde é *montado* usando arquivos de imagens escaneadas com cor e sombreamento ajustados. Feita a montagem, ela é então transferida e *revelada* em uma folha grande de filme a quatro cores. Ao *controle da qualidade* cabe assegurar que o serviço satisfaça as especificações do cliente plenamente. Se não, ou se os requerimentos do cliente mudaram, o controle da qualidade reinicia o trabalho.

Andrew Cha, Diretor Executivo e fundador da Colorscope, observou grandes diferenças na quantidade de escaneamento de imagens e atividade de processamento exigidos pelos diferentes serviços, assim como situações variadas de retrabalho. Embora os serviços usassem diferentes recursos, era cobrado o mesmo preço (aproximadamente) para todos, levando a Colorscope a perder dinheiro com alguns serviços. Cha concluiu que um sistema de custeio por ordem, medindo os custos baseados nas horas de mão-de-obra gastas em cada operação, dar-lhe-ia informações melhores sobre os custos gastos nos vários serviços. O sistema do custeio por ordem da Colorscope agora rastreia os materiais diretos para os serviços e aloca todos os outros custos (salários, aluguel, depreciação e demais) para as ordens usando uma taxa de custos indiretos por hora de mão-de-obra para cada operação.

Além de rastrear melhor os custos dos serviços específicos, o novo sistema de custeio por ordem da Colorscope proporcionou o benefício adicional de melhorar a eficiência por meio de mudanças no processo. Por exemplo, o sistema de custeio por ordem realçou os recursos significantes que a Colorscope estava gastando no retrabalho. A gerência da Colorscope descobriu que a maioria do retrabalho era causada por escaneamentos ruins que não eram detectados até que o serviço estivesse completado; nesse meio tempo, porém, recursos adicionais significantes já haviam sido gastos. A Colorscope implementou mudanças no processo de escaneamento testando a qualidade imediatamente após ter sido feito. O sistema de custeio por ordem da Colorscope melhorou sua rentabilidade, precificando melhor os serviços e aumentando a eficiência e a qualidade.

Fonte: Colorscope, Inc., Harvard Business School Case Number 9-197-040.

Interchange (EDI) — empresas como a Robinson podem solicitar materiais a seus fornecedores clicando poucas teclas do computador. EDI, um *link* eletrônico entre a empresa e seus fornecedores, possibilita que o pedido seja transmitido com rapidez e precisão com o mínimo de papelada e custos. O *scanner* do código de barras registra o recebimento dos materiais que estão entrando. O computador combina o recebimento com o pedido, imprime um cheque para o fornecedor e registra os materiais recebidos. Quando um operador no piso de produção transmite uma requisição de materiais via terminal, o computador prepara a requisição, registrando instantaneamente a solicitação de materiais no registro de materiais e custeio de ordem. Todos os dias o computador soma os registros de requisição de materiais utilizados numa ordem ou departamento de produção específicos. É preparado então um relatório do desempenho, comparando custos orçados *versus* custos reais dos materiais diretos. O uso dos materiais diretos poderá ser registrado de hora em hora — se houver uma razão econômica para a freqüência do relatório.

Similarmente, as informações sobre a mão-de-obra de fabricação são obtidas à medida que os funcionários entram nos terminais de computador e inserem os números de ordem, seus números funcionais e os tempos de início e finalização dos trabalhos em ordens diferentes. O computador automaticamente imprime o registro do tempo de trabalho e, usando as taxas, por hora, para cada funcionário, calcula os custos da mão-de-obra das ordens individuais. A tecnologia da informação também fornece aos gerentes *feedback* instantâneo para controlar os custos indiretos de fabricação, as ordens em processo e completadas, e as encomendas enviadas e instaladas no estabelecimento do cliente.

Período de tempo usado para calcular as taxas de custos indiretos

A Robinson Company calcula as taxas de custos indiretos na Etapa 5 numa base anual. Por que a Robinson espera até o final do ano para calcular as taxas dos custos indiretos? Por que a Robinson não pode calculá-las semanalmente ou mensalmente? Usando as taxas semanais ou mensais, a Robinson conseguiria calcular os custos reais das ordens muito antes e não teria de esperar até o final do ano. Há dois motivos para usar períodos de tempo mais longos para calcular as taxas dos custos indiretos, um relacionado à quantia em valores monetários no numerador e outro à quantidade no denominador do cálculo.

1. *O motivo do numerador* (grupo de custos indiretos). Quanto menor for o período, maior será a influência dos fatores sazonais nos valores de custos. Por exemplo, se as taxas de custos indiretos fossem calculadas semanalmente, os custos de energia (incluídos no numerador) seriam cobrados da produção apenas durante os meses de inverno. Mas um período anual incorpora o efeito de todas as quatro estações em uma taxa única e anual de custos indiretos.

    Os níveis do total de custos indiretos também são afetados pelos custos erráticos não-sazonais. Os exemplos de custos erráticos não-sazonais incluem os custos incorridos em um mês específico que beneficie as operações durante os meses futuros, custos de reparos e manutenção dos equipamentos, bem como custos de férias e feriados pagos. Se as taxas de custos indiretos mensais fossem calculadas, os produtos fabricados em um mês com custos erráticos não-sazonais e altos estariam carregados com esses custos. Agrupar todos os custos indiretos durante o curso de um ano completo e calcular uma taxa única e anual de custos indiretos ajuda a amenizar alguns dos fatores erráticos nos custos associados a períodos específicos.

2. *O motivo do denominador* (quantidade da base de alocação). Um outro motivo para os períodos mais longos é a necessidade de distribuir mensalmente os custos fixos indiretos sobre os níveis variáveis de produção mensal. Alguns custos indiretos podem ser variáveis a cada mês no que diz respeito à base de alocação de custos (por exemplo, suprimentos), enquanto outros custos indiretos são fixos a cada mês (por exemplo, imposto predial e aluguel).

Suponhamos que uma empresa programe deliberadamente a sua produção para corresponder a um modelo de vendas altamente sazonal. Suponha o seguinte *mix* de custos indiretos variáveis (como suprimentos, reparos e mão-de-obra indireta de fabricação) e custos indiretos fixos (depreciação da fábrica e engenharia de apoio):

	Custos indiretos			Horas de mão-de-obra direta de fabricação	Taxa de alocação por hora de mão-de-obra direta de fabricação
	Variáveis (1)	Fixos (2)	Total (3)	(4)	(5) = (3) ÷ (4)
Mês de produção alta	$ 40 000	$ 60 000	$ 100 000	3 200	$ 31,25
Mês de produção baixa	10 000	60 000	70 000	800	87,50

Você pode observar que os custos indiretos variáveis mudam proporcionalmente às variações nas horas de mão-de-obra direta de fabricação. Assim sendo, a taxa de custos indiretos variáveis é a mesma tanto nos meses de produção alta quanto nos de baixa produção ($ 40 000 ÷ 3 200 horas de mão-de-obra = $ 12,50 por hora; $ 10 000 ÷ 800 horas de mão-de-obra = $ 12,50 por hora). Devido aos custos fixos de $ 60 000, o total mensal das taxas de custos indiretos varia consideravelmente — de $ 31,25 para $ 87,50 por hora. Poucos gerentes acreditam que produtos idênticos, fabricados em meses diferentes, devem ter alocados custos indiretos por hora, que diferem tão significativamente ($ 87,50 ÷ $ 31,25 = 2,80 ou 280%). No nosso exemplo, a gerência escolhe um nível específico de capacidade baseada em um período no horizonte, bem além de um simples mês. Na média, a taxa anual baseada no relacionamento do total anual de custos indiretos para o total anual do nível de produção amenizará o efeito das variações mensais nos níveis de produção.

O cálculo das taxas mensais de custos indiretos é afetado pelo número de dias de trabalho, de segunda a sexta, em um mês. O número de dias de trabalho, em um mês, varia de 20 a 23 dias durante o ano. Se forem calculadas taxas separadas todos os meses, os serviços em fevereiro, com menos dias de trabalho, arcariam com uma parcela maior de custos indiretos (como a depreciação e imposto predial) do que os serviços nos outros meses. Muitos gerentes acreditam que os resultados desses cálculos não seriam representativos e razoáveis para atribuir os custos indiretos aos produtos. Um período anual reduz o efeito que o número de dias de trabalho por mês tem sobre os custos unitários.

Custeio normal

A dificuldade para calcular as taxas reais de custos indiretos semanais ou mensais significa que os gerentes não conseguem calcular os custos reais dos produtos à medida que eles são finalizados. Entretanto, os gerentes querem, regularmente, chegar o mais próximo possível dos custos de fabricação de vários produtos durante o ano e não apenas ao seu final. Eles querem custos de produção (e outros, como os de marketing) para uso contínuo, incluindo a precificação dos serviços, a gestão dos custos e o preparo de relatórios financeiros provisórios. Devido a benefícios de acesso imediato aos custeios de produtos, poucas empresas esperam até que os custos indiretos reais de fabricação sejam finalmente conhecidos (no final do ano) antes de alocar os custos indiretos para calcular os de produto. Em vez disso, é calculada uma taxa *predeterminada* ou *orçada* de custos indiretos para cada grupo de custos no começo do ano fiscal, e os custos indiretos são alocados aos serviços à medida que o trabalho progride. A **taxa orçada de custos indiretos** é calculada para cada grupo por meio da divisão do custo indireto *anual* orçado pela quantidade *anual* orçada da base de alocação de custos. O uso de taxas orçadas de custos indiretos resulta no *custeio normal*.

O **custeio normal** é um método que rastreia os custos diretos a um objeto de custo, usando suas taxas reais multiplicado pela quantidade de seus insumos, e aloca os custos indiretos baseado nas taxas orçadas de custos indiretos vezes a quantidade real de bases de alocação de custos. O custeio real e o normal rastreiam os custos diretos para os serviços da mesma maneira. As quantidades e as taxas reais dos materiais diretos e da mão-de-obra direta de fabricação usadas em um serviço são conhecidas dos documentos de registro à medida que o trabalho é feito. A única diferença entre o custeio real e o normal é que o custeio real usa taxas *reais* de custos indiretos, enquanto o normal usa taxas *orçadas* de custos indiretos para custear os produtos. O Quadro 4.4 distingue entre custeio real e normal.

Ilustramos o custeio para o exemplo da Robinson Company utilizando o procedimento de sete etapas. Os dados orçados para 2003, para as operações de fabricação da Robinson Company, são os seguintes:

	Orçamento
Total de custos indiretos de fabricação	$ 1 120 000
Total de horas de mão-de-obra direta de fabricação	28 000

As Etapas 1 e 2 são exatamente como antes: A Etapa 1 identifica WPP como o objeto de custo; a Etapa 2 calcula os custos reais dos materiais diretos a $ 4 606, e os custos reais de mão-de-obra direta de fabricação a $ 1 579. Lembre-se de que na Etapa 3 a Robinson usa uma única base de alocação de custos, horas de mão-de-obra direta de fabricação, para alocar todos os custos indiretos de fabricação para a ordem. Na Etapa 4, a Robinson agrupa todos os custos indiretos de fabricação em um único grupo de custos indiretos de fabricação. Na Etapa 5, a taxa orçada de custos indiretos para 2003 é calculada como:

$$\text{Taxa orçada de custos indiretos} = \frac{\text{Total orçado de custos em um grupo de custos indiretos}}{\text{Total orçado da quantidade de base de alocação dos custos}}$$

$$= \frac{\$ 1\,120\,000}{28 \text{ mil horas de mão-de-obra direta de fabricação}}$$

$$= \$ 40 \text{ por hora de mão-de-obra direta de fabricação}$$

Na Etapa 6, sob um sistema de custeio normal, os custos indiretos alocados ao serviço do WPP 298 são calculados como a quantidade *real* de horas de mão-de-obra direta de fabricação usada na ordem vezes a taxa orçada de custos indiretos, $ 40 por hora de mão-de-obra direta de fabricação × 88 horas de mão-de-obra direta de fabricação = $ 3 520. Na Etapa 7, o custo da ordem sob o custeio normal é $ 9 705, calculado como:

Custos diretos de fabricação		
Materiais diretos	$ 4 606	
Mão-de-obra direta de fabricação	1 579	$ 6 185
Custos indiretos de fabricação ($ 40 × 88 horas reais de mão-de-obra direta de fabricação)		3 520
Total de custos de fabricação do serviço		$ 9 705

Quadro 4.4 Métodos de custeio real e custeio normal.

	Custeio real			**Custeio normal**		
Custos diretos	Taxas reais de custos diretos	×	quantidade real de insumos de custos diretos	Taxas reais de custos diretos	×	quantidade real de insumos de custos diretos
Custos indiretos	Taxas reais de custos indiretos	×	quantidade real de bases de alocação dos custos	Taxas orçadas de custos indiretos	×	quantidade real de bases de alocação dos custos

O custo de fabricação para o serviço do WPP 298 é menor em $ 440 sob o custeio normal ($ 9 705) do que sob o custeio real ($ 10 145), porque a taxa orçada de custos indiretos é de $ 40 por hora, onde a taxa real de custos indiretos é de $ 45 por hora.

UM SISTEMA DE CUSTEIO NORMAL POR ORDEM NA FABRICAÇÃO

Agora explicamos como um sistema de custeio normal por ordem opera na fabricação. Continuando com o exemplo da Robinson Company, a ilustração seguinte considera os eventos que ocorreram em fevereiro de 2003.

RAZÃO GERAL E RAZÕES SUBSIDIÁRIAS

Agora você já está sabendo que um sistema de custeio por ordem tem um registro de custo do serviço separado para cada ordem. Um resumo do registro de custo da ordem é geralmente encontrado em um razão auxiliar. A conta do razão geral — *controle do produto em processamento* — apresenta os totais desses registros separados de custo da ordem, pertencentes a todas as ordens inacabadas. Os registros de custo da ordem e a conta de *controle do produto em processamento* rastreiam os custos por ordem de quando eles começam até acabar.

O Quadro 4.5 mostra os relacionamentos nas contas T para o razão geral da Robinson Company e exemplos de como os registros aparecem nos razões auxiliares. O Painel A mostra a seção do razão geral que proporciona uma 'visão panorâmica' do sistema de custeio; as quantias mostradas aqui são baseadas nas ilustrações que seguem. O Painel B mostra os razões auxiliares e os documentos de registro básicos que contêm os detalhes subjacentes — uma 'visão de baixo'. As contas no razão geral com *controle* nos títulos (como controle de materiais e controle de contas a pagar) têm razões auxiliares adjacentes que contêm detalhes adicionais, como o tipo de material no estoque e fornecedores individuais que a Robinson precisa pagar. O total de todas as entradas nos razões auxiliares subjacentes é igual às quantias na conta controle do razão geral correspondente.

Os *softwares* contabilizam as transações na maioria dos sistemas contábeis. Alguns programas fazem registros no razão geral simultaneamente com os registros nas contas da razão auxiliar. Outros *softwares* fazem registros na razão geral em intervalos de, digamos, semanas ou meses, fazendo-os mais freqüentemente no razão auxiliar. A Robinson Company faz os registros no seu razão auxiliar quando as transações ocorrem, e no seu razão geral mensalmente.

Um razão geral deveria ser vista apenas como uma das muitas ferramentas que ajudam a gerência no planejamento e controle. Para controlar as operações, os gerentes utilizam não somente os documentos base para registrar as quantias nos razões auxiliares, mas também variáveis não-financeiras, como a porcentagem de serviços que exigem retrabalho.

EXPLICAÇÃO DAS TRANSAÇÕES

A análise seguinte de transação por transação explica como um sistema de custeio por ordem serve aos objetivos gêmeos de (1) custeio do produto e (2) responsabilidade e controle do departamento. Essas transações rastreiam os estágios de (a) a (d) da compra de materiais e de outros insumos de produção para a conversão dos produtos em processamento em produtos acabados, e para a venda eventual dos mesmos.

Este gráfico, que mostra o *fluxo físico* do produto por meio de um processo de fabricação, esclarece as transações econômicas que estão ocorrendo. Para entender mais facilmente os primeiros oito lançamentos diários que seguem, faça a ligação da discussão de cada entrada com o gráfico.

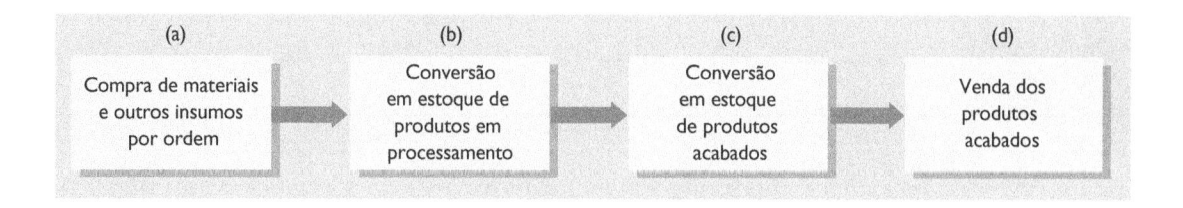

(a)	(b)	(c)	(d)
Compra de materiais e outros insumos por ordem	Conversão em estoque de produtos em processamento	Conversão em estoque de produtos acabados	Venda dos produtos acabados

1. *Transação*: Compra de materiais (diretos ou indiretos) no crédito, $ 89 000.

    Análise: O ativo de *controle de materiais* é aumentado (debitado) em $ 89 000, e o passivo de *controle de contas a pagar* é aumentado (creditado) em $ 89 000. Ambas as contas têm a palavra *controle* nos seus títulos no razão geral por terem registros detalhados no razão auxiliar. Os registros auxiliares para os materiais, na Robinson Company, chamados de *registros dos materiais*, mantêm um registro contínuo de adições para, e deduções de, estoque. No mínimo, esses registros conteriam informações sobre quantidade recebida, quantidade emitida para as ordens e saldo (veja Painel B, Quadro 4.5). Há um registro separado de materiais para cada tipo de material no razão auxiliar. Por exemplo, os registros auxiliares contêm detalhes dos *suportes de metal* (peça nº

MB 468-A) emitidos para a ordem da máquina da Western Pulp. Os lançamentos diários seguintes agregam todas as entradas de fevereiro de 2003 relativas às compras na razão auxiliar de materiais:

Lançamento diário: Controle de materiais 89 000
 Controle de contas a pagar 89 000

Registro no razão geral:

Controle de materiais		Controle de contas a pagar	
(1) 89 000			(1) 89 000

O *controle dos materiais* inclui todas as compras de materiais, sejam os itens classificados como custos diretos ou indiretos dos produtos.

2. *Transação*: Materiais enviados para a área de produção: materiais diretos, $ 81 000, e materiais indiretos, $ 4 000.

   Análise: O ativo da conta *controle do produto em processamento* é aumentado (debitado) em $ 81 000, e o da conta de *controle dos custos indiretos de fabricação* é aumentado (debitado) em $ 4 000. O ativo *controle de materiais* é diminuído (creditado) em $ 85 000. A idéia é a de que os custos incorridos no produto em processamento a ele se 'anexem', fazendo desse modo com que o produto em processamento seja um ativo mais valioso. A responsabilidade é fixada usando-se os *registros das requisições de materiais* como base para cobrar os departamentos pelos materiais para eles emitidos. As requisições registradas no *registro dos materiais* na razão auxiliar são acumuladas e mensalmente registradas no razão geral.

   À medida que os materiais diretos são usados, eles são controlados nos registros de ordens individuais, que são as contas no razão auxiliar para a conta de *controle do produto em processamento* na conta do razão geral. Por exemplo, os *suportes de metal* usados no serviço da máquina da Western Pulp aparecem como custos dos mate-

---

Quadro 4.5 Sistema de custeio por ordem na fabricação sob o custeio normal: diagrama dos relacionamentos do razão para fevereiro de 2003.

PAINEL A: GENERAL LEDGER

1. Compra de materiais, $ 89 000
2. Uso de materiais diretos, $ 81 000, e materiais indiretos, $ 4 000
3. Registro do passivo para a mão-de-obra direta, $ 39 000, e mão-de-obra indireta, $ 15 000
4. Pagamento de salários, $ 54 000
5. Registro de outros custos indiretos do departamento de produção, $ 75 000
6. Alocação dos custos indiretos, $ 80 000
7. Término e transferência para produtos acabados, $ 188 800
8. Custo dos produtos vendidos, $ 180 000
9. Registro de custos de marketing, publicidade, administração e atendimento ao cliente, $ 60 000
10. Vendas, $ 270 000

RAZÃO GERAL

CONTROLE DE MATERIAIS	
1. 89 000	2. 85 000

CONTROLE DOS CUSTOS INDIRETOS DO DEPARTAMENTO DE PRODUÇÃO	
2. 4 000	
3. 15 000	
5. 75 000	
Saldo 94 000	

CONTROLE DOS PRODUTOS EM PROCESSAMENTO	
2. 81 000	7. 188 800
3. 39 000	
6. 80 000	
Saldo 11 200	

CONTROLE DOS PRODUTOS ACABADOS	
7. 188 800	8. 180 000
Saldo 8 800	

CONTROLE DE CAIXA	
	4. 54 000

CONTROLE DOS SALÁRIOS A PAGAR	
4. 54 000	3. 54 000

CUSTOS INDIRETOS DE PRODUÇÃO ALOCADOS	
	6. 80 000

CONTROLE DAS CONTAS A RECEBER	
10. 270 000	

CUSTO DOS PRODUTOS VENDIDOS	
8. 180 000	

CONTROLE DAS CONTAS A PAGAR	
	1. 89 000
	5. 11 000
	9. 10 000

CONTROLE DOS SALÁRIOS A PAGAR	
	5. 44 000
	9. 50 000

RECEITAS	
	10. 270 000

CUSTOS DE MARKETING E PUBLICIDADE	
9. 45 000	

CONTROLE DA DEPRECIAÇÃO ACUMULADA	
	5. 18 000

CONTROLE DO SEGURO PRÉ-PAGO	
	5. 2 000

CUSTOS DE ATENDIMENTO AO CLIENTE	
9. 15 000	

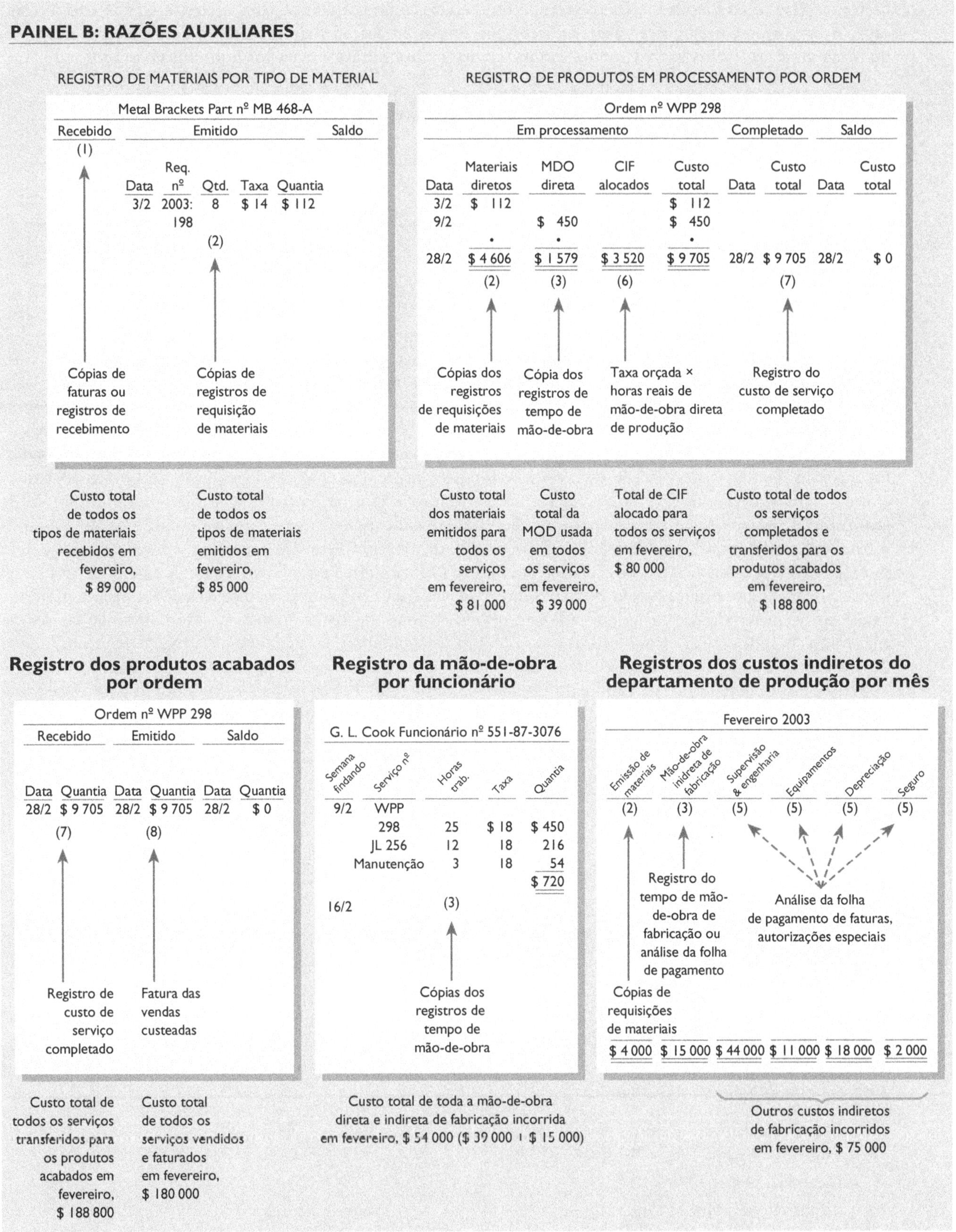

PAINEL B: RAZÕES AUXILIARES

REGISTRO DE MATERIAIS POR TIPO DE MATERIAL

Metal Brackets Part nº MB 468-A

Recebido	Emitido				Saldo
(1)	Data	Req. nº	Qtd.	Taxa	Quantia
	3/2	2003: 198	8	$ 14	$ 112
		(2)			

↑ Cópias de faturas ou registros de recebimento

↑ Cópias de registros de requisição de materiais

Custo total de todos os tipos de materiais recebidos em fevereiro, $ 89 000

Custo total de todos os tipos de materiais emitidos em fevereiro, $ 85 000

REGISTRO DE PRODUTOS EM PROCESSAMENTO POR ORDEM

Ordem nº WPP 298

	Em processamento				Completado		Saldo	
Data	Materiais diretos	MDO direta	CIF alocados	Custo total	Data	Custo total	Data	Custo total
3/2	$ 112			$ 112				
9/2		$ 450		$ 450				
•				•				
28/2	$ 4 606	$ 1 579	$ 3 520	$ 9 705	28/2	$ 9 705	28/2	$ 0
	(2)	(3)	(6)	(7)				

↑ Cópias dos registros de requisições de materiais

↑ Cópia dos registros de tempo de mão-de-obra

↑ Taxa orçada × horas reais de mão-de-obra direta de produção

↑ Registro do custo de serviço completado

Custo total dos materiais emitidos para todos os serviços em fevereiro, $ 81 000

Custo total da MOD usada em todos os serviços em fevereiro, $ 39 000

Total de CIF alocado para todos os serviços em fevereiro, $ 80 000

Custo total de todos os serviços completados e transferidos para os produtos acabados em fevereiro, $ 188 800

Registro dos produtos acabados por ordem

Ordem nº WPP 298

Recebido		Emitido		Saldo	
Data	Quantia	Data	Quantia	Data	Quantia
28/2	$ 9 705	28/2	$ 9 705	28/2	$ 0
(7)		(8)			

↑ Registro de custo de serviço completado

↑ Fatura das vendas custeadas

Custo total de todos os serviços transferidos para os produtos acabados em fevereiro, $ 188 800

Custo total de todos os serviços vendidos e faturados em fevereiro, $ 180 000

Registro da mão-de-obra por funcionário

G. L. Cook Funcionário nº 551-87-3076

Semana findando	Serviço nº	Horas trab.	Taxa	Quantia
9/2	WPP 298	25	$ 18	$ 450
	JL 256	12	18	216
	Manutenção	3	18	54
				$ 720
16/2		(3)		

↑ Cópias dos registros de tempo de mão-de-obra

Custo total de toda a mão-de-obra direta e indireta de fabricação incorrida em fevereiro, $ 54 000 ($ 39 000 + $ 15 000)

Registros dos custos indiretos do departamento de produção por mês

Fevereiro 2003

Emissão de materiais	Mão-de-obra indireta de fabricação	Supervisão & engenharia	Equipamentos	Depreciação	Seguro
(2)	(3)	(5)	(5)	(5)	(5)
$ 4 000	$ 15 000	$ 44 000	$ 11 000	$ 18 000	$ 2 000

↑ Cópias de requisições de materiais

↑ Registro do tempo de mão-de-obra de fabricação ou análise da folha de pagamento

↑ Análise da folha de pagamento de faturas, autorizações especiais

Outros custos indiretos de fabricação incorridos em fevereiro, $ 75 000

riais diretos a $ 112 no razão auxiliar, sob o registro de custeio por ordem para o WP 298. O custo dos materiais diretos usados por todos os registros de custeio por ordem para fevereiro de 2003 é de $ 81 000.

Os materiais indiretos (por exemplo, lubrificantes) são controlados nos registros de custos indiretos do *departamento de produção*, que incluem o razão auxiliar para o *controle dos custos indiretos de fabricação*. Os materiais indiretos não são adicionados à conta de *produto em processamento*. Em vez disso, eles são adicionados à conta de *controle dos custos indiretos de fabricação*, que acumula os *custos reais* em todas as categorias individuais de custos indiretos. Esse custo é alocado para os serviços individuais como parte dos custos indiretos de fabricação (transação 6 abaixo). Cada grupo de custos indiretos em um sistema de custeio por ordem tem a sua própria conta na razão geral. A Robinson tem apenas um grupo de custos indiretos — custos indiretos de produção.

Lançamento diário: Controle do produto em processamento   81 000
                     Controle de custos indiretos de fabricação   4 000
                         Controle de materiais   85 000

Registro no razão geral:

Controle de materiais				Controle de produto em processamento	
(1) 89 000	(2) 85 000			(2) 81 000	

Controle dos custos indiretos de fabricação	
(2) 4 000	

3. *Transação*: Total da folha de pagamento para fevereiro: direto, $ 39 000; indireto, $ 15 000.

   Análise: O ativo de *controle do produto em processamento* é aumentado (debitado) pela quantia de mão-de-obra direta de fabricação de $ 39 000, e o *controle dos custos indiretos de fabricação* é aumentado (debitado) pelos $ 15 000 de mão-de-obra indireta de fabricação. O passivo *controle dos salários a pagar* é aumentado (creditado) em $ 54 000. Os custos de mão-de-obra direta de fabricação aumentam o *controle do produto em processamento* porque esses custos aumentam o custo do seu ativo. A mão-de-obra direta ajuda a transformar um ativo — *materiais diretos* — em um outro ativo — *produto em processamento* — e, eventualmente, em produtos acabados. Os registros do tempo de mão-de-obra são usados para rastrear a mão-de-obra direta de fabricação para o *controle do produto em processamento* (veja Painel B, Quadro 4.5) e para acumular a mão-de-obra indireta de fabricação *no controle de custos indiretos*. O razão auxiliar para os registros de mão-de-obra dos funcionários mostra os $ 750 de salários devidos a G. I. Cook, nº do funcionário 551-87-3076, para a semana começando em 9 de fevereiro. A soma de todos os salários devidos aos funcionários para fevereiro de 2003 é de $ 54 000. O registro de custo por ordem para o WPP 298 mostra os custos de mão-de-obra direta de $ 450 pelo tempo que Cook gastou no serviço da máquina da Western Pulp. O total de custos de mão-de-obra direta de fabricação registrado em todos os registros de custo por ordem (o razão auxiliar para o *controle do produto em processamento*) para fevereiro de 2003 é de $ 39 000. O total de custos de mão-de-obra indireta de $ 15 000 para fevereiro de 2003 não é, por definição, rastreado para um serviço individual. Em vez disso, ele é alocado para os serviços individuais como uma parte dos custos indiretos de fabricação (transação 6 abaixo).

Lançamento diário: Controle do produto em processamento   39 000
                     Controle de custos indiretos de fabricação   15 000
                         Controle de salários a pagar   54 000

Registro no razão geral:

Controle de salários a pagar			Controle de produto em processamento	
	(3) 54 000		(2) 81 000	
			(3) 39 000	

Controle dos custos indiretos de fabricação	
(2) 4 000	
(3) 15 000	

4. *Transação:* Pagamento do total da folha de pagamento de produção para fevereiro, $ 54 000. (Para simplificar, as retenções de salários — imposto de renda — dos funcionários são ignoradas neste exemplo.)

   Análise: O passivo *controle dos salários a pagar* é diminuído (debitado) em $ 54 000 e o ativo *controle de caixa* é diminuído (creditado) em $ 54 000

Lançamento diário: Controle dos salários a pagar   54 000
                         Controle de caixa   54 000

Registro no razão geral:

Controle de salários a pagar			Controle de caixa	
(4) 54 000	(3) 54 000		(4) 54 000	

Por conveniência, supõe-se aqui que os salários a pagar sejam totalmente pagos no final do mês.

5. *Transação*: Custos adicionais indiretos de fabricação incorridos durante fevereiro, $ 75 000. Esses custos consistem de salários da engenharia e supervisão, $ 44 000; equipamentos da fábrica e consertos, $ 11 000; depreciação da fábrica, $ 18 000; e seguro da fábrica, $ 2 000.

Análise: A conta de custos indiretos — *controle dos custos indiretos de fabricação* — é aumentada (debitada) em $ 75 000. O passivo, *controle dos salários a pagar*, é aumentado (creditado) em $ 44 000; o passivo, *controle de contas a pagar*, é aumentado (creditado) em $ 11 000; o ativo, *controle de equipamentos*, é diminuído (creditado) por meio de uma conta redutora de ativos relacionada, *controle da depreciação acumulada*, em $ 18 000, e o ativo *controle do seguro pré-pago* é diminuído (creditado) em $ 2 000. Os detalhes de cada um desses custos são lançados nas colunas apropriadas dos registros de custos indiretos de fabricação individuais, que formam a razão auxiliar para o *controle dos custos indiretos de fabricação* (veja Quadro 4.5, Painel B). Os documentos de registro para essas distribuições incluem as faturas (por exemplo, uma conta de luz) e as programações de custos (por exemplo, uma programação da depreciação) do contador responsável.

Lançamento diário: Controle de custos indiretos de fabricação   75 000
        Controle de salários a pagar   44 000
        Controle de contas a pagar   11 000
        Controle de depreciação acumulada   18 000
        Controle de seguro pré-pago   2 000

Registro no razão geral:

Controle de contas a pagar			Controle de custos indiretos de fabricação		
	(1)	89 000	(2)	4 000	
	(5)	11 000	(3)	15 000	
			(5)	75 000	

Controle da depreciação acumulada			Controle do seguro pré-pago		
	(5)	18 000		(5)	2 000

Controle de salários a pagar		
	(5)	44 000

6. *Transação:* Alocação dos custos indiretos de fabricação para os serviços, $ 80 000.

Análise: O ativo *controle do produto em processamento* é aumentado (debitado) em $ 80 000. O *controle dos custos indiretos de fabricação* é, na realidade, diminuído (creditado) em $ 80 000, por meio de sua contraconta, *custos indiretos de fabricação alocados*. Os **custos indiretos de fabricação alocados** (também chamados de **custos indiretos de fabricação aplicados**) é a quantia de custos indiretos de fabricação alocada para os serviços individuais, baseados na taxa orçada multiplicada pela quantidade real usada da base de alocação. Os custos indiretos de fabricação alocados compreendem todos os de fabricação atribuídos a um produto (ou serviço) usando uma base de alocação de custos, porque estes não podem ser rastreados especificamente para ele de maneira economicamente viável. Sob o sistema de custeio normal da Robinson, a taxa orçada de custos indiretos de fabricação para 2003 é de $ 40 por hora de mão-de-obra direta de fabricação. O registro de custeio de serviço, para cada serviço individual no razão auxiliar, incluirá um item de débito para os custos indiretos de fabricação alocados para as horas reais de mão-de-obra direta de fabricação usadas para aquele serviço. Por exemplo, o registro de custeio por ordem para o serviço WPP 298 mostra os *custos indiretos de fabricação alocados* de $ 3 520 (taxa orçada de $ 40 por hora de mão-de-obra × 88 horas reais de mão-de-obra de fabricação usadas). Presumimos que foram usadas duas mil horas reais de mão-de-obra direta de fabricação para todas as ordens em fevereiro de 2003, resultando em um total de alocação dos custos indiretos de fabricação de $ 40 por hora de mão-de-obra × 2 000 horas de mão-de-obra direta de fabricação = $ 80 000.

Lançamento diário: Controle do produto em processamento   80 000
        Custos indiretos de fabricação alocados   80 000

Registro no razão geral:

Controle de custos indiretos de fabricação			Controle de produto em processamento		
	(6)	80 000	(2)	81 000	
			(3)	39 000	
			(6)	80 000	

Tenha em mente a diferença distinta entre as Transações 5 e 6. Na Transação 5, os custos reais indiretos incorridos durante o mês são adicionados (debitados) da conta de *controle dos custos indiretos de produção* e dos seus registros auxiliares. Esses custos não são debitados do *controle do produto em processamento* ou dos registros de custeio de ordens individuais. Os custos indiretos são somados (debitados) do *controle do produto* em processamento e dos registros de custeio de serviço individuais *apenas quando* os custos indiretos são alocados na Transação 6. Quando alocados, o *controle dos custos indiretos de produção* é, *na realidade*, diminuído (creditado). Sob o sistema de custeio normal descrito em nossa ilustração, a taxa orçada de custos indiretos de $ 40 por hora de mão-de-obra direta de fabricação é calculada no início do ano com base nas previsões dos custos anuais indiretos de fabricação e as previsões da quantidade anual da base de alocação de custos. Quase que certamente, as quantias reais alocadas serão diferentes das previsões.

7. *Transação:* Término e transferência para os produtos acabados de doze serviços individuais, $ 188 800.

Análise: O ativo *controle dos produtos acabados* é aumentado (debitado) em $ 188 800, e o ativo *controle do produto em processamento* é diminuído (creditado) em $ 188 800, para reconhecer o término das ordens. Os registros de *produtos em processamento* na razão auxiliar indicam que os custos dos doze serviços individuais, completados em fevereiro de 2003, são iguais a $ 188 800. O Quadro 4.5, Painel B, mostra que a ordem WPP 298 foi uma das completadas a um custo de $ 9 705. Com o uso do custeio normal, pela Robinson, o custo dos produtos completados consiste de materiais diretos *reais*, mão-de-obra direta de fabricação *real* e custos indiretos alocados para cada ordem, baseado na taxa *orçada* de custos indiretos de fabricação vezes as horas *reais* de mão-de-obra direta. O serviço WPP 298 também aparece simultaneamente como um dos doze serviços nos registros dos produtos acabados da razão auxiliar.

Lançamento diário: Controle de produtos acabados   188 800
                  Controle do produto em processamento   188 800

Registro no razão geral:

Controle de produto em processamento				Controle dos produtos acabados	
(2)	81 000	(7)	188 800	(7) 188 800	
(3)	39 000				
(6)	80 000				
Saldo	11 200				

O saldo devedor de $ 11 200 na conta de *controle do produto em processamento* representa o total de custos de todos os serviços (por registro de custo de serviço na razão auxiliar) e não completados até o final de fevereiro de 2003.

8. *Transação:* Custo dos produtos vendidos, $ 180 000.

Análise: A conta *custo dos produtos vendidos* é aumentada (debitada) em $ 180 000. O ativo de *controle dos produtos acabados* é diminuído (creditado) em $ 180 000. A quantia de $ 180 000 representa o total de custos de todos os produtos vendidos durante fevereiro de 2003. O Quadro 4.5, Painel B, indica que o serviço WPP 298 foi uma das ordens entregues ao cliente em fevereiro de 2003.

Lançamento diário: Custo dos produtos vendidos   180 000
                  Controle dos produtos acabados   180 000

Registro no razão geral:

Controle dos produtos acabados				Controle dos produtos vendidos	
(7)	188 800	(8)	180 000	(8) 180 000	
Saldo	8 800				

O saldo devedor de $ 8 800 na conta de *controle dos produtos acabados* representa os custos de todas as ordens completadas, mas não vendidas até o final de fevereiro de 2003.

9. *Transação:* Marketing e folha de pagamento do departamento de atendimento ao cliente e custos de publicidade acumulados para fevereiro:

Salários do departamento de marketing	$ 35 000
Custos com publicidade	10 000
Salários do departamento de atendimento ao cliente	15 000

Análise: Como descrito no Capítulo 2, para fins contábeis e financeiros, os custos de marketing e publicidade de $ 45 000 ($ 35 000 + $ 10 000), e os de atendimento ao cliente de $ 15 000, são *custos do período* para fevereiro de 2003, que serão comparados às receitas de fevereiro do mesmo ano. Diferentemente dos custos de fabricação, esses não são adicionados ao *controle dos produtos em processamento* porque eles não são incorridos para transformar os materiais em produtos acabados. A Robinson registra as seguintes entradas.

Lançamento diário: Custos de marketing e publicidade   45 000
                  Custos de atendimento ao cliente   15 000
                      Controle de salários a pagar   50 000
                      Controle de contas a pagar   10 000

Registro no razão geral:

Custos de publicidade e marketing			Controle de salários a pagar	
(9) 45 000				(9) 50 000

Custos de atendimento ao cliente			Controle de contas a pagar	
(9) 15 000				(9) 10 000

10. *Transação:* Receitas de vendas, todas no crédito, $ 270 000.

Análise: Os $ 270 000 representam as quantias totais devidas dos clientes para as vendas feitas em fevereiro de 2003, incluindo os $ 15 000 devidos da venda do WPP 298.

Lançamento diário: Controle das contas a receber   270 000
                                      Receitas   270 000

Registro no razão geral:

Controle das contas a receber		Receitas	
(10) 270 000			(10) 270 000

Até aqui, você deveria rever todas as dez etapas desta ilustração. Certifique-se de rastrear cada lançamento diário, passo a passo, para as contas na seção da razão geral no Painel A do Quadro 4.5.

Custos que não são de fabricação e custeio da ordem

O Capítulo 2 atentou para o fato de as empresas usarem custos de produtos para fins diferentes. Os custos de produtos relatados como inventariáveis podem ser, para os acionistas, diferentes dos de produtos apresentados às autoridades fiscais e também diferentes dos relatados para os gerentes para guiar a precificação e as decisões de *mix* do produto. Enfatizamos que, embora tenha sido descrito anteriormente, os custos de marketing e atendimento ao cliente são considerados despesas para propósitos contábeis e financeiros, em ocorrendo. As empresas geralmente rastreiam ou alocam esses custos para as ordens individuais nas decisões de precificação, *mix* do produto e gestão de custos.

Para identificar os custos de marketing e atendimento ao cliente das ordens individuais, a Robinson pode usar a mesma abordagem ao custeio por ordem descrito anteriormente neste capítulo, no contexto de produção. A Robinson pode rastrear os custos diretos de marketing e os custos de atendimento ao cliente para as ordens. Em seguida, ela calcula uma taxa orçada de custos indiretos, dividindo os orçados indiretos de marketing mais os de atendimento ao cliente pela quantidade orçada da base de alocação de custos, digamos, receitas. Ela pode usar a taxa para alocar esses custos indiretos para as ordens. Por exemplo, se a taxa fosse 15 por cento das receitas, a Robinson poderia alocar $ 2 250 para o serviço WPP 298 (0,15 × $ 15 000, a receita da ordem). Ao atribuir ambos os custos, de fabricação e de não-fabricação, para os serviços, a Robinson pode comparar todos os custos das encomendas diferentes contra as receitas que eles geram.

Custos indiretos orçados e ajustes no final do período

O uso de taxas orçadas de custos indiretos e custeio normal, em vez do custeio real, tem a vantagem de que os indiretos podem ser atribuídos aos serviços individuais numa base contínua e oportuna, e não apenas no final do período contábil, quando os custos reais são conhecidos. Entretanto, é provável que as taxas orçadas sejam imprecisas por serem baseadas em estimativas apuradas doze meses antes que os custos reais sejam incorridos.

Agora, consideraremos os ajustes que precisam ser feitos quando, no final do ano, os custos alocados forem diferentes dos indiretos reais incorridos. Lembre-se de que, para os motivos de numerador e denominador discutidos anteriormente, *não* esperamos que os custos reais indiretos incorridos a cada mês sejam iguais aos indiretos alocados a cada mês.

Os **custos indiretos alocados a menor** ocorrem quando a quantia alocada dos custos indiretos em um período contábil é menor do que a quantia real (incorrida). Os **custos indiretos alocados a maior** ocorrem quando a quantia alocada de custos indiretos em um período contábil é maior que a quantia real (incorrida).

Custos indiretos alocados a menor (a maior) = Custos indiretos incorridos – Custos indiretos alocados

Custos indiretos alocados a menor (a maior) também são chamados de **custos indiretos aplicados a menor (a maior)** e **custos indiretos absorvidos a menos (a mais)**.

Considere, na Robinson Company, o grupo de custos indiretos de fabricação. Há duas contas de custos indiretos no razão geral que têm a ver com os custos indiretos de fabricação:

- *Controle dos custos indiretos de fabricação*: o registro dos custos reais em todas as categorias de custos indiretos individuais (como os materiais indiretos, mão-de-obra indireta, supervisão, engenharia, energia e aluguel)
- *Custos indiretos de fabricação alocados*: o registro dos custos indiretos de fabricação alocados para os serviços individuais com base na taxa orçada multiplicada pelas horas reais de mão-de-obra direta de fabricação.

Suponha os seguintes dados anuais para a Robinson Company:

Controle dos custos indiretos de fabricação	Custos indiretos de fabricação alocados
Saldo 31/dez/2003 1 215 000	Saldo 31/dez/2003 1 080 000

O saldo credor de $ 1 080 000 nos custos indiretos de fabricação alocados resulta da multiplicação das 27 mil horas reais de mão-de-obra direta de fabricação trabalhadas em todos os serviços, em 2003, pela taxa orçada de $ 40 por hora de mão-de-obra direta.

A diferença de $ 135 000 (um débito líquido) é uma quantia alocada a menor porque os custos reais indiretos são maiores do que a quantia alocada. Essa diferença surgiu de dois motivos relacionados à computação da taxa orçada de $ 40 por hora:

1. *Motivo do numerador (grupo de custo indireto).* Os custos reais indiretos de fabricação de $ 1 215 000 são maiores do que a quantia orçada de $ 1 120 000.

2. *Motivo do denominador (quantidade de base de alocação).* As 27 mil horas reais de mão-de-obra direta de fabricação são pouco menos do que as 28 mil horas orçadas.

Há três abordagens principais para contabilizar os $ 135 000 de custos indiretos de fabricação alocados a menor, causados pela subestimação dos custos indiretos e pela superestimação da quantidade da base de alocação de custos: (1) a abordagem da taxa de alocação ajustada, (2) a abordagem do rateio e (3) a abordagem de dar baixa no custo dos produtos vendidos.

Abordagem da taxa de alocação ajustada

A **abordagem da taxa de alocação ajustada** reafirma todos os lançamentos de custos indiretos no razão geral e nas razões auxiliares, usando as taxas reais de custos e não as taxas orçadas de custos. Primeiro, a taxa real de custo indireto é calculada no final do ano. Em seguida, os custos indiretos alocados para cada serviço durante o ano são calculados novamente usando a taxa real de custos indiretos (e não a taxa orçada de custos indiretos). Por último, são feitos os lançamentos de fechamento do final do ano. O resultado é que, no final do ano, cada registro de custo por ordem e registro de produtos acabados — assim como as contas finais de *controle do produto em processamento, controle dos produtos acabados* e *custo dos produtos* — representam precisamente os custos reais indiretos incorridos.

A adoção comum de sistemas contábeis computadorizados reduziu enormemente o custo do uso da abordagem da taxa de alocação ajustada. Considere o exemplo da Robinson. Os custos indiretos reais ($ 1 215 000) excedem os custos indiretos alocados ($ 1 080 000) em 12,5 por cento [($ 1 215 000 – $ 1 080 000) ÷ $ 1 080 000]. A taxa real de custos indiretos para 2003 é de $ 45 por hora de mão-de-obra direta de fabricação ($ 1 215.000 ÷ 27 000 horas) e não a taxa orçada de $ 40 por hora. No final do ano, a Robinson poderia aumentar os custos indiretos alocados para cada serviço, em 2003, em 12,5 por cento usando um simples registro no software. O registro afetaria os razões auxiliares e o razão geral.

Considere a ordem WPP 298 da máquina da Western Pulp. Sob o custeio normal, os custos indiretos alocados para a ordem são de $ 3 520 (a taxa orçada de $ 40 por hora de mão-de-obra direta de fabricação × 88 horas). Aumentar os custos indiretos alocados em 12,5 por cento, ou $ 440 ($ 3 520 × 0,125), significa que a respectiva quantia ajustada para a ordem WP 298 é igual a $ 3 960 ($ 3 520 + $ 440). Observe na página 89 que o custeio real, os custos indiretos alocados neste serviço, também são de $ 3 960 (a taxa real de $ 45 por hora de mão-de-obra direta × 88 horas). Fazer esse ajuste, sob o custeio normal para cada ordem nas razões auxiliares, garante que todos os $ 1 215 000 de custos indiretos sejam alocados para os serviços.

A abordagem da taxa de alocação ajustada resulta nos benefícios de ambos, *a oportunidade e conveniência do custeio normal durante o ano e a precisão do custeio real no final do ano*. Cada registro de custo de serviço individual e os saldos de contas no final do ano para os estoques e custo dos produtos vendidos são ajustados para o custo real. A análise, depois do fato da rentabilidade real dos serviços individuais, fornece aos gerentes discernimentos precisos e úteis para decisões futuras sobre a precificação do serviço, quais serviços enfatizar e meios para gerenciar os custos.

Abordagem de rateio

O **rateio** distribui os custos indiretos alocados a menor ou a maior entre os estoques finais de produtos em processamento, produtos acabados e custo dos produtos vendidos. Os estoques de materiais não estão alocando os custos indiretos de fabricação, portanto eles não são incluídos nesse rateio. No nosso exemplo da Robinson, o rateio no final do período é feito nos saldos finais do *controle dos produtos em processamento, controle dos produtos acabados* e *custo dos produtos vendidos*. Presuma os seguintes resultados reais para a Robinson Company em 2003:

	Saldo da conta (antes do rateio)	Custos indiretos de produção alocados incluídos no saldo da conta (antes do rateio)
Produto em processamento	$ 50 000	$ 16 200
Produtos acabados	75 000	31 320
Custo dos produtos vendidos	2 375 000	1 032 480
	$ 2 500 000	$ 1 080 000

Como a Robinson deveria ratear os custos indiretos de $ 135 000 alocados a menor no final de 2003?

A Robinson deveria ratear as quantias alocadas a menor ou a maior com base na quantia total de custos indiretos de fabricação alocados (antes do rateio) nos saldos finais do *controle dos produtos em processamento, controle dos produtos acabados* e *custo dos produtos vendidos*. Os custos indiretos de $ 135 000 alocados a menor são rateados entre as três contas afetadas, na proporção de suas quantias totais de custos indiretos alocadas (antes do rateio), na Coluna 2, da tabela abaixo, resultando nos balanços finais (depois do rateio), na Coluna 4, nos custos reais.

Conta	Saldo da conta (antes do rateio) (1)	Custos indiretos de fabricação incluídos no saldo da conta na coluna (1)(2)		Rateio de $ 135 000 dos custos indiretos de fabricação alocados a menor (3)			Saldo da conta (depois do rateio) (4) = (1) + (3)
Produtos em processamento	$ 50 000	$ 16 200	(1,5%)	0,015 × $135 000 = $		2 025	$ 52 025
Produtos acabados	75 000	31 320	(2,9%)	0,029 × 135 000 =		3 915	78 915
Custo dos produtos vendidos	2 375 000	1 032 480	(95,6%)	0,956 × 135 000 =		129 060	2 504 060
	$ 2 500 000	$ 1 080 000	100,0%			$135 000	$ 2 635 000

Lembre-se de que os custos indiretos reais ($1 215 000) excedem os custos indiretos alocados ($1 080 000) em 12,5 por cento. As quantias de rateio, na Coluna 3, podem também ser derivadas da multiplicação dos saldos, na Coluna 2, por 0,125. Por exemplo, o rateio de $3 915 para os *produtos acabados* é 0,125 × $31 320. O lançamento diário para registrar o rateio é como segue:

Controle do produto em processamento	2 025	
Controle dos produtos acabados	3 915	
Custo dos produtos vendidos	129 060	
Custos indiretos de fabricação alocados	1 080 000	
Controle dos custos indiretos de fabricação		1 215 000

Se os custos indiretos fossem alocados a maior, as contas de *produtos em processamento, produtos acabados* e *custo dos produtos vendidos* seriam diminuídas (creditadas) em vez de aumentadas (debitadas).

Esse lançamento diário reafirma os balanços finais para 2003 das contas de *produtos em processamento, produtos acabados* e *custo dos produtos vendidos* para o que elas deveriam ter sido se usadas as taxas reais de custos indiretos e não as orçadas, de custos indiretos. Esse método registra, no razão geral, os mesmos balanços finais em 2003 que a abordagem da taxa de alocação ajustada.

Algumas empresas usam a abordagem de rateio, mas baseiam-na nas quantias da Coluna 1 da tabela anterior — isto é, nos balanços finais dos *produtos em processamento, produtos acabados* e *custo dos produtos vendidos* antes do rateio. Essa abordagem dá os mesmos resultados do rateio anterior *apenas* se as proporções dos custos indiretos de fabricação para o total de custos, e consequentemente custos diretos, forem as mesmas nas contas de *produtos em processamento, produtos acabados* e *custo dos produtos vendidos*. No geral, a proporção de custos diretos para os indiretos de fabricação nas várias contas não é constante. Por exemplo, os materiais diretos no balanço final da conta de *produtos em processamento* poderão ter uma proporção mais alta do que os materiais diretos no balanço final de custo dos *produtos vendidos*, ao passo que os custos indiretos são alocados usando uma base de alocação de custos que não seja a dos materiais diretos — digamos, mão-de-obra direta. A tabela seguinte mostra que os rateios baseados nos balanços finais das contas não serão os mesmos que os rateios mais precisos calcularam anteriormente com base nos custos indiretos de fabricação.

Conta	Saldo da conta (antes do rateio) (1)		Rateio de $ 135 000 de custos indiretos de fabricação alocados a menor (2)			Saldo da conta (depois do rateio) (3) = (1) + (2)
Produto em processamento	$ 50 000	(2%)	0,02 × $ 135 000 = $		2 700	$ 52 700
Produtos acabados	75 000	(3%)	0,03 × 135 000 =		4 050	79 050
Custo dos produtos vendidos	2 375 000	(95%)	0,95 × 135 000 =		128 250	2 503 250
	$ 2 500 000	(100%)			$ 135 000	$ 2 635 000

Entretanto, o rateio baseado nos saldos finais é frequentemente justificado como sendo um meio menos complexo de se aproximar de resultados mais precisos usando os custos indiretos alocados.

ABORDAGEM DE DAR BAIXA NO CUSTO DOS PRODUTOS VENDIDOS

Neste caso, o total de custos indiretos alocados a menor ou a maior é incluído no *custo dos produtos vendidos* deste ano. Para a Robinson, o lançamento diário seria:

Custo dos produtos vendidos	135 000	
Custos indiretos de fabricação alocados	1 080 000	
Controle de custos indiretos de fabricação		1 215 000

As duas contas nos custos indiretos são fechadas com a diferença entre elas incluída no custo dos produtos vendidos. A conta de *custo dos produtos vendidos* depois de dar baixa é igual a $ 2 510 000, o saldo de $ 2 375 000 antes da baixa *mais* a quantia de custos indiretos, *alocada a menor*, de $ 135 000.

Não importa qual abordagem é usada, os custos indiretos a menor não são transportados nas contas de custos indiretos além do final do ano porque os saldos finais no *controle dos custos indiretos* e nos *custos indiretos alocados* são fechados para as contas de *controle do produto em processamento*, *controle dos produtos acabados* e *custo dos produtos vendidos*, tornando-se, conseqüentemente, zero ao final de cada ano.

ESCOLHA ENTRE AS ABORDAGENS

Qual dessas três abordagens é a melhor para usar? Ao tomarem uma decisão, os gerentes deveriam ser guiados em como as informações resultantes serão usadas. Se os gerentes tiverem a intenção de desenvolver registro mais preciso dos custos de serviços individuais para fins de análise da rentabilidade, é preferível a abordagem da taxa de alocação ajustada. Se o propósito estiver confinado ao registro de estoques mais precisos e números do custo de produtos vendidos nas demonstrações financeiras, deveria ser usado o rateio baseado no componente de custos indiretos de fabricação alocados nos saldos finais porque ele ajusta os saldos para o que eles deveriam ser sob o custeio real. Observe que a abordagem de rateio não ajusta os registros de custo de serviços individuais.

Dar baixa no *custo de produtos vendidos* é a abordagem mais simples para lidar com custos indiretos alocados a menor ou a maior. Se a quantia de custos indiretos alocados a menor ou a maior for pequena — em comparação com o total do lucro das operações ou alguma outra medida da materialidade —, a abordagem de dar baixa no *custo dos produtos vendidos* resultará numa aproximação boa para abordagens mais precisas, porém mais complexas. As empresas modernas estão cada vez mais conscientes do controle do estoque. Assim sendo, as quantidades de estoques estão mais baixas do que nos anos anteriores, e o *custo dos produtos vendidos* tem a tendência de ser mais alto em relação à quantia em dólares dos estoques de produtos em processamento e produtos acabados. Também os saldos de estoques de empresas que custeiam as ordens são geralmente pequenos porque os produtos são freqüentemente feitos em resposta aos pedidos dos clientes. Conseqüentemente, como acontece no nosso exemplo da Robinson, dar baixa nos custos indiretos apropriados a menor ou a maior, em vez de rateá-los, provavelmente não causará nenhuma distorção nas demonstrações financeiras. Por todos esses motivos, o teste do custo-benefício favoreceria a abordagem mais simples — dar baixa no *custo dos produtos vendidos* — porque as tentativas mais complexas na precisão, representadas pelas outras duas abordagens, parecem não fornecer informações adicionais e úteis suficientes.

GRUPOS MÚLTIPLOS DE CUSTOS INDIRETOS

A ilustração da Robinson Company presumia que um único grupo de custo indireto, tendo como base de alocação de custos as horas de mão-de-obra direta, era apropriado para alocar os custos indiretos de fabricação para os serviços. A Robinson poderia ter usado bases múltiplas de alocação de custos, digamos, horas de mão-de-obra direta de fabricação *e* horas-máquina, para alocar os custos indiretos para os serviços. Mas a Robinson faria algo desse tipo apenas se os seus gerentes acreditassem que os benefícios das informações geradas pela adição de um ou mais grupos (custeio e precificação mais precisos das ordens e melhor habilidade para administrar os custos) excedessem os custos de um sistema de custeio com dois ou mais grupos de custos. (Discutiremos essas questões no Capítulo 5).

Para implementar um sistema de custeio normal com dois grupos de custos indiretos, a Robinson determinaria, digamos, o total orçado das horas de mão-de-obra direta de fabricação e o total orçado das horas-máquina para 2003, e identificaria o total de custos indiretos orçados associados para cada grupo de custos. Em seguida ela calcularia as duas taxas orçadas de custos indiretos, uma baseada nas horas de mão-de-obra direta e a outra nas horas-máquina. Os custos indiretos seriam alocados para os serviços usando essas taxas orçadas de custos indiretos e as horas reais de mão-de-obra direta de produção e as horas-máquina reais usadas pelos vários serviços. O razão geral conteria as quantias do *controle dos custos indiretos* e *dos custos indiretos alocados* para cada grupo de custo. Os ajustes para os custos indiretos alocados a menor ou a maior no final do período seriam, então, feitos separadamente para cada grupo de custos.

VARIAÇÕES DO CUSTEIO NORMAL: UM EXEMPLO DO SETOR DE SERVIÇO

O custeio por ordem é muito útil nas empresas de serviço, como as de contabilidade e de consultoria, agências de publicidade, oficinas mecânicas e hospitais. Em uma empresa de contabilidade, cada auditoria é um serviço. Os custos de cada auditoria são acumulados em um registro de custo de serviço, parecido com o documento usado pela Robinson Company, seguindo a abordagem de sete etapas descrita anteriormente. Com base nos registros de tempo de mão-de-obra, os custos de mão-de-obra direta dos profissionais — parceiros na auditoria, gerentes e pessoal de auditoria — são rastreados para os serviços individuais. Outros custos diretos, como viagens, refeições e estadia em outras cidades, telefone, fax e cópias também são rastreados para os serviços. Os custos de suporte de secretárias, pessoal do escritório, aluguel e depreciação dos móveis e equipamentos são custos indiretos por não poderem ser rastreados para os serviços de maneira economicamente viável. Os custos indiretos são alocados aos serviços usando, por exemplo, uma base de alocação de custos como as horas de mão-de-obra profissional.

Em algumas organizações de serviço, comércio e indústria, uma variação do custeio normal é útil porque os custos reais de mão-de-obra direta — o maior componente dos custos totais — são difíceis de rastrear para os serviços à medida que são completados. Por exemplo, na nossa ilustração de auditoria, os custos reais de mão-de-obra direta podem incluir os bônus que se tornam conhecidos apenas no final do ano (um motivo do numerador). Também as horas trabalhadas a cada mês podem variar significativamente dependendo do número de dias de trabalho e da demanda dos clientes (um motivo do denominador). Devido a situações como essas, uma empresa que precisa de informações em tempo oportuno durante o progresso de uma auditoria (e não quer esperar até o final do ano) usará taxas orçadas para alguns custos diretos e outras orçadas para custos indiretos. Todas as taxas orçadas são calculadas no início do ano do orçamento. Em contrapartida, o custeio normal usa taxas reais de custo para todos os custos diretos e taxas reais de custo apenas para custos indiretos.

Os mecanismos para usar taxas orçadas para os custos diretos são similares aos métodos empregados quando se usa as taxas orçadas para os indiretos em um custeio normal. Fazemos a ilustração desse ponto para a Lindsay & Associates, uma empresa de auditoria. No início de 2003, a Lindsay orçou o total de custos de mão-de-obra direta de $ 14 400 000, total de custos indiretos de $ 12 960 000, e o total de horas de mão-de-obra direta (profissional) de 288 mil para o ano. Neste caso:

$$\text{Taxa orçada de custos de mão-de-obra direta} = \frac{\text{Total orçado de custos de mão-de-obra direta}}{\text{Total orçado de horas de mão-de-obra direta}}$$

$$= \frac{14\ 400\ 000}{288\ \text{mil horas de mão-de-obra direta}}$$

$$= \$\ 50 \text{ por hora de mão-de-obra direta}$$

Presumindo apenas um grupo de custos indiretos, e total de custos de mão-de-obra direta como a base de alocação de custos,

$$\text{Taxa orçada de custos indiretos} = \frac{\text{Total orçado de custos no grupo de custos indiretos}}{\text{Quantidade total orçada da base de alocação de custos (HMD)}}$$

$$= \frac{\$\ 12\ 960\ 000}{\$\ 14\ 400\ 000} = 0{,}90 \text{ ou } 90\% \text{ dos custos de mão-de-obra direta}$$

Suponhamos que uma auditoria na Tracy Transport, um cliente da Lindsay, completada em março de 2003, use 800 horas de mão-de-obra direta. A Lindsay calcula tais custos multiplicando a taxa orçada de mão-de-obra direta a $ 50 por hora, por 800, a quantidade real de horas demandadas. Ela aloca os custos indiretos para a auditoria da Tracy Transport multiplicando a taxa orçada de custos indiretos (90 por cento) pelos custos de mão-de-obra direta do serviço da Tracy Transport ($ 40 000). Supondo que não tenha havido nenhum outro custo direto para viagens e similares, o custo da auditoria da Tracy Transport é:

Custos de mão-de-obra direta, $ 50 × 800	$ 40 000
Custos indiretos alocados, 90% × $ 40 000	36 000
Total	$ 76 000

No final do ano, os custos diretos rastreados para os serviços usando as taxas orçadas geralmente não serão iguais aos custos diretos reais porque a taxa real e a orçada são desenvolvidas em tempos diferentes e usam informações diferentes. Os ajustes para o final do período para os custos diretos alocados a menor ou a maior precisariam ser feitos da mesma maneira que os ajustes feitos para os custos indiretos alocados a menor ou a maior.

O exemplo da Lindsay & Associates ilustra que todos os sistemas de custeio não combinam exatamente o sistema de custeio real ou o sistema de custeio normal descritos anteriormente no capítulo. Como um outro exemplo, as empresas de engenharia freqüentemente têm alguns custos diretos reais (custo para fazer plantas ou honorários pagos aos peritos externos), outros custos diretos rastreados para os serviços usando uma taxa orçada (custos de mão-de-obra profissional) e custos indiretos alocados aos serviços em uma taxa orçada (custos de engenharia e de apoio ao escritório).

Problema para auto-estudo

A você é solicitada a atualização, até 31 de janeiro de 2004, das seguintes contas incompletas da Gráfica Jornada Ltda. Considere os dados que aparecem nas contas T, assim como as informações dos itens de (a) a (i).

O sistema de custeio normal da Jornada tem duas categorias de custos diretos (custos de materiais diretos e custos de mão-de-obra direta de fabricação) e um grupo de custos indiretos (de fabricação, alocados usando os custos de mão-de-obra direta de fabricação direta).

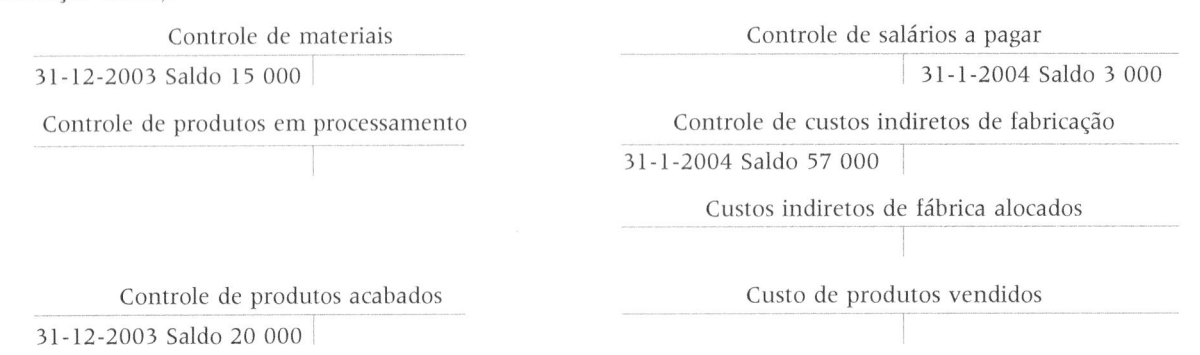

Controle de materiais	Controle de salários a pagar
31-12-2003 Saldo 15 000	31-1-2004 Saldo 3 000

Controle de produtos em processamento	Controle de custos indiretos de fabricação
	31-1-2004 Saldo 57 000

	Custos indiretos de fábrica alocados

Controle de produtos acabados	Custo de produtos vendidos
31-12-2003 Saldo 20 000	

Informações adicionais

a. Custos indiretos de fabricação são alocados usando uma taxa orçada estabelecida a cada dezembro. A administração prevê os custos indiretos e os de mão-de-obra direta para 2004 gerando um orçamento de $ 600 000 e de $ 400 000, respectivamente.

b. A única ordem de produção inacabada no dia 31 de janeiro de 2004 é a de n° 419, cujo custo de mão-de-obra direta é de $ 2 000 (125 horas de mão-de-obra direta) e custos de materiais diretos de $ 8 000.

c. O total de custos de materiais diretos utilizados na produção durante janeiro é de $ 90 000.

d. O custo de produtos acabados durante janeiro é de $ 180 000.

e. O estoque de materiais a partir de 31 de janeiro de 2004 é de $ 20 000.

f. O estoque de produtos acabados a partir de 31 de janeiro de 2004 é de $ 15 000.

g. Todos os trabalhadores de fábrica ganham a mesma taxa salarial; horas de mão-de-obra direta usadas em janeiro totalizam 2 500 horas e outros custos de mão-de-obra e de supervisão totalizam $ 10 000.

h. A folha de pagamento bruta da fábrica, paga em janeiro, soma $ 52 000. Ignore o imposto de renda retido na fonte.

i. Todos os custos indiretos reais de fabricação incorridos durante janeiro já foram registrados.

Para fazer:
Calcule:

1. Materiais comprados durante janeiro.
2. O *custo de produtos vendidos* durante janeiro.
3. Os custos de mão-de-obra direta incorridos durante janeiro.
4. Os custos indiretos alocados durante janeiro.
5. Saldo, *controle de salários a pagar*, 31 de dezembro de 2003.
6. Saldo, *controle de produtos em processamento*, 31 de janeiro de 2004.
7. Saldo, *controle de produtos em processamento*, 31 de dezembro de 2003.
8. Custos indiretos alocados a menor ou a maior para janeiro de 2004.

Solução

Os valores das contas T estão rotuladas '(T)'.

1. Da conta T de *controle de materiais*, materiais comprados: $ 90 000 (c) + $ 20 000 (e) – $ 15 000 (T) = $ 95 000.
2. Da conta em T de *controle de produtos acabados, custo de produtos vendidos*: $ 20 000 (T) + $ 180 000 (d) – $ 15 000 (f) = $ 185 000.
3. Taxa salarial direta: $ 2 000 (b) ÷ 125 horas de mão-de-obra direta (b) = $ 16 por hora de mão-de obra direta.
4. Índice de custo indireto de fabricação: $ 600 000 (a) ÷ $ 400 000 (a) = 150%.
5. Da conta T de *controle de salários a pagar*, 31 de dezembro de 2003: $ 52 000 (h) + $ 3 000 (T) – $ 40 000 (veja 3) – $ 10 000 (g) = $ 5 000.
6. Controle de *produtos em processamento*, 31 de janeiro de 2004: $ 8 000 (b) + $ 2 000 (b) + 150% de $ 2 000 (b) = $ 13 000. (Esta resposta é usada na questão 7.)

7. Da conta T de *controle de produtos em processamento*, 31 de dezembro de 2003: $ 180 000 (d) + $ 13 000 (veja 6) – $ 90 000 (c) – $ 40 000 (veja 3) – $ 60 000 (veja 4) = $ 3 000.
8. Custos indiretos alocados: $ 60 000 (veja 4) – $ 57 000 (T) = $ 3 000.

Lançamentos em contas T são denominados com letras conforme informações adicionais anteriores e numerados conforme os requisitos abaixo.

Controle de materiais

31 de dezembro de 2003	Saldo	(dado)	15 000		
		(1)	95 000*	(c)	90 000
31 de janeiro de 2004	Saldo	(e)	20 000		

Controle de produtos em processamento

31 de dezembro de 2003 Saldo	(7)	3 000		(d)	180 000
Materiais diretos	(c)	90 000			
Mão-de-obra direta	(b) (g) (3)	40 000			
Custos indiretos alocados	(g) (a) (4)	60 000			
31 de janeiro de 2004 Saldo	(b) (6)	13 000			

Controle de produtos acabados

31 de dezembro de 2003	Saldo	(dado)	20 000		
		(d)	180 000	(2)	185 000
31 de janeiro de 2004	Saldo	(f)	15 000		

Controle de salários a pagar

(h)	52 000	31 de dezembro de 2003	(5)	5 000
			(g), (3)	40 000
			(g)	10 000
		31 de janeiro de 2004 Saldo	(dado)	3 000

Controle de custos indiretos de fabricação

Total de cobranças de janeiro	(dado)	57 000	

Custos indiretos de fabricação alocados

		(g) (a) (4)	60 000

Custo de produtos vendidos

(f) (2)	185 000	

* *Pode ser computado somente depois de todos os outros lançamentos na conta serem encontrados.*

Pontos de decisão

Resumo

O seguinte formato de perguntas e respostas resume os objetivos de aprendizagem do capítulo. Cada decisão apresenta uma pergunta-chave relacionada a um objetivo de aprendizagem. As diretrizes são as respostas a essa pergunta.

Decisão	Diretrizes
1. Quais são os conceitos de blocos de construção dos sistemas de custeio?	Os conceitos de blocos de construção de um sistema de custeio são o objeto de custo, os diretos de um objeto de custo, os indiretos de um objeto de custo, o grupo de custos e a base de alocação de custos. Diagramas de uma visão geral do sistema de custeio representam esses conceitos de forma sistemática. Os sistemas de custeio buscam apresentar valores de custos que refletem a maneira como objetos de custos escolhidos (como produtos ou serviços) usam os recursos de uma organização.

Decisão	Diretrizes
2. Como você distingue o custeio por ordem de produção do custeio por processo?	Sistemas de custeio por ordem de produção distribuem custos para unidades distintas de um produto ou serviço. Sistemas de custeio por processo distribuem custos para massas de unidades idênticas ou similares e calculam custos unitários baseados em uma média. Esses dois sistemas de custeio representam lados opostos de um contínuo. Os sistemas de custeio de muitas empresas combinam alguns elementos de ambos, o custeio por ordem e o custeio por processo.
3. Como você implementa um sistema de custeio por ordem de produção?	Uma abordagem geral para o custeio por ordem de produção requer a identificação (a) da ordem, (b) das categorias de custos diretos, (c) das bases de alocação de custos, (d) das categorias de custos indiretos, (e) das taxas de alocação de custos, (f) dos custos indiretos alocados a uma ordem e (g) dos custos diretos e indiretos totais de um serviço.
4. Como você distingue o custeio real do custeio normal?	O custeio real e o custeio normal diferem na maneira em que cada um usa as taxas reais ou orçadas de custos indiretos:

	Custeio normal	Custeio real
Taxas de custos diretos	Taxas reais	Taxas reais
Taxas de custos indiretos	Taxas reais	Taxas orçadas

Ambos os métodos usam quantidades reais de insumos para o reconhecimento de custos diretos, e quantidades reais das bases de alocação para alocar os custos indiretos.

Decisão	Diretrizes
5. Quais são os estágios para lançar as transações em um sistema de custeio por ordem de produção?	As transações em um sistema de custeio por ordem de produção na fabricação rastreiam: (a) a aquisição de materiais e outros insumos de fabricação; (b) a sua conversão em produtos em processamento; (c) a sua eventual conversão em produtos acabados; e (d) a venda de produtos acabados. Cada um dos estágios de (a) a (d) no ciclo de produção/venda é representado por lançamentos diários no sistema de custeio.
6. Como você deve contabilizar custos indiretos de fabricação alocados a menor e a maior?	As duas abordagens teoricamente corretas para dar baixa em custos indiretos de fabricação alocados a menor e a maior são as de ajustar a taxa de alocação e ratear com base na quantidade total do custo indireto de fabricação alocados nos saldos finais de *controle de produtos em processamento*, *controle de produtos acabados* e *custo de produtos vendidos*. Muitas empresas simplesmente dão baixa total nas quantidades de custos indiretos de fabricação alocados a menor e a maior para o *custo de produtos vendidos* baseadas no conceito de praticidade.
7. Quais variações do custeio normal podem ser usadas?	Em algumas variações do custeio normal, as organizações usam taxas orçadas para distribuir os custos diretos, assim como os custos indiretos, para as ordens.

Termos para aprender

Este capítulo e o Glossário no final deste livro contêm definições de:

- abordagem da taxa de alocação ajustada
- base de alocação de custos
- base de aplicação de custos
- custeio normal
- custeio real
- custos indiretos absorvidos a maior
- custos indiretos absorvidos a menor
- custos indiretos alocados a maior
- custos indiretos alocados a menor
- custos indiretos aplicados a maior
- custos indiretos aplicados a menor
- custos indiretos de fabricação alocados
- custos indiretos de fabricação aplicados
- documento de registro
- grupo de custos
- planilha do custo por ordem de produção
- rateio
- registro das horas de mão-de-obra
- registro de requisição de materiais
- registro do custo do serviço
- sistema de custeio por processo
- sistema de custeio por ordem de produção
- taxa de custos indiretos
- taxa orçada do custo indireto

Material de trabalho

Perguntas

4-1 Defina grupo de custos, rastreamento de custos, alocação de custos e base de alocação de custos.

4-2 Como um sistema de custeio por ordem de produção difere de um sistema de custeio por processo?

4-3 Por que uma agência de propaganda poderia usar o custeio por ordem de produção para uma campanha publicitária da Pepsi, enquanto um banco usa o custeio por processo para determinar o custo de saques em contas correntes?

4-4 Descreva as sete etapas do custeio por ordem de produção.

4-5 Quais são os dois principais objetos de custo que os gerentes observam nas empresas que usam o custeio por ordem de produção?

4-6 Descreva os três principais documentos de registro usados para preparar os registros de custos por ordem de produção.

4-7 Qual é a principal preocupação com documentos de registro usados para preparar registros de custos por ordem de produção?

4-8 Dê duas razões para a maioria das organizações usar um período anual em vez de semanal ou mensal para calcular as taxas orçadas de custos indiretos.

4-9 Compare custeio real e custeio normal.

4-10 Descreva duas situações em que uma empresa de construção residencial poderia usar informações de custos por ordem.

4-11 Comente sobre a seguinte declaração: "Em um sistema de custeio normal, as quantias na conta de *controle de custos indiretos de fabricação* serão sempre iguais às da conta de *custos indiretos alocados*".

4-12 Descreva três lançamentos de débitos diferentes para a conta T do razão geral para o *controle de produtos em processamento* sob o custeio normal.

4-13 Descreva três maneiras alternativas de contabilizar custos indiretos alocados a menor ou a maior.

4-14 Quando uma empresa poderia usar custos orçados em vez de custos reais para computar as taxas de mão-de-obra direta?

4-15 Descreva resumidamente por que tecnologias modernas como a da Electronic Data Interchange (EDI) são úteis para os gerentes.

Exercícios

4-16 Custeio por ordem de produção, custeio por processo. Em cada uma das seguintes situações, determine qual tipo de custeio, por ordem de produção ou por processo, seria mais apropriado.

- **a.** Uma empresa contábil
- **b.** Uma refinaria de petróleo
- **c.** Um fabricante de móveis sob encomenda
- **d.** Um fabricante de pneus
- **e.** Uma editora de livros didáticos
- **f.** Uma empresa farmacêutica
- **g.** Uma agência de publicidade
- **h.** Uma fábrica de vestuário
- **i.** Um moinho de trigo
- **j.** Um fabricante de tinta
- **k.** Uma clínica de saúde
- **l.** Uma empresa de paisagismo
- **m.** Um produtor de concentrado de guaraná
- **n.** Um estúdio cinematográfico
- **o.** Uma empresa advocatícia
- **p.** Um fabricante de aeronaves comerciais
- **q.** Uma empresa de consultoria de negócios
- **r.** Uma empresa de cereais matinais
- **s.** Um serviço de buffet
- **t.** Uma fábrica de papel
- **u.** Uma oficina de consertos de automóveis

4-17 Custeio real, custeio normal, contabilizando custos indiretos de fabricação. A Produtos Destino usa um sistema de custeio por ordem com duas categorias de custos diretos (materiais diretos e mão-de-obra direta) e um grupo de custos indiretos de fabricação. A Destino aloca os custos indiretos usando os custos de mão-de-obra direta. A empresa fornece as seguintes informações:

	Orçamento para 2004	Resultados reais para 2004
Custos de materiais diretos	$ 1 500 000	$ 1 450 000
Custos de mão-de-obra direta	1 000 000	980 000
Custos indiretos de fabricação direta	1 750 000	1 862 000

Para fazer:

1. Calcule as taxas reais e orçadas dos custos indiretos para 2004.
2. Durante o mês de março, o registro do custo da ordem de produção 626 continha as seguintes informações:

Materiais diretos usados	$ 40 000
Custos de mão-de-obra direta de fabricação	$ 30 000

Calcule o custo da ordem 626 usando (a) custeio real e (b) custeio normal.

3. No final de 2004, compute os custos indiretos alocados a menor e a maior sob o custeio normal. Por que não há indiretos alocados a menor ou a maior sob o custeio real?

4-18 Custeio do serviço, custeio normal e real. A Construtora Anderson constrói casas residenciais. Ela usa um sistema de custeio por ordem de produção com duas categorias de custos diretos (materiais diretos e mão-de-obra direta) e um grupo de custos indiretos (apoio à montagem). As horas de mão-de-obra direta são a base de alocação para os custos de apoio à montagem. Em dezembro de 2003, a Anderson orça os custos de apoio à montagem, para 2004, em $ 8 000 000, e as horas de mão-de-obra direta em 160 mil.

No final de 2004, a Anderson está comparando os custos de vários serviços iniciados e completados em 2004.

	Modelo Laguna	Modelo Missão
Período de construção	Fev.–Jun. de 2004	Maio–Out. de 2004
Materiais diretos	$ 106 450	$ 127 604
Mão-de-obra direta	$ 36 276	$ 41 410
Horas de mão-de-obra direta	900	1 010

Os materiais diretos e a mão-de-obra direta são pagos com base em um contrato. Os custos de cada um são conhecidos quando os materiais diretos são usados e quando as horas de mão-de-obra são trabalhadas. Os custos reais em 2004 para o apoio à montagem foram de $ 6 888 000, e as horas reais de mão-de-obra direta foram de 164 mil.

Para fazer:

1. Calcule as taxas (a) orçadas e (b) reais para os custos indiretos. Por que elas diferem?
2. Qual o custo da ordem para o Modelo Laguna e o Modelo Missão usando (a) custeio normal e (b) custeio real?
3. Por que a Construtora Anderson poderia preferir o custeio normal sobre o custeio real?

4-19 Taxa orçada de custos indiretos de fabricação, custos indiretos de fabricação alocados. A Companhia Vectra usa o custeio normal. Ela aloca os custos de gastos gerais de produção usando uma taxa orçada por hora-máquina. Os seguintes dados estão disponíveis para 2003:

Custos indiretos de fabricação orçados	$ 2 850 000
Horas-máquina orçadas	190 000
Custos indiretos de fabricação reais	2 910 000
Horas-máquina reais	195 000

Para fazer:

1. Calcule a taxa orçada dos custos indiretos de fabricação.
2. Calcule os custos indiretos alocados durante 2003.
3. Calcule a quantia de custos indiretos alocados a menor ou a maior.

4-20 Custeio por ordem, contabilizando custos indiretos de fabricação, taxas orçadas. A Companhia Lino usa um sistema de custeio do serviço na sua fábrica em Santa Catarina. A fábrica tem um *departamento de usinagem* e um *departamento de montagem*. O seu sistema de custeio por ordem tem duas categorias de custos diretos (materiais diretos e mão-de-obra direta) e dois grupos de custos indiretos de fabricação (os custos do *departamento de usinagem* alocados para serviços com base em horas-máquina reais, e os indiretos do *departamento de montagem* alocados para serviços com base no custo real da mão-de-obra direta). O orçamento para 2004 da fábrica é:

	Departamento de usinagem	Departamento de montagem
Custos indiretos de produção	$ 1 800 000	$ 3 600 000
Custo de-mão de-obra direta	$ 1 400 000	$ 2 000 000
Horas de mão-de-obra direta	100 000	200 000
Horas-máquina	50 000	200 000

Para fazer:

1. Apresente um diagrama de visão geral do sistema de custeio por ordem da Lino. Calcule a taxa orçada de custos indiretos para cada departamento.
2. Durante o mês de fevereiro, o registro de custo da ordem 494 continha o seguinte:

	Departamento de usinagem	Departamento de montagem
Materiais diretos usados	$ 45 000	$ 70 000
Custo de mão-de-obra direta	$ 14 000	$ 15 000
Horas de mão-de-obra direta	1 000	1 500
Horas-máquina	2 000	1 000

Calcule o total de custos indiretos alocados para a ordem 494.

3. No final de 2004, os custos reais indiretos eram de $ 2 100 000 na *usinagem* e de $ 3 700 000 na *montagem*. Suponha que 55 mil horas-máquina reais tenham sido usadas na *usinagem* e que os custos reais de mão-de-obra direta na *montagem* tenham sido de $ 2 200 000. Calcule os custos indiretos alocados a menor ou a maior para cada departamento.

4-21 Custeio do serviço, empresa de consultoria. A Taylor e Associados, uma empresa de consultoria, tem o seguinte orçamento consolidado para 2004:

Receitas		$ 20 000 000
Custos totais		
Custos diretos		
Mão-de-obra profissional	$ 5 000 000	
Custos indiretos		
Apoio à consultoria	13 000 000	18 000 000
Lucro operacional		$ 2 000 000

Taylor tem uma única categoria de custos diretos (mão-de-obra profissional) e um único grupo de custos indiretos (apoio ao cliente). Os custos indiretos são alocados para serviços com base nos custos de mão-de-obra profissional.

Para fazer:

1. Apresente um diagrama de visão geral do sistema de custeio por ordem. Calcule a taxa orçada de custos indiretos para 2004 da Taylor e Associados.
2. A margem de lucro sobre o custo da ordem de produção é aquela que resulta num lucro operacional igual a 10 por cento das receitas. Calcule a margem de lucro como uma porcentagem dos custos da mão-de-obra profissional.
3. A Taylor está cotando um serviço de consultoria para a Galo de Ouro, uma rede de fast-food especializada em carne de frango. A distribuição orçada da mão-de-obra profissional para o serviço é esta:

Categoria de mão-de-obra profissional	Taxa orçada por hora	Horas orçadas
Diretor	$ 200	3
Sócio	100	16
Associado	50	40
Assistente	30	160

Calcule o custo orçado para o serviço da Galo de Ouro. Quanto a Taylor irá cobrar para o serviço se ela deverá ganhar como lucro-meta das operações 10 por cento das receitas?

4-22 Calculando taxas de custos indiretos, custeio da ordem de serviço. Miguel Redondo, presidente da Auxílio Fiscal, está analisando alternativas para calcular as taxas de custos indiretos. Ele conta com as seguintes informações do orçamento para 2003:

- Custos indiretos variáveis orçados: $ 10 por hora de mão-de-obra profissional.

- Custos indiretos fixos orçados: $ 50 000 por trimestre.

As horas de mão-de-obra profissional faturáveis orçadas por trimestre são:

Janeiro — Março	20 000 horas
Abril — Junho	10 000 horas
Julho — Setembro	4 000 horas
Outubro — Dezembro	6 000 horas

Redondo paga todos os profissionais empregados pela Auxílio Fiscal por hora ($ 30 por hora, incluindo todos os benefícios).

O sistema de custeio por ordem de serviço da Auxílio Fiscal tem uma única categoria de custos diretos (mão-de-obra profissional a $ 30 por hora) e um único grupo de custos indiretos (apoio ao escritório que é alocado usando as horas de mão-de-obra profissional).

A Auxílio Fiscal cobra $ 65 por hora de mão-de-obra profissional dos clientes.

Para fazer:

1. Calcule a taxa orçada de custos indiretos por hora de mão-de-obra profissional usando:
   a. Horas faturáveis orçadas trimestrais como o denominador
   b. Horas faturáveis orçadas anuais como o denominador
2. Calcule o lucro das operações para os quatro seguintes clientes usando:
   a. Taxas trimestrais de custos indiretos
   b. Uma taxa anual de custos indiretos
      - Bento Freitas: 10 horas em fevereiro
      - Leila Costa: 6 horas em março e 4 horas em abril
      - Carlos Pantera: 4 horas em junho e 6 horas em agosto
      - Jane Neves: 5 horas em janeiro, 2 horas em setembro e 3 horas em novembro
3. Comente sobre os resultados da Parte 2.

4-23 Contabilizando custos indiretos de fabricação. Considere os seguintes dados de custos selecionados para a Companhia Jales de Fundição para o ano de 2003.

Custos indiretos de fabricação orçados	$ 7 000 000
Horas-máquina orçadas	200 000
Custos indiretos de fabricação reais	$ 6 800 000
Horas-máquina reais	195 000

A empresa usa custeio normal. Seu sistema de custeio do serviço tem um único grupo de custos indiretos de fabricação. Os custos são alocados para as ordens usando-se uma taxa orçada de horas/máquina. Qualquer quantia de alocação a menor ou a maior é alocada para o custo de produtos vendidos.

Para fazer:

1. Calcule a taxa orçada de gastos gerais de fabricação.
2. Prepare os lançamentos diários para registrar a alocação dos gastos gerais de fabricação.
3. Calcule a quantia de alocação a menor ou a maior dos custos indiretos de fabricação. A quantia é significativa? Prepare um lançamento no diário para alocar a quantia.

4-24 Custeio por ordem de serviço, lançamentos diários. A Editora da Universidade de Chicago pertence totalmente à universidade. A maior parte de seu trabalho é voltada ao atendimento de departamentos da Universidade que pagam pelos serviços como se a Editora fosse uma empresa externa. A Editora também publica e mantém um estoque de livros para venda ao público em geral. Um sistema de custeio por ordem é usado para custear cada serviço. Há duas categorias de custos diretos (materiais diretos e mão-de-obra de fabricação direta) e um grupo de custos indiretos (de produção, alocados com base nos custos de mão-de-obra direta).

Os seguintes dados (em milhares) pertencem ao ano de 2004:

Materiais diretos e suprimentos comprados a prazo	$ 800
Materiais diretos usados	710
Materiais indiretos emitidos para vários departamentos de produção	100
Mão-de-obra direta	1 300
Mão-de-obra indireta incorrida por vários departamentos	900
Depreciação do prédio e equipamento de produção	400
Custos indiretos diversos* incorridos por vários departamentos (normalmente seriam detalhados como reparos, xerografia, utilidades etc.)	550

Custos indiretos alocados a 160% dos custos de mão-de-obra direta	?
Custo de produção	4 120
Receitas	8 000
Custo de produtos vendidos	4 020
Estoques, 31 de dezembro de 2003 (não 2004):	
Controle de materiais	100
Controle de produtos em processamento	60
Controle de produtos acabados	500

* *O termo* custos indiretos de fabricação *não é usado uniformemente. Outros termos freqüentemente encontrados em publicações de outras editoras são custos indiretos do serviço e gastos gerais da oficina.*

Para fazer:

1. Apresente um diagrama com a visão geral do sistema de custeio por ordem na Editora da Universidade de Chicago.
2. Prepare lançamentos no diário para resumir as transações de 2004. Como lançamento final, faça a alocação dos custos indiretos de fabricação a menor ou a maior no *custo de produtos vendidos*. Numere os seus lançamentos. As explicações para cada lançamento podem ser omitidas.
3. Mostre contas T lançadas para todos os estoques: *custo de produtos vendidos, controle de custos indiretos de fabricação* e *custos indiretos de fabricação alocados*.

4-25 Custeio por ordem de serviço, lançamentos no diário e documentos de registro (continuação do 4-24). No diário, na sua resposta do 4-24 para cada lançamento, (a) indique o documento de registro que mais provavelmente autorizaria o lançamento, e (b) dê uma descrição do lançamento nos razões subsidiárias se for necessário fazer algum lançamento nos mesmos.

4-26 Custeio por ordem de fabricação, lançamentos diários. A Dantes monta casas fabricadas de qualidade. Seu sistema de custeio por ordem tem duas categorias de custos diretos (materiais diretos e mão-de-obra direta) e um grupo de custos indiretos (custos indiretos alocados a uma taxa orçada de $ 30 por hora-máquina em 2004). Os seguintes dados (em milhões) pertencem às operações para 2004:

Controle de materiais, 31 de dezembro de 2003	$ 12
Controle de produtos em processamento, 31 de dezembro de 2003	2
Controle de produtos acabados, 31 de dezembro de 2003	6
Materiais e suprimentos comprados em conta	150
Materiais diretos usados	145
Materiais indiretos (suprimentos) emitidos para vários departamentos de produção	10
Mão-de-obra direta	90
Mão-de-obra indireta incorrida por vários departamentos	30
Depreciação da fábrica e o equipamento de produção	19
Custos indiretos diversos incorridos (normalmente detalhados como reparos, utilidades etc., com crédito correspondente para várias contas de passivos)	9
Custos indiretos alocados, 2 100 000 horas-máquina reais	?
Custo de produção	294
Receitas	400
Custo de produtos vendidos	292

Para fazer:

1. Apresente um diagrama com a visão geral do sistema de custeio por ordem de produção da Dantes.
2. Prepare lançamentos diários. Numere seus lançamentos. Faça lançamentos nas contas T. Qual é o saldo final do *controle de produtos em processamento*?
3. Mostre o lançamento no diário para dar baixa nos custos indiretos alocados a menor ou a maior no final do ano diretamente para o *custo de produtos vendidos*. Faça os lançamentos nas contas T.

4-27 Custeio por ordem de produção, custo unitário, produtos em processamento final. A Companhia Reis trabalhou em apenas dois serviços durante o mês de maio. Informações sobre os serviços estão a seguir:

	Serviço M1	Serviço M2
Materiais diretos	$ 75 000	$ 50 000
Mão-de-obra direta	$ 270 000	$ 210 000
Horas de mão-de-obra direta	6 000	5 000

Os custos indiretos são alocados com base na taxa orçada de $ 30 por hora de mão-de-obra direta. A ordem M1 foi completada em maio.

Para fazer:

1. Calcule o custo total da ordem M1.
2. Calcule o custo unitário para a ordem M1, supondo que tenha 15 mil unidades.
3. Prepare o lançamento diário transferindo a ordem M1 para *produtos acabados*.
4. Determine o saldo final na conta de *produtos em processamento*.

4-28 Custeio por ordem de serviço, custeio real, normal e variação do normal. A Santos e Santos é uma sociedade contábil de Petrolina especializada em serviços de auditoria. Seu sistema de custeio por ordem de serviço tem uma única categoria de custos diretos (mão-de-obra profissional) e um único grupo de custos indiretos (apoio à auditoria, que contém todos os custos no *departamento de apoio à auditoria*). Os custos de apoio à auditoria são alocados para os serviços individuais usando as horas reais de mão-de-obra profissional. A Santos e Santos emprega dez profissionais que executam seus serviços de auditoria.

Quantias reais e orçadas para 2004 são:

Orçamento para 2004	
Salários da mão-de-obra profissional	$ 960 000
Custos do departamento de apoio à auditoria	$ 720 000
Horas de mão-de-obra profissional faturadas para clientes	16 000 horas
Resultados reais para 2004	
Custos do departamento de apoio à auditoria	$ 744 000
Horas de mão-de-obra profissional faturadas para clientes	15 500 horas
Taxa real do custo da mão-de-obra profissional	$ 58 por hora

Para fazer:

1. Calcule a taxa de custos diretos e indiretos por hora de mão-de-obra profissional para 2004 sob (a) custeio real, (b) custeio normal e (c) variação do custeio normal que usa taxas orçadas para os custos diretos.
2. A auditoria na Juazeiro Ltda., feita em 2004, foi orçada em 110 horas de mão-de-obra profissional, sendo que as horas reais demandadas foram de 120. Calcule o custo do serviço de 2004 usando (a) custeio real, (b) custeio normal e (c) variação do custeio normal que usa taxas orçadas para os custos diretos. Explique qualquer diferença no custo do serviço.

Aplicação do Excel. Para alunos que desejam praticar as suas habilidades com planilhas, a seguir temos uma abordagem passo a passo para criar uma planilha de Excel para trabalhar esse problema.

Passo a passo

1. No topo de uma planilha nova, crie uma seção de 'Dados originais' para os dados fornecidos pela Santos e Santos. Crie filas para as quantias orçadas e reais para o período, exatamente no mesmo formato mostrado para a Santos e Santos acima.

   (Programe a sua planilha para realizar todos os cálculos necessários. Não faça nenhuma conta à 'moda antiga' para as taxas de custos diretos e indiretos, necessitando de operações de adição, subtração, multiplicação ou divisão.)

2. Salte duas linhas. Crie uma nova seção com o título 'Problema 1'. Estabeleça linhas para a taxa de custos diretos e para a taxa de custos indiretos. Crie colunas para 'Custeio real', 'Custeio normal' e 'Variação do custeio normal'. Use dados da seção de 'Dados Originais' para computar as taxas de custos diretos e indiretos sob o custeio real, o custeio normal e a variação do custeio normal que usa taxas orçadas para os custos diretos.

3. Salte duas linhas e crie uma nova seção com o título 'Problema 2', com linhas para os custos de mão-de-obra profissional, custos de apoio à auditoria e custos totais do serviço, e colunas para 'Custeio real', 'Custeio normal' e 'Variação do custeio normal'. Use as taxas de custos diretos e indiretos da sua seção de 'Problema 1' para calcular os custos de mão-de-obra profissional, os de apoio à auditoria e o custo total do serviço para a auditoria da Juazeiro Ltda. sob custeio real, custeio normal e a variação do custeio normal que usa taxas orçadas para os custos diretos.

4. *Verifique a precisão de sua planilha.* Vá até a seção de 'Dados originais' e mude as horas de mão-de-obra profissional orçadas, faturadas de 16 mil para 17 mil. Se sua planilha estiver programada corretamente, a taxa de custos indiretos sob o custeio normal deve mudar para $ 42, e o total do custo do serviço para a auditoria da Juazeiro Ltda. sob a variação do custeio normal deve mudar para $ 11 859.

4-29 Custeio por ordem de serviço, setor de serviços, custeio real, normal, variação do normal. A Criações Web, uma empresa de criação e manutenção de sites na Web, usa o custeio por ordem de serviço. Seu sistema de custeio tem uma única categoria de custos diretos (serviços profissionais) e um único grupo de custos indiretos (apoio ao cliente). Os custos do apoio ao cliente são alocados para serviços individuais usando as horas de serviço profissional. As quantias orçadas e reais para 2004 são:

Orçamento para 2004

Salários da equipe de serviço profissional	$ 10 000 000
Custos de apoio ao cliente	$ 6 500 000
Horas de serviço profissional faturadas para clientes	50 000 horas

Resultados reais para 2004

Custos de apoio ao cliente	$ 6 220 000
Horas de serviço profissional faturadas para clientes	55 000 horas
Taxa real da equipe de serviço profissional	$ 225 por hora

Para fazer:

1. Calcule a taxa de custos diretos por hora de serviço profissional e a taxa de custos indiretos por hora de serviço profissional para 2004 sob (a) custeio real, (b) custeio normal e (c) variação do custeio normal que usa taxas orçadas para os custos diretos.
2. Em 2004, a Criações Web forneceu serviços para Amazon.com. A Criações Web orçou gastar 500 horas de serviço profissional. As horas de serviço profissional totalizaram 575. Calcule o custo do serviço para o projeto da Amazon.com usando (a) custeio real, (b) custeio normal e (c) variação do custeio normal que usa taxas orçadas para os custos diretos. Explique quaisquer diferenças no custo do serviço.

Problemas

4-30 Custeio por ordem de serviço, contabilizando custos indiretos de produção, taxas orçadas. A Companhia Salomão usa um sistema de custeio por ordem na sua fábrica em Palmas, Tocantins. A fábrica tem um *departamento de usinagem* e um *departamento de acabamento*. Salomão usa o custeio normal com duas categorias de custos diretos (materiais diretos e mão-de-obra direta) e dois grupos de custos indiretos (o *departamento de usinagem* com horas-máquina como a base de alocação, e o *departamento de acabamento* com custos de mão-de-obra direta como a base de alocação). O orçamento de 2003 para a fábrica é assim:

	Departamento de usinagem	Departamento de acabamento
Custos indiretos de fabricação	$ 10 000 000	$ 8 000 000
Custo de mão-de-obra direta	$ 900 000	$ 4 000 000
Horas de mão-de-obra direta	30 000	160 000
Horas-máquina	200 000	33 000

Para fazer:

1. Apresente um diagrama com a visão geral do sistema de custeio por ordem, da Salomão.
2. Qual é a taxa orçada de custos indiretos que deve ser usada no Departamento de Usinagem? No Departamento de Acabamento?
3. Durante o mês de janeiro, o registro do custo da ordem 431 mostra o seguinte:

	Departamento de usinagem	Departamento de montagem
Materiais diretos usados	$ 14 000	$ 3 000
Custo de mão-de-obra direta	$ 600	$ 1 250
Horas de mão-de-obra direta	30	50
Horas-máquina	130	10

Calcule o total de custos indiretos orçados para a ordem 431.

4. Supondo que a ordem 431 consistia de 200 unidades de produto, qual é o custo unitário do produto para essa ordem?
5. No final de 2003, as quantias eram assim:

	Departamento de usinagem	Departamento de montagem
Custos indiretos incorridos	$ 11 200 000	$ 7 900 000
Custo de mão-de-obra direta	$ 950 000	$ 4 100 000
Horas-máquina	220 000	32 000

Calcule os custos indiretos alocados a menor ou a maior para cada departamento e para a fábrica de Palmas como um todo.

6. Por que a Salomão usa dois grupos de custos indiretos de fabricação diferentes no seu sistema de custeio?

4-31 Setor de serviços, custeio por ordem de serviço, escritório de advocacia. A Medeiros e Associados é um escritório de advocacia especializado em direito trabalhista. Ela emprega 25 profissionais (cinco sócios e 20 associados) que trabalham diretamente com os seus clientes. A média de salários totais orçados por profissional para 2002 é de $ 104 000. Cada profissional está orçado com 1 600 horas faturáveis para clientes em 2002. A Medeiros é um escritório altamente respeitado, e todos os profissionais trabalham para clientes até o máximo de 1 600 horas faturáveis disponíveis. Todos os custos de mão-de-obra profissional são incluídos em uma única categoria de custos diretos e rastreados para serviços com base nas horas trabalhadas.

Todos os custos da Medeiros e Associados, além dos de mão-de-obra profissional, são incluídos em um único grupo de custos indiretos (apoio legal) e alocados para serviços usando as horas de mão-de-obra profissional como base de alocação. O nível orçado de custos indiretos em 2002 é de $ 2 200 000.

Para fazer:

1. Apresente um diagrama com a visão geral do sistema de custeio do serviço da Medeiros.
2. Calcule a taxa orçada do custo direto de 2002 por hora de mão-de-obra profissional.
3. Calcule a taxa orçada do custo indireto de 2002 por hora de mão-de-obra profissional.
4. A Medeiros e Associados está considerando cotar dois serviços:
   a. Trabalho de litígio para a Realce Ltda., que requer cem horas orçadas de mão-de-obra profissional.
   b. Trabalho de contrato trabalhista para a Flecha Ltda., que requer 150 horas orçadas de mão-de-obra profissional.

Prepare uma estimativa de custo para cada serviço.

4-32 Setor de serviços, custeio do serviço com duas categorias de custos diretos e duas de custos indiretos, empresa de advocacia (continuação do 4-31). A Medeiros acaba de completar a análise de seu sistema de custeio do serviço. Esta revisão incluiu uma análise detalhada de como serviços passados usaram os recursos da empresa e entrevistas com o pessoal sobre quais fatores impulsionam os níveis de custos indiretos. A administração concluiu que um sistema com duas categorias de custos diretos (mão-de-obra profissional dos sócios e mão-de-obra profissional dos associados) e duas categorias de custos indiretos (apoio geral e apoio de secretárias) resultaria em custos de serviço mais precisos. Informações orçadas para 2002 relativas às duas categorias de custos diretos são:

	Mão-de-obra profissional de sócios	Mão-de-obra profissional de associados
Número de profissionais	5	20
Horas faturáveis por profissional	1 600 por ano	1 600 por ano
Total de salários (média por profissional)	$ 200 000	$ 80 000

Informações orçadas para 2002, relativas às duas categorias de custos indiretos são:

	Apoio geral	Apoio de secretárias
Custos totais	$ 1 800 000	$ 400 000
Base de alocação de custos	profissional horas/mão-de-obra	sócio horas/mão-de-obra

Para fazer:

1. Calcule as taxas orçadas de custos diretos de 2002 para (a) sócios profissionais e (b) associados profissionais.
2. Calcule as taxas orçadas de custos indiretos de 2002 para (a) apoio geral e (b) apoio de secretárias.
3. Calcule os custos orçados para os serviços da Realce e da Flecha, dadas as seguintes informações:

	Realce Ltda.	Flecha Ltda.
Sócios profissionais	60 horas	30 horas
Associados profissionais	40 horas	120 horas

4. Comente sobre os resultados na Parte 3. Por que os custos dos serviços são diferentes daqueles calculados no Problema 4-31?

4-33 Rateio de custos indiretos. (Z. Iqbal, adaptado) A Companhia de Radiadores Silva usa o custeio normal com um único grupo de custos indiretos e horas-máquina como a base de alocação. Os seguintes dados são para 2004:

Custos indiretos orçados		$ 4 800 000
Base de alocação dos custos indiretos		Horas-máquina
Horas-máquina orçadas		80 000
Custos indiretos incorridos		$ 4 900 000
Horas-máquina reais		75 000

Os dados de horas-máquina e os saldos finais (antes do rateio dos custos indiretos alocados a menor ou a maior) são como a seguir:

	Horas-máquina reais	Saldo do final de 2004
Custo de produtos vendidos	60 000	$ 8 000 000
Produtos acabados	11 000	1 250 000
Produtos em processamento	4 000	750 000

Para fazer:

1. Calcule a taxa orçada de custos indiretos para 2004.
2. Calcule os custos indiretos alocados a menor ou a maior para a Radiadores Silva em 2004. Dê baixa nos valores usando:
   a. Baixa para *custo de produtos vendidos*
   b. Rateio baseado nos saldos finais (antes do rateio) em *produtos em processamento, produtos acabados* e *custo de produtos vendidos.*
   c. Rateio baseado na quantia de custos indiretos alocados (antes do rateio) nos saldos finais de *produtos em processamento, produtos acabados* e *custo de produtos vendidos.*
3. Da Parte 2, qual o método que você prefere? Explique.

4-34 Custeio normal, alocação de custos indiretos, trabalhando de trás para a frente. (M. Rajan, adaptado) A Companhia Gerson usa custeio normal. Seu sistema de custeio do serviço tem duas categorias de custos diretos (materiais diretos e mão-de-obra direta) e uma categoria de custos indiretos (indiretos de fabricação). As seguintes informações foram obtidas dos registros da empresa para 2004:

- Total de custos de fabricação, $ 8 000 000
- Custo de produtos acabados fabricados, $ 7 920 000
- Custos indiretos alocados, $ 3 600 000
- Custos indiretos de fabricação alocados a uma taxa de 200 por cento dos custos de mão-de-obra direta
- A quantia em dólares do estoque de produtos em processamento no dia 1º de janeiro de 2004 foi de $ 320 000

Para fazer:

1. Calcule o total de custos de mão-de-obra direta em 2004.
2. Calcule o custo total dos materiais diretos usados em 2004.
3. Determine a quantia em dólares do estoque de produtos em processamento no dia 31 de dezembro de 2004.

4-35 Rateio de custos indiretos, dois grupos de custos indiretos. A Corporação Gil usa dois grupos de custos indiretos de fabricação — um para custos indiretos incorridos do *departamento de usinagem* e outro para os custos indiretos incorridos do *departamento de montagem*. Gil usa o custeio normal. Ela aloca custos indiretos para serviços do *departamento de usinagem* usando uma taxa orçada de custos indiretos de hora-máquina (HM), e do *departamento de montagem* usando uma taxa orçada de horas de mão-de-obra direta (HMOD).

Os seguintes dados são para 2003:

	Departamento de usinagem	Departamento de montagem
Taxa orçada de custos indiretos	$ 60 por hora-máquina	$ 40 por HMOD
Custos reais indiretos	$ 6 200 000	$ 4 700 000

Dados sobre horas-máquina e horas de mão-de-obra direta, e os saldos finais são como a seguir:

	Horas-máquina reais	Horas reais de mão-de-obra de fabricação direta	Saldo antes do rateio, 31 de dezembro de 2003
Custo de produtos vendidos	67 500	90 000	$ 16 000 000
Controle de produtos acabados	4 500	4 800	750 000
Controle de produtos em processamento	18 000	25 200	3 250 000

Para fazer:

1. Calcule os custos indiretos alocados a menor ou a maior em *cada* departamento em 2003. Dê baixa da quantia alocada a menor ou a maior em *cada* departamento usando:
   a. Baixa para *custo de produtos vendidos*.
   b. Rateio baseado nos saldos finais (antes do rateio) em *produtos em processamento, produtos acabados* e *custo de produtos vendidos*.
   c. Rateio baseado na quantia de custos indiretos alocados (antes do rateio) nos saldos finais de *produtos em processamento, produtos acabados* e *custo de produtos vendidos*.
2. Explique qual método de rateio você prefere na Parte 1.

4-36 Relacionamentos da razão geral, alocação a menor e a maior. (S. Sridhar, adaptado) A Companhia Norte usa o custeio normal no seu sistema de custeio do serviço. As contas T parcialmente completadas e informações adicionais para o ano de 2003 da Norte são assim:

Controle de materiais		Controle de produtos em processamento		Controle de produtos acabados	
1-1-2003 30 000	380 000	1-1-2003 20 000		1-1-2003 10 000	900 000
400 000		MOMD 360 000		940 000	

Controle de custos indiretos		Custos indiretos alocados		Custo de produtos vendidos	
540 000					

Informações adicionais:
a. A taxa salarial da mão-de-obra direta foi de $ 15 por hora.
b. Custos indiretos de fabricação foram alocados a $ 20 por hora de mão-de-obra direta.
c. Durante o ano, as receitas de vendas foram de $ 1 090 000, e os custos de marketing e distribuição foram de $ 140 000.

Para fazer:

1. Qual foi a quantia de materiais diretos enviados para a produção durante 2003?
2. Qual foi a quantia de custos indiretos alocados para serviços durante 2003?
3. Qual foi o custo das ordens de produção completados durante 2003?
4. Qual foi o saldo do estoque de produtos em processamento no dia 31 de dezembro de 2003?
5. Qual foi o custo de produtos vendidos antes do rateio dos custos indiretos alocados a menor ou a maior?
6. De quanto foi os custos alocados a menor ou a maior em 2003?
7. Dê baixa nos custos indiretos alocados a menor ou a maior usando:
   a. Baixa para *custo de produtos vendidos*.
   b. Rateio baseado nos saldos finais (antes do rateio) em *produtos em processamento, produtos acabados* e *custo de produtos vendidos*.
8. Usando cada uma das abordagens na Parte 7, calcule o lucro das operações da Norte para 2003.
9. Na Parte 7, qual abordagem você recomendaria para a Norte usar? Explique resumidamente a sua resposta.

4-37 Visão geral dos relacionamentos do razão geral. A Companhia Bravo é uma pequena oficina que usa o custeio normal no seu sistema de custeio do serviço. O total de débitos e créditos em certas contas *um dia antes do final do ano* é assim:

	30 de dezembro de 2003	
	Total de débitos	Total de créditos
Controle de materiais	$ 100 000	$ 70 000
Controle de produtos em processamento	320 000	305 000
Controle de custos indiretos do departamento de produção	85 000	—
Controle de produtos acabados	325 000	300 000
Custo de produtos vendidos	300 000	—
Custos indiretos alocados	—	90 000

Todos os materiais comprados são materiais diretos. Observe que 'débitos totais' nas contas de estoque incluiriam os saldos de estoques iniciais, se houver.

Os débitos totais e os créditos totais acima *não* incluem o seguinte:

a. Os custos de mão-de-obra de produção para o dia de trabalho de 31 de dezembro: mão-de-obra direta, $ 5 000, e mão-de-obra indireta, $ 1 000.

b. Custos indiretos diversos incorridos no dia 31 de dezembro: $ 1 000.

Informações adicionais:

a. Custos indiretos podem ser alocados como uma porcentagem de custos de mão-de-obra direta até 30 de dezembro.

b. Materiais diretos comprados durante 2002 totalizaram $ 85 000.

c. Nenhum material direto foi devolvido para fornecedores.

d. Custos de mão-de-obra direta durante 2002 totalizaram $ 150 000, não incluindo o dia de trabalho de 31 de dezembro descrito anteriormente.

Para fazer:

1. Calcule os estoques (31 de dezembro de 2001) de *controle de materiais, controle de produtos em processamento* e *controle de produtos acabados*. Mostre as contas T.

2. Prepare todos os lançamentos diários de ajuste e de fechamento para as contas acima. Suponha que todos os custos indiretos de fabricação alocados a menor ou a maior sejam fechados diretamente para *custo de produtos vendidos*.

3. Calcule os estoques finais (31 de dezembro de 2002), após ajustes e fechamentos, de *controle de materiais, controle de produtos em processamento* e *controle de produtos acabados*.

4-38 Relacionamentos da razão geral, alocação a menor ou a maior, setor de serviços. Freire e Companhia, uma empresa de consultoria de engenharia, usa uma variação do custeio normal no seu sistema de custeio por ordem. Ela cobra o trabalho realizado da seguinte maneira: valores reais no caso de custos externos de mão-de-obra profissional direta a uma taxa orçada de mão-de-obra direta, e custos indiretos de apoio à engenharia a uma taxa orçada de custos indiretos.

Freire mantém uma conta de *controle de serviços em processamento* na sua razão geral que acumula todos os custos dos serviços. Quando um serviço é completado, Freire imediatamente fatura o cliente e transfere os custos do serviço completado para uma conta de *custo de serviços faturados*.

Os seguintes dados pertencem ao ano de 2004:

1. Custos diretos das taxas (tudo à vista)	$ 150 000
2. Custos reais de mão-de-obra profissional direta (tudo à vista)	$ 1 500 000
3. Mão-de-obra profissional direta alocada a $ 50 por hora real de mão-de-obra profissional direta	$ 1 450 000
4. Custos reais indiretos de apoio à engenharia (tudo à vista)	$ 1 180 000
5. Custos indiretos de apoio à engenharia alocados a 80% dos custos reais de mão-de-obra profissional direta	$ 1 200 000
6. Custo dos serviços faturados	$ 2 500 000

Para fazer:

1. Prepare os lançamentos resumidos no diário para as transações acima usando estas contas: controle de serviços em processamento, custo de serviços faturados, controle de mão-de-obra profissional direta e direta alocada, controle de custos indiretos de apoio à engenharia, custos indiretos alocados de apoio à engenharia e controle de caixa

2. Como lançamento final, dê baixa dos saldos de contas alocados a menor ou a maior como baixas diretas para *custo de serviços faturados*.

4-39 Alocação e rateio de custos indiretos de fabricação. (SMA, muito adaptado) A Natal Ltda. é uma empresa que produz máquinas sob encomenda para clientes. Seu sistema de custeio por ordem de produção (usando custeio normal) tem duas categorias de custos diretos (materiais diretos e mão-de-obra direta) e um grupo de custos indiretos (de fabricação alocados por meio de taxa orçada baseada nos custos de mão-de-obra direta. O orçamento para 2004 foi de:

Mão-de-obra direta	$ 420 000
Custos indiretos de fabricação	$ 252 000

No final de 2004, duas ordens estavam incompletas: nº 1768B (o total de custos de mão-de-obra direta era de $ 11 000) e nº 1819C (o total de custos de mão-de-obra direta era de $ 39 000). O tempo de máquina totalizou 287 horas para o nº 1768B e 647 horas para o nº 1819C. Materiais diretos enviados para o nº 1768B totalizaram $ 22 000. Os materiais diretos enviados para 1819C totalizaram $ 42 000.

O total de lançamentos para a conta de *controle de gastos gerais de fabricação* para o ano foi de $ 186 840. Os custos de mão-de-obra direta de todas as ordens foram de $ 400 000, representando 20 mil horas de mão-de-obra direta.

Não havia nenhum estoque inicial. Além do estoque de produtos em processamento final, o estoque de *produtos acabados* final mostrou um saldo de $ 156 000 (incluindo custos de mão-de-obra direta de $ 40 000). As receitas para 2004 totalizaram $ 2 700 680, o custo de produtos vendidos foi de $ 1 600 000, e os custos de marketing foram de $ 857 870. A Natal determina os preços com base no custo mais margem. Atualmente, ela usa uma política de preço de custo mais 40 por cento.

Para fazer:

1. Prepare uma tabela detalhada mostrando os saldos finais nos estoques e o *custo de produtos vendidos* (antes de considerar quaisquer custos indiretos alocados a menor ou a maior). Mostre também os custos indiretos alocados nesses saldos finais.
2. Calcule os custos indiretos alocados a menor ou a maior para 2004.
3. Rateie a quantia calculada na Parte 2 com base:
   a. Nos saldos finais (antes do rateio) de *controle de produtos em processamento, controle de produtos acabados* e *custo de produtos vendidos*.
   b. Nas quantias de custos indiretos alocados (antes do rateio) nos saldos finais de *controle de produtos em processamento, controle de produtos acabados* e *custo de produtos vendidos*.
4. Suponha que a Natal decida baixar em *custo de produtos vendidos* quaisquer custos indiretos alocados a menor ou a maior. O lucro operacional será mais alto ou mais baixo do que o que teria resultado do rateio nas Partes 3a e 3b?
5. Calcule o custo da ordem nº 1819C se a Natal Ltda. tivesse usado a abordagem da taxa ajustada de alocação para dar baixa dos custos indiretos alocados a menor ou a maior em 2004.

4-40 Custeio por ordem de produção, contratos, ética. Jairo Alves é dono e presidente executivo da Conforto Aéreo, empresa especializada na fabricação de assentos para o transporte aéreo. Ele acaba de receber a cópia de uma carta enviada para a Seção de Auditoria Geral da Marinha. Ele acredita que seja de um ex-funcionário da Conforto Aéreo.

> *Prezados Senhores,*
>
> *A Conforto Aéreo fabricou cem assentos X7 para a Marinha em 2004. Os senhores podem estar interessados em saber o seguinte:*
>
> 1. *Os custos de materiais diretos faturados para os cem assentos X7 totalizaram $ 25 000.*
> 2. *Os custos de mão-de-obra direta faturados para os cem assentos X7 totalizaram $ 6 000. Esses custos incluem 16 horas de mão-de-obra de ajustamentos a $ 25 a hora, quantia também incluída no grupo de custos indiretos de fabricação. Os $ 6 000 também incluem 12 horas de tempo de desenho a $ 50 a hora. O tempo de desenho foi explicitamente identificado como custo que a Marinha não reembolsaria.*
> 3. *Os custos indiretos de fabricação faturados para os cem assentos X7 totalizaram $ 9 000 (150 por cento dos custos de mão-de-obra direta). Esta quantia inclui as 16 horas de mão-de-obra para ajustamentos a $ 25 a hora, incorretamente incluída como parte dos custos de mão-de-obra direta.*
>
> *Os senhores também poderão gostar de saber que mais de 40 por cento dos materiais diretos são comprados da Tecnologia Fronteira, empresa que pertence em 51 por cento ao irmão de Jairo Alves. Por razões óbvias, esta carta não será assinada.*
>
> cc: A Gazeta Mercantil
>
> *Jairo Alves, presidente executivo da Conforto Aéreo*

O contrato da Conforto Aéreo afirma que a Marinha a reembolsa em 130 por cento do total dos custos de produção. Suponha que os fatos na carta sejam corretos enquanto você responde às seguintes perguntas.

Para fazer:

1. Qual é a quantia de custo por assento X7 que a Conforto Aéreo faturou para a Marinha? Suponha que os custos reais de materiais diretos foram de $ 25 000.
2. Qual é a quantia de custo por assento X7 que a Conforto Aéreo deveria ter faturado para a Marinha? Suponha que os custos reais de materiais diretos foram de $ 25 000.
3. O que a Marinha deveria fazer para melhorar os procedimentos de compras a fim de reduzir a probabilidade de que tais situações ocorram novamente no futuro?

Problema para aprendizagem em grupo

4-41 Setor de serviços, custeio do serviço, contabilizando custos indiretos, taxas orçadas. A Companhia Zico, uma empreiteira de pintura, usa o custeio normal para custear cada serviço. O sistema de custeio do serviço da Zico tem duas categorias de custos diretos (materiais diretos e mão-de-obra direta) e um grupo de custos indiretos. A taxa orçada de custos indiretos da Zico para a alocação de custos indiretos para serviços é de 80 por cento dos custos de mão-de-obra direta.

A Zico fornece as seguintes informações adicionais:

1. A partir de 31 de janeiro de 2004, a ordem A21 era a única em processamento, com custos de materiais diretos de $ 30 000 e custos de mão-de-obra direta de $ 50 000.
2. Serviços A22, A23 e A24 foram iniciados durante o mês de fevereiro.
3. Os materiais diretos usados durante fevereiro foram de $ 150 000.
4. Os custos de mão-de-obra direta para fevereiro foram de $ 120 000.
5. Os custos reais indiretos para fevereiro foram de $ 102 000.
6. O único serviço ainda em processamento dia 29 de fevereiro de 2004 foi o serviço A24, com custos de materiais diretos de $ 20 000 e custos de mão-de-obra direta de $ 40 000.

A Zico mantém uma conta de *controle de serviços em processamento* na sua razão geral. Quando um serviço é completado, a Zico transfere o custo por ordem completado para a conta de *custo de serviços faturados*. Cada mês, Zico aloca quaisquer custos indiretos alocados a menor ou a maior para *custo de serviços faturados*.

Para fazer:

1. Calcule os custos indiretos alocados para o Serviço A21 a partir de 31 de janeiro de 2004, e os custos para o Serviço A24 a partir de 29 de fevereiro de 2004.
2. Calcule os custos indiretos alocados a menor e a maior para fevereiro de 2004.
3. Calcule o *custo de serviços faturados* para fevereiro de 2004.

capítulo 5

Custeio e gestão baseados em atividades

Objetivos de aprendizagem

1. Explicar o custeio a menor e a maior dos produtos ou serviços
2. Apresentar três diretrizes para o aprimoramento de um sistema de custeio
3. Distinguir entre as abordagens do custeio tradicional e o custeio por atividade na elaboração de um sistema de custeio
4. Descrever uma hierarquia de custo em quatro níveis
5. Custear os produtos ou serviços usando o custeio baseado em atividade
6. Usar os sistemas de custeio baseado em atividade para a gestão baseada em atividade
7. Comparar os sistemas de custeio baseado em atividade e os sistemas de custeio por departamento
8. Avaliar os custos e benefícios da implementação dos sistemas de custeio baseado em atividades

Os computadores pessoais da Dell Computer são categorizados em linhas diferentes, como de mesa, laptops e servidores. As três atividades básicas para a produção dos computadores pessoais são (a) projetar os computadores, (b) pedir as peças componentes e (c) configurar a linha de montagem para que o processo de produção seja o mais eficiente possível. Os computadores acabados são embalados e enviados para os compradores. Parece simples. E é. Mas não suficientemente simples para que os gerentes possam presumir que os custos para fabricar todos os computadores sejam os mesmos. Se presumissem isso, eles estariam tomando decisões de produto com informações incorretas, já que são necessárias atividades diferentes para produzir computadores diferentes em linhas de produtos diferentes.

O Capítulo 4 descreveu um sistema de custeio por ordem que usa um único conjunto de custo e uma única taxa de rateio para alocar os custos indiretos às ordens de produção. Esta é uma introdução a um sistema básico de custeio por ordem, mas ela levanta a questão: 'A taxa única de rateio dos custos indiretos proporciona números distorcidos de custo por ordem?' Se as ordens de produção, produtos ou serviços forem parecidos no que eles consomem de custos indiretos, então um sistema de custeio simples, como o do Capítulo 4, será suficiente. Se eles não forem parecidos, então um sistema simples de custeio resultará em números de custos imprecisos para as ordens, produtos ou serviços que estão sendo custeados.

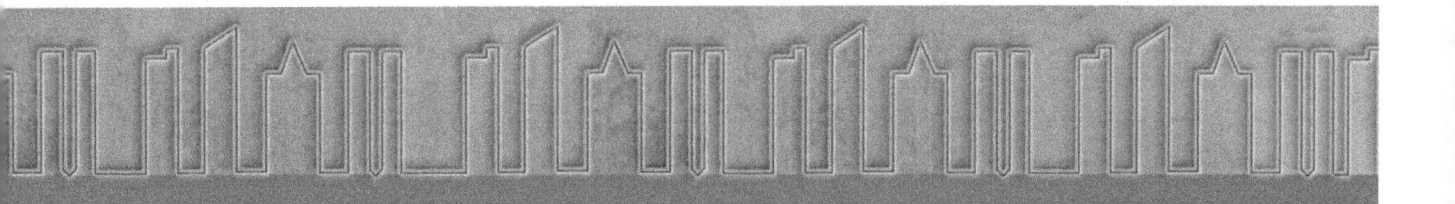

À medida que a competição global se intensifica, as empresas estão produzindo cada vez mais uma crescente variedade de produtos e serviços. Elas estão descobrindo que a fabricação de produtos e serviços diferentes está impondo demandas variadas sobre os seus recursos. A necessidade de medir mais precisamente como os produtos e serviços diferentes usam os recursos levou muitas empresas, como a American Express, Boeing, General Motors e Exxon Mobil, a aprimorar os seus sistemas de custeio. Um dos principais meios que as empresas ao redor do mundo usaram para aprimorar os seus sistemas de custeio foi o do custeio baseado em atividades (*activity-based costing* — ABC). Descreveremos como os sistemas ABC ajudam as empresas a tomarem decisões mais precisas sobre a precificação e o *mix* de produtos. E também mostraremos como os sistemas ABC auxiliam nas decisões da gestão de custos, melhorando os projetos e a eficiência dos produtos.

ABORDAGENS DE CUSTEIO USANDO MÉDIAS GERAIS

As empresas que usam uma média geral — por exemplo, uma taxa única de rateio dos custos indiretos — para alocar os custos aos produtos freqüentemente não produzem dados de custos confiáveis. O termo **uniformização dos custos**, ou **custeio uniforme,** descreve uma abordagem específica de custeio que usa médias gerais para atribuir uniformemente o custo dos recursos pelos objetos de custo (como produtos ou serviços) quando, na realidade, os produtos ou serviços individuais usam esses recursos de maneira não-uniforme.

CUSTEIO A MENOR E CUSTEIO A MAIOR

A atribuição uniforme dos custos pode levar a um custeio a menor ou a maior dos produtos ou serviços:

- **Custeio a menor do produto** — um produto consome um nível alto de recursos, mas é relatado como se tivesse um custo baixo por unidade.
- **Custeio a maior do produto** — um produto consome um nível baixo de recursos, mas é relatado como se tivesse um custo alto por unidade.

Empresas que custeiam os produtos a menor podem ter vendas que na realidade resultam em perdas, embora elas tenham uma impressão incorreta de que essas vendas são rentáveis. Essas vendas trazem pouca receita em relação ao custo dos recursos que elas usam. As empresas que custeiam seus produtos a maior podem colocar um preço alto demais, perdendo a participação no mercado para os concorrentes que produzem produtos similares.

SUBSÍDIOS CRUZADOS NO CUSTEIO DOS PRODUTOS

Subsídio cruzado no custeio dos produtos significa que se uma empresa custeia um de seus produtos a menor ela custeará, a maior, pelo menos um de seus outros produtos. Similarmente, se uma empresa custear a maior um de seus produtos, ela custeará a menor pelo menos um outro. Os subsídios cruzados ocorrem quando um custo é distribuído uniformemente — significando que ele é amplamente mediado — pelos múltiplos produtos sem reconhecer quais deles demandam mais recursos e em que quantidade. Considere o custeio de uma conta de restaurante de quatro amigos que se reúnem uma vez por mês para discutir seus negócios. Cada comanda separa o prato principal, as sobremesas e as bebidas. A conta do restaurante para a última reunião mais recente foi:

	Prato principal	Sobremesa	Bebidas	Total
Manuela	$ 11	$ 0	$ 4	$ 15
Jaime	20	8	14	42
Jéssica	15	4	8	27
Mateus	14	4	6	24
Total	$ 60	$ 16	$ 32	$108
Média	$ 15	$ 4	$ 8	$ 27

Se o total de $ 108 da conta do restaurante for dividido igualmente, $ 27 será o custo médio por jantar. Esta abordagem trata todos os jantares igualmente. Manuela provavelmente objetaria ter de pagar $ 27 porque o seu custo real foi de apenas $ 15; ela pediu o prato principal mais barato, não comeu sobremesa e tomou a bebida de custo mais baixo. Quando os custos são divididos uniformemente entre os quatro jantares, Manuela e Mateus são custeados a maior, James é custeado a menor e Jéssica (coincidentemente) é precisamente custeada.

Neste exemplo, o monante de subsídio cruzado de cada jantar é prontamente calculado, já que todos os itens de custos podem ser *identificados* como custos diretos para cada pessoa. Calcular o subsídio cruzado de custos não é tão simples quando há custos indiretos para serem considerados, que fazem com que o custeio se torne mais complexo. Por quê? Porque os recursos representados pelos custos indiretos são usados por duas ou mais pessoas, e as quantias a serem alocadas para cada pessoa não ficam bem definidas — por exemplo, o custo de uma garrafa de vinho compartilhada por duas ou mais pessoas.

Para ver os efeitos de unifomização dos custos sobre os diretos e indiretos, consideramos o sistema de custeio da empresa Platina.

SISTEMA DE CUSTEIO NA EMPRESA PLATINA

A empresa Platina produz capas para lanternas traseiras de automóveis. A capa, feita em plástico preto, vermelho, laranja ou branco é a parte visível da lanterna no exterior do carro. As capas são feitas injetando plástico derretido em um molde para dar à lanterna a forma desejada. O molde é resfriado a fim de permitir que o plástico derretido se solidifique e a capa é removida.

Pelo contrato com a Giovani Motors, uma grande fabricante de automóveis, a Platina deve fazer dois tipos de capas: uma complexa, a CC5, e uma simples, a S3. A capa complexa é grande, com características especiais, com modelagem multicolorida (quando mais de uma cor é injetada no molde) e formas complexas que circundam o carro. Produzir as capas CC5 é mais complexo porque várias peças no molde precisam se alinhar e encaixar com precisão. A capa S3 é mais fácil de fazer por ser monocromática e ter poucas características especiais.

PROCESSOS DE PROJETO, PRODUÇÃO E DISTRIBUIÇÃO

A seqüência de etapas para projetar, produzir e distribuir as capas, sejam elas simples, sejam complexas, é:

1. *Projetar os produtos e processos.* Todos os anos, a Giovani Motors especifica algumas modificações para as capas simples e complexas. O departamento de projetos da Platina desenvolve os moldes para as capas e especifica procedimentos (os detalhes das operações de produção).
2. *Operações de produção.* As capas são moldadas, acabadas, limpas e inspecionadas.
3. *Envio e distribuição.* As capas acabadas são embaladas e enviadas para a Giovani Motors.

A Platina está operando na capacidade total e incorre em custos de marketing muito baixos. Devido a produtos de alta qualidade, a Platina tem custos mínimos de atendimento ao cliente. O ambiente de negócios da Platina é muito competitivo no que diz respeito às capas simples. Em reunião recente, o gerente de compras da Giovani indicou que um novo concorrente — que fabrica apenas capas simples — estava oferecendo as capas S3 pelo preço de $ 53, bem abaixo dos $ 63 praticados pela Platina. A menos que baixe o preço de venda, ela provavelmente perderá o negócio com a Giovani das capas simples modeladas para o próximo ano. A gerência da Platina está muito preocupada. Felizmente não há as mesmas pressões de competição em relação às capas complexas atualmente vendidas pela Platina, para a Giovani, a $ 137 cada.

A gerência da Platina tem várias opções disponíveis. Por exemplo, a Platina pode desistir de negociar com a Giovani as capas simples, se não for rentável. Ou pode reduzir o preço das capas simples e aceitar uma margem mais baixa ou procurar reduzir drasticamente seus custos. Porém, para tomar essas decisões, a gerência precisa, em primeiro lugar, entender os custos para fazer e vender as capas S3 e CC5. Para orientar as suas decisões de precificação e gestão de custos, os gerentes da Platina atribuem todos os custos de fabricação e outros para as capas S3 e CC5. Se o propósito fosse o custeio do estoque, eles teriam atribuído às capas apenas os custos de fabricação.

SISTEMA ATUAL COM UM ÚNICO CONJUNTO DE CUSTOS INDIRETOS

A Platina usa, atualmente, um sistema de custeio com uma taxa única de rateio de custo indireto, o mesmo sistema descrito no Capítulo 4. As etapas são:

Etapa 1: **Identificar os objetos de custo.** Os objetos de custo são as 60 mil capas S3 e as 15 mil capas CC5. A meta da Platina é calcular o *total* de custos de fabricação e distribuição dessas capas. Ela determina o custo unitário dividindo seu custo total pelas 60 mil unidades da S3 e pelas 15 mil unidades da CC5.

Etapa 2: **Identificar os custos diretos dos produtos.** A Platina identifica os custos diretos — materiais diretos e mão-de-obra direta — das capas da seguinte maneira:

	60 000 capas simples (S3)		15 000 capas complexas (CC5)		
	Total (1)	Por unidade (2) = (1) ÷ 60 000	Total (3)	Por unidade (4) = (3) ÷ 15 000	Total (5) = (1) + (3)
Materiais diretos	$ 1 125 000	$ 18,75	$ 675 000	$ 45,00	$ 1 800 000
Mão-de-obra direta	600 000	10,00	195 000	13,00	795 000
Total de custos diretos	$ 1 725 000	$ 28,75	$ 870 000	$ 58 00	$ 2 595 000

Etapa 3: Selecionar as bases para alocar os custos indiretos aos produtos. A maioria dos custos indiretos consiste de salários pagos aos supervisores, engenheiros, pessoal de apoio à fabricação e pessoal de manutenção, todos apoiando a mão-de-obra direta. A Platina decide usar as horas de mão-de-obra direta como a única base para alocar todos os custos indiretos ao S3 e ao CC5. No ano de 2003, a Platina usou 39 750 horas reais de mão-de-obra direta.

Etapa 4: Identificar os custos indiretos associados a cada base de alocação dos custos. Pelo fato de usar apenas uma única base de alocação de custos, a Platina agrupa todos os indiretos, totalizando $ 2 385 000, em um único conjunto de custos indiretos.

Etapa 5: Calcular a taxa por unidade para cada base de alocação

$$\text{Taxa real de custo indireto} = \frac{\text{Total real de custos indiretos}}{\text{Quantidade total real da base de alocação de custo}}$$

$$= \frac{\$\ 2\ 385\ 000}{39\ 750\ \text{horas de mão-de-obra direta}} = \$\ 60\ \text{por hora de mão-de-obra direta}$$

O Quadro 5.1, Painel A, mostra uma visão geral do sistema de custeio da Platina.

Quadro 5.1 Custos dos produtos na Platina Ltda. usando um único conjunto de custos.

PAINEL A: VISÃO GERAL DO SISTEMA DE CUSTEIO ATUAL DA PLATINA

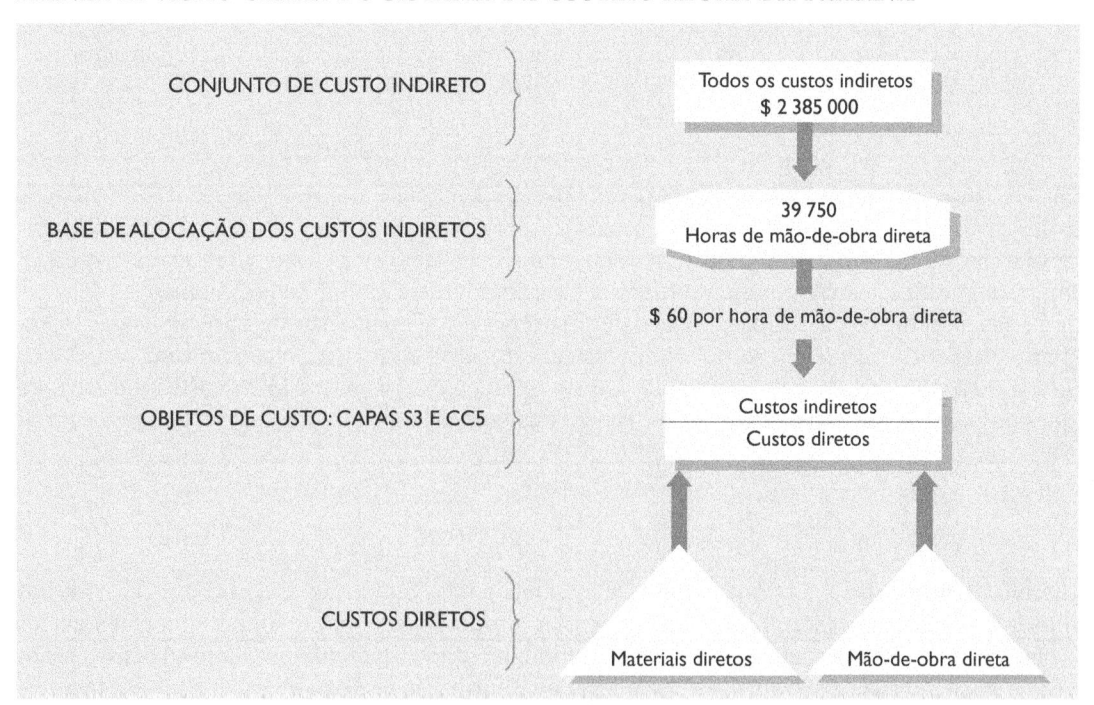

CONJUNTO DE CUSTO INDIRETO → Todos os custos indiretos $ 2 385 000

BASE DE ALOCAÇÃO DOS CUSTOS INDIRETOS → 39 750 Horas de mão-de-obra direta

$ 60 por hora de mão-de-obra direta

OBJETOS DE CUSTO: CAPAS S3 E CC5 → Custos indiretos / Custos diretos

CUSTOS DIRETOS → Materiais diretos / Mão-de-obra direta

PAINEL B: CUSTOS DOS PRODUTOS USANDO O SISTEMA DE CUSTEIO ATUAL

	60 000 capas simples (S3)		15 000 capas complexas (CC5)		
	Total (1)	Por unidade (2) = (1) ÷ 60 000	Total (3)	Por unidade (4) = (3) ÷ 15 000	Total (5) = (1) + (3)
Materiais diretos	$ 1 125 000	$ 18,75	$ 675 000	$ 45,00	$ 1 800 000
Mão-de-obra direta	600 000	10,00	195 000	13,00	795 000
Total de custos diretos	$ 1 725 000	$ 28,75	$ 870 000	$ 58 00	$ 2 595 000
Custos indiretos alocados	1 800 000	30,00	585 000	39,00	2 385 000
Total de custos	$ 3 525 000	$ 58,75	$ 1 455 000	$ 97,00	$ 4 980 000

Etapa 6: Calcular os custos indiretos alocados aos produtos. A Platina usa um total de 30 mil horas de mão-de-obra direta para fazer as capas S3 e 9 750 horas de mão-de-obra direta para fazer as capas CC5. O Quadro 5.1, Painel B, mostra os custos indiretos de $ 1 800 000 ($ 60 por hora de mão-de-obra direta × 30 mil horas) alocados para as capas simples e $ 585 000 ($ 60 por hora de mão-de-obra direta × 9 750 horas) alocados para as capas complexas.

Etapa 7: Calcule o custo total dos produtos somando os custos diretos e indiretos. O Quadro 5.1, Painel B, apresenta os custos dos produtos para as capas simples e complexas. Os custos diretos são calculados na Etapa 2 e os indiretos na Etapa 6. Compare o diagrama da visão geral do sistema de custeio (o Quadro 5.1, Painel A) com os custos calculados na Etapa 7. O Painel A mostra duas categorias de custos diretos e uma de indireto. Assim sendo, o custo de cada tipo de capa na Etapa 7 (Painel B) tem três itens: dois para os custos diretos e um para os indiretos alocados.

A gerência da Platina começa a investigar por que o custo unitário da capa S3 é de $ 58,75, bem acima do preço de venda, de $ 53, cotado pelo concorrente da Platina. Uma explicação possível é a de que a tecnologia e os processos da Platina não são eficazes na produção e distribuição das capas S3. Análises adicionais indicam que isso não é verdadeiro. A Platina tem anos de experiência na produção e distribuição de capas como a S3. Pelo fato de a empresa estar sempre fazendo melhorias nos processos, a gerência está confiante de que a sua tecnologia e processos para as capas simples não são inferiores aos dos seus concorrentes. No entanto, a gerência não está muito certa sobre a competência da Platina na produção e distribuição das capas complexas. Apenas recentemente a empresa começou a fazer este tipo de capa. A gerência ficou agradavelmente surpresa ao saber que a Giovani Motores considera os preços das capas CC5 bastante competitivos. Embora seja enigmático, mesmo nesses preços, a Platina obtém uma porcentagem bastante grande de margem de lucro (lucro das operações ÷ receitas) nas capas CC5.

	60 000 capas simples (S3)		15 000 capas complexas (CC5)		
	Total (1)	Por unidade (2) = (1) ÷ 60 000	Total (3)	Por unidade (4) = (3) ÷ 15 000	Total (5) = (1) + (3)
Receitas	$ 3 780 000	$ 63,00	$ 2 055 000	$ 137,00	$ 5 835 000
Custos	3 525 000	58,75	1 455 000	97,00	4 980 000
Lucro das operações	$ 255 000	$ 4,25	$ 600 000	$ 40,00	$ 855 000
Lucro das operações ÷ receitas		6,75%		29,20%	

A gerência da Platina está surpresa com as baixas margens das capas S3, em que a empresa tem forte competência, e com as margens altas das capas CC5, mais novas e menos conhecidas. Pelo fato de a Platina não estar deliberadamente cobrando um preço baixo pela S3, a gerência se pergunta se o sistema de custeio está custeando a maior a capa S3 (atribuindo a ela muitos custos) ou custeando a menor a capa CC5 (atribuindo a ela muito pouco custo).

A gerência da Platina está confiante da exatidão dos custos dos materiais diretos e da mão-de-obra direta das capas. Eles estão confiantes porque esses custos podem ser identificados com as capas de maneira economicamente viável. No entanto, a gerência não está muito certa sobre a exatidão do sistema de custeio em medir os custos indiretos de cada tipo de capa. A questão que a gerência enfrenta é a de 'como o sistema de alocação dos custos indiretos para as capas poderia ser aprimorado?'

APRIMORANDO UM SISTEMA DE CUSTEIO

Um **sistema de custeio aprimorado** reduz o uso das médias gerais para a atribuição do custo dos recursos aos objetos de custo (como ordens de fabricação, produtos e serviços) e proporciona uma medida melhor dos custos indiretos usados pelos objetos de custos diferentes — não importando quão diferentemente os objetos de custo usam os recursos. A concorrência mais intensa e os avanços da tecnologia da informação aceleraram esses aprimoramentos.

Este capítulo descreve três diretrizes para o aprimoramento de um sistema de custeio:

1. *Identificação dos custos diretos.* Classificar o máximo possível do total de custos como custos diretos do objeto de custo, desde que seja economicamente viável. Esta diretriz tem por objetivo reduzir o montante de custos classificados como indiretos.

2. *Conjuntos de custos indiretos.* Expandir o número de conjuntos de custos indiretos até que cada um desses conjuntos seja mais homogêneo. Em um *conjunto homogêneo de custo*, todos os custos têm o mesmo relacionamento de causa e efeito com a base de alocação de custos ou similar. Assim sendo, um conjunto de custos únicos, contendo os indiretos de usinagem e os de distribuição alocados aos produtos usando as horas-máquina, não são homogêneos porque os custos de usinagem e de distribuição não têm o mesmo relacionamento de causa e efeito com as horas-máquina. Aumentos nas horas-máquina — a causa — têm o efeito de aumentar os custos

de usinagem, mas não os de distribuição. Agora, suponha que os custos de usinagem e de distribuição sejam separados em dois conjuntos de custos, com as horas-máquina como base de alocação para o conjunto de custos de usinagem e o número de despachos como base de alocação para o conjunto de custos de distribuição. Cada conjunto de custos agora seria homogêneo — dentro de cada conjunto de custos todos têm o mesmo relacionamento de causa e efeito com as suas bases de alocação respectivas.

3. *Bases de alocação de custos*. Use o critério da causa e efeito, quando possível, para identificar a base de alocação de custos para cada conjunto de custos indiretos.

SISTEMAS DE CUSTEIO BASEADO EM ATIVIDADE

Uma das melhores ferramentas para o aprimoramento de um sistema de custeio é o *custeio baseado em atividade*. O **custeio baseado em atividade (ABC)** aprimora um sistema de custeio ao considerar as atividades individuais como objetos de custo fundamentais. Uma **atividade** é um evento, tarefa ou unidade de trabalho com um propósito específico: por exemplo, projeto de produtos, ajuste de máquinas, operação de máquinas e distribuição de produtos. O sistema ABC calcula os custos das atividades e atribui custos para os objetos de custo, como os produtos ou serviços com base nas atividades necessárias para produzir cada produto ou serviço.[1]

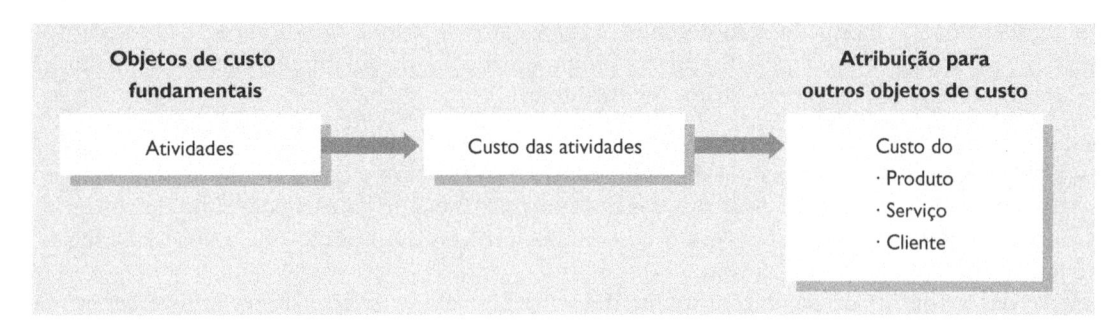

Os custos diretos podem ser facilmente identificados com os produtos e ordens; portanto, os sistemas ABC concentram-se nos custos indiretos, aprimorando sua atribuição aos departamentos, processos, produtos e outros objetos de custo. O sistema ABC da Platina identifica várias atividades que ajudam a explicar por que ela incorre os custos que atualmente classifica como indiretos. Para identificar essas atividades, a Platina organizou uma equipe das áreas de projeto, produção, distribuição, contabilidade e administração. A equipe identificou as sete atividades seguintes desenvolvendo um fluxograma de todas as etapas e processos necessários para projetar, produzir e distribuir as capas.

a. Projetar produtos e processos.

b. Preparar as máquinas para garantir que os moldes sejam adequadamente posicionados e as partes sejam adequadamente alinhadas antes que a produção comece.

c. Operar as máquinas para produzir as capas.

d. Limpar e manter os moldes limpos depois que as capas forem produzidas.

e. Preparar os lotes de capas acabadas, para despacho.

f. Distribuir as capas aos clientes.

g. Administrar e gerenciar todos os processos na Platina.

Ao identificar essas atividades e os custos para desempenhar cada atividade, os sistemas ABC procuram um nível maior de detalhes para entender como uma organização usa os seus recursos. À medida que descrevemos os sistemas ABC, tenha em mente as três diretrizes para o aprimoramento de um sistema de custeio descritas a seguir.

1. *Identificação do custo direto*. Uma das características dos sistemas ABC é a de almejar a identificação de alguns custos ou conjuntos de custos que possam ser reclassificados como custos diretos em vez de indiretos. Os sistemas ABC fazem isso dividindo os conjuntos de custos existentes. Os custos, em alguns conjuntos novos, podem tornar-se custos diretos. No exemplo da Platina, a atividade de limpeza e manutenção consiste de salários e ordenados pagos aos trabalhadores responsáveis pela limpeza do molde. Esses custos podem ser identificados diretamente para o molde específico usado para produzir a capa. A identificação direta dos custos melhora a precisão e simplifica o sistema porque, diferentemente dos custos indiretos, os conjuntos de custos e as bases de alocação não precisam ser identificados.

---

[1]. *Para mais detalhes sobre os sistemas ABC, veja R. Cooper e R. S. Kaplan,* The design of cost management systems *(Upper Saddle River, NJ.: Prentice Hall, 1999).*

2. *Conjuntos de custos indiretos.* Os sistemas ABC criam conjuntos de custos menores ligados a atividades diferentes. A Platina subdividiu o seu conjunto de custos indiretos em um conjunto de custos diretos da atividade e em seis conjuntos de custos indiretos a elas relacionados, cada um correspondendo a uma das sete atividades descritas anteriormente.

O conjunto de custos únicos *não* é homogêneo porque os custos de algumas das atividades (por exemplo, projetar os produtos e processo, ajustar as máquinas e distribuir as capas), aglomerados em um conjunto de custo único, têm um relacionamento de causa e efeito fraco com as horas de mão-de-obra direta — por exemplo, as mudanças nas horas de mão-de-obra direta não têm efeito sobre os custos de projeto dos produtos e processos. Conseqüentemente, o consumo das horas de mão-de-obra direta usadas nas capas S3 e CC5 não representa os custos dos recursos de custos indiretos exigidos pelas duas capas diferentes.

Cada um dos conjuntos de custos relacionados às atividades é homogêneo. Por quê? Porque cada conjunto de custo da atividade inclui um conjunto estreito e focado de custos (por exemplo, ajustes ou distribuição). Ao longo do tempo, os custos em cada conjunto de custo da atividade têm um relacionamento de causa e efeito com a base de alocação de custos para aquela atividade (por exemplo, horas de preparação no caso de serem seus os custos e volume de pacotes movimentados no caso dos custos de distribuição).

3. *Bases de alocação de custos.* Para cada conjunto de custos da atividade, uma medida desempenhada serve como base de alocação de custos. Por exemplo, a Platina identifica as horas de preparação, a medida da atividade de preparação (e não as horas de mão-de-obra direta), como a base de alocação de custos para os custos de preparação, e identifica o volume de pacotes movimentados, a medida da atividade de distribuição, como a base de alocação de custos para os custos de distribuição.

A lógica dos sistemas ABC é a de que os grupos de custo da atividade mais bem estruturados com bases de alocação de custos específicos da atividade, que são os direcionadores de custos para o conjunto de custo, levam a um custeio mais preciso das atividades. A alocação de custos aos produtos por meio de bases de alocação de custos de atividades diferentes, usadas por produtos diferentes, leva a custos mais precisos do produto. Ilustramos essa lógica ao focar a atividade de preparação.

A preparação das máquinas de moldagem freqüentemente acarreta operações de teste, regulagens mais exatas e ajustes. As preparações inadequadas causam problemas na qualidade, como ranhuras na superfície das capas. Os recursos necessários para cada preparação dependem da complexidade da operação de produção. As capas complexas exigem mais recursos de preparação do que as simples. Além disso, as complexas podem ser produzidas apenas em lotes pequenos porque seus moldes precisam ser limpos com mais freqüência do que os moldes das simples. Em relação às simples, as capas complexas não apenas usam mais recursos por preparação, mas também exigem preparação mais freqüente.

Os dados de preparação para as capas S3 e CC5 são:

		Capas simples S3	Capas complexas CC5	Total
1	Quantidade de capas produzidas	60 000	15 000	
2	Número de capas produzidas por lote	240	50	
3=(1)÷(2)	Número de lotes	250	300	
4	Tempo de preparação por lote	2 horas	5 horas	
5=(3)×(4)	Total de horas de preparação	500 horas	1 500 horas	2 000 horas

A Platina identifica o total de custos de preparação (consistindo principalmente de custos alocados dos engenheiros de processo, engenheiros da qualidade, supervisores e equipamentos de preparação) de $ 300 000. A tabela seguinte ilustra o efeito de usar as horas de mão-de-obra direta — a base de alocação para todos os custos no sistema tradicional de custeio da Platina — *versus* as horas de preparação — a base de alocação de custos para os de preparação no sistema ABC — para alocar os custos de preparação às capas simples e complexas. O custo de preparação por hora de mão-de-obra direta de produção é igual a $ 7,54717 ($ 300 000 ÷ 39 750 horas de mão-de-obra direta). O custo de ajustamento por hora é igual a $ 150 ($ 300 000 ÷ 2 mil horas de preparação).

	Capas simples S3	Capas complexas CC5	Total
Custo alocado usando as horas de mão-de-obra direta: $ 7,54717 × 30 000; $ 7,54717 × 9 750	$ 226 415	$ 73 585	$ 300 000
Custo alocado usando as horas de preparação: $ 150 × 500; $ 150 × 1 500	$ 75 000	$ 225 000	$ 300 000

Qual base de alocação a Platina deveria usar? Resposta: horas de preparação, porque, seguindo as diretrizes 2 e 3, há um forte relacionamento de causa e efeito entre as horas de preparação e os custos indiretos a ela relacionados, mas quase não há relacionamento entre as horas de mão-de-obra direta e os custos indiretos relacionados à preparação. Os custos de preparação dependem do número de lotes e da complexidade da preparação — é por isso que as horas de preparação são o direcionador para os custos de preparação. Os custos de preparação são alocados mais para as capas S3, quando alocados com base nas horas de mão-de-obra direta. O motivo? Porque são necessárias mais horas de mão-de-obra direta para produzir as capas S3. Entretanto, as horas de mão-de-obra direta exigidas pelas capas S3 e CC5 não têm nenhum relacionamento com as de preparação — e seus custos — demandadas pelas capas S3 e CC5.

Observe que as horas de preparação são relacionadas aos lotes (ou conjuntos), não às capas individualmente. O custeio baseado em atividade destaca os níveis diferentes de atividades — por exemplo, unidades de produção *versus* lotes de produção — quando da identificação dos relacionamentos de causa e efeito. Como ilustra a nossa discussão sobre preparação, limitar os direcionadores de custos apenas para unidades de produção ou base de alocação de custos relacionadas às unidades de produção (como as horas de mão-de-obra direta), freqüentemente enfraquecerá o relacionamento de causa e efeito entre a base de alocação de custos e estes em um conjunto de custo. Quando o custo em um conjunto de custo se relaciona aos lotes de produção (como os custos de preparação), a base de alocação de custos precisa também se relacionar com os lotes de produção (por exemplo, as horas de preparação). A *hierarquia de custos* os distingue se o direcionador é uma unidade de produção (ou variáveis como as horas-máquina ou horas de mão-de-obra direta, uma função das unidades de produção) ou um *grupo* de unidades de um produto, como um lote, no caso dos custos de preparação; ou o *produto em si*, como a complexidade do molde, no caso dos custos de projetos.

Hierarquias de custos

Uma **hierarquia de custos** os categoriza em grupos de custos diferentes com base nos diferentes tipos de direcionadores de custos ou bases de alocação, ou diferentes graus de dificuldade em determinar os relacionamentos de causa e efeito (ou benefícios recebidos). Comumente, os sistemas ABC usam uma hierarquia de custos que tem quatro níveis — custos em nível de unidade de produção, em nível de lote, de sustentação do produto e de sustentação das instalações — para identificar as bases de alocação de custos, que são, quando possível, direcionadores de custos dos de custos conjuntos de custo da atividade.

Custos no nível de unidade de produção são os custos da atividade realizada em cada unidade individual de um produto ou serviço. Os custos das operações de produção (como da energia, depreciação da máquina e reparo), relacionados com a atividade de operar as máquinas de molde, são custos em nível de unidade de produção; isto porque, no tempo, o custo dessa atividade aumenta com as unidades adicionais produzidas (ou horas-máquina usadas).

Suponha que no exemplo da Platina, cada capa S3 requeira 0,15 horas-máquina de molde ou o total de nove mil horas-máquina (0,15 horas-máquina de modelagem por capa × 60 000 capas). Similarmente, suponha que cada capa CC5 requeira 0,25 horas-máquina de modelagem ou 3 750 horas-máquina de modelagem (0,25 horas-máquina de modelagem por capa × 15 000 capas). O *total* de custos das operações de produção alocados para a S3 e a CC5 depende da quantidade de cada tipo de capa produzida, independentemente do número de lotes em que as capas são feitas. O sistema ABC da Platina usa horas-máquina — uma base de alocação de custo em nível de unidade de produção — para alocar os custos das operações de produção aos produtos.

Custos no nível de lote são os das atividades relacionadas a um conjunto de unidades de produtos ou serviços, em vez de cada unidade de produto ou serviço. No exemplo da Platina, os custos de preparação são custos em nível de lote, isto porque, ao longo do tempo, o custo da atividade de preparação aumenta com as horas necessárias para produzir lotes de capas. A capa S3 requer 500 horas de preparação (2 horas por lote × 250 lotes). As capas CC5 requerem 1 500 horas de preparação (5 horas por lote × 300 lotes). O total de custos de preparação alocada para a S3 e a CC5 depende do total de horas exigido por tipo de capa, não do número de unidades produzidas. O sistema ABC da Platina usa as horas de preparação — uma base de alocação de custos em nível de lote — para alocar os custos de preparação aos produtos.

Nas empresas que compram muitos tipos diferentes de materiais diretos (a Platina compra principalmente peças de plástico), os custos de aquisição podem ser significativos; eles incluem os custos para fazer os pedidos de compra, recebimento dos materiais e pagamento aos fornecedores. Esses são custos em nível de lote por estarem relacionados ao número de pedidos de compra feitos e não à quantidade ou valor dos materiais comprados.

Custos de sustentação do produto (ou **de sustentação do serviço**) são os custos das atividades realizadas para o suporte individual dos produtos ou serviços, independentemente do número de unidades ou lotes em que as unidades são produzidas. No exemplo da Platina, os custos de projeto são custos de sustentação do produto. Ao longo do tempo, os custos de projeto dependem, em grande parte, do tempo gasto pelos projetistas no projeto e modificação do produto, na modelagem e no processo. Esses custos de projeto são uma função da complexidade da modelagem medida pelo número de peças no molde e multiplicado pela área (em metros quadrados) pela qual o plástico derretido precisa fluir (12 peças × 2,5 metros quadrados ou 30 peças por metro quadrado para a capa S3, e 14 peças × 5 metros quadrados ou 70 peças por metro quadrado para a capa CC5). Em 2003, o *total* de custos de projeto alocados para o S3 e CC5 depende da complexidade da modelagem, independentemente do número de unidades ou lotes de produção. Os custos de projeto não podem ser relacionados por meio de causa e efeito às unidades ou lotes individuais de produtos. O sistema ABC da Platina usa as peças por metro quadrado — uma base de alocação de custos de sustentação do produto — para alocar os custos de projeto aos produtos. Um outro exemplo dos custos de sustentação do produto é o de engenharia, incorrido para mudar os projetos do produto, embora essas mudanças não sejam freqüentes na Platina.

Os **custos de sustentação da empresa** são os das atividades que não podem ser relacionadas aos produtos ou serviços, mas sustentam a organização como um todo. No exemplo da Platina, os custos gerais de administração (incluindo aluguel e segurança do prédio) são custos de sustentação da empresa. Em geral, é difícil encontrar um bom relacionamento de causa e efeito entre esses custos e uma base de alocação. Essa falta de um relacionamento de causa e efeito faz com que algumas empresas não aloquem esses custos aos produtos e, em vez disso, deduzam-nos do lucro operacional. Outras empresas, como a Platina, alocam os custos de sustentação da empresa aos produtos em algumas bases — por exemplo, horas de mão-de-obra direta —, porque os administradores acreditam que todos os custos deveriam ser alocados aos produtos. A alocação de todos os custos aos produtos ou serviços torna-se importante quando a administração quer estabelecer os preços de venda com base em uma quantia que inclua todos os custos.

Implementando o custeio baseado em atividade na Platina

Agora que você entende os conceitos básicos do ABC, vamos usá-lo para aprimorar o sistema de custeio da Platina. Mais uma vez usamos a abordagem de sete etapas para o custeio e as três diretrizes para o aprimoramento dos sistemas de custeio (as diretrizes são aumentar a identificação dos custos diretos, criar conjuntos de custos indiretos homogêneos e identificar as bases de alocação dos custos que têm relacionamentos de causa e efeito no conjunto de custos).

Etapa 1: **Identificar os objetos de custo.** Os objetos de custo são as capas S3 e CC5. A meta da Platina é calcular, primeiro, o total de custos e, segundo, os custos por unidade de produção e distribuição das capas.

Etapa 2: **Identificar os custos diretos dos produtos.** A Platina identifica como custos diretos: materiais diretos e mão-de-obra direta, bem como custos de limpeza e manutenção dos moldes. No sistema de custeio que tem usado, a Platina classifica os custos de limpeza e manutenção dos moldes como custos indiretos e os aloca aos produtos usando horas de mão-de-obra direta. Entretanto, esses custos podem ser apropriados diretamente para uma capa porque cada tipo é produzido a partir de uma modelagem específica. Você deve observar que, pelo fato de os custos de limpeza e manutenção dos moldes consistirem dos ordenados dos trabalhadores que realizam essas atividades depois que cada lote de capas é produzido, os custos para limpeza e manutenção são custos diretos em nível de lote. As capas complexas incorrem mais custos de limpeza e manutenção porque a Platina produz mais lotes das capas complexas do que de capas simples e porque os moldes das capas complexas são mais difíceis de limpar. Horas de mão-de-obra direta não são um bom critério de custo da demanda que as capas simples e complexas colocam nos recursos de limpeza e manutenção das modelagens. Os custos diretos da Platina são:

Descrição	Categoria da hierarquia de custos	60 000 capas simples (S3)		15 000 capas complexas (CC5)		Total (5) = (1) + (3)
		Total (1)	Por unidade (2) = (1) ÷ 60 000	Total (3)	Por unidade (4) = (3) ÷ 15 000	
Materiais diretos	Nível de unidade de produção	$ 1 125 000	$ 18,75	$ 675 000	$ 45,00	$ 1 800 000
Mão-de-obra direta	Nível de unidade de produção	600 000	10,00	195 000	13,00	795 000
Limpeza e manutenção	Nível de lote	120 000	2,00	150 000	10,00	270 000
Total de custos diretos		$ 1 845 000	$ 30,75	$ 1 020 000	$ 68,00	$ 2 865 000

Etapa 3: **Selecionar as bases de alocação de custos para alocar os custos indiretos aos produtos.** A Platina identifica seis atividades — projeto, preparação da máquina de modelagem, operações de produção, despacho, distribuição e administração — para alocar os custos indiretos aos produtos. O Quadro 5.2, Coluna 4, mostra a base de alocação de custo e a quantidade da base de alocação para cada atividade descrita na Coluna 1.

A identificação das bases de alocação de custos define o número de conjuntos de atividades em que os custos serão agrupados em um sistema ABC. Por exemplo, em vez de definir as atividades de projeto do produto, do processo e do protótipo como atividades separadas, a Platina define essas três atividades juntas como uma atividade de projeto combinada. Por quê? Porque a complexidade da modelagem é um direcionador de custo apropriado para os custos incorridos em cada uma dessas três atividades separadas de projeto.

Uma segunda consideração na escolha de uma base de alocação de custos é a disponibilidade de dados e medidas confiáveis. Considere o problema da determinação de uma base de alocação de custos para a atividade de projeto. O direcionador de custo do projeto, que é um custo de sustentação do produto, é a complexidade da modelagem; modelagens mais complexas levam mais tempo para projetar. No seu sistema ABC, a Platina mede a complexidade em termos do número de peças no molde e na respectiva área de superfície. Se esses dados forem difíceis de obter ou medir, a Platina poderá ser forçada a usar alguma outra medida da complexidade, como a quantidade de material que flui pelo molde. Um problema potencial com a medição da complexidade é o de que a quantidade de material pode não representar adequadamente a complexidade da atividade de projeto.

Etapa 4: **Identificar os custos indiretos associados a cada base de alocação dos custos.** Nesta etapa, os custos indiretos incorridos pela Platina são atribuídos às atividades (veja Quadro 5.2, Coluna 3) na medida do possível, com base no relacionamento de causa e efeito entre a base de alocação de custos para uma atividade e os custos da atividade. Por exemplo, os custos são atribuídos ao conjunto de custos de distribuição com base no relacionamento de causa e efeito com os metros cúbicos de pacotes movimentados. É claro que a força do relacionamento de causa e efeito entre a base de alocação de custos e os respectivos custos da atividade varia entre os conjuntos de custos. Por exemplo, o relacionamento de causa e efeito entre as horas de mão-de-obra direta e os custos da atividade de administração não é tão forte quanto o relacionamento entre as horas de preparação e os custos da atividade de preparação.

Alguns custos podem ser identificados com uma atividade específica. Por exemplo, os salários pagos aos engenheiros de projeto são diretamente identificados com a atividade de projeto. Outros custos precisam

Quadro 5.2 Taxas de custo de atividades para os conjuntos de custos indiretos.

Atividade (1)	Categoria na hierarquia dos custos (2)	(Etapa 4) Total de custos (3)	(Etapa 3) Quantidade da base de alocação de custos (4)	(Etapa 5) Taxa de alocação dos custos indiretos (5) = (3) ÷ (4)	Explicação resumida do relacionamento de causa e efeito que motiva a escolha da base de alocação (6)
Projeto	Sustentação do produto	$ 450 000	100 peças — metro quadrado	$ 4 500 por peça — metro quadrado	Os moldes complexos (mais peças e estruturas maiores) requerem mais recursos do Departamento de Projetos.
Preparação das máquinas de moldagem	Nível de lote	$ 300 000	2 000 horas de preparação	$ 150 por hora de preparação	Os custos indiretos da atividade de preparação aumentam à medida que aumentam as horas.
Operações de produção	Nível de unidade de produção	$ 637 500	12 750 horas-máquina de modelagem	$ 50 por hora-máquina de modelagem	A Platina tem a maioria das máquinas de moldagem automatizadas. Os custos indiretos de operação as apóiam e, conseqüentemente, aumentam com o seu uso.
Preparo do despacho	Nível de lote	$ 81 000	200 despachos	$ 405 por despacho	Os custos incorridos para preparar os lotes para despacho aumentam com o número de despachos.
Distribuição	Nível de unidade de produção	$ 391 500	67 500 metros cúbicos	$ 5,80 por metro cúbico despachado	Os custos indiretos da atividade de distribuição aumentam com os metros cúbicos de pacotes despachados.
Administração	Sustentação da empresa	$ 255 000	39 750 horas de mão-de-obra direta	$ 6,4151 por hora de mão-de-obra direta	Os recursos do Departamento de Administração apóiam as horas de mão-de-obra direta porque a demanda por esses recursos aumenta com as horas de mão-de-obra direta.

ser alocados pelas atividades. Por exemplo, com base nas entrevistas ou cartões de ponto, os engenheiros de produção e os supervisores identificam o tempo gasto nas atividades de projeto, de preparação da máquina de modelagem e nas operações de produção. O tempo gasto nessas atividades serve como base para alocar os custos de salário dos engenheiros e supervisores de produção para várias atividades. Similarmente, outros custos são alocados para os conjuntos de custo da atividade usando as bases de alocação que melhor descrevem os custos incorridos para sustentar as diferentes atividades. Por exemplo, o custo do aluguel é alocado com base na área em metros quadrados usada para as diferentes atividades.

A questão aqui é a de que todos os custos não se encaixam exatamente em categorias de atividade. Freqüentemente, os custos precisam, primeiro, ser alocados para as atividades antes que os custos das atividades possam ser alocados aos produtos.

Etapa 5: **Calcular a taxa por unidade para cada base de alocação.** O Quadro 5.2, Coluna 5, resume o cálculo das taxas de custo da atividade usando as bases de alocação de custos selecionada na Etapa 3, e os custos indiretos de cada atividade calculados na Etapa 4. O Quadro 5.3, Painel A, apresenta uma visão geral do sistema ABC da Platina.

Etapa 6: **Calcular os custos indiretos alocados aos produtos.** O Quadro 5.3, Painel B, mostra o total de custos indiretos de $ 1 153 953 alocados às capas simples e $ 961 047 alocados às capas complexas. Para calcular o total de custos indiretos de cada capa, a quantidade total da base de alocação de custo usada por atividade e por tipo de capa (usando os dados fornecidos pelo pessoal de operações da Platina) é multiplicado pela taxa de alocação de custos calculados na Etapa 5 (veja Quadro 5.2, Coluna 5). Por exemplo, das duas mil horas de atividade de preparação (Quadro 5.2, Coluna 4), as capas S3 usam 500 horas de preparação e as CC5 usam 1 500 horas. Assim sendo, os custos totais da atividade de preparação alocada para as capas S3 são de $ 75 000 (500 horas de preparação × $ 150 a hora) e para as CC5 são de $ 225 000 (1 500 horas de preparação × $ 150 a hora). O custo unitário de preparação pode então ser calculado como $ 1,25 ($ 75 000 ÷ 60 000 unidades) para as capas S3 e $ 15 ($ 225 000 ÷ 15 000 unidades) para as capas CC5.

Quadro 5.3 Custos dos produtos na Platina Ltda. usando o custeio baseado em atividades.

PAINEL A: VISÃO GERAL DO SISTEMA DE CUSTEIO BASEADO EM ATIVIDADES DA PLATINA

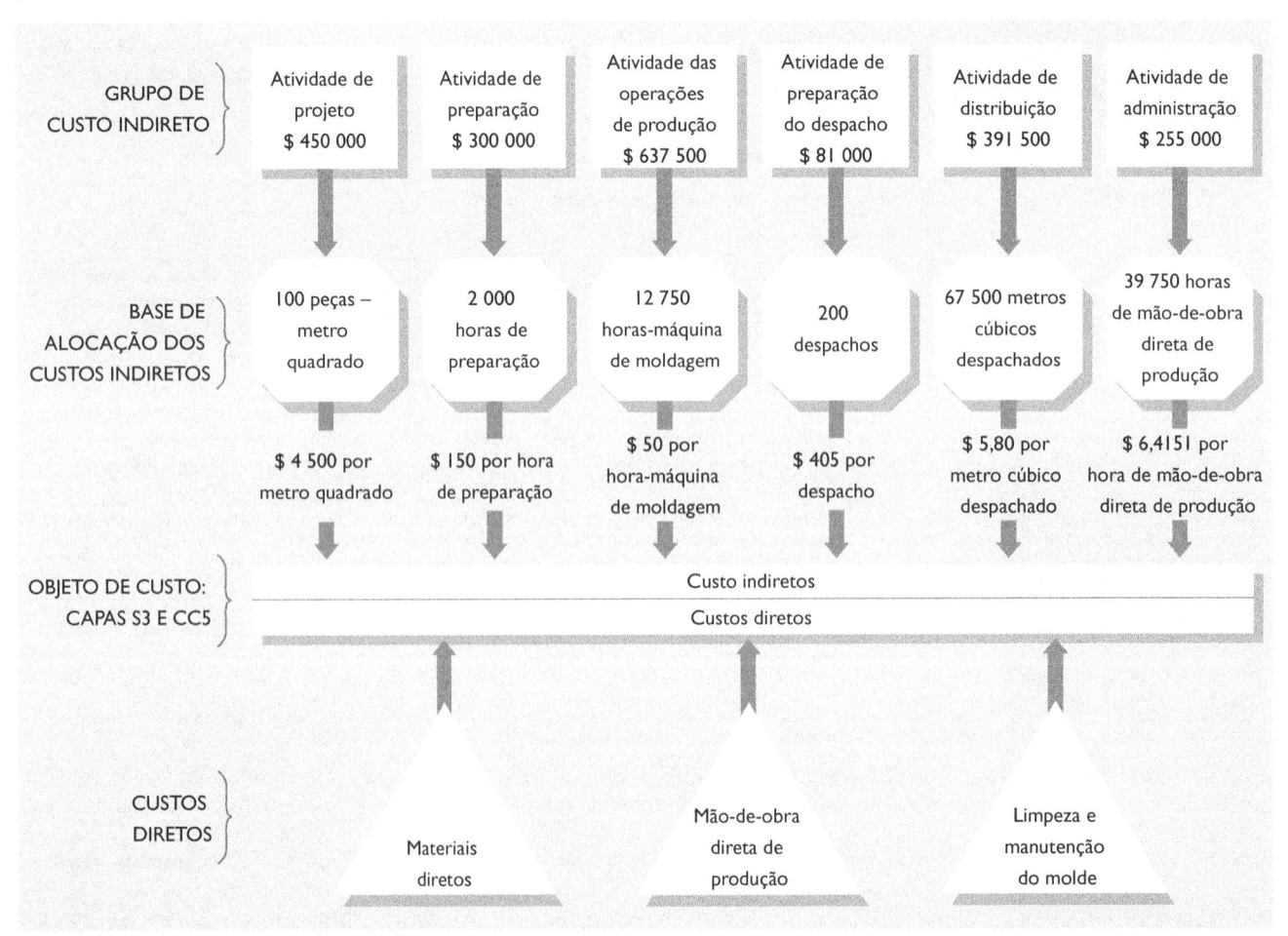

GRUPO DE CUSTO INDIRETO	Atividade de projeto $ 450 000	Atividade de preparação $ 300 000	Atividade das operações de produção $ 637 500	Atividade de preparação do despacho $ 81 000	Atividade de distribuição $ 391 500	Atividade de administração $ 255 000
BASE DE ALOCAÇÃO DOS CUSTOS INDIRETOS	100 peças – metro quadrado	2 000 horas de preparação	12 750 horas-máquina de moldagem	200 despachos	67 500 metros cúbicos despachados	39 750 horas de mão-de-obra direta de produção
	$ 4 500 por metro quadrado	$ 150 por hora de preparação	$ 50 por hora-máquina de moldagem	$ 405 por despacho	$ 5,80 por metro cúbico despachado	$ 6,4151 por hora de mão-de-obra direta de produção

OBJETO DE CUSTO: CAPAS S3 E CC5
- Custo indiretos
- Custos diretos

CUSTOS DIRETOS: Materiais diretos | Mão-de-obra direta de produção | Limpeza e manutenção do molde

PAINEL B: CUSTOS DOS PRODUTOS USANDO O SISTEMA DE CUSTEIO BASEADO EM ATIVIDADES					
	60 000 capas simples (S3)		15 000 capas complexas (CC5)		
Descrição do custo e da quantidade de atividade demandada por cada tipo de capa	Total (1)	Por unidade (2) = (1) ÷ 60 000	Total (3)	Por unidade (4) = (3) ÷ 15 000	Total (5) = (1) + (3)
Custos diretos					
Materiais diretos	$ 1 125 000	$ 18,75	$ 675 000	$ 45,00	$ 1 800 000
Mão-de-obra direta	600 000	10,00	195 000	13,00	795 000
Custos diretos de limpeza e manutenção dos moldes	120 000	2,00	150 000	10,00	270 000
Total de custos diretos	1 845 000	30,75	1 020 000	68,00	2 865 000
Custos indiretos					
Custos da atividade de projeto					
S3, 30 peças/m² × $ 4 500	135 000	2,25			450 000
CC5, 70 peças/m² × $ 4 500			315 000	21,00	
Custo da atividade de preparação					
S3, 500 hr. ajust. × $ 150	75 000	1,25			300 000
CC5, 1 500 hr. ajust. × $ 150			225 000	15,00	
Custos da atividade de operações de produção					
S3, 9 000 hr-maq. de moldagem × $ 50	450 000	7,50			637 500
CC5, 3 750 hr-maq. de moldagem × $ 50			187 500	12,50	
Atividade de preparo do despacho					
S3, 100 despachos × $ 405	40 500	0,67			81 000
CC5, 100 despachos × $ 405			40 500	2,70	
Atividade de distribuição					
S3, 45 000 m³ despachados × $ 5,80	261 000	4,35			391 500
CC5, 22 500 m³ despachado × $ 5,80			130 500	8,70	
Atividade de administração					
S3, 30 000 hr. de mão–de-obra direta de produção × $ 6,4151	192 453	3,21			255 000
CC5, 9 750 hr de mão–de-obra direta de produção × $ 6,4151			62 547	4,17	
Total de custos indiretos	1 153 953	19,23	961 047	64,07	2 115 000
Total de custos	$ 2 998 953	$ 49,98	$ 1 981 047	$ 132,07	$ 4 980 000

Etapa 7: Calcular os custos totais dos produtos somando todos os custos diretos e indiretos. O Quadro 5.3, Painel B, apresenta os custos dos produtos para as capas simples e complexas. Os custos diretos são calculados na Etapa 2, e os indiretos, na Etapa 6. A visão geral do sistema ABC no Quadro 5.3, Painel A, mostra três categorias de custos diretos e seis de custos indiretos. O custo de cada tipo de capa, no Quadro 5.3, Painel B, tem nove itens, três para os custos diretos e seis para os indiretos. As diferenças entre os custos dos produtos ABC da S3 e da CC5 observadas no Quadro 5.3, Painel B, destacam como cada um usa montantes diferentes de custos diretos e indiretos em cada tipo de atividade.

Enfatizamos dois aspectos principais dos sistemas de custeio ABC. Primeiro, esses sistemas identificam todos os custos usados pelos produtos, sejam eles variáveis, sejam fixos no curto prazo. O foco dos sistemas ABC está nas decisões de longo prazo, quando mais custos podem ser administrados e poucos são considerados fixos. Desse modo, os sistemas ABC identificam todos os recursos usados pelos produtos, independentemente de como os custos se comportam no curto prazo. Segundo, reconhecer a hierarquia de custos é crítico para a alocação dos custos aos produtos. É mais fácil usar a hierarquia de custos para calcular o total. Por esse motivo, recomendamos calcular primeiramente o total de custos. Os custos unitários podem então ser facilmente calculados dividindo o seu total pelo número de unidades produzidas.

COMPARANDO SISTEMAS ALTERNATIVOS DE CUSTEIO

O Quadro 5.4 compara o sistema com um conjunto único de custos indiretos (Quadro 5.1) utilizado pela Platina e o sistema ABC (Quadro 5.3) alternativo. Enfatizamos três pontos no Quadro 5.4, consistentes com as diretrizes para o aprimoramento de um sistema de custeio: (1) os sistemas ABC identificam mais custos como diretos; (2) os sistemas ABC criam conjuntos homogêneos de custos ligados a atividades diferentes e (3) para cada conjunto de custo da atividade, os sistemas ABC procuram uma base de alocação de custos que tenha um relacionamento de causa e efeito com conjunto de custos.

Os conjuntos homogêneos de custos e a escolha da base de alocação de custos vinculados à hierarquia de custos, dão mais confiança aos gerentes da Platina quanto aos dados obtidos e custo do produto de um sistema ABC. O Quadro 5.4 mostra que a alocação dos custos às capas usando apenas uma base de alocação em nível de unidade de produção — horas de mão-de-obra direta, como no sistema com conjunto único de custos indiretos usados antes do ABC — custeia a maior as capas S3 em $ 8,77 a unidade e a menor as capas CC5 em $ 35,07 a unidade. As capas CC5 usam uma quantia desproporcionalmente maior de custos no nível de unidade de produção, no nível de lote e de sustenta-

Quadro 5.4 Comparando os sistemas de custeio.

	Sistema atual com conjunto único de custo indireto existente (1)	Sistema ABC (2)	Diferença (3) = (2) − (1)
Categorias de custos diretos	2 Materiais diretos Mão-de-obra direta	3 Materiais diretos Mão-de-obra direta Mão-de-obra direta de limpeza e manutenção	+1
Total de custos diretos	$ 2 595 000	$ 2 865 000	$ 270 000
Conjuntos de custos indiretos	1 Conjunto único de custo indireto usando as horas de mão-de-obra direta	6 Conjunto de custo do projeto usando peças por metro quadrado como base de alocação Conjunto de custo de preparação da máquina de modelagem usando as horas de preparação como base de alocação Conjunto de custo das operações de produção usando as horas-máquina como base de alocação Conjunto de custo de preparação de despacho usando o número de despachos como base de alocação Conjunto de custo de distribuição usando os metros cúbicos de pacotes despachados Conjunto de custo de administração usando as horas de mão-de-obra direta de produção como base de alocação.	5
Total de custos indiretos	$ 2 385 000	$ 2 115 000	($ 270 000)
Total de custos atribuídos às capas simples (S3)	$ 3 525 000	$ 2 998 953	($ 526 047)
Custo unitário da capa simples (S3)	$ 58,75	$ 49,98	($ 8,77)
Total de custos atribuídos às capas complexas (CC5)	$ 1 455 000	$ 1 981 047	$ 526 047
Custo unitário da capa complexa (CC5)	$ 97,00	$ 132,07	$ 35,07

ção do produto, do que é representado pela base de alocação de custos/hora de mão-de-obra direta. As capas S3 usam uma quantia desproporcionalmente menor desses três níveis de custos.

O benefício de um sistema ABC é o de que ele fornece informações para tomar decisões melhores. Mas esse benefício precisa ser confrontado com os custos de medida e os de implementação de um sistema ABC.

Usando os sistemas ABC para melhorar a gestão de custos e a rentabilidade

A ênfase deste capítulo até agora tem sido na utilização dos sistemas ABC para obter melhores custos de produtos. A **gestão baseada em atividade (ABM)** descreve as decisões gerenciais que usam as informações do custeio baseada em atividades para satisfazer os clientes e melhorar a rentabilidade. Nós definimos ABM mais amplamente para incluir decisões sobre precificação e *mix* de produtos, decisões sobre como reduzir os custos e sobre como melhorar os processos e decisões relacionadas ao projeto do produto.

Decisões de precificação e *mix* de produtos. Um sistema ABC fornece aos administradores informações de custo que são úteis na produção e comercialização de produtos diversos. Com essas informações, os administradores podem tomar decisões de precificação e *mix* de produtos. Por exemplo, um sistema ABC indica que a Platina pode reduzir o preço da S3 para $ 53 e ainda obter lucro, porque o custo ABC da S3 é de $ 49,98. Sem essa informação do sistema ABC, os administradores podem concluir erroneamente que eles incorreriam em prejuízo operacional vendendo as capas S3 a $ 53. A conclusão incorreta pode fazer com que a Platina reduza o seu negócio nas capas simples e, em vez disso, se concentre nas capas complexas, que o sistema de custo atual indica como sendo muito rentável.

Concentrar-se nas capas complexas seria um erro. O sistema ABC indica que o custo para fazer a capa complexa é muito mais alto — $ 132,07 *versus* $ 97 sob o sistema de custeio baseado nas horas de mão-de-obra direta que a Platina tem usado. Como pensava o pessoal de operações da Platina, ela não tem vantagem competitiva na produção das capas CC5. A um preço de $ 137 por capa para a CC5, a margem de lucro é muito pequena ($ 137,00 – $ 132,07 = $ 4,93). À medida que a Platina reduz os preços nas capas simples, ela provavelmente terá de negociar um preço mais alto para as capas complexas.

Decisões de redução de custos e melhoria do processo. O pessoal de produção e distribuição usa os sistemas ABC para determinar como e onde reduzir custos. Os administradores estabelecem as metas de redução de custos em termos da redução do custo por unidade, da base de alocação de custos nas diferentes atividades. Por exemplo, o supervisor da atividade de distribuição na Platina poderia ter como meta de desempenho diminuir o custo de distribuição por metro cúbico de produto despachado, de $ 5,80 para $ 5,40, por meio da redução dos custos da mão-de-obra de distribuição e do aluguel do armazém.

Uma análise dos fatores que fazem com que os custos sejam incorridos (critérios de custos e bases de alocação) revela muitas oportunidades para melhorar a forma de como o trabalho é realizado. A administração pode avaliar se atividades específicas podem ser reduzidas ou eliminadas. Cada uma das bases de alocação dos custos indiretos, no sistema ABC, é uma variável não-financeira (número de horas de ajustamento, metro cúbico despachado e outras). Controlar itens físicos, como as horas de preparação e os metros cúbicos despachados, é geralmente a maneira básica para administrar custos. Por exemplo, a Platina pode diminuir os custos de distribuição embalando as capas de um modo que reduza o volume do despacho.

A tabela seguinte mostra a redução nos custos de distribuição das capas S3 e CC5, como resultado das ações que baixam o custo por metro cúbico despachado (de $ 5,80 para $ 5,40) e o total de metros cúbicos despachados (de 45 000 para 40 000 para a S3, e de 22 500 para 20 000 para a CC5).

	60 000 capas S3		15 000 capas CC5	
	Total (1)	Por unidade (2) = (1)÷60 000	Total (3)	Por unidade (4) = (3)÷15 000
Custos de distribuição (do Quadro 5.3, Painel B)	$ 261 000	$ 4,35	$ 130 500	$ 8,70
Custos de distribuição como resultado da melhoria nos processos				
S3, 40 000 metros cúbicos × $ 5,40	216 000	3,60		
CC5, 20 000 metros cúbicos × $ 5,40			108 000	7,20
Economia nos custos de distribuição pela melhoria nos processos	$ 45 000	$ 0,75	$ 22 500	$ 1,50

Decisões de projeto. A administração pode avaliar como os seus atuais projetos de produto e processo afetam as atividades e custos como um meio de identificação de novos projetos que reduzam os custos. Por exemplo, as decisões de projeto que diminuem a complexidade da modelagem, reduzem os custos do projeto, materiais, mão-de-obra, preparação, operações da máquina de modelagem, e limpeza e manutenção dos moldes. Os clientes da Platina podem estar dispostos a abrir mão de algumas características das capas em troca de um preço mais baixo.

Se a Platina tivesse continuado a usar seu sistema de custeio baseado nas horas de mão-de-obra direta para escolher entre os projetos alternativos, quais escolhas de projeto a Platina favoreceria? Resposta: Aqueles que reduzissem mais as horas de mão-de-obra direta. Isto porque o sistema de custeio sinalizaria que a redução nas horas de mão-de-obra direta reduz os custos indiretos. No entanto, este é um sinal falso. Como revela a nossa discussão do sistema ABC da Platina, o relacionamento de causa e efeito entre as horas de mão-de-obra direta e os custos de indiretos é fraco.

Planejamento e gestão de atividades. Como foi o caso com a Platina, a maioria das empresas que implementa os sistemas ABC pela primeira vez analisa os custos reais para identificar os conjuntos e as taxas de custo da atividade. Muitas empresas usam os sistemas ABC para planejamento e gestão de atividades. Essas empresas especificam os custos orçados para as atividades e usam taxas orçadas para custear o produto usando o custeio padrão. No final do ano, os custos orçados e os reais são comparados para fornecer um *feedback* sobre quão bem as atividades são administradas. À medida que as atividades e processos são alterados, novas taxas de custo a elas relativas precisam ser calculadas. No final do ano, também será preciso fazer ajustes para os custos alocados a menor ou a maior para cada área de atividade, usando uma taxa de alocação ajustada, rateio ou baixando o custo dos produtos vendidos — abordagens descritas no Capítulo 4.

Retornaremos à gestão baseada em atividades nos capítulos posteriores.

SISTEMAS DE CUSTEIO BASEADOS EM ATIVIDADES E SISTEMAS DE CUSTEIO POR DEPARTAMENTO

Empresas freqüentemente usam sistemas de custeio que têm características dos sistemas ABC — como os vários conjuntos de custos e as várias bases de alocação de custos —, mas não enfatizam as atividades individuais. Muitas empresas aprimoraram os seus sistemas de custeio a partir do uso de um sistema de taxa única para o uso de taxas separadas de custos indiretos para cada departamento (por exemplo, projeto, produção, distribuição e outras) ou para cada subdepartamento (por exemplo, os subdepartamentos de maquinaria e montagem dentro da produção). Por que as empresas usam taxas de custos departamentais? Elas fazem isso porque os direcionadores de custo dos recursos em cada departamento ou subdepartamento diferem da base única de alocação de custos para a empresa toda. Os sistemas ABC são um aprimoramento posterior dos sistemas de custeio por departamento. Nesta seção, comparamos os sistemas ABC e os de custeio por departamento.

A Platina usa a taxa de custo indireto do *departamento de projetos* para custear a sua atividade de projeto. Ela calcula a taxa dividindo os custos do *departamento* pelo total de peças por metro quadrado; uma medida da complexidade do molde e o direcionador de custos do *departamento de projetos*. A Platina acredita não valer a pena calcular taxas de atividades separadas dentro do *departamento de projetos*, tais como projetar produtos, fazer um molde provisório e projetar processos. Por que não? Porque a complexidade do molde é uma base de alocação de custos apropriada para os incorridos para todas essas atividades de projeto: os custos do *departamento de projetos* são homogêneos no que diz respeito a essa base de alocação de custos.

Em contrapartida, usando o ABC, a Platina identifica, no *departamento de produção*, dois grupos de custo das atividades — um conjunto de custos da preparação e um conjunto das operações de produção — em vez de usar um conjunto único de custos indiretos do *departamento de produção*. Ela identifica esses dois grupos de custos por dois motivos. Primeiro, cada uma dessas atividades dentro da produção acarreta custos significativos e tem direcionadores de custos diferentes. Segundo, as capas S3 e CC5 não utilizam as duas atividades na mesma proporção. Por exemplo, CC5 usa 75 por cento (1 500 ÷ 2 000) de horas de preparação, mas apenas 29,4 por cento (3 750 ÷ 12 750) de horas-máquina. Usar apenas as horas-máquina, digamos, para alocar todos os custos do *departamento de produção* na Platina, resultaria nas capas CC5 sendo alocadas a menor porque elas não receberiam os recursos significativos de preparação que elas realmente usam.

Baseado no que acabamos de explicar, considere o seguinte: Usar as taxas de custo indireto dos departamentos para alocar os custos aos produtos resulta nos mesmos custos do produto que usar as taxas de custo das atividades se: (1) uma única atividade for responsável por uma fração considerável dos custos do departamento; ou (2) os custos significativos são incorridos em função de atividades diferentes dentro de um departamento, mas cada atividade tem a mesma base de alocação de custos (como foi o caso do *departamento de projetos* da Platina) ou (3) custos significativos são incorridos em função de atividades diferentes com bases diferentes de alocação de custos dentro de um departamento, mas produtos diferentes usam recursos das diferentes atividades nas mesmas proporções (por exemplo, se CC5 usasse 65 por cento (digamos) de horas de preparação e 65 por cento de horas-máquina no *departamento de produção* da Platina).

Quando qualquer uma dessas três condições for válida, as taxas de custos indiretos do departamento e as de custo das atividades resultarão na mesma, ou similar, informação de custos. Nas empresas onde nenhuma dessas condições é válida, os sistemas de custeio por departamento podem ser aprimorados usando o ABC. Enfatizar atividades leva a conjuntos de custos mais concentrados e homogêneos, e auxilia na identificação das bases de alocação dos custos para as atividades que têm um relacionamento melhor de causa e efeito. Mas os benefícios de um sistema ABC precisam ser confrontados com os seus custos e limitações.

IMPLEMENTANDO OS SISTEMAS ABC

Os administradores escolhem o nível de detalhamento de um sistema de custeio avaliando os seus custos esperados contra os benefícios esperados, que resultarão do fato de usá-lo para tomar decisões melhores. Há alguns sinais que indicam quando um sistema ABC fornecerá mais benefícios.

1. Montantes significativos de custos indiretos são alocadas usando apenas um ou dois conjuntos de custos.
2. Todos, ou a maior parte dos custos indiretos, são identificados como custos no nível de unidade de produção (isto é, poucos custos indiretos são descritos como custos no nível de lote, de sustentação do produto ou de sustentação da empresa).
3. Produtos provocam demandas diversas sobre os recursos por causa das diferenças de volume, etapas do processo, tamanho do lote ou complexidade.
4. Produtos que uma empresa tem competência para produzir e comercializar mostram lucros menores, ao passo que aqueles em que a empresa é menos capaz mostram lucros maiores.
5. O pessoal de operações discorda significativamente do pessoal da contabilidade sobre os custos de produção e marketing de produtos e serviços.

Mesmo quando uma empresa decide implementar o ABC, ela deve fazer escolhas importantes sobre o nível de detalhe a usar. Ela deveria escolher muitas atividades, direcionadores e grupos de custos detalhadamente especificados, ou apenas alguns seriam suficientes? Por exemplo, a Platina poderia identificar uma taxa diferente da de horas-máquina para cada tipo de máquina de moldagem. Ao fazer essas escolhas, os administradores consideram os custos e limitações do aprimoramento dos sistemas de custeio.

Os principais custos e limitações de um sistema ABC são as medidas necessárias para implementá-lo. Os sistemas ABC exigem que a administração estime os custos dos conjuntos de atividade e identifiquem e meçam os direcionadores de custos para esses conjuntos para servirem como bases de alocação de custos. Mesmo os sistemas ABC básicos exigem muitos cálculos para determinar os custos dos produtos e serviços. Essas medidas são caras. As taxas de custo por atividade também precisam ser atualizadas regularmente.

À medida que os sistemas ABC ficam muito detalhados e são criados mais conjuntos de custos, são necessárias mais alocações para calcular os custos da atividade para cada conjunto de custo. Isso aumenta as chances de identificar incorretamente custos dos conjuntos de custos das atividades. Por exemplo, os supervisores têm mais tendência a identificar incorretamente o tempo que gastam em atividades diferentes se tiverem que alocar seus tempos por mais cinco atividades, em vez de apenas duas.

Às vezes, as empresas são forçadas a usar as bases de alocação para as quais os dados se encontram prontamente disponíveis, em vez das que elas gostariam de usar. Por exemplo, uma empresa pode usar o número de cargas movimentadas, em vez da complexidade e distância das diferentes cargas movimentadas, como a base de alocação para os custos de manuseio dos materiais porque é mais fácil medir o número de cargas movimentadas. Quando os erros de medida são grandes, as informações de custo da atividade podem ser enganosas. Por exemplo, se o custo por carga movimentada diminuir, uma empresa concluirá que ela se tornou mais eficiente nas operações de manuseio de materiais. Na realidade, o custo mais baixo por carga movimentada resultou exclusivamente da movimentação de muitas cargas mais leves por distâncias mais curtas.

Muitas empresas acham que os benefícios de um sistema ABC menos detalhado não justificam os custos e complexidades de um sistema mais detalhado. Entretanto, à medida que as melhorias na tecnologia da informação e a respectiva diminuição nos custos de medidas continuam, os sistemas ABC mais detalhados se tornam uma alternativa viável em muitas empresas. (Veja 'Pesquisas de Práticas Empresariais'). Se essa tendência continuar, os sistemas ABC mais detalhados serão mais capazes de passar no teste do custo-benefício.

ABC NAS EMPRESAS DE SERVIÇO E COMERCIAIS

Embora muitos dos exemplos do ABC tenham-se originado na indústria, ele tem muitas aplicações nas empresas de serviço e comerciais. Além das atividades de produção, a Platina inclui a aplicação do ABC a uma atividade de serviço — projetos — e a uma atividade comercial — distribuição. Empresas como o Cooperative Bank, Braintree Hospital, BCTel no setor de telecomunicações e Union Pacific no setor ferroviário, implementaram alguma forma do sistema ABC para identificar *mix* de produtos mais lucrativos, melhorar a eficiência e satisfazer os clientes. Do mesmo modo, muitas empresas de varejo e atacado — por exemplo, Fleming, um atacadista de produtos de supermercados — usaram os sistemas ABC.

PESQUISAS DE PRÁTICAS EMPRESARIAIS

Interesse crescente no custeio baseado em atividades

O custeio baseado em atividades está sendo implementado por um número crescente de empresas no mundo todo. As aplicações específicas do ABC variam de empresa para empresa. Poucas delas usam o ABC como sistema de contabilidade de custos básico e contínuo. Mas muitas aplicações do ABC são seletivas — estudos especiais em divisões ou funções específicas.

Um estudo[a] de 162 empresas nos Estados Unidos (incluindo 29 no setor de serviços) relatou a seguinte classificação das aplicações primárias: (1) custeio do produto/serviço, (2) redução de custos e (3) melhoria do processo. Áreas em que as informações baseadas no ABC produziram mudanças 'significativas' ou 'muito significativas' nas decisões se classificaram da seguinte maneira: (1) estratégia de precificação, (2) processos e (3) *mix* de produtos. Uma pesquisa[b] das empresas americanas na indústria de alimentos e bebidas revelou que 18 por cento dos respondentes estão implementando o ABC e 58 por cento estão considerando a sua utilização. Uma pesquisa das empresas holandesas no setor de alimentos e bebidas descobriu que 12 por cento estão atualmente usando o ABC e 25 por cento estão considerando a sua utilização. Administradores de empresas holandesas indicaram que informações similares àquelas desenvolvidas pelos sistemas ABC já existiam. As empresas holandesas que implementaram o ABC fizeram-no especialmente pela (1) melhoria no processo, (2) redução nos custos e (3) custeio do produto.

Entre empresas canadenses, uma pesquisa[c] indica que 14 por cento das empresas entrevistadas implementaram o ABC e outros 15 por cento estão considerando o seu uso. O que atrai as empresas canadenses para o ABC?

Informações mais precisas de custo para a precificação do produto	61%
Análise mais precisa de lucro	61%
Por produto	22%
Por cliente	20%
Por processo	24%
Por departamento	43%
Melhores medidas de desempenho	43%
Melhores explicações sobre as causas dos custos	37%

O sistema ABC substituiu os sistemas existentes de 24 por cento dos respondentes canadenses e é um sistema suplementar para 76 por cento.

Uma pesquisa[d] no Reino Unido descobriu que 'pouco menos de 20 por cento dos 251 respondentes haviam usado o ABC'. A classificação das áreas de aplicação foi (1) gestão de custos, (2) medida do desempenho, (3) precificação do produto/serviço e (4) modelagem dos custos. Uma pesquisa[e] na Nova Zelândia classificou os benefícios do ABC como (1) gestão de custos, (2) precificação do produto/serviço e (3) valorização do estoque.

Uma pesquisa[f] das empresas industriais irlandesas que implementaram o ABC relatou as seguintes porcentagens para benefícios reais experimentados: (1) informações mais precisas para o custeio do produto e precificação (71 por cento), (2) controle e gestão de custos melhorados (66 por cento), (3) melhor compreensão dos direcionadores de custos (58 por cento), (4) melhores medidas do desempenho (46 por cento) e (5) análise exata da rentabilidade do cliente (25 por cento). Uma pesquisa[g] nas empresas irlandesas do setor de serviços relatou porcentuais similares para os benefícios experimentados. Uma pesquisa australiana[h] descobriu que 43 por cento dos respondentes ou estavam usando o ABC ou estavam em fase de implementação.

A pesquisa canadense relatou que os dois problemas mais comuns de implementação eram as dificuldades em definir as atividades e selecionar os direcionadores de custos. Os problemas de implementação na pesquisa irlandesa incluíam as dificuldades em identificar as atividades e em atribuir os custos a esses grupos, em identificar e selecionar os direcionadores de custos, software inadequado e falta de recursos adequados. Os dois problemas que ficaram no topo da pesquisa na Nova Zelândia foram as dificuldades em obter dados confiáveis e a falta de aceitação da média gerência. A pesquisa holandesa citou problemas de outras prioridades e falta de tempo, assim como a dificuldade e o custo para coletar os dados.

a. Adaptado do APQC/CAM-I, *Activity-Based Management*
b. Adaptado de T. Groot, *Activity-Based Costing*
c. Adaptado de Armitage, H. e R. Nicholson, *Activity-Based Costing*
d. Adaptado de Innes, J. e F. Mitchell, *A survey of Activity-Based Costing*
e. Adaptado de Cotton, W., *Activity-Based Costing*
f. Adaptado de Clarke, P., *A Survey of*
g. Adaptado de Clarke, P. e T. Mullins, *Activity-Based Costing*
h. Adaptado de Clarke, B. e M. Lokman, *Activity-Based Costing*

A abordagem geral para o ABC nas empresas de serviço e comerciais é similar à abordagem do ABC na indústria. Os custos são divididos em grupos homogêneos e classificados como custos no nível de unidade de produção, no nível de lote, de sustentação dos produtos, de sustentação dos serviços e de sustentação da empresa. Os conjuntos de custos

Conceitos em ação

Medindo e administrando o e-*varejo* com o custeio baseado em atividades

O custeio baseado em atividades (ABC) pode ajudar os varejistas na Internet, como a Amazon.com, Toys 'R' Us.com e Walmart.com na análise estratégica, execução e implementação. O ABC pode ajudar a responder perguntas como Que lucros são obtidos com a venda de produtos padronizados *versus* produtos especiais? Que tipo de publicidade é mais efetiva para um serviço ou produto? Quanto custa para obter um novo cliente na Internet? Quanto custa para construir um relacionamento com um cliente e retê-lo? Para responder a essas perguntas, os sistemas ABC identificam e medem os custos das atividades realizadas para servir o cliente.

Algumas das atividades e direcionadores de custos das atividades das lojas *on-line* são similares às das lojas reais. Os exemplos são:

Atividade	Direcionador de custo
1. Atendimento a clientes rotineiros — ajudando um cliente a selecionar um produto; respondendo perguntas sobre um produto pelo telefone ou *e-mail*; fazendo o pedido	Número de pedidos processados
2. Seleção e administração do estoque de mercadoria — selecionando os itens de estoque; negociando contratos com os fornecedores; criando e desenvolvendo novos produtos	Número de novos produtos
3. Compra e recebimento — fazendo pedidos com os fornecedores; recebendo e documentando os bens recebidos; trabalhando com os fornecedores no que diz respeito a bens danificados	Número de pedidos
4. Aquisição e retenção de clientes — adquirindo clientes e criando meios para atrair clientes	Número de clientes pretendidos
5. Sustentação do negócio — por exemplo, administrando as operações, os funcionários, os sistemas de informação e o estoque	Número de produtos

Outras atividades são especiais e exclusivas das lojas *online*. Os exemplos são:

Atividade	Direcionador de custo
1. Processamento eletrônico do pedido do cliente — mantendo os sistemas de *hardware*, *software* e telefônico necessários para que um cliente faça um pedido *on-line*; mantendo um site na Web	Número de pedidos feitos *on-line*
2. Imagem e anotação — colocando as mercadorias selecionadas no site da Web, escaneando e marcando as imagens do estoque; retirando as imagens do site.	Número de mudanças na base de dados do estoque
3. Otimização da frente da loja virtual — melhorando continuamente o desenho e o ajuste do site da Web para mantê-lo atualizado.	Horas de desenvolvimento de página na Web
4. Marketing afiliado para aquisição e retenção de clientes — estabelecendo *links* para a loja *on-line* de outros sites na Web; negociando acordos de marketing afiliado.	Número de *links* afiliados

Os custos das atividades são usados para identificar os custos de produtos diferentes e agrupamentos de produtos com base nas atividades necessárias para apoiar os produtos diferentes (o custo da capacidade que foi criada, mas não é atualmente necessária para apoiar os vários produtos, não é alocado aos produtos). Por exemplo, a Amazon.com poderia usar as informações do ABC para avaliar (1) a sua rentabilidade com a venda de livros *versus* brinquedos *versus* CDs; (2) os lucros obtidos nos diferentes tipos de livros (não-ficção *versus* ficção *versus* livros infantis) ou (3) a eficácia da propaganda na televisão *versus* o marketing afiliado na obtenção de novos clientes. A Amazon também poderia usar as informações do ABC para reduzir o custo das atividades diferentes (por exemplo, imagem e anotação) ou para avaliar se ela deveria reduzir algumas atividades (por exemplo, otimização da frente da loja).

Fonte: T. L. Zeller, Measuring and managing e-retailing with Activity-Based Costing, *Journal of Cost Management*, jan./fev. 2000. Usado com permissão.

correspondem às atividades. Os custos são alocados aos produtos ou clientes usando os direcionadores de custos ou as bases de alocação de custos que tenham um relacionamento de causa e efeito com os custos no conjunto de custos. As empresas de serviço e comerciais precisam enfrentar os problemas de medir os conjuntos de custos da atividade e identificar e medir as bases de alocação.

O Cooperative Bank no Reino Unido seguiu essa abordagem quando implementou o ABC no seu banco de varejo. Ele calculou os custos de várias atividades como a realização de transações no caixa eletrônico, abertura e fechamento de contas, administração de hipotecas e processamento de transações com cartão Visa. Em seguida, ele usou as taxas de custos da atividade para calcular os custos de vários produtos como as contas bancárias, hipotecas e cartões Visa. As informações do ABC ajudaram o Cooperative Bank a melhorar os seus processos e a identificar os produtos rentáveis e os segmentos dos clientes mais lucrativos. O problema abaixo descreve uma aplicação do ABC no setor comercial. O 'Conceitos em Ação' da página anterior descreve a análise ABC no varejo eletrônico.

Problema para auto-estudo

O Supermercado da Família (SF) decidiu aumentar o tamanho de sua loja em Santos. Eles querem informações sobre a lucratividade das linhas individuais de produtos: refrigerantes, legumes, verduras e alimentos embalados.

O SF fornece os seguintes dados para 2003 para cada linha de produto:

	Refrigerantes	Legumes e verduras	Alimentos embalados
Receitas	$ 317 400	$ 840 240	$ 483 960
Custo dos produtos vendidos	240 000	600 000	360 000
Custo dos vasilhames retornados	4 800	0	0
Número de pedidos de compras	144	336	144
Número de entregas recebidas	120	876	264
Horas de tempo de estocagem na prateleira	216	2 160	1 080
Itens vendidos	50 400	441 600	122 400

O SF também forneceu as seguintes informações para 2003:

Atividade (1)	Descrição da atividade (2)	Total de custos (3)	Base de alocação de custos (4)
1. Retorno de vasilhames	Retorno de vasilhames vazios para a loja	$ 4 800	Identificação com a linha de refrigerantes
2. Pedido	Realização de pedidos para compras	$ 62 400	624 pedidos de compras
3. Entrega	Entrega física e recebimento de mercadoria	$ 100 800	1 260 entregas
4. Estocagem na prateleira	Estocagem da mercadoria nas prateleiras da loja e reabastecimento contínuo na prateleira	$ 69 120	3 456 horas de estocagem
5. Apoio ao cliente	Assistência fornecida aos clientes, incluindo pagamento e empacotamento	$ 122 880	614 400 itens vendidos
Total		$ 360 000	

Para fazer:

1. O Supermercado da Família atualmente aloca os custos de apoio da loja (todos menos o custo dos produtos vendidos) para as linhas com base no custo dos produtos vendidos de cada linha de produto. Calcule o lucro operacional e a margem operacional (como uma porcentagem das receitas) para cada linha de produto.
2. Se o SF alocar os custos de apoio da loja (todos menos o custo dos produtos vendidos) para as linhas de produtos usando um sistema ABC, calcule o lucro operacional e a margem operacional (como uma porcentagem das receitas) para cada linha de produto.
3. Comente as suas respostas 1 e 2.

Solução

1. A tabela seguinte mostra o lucro operacional e a margem operacional para cada linha de produto. Todos os custos de apoio da loja (todos menos o custo dos produtos vendidos) são alocados às linhas de produtos usando o custo de cada linha dos produtos vendidos como base da alocação. O total dos custos de apoio da loja é igual a $ 360 000 (custo dos vasilhames retornados, $ 4 800 + custo dos pedidos de compra, $ 62 400 + custo das entregas, $ 100 800 + custo de estocagem na prateleira, $ 69 120 + custo de apoio ao cliente, $ 122 880). A taxa de alocação para os custos de apoio da loja = $ 360 000 ÷ $ 1 200 000 = 30 por cento do custo dos produtos

vendidos. Para alocar os custos de apoio para cada linha de produto, o SF multiplica o custo dos produtos vendidos de cada linha por 0,30.

	Refrigerantes	Legumes e verduras	Alimentos embalados	Total
Receitas	$ 317 400	$ 840 240	$ 483 960	$ 1 641 600
Custo dos produtos vendidos	240 000	600 000	360 000	1 200 000
Custos de apoio da loja				
($ 240 000; $ 600 000; $ 360 000) × 0,30	72 000	180 000	108 000	360 000
Total de custos	312 000	780 000	468 000	1 560 000
Lucro operacional	$ 5 400	$ 60 240	$ 15 960	$ 81 600
Lucro operacional ÷ Margem operacional	1,70%	7,17%	3,30%	4,97%

2. Sob os sistemas ABC, o SF identifica os custos de retorno dos vasilhames como custo direto porque podem ser identificados diretamente para a linha de produto refrigerantes. Em seguida, o SF calcula as taxas de alocação de custos para cada atividade (como na Etapa 5 descrita neste capítulo). As taxas de atividade são as seguintes:

Atividade (1)	Hierarquia de custos (2)	Total de custos (3)	Quantidade da base de alocação de custos (4)	Taxa de alocação dos custos de apoio (5) = (3) ÷ (4)
Pedido	Nível de lote	$ 62 400	624 pedidos de compra	$ 100 por pedido de compra
Entrega	Nível de lote	$ 100 800	1 260 entregas	$ 80 por entrega
Estocagem na prateleira	Nível de unidade de produção	$ 69 120	3 456 horas de estocagem na prateleira	$ 20 por hora de estocagem
Apoio ao cliente	Nível de unidade de produção	$ 122 880	614 400 itens vendidos	$ 0,20 por item vendido

Os custos de apoio da loja para cada linha de produto são obtidos multiplicando a quantidade da base de alocação dos custos para cada linha de produto pela taxa de custo da atividade. Os lucros operacionais e as margens operacionais para cada linha de produto são os seguintes:

	Refrigerantes	Legumes e verduras	Alimentos embalados	Total
Receitas	$ 317 400	$ 840 240	$ 483 960	$ 1 641 600
Custo dos produtos vendidos	240 000	600 000	360 000	1 200 000
Custo do retorno dos vasilhames	4 800	0	0	4 800
Custos de pedidos				
(144; 336; 264) pedidos de compra × $ 100	14 400	33 600	14 400	62 400
Custos de entrega				
(120; 876; 264) entregas × $ 80	9 600	70 080	21 120	100 800
Custo de estocagem na prateleira				
(216; 2 160; 1 080) Horas de estocagem × $ 20	4 320	43 200	21 600	69 120
Custos de apoio ao cliente				
(50 400; 441 600; 122 400) itens vendidos × $ 0,20	10 080	88 320	24 480	122 880
Total de custos	283 200	835 200	441 600	1 560 000
Lucro operacional	$ 34 200	$ 5 040	$ 42 360	$ 81 600
Lucro operacional ÷ Margem operacional	10,78%	0,60%	8,75%	4,97%

3. Os administradores acreditam que o sistema ABC tem mais credibilidade que o sistema de custeio anterior. O sistema ABC distingue, mais precisamente, os tipos diferentes de atividades no SF. Ele também rastreia mais exatamente como as linhas individuais de produtos usam os recursos. As classificações de rentabilidade relativa — margens operacionais — das três linhas de produto sob o sistema anterior e sob o sistema ABC são:

Sistema de custeio anterior		Sistema ABC	
1. Legumes e verduras	7,17%	1. Refrigerantes	10,78%
2. Alimentos embalados	3,30%	2. Alimentos embalados	8,75%
3. Refrigerantes	1,70%	3. Legumes e verduras	0,60%

As porcentagens de receitas, custos dos produtos vendidos e custos das atividades para cada linha de produto são os seguintes:

	Refrigerantes	Legumes e verduras	Alimentos embalados
Receitas	19,34%	51,18%	29,48%
Custo dos produtos vendidos	20,00	50,00	30,00
Retornos de vasilhames	100,00	0	0
Atividades:			
Pedidos	23,08	53,84	23,08
Entrega	9,53	69,52	20,95
Estocagem na prateleira	6,25	62,50	31,25
Apoio ao cliente	8,20	71,88	19,92

Os refrigerantes consomem menos recursos do que os legumes e verduras ou os alimentos embalados. Os refrigerantes têm menos entregas e demandam menos tempo de estocagem na prateleira. A maioria dos principais fornecedores de refrigerantes entrega a mercadoria na loja e abastece as prateleiras. Em contrapartida, a área de legumes e verduras é responsável pela parte das entregas e consome uma porcentagem grande de tempo de estocagem na prateleira. Ela também tem o maior número de itens de venda. O sistema de custeio anterior presumia que cada linha de produto usava os recursos de cada atividade na mesma proporção de seus respectivos custos individuais em relação ao total dos produtos vendidos. Claramente, esta suposição é incorreta. O sistema de custeio anterior é um exemplo de uso de uma média ampla com uniformização dos custos.

Os administradores do SF podem usar as informações do ABC para direcionar as suas decisões, como, por exemplo, a alocação de um aumento no espaço disponível. Um aumento na porcentagem de espaço alocado aos refrigerantes se justifica. Entretanto, observe que as informações do ABC deveriam ser apenas um dos aspectos a considerar nas decisões sobre as alocações de espaço na prateleira. O SF pode ter limites mínimos no espaço de prateleira alocado aos legumes e verduras por causa das expectativas dos clientes de que os supermercados terão produtos dessa linha. Em muitas situações, as empresas não podem tomar decisões sobre os produtos isoladamente, mas precisam considerar o efeito que a retirada de um produto pode ter na demanda dos clientes por outros produtos.

As decisões de precificação também podem ser apuradas com as informações fornecidas pelo ABC. Por exemplo, suponha que um concorrente anuncie uma redução de 5 por cento no preço dos refrigerantes. Dada a margem de 10,77 por cento que o SF atualmente obtém na sua linha de refrigerantes, ele tem a flexibilidade de reduzir os preços e ainda obter lucro. Em contrapartida, o sistema de custeio anterior informava erroneamente que os refrigerantes tinham uma margem de apenas 1,70 por cento, deixando pouco espaço para contra-atacar as iniciativas do concorrente.

Pontos de decisão

Resumo

O seguinte formato de perguntas e respostas resume os objetivos de aprendizagem do capítulo. Cada decisão apresenta uma pergunta-chave relacionada a um objetivo de aprendizagem. As diretrizes são as respostas a essa pergunta.

Decisão	Diretrizes
1. Quando ocorre o custeio a menor ou a maior de um produto?	O custeio a menor (a maior) ocorre quando um produto ou serviço consome um nível alto (baixo) de recursos, mas é relatado como se tivesse um custo baixo (alto). A uniformização do custo, uma causa comum do custeio a menor ou a maior, resulta do uso de médias gerais que atribuem ou espalham uniformemente o custo dos recursos aos produtos mesmo quando os produtos individuais usam esses recursos de modo não-uniforme. Os subsídios cruzados no custeio do produto ocorre quando um produto custeado a menor (custeado a maior) resulta em pelo menos um outro produto sendo custeado a maior (custeado a menor).
2. Como aprimoramos um sistema de custeio?	Aprimorar um sistema de custeio significa fazer mudanças que resultam em números de custos que medem melhor o modo como os objetos de custo diferentes, como os produtos, usam montantes diferentes de recursos da empresa. Essas mudanças podem exigir a identificação de outros custos diretos, a escolha de conjuntos mais homogêneos de custos indiretos ou o uso de bases diferentes de alocação dos custos.

3. Qual é a diferença entre a abordagem tradicional e a do custo baseado em atividades (ABC) para modelar sistemas de custeio?

A abordagem ABC difere da abordagem tradicional por concentrar-se fundamentalmente nas atividades. A abordagem ABC resulta em conjuntos mais homogêneos dos custos indiretos do que a tradicional e mais direcionadores de custos sendo usados como bases de alocação dos custos.

4. O que é uma hierarquia de custos?

Uma hierarquia de custos categoriza os custos em conjuntos de custos diferentes com base nos tipos diferentes de bases de alocação ou graus diferentes de dificuldade na determinação dos relacionamentos de causa e efeito (ou benefícios recebidos). Uma hierarquia de custos de quatro categorias consiste em custos no nível das unidades de produção, no nível do lote, de sustentação do produto ou serviço e custos de sustentação da empresa.

5. Como você custeia produtos ou serviços usando o sistema ABC?

No ABC, os custos das atividades são usados para atribuir os custos aos objetos de custo, como produtos ou serviços, com base nas atividades que os produtos ou serviços consomem.

6. Como você usa o sistema ABC para melhorar o processo de gestão?

A gestão por atividades (ABM) descreve as decisões administrativas que usam as informações do ABC para satisfazer os clientes e melhorar os lucros. Os sistemas ABC são usados para as decisões gerenciais de precificação, *mix* de produtos, redução de custos, melhoria do processo, redesenho do produto, processo, planejamento e gestão de atividade.

7. Quando você pode usar sistemas de custeio por departamento em vez dos sistemas ABC?

As informações de custos nos sistemas de custeio por departamento se aproximam das informações de custos nos sistemas ABC apenas quando cada departamento tem uma única atividade ou uma base única de alocação de custos para as atividades diferentes, ou quando os produtos usam as diferentes atividades do departamento nas mesmas proporções.

8. Quando você deveria usar os sistemas ABC?

É provável que os sistemas ABC propiciem mais benefícios quando os custos indiretos são uma porcentagem alta no total de custos ou quando os produtos ou serviços fazem demandas diversas sobre os recursos indiretos. Os principais custos dos sistemas ABC são as medidas necessárias para implementá-los e atualizá-los.

TERMOS PARA APRENDER

Este capítulo e o Glossário no final deste livro contêm definições de:

atividade
custeio a maior do produto
custeio a menor do produto
custeio uniforme
custeio baseado em atividade (ABC)
custos de sustentação da empresa
custos de sustentação do produto
custos de sustentação do serviço

custos no nível de lote
custos no nível de unidade de produção
gestão por atividades (ABM)
hierarquia de custos
sistema de custeio aprimorado
subsídios cruzados no custeio dos produtos
uniformização dos custos

MATERIAL DE TRABALHO

QUESTÕES

5-1 Defina uniformização dos custos e explique como os gerentes podem determinar se ele ocorre em seus sistemas de custeio.

5-2 Por que os gerentes devem se preocupar com o custeio a maior ou a menor?

5-3 O que é o aprimoramento de um sistema de custeio? Descreva três diretrizes para o aprimoramento.

5-4 O que é uma abordagem por atividades para modelar um sistema de custeio?

5-5 Descreva os quatro níveis de uma hierarquia de custos.

5-6 "A incidência de custos, que não sejam os custos no nível das unidades de produção, significa que os gerentes não deveriam calcular os custos unitários com base no total de custos de produção em todos os níveis da hierarquia de custos." Você concorda? Explique.

5-7 Quais são os principais motivos para as diferenças nos custos dos produtos entre os sistemas de custeio tradicionais e os sistemas ABC?

5-8 Descreva quatro decisões para as quais as informações do ABC são úteis.

5-9 "As taxas de custos indiretos do departamento nunca são taxas de custo das atividades." Você concorda? Explique.

5-10 Descreva quatro sinais que ajudam a indicar quando os sistemas ABC provavelmente fornecerão mais benefícios.

5-11 Quais são os principais custos e limitações da implementação dos sistemas ABC?

5-12 "Os sistemas ABC se aplicam apenas às empresas industriais." Você concorda? Explique.

5-13 "O custeio baseado em atividades é a onda do presente e do futuro. Todas as empresas deveriam adotá-lo." Você concorda? Explique.

5-14 "Aumentar o número dos conjuntos de custos indiretos é garantia de aumentar bastante a exatidão dos custos do produto ou serviço." Você concorda? Explique.

5-15 O *controller* de uma empresa de varejo viu rejeitada a sua solicitação de $ 50 000 para a implementação de um sistema ABC. O vice-presidente, ao rejeitar o pedido, observou: "Se eu pudesse escolher, eu iria sempre preferir um investimento de $ 50 000 para melhorar o que um cliente vê ou experimenta, como as nossas prateleiras ou o *layout* da nossa loja. Como um cliente irá se beneficiar com o gasto de $ 50 000 em um sistema contábil supostamente melhor?". Como o *controller* deveria responder?

Exercícios

5-16 Uniformização dos custos, subsídios cruzados. Por muitos anos, cinco ex-colegas de classe — Estevão Macedo, Lolita Gonzáles, Reginaldo dos Reis, Elisabete Pereira e Mário Caldas — têm se reunido para jantar na reunião anual da Associação Contábil Americana. Os detalhes da conta do jantar mais recente no Restaurante Pertinho do Céu são divididos da seguinte maneira:

Pessoa	Prato principal	Sobremesa	Bebidas	Total
Estevão	$ 27	$ 8	$ 24	$ 59
Lolita	24	3	0	27
Reginaldo	21	6	13	40
Elisabete	31	6	12	49
Mário	15	4	6	25

Nos últimos dez jantares, Reginaldo pagou a conta com o seu cartão American Express, enviando, posteriormente, para os outros quatro, uma conta com o custo médio. Eles dividem a gorjeta no restaurante pagando em dinheiro. Reginaldo fez o mesmo neste último jantar. Entretanto, antes que ele enviasse a conta para os outros quatro, Mário telefonou, reclamando. Ele estava aborrecido com Elisabete por ela ter pedido lagosta ("Ela sempre faz isso!") e com Estevão, que bebeu três taças de champanhe importada ("O que há de errado com a cerveja nacional?").

Para fazer:

1. Por que a abordagem do custo médio, no contexto do jantar, é um exemplo de uniformização de custos?
2. Calcule o custo médio para cada uma das cinco pessoas. Quem foi cobrado a maior e quem foi cobrado a menor com o uso do custo médio? A reclamação do Mário se justifica?
3. Dê um exemplo de uma situação semelhante em que o Reginaldo teria mais dificuldade para calcular a quantia custeada a menor ou a maior. Como o comportamento das pessoas seria afetado se cada uma delas pagasse a sua própria conta, em vez de continuar a usar o custo médio?

5-17 Hierarquia de custos. A Telecom Ltda. produz sistemas de som portáteis (sistemas de música com rádio, toca-fitas e toca CDs) para várias empresas conhecidas. Os sistemas de som diferem significativamente em complexidade e tamanho dos lotes de produção. Os custos seguintes incorreram em 2003.

   a. Projeto de processos, desenho de gráficos dos processos, mudanças na engenharia do processo para os produtos, $ 800 000.

   b. Custos da colocação de pedidos, de compra, de recebimento de materiais e de pagamento aos fornecedores relacionados ao número de pedidos feitos, $ 500 000.

c. Custos dos materiais diretos, $ 6 000 000.
d. Custos incorridos para preparar as máquinas cada vez que um produto diferente precisa ser produzido, $ 600 000.
e. Custos de mão-de-obra direta, $ 1 000 000.
f. Custos indiretos relacionados às máquinas, como depreciação, manutenção, engenharia da produção, $ 1 100 000. (Esses recursos se relacionam com a atividade de operação das máquinas.)
g. Administração da fábrica, aluguel e seguro, $ 900 000.

Para fazer:
1. Classifique cada um dos custos acima como custos no nível da unidade de produção, no nível do lote, de sustentação do produto e de sustentação da empresa. Explique cada resposta.
2. Considere dois tipos de sistemas de som produzidos pela Telecom. Um é complexo e produzido em muitos lotes. O outro é simples e produzido em poucos lotes. Suponha que a Telecom precise do mesmo número de horas-máquina para produzir cada tipo de sistema de som e que ela aloca todos os custos indiretos usando as horas-máquina como a única base de alocação. Os sistemas de som podem ser custeados erroneamente? Explique de forma resumida.
3. Como a hierarquia de custos é útil para a Telecom no gerenciamento de seu negócio?

5-18 ABC, distribuição. (Adaptado de W. Bruns) A Vinícola Sonoma faz dois tipos de vinho: um vinho regular e um superior. A Sonoma distribui esses vinhos por meio de diferentes canais de distribuição. Ela distribui 120 mil caixas de vinho regular por meio de dez distribuidores comuns e 80 mil caixas de vinho superior por meio de 30 distribuidores especializados. A Sonoma tem $ 2 130 000 de custos de distribuição. Sob o sistema de custeio atual, a Sonoma aloca os custos de distribuição aos produtos com base nas caixas despachadas.

Para entender melhor as demandas sobre os recursos na área de distribuição, a Sonoma identifica três atividades e os custos a elas relacionados:

a. Custos de promoção — estimados em $ 8 000 por distribuidor.
b. Custos de manuseio dos pedidos — estimados em $ 300 a cada pedido. Os registros da Sonoma mostram que os distribuidores dos vinhos regulares fazem uma média de dez pedidos por ano, ao passo que os distribuidores dos vinhos superiores fazem uma média de 20 pedidos por ano.
c. Custos de entrega — $ 8 por caixa.

Para fazer:
1. Usando o atual sistema de custeio da Sonoma, calcule o total de custos de distribuição e o de distribuição por caixa para o vinho regular e o vinho superior.
2. Usando o custeio baseado em atividades, calcule o total dos custos de distribuição e o de distribuição por caixa para o vinho regular e o vinho superior.
3. Explique as diferenças e a exatidão dos custos dos produtos calculados usando o sistema de custeio atual e o sistema ABC. Como a administração da Sonoma poderá usar as informações do sistema ABC para gerenciar melhor o seu negócio?

5-19 ABC, hierarquia de custo, serviço. (Adaptado do CMA) O Laboratório de Testes Prado faz teste de calor (TC) e teste de tensão (TT) em materiais. Sob o seu sistema de custeio atual, a Prado agrega todos os custos operacionais de $ 1 200 000 em um único conjunto de custos indiretos. A Prado calcula uma taxa por hora de teste de $ 15 ($ 1 200 000 ÷ 80 000 total de horas de teste). O TC usa 50 mil horas de teste e o TT usa 30 mil horas de teste. Gabriel Chaves, *controller* da Prado, acredita que há variação suficiente nos procedimentos dos testes e nas estruturas de custos para estabelecer taxas de custo e faturamento separadas para o TC e o TT. O mercado para os serviços de teste está se tornando competitivo. Sem essa informação, qualquer custo ou preço errado pode fazer com que a Prado perca negócios. O Chaves divide os custos da Prado em quatro categorias de atividades.

a. Custos de mão-de-obra direta, $ 240 000. Esses custos podem ser identificados diretamente para o TC, $ 180 000 e o TT, $ 60 000.
b. Custos relacionados aos equipamentos (aluguel, manutenção, energia e outros), $ 400 00. Esses custos são alocados para o TC e o TT com base nas horas de teste.
c. Custos de preparação, $ 350 000. Esses custos são alocados para o TC e o TT com base no número de horas de preparação necessárias. O TC precisa de 13 500 horas de preparação e o TT, de 4 000 horas.
d. Custos para projetar os testes, $ 210 000. Esses custos são alocados para o TC e o TT com base no tempo necessário para projetar os testes. O TC precisa de 2 800 horas e o TT, de 1 400 horas.

Para fazer:
1. Classifique cada custo nos níveis de unidade de produção, de lote, de sustentação do produto ou serviço, ou de sustentação da empresa. Explique cada resposta.

2. Calcule o custo por hora para o TC e o TT. Explique brevemente os motivos pelos quais esses números diferem de $ 15 por hora de teste que a Prado calculou usando o sistema de custeio atual.

3. Explique a exatidão dos custos dos produtos calculados usando o sistema de custeio atual e o sistema ABC. Como a administração da Prado poderia usar a hierarquia de custos e as informações do ABC para melhor administrar o seu negócio?

5-20 Bases alternativas de alocação para uma empresa de serviços profissionais. O Grupo Wolfson (GW) fornece consultoria tributária para empresas multinacionais. Ele cobra os clientes pelo (a) tempo direto do profissional (a uma taxa por hora) e (b) serviços de apoio (a 30 por cento dos custos faturados diretos do profissional). Os três profissionais da GW e respectivas taxas por hora profissional são

Profissional	Taxa faturada por hora
Milton Wolfson	$ 500
Ana Borges	120
João Azevedo	80

O GW acabou de preparar as faturas para maio de 2002 para dois clientes. As horas dos profissionais gastas com cada cliente são as seguintes:

Profissional	Horas por cliente	
	Domínio Seattle	Empresas Tóquio
Wolfson	15	2
Borges	3	8
Azevedo	22	30
Total	40	40

Para fazer:

1. Quanto o GW faturou para a Domínio Seattle e as Empresas Tóquio em maio de 2002?

2. Suponha que os serviços de apoio tenham sido faturados a $ 50 por hora de mão-de-obra profissional (em vez de 30 por cento dos custos de mão-de-obra profissional). Como essa mudança afetaria as quantias que o GW faturou para os dois clientes em maio de 2002? Comente sobre as diferenças nas quantias faturadas nas Respostas 1 e 2.

3. Como você determinaria se os custos ou as horas de mão-de-obra profissional seriam as bases de alocação mais apropriadas para os serviços de apoio do GW?

5-21 Taxas de custos indiretos para a fábrica toda. A Produtos Automotivos (PA) projeta, produz e vende peças para automóveis. Ela tem três departamentos principais: projetos, engenharia e produção.

- *Projetos* — o projeto de peças, usando equipamentos de última geração, auxiliados por computador (CAD).
- *Engenharia* — o protótipo de peças e testes de especificações.
- *Produção* — a produção de peças.

Por muitos anos, a PA manteve contratos de longo prazo com grandes montadoras. Esses contratos originaram grandes lotes de produção. O sistema de custeio da PA aloca os custos indiretos de fabricação (CIF) variáveis com base nas horas-máquina. Os custos indiretos de fabricação variáveis reais em 2004 foram de $ 308 600. A PA teve três contratos em 2004, e as horas-máquina foram atribuídas da seguinte maneira:

United Motores	120
Holden Motores	2 800
Leland Veículos	1 080
Total	4 000

Para fazer:

1. Calcule a taxa CIF variável para a fábrica toda, para 2004.
2. Calcule os CIFs variáveis alocados para cada contrato em 2004.
3. Que condições precisam ser mantidas para que as horas-máquina forneçam uma estimativa exata dos CIFs variáveis incorridos em cada contrato na PA em 2004?

5-22 Taxas de custos indiretos departamentais como taxas de atividades (continuação do 5-21). O *controller* da PA decide entrevistar os principais gerentes dos departamentos de *projetos, engenharia* e *produção*. Cada gerente precisa indicar o direcionador de custos dos CIFs variáveis para o seu departamento. Os dados resumidos são:

Departamento	CIFs variáveis de fabricação em 2004	Direcionador de custos
Projetos	39 000	Horas de projeto
Engenharia	29 600	Horas de engenharia
Produção	240 000	Horas-máquina
	$ 308 600	

Detalhes concernentes ao emprego desses direcionadores de custo para cada um dos três contratos de 2004 são:

Departamento	Direcionador de custos	Limited Motores	Holden Motores	Leland Veículos
Projeto	Horas de projeto	110	200	80
Engenharia	Horas de engenharia	70	60	240
Produção	Horas-máquina	120	2 800	1 080

Para fazer:

1. Qual é a taxa de CIFs variáveis para cada departamento em 2004?
2. Quais são os CIFs variáveis alocados para cada contrato em 2004 usando as taxas de CIFs variáveis departamentais?
3. Compare sua resposta na Parte 2 com a da Parte 2 do Exercício 5-21. Comente os resultados.

5-23 ABC, custeio por processo. A empresa Parker produz calculadoras matemáticas e financeiras. Os dados relacionados aos dois produtos são apresentados abaixo:

	Matemática	Financeira
Produção anual em unidades	50 000	100 000
Custos dos materiais diretos	$ 150 000	$ 300 000
Custos da mão-de-obra direta	$ 50 000	$ 100 000
Horas de mão-de-obra direta	2 500	5 000
Horas-máquina	25 000	50 000
Número de lotes de produção	50	50
Horas de inspeção	1 000	500

Ambos os produtos passam pelo Departamento 1 e pelo Departamento 2. Os custos indiretos de fabricação dos departamentos são:

	Total
Custos de maquinaria	$ 375 000
Custos de preparação	120 000
Custos de inspeção	105 000

Para fazer:

1. Calcule o custo unitário indireto de fabricação para cada produto.
2. Calcule o custo unitário de produção para cada produto.

5-24 ABC, rentabilidade da linha de produto no varejo. O Supermercado da Família (SF) decide aplicar a análise ABC para três linhas de produtos: padaria, leite e suco de frutas e congelados. Ele identifica quatro atividades e as taxas de custo das atividades como:

Fazer o pedido	$ 100 por pedido de compra
Entregar e receber mercadorias	$ 80 por entrega
Estocar na prateleira	$ 20 por hora
Dar apoio e assistência ao cliente	$ 0,20 por item vendido

As receitas, custo dos produtos vendidos, custos de apoio à loja e uso das atividades pelas três linhas de produto são:

	Padaria	Leite e suco de frutas	Produtos congelados
Dados financeiros			
Receitas	$ 57 000	$ 63 000	$ 52 000
Custo dos produtos vendidos	38 000	47 000	35 000
Custos de apoio à loja	11 400	14 100	10 500
Uso das atividades (base de alocação de custos)			
Fazer o pedido (pedidos de compras)	30	25	13
Entregar (entregas)	98	36	28
Estocar na prateleira (horas)	183	166	24
Dar apoio ao cliente (itens vendidos)	15 500	20 500	7 900

Sob o sistema de custeio anterior, o SF alocou aos produtos o custo de apoio a uma taxa de 30 por cento do custo dos produtos vendidos.

Para fazer:

1. Use o sistema de custeio anterior para preparar um relatório da rentabilidade das linhas de produtos para o SF.
2. Use o sistema ABC para preparar um relatório das linhas de produtos para o SF.
3. Que novas informações gerenciais o sistema ABC, na Parte 2, proporciona aos gerentes do SF?

5-25 **ABC, atacado, rentabilidade do cliente.** O atacadista Vileaguas vende móveis para quatro rede de lojas de departamento. O Sr. Vileaguas comentou: "Aplicamos o ABC para determinar a rentabilidade da linha de produto. As mesmas idéias se aplicam para a rentabilidade do cliente e nós também deveríamos determinar a rentabilidade dos nossos clientes". O atacadista Vileaguas envia mensalmente catálogos para os departamentos de compra da empresa. Os clientes têm o direito de devolver as mercadorias não vendidas no prazo de seis meses a partir da data da compra e receber reembolso integral. Os dados seguintes foram coletados das operações do último ano:

	Rede			
	1	2	3	4
Vendas brutas	$ 50 000	$ 30 000	$ 100 000	$ 70 000
Devoluções:				
Número de itens	100	26	60	40
Valor	$ 10 000	$ 5 000	$ 7 000	$ 6 000
Número de pedidos				
Regular	40	150	50	70
Urgente	10	50	10	30

A Vileaguas calculou as seguintes taxas de atividade:

Atividade	Taxa do critério de custo
Processamento de pedido regular	$ 20 por pedido regular
Processamento de pedido urgente	$ 100 por pedido urgente
Processamento de devolução	$ 10 por item
Realizar atividades de apoio ao cliente	$ 1 000 por cliente

Os clientes pagam os custos de transporte. O custo dos produtos vendidos é, em média, 80 por cento das vendas.

Para fazer:

Determine a contribuição de cada cliente para o lucro do último ano. Comente a sua solução.

5-26 **ABC, taxas do direcionador de custos das atividades, subsídios cruzados nos produtos.** A Batatas Idaho (BI) processa batatas cortadas na sua fábrica altamente automatizada em Pocatello. Ela vende as batatas para o mercado consumidor varejista e para o mercado institucional que inclui hospitais, lanchonetes e dormitórios nas universidades.

O atual sistema de custeio da BI tem uma categoria única de custos diretos (materiais diretos, que são as batatas cruas) e um conjunto único de custos indiretos (apoio à produção). Os custos de apoio são alocados com base nos quilos processados de batatas cortadas. Os custos de apoio incluem os materiais de embalagem. Os custos reais em 2003 para produzir um milhão de quilos de batatas cortadas (900 mil para o mercado varejista e 100 mil para o mercado institucional) são:

Materiais diretos usados	$ 150 000
Apoio à produção	$ 983 000

O atual sistema de custeio não faz distinção entre batatas cortadas produzidas para os mercados varejista e institucional.

No final de 2003, a BI participou de uma licitação, sem sucesso, para um grande contrato institucional. Sua oferta foi relatada como sendo 30 por cento superior à oferta vencedora. Esse *feedback* foi um choque, porque a BI havia incluído uma margem mínima de lucro no valor da oferta. Além do mais, a fábrica de Pocatello era conhecida como sendo a mais eficiente no setor.

Como resultado da revisão no processo da licitação perdida, a BI decidiu explorar meios de aprimorar o seu sistema de custeio. Primeiro, ela identificou que $ 188 000 dos $ 983 000 pertencentes aos materiais de embalagem poderiam ser identificados com as ordens de serviço individuais ($ 180 000 para o varejo e $ 8 000 para o institucional). Esses custos agora serão classificados como materiais diretos. Os $ 150 000 dos materiais diretos usados foram classificados como $ 135 000 para o varejo e $ 15 000 para o institucional. Segundo, ela usou o

ABC para examinar como os dois produtos (batatas cortadas para o varejo e para o mercado institucional) usaram os recursos de apoio indiretos. A descoberta foi a identificação de três atividades.

- *Atividade de limpeza* – A BI usa 1 200 000 quilos de batatas cruas para obter uma tonelada de batatas cortadas. A base de alocação dos custos é quilos de batatas cruas limpas. Os custos da atividade de limpeza são de $ 120 000.
- *Atividade de corte* – A BI processa batatas cruas para o mercado varejista independentemente daquelas processadas para o mercado institucional. A linha de produção produz (a) 250 quilos de batatas cortadas para o varejo por hora de corte e (b) 400 quilos para o institucional por hora de corte. A base de alocação de custos é horas de corte na linha de produção. Os custos da atividade de corte são $ 231 000.
- *Atividade de embalagem* – A BI embala batatas cortadas para o mercado varejista independentemente daquelas embaladas para o mercado institucional. A linha de embalagem embala (a) 25 quilos de batatas cortadas para o varejo por hora de embalagem e (b) cem quilos para o institucional por hora de embalagem. A base de alocação de custos é horas de embalagem na linha de produção. Os custos da atividade de embalagem são $ 444 000.

Para fazer:

1. Usando o atual sistema de custeio, qual é o custo por quilo de batatas cortadas produzidas pela BI?
2. Calcule a taxa de custo por unidade do direcionador de custo das atividades de (a) limpeza, (b) corte e (c) embalagem.
3. Suponha que a BI use as informações das taxas de custo das atividades para calcular os custos de batatas cortadas para o varejo e o mercado institucional. Usando o sistema ABC, qual é o custo por quilo das (a) batatas cortadas para o varejo e (b) batatas cortadas para o mercado institucional?
4. Comente sobre as diferenças entre os dois sistemas de custeio em 1 e 3. Como a BI usaria as informações na parte 3 para tomar decisões melhores?

5-27 Custeio baseado em atividades, custeio por ordem de produção. A fábrica da Hewlett-Packard (HP) em Roseville, Califórnia, monta e testa placas de circuito impresso (PC). O sistema de custeio por ordem, nessa fábrica, tem duas categorias de custo direto (materiais diretos e mão-de-obra direta) e sete conjuntos de custos indiretos. Esses conjuntos de custos indiretos representam as sete atividades que o pessoal de operações na fábrica identificou como sendo suficientemente diferentes (em termos de padrões de comportamento dos custos e dos produtos individuais que estão sendo montados) para justificar conjuntos separados de custos. A base de alocação de custos escolhida para cada atividade é o direcionador de custo daquela atividade.

Debbie Berlant, uma gerente de marketing recém-nomeada, está participando de uma sessão de treinamento que descreve como uma abordagem do custeio baseada em atividades foi usada para projetar o sistema de custeio por ordem da fábrica de Roseville. Debbie recebeu as seguintes informações incompletas para uma ordem de produção específica (um pedido para uma única placa PC, nº A82):

Materiais diretos	$ 75 00	
Mão-de-obra direta	15 00	$ 90 00
Custos indiretos de fabricação (veja abaixo)		?
Total de custos de produção		$?

Conjuntos de custos dos CIFs	Base de alocação de custos	Base de alocação de custos	Unidades da base de alocação dos custos usadas na ordem de produção nº A82	CIFs alocados à ordem
1. Inserção axial	Inserções axiais	0,08	45	?
2. Inserção de imersão	Inserções de imersão	0,25	?	6,00
3. Inserção manual	Inserções manuais	?	11	5,50
4. Soldagem de onda	Placas soldadas	3,50	?	3,50
5. Carga posterior	Inserções de cargas posteriores	?	6	4,20
6. Teste	Tempo orçado em que a placa está na atividade de teste	90,00	0,25	?
7. Análise dos defeitos	Tempo orçado para a análise dos defeitos e consertos	?	0,10	8,00

Para fazer:

1. Apresente um diagrama geral do sistema de custeio ABC na fábrica de Roseville.
2. Preencha as lacunas (os pontos de interrogação) nas informações de custos dadas para Debbie para a ordem de produção nº A82.
3. Por que os gerentes de produção e os de marketing poderão favorecer esse sistema de custeio ABC em vez do sistema de custeio anterior, que tinha as mesmas duas categorias de custos diretos, mas apenas um conjunto único de custos indiretos (alocados usando os custos de mão-de-obra direta)?

5-28 ABC, custeio do produto nos bancos, subsídios cruzados. O First International Bank (FIB) está examinando a rentabilidade da sua Conta Prêmio, uma combinação de poupança e conta corrente. Os correntistas recebem uma taxa de juros anual de 7 por cento sobre o seu saldo médio. O FIB obtém um *spread* de 3 por cento (a diferença entre a taxa de empréstimo de dinheiro e a que ele paga aos investidores) emprestando dinheiro para empréstimos imobiliários a 10 por cento. Assim, o FIB ganha $ 60 de *spread* se um correntista tem um saldo médio na Conta Prêmio de $ 2 000, em 2002 ($ 2 000 × 3% = $ 60).

A Conta Prêmio permite o uso ilimitado de serviços, como depósitos, retiradas, conta corrente e saques de moedas estrangeiras. Os clientes com saldos de $ 1 000 ou mais na Conta Prêmio recebem uso gratuito dos serviços. Os clientes com saldos mínimos de menos de $ 1 000 pagam uma taxa de serviço mensal de $ 20 para a Conta Prêmio.

O FIB recentemente conduziu um estudo do custeio baseado em atividades de seus serviços. Ele avaliou os seguintes custos para seis serviços individuais. O uso desses serviços em 2002, para três clientes, é o seguinte:

	Custos por atividade por 'transação'	Uso da conta		
		Robinson	Skerrett	Farrel
Depósitos/saques no caixa	$ 2,50	40	50	5
Depósitos/saques no caixa eletrônico	0,80	10	20	16
Depósitos/saques na base de acordos mensais preestabelecidos	0,50	0	12	60
Cheques bancários escritos	8,00	9	3	2
Saques em moedas estrangeiras	12,00	4	1	6
Informações sobre o saldo da conta	1,50	10	18	9
Saldo médio da Conta Prêmio para 2002		$ 1 100	$ 800	$ 25 000

Suponha que Robinson e Farrel sempre mantenham um saldo acima de $ 1 000, ao passo que Skerrett sempre tem um saldo abaixo de $ 1 000.

Para fazer:

1. Calcule a rentabilidade de 2002 para as Contas Prêmio de Robinson, Skerrett e Farrel no FIB.
2. Que evidência há de um subsídio cruzado entre as três Contas Prêmio? Por que o FIB poderia ficar preocupado com o subsídio cruzado se o produto Conta Prêmio é, no geral, rentável?
3. Quais mudanças você recomendaria para a Conta Prêmio do FIB?

Problemas

5-29 Custeio por ordem com categoria única de custos diretos, conjunto único de custos indiretos, empresa de advocacia. Rosa e Associados é uma sociedade formada recentemente. Eleno Cruz, sócio-gerente da Rosa e Associados, acabou de ter uma conversa telefônica tensa com Martinho Alves, presidente da Carvão Santa Fé. Martinho reclamou bastante do preço que a Rosa cobrou por alguns serviços prestados para a Carvão Santa Fé.

Cruz também recebeu um telefonema de seu outro cliente (Vidros Santa Helena), que estava muito satisfeito com a qualidade do trabalho e o preço cobrado pelo serviço mais recente.

A Rosa e Associados usa uma abordagem baseada no custo para a precificação (faturamento) de cada ordem de serviço. Atualmente ela usa uma categoria única de custos diretos (horas de mão-de-obra profissional) e um conjunto único de custos indiretos (apoio geral). Os custos indiretos são alocados para os casos com base nas horas de mão-de-obra profissional por caso. Os arquivos dos serviços mostram o seguinte:

	Carvão Santa Fé	Vidros Santa Helena
Mão-de-obra profissional	104 horas	96 horas

Os custos de mão-de-obra profissional na Rosa e Associados são de $ 70 por hora. Os custos indiretos são alocados para os casos a $ 105 por hora. O total de custos indiretos no período mais recente foi de $ 21 000.

Para fazer:

1. Por que é importante para a Rosa e Associados entender os custos associados com os serviços individuais?
2. Calcule os custos dos serviços prestados à Carvão Santa Fé e Vidros Santa Helena usando o atual sistema de custeio.

5-30 Custeio de ordens de serviço com categorias múltiplas de custos diretos, conjunto único de custos indiretos, empresa de advocacia (continuação do 5-29). Cruz pediu ao seu assistente para coletar dados sobre os custos incluídos no conjunto de custos indiretos, de $ 21 000, que possam ser identificados para cada serviço individual. Depois da análise, a empresa será capaz de reclassificar $ 14 000 dos $ 21 000 como custos diretos:

Outros custos diretos	Carvão Santa Fé	Vidros Santa Helena
Mão-de-obra de apoio à pesquisa	$ 1 600	$ 3 400
Tempo no computador	500	1 300
Viagens e despesas	600	4 400
Telefones/faxes	200	1 000
Fotocópias	250	750
Total	$ 3 150	$ 10 850

Cruz decide calcular os custos para cada ordem de serviço se a empresa tivesse usado seis conjuntos de custos diretos e um conjunto único de custos indiretos. O conjunto único de custo indireto teria custos de $ 7 000 e seria alocado para cada caso usando como base de mão-de-obra profissional.

Para fazer:

1. Qual é a taxa revista de alocação dos custos indiretos por hora de mão-de-obra profissional para a Rosa e Associados quando o total de custos indiretos é de $ 7 000?
2. Calcule os custos das ordens de serviço se a Rosa e Associados tivesse usado seu sistema de custeio aprimorado com categorias múltiplas de custos diretos e um conjunto de custos indiretos.
3. Compare os custos dos serviços do Santa Fé e do Santa Helena na Parte 2 acima com os da Parte 2 no Problema 5-29. Comente os resultados.

5-31 Custeio de ordens de serviço com categorias múltiplas de custos diretos, conjuntos múltiplos de custos indiretos, empresa de advocacia (continuação do 5-29 e 5-30). A Rosa tem duas classificações no quadro profissional: sócios e associados. Cruz pediu ao seu assistente que examinasse a atuação de sócios e associados nos serviços mais recentes para a Carvão Santa Fé e a Vidros Santa Helena. O serviço para a Carvão Santa Fé usou 24 horas de sócios e 80 horas de associados. O serviço da Vidros Santa Helena usou 56 horas de sócios e 40 horas de associados. Assim, o total dos dois serviços foi de 80 horas de sócios e 120 horas de associados. O Cruz decidiu examinar como o uso de taxas separadas de custos diretos para os sócios e os associados e o uso de conjuntos separados de custos indiretos para os sócios e associados afetaria os custos dos serviços para a Carvão Santa Fé e a Vidros Santa Helena. Os custos indiretos em cada conjunto de custo indireto seriam alocados com base no total de horas daquela categoria de mão-de-obra profissional. Do total do grupo de custo indireto de $ 7 000, $ 4 600 são atribuíveis às atividades de sócios, e $ 2 400, às atividades de associados.

As taxas por categoria de mão-de-obra profissional são as seguintes:

Categoria de mão-de-obra profissional	Custo direto por hora	Custo indireto por hora
Sócio	$ 100,00	$ 4 600 ÷ 80 horas = $ 57,50
Associado	50,00	$ 2 400 ÷ 120 horas = $ 20,00

Para fazer:

1. Calcule os custos dos casos das duas empresas usando o sistema aprimorado da Rosa, com categorias múltiplas de custos diretos e conjuntos múltiplos de custos indiretos.
2. Para quais decisões a Rosa e Associados achará mais útil usar esta abordagem de custeio do serviço, em vez das abordagens nos Problemas 5-29 e 5-30?

5-32 Taxas de custos das atividades, dos departamentos e da fábrica toda. (Adaptado do CGA) A Empresa Sayther produz e vende dois produtos, A e B. A atividade de produção está organizada em dois departamentos. Os custos indiretos de fabricação são alocados para cada produto usando uma taxa para a fábrica toda de $ 17 por hora de mão-de-obra direta. Esta taxa é baseada nos custos indiretos orçados em $ 340 000 e em 20 mil horas de mão-de-obra direta:

Departamento de produção	Custos indiretos de fabricação orçados	Horas de mão-de-obra orçadas
1	$ 240 000	10 000
2	100 000	10 000
Total	$ 340 000	20 000

O número de horas de mão-de-obra direta exigido na produção de cada produto é:

Departamento de produção	Produto A	Produto B
1	4	1
2	1	4
Total	5	5

Os custos por unidades para as duas categorias de custos diretos são:

Custos diretos de fabricação	Produto A	Produto B
Custos dos materiais diretos	$ 120	$ 150
Custos da mão-de-obra direta	80	80

No final do ano não havia produtos em processamento. Havia disponível 200 unidades acabadas do Produto A e 600 unidades acabadas do Produto B. Suponha que o nível de produção orçado tenha sido plenamente alcançado.

A Sayther estabelece o preço de venda de cada produto acrescentando 120 por cento aos seus custos de produção; isto é, se os custos de produção por unidade são de $ 100, o preço de venda é de $ 220 ($ 100 + $ 120). Este *mark up* de 120 por cento é para cobrir os custos de pré-fabricação (P&D e projeto) e os de pós-fabricação (marketing, distribuição e atendimento ao cliente), assim como proporcionar lucro.

Para fazer:

1. Quanto dos custos indiretos seriam incluídos no estoque dos produtos A e B se a Sater usasse (a) uma taxa de rateio da fábrica toda e (b) taxas de rateio por departamento?
2. Em quanto os preços de venda dos produtos A e B seriam diferentes se a Sater usasse uma taxa de rateio da fábrica toda em vez de departamentais?
3. A Empresa Sater deveria preferir a taxa da fábrica toda ou por departamento?
4. Sob quais condições a Empresa Sater deveria subdividir mais os conjuntos de custos dos departamentos em conjuntos de custo das atividades?

5-33 Taxa de rateio da fábrica toda *versus* taxas dos departamentos. (Adaptado do CMA) A Ibéria produz uma linha completa de malas de fibra de vidro por meio de três departamentos de produção (modelagem, componentes e montagem) e dois departamento de apoio (manutenção e energia).

As laterais das malas são produzidas no *departamento de modelagem*. A estrutura, dobradiças, travas etc. são produzidas no *departamento de componentes*. As malas são montadas no *departamento de montagem*. Para cada tipo de mala, são necessárias quantidades variadas de materiais, tempo e esforço. O *departamento de manutenção* e o *de energia* fornecem serviços para os três departamentos de produção.

A Ibéria sempre usou uma taxa de rateio dos custos indiretos para a fábrica toda. As horas de mão-de-obra direta são usadas para alocar os custos indiretos para cada produto. A taxa orçada é calculada dividindo o total de custos indiretos da empresa pelo total orçado de horas de mão-de-obra direta a serem trabalhadas nos três departamentos de produção.

Everaldo Porto, gerente da Contabilidade de Custos, recomendou que a Ibéria usasse taxas de rateio departamentais. Porto projetou os custos operacionais e os níveis de produção para o próximo ano. Eles são apresentados (em milhares) por departamento na tabela seguinte:

	Departamentos de produção		
	Modelagem	Componente	Montagem
Dados operacionais do departamento			
Horas de mão-de-obra direta	500	2 000	1 500
Horas-máquina	875	125	—
Custos do departamento			
Materiais diretos	$ 12 400	$ 30 000	$ 1 250
Mão-de-obra direta	3 500	20 000	12 000
Custos indiretos	21 000	16 200	22 600
Total de custos departamentais	$ 36 900	$ 66 200	$ 35 850

Continua

	Departamentos de produção		
	Modelagem	Componente	Montagem
Uso dos departamentos de apoio			
Uso estimado dos recursos de manutenção em horas de mão-de-obra para o próximo ano	90	25	10
Uso estimado de energia (em kw-horas) para o próximo ano	360	320	120

Os custos estimados são de $ 4 000 para o *departamento de manutenção* e de $ 18 400 para o *departamento de energia*.

Para fazer:

1. Calcule a taxa de rateio da fábrica toda para a Ibéria, para o próximo ano, usando o mesmo método usado no passado.
2. Foi pedido que Everaldo Porto desenvolvesse taxas de rateio departamentais para serem comparadas com as da fábrica toda. Siga essas etapas no desenvolvimento das taxas dos departamentos:
    a. Aloque os custos do *departamento de manutenção* e do *departamento de energia* para os três departamentos de produção.
    b. Calcule as taxas de rateio para os três departamentos de produção usando uma base de alocação de horas-máquina para o *departamento de modelagem* e uma base de alocação de horas de mão-de-obra direta para o *departamento de componentes* e o *de montagem*.
3. Deveria, a Ibéria, usar uma taxa para a fábrica toda ou taxas departamentais para alocar os custos indiretos para os seus produtos? Explique a sua resposta.
4. Sob quais condições a Ibéria deveria subdividir mais os conjuntos de custos dos departamentos em conjuntos de custo da atividade?

5-34 Custeio baseado em atividades, comercialização. A Quatro Figuras Ltda. é especializada na distribuição de produtos farmacêuticos. Ela compra das empresas farmacêuticas e revende para cada um dos três mercados diferentes:

a. Redes de supermercados
b. Redes de drogarias
c. Farmácias independentes

Ricardo Fontes, o novo *controller* da Quatro Figuras, relatou os seguintes dados para agosto de 2002:

	Redes de supermercados	Redes de drogarias	Farmácias independentes
Receita média por entrega	$ 30 900	$ 10 500	$ 1 980
Custo médio dos produtos vendidos por entrega	$ 30 000	$ 10 000	$ 1 800
Número de entregas	120	300	1 000

Por muitos anos, a Quatro Figuras tem usado a margem bruta [(Receita − Custo dos produtos vendidos) ÷ Receita] para avaliar a rentabilidade relativa de seus grupos de clientes (canais de distribuição).

Ricardo participou recentemente de um seminário sobre custeio baseado em atividades e decidiu usá-lo na Quatro Figuras. Reuniu-se com todos os gerentes-chave e todos concordam que há cinco principais áreas de atividades na Quatro Figuras:

Atividades	Direcionador de custo
1. Processar pedido de compra do cliente	Número de pedidos de compras
2. Preparar pedido	Número de itens por pedido de compra
3. Entregar nas lojas	Número de entregas nas lojas
4. Despachar para as lojas	Caixas despachadas por entrega
5. Arrumar produtos nas lojas dos clientes	Horas de estocagem na prateleira

O pedido de compra de cada cliente consiste de um ou mais itens. Um item representa um produto único (como, por exemplo, comprimidos de Tylenol Extra Fortes). Cada entrega na loja inclui uma ou mais caixas de produtos, e cada produto é entregue em uma ou mais caixas. O pessoal da Quatro Figuras arruma os produtos nas prateleiras da loja. Atualmente, não há uma cobrança para esse serviço e nem todos os clientes usam a Quatro Figuras para essa atividade.

As despesas operacionais de agosto de 2002 (além do custo dos produtos vendidos) da Quatro Figuras são de $ 301 080. Essas despesas operacionais são atribuídas às cinco atividades. Os custos em cada uma e a quantidade da base de alocação de custos para agosto de 2002 são os seguintes:

Atividades	Total de custos em agosto de 2002	Total de unidades da base de alocação de custos em agosto de 2002
1. Processar o pedido de compra do cliente	$ 80 000	2 000 pedidos
2. Preparar pedido	63 840	21 280 itens
3. Entregar nas lojas	71 000	1 420 entregas
4. Despachar para as lojas	76 000	76 000 caixas
5. Arrumar pedidos nas lojas dos clientes	10 240	640 horas
	301 080	

Outros dados para agosto de 2002 incluem o seguinte:

	Redes de supermercados	Redes de drogarias	Farmácias independentes
Número de pedidos	140	360	1 500
Média de itens e por pedido	14	12	10
Total de entregas nas lojas	120	300	1 000
Média de caixas despachadas por entrega	300	80	16
Média de horas de estocagem na prateleira por entrega	3	0,6	0,1

Para fazer:

1. Calcule a margem bruta de agosto de 2002 para cada um dos três canais de distribuição e o lucro operacional da Quatro Figuras.
2. Calcule a taxa unitária da base de alocação de custos de agosto de 2002 para cada uma das cinco atividades.
3. Calcule o lucro operacional de cada canal de distribuição em agosto de 2002 usando as informações do custeio baseado em atividades. Comente os resultados. Quais as implicações das informações fornecidas pelo custeio baseado em atividades?
4. Descreva quatro desafios que o Fontes enfrentaria na atribuição do total das despesas operacionais de $ 301 080 de agosto de 2002 para as cinco atividades.

Aplicação do Excel. Para aqueles alunos que desejam praticar as suas habilidades com planilha, segue uma orientação passo a passo para a criação de uma planilha Excel para resolver este problema.

Passo a passo

1. Em uma nova planilha, crie uma seção de 'Dados financeiros' para os dados fornecidos por Ricardo Fontes, com linhas para a receita média por entrega, o custo médio dos produtos vendidos por entrega e número de entregas, e colunas para 'Redes de supermercados', 'Redes de drogarias' e 'Farmácias independentes'. Você deve obter uma planilha parecida com a tabela acima, fornecida por Ricardo Fontes.
2. Pule duas linhas. Crie uma seção de 'Dados para alocação dos custos' com as colunas de 'Atividades', 'Total de custos em agosto de 2002' e 'Total de unidades da base de alocação de custos usadas em agosto de 2002'. Crie linhas para cada atividade. Em seguida, crie uma coluna ao lado da coluna 'Total de unidades da base de alocação de custos usadas em agosto de 2002' e chame-a de 'Taxa unitária da base de alocação dos custos'.
3. Pule mais duas linhas e crie uma seção de 'Dados das atividades' no mesmo formato apresentado por Ricardo Fontes. Crie colunas para 'Redes de supermercados', 'Redes de drogarias' e 'Farmácias independentes'. Organize linhas separadas para cada atividade. Digite a quantidade de cada atividade usada por cada mercado durante o período.
4. Pule duas linhas. Crie uma seção de 'Análise da rentabilidade'; colunas para 'Redes de supermercados', 'Redes de drogarias', 'Farmácias independentes' e 'Quatro Figuras Ltda.'; linhas para as receitas, custo dos produtos vendidos, lucro bruto, margem bruta, cada uma das cinco atividades, despesas operacionais, lucro operacional e margem operacional.
5. Para o Problema 1, vá para a 'Análise da rentabilidade', digite as fórmulas para as receitas, custo dos produtos vendidos e margem bruta para cada mercado. Em seguida, calcule o lucro operacional para a Quatro Figuras Ltda. como um todo e digite esse número na linha do lucro operacional na coluna da 'Quatro Figuras Ltda.'.
6. Para o Problema 2, vá para a seção de 'Dados de alocação dos custos', digite as fórmulas da taxa unitária da base de alocação dos custos para cada uma das cinco atividades na coluna da 'Taxa por unidade da base de alocação dos custos'.

7. Digite as fórmulas para o total de custo de cada atividade em cada um dos mercados diferentes na seção de 'Análise da rentabilidade'.
8. Para o Problema 3, calcule o lucro operacional para cada mercado digitando as fórmulas apropriadas na linha do lucro operacional da seção de 'Análise da rentabilidade'.
9. *Verifique a planilha*: Vá para a seção de 'Dados de alocação de custos' e mude o total de custos de processamento dos pedidos de $ 80 000 para $ 100 000. Se a planilha foi preparada corretamente, o lucro operacional para a Quatro Figuras Ltda. deve mudar para $ 116 920.

5-35 Custeio baseado em atividades, subsídios cruzados. A Doceria Delícias (DD) está no negócio de processamento de alimentos há três anos. Para os dois primeiros anos o único produto produzido era um bolo de passas. Todos os bolos eram produzidos e embalados em unidades de um quilo. A DD usava um sistema de custeio padrão. As duas categorias de custos diretos eram materiais diretos e mão-de-obra direta. A categoria única de custos indiretos — de produção — era alocada aos produtos usando as unidades de produção como a base de alocação.

No terceiro ano (2004), a DD acrescentou um segundo produto — bolo de cenoura em camadas —, que era embalado em unidades de um quilo. Este produto difere do bolo de passas em vários aspectos:

- Ingredientes mais caros são usados.
- Requer mais tempo de hora de mão-de-obra direta.
- Requer um processo de produção mais complexo.

Em 2004, a DD continuou a usar o sistema de custeio existente, em que ela alocava os custos indiretos usando o total de unidades produzidas dos bolos de passas e o de cenoura em camadas.

Os custos dos materiais diretos em 2004 foram de $ 0,60 por quilo do bolo de passas e $ 0,90 por quilo do bolo de cenouras em camadas. O custo da mão-de-obra direta em 2004 foi de $ 0,14 por quilo para o bolo de passas e $ 0,20 por quilo para o bolo de cenouras em camadas.

Durante 2004, o pessoal de vendas da DD relatou vendas acima do esperado para o bolo de cenouras em camadas e vendas abaixo do esperado para o bolo de passas. O volume de vendas real, orçado para 2004, é o seguinte:

	Orçado	Real
Bolo de passas	160 000 quilos	120 000 quilos
Bolo de cenouras em camadas	40 000 quilos	80 000 quilos

Os custos indiretos orçados para 2004 são de $ 210 800.

No final de 2004, Jonathan Damasco, *controller* da DD, decidiu investigar como um sistema de custeio baseado em atividades afetaria os custos dos produtos. Depois de consultar o pessoal de operações, o conjunto único de custos indiretos foi subdividido em cinco atividades. Essas cinco atividades, a base de alocação de custos, a taxa de alocação de custos orçada para 2004 e a quantidade da base de alocação de custos usada pelos bolos de passas e cenouras em camadas são as seguintes:

Atividades	Base de alocação de custos	Custo unitário orçado para 2004 da base de alocação de custos	Bolo de passas	Bolo de cenouras em camadas
Misturar	Horas de mão-de-obra	$ 0,04	600 000	640 000
Cozinhar	Horas de forno	$ 0,14	240 000	240 000
Esfriar	Horas na sala de esfriamento	$ 0,02	360 000	400 000
Rechear/cobrir	Horas-máquina	$ 0,25	0	240 000
Embalar	Horas-máquina	$ 0,08	360 000	560 000

Para fazer:
1. Calcule o custo unitário dos produtos usando o sistema de custeio existente no período de 2002 a 2004.
2. Calcule o custo unitário dos produtos usando o sistema de custeio baseado em atividades.
3. Explique as diferenças nos custos unitários do produto das Fases 1 e 2.
4. Descreva três usos que a Doceria Delícias poderá fazer com os números obtidos do custeio baseado em atividades.

5-36 ABC, saúde. O Centro de Saúde Vale Formoso opera três programas:
(1) reabilitação de alcoólatras, (2) reabilitação de drogados e (3) cuidados posteriores (aconselhamento e apoio aos pacientes depois de terem tido alta de uma clínica).

O orçamento do centro para 2003 é o seguinte:

Salários dos profissionais:
4 médicos × $ 150 00		$ 600 000	
18 psicólogos × $ 75 000		1 350 000	
20 enfermeiros × $ 30 000		600 000	$ 2 550 000
Suprimentos médicos			300 000
Custos indiretos e despesas (administrativos, salários, aluguel, utilidades etc.)			880 000
			$ 3 730 000

Márcia Cardoso, diretora do centro, é perspicaz em determinar o custo de cada programa. Ela compilou os seguintes dados descrevendo as alocações dos funcionários para os programas individuais:

	Alcoolismo	Drogas	Cuidados posteriores	Total de funcionários
Médicos		4		4
Psicólogos	6	4	8	18
Enfermeiros	4	6	10	20

Oitenta pacientes do programa de alcoólatras residem no local, cada um permanecendo por aproximadamente seis meses. Assim, a clínica proporciona 40 pacientes por ano de serviço no programa de alcoolismo. Similarmente, cem pacientes estão envolvidos no programa de drogas por aproximadamente seis meses cada. Assim, a clínica proporciona 50 pacientes por ano de serviço no programa de drogas.

Recentemente Márcia ficou sabendo do custeio baseado em atividades como um método para aprimorar os sistemas de custeio. Ela perguntou ao seu contador, Hugo Delta, como ela poderia aplicar essa nova técnica. Delta obteve as seguintes informações:

1. O consumo de suprimentos médicos depende do número de pacientes-ano.
2. Os custos indiretos e despesas consistem de:

Aluguel e manutenção da clínica	$ 180 000
Custos para administrar os registros dos pacientes, alimentação, lavanderia	600 000
Serviços de laboratório	100 000
Total	$ 880 000

3. Outras informações sobre os departamentos:

	Alcoolismo	Drogas	Cuidados posteriores	Total
Metros quadrados de espaço ocupado por cada programa	9 000	9 000	12 000	30 000
Paciente-ano de serviço	40	50	60	150
Número de testes de laboratório	400	1 400	700	2 500

Para fazer:

1. **a.** Selecionando as bases de alocação de custos que você acredita sejam as mais apropriadas para alocar os custos indiretos aos programas, calcule as taxas de custos indiretos para os suprimentos médicos, aluguel e manutenção da clínica; os custos administrativos para registro, alimentação e lavanderia do paciente; e os serviços de laboratório.

   b. Usando uma abordagem do custeio baseado em atividade para análise dos custos, calcule os custos de cada programa e o custo por paciente-ano dos programas de alcoolismo e drogas.

   c. Quais os benefícios que o Centro de Saúde Vale Formoso poderá obter com a implementação do sistema ABC?

5-37 Custeio por ordem e serviço por atividade. A Empresa Cliva produz uma variedade de cadeiras para escritório. Seu sistema de custeio por ordem usa a abordagem por atividade. Há duas categorias de custos diretos (materiais diretos e mão-de-obra direta) e três grupos de custos indiretos. Os grupos de custos representam as três atividades na fábrica.

Atividades de produção	Custos orçados para 2004	Direcionador de custo usado como base de alocação	Taxa de alocação dos custos
Manuseio dos materiais	$ 200 000	Peças	$ 0,25
Corte	2 000 000	Peças	2,50
Montagem	2 000 000	Horas de mão-de-obra direta	25,00

Em março, foram produzidos dois estilos de cadeiras: a cadeira executiva e a cadeira de presidente. Quantidades, custos dos materiais diretos e outros dados para março de 2004 são os seguintes:

	Unidades produzidas	Custos dos materiais diretos	Número de peças	Horas de mão-de-obra direta
Cadeira executiva	5 000	$ 600 000	100 000	7 500
Cadeira de presidente	100	25 000	3 500	500

A taxa de mão-de-obra direta é de $ 20 por hora. Presuma que não haja estoque inicial ou final.

Para fazer:

1. Calcule o total de custos de produção e unitários da cadeira executiva e da cadeira de presidente para agosto de 2004.
2. As atividades de pré-fabricação (P&D e projeto) e as atividades de pós-fabricação (marketing, distribuição e atendimento ao cliente) são analisadas, e os custos unitários para 2004 são orçados em:

	Atividades de pré-fabricação	Atividades de pós-fabricação
Cadeira executiva	$ 60	$ 110
Cadeira de presidente	146	236

Calcule os custos plenos de cada cadeira. (Custos plenos são a soma dos custos de todas as funções do negócio).

3. Compare os custos unitários da cadeira executiva e da cadeira de presidente calculados nas Questões 1 e 2. Por que os custos são diferentes? Por que essas diferenças podem ser importantes para a Empresa Cliva?

5-38 Custeio por ordem e serviço por atividade, comparações dos custos unitários. A Corporação Trace tem uma unidade de usinagem especializada em serviços para o mercado de componentes de aviões. O sistema anterior, de custeio por ordem, tinha duas categorias de custos diretos (materiais diretos e mão-de-obra direta) e um conjunto único de custos indiretos (de produção, alocados usando as horas de mão-de-obra direta). A taxa de alocação dos custos indiretos do sistema anterior para 2004 teria sido de $ 115 por hora de mão-de-obra direta.

Recentemente, uma equipe com membros dos departamentos de projeto, produção e contabilidade usou uma abordagem ABC para aprimorar seu sistema de custeio. As duas categorias de custos diretos foram mantidas. A equipe decidiu substituir o conjunto único de custos indiretos por cinco conjuntos de custos indiretos. Os conjuntos de custos representam as cinco atividades da empresa, cada uma com o seu próprio supervisor e responsabilidade orçamentária. Os dados pertinentes são os seguintes:

Atividades	Base de alocação de custos	Taxa de alocação de custos
Manuseio dos materiais	Peças	$ 0,40
Trabalho de torno	Rotações do torno	0,20
Usinagem	Horas-máquina	20,00
Moagem	Peças	0,80
Teste	Unidades testadas	15,00

A tecnologia de informação evoluiu a ponto de os dados necessários para o orçamento nessas cinco atividades serem coletados automaticamente.

Duas ordens de produção representativas, processadas sob o sistema ABC no período mais recente, tiveram as seguintes características:

	OP 410	OP 411
Custo dos materiais diretos por ordem	$ 9 700	$ 59 900
Custo da mão-de-obra direta por ordem	$ 750	$ 11 250
Número de horas de mão-de-obra direta por ordem	25	375
Peças por serviço	500	2 000
Rotações do torno por ordem	20 000	60 000
Horas-máquina por ordem	150	1 050
Unidades por ordem (todas as unidades são testadas)	10	200

Para fazer:

1. Calcule os custos unitário de produção para cada ordem sob o sistema anterior de custeio.

2. Calcule os custos unitários de produção para cada ordem sob o sistema de custeio baseado em atividade.
3. Compare os custos unitários para a OP 410 e 411 calculadas nas Questões 1 e 2. Por que o sistema anterior de custeio e o sistema de custeio por atividade diferem? Por que essas diferenças podem ser importantes para a Corporação Trace?

5-39 ABC, implementação, ética. (Adaptado do CMA) A Applewood Electronics, uma divisão da Elgin Corporation, produz dois modelos de televisores de tela larga, o Monarch, que tem sido produzido desde 1998 e é vendido por $ 900, e o Regal, um modelo mais novo introduzido no início de 2001, vendido por $ 1 140. Baseado na demonstração de resultados seguinte, para o ano findo em 31 de dezembro de 2002, a gerência da Elgin decidiu concentrar os recursos de marketing da Applewood no modelo Regal e começar a retirar gradualmente do mercado o modelo Monarch.

APPLEWOOD ELECTRONICS
Demonstração de resultados
para o ano fiscal findo em 31 de dezembro de 2002

	Monarch	Regal	Total
Receitas	$ 19 800 000	$ 4 560 000	$ 24 360 000
Custo dos produtos vendidos	12 540 000	3 192 000	15 732 000
Lucro bruto	7 260 000	1 368 000	8 628 000
Despesas administrativas e com vendas	5 830 000	978 000	6 808 000
Lucro operacional	$ 1 430 000	$ 390 000	$ 1 820 000
Unidades produzidas e vendidas	22 000	4 000	
Lucro líquido por unidade vendida	$ 65,00	$ 97,50	

Os custos unitários para o Monarch e o Regal são os seguintes:

	Monarch	Regal
Materiais diretos	$ 208	$ 584
Mão-de-obra direta		
Monarch (1,5 horas × $ 12)	18	
Regal (3,5 horas × $ 12)		42
Custos de máquina[a]		
Monarch (8 horas × $ 18)	144	
Regal (4 horas × $ 18)		72
Custos indiretos de produção além dos custos de máquina[b]	200	100
Total de custos	$ 570	$ 798

a. *Custos de máquina incluem os custos de* leasing, *consertos e manutenção.*
b. *Os custos indiretos de produção foram alocados aos produtos baseados nas horas-máquina a uma taxa de $ 25 por hora.*

A *controller* da Applewood, Suzan Benzo, está advogando o uso do custeio baseado em atividades e a gestão baseada em atividades, por isso agrupou as seguintes informações sobre os custos indiretos de fabricação da empresa para o ano findo em 31 de dezembro de 2002.

Centro de atividade (base de alocação de custos)	Total de custos das atividades	Unidades da base de alocação de custos		
		Monarch	Regal	Total
Soldagem (nº de pontos soldados)	$ 942 000	1 185 000	385 000	1 570 000
Despachos (nº de despachos)	860 000	16 200	3 800	20 000
Controle da qualidade (nº de inspeções)	1 240 000	56 200	21 300	77 500
Pedidos de compras (nº de pedidos)	950 400	80 100	109 980	190 080
Potência da máquina (horas-máquina)	57 600	176 000	16 000	192 000
Preparação da máquina (nº de preparações)	750 000	16 000	14 000	30 000
Total dos custos indiretos	$ 4 800 000			

Após completar a sua análise, Suzan mostra os resultados para Fred Duval, presidente da divisão Applewood. Duval não gosta do que vê. "Se você mostrar esta análise para o Escritório Central, eles irão pedir que acabemos gradualmente com a linha Regal, recém-lançada. Todo esse negócio de custeio tem sido um grande problema para nós. Primeiro a Monarch não era rentável, agora é o Regal."

"Observando a análise pelo ABC, eu vejo dois problemas. Primeiro, realizamos muito mais atividades do que você listou. Se você tivesse incluído todas as atividades, talvez as suas conclusões fossem diferentes. Segundo, você usou o número de preparação e o número de inspeções como bases de alocação. Os números seriam diferentes se você tivesse usado, em vez disso, horas de preparação e horas de inspeção. Eu sei que problemas de medida impediram que você usasse essas outras bases de alocação de custos, mas acredito que você deveria fazer alguns ajustes nos nossos números atuais para compensar essas questões. Eu sei que você consegue fazer melhor. Não podemos eliminar gradualmente nenhum dos produtos."

Suzan sabe que os números são bastante exatos. Em uma amostra limitada, ela calculou a rentabilidade do Monarch e do Regal usando mais, e diferentes, bases de alocação. Os conjuntos de atividades e as taxas de atividades que ela havia usado resultaram em números que se aproximam daqueles baseados em análises mais detalhadas. Ela está confiante de que o Escritório Central, sabendo que o Regal foi introduzido apenas recentemente, não pedirá à Applewood que o elimine gradualmente. Ela também sabe que boa parte do bônus do Duval é baseado nas receitas da divisão. A eliminação gradual de qualquer um dos produtos afetaria consideravelmente o seu bônus. Ainda assim, ela se sente pressionada por Duval para fazer algo.

Para fazer:

1. Usando o custeio baseado em atividades, calcule a rentabilidade dos modelos Real e Monarca.
2. Explique brevemente por que esses números diferem da rentabilidade dos modelos Real e Monarca, calculada usando o sistema de custeio atual da Applewood.
3. Comente sobre as preocupações do Duval sobre a exatidão e limitações do ABC.
4. Como a Applewood poderá utilizar as informações do ABC na administração de seu negócio?
5. O que Suzan Benzo deveria fazer?

PROBLEMA PARA APRENDIZAGEM EM GRUPO

5-40 Custeio por atividade, hierarquia de custos. (Adaptado do CMA) A Grão de Café Ltda. (GCL) compra grãos do mundo todo, torra, mistura e embala para revenda. O custo principal é material direto; no entanto, há substanciais custos indiretos de produção nos processos de torragem e embalagem predominantemente automatizados. A empresa usa muito pouca mão-de-obra direta.

Alguns dos cafés são bastante populares e vendidos em grandes volumes, ao passo que algumas das misturas mais novas são vendidas em volumes bem baixos. A GCL precifica seu café com base no custo orçado, incluindo custos indiretos alocados, mais um *mark up* de 30 por cento no custo.

Os dados para o orçamento de 2003 incluem custos indiretos de $ 3 000 000, alocados com base no custo orçado de mão-de-obra direta. O custo orçado de mão-de-obra direta para 2003 totaliza $ 600 000.

As compras e o uso dos materiais (em sua maioria grãos de café) estão orçados num total de $ 6 000 000.

Os custos diretos orçados para pacotes de um quilo de dois dos produtos da empresa são:

	Java	Malasiano
Materiais diretos	$ 4,20	$ 3,20
Mão-de-obra direta	0,30	0,30

A *controller* da GCL acredita que o sistema de custeio atual possa estar fornecendo informações erradas. Ela desenvolveu uma análise por atividade dos custos indiretos de 2003 mostrada na tabela seguinte:

Atividades	Direcionador de custo	Taxa do direcionador de custo
Compras	Pedidos de compras	$ 500
Manuseio dos materiais	Preparação	400
Controle da qualidade	Lotes	240
Torragem	Horas de torragem	10
Mistura	Horas de mistura	10
Embalagem	Horas de embalagem	10

A seguir, os dados a respeito da produção de 2003 para os cafés Java e Malasiano. Não haverá estoque inicial ou final para nenhum desses cafés.

	Java	Malasiano
Vendas esperadas	100 000 quilos	2 000 quilos
Pedidos de compras	4	4
Lotes	10	4
Preparação	30	12
Horas de torragem	1 000	20
Horas de mistura	500	10
Horas de embalagem	100	2

Para fazer:

1. Usando o sistema de custeio existente da GCL:
   a. Determine a taxa orçada de custos indiretos de 2003 usando o custo de mão-de-obra direta como a base única de alocação.
   b. Determine os custos orçados e preços de venda em 2003 de um quilo do café Java e um quilo do café Malasiano.
2. Use a abordagem por atividades para estimar o custo orçado para 2003 para um quilo de
   a. Café Java
   b. Café Malasiano

   Aloque todos os custos para os cem mil quilos de café Java e os dois mil quilos de café Malasiano. Compare os resultados com os da Questão 1.
3. Examine as implicações das suas respostas relativas à Questão 2 para a estratégia de precificação e *mix* de produto da GCL.

capítulo

6 ORÇAMENTO GERAL E CONTABILIDADE POR RESPONSABILIDADE

Objetivos de aprendizagem

1. Compreender o que é um orçamento geral e explicar os seus benefícios
2. Descrever as vantagens de orçamentos
3. Preparar o orçamento operacional e as suas tabelas de apoio
4. Usar modelos de planejamento financeiro por computador na análise de sensibilidade
5. Explicar o orçamento kaizen e como ele é usado na gestão de custos
6. Preparar um orçamento por atividade
7. Descrever centros de responsabilidade e contabilidade por responsabilidade
8. Explicar como a controlabilidade se relaciona à contabilidade por responsabilidade

O orçamento de receitas para cada hotel da rede Ritz Carlton Hotel influencia a elaboração de todos os outros orçamentos. Gerentes de todos os departamentos, das operações ao escritório administrativo, usam o orçamento de receitas do hotel para prepar os orçamentos de seus próprios departamentos. Cada orçamento departamental apóia a estimativa de ocupação dos banquetes e a atividade dos restaurantes descritos no orçamento de receitas.

O administrador e o controller de cada hotel têm a responsabilidade final em assegurar que todos os planos departamentais reflitam cuidadosamente as atividades de negócios esperados — planejados para o ano vindouro. O administrador desafia os gerentes de departamento a defender seus orçamentos. O plano geral será aprovado somente quando o administrador ficar convencido de que os orçamentos são precisos e bem fundamentados.

O orçamento é a ferramenta contábil comum que as empresas usam para planejar e controlar o que elas precisam fazer para satisfazer seus clientes e ter sucesso no mercado. Orçamentos proporcionam uma medida dos resultados financeiros que uma empresa espera ter de suas atividades planejadas. Ao planejarem para o futuro, os gerentes aprendem a antecipar problemas em potencial e como evitá-los. Em vez de enfrentarem problemas futuros, os gerentes podem direcionar suas energias na exploração de oportunidades. Lembre-se de que "poucas empresas planejam fracassar, mas muitas daquelas que fracassam falharam em planejar".

ORÇAMENTOS E O CICLO ORÇAMENTÁRIO

Um *orçamento* é (a) a expressão quantitativa de um plano de ação proposto pela administração por um período específico e (b) um auxílio na coordenação do que precisa ser feito para implementar aquele plano. Um orçamento pode cobrir os aspectos financeiros e os não-financeiros do plano e serve como uma planta a ser seguida pela empresa em um período futuro. Um orçamento que cobre os aspectos financeiros quantifica as expectativas da administração com relação a resultados, aos fluxos de caixa e à posição financeira. Assim como as demonstrações financeiras são preparadas para períodos passados, elas também podem ser preparadas para períodos futuros — por exemplo, uma demonstração de resultados, uma demonstração de fluxos de caixa e um balanço patrimonial orçados. Servindo de base para esses orçamentos financeiros, pode-se ter os não-financeiros para, digamos, unidades fabricadas ou vendidas, número de funcionários e número de produtos novos sendo introduzidos no mercado.

Empresas bem administradas normalmente passam pelas seguintes etapas orçamentárias:

1. Planejamento do desempenho da empresa como um todo, assim como o de suas subunidades (como departamentos ou divisões). A administração, em todos os níveis, concorda com o que é esperado.
2. O fornecimento de uma estrutura de referência, um conjunto de expectativas específicas contra o qual os resultados reais podem ser comparados.
3. A análise de variações do planejado. Se necessário, medidas corretivas seguem a análise.
4. Novo planejamento, à luz do *feedback* e das condições alteradas.

O **orçamento geral** expressa os planos operacionais e financeiros da administração para um período específico (normalmente um ano) e é composto de um conjunto de demonstrações financeiras orçadas. O orçamento geral recebe esse nome por ser o plano inicial sobre o qual a empresa pretende realizar no período. O orçamento geral reflete o impacto das decisões operacionais e financeiras.

- Decisões operacionais lidam com o uso de recursos escassos.
- Decisões financeiras lidam com como obter fundos para adquirir esses recursos.

Este livro concentra-se em como a contabilidade ajuda os administradores a tomar decisões operacionais. É por isso que este capítulo enfatiza os orçamentos operacionais. Os administradores passam boa parte de seu tempo preparando e analisando orçamentos. As muitas vantagens dos orçamentos fazem com que seja um investimento sábio de sua energia.

A terminologia usada entre as empresas para descrever orçamentos varia. Por exemplo, demonstrações financeiras orçadas às vezes são chamadas de **demonstrações** *pro forma*. Algumas empresas, como a Hewlett-Packard, se referem aos orçamentos como *alvos*. E muitas empresas, como a Nissan Motors e a Owen Corning, dão um ímpeto positivo aos orçamentos ao se referirem a um orçamento como um *plano de lucros*.

VANTAGENS DE ORÇAMENTOS

Orçamentos são uma parcela significativa da maioria dos sistemas de controle da administração. Quando administrado sabiamente, um orçamento

a. impulsiona o planejamento e a implementação estratégica de planos
b. proporciona uma estrutura para a avaliação do desempenho
c. motiva administradores e funcionários
d. promove a coordenação e a comunicação entre subunidades dentro da empresa

Planejamento estratégico e implementação de planos

O orçamento é mais útil quando se torna parte integral da análise da estratégia da empresa. A *estratégia* especifica como uma organização combina a própria capacidade com as oportunidades existentes no mercado para realizar seus objetivos. Inclui a consideração de perguntas como:

1. Quais são os objetivos da empresa?
2. Os mercados para os produtos da empresa são locais, regionais, nacionais ou globais? Que tendências afetam seus mercados? Como a empresa é afetada pela economia, o setor de atuação e seus concorrentes?
3. Que forma de organização e estrutura financeira serve melhor a empresa?
4. Quais são os riscos de estratégias alternativas e quais são os planos de contingência da empresa caso o seu plano preferido fracasse?

Como mostra o Quadro 6.1, a estratégia de uma empresa afeta o planejamento de curto e de longo prazo e é por meio deles que o planejamento da empresa é expresso. Mas não para por aí. Veja no quadro abaixo as setas que apontam para trás e para a frente. As setas que apontam para trás são uma maneira gráfica de indicar que os orçamentos podem levar a mudanças nos planos e nas estratégias. Os orçamentos fornecem *feedback* aos administradores sobre os prováveis efeitos de suas estratégias e planos. E, às vezes, o *feedback* sinaliza aos administradores que eles precisam modificar os seus planos e possivelmente as estratégias. A decisão da DaimlerChrysler em relação à precificação de seu Dodge Durango ilustra o relacionamento entre estratégia, planos e orçamentos. O Durango compete no mercado de veículos utilitários esportivos (SUVs) com o Forrester, da Subaru, e o Rodeo, da Isuzu, ambos com preços mais baixos, e o Blazer, da Chevrolet, de preço comparável. Ao reduzir o preço do Durango, a DaimlerChrysler esperava aumentar sua demanda. No entanto, o orçamento indicou que, mesmo com quantidades mais altas de vendas previstas, a DaimlerChrysler seria incapaz de satisfazer seus alvos financeiros para o Durango. Para a estratégia de redução de preço ter êxito, a DaimlerChrysler também teria que reduzir os custos de fabricação e de marketing. O *feedback* levou a equipe do Durango a desenvolver planos para usar materiais e mão-de-obra de maneira mais eficiente.

Estrutura para a avaliação do desempenho

Uma vez que os planos estão em andamento, o desempenho de uma empresa pode ser medido em comparação com os orçamentos estabelecidos para aqueles planos. Os orçamentos podem superar duas limitações do uso do desempenho passado como base para a avaliação de resultados reais. Uma limitação é que resultados passados incorporam erros de cálculos passados e desempenhos abaixo do padrão. Considere uma empresa de telefonia celular — a Comunicações Móveis — examinando o desempenho do ano de 2004 de sua equipe de vendas. Suponha que o desempenho de 2003 incorpore os esforços de muitos vendedores que deixaram a Móveis por não terem compreensão ideal do mercado. (O presidente da Móveis disse "Eles não conseguiriam vender sorvete durante uma onda de calor.") Usando o registro de vendas dos funcionários que partiram, a faixa de desempenho para 2004 ficaria prevista muito baixa.

A outra limitação do uso de desempenhos passados é a de que se deve esperar que condições futuras difiram do passado. Considere a Comunicações Móveis novamente. Suponha que, em 2004, a Móveis tenha um aumento de 20 por cento nas receitas, comparado a um aumento de 10 por cento nas receitas em 2003. Indica, esse aumento, um desempenho fora de série em vendas? Antes de dizer sim, considere os seguintes fatos. Em novembro de 2003, uma associação profissional setorial previu que a taxa de crescimento das receitas do setor seria 40 por cento mais alta em 2004, o que provou ser a taxa de crescimento real. O ganho real da Móveis em 2004 de 20 por cento em receitas assume uma conotação negativa, embora tenha excedido a taxa de crescimento real de 10 por cento de 2003. O uso da taxa de crescimento em vendas orçadas em 40 por cento proporciona uma medida melhor do desempenho nas vendas de 2004 do que o uso da taxa de crescimento real de 10 por cento de 2003.

Quadro 6.1 Estratégia, planejamento e orçamentos.

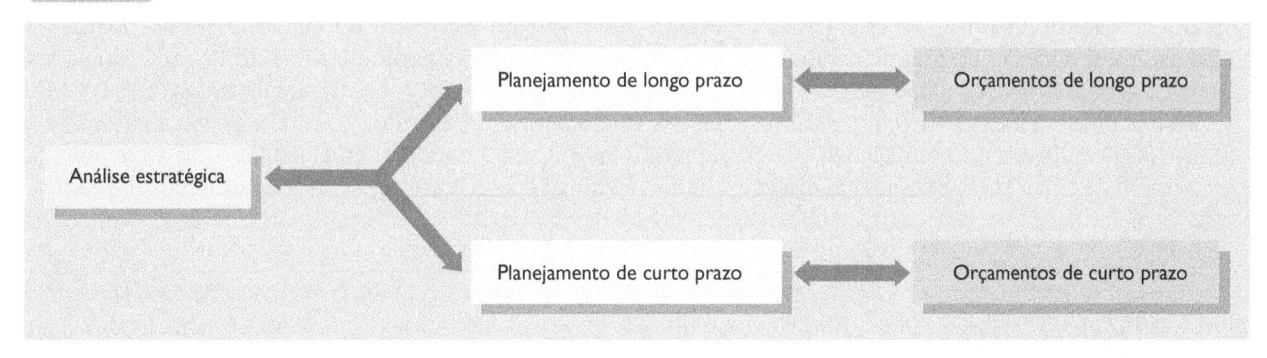

Análise estratégica → Planejamento de longo prazo ↔ Orçamentos de longo prazo
Análise estratégica → Planejamento de curto prazo ↔ Orçamentos de curto prazo

Motivando gerentes e funcionários[1]

A pesquisa mostra que orçamentos desafiadores melhoram o desempenho. A inabilidade em alcançar números orçados é vista como fracasso. A maioria dos indivíduos fica motivada a trabalhar mais arduamente para evitar o fracasso do que para obter sucesso. Ao se aproximarem cada vez mais de uma meta, os indivíduos trabalham ainda mais duramente para alcançá-la. Por tais razões, muitos executivos gostam de estabelecer para os seus subordinados metas desafiadoras porém alcançáveis. Criar um pouco de ansiedade melhora o desempenho. Mas orçamentos excessivamente ambiciosos e inalcançáveis aumentam a ansiedade sem motivação — isso se deve ao fato de as pessoas verem pouca chance de evitar o fracasso. O ex-presidente executivo da General Electric, Jack Welch, descreve o estabelecimento de orçamentos desafiadores como sendo algo excitante, motivador e satisfatório para administradores e funcionários, enquanto desencadeia o pensamento criativo e inovador.

Coordenação e comunicação

A *coordenação* envolve combinar e equilibrar todos os fatores de produção ou serviço e todos os departamentos e funções do negócio da melhor maneira possível para que a empresa venha a alcançar suas metas. *Comunicação* é fazer com que as metas sejam entendidas e aceitas por todos os funcionários.

A coordenação força os executivos a pensar sobre os relacionamentos entre operações individuais, departamentos, a empresa como um todo e as demais empresas. Considere os orçamentos na Pace, um fabricante de produtos eletrônicos baseado no Reino Unido. Um de seus produtos-chave é a caixa decodificadora para televisão a cabo. O gerente de produção consegue obter uma produção mais exata ao coordenar, comunicando-se com o pessoal de marketing da empresa para saber quando as caixas decodificadoras serão necessárias. Por sua vez, o pessoal de marketing pode fazer melhores previsões da demanda futura por caixas decodificadoras ao coordenar, comunicando-se com os clientes da Pace.

Suponha que a BSKYB, um dos maiores clientes da Pace, esteja planejando lançar um novo serviço digital por satélite daqui a nove meses. Se o grupo de marketing da Pace conseguir obter informações sobre a data de lançamento do serviço por satélite, ele poderá compartilhar essas informações com o grupo de produção. O grupo de produção precisa então coordenar, comunicando-se com o grupo de compras de materiais da Pace e assim por diante. O que é preciso compreender, aqui, é que é mais provável que a Pace tenha clientes satisfeitos (caixas decodificadoras nas quantidades e horas demandadas) se ela coordenar, comunicando-se dentro de sua função de negócio com os seus fornecedores e clientes durante o processo orçamentário e de produção.

Administração de orçamentos

Orçamentos consomem muito tempo administrativo. Os administradores querem que os gerentes participem do processo orçamentário por terem conhecimentos valiosos sobre os aspectos rotineiros na operacionalização do negócio. A participação também cria maior compromisso e responsabilidade entre os gerentes em relação ao orçamento.

A ampla prevalência de orçamentos indica que as vantagens de sistemas orçamentários superam os seus custos. (Veja 'Pesquisas de Práticas Empresariais', a seguir). *Para ganhar os benefícios dos orçamentos, a administração em todos os níveis da empresa deve compreender e apoiar o orçamento e todos os aspectos do sistema de controle da administração.* O apoio da alta administração é vital para se obter a participação ativa das gerências de linhas na formulação de orçamentos e para uma gestão bem-sucedida. Os gerentes de linhas, que sentem que a alta administração 'não acredita' no orçamento, provavelmente não serão participantes ativos no processo orçamentário.

Os orçamentos não devem ser administrados de forma rígida. Mudanças nas condições em geral pedem por mudanças nos planos. Um gerente pode se comprometer com o orçamento, mas uma situação pode se desenvolver de modo que alguns reparos ou programa de publicidade não planejados serviriam melhor aos interesses da empresa. O gerente não deve postergar os reparos ou a publicidade como uma maneira de satisfazer o orçamento — não se, ao fazê-lo, estiver prejudicando a empresa no longo prazo. Atingir o orçamento não deve se tornar um fim em si mesmo.

Período de tempo de orçamentos

Os orçamentos têm período típico estabelecido, como de um mês, um trimestre, um ano e assim por diante. O período estabelecido pode ser dividido em subperíodos. Por exemplo, um orçamento de caixa de 12 meses pode ser dividido em 12 períodos mensais para que as entradas e saídas de caixa possam ser coordenadas de forma mais regular.

Os propósitos dos orçamentos devem guiar o período escolhido para o orçamento. Considere o orçamento para a nova motocicleta de 500-cc da Harley-Davidson. Se o propósito for de orçar visando à rentabilidade total desse modelo novo, um período de cinco anos (ou mais) pode ser apropriado e longo o suficiente para cobrir do desenho do produto

---

1. Para uma discussão mais detalhada, veja R. Larnick, G. Wu e C. Heath, Raising the Bar on Goals, *Graduate School of Business Publication*, University of Chicago Press, primavera de 1999.

Pesquisas de práticas empresariais

Práticas orçamentárias no mundo todo[a]

Pesquisas com diretores financeiros das maiores empresas industriais dos Estados Unidos, Austrália, Holanda, Japão e Reino Unido indicam algumas similaridades e diferenças interessantes nas práticas orçamentárias entre os países. O uso de orçamentos gerais é amplo em todos os países. Diferenças surgem em relação às outras dimensões de orçamentos. Nos EUA, os *controllers* e administradores preferem mais participação e consideram o retorno no investimento como a meta orçamentária mais importante. Em contrapartida, no Japão, os *controllers* e administradores preferem menos participação e consideram as receitas de vendas como a meta orçamentária mais importante. Pesquisas com gerentes australianos[b] e japoneses[c] mostram que orçamentos são a prática de contabilidade gerencial que para eles mais benefícios gera.

	Estados Unidos	Japão	Austrália	Reino Unido	Holanda
1. Porcentagem de empresas que preparam um orçamento geral completo.	91%	93%	100%	100%	100%

	Estados Unidos	Japão	Holanda
2. Porcentagem de empresas que relatam a participação da gerência divisional nas discussões do comitê orçamentário.	78%	67%	82%

	Estados Unidos	Japão
3. Classificação das metas orçamentárias mais importantes para gerentes divisionais (1 é para o mais importante)		
Retorno no investimento	1	4
Lucro operacional	2	2
Receitas de vendas	3	1
Custos de produção	4	3

O que reduz a eficácia dos processos orçamentários e de planejamento de empresas? Uma pesquisa com diretores financeiros nos Estados Unidos relatou os quatro seguintes fatores em ordem de importância:[d]

1 Falta de uma estratégia bem definida.
2 Falta de uma ligação clara da estratégia para os planos operacionais.
3 Falta de responsabilidade individual por resultados.
4 Falta de medidas expressivas do desempenho.

Duas metodologias de planejamento vistas como sendo 'significativa a extremamente valiosas' por mais de 60 por cento dos diretores financeiros pesquisados eram 'orçamentos por atividade' e 'reprojeções orçamentárias'.

a Adaptado de (1) Asada, Bailes e Amano, *An Empirical Study*; Blayney e Yokoyama, *Comparative Analysis*; e de With e Ijskes, *Current Budgeting*.
b Chenhal e Langfield-Smith, *Adoption and Benefits of Management Accounting Practices*.
c Inoue, *A Comparative Study of Recent Development of Cost Management Problems in U.S.A., U.K., Canada, and Japan*.
d Lazere, *All Together Now*.

---

até a fabricação, venda e apoio pós-vendas. Em contrapartida, considere um orçamento para a produção de uma peça teatral escolar. Se o propósito for o de estimar todos os dispêndios de caixa, um período de seis meses do planejamento da peça até as cortinas se abrirem poderá ser adequado.

O período orçamentário mais freqüente é o de um ano. O orçamento anual é muitas vezes subdividido em meses para o trimestre e em trimestres para o restante do ano. Os dados orçados para um ano são, com o passar do ano, freqüentemente revisados. Por exemplo, no final do primeiro trimestre, o orçamento para os próximos três trimestres é alterado à luz das novas informações obtidas durante o primeiro trimestre.

Empresas estão cada vez mais usando **reprojeções**. Uma **reprojeção**, também chamada de **orçamento contínuo**, é um orçamento ou plano sempre disponível para um período futuro especificado, ao adicionar um período (mês, trimestre ou ano) no futuro quando o período que termina for eliminado. Considere a Electrolux, a empresa global de eletrodomésticos, que tem um plano estratégico de três a cinco anos e uma reprojeção de quatro trimestres. Uma reprojeção de quatro trimestres para o período de abril de 2004 a março de 2005 é substituída por uma reprojeção de quatro trimestres de julho de 2004 a junho de 2005 no trimestre seguinte, e assim por diante. Sempre há um orçamento de 12 meses (para o ano seguinte) em andamento. As reprojeções forçam constantemente a administração da Electrolux a pensar sobre os próximos 12 meses, independentemente do trimestre em questão.

Etapas no desenvolvimento de um orçamento operacional

A melhor maneira de explicar como preparar orçamentos é com um exemplo. A Móveis de Estilo é um prestigiado fabricante de mesas de centro. Seu sistema de custeio por ordem de serviço para os custos de fabricação tem duas categorias de custos diretos — materiais diretos e mão-de-obra direta — e uma categoria de custos indiretos — gastos gerais de fabricação. Os gastos gerais de fabricação, tanto variáveis quanto fixos, são alocados para cada mesa de centro usando horas de mão-de-obra direta como base de alocação.

O Quadro 6.2 mostra um diagrama dos vários componentes do orçamento geral para a Móveis de Estilo. O orçamento geral é composto das projeções financeiras de todos os orçamentos parciais para uma empresa. O resul-

Quadro 6.2 Visão geral do orçamento geral da Móveis de Estilo.

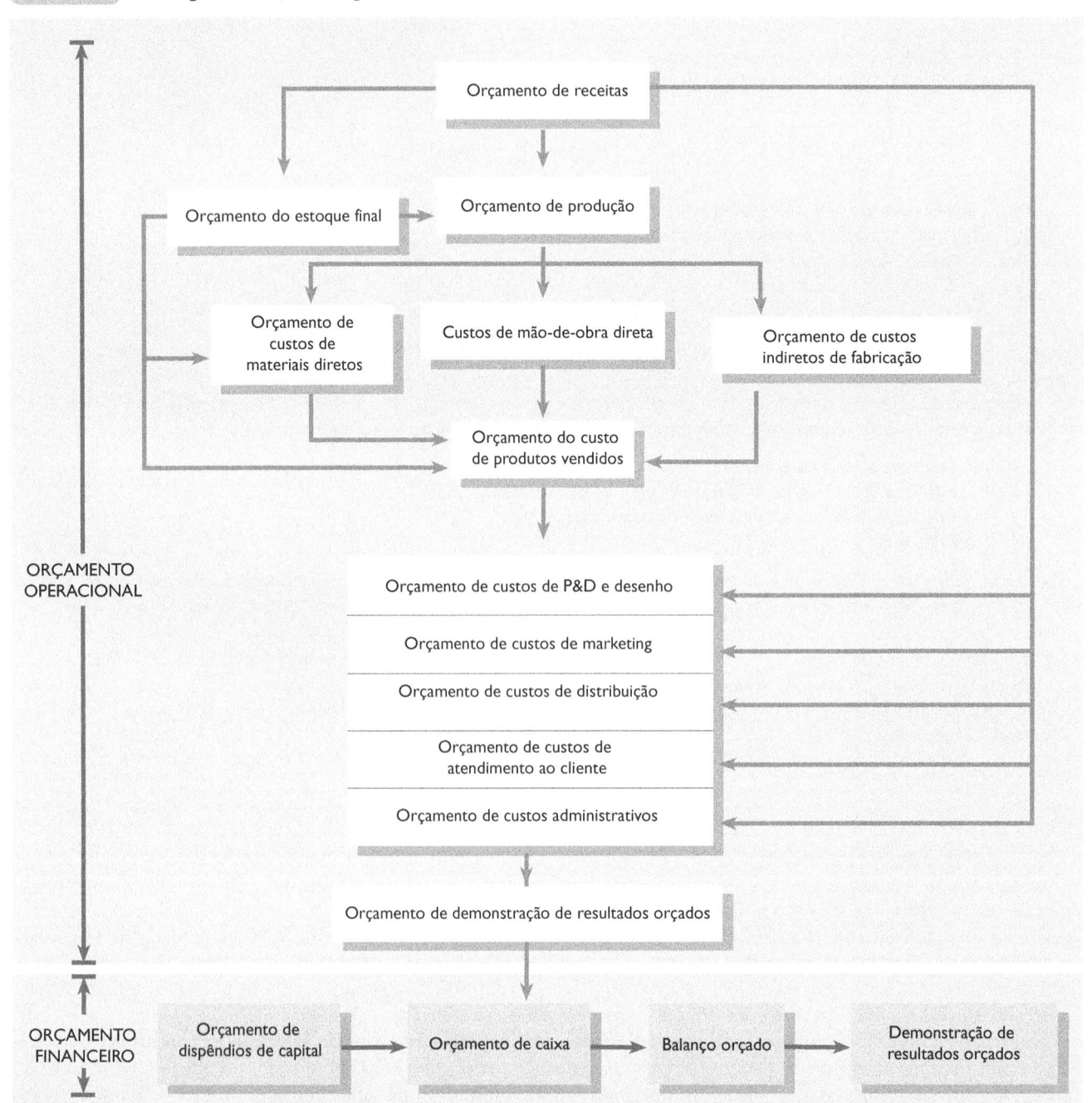

tado é um conjunto de demonstrações financeiras elaboradas para um período específico, normalmente um ano. A maior parte do que você vê no Quadro 6.2 compõe um conjunto de orçamentos — a demonstração de resultado orçado e as suas tabelas orçamentárias de apoio — chamados de **orçamento operacional**. Essas tabelas são orçamentos para várias funções de negócios da cadeia de valores, de pesquisa e desenvolvimento para atendimento ao cliente. O **orçamento financeiro** é a parte do orçamento geral composto do orçamento de dispêndios de capital, do orçamento de caixa, do balanço e da demonstração de fluxos de caixa orçados. Um orçamento financeiro aborda como as operações e os dispêndios planejados de capital afetam o caixa. O orçamento geral é finalizado somente após várias rodadas de discussões entre a alta administração e os gerentes responsáveis por várias funções do negócio da cadeia de valores.

Móveis de Estilo

Agora nós apresentamos as etapas na preparação de um orçamento operacional para a Móveis de Estilo para 2004. O anexo a este capítulo apresenta o orçamento de caixa da Estilo, outro componente-chave do orçamento geral. Supomos o seguinte:

1. A única fonte de receitas é a venda de mesas de centro. As receitas não relacionadas a vendas, como renda de juros, são presumidas como sendo zero. Unidades vendidas são direcionadores de receita porque os preços são previstos como inalterados durante todo o ano de 2004.
2. O estoque de produtos em processo é insignificante e, portanto, ignorado.
3. O estoque de materiais diretos e de produtos acabados são avaliados usando o método de primeiro a entrar, primeiro a sair (PEPS). Os custos por unidade de materiais diretos comprados e produtos acabados vendidos permanecem inalterados durante todo o ano orçado, mas podem mudar de ano para ano.
4. Há dois tipos de material direto: madeira compensada (MC) e carvalho vermelho (CV). Os custos de materiais diretos são variáveis com respeito a unidades produzidas — as mesas de centro.
5. Há dois tipos de mão-de-obra direta: a mão-de-obra de laminação e a mão-de-obra de usinagem. Os custos de mão-de-obra direta variam em razão das horas trabalhadas. As taxas de mão-de-obra direta permanecem inalteradas durante cada ano orçamentário, mas podem mudar de ano para ano. Trabalhadores de mão-de-obra direta são contratados por hora; não há hora extra.
6. Os custos gerais de fabricação têm um componente variável e um fixo. O componente é variável em razão das horas de mão-de-obra direta. Para o cálculo de custos do produto, a Estilo aloca todos os custos gerais de fabricação, variáveis e fixos, usando horas de mão-de-obra direta de fabricação como base de alocação.
7. Custos não relacionados à fabricação (despesa) têm um componente variável e um fixo. O componente variável, que na sua maior parte consiste nas comissões para o pessoal de vendas, é variável em relação à quantia de receitas.[2]

Os dados a seguir são usados para elaborar o orçamento de 2004 da Estilo:

a. Cada mesa de centro tem as seguintes especificações do produto:

Materiais diretos
    Madeira compensada (MC)   9,00 pés de madeira (p.m.) por mesa
    Carvalho vermelho (CV)   10,00 pés de madeira (p.m.) por mesa
Mão-de-obra direta
    Mão-de-obra de laminação   0,25 hora por mesa
    Mão-de-obra de usinagem   3,75 horas por mesa

b. Informações sobre estoque, em unidades físicas para 2004:

	Estoque inicial	Estoque-alvo final
Materiais diretos		
Madeira compensada	20 000 p.m.	18 000 p.m.
Carvalho vermelho	25 000 p.m.	22 000 p.m.
Produtos acabados		
Mesas de centro	5 000 unidades	3 000 unidades

---

[2]. Para manter o orçamento da Estilo objetivo, supomos que todos os custos não relacionados com fabricação sejam variáveis com relação à quantia de receitas. Na prática, alguns desses custos podem ser variáveis com respeito a fatores não baseados na receita. Por exemplo, os custos de distribuição podem ser variáveis com respeito ao peso do item distribuído ou à distância a ser percorrida para distribuir o produto. Para estudos de caso, veja S. Player e D. Keys (ed.), Activity-Based Management (Nova York: MasterMedia, 1995).

c. Receitas esperadas das mesas de centro para 2004 são

Preço de venda	$ 392 por mesa
Unidades vendidas	52 000 mesas de centro

d. Custos esperados para 2004 incluem:

	2003	2004
Madeira compensada (por p.m.)	$ 3,90	$ 4,00
Carvalho vermelho (por p.m.)	$ 5,80	$ 6,00
Mão-de-obra de laminação (por hora)	$ 24,00	$ 25,00
Mão-de-obra de usinagem (por hora)	$ 29,00	$ 30,00

e. Outras taxas de custos orçados e quantias para 2004 incluem:

- Custos indiretos variáveis de fabricação — $ 9,50 por hora de mão-de-obra direta.
- Custos variáveis não relacionados com fabricação (despesas) — 13,5% das receitas
- Custos indiretos de fabricação fixos — $ 1 600 000
- Custos fixos não relacionados com fabricação (despesas) — $ 1 400 000

f. O custo de fabricação é de $ 275 por mesa de centro em 2003.

O custo orçado por mesa de centro de $ 275 é baseado no custo que a Estilo espera incorrer na sua nova linha de produção. A Estilo poderia ter estabelecido o custo orçado, com base no custo por mesa de centro da sua fábrica mais eficiente, ou no custo por mesa de centro da fábrica mais eficiente que pertence a qualquer empresa do setor. As empresas diferem na forma como calculam valores orçados. Algumas dependem muito de resultados passados quando estão elaborando valores orçados; outras dependem de estudos detalhados de engenharia.

A maioria das empresas tem um manual para orçamentos; ele contém as instruções específicas da empresa e informações relevantes para preparar os seus orçamentos. Embora os detalhes difiram entre as empresas, as seguintes etapas básicas são comuns na elaboração do orçamento operacional de uma empresa industrial. Iniciando-se com o orçamento de receitas, cada um dos outros orçamentos segue, passo a passo, de forma lógica.

Etapa 1: Prepare o orçamento de receitas. O orçamento de receitas, calculado na Tabela 1, é o ponto de partida normal para orçamentos. Isso se deve ao fato de o nível de produção e o nível de estoque — e, portanto, os custos de produção —, assim como os custos não relacionados com fabricação, geralmente dependerem do nível previsto de vendas por unidade ou receitas. Muitos fatores influenciam a previsão de vendas, incluindo o volume de vendas em períodos recentes, condições econômicas e setoriais gerais, estudos de pesquisas de mercado, políticas de precificação, publicidade e promoções de vendas, concorrência e políticas reguladoras.

**Tabela 1: Orçamento de receitas
para o ano findo em 31 de dezembro de 2002**

	Preço de venda	Unidades vendidas	Total de receitas
Mesas de centro	$ 392	52 000	$ 20 384 000

Os $ 20 384 000 são a quantia de receitas na demonstração de resultados orçados. O orçamento de receitas é muitas vezes o resultado da coleta de informações elaboradas e discussões entre gerentes e representantes de vendas que têm uma compreensão detalhada das necessidades dos clientes, do potencial do mercado e dos produtos da concorrência. Abordagens estatísticas como a análise de regressão e de tendências também podem ajudar na previsão de vendas. Essas técnicas usam indicadores de atividade econômica e dados passados sobre vendas para prever vendas futuras. Os administradores devem usar a análise estatística somente como uma ferramenta para prever vendas. Na análise final, a previsão de vendas deve representar a experiência e o julgamento coletivos dos administradores.

O ponto de partida normal para a Etapa 1 é projetar as receitas na demanda esperada. Ocasionalmente, um fator além da demanda limita as receitas orçadas. Por exemplo, quando a demanda for maior do que a capacidade disponível de produção ou um fator de produção está com oferta escassa, o orçamento de receitas seria baseado no máximo de unidades que poderiam ser produzidas. Por quê? Porque as vendas seriam limitadas pela quantidade produzida.

Etapa 2: Prepare o orçamento de produção (em unidades). Após orçar as receitas, o orçamento de produção, calculado na Tabela 2, pode ser preparado. O total de unidades de produtos acabados a ser produzidas depende de vendas orçadas e mudanças esperadas nos níveis de estoque:

Produção orçada (unidades)	=	Vendas orçadas (unidades)	+	Estoque-alvo final de produtos acabados (unidades)	–	Estoque inicial de produtos acabados (unidades)

Tabela 2: orçamento de produção (em unidades) para o ano, findo em 31 de dezembro de 2004

	Mesas de centro
Vendas unitárias orçadas (Tabela 1)	52 000
Mais estoque-alvo final de produtos acabados	3 000
Total necessário	55 000
Deduzir estoque inicial de produtos acabados	5 000
Unidades a serem produzidas	50 000

Etapa 3: Prepare o orçamento de consumo de materiais diretos e o orçamento de compra de materiais diretos. O número de unidades a serem produzidas, calculadas na Tabela 2, é a chave para o cálculo do consumo de materiais diretos em quantidades e em moeda.

Tabela 3A: Orçamento de consumo de materiais diretos para o ano findo em 31 de dezembro de 2004

	Madeira compensada (MC)	Carvalho vermelho (CV)	Total
Orçamento de unidades físicas			
MC: 50 000 unidades × 9,00 p.m. por unidade	450 000		
CV: 50 000 unidades × 10,00 p.m. por unidade		500 000	
A ser usado na produção, p.m.	450 000	500 000	
Orçamento de custos			
(Disponível do estoque inicial)			
MC: $ 3,90 por p.m. × 20 000 p.m.	$ 78 000		
CV: $ 5,80 por p.m. × 25 000 p.m.		$ 145 000	
A ser obtido de compras deste período:			
MC: $ 4,00 por p.m. × (450 000 p.m. – 20 000 p.m.)	1 720 000		
CV: $ 6,00 por p.m. × (500 000 p.m. – 25 000 p.m.)		2 850 000	
Materiais diretos a serem usados	$ 1 798 000	$ 2 995 000	$ 4 793 000

A Tabela 3B calcula o orçamento para compras de materiais diretos, que dependem dos materiais diretos orçados para serem usados, bem como o estoque inicial de materiais diretos e o estoque final-alvo de materiais diretos:

Compras de materiais diretos	=	Materiais diretos usados na produção	+	Estoque final alvo de materiais diretos	–	Estoque inicial de materiais diretos

Tabela 3B: Orçamento de compras de materiais diretos para o ano findo em 31 de dezembro de 2004

	Madeira compensada (MC)	Carvalho vermelho (CV)	Total
Orçamento de unidades físicas			
Consumo de produção (da Tabela 3A)	450 000 p.m.	500 000 p.m.	
Mais estoque-alvo final	18 000 p.m.	22 000 p.m.	
Total necessário	468 000 p.m.	522 000 p.m.	
Menos estoque inicial	20 000 p.m.	25 000 p.m.	
Compras	448 000 p.m.	497 000 p.m.	
Orçamento de custos			
MC: 448 000 p.m. × $ 4,00 por p.m.	$ 1 792 000		
CV: 497 000 p.m. × $ 6,00 por p.m.		$ 2 982 000	
Compras	$ 1 792 000	$ 2 982 000	$ 4 774 000

Etapa 4: Prepare o orçamento de mão-de-obra direta. Esses custos dependem de taxas salariais, métodos de produção e planos de contratação. Os cálculos de custos orçados de mão-de-obra direta aparecem na Tabela 4:

**Tabela 4: Orçamento de mão-de-obra direta
para o ano findo em 31 de dezembro de 2004**

	Mão-de-obra de laminação (MOL)	Mão-de-obra de usinagem (MOU)	Total
Orçamento de horas de mão-de-obra			
MOL: 50 000 unidades × 0,25 horas/unidade	12 500 horas		
MOU: 50 000 unidades × 3,75 horas/unidade		187 500 horas	
	12 500 horas	187 500 horas	200 000 horas
Orçamento de custos			
MOL: $ 25,00 por hora × 12 500 horas	$ 312 500		
MOU: $ 30,00 por hora × 187 500 horas		$ 5 625 000	
	$ 312 500	$ 5 625 000	$ 5 937 500

Etapa 5: Prepare o orçamento de custos indiretos de fabricação. O total desses custos depende de como os custos unitários indiretos variam em relação ao direcionador de custos — horas de mão-de-obra direta, neste exemplo. Os cálculos de custos indiretos de fabricação, orçados, aparecem na Tabela 5. As quantias individuais para custos variáveis indiretos e custos fixos indiretos de fabricação são baseados nos valores da mão-de-obra de operações da Estilo. O ponto de partida para essas quantias são os custos da Estilo no ano atual e nos anos anteriores. A administração faz ajustes para mudanças nos custos esperados no futuro.

A Estilo trata os custos indiretos variáveis e os custos indiretos fixos de fabricação como custos inventariáveis. Ela inventaria os custos indiretos de fabricação pelo valor orçado de $ 17,50 por hora de mão-de-obra direta (o total orçado de custos indiretos de fabricação, $ 3 500 000 ÷ 200 000 horas orçadas de mão-de-obra direta). A Estilo não usa um valor separado de custos indiretos variáveis e valor separado de custos indiretos fixos de fabricação. O custo indireto de fabricação orçado, por mesa de centro, é de $ 70 ($ 3 500 000 ÷ 50 000 mesas de centro orçadas para serem produzidas em 2004). Os custos indiretos de fabricação orçados, por mesa de centro, também podem ser calculados como $ 17,50 de custo orçado por hora de mão-de-obra direta × 4 horas = $ 70.

**Tabela 5: Orçamento de custos indiretos de fabricação
para o ano findo em 31 de dezembro de 2004**

	No nível orçado de 200 000 horas de mão-de-obra direta	
Custos indiretos variáveis de fabricação		
Suprimentos	$ 240 000	
Mão-de-obra indireta	620 000	
Luz e energia	460 000	
Manutenção	300 000	
Diversos	$ 280 000	$ 1 900 000
Custos indiretos fixos de fabricação		
Depreciação	$ 500 000	
Impostos prediais	350 000	
Seguro sobre a propriedade	260 000	
Supervisão da fábrica	210 000	
Diversos	280 000	1 600 000
Total de custos indiretos de fabricação		$ 3 500 000

Etapa 6: Prepare o orçamento de estoques finais. A Tabela 6A mostra o cálculo do custo unitário das mesas de centro iniciadas e completadas em 2004. Sob o método do primeiro a entrar, primeiro a sair (PEPS), esse custo unitário é usado para calcular o custo de estoques-alvo finais de produtos acabados na Tabela 6B.

**Tabela 6A: Cálculo de custo unitário de estoque final
de produtos acabados em 31 de dezembro de 2004**

	Custo por unidade de insumo	Quantidade	Total	
Materiais diretos				
Madeira compensada	$ 4,00 por p.m.	9,00 p.m.	$ 36,00	
Carvalho vermelho	6,00 por p.m.	10,00 p.m.	60,00	$ 96,00
Mão-de-obra direta				
Mão-de-obra de laminação	$ 25,00 por hora	0,25 horas	$ 6,25	
Mão-de-obra de usinagem	30,00 por hora	3,75 horas	112,50	118,50
Custos indiretos de fabricação	17,50 por hora	4,00 horas		70,00
Total				$ 284,75

O custo unitário de $ 284,75 para 2004 é comparado ao custo unitário de $ 275,00 para 2003.

Tabela 6B: Orçamento de estoques finais
31 de dezembro de 2004

	Custo por unidade	Quantidade	Total	
Materiais diretos				
Madeira compensada	$ 4,00 por p.m.	18 000 p.m.	$ 72 000	
Carvalho vermelho	6,00 por p.m.	22 000 p.m.	132 000	$ 204 000
Produtos acabados				
Mesas de centro	$ 284,75 por unidade	3 000 unidades	$ 854 250	854 250
Total de estoque final				$ 1 058 250

Etapa 7: Prepare o orçamento do custo de produtos vendidos. As informações das Tabelas 3 a 6 são usadas na Tabela 7.

Tabela 7: Orçamento do custo de produtos vendidos
para o ano findo em 31 de dezembro de 2004

Estoque inicial de produtos acabados, 1º de janeiro de 2004, $ 275 × 5 000	Dado		$ 1 375 000
Materiais diretos usados	Tabela 3A	$ 4 793 000	
Mão-de-obra direta	Tabela 4	5 937 500	
Custos indiretos de fabricação	Tabela 5	3 500 000	
Custo de produção			14 230 500
Custo de produtos disponíveis para venda			15 605 500
Deduzir estoque final de produtos acabados, 31 de dezembro de 2004	Tabela 6B		854 250
Custo de produtos vendidos			$ 14 751 250

Etapa 8: Prepare o orçamento de custos não relacionados com a fabricação (despesa). As Tabelas 3 a 7 cobrem os orçamentos para a parte da função de produção da cadeia de valores da Estilo. Para questões de brevidade, outras partes da cadeia de valores são combinadas em uma única tabela. Despesas variáveis variam em relação à quantia de receitas à taxa de 13,5 por cento das receitas: $ 20 384 000 da Tabela 1 × 0,135 = $ 2 751 840. Por exemplo, despesas variáveis do desenho do produto representam pagamento de *royalties* de 1,5 por cento das receitas pagas à empresa que desenhou a mesa; despesas variáveis de vendas são 8 por cento em comissões de vendas sobre as receitas pagas aos vendedores; despesas variáveis de distribuição são 2,5 por cento das receitas para seguro e frete; e despesas variáveis de atendimento ao cliente são iguais a 1,3 por cento das receitas pagas a uma parte terceirizada para servir todas as indenizações de garantias. As quantias de despesas fixas são baseadas em função do negócio da Estilo em partes diferentes de sua cadeia de valores.

Tabela 8: Orçamento dos custos de não-fabricação
para o ano findo em 31 de dezembro de 2004

Função da cadeia de valores	Custos variáveis	Custos fixos	Custos totais
P&D/Desenho do produto	$ 305 760	$ 250 000	$ 555 760
Marketing	1 630 720	290 000	1 920 720
Distribuição	509 600	220 000	729 600
Atendimento ao cliente	264 992	240 000	504 992
Administrativos	40 768	400 000	440 768
	$ 2 751 840	$ 1 400 000	$ 4 151 840

Etapa 9: Prepare a demonstração de resultado orçada. As Tabelas 1, 7 e 8 proporcionam as informações necessárias para completar a demonstração de resultado orçada, mostrada no Quadro 6.3. Quanto mais detalhes forem colocados na demonstração de lucros e perdas, menos tabelas de apoio serão necessárias na sua elaboração.

As estratégias da alta administração para atingir as metas de receitas e de lucro operacional influenciam os custos planejados para as diferentes funções de negócios da cadeia de valores. Com mudanças nas estratégias, os custos orçados para elementos diferentes da cadeia de valores também mudarão. Por exemplo, uma mudança em estratégia voltada para uma ênfase no desenvolvimento do produto e no atendimento ao cliente resultará em um aumento nos custos dessas partes do orçamento operacional.

Quadro 6.3 Demonstração de resultados orçada para a Móveis de Estilo para o ano findo em 31 de dezembro de 2004.

Receitas	Tabela 1		$ 20 384 000
Custo de produtos vendidos	Tabela 7		14 751 250
Margem bruta			5 632 750
Custos operacionais			
P&D/Desenho do produto	Tabela 8	$ 555 760	
Custos de marketing	Tabela 8	1 920 720	
Custos de distribuição	Tabela 8	729 600	
Custos de atendimento ao cliente	Tabela 8	504 992	
Custos administrativos	Tabela 8	440 768	4 151 840
Lucro operacional			$ 1 480 910

MODELOS DE PLANEJAMENTO FINANCEIRO POR COMPUTADOR

Ferramentas orçamentárias pela Web (veja 'Conceitos em Ação') e pacotes de *software* estão disponíveis para reduzir a necessidade de equipamentos e o tempo necessário para preparar orçamentos. Os *softwares* realizam cálculos para **modelos de planejamento financeiro**, que são representações matemáticas dos relacionamentos entre as atividades operacionais, as atividades financeiras e outros fatores que afetam o orçamento geral. Pacotes de *software* auxiliam os administradores com análises de sensibilidade nas suas atividades de planejamento e de orçamentos. **Análise de sensibilidade** é uma técnica 'e se' que examina como um resultado mudará se os dados originais previstos não forem atingidos ou se uma suposição básica mudar.

Para ver como a análise de sensibilidade funciona, vamos considerar dois parâmetros no modelo orçamentário da Móveis de Estilo para 2004:

1. Preço de venda por mesa de $ 392.
2. Preços de materiais diretos de $ 4 por p.m. de madeira compensada e de $ 6 por p.m. de carvalho vermelho.

   E se um, ou ambos, dos parâmetros fosse mudar? O Quadro 6.4 apresenta o lucro orçado operacional para nove combinações de valores diferentes para Parâmetros 1 e 2:

   a. Preços de venda por mesa de (i) $ 431,20 (aumento de 10 por cento), (ii) $ 392,00 (preço orçado original) e (iii) $ 352,80 (redução de 10 por cento).

   b. Preços de compra de materiais diretos (i) diminuindo em 5 por cento para $ 3,80 por p.m. para a madeira compensada e $ 5,70 por p.m. para o carvalho vermelho, (ii) permanecendo no preço orçado original de $ 4,00 por p.m. de madeira compensada e $ 6,00 por p.m. de carvalho vermelho, e (iii) aumentando em 5 por cento para $ 4,20 por p.m. de madeira compensada e $ 6,30 por p.m. de carvalho vermelho.

As nove combinações no Quadro mostram como o lucro operacional orçado mudará consideravelmente com as mudanças nos preços de venda e nos custos de materiais diretos.

- Cenário 5 é o caso base do Quadro 6.3.
- Cenários 2 e 8 ilustram o efeito de mudanças apenas no preço de venda.
- Cenários 4 e 6 examinam o efeito de mudanças apenas nos custos de materiais diretos.
- Cenários 1, 3, 7 e 9 pertencem a mudanças simultâneas em ambos os parâmetros.

Quadro 6.4 Efeito de mudanças nas suposições básicas sobre o lucro operacional orçado para a Móveis de Estilo.

		Custos de compra de materiais diretos		Lucro operacional orçado	
Cenário	Preço de venda	Madeira compensada	Carvalho vermelho	Quantia	Mudança do orçamento geral
1	$ 431,20	$ 3,80	$ 5,70	$ 3 458 226	Aumento de 134%
2	431,20	4,00	6,00	3 244 126	Aumento de 119%
3	431,20	4,20	6,30	3 030 026	Aumento de 105%
4	392,00	3,80	5,70	1 695 010	Aumento de 14%
5[a]	392,00	4,00	6,00	1 480 910	—
6	392,00	4,20	6,30	1 266 810	Redução de 14%
7	352,80	3,80	5,70	(68 206)	Redução de 105%
8	352,80	4,00	6,00	(282 306)	Redução de 119%
9	352,80	4,20	6,30	(496 406)	Redução de 134%

a *Caso-base do Quadro 6.3.*

> ### CONCEITOS EM AÇÃO
> #### Colocando orçamentos na via rápida com a tecnologia da web
>
> Cansado do tempo que leva para acertar a mecânica de orçamentos? Frustrado com *softwares* incompatíveis usados por diferentes áreas de uma empresa que reduzem significativamente o processo orçamentário? FRx® Forecaster, uma ferramenta orçamentária *on-line* da FRx Software Corp., poderia aliviar algum desses problemas.
>
> Com FRx Forecaster, um gerente de linha entra no aplicativo de seu próprio escritório por meio da intranet corporativa. A segurança é rígida — o acesso é limitado apenas às contas que um gerente está autorizado a orçar. Os números 'atuais' mais recentes estão disponíveis na tela. Links são oferecidos para outros dados que o gerente precisa saber. Por exemplo, o gerente de fabricação terá acesso às vendas orçadas e dados sobre recursos humanos. Os gerentes inserem seus dados orçamentários e podem usar o *software* para realizar análise de 'e se' e de sensibilidade. Quando os gerentes submetem as informações orçamentárias, todos os dados são armazenados no servidor da Web, na matriz. Não há necessidade de comunicar por meio de múltiplos desempenhos do *software*.
>
> Durante o ano, o FRx Forecaster interage com o FRx® Financial Reporting. Acessando resultados financeiros do razão geral, automaticamente transfere dados para o aplicativo de orçamentos e relata os resultados reais *versus* quantias orçadas. O FRx® Forecaster monitora os orçamentos e os dados reais. Por exemplo, se a solicitação de compra de um gerente exceder o limite orçado, o *software* o alertará quanto à situação.
>
> Qual o custo para implementar o FRx Forecaster? A FRx Software Corp. torna o FRx Forecaster disponível por meio de um provedor de serviços de aplicativos. Com esse arranjo, uma empresa pode alugar o aplicativo pela Internet em vez de comprá-lo, a um custo de 10 por cento do investimento necessário para um sistema orçamentário típico. Além do mais, a empresa não precisa manter ou atualizar o sistema e o *software*. Toda a manutenção é feita pelo provedor de serviços de aplicativos que o oferece. A FRx Software Corp. relata que sua abordagem orçamentária baseada na Web libera o departamento financeiro para focar em estratégia, análise e tomadas de decisão (em vez de focar em planilhas). A FRx Software Corp. afirma que o FRx Forecaster aumenta os níveis de serviço dos funcionários, reduz custos, acelera o ciclo orçamentário e melhora o valor do processo orçamentário.
>
> *Fonte:* T. Powell, Software Trends, *Journal of Cost Management* (jan./fev., 1999), pp. 36-37; http://www.prnewswire.com, 16 mar. 2001 e 29 maio 2001.

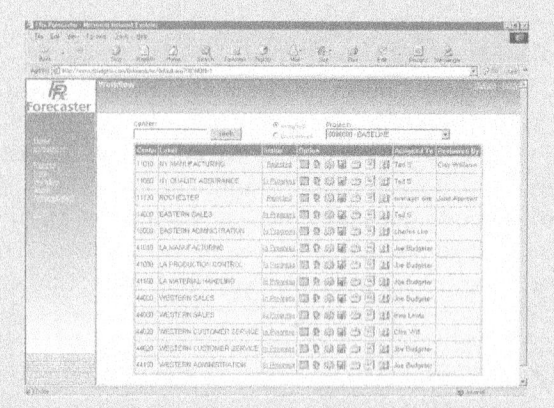

Observe que uma mudança no preço de venda, por mesa, da Estilo, afeta os custos variáveis, como as comissões de venda, assim como as receitas. A análise de sensibilidade é especialmente útil na incorporação, pelos administradores, de tais inter-relacionamentos nas decisões orçamentárias. Quando o sucesso ou a viabilidade de um empreendimento é altamente dependente de atingir um ou mais objetivos, os administradores devem atualizar freqüentemente seus orçamentos enquanto as incertezas ficam resolvidas. Esses orçamentos atualizados podem auxiliar os administradores a ajustar os níveis de despesas, mudar as estratégias de marketing e assim por diante, com as mudanças nas circunstâncias.

A análise de sensibilidade também é usada em orçamentos de caixa, discutidos no anexo a este capítulo.

ORÇAMENTOS KAIZEN

O Capítulo 1 observou como a melhoria contínua é um dos temas-chave que os administradores enfrentam. Os japoneses usam *kaizen* para significar melhoria contínua. O **orçamento kaizen** incorpora explicitamente a melhoria contínua nos números do orçamento durante o período orçamentário.

Em nossas nove etapas orçamentárias para a Móveis de Estilo, supomos 3,75 horas de tempo de mão-de-obra de usinagem para fabricar cada mesa. A abordagem do orçamento kaizen incorporaria a melhoria contínua, ou seja, uma redução nesses requisitos de horas de mão-de-obra de fabricação durante 2004. Por exemplo:

	Horas orçadas de mão-de-obra de usinagem por mesa
Janeiro — Março 2004	3,75
Abril — Junho 2004	3,70
Julho — Setembro 2004	3,65
Outubro — Dezembro 2004	3,60

A não ser que a Estilo satisfaça as metas de melhorias contínuas, as horas reais usadas excederão as orçadas nos trimestres finais do ano. Observe, no orçamento da Estilo, que as implicações dessas reduções em horas de mão-de-obra direta se estenderiam para reduções nos custos indiretos variáveis de fabricação, porque as horas de mão-de-obra direta são o direcionador para esses custos.

KAIZEN NA RELÓGIOS CITIZEN

A Relógios Citizen é a maior fabricante de relógios do mundo. As áreas de montagem nas suas fábricas são altamente automatizadas. Os custos de componentes são responsáveis por 50 a 60 por cento do custo unitário de cada relógio. Uma parte importante do sistema de gestão de custos da Citizen é o orçamento kaizen. Todas as etapas da cadeia de fornecimento, incluindo os fornecedores de componentes, são obrigadas a buscar oportunidades de redução de custos. Por exemplo, na sua fábrica em Tóquio, a Citizen orça reduções constantes de custos de 3 por cento por ano para materiais comprados. Os engenheiros da Citizen trabalham com fornecedores para ajudá-los a reduzir os custos em 3 por cento.[3] Os fornecedores que atingem reduções de custos acima de 3 por cento lucram mais.

ORÇAMENTOS POR ATIVIDADE

A maioria dos modelos de orçamentos até o presente tem usado um número pequeno de critérios de custo predominantemente baseados na produção (unidades produzidas, unidades vendidas ou receitas). Devido, em parte, ao crescente uso de custeio por atividade (ABC), as empresas estão incorporando critérios de custo por atividade nos orçamentos. O ABC concentra-se nos relatórios e nas análises de custos passados e atuais. Uma extensão natural do custeio por atividade é usar uma abordagem por atividade para orçar custos futuros. O **orçamento por atividade** (OPA) concentra-se no custo orçado das atividades necessárias para produzir e vender produtos e serviços. Adotar uma abordagem OPA na elaboração do orçamento operacional da Estilo acarreta a formulação de orçamentos para cada atividade para o sistema de gestão da atividade. Para ilustrar o OPA, nós consideramos a atividade de *set-ups* da Estilo. No orçamento operacional da empresa, esboçado nas Etapas de 1 a 9, os custos da atividade de *set-up* estão inclusos na Etapa 5.

No OPA, os custos da atividade de *set-up* (assim como os de cada uma das outras atividades) seriam estimados em separado. As seguintes informações ajudam a estimar os custos orçados na atividade de *set-up* para 2004:

a. A fábrica opera dois turnos por dia em 250 dias de trabalho ao ano. Há quatro trabalhadores nas atividades de laminação por turno e 50 nas atividades de usinagem por turno.

b. O tempo de *set-up* para o trabalhador tanto na atividade de laminação quanto na de usinagem exige 0,5 hora quando um novo lote de mesas for fabricado. Na área de laminação, 25 mesas por trabalhador são iniciadas e completadas por lote. O trabalho em duas mesas por trabalhador é iniciado e completado na área de usinagem por lote.

c. Os mesmos valores por hora são pagos aos trabalhadores pelo tempo de *set-up* quanto pelo tempo gasto na laminação ou na usinagem — ou seja, $ 25 por hora para a mão-de-obra de laminação e $ 30 por hora para a mão-de-obra de usinagem.

d. A mão-de-obra de supervisão, um custo indireto para a atividade, é pago a $ 60 por hora. A Estilo acredita que exista um relacionamento de causa e efeito do seguinte tipo: dez horas de mão-de-obra do trabalhador durante o *set-up* requer uma hora de tempo de mão-de-obra de supervisão.

Essas informações possibilitam que a Estilo prepare um orçamento por atividade para a atividade de *set-up* na sua fábrica. Dado que a Estilo orça produzir 50 mil mesas em 2004, as informações em **a** e **b** permitem que seja determinado o total de horas orçadas de *set-ups* para 2004:

	Set-up para laminação	*Set-up* para usinagem
1. Quantidade de mesas a serem produzidas	50 000 mesas	50 000 mesas
2. Número de mesas a ser produzido por lote	25 mesas/lote	2 mesas/lote
3. Número de lotes (1) ÷ (2)	2 000 lotes	25 000 lotes
4. Tempo de ajustamento por lote	0,5 hora/lote	0,5 hora/lote
5. Total de horas de ajustamento (3) × (4)	1 000 horas	12 500 horas

Juntando essas informações com os valores por hora pagos por trabalhador do item **c**, resulta nos custos orçados para o tempo dos trabalhadores para *set-up*:

---

3. Veja R. Cooper, Citizen Watch Company, Ltd.: Cost Reduction for Mature Products (caso da Harvard Business School, 9-194-033).

Custos de mão-de-obra para *set-up* na laminação $ 25 por hora × 1 000 horas	$ 25 000
Custos de mão-de-obra para *set-up* na usinagem $ 30 por hora × 12 500 horas	375 000
Total	$ 400 000

A quantia de $ 400 000 está atualmente incluída na categoria de mão-de-obra indireta de fabricação nos custos variáveis indiretos no orçamento existente da Estilo (veja Etapa 5).

Os custos totais da atividade de *set-up* da Estilo também incluem os do tempo de supervisão. Para 2004, a Estilo orça 13 500 horas de tempo de *set-up* (mil horas para laminação + 12 500 horas para usinagem) para a produção de 50 mil mesas. O tempo de supervisão na atividade de *set-up* está orçado em 1 350 horas (13 500 horas × 0,10), porque leva uma hora de supervisão para cada dez horas de mão-de-obra em *set-ups*. A um custo de $ 60 por hora, o custo orçado para supervisão na atividade de *set-ups* para 2004 é

1 350 horas de supervisão × $ 60 por hora = $ 81 000

A quantia de $ 81 000 está atualmente incluída na categoria de custos fixos indiretos de fabricação de supervisão da fábrica, no orçamento da Estilo (veja Etapa 5).

O custo total orçado na atividade de *set-up* da Estilo é de $ 481 000, composto de $ 400 000 para as horas de mão-de-obra para *set-ups* e $ 81 000 para a supervisão. Como vimos no Capítulo 5, a análise ABC não faz nenhuma distinção entre custos variáveis e fixos de curto prazo. A análise ABC assume uma perspectiva de longo prazo em que todos os custos de uma atividade são tratados como variáveis. A construção do custo por atividade faz com que seja mais fácil para a Estilo ver como reduzir os custos orçados de *set-ups* para 2004. Maneiras para reduzir os custos orçados envolvem:

1. Aumentar o tamanho da série de produção por lote para que menos lotes e menos *set-ups* sejam necessários para a produção orçada de 50 mil mesas.
2. Diminuir o tempo de ajustamento por lote. Tempos mais curtos de *set-up* significam menos horas totais de *set-ups* para a produção orçada de 50 mil mesas.
3. Reduzir o tempo de supervisão necessário por hora de mão-de-obra para *set-ups*. Investimentos para aumentar a base de qualificação dos trabalhadores de laminação e de usinagem podem resultar em menos tempo de supervisão necessário para cada hora de mão-de-obra.
4. Reduzir os valores pagos para os trabalhadores e os salários pagos para supervisores por hora de mão-de-obra.

Isso mostra como o OPA proporciona informações mais detalhadas que podem melhorar o processo nas tomadas de decisão comparado com orçamentos baseados somente nos critérios de custo baseados em produção. Deveriam as empresas adotar a ABC e o OPA? Como sempre, a resposta para uma empresa específica depende de uma avaliação administrativa para ver se os benefícios esperados — para cada departamento afetado pela mudança — excedem os custos esperados de instalação e operação de tais sistemas.[4]

Orçamentos e contabilidade por responsabilidade

Estrutura da organização e responsabilidade

Para atingir as metas descritas no orçamento geral, uma empresa precisa coordenar os esforços de todos os seus funcionários — do executivo mais alto passando por todos os níveis de gerência até todos os trabalhadores supervisionados. Coordenar os esforços da empresa significa atribuir responsabilidade aos administradores que são responsáveis por suas ações no planejamento e no controle de recursos humanos e físicos. A maneira de cada empresa estruturar a sua própria organização estabelece de forma significativa como os esforços da empresa serão coordenados.

A **estrutura da organização** é uma definição de linhas de responsabilidade dentro da organização. Uma empresa como a British Petroleum pode ser organizada principalmente por função do negócio: exploração, refino e marketing. Uma outra empresa, como a Procter & Gamble, o gigante de produtos para o lar, pode ser organizada por linha de produto ou marca. Cada um dos gerentes de divisões (pasta de dente, sabonete e assim por diante) teria a autoridade de tomada de decisão com relação a todas as funções do negócio (fabricação, marketing e assim por diante) dentro daquela divisão.

Cada gerente, independentemente de nível, é encarregado de um **centro de responsabilidade**, que é uma parte, segmento ou subunidade de uma organização cujo gerente é responsável por um conjunto específico de atividades.

---

4. *Para propósitos ilustrativos, o exemplo do OPA usa os custos de set-ups incluídos no orçamento de custos variáveis indiretos e fixos de fabricação da Estilo. Na prática, as implementações do OPA podem incorporar custos de muitas partes da cadeia de valores. Para um exemplo, veja S. Borjesson, A Case Study on Activity-Based Budgeting,* Journal of Cost Management, v. 10, n. 4, pp. 7-18.

Quanto mais alto o nível do gerente, mais amplo o centro de responsabilidade e, geralmente, maior o número de seus subordinados. **Contabilidade por responsabilidade** é um sistema que mede os planos — por orçamentos — e ações — por resultados reais — de cada centro de responsabilidade. A seguir estão quatro tipos:

1. **Centro de custo** — o gerente é responsável apenas por custos.
2. **Centro de receitas** — o gerente é responsável apenas por receitas.
3. **Centro de lucro** — o gerente é responsável por receitas e custos.
4. **Centro de investimentos** — o gerente é responsável por investimentos, receitas e custos.

O departamento de manutenção de um dos hotéis da Marriott é um centro de custo porque o gerente de manutenção é responsável apenas por custos; esse orçamento enfatiza os custos. O departamento de vendas é um centro de receitas porque o gerente de vendas é o principal responsável por receitas; esse orçamento enfatiza as receitas. O gerente do hotel está encarregado de um centro de lucro por ser responsável por receitas e custos; esse orçamento enfatiza receitas e custos. O gerente regional, responsável por investimentos em novos projetos hoteleiros e por receitas e custos, está encarregado de um centro de investimentos; esse orçamento enfatiza receitas, custos e a base de investimentos.

Um centro de responsabilidade pode ser estruturado para promover um melhor alinhamento de metas individuais e da empresa. Até recentemente, o DPE, um distribuidor de produtos de escritório, operava o seu departamento de vendas como um centro de receitas. Cada vendedor recebia um incentivo de 3 por cento das receitas por pedido, independentemente do tamanho, do custo para processá-lo ou do custo para entregar os produtos de escritório. Uma análise, na DPE, da rentabilidade promovida pelo cliente, descobriu que muitos clientes não eram rentáveis. A razão era o alto custo de pedir e entregar pedidos pequenos. A DPE decidiu tornar o departamento de vendas um centro de lucro, mudando o sistema de incentivo para os vendedores para 15 por cento da rentabilidade mensal por cliente. Os custos cobrados para cada cliente incluíam os do pedido e da entrega. O efeito da mudança foi imediato. Os vendedores da DPE encorajam ativamente os clientes a fazerem menos pedidos, com cada pedido produzindo receitas mais altas. A rentabilidade do cliente aumentou devido a uma redução de 40 por cento nos custos de pedidos e entregas em apenas um ano.

Feedback

Orçamentos com contabilidade por responsabilidade proporcionam *feedback* à alta administração sobre o desempenho relativo ao orçamento de gerentes de centros de responsabilidade diferentes.

Diferenças entre os resultados reais e as quantias orçadas — também chamadas de **variâncias** —, se usadas corretamente, podem ser úteis de três maneiras:

1. **Alerta adiantado**. As variâncias alertam os gerentes antecipadamente para eventos não facilmente e nem imediatamente evidentes. Os gerentes podem então tomar medidas corretivas ou explorar as oportunidades disponíveis. Por exemplo, seria um pequeno declínio nas vendas, nesse período, indício de queda ainda mais acentuada no futuro, para esse ano?
2. **Avaliação do desempenho**. As variâncias informam os gerentes sobre como tem sido o desempenho da empresa na implementação de suas estratégias. Os materiais e a mão-de-obra foram usados eficientemente? Os gastos em P&D foram aumentados como o planejado? Os custos em garantias do produto foram diminuídos como o planejado?
3. **Avaliando a estratégia**. Às vezes, as variâncias sinalizam aos gerentes que as suas estratégias não são eficazes. Por exemplo, uma empresa que busca competir ao reduzir custos e melhorar a qualidade pode descobrir que está alcançando metas, mas que essas metas estão tendo pouco efeito nas vendas e nos lucros. A alta administração poderá, então, querer reavaliar a estratégia.

Responsabilidade e controlabilidade

Definição de controlabilidade

Controlabilidade é o grau de influência que um gerente específico tem sobre custos, receitas e itens relacionados. Um **custo controlável** é qualquer custo sujeito à influência de dado **gerente de centro de responsabilidade** por dado **período**. Um sistema de contabilidade por responsabilidade poderia excluir todos os custos não-controláveis do relatório de desempenho de um gerente ou segregar tais custos dos custos controláveis. Por exemplo, um relatório de desempenho de um supervisor de usinagem pode ser restrito a quantidades — não custos — de materiais diretos, mão-de-obra direta de fabricação, energia e suprimentos.

Na prática, a controlabilidade é difícil de estabelecer por duas razões:

1. Poucos custos estão nitidamente sob a influência única de um gerente. Por exemplo, **preços** de materiais diretos podem ser influenciados por um gerente de compras, mas esses preços também dependem de condições do

mercado que estão além do controle do gerente. As **quantidades** usadas podem ser influenciadas por um gerente de produção, mas também dependem da qualidade de materiais comprados. Além do mais, muitas vezes os gerentes trabalham em equipes. Como é possível avaliar responsabilidade individual em uma situação de equipe?

2. Em um período de tempo longo o suficiente, todos os custos virão sob o controle de alguém. No entanto, a maioria dos relatórios de desempenho está concentrada em períodos de um ano ou menos. Um gerente pode herdar os problemas e ineficiências de seu antecessor e ter, por exemplo, de trabalhar sob condições contratuais indesejáveis com fornecedores ou sindicatos trabalhistas, negociadas por seu antecessor. Como podemos separar o que esse gerente realmente controla dos resultados de decisões tomadas pelo anterior? O gerente atual é responsável exatamente pelo quê? As respostas podem não ser muito claras.

Os executivos divergem acerca da maneira de abordar a noção de controlabilidade quando estão avaliando aqueles que estão abaixo deles. Alguns presidentes de empresas enxergam o orçamento como um compromisso firme que precisa ser satisfeito. Fracassar em satisfazer o orçamento é visto de modo desfavorável. Outros presidentes acreditam que uma abordagem que compartilha mais o risco com os gerentes é preferível, em que fatores não-controláveis e o desempenho em relação aos concorrentes são levados em conta quando avaliam o desempenho de gerentes que falham em alcançar seus orçamentos.

ÊNFASE NA INFORMAÇÃO E NO COMPORTAMENTO

Os gerentes devem evitar ênfase excessiva na controlabilidade. O conceito de contabilidade por responsabilidade é mais amplo. Ele enfatiza a **informação** e o **conhecimento** e não o controle. "A contabilidade por responsabilidade ajuda os gerentes primeiro a procurar a quem devem pedir informações e não a quem culpar." Por exemplo, se as receitas reais em um dos hotéis da Marriott forem menores que as receitas orçadas, os gerentes do hotel poderão ficar tentados a culpar o gerente de vendas pelo mau desempenho. O propósito fundamental da contabilidade por responsabilidade, no entanto, não é o de fixar a culpa, mas o de obter informações.

A pergunta é "Quem pode nos dizer mais sobre o assunto específico em questão, independentemente da habilidade daquela pessoa em exercer controle pessoal sobre aquele item?". Por exemplo, gerentes de compras podem ser responsabilizados por custos totais de compras, não por causa de sua habilidade de controlar preços de mercado, mas por causa de sua habilidade de prever preços não-controláveis e explicar mudanças nesses preços. Da mesma forma, gerentes de uma unidade da Pizza Hut podem ser responsabilizados pelo lucro operacional de suas unidades, embora eles (a) não controlem por inteiro os preços de venda nem os custos de muitos itens alimentícios e (b) tenham uma flexibilidade mínima quanto aos itens para vender ou os ingredientes que compõem o que eles vendem. Isso se deve ao fato de os gerentes das unidades estarem em melhor posição para explicar as diferenças entre os lucros reais operacionais e os orçados. Os relatórios de desempenho para centros de responsabilidade também podem incluir itens não-controláveis porque essa abordagem poderia mudar o comportamento dos gerentes para a direção que a alta administração deseja. Por exemplo, algumas empresas têm mudado a responsabilidade de um centro de custos para um de lucros. Isto porque o gerente provavelmente se comportará de forma diferente. Um gerente de um centro de custos poderá enfatizar a eficiência na produção e desenfatizar os pedidos do pessoal de vendas por um serviço mais rápido e por pedidos de emergência. Em um centro de lucros, o gerente é responsável por custos e receitas, então, embora ainda não tenha nenhum controle sobre o pessoal de vendas, agora o gerente provavelmente pesará o impacto de decisões sobre custos e receitas, em vez de apenas sobre custos.

ASPECTOS HUMANOS DOS ORÇAMENTOS

Por que discutimos os dois principais tópicos, orçamentos gerais e contabilidade por responsabilidade, no mesmo capítulo? Em primeiro lugar, para enfatizar que fatores humanos são partes cruciais de orçamentos. Muitas vezes, os alunos estudam orçamentos como se fossem ferramentas mecânicas.

As técnicas de orçamentos em si são livres de emoção. No entanto, a administração de orçamentos requer educação, persuasão e interpretação inteligente.

Para ser eficaz, um orçamento precisa de uma comunicação 'honesta' sobre a empresa dos subordinados e gerentes de níveis mais baixos que os dos chefes. Mas os subordinados podem tentar embutir **folga orçamentária**, que descreve a prática de subestimar receitas orçadas ou superestimar custos orçados para estabelecer metas orçadas mais facilmente alcançáveis. Isso ocorre freqüentemente quando as variâncias de orçamentos (as diferenças entre os resultados reais e as quantias orçadas) são usadas para avaliar o desempenho. Os gerentes de linha provavelmente também não serão 'totalmente honestos' nas suas comunicações orçamentárias se a alta administração mecanicamente instituir reduções indiscriminadas de custos (digamos, uma redução de 10 por cento em todas as áreas) em face de reduções projetadas de receitas. A folga orçamentária proporciona uma cobertura contra circunstâncias adversas não esperadas pelos gerentes. Mas a folga orçamentária também engana a alta administração quanto ao real potencial de lucro da empresa.

O que a alta admiistração pode fazer para obter previsões precisas de orçamentos de gerentes de níveis inferiores? Há várias opções.

Para explicar uma abordagem, vamos considerar o gerente de fábrica de um engarrafador de bebidas sob suspeita de subestimar o potencial de produtividade das linhas de engarrafamento nas suas previsões para o ano vindouro. Sua motivação presumida é aumentar a probabilidade de cumprir com as metas de bônus de produção para o próximo ano. Suponha que a alta administração pudesse comprar um estudo de uma empresa de consultoria que relatasse níveis de produção — como o número de garrafas envasadas por hora — em um número de fábricas similares pertencentes a outras empresas de engarrafamento. Esse relatório mostra que as previsões de produtividade de seu próprio gerente de fábrica estão muito abaixo dos níveis reais de produtividade alcançados em outras fábricas similares.

A alta administração poderia compartilhar essa fonte independente de informações com o seu gerente de fábrica e pedir a ele que explique por que a sua produtividade difere da de outras fábricas similares. Os administradores também poderiam basear parte do plano de compensação (bônus) do gerente de fábrica na produtividade de sua fábrica em comparação a outras fábricas de 'referência' em vez de nas previsões que ele forneceu. Usando medidas de desempenho de referência externa reduz-se a capacidade do gerente de estabelecer níveis orçamentários que sejam fáceis de atingir.[5]

Uma outra abordagem para reduzir a folga orçamentária destina-se a que os gerentes se envolvam regularmente em compreender o que os seus subordinados estão fazendo. Esse tipo de envolvimento não deve resultar em gerentes ditando as decisões e as ações de subordinados. Em vez disso, o envolvimento de um gerente deve assumir a forma de fornecer suporte, desafiando de modo motivacional as suposições que os subordinados fazem, fomentando a aprendizagem mútua sobre as operações. A interação regular com subordinados permite que gerentes tenham conhecimento sobre as operações e reduz a capacidade dos subordinados de criar folga nos seus orçamentos.

Parte da responsabilidade da alta administração é promover um compromisso da organização com um conjunto de valores e normas centrais. Os valores e as normas descrevem o que constitui comportamento aceitável e inaceitável. Empresas como a General Electric e a Johnson & Johnson desenvolveram valores e uma cultura que desencoraja a folga orçamentária.

Algumas empresas, como a IBM e a Kodak, elaboraram medidas inovadoras de avaliação do desempenho que premiam gerentes com base na precisão subseqüente das previsões usadas na preparação dos orçamentos. Por exemplo, quanto **mais altas** e **precisas** forem as previsões dos gerentes divisionais, do lucro orçado, mais altos serão os bônus de incentivo.

Muitas das empresas com melhor desempenho estabelecem metas 'esticadas' ou de 'desafio'. As metas esticadas são na verdade avaliações excessivas do desempenho esperado, com a intenção de motivar os funcionários a exercer um esforço adicional e atingir melhor desempenho.

Muitos gerentes enxergam orçamentos de forma negativa. Para eles, a palavra **orçamento** é tão popular quanto, digamos, **redução do quadro**, **demissão** ou **greve**. Os administradores precisam convencer seus subordinados de que o orçamento é uma ferramenta desenhada para ajudá-los a estabelecer e alcançar metas. Mas os orçamentos não são soluções para o fraco talento gerencial, uma organização falha ou um sistema pobre de contabilidade.

O estilo gerencial de executivos é um fator de como os orçamentos são percebidos nas empresas. Alguns presidentes executivos argumentam que 'números sempre contam a história'. Um executivo uma vez observou que "você pode errar seu plano uma vez, mas você não irá querer errar duas vezes". Outros executivos acreditam que "voltar-se excessivamente a cumprir números de um orçamento" pode levar a tomadas de decisão ruins.

Problema para auto-estudo

Prepare uma demonstração projetada de resultados, incluindo todas as tabelas orçamentárias de suporte necessárias e detalhadas. Use os dados na ilustração do capítulo sobre um orçamento operacional para preparar as tabelas orçamentárias.

---

5. *Para uma excelente discussão sobre essas questões, veja o Capítulo 14 (Formal Models in Budgeting and Incentive Contracts) de R. S. Kaplan e A. A. Atkinson,* Advanced Management Accounting, *3. ed., Upper Saddle River, NJ: Prentice Hall, 1998.*

Pontos de decisão

Resumo

O seguinte formato de perguntas e respostas resume os objetivos de aprendizagem do capítulo. Cada decisão representa uma pergunta-chave relacionada a um objetivo de aprendizagem. As diretrizes são a resposta àquela pergunta.

Decisão	Diretrizes
1. O que é um orçamento geral e por que ele é útil?	O orçamento geral resume as projeções financeiras de todos os orçamentos e planos da empresa. Ele expressa os planos operacionais e financeiros da administração — o esboço formalizado dos objetivos financeiros da empresa e como eles serão alcançados. Os orçamentos são ferramentas que, em si, não são bons nem ruins; são úteis quando administrados de forma habilidosa.
2. Quando uma empresa deveria preparar orçamentos? Quais são as vantagens?	Os orçamentos devem ser preparados quando seus benefícios excedem os seus custos esperados. As vantagens de orçamentos incluem: (a) eles forçam a análise de estratégia e o planejamento, (b) eles proporcionam uma estrutura para avaliar o desempenho, (c) eles motivam gerentes e funcionários e (d) eles promovem a coordenação e a comunicação entre as subunidades da empresa.
3. O que é um orçamento operacional e por que ele é útil?	O ponto de partida para um orçamento operacional geralmente é o orçamento de receitas. As seguintes tabelas de suporte são derivadas do orçamento de receitas: orçamento de produção, orçamento de consumo de materiais diretos, orçamento de compras de materiais diretos, orçamento de mão-de-obra direta de fabricação, orçamento de custos indiretos de fabricação, orçamento do estoque final, orçamento do custo de produtos vendidos, orçamento de P&D/desenho, orçamento de marketing, orçamento de distribuição e orçamento de atendimento ao cliente. O orçamento operacional resulta na demonstração de resultados orçados, que mede os lucros que uma empresa espera obter.
4. Como os gerentes devem considerar o que pode acontecer se as suposições básicas do orçamento mudarem?	Os gerentes devem usar modelos de planejamento financeiro por computador — demonstrações matemáticas dos relacionamentos entre as atividades operacionais, as atividades financeiras e outros fatores que afetam o orçamento. Esses modelos fazem com que seja possível para a administração conduzir uma análise 'e se' (de sensibilidade) dos efeitos de mudanças nos dados originais previstos ou de mudanças em suposições básicas sobre o orçamento geral e para desenvolver planos para responder às condições alteradas.
5. Como os orçamentos podem incluir os efeitos de melhorias futuras?	O orçamento kaizen é baseado na idéia de que é possível reduzir continuamente custos sobre o tempo. Os custos no orçamento kaizen são baseados em melhorias que ainda serão implementadas em vez de em práticas ou métodos atuais.
6. Como uma empresa pode preparar um orçamento baseado em custos de atividades diferentes?	O orçamento por atividade concentra-se nos custos orçados de atividades necessárias para produzir e vender produtos e serviços. Ele é ligado ao custeio por atividade, mas difere na sua ênfase em custos futuros e no uso futuro de áreas de atividade.
7. Como empresas usam centros de responsabilidade e contabilidade por responsabilidade?	Um centro de responsabilidade é uma parte, um segmento ou subunidade de uma organização, cujo gerente é responsável por um conjunto específico de atividades. Os quatro tipos de centro de responsabilidade são centros de custos, centros de receitas, centros de lucros e centros de investimentos. Sistemas de contabilidade por responsabilidade são úteis porque medem os planos — mediante orçamentos — e ações — por meio de resultados reais — de cada centro de responsabilidade.
8. Os relatórios de desempenho de gerentes de centros de responsabilidade devem incluir apenas os custos que o gerente pode controlar?	Custos controláveis são custos primariamente sujeitos à influência de dado gerente de dado centro de responsabilidade por dado período de tempo. Os relatórios de desempenho de gerentes de centros de responsabilidade muitas vezes incluem custos, receitas e investimentos sobre os quais os gerentes não têm controle. A contabilidade por responsabilidade associa itens financeiros aos gerentes com base no fato de eles terem maior conhecimento e maiores informações sobre itens específicos de suas áreas, independentemente de sua habilidade em exercer controle total.

Anexo: O orçamento de caixa

Este capítulo aborda o orçamento operacional, uma parte do orçamento geral. A outra parte é o orçamento financeiro, que envolve o orçamento de dispêndios de capital, o orçamento de caixa, o balanço orçado e a demonstração de fluxos de caixa orçados. O anexo concentra-se no orçamento de caixa e no balanço orçado. O orçamento de capital será discutido no Capítulo 7 do volume 2. Não discutimos a demonstração de fluxos de caixa orçados porque ela vai além do escopo deste livro. Mas discutiremos o orçamento de caixa, que contém a maioria dos itens normalmente incluídos na demonstração de fluxos de caixa usando o método direto.

Suponha que a Móveis de Estilo tivesse o balanço para o ano, findo em 31 de dezembro de 2003, mostrado no Quadro 6.5. Os fluxos de caixa orçados para 2004 são

	Trimestres			
	1	2	3	4
Recebimentos de clientes	$ 5 331 200	$ 4 704 000	$ 4 704 000	$ 6 272 000
Desembolsos				
Materiais diretos	960 000	1 152 000	1 152 000	1 536 000
Folha de pagamento	1 626 300	1 626 300	1 888 600	1 626 300
Outros custos	1 580 460	1 580 460	1 580 460	1 580 460
Compra de máquinas	0	0	1 800 000	0
Despesas de juros sobre dívida de longo prazo	60 000	60 000	60 000	60 000
Imposto de renda	100 000	120 460	100 000	100 000

Os dados trimestrais são baseados nos efeitos no caixa orçado das operações, formulado nas Tabelas de 1 a 8 do capítulo, mas os detalhes da formulação não são mostrados aqui para manter esta ilustração tão breve e objetiva quanto possível.

A dívida de longo prazo é de $ 2,4 milhões a uma taxa de juros anual de 10 por cento, com $ 60 000 em juros a pagar a cada trimestre. A empresa quer manter um saldo mínimo de caixa de $ 100 000 no final de cada trimestre. A empresa pode emprestar ou reembolsar dinheiro a uma taxa de juros de 12 por cento ao ano. A administração não quer tomar emprestado mais dinheiro de curto prazo do que o necessário. Mediante um arranjo especial, os juros são calculados e pagos quando o principal também for restituído. Suponha que o empréstimo ocorra (em múltiplos de $ 1 000) no início e a restituição no final do trimestre que estamos considerando. Os juros são calculados arredondando-se a casa decimal para o dólar mais próximo.

Quadro 6.5 Balanço para a Móveis de Estilo em 31 de dezembro de 2003.

Ativos			
Ativos circulantes			
Caixa		$ 500 000	
Contas a receber		1 881 600	
Materiais diretos		223 000	
Produtos acabados		1 375 000	$ 3 979 600
Imóveis, fábrica e equipamento			
Terrenos		1 200 000	
Prédio e equipamento	$ 2 300 000		
Depreciação acumulada	(800 000)	1 500 000	2 700 000
Total			$ 6 679 600
Passivos e patrimônio líquido			
Passivos circulantes			
Contas a pagar		$ 384 000	
Imposto de renda a pagar		20 460	
Total de passivos circulantes		404 460	
Dívida de longo prazo (juros a 10% ao ano)		2 400 000	
Total de passivos circulantes e de longo prazo			$ 2 804 460
Patrimônio líquido			
Ações ordinárias, $ 0,01 valor par, 300 000			
Cotas em circulação		3 000	
Lucros acumulados		3 872 140	3 875 140
Total			$ 6 679 600

Anexo: O orçamento de caixa
Continuação

Suponha que um contador na Estilo receba os dados citados e os outros contidos nos orçamentos neste capítulo. Ele é assim instruído.

1. Prepare um orçamento de caixa para 2004, por trimestre. Isto é, prepare uma demonstração de recebimentos e desembolsos de caixa por trimestre, incluindo os detalhes do empréstimo, do pagamento do principal, da restituição e do juros.
2. Prepare um balanço orçado no dia 31 de dezembro de 2004.
3. Prepare uma demonstração de resultado orçado para o ano findo em 31 de dezembro de 2004. A demonstração deve incluir despesas de juros e imposto de renda (a uma alíquota de 36 por cento sobre o lucro operacional). Em abril de 2004, a Estilo pagará $ 120 640 em imposto de renda. Essa quantia é o pagamento remanescente devido para o ano fiscal de 2003. A Estilo paga cerca de $ 100 000 em cada trimestre de 2004 para o imposto de renda de 2004. Qualquer quantia devida a mais será paga em abril de 2005.

PREPARAÇÃO DE ORÇAMENTOS

1. O **orçamento de caixa** (Quadro 6.6) é uma tabela de recebimentos e desembolsos de caixa esperados. Ele prevê os efeitos sobre a posição de caixa de dado nível de operações. O Quadro 6.6 apresenta o orçamento de caixa por trimestre para mostrar o impacto dos fluxos de caixa sobre empréstimos bancários e seus pagamentos. Na prática, mensalmente — e às vezes semanal ou até diariamente —, os orçamentos de caixa são muito úteis para o planejamento e o controle de caixa. Os orçamentos de caixa ajudam a evitar caixa ocioso desnecessário e falta inesperada de caixa. Assim, eles mantêm os saldos de caixa alinhados com as necessidades. Normalmente, o orçamento de caixa tem estas três seções:

a. O saldo de caixa inicial mais os recebimentos de caixa é igual ao total de caixa disponível antes do financiamento. Recebimentos de caixa dependem das cobranças de contas a receber, vendas à vista e diversas fontes recorrentes, como recebimentos de aluguéis ou de *royalties*. Informações sobre a possibilidade de cobrança de contas a receber são necessárias para previsões precisas. Os fatores-chave incluem experiência com dívidas incobráveis e o tempo médio entre vendas e cobranças.

b. Desembolsos de caixa incluem:

   i. **Compras de materiais diretos**. Os fornecedores são pagos em três semanas completas após os produtos serem entregues.
   ii. **Mão-de-obra direta e outros dispêndios salariais**. Todos os custos relacionados à folha de pagamento são efetuados em duas prestações iguais de caixa — no quinto e no último dia do mesmo mês em que a mão-de-obra ocorre.
   iii. **Outros custos**. Dependem do momento oportuno e dos termos de crédito. *Observe que a depreciação não requer dispêndio de caixa.*
   iv. **Outros desembolsos**. Incluem dispêndios para imóveis, fábricas, equipamentos e outros investimentos de longo prazo.
   v. **Juros sobre empréstimos de longo prazo**.
   vi. **Pagamentos de imposto de renda**.

c. Os requisitos de financiamento de curto prazo dependem de como o total de caixa disponível [assinalado como (x) no Quadro 6.6] se compara com o total de desembolsos de caixa [assinalado como (y)], mais o saldo mínimo de caixa final desejado. Os planos de financiamento dependerão do relacionamento entre o total de caixa disponível e o total de caixa necessário. Se houver uma deficiência de caixa, serão feitos empréstimos. Se houver um excesso de caixa, qualquer empréstimo em aberto será pago.

d. O saldo final de caixa.

O orçamento de caixa no Quadro 6.6 mostra o modelo de empréstimos de caixa de curto prazo que se 'autoliquidam'. No trimestre III, a Estilo orça uma deficiência de caixa de $ 307 840. Assim, ela assume um empréstimo de curto prazo de $ 308 000 por seis meses. Os picos sazonais de produção ou vendas muitas vezes resultam em pesados desembolsos de caixa para compras, folha de pagamento e outros dispêndios operacionais, enquanto os produtos são produzidos e vendidos. Os recebimentos de caixa de clientes geralmente atrasam em relação às vendas. O empréstimo se **autoliquida** no sentido de que o dinheiro emprestado é empregado para adquirir recursos usados para produzir e vender produtos acabados, e os recursos obtidos de vendas são usados para pagar o empréstimo. Esse **ciclo de autoliquidação** é o movimento de caixa para estoques, para contas a receber e de volta para caixa.

Anexo: O orçamento de caixa
Continuação

Quadro 6.6 Orçamento de caixa para a Móveis de Estilo para o ano findo em 31 de dezembro de 2004.

	Trimestres				Ano como um todo
	I	II	III	IV	
Saldo de caixa, inicial	$ 500 000	$ 1 504 440	$ 1 669 220	$ 100 160	$ 500 000
Mais recebimentos					
Recebimentos de clientes	5 331 200	4 704 000	4 704 000	6 272 000	21 011 200
Total de caixa disponível (x)	5 831 200	6 208 440	6 373 220	6 372 160	21 511 200
Menos desembolsos					
Materiais diretos	960 000	1 152 000	1 152 000	1 536 000	4 800 000
Folha de pagamento	1 626 300	1 626 300	1 888 600	1 626 300	6 767 500
Outros custos	1 580 460	1 580 460	1 580 460	1 580 460	6 321 840
Custos de juros (dívida de longo prazo)	60 000	60 000	60 000	60 000	240 000
Compra de máquinas	0	0	1 800 000	0	1 800 000
Imposto de renda	100 000	120 460	100 000	100 000	420 460
Total de desembolsos (y)	4 326 760	4 539 220	6 581 060	4 902 760	20 349 800
Saldo mínimo de caixa desejado	100 000	100 000	100 000	100 000	100 000
Total de caixa necessário	4 426 760	4 639 220	6 681 060	5 002 760	20 449 800
Excesso de caixa (deficiência)[a]	$ 1 404 440	$ 1 569 220	$ (307 840)	$ 1 369 400	$ 1 061 400
Financiamentos					
Empréstimos (no início)	$ 0	$ 0	$ 308 0000	$ 0	$ 308 000
Pagamento (no final)	0	0	0	(308 000)	(308 000)
Juros (a 12% ao ano)[b]	0	0	0	(18 480)	(18 480)
Efeito líquido do financiamento	$ 0	$ 0	$ 308 000	$ (326 480)	$ (18 480)
Saldo de caixa, final[c]	$ 1 504 440	$ 1 669 220	$ 100 160	$ 1 142 920	$ 1 142 920

a *Excesso de caixa total disponível sobre caixa total necessário antes do financiamento atual.*
b *Observe que os pagamentos de juros de curto prazo pertencem somente à quantia principal, sendo restituídos no final de um trimestre: $ 308 000 × 0,12 × ½ = $ 18 480.*
c *Saldo final de caixa = Total de caixa disponível (x) – Total de desembolsos (y) + Efeitos líquidos do financiamento.*

2. A demonstração de resultado orçado é apresentada no Quadro 6.7. Ela é apenas a demonstração de resultados operacionais orçados no Quadro 6.3 expandida para incluir despesas de juros e imposto de renda.
3. O balanço orçado é apresentado no Quadro 6.8. Cada item é projetado à luz dos detalhes do plano de negócios como expresso em todas as tabelas orçamentárias anteriores. Por exemplo, o saldo final de contas a receber de $ 1 254 400 é calculado ao adicionar as receitas orçadas de $ 20 384 000 (da Tabela 1) ao saldo inicial de $ 1 881 600 (dado) e subtraindo os recebimentos de caixa de $ 21 011 200 (do Quadro 6.6).

Para efeito de simplicidade, os recebimentos e os desembolsos de caixa foram dados explicitamente na ilustração. Normalmente, eles são calculados com base nos atrasos entre os itens relatados, que por sua vez baseiam-se no regime de competência contábil em uma demonstração de resultado e um balanço e os seus recebimentos e desembolsos a ela relacionados. No exemplo da Estilo, as cobranças de clientes são calculadas sob duas suposições: (1) Em qualquer mês, 20 por cento das vendas são à vista e 80 por cento a crédito e (2) o total de vendas a crédito é coletado no mês após as vendas. Por exemplo, as coletas em dinheiro no terceiro trimestre (julho – setembro) são:

Quadro 6.7 Demonstração de resultado orçado para a Móveis de Estilo para o ano findo em 31 de dezembro de 2004.

Receitas	Tabela 1		$ 20 384 000
Custo de produtos vendidos	Tabela 7		14 751 250
Margem bruta			5 632 750
Custos operacionais			
P&D/Desenho do produto	Tabela 8	$ 555 760	
Custos de marketing	Tabela 8	1 920 720	
Custos de distribuição	Tabela 8	729 600	
Custos de atendimento ao cliente	Tabela 8	504 992	
Custos administrativos	Tabela 8	440 768	4 151 840
Lucro das operações			$ 1 480 910
Despesa de juros			258 480
Resultado antes dos impostos de renda			1 222 430
Impostos de renda			440 075
Lucro líquido			$ 782 355

Anexo: O orçamento de caixa
Continuação

Quadro 6.8 Balanço orçado para a Móveis de Estilo em 31 de dezembro de 2004.

Ativos			
Ativos circulantes			
Caixa		$ 1 142 920	
Contas a receber		1 254 400	
Materiais diretos		204 000	
Produtos acabados		854 250	$ 3 455 570
Imóveis, fábrica e equipamento			
Terrenos		1 200 000	
Prédio e equipamento	$ 4 100 000		
Depreciação acumulada	(1 300 000)	2 800 000	4 000 000
Total			$ 7 455 570
Passivos e patrimônio líquido			
Passivos circulantes			
Contas a pagar		$ 358 000	
Imposto de renda a pagar		40 075	$ 398 075
Dívida de longo prazo (juros a 10% ao ano)			2 400 000
Patrimônio líquido			
Ações ordinárias, $ 0,01 valor par, 300 000			
Cotas em circulação		$ 3 000	
Lucros acumulados		4 654 495	4 657 495
Total			$ 7 455 570

- Julho: os 80 por cento das vendas de junho que foram as vendas a crédito mais os 20 por cento das vendas de julho que foram vendas à vista
- Agosto: os 80 por cento das vendas de julho que foram vendas a crédito mais os 20 por cento das vendas de agosto que foram vendas à vista
- Setembro: os 80 por cento das vendas de agosto que foram vendas a crédito mais os 20 por cento das vendas de setembro que foram vendas à vista

Observe que os 80 por cento das vendas de setembro que foram vendas a crédito não fazem parte das entradas de caixa do terceiro trimestre porque esse dinheiro será recebido apenas em outubro (o quarto trimestre).

ANÁLISE DE SENSIBILIDADE E FLUXOS DE CAIXA

O Quadro 6.4 mostra como suposições diferentes sobre preços de venda e custos de materiais diretos para a Móveis de Estilo levaram a quantias diferentes para o lucro operacional orçado. Um uso-chave da análise de sensibilidade está no orçamento de fluxos de caixa. O Quadro 6.9 esboça as implicações de empréstimos de curto prazo das nove combinações examinadas no Quadro 6.4. Os Cenários 7 a 9, com o preço de venda mais baixo por mesa ($ 352,80), requerem grandes quantias de empréstimos de curto prazo nos trimestres III e IV. O Cenário 9, com a combinação de um preço de venda 10% mais baixo e custos de materiais diretos 5% mais altos, requer maior quantia de empréstimos pela Móveis de Estilo. A análise de sensibilidade ajuda os administradores a antecipar tais resultados e tomar medidas para minimizar os efeitos de reduções esperadas nos fluxos de caixa das operações.

Quadro 6.9 Análise de sensibilidade: efeitos de suposições orçamentárias-chave no Quadro 6.4 sobre empréstimos de curto prazo da Móveis de Estilo.

	Custo de compras de materiais diretos			Lucro orçado das operações	Empréstimos de curto prazo por trimestre			
Cenário	Preço de compra	Madeira compensada	Carvalho vermelho		Trimestre I	Trimestre II	Trimestre III	Trimestre IV
1	$ 431,20	$ 3,80	$ 5,70	$ 3 458 226	$ 0	$ 0	$ 0	$ 0
2	431,20	4,00	6,00	3 244 126	0	0	0	0
3	431,20	4,20	6,30	3 030 026	0	0	0	0
4	392,00	3,80	5,70	1 695 010	0	0	145 000	0
5	392,00	4,00	6,00	1 480 910	0	0	308 000	0
6	392,00	4,20	6,30	1 266 810	0	0	472 000	0
7	352,80	3,80	5,70	(68 206)	0	0	1 413 000	717 000
8	352,80	4,00	6,00	(282 306)	0	0	1 576 000	997 000
9	352,80	4,20	6,30	(496 406)	0	0	1 739 000	1 276 000

Termos para aprender

O capítulo e o Glossário no final do livro contêm definições de:

- centro de custos
- centro de investimentos
- centro de lucros
- centro de receitas
- centro de responsabilidade
- ciclo de autoliquidação
- contabilidade por responsabilidade
- controlabilidade
- custo controlável
- demonstrações *pro forma*
- folga orçamentária
- modelos de planejamento financeiro
- orçamento contínuo
- orçamento de caixa
- orçamento financeiro
- orçamento geral
- orçamento operacional
- orçamento rolante
- orçamentos kaizen
- orçamentos por atividade (OPA)

Material de trabalho

Perguntas

6-1 Quais são os quatro elementos do ciclo orçamentário?

6-2 Defina orçamento geral.

6-3 "Estratégia, planos e orçamentos não se relacionam um com o outro." Você concorda? Explique.

6-4 "O desempenho orçado é melhor critério do que o desempenho passado para avaliar gerentes." Você concorda? Explique.

6-5 "Gerentes de produção e gerentes de marketing são como o óleo e a água. Simplesmente não se misturam." Como um orçamento pode ajudar a minimizar os conflitos entre as duas áreas?

6-6 Como uma empresa poderia se beneficiar ao compartilhar as suas próprias informações orçamentárias com outras empresas?

6-7 "Orçamentos satisfazem o teste de custo-benefício. Eles forçam os gerentes a agirem de forma diferente." Você concorda? Explique.

6-8 Defina um orçamento rolante. Dê um exemplo.

6-9 Delineie as etapas na preparação de um orçamento operacional.

6-10 "A previsão de vendas é o alicerce dos orçamentos." Por quê?

6-11 Como a análise de sensibilidade pode ser usada para aumentar os benefícios de orçamentos?

6-12 Quais fatores reduzem a eficácia dos orçamentos das empresas?

6-13 Defina orçamento kaizen.

6-14 Descreva como direcionadores de custos baseados em elementos externos à produção podem ser incorporados aos orçamentos.

6-15 Explique como a escolha do tipo de centro de responsabilidade (custos, receitas, lucros ou investimentos) afeta o comportamento.

Exercícios

6-16 Vantagens de orçamentos. (CMA, adaptado) Um dos principais objetivos de orçamentos é o de substituir julgamentos deliberados e bem concebidos de negócios pelo sucesso ou fracasso acidental em administrar uma organização. Está implícito nesse objetivo a confiança de que uma equipe administrativa competente pode planejar, gerenciar e controlar em grande parte as variáveis relevantes que dominam a vida de um negócio. Os administradores precisam lutar com incertezas tendo eles ou não um orçamento.

Para fazer: Descreva ao menos três benefícios, além da melhora no controle de custos, que uma organização espera obter da implementação de um orçamento.

6-17 Vendas e orçamento de produção. A Companhia Mendes espera vendas em 2005 de cem mil unidades de bandejas. O estoque inicial da Mendes para 2005 é de sete mil bandejas; o estoque final-meta, 11 mil bandejas. Calcule o número de bandejas orçadas para a produção em 2005.

6-18 Orçamento de materiais diretos. A Inglenook Co. produz vinho. A empresa espera produzir 1 500 000 garrafas de dois litros de Chablis em 2005. A Inglenook compra garrafas de vidro vazias de um fornecedor externo. Seu estoque final-meta para essas garrafas é de 50 mil; seu estoque inicial é de 20 mil. Por questões de simplicidade, ignore as quebras. Calcule o número de garrafas a serem compradas em 2005.

6-19 Orçamento para a compra de materiais. A Companhia Medeiros preparou um orçamento de vendas de 42 mil unidades acabadas para um período de três meses. A empresa tem um estoque de 22 mil unidades de produtos acabados disponíveis no dia 31 de dezembro, e tem um estoque de produtos-meta acabados de 24 mil unidades no final do trimestre subseqüente.

É preciso três galões de materiais diretos para fazer uma unidade de produto acabado. A empresa tem, no dia 31 de dezembro, um estoque de 90 mil galões de materiais diretos e um estoque-meta final de 110 mil galões no final do trimestre subseqüente. Quantos galões de materiais diretos devem ser comprados durante os três meses terminando dia 31 de março?

6-20 Receitas e orçamento de produção. A Pureza Ltda. engarrafa e distribui água mineral das fontes naturais da empresa no norte de Minas Gerais. Ela comercializa dois produtos: garrafas descartáveis de plástico de 350 ml e recipientes reaproveitáveis de plástico de quatro galões.

Para fazer:
1. Para 2004, os gerentes de marketing da Pureza projetam vendas mensais de 400 mil unidades de 350 ml e cem mil unidades de quatro galões. Os preços médios de venda são estimados em $ 0,25 por unidade de 350 ml e $ 1,50 por unidade de quatro galões. Prepare um orçamento de receitas para a Pureza Ltda. para o ano findo em 31 de dezembro de 2004.
2. A Pureza começa 2004 com 900 mil unidades de 350 ml em estoque. O vice-presidente de operações solicita que o estoque final de 350 ml no dia 31 de dezembro de 2004 não seja menos de 600 mil unidades. Baseado nas projeções de vendas como orçado acima, qual é o número mínimo de unidades de 350 ml que a Pureza precisa produzir durante 2004?
3. O VP de Operações solicita que o estoque final de unidades de quatro galões no dia 31 de dezembro de 2004 seja de 200 mil unidades. Se o orçamento de produção pede para a Pureza produzir 1 300 000 unidades de quatro galões durante 2004, de quanto é o estoque inicial de unidades de quatro galões no dia 1º de janeiro de 2004?

6-21 Consumo de materiais diretos, custos por unidade e margens brutas (continuação de 6-20). A Pureza Ltda. engarrafa e distribui água mineral das fontes naturais da empresa no norte de Minas Gerais. Ela comercializa dois produtos: garrafas descartáveis de plástico de 350 ml e recipientes reaproveitáveis de plástico de quatro galões. As garrafas de 350 ml são compradas da Plastico, um fabricante de plástico, a um custo de seis centavos por unidade. Os recipientes de quatro galões são esterilizados e usados novamente a um custo de 30 centavos por recipiente. A água mineral é extraída a um custo de mão-de-obra direta de um centavo por 175 ml (tem 2 800 ml em um galão). Os custos indiretos de fabricação são alocados a uma taxa de 15 centavos por unidade. (Observe: uma unidade pode ser uma garrafa de 350 ml *ou* um recipiente de quatro galões.) Em 2004, o orçamento de produção projeta a produção de 4 500 000 unidades de 350 ml e de 1 300 000 unidades de quatro galões.

Para fazer:
1. Suponha que os recipientes de quatro galões estejam totalmente depreciados para que o único custo incorrido seja o de esterilização. Os estoques iniciais e finais para os recipientes de quatro galões são zero. Há 500 mil garrafas vazias de 350 ml no estoque inicial no dia 1º de janeiro de 2004. O vice-presidente de operações gostaria de terminar 2004 com 300 mil garrafas vazias de 350 ml em estoque. Levando em conta a esterilização como o único custo dos recipientes de quatro galões, prepare um orçamento de consumo de materiais diretos (para garrafas e recipientes) em unidades e em dólares.
2. O custo de mão-de-obra direta é obtido por meio do custo de extração como detalhado acima. Baseado nos dados, prepare um orçamento de mão-de-obra direta para 2004.
3. Calcule o custo unitário de produção para cada produto.
4. Supondo os preços médios de venda os do exercício 6-20, qual é a margem bruta média esperada por unidade para cada produto?
5. Considere a escolha da Pureza de uma base de alocação de custos para os custos indiretos de fabricação. Você pode sugerir bases alternativas para a alocação de custos indiretos?

6-22 Receitas, produção e orçamentos de compras. A Suzuki Co. tem, no Japão, uma divisão que fabrica motocicletas de duas rodas. As vendas orçadas para o Modelo G em 2005 são de 800 mil unidades. O estoque-meta final meta da Suzuki é de cem mil unidades, e o estoque inicial é de 120 mil unidades. O preço de venda da empresa orçado para distribuidores e revendedores é de 400 mil ienes por motocicleta.

A Suzuki compra todas as suas rodas de um fornecedor externo. Nenhuma roda defeituosa é aceita. (As necessidades da Suzuki por rodas extras como peças de reposição são pedidas por uma outra divisão da empresa.) O estoque-meta final da empresa é de 30 mil rodas, e o estoque inicial é de 20 mil rodas. O preço de compra orçado é de 16 mil ienes por roda.

Para fazer:

1. Calcule as receitas orçadas em iene.
2. Calcule o número de motocicletas a serem produzidas.
3. Calcule as compras orçadas de rodas em unidades e iene.

6-23 Orçamentos para a produção e a mão-de-obra direta de fabricação. (CMA, adaptado) A Companhia Moldura fabrica e vende molduras artísticas para fotos de casamentos, formaturas e outros eventos especiais. Geraldo Alves, o *controller*, é responsável por preparar o orçamento geral da Moldura e ele acumulou as seguintes informações para 2005:

	2005				
	Janeiro	Fevereiro	Março	Abril	Maio
Vendas estimadas em unidades	10 000	12 000	8 000	9 000	9 000
Preço de venda	$ 54,00	$ 51,50	$ 51,50	$ 51,50	$ 51,50
Horas de mão-de-obra direta de fabricação por unidade	2,0	2,0	1,5	1,5	1,5
Salário por hora de mão-de-obra direta de fabricação	$ 10,00	$ 10,00	$ 10,00	$ 11,00	$ 11,00

Além de salários, os custos relacionados com a mão-de-obra direta de fabricação incluem contribuições para aposentadoria de $ 0,50 por hora, seguro de acidentes de trabalho de $ 0,15 por hora, seguro de saúde dos trabalhadores de $ 0,40 por hora e impostos da previdência social. Suponha que a partir de 1º de janeiro de 2005 as alíquotas para o imposto da previdência social sejam de 7,5 por cento para os funcionários e 7,5 por cento para os empregadores. O custo dos benefícios empregatícios pagos pela Moldura sobre seus funcionários é tratado como um custo de mão-de-obra direta de fabricação.

A Moldura tem um contrato trabalhista que pede um aumento salarial de $ 11 por hora no dia 1º de abril de 2005. Novas máquinas que economizam mão-de-obra foram instaladas e estarão totalmente operacionais até 1º de março de 2005. A Moldura espera ter 16 mil molduras em estoque no dia 31 de dezembro de 2004, e ela tem uma política de manter um estoque de final do mês de 100 por cento das vendas do mês seguinte, mais 50 por cento das vendas do mês seguinte.

Para fazer: Prepare um orçamento de produção e um orçamento de mão-de-obra direta de fabricação para a Companhia Moldura, por mês, e para o primeiro trimestre de 2005. Ambos os orçamentos podem ser juntados em uma única tabela. O orçamento de mão-de-obra direta deve incluir horas de mão-de-obra e mostrar os detalhes para cada categoria de custo a ela relativa.

6-24 Orçamentos por atividade. A Supermercados Família (SF) está preparando seu orçamento por atividade para janeiro de 2005. A preocupação atual é com relação às suas quatro atividades (também categorias de custos indiretos no seu sistema de relatórios de rentabilidade do produto):

1. Pedidos — cobre as atividades de compras. O direcionador de custos é o número de pedidos de compras.
2. Entregas — cobre a entrega e o recebimento físico de mercadorias. O direcionador de custos é o número de entregas.
3. Estocagem das prateleiras — cobre a estocagem de mercadorias nas prateleiras e a reestocagem contínua antes da venda. O direcionador de custos são as horas de tempo de estocagem.
4. Suporte ao cliente — cobre o auxílio proporcionado aos clientes, incluindo o *check-out* e o ensacamento. O direcionador de custos é o número de itens vendidos.

Suponha que a SF tenha apenas três produtos: refrigerantes, horti-fruti e comidas empacotadas. O consumo orçado de cada critério de custo nesses três tipos de produto e as taxas orçadas dos direcionadores de custos para janeiro de 2005 são:

Atividade e critério	Taxas dos direcionadores de custos		Quantia orçada para janeiro de 2005 do direcionador usado		
	Taxa real de 2004	Taxa orçada de jan. 2005	Refrigerantes	Hortifruti	Comidas empacotadas
Pedidos (por pedido de compra)	$ 100	$ 90	14	24	14
Entregas (por entrega)	$ 80	$ 82	12	62	19
Estocagem de prateleiras (por hora)	$ 20	$ 21	16	172	94
Suporte ao cliente (por item vendido)	$ 0,20	$ 0,18	4 600	34 200	10 750

Para fazer:
1. Qual é o custo total orçado para cada atividade em janeiro de 2005?
2. Quais as vantagens que a SF poderia obter ao usar uma abordagem de orçamentos por atividade sobre, digamos, uma abordagem que aloque o custo dessas atividades a produtos como uma porcentagem do custo de produtos vendidos?

6-25 Abordagem kaizen para orçamentos por atividade (continuação do 6-24). A Supermercados Família (SF) tem uma abordagem kaizen (melhoria contínua) para orçar os custos das atividades para cada mês de 2005. A taxa orçada de fevereiro para o direcional de custos é 0,998 vezes a taxa orçada para janeiro. A taxa orçada de março para o direcionador de custos é 0,998 vezes a taxa orçada para fevereiro e assim por diante. Suponha que em março de 2005 tenha a mesma quantia orçada de consumo do critério de custos que em janeiro de 2005.

Para fazer:
1. De quanto é o custo total orçado para cada atividade em março de 2005?
2. Quais são os benefícios da SF em adotar uma abordagem kaizen nos orçamentos? Quais são as limitações?

6-26 Responsabilidade e controlabilidade. Considere cada uma das seguintes situações independentes.
1. Um agente de compras esqueceu de pedir uma peça. Um pedido de emergência teve de ser feito para a peça, resultando em custos adicionais.
2. Um fornecedor aumentou os preços dos materiais pedidos por um agente de compras, resultando em custos mais altos dos materiais comprados.
3. Uma quantidade mais alta do que a orçada de materiais diretos foi consumida pela produção. O supervisor do departamento de produção indicou corretamente que foi devido à qualidade abaixo do padrão dos materiais comprados pelo departamento de compras.
4. Uma quantidade mais alta do que a orçada de materiais diretos foi consumida para a produção. A causa foi a perda anormal de material resultante de um ajuste errôneo na máquina, feito por um operador.
5. Uma quantidade mais alta do que a orçada de materiais diretos foi consumida pela produção. Isto aconteceu por causa da perda de material resultante da quebra da máquina. Era para a máquina ter passado por uma manutenção de rotina no mês passado. No entanto, ela deixou de ser feita porque o departamento de manutenção esteve atrasado por causa da alta rotatividade da mão-de-obra.
6. Um gerente divisional recém-nomeado tem custos altos de mão-de-obra como resultado dos termos desfavoráveis de um contrato trabalhista negociado pelo seu antecessor. Este, que estava se aposentando, de acordo com um observador, "entregou a loja durante as negociações do contrato trabalhista".
7. Um departamento de produção operou a apenas 80 por cento de sua capacidade durante um mês. Isso foi feito com as instruções do superintendente da fábrica, que comentou que aumentar a produção do departamento somente aumentará o estoque no próximo departamento de produção, que é um departamento que sofre gargalo.

Para fazer: Para cada situação, determine onde está (a) a responsabilidade e (b) a controlabilidade.

6-27 Análise do fluxo de caixa, anexo do capítulo. (CMA, adaptado) A CompuTab Ltda. é um distribuidor de varejo para *hardware* de computadores MZB-3, *software* relacionado e serviços de suporte. A CompuTab prepara previsões de vendas anuais para as quais os primeiros seis meses de 2005 são apresentados a seguir.

As vendas à vista são responsáveis por 25 por cento das vendas totais da CompuTab; 30 por cento das vendas totais são pagas com cartão de crédito de banco e os 45 por cento restantes são crédito (duplicatas da própria CompuTab). As vendas à vista e o dinheiro proveniente de vendas no cartão de crédito dos bancos são recebidas no mês da venda. As vendas no cartão de crédito do banco estão sujeitas a um desconto de 4 por cento, deduzido no momento do depósito diário. Os recebimentos em dinheiro para vendas a crédito totalizam 70 por cento no mês seguinte à venda e 28 por cento no segundo mês após a venda. As contas a receber restantes são consideradas como incobráveis.

As necessidades de estoque no final do mês, da Computab, para as unidades de *hardware*, são de 30 por cento das vendas do mês seguinte. É preciso o prazo de um mês para a entrega do fabricante. Assim, pedidos para unidades de *hardware* são feitos no dia 25 de cada mês para garantir que estarão na loja até o primeiro dia do mês. As unidades de *hardware* são compradas sob termos de n/45 (pagamento completo dentro de 45 dias da fatura), medido do momento em que as unidades são entregues para a CompuTab. O preço de compra da CompuTab para as unidades de *hardware* é 60 por cento do preço de venda.

CompuTab, Ltda. — Previsão de vendas nos seis primeiros meses de 2005

| | Vendas de *hardware* | | Venda e suporte | |
	Unidades	Dólares	de *software*	Total de receitas
Janeiro	130	$ 390 000	$ 160 000	$ 550 000
Fevereiro	120	360 000	140 000	500 000

Março	110	330 000	150 000	480 000
Abril	90	270 000	130 000	400 000
Maio	100	300 000	125 000	425 000
Junho	125	375 000	225 000	600 000
Total	675	$ 2 025 000	$ 930 000	$ 2 955 000

Para fazer:

1. Calcule o caixa que a CompuTab pode esperar coletar durante abril de 2005. Certifique-se de mostrar todos os seus cálculos.
2. A CompuTab está determinando quantas unidades pedir no dia 25 de janeiro de 2005 do *hardware* do MZB-33.
   a. Determine o número projetado de unidades de *hardware* que serão pedidas.
   b. Calcule a quantia em dólares do pedido que a CompuTab colocará para essas unidades de *hardware*.
3. Como parte do processo do orçamento anual, a CompuTab prepara um orçamento de caixa por mês para o ano inteiro. Explique por quê.

Problemas

6-28 Tabelas orçamentárias para um fabricante. A Móveis Sierra é um fabricante de mesas de trabalho de alto padrão. Ela fabrica dois produtos:

- Mesas para executivos — mesas de carvalho de 3 pés × 5 pés
- Mesas para presidentes — mesas de carvalho de 6 pés × 4 pés

Os valores orçados de custos diretos para cada produto em 2005 são:

	Linha executiva	Linha presidencial
Tampo de carvalho	16 pés quadrados	0
Tampo de carvalho vermelho	0	25 pés quadrados
Pés de carvalho	4	0
Pés de carvalho vermelho	0	4
Mão-de-obra direta de fabricação	3 horas	5 horas

Os dados por unidade relativos aos materiais diretos para março de 2005 são:

Estoque inicial de materiais diretos (1º/3/2005)

	Linha executiva	Linha presidencial
Tampo de carvalho (pés quadrados)	320	0
Tampo de carvalho vermelho (pés quadrados)	0	150
Pés de carvalho	100	0
Pés de carvalho vermelho	0	40

Estoque final-meta de materiais diretos (31/3/2005)

	Linha executiva	Linha presidencial
Tampo de carvalho (pés quadrados)	192	0
Tampo de carvalho vermelho (pés quadrados)	0	200
Pés de carvalho	80	0
Pés de carvalho vermelho	0	44

Os dados de custos unitários diretos pertencentes a fevereiro de 2005 e março de 2005 são

	Fevereiro de 2005 (reais)	Março de 2005 (orçados)
Tampo de carvalho (por pé quadrado)	$ 18	$ 20
Tampo de carvalho vermelho (por pé quadrado)	23	25
Pés de carvalho (por pé)	11	12
Pés de carvalho vermelho (por pé)	17	18
Custo por hora de mão-de-obra direta	30	30

Os custos indiretos de fabricação (CIF) (variáveis e fixos) são alocados para cada mesa com base nas horas orçadas de mão-de-obra direta por mesa. A taxa orçada de custos indiretos variáveis de fabricação para março de 2005 é de $ 35 por hora de mão-de-obra direta. Os custos indiretos fixos de fabricação orçados para março de 2005 são de $ 42 500. Os CIFs variáveis e fixos de fabricação são alocados para cada unidade de produto acabado.

Os dados relativos ao estoque de produtos acabados para março de 2005 são

	Linha executiva	Linha presidencial
Estoque inicial em unidades	20	5
Estoque inicial em dólares (custo)	$ 10 480	$ 4 850
Estoque-meta final em unidades	30	15

Vendas orçadas para março de 2005 são de 740 unidades para a linha executiva e 390 unidades para a linha presidencial. Os preços de venda orçados por unidade em março de 2005 são de $ 1 020 para a linha executiva e de $ 1 600 para a linha presidencial. Suponha o seguinte na sua resposta:

- Estoques de produtos em processamento são insignificantes e ignorados.
- O estoque de materiais diretos e o estoque de produtos acabados são custeados usando o método primeiro a entrar, primeiro a sair (PEPS).
- Custos por unidade de materiais diretos comprados e produtos acabados são constantes em março de 2005.

Para fazer:

1. Prepare os seguintes orçamentos para março de 2005:
   a. Orçamento de receitas
   b. Orçamento de produção em unidades
   c. Orçamento de consumo de materiais diretos e orçamento de compras de materiais diretos
   d. Orçamento de mão-de-obra direta de fabricação
   e. Orçamento de custos indiretos de fabricação
   f. Orçamento de estoque final
   g. Orçamento de custo de produtos vendidos
2. Suponha que a Móveis Sierra decida incorporar a melhoria contínua no seu processo orçamentário. Descreva duas áreas nas quais a Sierra poderia incorporar a melhoria contínua nas tabelas orçamentárias da Parte 1.

6-29 Análise de sensibilidade, suposições de mudanças orçamentárias e a abordagem kaizen. A Choco Chips produz duas marcas de biscoito com pedaços de chocolate: a Flocos e a Choco. Os biscoitos da Choco Chips são produzidos com dois ingredientes: pedaços de chocolate e massa de biscoito. A Flocos tem 50 por cento de pedaços de chocolate e 50 por cento de massa, enquanto a Choco tem 25 por cento de pedaços de chocolate e 75 por cento de massa.

Os pacotes de ambas as marcas pesam ½ quilo. O orçamento geral da Choco Chips projeta vendas de 500 mil pacotes de cada produto em 2004. De acordo com o orçamento geral, os preços estimados de venda são de $ 3 por pacote para cada produto. Os custos previstos para 2004 dos ingredientes são: ½ quilo de chocolate custará $ 2 e ½ quilo de massa custará $ 1. Um total de cinco mil horas de mão-de-obra direta — duas mil horas para Flocos e três mil horas para Choco — é orçado a $ 20 a hora. Os custos de fabricação indireta devem ser de $ 160 000, alocados por igual entre Flocos e Choco com base nos pacotes produzidos em 2004.

Para fazer:

1. Use as informações acima para calcular as margens brutas orçadas da Choco Chips para 2004.
2. Trabalhando com fornecedores, a Choco Chips conseguiu reduzir o custo de compra dos ingredientes em 3 por cento. Calcule a margem bruta revisada da Choco Chips para 2004.
3. Suponha que além da redução de 3 por cento no custo de compra dos ingredientes mencionado na Parte 2, a Choco Chips planeje uma redução de custos de 1 por cento nas horas de mão-de-obra direta e uma redução de custos de 2 por cento nos custos de fabricação indireta dos dados originais. As revisões para o orçamento original resultaram de uma análise de todas as atividades, feita por uma equipe multifuncional, como parte dos esforços da Choco Chips voltados para a melhoria contínua. Calcule a margem bruta revisada da Choco Chips para 2004 sob essas suposições.

Aplicação do Excel. Para os alunos que desejarem praticar as suas habilidades com planilhas, a seguir existe uma abordagem passo a passo para criar uma planilha de Excel para resolver esse problema.

Passo a passo

1. No topo de uma nova planilha, crie uma seção de 'Dados originais' com colunas para 'Flocos' e 'Choco' e linhas para '% pedaços', '% massa', 'Vendas projetadas', 'Preço estimado de venda por pacote', 'Custo de chocolate ($/kg)', 'Custo de massa de biscoito ($/kg)', 'Horas orçadas de mão-de-obra direta de fabricação', 'Taxa de mão-de-obra direta de fabricação ($/h)' e 'Custos indiretos de fabricação'. Insira os dados fornecidos para o Problema 6-29 nesta Seção.

(Programe a sua planilha para realizar todos os cálculos necessários. Não calcule nenhuma quantia à mão, como receita total ou margem bruta, que necessitam de operações de somar ou subtrair.)

2. Pule duas linhas e crie uma seção 'Problema 1'. Crie linhas para receitas e cada uma das categorias de custo de produtos vendidos, incluindo pedaços de chocolate, massa de biscoito, mão-de-obra direta e custos indiretos de fabricação Agora, crie linhas para o custo total de produtos vendidos e margem bruta. Crie colunas rotuladas 'Flocos', 'Choco' e 'Total'. Formate como necessário.
3. Use os dados da seção de dados originais para calcular as receitas orçadas para a linha de produto Flocos, a linha de produto Choco e as receitas totais de ambas as linhas de produto.
4. Use os dados da seção de dados originais para calcular o custo dos pedaços de chocolate, o custo da massa de biscoito, o custo da mão-de-obra direta e os custos indiretos de fabricação para cada uma das linhas de produto, Flocos e Choco, e os custos totais para cada uma dessas categorias, respectivamente. Use esses dados para calcular o custo de produtos vendidos para cada linha de produto e o custo total de produtos vendidos. Finalmente, calcule as margens brutas para cada linha de produto e as margens brutas totais.
5. Pule duas filas e crie uma seção 'Problema 2'. Siga as Etapas 2 a 4, mas faça os ajustes apropriados para o custo dos pedaços de chocolate e da massa de chocolate.
6. Pule duas filas e crie uma seção 'Problema 3'. Novamente, siga as Etapas 2 a 4, mas faça os ajustes apropriados para a mão-de-obra direta e custos indiretos de fabricação.
7. **Verifique a precisão de sua planilha**: Vá até a sua seção de dados originais e mude o custo da massa de biscoitos de $ 1,00/ ½ kg para $ 1,25 / ½ kg. Se você programou a sua planilha corretamente, a margem bruta para a linha de produto Flocos, a linha de produto Choco e o total das margens brutas deve mudar para $ 567 500, $ 641 250 e $ 1 208 750, respectivamente.

6-30 Orçamentos de receitas e de produção. (CPA, adaptado) A Corporação Freitas fabrica e vende dois produtos, Coisum e Doisa. Em julho de 2005, o departamento de orçamentos da empresa obteve os seguintes dados para preparar os orçamentos para 2006:

2006 — Vendas projetadas

Produto	Unidades	Preço
Coisum	60 000	$ 165
Doisa	40 000	$ 250

2006 — Estoques em unidades

	Meta esperada	
Produto	1º de janeiro de 2006	31 de dezembro de 2006
Coisum	20 000	25 000
Doisa	8 000	9 000

Os seguintes materiais diretos são usados nos dois produtos:

		Quantia usada por unidade	
Material direto	Unidade	Coisum	Doisa
A	libra	4	5
B	libra	2	3
C	cada	0	1

Dados projetados para 2006 com relação aos materiais diretos são:

Material direto	Preço de compra antecipado	Estoques esperados 1º de janeiro de 2006	Meta de estoques 31 de dezembro de 2006
A	$ 12	32 000 libras	36 000 libras
B	$ 5	29 000 libras	32 000 libras
C	$ 3	6 000 unidades	7 000 unidades

Os requisitos e as taxas projetados de mão-de-obra direta de fabricação para 2006 são:

Produto	Horas por unidade	Taxa por hora
Coisum	2	$ 12
Doisa	3	16

Custos indiretos de fabricação são alocados pela taxa de $ 20 por hora de mão-de-obra direta de fabricação.

Para fazer: Baseado nas projeções e requisitos orçamentários acima para Coisum e Doisa, prepare os seguintes orçamentos para 2006:

1. Orçamento de receitas (em dólares)
2. Orçamento de produção (em unidades)
3. Orçamento de compras de materiais diretos (em quantidades)
4. Orçamento de compras de materiais diretos (em dólares)
5. Orçamento de mão-de-obra direta de fabricação (em dólares)
6. Estoque orçado de produtos acabados no dia 31 de dezembro de 2006 (em dólares)

6-31 **Demonstração de resultados orçados.** (CMA, adaptado) A Companhia ComFácil é um fabricante de produtos de videoconferência. Produtos padronizados são fabricados para satisfazer as projeções de vendas de marketing e os produtos especializados são fabricados após o recebimento de um pedido. A manutenção do equipamento de videoconferência é um aspecto importante de satisfação do cliente. Com a recente queda na indústria de informática, o segmento de equipamento de videoconferência também tem sofrido diminuição nas vendas, levando a uma queda no desempenho financeiro da ComFácil. A seguinte demonstração mostra os resultados para 2004.

ComFácil Ltda.
Demonstração de resultados
para o ano findo em 31 de dezembro de 2004 (em milhares)

Receitas:		
Equipamento	$ 6 000	
Contratos de manutenção	1 800	
Total de receitas		$ 7 800
Custo de produtos vendidos		4 600
Margem bruta		3 200
Custos operacionais		
Marketing	600	
Distribuição	150	
Manutenção para o cliente	1 000	
Administração	900	
Total de custos operacionais		2 650
Lucro operacional		$ 550

A equipe administrativa da ComFácil está no processo de preparar o orçamento de 2005 e está estudando as seguintes informações:

1. Os preços de venda dos equipamentos devem aumentar em 10 por cento com o início da recuperação econômica. O preço de venda de cada contrato de manutenção é inalterado em relação a 2004.
2. As vendas de equipamento em unidades devem aumentar 6 por cento, com um crescimento correspondente de 6 por cento em unidades de contratos de manutenção.
3. O custo de cada unidade vendida deve aumentar 3 por cento em conseqüência das melhorias necessárias em tecnologia e qualidade.
4. As despesas de marketing devem aumentar em $ 250 000, mas os custos administrativos devem permanecer nos níveis de 2004.
5. As despesas de distribuição variam em proporção ao número de unidades de equipamento vendidas.
6. Dois técnicos de manutenção devem ser adicionados a um custo total de $ 130 000, que cobre os salários e os custos de viagens relacionados. O objetivo é melhorar o atendimento ao cliente e diminuir o tempo de resposta.
7. Não há estoque inicial nem final de equipamento.

Para fazer: Prepare uma demonstração de resultado orçado para 2005.

6-32 **Responsabilidade do agente de compras.** (Adaptado de uma descrição de R. Villers) Marcos Ricardo é o agente de compras para a Companhia de Produção Trava. Carlos Salles é o chefe do departamento de planejamento e controle da produção. A cada seis meses, Salles entrega a Ricardo um programa de compras gerais que pega as especificações do Departamento de Engenharia e então escolhe os fornecedores e negocia os preços. Quando assumiu esse emprego, Ricardo foi informado muito claramente de que era ele o responsável por cumprir o programa de compras gerais uma vez que ele o aceitou de Salles.

Durante a semana 24, Ricardo é avisado de que a Peça 1234 — uma peça crítica — seria necessária para a montagem na terça-feira de manhã da semana 32. Ele descobriu que o fornecedor normal não poderia entregar. Ricardo então ligou para todos os lugares e finalmente descobriu um fornecedor em outro estado que aceitou o compromisso.

Ele acompanhou via e-mail. Sim, o fornecedor assegurou que a peça estaria pronta. A questão era tão importante que na quinta-feira da semana 31, Ricardo chegou novamente, agora por telefone. Sim, o pedido havia saído na hora. Ricardo estava satisfeito e não chegou de novo. Mas na terça-feira da semana 32, a peça ainda não havia chegado. Uma investigação revelou que a carga havia sido encaminhada erroneamente, por via ferroviária, e ainda estava em Chicago.

Para fazer: Qual departamento deveria arcar com os custos de tempo perdido na fábrica por causa da carga atrasada? Por quê? Como agente de compras, você acha justo que tais custos sejam cobrados de seu departamento?

6-33 Orçamentos por atividade. A Produção Anderson Ltda. usa o custeio por atividade e o orçamento por atividade. Informações orçamentárias para atividades selecionadas para 2004 são fornecidas a seguir.

Atividade	Critério de custo	Itens no grupo de custos (custo fixo + custo por unidade do direcionador de custo)
Usinagem	Horas de máquina	Materiais indiretos $ 0 + $ 10 por hora
		Mão-de-obra indireta $ 20 000 + $ 15 por hora
		Utilidades públicas $ 0 + $ 5 por hora
Set-ups e controle de qualidade	Séries de produção	Materiais indiretos $ 0 + $ 1 000 por série
		Mão-de-obra indireta $ 0 + $ 1 200 por série
		Inspeção $ 80 000 + $ 2 000 por série
Compras	Pedidos de compras	Materiais indiretos $ 0 + $ 4 por pedido
		Mão-de-obra indireta $ 45 000 + $ 0 por pedido
Desenho	Horas de desenho	Engenharia $ 75 000 + $ 50 por hora
Manuseio de materiais	Pés quadrados de materiais manuseados	Materiais indiretos $ 0 + $ 2 por pé quadrado
		Mão-de-obra indireta $ 30 000 + $ 0 por pé quadrado

Dados orçamentários adicionais para 2004:

Atividade	Volume orçado do direcionador de custo
a. Usinagem	10 000 horas-máquina
b. *Set-ups* e controle de qualidade	40 séries de produção
c. Compras	15 000 pedidos de compras
d. Desenho	100 horas de engenharia
e. Manuseio de materiais	100 000 pés quadrados

Para fazer: Calcule a quantia orçada para cada atividade em 2004.

6-34 Orçamento operacional abrangente, balanço orçado. A Pranchas Ltda. fabrica e vende pranchas de surfe. A Pranchas fabrica um único modelo, o Tubo. No verão de 2003, o contador da Pranchas obteve os seguintes dados para preparar orçamentos para 2004:

Requisitos de materiais e mão-de-obra

Materiais diretos
    Madeira   5 pés de madeira por prancha
    Fibra de vidro   6 metros por prancha
Mão-de-obra direta de fabricação   5 horas por prancha

O presidente executivo da Pranchas espera vender mil pranchas durante 2004 a um preço estimado de varejo de $ 450 por prancha. Além disso, ele espera um estoque inicial para 2004 de cem pranchas e gostaria de terminar 2004 com 200 pranchas em estoque.

Estoques de materiais diretos

	Estoque inicial 1º/1/2004	Estoque final 31/12/2004
Madeira	2 000	1 500
Fibra de vidro	1 000	2 000

Custos indiretos variáveis de fabricação são alocados a uma taxa de $ 7 por hora de mão-de-obra direta de fabricação. Também há $ 66 000 em custos fixos indiretos de fabricação orçados para 2004. A Pranchas junta os custos indiretos variáveis e fixos de fabricação em uma taxa única baseada nas horas de mão-de-obra direta. Custos variáveis de marketing são alocados a uma taxa de $ 250 por visita de vendas. O plano de marketing estima 30 visitas de vendas durante 2004. Finalmente, há $ 30 000 em despesas orçadas para 2004.

Outros dados incluem:

	Preço por unidade de 2003	Preço por unidade de 2004
Madeira	$ 28,00 por p.m.	$ 30,00 por p.m.
Fibra de vidro	$ 4,80 por metro	$ 5,00 por metro
Mão-de-obra direta de fabricação	$ 24,00 por hora	$ 25,00 por hora

O custo unitário do produto para o estoque final de produtos acabados no dia 31 de dezembro de 2003 é de $ 374,80. Suponha que a Pranchas use um método PEPS de estoque para os materiais diretos e os produtos acabados. Ignore os produtos em processamento nos seus cálculos.

Saldos orçados no dia 31 de dezembro de 2004, nas contas selecionadas, são:

Disponível	$ 10 000
Imóveis, fábrica e equipamento (líquido)	850 000
Passivos circulantes	17 000
Passivos de longo prazo	178 000
Patrimônio dos acionistas	800 000

Para fazer:

1. Prepare o orçamento de receitas de 2004 (em dólares).
2. Prepare o orçamento de produção de 2004 (em unidades).
3. Prepare os orçamentos de consumo de materiais diretos e de compras.
4. Prepare um orçamento de mão-de-obra direta de fabricação.
5. Prepare um orçamento de custos indiretos de fabricação.
6. Qual é a taxa orçada de custos indiretos de fabricação?
7. Qual é o custo orçado de custos indiretos de fabricação por unidade de produção.
8. Calcule o custo de uma prancha fabricada em 2004.
9. Prepare um orçamento de estoque final para materiais diretos e produtos acabados.
10. Prepare um orçamento do custo de produtos vendidos.
11. Prepare a demonstração de resultado orçado para Pranchas Ltda. para 2004.
12. Prepare o balanço orçado para Pranchas Ltda. para o final do ano de 2004.

6-35 Orçamentos de caixa, anexo do capítulo. Lojas de varejo compram pranchas da Pranchas Ltda. o ano todo. No entanto, antecipando as compras do final do inverno e início da primavera, as lojas aumentam os estoques de maio a agosto, sendo faturadas ao pedir as pranchas. As faturas são pagáveis dentro de 60 dias. De experiências passadas, o contador da Pranchas projeta que 20 por cento das vendas serão pagas no mês em que foram faturadas, 50 por cento no mês seguinte e 30 por cento das vendas dois meses após o mês da fatura. O preço médio de venda por prancha é de $ 450.

Para satisfazer a demanda, a Pranchas aumenta sua produção de abril a julho, porque as pranchas são produzidas um mês antes de sua venda projetada. Materiais diretos são comprados no mês de produção e pagos durante o mês seguinte (os termos são pagamento total dentro de 30 dias da data da fatura). Durante esse período, não há produção para o estoque e nenhum material para o estoque é comprado.

A mão-de-obra direta e os custos indiretos de fabricação são pagos mensalmente. Os custos indiretos variáveis de fabricação são incorridos a uma taxa de $ 7 por hora de mão-de-obra direta. Custos variáveis de marketing são impulsionados pelo número de visitas de vendas. No entanto, não há nenhuma visita de vendas durante os meses estudados. A Pranchas Ltda. também incorre custos indiretos fixos de fabricação de $ 5 500 por mês e despesas fixas de $ 2 500 ao mês.

Vendas projetadas			
Maio	80 unidades	Agosto	100 unidades
Junho	120 unidades	Setembro	60 unidades
Julho	200 unidades	Outubro	40 unidades

Utilização e custo de materiais diretos e mão-de-obra direta de fabricação

	Unidades por prancha	Preço por unidade	Unidade
Madeira	5	$ 30	Pés de madeira
Fibra de vidro	6	5	Metros
Mão-de-obra direta de fabricação	5	25	Horas

O saldo inicial de caixa para 1º de julho de 2003 é de $ 10 000. No dia 1º de setembro de 2003, a Pranchas teve um aperto de caixa e tomou empréstimo de $ 30 000 em uma promissória de um ano com juros de 6 por cento ao ano, pagáveis mensalmente. A promissória vence em 1º de outubro de 2004. Usando as informações fornecidas acima, você precisa determinar se a Pranchas terá condições de pagar a dívida no dia 1º de outubro de 2004.

Para fazer:

1. Prepare um orçamento de caixa para os meses de julho a setembro de 2004. Mostre as tabelas de apoio para o cálculo de contas a receber e a pagar.
2. A Pranchas terá condições de liquidar a promissória de um ano, de $ 30 000, no dia 1º de outubro de 2004? Se não, quais medidas você recomendaria para a administração da empresa?
3. Suponha que a Pranchas esteja interessada em manter um saldo mínimo de caixa de $ 10 000. A empresa conseguirá manter tal saldo durante todos os três meses analisados? Se não, sugira uma estratégia adequada de gestão de caixa.

6-36 Orçamento de caixa, preencha os espaços em branco, anexo do capítulo. A Starport fabrica e lança estações espaciais. Use as informações a seguir para completar o orçamento de caixa da Starport no Quadro 6.10 para o ano findo em 31 de dezembro de 2004.

- O presidente executivo da Starport insiste que ela mantenha um saldo mínimo de caixa mensal de $ 15 milhões.
- No caso de uma deficiência de caixa, você está instruído a emprestar exatamente a quantia necessária para devolver à Starport o saldo mínimo de caixa necessário. Os empréstimos de curto prazo têm uma taxa de juros de 12 por cento ao ano, calculada do início do trimestre em que o empréstimo for iniciado e até o final do trimestre em que o empréstimo for restituído.
- No segundo trimestre, a Starport faz um grande investimento em máquinas totalizando $ 85 milhões.
- No dia 1º de janeiro de 2002, a Starport recebeu $ 100 milhões mediante emissão de uma debênture de cinco anos, com juros de 12 por cento. Os juros sobre a dívida de longo prazo são pagáveis trimestralmente.

Para fazer: Há informações suficientes disponíveis para você completar o orçamento de caixa da Starport. Se você não conseguir calcular alguns dos números que estão faltando, faça uma suposição e continue.

6-37 Orçamentos de caixa, anexo do capítulo. No dia 1º de dezembro de 2004, a Atacado Itami está tentando projetar recebimentos e desembolsos de caixa até 31 de janeiro de 2005. Nessa data, vencerá uma nota promissória no valor de $ 100 000. Essa quantia foi emprestada em setembro para manter a empresa até o pico sazonal em novembro e dezembro.

Quadro 6.10 Orçamento de caixa para Starport (em milhares).

Para o ano findo em 31 de dezembro de 2004

	Trimestres				Ano como um todo
	I	II	III	IV	
Saldo de caixa, inicial	$ 15 000	?	?	?	?
Mais receitas					
Recebimentos de clientes	385 000	?	?	365 000	$ 1 360 000
Total de caixa disponível para necessidades	?	347 000	310 000	?	?
Deduzir desembolsos					
Materiais diretos	175 000	125 000	?	155 000	?
Folha de pagamento	?	110 000	95 000	118 000	448 000
Outros custos	50 000	45 000	40 000	49 000	?
Custos de juros (títulos)	?	?	?	?	?
Compra de máquinas	0	?	0	0	85 000
Imposto de renda	15 000	14 000	12 000	?	61 000
Total de desembolsos	368 000	?	260 000	345 000	?
Saldo mínimo de caixa desejado	?	?	?	?	15 000
Total de caixa necessário	?	?	?	?	1 370 000
Excesso (deficiência de caixa)	?	$(50 000)	?	?	$ 5 000
Financiamento					
Empréstimos (no início)	$ 0	?	$ 0	0	?
Pagamentos (no final)	0	$ 0	0	$(50 000)	$ (50 000)
Juros (a 12% ao ano)	0	0	0	(4 500)	(4 500)
Total dos efeitos do financiamento	$ 0	?	$ 0	$(54 500)	$ (4 500)
Saldo de caixa, final	$ 32 000	?	?	$ 15 500	?

Saldos selecionados da razão geral no dia 1º de dezembro são:

Disponível	$ 10 000	
Contas a receber	280 000	
Provisão para dívidas incobráveis		$ 15 800
Estoque	87 500	
Contas a pagar		92 000

Os termos de venda pedem um desconto de 2 por cento se o pagamento for efetuado dentro dos dez primeiros dias do mês após a compra, com o saldo vencendo no final do mesmo período. Experiências têm mostrado que 70 por cento das faturas serão recebidas dentro do período de desconto, 20 por cento até o final do mês após a compra e 8 por cento no mês seguinte. Os 2 por cento restantes serão incobráveis. Não há vendas à vista.

O preço de venda médio dos produtos da empresa é de $ 100 por unidade. Vendas reais e projetadas são:

Outubro real	$ 180 000
Novembro real	250 000
Dezembro estimado	300 000
Janeiro estimado	150 000
Fevereiro estimado	120 000
Total estimado para o ano findo em 30 de junho de 2005	1 500 000

Todas as compras são pagas dentro de 15 dias. Assim, aproximadamente 50 por cento das compras em um mês vencem e são pagas no mês seguinte. O custo médio de compra por unidade é de $ 70. Os estoques-meta finais são de 500 unidades mais 25 por cento das vendas de unidades do mês seguinte.

O total de custos orçados de marketing, distribuição e atendimento ao cliente para o ano são de $ 400 000. Dessa quantia, $ 150 000 são considerados fixos (e incluem depreciação de $ 30 000). O restante varia com as vendas. Os custos fixos e variáveis de marketing, distribuição e atendimento ao cliente são pagos quando incorridos.

Para fazer: Prepare um orçamento de caixa para dezembro e janeiro. Forneça as tabelas de apoio para recebimento de contas; pagamentos de mercadorias; custos de marketing, distribuição e atendimento ao cliente.

6-38 Orçamento amplo; preencha os espaços nas tabelas. As seguintes informações são para a Papelaria Nova Esperança:

1. Informações do balanço a partir de 30 de setembro de 2004:

Ativos circulantes	
Disponível	$ 12 000
Contas a receber	10 000
Estoques	63 600
Equipamento — líquido	100 000
Passivos a partir de 30 de setembro	nenhum

2. Vendas recentes e antecipadas:

Setembro	$ 40 000
Outubro	48 000
Novembro	60 000
Dezembro	80 000
Janeiro	36 000

3. Vendas a crédito: 75 por cento das vendas são à vista e 25 por cento a prazo. Suponha que as vendas a prazo sejam todas cobráveis dentro de 30 dias após a venda. As contas a receber no dia 30 de setembro são o resultado das vendas a prazo para setembro (25 por cento de $ 40 000).

4. A margem bruta é uma média de 30 por cento das receitas. A Nova Esperança trata os descontos à vista sobre as compras como 'outras rendas' na demonstração de resultado.

5. Custos operacionais: salários e ordenados são em média 15 por cento das receitas mensais; aluguel, 5 por cento; outros custos operacionais, excluindo a depreciação, 4 por cento. Suponha que esses custos sejam desembolsados a cada mês. A depreciação é de $ 1 000 por mês.

6. Compras: A Nova Esperança mantém um estoque mínimo de $ 30 000. A política é comprar a cada mês o estoque adicional na quantia necessária para proporcionar as vendas do mês seguinte. Os termos para compras são 2/10, n/30. (Pagamentos de compras devem ser feitos em 30 dias; um desconto de 2 por cento está disponível se o pagamento for efetuado dentro de dez dias após a compra.) Suponha que os pagamentos sejam efetuados no mês da compra e que todos os descontos são aceitos.

7. Luminárias: Em outubro, $ 600 são gastos em luminárias e, em novembro, $ 400 devem ser despendidos para o mesmo propósito. Tais quantias devem ser capitalizadas.

Suponha que um saldo mínimo de caixa de $ 8 000 precisa ser mantido. Suponha também que todo o financiamento seja efetivo no início do mês e que todos os pagamentos de empréstimo sejam feitos no final do mês de pagamento. Os empréstimos são pagos quando caixa suficiente estiver disponível. Os juros, somente no momento do pagamento do principal. A taxa de juros é de 18 por cento ao ano. A administração não quer tomar emprestado mais dinheiro do que o necessário e quer pagar o empréstimo assim que o dinheiro estiver disponível.

Para fazer: Baseado nos fatos acima:

1. Complete a Tabela A.

    ### Tabela A
    Recebimentos mensais de caixa orçados

Item	Setembro	Outubro	Novembro	Dezembro
Vendas totais	$ 40 000	$ 48 000	$ 60 000	$ 80 000
Vendas a crédito	10 000	12 000		
Vendas à vista				
Recebimentos:				
Vendas à vista		$ 36 000		
Cobranças de contas a receber		10 000		
Total		$ 46 000		

2. Complete a Tabela B. Observe que as compras são 70 por cento das vendas do mês seguinte.

    ### Tabela B
    Desembolsos mensais de caixa orçados para compras

Item	Outubro	Novembro	Dezembro	4º Trimestre
Compras	$ 42 000			
Deduzir desconto à vista de 2%	840			
Desembolsos	$ 41 160			

3. Complete a Tabela C.

    ### Tabela C
    Desembolsos mensais de caixa orçados para custos operacionais

Item	Outubro	Novembro	Dezembro	4º Trimestre
Salários e ordenados	$ 7 200			
Aluguel	2 400			
Outros custos operacionais de caixa	1 920			
Total	$ 11 520			

4. Complete a Tabela D.

    ### Tabela D
    Total de desembolsos mensais de caixa orçados

Item	Outubro	Novembro	Dezembro	4º Trimestre
Compras	$ 41 160			
Custos operacionais de caixa	11 520			
Luminárias	600			
Total	$ 53 280			

5. Complete a Tabela E.

    ### Tabela E
    Recebimentos e desembolsos orçados de caixa

Item	Outubro	Novembro	Dezembro	4º Trimestre
Recebimentos	$ 46 000			
Desembolsos	53 280			
Aumento líquido de caixa				
Redução líquida de caixa	$ 7 280			

6. Complete a Tabela F. (Suponha que empréstimos precisam ser pagos em múltiplos de $ 1 000.)

Tabela F
Financiamento necessário

Item	Outubro	Novembro	Dezembro	Total
Saldo inicial de caixa	$ 12 000			
Aumento líquido de caixa				
Redução líquida de caixa	7 280			
Posição de caixa antes do empréstimo	4 720			
Saldo mínimo de caixa necessário	8 000			
Excesso/deficiência	(3 280)			
Empréstimo necessário	4 000			
Pagamentos de juros				
Restituição do empréstimo				
Saldo final de caixa	$ 8 720			

7. Qual seria o tipo de empréstimo mais lógico que a Nova Esperança precisaria? Explique seu raciocínio.
8. Prepare uma demonstração de resultado orçado para o quarto trimestre e um balanço orçado a partir de 31 de dezembro. Ignore o imposto de renda.
9. Algumas simplificações foram incluídas neste problema. Quais os fatores de complicação que podem surgir em uma situação típica de negócios?

6-39 **Folga orçamentária e ética.** (CMA) Maria Pia, gerente de orçamentos da Companhia Novas, um fabricante de móveis e carrinhos infantis, está trabalhando no orçamento para 2004. Em discussões com Samuel Freire, gerente de vendas, Maria Pia descobre que as projeções e vendas de Freire são abaixo do que ele acredita ser realmente alcançável. Quando Maria Pia pergunta ao gerente de vendas sobre isso, ele diz: "Bem, nós não queremos ficar aquém das projeções de vendas, então geralmente damos um pouco de folga ao reduzir as projeções de vendas entre 5 e 10 por cento". Maria Pia também descobre que Pedro Antonio, gerente de produção, faz ajustes similares. Ele cria um colchão nos custos orçados, adicionando 10 por cento aos custos estimados.

Para fazer: Como contadora gerencial, Maria Pia deve assumir a posição de que o comportamento descrito por Samuel Freire e Pedro Antonio é antiético? Refira-se às Normas de Conduta Ética para Contadores Gerenciais descritas no Capítulo 1.

Problema de aprendizagem colaborativa

6-40 **Revisão abrangente de orçamentos, orçamentos de caixa, anexo do capítulo.** A Bebidas Wilson engarrafa dois refrigerantes sob licenciamento da Cadbury Schweppes, na sua fábrica em Manchester. Todo o estoque, no final de um dia de trabalho, consiste de materiais diretos e produtos acabados. Não há estoque de produtos em processamento.

Os dois refrigerantes engarrafados por Bebidas Wilson são de limão e limão *diet*. O xarope para ambos os refrigerantes é comprado da Cadbury Schweppes.

A Bebidas Wilson usa um tamanho de lote de mil caixas como a unidade de análise nos seus orçamentos. (Cada caixa contém 24 garrafas.) Os materiais diretos são expressos em termos de lote, onde um lote de materiais diretos é a quantidade necessária para render um lote (mil caixas) de bebida. Os seguintes preços de compra são previstos para materiais diretos em 2005:

	Limão	*Diet*
Xarope	$ 1 200 por lote	$ 1 100 por lote
Recipientes (garrafas, tampas etc.)	$ 1 000 por lote	$ 1 000 por lote
Embalagens	$ 800 por lote	$ 800 por lote

Todas as compras de materiais diretos são a prazo.

Os dois refrigerantes são engarrafados usando o mesmo equipamento. A única diferença no processo de engarrafamento para os dois refrigerantes está no xarope.

Dados resumidos usados na elaboração de orçamentos para 2005 são:

1. Vendas
- Limão, 1 080 lotes a um preço de venda de $ 9 000 por lote
- *Diet*, 540 lotes a um preço de venda de $ 8 500 por lote

Todas as vendas são a prazo.

2. Estoque inicial (1º de janeiro de 2005) de materiais diretos
   - Xarope para limão, 80 lotes a um preço de compra de $ 1 100 por lote
   - Xarope para *diet*, 70 lotes a um preço de compra de $ 1 000 por lote
   - Recipientes, 200 lotes a um preço de compra de $ 950 por lote
   - Embalagens, 400 lotes a um preço de compra de $ 900 por lote
3. Estoque inicial (1º de janeiro de 2005) de produtos acabados
   - Limão, 100 lotes a $ 5 300 por lote
   - *Diet*, 50 lotes a $ 5 200 por lote
4. Estoque final-meta (31 de dezembro de 2005) de materiais diretos
   - Xarope para limão, 30 lotes
   - Xarope para *diet*, 20 lotes
   - Recipientes, 100 lotes
   - Embalagens, 200 lotes
5. Estoque final-meta (31 de dezembro de 2005) de produtos acabados
   - Limão, 20 lotes
   - *Diet*, 10 lotes
6. Cada lote precisa de 20 horas de mão-de-obra direta de fabricação pela taxa orçada de 2005 de $ 25 por hora. Os custos de mão-de-obra direta de fabricação são pagos no final de cada mês.
7. A previsão de custos indiretos variáveis de fabricação é de $ 600 por hora de tempo de engarrafamento; o tempo de engarrafamento é o tempo que o equipamento de enchimento está em operação. Leva duas horas para engarrafar um lote de limão e duas horas para engarrafar um lote de *diet*. Suponha que todos os custos variáveis indiretos de fabricação sejam pagos durante o mesmo mês em que foram incorridos.

A previsão de custos indiretos fixos de fabricação é de $ 1 200 000 para 2005. A depreciação de $ 400 000 está incluída na previsão de custos indiretos fixos de fabricação. Todos os custos indiretos de fabricação são pagos quando incorridos.

8. As horas orçadas para engarrafamento são a única base de alocação de custos para todos os custos indiretos fixos de fabricação.
9. As despesas administrativas são previstas para ser 10 por cento do custo da produção para 2005. As despesas de marketing são previstas para ser 12 por cento das receitas para 2005. As despesas de distribuição são previstas para ser 8 por cento das receitas para 2005. Todos essas despesas são pagas durante o mês em que foram incorridas. Suponha que não haja depreciação nem despesas de amortização.
10. Saldos iniciais orçados no dia 1º de janeiro de 2005:

Contas a receber (de vendas)	$ 550 000
Contas a pagar (de materiais diretos)	300 000
Caixa	100 000

11. Saldos finais orçados no dia 31 de dezembro de 2005:

Contas a receber (de vendas)	$ 600 000
Contas a pagar (de materiais diretos)	400 000

12. Compra orçada de equipamentos em maio $ 1 350 000
13. Despesa estimada de imposto de renda para 2005 $ 625 000

Para fazer:

Suponha que a Bebidas Wilson use o método primeiro a entrar, primeiro a sair para o custeio de todo o estoque. Com base nos dados acima, prepare os seguintes orçamentos para 2005:

a. Orçamento de receitas (em dólares)
b. Orçamento de produção (em unidades)
c. Orçamento de consumo de materiais diretos (em unidades e dólares)
d. Orçamento de compras de materiais diretos (em unidades e dólares)
e. Orçamento de mão-de-obra direta de fabricação
f. Orçamento dos custos indiretos de fabricação
g. Orçamento do estoque final de produtos acabados
h. Orçamento das despesas de produtos vendidos
i. Orçamento das despesas de marketing
j. Orçamento das despesas de distribuição
k. Orçamento das despesas administrativas
l. Demonstração de resultado orçado
m. Orçamento de caixa

capítulo 7

Orçamentos flexíveis, variações e controle gerencial: I

Objetivos de aprendizagem

1. Distinguir um orçamento estático de um orçamento flexível
2. Elaborar orçamentos flexíveis e calcular variações em orçamentos flexíveis e variações em volumes de vendas
3. Explicar por que custos-padrão muitas vezes são usados na análise de variações
4. Calcular variações de preços e variações de eficiência para custos diretos
5. Explicar por que medidas de desempenho de compras devem se concentrar em mais fatores em vez de apenas nas variações de preços
6. Integrar a melhoria contínua com a análise de variações
7. Efetuar a análise de variações em sistemas de custeio baseado em atividades
8. Descrever *benchmarking* e seu uso na gestão de custos

"Você gostaria de batatas fritas para acompanhar?" é mais que uma simples pergunta sobre as preferências do cliente. No McDonald's, faz parte de uma técnica chamada 'vendas agregadas', que encoraja os compradores a adicionar itens às suas compras, gerando mais receita para a empresa. Os clientes respondem 'sim' com maior freqüência do que 'não', contribuindo para o alcance das metas de vendas e de rentabilidade do restaurante.

Nos bastidores, os gerentes acompanham essas vendas assim como os custos a ela associados. Os custos-padrão de alimento e mão-de-obra são orçados e o desempenho real do restaurante é comparado com o desempenho planejado baseado nos custos orçados. Qualquer variação (ou variança) significativa em relação ao orçamento precisa ser explicada. Se o volume real de vendas de batatas fritas diferir do volume de vendas orçado, este último será ajustado ao primeiro antes de examinar os custos. Dessa forma, o orçamento é flexível e os gerentes não podem simplesmente usar um volume de vendas alto para explicar os altos custos dos alimentos ou os problemas com os custos de mão-de-obra.

No Capítulo 6, você viu como os orçamentos ajudam os administradores nas funções de planejamento. Agora, voltamo-nos para o modo como os orçamentos — especialmente os flexíveis — são usados para avaliar o *feedback* sobre variações, auxiliando os administradores nas suas funções de controle. O *feedback* capacita os administradores a comparar os resultados reais — ou seja, o que está acontecendo — com o desempenho planejado — o que deveria estar acontecendo de acordo com os planos. Orçamentos flexíveis e variações ajudam os administradores a entender *por que* os resultados reais diferem do desempenho planejado. Esse 'por que' é assunto deste capítulo e do próximo.

O USO DE VARIAÇÕES

Cada **variação** calculada é a diferença entre uma quantia baseada em um resultado real e a quantia orçada correspondente — ou seja, a quantia real e a que era para ser de acordo com o orçamento. A quantia orçada é um ponto de referência a partir do qual comparações podem ser feitas.

Variações ajudam os administradores nas decisões de planejamento e controle. A **administração por exceção** é a prática de se concentrar em áreas que não estão operando como o esperado (como uma redução nas vendas de um produto) e dar menos atenção às áreas que estão operando como o esperado. Os administradores usam informações fornecidas pelas variações para alocar seus esforços: eles regularmente prestam mais atenção nas áreas com grandes variações. Por exemplo, suponha que os custos reais associados com sucata e retrabalho em uma fábrica de eletrodomésticos da Brastemp sejam muito maiores do que os custos orçados. Essas variações guiarão os administradores a buscar explicações e a tomar medidas corretivas em tempo, assegurando que as operações futuras resultem em menos sucata e retrabalho.

Variações também são usadas na avaliação do desempenho. Os gerentes da linha de produção na Brastemp podem ter incentivos trimestrais associados à obtenção de um valor orçado dos custos operacionais.

Às vezes, as variações sugerem uma mudança de estratégia. Altos índices de defeitos para um produto novo podem sugerir problemas de projeto. Os executivos podem então querer reavaliar suas estratégias de produto.

ORÇAMENTOS ESTÁTICOS E ORÇAMENTOS FLEXÍVEIS

O *orçamento geral*, ou **estático**, discutido no Capítulo 6, é baseado no *nível de produção planejado no início do período orçamentário*. O orçamento geral para a Móveis de Estilo é um orçamento estático, no sentido de que é elaborado para um único nível de produção planejada. No orçamento estático, quando as variações são calculadas no final do período, não são feitos ajustes às quantias orçadas para o nível real de produção no período do orçamento. Neste capítulo, enfatizamos os orçamentos flexíveis.

Um **orçamento flexível** calcula receitas e custos orçados com base no *nível real de produção no período do orçamento*. Além disso, é calculado no final do período, quando a produção real já é conhecida; um *orçamento estático é elaborado no início do período orçamentário com base no nível planejado de produção* para o período. Como mostramos, um orçamento flexível capacita os administradores a calcular variações que proporcionam mais informações do que as informações de variações em um orçamento estático.

Orçamentos, tanto estáticos quanto flexíveis, podem diferir no nível de detalhes que eles relatam. Empresas apresentam orçamentos com números agregados que podem ser desagregados em números progressivamente mais detalhados por meio de programas de *software*. O nível de detalhamento aumenta com o número de itens examinados na demonstração de resultados e com o número de variações calculadas.

Neste livro, 'nível', seguido por um número, denota a quantidade de detalhes revelada por uma análise de variação. O nível 0 relata menos detalhes, o nível 1 oferece mais informações e assim por diante. Usaremos o exemplo da Companhia Webb para ilustrar os orçamentos estáticos e flexíveis e suas relativas variações.

SISTEMA CONTÁBIL NA WEBB

A Webb fabrica e vende uma jaqueta de grife que necessita de modelagem, corte e de muitas operações à mão. As vendas são efetuadas para distribuidores que repassam para lojas de roupas e redes de varejo. Os únicos custos da Webb são os de produção; ela não incorre em nenhum custo em outras funções da cadeia de valor, como marketing e distribuição. Supomos que todas as unidades produzidas em abril de 2003 sejam vendidas no mesmo período. Não há nenhum estoque inicial ou final. A Webb tem três categorias de custos variáveis. O custo variável orçado por jaqueta para cada categoria é de:

Categoria de custo	Custo variável por jaqueta
Custos de materiais diretos	$ 60
Custos de mão-de-obra direta	16
Custos indiretos variáveis de produção	12
Total de custos variáveis	$ 88

O *número de unidades fabricadas* é o direcionador de custo para materiais diretos, mão-de-obra direta e custos indiretos de produção variáveis. A faixa relevante para o direcionador de custo é de 0 a 12 mil jaquetas. Os custos de produção fixos orçados são $ 276 000 para uma produção entre 0 e 12 mil jaquetas. O preço de venda orçado é de $ 120 por jaqueta. Esse preço de venda é o mesmo para todos os distribuidores. O orçamento estático para abril de 2003 é baseado na venda de 12 mil unidades, e as vendas reais para abril de 2003 foram de dez mil. O Quadro 7.1, coluna 3, apresenta o orçamento estático para a Companhia Webb para abril de 2003.

Variações de orçamentos estáticos

A **variação de um orçamento estático** é a diferença entre um resultado real e a quantia correspondente orçada no orçamento estático. O Quadro 7.1 mostra as análises de variações do nível 0 e do nível 1 para abril de 2003. O nível 0 dá a comparação menos detalhada do lucro real e operacional orçado.

Uma **variação favorável** — chamada de F neste livro — tem o efeito de aumentar o lucro operacional com relação à quantia orçada. Para itens de receita, F significa que as receitas reais excedem as receitas orçadas. Para itens de custos, F significa que os custos reais são menores que os custos orçados. Uma **variação desfavorável** — chamada de D neste livro — tem o efeito de reduzir o lucro operacional em relação à quantia orçada. Variações desfavoráveis também são chamadas de *variações adversas* em alguns países, como, por exemplo, no Reino Unido.

A variação desfavorável de $ 93 100 no Quadro 7.1 para o nível 0 é simplesmente o resultado de subtração do lucro operacional no orçamento estático de $ 108 000 do lucro real de $ 14 900:

Variância do orçamento estático para o lucro operacional = Resultado real − Quantia do orçamento estático
= $ 14 900 − $ 108 000
= − $ 93 100, ou $ 93 100 D

A análise do nível 1 no Quadro 7.1 fornece aos administradores informações mais detalhadas sobre a variação no orçamento estático para o lucro operacional de $ 93 100. As informações adicionais no nível 1 indicam como cada um dos itens que compõem o lucro operacional — receitas, custos variáveis individuais e custos fixos — totalizam a variação no orçamento estático de $ 93 100. A porcentagem orçada da margem de contribuição de 26,7 por cento diminui para 24,0 por cento para os resultados reais.

Embora a análise do nível 1 ofereça mais informações do que do nível 0, muitas vezes os administradores desejam ainda mais detalhes sobre as causas de variações. É nesse momento que o orçamento flexível se torna útil.

Etapas na elaboração de um orçamento flexível

O orçamento flexível é preparado no final do período (abril de 2003) após o nível real de produção de dez mil jaquetas ser conhecido. O orçamento flexível é o orçamento que a Webb teria preparado no início do período orçamentário se tivesse previsto corretamente o nível real de produção de dez mil jaquetas. Na preparação no orçamento flexível:

1. O preço de venda orçado é o mesmo — $ 120 por jaqueta — usado na preparação do orçamento estático.
2. Os custos variáveis orçados são os mesmos — $ 88 por jaqueta — usados no orçamento estático.
3. Os custos fixos orçados são a mesma quantia no orçamento estático, de $ 276 000 (porque as dez mil jaquetas produzidas ficam dentro da faixa relevante de 0 a 12 mil jaquetas para a qual os custos fixos são de $ 276 000).

A *única* diferença entre o orçamento estático e o flexível é que o orçamento estático é preparado para a produção planejada de 12 mil jaquetas, enquanto o orçamento flexível é baseado na produção real de dez mil delas: o orçamento estático está sendo 'flexibilizado' (ou adaptado) de 12 mil para dez mil jaquetas. Ao preparar o orçamento flexível para

Quadro 7.1 Análise de variações baseadas no orçamento estático para a Companhia Webb para abril de 2003[a].

ANÁLISE DE NÍVEL 0

Lucro operacional real	$ 14 900
Lucro operacional orçado	108 000
Variação no orçamento estático para o lucro operacional	$ 93 100 D

ANÁLISE DE NÍVEL 1

	Resultados reais (1)	Variações do orçamento estático (2) = (1) − (3)	Orçamento estático (3)
Unidades vendidas	10 000	2 000 D	12 000
Receitas	$ 1 250 000	$ 190 000 D	$ 1 440 000
Custos variáveis			
Materiais diretos	621 600	98 400 F	720 000
Mão-de-obra direta	198 000	6 000 D	192 000
Custos indiretos variáveis de produção	130 500	13 500 F	144 000
Total de custos variáveis	950 100	105 900 F	1 056 000
Margem de contribuição	299 900 [b]	84 100 D	384 000 [c]
Custos fixos	285 000	9 000 D	276 000
Lucro operacional	$ 14 900	$ 93 100 D	$ 108 000

$ 93 100 D

Variação no orçamento estático

a F = efeito favorável sobre o lucro operacional; D = efeito desfavorável sobre o lucro operacional.
b Margem de contribuição porcentual = $ 299 900 ÷ $ 1 250 000 = 24,0%
c Margem de contribuição porcentual = $ 384 000 ÷ $ 1 440 000 = 26,7%

---

dez mil jaquetas, todos os custos são presumidos como sendo variáveis ou fixos com respeito ao número de jaquetas produzidas.

A Webb elabora seu orçamento flexível em três etapas.

Etapa 1: Identificar a quantia real de produção. Em abril de 2003, a Webb produziu e vendeu dez mil jaquetas.

Etapa 2: Calcular o orçamento flexível para receitas com base no preço de venda orçado e a quantia real de produção.

    Receitas no orçamento flexível = $ 120 por jaqueta × 10 000 jaquetas
                                    = $ 1 200 000

Etapa 3: Calcular o orçamento flexível para custos com base no custo variável orçado por unidade de produção, a quantia real de produção e os custos fixos orçados.

Custos variáveis no orçamento flexível	
Materiais diretos, $ 60 por jaqueta × 10 000 jaquetas	$ 600 000
Mão-de-obra direta, $ 16 por jaqueta × 10 000 jaquetas	160 000
Custos indiretos variáveis, $ 12 por jaqueta × 10 000 jaquetas	120 000
Total de custos variáveis no orçamento flexível	880 000
Custos fixos no orçamento flexível	276 000
Custos totais no orçamento flexível	$ 1 156 000

Essas três etapas permitem que a Webb prepare um orçamento flexível como o retratado no Quadro 7.2, coluna 3. A Webb usa o orçamento flexível para realizar uma análise de variações de nível 2, que subdivide mais ainda os $ 93 100 de variação desfavorável do lucro operacional, no orçamento estático.

VARIAÇÕES NO ORÇAMENTO FLEXÍVEL E VARIAÇÕES NO VOLUME DE VENDAS

O Quadro 7.2 mostra a análise de variações de nível 2 baseadas no orçamento flexível para a Webb. As variações de Nível 2 subdividem a variação desfavorável no orçamento estático de $ 93 100 do nível 1 para o lucro operacional em duas partes: uma variação no orçamento flexível de $ 29 100 D e uma variação no volume de vendas de $ 64 000 D.

Quadro 7.2 Análise de variações de nível 2 com base no orçamento flexível para a Companhia Webb para abril de 2003[a].

ANÁLISE DE NÍVEL 2

	Resultados reais (1)	Variações no orçamento flexível (2) = (1) − (3)	Orçamento flexível (3)	Variações no volume de vendas (4) = (3) − (5)	Orçamento estático (5)
Unidades vendidas	10 000	0	10 000	2 000 D	12 000
Receitas	$1 250 000	$ 50 000 F	$1 200 000	$ 240 000 D	$1 440 000
Custos variáveis					
Materiais diretos	621 600	21 600 D	600 000	120 000 F	720 000
Mão-de-obra direta	198 000	38 000 D	160 000	32 000 F	192 000
Custos indiretos variáveis	130 500	10 500 D	120 000	24 000 F	144 000
Total de custos variáveis	950 100	70 100 D	880 000	176 000 F	1 056 000
Margem de contribuição	299 900	20 100 D	320 000	64 000 D	384 000
Custos fixos	285 000	9 000 D	276 000	0	276 000
Lucro operacional	$ 14 900	$ 29 100 D	$ 44 000	$ 64 000 D	$ 108 000

$ 29 100 D $ 64 000 D
Variações no orçamento flexível   Variações no volume de vendas
$ 93 100 D
Variações no orçamento estático

a F = efeito favorável sobre o lucro operacional; D = efeito desfavorável sobre o lucro operacional.

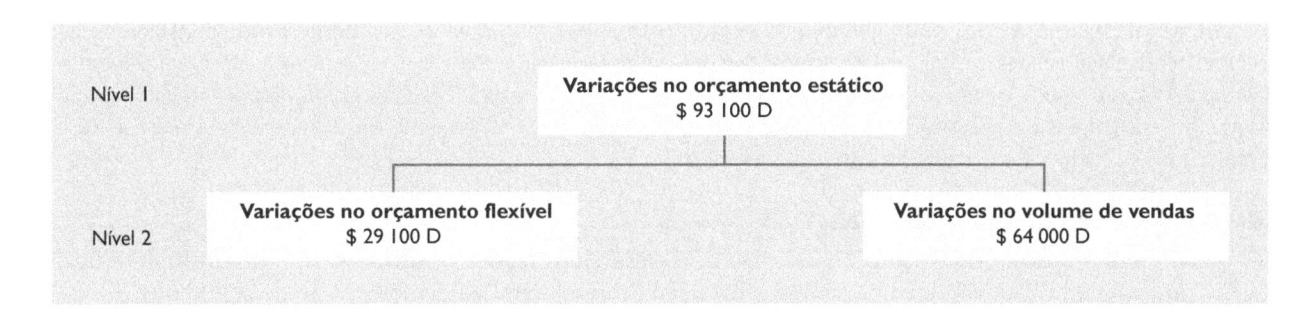

Nível 1: Variações no orçamento estático $ 93 100 D

Nível 2: Variações no orçamento flexível $ 29 100 D   Variações no volume de vendas $ 64 000 D

A **variação no volume de vendas** é a diferença entre a quantia no orçamento flexível e a quantia correspondente no orçamento estático. A **variação no orçamento flexível** é a diferença entre um resultado real e a quantia correspondente no orçamento flexível com base no nível de produção real no período orçamentário.

Que informações úteis são obtidas ao subdividir a variação no orçamento estático em seus dois componentes? Lembre-se: a Webb, na verdade, produziu e vendeu dez mil jaquetas, embora o orçamento tivesse antecipado uma produção de 12 mil. *Os administradores gostariam de saber quanto da variação no orçamento estático é devido à previsão imprecisa de unidades de produção vendidas e quanto da variação no orçamento estático é devido ao desempenho da Webb em 2003.* A elaboração de um orçamento flexível permite que os administradores entendam os dois efeitos..

VARIAÇÕES NO VOLUME DE VENDAS

Lembre-se de que as quantias no orçamento flexível, na coluna 3, do Quadro 7.2, e as quantias no orçamento estático, na coluna 5, são calculadas usando preços de venda orçados, o custo variável orçado por jaqueta e os custos fixos orçados. A única distinção é a de que a quantia no orçamento flexível é calculada usando o nível de produção real, enquanto a quantia no orçamento estático é calculada usando o nível orçado de produção. A diferença entre as duas quantias é chamada de *variação no volume de vendas* porque representa a diferença causada somente pela diferença na quantidade real (ou volume) de dez mil jaquetas vendidas e a quantidade de 12 mil que se esperava vender no orçamento estático.

Variação no volume de vendas   Quantia no   Quantia no
para o lucro operacional   =   orçamento flexível   −   orçamento estático
                                   = $ 44 000 − $ 108 000
                                   =   − $ 64 000, ou $ 64 000 D

No nosso exemplo da Webb, a variação no volume de vendas para o lucro operacional ocorre somente por causa da previsão imprecisa das unidades produzidas vendidas: a Webb vendeu apenas dez mil jaquetas, duas mil a menos que as 12 mil orçadas. Observe, especialmente, que o preço de venda e o custo variável orçados por unidade são mantidos constantes ao calcular as variações no volume de vendas. Assim:

$$\begin{aligned}\text{Variações no volume de vendas para o lucro operacional} &= \left(\begin{array}{c}\text{Preço de venda} \\ \text{orçado}\end{array} - \begin{array}{c}\text{Custo variável} \\ \text{unitário orçado}\end{array}\right) \times \left(\begin{array}{c}\text{Unidades} \\ \text{reais vendidas}\end{array} - \begin{array}{c}\text{Unidades vendidas} \\ \text{no orçamento estático}\end{array}\right) \\ &= (\$\ 120\ \text{por jaqueta} - \$\ 88\ \text{por jaqueta}) \times (10\ 000\ \text{jaquetas} - 12\ 000\ \text{jaquetas}) \\ &= \$\ 32\ \text{por jaqueta} \times (-2\ 000\ \text{jaquetas}) \\ &= -\$\ 64\ 000,\ \text{ou}\ \$\ 64\ 000\ \text{D}\end{aligned}$$

A variação desfavorável no volume de vendas da Webb pode ser atribuída a uma ou mais das causas a seguir:

1. A demanda geral por jaquetas não está crescendo pelas taxas antecipadas.
2. Os concorrentes estão tirando participação de mercado da Webb.
3. A Webb não se adaptou às mudanças nas preferências e nos gostos dos clientes.
4. Problemas de qualidade surgiram e levaram à insatisfação do cliente em relação às jaquetas da Webb.
5. As metas orçadas de vendas foram estabelecidas sem uma análise cuidadosa das condições do mercado.

A maneira como a Webb irá responder à variação desfavorável no volume de vendas dependerá do que é presumido como sendo a causa da variação. Por exemplo, se a Webb acreditar que a variação foi causada por razões relacionadas ao mercado (razões 1 ou 2), o gerente de vendas seria o profissional mais indicado para explicar o que aconteceu e para sugerir medidas corretivas — como promoções de vendas — necessárias. No entanto, se a variação desfavorável foi causada por problemas de qualidade, o gerente de produção seria o indicado para analisar as causas e sugerir estratégias para a melhoria, como mudanças no processo de produção ou novos investimentos em equipamentos.

O Quadro 7.2, coluna 4, mostra uma variação no volume de vendas para cada um dos itens na demonstração de resultados. Tirando os efeitos de previsões imprecisas de unidades de produção vendidas — a variação no volume de vendas — da variação no orçamento estático, é possível comparar as receitas e os custos reais incorridos para abril de 2003, com as receitas e os custos que a Webb teria orçado para as dez mil jaquetas realmente produzidas e vendidas — o orçamento flexível. *Essas variações no orçamento flexível são uma medida melhor do desempenho operacional porque elas comparam as receitas reais com as receitas orçadas, e os custos reais com os custos orçados de produção para as mesmas dez mil jaquetas.* Em contrapartida, a variação no orçamento estático compara as receitas e os custos reais para as dez mil jaquetas com as receitas e os custos orçados para as 12 mil.

VARIAÇÕES NO ORÇAMENTO FLEXÍVEL

As três primeiras colunas do Quadro 7.2 comparam os resultados reais com os montantes no orçamento flexível. Variações no orçamento flexível estão na coluna 2 para cada componente na demonstração de resultados:

Variações no orçamento flexível = Resultados reais − Quantia no orçamento flexível

A linha do lucro operacional do Quadro 7.2 mostra que a variação no orçamento flexível é de $ 29 100 D ($ 14 900 − $ 44 000). Os $ 29 100 D ocorrem porque o preço real de venda, o custo variável por unidade e os custos fixos diferem das quantias orçadas. As quantias reais e orçadas para o preço de venda e o custo variável por unidade são:

	Quantia real	Quantia orçada
Preço de venda	$ 125,00 ($ 1 250 000 ÷ 10 000 jaquetas)	$ 120,00 ($ 1 200 000 ÷ 10 000 jaquetas)
Custo variável por jaqueta	$ 95,01 ($ 950 100 ÷ 10 000 jaquetas)	$ 88,00 ($ 880 000 ÷ 10 000 jaquetas)

A variação no orçamento flexível para receitas é chamada de **variação no preço de venda** porque resulta somente das diferenças entre o preço de venda real e o preço de venda orçado:

$$\begin{aligned}\text{Variação no preço de venda} &= (\text{Preço de venda real} - \text{Preço de venda orçado}) \times \text{Unidades reais vendidas} \\ &= (\$\ 125\ \text{por jaqueta} - \$\ 120\ \text{por jaqueta}) \times 10\ 000\ \text{jaquetas} \\ &= \$\ 50\ 000\ \text{ou}\ \$\ 50\ 000\ \text{F}\end{aligned}$$

A Webb tem uma variação favorável no preço de venda porque o preço de venda real de $ 125 excede a quantia orçada de $ 120, o que aumenta o lucro operacional. Os gerentes de marketing geralmente estão na melhor posição para compreender e explicar a razão dessa diferença no preço de venda; pode, por exemplo, ser por causa de melhor acabamento ou de um aumento global nos preços do mercado.

A variação no orçamento flexível para custos variáveis é desfavorável para a produção real de dez mil jaquetas. Ela é desfavorável porque (a) a Webb usou uma quantidade maior de recursos (como horas de mão-de-obra direta) em relação às quantias orçadas, ou (b) a Webb incorreu em preços mais altos por unidade para os recursos (como a taxa horária por hora de mão-de-obra direta) em relação aos preços unitários orçados para os recursos e (c) tanto (a) quanto (b). Mais recursos em relação ao orçamento e/ou preços mais altos dos recursos em relação ao orçamento podem ter resultado na decisão da Webb em produzir um produto superior ao do planejado no orçamento, ou o resultado de ineficiência da Webb na produção e em compras, ou ambos. *Você sempre deve pensar na análise de variações como uma fonte de sugestões para uma investigação adicional em vez de estabelecer provas conclusivas de um desempenho bom ou ruim.*

Os custos fixos reais de $ 285 000 são $ 9 000 a mais do que o valor orçado de $ 276 000. Esse custo fixo, mais alto, reduz o lucro operacional fazendo com que a variação no orçamento flexível seja desfavorável.

VARIAÇÕES NO PREÇO E VARIAÇÕES NA EFICIÊNCIA PARA CUSTOS DIRETOS

Agora, ilustramos como a variação de nível 2 no orçamento flexível para os recursos de custo direto pode ser subdividida ainda em mais duas variações detalhadas, que são variações de nível 3:

1. Uma variação de preço que reflete a diferença entre um preço real e um preço orçado de um recurso.
2. Uma variação de eficiência que reflete a diferença entre uma quantidade real e uma quantidade orçada de um recurso.

As informações disponíveis das variações de nível 3 ajudam os administradores a compreender melhor o desempenho passado e a planejar melhor um desempenho futuro.

OBTENDO PREÇOS ORÇADOS E QUANTIDADES ORÇADAS DE RECURSOS

Para calcular variações no preço e na eficiência, a Webb precisa obter preços orçados e as quantidades orçadas de recursos. As três principais fontes de informação da Webb são:

1. Dados reais de períodos passados. A maioria das empresas tem dados passados sobre preços reais e quantidades reais de recursos. Esses preços e quantidades passados podem ser usados como os preços e as quantidades orçados em um orçamento flexível. Dados passados estão geralmente disponíveis a um custo baixo. Não obstante, há limitações quanto ao uso dessa fonte de dados: (i) dados passados podem incluir ineficiências e (ii) dados passados não incorporam quaisquer mudanças esperadas para o período orçamentário.
2. Dados de outras empresas que têm processos similares. A principal limitação em relação ao uso dessa fonte é a de que os dados de preços e quantidades dos recursos de outras empresas podem não estar disponíveis.
3. Padrões desenvolvidos pela Webb. Um **padrão** é um preço, custo ou quantidade cuidadosamente determinado. Um padrão é normalmente expresso por unidade. Considere como a Webb determina os seus padrões. Usando estudos de engenharia, a Webb realiza uma divisão detalhada das etapas necessárias para fazer uma jaqueta. A cada etapa é atribuído um tempo *padrão* baseado no trabalho realizado por um operador qualificado usando equipamento operado de forma eficiente. Há duas vantagens de usar tempos padrão: (i) eles buscam excluir ineficiências passadas e (ii) levar em conta mudanças esperadas no período orçamentário. Um exemplo de (ii) é o arrendamento de novas máquinas de costura que operam a uma velocidade mais rápida e que permitem que a produção apresente um índice mais baixo de defeitos. O custo padrão de mão-de-obra para cada jaqueta é calculado ao multiplicar o tempo-padrão determinado para produzir uma jaqueta pela taxa horária padrão que a Webb pretende pagar aos seus operadores. Da mesma forma, a Webb determina a quantidade-padrão de metros quadrados de tecido necessária para que um operador qualificado faça uma jaqueta, o preço-padrão por metro quadrado de tecido, e (ao multiplicá-los) o custo-padrão de material direto de uma jaqueta.

O termo 'padrão' se refere a muitas coisas diferentes. Sempre esclareça o seu significado e como ele está sendo empregado. Um **recurso-padrão** é uma quantidade de recursos cuidadosamente determinada — como metros quadrados de tecidos ou horas de mão-de-obra direta —, necessários para uma unidade de produção, como uma jaqueta. O **preço-padrão** é um preço cuidadosamente determinado que uma empresa espera pagar por uma unidade de recurso. No exemplo da Webb, a taxa horária padrão é um exemplo de preço-padrão de uma hora de mão-de-obra direta. O **custo-padrão** é um custo cuidadosamente determinado de uma unidade de produção — por exemplo, o custo-padrão de mão-de-obra direta de uma jaqueta na Webb.

$$\begin{array}{c}\text{Custo-padrão por jaqueta para cada}\\\text{recurso de custo direto variável}\end{array} = \begin{array}{c}\text{Recurso-padrão permitido}\\\text{para uma unidade de produção}\end{array} \times \begin{array}{c}\text{Preço-padrão}\\\text{por unidade de recurso}\end{array}$$

Custo-padrão de material direto unitário: dois metros quadrados de tecido, necessários por unidade (jaqueta) fabricada, a um preço-padrão de $ 30 por metro quadrado

Custo-padrão de material direto unitário = 2 metros quadrados × $ 30 por metro quadrado = $ 60

Custo-padrão de mão-de-obra direta unitário: 0,8 hora de mão-de-obra unitário, a um preço-padrão por hora de $ 20.

Custo-padrão de mão-de-obra direta unitário = 0,8 hora × $ 20 por hora = $ 16

Como as palavras 'orçamento' e 'padrão' estão relacionadas? Orçamento é um termo mais amplo. Como indica a descrição acima, preços orçados, quantidades orçadas de recursos e custos orçados não precisam ser baseados em padrões. No entanto, quando padrões são usados para obter quantidades e preços orçados de recursos, os termos 'padrão' e 'orçamento' significam a mesma coisa e são usados de maneira intercambiável. A quantidade-padrão de cada recurso por unidade de produção e o preço-padrão de cada recurso determinam o custo-padrão, ou orçado, de cada recurso por unidade de produção. Veja como os cálculos de custo-padrão para materiais diretos e mão-de-obra direta são iguais ao custo unitário orçado de material direto de $ 60 e o custo orçado de mão-de-obra direta de $ 16 mencionados anteriormente neste capítulo.

No seu sistema de custeio, a Webb usa padrões que são alcançáveis por meio de operações eficientes, mas que permitem quebras normais. Algumas empresas usam padrões ideais ou teóricos que presumem condições ideais de operação sem nenhuma quebra de máquina e nenhuma produção defeituosa. Obviamente, esses tipos de padrão são difíceis de alcançar. Como vimos no Capítulo 6, o estabelecimento de padrões difíceis aumenta a frustração do trabalhador e prejudica a motivação e o desempenho. No quadro abaixo, é descrito o uso difundido de custos-padrão.

DADOS PARA CALCULAR AS VARIAÇÕES NO PREÇO E AS VARIAÇÕES DA EFICIÊNCIA NA WEBB

Considere as duas categorias de custos diretos da Webb. O custo real para cada uma dessas categorias para as dez mil jaquetas fabricadas e vendidas em abril de 2003 é:

Material direto comprado e consumido

1. Metros quadrados de tecido comprado e consumido — 22 200
2. Preço real incorrido por metro quadrado — $ 28
3. Custos de materiais diretos (1 × 2) [Quadro 7.2, coluna 1] — $ 621 600

Pesquisas de práticas empresariais

O uso difundido de custos-padrão

Pesquisas de práticas empresariais em todo o mundo relatam o uso difundido de custos-padrão por fabricantes. Os seguintes dados são representativos de pesquisas conduzidas em cinco países.

	Porcentagem de respondentes usando custos-padrão nos seus sistemas contábeis
Estados Unidos[a]	86
Irlanda[b]	85
Reino Unido[c]	76
Suécia[d]	73
Japão[e]	65

O que explica a popularidade de custos-padrão? Empresas baseadas em quatro países relatam as seguintes razões para o uso de custos-padrão (1, mais importante; 4, menos importante):[f]

	Estados Unidos	Canadá	Japão	Reino Unido
Gestão de custos	1	1	1	2
Decisões de precificação	2	3	2	1
Planejamento e controle orçamentários	3	2	3	3
Preparação de demonstrações financeiras	4	4	4	4

As variações de preço de materiais e de eficiência discutidas neste capítulo ilustram o uso de custos-padrão na gestão de custos.

a Cornick, Cooper e Wilson, *How do companies*.
b Clarke e Brisbane, *An investigation into*.
c Drury, Braund, Osborne e Tayles, *A survey*.
d Ask e Ax, *A survey of*.
e Scarbrough, Nanni e Sakurai, *Japanese management*.
f Inoue, *A comparative study*.
g Gosselin, *Performance measurement*.

Mão-de-obra direta

1. Horas de mão-de-obra direta   9 000
2. Preço real incorrido por hora de mão-de-obra direta $ 22
3. Custos de mão-de-obra direta (1 × 2) [Quadro 7.2, coluna 1] $ 198 000

Por questão de simplicidade, supomos que a quantidade de material direto consumido é igual à quantidade de material direto comprado. Vamos usar esses dados da Companhia Webb para ilustrar a variação no preço e na eficiência.

Uma **variação no preço** é a diferença entre o preço real e o orçado, multiplicado pela quantidade real de recurso, como o material direto comprado ou consumido. Uma variação no preço às vezes é chamada de **variação no preço de recursos** ou **variação na taxa**, especialmente quando estiver se referindo a uma variação no preço para a mão-de-obra direta. Uma **variação na eficiência** é a diferença entre a quantidade real de entrada consumida — como metros quadrados de tecido de materiais diretos — e a quantidade orçada que deveria ter sido consumida para a produção real, multiplicada pelo preço orçado. Uma variação na eficiência às vezes é chamada de **variação no consumo**.

O Quadro 7.3 mostra como a variação no preço e na eficiência subdividem a variação no orçamento flexível. Considere o painel para materiais diretos. A variação no material direto no orçamento flexível de $ 21 600 D é a diferença entre os custos reais incorridos (quantidade real de recursos × preço real) mostrados na coluna 1 e o orçamento flexível (quantidade orçada de recursos permitidos para a produção real × preço orçado) mostrado na coluna 3. A coluna 2 (quantidade real de recursos × preço orçado) é inserida entre a coluna 1 e a coluna 3. A diferença entre as colunas 1 e 2 é a variação no preço de $ 44 000 F porque a mesma quantidade real de recursos é multiplicada pelo *preço real* na coluna 1 e o *preço orçado* na coluna 2. A diferença entre as colunas 2 e 3 é a variação na eficiência de $ 66 000 D porque o mesmo preço orçado é multiplicado pela *quantidade real* na coluna 2 e a *quantidade orçada permitida para a produção real* na coluna 3. Veja como a variação no preço de material direto, $ 44 000 F, mais a variação na eficiência de material direto, $ 66 000 D, é igual à variação na eficiência de material direto no orçamento flexível, $ 21 600 D. A seguir, nós discutiremos as variações no preço e as variações na eficiência em maiores detalhes.

Variações no preço

A fórmula para calcular a variação no preço é

$$\text{Variação no preço} = \left(\text{Preço real de recurso} - \text{Preço orçado de recurso} \right) \times \text{Quantidade real de recurso}$$

Quadro 7.3 Apresentação em colunas da análise de variações: Custos diretos da Companhia Webb para abril de 2003[a].

ANÁLISE DE NÍVEL 3

	Custos reais incorridos (quantidade real de recursos × preço real) (1)	Quantidade real de recursos × preço orçado (2)	Orçamento flexível (quantidade orçada permitida para produção real × preço orçado) (3)
Materiais diretos	(22 200 m² × $ 28/m²) $ 621 600	(22 200 m² × $ 30/m²) $ 666 000	(10 000 unidades × 2 m²/unidade × $ 30/m²) $ 600 000
	↑ $ 44 400 F ↑	$ 66 000 D ↑	
	Variação no preço	Variação na eficiência	
	↑ $ 21 600 D ↑		
	Variação no orçamento flexível		
Mão-de-obra direta	9 000 horas × $ 22/h $ 198 000	9 000 horas × $ 20/h $ 180 000	10 000 unidades × 0,8h/unidade × $ 20/h $ 160 000
	↑ $ 18 000 D ↑	$ 20 000 D ↑	
	Variação no preço	Variação na eficiência	
	↑ $ 38 000 D ↑		
	Variação no orçamento flexível		

a *F = efeito favorável sobre o lucro operacional; D = efeito desfavorável sobre o lucro operacional.*

Variações no preço para as duas categorias de custo direto da Webb são:

Categoria de custo direto	(Preço real de entrada − Preço orçado de entrada)	× Quantidade real de entrada	=	Variações no preço
Material direto	($ 28 por m² − $ 30 por m²)	× 22 200 m²	=	$ 44 000 F
Mão-de-obra direta	($ 22 por hora − $ 20 por hora)	× 9 000 horas	=	18 000 D
				$ 26 400 F

Considere sempre várias causas possíveis para uma variação no preço. Por exemplo, a variação favorável da Webb no preço de materiais diretos pode ter uma ou mais das seguintes causas:

- O gerente de compras da Webb negociou o preço de materiais diretos de forma mais habilidosa do que o planejado no orçamento.
- O gerente de compras mudou para um fornecedor de preço mais baixo.
- O gerente de compras da Webb compra em quantidades maiores do que as orçadas, obtendo descontos.
- Os preços de materiais diretos caíram inesperadamente devido a, digamos, excesso de oferta no setor.
- Preços orçados para a compra de materiais diretos foram estabelecidos sem uma análise cuidadosa das condições de mercado.
- O gerente de compras deparou-se com condições desfavoráveis em outros fatores além do preço (como material de qualidade inferior).

Como a Webb responderá a uma variação no preço do material dependerá do que se presume seja a causa da variação. Suponha que os administradores da Webb atribuam a variação favorável ao fato de o gerente de compras pedir quantidades maiores do que as orçadas, recebendo descontos pela quantidade. A Webb poderia verificar se a compra dessas quantidades maiores resultou em custos mais altos de armazenamento. Se o aumento nos custos de armazenamento e manutenção de estoque exceder os descontos pela quantidade, comprar em quantidades maiores não é vantajoso. Por essa razão, algumas empresas reduziram o armazenamento de materiais para evitar que os gerentes de compras comprassem em quantidades maiores.

VARIAÇÕES NA EFICIÊNCIA

Para qualquer nível de produção, a *variação na eficiência* é a diferença entre o recurso que foi realmente consumido e o que deveria ter sido consumido para produzir a produção real, mantendo o preço do recurso igual ao orçado:

Variação na eficiência = (Quantidade real de recurso − Quantidade orçada de recurso permitida para a produção real) × Preço orçado de recurso

Aqui, a idéia é a de que uma empresa é ineficiente se consumir uma quantidade maior de recursos do que a orçada para as unidades reais produzidas; a empresa é eficiente se consumir menos recursos do que o orçado para as unidades reais produzidas.

As variações na eficiência para cada uma das categorias de custo direto da Webb são:

Categoria de custo direto	(Preço real de entrada − Quantidade orçada de entrada permitida para produção real)	× Preço orçado de entrada	=	Variação na eficiência
Material direto	[22 200 m² − (10 000 unidades × 2 m²/unidade)] = (22 200 m² − 20 000 m²)	× $ 30 por m² × $ 30 por m²	=	$ 66 000 D
Mão-de-obra direta	[9 000 horas − (10 000 unidades × 0,8h/unidade)] = (9 000 horas − 8 000 horas)	× $ 20 por hora × $ 20 por hora	=	20 000 D
				$ 86 000 D

As duas variações na eficiência — a variação na eficiência de materiais diretos e na de mão-de-obra direta — são desfavoráveis porque mais recursos foram consumidos do que orçados, resultando em uma redução no lucro operacional.

Como no preço, há uma vasta gama de possíveis causas para as variações na eficiência (veja também 'Conceitos em Ação'). Por exemplo, a variação desfavorável na eficiência da mão-de-obra direta pode ser devido a uma ou mais das seguintes causas:

- O gerente de pessoal da Webb contratou trabalhadores com baixa qualificação.
- O programador de produção da Webb programou o trabalho de forma ineficiente, resultando em mais tempo de mão-de-obra por jaqueta do que o orçado.
- O *departamento de manutenção* da Webb não fez a manutenção adequada nas máquinas, resultando em mais tempo de mão-de-obra real por jaqueta do que o orçado.
- Os padrões de tempo orçados foram estabelecidos de forma muito rígida, sem uma análise cuidadosa das condições operacionais e das habilidades dos trabalhadores.

Suponha que os administradores da Webb determinem que a variação desfavorável seja motivada pela manutenção irregular das máquinas. A Webb poderá então criar uma equipe de engenheiros de produção e operadores de máquina para elaborar uma programação de manutenção futura com menos paradas, potencializando o tempo de mão-de-obra e a qualidade do produto.

Resumo das variações

O Quadro 7.4 é um resumo das variações de níveis 1, 2 e 3. Observe como as variações de nível 3 se agregam às variações de nível 2, e como estas se agregam às variações de nível 1.

As variações mostram por que o lucro real operacional é de $ 14 900 quando o do orçamento estático é de $ 108 000. Lembre-se: uma variação favorável tem o efeito de aumentar o lucro operacional em relação ao orçamento estático, e uma variação desfavorável tem o efeito de reduzir o lucro operacional em relação ao orçamento estático.

Lucro operacional no orçamento estático			$ 108 000
Variação desfavorável no volume de vendas para o lucro operacional			(64 000)
Lucro operacional no orçamento flexível			44 000
Variações no orçamento flexível para o lucro operacional			
Variação favorável no preço de venda		$ 50 000	
Variações nos materiais diretos			
Variação favorável no preço de materiais diretos	$ 44 400		
Varição desfavorável na eficiência de materiais diretos	(66 000)		
Variação desfavorável nos materiais diretos		(21 600)	
Variação na mão-de-obra direta			
Variação desfavorável no preço de mão-de-obra direta	(18 000)		
Variação desfavorável na eficiência de mão-de-obra direta	(20 000)		
Variação desfavorável na mão-de-obra direta		(38 000)	
Variação nos custos indiretos variáveis		(10 500)	
Variação nos custos indiretos fixos		(9 000)	
Variação desfavorável no orçamento flexível para o lucro operacional			(29 000)
Lucro real operacional			$ 14 900

Conceitos em ação

Comparando variações na eficiência e melhorias na produtividade na Analog Devices

A Analog Devices, Inc. (ADI) produz circuitos integrados e sistemas usados em discos rígidos de computadores, instrumentos médicos e produtos eletrônicos de consumo. Para ser bem-sucedida, a ADI precisa entregar produtos de alta qualidade aos seus clientes observando critérios de pontualidade e baixo custo. Para controlar os custos, a ADI precisa melhorar a produtividade: a quantidade de bons circuitos integrados produzidos em wafers de silício dividida pelo número total que poderiam ser produzidos no wafer.

O sistema de custos da ADI rastreia os custos pelos principais centros de custos da produção. Cada um deles classifica os custos em materiais diretos, mão-de-obra direta e custos fixos indiretos. A ADI usa um sistema de custeio-padrão e tem custos-padrão para cada um dos produtos que fabrica. Cada mês, a ADI calcula as variações no preço e na eficiência para materiais e as variações na eficiência e na taxa para a mão-de-obra. A preparação de um orçamento flexível é a chave para a separação dessa variações.

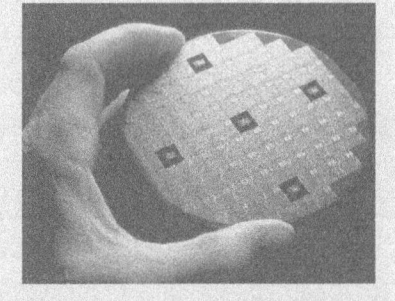

Na ADI, a maioria dos gerentes de operação dá mais atenção aos ganhos físicos de produção que aos cálculos de variações na eficiência de materiais diretos. Eles acreditam que uma maior quantidade produzida seja uma medida mais direta do seu desempenho, e que se conseguirem aumentar a quantidade produzida terão ganhos de eficiência. De fato, na maioria dos períodos, quantidades produzidas maiores estão associadas a variações favoráveis na eficiência de materiais diretos.

No entanto, em um período, algo estranho aconteceu — a produção aumentou, sugerindo uma melhoria no desempenho, porém o sistema contábil relatou uma variação desfavorável na eficiência de materiais diretos. O orçamento flexível foi a chave para esclarecer esses sinais conflitantes.

No período em questão, a ADI havia começado a produzir grandes volumes de produtos padronizados em vez de pequenos volumes de vários produtos não padronizados. Os produtos padronizados são mais fáceis de fabricar e apresentam rendimentos de produção maiores que produtos não padronizados; portanto, não é nenhuma surpresa que a produção tenha melhorado, mas e o desempenho, melhorou? Para descobrir, a ADI examinou a quantidade real de wafers iniciados e comparou a quantia ao orçamento flexível — a quantidade orçada de wafers permitidas para a quantidade real

Continua

do produto padronizado fabricado. A ADI descobriu que ela havia, na verdade, iniciado mais wafers do que a quantia no orçamento flexível, resultando na variação desfavorável na eficiência de materiais diretos. O desempenho foi fraco porque, embora a produção tenha aumentado, não aumentou tanto quanto deveria para a quantidade real e o tipo de produto produzido.

Fonte: Analog Devices: *The half-life system*, Harvard Business School, caso nº 9-190-061, e discussões com a administração da empresa.

IMPACTO DE ESTOQUES

Concentrando-nos nos conceitos básicos para a Companhia Webb, supomos:

1. Todos os materiais diretos são comprados e consumidos no mesmo período orçamentário. Não há estoque de materiais diretos nem no início nem no fim do período.
2. Todas as unidades são produzidas e vendidas no mesmo período orçamentário. Não há estoque de produtos em processamento ou de produtos acabados nem no início nem no fim do período.

Os conceitos introduzidos neste capítulo também se aplicam quando essas suposições são relaxadas. No entanto, o cálculo e a interpretação de variações podem ser diferentes. Mais adiante, neste capítulo, registraremos lançamentos para a Webb no caso em que a quantidade de materiais comprados difere da de materiais consumidos. Além disso, o 'Problema para Auto-Estudo' deste capítulo ilustra como computar variações nos materiais diretos quando a quantidade de material comprada em um período difere da de material consumida naquele período.

USOS ADMINISTRATIVOS DE VARIAÇÕES

MEDIDAS DO DESEMPENHO USANDO VARIAÇÕES

A análise da variação é muitas vezes usada na avaliação do desempenho. Dois atributos de desempenho são mais comumente avaliados:

- **Eficácia:** o grau em que um objetivo ou meta predeterminada é cumprido.
- **Eficiência:** a quantidade relativa de recursos usada para alcançar dado nível de produção. Quanto menor for a quantidade usada ou maior for a produção para dado nível de entradas, maior a eficiência.

Tenha cuidado para compreender as causas de uma variação antes de usá-la na avaliação do desempenho. Suponha que um gerente de compras da Webb tenha acabado de negociar uma transação que resulte em uma variação favorável no preço de materiais diretos. Essa negociação pode ter conseguido uma variação favorável por qualquer uma, ou todas, das três razões seguintes:

Quadro 7.4 Resumo da análise de variações de nível 1, 2 e 3.

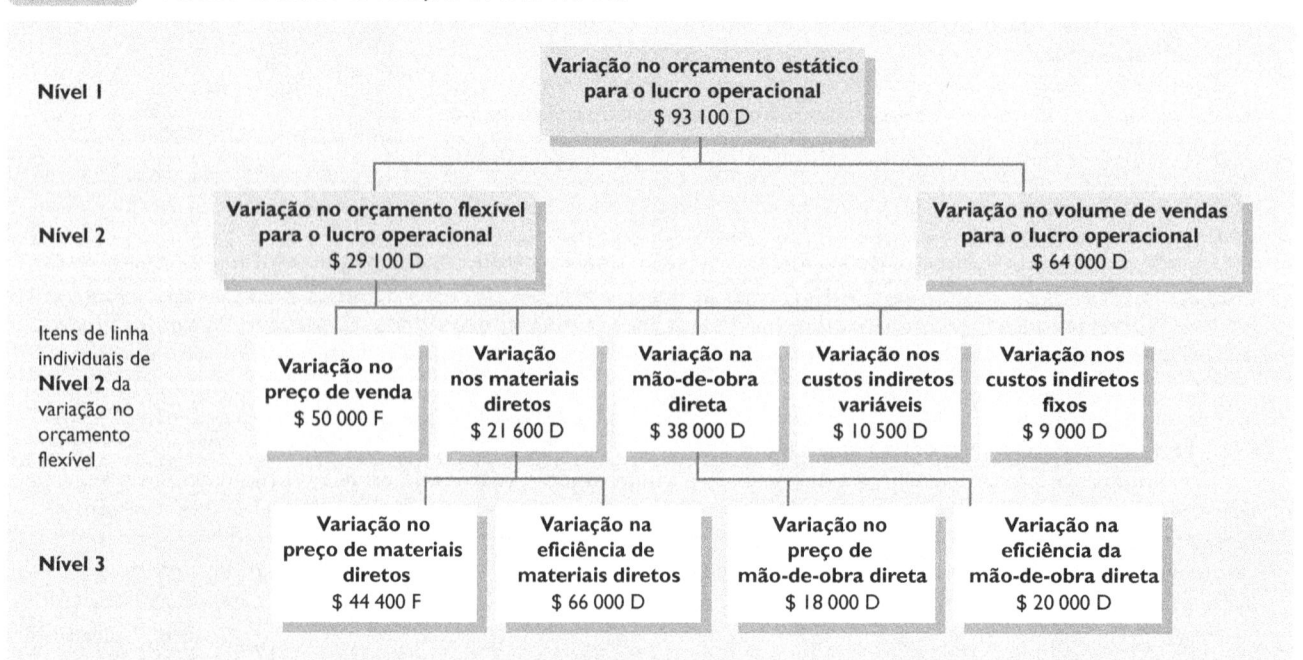

Nível 1
- Variação no orçamento estático para o lucro operacional: $ 93 100 D

Nível 2
- Variação no orçamento flexível para o lucro operacional: $ 29 100 D
- Variação no volume de vendas para o lucro operacional: $ 64 000 D

Itens de linha individuais de Nível 2 da variação no orçamento flexível:
- Variação no preço de venda: $ 50 000 F
- Variação nos materiais diretos: $ 21 600 D
- Variação na mão-de-obra direta: $ 38 000 D
- Variação nos custos indiretos variáveis: $ 10 500 D
- Variação nos custos indiretos fixos: $ 9 000 D

Nível 3
- Variação no preço de materiais diretos: $ 44 400 F
- Variação na eficiência de materiais diretos: $ 66 000 D
- Variação no preço de mão-de-obra direta: $ 18 000 D
- Variação na eficiência da mão-de-obra direta: $ 20 000 D

1. O gerente de compras negociou de forma eficaz com os fornecedores.
2. O gerente de compras conseguiu um desconto por comprar quantidades maiores com pedidos de compras reduzidos. Porém, a compra de quantidades maiores do que o necessário para o curto prazo resultou em excesso de estoque.
3. O gerente de compras aceitou uma cotação mais baixa do fornecedor após realizar um esforço mínimo para verificar se o fornecedor monitorava a qualidade do material antes de despachá-lo.

Se o desempenho do gerente de compras for avaliado baseado apenas nas variações de preço, então a avaliação será positiva. A Razão 1 apoiaria a conclusão favorável — o gerente de compras negociou de forma eficaz. As Razões 2 e 3 têm ganhos de curto prazo, a compra em quantidades grandes ou a redução de esforço para verificar os procedimentos de monitoramento de qualidade do fornecedor. No entanto, esses ganhos de curto prazo podem ser contrabalançados por custos mais altos de armazenamento de estoque ou de inspeção e índices mais altos de defeitos na linha de produção, levando a variações desfavoráveis na eficiência de materiais diretos e de mão-de-obra direta.

As empresas estão cada vez mais avaliando o desempenho baseado no efeito que a ação de um gerente tem sobre os custos totais da empresa. No exemplo do gerente de produção, no final, a Webb poderá perder mais por causa das Razões 2 e 3 do que ganhar pela variação favorável no preço. *Não interprete automaticamente uma variação favorável como uma 'boa notícia'.*

Um dos benefícios da análise de variações é que ela destaca os aspectos individuais do desempenho. No entanto, se qualquer única medida do desempenho (por exemplo, uma variação na eficiência da mão-de-obra ou um relatório de classificação pelos consumidores) receber ênfase excessiva, os administradores tenderão a tomar decisões que fazem com que aquela medida de desempenho em particular pareça boa. Essas medidas podem entrar em conflito com as metas globais da empresa, inibindo-as de ser alcançadas. Essa perspectiva equivocada normalmente surge quando a alta administração elabora um sistema de avaliação do desempenho e de premiação que não enfatiza os objetivos globais da empresa.

Causas múltiplas de variações e a organização na aprendizagem

Muitas vezes, uma variação afeta a outra. Por exemplo, uma variação desfavorável na eficiência de materiais diretos pode estar relacionada a uma variação favorável no preço de materiais diretos devido ao gerente de compras ter comprado materiais de preço mais baixo e qualidade inferior. *Não interprete variações isoladamente.* As causas de variações em uma parte da cadeia de valor podem ser o resultado de decisões tomadas em outra parte da cadeia de valor da empresa, ou até em outra empresa. Considere uma variação desfavorável na eficiência de materiais diretos na linha de produção da Webb. Possíveis causas operacionais para essa variação por meio da cadeia de valor da empresa são:

1. Projeto inadequado de produtos ou processos
2. Mau trabalho na linha de produção
3. Força de trabalho com baixa qualificação
4. Distribuição inapropriada de mão-de-obra ou máquinas para tarefas específicas
5. Conflitos de programação devido a um grande número de pedidos de emergência ou a partir dos representantes de vendas da Webb
6. Os fornecedores da Webb não fabricam materiais (tecidos) de boa qualidade, de modo uniforme

O item 6 descreve uma perspectiva ainda mais ampla sobre a causa da variação desfavorável na eficiência dos materiais diretos ao considerar decisões e ações na cadeia de suprimentos de empresas. Uma *cadeia de suprimentos* descreve o fluxo de bens, serviços e informações desde a compra de materiais até a entrega dos produtos aos consumidores, independentemente de se essas atividades ocorrem na mesma organização ou em outras. A cadeia de suprimentos da Webb consiste de:

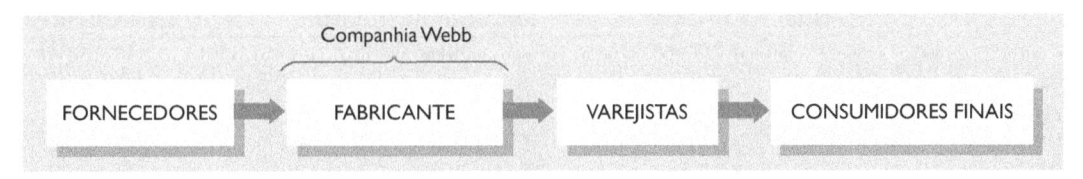

FORNECEDORES → FABRICANTE → VAREJISTAS → CONSUMIDORES FINAIS

(Companhia Webb abrange FABRICANTE)

Decisões e ações de fornecedores da Webb poderiam causar uma variação desfavorável nos materiais diretos.

A lista de seis possíveis causas da variação desfavorável na eficiência dos materiais diretos está longe de ser completa. No entanto, ela indica que a causa de uma variação em uma parte da cadeia de valor (produção, no nosso exemplo) pode resultar de decisões tomadas em outras partes da cadeia de valor (por exemplo, projeto do produto ou marketing) e da cadeia de suprimentos. Melhorias nos estágios iniciais da cadeia de valor e da cadeia de suprimentos podem ter um efeito poderoso na redução das variações em estágios subseqüentes.

O objetivo da análise de variações é compreender por que elas ocorrem e como usar essa compreensão para aprender e melhorar o desempenho. Por exemplo, para reduzir a variação desfavorável na eficiência de materiais diretos, uma empresa pode buscar melhorar o projeto do produto, a qualidade de materiais fornecidos e o compromisso da força de trabalho de fazer corretamente o serviço na primeira vez, entre outras melhorias. Às vezes, uma variação desfavorável nos materiais diretos pode sinalizar a necessidade de mudança na estratégia do produto, talvez pelo fato de o produto não poder ser fabricado a um custo baixo o suficiente. A análise da variação não deve ser uma ferramenta para 'jogar o jogo do bode expiatório' (ou seja, procurar uma pessoa para culpar por quaisquer variações desfavoráveis). Em vez disso, ela deve ajudar a empresa a aprender sobre o que aconteceu e a como ter um melhor desempenho.

É preciso encontrar um equilíbrio entre os dois usos das variações aqui tratados: a avaliação do desempenho e a aprendizagem na organização. A análise da variação é útil para a avaliação do desempenho; porém, uma ênfase excessiva e igual excesso no cumprimento de alvos individuais de variações podem prejudicar o aprendizado e a melhoria contínua. Por quê? Porque alcançar um padrão torna-se um fim por si só. Como resultado, os administradores buscarão metas fáceis de alcançar em vez de metas desafiadoras, que requeiram criatividade e engenhosidade. Por exemplo, se a avaliação do desempenho for excessivamente enfatizada, o gerente de produção da Webb preferirá um padrão que permita um tempo maior para os trabalhadores fabricarem uma jaqueta; ele terá pouco incentivo para melhorar os processos e os métodos para reduzir o tempo e o custo de produção.

Uma ênfase excessiva na avaliação do desempenho também poderá fazer com que os administradores tomem medidas para alcançar o orçamento e evitar uma variação desfavorável, mesmo se tais medidas prejudicarem a empresa no longo prazo. Por exemplo, o gerente de produção pode forçar os trabalhadores a produzir jaquetas dentro do prazo, mesmo se isso levar a uma perda de qualidade nas jaquetas produzidas. Tais impactos negativos são menos prováveis de acontecer se a análise de variações for vista como meio para promover a aprendizagem na organização. Os administradores estarão mais dispostos a experimentar maneiras de reduzir os custos de produção e também será menos provável que eles comprometam a qualidade para evitar variações desfavoráveis.

QUANDO INVESTIGAR VARIAÇÕES

Quando é que as variações devem ser investigadas? Freqüentemente, as investigações são feitas com base em avaliações subjetivas ou regras empíricas. Para itens críticos, como defeitos em produtos, uma pequena variação pode instigar investigações e medidas. Para outros itens, como custos de materiais diretos, de mão-de-obra e de reparos, uma investigação pode ser necessária a partir de uma variação mínima em dólares, ou de uma certa porcentagem de variação em relação ao orçamento. Por exemplo, uma variação de 4 por cento nos custos de materiais diretos de $ 1 milhão — uma variação de $ 40 000 — merece mais atenção que uma variação de 20 por cento nos custos de manutenção de $ 10 000 — uma variação de $ 2 000. É por isso que as empresas têm regras como "investigar todas as variações que excederem $ 5 000, ou 25 por cento do custo orçado, o que for menor". A análise de variações está sujeita ao mesmo teste de custo-benefício que as outras fases de um sistema de controle gerencial.

Sistemas de contabilidade gerencial tradicionalmente têm inferido que um padrão — como quantidade-padrão ou custo-padrão — é uma única medida aceitável. No entanto, na prática, os gerentes percebem que o padrão é uma faixa de quantidades ou custos aceitáveis. Conseqüentemente, eles esperam que algumas pequenas variações ocorram. Uma variação, dentro de uma faixa aceitável, é considerada 'uma ocorrência sob controle' e não exige investigação ou ações gerenciais.

MELHORIA CONTÍNUA

Variações e orçamentos flexíveis podem ser usados para medir tipos específicos de metas de desempenho, como a melhoria contínua. Por exemplo, a melhoria contínua pode ser prontamente incorporada a orçamentos e, portanto, a variações, usando *custo orçado com melhoria contínua*. O **custo orçado com melhoria contínua** é progressivamente reduzido em períodos subseqüentes. O custo orçado de materiais diretos para cada jaqueta que a Companhia Webb fabricou em abril de 2003 é de $ 60 por unidade. O custo orçado com melhoria contínua, usado na análise de variação para períodos subseqüentes, poderia ser baseado em uma meta de redução de 1 por cento para cada período:

Mês	Quantia orçada do mês anterior	Redução na quantia orçada	Quantia orçada revisada
Abril de 2003	—	—	$ 60,00
Maio de 2003	$ 60,00	$ 0,600 (0,01 × $ 60,00)	59,40
Junho de 2003	59,40	0,594 (0,01 × $ 59,40)	58,81
Julho de 2003	58,81	0,588 (0,01 × $ 58,81)	58,22

As fontes da redução de 1 por cento no custo orçado podem ser reduções nos preços ou melhorias na eficiência, como a redução no desperdício de materiais. Ao usar custos orçados de melhorias contínuas, uma empresa sinaliza que ela está constantemente buscando maneiras de reduzir os custos totais.

Durante os meses iniciais de produção, um produto pode ter taxas orçadas de melhoria mais altas do que as orçadas de melhoria para produtos fabricados há mais tempo. As oportunidades de melhoria são muitas vezes mais fáceis de ser identificadas quando os produtos estão sendo produzidos pela primeira vez. Uma vez identificadas as oportunidades fáceis ('a colheita das frutas nos galhos mais baixos'), fica mais difícil identificar as oportunidades subseqüentes de melhoria.

MEDIDAS FINANCEIRAS E NÃO-FINANCEIRAS DO DESEMPENHO

Quase todas as empresas combinam medidas financeiras e não-financeiras do desempenho em vez de depender exclusivamente de um dos dois tipos de medida. Na sala de corte da Webb, o tecido é esticado e cortado em pedaços e, então, combinado e montado. O controle é exercido na sala de corte ao observar os trabalhadores e ao *converter-se em medidas não-financeiras*, como o número de metros quadrados de tecido usados para produzir mil jaquetas, ou a porcentagem de jaquetas iniciadas e finalizadas sem necessitar de nenhum retrabalho. Os gerentes de produção da Webb também *usarão medidas financeiras* para avaliar a eficiência de custo total na realização das operações e para ajudar a guiar as decisões sobre, digamos, mudar o *mix* de recursos usados na produção das jaquetas. Muitas vezes, as medidas financeiras são críticas para uma empresa porque indicam o impacto econômico de diversas atividades, de forma que permite aos gerentes trocas como aumentar os custos de uma atividade física (digamos, corte) para reduzir os custos de uma outra medida (digamos, defeitos). Além do mais, muitas vezes os gerentes são avaliados com base em resultados financeiros reais.

LANÇAMENTOS CONTÁBEIS USANDO CUSTOS-PADRÃO

O Capítulo 4 ilustrou lançamentos contábeis ao versar sobre custeio normal. Agora, ilustramos os lançamentos contábeis usando custos-padrão, centralizando em materiais diretos e mão-de-obra direta.

Continuaremos trabalhando com os dados da Companhia Webb com uma mudança: durante abril de 2003, a Webb compra 25 mil metros quadrados de tecido. Lembre-se de que a quantidade real consumida é de 22 200 metros quadrados; a quantidade-padrão permitida para as dez mil jaquetas de produção real, a dois metros quadrados por jaqueta, é de 20 mil metros quadrados. O preço de compra real é de $ 28 por metro quadrado e o preço padrão é de $ 30.

Observe que em cada um dos seguintes lançamentos, as variações desfavoráveis são sempre débitos (elas reduzem o lucro operacional), e as variações favoráveis são sempre créditos (elas aumentam o lucro operacional).

Lançamento contábil 1a: Isole a variação no preço de materiais diretos no momento da compra ao debitar *controle de materiais* a preços-padrão. Este é o primeiro momento para isolar essa variação.

1a. Controle de materiais		
(25 000 metros quadrados × $ 30 por metro quadrado)	750 000	
Variação no preço de materiais diretos		
(25 000 metros quadrados × $ 2 por metro quadrado)		50 000
Controle de contas a pagar		
(25 000 metros quadrados × $ 28 por metro quadrado)		700 000
Para registrar a compra de materiais diretos		

Lançamento contábil 1b: Isole a variação na eficiência de materiais diretos no momento do consumo ao debitar *controle de produtos em processamento* a quantidades-padrão permitidas para as unidades reais de produção fabricadas vezes os preços-padrão.

1b. Controle de produtos em processamento		
(10 000 jaquetas × 2 metros de pano × $ 30 por metro quadrado)	600 000	
Variação na eficiência de materiais diretos		
(2 200 metros quadrados × $ 30 por metro quadrado)	66 000	
Controle de materiais		
(22 200 metros quadrados × $ 30 por metro quadrado)		666 000
Para registrar os materiais diretos consumidos		

Lançamento contábil 2: Isole as variações na eficiência e no preço da mão-de-obra direta no momento em que é usada ao debitar *controle de produtos em processamento* a quantidades-padrão permitidas para as unidades reais de produção vezes os preços-padrão. Observe que *controle de salários a pagar* registra a dívida da folha de pagamento e, portanto, está sempre com as taxas salariais reais.

2. Controle de produtos em processamento		
(10 000 jaquetas × 0,80 hora por jaqueta × $ 20 por hora)	160 000	
Variação no preço da mão-de-obra direta		
(9 000 horas × $ 2 por hora)	18 000	
Variação na eficiência da mão-de-obra direta		
(1 000 horas × $ 20 por hora)	20 000	
Controle de salários a pagar		
(9 000 horas × $ 22 por hora)		198 000
Para registrar a obrigação com os custos de mão-de-obra direta		

Na seção anterior, você soube das vantagens do custeio-padrão para a avaliação do desempenho, aprendizagem e melhoria contínua de sistemas de custeio-padrão. Aqui, os lançamentos contábeis apontam para uma outra vantagem dos sistemas de custeio-padrão — os custos-padrão simplificam o custeio do produto. Com a produção de cada unidade, os custos são atribuídos a ela usando-se o custo-padrão de materiais diretos, da mão-de-obra direta e, como você verá no Capítulo 8, o custo-padrão dos custos indiretos. Custos reais não precisam ser identificados para propósitos de custeio do produto.

Da perspectiva de controle, todas as variações são isoladas o mais cedo possível. Por exemplo, ao isolar a variação no preço de materiais diretos no momento da compra, medidas corretivas — como a busca por reduções de custo do fornecedor atual ou a obtenção de cotações de preços de outros fornecedores em potencial — podem ser tomadas imediatamente, em vez de esperar até que os materiais sejam consumidos na produção.

No final de cada ano, as contas de variações são baixadas para o custo de produtos vendidos se forem irrelevantes, ou rateadas entre o custo dos produtos vendidos e várias contas de estoque usando os métodos descritos no Capítulo 4. Por exemplo, a *variação no preço de materiais diretos* é rateada entre *controle de materiais*, *controle de produtos em processamento*, *controle de produtos acabados* e *custo de produtos vendidos* com base nos custos-padrão de materiais diretos em cada saldo final da conta. A *variância na eficiência de materiais diretos* é rateada entre *controle de produtos em processamento*, *controle de produtos acabados* e *custo de produtos vendidos* com base nos custos de materiais diretos em cada saldo final da conta (após rateio da variação no preço de materiais diretos).

Custeio-padrão e tecnologia da informação

A moderna tecnologia da informação facilita muito o uso de sistemas de custeio-padrão para custeio do produto e controle. Os preços-padrão e as quantidades-padrão de uma empresa são armazenados nos seus sistemas de computador. Um escaneador de código de barras registra o recebimento de materiais, custeando imediatamente cada material usando o preço-padrão armazenado. O recebimento de materiais é combinado com o pedido de compra para registrar *contas a pagar* e para isolar a variação no preço de materiais diretos.

Quando a produção é completada, a quantidade-padrão de materiais diretos que deveria ter sido usada é calculada e comparada com a solicitação via sistema, feita por um operador no chão-de-fábrica. Essa diferença, multiplicada pelo preço-padrão de materiais diretos, é a variação na eficiência de materiais diretos. Variações na mão-de-obra são calculadas quando os funcionários se registram nos terminais do chão-de-fábrica com seus números, tempos de entrada e de saída e a quantidade de produto que eles ajudaram a produzir. Os administradores usam esse *feedback* instantâneo sobre variações para iniciar medidas corretivas, se necessário.

Ampla aplicabilidade de sistemas de custeio-padrão

Empresas que implementaram sistemas *just-in-time*, gestão da qualidade total e sistemas de produção integrados por computador (CIMS), assim como empresas no setor de serviços, descobrem que o custeio-padrão é uma ferramenta útil. Ele proporciona informações valiosas para a gestão e o controle de materiais, mão-de-obra e outras atividades relacionadas à produção. Empresas que implementam programas de gestão da qualidade total usam o custeio-padrão para controlar custos de materiais. Empresas do setor de serviços são intensivas em mão-de-obra e usam custos-padrão para controlar os custos da mão-de-obra. Empresas implementando CIMS usam o orçamento flexível e o custeio-padrão para a gestão de atividades como o manuseio de materiais e a preparação de máquinas.

Orçamentos flexíveis e custeio baseado em atividades

Sistemas de custeio baseado em atividades (ABC) concentram-se nas atividades individuais como os objetos de custo fundamentais. Os sistemas ABC classificam os custos de várias atividades em uma hierarquia de custos — custos de produção no nível das unidades, custos no nível dos lotes, custos de sustentação do produto e custos de sustentação da empresa. As duas categorias de custos diretos da Webb — custos de materiais diretos e custos de mão-de-obra direta — são exemplos de custos de produção no nível de unidades. Nesta seção, mostramos como os princípios básicos e os conceitos de orçamentos flexíveis e a análise de variações podem ser aplicados para outros níveis da hierarquia de custos. Concentramo-nos nos custos no nível dos lotes, que são os de atividades relacionadas a um grupo de unidades de produtos ou serviços em vez de cada unidade individual de produto ou serviço.

Relacionando custos do lote com a produção

Considere a Manufatura Lino, que produz a HidroTor, uma linha de torneiras decorativas, de latão, para banheiras de hidromassagem residenciais. A Lino produz a HidroTor em lotes. Para cada linha de produto, a Lino tem mão-de-obra para o manuseio de materiais, responsável por trazer os materiais até a área de produção, transportar os produtos em processamento de um núcleo de trabalho a outro e levar o produto acabado até a área de despacho. Assim, os custos de mão-de-obra para manuseio de materiais da HidroTor são custos diretos da HidroTor. Como os materiais para um lote são movimentados juntos, os custos de mão-de-obra para o manuseio de materiais variam por número de lotes em vez de por número de unidades em um lote. Os custos de mão-de-obra para o manuseio de materiais são custos diretos variáveis no nível de lote.

Informações sobre a linha HidroTor para 2004 seguem:

	Quantias no orçamento estático	Quantias reais
1. Unidades de HidroTor produzidas e vendidas	108 000	151 200
2. Tamanho do lote (unidades por lote)	150	140
3. Número de lotes (Linha 1 ÷ Linha 2)	1 200	1 080
4. Horas de mão-de-obra para manuseio de materiais por lote	5	5,25
5. Total de horas de mão-de-obra para manuseio de materiais (Linha 3 × Linha 4)	6 000	5 670
6. Custo por hora de mão-de-obra para manuseio de materiais	$ 14	$ 14,50
7. Total de custos de mão-de-obra para manuseio de materiais (Linha 5 × Linha 6)	$ 84 000	$ 82 215

Para preparar o orçamento flexível para os custos de mão-de-obra para manuseio de materiais, a Lino começa com as unidades reais de saída produzida, 151 200 unidades, e procede conforme as seguintes etapas.

Etapa 1: Usando o tamanho orçado de lote, calcule o número de lotes que deveria ter sido usado para a produção real. No tamanho orçado de lote de 150 unidades por lote, a Lino deveria ter produzido as 151 200 unidades de produção em 1 008 lotes (151 200 unidades ÷ 150 unidades por lote).

Etapa 2: Usando as horas orçadas de mão-de-obra para manuseio de materiais, calcule o número de horas de mão-de-obra para o manuseio de materiais que deveria ter dido usado. Na quantidade orçada de cinco horas por lote, 1 008 lotes deveriam ter precisado de 5 040 horas de mão-de-obra para o manuseio de materiais (1 008 lotes × 5 horas por lote).

Etapa 3: Usando o custo orçado por hora de mão-de-obra para manuseio de materiais, calcule a quantia no orçamento flexível para horas de mão-de-obra para manuseio de materiais. A quantia no orçamento flexível é de 5 040 horas de mão-de-obra para manuseio de materiais × $ 14 de custo orçado por hora de mão-de-obra para manuseio de materiais = $ 70 560.

Observe como os cálculos no orçamento flexível para os custos de manuseio de materiais usam quantidades em nível de lote (horas de mão-de-obra para manuseio de materiais) em vez de quantidades de produção em nível de unidade (como horas de mão-de-obra para manuseio de materiais por unidade de produção). A variação no orçamento flexível para custos de manuseio de materiais pode então ser calculada da seguinte maneira:

Variação do orçamento flexível	=	Custos reais	–	Custos do orçamento flexível
	=	(5 670 horas × $ 14,50 por hora)	–	(5 040 horas × $ 14 por hora)
	=	$ 82 215		$ 70 560
	=	$ 11 655, ou 11 655 D		

A variação desfavorável indica que os custos de mão-de-obra para o manuseio de materiais foram $ 11 655 mais altos do que a meta no orçamento flexível.

VARIAÇÕES NO PREÇO E NA EFICIÊNCIA

Podemos começar a entender as possíveis razões para a variação de $ 11 655 ao examinarmos os componentes de preço e de eficiência da variação no orçamento flexível.

Variação de preço	=	(Preço real do recurso – Preço orçado do recurso)	×	Quantidade real do recurso
	=	($ 14,50 por hora – $ 14 por hora)	×	5 670 horas
	=	$ 0,50 por hora	×	5 670 horas
	=	$ 2 835, ou $ 2 835 D		

A variação desfavorável no preço da mão-de-obra para manuseio de materiais indica que o custo real por hora, de $ 14,50, excede o custo orçado por hora de mão-de-obra para manuseio de materiais, de $ 14,00. Esta variação pode ser devido a, por exemplo (1) o gerente de recursos humanos da Lino ter negociado de forma menos habilidosa do que o planejado no orçamento e (2) taxas salariais aumentando inesperadamente devido à escassez de mão-de-obra.

Variação na eficiência	=	(Quantidade real do recurso usado – Quantidade orçada de entrada permitida para a produção real)	×	Preço orçado do recurso
	=	(5 670 horas – 5 040 horas)	×	$ 14 por hora
	=	630 horas	×	$ 14 por hora
	=	$ 8 820, ou $ 8 820 D		

A variação desfavorável na eficiência indica que as 5 670 horas reais de mão-de-obra para o manuseio de materiais excederam as 5 040 horas que a Lino deveria ter usado para o número de unidades que produziu. Duas razões para a variação desfavorável na eficiência são (1) tamanhos reais de lote de 140 unidades em vez dos tamanhos orçados de lote de 150 unidades, resultando em a Lino ter produzido as 151 200 unidades em 1 080 lotes em vez de em 1 008 (151 200 ÷ 150); e (2) um número maior de horas reais de mão-de-obra para manuseio de materiais por lote de 5,25 horas, em vez das cinco horas orçadas.

Razões para tamanhos de lote menores do que o orçado podem incluir (1) problemas de qualidade, se os tamanhos de lote excederem 140 torneiras residenciais e (2) altos custos de manter estoques.

Razões para um maior número de horas reais de mão-de-obra no manuseio de materiais por lote podem incluir (1) um *layout* ineficiente da linha de produção em relação ao *layout* proposto no orçamento; (2) mão-de-obra de manuseio de materiais tendo que esperar em núcleos de trabalho antes de pegar ou entregar materiais; (3) funcionários desmotivados, inexperientes e de baixa qualificação e (4) padrões excessivamente rígidos para o tempo de manuseio de materiais.

Identificar as razões pela variação na eficiência ajuda os administradores da Lino a desenvolver um plano para a melhoria na eficiência da mão-de-obra.

Foco na hierarquia

A idéia é concentrar os cálculos de quantidade no orçamento flexível no nível apropriado da hierarquia de custos. Por exemplo, como o manuseio de materiais é um custo de nível de lote, os cálculos das quantias no orçamento flexível são feitos no nível de lote — a quantidade de horas de mão-de-obra para manuseio de materiais que a Lino deveria ter usado com base no número de lotes necessários para produzir a quantidade real de 151 200 unidades. Se o custo tivesse sido o de sustentação do produto — como o do projeto do produto —, os cálculos para a quantidade no orçamento flexível seriam no nível de sustentação do produto, por exemplo, ao avaliar a real complexidade do projeto do produto em relação ao orçamento.

Benchmarking e análise de variações

As quantias orçadas nas ilustrações da Companhia Webb e da Lino são baseadas na análise das operações dentro de suas respectivas empresas. Agora, nós examinamos a situação em que as quantias orçadas são baseadas em uma análise de operações em outras empresas. ***Benchmarking*** é o processo contínuo de comparar os níveis de desempenho na produção de produtos e serviços e na execução de atividades contra os melhores níveis de desempenho. Os melhores níveis de desempenho são comumente encontrados em empresas concorrentes ou em empresas com processos similares.

Examinaremos a United Airlines e outras oito empresas aéreas dos EUA para ilustrar o uso de referências baseadas em outras empresas. O conhecimento das diferenças de custos das empresas aéreas e sua evolução no tempo é importante para decisões de planejamento e controle da United. Considere o custo por assento-km disponível (ASK) para a United Airlines. Suponha que a United use dados de cada uma das oito empresas aéreas concorrentes nas suas comparações de custo de referência. Dados resumidos estão no Quadro 7.5. As empresas de referência são classificadas do custo mais baixo para o custo mais alto (CASK) na coluna 1. Também no Quadro 7.5 está a receita por assento-km disponível (CASK), a margem bruta por ASK, o custo de mão-de-obra por ASK, o custo de combustível por ASK e o total de assentos-km disponível (uma medida do tamanho da empresa aérea).

Inferências sobre a gestão de custos da United dependem fortemente da referência específica usada na comparação. O custo real da United, de $ 0,1066 por ASK, é $ 0,0004 mais alto do que o custo médio de $ 0,1062 por ASK das outras oito empresas aéreas. A magnitude da diferença é menos que 0,5 por cento do custo médio por ASK das outras empresas aéreas. Essa pequena diferença implica que a United é similar em competitividade de custo à média das oito empresas aéreas. Um quadro muito diferente e menos favorável se configura se a United se comparar apenas com a Southwest Airlines, a empresa aérea de custo mais baixo, a $ 0,0772 por ASK. O custo por ASK da United é $ 0,0294 mais alto ($ 0,1066 – $ 0,0772). Essa diferença é 38 por cento do custo da Southwest por ASK. Usando esse *benchmarck*, a United parece ter uma estrutura de custos muito mais alta do que o concorrente de mais baixo custo.

O uso de referências como aquelas no Quadro 7.5 apresenta problemas. Por exemplo, assegurar que os números de referência sejam comparáveis. Ou seja, precisam ser comparações entre semelhantes. Diferenças podem haver entre as empresas nas suas estratégias, nos seus métodos de custeio de estoque, nos métodos de depreciação, e assim por diante. No nosso exemplo da United, as colunas 4 e 5 relatam dados para dois dos custos incluídos nas comparações de custo por unidade: custo da mão-de-obra e custo do combustível. Em ambos, a United tem um custo mais elevado do que a Southwest Airlines. Por exemplo, o custo de mão-de-obra por ASK da United é 39,5 por cento mais alto que o da Southwest ($ 0,0392 comparado com $ 0,0281). Esses dados de referência destacam a necessidade de a United economizar nos custos da mão-de-obra como um grande passo para se tornar mais competitiva perante seus concorrentes de baixo custo.

Quadro 7.5 Comparação de referências de assentos-km disponíveis (ASK) da United Airlines e de outras oito empresas aéreas.

Empresa aérea	Custo unitário por ASK (1)	Receita por ASK (2)	Margem bruta por ASK (3) = (2) − (1)	Custo de mão-de-obra por ASK (4)	Custo de combustível por ASK (5)	ASK total (milhões) (6)
United Airlines	$ 0,1066	$ 0,1103	$ 0,0037	$ 0,0392	$ 0,0143	175 485
Empresas aéreas usadas como referência:						
Southwest Airlines	$ 0,0772	$ 0,0943	$ 0,0171	$ 0,0281	$ 0,0134	59 910
América West Airlines	0,0862	0,0865	0,0003	0,0205	0,0138	27 112
Delta Airlines	0,0975	0,1080	0,0105	0,0385	0,0127	154 974
Northwest Airlines	0,1049	0,1104	0,0055	0,0349	0,0181	103 356
Continental Airlines	0,1070	0,1150	0,0080	0,0330	0,0167	86 100
American Airlines	0,1095	0,1178	0,0083	0,0405	0,0149	167 286
Alaska Airlines	0,1269	0,1257	(0,0012)	0,0413	0,0221	17 315
U.S. Airways	0,1400	0,1392	(0,0008)	0,0546	0,0193	66 574
Média das empresas aéreas usadas como referência	$ 0,1062	$ 0,1121	$ 0,0060	$ 0,0364	$ 0,0164	85 328

Fonte: *Relatórios 10K das empresas individuais. Todos os dados são do ano findo em 31 de dezembro de 2000.*

O efeito nos custos do tamanho e tipo de avião e a duração dos vôos também poderiam ser considerados. Um analista também poderia examinar se diferenças na receita por ASK nas empresas aéreas são devidas a, digamos, diferenças na qualidade percebida do serviço ou a diferenças no poder de monopólio em aeroportos específicos. O analista analisaria ainda mais os dados para considerar maneiras de melhorar o desempenho por meio de mudanças no processo. Por exemplo, ele avaliaria se o desempenho pode ser melhorado ao reestruturar os vôos, usando tipos diferentes de aeronave em rotas diferentes, mudando a composição das tripulações, a freqüência ou a programação de vôos específicos.

Comparações do tipo *benchmark* deixam claro que o contador gerencial precisa ser capaz de direcionar a atenção no sentido de compreender o motivo de haver diferenças de custo ou receita entre as empresas. Um analista poderia examinar se as empresas aéreas diferem nos seus custos fixos e variáveis. Da mesma forma, um analista poderia determinar se empresas aéreas com um custo mais alto por ASK também são capazes de gerar receitas mais altas por ASK. Contadores gerenciais são valiosos para os administradores quando proporcionam explicações sobre *por que* os custos ou receitas diferem entre as empresas ou dentro de outras unidades fabris a ela pertencentes, em vez de simplesmente relatar a magnitude de tais diferenças.

PROBLEMA PARA AUTO-ESTUDO

A Companhia Pacaembu fabrica vasos de cerâmica. Ela usa o sistema de custeio-padrão quando está elaborando o orçamento flexível. Em abril de 2004, duas mil unidades acabadas foram produzidas. As informações a seguir estão relacionadas a duas categorias de custos diretos de produção: materiais diretos e mão-de-obra direta.

Os materiais diretos usados foram 4 400 quilos (kg). O padrão de materiais diretos para uma unidade de produção é de dois quilos a $ 15 por kg. Cinco mil quilos de material foram comprados a $ 16,50 por kg, num total de $ 82 500.

Horas reais de mão-de-obra direta foram de 3 250 a um custo total de $ 66 300. O tempo-padrão de mão-de-obra é de 1,5 hora por unidade produzida, e o custo-padrão da mão-de-obra direta é de $ 20 por hora.

Para fazer:
1. Calcule a variação no preço e na eficiência de materiais diretos, bem como a variação no preço e na eficiência da mão-de-obra direta. A variação no preço de materiais diretos será baseada em um orçamento flexível para a quantidade real comprada, mas a variação na eficiência de materiais diretos será baseada em um orçamento flexível para a quantidade real consumida.
2. Prepare lançamentos contábeis para um sistema de custeio-padrão que isola as variações o mais cedo possível.

SOLUÇÃO

1. O Quadro 7.6 mostra como a apresentação em colunas introduzida no Quadro 7.3 pode ser ajustada para a diferença de tempo entre a compra e o consumo de materiais. Observe, em especial, os dois conjuntos de cálculos na coluna 2 para materiais diretos — $ 90 000 para os materiais diretos comprados e $ 66 000 para os materiais diretos usados.

| Quadro 7.6 | Apresentação em colunas da análise de variação para a Companhia Pacaembu: Custos de materiais diretos e custos de mão-de-obra direta para abril de 2004[a]. |

ANÁLISE DE NÍVEL 3

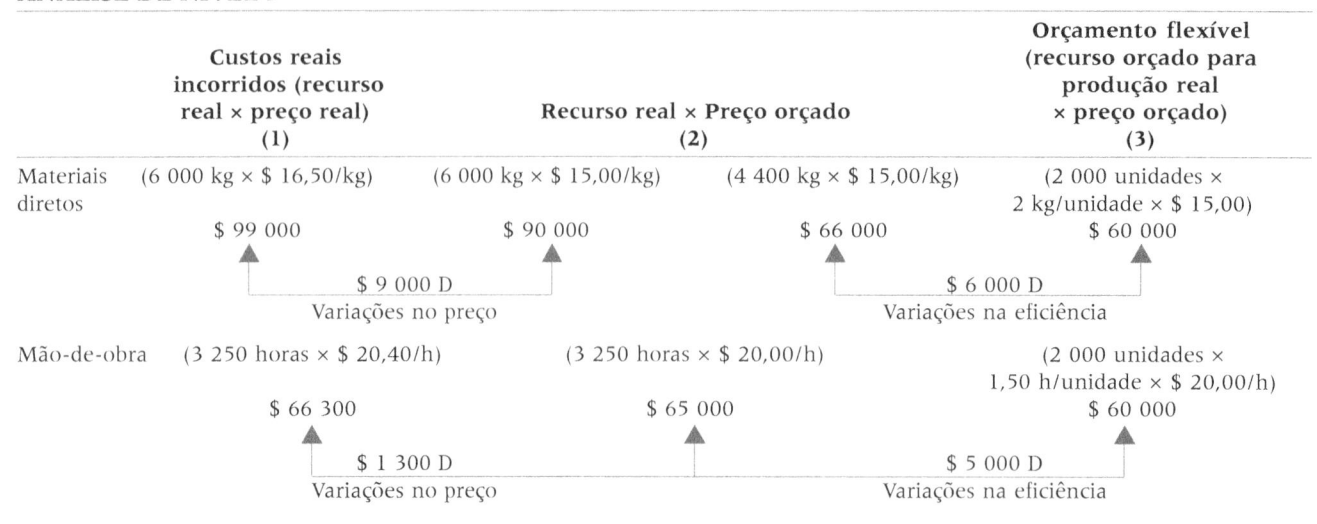

	Custos reais incorridos (recurso real × preço real) (1)	Recurso real × Preço orçado (2)		Orçamento flexível (recurso orçado para produção real × preço orçado) (3)
Materiais diretos	(6 000 kg × $ 16,50/kg) $ 99 000	(6 000 kg × $ 15,00/kg) $ 90 000	(4 400 kg × $ 15,00/kg) $ 66 000	(2 000 unidades × 2 kg/unidade × $ 15,00) $ 60 000
	↑————— $ 9 000 D —————↑ Variações no preço		↑————— $ 6 000 D —————↑ Variações na eficiência	
Mão-de-obra	(3 250 horas × $ 20,40/h) $ 66 300	(3 250 horas × $ 20,00/h) $ 65 000		(2 000 unidades × 1,50 h/unidade × $ 20,00/h) $ 60 000
	↑————— $ 1 300 D —————↑ Variações no preço		↑————— $ 5 000 D —————↑ Variações na eficiência	

[a] F = efeito favorável sobre o lucro operacional; D = efeito desfavorável sobre o lucro operacional

2. Controle de materiais
    (5 000 kg × $ 15 por kg)   75 000
   Variações no preço de materiais diretos
    (5 000 kg × $ 1,50 por kg)   7 500
      Controle de contas a pagar
      (5 000 kg × $ 16,50 por kg)   82 500
   Controle de produtos em processamento
    (2 000 unidades × 2 kg por unidade × $ 15 por kg)   60 000
   Variação na eficiência de materiais diretos
    (400 kg × $ 15 por kg)   6 000
      Controle de materiais
      (4 400 kg × $ 15 por kg)   66 000
   Controle de produtos em processamento
    (2 000 unidades × 1,5 hora por unidade × $ 20 por hora)   60 000
   Variação no preço de mão-de-obra direta
    (3 250 horas × $ 0,40 por hora)   1 300
   Variação na eficiência da mão-de-obra direta
    (250 horas × $ 20 por hora)   5 000
      Controle de salários a pagar
      (3 250 horas × $ 20,40 por hora)   66 300

Pontos de decisão

Resumo

O seguinte formato de perguntas e respostas resume os objetivos de aprendizagem do capítulo. Cada decisão representa uma pergunta-chave relacionada a um objetivo de aprendizagem. As diretrizes são a resposta àquela pergunta.

Decisão	Diretrizes
1. Como os orçamentos flexíveis diferem dos orçamentos estáticos, e por que as empresas deveriam usar orçamentos flexíveis?	Um orçamento estático é baseado no nível de produção planejado no início do período orçamentário. Um orçamento flexível é ajustado para reconhecer o nível real de produção do período orçamentário. Orçamentos flexíveis ajudam os administradores a entender melhor as causas das variações.

2. Como você pode elaborar um orçamento flexível e calcular a variação do orçamento flexível e a variação no volume de vendas?

Use um procedimento de três etapas para desenvolver um orçamento flexível. Quando todos os custos forem variáveis com respeito às unidades de produção, ou fixos, essas três etapas exigirão apenas informações sobre o preço de venda orçado, o custo variável orçado por unidade de produção, os custos fixos orçados e a quantidade real de unidades de produção. A variação no orçamento estático pode ser subdividida em uma variação no orçamento flexível (a diferença entre um resultado real e a quantia correspondente no orçamento flexível) e em uma variação no volume de vendas (a diferença entre a quantia no orçamento flexível e a quantia correspondente no orçamento estático).

3. O que é um custo-padrão e por que uma empresa deveria usar custos-padrão?

Um custo-padrão é um custo cuidadosamente determinado, baseado em operações eficientes. Custos-padrão buscam excluir ineficiências passadas e levar em conta as mudanças esperadas no período orçamentário.

4. Por que uma empresa deveria calcular variações no preço e variações na eficiência?

O cálculo de variações no preço e na eficiência ajuda os administradores a entender dois aspectos diferentes — porém não independentes — do desempenho. A variação no preço é a diferença entre o preço real e o preço orçado do recurso. A variação na eficiência é a diferença entre a quantidade real e a quantidade orçada do recurso para a produção real.

5. O desempenho de um gerente de compras deveria ser avaliado apenas com base na variação do preço?

A variação no preço capta apenas um aspecto do desempenho de um gerente de compras. Outros aspectos incluem a qualidade dos recursos que o gerente compra e a sua habilidade em fazer com que os fornecedores façam as entregas pontualmente.

6. Os gerentes conseguem integrar orçamentos de melhoria contínua na análise de variações?

Gerentes podem usar custos orçados de melhoria contínua no seu sistema contábil para sinalizar a todos os funcionários que eles estão constantemente buscando maneiras de reduzir os custos totais.

7. A análise de variações pode ser usada com um sistema de custeio baseado em atividades?

A análise de variações pode ser aplicada aos custos da atividade (como os de preparação) para entender por que os custos reais da atividade diferem da atividade no orçamento estático ou no orçamento flexível. A interpretação de variações de custos para atividades diferentes exige uma compreensão de se os custos são do nível de unidades de produção, do nível de lote, de sustentação do produto ou de sustentação da empresa.

8. O que é *benchmarking* e por que ele é útil?

Benchmarking é o processo contínuo de comparação do nível de desempenho na produção de produtos e serviços e na execução de atividades com os melhores níveis de desempenho. *Benchmarking* mede quão bem uma empresa e seus administradores estão desempenhando.

Termos para aprender

Este capítulo e o Glossário no final do livro contêm definições de:

administração por exceção
benchmarking
custo orçado com melhoria contínua
custo-padrão
eficácia
eficiência
orçamento estático
orçamento flexível
padrão
preço-padrão
recurso-padrão
variação

variação desfavorável
variação favorável
variação na eficiência
variação na taxa
variação no consumo
variação no orçamento estático
variação no orçamento flexível
variação no preço
variação no preço de venda
variação no preço do recurso
variação no volume de vendas

Material de trabalho

Perguntas

7-1 Qual é o relacionamento entre a *administração por exceção* e a *análise de variações*?

7-2 Quais são as duas possíveis fontes de informação que uma empresa poderia usar para calcular a *quantia orçada* na análise de variações?

7-3 Comparar *variação favorável* e *variação desfavorável*.

7-4 Qual é a principal diferença entre um *orçamento estático* e um *orçamento flexível*?

7-5 Por que os administradores poderiam achar uma análise de nível 2 no orçamento flexível mais informativo que uma análise de nível 1 no orçamento estático?

7-6 Descreva as etapas na elaboração de um orçamento flexível.

7-7 Dê quatro razões para usar os custos-padrão.

7-8 Como um administrador poderia entender as causas de uma variação no orçamento flexível para materiais diretos?

7-9 Dê três causas para uma variação favorável no preço de materiais.

7-10 Descreva por que as variações no preço de materiais e as variações na eficiência de materiais podem ser calculadas com referência a pontos diferentes no tempo.

7-11 Como o tema da melhoria contínua pode ser incorporado ao processo de estabelecimento de custos orçados?

7-12 Por que um analista examinando variações na área de produção poderia buscar explicações para essas variações em outras áreas?

7-13 Comente sobre a seguinte declaração feita por um supervisor de fábrica: "Reuniões com o meu contador são frustrantes. A única coisa que ele quer fazer é atribuir a culpa a alguém pelas muitas variações que ele relata".

7-14 Como as variações podem ser usadas para analisar custos associados a atividades específicas?

7-15 "Fazer *benchmarking* com outras empresas possibilita à empresa identificar o concorrente de custo mais baixo. Essa quantia deve-se tornar a medida do desempenho para o ano que vem." Você concorda?

Exercícios

7-16 Orçamento flexível. A Companhia Brabham fabrica pneus para o circuito de Fórmula 1. Para agosto de 2003, ela orçou fabricar e vender três mil pneus a um custo variável de $ 74 por pneu e custos fixos totais de $ 54 000. O preço de venda orçado era de $ 110. Os resultados reais em agosto de 2003 foram de 2 800 pneus fabricados e vendidos a um preço de venda de $ 112 por pneu. O total de custos variáveis reais foi de $ 229 600, e o total de custos fixos reais foi de $ 50 000.

Para fazer:

1. Prepare um relatório de desempenho (como o do Quadro 7.2) que usa um orçamento flexível e um estático.
2. Comente sobre os resultados na Parte 1.

7-17 Orçamento flexível. Os preços orçados da Companhia Conte para materiais diretos, mão-de-obra direta de produção e mão-de-obra direta de marketing (distribuição) por pasta são de $ 40, $ 8 e $ 12, respectivamente. O presidente está satisfeito com o seguinte relatório do desempenho:

	Custos reais	Orçamento estático	Variações
Materiais diretos	$ 364 000	$ 400 000	$ 36 000 F
Mão-de-obra direta de produção	78 000	80 000	2 000 F
Mão-de-obra direta de marketing (distribuição)	110 000	120 000	10 000 F

Para fazer: A produção real foi de 8 800 pastas. A satisfação do presidente é justificada? Prepare um relatório de desempenho revisado que use um orçamento flexível e um orçamento estático. Suponha que todos os três itens de custos diretos acima sejam custos variáveis.

7-18 Orçamento flexível. A Companhia Virtual de Doces vende doces a granel pela Internet. O lucro operacional orçado da empresa, para o ano findo em 31 de dezembro de 2004, foi de $ 3 150 000. Como resultado do contínuo crescimento da Internet, o lucro operacional real totalizou $ 6 556 000.

Para fazer:
1. Calcule o total de variações no orçamento estático.
2. O lucro operacional no orçamento flexível foi de $ 6 930 000. Calcule o orçamento flexível total e o total de variações no volume de vendas.
3. Comente sobre o total de variações no orçamento flexível diante do crescimento explosivo da Internet.

7-19 Variações no preço e na eficiência. A Comidas Alves fabrica bolos de abóbora. Para janeiro de 2004, ela orçou comprar e consumir 15 mil quilos de abóbora a $ 0,89 o quilo. A compra e o consumo real para janeiro de 2004 foi de 16 mil quilos a $ 0,82 o quilo. Ela orçou 60 mil bolos. A produção real foi de 60 800 bolos de abóbora.

Para fazer:
1. Calcule a variação no orçamento flexível.
2. Calcule a variação no preço e na eficiência.
3. Comente sobre os resultados nas Partes 1 e 2.

7-20 Variações nos materiais e na mão-de-obra. Considere os seguintes dados coletados para a Casas Nobres Ltda.:

	Mão-de-obra direta	Materiais diretos
Custo incorrido: recursos reais × preços reais	$ 200 000	$ 90 000
Recursos reais × preços-padrão	214 000	86 000
Recursos-padrão para produção real × preços-padrão	225 000	80 000

Para fazer: Calcule as variações no preço, na eficiência e no orçamento flexível para materiais diretos e mão-de-obra direta.

Aplicação do Excel: Para alunos que desejam praticar suas habilidades com planilhas, segue uma abordagem passo a passo para a criação de uma planilha Excel para resolver esse problema.

Passo a passo
1. No topo de uma planilha nova, crie uma seção de 'Dados originais' para os dados fornecidos pela Casas Nobres Ltda., usando exatamente o mesmo formato mostrado acima, com linhas rotuladas 'Custo incorrido: Recursos reais × Preços reais', 'Recursos reais × Preços-padrão', e 'Recursos-padrão para produção real × Preços-padrão', e colunas rotuladas 'Materiais diretos' e 'Mão-de-obra direta'.
2. Pule duas linhas e crie uma seção, 'Cálculos de variações'. Crie linhas para 'Variação no preço', 'Variação na eficiência', e 'Variação no orçamento flexível'. Crie colunas para 'Materiais diretos' e 'Mão-de-obra direta'. (Programe sua planilha para executar todos os cálculos necessários. Não insira dados 'diretamente' para qualquer cálculo de variação.)
3. Use os dados da seção 'Dados originais' para calcular a variação no preço, na eficiência e no orçamento flexível para materiais diretos e mão-de-obra direta. Por exemplo, para calcular a variação no preço de materiais diretos, na célula que corresponde à linha 'Variação no preço' e à coluna 'Materiais diretos', insira uma fórmula para subtrair o custo real incorrido da quantidade dos recursos reais vezes os preços-padrão.
4. Variações desfavoráveis aparecerão como números negativos. Se você quiser se manter consistente com o formato para o cálculo de variações apresentado neste capítulo, quando calcular variações, pegue o valor absoluto de qualquer diferença que você calcular na Etapa 3 e rotule as variações favoráveis com 'F' e as variações desfavoráveis com 'D'.
5. *Verifique a precisão de sua planilha.* Vá à seção 'Dados originais' e mude custos incorridos para mão-de-obra direta de $ 90 000 para $ 100 000. Se você programou a planilha corretamente, a variação no orçamento flexível para mão-de-obra direta deve mudar para $ 20 000 (desfavoráveis).

7-21 Variações no preço e na eficiência. A CellOne é uma revendedora de serviços telefônicos para celulares que contrata, com as grandes operadoras de celulares, horas de operação, para posteriormente revendê-las a clientes, no sistema de varejo. A CellOne orçou vender 7 800 000 minutos no mês findo em 31 de março de 2004. Os minutos reais vendidos totalizaram apenas 7 500 000. Devido a flutuações no consumo por hora, a CellOne compra, das operadoras de celulares, tempo 'em excesso', planejando, no momento, comprar 10 por cento a mais de tempo do que planeja vender. Por exemplo, os orçamentos da CellOne pediram a compra de 8 580 000 minutos, com base no plano de vender 7 800 000 minutos. No que vem a seguir, pense no tempo comprado como se fosse material direto.

A CellOne orça o tempo comprado a 4,5 centavos por minuto. O tempo real comprado em 2004 teve um custo médio de cinco centavos por minuto. A CellOne incorre custos de mão-de-obra direta devido à contratação de técnicos, sendo necessária uma hora de suporte técnico para cada cinco mil minutos de tempo vendido. Na prática, apenas 1 600 horas de suporte técnico foram usadas, planejado a $ 60 por hora. Os custos reais para suporte técnico foram de, em média, $ 62 a hora.

Para fazer:

1. Calcule a variação no orçamento flexível para custos de materiais diretos e de mão-de-obra direta. [Use os 8 250 000 (7 500 000 × 1,10) minutos no orçamento flexível.]
2. Calcule as variações no preço e na eficiência para custos de materiais diretos e de mão-de-obra direta.

7-22 Orçamentos flexíveis, análise de variações. Você foi contratado como consultor por Maria Fraga, presidente de uma pequena empresa que produz peças de automóveis. Maria Fraga é uma excelente engenheira, mas tem se frustrado ao trabalhar custos com dados inadequados.

Você a ajudou na instalação de orçamentos flexíveis e de custos-padrão. Maria pediu que você considerasse os seguintes dados, para maio, e recomendasse como as variações poderiam ser calculadas e apresentadas nos relatórios de desempenho:

Orçamento estático em unidades de produção	20 000
Unidades reais produzidas e vendidas	23 000
Preço de venda orçado por unidade de produção	$ 40
Custos variáveis orçados por unidade de produção	$ 25
Total de custos fixos orçados por mês	$ 200 000
Receita real	$ 874 000
Custos variáveis reais	$ 630 000
Variação favorável nos custos fixos	$ 5 000

Maria ficou desapontada. Embora as unidades de produção vendidas tivessem excedido as expectativas, o lucro operacional não acusou o mesmo desempenho. Suponha que não tivesse havido estoque inicial nem final.

Para fazer:

1. Você decide apresentar à Fraga algumas alternativas de análise das variações para que ela possa escolher o nível de detalhes mais adequado, podendo o sistema de relatório ser então projetado de acordo. Prepare uma análise com os níveis 0, 1 e 2 como nos Quadros 7.1 e 7.2.
2. Quais são algumas das prováveis causas das variações relatadas na Parte 1?

7-23 Preparação e análise do orçamento flexível. A Gráfica Bancária Ltda. produz talões de cheque de luxo com três cheques e canhotos por página. Cada talão é desenhado para um cliente individual e é pedido por meio do banco do cliente. O orçamento operacional da empresa, para setembro de 2004, incluiu esses dados:

Número de talões de cheque	15 000
Preço de venda por talão	$ 20
Custo variável por talão	$ 8
Custos fixos para o mês	$ 145 000

Os resultados reais para setembro de 2004 foram:

Número de talões de cheque produzido e vendido	12 000
Preço de venda médio por talão	$ 21
Custo variável por talão	$ 7
Custos fixos para o mês	$ 150 000

O vice-presidente da empresa observou que o lucro operacional de setembro estava bem menor do que o previsto, apesar de o preço de venda ser maior e de o custo variável unitário ser menor que o orçado.

Você deve fornecer explicações para os resultados decepcionantes.

A empresa desenvolveu seu orçamento flexível com base nas receitas unitárias e custos variáveis unitários orçados, sem uma análise detalhada dos recursos orçados.

Para fazer:

1. Prepare uma análise de nível 1 para o desempenho de setembro.
2. Prepare uma análise de nível 2 para o desempenho de setembro.
3. Por que a Gráfica Bancária poderia achar a análise de nível 2 mais informativa que a de nível 1? Explique sua resposta.

7-24 Orçamento flexível, trabalhando de trás para a frente. A Companhia de Rolamentos Especiais projeta e fabrica rolamentos para máquinas de desempenho extremado. O Quadro 7.7 é uma análise de variação de nível 2, parcialmente completa, com os resultados reais e orçados das vendas da Rolamentos Especiais, para o ano findo em 31 de dezembro de 2004.

Para fazer:

1. Complete a análise no Quadro 7.7. Calcule todas as variações necessárias. Se o seu trabalho for preciso, você descobrirá que a variação total no orçamento estático é de $ 0.
2. Quais são os preços de venda reais e orçados? Quais são os custos variáveis reais e orçados por unidade?
3. O presidente executivo da Rolamentos Especiais estava muito satisfeito com a variação zero no orçamento estático. É, a sua reação, apropriada? Reveja as variações que você calculou e discuta as possíveis causas e os problemas em potencial.
4. Qual é a lição mais importante que se pode aprender ao fazer esse exercício?

7-25 Variações no preço e na eficiência, lançamentos contábeis. A Química Ltda. tem os seguintes padrões por unidade acabada para materiais diretos e mão-de-obra direta:

Materiais diretos: 10 kg a $ 3 por kg	$ 30,00
Mão-de-obra direta: 0,5 hora a $ 20 por hora	10,00

O número orçado de unidades acabadas para março de 2004 foi de dez mil; 9 810 unidades foram realmente produzidas.

Os resultados reais de março foram:

Materiais diretos: 98 073 kg consumidos	
Mão-de-obra direta: 4 900 horas	$ 102 900

Suponha que não havia estoque inicial de materiais diretos nem de unidades acabadas.

Durante o mês, compras de materiais totalizaram cem mil quilos, a um custo total de $ 310 000. As variações no preço dos recursos são isoladas na compra; já na eficiência, elas são isoladas no momento do uso.

Para fazer:

1. Calcule as variações no preço e na eficiência, para março de 2004, de materiais diretos e mão-de-obra direta.
2. Prepare lançamentos contábeis para registrar as variações na Parte 1.
3. Comente sobre as variações no preço e na eficiência da Química Ltda. para março de 2004.
4. Por que a Química Ltda. poderia calcular variações nos preços e na eficiência de materiais com referência a pontos diferentes no tempo?

7-26 Melhoria contínua (continuação do 7-25). A Química Ltda. adota uma abordagem de melhoria contínua para estabelecer os custos-padrão mensais. Suponha que os custos-padrão de materiais diretos, de $ 30 por unidade, e o custo da mão-de-obra direta, de $ 10 por unidade, pertençam a janeiro de 2004. As quantias-padrão para fevereiro de 2004 são 0,997 da quantia-padrão para janeiro; para março de 2004 são 0,997 da de fevereiro.

Quadro 7.7 Tabela I: Análise de variação de nível 2 para rolamentos especiais para 2004 (incompleta).

	Resultados reais (1)	Variações no orçamento flexível (2) = (1) − (3)	Orçamento flexível (3)	Variações no volume de vendas (4) = (3) − (5)	Orçamento estático (5)
Unidades vendidas	650 000				600 000
Receitas (vendas)	$ 3 575 000				$ 2 100 000
Custos variáveis	2 575 000				1 200 000
Margem de contribuição	1 000 000				900 000
Custos fixos	700 000				600 000
Lucro operacional	$ 300 000				$ 300 000

Variação total no orçamento flexível ← → Variação total no volume de vendas

Variação total no orçamento estático

Suponha as mesmas informações, para março de 2004, que constam no Exercício 7.25, exceto por essas quantias-padrão revisadas.

Para fazer:
1. Calcule as quantias-padrão para março de 2004 para materiais diretos e mão-de-obra direta.
2. Calcule as variações no preço e na eficiência, para março de 2004, para materiais diretos e mão-de-obra direta.

7-27 Variações em materiais e mão-de-obra, custos-padrão. Considere os seguintes dados selecionados relativos à fabricação de uma linha de cadeiras estofadas:

	Padrões por cadeira
Materiais diretos	2 metros quadrados de recursos a $ 10 por metro quadrado
Mão-de-obra direta	0,5 hora de recurso a $ 20 por hora

Os seguintes dados foram compilados em relação ao desempenho real: unidades reais (cadeiras) produzidas, 20 mil; metros quadrados de recursos comprados e consumidos, 37 mil; preço por metro quadrado, $ 10,20; custos de mão-de-obra direta, $ 176 400; horas reais de recursos, nove mil; preço por hora da mão-de-obra, $ 19,60.

Para fazer:
1. Mostre os cálculos de variações no preço e na eficiência para materiais diretos e mão-de-obra direta. Dê uma explicação plausível da causa das variações.
2. Suponha que 60 mil metros quadrados de materiais foram comprados (a $ 10,20 por metro quadrado), embora apenas 37 mil metros quadrados tenham sido consumidos. Suponha, também, que as variações sejam identificadas no seu ponto mais provável de controle; dessa forma, as variações nos preços de materiais diretos são isoladas e rastreadas para o *departamento de compras* em vez de para o *departamento de produção*. Calcule as variações no preço e na eficiência usando essa abordagem.

7-28 Lançamentos contábeis e contas "T" (continuação de 7-27). Prepare lançamentos contábeis e lance-os em contas "T" para todas as transações no Exercício 7-27, incluindo a Parte 2. Resuma em três frases como esses lançamentos diferem dos de custeio normal, descritos no Capítulo 4.

7-29 Orçamento flexível (refere-se ao Exercício 7-27). Suponha que o orçamento estático tenha sido de 24 mil unidades de produção. O gerente geral está extremamente contente com o seguinte relatório:

	Resultados reais	Orçamento estático	Variação
Materiais diretos	$ 377 400	$ 480 000	$ 102 600 F
Mão-de-obra direta	$ 176 400	$ 240 000	$ 63 600 F

Para fazer: A felicidade do gerente é justificada? Prepare um relatório que proporcione uma explicação mais detalhada do porquê de o orçamento estático não ter sido alcançado. A produção real foi de 20 mil unidades.

7-30 Custeio baseado em atividades, variações no orçamento flexível para funções da atividade de finanças. Bento Sanches é diretor financeiro da Buquêt.com, empresa que se serve das infovias para comercializar flores, entregando-as no local indicado pelo cliente. Sanches está preocupado com a eficiência e a eficácia da função financeira. Ele coleta informações para três atividades financeiras, em 2004, a saber:

			Taxa por unidade do direcionador de custo	
Atividade	Nível de atividade	Direcionador de custo	Orçamento estático	Real
Contas a receber	Unidade de produção	Remessas	$ 0,639	$ 0,75
Contas a pagar	Lote	Faturas	2,900	2,80
Despesas de viagem	Lote	Reembolsos	7,600	7,40

A medida de produção é o número de entregas, o qual é o mesmo que o número de remessas. A seguir temos informações adicionais.

	Quantias do orçamento estático	Quantias reais
Número de entregas	1 000 000	948 000
Tamanho do lote em termos de entregas:		
Contas a pagar	5	4 468
Despesas de viagem	500	501 587

Para fazer:

1. Calcule a variação no orçamento flexível para cada atividade em 2004.
2. Calcule as variações no preço e na eficiência para cada atividade em 2004.

7-31 Atividades da função de finanças, *benchmarking* (continuação do 7-30). Bento Sanches, diretor financeiro da Buquêt.com, contrata o Grupo Ribeiro, uma empresa de consultoria especializada em *benchmarking*. Ele solicita ao Grupo Ribeiro dados de referência da função financeira em empresas de varejo de 'classe mundial' (varejo tradicional e varejo via Internet). As referências de custo do Ribeiro para as três atividades financeiras da Buquêt.com são:

Atividade financeira	Desempenho de custo 'classe mundial'
Contas a receber	$ 0,71 por fatura
Contas a pagar	$ 0,10 por remessa
Despesas de viagem	$ 1,58 por reembolso

Para fazer:

1. Quais os novos aspectos que podem surgir com os dados de referência do Ribeiro, usando os dados do Exercício 7-30?
2. Suponha que você esteja encarregado do processamento dos reembolsos por viagens. Quais as possíveis precauções quanto a ter Sanches usado a referência de $ 1,58 por reembolso de viagem como medida para avaliar seu desempenho no período seguinte?

PROBLEMAS

7-32 Orçamento flexível, variações nos materiais diretos e na mão-de-obra direta. A Estátuas Milão fabrica estátuas de bustos de famosas personagens históricas. Todas as estátuas são do mesmo tamanho. Cada unidade requer a mesma quantidade de recursos. As seguintes informações são do orçamento estático para 2004:

Produção e vendas esperadas	5 000	unidades
Materiais diretos	50 000	quilos
Mão-de-obra direta	20 000	horas
Total de custos fixos	$ 1 000 000	

Quantidades-padrão, preços-padrão e custos-padrão por unidade seguem para materiais diretos e mão-de-obra direta.

	Quantidade-padrão	Preço-padrão	Custo-padrão por unidade
Materiais diretos	10 quilos	$ 10 por quilo	$ 100
Mão-de-obra direta	4 horas	$ 40 por hora	$ 160

Durante 2004, o número real de unidades produzidas e vendidas foi de seis mil. O custo real de materiais diretos consumidos foi de $ 594 000, com base nos 54 mil quilos comprados a $ 11 o quilo. As horas de mão-de-obra direta realmente usadas foram de 25 mil, à taxa de $ 38 por hora. Isso resultou em um custo real de mão-de-obra direta de $ 950 000. Os custos fixos reais foram de $ 1 005 000. Não houve estoques iniciais ou finais.

Para fazer:

1. Calcule a variação no volume de vendas e no orçamento flexível.
2. Calcule as variações no preço e na eficiência para materiais diretos e mão-de-obra direta.

7-33 Orçamento estático, orçamento flexível, setor de serviços, eficiência e eficácia de mão-de-obra profissional. A Financeira Meridiano ajuda futuros proprietários residenciais a encontrarem financiamento de baixo custo e, os já proprietários, a refinanciarem seus empréstimos atuais a taxas de juros mais baixas.

A Meridiano cobra dos clientes 0,5 por cento do montante que ela conseguir. No seu orçamento estático de 2004, a Meridiano supõe que a quantia média emprestada será de $ 200 000. Dados de custos orçados por solicitação de empréstimo para 2004 são:

- Mão-de-obra profissional: seis horas a uma taxa de $ 40 por hora
- Taxa para entrar com pedido do empréstimo: $ 100
- Verificações de crédito: $ 120
- Correio expresso: $ 50

O suporte do escritório está orçado em $ 31 000 por mês. A Financeira Meridiano vê essa quantia como custo fixo.

Para fazer:

1. Prepare um orçamento estático para novembro de 2004 supondo 90 solicitações de empréstimo.
2. Prepare uma análise de variação de nível 2 identificando as variações no volume de vendas e no orçamento flexível para a Financeira Meridiano, para novembro de 2004. O número real de solicitações para empréstimos, em novembro de 2004, foi de 120, e a quantia média emprestada, de $ 224 000. Outros dados reais para novembro de 2004 foram:

   - Receitas: $ 134 400
   - Mão-de-obra profissional: 7,2 horas por solicitação de empréstimo a $ 42 por hora; custo total de $ 36 288
   - Taxa para entrar com pedidos de empréstimos: $ 100 por pedido; custo total de $ 12 000
   - Verificações de crédito: $ 125 por solicitação de empréstimo; custo total de $ 15 000.
   - Correio expresso: $ 54 por solicitação de empréstimo; custo total de $ 6 480.
   - Custos do suporte do escritório: $ 33 500

3. Calcule as variações no preço e eficiência de mão-de-obra profissional para novembro de 2004. (Calcule o preço da mão-de-obra por hora.)
4. Quais fatores você consideraria ao avaliar a eficácia da mão-de-obra profissional em novembro de 2004?

7-34 **Questões abrangentes relacionadas com a análise de variações** (CMA, adaptado). A Horizonte Sem Limites fabrica uma linha completa de armações e lentes para óculos de sol muito conhecida, usando um sistema de custeio-padrão para estabelecer padrões alcançáveis para custos de materiais diretos, mão-de-obra e custos indiretos. Os padrões têm sido revisados anualmente, quando necessário. Os gerentes, cujas avaliações e bônus são afetados pelo desempenho de seu departamento, têm sido responsabilizados pelas variações nos seus relatórios de desempenho por departamento.

Recentemente, as variações na produção da linha de óculos de sol premium, Visionaire, têm causado alguma preocupação. Sem razão aparente, variações desfavoráveis no material e na mão-de-obra ocorreram. Na reunião mensal da equipe, Jaime da Silva, gerente da linha Visionaire, deverá explicar as suas variações e sugerir maneiras de melhorar o desempenho. Jaime será solicitado a explicar o seguinte relatório do desempenho para 2004:

	Resultados reais	Quantias do orçamento estático
Unidades vendidas	4 850	5 000
Receitas	$ 397 700	$ 400 000
Custos variáveis	234 643	216 000
Custos fixos	72 265	75 000
Margem bruta	90 792	109 000

Jaime coletou as seguintes informações:

a. Os custos-padrão variáveis, em 2004, eram compostos de três itens:

   - Materiais diretos: Armações. Custos no orçamento estático de $ 33 000. O recurso-padrão para 2004 é de três onças por unidade.
   - Materiais diretos: Lentes. Custos no orçamento estático de $ 93 000. A entrada-padrão para 2004 é de seis onças por unidade.
   - Mão-de-obra direta. Custos no orçamento-padrão de $ 90 000. O recurso-padrão para 2004 é de 1,20 a hora por unidade.

   Suponha que não haja nenhum custo variável indireto.

b. Os custos variáveis reais em 2004 foram:

   - Materiais diretos: Armações. Custos reais de $ 37 248. Onças reais usadas por armação foram de 3,20 onças por unidade.
   - Materiais diretos: Lentes. Custos reais de $ 100 492. Onças reais usadas por armação foram de sete onças por unidade.
   - Mão-de-obra direta. Custos reais de $ 96 903. A taxa real de mão-de-obra foi de $ 14,80 por hora.

Para fazer:

1. Prepare um relatório que inclua:
   a. Variação no preço de venda

b. Variação no volume de vendas e variação no orçamento flexível no formato da análise de nível 2 no Quadro 7.2.
c. Variações de preço e eficiência para
- materiais diretos: armações
- materiais diretos: lentes
- mão-de-obra direta

2. Dê três explicações possíveis para cada uma das variações no preço e na eficiência, na Horizonte, na Parte 1c.

7-35 Melhoria contínua (continuação do 7-34). A Horizonte recebe uma sugestão para que custos-padrão de melhoria contínua, atualizados mensalmente, sejam usados. Considere revisões mensais, em 2005, para os três itens de custo variável de produção.

Para fazer:

1. O consumo-padrão de recursos, para janeiro de 2005, é 0,995 vezes o padrão de dezembro; o de fevereiro, é 0,995 vezes o padrão de janeiro de 2005. Usando os dados do Problema 7-34, qual é o padrão para o consumo de materiais diretos para cada item de custo variável em janeiro e fevereiro de 2005?
2. Quais são as vantagens e as desvantagens de usar a abordagem da Parte 1, como primária, para direcionar a competitividade de custo da Horizonte?

7-36 Análise de variação de nível 2, resolva para os desconhecidos. A Bonés e Cia. fabrica e distribui bonés em estádios e outros eventos esportivos. O plano da Bonés, para 2005, prevê vendas de 600 mil unidades. No entanto, apenas 500 mil foram vendidas. Com base nos dados fornecidos no Quadro 7.8, calcule os números que estão faltando e complete a análise.

Para fazer:

1. Calcule os preços de venda orçados e reais.
2. Supondo que o direcionador para custos variáveis seja unidades vendidas, quais são os custos variáveis orçados e reais por unidade?
3. Calcule o lucro operacional no orçamento flexível.
4. Calcule a variação total no orçamento flexível.
5. Calcule a variação total no volume de vendas.
6. Calcule a variação total no orçamento estático.

7-37 Variações na mão-de-obra direta e nos materiais diretos, dados faltando (CMA, muito adaptado). A Pranchas Baía do Morro fabrica pranchas de surfe de fibra de vidro. O custo-padrão de materiais diretos e mão-de-obra direta é de $ 100 por prancha. Isso inclui 20 libras de materiais diretos, orçados em $ 2 por libra, e cinco horas de mão-de-obra direta orçada em $ 12 por hora. A seguir estão os dados para o mês de julho:

Unidades completadas	6 000 unidades
Compras de materiais diretos	150 000 libras
Custo de compras de materiais diretos	$ 292 500
Horas reais de mão-de-obra direta	32 000 horas
Custo real de mão-de-obra direta	$ 368 000
Variação na eficiência de materiais diretos	$ 12 500 D

Não havia estoques iniciais.

Para fazer:

1. Calcule a variação na mão-de-obra direta para julho.
2. Calcule as libras reais de materiais diretos usados na produção em julho.
3. Calcule o preço real por libra de materiais diretos comprados.
4. Calcule a variação no preço de materiais diretos.

7-38 Revisão abrangente da análise de variações. A FlexMem Ltda. fabrica disquetes. O diretor financeiro forneceu os seguintes padrões orçados para o mês de fevereiro de 2004:

Preço de venda médio por disquete	$ 4,00
Custo total de materiais diretos por disquete	$ 0,85
Mão-de-obra direta	
Custo por hora de mão-de-obra direta	$ 15,00
Taxa média de produtividade da mão-de-obra (disquetes por hora)	300
Custo direto de marketing por unidade	$ 0,30
Custos indiretos fixos	$ 900 000

Quadro 7.8 Tabela 1: Análise de variação de nível 2 para a Bonés e Cia. para 2005 (incompleto).

	Resultados reais (1)	Variações no orçamento flexível (2) = (1) – (3)	Orçamento flexível (3)	Variações no volume de vendas (4) = (3) – (5)	Orçamento estático (5)
Unidades vendidas	500 000				600 000
Receitas (vendas)	$ 5 000 000				$ 4 800 000
Custos variáveis	1 400 000				1 800 000
Margem de contribuição		1 100 000 F		500 000 U	
Custos fixos	1 150 000		1 000 000		1 000 000
Lucro operacional					

Variações totais orçamento flexível

Variações totais volume de vendas

Variação total no orçamento estático

Vendas de 1 500 000 unidades estão orçadas para fevereiro. Os resultados reais de fevereiro são:

- As vendas por unidade totalizaram 80 por cento do planejado.
- O preço de venda médio real caiu para $ 3,70.
- A produtividade caiu para 250 disquetes por hora.
- O custo real de mão-de-obra direta é de $ 15 por hora.
- O custo real total de materiais diretos por unidade caiu para $ 0,80.
- Os custos reais de marketing direto foram de $ 0,30 por unidade.
- Os custos fixos ficaram $ 30 000 abaixo do plano.

Para fazer: Calcule o seguinte:

1. Lucro operacional real e do orçamento estático.
2. Variação total do orçamento estático.
3. Lucro operacional no orçamento flexível.
4. Variação total no orçamento flexível.
5. Variação total no volume de vendas.
6. Variação total no orçamento estático.
7. Variação no preço e na eficiência para a mão-de-obra direta.
8. Variação no orçamento flexível para a mão-de-obra direta.

7-39 Variações nos materiais diretos e na mão-de-obra de produção (CPA, adaptado). No dia 1º de maio de 2004, a Companhia Bolívar começou a fabricação de um novo *pager*, denominado Excelência. A empresa instalou um sistema de custeio-padrão para contabilizar os custos. Os custos-padrão unitários do Excelência são:

Materiais diretos (3 libras a $ 5 por libra)	$ 15,00
Mão-de-obra direta (1/2 hora a $ 20 por hora)	10,00
Custos indiretos (75% dos custos de mão-de-obra direta)	7,50
	$ 32,50

Os dados a seguir foram obtidos dos registros da Bolívar para o mês de maio:

	Débito	Crédito
Receitas		$ 125 000
Controle de contas a pagar (para as compras de materiais diretos)		68 250
Variação no preço de materiais diretos	$ 3 250	
Variação na eficiência de materiais diretos	2 500	
Variação no preço de mão-de-obra direta	1 900	
Variação na eficiência da mão-de-obra direta		2 000

A produção real do Excelência, em maio, foi de quatro mil unidades, e as vendas reais, de 2 500 unidades.

A quantia mostrada anteriormente para a variação no preço de materiais diretos se aplica a materiais comprados durante o mês de maio. Não houve estoque inicial de materiais no dia 1º de maio de 2004.

Para fazer: Calcule cada um dos seguintes itens para a Bolívar, para o mês de maio. Mostre seus cálculos.

1. Horas-padrão de mão-de-obra direta, permitidas para a produção real.
2. Horas reais de mão-de-obra direta trabalhadas
3. Taxa salarial real de mão-de-obra direta
4. Quantidade-padrão de materiais diretos permitidos (em libras)
5. Quantidade-padrão de materiais diretos consumidos (em libras)
6. Quantidade-padrão de materiais diretos comprados (em libras)
7. Preço real de materiais diretos por libra

7-40 Análise abrangente de variações. (CMA) A Biscoitos da Vovó Maria fabrica biscoitos para lojas de varejo. O biscoito líder de vendas da empresa é o Chocolate com Nozes, comercializado como um biscoito de primeira linha, normalmente vendido a $ 8 a libra. O custo-padrão por libra, do Chocolate com Nozes, com base na produção mensal normal da Vovó Maria, de 400 000 libras, é:

Item de custo	Quantidade		Custo-padrão por unidade	Custo-padrão total
Materiais diretos				
Massa de biscoito	10	onças	$ 0,02 /onça	$ 0,20
Chocolate ao leite	5	onças	0,15 /onça	0,75
Amêndoas	1	onça	0,50 /onça	0,50
				1,45
Mão-de-obra direta[a]				
Mistura	1	minuto	14,40 /hora	0,24
Assar	2	minutos	18,00 /hora	0,60
				0,84
Variáveis				
Custos indiretos[b]	3	minutos	32,40 horas	1,62
Total do custo-padrão por libra				$ 3,91

a *Taxas de mão-de-obra direta incluem os benefícios dos trabalhadores.*
b *Alocados com base nas horas de mão-de-obra direta.*

A contadora gerencial da Vovó Maria, Karen Bulhões, prepara relatórios orçamentários mensais com base nesses custos-padrão. O relatório de abril está apresentado abaixo.

Demonstrativo de desempenho, abril de 2004

	Real	Orçamento	Variância
Unidades (em libras)	450 000	400 000	50 000 F
Receitas	$ 3 555 000	$ 3 200 000	$ 355 000 F
Materiais diretos	865 000	580 000	285 000 D
Mão-de-obra direta	348 000	336 000	12 000 D

Julia Maria, presidente da empresa, está desapontada com os resultados. Apesar de um aumento significativo no número de biscoitos vendidos, a contribuição esperada do produto para a rentabilidade geral da empresa diminuiu. Maria pediu a Karen para identificar as razões pelas quais a margem de contribuição diminuiu. Karen coletou as seguintes informações para ajudá-la na sua análise.

Relatório de consumo, abril de 2004

	Quantidade		Custo real
Materiais diretos			
Massa de biscoito	4 650 000	onças	$ 93 000
Chocolate ao leite	2 660 000	onças	532 000
Amêndoas	480 000	onças	240 000
Mão-de-obra direta			
Mistura	450 000	minutos	108 000
Assar	800 000	minutos	240 000

Para fazer: Calcule e comente as seguintes variações:

1. Variação no preço de venda

2. Variação no preço de materiais diretos
3. Variação na eficiência de materiais diretos
4. Variação na eficiência da mão-de-obra direta

7-41 **Orçamentos flexíveis, custeio baseado em atividades, análise de variações**. A Toymaster Ltda. produz um carro de brinquedo, o TGC, em lotes. Após terminar cada lote de TGC, os moldes são limpos. Os custos de mão-de-obra para a limpeza dos moldes podem ser identificados porque o TGC só pode ser fabricado a partir de um molde específico. As seguintes informações pertencem a junho de 2004:

	Quantias do orçamento estático	Quantias reais
Unidades de TGC produzidas e vendidas	30 000	22 500
Tamanho do lote (unidades por lote)	250	225
Horas de mão-de-obra de limpeza por lote	3	3,5
Custo de mão-de-obra de limpeza por hora	$ 14	$ 12,50

Para fazer:
1. Calcule a variação no orçamento flexível para os custos totais da mão-de-obra de limpeza em junho de 2004.
2. Calcule as variações no preço e na eficiência para os custos totais da mão-de-obra de limpeza em junho de 2004. Comente os resultados.

7-42 **Orçamentos flexíveis, custeio baseado em atividades, análise de variações**. A Sabor de Rei é uma fabricante de bolos de frutas. Uma de suas fábricas produz cinco tipos diferentes de bolo. Cada tipo difere em termos dos recursos de materiais. Eles são idênticos em termos de cozimento e nos processos de troca.

O processo de troca envolve mudança na linha de produção de um produto para outro. Os custos de uma troca são um custo de lote, compostos da mão-de-obra dos trabalhadores que limpam o equipamento para que o conteúdo de cada produto diferente não seja misturado com o outro. As seguintes informações pertencem a março de 2003:

	Quantias do orçamento estático	Quantias reais
Unidades de bolos produzidas e vendidas	240 000	330 000
Tamanho médio do lote (bolos por lote)	6 000	10 000
Horas de mão-de-obra de troca por lote	20	24
Custo da mão-de-obra de troca por hora	$ 20	$ 21

Para fazer:
1. Calcule a variação no orçamento flexível para os custos totais da mão-de-obra para trocas em março de 2003. Comente os resultados.
2. Calcule as variações no preço e na eficiência para os custos totais da mão-de-obra para trocas em março de 2003. Comente os resultados.
3. Ofereça duas explicações para as variações no preço e na eficiência, na Parte 2.

7-43 **Custos de compras, análise de variações, ética**. Ricardo Dias é gerente da divisão de calçados atléticos da Produtos Raider, uma empresa baseada nos EUA que acaba de comprar a Fastfoot, líder européia na produção de calçados. A Fastfoot tem contratos de produção de longo prazo com fornecedores em dois países do Leste Europeu — Hergóvia e Tanistan. Ricardo recebe uma solicitação de Kevin Neal, presidente da Produtos Raider. Ele e seu *controller*, Brooke Mullins, devem fazer uma apresentação na próxima reunião do Conselho de Diretores sobre a competitividade de custo da subsidiária Fastfoot. O relatório deve incluir os custos de compras reais e orçados, para 2004, dos fornecedores em Hergóvia e Tanistan.

Brooke decide visitar as duas unidades de fornecimento. O custo médio orçado de compras, para 2004, foi de $ 12 por par de calçados. Esse custo inclui os pagamentos ao fabricante dos calçados e todos os outros pagamentos para conduzir os negócios em cada um dos países. Brooke relata o seguinte para Ricardo:

- *Hergóvia*: Os custos totais de compras, em 2004, para 250 mil pares de calçados, foram de $ 3 325 000. O pagamento para o fabricante de calçados foi de $ 2 650 000. Havia poucos recibos para os $ 675 000 restantes. Pagamentos por fora são vistos como comuns em Hergóvia.
- *Tanistan*: Os custos totais para compras, em 2004, para 900 mil pares de calçados, foram de $ 10 485 000. O pagamento para o fabricante de calçados foi de $ 8 640 000. Havia recibos para $ 705 000 dos outros custos, mas Brooks disse que ele não confia na sua validade. Pagamentos por fora 'fazem parte do jogo' em Tanistan.

Nas fábricas de Hergóvia e Tanistan, Brooks constatou o emprego de jovens (muitos com menos de 15 anos), o que muito o perturbou. Ele foi informado de que, nos dois países, todas as grandes empresas produtoras de calçados usavam práticas similares para a redução de custos.

Ricardo não está confortável com a apresentação que terá de fazer ao Conselho. Ele foi um dos defensores da aquisição da Fastfoot. Uma revista de negócios relatou recentemente que a aquisição da Fastfoot faria da Produtos Raider o produtor de custo mundial mais baixo nessa linha de produto. O preço das ações da Produtos Raider aumentou 21 por cento no dia em que a aquisição da Fastfoot foi anunciada. Brooks também é conhecido como defensor da aquisição e tido como 'uma estrela ascendente', merecedor da promoção como gerente de divisão em um futuro breve.

Para fazer:

1. Quais variações nos custos de compras poderiam ser, de forma resumida, relatadas para o Conselho de Diretores da Produtos Raider?
2. Quais as questões éticas que (a) Roberto e (b) Brooks enfrentarão para preparar e fazer o relatório para o Conselho de diretores?
3. Como Brooks deveria endereçar as questões que você identifica na Parte 2?

Exercício para aprendizagem em grupo

7-44 Variações no preço e na eficiência, problemas no estabelecimento de padrões, *benchmarking*. A Modas Savana fabrica camisas destinadas à venda em redes de varejo. Jorge Anderson, *controller*, está ficando cada vez mais desiludido com o sistema de custeio-padrão da Savana. As quantias orçadas e reais para materiais diretos e mão-de-obra direta, para julho de 2004, foram de:

	Quantias orçadas	Quantias reais
Camisas fabricadas	4 000	4 488
Custo de materiais diretos	$ 20 000	$ 20 196
Unidades de material direto (rolos de pano)	400	408
Custos de mão-de-obra direta	$ 18 000	$ 18 462
Horas de mão-de-obra direta	1 000	1 020

Não houve estoques iniciais e finais de materiais.

O sistema de custeio-padrão é baseado em um estudo operacional e conduzido por um consultor independente há seis meses. Jorge observa que, desde então, ele raramente tem visto uma variação desfavorável de qualquer magnitude. Ele observa que, mesmo aos níveis atuais de produção, os trabalhadores parecem ter muito tempo para sentar e bater papo.

Em recente conferência voltada ao setor, um consultor para a Benchmarking Ltda. mostrou a Jorge como ele poderia desenvolver relatórios de *benchmarking*, de seis meses, sobre os custos estimados dos principais concorrentes da Savana. Essas informações estariam disponíveis ao assinar os serviços mensais da Benchmarking Ltda.

Para fazer:

1. Calcule as variações no preço e na eficiência da Modas Savana para materiais diretos e mão-de-obra direta, em julho de 2004.
2. Descreva os tipos de medidas que os funcionários da Modas Savana podem ter tomado para reduzir a precisão dos padrões estabelecidos pelo consultor independente. Por que os funcionários tomariam essas medidas? Esse comportamento é ético?
3. Descreva como a Modas Savana poderia, ao computar as variações na Parte 1, usar as informações da Benchmarking Ltda.
4. Discuta as vantagens e desvantagens de a Savana usar as informações da Benchmarking Ltda. para ajudar a aumentar a sua competitividade no custo.

capítulo 8

Orçamentos flexíveis, variações e controle gerencial: II

Objetivos de aprendizagem

1. Explicar a maneira pela qual o planejamento dos custos indiretos variáveis e dos indiretos fixos se assemelha e difere
2. Identificar as características de um sistema de custeio-padrão
3. Calcular a variação na eficiência dos custos indiretos variáveis e a variação no dispêndio dos custos indiretos variáveis
4. Explicar como a variação na eficiência para um item de custo indireto variável difere da de um item de custo direto
5. Calcular uma taxa orçada de custos indiretos fixos
6. Explicar duas considerações quando da interpretação da variação no volume de produção como medida do custo econômico da capacidade não utilizada
7. Mostrar como a abordagem da análise de quatro variações reconcilia os custos indiretos reais incorridos com as quantias de custos indiretos alocadas durante o período
8. Ilustrar como a abordagem da variação no orçamento flexível pode ser usada no custeio baseado em atividades

A Teva Sport Sandals cria os calçados para uma nova coleção *de baixo para cima*, literalmente — bem, quase literalmente. Cada sandália começa pela base do pé (sola), à qual tiras e ganchos são adicionados. Os estilos das sandálias variam de rústicos, para aventura ao ar livre, a casuais refinados para homens, mulheres e crianças. A partir dos desenhos dos protótipos, os administradores da Teva negociam o custo final de cada componente com sua unidade fabril instalada na China. Esses custos são parte do sistema de custeio-padrão da empresa, que identifica os custos diretos para cada tipo de sandália produzido. À medida que a negociação se desenvolve, os administradores também determinam os custos indiretos variáveis e os indiretos fixos, planejados, para que possam saber quais serão os custos-padrão antes que uma única sandália saia da linha de produção.

Os custos indiretos são uma parte grande dos custos de muitas empresas. As empresas químicas de celulose e aço incorrem em grandes custos para construir e manter suas instalações e equipamentos: esses, são parte dos custos indiretos. Empresas como Amazon.com e Yahoo investem grandes quantias em *softwares* que permitem que elas proporcionem uma ampla gama de serviços para os seus clientes de maneira oportuna e confiável. Esses são parte dos custos indiretos.

Este capítulo mostra como os orçamentos flexíveis e a análise das variações podem ajudar os administradores a planejar e a controlar os custos indiretos de suas empresas. O Capítulo 7 enfatizou as categorias de custo direto dos materiais diretos e da mão-de-obra direta. Neste capítulo, abordaremos as categorias de custos indiretos variáveis e fixos de produção. E explicaremos por que os administradores deveriam ser cautelosos ao interpretar as variações baseadas nos conceitos de custos indiretos, inicialmente desenvolvidos para propósitos de relatórios financeiros.

PLANEJAMENTO DOS CIFS VARIÁVEIS E FIXOS

Continuaremos a usar o exemplo da Companhia Webb para ilustrar como os conceitos são analisados e aplicados. A Webb fabrica uma jaqueta de grife que é vendida para os distribuidores. Lembre-se de que os únicos custos da Webb são os de produção. Para a Webb, os custos indiretos variáveis de produção incluem energia, manutenção da máquina, suporte à engenharia, materiais indiretos e mão-de-obra indireta. Os custos indiretos fixos incluem o aluguel da instalação, alguns custos administrativos (como o salário do gerente da instalação) e depreciação do equipamento da empresa.

PLANEJANDO OS CUSTOS INDIRETOS VARIÁVEIS

O planejamento eficaz dos custos indiretos variáveis para um produto ou serviço significa que uma empresa apenas faz as atividades de custos indiretos variáveis que adicionam valor para os clientes que usam aquele produto ou serviço. A Clorox (empresa que produz água sanitária) mencionou, no seu relatório anual, o seguinte: "A nossa iniciativa de simplificação do trabalho é bastante direta: retirar as impurezas de nossos sistemas internos, eliminando o trabalho que não adiciona valor, para que todos na Clorox possam direcionar suas energias para atividades que adicionem valor, fazendo com que o negócio siga em frente".

No nosso exemplo, a Companhia Webb deveria examinar como cada uma das atividades nos seus grupos de custos indiretos variáveis está relacionada à entrega de um produto ou serviço aos clientes. Por exemplo, os clientes sabem que a costura é uma atividade essencial na Webb. Desse modo, as atividades de manutenção das máquinas de costura — incluídas nos custos indiretos da Webb — também são atividades essenciais. Essa manutenção deveria ser feita de modo a reduzir custos, o que significa, por exemplo, programar a manutenção dos equipamentos de maneira sistemática em vez de esperar que as máquinas de costura quebrem.

PLANEJANDO OS CUSTOS INDIRETOS FIXOS

O planejamento eficaz dos custos indiretos fixos é tão eficaz quanto o dos variáveis — planejar empreender apenas as atividades essenciais e ser eficaz nesse empreendimento. Porém, com o planejamento dos custos indiretos fixos há mais uma consideração: escolher o nível de capacidade ou o investimento apropriado que beneficiará a empresa no longo prazo. Esse terceiro item é uma decisão estratégica-chave. Considere a locação das máquinas de costura da Webb, cada uma tendo um custo fixo por ano. A locação insuficiente de capacidade de máquina — digamos porque a Webb subestima a demanda — poderá resultar na impossibilidade de satisfazer a demanda. Locar mais do que o necessário — se a Webb superestima a demanda — resultará em custos fixos adicionais de locação, de máquinas que poderão não ser totalmente utilizadas durante o ano.

No início do período orçamentário, a administração terá tomado a maior parte das decisões que determinam o nível dos custos indiretos fixos que serão incorridos. Mas são as decisões de operações diárias e contínuas que determinam, principalmente, o nível dos custos indiretos incorridos naquele período.

Custeio-padrão na Companhia Webb

A Webb usa o custeio-padrão. O desenvolvimento de padrões para as categorias de custo direto da Webb foi descrito no Capítulo 7. Este capítulo discute as categorias de custo indireto da Webb. **Custeio-padrão** é um método de custeio que (a) identifica os custos diretos para a produção efetuada, multiplicando os preços ou taxas-padrão pelas quantidades-padrão de insumos permitidos para as quantidades reais produzidas e (b) aloca os custos indiretos com base nas taxas-padrão indiretas vezes as quantidades-padrão das bases de alocação permitidas para as quantidades reais produzidas.

Com um sistema de custeio-padrão, os custos-padrão de cada produto ou serviço, planejados para ser executados durante o período, podem ser calculados no início daquele período. Essa característica do custeio-padrão torna possível o uso de um sistema único de registro. Para calcular o custo dos produtos ou serviços, não é necessário manter um registro dos custos reais dos itens consumidos ou das quantidades reais das bases de alocação de custos, usadas nos produtos ou serviços individuais trabalhados durante o período. Quando os padrões são estabelecidos, os custos para operar um sistema de custeio-padrão podem ser baixos em relação aos custos para operar um sistema de custeio real ou normal.

Desenvolvendo taxas orçadas de alocação de custos dos custos indiretos variáveis

As taxas de alocação de custos indiretos variáveis podem ser desenvolvidas em quatro etapas.

Etapa 1: **Escolha o período a ser usado para o orçamento**. A Webb usa um período de orçamento de 12 meses que inclui um ciclo completo do ano no calendário, que inclui as diferentes estações.

Etapa 2: **Selecione as bases de alocação de custos para usar na alocação dos custos indiretos variáveis para a quantidade produzida**. Os administradores de operações da Webb acreditam que horas-máquina são o direcionador de custo dos custos indiretos variáveis. Usando o direcionador de causa e efeito, a Webb seleciona as horas-máquina-padrão como a base de alocação de custos. A Webb orça 57 600 horas-máquina para uma produção orçada de 144 mil jaquetas em 2003.

Etapa 3: **Identifique os custos indiretos variáveis associados a cada base de apropriação de custos**. A Webb reúne em um único grupo todos os seus custos indiretos variáveis, incluindo energia, manutenção das máquinas, apoio à engenharia, materiais indiretos e mão-de-obra indireta. Os custos variáveis de produção orçados para 2003 são de $ 1 728 000.

Etapa 4: **Calcule a taxa por unidade de cada base de alocação de custos, usada para alocar os custos indiretos variáveis para a quantidade produzida**. Dividindo a quantia da Etapa 3 ($ 1 728 000) pela quantia na Etapa 2 (57 600 horas-máquina), a Webb estima a taxa de $ 30 por hora-máquina-padrão para os custos indiretos variáveis.

No custeio-padrão, a taxa de custos indiretos variáveis por unidade da base de alocação de custos (horas-máquina para a Webb) é geralmente expressa como uma taxa-padrão por unidade de produção. Essa taxa-padrão depende do número de bases de alocação de custos (unidades de insumos) utilizadas por unidade de produção. Com base em um estudo da engenharia, a Webb estima que será preciso 0,40 horas-máquina por unidade real de produção.

Taxa orçada de custos indiretos variáveis por unidade de produção = Insumos orçados utilizados por unidade de produção × Taxa orçada de custo de custos indiretos por unidade de produção
= 0,40 horas por jaqueta × $ 30 por hora
= $ 12 por jaqueta (unidade de produção)

A Webb usa $ 12 por jaqueta tanto no seu orçamento estático para 2003 quanto nos relatórios mensais de desempenho que ela prepara durante 2003.

Variações nos custos indiretos de fabricação variáveis

Agora ilustramos como a taxa orçada de custos indiretos variáveis é usada no cálculo das variações nos custos indiretos de fabricação variáveis. Os dados seguintes são de abril de 2003, quando a Webb produziu e vendeu dez mil jaquetas:

Item de custo/base de alocação	Resultado real	Quantia do orçamento flexível
1. Unidades de produção (jaquetas)	10 000	10 000
2. Horas-máquina	4 500	4 000
3. Horas-máquina por unidade de produção (2 ÷ 1)	0,45	0,40
4. Custos indiretos variáveis	$ 130 500	$ 120 000
5. Custos de CIFV por hora-máquina (4 ÷ 2)	$ 29,00	$ 30,00
6. Custos de CIFV por unidade de produção (4 ÷ 1)	$ 13,05	12,00

O orçamento flexível permite que a Webb realce o efeito das diferenças entre custos reais e quantidades reais *versus* custos orçados e quantidades orçadas para o nível real de produção de dez mil jaquetas.

ANÁLISE DO ORÇAMENTO FLEXÍVEL

Como você viu no Capítulo 7, **a variação no orçamento flexível dos custos indiretos variáveis** mede a diferença entre custos reais indiretos variáveis e custos indiretos variáveis do orçamento flexível. Como mostra o Quadro 8.1:

Variação nos custos indiretos/ = Custos reais − Quantia do orçamento
variação no orçamento flexível   incorridos   flexível
= $ 130 500 − $ 120 000
= $ 10 500 ou $ 10 500 D

Essa variação desfavorável de $ 10 500 no orçamento flexível significa que os reais custos indiretos variáveis de produção da Webb excederam a quantia no orçamento flexível em $ 10 500 para as dez mil jaquetas que foram realmente produzidas e vendidas.

Assim como fizemos no Capítulo 7, com a variação no orçamento flexível para os itens de custo direto, agora obteremos informações adicionais subdividindo a variação no orçamento flexível dos custos indiretos variáveis, de nível 2, na sua variação na eficiência e dispêndio de nível 3.

VARIAÇÕES NA EFICIÊNCIA DOS CUSTOS INDIRETOS VARIÁVEIS

A **variação na eficiência dos custos indiretos variáveis** é a diferença entre a quantidade real e a orçada da base de alocação de custos que deveria ter sido usada para produzir a quantidade real, multiplicada pelo custo indireto variável orçado por unidade da base de alocação de custos.

Variação na eficiência dos custos indiretos variáveis = (Quantidade real de base de alocação de custos indiretos variáveis usados para a produção real − Quantidade orçada de base de alocação de indiretos variáveis permitidos para a produção real) × Custo orçado dos custos por unidade de base de alocação dos custos

= (4 500 horas − 0,40 hs/unidade × 10 000 unidades) × $ 30 por hora
= (4 500 horas − 4 000 horas) × $ 30 por hora
= $ 15 000 ou $ 15 000 D

As Colunas 2 e 3 do Quadro 8.1 mostram a variação na eficiência dos custos indiretos variáveis, que é calculada da mesma maneira que a variação na eficiência para os itens de custo direto (Capítulo 7). Mas a interpretação de uma e outra difere. No Capítulo 7, as variações para os itens de custo direto são baseadas nas diferenças entre as quantidades reais usadas e as orçadas, necessárias para a quantidade real produzida. Por exemplo, uma variação na eficiência para a mão-de-obra direta, para a Webb, indicará se é usada mais ou menos mão-de-obra direta, por jaqueta, do que o orçado para a quantidade real produzida. Em contrapartida, aqui no Capítulo 8, a variação na eficiência para os custos indiretos variáveis é baseada na *eficiência na qual a base de alocação de custos é usada*. A variação desfavorável de $ 15 000 na eficiência dos custos indiretos variáveis da Webb significa que as horas-máquina reais (a base de alocação de custos)

Quadro 8.1 Apresentação em colunas da análise da variação nos custos indiretos variáveis da Companhia Webb para abril de 2003[a].

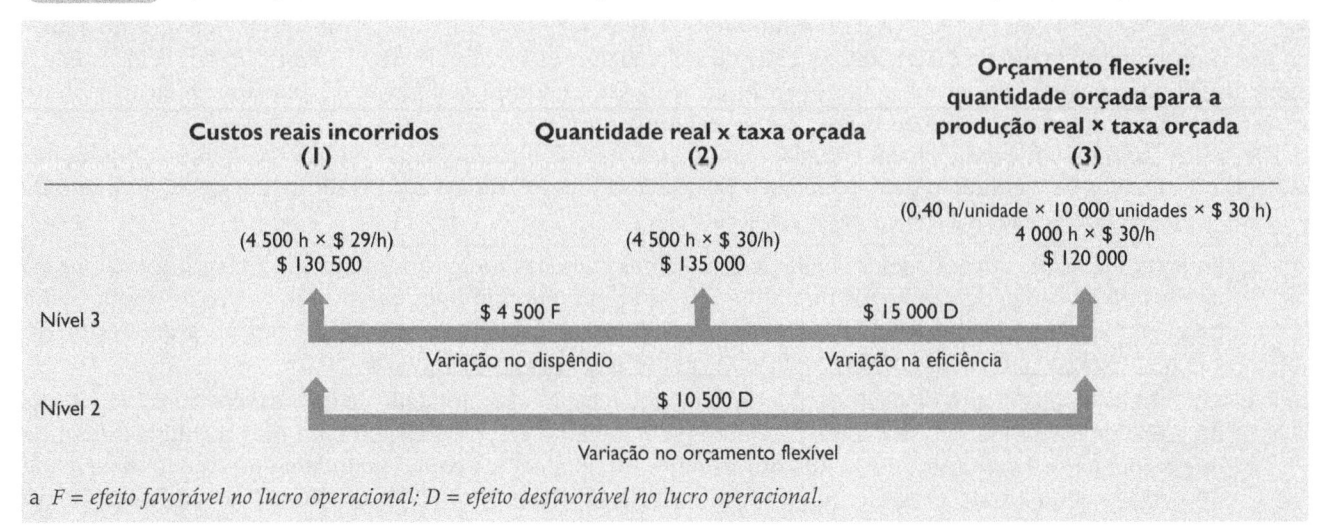

Custos reais incorridos (1)	Quantidade real x taxa orçada (2)	Orçamento flexível: quantidade orçada para a produção real × taxa orçada (3)
(4 500 h × $ 29/h) $ 130 500	(4 500 h × $ 30/h) $ 135 000	(0,40 h/unidade × 10 000 unidades × $ 30 h) 4 000 h × $ 30/h $ 120 000

Nível 3: $ 4 500 F (Variação no dispêndio) — $ 15 000 D (Variação na eficiência)

Nível 2: $ 10 500 D (Variação no orçamento flexível)

a F = efeito favorável no lucro operacional; D = efeito desfavorável no lucro operacional.

acabaram sendo mais altas que as orçadas, necessárias para a produção de dez mil jaquetas. As possíveis causas de as horas-máquina reais usadas excederem as orçadas incluem:

(i) Os operários eram menos especializados no uso das máquinas do que o esperado.

(ii) O programador da produção programou erroneamente os serviços, resultando em horas-máquina usadas além das que foram orçadas.

(iii) As máquinas não receberam manutenção regular, afetando negativamente o processo de produção.

(iv) A Webb prometeu a um distribuidor uma entrega urgente, resultando em mais horas-máquina usadas do que as orçadas.

(v) Os padrões orçados de tempo da máquina foram estabelecidos em excesso.

A resposta da administração à variação desfavorável, de $ 15 000, seria direcionada pelas causas que melhor descrevem os resultados de abril de 2003.

- A causa **(i)** tem implicações nas práticas de admissão de funcionários e procedimentos de treinamento.
- As causas **(ii)** e **(iii)** estão relacionadas às operações da instalação e incluem o possível uso de *softwares* para a programação da produção e manutenção da instalação.
- A causa **(iv)** tem implicações na coordenação das programações de produção com os distribuidores e no compartilhamento de informações.
- A causa **(v)** requer que os administradores estabeleçam mais recursos para o desenvolvimento de padrões confiáveis.

Variação no dispêndio dos custos indiretos variáveis

A **variação no dispêndio dos custos indiretos variáveis** é a diferença entre o custo real e o orçado dos custos indiretos variáveis por unidade de base de alocação de custos, multiplicado pela quantidade real de base de alocação de custos indiretos variáveis usada para a quantidade real.

$$\begin{pmatrix} \text{Variação no dispêndio} \\ \text{dos custos indiretos} \\ \text{variáveis} \end{pmatrix} = \begin{pmatrix} \text{Custo real dos custos} \\ \text{indiretos variáveis por} \\ \text{unidade de base de alocação} \\ \text{dos custos} \end{pmatrix} - \begin{pmatrix} \text{Custo orçado dos custos} \\ \text{indiretos variáveis por} \\ \text{unidade de base de alocação} \\ \text{dos custos} \end{pmatrix} \times \begin{pmatrix} \text{Quantidade real da base} \\ \text{de alocação de custos dos} \\ \text{custos indiretos variáveis} \\ \text{para a quantidade real} \end{pmatrix}$$

= ($ 29 por hora-máquina − $ 30 por hora-máquina) × 4 500 horas-máquina
= (−$ 1 por hora-máquina) × 4 500 horas-máquina
= − $ 4 500 ou $ 4 500 D

A Webb operou, em abril de 2003, com um custo indireto variável mais baixo que o orçado por hora-máquina. Desse modo, há uma variação favorável no dispêndio dos custos indiretos variáveis. As Colunas 1 e 2 do Quadro 8.1 retratam essa variação.

Para entender a variação no dispêndio dos custos indiretos variáveis, você precisa saber por que o custo indireto *real* por unidade da base de alocação de custos é *mais baixo* que o *orçado*. Aqui está o porquê: em relação ao orçamento flexível, o aumento da porcentagem na quantidade real da base de alocação de custos é *mais* do que o aumento da porcentagem no total real de custos dos itens individuais no grupo de custos indiretos. No exemplo da Webb, as 4 500 horas-máquina são 12,5 por cento maiores que a quantia do orçamento flexível de quatro mil horas-máquina [(4 500 − 4 000) ÷ 4 000 = 0,125 ou 12,5%]. Os custos indiretos variáveis reais de $ 130 500 são apenas 8,75 por cento a mais do que o orçamento flexível de $ 120 000 [($ 130 500 − $ 120 000) ÷ $ 120 000 = 0,0875 ou 8,75%]. Pelo fato de o aumento da porcentagem nos custos indiretos variáveis reais ser menor do que nas horas-máquina, o custo indireto variável real por hora-máquina é mais baixo do que a quantia orçada.

Os custos indiretos variáveis incluem energia, manutenção da máquina, materiais indiretos e mão-de-obra indireta. Dois dos motivos de o aumento da porcentagem nos custos indiretos variáveis reais ser menor que o aumento da porcentagem nas horas-máquina, no exemplo da Webb, são:

1. Os preços reais das quantidades individuais de insumos incluídas nos custos indiretos variáveis, como o preço da energia, dos materiais indiretos ou da mão-de-obra indireta, são mais baixos que os preços orçados para essas entradas. Por exemplo, o preço real da eletricidade pode ser de apenas $ 0,09 por hora-quilowatt, em comparação com um preço de $ 0,10 por hora-quilowatt no orçamento flexível.

2. Em relação ao orçamento flexível, o aumento da porcentagem na quantidade de uso real dos itens individuais no grupo de custos indiretos variáveis é menor que o aumento da porcentagem nas horas-máquina. Suponha que a energia real usada seja de 32 400 horas-quilowatt, comparada com a quantia do orçamento flexível de 30 000 horas-quilowatt. O aumento de 8 por cento [(32 400 − 30 000) ÷ 30 000] no uso de energia, em

comparação com o aumento de 12,5 por cento [(4 500 – 4 000) ÷ 4 000] nas horas-máquina, levará a uma variação favorável no dispêndio custos indiretos variáveis. A variação no dispêndio pode ser parcial ou diretamente identificada para o uso eficiente da energia e outros itens de custos indiretos variáveis.

Os efeitos de preço têm implicações nas decisões de compra, e os de quantidade, nas decisões de produção da Webb. Fazer a distinção desses dois efeitos para uma variação no dispêndio dos custos indiretos variáveis requer informações detalhadas sobre os preços e as quantidades orçadas dos itens individuais no grupo de custos indiretos variáveis.

Para esclarecer os conceitos da variação na eficiência e no dispêndio dos custos indiretos variáveis, considere o seguinte exemplo, supondo que (a) a energia seja o único item de custos indiretos variáveis, e as horas-máquina, a única base de alocação de custos, (b) as horas-máquina reais, usadas para produzir a quantidade real, são iguais às horas-máquina orçadas, e (c) o preço real da energia é igual ao preço orçado. Sob essas suposições, não haveria variação na eficiência, mas poderia haver variação no dispêndio. A empresa tem sido eficiente no que diz respeito ao número de horas-máquina usadas para produzir a quantidade real. Mas ela poderia estar usando muita energia — não devido ao excesso de horas-máquina, mas do desperdício (mais energia por hora-máquina). O custo do uso excessivo de energia seria medido pela variação no dispêndio. As variações nos custos indiretos variáveis, calculadas nesta seção, podem ser resumidas da seguinte maneira:

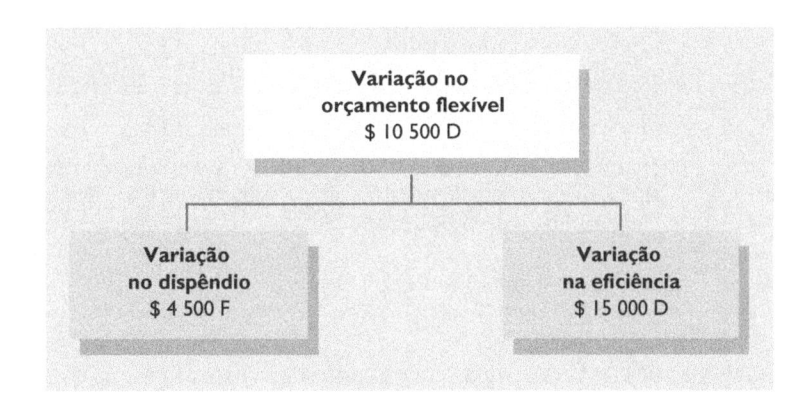

```
                Variação no
             orçamento flexível
                $ 10 500 D
                /          \
      Variação              Variação
    no dispêndio          na eficiência
      $ 4 500 F             $ 15 000 D
```

A causa da variação desfavorável no orçamento flexível da Webb foi usar um número de horas-máquina maior que o orçado. A Webb descobriu mais tarde que as máquinas, em abril de 2003, operaram abaixo dos níveis eficientes orçados devido à manutenção insuficiente realizada em fevereiro e março. Um ex-gerente da instalação atrasou a manutenção na suposta tentativa de alcançar as metas de custo do orçamento mensal. Desde então, a Webb reforçou seus procedimentos de manutenção interna para que, toda vez que a manutenção mensal não fosse realizada, uma 'bandeira vermelha' se erguesse, sinalizando que explicações em relação ao fato seriam exigidas dos responsáveis.

Dos custos indiretos variáveis, voltamos agora nossa atenção para os custos indiretos fixos.

DESENVOLVENDO TAXAS ORÇADAS DE ALOCAÇÃO DE CUSTOS INDIRETOS FIXOS

Os custos indiretos fixos são, por definição, uma quantia bruta de custos que permanecem inalterados no total, por um certo período, apesar das mudanças abrangentes no nível do total de atividade ou volume relacionados a esses custos indiretos. O total de custos fixos é geralmente incluído nos orçamentos flexíveis, permanecendo a mesma quantia total dentro do intervalo relevante de atividades, independentemente do nível de produção escolhido para 'projetar' os custos variáveis e receitas. As etapas no desenvolvimento da taxa orçada dos custos indiretos fixos são:

Etapa 1: **Escolher o período a ser usado para o orçamento**. Assim como os custos indiretos variáveis, o período do orçamento para os custos fixos é de 12 meses. O Capítulo 4 fornece vários motivos para usar as taxas anuais de custos indiretos em vez de, digamos, as mensais: razões do numerador — como reduzir a influência da sazonalidade — e razões do denominador — como reduzir o efeito da produção variável e do número de dias em um mês. Além disso, estabelecer taxas anuais de custos indiretos, uma vez por ano, evita que a administração fique presa 12 vezes durante o ano se as taxas do orçamento tiverem que ser estabelecidas mensalmente.

Etapa 2: **Selecionar a base de alocação de custos para usar na alocação dos custos indiretos fixos para a quantidade produzida**. A Webb usa as horas-máquina como base de alocação para os custos indiretos fixos. Esse é o denominador do cálculo da taxa orçada de custos indiretos fixos e é chamado de **nível do denominador**. Ao estabelecer a produção, o nível do denominador é chamado, mais especificamente, de **nível do denominador de produção**. As horas-máquina-padrão são também a base de alocação que a Webb usa para os custos indiretos variáveis de produção. Para simplificar, suponha que a Webb espere operar na capacidade em 2003 — 57 600 horas-máquina orçadas para uma produção estimada de 144 mil jaquetas.[1]

Etapa 3: Identificar os custos indiretos fixos associados a cada base de alocação de custos. A Webb agrupa todos os seus custos indiretos fixos de produção em um grupo único de custo. Os custos, nesse grupo, incluem a depreciação da instalação e dos equipamentos, os custos de arrendamento da instalação e equipamentos, o salário do administrador da empresa e alguns custos administrativos. O orçamento para os custos indiretos fixos para 2003 é de $ 3 312 000.

Etapa 4: Calcular a taxa unitária de cada base de alocação de custos usada para alocar os custos indiretos fixos para a quantidade produzida. Dividindo os $ 3 312 000, da Etapa 3, pelas 57 600 horas-máquina, da Etapa 2, a Webb estima uma taxa de custos indiretos fixos de produção de $ 57,50 por hora-máquina:

$$\text{Custos orçados dos custos indiretos fixos por unidade da base de alocação de custos} = \frac{\text{Total de custos orçados no grupo de custos indiretos fixos de fabricação}}{\text{Total da quantidade orçada da base de alocação de custos}}$$

$$= \frac{\$ \, 3\,312\,000}{57\,600}$$

$$= \$ \, 57{,}50 \text{ por hora-máquina}$$

No custeio-padrão, os custos indiretos fixos, de $ 57,50 por hora-máquina, são geralmente expressos como custos-padrão por unidade de produção:

$$\begin{array}{c}\text{Custo orçado dos custos}\\\text{indiretos fixos por unidade}\\\text{de produção}\end{array} = \begin{array}{c}\text{Quantidade orçada da base de}\\\text{alocação de custos necessária}\\\text{por unidade de produção}\end{array} \times \begin{array}{c}\text{Custo orçado dos custos}\\\text{indiretos fixos por unidade da}\\\text{base de alocação de custos}\end{array}$$

$$= 0{,}40 \text{ horas-máquina por jaqueta} \times \$ \, 57{,}50 \text{ por hora-máquina}$$
$$= \$ \, 23{,}00 \text{ por jaqueta}$$

Ao preparar o orçamento para 2003, a Webb divide o total anual de custos fixos, de $ 3 312 000, em 12 quantias mensais iguais de $ 276 000.

VARIAÇÕES NOS CUSTOS INDIRETOS FIXOS

A quantia do orçamento flexível para um item de custo fixo é a mesma incluída no orçamento estático preparado no início do período. Para custos fixos não é necessário nenhum ajuste nas diferenças entre a produção real e a orçada. Por definição, os custos fixos não são afetados pelas mudanças no nível de produção dentro do intervalo relevante. No início de 2003, a Webb orçou os custos indiretos fixos em $ 276 000 por mês. A quantia real para abril de 2003 acabou sendo de $ 285 000. Como vimos no Capítulo 7, a **variação no orçamento flexível dos custos indiretos fixos** é a diferença entre os custos indiretos fixos reais e os indiretos fixos no orçamento flexível:

$$\begin{array}{c}\text{Variação no orçamento}\\\text{flexível dos custos}\\\text{indiretos fixos}\end{array} = \text{Custos reais incorridos} \times \text{Quantia no orçamento flexível}$$

$$= \$ \, 285\,000 - \$ \, 276\,000$$
$$= \$ \, 9\,000 \text{ ou } \$ \, 9\,000 \text{ D}$$

Como mostra o Quadro 8.2, a variação é desfavorável porque os custos reais indiretos fixos de $ 285 000 excederam os $ 276 000 orçados para abril de 2003, o que diminui o lucro operacional daquele mês em $ 9 000, quando comparado com o orçamento.

A variação no orçamento flexível dos custos indiretos variáveis, descrita anteriormente neste capítulo, foi subdividida em uma variação no dispêndio e em uma variação na eficiência. Não há uma variação na eficiência para os custos fixos. Isso porque uma certa quantia bruta de custos fixos não será afetada pelo resultado do desempenho das horas-máquina usadas na produção em dado período orçamentário. Como mostra o Quadro 8.2, a **variação no dispêndio dos custos indiretos fixos** de nível 3 é a mesma quantia da variação no orçamento flexível dos custos indiretos fixos de nível 2:

---

1. *Pelo fato de a Webb planejar sua capacidade sob períodos múltiplos, a demanda antecipada, em 2003, poderia ser tal, que a produção orçada para 2003 fosse menor que a sua capacidade. A análise apresentada neste capítulo é inalterável se o nível do orçamento geral for usado como nível do denominador. Se a capacidade for usada como nível do denominador, surgirão algumas questões adicionais que estão além do escopo deste capítulo. O Capítulo 9 aborda mais detalhadamente a escolha do nível do denominador.*

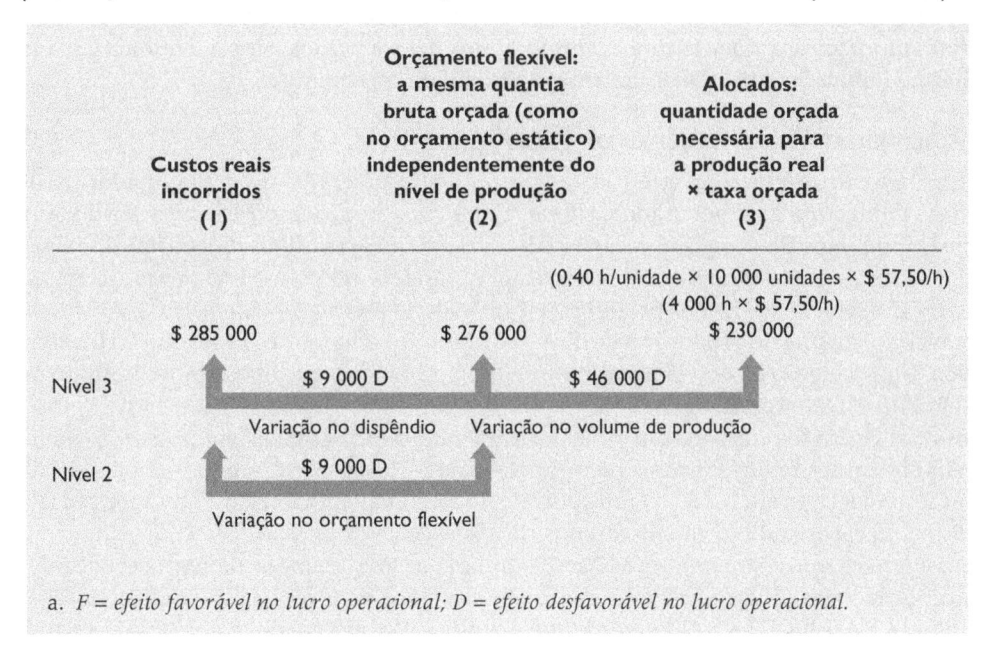

Quadro 8.2 Apresentação em colunas da análise da variação nos custos indiretos fixos da Companhia Webb para abril de 2003[a].

	Custos reais incorridos (1)	Orçamento flexível: a mesma quantia bruta orçada (como no orçamento estático) independentemente do nível de produção (2)	Alocados: quantidade orçada necessária para a produção real × taxa orçada (3)
			(0,40 h/unidade × 10 000 unidades × $ 57,50/h)
			(4 000 h × $ 57,50/h)
	$ 285 000	$ 276 000	$ 230 000
Nível 3	← $ 9 000 D →	← $ 46 000 D →	
	Variação no dispêndio	Variação no volume de produção	
Nível 2	← $ 9 000 D →		
	Variação no orçamento flexível		

a. F = efeito favorável no lucro operacional; D = efeito desfavorável no lucro operacional.

Variação no dispêndio dos custos indiretos fixos	=	Custos reais incorridos	−	Quantia do orçamento flexível
	=	$ 285 000	−	$ 276 000
	=	$ 9 000 ou $ 9 000 D		

A Webb investigou essa variação e descobriu que houve um aumento inesperado de $ 9 000 por mês nos custos de aluguel de seus equipamentos. No entanto, a administração concluiu que os novos valores de aluguel eram competitivos com os de outros lugares.

VARIAÇÃO NO VOLUME DE PRODUÇÃO

CÁLCULO DA VARIAÇÃO NO VOLUME DE PRODUÇÃO

Os custos indiretos fixos orçados, da Webb, são alocados para a quantidade real produzida durante o período, na taxa orçada de $ 57,50 por hora-máquina-padrão. Agora consideraremos uma variação que ocorre quando o nível real da base de alocação de custos, para alocar os custos indiretos fixos, difere do nível orçado da base de alocação de custos escolhida no início do período. O nível orçado para a Webb, em abril de 2003, foi de 4 800 horas (0,40 horas-máquina por unidade de produção × 12 000 unidades de produção orçadas).

A **variação no volume de produção** é a diferença entre os custos indiretos fixos orçados e os alocados com base na quantidade real produzida. A variação no volume de produção é também conhecida como **variação no nível do denominador** ou **variação nos custos indiretos em nível de produção**.

A fórmula para calcular a variação no volume de produção, expressa em termos de unidades da base de alocação (horas-máquina para a Webb), é:

Variação no volume de produção	=	Custos indiretos fixos orçados	−	Custos indiretos fixos alocados usando as quantidades permitidas para a quantidade real produzida
	=	$ 276 000 − (0,40 por unidade × 10 000 × $ 57,50 por hora)		
	=	$ 276 000 − $ 230 000		
	=	$ 46 000 ou $ 46 000 D		

A fórmula também pode ser expressa em termos do custo fixo orçado *por unidade de produção*:

Variação no volume de produção	=	Custos indiretos fixos orçados	−	Custos indiretos fixos alocados usando o custo orçado por unidade de produção necessária para a quantidade real produzida
	=	$ 276 000 − ($ 23 por jaqueta × 10 000 jaquetas)		
	=	$ 276 000 − $ 230 000		
	=	$ 46 000 ou $ 46 000 D		

Como é mostrado no Quadro 8.2, a quantia usada para os custos indiretos fixos orçados será a mesma quantia bruta mostrada no orçamento estático e também em qualquer orçamento flexível dentro do intervalo relevante. Os custos indiretos fixos alocados são a quantia de custos indiretos fixos alocados para cada unidade de produção, multiplicada pelo número de unidades produzidas durante o período do orçamento.

INTERPRETANDO A VARIAÇÃO NO VOLUME DE PRODUÇÃO

A variação no volume de produção ocorre todas as vezes que o nível real do denominador usado para alocar os custos indiretos fixos é diferente do nível usado para calcular a taxa orçada de custos indiretos fixos. Calculamos essa taxa orçada de custos indiretos fixos porque o custeio do estoque, e alguns tipos de contratos, exigem que os custos indiretos sejam expressos na base em unidade de produção. A variação no volume de produção resulta da 'união' dos custos fixos. No nosso exemplo da Webb, presume-se que cada jaqueta produzida use $ 23 de custos fixos. Uma variação desfavorável no volume de produção significa que alocamos a menor os custos indiretos fixos para a quantidade real produzida. Uma variação favorável no volume de produção indica que os custos indiretos fixos foram alocados a maior para a quantidade real produzida.

A quantia bruta dos custos fixos representa os custos para adquirir capacidade, como locação de instalação e equipamentos, que não podem ser reduzidos se os recursos de produção acabarem sendo menos utilizados. Às vezes, os custos são fixos por motivos contratuais, como um contrato de arrendamento; outras vezes, por causa da quantia bruta para adquirir e dispor da capacidade (como discutimos no Capítulo 2).

A Webb alugou equipamentos para produzir 12 mil jaquetas por mês. Embora ela tenha produzido apenas dez mil, o contrato de locação não permitiu que a Webb reduzisse os custos de locação dos equipamentos durante abril de 2003. Unificar e alocar os custos fixos a $ 23 por jaqueta ajuda a Webb a medir a quantia de recursos de custo fixo usada para produzir dez mil jaquetas, $ 230 000 ($ 23 por jaqueta × 10 000 jaquetas). A variação desfavorável no volume de produção, de $ 46 000 (custos indiretos fixos orçados de $ 276 000 menos os indiretos orçados alocados de $ 230 000), mede a quantia de custos fixos extras que a Webb incorreu para a capacidade de produção planejada, mas não usou, em abril de 2003. A administração da Webb pode querer analisar a razão dessa supercapacidade. A demanda estaria fraca? A Webb deveria reavaliar suas estratégias de produto e de marketing? Existe problema com a qualidade? Ou a Webb teria cometido um erro estratégico e adquirido capacidade em excesso?

Tome cuidado quando fizer inferências sobre as decisões de uma empresa quanto ao planejamento da capacidade e sobre como essa capacidade foi usada por meio do sinal (isto é, favorável, F, ou desfavorável, D) ou sobre a magnitude associada a uma variação no volume de produção. Para interpretar a variação desfavorável de $ 46 000, a Webb deveria considerar a razão de ela ter vendido apenas dez mil jaquetas em abril. Suponha que um novo concorrente tenha ganhado participação no mercado, praticando preço abaixo do de venda da Webb. Para vender as 12 mil jaquetas orçadas, a Webb teria que reduzir seu próprio preço de venda em todas as 12 mil jaquetas. Suponha que ela decida que a venda de dez mil jaquetas a um preço mais alto renderia um lucro operacional mais alto do que a venda de 12 mil jaquetas a um preço mais baixo. A variação no volume de produção não considera essas informações. É por isso que a Webb não deveria interpretar a quantia de $ 46 000 D como o *total de custo econômico* da venda de duas mil jaquetas a menos do que o nível do denominador de 12 mil jaquetas.

As empresas planejam estrategicamente a capacidade de suas instalações, baseadas nas expectativas da capacidade necessária no tempo futuro. Para 2003, a quantidade orçada de produção da Webb é igual à capacidade máxima instalada para aquele período do orçamento. A demanda real (e quantidade produzida) acabou sendo abaixo da quantidade orçada de produção. A Webb relatou uma variação desfavorável no volume de produção para abril de 2003. No entanto, seria incorreto inferir que a gerência da Webb tomou decisões ruins a respeito da capacidade instalada. A demanda pelas jaquetas da Webb pode ser altamente incerta. Dada essa incerteza, e de o custo de não ter capacidade suficiente para satisfazer surtos repentinos de demanda (por exemplo, margens de contribuição perdidas e redução nos negócios contínuos), a administração da Webb pode ter feito uma escolha sábia ao planejar a capacidade da instalação para 2003.

Sempre explore as razões que levaram a uma variação antes de atribuí-la ao bom ou mau desempenho da administração. Entender os motivos para uma variação também ajuda os administradores a decidir sobre os cursos de ação futuros (veja 'Conceitos em Ação'). Deveriam eles tentar reduzir a capacidade, aumentar as vendas ou nada fazer? Os Capítulos 9 e 13 examinam essas questões mais detalhadamente.

ANÁLISE INTEGRADA DAS VARIAÇÕES NOS CUSTOS INDIRETOS

Como indica nossa discussão, os cálculos das variações para os custos indiretos variáveis e fixos diferem.

- Custos indiretos variáveis não têm variação no volume de produção.
- Custos indiretos fixos não têm variação na eficiência.

O Quadro 8.3 apresenta um resumo integrado das variações nos custos indiretos variáveis e das variações nos custos indiretos fixos, calculadas usando custo-padrão no final de abril de 2003. O Quadro 8.3 indica as colunas para as quais as variações não foram calculadas. O Painel A mostra as variações para os custos indiretos variáveis e o Painel B, as variações para os custos indiretos fixos. Observe no Quadro 8.3 como as colunas nos Painéis A e B são alinhadas para medir as diferentes variações. Em ambos os painéis:

1. A diferença entre as Colunas 1 e 2 mede a variação no dispêndio.
2. A diferença entre as Colunas 2 e 3 mede a variação na eficiência (quando aplicável).
3. A diferença entre as Colunas 3 e 4 mede a variação no volume de produção (quando aplicável).

O Painel A tem uma variação na eficiência. A quantia bruta de custos fixos será afetada pelo grau de eficácia operacional em certo período do orçamento.

O Painel A não tem variação no volume de produção. Isso porque a quantia alocada de custos indiretos variáveis é sempre a mesma do orçamento flexível. Os custos variáveis nunca têm capacidade não utilizada. Quando a produção e as vendas das jaquetas caem de 12 mil para dez mil jaquetas, os custos indiretos variáveis orçados caem proporcionalmente. O Painel B tem uma variação no volume de produção porque a Webb teve de pagar pelos recursos dos custos indiretos fixos com os quais se comprometera ao planejar a produção em 12 mil jaquetas, mesmo tendo produzido apenas dez mil e utilizado a menor a capacidade orçada.

Análise de 4, 3, 2 e 1 Variações

Quando todas as quatro variações no Quadro 8.3 apresentam-se juntas, são chamadas de análise de 4 variações:

Conceitos em ação

Custeio-padrão e análise da variação na Polysar

As empresas de produtos químicos usam regularmente o custeio-padrão por produzirem freqüentemente produtos padronizados usando processos padronizados. Os insumos necessários para produzir uma unidade são bem conhecidos. As variações ajudam a isolar os desempenhos que são melhores ou piores que o esperado. Mas há escolhas que precisam ser feitas. Por exemplo, com que freqüência os padrões deveriam ser estabelecidos? E quem deveria ser responsável pela variação no volume de produção?

A Polysar, baseada em Ontário, Canadá, é uma das maiores produtoras de borracha sintética e látex do mundo. Os produtos de borracha, como o butilo e o halobutilo, são vendidos primariamente para os fabricantes de pneus, correias, mangueiras e calçados.

As borrachas de butilo são custeadas usando-se o custeio-padrão para os custos variáveis e fixos. Os custos variáveis são as matérias-primas, os produtos químicos e a energia. Para cada insumo, o custo-padrão variável por tonelada de butilo é calculado multiplicando-se a quantidade-padrão por tonelada de butilo pelo preço-padrão. Os preços-padrão para os produtos químicos e a energia são estabelecidos anualmente, mas os preços-padrão para as matérias-primas são um caso a parte. A matéria-prima representa o maior componente de custos, mas seu preço, baseado na oferta e procura mundial, varia significativamente. É impossível para a Polysar estabelecer anualmente um preço-padrão válido para o ano todo. Em vez disso, ela restabelece o preço-padrão da matéria-prima a cada mês, paralelamente ao preço de mercado.

A Polysar aloca os custos fixos, incluindo depreciação, engenharia e planejamento para a produção, usando um custo-padrão fixo por tonelada, calculando uma variação no volume de produção que seja igual à diferença entre custos fixos orçados e indiretos alocados à produção.

Qual gerente deveria ser responsável por uma variação desfavorável no volume de produção: o gerente de vendas, por não ter obtido pedidos suficientes para ocupar a instalação? Ou o gerente de produção, por não reduzir a capacidade excessiva?

As instalações da Polysar são informatizadas e eficientes, mas ela precisa empregar o mesmo número de pessoas e incorrer na mesma quantia de custos indiretos fixos, esteja ela operando ou não na capacidade. O gerente de produção pode fazer muito pouco sobre a variação no volume de produção. O gerente de vendas provavelmente pode fornecer mais detalhes sobre os motivos da queda no orçamento. Mas, na realidade, a variação no volume de produção é o resultado de uma decisão estratégica de longo prazo, feita pela administração, sobre a capacidade necessária para satisfazer a demanda por butilo durante os períodos futuros.

Fonte: Polysar Limited, Harvard Business School, caso número 9-188-098 e discussões com a administração da empresa.

Quadro 8.3 Apresentação em colunas da análise da variação integrada da Companhia Webb para abril de 2003[a].

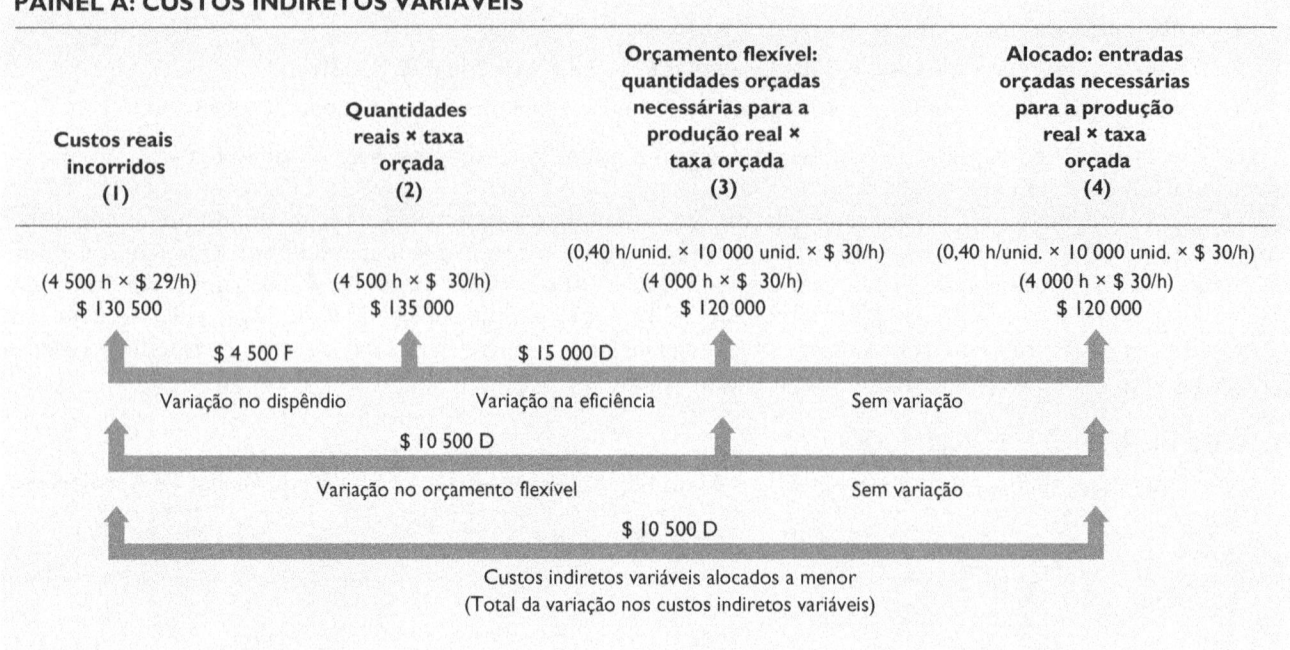

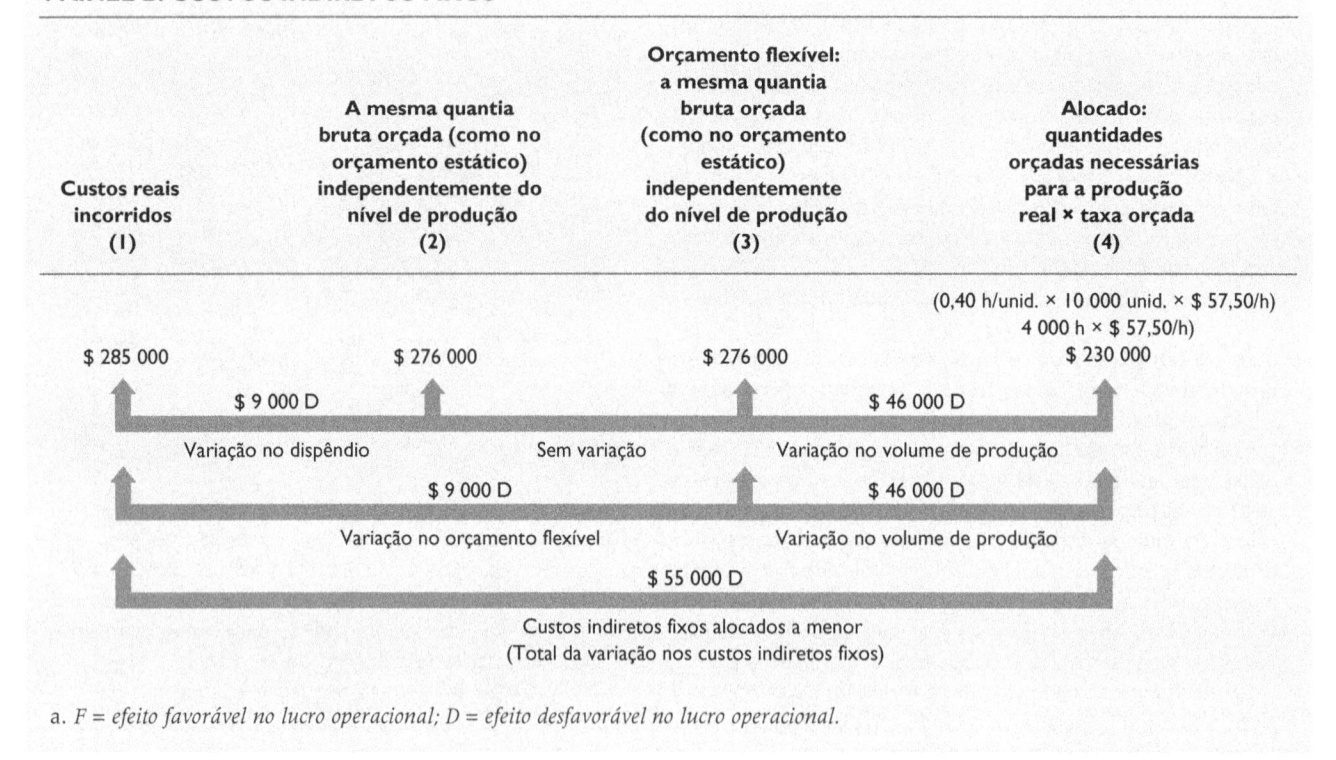

PAINEL A: CUSTOS INDIRETOS VARIÁVEIS

Custos reais incorridos (1)	Quantidades reais × taxa orçada (2)	Orçamento flexível: quantidades orçadas necessárias para a produção real × taxa orçada (3)	Alocado: entradas orçadas necessárias para a produção real × taxa orçada (4)
(4 500 h × $ 29/h) $ 130 500	(4 500 h × $ 30/h) $ 135 000	(0,40 h/unid. × 10 000 unid. × $ 30/h) (4 000 h × $ 30/h) $ 120 000	(0,40 h/unid. × 10 000 unid. × $ 30/h) (4 000 h × $ 30/h) $ 120 000

$ 4 500 F — Variação no dispêndio
$ 15 000 D — Variação na eficiência
Sem variação

$ 10 500 D — Variação no orçamento flexível
Sem variação

$ 10 500 D
Custos indiretos variáveis alocados a menor
(Total da variação nos custos indiretos variáveis)

PAINEL B: CUSTOS INDIRETOS FIXOS

Custos reais incorridos (1)	A mesma quantia bruta orçada (como no orçamento estático) independentemente do nível de produção (2)	Orçamento flexível: a mesma quantia bruta orçada (como no orçamento estático) independentemente do nível de produção (3)	Alocado: quantidades orçadas necessárias para a produção real × taxa orçada (4)
$ 285 000	$ 276 000	$ 276 000	(0,40 h/unid. × 10 000 unid. × $ 57,50/h) 4 000 h × $ 57,50/h) $ 230 000

$ 9 000 D — Variação no dispêndio
Sem variação
$ 46 000 D — Variação no volume de produção

$ 9 000 D — Variação no orçamento flexível
$ 46 000 D — Variação no volume de produção

$ 55 000 D
Custos indiretos fixos alocados a menor
(Total da variação nos custos indiretos fixos)

a. F = efeito favorável no lucro operacional; D = efeito desfavorável no lucro operacional.

Análise de 4 variações

	Variação no dispêndio	Variação na eficiência	Variação no volume de produção
Custos indiretos variáveis	$ 4 500 F	$ 15 000 D	Sem variação
Custos indiretos fixos	$ 9 000 D	Sem variação	$ 46 000 D

Observe "Nunca uma variação" para a variação no volume de produção, no caso de custos indiretos de fabricação variáveis, e "Nunca uma variação" para a variação da eficiência para os custos indiretos de fabricação fixos.

Análise de 3 variações

	Variação no dispêndio	Variação na eficiência	Variação no volume de produção
Total de custos indiretos	$ 4 500 D	$ 15 000 D	$ 46 000 D

A análise de 3 variações simplifica a contabilidade para as variações em relação à de 4, mas algumas informações ficam perdidas. Pelo fato de a análise de 3 variações combinar as variações no dispêndio dos custos indiretos variáveis e fixos quando relatando as variações nos custos indiretos, ela é chamada de *análise da variação combinada*. A análise de 2 variações combina as variações no dispêndio e na eficiência da análise de 3 variações:

Análise de 2 variações

	Variação no orçamento flexível	Variação no volume de produção
Total de custos indiretos	$ 19 500 D	$ 46 000 D

A análise de 1 variação combina a variação no orçamento flexível e a variação no volume de produção da análise de 2 variações:

Análise de 1 variação

	Variação no total de custos indiretos
Total de custos indiretos	$ 65 500 D

A variação singular de $ 65 500 D na análise de 1 variação é chamada de **variação no total de custos indiretos**. Usando as cifras do Quadro 8.3, a variação no total dos custos indiretos, de $ 65 500 D, é a diferença entre (a) o total real de custos indiretos incorridos ($ 130 500 + $ 285 000 = $ 415 500) e (b) os custos indiretos alocados ($ 120 000 + $ 230 000 = $ 350 000) para a quantidade real produzida.

Como você viu no caso de outras variações, as variações na análise de 4 variações, da Webb, não são necessariamente independentes das outras. Por exemplo, a Webb pode comprar fluidos de baixa qualidade para as máquinas (levando a uma variação favorável no dispêndio dos custos indiretos), o que resulta na lentidão de operação das máquinas, demandando mais tempo do que o orçado (causando variação desfavorável na eficiência).

PROPÓSITOS DIFERENTES DA ANÁLISE DE CUSTOS INDIRETOS

Tipos diferentes de análise de custos são usados para propósitos diferentes (veja 'Estudos das Práticas Empresariais'). Consideramos dois propósitos para os custos indiretos variáveis e fixos: (1) planejamento e controle e (2) custeio do estoque para o relatório financeiro.

CUSTOS INDIRETOS VARIÁVEIS DE PRODUÇÃO

No Quadro 8.4, Painel A, os custos indiretos variáveis da Webb são mostrados como variáveis no que diz respeito às unidades de produção (jaquetas) para o propósito de planejamento e controle e, também, para o propósito de custeio do estoque. Quanto maior for o número de unidades produzidas, mais altos serão os custos indiretos variáveis orçados e alocados às unidades de produção.

O Painel A apresenta um quadro geral de como o *total* de custos indiretos variáveis pode se comportar. É claro que os custos indiretos variáveis consistem de muitos itens, incluindo os de energia, consertos, mão-de-obra indireta e outros. Os administradores ajudam a controlar os custos indiretos variáveis orçando cada item, investigando, em seguida, as causas possíveis para variações significativas.

CUSTOS INDIRETOS FIXOS DE PRODUÇÃO

O Quadro 8.4, Painel B, mostra que, para planejamento e controle, os custos indiretos fixos não mudam no intervalo relevante de produção de 0 a 12 mil unidades. Considere os custos mensais de locação do prédio e equipamentos incluídos nos custos indiretos fixos orçados, da Webb, de $ 276 000. Os administradores controlam o custo fixo de locação no momento em que é formalizada. Em qualquer mês durante o período de locação, os administradores pouco podem fazer — provavelmente nada — para alterar o pagamento contratado. Compare a descrição dos custos indiretos fixos a como eles são retratados no custeio do estoque, no Painel B. Sob princípios contábeis geralmente aceitos, os custos fixos são alocados como custos do produto, baseados no nível de unidades produzidas. Todas as unidades produzidas pela Webb aumentarão em $ 23 os custos indiretos fixos alocados para os produtos. Como a Webb produz

Quadro 8.4 Comportamento dos custos indiretos variáveis e fixos para planejamento e controle e para o custeio do estoque da Companhia Webb para abril de 2003.

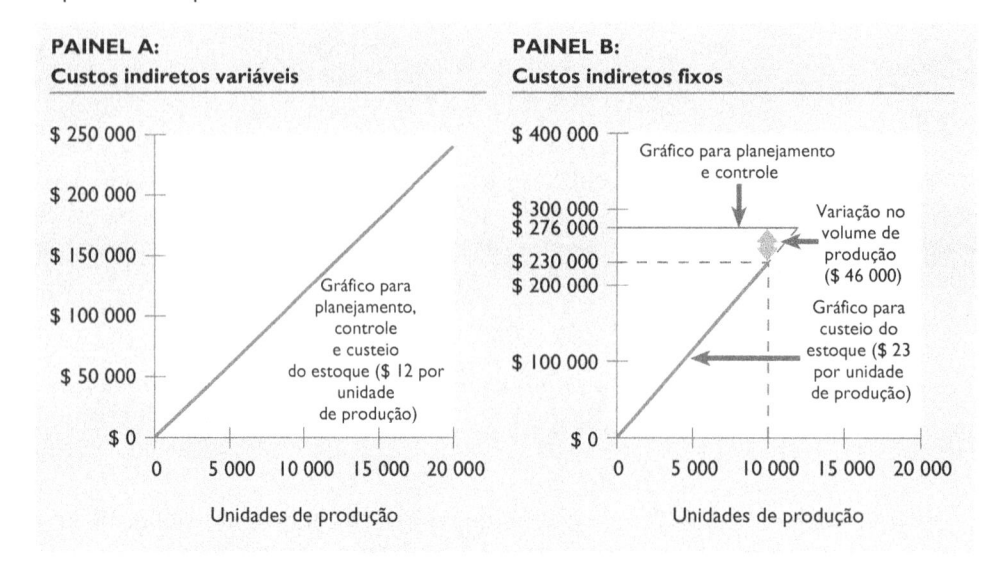

PAINEL A:
Custos indiretos variáveis

Gráfico para planejamento, controle e custeio do estoque ($ 12 por unidade de produção)

PAINEL B:
Custos indiretos fixos

Gráfico para planejamento e controle

Variação no volume de produção ($ 46 000)

Gráfico para custeio do estoque ($ 23 por unidade de produção)

dez mil jaquetas, apenas $ 230 000 ($ 23 por jaqueta × 10 000 jaquetas) serão alocados aos produtos. Como mostra o gráfico no Painel B, a diferença entre os custos indiretos fixos, orçados em $ 276 000, e os custos alocados de $ 230 000, é a variação no volume de produção de $ 46 000 D, valor a que será dado baixa na conta do *custo dos produtos vendidos* ou rateado entre as contas *produtos em processamento*, *produtos acabados* e *custo dos produtos vendidos*.

Os administradores não deveriam usar os custos indiretos fixos, transformados em unidades, para planejamento e controle. Entretanto, calcular os custos indiretos fixos alocados, de $ 230 000, permite a eles identificar a variação no volume de produção, de $ 46 000 D, representando a capacidade não utilizada de custos indiretos fixos de produção.

Lançamentos no diário para custos indiretos e variações

Registrando os custos indiretos

O exemplo para o custeio por ordem (Robinson Company), no Capítulo 4, usou uma conta única de *controle dos custos indiretos de produção*. Aqui, ilustramos contas separadas para o *controle dos custos indiretos variáveis* e para os fixos. Cada conta de controle dos custos indiretos requer a sua própria conta de custos indiretos alocados.

Considere os lançamentos para a Webb Company. Lembre-se de que, para abril de 2003,

	Custos reais incorridos	Orçamento flexível (10 mil unidades)	Quantia alocada
Custos indiretos de fabricação variáveis	$ 130 500	$ 120 000 [a]	$ 120 000
Custos indiretos de fabricação fixos	285 000	276 000 [b]	230 000 [c]

a 0,40 hora-máquina por unidade × 10 000 unidades × $ 30 por hora-máquina = $ 120 000
b $ 276 000 são os custos indiretos de fabricação fixos
c 0,40 hora-máquina por unidade × 10 000 unidades × $ 57,50 por hora-máquina = $ 230 000

Como você viu, o custo indireto variável orçado é de $ 30 por hora-máquina (ou $ 12 por jaqueta). O nível do denominador para os indiretos fixos é de 57 600 horas-máquina, com um custo orçado de $ 57,50 por hora-máquina (ou $ 23 por jaqueta). A Webb usa a análise de 4 variações.

Durante o período contábil, os custos indiretos variáveis reais e fixos são acumulados em suas contas de controle separadas. À medida que cada unidade é fabricada, a taxa de um e outro são usadas para registrar as quantias nas respectivas contas de custos indiretos alocados. A Webb isola mensalmente as variações nas suas contas para proporcionar aos gerentes um *feedback* em tempo oportuno. Os lançamentos para os custos indiretos variáveis para abril de 2003 são:

    1. Controle dos custos indiretos variáveis   130 500
         Controle das contas a pagar e várias outras contas   130 500
     Para registrar os custos indiretos variáveis reais incorridos

2. Controle dos produtos em processamento   120 000
       Custos indiretos variáveis alocados   120 000
     Para registrar os custos indiretos variáveis alocados
     (0,40 hora-máquina/unidade × 10 000 unidades × $ 30/hora-máquina)

3. Custos indiretos variáveis alocados   120 000
     Variação na eficiência dos custos indiretos variáveis   15 000
       Controle dos custos indiretos variáveis   130 500
       Variação no dispêndio dos custos indiretos variáveis   4 500
     Para isolar as variações para o período contábil. O cálculo dessas
     variações está no Quadro 8.1

Os lançamentos para os custos indiretos fixos para abril de 2003 são:

4. Controle dos custos indiretos fixos   285 000
       Salários a pagar, depreciação acumulada e várias outras contas   285 000
     Para registrar os custos indiretos fixos reais incorridos

5. Produto em processamento   230 000
       Custos indiretos fixos alocados   230 000
     Para registrar os custos indiretos fixos alocados
     (0,40 hora-máquina/unidade × 10 000 unidades × $ 57,50/hora-máquina)

6. Custos indiretos fixos alocados   230 000
     Variação no dispêndio dos custos indiretos fixos   9 000
     Variação no volume de produção dos custos indiretos fixos   46 000
       Controle dos custos indiretos fixos   285 000
     Para registrar as variações para o período contábil. Os cálculos dessas
     variações estão no Quadro 8.2

Para ver como a variação no volume de produção se encaixa no sistema contábil financeiro da Webb, considere os seguintes dados orçamentários básicos das p. 205-206.

Preço de venda orçado		$ 120
Custo-padrão de materiais diretos por jaqueta	$ 60	
Custo-padrão da mão-de-obra direta por jaqueta	16	
Custo-padrão indireto variável por jaqueta	12	
Custo-padrão indireto fixo por jaqueta ($ 276 000 ÷ 12 000)	23	
Custo-padrão por jaqueta		111
Lucro orçado por jaqueta		$ 9*

* *Observe que o lucro operacional no orçamento estático é de $ 9 por jaqueta × 12 000 jaquetas = $ 108 000.*

Cada jaqueta que a Webb vende resulta em um lucro orçado de $ 9 por jaqueta, baseado no preço de venda orçado de $ 120 e no custo-padrão de $ 111 atribuído a cada jaqueta. Para as dez mil jaquetas que a Webb vende, o lucro operacional baseado no lucro orçado por jaqueta é de $ 90 000 ($ 9 por jaqueta × 10 000 jaquetas). Para ver isso de modo diferente, observe que o débito para *produtos em processamento* para as dez mil jaquetas produzidas, que depois é transferido para *produtos acabados* e, por último, para *custo dos produtos vendidos*, é de $ 1 110 000:

Materiais diretos (Cap. 7, Lançamento 1b)	$ 600 000
Mão-de-obra direta (Cap. 7, Lançamento 2)	160 000
CI variáveis (Cap. 8, Lançamento 2)	120 000
CI fixos (Cap. 8, Lançamento 5 acima)	230 000
Custo dos produtos vendidos ao preço-padrão	$ 1 110 000

O lucro operacional baseado no preço de venda orçado e o custo-padrão por jaqueta é:

Receitas no preço de vendas orçado ($ 120 por jaqueta × 10 000 jaquetas)	$ 1 200 000
Custo dos produtos vendidos no custo-padrão	1 110 000
Lucro operacional baseado no lucro orçado por jaqueta	$ 90 000

É claro que, ao calcular o lucro operacional orçado, de $ 90 000, os custos indiretos fixos são de apenas $ 230 000 ($ 23 por jaqueta × 10 000 jaquetas), ao passo que os custos indiretos fixos orçados são de $ 276 000. A variação no volume de produção, de $ 46 000 (a diferença entre custos indiretos fixos orçados, $ 276 000, e custos indiretos fixos alocados, $ 230 000), ajuda a explicar por que o lucro operacional é de apenas $ 14 900 (p. 206) quando o lucro operacional orçado é de $ 90 000. A reconciliação completa é:

PESQUISAS DE PRÁTICAS EMPRESARIAIS

Análise da variação e decisões de controle

As variações são amplamente discutidas nos Capítulo 7 e 8. Um estudo de empresas do Reino Unido relatou as seguintes porcentagens:

Variação	Porcentagem das empresas que calculam a variação	Porcentagem das empresas que vêem a variação com 'importância acima da média' ou 'vitalmente importante' nas decisões de controle
Volume de vendas	77%	70%
Preço de venda	75%	69%
Preço dos materiais	94%	69%
Eficiência dos materiais	80%	66%
Preço da mão-de-obra	63%	36%
Eficiência da mão-de-obra	73%	65%
Dispêndio dos CI	89%	69%
Volume de produção	41%	28%

A variação relatada no dispêndio dos custos indiretos é de uma análise de 3 variações, em que não é feita nenhuma distinção entre custos variáveis e fixos. O estudo não relatou os detalhes sobre as variações no dispêndio dos custos indiretos variáveis ou fixos. O uso de baixa porcentagem da variação no volume de produção é consistente com o seu propósito de ser predominantemente um relatório financeiro.

Fonte: Drury et.al., *A Survey of Management Accounting Practices in UK Manufacturing Companies.*

Lucro operacional baseado no lucro orçado por jaqueta ($ 9 por jaqueta × 10 000 jaquetas)	$ 90 000
Variação desfavorável no volume de produção	(46 000)
Lucro operacional do orçamento flexível	$ 44 000
Variação desfavorável no orçamento flexível para o lucro operacional (p. 207)	(29 100)
Lucro operacional real	$ 14 900

Compare a variação no volume de vendas e a variação no volume de produção. A variação no volume de vendas, de $ 64 000 D, explica a diferença entre o lucro operacional do orçamento estático e o das operações do orçamento flexível (veja p. 207-208). A variação no volume de produção, de $ 46 000 D, explica a diferença entre o lucro operacional baseado no lucro orçado por jaqueta e o do orçamento flexível.

Embora a Webb isole mensalmente as variações nas suas contas, ela espera até o final do ano para fazer ajustes para que as contas das variações terminem com saldo zero. O Capítulo 4 explica abordagens alternativas para fazer esses ajustes.

DESEMPENHO FINANCEIRO E NÃO-FINANCEIRO

As variações dos custos indiretos, discutidas neste capítulo, são exemplos das medidas financeiras do desempenho. Os administradores também descobrem que as medidas não-financeiras proporcionam informações úteis. As medidas não-financeiras que a Webb provavelmente consideraria úteis no planejamento e controle de custos indiretos são:

(i) materiais indiretos reais usados por hora-máquina em relação aos materiais indiretos orçados usados por hora-máquina;

(ii) energia real usada por hora-máquina em relação à energia orçada usada por hora-máquina;

(iii) tempo real de máquina, por jaqueta, em relação ao tempo de máquina, por jaqueta, orçado.

Essas medidas do desempenho, assim como as variações financeiras discutidas neste e no Capítulo 7, são consideradas sinais a que os administradores devem ficar atentos no sentido de evitar problemas. As medidas não-financeiras do desempenho provavelmente seriam relatadas no chão-de-fábrica, diariamente ou de hora em hora. As variações nos custos indiretos, discutidas neste capítulo, captam os efeitos financeiros de itens como (i), (ii) e (iii), os quais, em muitos casos, aparecem como medidas não-financeiras do desempenho.

Ambas medidas do desempenho, financeiras ou não, são usadas para avaliar o desempenho dos administradores. Depender exclusivamente de uma ou de outra é sempre muito simplista.

VARIAÇÕES NOS CUSTOS INDIRETOS EM AMBIENTE FORA DA FÁBRICA E SERVIÇOS

No exemplo da Webb, examinamos os custos indiretos variáveis e fixos de produção. Os custos indiretos das áreas da empresa não pertinentes à produção deveriam ser examinados utilizando-se a estrutura da análise da variação discutida neste capítulo? As informações de custos variáveis pertencentes aos custos fora da fábrica, assim como aos de produção, são geralmente usadas nas decisões de preço e naquelas sobre quais produtos incentivar e quais desestimular. A análise da variação de todos os custos indiretos variáveis é o principal dado a ser considerado ao tomarmos essas decisões. Por exemplo, os administradores nas indústrias nas quais os custos de distribuição são altos podem investir em sistemas de custeio-padrão que lhes forneçam informações confiáveis e em tempo oportuno sobre as variações no dispêndio e na eficiência dos custos indiretos variáveis de distribuição. A análise dos custos indiretos fixos que não são de produção, como os do projeto, é útil quando uma empresa contrata um serviço que é reembolsado com base no total dos custos mais uma porcentagem. As informações sobre as variações possibilitam estimativas mais precisas dos custos futuros. A análise da variação nos custos fixos que não são de produção, como os de distribuição, também é útil nas decisões de planejamento da capacidade e de uso, assim como na administração desses custos.

Considere as empresas do setor de serviços, como as empresas aéreas, hospitais e rodovias. As medidas de produção comumente usadas nessas empresas são: passageiros por milhas voadas, paciente-dia e milhas por tonelada de carga transportada, respectivamente. Poucos custos podem ser identificados para essas produções de maneira a reduzir os custos. A maioria é de custos indiretos fixos (por exemplo, custo dos equipamentos, prédios e pessoal). Utilizar a capacidade eficazmente é a chave para a rentabilidade.

Em outras empresas do setor de serviços, como os bancos, as medidas de produção são mais difíceis de identificar. Os bancos proporcionam uma variedade de produtos diferentes para seus clientes — contas bancárias, contas poupança, hipotecas, empréstimos e cartões de crédito. A análise de custos aborda as atividades e transações diferentes do banco, como abertura e manutenção de contas, fornecimento de empréstimos e emissão de cartões de crédito. A maioria dos custos dessas atividades e transações é de custos indiretos. A tecnologia da informação facilitou o rastreamento e a identificação dos custos indiretos. Considere a atribuição dos custos do pessoal às atividades. Os funcionários registram em um banco de dados o tempo gasto em atividades diferentes. Ao acessar o banco de dados salarial, os administradores poderão, então, usar as técnicas do custeio-padrão para administrar os custos indiretos dessas atividades.

CUSTEIO BASEADO EM ATIVIDADES E ANÁLISE DA VARIAÇÃO

Os sistemas ABC classificam os custos de várias atividades em uma hierarquia: em nível de unidade de produção, de lote, de sustentação do produto e de sustentação da instalação. Os princípios e conceitos básicos, para os custos indiretos variáveis e fixos de produção apresentados anteriormente neste capítulo, podem ser aplicados aos sistemas ABC. Nesta seção, ilustramos a análise da variação para os custos indiretos variáveis de *set up* em nível de lote e os indiretos fixos de *set up* em nível de lote. Custos em nível de lote são os das atividades relacionadas a um grupo de unidades de produtos ou serviços e não a cada unidade individual.

Continuamos o exemplo do Capítulo 7, da Produção Lino, que fabrica a HidroTor, uma linha de torneiras decorativas, de latão, para banheiras de hidromassagem residenciais. A Lino produz a HidroTor em lotes. Para fabricar um lote a Lino precisa ajustar máquinas e moldes. Os ajustes (*set ups*) são atividades especializadas, requerendo um *departamento de set ups* separado, responsável pelo *set up* das máquinas e moldes para os diferentes tipos de HidroTors. A Lino considera os custos de *set ups* como custos indiretos.

Os custos de *set ups* consistem de alguns custos variáveis e fixos no que diz respeito ao número de horas utilizadas. Os custos de *set up* variáveis consistem nos ordenados pagos à mão-de-obra direta de *set up* e à mão-de-obra indireta de apoio; dos custos de manutenção dos equipamentos de *set ups* e dos custos dos materiais diretos e energia empregados durante os *set ups*. Os custos fixos de *set up* consistem dos salários pagos aos engenheiros e supervisores e dos custos de locação dos equipamentos.

As informações a respeito da HidroTor para 2004 são as seguintes:

	Quantia do orçamento estático	Quantia anual
1. Unidades de HidroTors produzidas e vendidas	180 000	151 200
2. Tamanho do lote (unidades por lote)	150	140
3. Número de lotes (Linha 1 ÷ Linha 2)	1 200	1 080
4. Horas de *set ups* por lote	6	6,25
5. Total de horas de *set up* (Linha 3 × Linha 4)	7 200	6 750
6. Custos indiretos variáveis por hora de *set up*	$ 20	$ 21
7. Custos indiretos variáveis de *set ups* (Linha 5 × Linha 6)	$ 144 000	$ 141 750
8. Total dos custos indiretos fixos de *set up*	$ 216 000	$ 220 000

Orçamento flexível e análise da variação para os custos indiretos variáveis de *set up*

Para preparar o orçamento flexível para os custos indiretos variáveis de *set up*, a Lino começa com as unidades reais produzidas, de 151 200 unidades, seguindo as etapas abaixo.

Etapa 1: **Usando o tamanho orçado do lote, calcule o número de lotes que deveria ter sido utilizado para a produção real.** A Lino deveria ter fabricado as 151 200 unidades em 1 008 lotes (151 200 unidades ÷ 150 unidades por lote).

Etapa 2: **Usando as horas orçadas de *set ups* por lote, calcule o número de horas de que deveria ter sido utilizado.** Na quantidade orçada de seis horas de *set up* por lote, 1 008 lotes requereriam 6 048 horas de *set up* (1 008 lotes × 6 horas de *set up* por lote).

Etapa 3: **Usando o custo variável orçado por hora de *set up*, calcule o orçamento flexível para os custos indiretos variáveis de *set up*.** A quantia do orçamento flexível é de 6 048 horas de *set up* × $ 20 por hora de *set up* = $ 120 960.

Variação no orçamento flexível para os custos indiretos variáveis de *set up* = (Custos anuais incorridos − Custos do orçamento flexível)

= (6 750 horas × $ 21 por hora) − (6 048 horas × $ 20 por hora)
= $ 141 750 − $ 120 960
= $ 20 790 ou $ 20 790 D

O Quadro 8.5 apresenta as variações para os custos indiretos variáveis de *set up* no formato em colunas.

A variação no orçamento flexível para os custos indiretos variáveis de *set up* pode ser subdividida em variações na eficiência e no dispêndio.

Variação na eficiência dos custos indiretos variáveis de *set up* = (Quantidade real da base de alocação de custos indiretos variáveis usados para a produção real − Quantidade orçada da base de alocação de custos indiretos variáveis necessários para a produção real) × Custo orçado dos custos indiretos variáveis por unidade da base de alocação de custos

= (6 750 horas − 6 048 horas) × $ 20 por hora
= 702 horas × $ 20 por hora
= $ 14 040 ou $ 14 040 D

A variação desfavorável na eficiência dos custos indiretos variáveis de *set up*, de $ 14 040, ocorreu porque as 6 750 horas reais de *set up* excederam as 6,048 horas que a Lino teria usado para o número de unidades que produziu. Os dois motivos para a variação desfavorável na eficiência são (1) tamanhos menores de lotes reais, de 140 unidades, por lote, em vez de os orçados, de 150 unidades, o que resultou na produção de 151 200, em 1 080 lotes, em vez de 1 008; e (2) horas reais a mais de *set up* por lote, 6,25 horas, em vez das seis horas orçadas.

A explicação para os tamanhos de lotes menores que os orçados incluem (1) problemas de qualidade se os tamanhos de lotes excederem 140 unidades (torneiras) e (2) custos mais altos para manter o estoque. A explicação para as horas a mais reais de *set up* incluem (1) problemas com os equipamentos; (2) funcionários desmotivados, inexperientes e sem especialização; e (3) padrões inadequados de tempo de *set up*.

Quadro 8.5 Apresentação em colunas da análise da variação nos custos indiretos variáveis de *set up* para a Produção Lino para 2004[a].

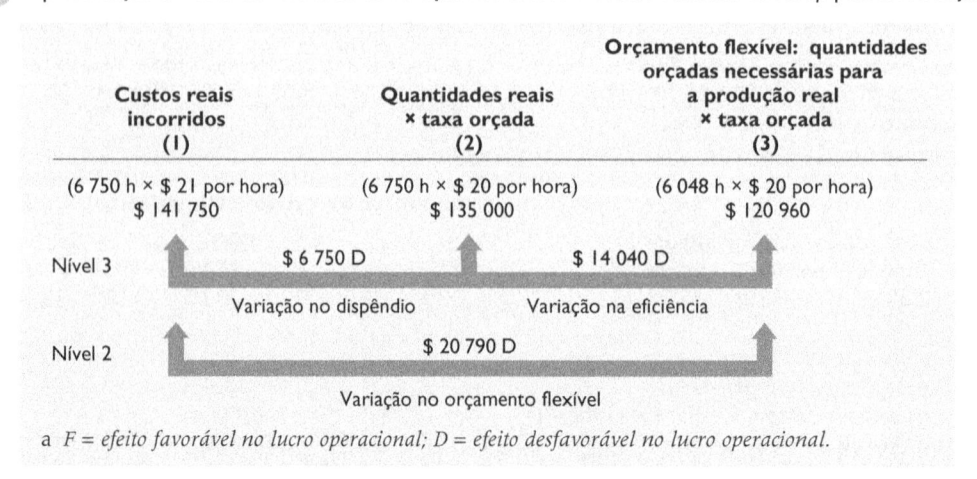

Custos reais incorridos (1)	Quantidades reais × taxa orçada (2)	Orçamento flexível: quantidades orçadas necessárias para a produção real × taxa orçada (3)
(6 750 h × $ 21 por hora) $ 141 750	(6 750 h × $ 20 por hora) $ 135 000	(6 048 h × $ 20 por hora) $ 120 960

Nível 3: $ 6 750 D (Variação no dispêndio) | $ 14 040 D (Variação na eficiência)

Nível 2: $ 20 790 D (Variação no orçamento flexível)

a F = efeito favorável no lucro operacional; D = efeito desfavorável no lucro operacional.

$$\begin{pmatrix} \text{Variação no dispêndio} \\ \text{dos custos indiretos} \\ \text{variáveis de } \textit{set up} \end{pmatrix} = \begin{pmatrix} \text{Custos reais dos custos} \\ \text{indiretos variáveis} \\ \text{por unidade da base de} \\ \text{alocação de custos} \end{pmatrix} - \begin{pmatrix} \text{Custo orçado dos custos} \\ \text{indiretos variáveis} \\ \text{por unidade da base de} \\ \text{alocação de custos} \end{pmatrix} \times \begin{pmatrix} \text{Quantidades reais da base de} \\ \text{alocação de custos dos custos} \\ \text{indiretos variáveis usadas} \\ \text{para a produção real} \end{pmatrix}$$

= ($ 21 por hora – $ 20 por hora) × 6 750 horas
= $ 1 por hora × 6 750 horas
= $ 6 750 ou $ 6 750 D

A variação desfavorável no dispêndio indica que a Lino operou em 2004 com um custo indireto variável por hora de *set up* mais alto que o orçado. Os dois principais motivos que poderiam ser os responsáveis pela variação desfavorável no dispêndio são (1) os preços reais dos itens individuais incluídos nos custos indiretos variáveis, como as horas de mão-de-obra de *set up*, a mão-de-obra indireta de apoio ou a energia, são mais altos que os preços orçados; e (2) a quantidade real de uso dos itens individuais, como a mão-de-obra indireta de apoio e a energia, aumentou mais que as horas de *set up*, talvez porque os *set ups* tenham se tornado mais complexos devido a problemas com equipamentos. Assim sendo, os problemas com equipamentos poderiam levar a uma variação desfavorável na eficiência devido ao aumento nas horas de *set up*, mas eles também poderiam levar a uma variação desfavorável no dispêndio porque cada hora de *set up* requer mais recursos do grupo de custo de *set up* do que as quantias orçadas.

ORÇAMENTO FLEXÍVEL E ANÁLISE DA VARIAÇÃO PARA OS CUSTOS INDIRETOS FIXOS DE *SET UP*

Para os custos indiretos fixos de *set up*, a quantia do orçamento flexível é igual à do orçamento estático, de $ 216 000. Por quê? Porque não há 'flexibilidade' dos custos fixos.

$$\begin{pmatrix} \text{Variação no orçamento} \\ \text{flexível dos custos} \\ \text{indiretos fixos} \\ \text{de } \textit{set up} \end{pmatrix} = \begin{pmatrix} \text{Custos reais} \\ \text{incorridos} \end{pmatrix} - \begin{pmatrix} \text{Custos do orçamento} \\ \text{flexível} \end{pmatrix}$$

= $ 220 000 – $ 216 000
= $ 4 000 ou $ 4 000 D

A variação no dispêndio dos custos indiretos fixos de *set up* é a mesma quantia que a variação no orçamento flexível dos custos indiretos fixos (porque os custos indiretos fixos não têm variação na eficiência).

$$\begin{pmatrix} \text{Variação no dispêndio} \\ \text{dos custos} \\ \text{indiretos fixos} \\ \text{de } \textit{set up} \end{pmatrix} = \begin{pmatrix} \text{Custos reais} \\ \text{incorridos} \end{pmatrix} - \begin{pmatrix} \text{Custos do} \\ \text{orçamento flexível} \end{pmatrix}$$

= $ 220 000 – $ 216 000
= $ 4 000 ou $ 4 000 D

A variação desfavorável no dispêndio dos custos indiretos fixos de *set up* poderia ser causada pelos custos mais altos de locação dos novos equipamentos de *set up* ou por salários mais altos pagos aos engenheiros e supervisores. A Lino pode ter incorrido nesses custos para aliviar algumas das dificuldades que estava tendo no *set up* das máquinas.

Para calcular a variação no volume de produção, a Lino primeiro calcula a taxa orçada de alocação dos custos para os indiretos fixos de *set up* usando a mesma abordagem de quatro etapas descrita anteriormente.

Etapa 1: **Escolher o período a ser usado para o orçamento.** A Lino usa um período de 12 meses (o ano de 2004).
Etapa 2: **Selecionar a base de alocação de custos para usar na alocação dos custos indiretos fixos para a quantidade produzida.** A Lino usa as horas orçadas de *set up* como base de alocação de custos para os custos indiretos fixos de *set up*. As horas orçadas de *set up* no orçamento estático para 2004 são 7 200 horas.
Etapa 3: **Identificar os custos indiretos fixos associados com a base de alocação de custos.** O orçamento dos custos indiretos fixos de *set up*, da Lino, para 2004, é de $ 216 000.
Etapa 4: **Calcular a taxa por unidade de base de alocação de custos usada para alocar os custos indiretos fixos para a quantidade produzida.** Dividindo os $ 216 000, da Etapa 3, pelas 7 200 horas de *set up*, da Etapa 2, a Lino estima uma taxa de custos indiretos fixos de *set up* a $ 30 por hora:

$$\begin{pmatrix} \text{Custo orçado dos custos} \\ \text{indiretos fixos de } \textit{set up} \text{ por} \\ \text{unidade da base de} \\ \text{alocação de custos} \end{pmatrix} = \frac{\text{Total de custos orçados no grupo de custos dos custos indiretos fixos}}{\text{Total de quantidades orçadas da base de alocação de custos}} = \frac{\$\ 216\ 000}{7\ 200\ \text{horas de } \textit{set up}}$$

= $ 30 por hora de *set up*

| Variação no volume de produção para os custos de *set up* | = | Custos orçados de custos indiretos fixos de *set up* | = | Custos indiretos fixos de *set up* alocados usando as quantidades orçadas necessárias para a quantidade real das unidades produzidas |

= $ 216 000 − (1 008 lotes × 6 horas/lote) × $ 30/hora
= $ 216 000 − (6 048 horas × $ 30/hora)
= $ 216 000 − $ 181 440
= $ 34 560 ou $ 34 560 D

O Quadro 8.6 apresenta as variações para os custos indiretos fixos de *set up* no formato de colunas.

Durante 2004, a Lino planejava produzir 180 mil unidades de HidroTor, mas, na realidade, produziu apenas 151 200. A variação desfavorável no volume de produção mede a quantia de custos fixos extras de *set up* que a Lino incorreu para a capacidade que tinha mas não utilizou. Uma interpretação é a de que a variação desfavorável de $ 34 560, no volume de produção, representa o uso ineficaz da capacidade de *set up*. No entanto, a Lino pode ter obtido um lucro operacional superior vendendo 151 200 unidades a um preço mais alto, do que 180 mil unidades a um preço mais baixo. A variação no volume de produção deve ser cuidadosamente interpretada por não considerar essas informações.

Problema para auto-estudo

Maria Lopes é a recém-nomeada presidente da Produtos Lasere. Ela está examinando os resultados de maio de 2004 da *divisão de produtos aeroespaciais*. A divisão fabrica peças para asas de satélites. A preocupação da presidente é com os custos indiretos de produção da divisão. Os custos indiretos variáveis e fixos são alocados às peças com base nas horas de corte a laser. As taxas orçadas de custo são custos indiretos variáveis a $ 200 por hora e fixos a $ 240 por hora. O tempo orçado de corte a laser, por peça, é de 1,5 hora. A produção e vendas orçadas, para maio de 2004, são de cinco mil peças. Os custos indiretos fixos orçados, para maio de 2004, são de $ 1 800 000.

Os resultados reais para maio de 2004 são

Peças produzidas e vendidas	4 800 unidades
Horas de corte a laser usadas	8 400 horas
Custos indiretos variáveis	$ 1 478 400
Custos indiretos fixos	$ 1 832 200

Para fazer

1. Calcule a variação no dispêndio e na eficiência para os custos indiretos variáveis.
2. Calcule a variação no dispêndio e no volume de produção para os custos indiretos fixos.
3. Dê dois exemplos para cada uma das variações calculadas nas Partes 1 e 2.

Quadro 8.6 Apresentação em coluna da análise da variação nos custos indiretos fixos de *set up* da Produção Lino para 2004[a].

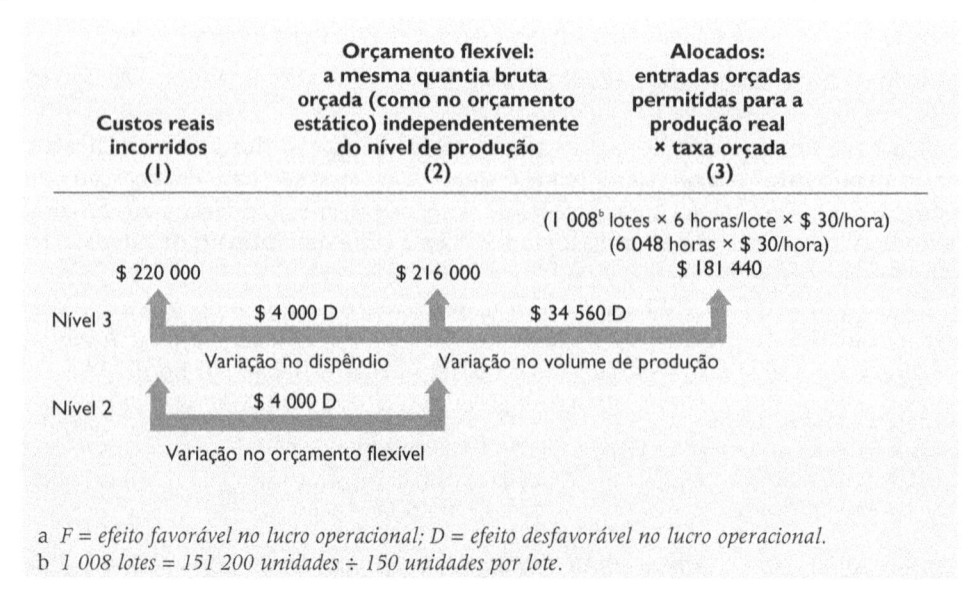

	Custos reais incorridos (1)	Orçamento flexível: a mesma quantia bruta orçada (como no orçamento estático) independentemente do nível de produção (2)	Alocados: entradas orçadas permitidas para a produção real × taxa orçada (3)
			(1 008[b] lotes × 6 horas/lote × $ 30/hora)
			(6 048 horas × $ 30/hora)
	$ 220 000	$ 216 000	$ 181 440
Nível 3	← $ 4 000 D →	← $ 34 560 D →	
	Variação no dispêndio	Variação no volume de produção	
Nível 2	← $ 4 000 D →		
	Variação no orçamento flexível		

a F = efeito favorável no lucro operacional; D = efeito desfavorável no lucro operacional.
b 1 008 lotes = 151 200 unidades ÷ 150 unidades por lote.

Solução

1. e 2. Veja o Quadro 8.7

3.

a. Variação no valor dos custos indiretos variáveis, $ 201 600 F. Um dos motivos possíveis para essa variação é que os preços reais dos itens individuais incluídos nos custos indiretos variáveis (como os fluidos de corte) são mais baixos que os orçados. Um segundo motivo possível é que o aumento porcentual na quantidade real de uso dos itens individuais no grupo de custos indiretos variáveis é menor que o aumento porcentual nas horas-máquina em comparação ao orçamento flexível.

b. Variação na eficiência dos custos indiretos variáveis de produção, $ 240 000 D. Um dos motivos possíveis para essa variação é a manutenção irregular das máquinas a laser, fazendo com que demandem mais tempo por peça. Um segundo motivo possível é o emprego de operários desmotivados, inexperientes ou sem especialização na operação das máquinas de corte a laser, resultando em mais tempo de máquina por peça.

c. Variação no dispêndio dos custos indiretos fixos de produção, de $ 32 300 D. Um dos motivos possíveis para essa variação é que os preços reais dos itens individuais no grupo de custos fixos inesperadamente aumentam

Quadro 8.7 Apresentação em colunas da análise da variação integrada da Produtos Laser para maio de 2004[a].

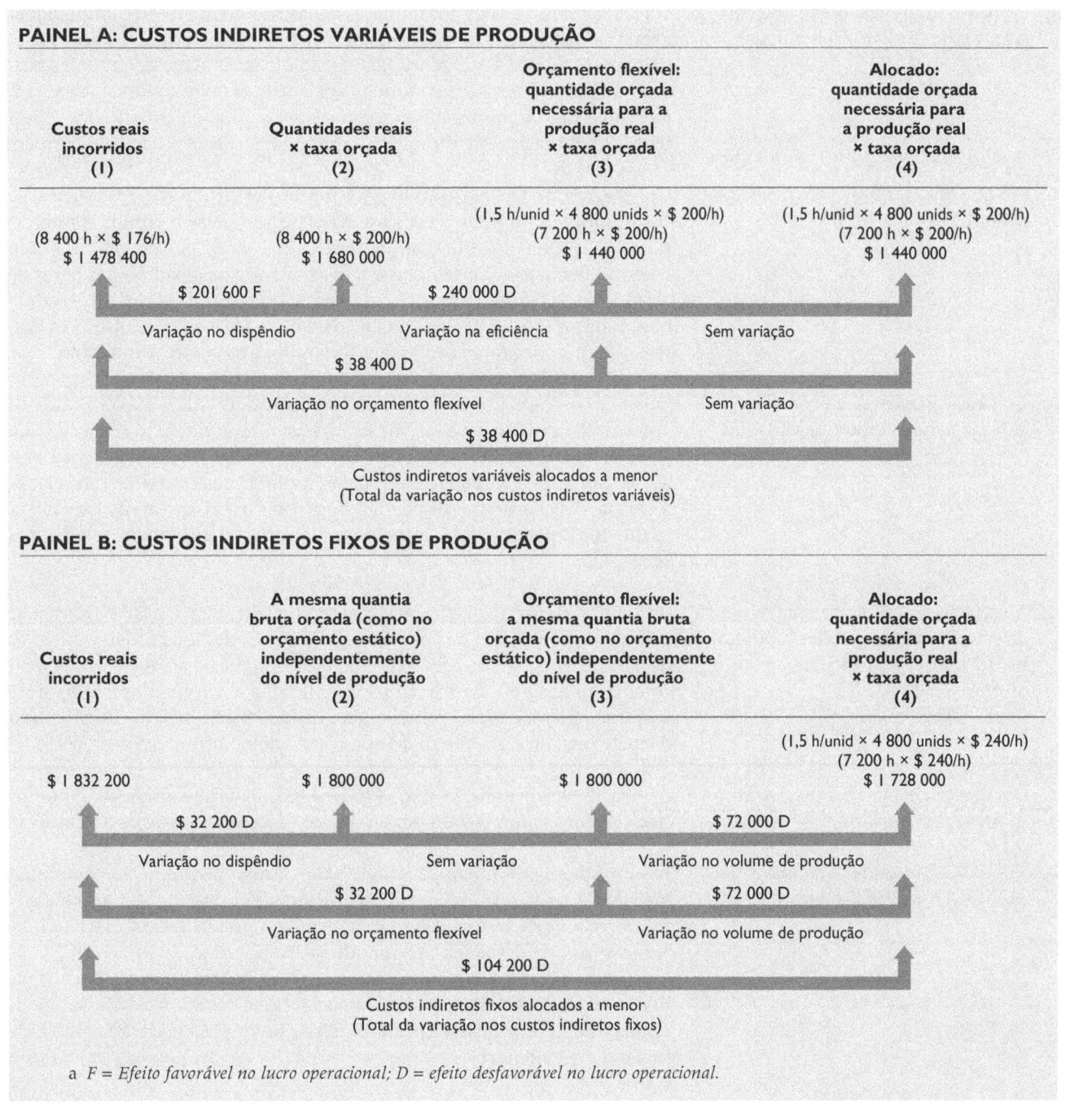

PAINEL A: CUSTOS INDIRETOS VARIÁVEIS DE PRODUÇÃO

Custos reais incorridos (1)	Quantidades reais × taxa orçada (2)	Orçamento flexível: quantidade orçada necessária para a produção real × taxa orçada (3)	Alocado: quantidade orçada necessária para a produção real × taxa orçada (4)
(8 400 h × $ 176/h) $ 1 478 400	(8 400 h × $ 200/h) $ 1 680 000	(1,5 h/unid × 4 800 unids × $ 200/h) (7 200 h × $ 200/h) $ 1 440 000	(1,5 h/unid × 4 800 unids × $ 200/h) (7 200 h × $ 200/h) $ 1 440 000

$ 201 600 F — Variação no dispêndio
$ 240 000 D — Variação na eficiência
Sem variação

$ 38 400 D — Variação no orçamento flexível — Sem variação

$ 38 400 D — Custos indiretos variáveis alocados a menor (Total da variação nos custos indiretos variáveis)

PAINEL B: CUSTOS INDIRETOS FIXOS DE PRODUÇÃO

Custos reais incorridos (1)	A mesma quantia bruta orçada (como no orçamento estático) independentemente do nível de produção (2)	Orçamento flexível: a mesma quantia bruta orçada (como no orçamento estático) independentemente do nível de produção (3)	Alocado: quantidade orçada necessária para a produção real × taxa orçada (4)
$ 1 832 200	$ 1 800 000	$ 1 800 000	(1,5 h/unid × 4 800 unids × $ 240/h) (7 200 h × $ 240/h) $ 1 728 000

$ 32 200 D — Variação no dispêndio
Sem variação
$ 72 000 D — Variação no volume de produção

$ 32 200 D — Variação no orçamento flexível
$ 72 000 D — Variação no volume de produção

$ 104 200 D — Custos indiretos fixos alocados a menor (Total da variação nos custos indiretos fixos)

[a] F = Efeito favorável no lucro operacional; D = efeito desfavorável no lucro operacional.

os preços orçados (como um aumento inesperado nos custos de locação das máquinas). Um segundo motivo possível é o da classificação errônea de itens como fixos que, de fato, são variáveis.

d. Variação no volume de produção de $ 72 000. A produção real de peças é de 4 800 unidades, comparada com as cinco mil orçadas. Um dos motivos possíveis para essa variação é o dos fatores de demanda, como o declínio em um programa aeroespacial que levou a uma redução na demanda por peças de aviões. Um segundo motivo possível é o dos fatores de oferta, como uma parada na produção devido a problemas de mão-de-obra ou quebras de máquinas.

Pontos de decisão

Resumo

O formato de perguntas e respostas que se segue resume os objetivos de aprendizagem do capítulo. Cada decisão representa uma pergunta-chave relacionada a um objetivo de aprendizagem. As diretrizes são a resposta à pergunta.

Decisão	Diretrizes
1. Como os administradores planejam os custos indiretos variáveis e fixos?	O planejamento dos custos indiretos variáveis e fixos envolve empreender apenas as atividades que adicionam valor e, em seguida, ser eficaz nesse empreendimento. A diferença-chave é que para o planejamento dos custos variáveis, as decisões contínuas durante o período do orçamento têm um papel mais importante; ao passo que para o planejamento dos custos fixos, a maioria das decisões precisa ser tomada antes do início do período.
2. Por que as empresas usam o custeio-padrão?	Um sistema de custeio-padrão apropria os custos diretos aos objetos de custo, multiplicando os preços ou taxas-padrão pelas quantidades necessárias para a quantidade real produzida, e aloca os custos indiretos com base nas taxas-padrão indiretas vezes as quantidades-padrão das bases de alocação necessárias para a quantidade real produzida. Os custos-padrão dos produtos são conhecidos no início do período. Para administrar os custos, os administradores comparam os custos reais aos custos-padrão.
3. Quais as variações que podem ser calculadas para os indiretos variáveis?	Quando o orçamento flexível para os custos indiretos variáveis é desenvolvido, uma variação na eficiência dos custos indiretos e no seu dispêndio pode ser calculada. A variação na eficiência dos custos indiretos variáveis avalia a quantidade real de bases de alocação de custos usadas em relação à orçada. A variação nos dispêndios dos custos indiretos variáveis avalia os custos reais por unidade da base de alocação de custos em relação aos orçados.
4. A variação na eficiência para os itens de custo indireto é similar à variação na eficiência para os itens de custo direto?	Essas duas variações na eficiência não são similares. A variação na eficiência para um item variável de custo indireto indica se foi usado mais ou menos da base de alocação de custos por unidade de produção do que o incluído no orçamento flexível. A variação na eficiência para um item de custo direto indica se foi usado mais ou menos da quantidade por unidade de produção daquele item de custo direto do que o incluído no orçamento flexível.
5. Como é calculada uma taxa de custo indireto fixo orçado?	A taxa de custo indireto fixo orçado é calculada dividindo os indiretos fixos orçados pelo nível do denominador da base de alocação de custos.
6. Como você interpretaria uma variação no volume de produção?	Interprete cautelosamente a variação no volume de produção como uma medida do custo econômico da capacidade não utilizada. Um aviso: a administração pode ter mantido um pouco de capacidade extra para satisfazer os surtos de demanda incerta que são importantes. Um outro aviso: a variação no volume de produção concentra-se apenas nos custos indiretos fixos. A variação no volume de produção não considera qualquer queda nos preços de venda da produção, necessária para estimular a demanda extra que, por sua vez, faria uso de qualquer capacidade ociosa.

7. Qual é a maneira mais detalhada para uma empresa reconciliar os custos indiretos reais incorridos com a quantia alocada durante um período?

Uma análise de 4 variações apresenta as variações no dispêndio e na eficiência para os custos indiretos variáveis e variações no dispêndio e no volume de produção para os custos indiretos fixos. Ao analisar essas 4 variações juntas, os administradores podem reconciliar os custos indiretos reais com a quantia de custos indiretos alocada à quantidade produzida durante um período.

8. A abordagem da variação no orçamento flexível pode ser usada para analisar os custos indiretos em um custeio baseado em atividade?

Os orçamentos flexíveis nos sistemas ABC esclarecem por que os custos indiretos reais da atividade diferem dos orçados. Usando-se as medidas de produção e quantidades para uma atividade, uma análise de 4 variações pode ser conduzida.

Termos para aprender

Este capítulo e o Glossário no final do livro contêm definições de:

custeio-padrão
nível do denominador
nível do denominador de produção
variação na eficiência dos custos indiretos variáveis
variação no dispêndio dos custos indiretos variáveis
variação no nível do denominador
variação no orçamento flexível dos custos indiretos fixos
variação no orçamento flexível dos custos indiretos variáveis
variação no total dos custos indiretos
variação no volume de produção
variação nos custos indiretos em nível de produção

Material de trabalho

Questões

8-1 Quais são as etapas no planejamento dos custos indiretos variáveis?

8-2 Como o planejamento dos custos indiretos fixos difere do planejamento dos indiretos variáveis?

8-3 Como um sistema de custeio-padrão difere do sistema real de custeio?

8-4 Quais são as etapas no desenvolvimento de uma taxa orçada de alocação dos custos indiretos variáveis?

8-5 A variação no dispêndio para os custos indiretos variáveis é afetada por vários fatores. Explique.

8-6 Suponha que os custos indiretos variáveis sejam alocados usando as horas-máquina. Dê três motivos possíveis para uma variação favorável de $ 25 000 na eficiência dos custos indiretos variáveis.

8-7 Descreva a diferença entre uma variação na eficiência dos materiais diretos e uma na eficiência dos custos indiretos variáveis.

8-8 Quais são as etapas no desenvolvimento de uma taxa orçada dos custos indiretos fixos?

8-9 Por que a variação no orçamento flexível é a mesma quantia que no dispêndio para os custos indiretos fixos?

8-10 Descreva uma advertência que irá afetar se a variação no volume de produção é ou não uma medida boa do custo econômico da capacidade não utilizada.

8-11 Quais são as variações na análise de quatro variações?

8-12 Por que não há variação na eficiência para os custos indiretos fixos?

8-13 "As variações dos custos indiretos deveriam ser vistas como interdependentes, não como dependentes." Dê um exemplo.

8-14 Explique como a análise dos custos indiretos fixos difere (a) do planejamento e controle de um lado e (b) do custeio do estoque para o relatório financeiro do outro.

8-15 Descreva como a análise da variação no orçamento flexível pode ser usada no controle dos custos nas áreas de atividades.

Exercícios

8-16 Custos indiretos variáveis, análise da variação. A Confecções Esquadro é uma fabricante de ternos de grife. O custo de cada terno é a soma de três categorias de custos variáveis (custos dos materiais diretos, de mão-de-obra direta e indiretos) e uma categoria de custo fixo (custos indiretos). Os custos indiretos variáveis são alocados para cada terno com base nas horas orçadas de mão-de-obra direta por terno. Para junho de 2004, cada terno foi orçado em quatro horas de mão-de-obra. Os custos indiretos variáveis orçados, por hora de mão-de–obra, são de $ 12. O número orçado de ternos a serem fabricados no período é de 1 040.

Os custos variáveis reais, em junho de 2004, foram de $ 52 164 para 1 080 ternos iniciados e finalizados. Não havia estoque inicial ou final de ternos. As horas reais de mão-de-obra direta, para junho, foram de 4 536.

Para fazer:
1. Calcule a variação no orçamento flexível, no dispêndio e a variação na eficiência para os custos indiretos variáveis.
2. Comente os resultados.

8-17 Custos indiretos fixos, análise da variação (continuação do 8-16). A Confecções Esquadro aloca os custos indiretos fixos para cada terno usando as horas orçadas de mão-de-obra direta por terno. Os dados pertencentes aos custos indiretos fixos, para junho de 2004, são de $ 62 400, orçados, e $ 63 916, reais.

Para fazer:
1. Calcule a variação no dispêndio para os custos indiretos fixos. Comente os resultados.
2. Calcule a variação no volume de produção para junho de 2004. Quais inferências a Confecções Esquadro pode obter dessa variação?

8-18 Análise da variação nos custos indiretos variáveis. A Companhia Pão Francês faz baguetes para abastecer mercados de alta classe. A empresa tem duas categorias de custos diretos, materiais diretos e mão-de-obra direta. Os custos indiretos variáveis são alocados aos produtos com base nas horas-padrão de mão-de-obra direta. A seguir, alguns dados pertinentes à Companhia Pão Francês:

Uso da mão-de-obra direta	0,02 hora por baguete
Custos indiretos variáveis	$ 10,00/h de mão-de-obra direta

A Companhia Pão Francês registrou os seguintes dados adicionais para o ano findo em 31 de dezembro de 2004:

Produção planejada (orçada)	3 200 000 baguetes
Produção real	2 800 000 baguetes
Mão-de-obra direta	50 400 horas
Custo indireto variável real	$ 680 400

1. Qual é o denominador usado para alocar os custos indiretos variáveis? (Isto é, a Companhia Pão Francês fez o orçamento para quantas horas de mão-de-obra direta?)
2. Prepare uma análise da variação nos custos indiretos variáveis. Use o Quadro 8.3 como referência.
3. Discuta as variações que você calculou e dê as explicações possíveis para elas.

8-19 Análise da variação nos custos indiretos fixos. A Companhia Pão Francês faz baguetes para abastecer mercados de alta classe. A empresa tem duas categorias de custos diretos, materiais diretos e mão-de-obra direta. Os custos indiretos fixos são alocados aos produtos com base nas horas-padrão de mão-de-obra direta. A seguir, alguns dados pertinentes à Companhia Pão Francês:

Uso da mão-de-obra direta	0,02 hora por baguete
Custos indiretos fixos	$ 4,00/h de mão-de-obra direta

A Companhia Pão Francês registrou os seguintes dados adicionais para o ano findo em 31 de dezembro de 2004:

Produção planejada (orçada)	3 200 000 baguetes
Produção real	2 800 000 baguetes
Mão-de-obra direta	50 400 horas
Custo indireto fixo real	$ 272 000

Para fazer:
1. Prepare uma análise da variação nos custos indiretos fixos. Use o Quadro 8.3 como referência.
2. Os custos indiretos fixos são alocados a menor ou a maior? Em quanto?
3. Comente os resultados. Discuta as variações e explique o que as pode estar ocasionando.

8-20 Custo indireto, análise da variação. A Zaiton monta o CardioX na sua empresa, em Scottsdale. Os custos indiretos (variáveis e fixos) são alocados para cada unidade do CardioX usando as horas orçadas de montagem. O tempo orçado de montagem, por CardioX, é de duas horas. O custo indireto variável orçado, por hora de montagem, é de $ 40. O número orçado de unidades do CardioX, a ser montado, em março de 2004, é de 8 000. Os custos indiretos fixos orçados são de $ 480 000.

Os custos indiretos variáveis reais, para março de 2004, foram de $ 610 500 para 7 400 unidades montadas. As horas reais de montagem foram de 16 280. Os custos indiretos fixos reais foram de $ 503 420.

Para fazer:
1. Prepare uma análise de 4 variações para a instalação da Zaiton em Scottsdale.
2. Comente os resultados da Questão 1.
3. Como o planejamento e controle dos custos indiretos variáveis diferem do planejamento e controle dos custos indiretos fixos?

8-21 Análise de 4 variações, preencha as lacunas. Use dados de custos indiretos para preencher as lacunas:

	Variável	Fixo
Custos reais incorridos	$ 11 900	$ 6 000
Custos alocados aos produtos	9 000	4 500
Orçamento flexível: quantidade orçada necessária para a produção real produzida × taxa orçada	9 000	5 000
Produção real × taxa orçada	10 000	5 000

Use F para Favorável e D para Desfavorável:

	Variável	Fixo
(1) Variação no dispêndio	$ _____	$ _____
(2) Variação na eficiência	_____	_____
(3) Variação no volume de produção	_____	_____
(4) Variação no orçamento flexível	_____	_____
(5) Custos indiretos alocados a menor (a maior)	_____	_____

8-22 Análise direta de 4 variações nos custos indiretos. A Companhia Lopes usa um sistema de custeio-padrão na sua empresa de peças automotivas. O custo-padrão para uma peça automotiva, baseado em um nível do denominador de quatro mil unidades de produção por ano, incluía seis horas-máquina de custos indiretos variáveis de produção a $ 8 por hora, e seis horas-máquina de custos indiretos fixos a $ 15 por hora. A quantidade real produzida foi de 4 400 unidades. Os custos indiretos variáveis incorridos foram de $ 245 000, e os fixos de $ 373 000. As horas-máquina reais somam 28 400.

Para fazer:
1. Prepare uma análise de todas as variações nos custos indiretos variáveis e fixos usando a análise de 4 variações no Quadro 8.3.
2. Prepare lançamentos no diário usando a análise de 4 variações.
3. Descreva como os itens individuais de custos indiretos variáveis são controlados diariamente. E também: descreva como os itens individuais de custos indiretos fixos são controlados.

8-23 Cobertura direta, custos indiretos, sistema de custeio-padrão. A divisão de Cingapura, da Empresa de Telecomunicações do Canadá, usa um sistema de custeio-padrão para a produção de equipamentos telefônicos controlada por máquinas. Os dados pertinentes à produção durante o mês de junho são os seguintes:

Custos indiretos variáveis incorridos	$ 155 100
Taxa dos custos indiretos variáveis	$ 12/h-máq.-padrão
Custos indiretos fixos incorridos	$ 401 000
Custos indiretos fixos orçados	$ 390 000
Nível do denominador em horas-máquina	13 000
Hora-máquina-padrão necessária por unidade	0,30
Unidades de produção	41 000
Horas-máquina realmente usadas	13 300
Estoque final dos produtos em processamento	0

Para fazer:

1. Prepare uma análise de todas as variações nos custos indiretos. Use a estrutura da análise de quatro variações ilustrada no Quadro 8.3.
2. Prepare lançamentos no diário para os custos indiretos.
3. Descreva como os itens individuais de custos indiretos variáveis são controlados diariamente. E também: descreva como os itens individuais de custos indiretos fixos são controlados.

8-24 Variações no dispêndio e na eficiência dos custos indiretos, setor de serviços. A Marmitas Expressas (ME) opera um serviço de entrega de marmitas em domicílio. Ela tem um acordo com 20 restaurantes para pegar e entregar marmitas a clientes que fazem pedidos por telefone ou fax. A ME, atualmente, examina seus custos indiretos para maio de 2004.

Os custos indiretos variáveis para maio de 2004 foram orçados em $ 2 por hora do tempo de entrega em domicílio. Os custos indiretos fixos foram orçados em $ 24 000. O número orçado de entregas em domicílio (medida de produção da ME) foi de oito mil. O tempo de entrega, a base de alocação para os custos indiretos fixos e variáveis, foi orçado em 0,80 hora por entrega.

Os resultados reais para maio de 2004 foram:

Custos indiretos variáveis	$ 14 174
Custos indiretos fixos	$ 27 600
Número de entregas em domicílio	7 460
Horas do tempo de entrega	5 595

Os clientes pagam $ 12 por entrega; ao motorista que faz a entrega é pago $ 7.

ME recebe uma comissão de 10 por cento sobre os custos das marmitas que os restaurantes cobram dos clientes.

Para fazer:

1. Calcule as variações no dispêndio e na eficiência para os custos indiretos variáveis, da ME, em maio de 2004. Comente os resultados.
2. Calcule a variação no dispêndio para os custos indiretos fixos da ME. Comente os resultados.
3. Como a ME poderia administrar seus custos indiretos variáveis diferentemente dos fixos?

Aplicação do Excel. Para os alunos que desejam praticar as suas habilidades na planilha, segue uma abordagem passo a passo para a criação de uma planilha, no Excel, pra resolver este problema.

Passo a passo

(Programe sua planilha para desempenhar todos os cálculos necessários. Não entre manualmente qualquer um dos cálculos de suas variações.)

1. Na parte superior da planilha, crie uma seção de 'Dados originais' para os dados fornecidos para a Marmitas Expressas, com linhas rotuladas de 'Unidades de produção (número de entregas)', 'Horas do tempo de entrega', 'Horas por entrega', 'Custos indiretos variáveis', 'Custos indiretos variáveis por hora do tempo de entrega' e 'Custos indiretos fixos'. Crie colunas para 'Resultados reais e 'Quantias do orçamento flexível'. Insira os dados fornecidos para a ME nesta seção. Você terá que inserir os cálculos para as horas reais por entrega, as horas orçadas do tempo de entrega, os custos indiretos variáveis orçados e indiretos variáveis reais por hora do tempo de entrega.
2. Pule duas linhas, crie uma seção 'Cálculo da variação', com linhas para 'Custos reais incorridos', 'Quantidade real × Taxa orçada', 'Quantidade orçada necessária para a produção real × Taxa orçada', 'Variação no dispêndio', 'Variação na eficiência' e 'Variação no dispêndio dos custos indiretos variáveis'. Use os dados da seção de 'Dados originais' para calcular os custos reais incorridos, a quantidade real vezes a taxa orçada e a quantidade orçada necessária para a produção real vezes a taxa orçada.
3. Para o Problema 1, use os dados que você criou no segundo passo para calcular as variações no dispêndio e na eficiência para os custos indiretos variáveis da Marmitas Expressas em maio de 2004. Para o Problema 2, use os custos indiretos reais e fixos orçados na seção de 'Dados originais' para calcular a variação no dispêndio para os custos indiretos fixos, da ME, em maio de 2004.
4. *Verifique a precisão de sua planilha*. Vá até a seção de 'Dados originais' e mude o número real de entregas de 7 460 para 7 600. Se você programou sua planilha corretamente, a variação na eficiência deveria mudar para $ 970 (favorável).

8-25 Total de custos indiretos, análise de 3 variações. A Base Aérea Wright-Patterson tem uma empresa de reparos de motores de jatos. Ela desenvolveu custeios-padrão e orçamentos flexíveis para serem responsáveis por essa atividade. Os custos indiretos variáveis, orçados a um nível mensal de 8 000 horas/padrão de mão-de-obra direta, foi de $ 64 000; o total de custos indiretos orçados e dez mil horas-padrão de mão-de-obra direta foi de $ 197 600. O custo-padrão alocado para efetuar os reparos incluía uma taxa total de custos indiretos, de 120 por cento dos custos-padrão de mão-de-obra direta. O total de custos indiretos incorridos em outubro foi de $ 249 000. Os custos incorridos de mão-de-obra direta foram de $ 202 440. A variação no preço da mão-de-obra direta foi de $ 9 640 desfavoráveis. A variação no orçamento flexível da mão-de-obra direta foi de $ 14 440 desfavoráveis. O preço-padrão da mão-de-obra foi de $ 16 por hora. A variação no volume de produção foi de $ 14 000 favoráveis.

Para fazer:

1. Calcule a variação na eficiência da mão-de-obra direta e as variações no dispêndio, eficiência e volume de produção para os custos indiretos. Calcule, também, o nível do denominador.
2. Descreva como os itens individuais dos custos indiretos variáveis são controlados diariamente. Descreva, também, como os itens individuais dos custos indiretos fixos são controlados.

8-26 Variações nos custos indiretos. A Gráfica Pontes preparou seu orçamento em dez mil horas-máquina, registrando uma variação desfavorável no dispêndio de $ 750 para os custos indiretos fixos e de $ 250 nos custos indiretos variáveis. A taxa orçada dos custos indiretos variáveis é de $ 5 por hora-máquina. A quantidade necessária para a produção real foi de 9 900 horas-máquina. As horas-máquina reais foram de 9 800 e o total de custos indiretos reais, de $ 80 000.

Para fazer:

1. Calcule a variação na eficiência e no orçamento flexível dos custos indiretos variáveis e a quantia alocada a maior ou a menor.
2. Calcule a variação no volume de produção e no orçamento flexível dos custos indiretos fixos e a quantia alocada a maior ou a menor.

8-27 Análise de 4 variações, trabalhando de trás para a frente. A Procureme.com está lutando para ser um portal da Web. O site permite que os usuários encontrem qualquer coisa que estejam procurando — seja uma pessoa, um site, uma empresa ou notícias — por meio de uma interface interativa e fácil de usar. A maior parte dos custos indiretos operacionais da Procureme.com é devido a custos de conexão. A Procureme.com enfrenta custos de conexão fixos e variáveis. A seguir, a análise de 4 variações dos custos indiretos operacionais da Procureme.com:

	Variação no dispêndio	Variação na eficiência	Variação no volume de produção
Custos indiretos variáveis operacionais	$ 37 000 F	$ 24 000 F	Sem variação
Custos indiretos fixos operacionais	$ 14 000 D	Sem variação	$ 17 000 D

Para fazer:

1. Para o total dos custos indiretos operacionais, calcule o seguinte:
   a. Variação no dispêndio
   b. Variação na eficiência
   c. Variação no volume de produção
   d. Variação no orçamento flexível
   e. Variação no total dos custos indiretos

   Organize seus resultados em um formato apropriado para apresentar as análises de 3, 2 e 1 variações.
2. Se o total real dos custos indiretos operacionais da Procureme.com fosse $ 420 000, quais seriam os custos indiretos operacionais alocados para as unidades de produção reais fornecidas?
3. Você consegue dizer se os custos indiretos fixos operacionais foram alocados a menor ou a maior? Se sim, em quanto?
4. As variações diferentes da Procureme.com na análise dada de 4 variações são necessariamente independentes? Explique e dê um exemplo.

8-28 Variações no orçamento flexível, revisão dos Capítulos 7 e 8. O *Monthly Herald* fez um orçamento para produzir 300 mil cópias de seu jornal mensal (a unidade de produção), para agosto de 2004, com 50 páginas impressas. A produção real foi de 320 mil cópias, com 17 280 000 páginas impressas. Cada jornal continha apenas 50 páginas impressas. Problemas na qualidade inutilizaram muitas delas.

Os custos variáveis são os materiais diretos, a mão-de-obra direta e os custos indiretos variáveis. Os custos indiretos fixos e variáveis são alocados para cada cópia com base nas páginas impressas aproveitáveis. O direcionador para todos os custos variáveis é o número de páginas impressas.

Os dados pertinentes a agosto de 2004 são:

	Orçados	Reais
Materiais diretos	$ 180 000	$ 224 640
Custos de mão-de-obra direta	45 000	50 112
Custos indiretos variáveis	60 000	63 936
Custos indiretos fixos	90 00	97 000

A taxa real da mão-de-obra direta era de $ 29 por hora. As páginas produzidas reais e orçadas por hora de mão-de-obra direta foram dez mil páginas impressas. Os dados pertinentes às receitas para o *Monthly Herald*, em agosto de 2004, são:

	Orçados	Reais
Receita com a circulação do jornal	$ 140 000	$ 154 000
Receitas com as propagandas	360 000	394 600

O *Monthly Herald* é vendido a $ 0,50 a cópia. As cópias produzidas, mas não vendidas, não têm valor. As receitas com as propagandas cobrem o recebimento de todas as fontes de propaganda.

Para fazer:

1. Prepare um conjunto abrangente das variações no orçamento flexível para os dois itens de custos diretos (usando o Quadro 7.3) e para os dois itens de custos indiretos (usando o Quadro 8.3) para o *Monthly Herald*.
2. Comente os resultados da Questão 1.

Problemas

8-29 Análise abrangente da variação. A TelaPlana produz monitores de cristal líquido. Os monitores são vendidos para os principais fabricantes de PC. A seguir, alguns dados dos custos indiretos para a TelaPlana para o ano findo em 31 de dezembro de 2003:

Custos indiretos	Real de produção	Orçamento flexível	Quantia alocada
Variáveis	$ 1 532 160	$ 1 536 000	$ 1 536 000
Fixos	7 004 160	6 961 920	7 526 400

O orçamento da TelaPlana foi baseado na suposição de que 17 760 unidades (monitores) seriam fabricadas durante 2003. A taxa planejada de alocação foi de duas horas-máquina por unidade. O número real de horas-máquina usadas durante 2003 foi de 36 480. Os custos indiretos variáveis no orçamento estático eram iguais a $ 1 420 800.

Para fazer:

Calcule as seguintes quantidades (você conseguirá fazer no pedido prescrito):

a. Número orçado de horas-máquina planejadas
b. Custos orçados indiretos fixos por hora-máquina
c. Custos orçados indiretos variáveis por hora-máquina
d. Número orçado de horas-máquina necessárias para a quantidade real produzida
e. Número real de unidades de produção
f. Número real de horas-máquina usadas por painel

8-30 Lançamentos diários (continuação do 8-29)

Para fazer:

1. Prepare lançamentos no livro diário para os custos indiretos variáveis e fixos (para isso, você terá de calcular as várias variações).
2. As variações nos custos indiretos são lançadas na conta do *custo dos produtos vendidos* (CPV) no final do ano fiscal. O CPV é, em seguida, lançado na demonstração de resultados. Mostre como o CPV é ajustado por meio dos lançamentos no livro diário.

8-31 Gráficos e variações nos custos indiretos. A Companhia Carveli é um fabricante de artigos de uso doméstico. No seu sistema de custeio por ordem, os custos indiretos (variáveis e fixos) são alocados aos produtos com base nas horas-máquina orçadas. As quantias orçadas foram tiradas do sistema de custeio-padrão da Carveli. O orçamento para 2004 incluía:

Custos indiretos variáveis	$ 9 por hora-máquina
Custos indiretos fixos	$ 72 000 000
Nível do denominador	4 000 000 horas-máquina

Para fazer:
1. Prepare dois gráficos, um para os custos indiretos variáveis e outro para os fixos. Cada gráfico deve mostrar como o total de custos indiretos será retratado para os propósitos de (a) planejamento e controle e (b) custeio do estoque.
2. Suponha que tenham sido permitidas 3 500 000 horas-máquina para a quantidade real produzida em 2004, mas foram usadas 3 800 000 horas-máquina reais. Os custos indiretos reais foram de $ 36 100 000, variáveis, e de $ 72 200 000, fixos. Calcule (a) as variações no dispêndio e na eficiência dos custos indiretos variáveis e (b) as variações no dispêndio e no volume de produção dos custos indiretos fixos. Use a apresentação em colunas ilustrada no Quadro 8.3.
3. Qual é a quantia dos custos indiretos variáveis alocados a menor ou a maior? E dos custos indiretos fixos alocados a menor ou a maior? Por que a variação no orçamento flexível e a quantia de custos indiretos alocada a menor ou a maior são sempre os mesmos para os custos indiretos variáveis, mas raramente para os indiretos fixos?
4. Suponha que o nível do denominador seja de três milhões em vez de quatro milhões de horas-máquina. Quais variações na Parte 2 seriam afetadas? Calcule-as novamente.

8-32 Análise da variação, gráficos. A Carimbos de Metal Homer orça e aloca os custos indiretos usando as horas-máquina. Os dados se referem às operações para abril de 2004. O orçamento da Homer, para 2003, foi de dez mil horas-máquina. A seguir, informações adicionais relacionadas aos custos indiretos para 2003:

Custos indiretos fixos orçados	$ 600 000
Custos indiretos fixos reais	$ 590 000
Custos indiretos variáveis orçados	$ 1 000 000
Custos indiretos variáveis fixos	$ 1 100 000
Horas-máquina orçadas necessárias para a produção real	9 800
Horas-máquina reais usadas	9 500

Para fazer:
1. Calcule a variação no dispêndio e na eficiência dos custos indiretos variáveis.
2. Calcule a variação no dispêndio e no volume de produção dos custos indiretos fixos.
3. Faça gráficos similares aos do Quadro 8.4, Painel A (custos indiretos variáveis) e Painel B (custos indiretos fixos).

8-33 Análise de 4 variações, encontre a solução. Considere cada uma das situações seguintes — casos A, B e C — independentemente. Os dados se referem às operações para abril de 2004. Para cada situação, adote um sistema de custeio-padrão. Adote também o uso de um orçamento flexível para o controle dos custos indiretos variáveis e fixos, baseado nas horas-máquina.

		Casos		
		A	B	C
(1)	Custos indiretos fixos incorridos	$ 10 600	—	$ 12 000
(2)	Custos indiretos variáveis incorridos	$ 7 000	—	—
(3)	Nível do denominador em horas-máquina	500	—	1 100
(4)	Horas-máquina-padrão necessárias para a produção real alcançada	—	650	—
Dados do orçamento flexível				
(5)	Custos indiretos fixos	—	—	—
(6)	Custos indiretos variáveis (por hora-máquina-padrão)	—	$ 8,50	$ 5,00
(7)	Custos indiretos fixos orçados	$ 10 000	—	$ 11 000
(8)	Custos indiretos variáveis orçados[a]	—	—	—
(9)	Total orçado dos custos indiretos	—	$ 12 525	—
Dados adicionais				
(10)	Custos indiretos variáveis-padrão alocados	$ 7 500	—	—
(11)	Custos indiretos fixos-padrão alocados	$ 10 000	—	—
(12)	Variação no volume de produção	—	$ 500 D	$ 500 F
(13)	Variação no dispêndio dos custos indiretos variáveis	$ 950 F	$ 0	$ 350 D
(14)	Variação na eficiência dos custos indiretos variáveis	—	$ 0	$ 100 D
(15)	Variação no dispêndio dos custos indiretos fixos	—	$ 300 F	—
(16)	Horas-máquina reais usadas	—	—	—

[a] *Para as horas-máquina-padrão necessárias para a quantidade real produzida.*

Para fazer:

Preencha os espaços em branco sob cada caso. (Dica: prepare uma planilha igual à do Quadro 8.3.) Preencha os espaços conhecidos e, depois, descubra os desconhecidos.

8-34 Orçamentos flexíveis, análise de 4 variações (adaptado do CMA). A Produtos Nolton usa um sistema de custeio-padrão. Ela aloca os custos indiretos (variáveis e fixos) aos produtos com base nas horas-padrão de mão-de-obra direta (HMODF). A Nolton desenvolve sua taxa de custos indiretos a partir do orçamento anual atual. O orçamento dos custos indiretos, para 2004, é baseado na produção orçada de 720 mil unidades, requerendo 3 600 000 HMODF. A empresa consegue programar a produção uniformemente durante o ano.

Um total de 66 000 unidades, requerendo 315 mil de HMODM, foi produzido durante maio de 2004. Os custos indiretos (CIF), incorridos em maio, totalizaram $ 375 000. Os custos reais, comparados com o orçamento anual e 1/12 do orçamento anual, são os seguintes:

Orçamento anual dos custos idiretos, 2004

	Quantia total	Por unidade de produção	Por HMODF de unidade de quantidade	Orçamento mensal dos cifs, maio 2004	Custos reais dos cifs. maio 2004
CIF variáveis					
MO indireta	$ 900 000	$ 1,25	$ 0,25	$ 75 000	$ 75 000
Suprimentos	1 224 000	1,70	0,34	102 000	111 000
CIFs fixos					
Supervisão	648 000	0,90	0,18	54 000	51 000
Instalações	540 000	0,75	0,15	45 000	54 000
Depreciação	1 008 000	1,40	0,28	84 000	84 000
Total	$ 4 320 000	$ 6,00	$ 1,20	$ 360 000	$ 375 000

Para fazer:

Calcule as seguintes quantias para a Produtos Nolton, para maio de 2004:

1. Total de custos indiretos alocados.
2. Variação no dispêndio dos custos indiretos variáveis.
3. Variação no dispêndio dos custos indiretos fixos.
4. Variação na eficiência dos custos indiretos variáveis.
5. Variação no volume de produção.

Certifique-se de identificar cada variação como favorável (F) ou desfavorável (D).

8-35 Análise dos custos indiretos. A Corporação Braço Forte usa o custeio-padrão. As informações seguintes são para 2004:

Horas-máquina no orçamento estático	33 000
Custos indiretos fixos orçados	$ 4 950 000
Custos indiretos fixos	$ 4 500 000
Custos indiretos variáveis reais	$ 9 600 000
Taxa dos custos indiretos variáveis por hora-máquina	$ 300
Horas-máquina realmente usadas	30 000
Horas-máquina orçadas necessárias para a produção real	35 000

Para fazer:

1. Calcule a variação no dispêndio e na eficiência dos custos indiretos variáveis.
2. Calcule a variação no dispêndio e no volume de produção dos custos indiretos fixos.

8-36 Variação no volume de vendas, variação no volume de produção.

A Companhia Morano preparou sua produção e vendas orçadas, observando a capacidade máxima de 20 mil unidades para 2003. Entretanto, devido a melhorias na eficiência, a Morano conseguiu vender 22 mil unidades para o ano. A seguir, outros dados para 2003:

Custos indiretos fixos orçados	$ 500 000
Preço de venda orçado	$ 100
Custo unitário variável orçado	$ 40

Para fazer:

1. Calcule o lucro unitário orçado, o lucro operacional baseado no lucro unitário orçado, e o lucro operacional do orçamento flexível.

2. Calcule a variação no volume de vendas e a variação no volume de produção. O que cada uma dessas variações mede?

8-37 Custeio baseado em atividades, análise da variação. A Estrelar S/A produz um carro de brinquedo, de plástico, TGC, em lotes. Para produzir um lote dos TGCs, a Estrelar precisa ajustar as máquinas. Os custos de *set up* são custos em nível de lote. Um departamento de *set up*, separado, é o responsável pelo ajuste das máquinas. Os custos indiretos de *set up* consistem de alguns variáveis e outros fixos no que diz respeito ao número de horas de *set up*. As informações seguintes pertencem a 2004:

	Quantias do orçamento estático	Quantias reais
Unidades do TGC produzidas e vendidas	30 000	22 500
Tamanho do lote (nº de unidades por lote)	250	225
Horas de *set up* por lote	5	5,25
Custos indiretos variáveis por hora de *set up*	$ 25	$ 24
Total dos custos indiretos fixos	$ 18 000	$ 17 535

Para fazer:
1. Para os custos indiretos variáveis de *set up*, calcule as variações na eficiência e no dispêndio. Comente os resultados.
2. Para os custos indiretos fixos de *set up*, calcule as variações no dispêndio e no volume de produção. Comente os resultados.

8-38 Custeio baseado em atividade, análise da variação. A Instrumentos Cirúrgicos Asma Ltda. faz uma linha especial de fórceps, SFA, em lotes. A Asma seleciona, aleatoriamente, fórceps de cada lote para testes de qualidade. Os custos dos testes são em nível de lote. Uma seção separada é a responsável pelos testes de qualidade.

Os custos dos testes consistem de alguns custos variáveis e alguns fixos em relação às horas de testes. As informações a seguir são para 2004:

	Quantias do orçamento estático	Quantias reais
Unidades de SFA produzidas e vendidas	21 000	22 000
Tamanho do lote (nº de unidades por lote)	500	550
Horas de teste por lote	5,5	5,4
Custos indiretos variáveis por hora de teste	$ 40	$ 42
Total dos custos indiretos fixos	$ 28 875	$ 27 216

Para fazer:
1. Para os custos indiretos variáveis de teste, calcule as variações na eficiência e no dispêndio. Comente os resultados.
2. Para os custos indiretos fixos de teste, calcule as variações no dispêndio e no volume de produção. Comente os resultados.

8-39 Revisão abrangente dos Capítulos 7 e 8, trabalhando de trás para a frente a partir das variações dadas. A Companhia Mancusco usa um orçamento flexível e custos-padrão para auxiliar no planejamento e controle das operações de produção em máquinas. O sistema de custeio normal para a produção tem duas categorias de custos diretos (materiais diretos e mão-de-obra direta — ambos variáveis) e duas categorias de custos indiretos (indiretos variáveis e fixos, ambos alocados usando as horas de mão-de-obra direta).

No nível orçado de 40 mil horas de mão-de-obra direta, para agosto, a mão-de-obra direta é de $ 800 000, os custos indiretos variáveis são de $ 480 000, e os custos fixos, de $ 640 000.

Os resultados reais para agosto são os seguintes:

Variação no preço dos materiais diretos (baseado nas co;mpras)	$ 176 000 F
Variação na eficiência dos materiais diretos	69 000 D
Custos de mão-de-obra direta incorridos	522 750
Variação no orçamento flexível dos custos indiretos variáveis	10 350 D
Variação na eficiência dos custos indiretos variáveis	18 000 D
Custos indiretos fixos incorridos	597 460
Variação no dispêndio dos custos indiretos fixos	42 540 F

O custo-padrão por quilo de materiais diretos é de $ 11,50. O padrão necessário é de três quilos para cada unidade do produto. Durante agosto, 30 mil unidades foram produzidas. Não havia estoque inicial de materiais diretos. Não havia estoque inicial ou final de produtos em processamento. Em agosto, a variação no preço dos materiais diretos foi de $ 1,10 por quilo.

Em julho, um litígio trabalhista causou grande desaceleração no passo da produção, resultando em uma variação desfavorável na eficiência da mão-de-obra direta, de $ 45 000. Não houve variação no preço da mão-de-obra direta. O litígio trabalhista continuou em agosto. Alguns operários se demitiram. Os substitutos tiveram que ser empregados com salários mais altos, benefício que foi estendido a todos os operários. A média real da taxa salarial, em agosto, excedeu a média-padrão da taxa salarial em $ 0,50 por hora.

Para fazer:

1. Calcule o seguinte, para agosto:
   a. Total de quilos de materiais diretos comprados
   b. Número total de quilos de excesso de materiais diretos usados
   c. Variação no dispêndio dos custos indiretos variáveis
   d. Número total de horas reais de mão-de-obra direta usadas
   e. Número total das horas-padrão de mão-de-obra direta necessárias para as unidades produzidas
   f. Variação no volume de produção
2. Descreva como os itens de controle dos custos indiretos variáveis, da Mancusco, diferem dos itens de controle dos custos indiretos fixos.

8-40 Revisão dos Capítulos 7 e 8, análise de 3 variações (adaptado do CPA). O sistema de custeio da Empresa Bela tem duas categorias de custos diretos: materiais diretos e mão-de-obra direta. Os custos indiretos (variáveis e fixos) são alocados com base nas horas-padrão de mão-de-obra direta (HMODF). No início de 2004, a empresa adotou os seguintes padrões para custos de produção:

	Quantidade	Custo por unidade de produção
Materiais diretos	3 kg a $ 5 por kg	$ 15,00
Mão-de-obra direta	5 hs a $ 15 por hora	75,00
Custos indiretos		
Variáveis	$ 6 por HMOD	30,00
Fixos	$ 8 por HMOD	40,00
Custo-padrão por unidade de produção		$ 160,00

O nível do denominador para o total dos custos indiretos, por mês, em 2004, é de 40 mil horas de mão-de-obra direta. O orçamento flexível da Bela, para janeiro de 2004, foi baseado nesse nível do denominador. Os registros para janeiro indicaram o seguinte:

Materiais diretos comprados	25 000 quilos a $ 5,20 por kg
Materiais diretos usados	23 100 quilos
Mão-de-obra direta	40 100 horas a $ 14,60 por hora
Total real dos custos indiretos (variáveis e fixos)	$ 600 000
Produção real	7 800 unidades de produção

Para fazer:

1. Prepare uma tabela do total de custos-padrão indiretos para as 7 800 unidades de produção em janeiro de 2004.
2. Para o mês de janeiro de 2004, calcule as seguintes variações, indicando se cada uma delas é favorável (F) ou desfavorável (D):
   a. Variação no preço dos materiais diretos, baseado nas compras
   b. Variação na eficiência dos materiais diretos
   c. Variação no preço da mão-de-obra direta
   d. Variação na eficiência da mão-de-obra direta
   e. Total de variação no dispêndio dos custos indiretos
   f. Variação na eficiência dos custos indiretos variáveis
   g. Variação no volume de produção

Problema para aprendizagem em grupo

8-41 Variações nos custos indiretos, ética. A Companhia Novo México usa um sistema de custeio-padrão. A empresa preparou seu orçamento estático, para 2004, a um milhão de horas-máquina ao ano. O custo indireto orçado é de $ 12 500 000. A taxa dos custos indiretos variáveis é de $ 10 por hora-máquina ($ 20 por unidade). Os resultados reais para 2004 são os seguintes:

Horas-máquina	960 000 horas
Produção	498 000 unidades
Custos indiretos variáveis	$ 10 080 000
Variação no dispêndio dos custos indiretos fixos	$ 600 000 D

Para fazer:

1. Calcule os custos indiretos fixos
   a. Quantia orçada
   b. Custo orçado por hora-máquina
   c. Custo real
   d. Variação no volume de produção
2. Calcule a variação no dispêndio dos custos indiretos variáveis e a variação na eficiência dos custos indiretos variáveis.
3. Geraldo Marques, *controller*, prepara a análise da variação. É do conhecimento de todos na empresa que ele e Ronaldo Macedo, gerente de produção, não têm bom relacionamento. Em recente reunião do comitê executivo, Macedo reclamou sobre a falta de utilidade dos relatórios financeiros que recebe. Para não ficar por baixo, Marques manipulou a quantia real dos custos indiretos fixos, atribuindo cota maior que a normal dos custos alocados para a área de produção. Decidiu depreciar todos os equipamentos de produção recém-adquiridos, usando o método de depreciação acelerada em vez do método de depreciação em linha reta, contrariando as práticas da empresa. Como resultado, houve grande variação desfavorável no dispêndio dos custos indiretos. Ele confidenciou a um colega: "Estou apenas retribuindo o favor". Discuta as ações de Marques e suas ramificações.

capítulo 9

Custeio de estoques e análise de capacidade

Objetivos de aprendizagem

1. Identificar o que distingue custeio variável do custeio por absorção
2. Preparar demonstrações de resultados sob o custeio por absorção e o custeio marginal
3. Explicar diferenças no lucro operacional sob o custeio por absorção e o custeio marginal
4. Compreender como o custeio por absorção pode proporcionar incentivos indesejáveis para administradores fortalecerem o estoque de produtos acabados
5. Diferenciar custeio variável de custeio marginal e de custeio por absorção
6. Descrever os vários conceitos de capacidade que podem ser usados no custeio por absorção
7. Compreender os principais fatores considerados pela administração ao escolher um nível de capacidade para calcular a taxa orçada do custo indireto fixo
8. Descrever como tentativas de recuperar custos fixos da capacidade podem levar a aumentos de preços e a uma queda na demanda
9. Explicar como o nível de capacidade escolhido para calcular a taxa orçada do custo indireto fixo afeta a variação no volume de produção

Como a maior fabricante mundial de ambulâncias feitas sob encomenda, a Wheeled Coach Industries, de Winter Park, na Flórida, configura cada ambulância para cumprir com as especificações dadas pelos compradores. Milhares de peças podem ser combinadas no acabamento de uma ambulância — da fiação elétrica e sistemas de sirene aos gabinetes e equipamento médico sob encomenda. Os custos desses componentes, aliados aos custos variáveis de produção, são úteis para determinar a margem de contribuição da empresa sob o custeio variável. Se margem bruta for desejada, o custeio por absorção acumula os custos variáveis e fixos de produção e os deduz das receitas. Os administradores mantêm o olho fixo no estoque de produtos acabados por saberem o efeito que ele pode ter sobre o resultado líquido.

O valor do resultado apurado chama a atenção dos administradores de uma maneira que poucos números conseguem fazer. Considere esses exemplos:

- Decisões de planejamento incluem a análise de como as alternativas sob consideração afetariam o resultado futuro apurado.
- Muitas vezes, o resultado apurado é usado para avaliar o desempenho dos administradores.

Este capítulo examina dois tipos de escolhas da contabilidade de custos para estoques que afetam o resultado apurado das empresas:

1. *Escolhas do custo do estoque* relacionam-se a quais custos de produção são tratados como custos de estoque. Há três tipos de custeio de estoque: custo por absorção, custeio marginal e custeio variável. Veremos cada um deles na primeira parte deste capítulo.
2. *Escolhas de capacidade de nível do denominador* relacionam-se ao nível pré-selecionado da base de alocação de custos usada para estabelecer taxas orçadas do custo indireto fixo. Há quatro escolhas de níveis de capacidade: capacidade teórica, capacidade prática, utilização da capacidade normal e utilização da capacidade do orçamento geral. Veremos cada uma dessas escolhas na segunda parte deste capítulo.

PARTE UM: CUSTEIO DO PRODUTO PARA EMPRESAS INDUSTRIAIS

Os dois métodos comuns de custear produtos em empresas industriais são o custeio marginal e o custeio por absorção, que veremos primeiro. Posteriormente abordaremos o custeio variável.

O custeio por absorção é o método utilizado sob princípios contábeis geralmente aceitos para relatórios para fins externos e declarações fiscais na maioria dos países.

CUSTEIO MARGINAL E CUSTEIO POR ABSORÇÃO

DADOS PARA UM EXEMPLO DE UM ANO

A maneira mais fácil de compreender a diferença entre custeio marginal e custeio por absorção é por meio de um exemplo. A Companhia Stassen fabrica e comercializa produtos óticos de consumo. A Stassen usa um sistema de custeio-padrão em que:

a. Custos diretos são apropriados aos produtos usando preços e entradas-padrão necessárias para as quantidades reais produzidas.

b. Custos indiretos (gastos gerais) são alocados usando taxas indiretas-padrão vezes as quantidades-padrão permitidas para as quantidades reais produzidas. A base de alocação para todos os custos indiretos de produção são *unidades orçadas produzidas,* e para todos os custos indiretos de marketing, *unidades orçadas vendidas*.

A Stassen quer que você prepare uma demonstração de resultados, para 2003, da linha de produtos telescópicos. As informações operacionais para o ano são:

	Unidades
Estoque inicial	0
Produção	800
Vendas	600
Estoque final	200

Dados de preços e custos reais para 2003 são:

Preço de venda	$ 100
Custos variáveis por unidade produzida	
Custo de material direto	$ 11
Custo de mão-de-obra direta	4
Custos indiretos	5
Custo variável total por unidade produzida	$ 20
Custos variáveis de marketing por unidade vendida (todos os indiretos)	$ 19
Custos fixos (todos os indiretos)	$ 12 000
Custos fixos de marketing (todos os indiretos)	$ 10 800

Com relação à Stassen, supomos:

1. O direcionador de custo para todos os custos variáveis de produção são *unidades produzidas*; o direcionador de custo para os custos variáveis de marketing são *unidades vendidas*. Não há custos no nível de lote e não há nenhum custo de apoio ao produto.
2. O estoque de produtos em processamento é zero.
3. O nível orçado de produção para 2003 é de 800 unidades, usado para calcular o custo fixo orçado por unidade. A produção real para 2003 é de 800 unidades.
4. A Stassen orçou vendas de 600 unidades para 2003, o mesmo que as vendas reais para 2003.
5. Não há variações no preço, na eficiência, nem do dispêndio. Assim, o preço orçado (padrão) e os dados de custos para 2003 são os mesmos que o preço real e os dados de custos reais. Nosso primeiro exemplo (2003) não tem variação no volume de produção para os custos de produção. Exemplos posteriores (para 2004 e 2005) têm variações no volume de produção.
6. Todas as variações são apropriadas ao custo de produtos vendidos no período (ano) em que ocorrem.

O **custeio marginal** é um método de custeio do produto em que todos os custos variáveis são incluídos como custos do produto. Todos os custos fixos são excluídos dos custos do produto; em vez disso, os custos fixos são tratados como custos do período no qual são incorridos. Como explicado no Capítulo 2, *custos do estoque* são todos os custos de um produto considerados ativos (estoque de produto acabado) quando incorridos e contabilizados como custo de produtos vendidos no momento em que os produtos são vendidos.

O **custeio por absorção** é um método de custeio do produto no qual todos os custos fixos de produção são incluídos como custos do produto. Ou seja, o produto 'absorve' todos os custos de produção.

Sob ambos — custeio marginal e por absorção —, todos os custos variáveis de produção são custos do produto e todas não-produções na cadeia de valores (como pesquisa e desenvolvimento e marketing), sejam elas variáveis ou fixas, são gastos do período e registrados como despesas quando incorridas.

A contabilização dos custos fixos de produção é a principal diferença entre o custeio marginal e por absorção.

- Sob o custeio marginal, os custos fixos são tratados como uma despesa do período.
- Sob o custeio por absorção, os custos fixos são custos do produto. No nosso exemplo, o custo fixo-padrão indireto é de $ 15 por unidade ($ 12 000 ÷ 800 unidades).

Os custos do produto por unidade produzida, em 2003, para a Stassen, sob os dois métodos, são:

	Custeio marginal		Custeio por absorção	
Custo variável por unidade produzida				
Materiais diretos	$ 11,00		$ 11,00	
Mão-de-obra direta	4,00		4,00	
Custo indireto	5,00	$ 20,00	5,00	$ 20,00
Custo fixo indireto por unidade produzida		—		15,00
Total do custo do produto por unidade produzida		$ 20,00		$ 35,00

COMPARANDO DEMONSTRAÇÕES DE RESULTADOS

O Quadro 9.1 mostra os resultados do custeio variável, Painel A, e a demonstração de resultados do custeio por absorção, Painel B, para o produto telescópico da Companhia Stassen, para 2003. A demonstração de resultados do custeio marginal usa o formato da margem de contribuição apresentado no Capítulo 3. A demonstração de resultados do custeio por absorção usa o formato da margem bruta apresentado no Capítulo 2. Por que essas diferenças no formato? A distinção entre custos marginais e fixos é central ao custeio marginal e destacada pelo formato da margem de contribuição. Da mesma forma, a distinção entre custos de produção e de não-produção é central ao custeio por absorção e destacada pelo formato da margem bruta.

As demonstrações de resultados no custeio por absorção não precisam diferenciar entre custos variáveis e fixos. No entanto, os quadros relativos à Companhia Stassen, neste capítulo, mostram a distinção entre os custos variáveis e fixos para destacar como componentes da demonstração são classificados de forma diferente sob o custeio marginal e o custeio por absorção. Veja no Quadro 9.1, Painel B, que sob o custeio por absorção, o custo inventariável é de $ 35 por unidade porque o custo fixo de produção, de $ 15 por unidade, assim como o variável, de $ 20 por unidade, são distribuídos para cada unidade do produto.

Veja como no Quadro 9.1 os custos fixos de $ 12 000 são contabilizados sob o custeio marginal e o custeio por absorção. A demonstração de resultados no custeio direto considera, em 2003, os $ 12 000 como despesas. Em contrapartida, a demonstração de resultados sob o custeio por absorção considera cada unidade acabada como absorvendo $ 15 do custo fixo. Sob o custeio por absorção, os $ 12 000 ($ 15 por unidade × 800 unidades) são, em 2003,

Quadro 9.1 Comparação do custeio marginal e do custeio por absorção para a Companhia Stassen: Demonstração de resultados para a linha de produtos telescópicos para 2003.

PAINEL A: CUSTEIO MARGINAL

Receitas: $ 100 × 600 unidades			$ 60 000
Custos variáveis			
Estoque inicial	$ 0		
Custos variáveis de produção: $ 20 × 800 unidades	16 000		
Custo de produtos disponíveis para a venda	16 000		
Deduzir estoque final: $ 20 × 200 unidades	(4 000)		
Custo variável de produtos vendidos	12 000		
Custos variáveis de marketing: $ 19 × 600 unidades	11 400		
Ajuste para variações no custo variável	0		
Total de custos variáveis			23 400
Margem de contribuição			36 600
Custos fixos			
Custos fixos de produção	12 000		
Custos fixos de marketing	10 800		
Ajuste para variações no custo fixo	0		
Total dos custos fixos			22 800
Lucro operacional			$ 13 800

PAINEL B: CUSTEIO POR ABSORÇÃO

Receitas: $ 100 × 600 unidades			$ 60 000
Custo de produtos vendidos			
Estoque inicial	$ 0		
Custos variáveis de produção: $ 20 × 800 unidades	16 000		
Custos fixos de produção: $ 15 × 800 unidades	12 000		
Custo de produtos disponíveis para a venda	28 000		
Deduzir estoque final: ($ 20 + $ 15) × 200 unidades	(7 000)		
Ajuste para variações na produção	0		
Custo de produtos vendidos			21 000
Margem bruta			39 000
Despesas operacionais			
Despesas variáveis de marketing: $ 19 × 600	11 400		
Despesas fixas de marketing	10 800		
Ajuste para variações na despesa operacional	0		
Total de custos operacionais			22 200
Lucro operacional			$ 16 800

inicialmente tratados como custo do produto. Em função dos dados anteriores, para a Stassen, os $ 9 000 ($ 15 por unidade × 600 unidades) se tornam, subseqüentemente, parte do custo de produtos vendidos em 2003, e $ 3 000 ($ 15 por unidade × 200 unidades) permanecem como ativo — parte do estoque final de produtos acabados em 31 de dezembro de 2003. O lucro operacional é $ 3 000 mais alto sob o custeio por absorção comparado com o custeio marginal, somente porque os $ 9 000 de custos fixos de produção são contabilizados como custos do produto medido sob o custeio por absorção, enquanto os $ 12 000 de custos fixos de produção são contabilizados como despesas sob o custeio marginal.

O custo variável, de $ 20 por unidade, é contabilizado no Quadro 9.1 da mesma forma em ambas as demonstrações de resultados.

Esses pontos podem ser resumidos da seguinte maneira:

	Custeio marginal	Custeio por absorção
Custos variáveis de produção: $ 20 por telescópio produzido	Do produto	Do produto
Custos fixos de produção: $ 12 000 por ano	Deduzido como despesa do período	Do produto a $ 15 por telescópio produzido usando o nível orçado do denominador de 800 unidades produzidas por ano

Certifique-se de que outras questões não desviam a sua atenção para ver claramente que a diferença entre o custeio marginal e o custeio por absorção está em como os custos fixos de produção são contabilizados. Se os níveis de estoque do produto mudarem, o lucro operacional será diferente entre os dois métodos devido à diferença em como os custos fixos são contabilizados. Para ver isso, vamos comparar as vendas de 600, 700 e 800 unidades de telescópios, da Stassen, em 2003, quando 800 unidades foram produzidas. Dos $ 12 000 em custos fixos de produção, a quantia contabilizada como despesas na demonstração de resultados de 2003 seria:

Sob o custeio marginal, se

- as vendas forem de 600, 700 ou 800 unidades $ 12 000 contabilizados como despesas

Sob o custeio por absorção, quando

- as vendas forem de 600 unidades, estoque de 200 unidades $ 9 000 contabilizados como despesas (custo
  e $ 3 000 ($ 15 × 200) são incluídos no estoque   do produto vendido) ($ 12 000 – $ 3 000)
- as vendas forem de 700 unidades, estoque de 100 unidades $ 10 500 contabilizados como despesas
  e $ 1 500 ($ 15 × 100) são incluídos no estoque   ($ 12 000 – $ 1 500)
- as vendas forem de 800 unidades, estoque de 0 unidades $ 12 000 contabilizados como despesas
  e $ 0 ($ 15 × 0) são incluídos no estoque   ($ 12 000 – $ 0)

O anexo deste capítulo descreve como a escolha do custeio marginal ou custeio por absorção afeta o equilíbrio das vendas.

Às vezes, o **custeio direto** é usado para descrever o método de custeio do produto que nós chamamos de *custeio marginal*. No entanto, o custeio direto não é uma descrição precisa por duas razões:

1. O custeio marginal não inclui todos os custos diretos como do produto. Somente os custos variáveis diretos de produção são incluídos. Quaisquer custos fixos diretos e quaisquer custos diretos de não-produção (despesas) são excluídos dos custos do produto.
2. O custeio marginal inclui como custos do produto não apenas os diretos de produção, mas também alguns custos indiretos (variáveis indiretos).

Observe também que *custeio marginal* é um termo impreciso para descrever o método de custeio do produto porque nem todos os custos variáveis são de produto. Apenas os custos variáveis de produção são do produto.

Explicando diferenças no lucro operacional

Dados para um exemplo de três anos

O exemplo da Stassen, no Quadro 9.1, cobre apenas um período contábil (um ano). Vamos, agora, estendê-lo para cobrir um período de três anos. Em 2004 e 2005, a Stassen tem uma variação no volume de produção por diferir do nível orçado de 800 unidades produzidas por ano, usada para calcular o custo fixo orçado de produção por unidade. As quantidades reais vendidas, para 2004 e 2005, são as mesmas que as quantias de vendas orçadas para esses anos, respectivamente, dadas em unidades na tabela a seguir:

	2003	2004	2005
Estoque inicial	0	200	50
Produção	800	500	1 000
Vendas	600	650	750
Estoque final	200	50	300

Todos os outros dados para 2003, no exemplo anterior da Stassen, ainda se aplicam a 2004 e 2005.

Comparando demonstrações de resultados

O Quadro 9.2 apresenta a demonstração de resultados sob o custeio marginal, Painel A, e a demonstração de resultados sob o custeio por absorção, Painel B, para 2003, 2004 e 2005. Mantenha em mente os seguintes pontos sobre o custeio por absorção enquanto você estuda o Painel B dos Quadros 9.1 e 9.2.

1. A taxa de $ 15 do custo fixo de produção é baseada em um nível de denominador orçado de 800 unidades produzidas por ano ($ 12 000 ÷ 800 unidades = $ 15 por unidade). Quando a produção — a quantidade produzida e não a quantidade vendida — desviar do nível do denominador, haverá uma variação no volume de produção. Aqui, a quantia da variação é de $ 15 por unidade, multiplicada pela diferença entre o nível real de produção e o nível do denominador.

   Em 2004, a produção foi de 500 unidades, 300 abaixo do nível do denominador, de 800 unidades. O resultado é uma variação desfavorável no volume de produção, de $ 4 500 ($ 15 por unidade × 300 unidades). O ano de 2005 tem uma variação no volume de produção, de $ 3 000 ($ 15 por unidade × 200 unidades), devido à produção de mil unidades, excedendo o nível do denominador de 800 unidades.

Quadro 9.2 Comparação do custeio marginal e do custeio por absorção da Companhia Stassen: demonstrações de resultado da linha de produtos do telescópio para 2003, 2004 e 2005.

PAINEL A: CUSTEIO MARGINAL

	2003	2004	2005
Receitas: $ 100 × 600; 650; 750 unidades	$ 60 000	$ 65 000	$ 75 000
Custos variáveis			
Estoque inicial: $ 20 × 0; 200; 50 unidades	$ 0	$ 4 000	$ 1 000
Custos variáveis de produção: $ 20 × 800; 500; 1 000 unidades	16 000	10 000	20 000
Custo de produtos disponíveis para venda	16 000	14 000	21 000
Deduzir estoque final: $ 20 × 200; 50; 300 unidades	(4 000)	(1 000)	(6 000)
Custo variável de produtos vendidos	12 000	13 000	15 000
Custos variáveis de marketing; $ 19 × 600; 650; 750 unidades	11 400	12 350	14 250
Ajuste para variações no custo variável	0	0	0
Total de custos variáveis	23 400	25 350	29 250
Margem de contribuição	36 600	39 650	45 750
Custos fixos			
Custos fixos de produção	12 000	12 000	12 000
Custos fixos de marketing	10 800	10 800	10 800
Ajuste para variações no custo fixo	0	0	0
Total de custos fixos	22 800	22 800	22 800
Lucro operacional	$ 13 800	$ 16 850	$ 22 950

PAINEL B: CUSTEIO POR ABSORÇÃO

	2003	2004	2005
Receitas: $ 100 × 600; 650; 750 unidades	$ 60 000	$ 65 000	$ 75 000
Custo de produtos vendidos			
Estoque inicial: $ 35 × 0; 200; 50 unidades	$ 0	$ 7 000	$ 1 750
Custos variáveis de produção: $ 20 × 800; 500; 1 000 unidades	16 000	10 000	20 000
Custos fixos de produção: $ 15 × 800; 500; 1 000 unidades	12 000	7 500	15 000
Custo de produtos disponíveis para venda	28 000	24 500	36 750
Deduzir estoque final: $ 35 × 200; 50; 300 unidades	(7 000)	(1 750)	(10 500)
Ajuste para variações na produção[a]	0	4 500 D	(3 000)F
Custo de produtos vendidos	21 000	27 250	23 250
Margem bruta	39 000	37 750	51 750
Custos operacionais			
Custos variáveis de marketing $ 19 × 600; 650; 750 unidades	11 400	12 350	14 250
Custos fixos de marketing	10 800	10 800	10 800
Ajuste para variações nos custos operacionais	0	0	0
Total de custos operacionais	22 200	23 150	25 050
Lucro operacional	$ 16 800	$ 14 600	$ 26 700

a *Variação no volume da produção:*
Custos fixos de produção por unidade × (Nível do denominador – Produção real de unidades produzidas)
2003: $ 15 × (800 – 800) unidades = $ 15 × 0 = $ 0
2004: $ 15 × (800 – 500) unidades = $ 15 × 300 = $ 4 500 D
2005: $ 15 × (800 – 1 000) unidades = $ 15 × (200) = $ 3 000 F

Lembre-se de como funciona o custeio-padrão. Cada vez que uma unidade é fabricada, $ 15 de custos fixos de produção são incluídos no custo de produtos fabricados e disponíveis para a venda. Em 2004, quando 500 unidades são fabricadas, $ 7 500 ($ 15 por unidade × 500 unidades) de custos fixos são incluídos no custo de produtos disponíveis para a venda (veja o Quadro 9.2, Painel B, Linha 4). O total de custos fixos de produção para 2004 é de $ 12 000. A variação no volume de produção, de $ 4 500 D, é igual à diferença entre $ 12 000 e $ 7 500. No Painel B, observe como, para cada ano, os custos fixos de produção, incluídos no custo de produtos disponíveis para a venda mais a variação no volume de produção, são sempre iguais a $ 12 000.

2. A variação no volume de produção, relativa aos custos indiretos fixos, ocorre sob o custeio por absorção, mas não sob o custeio marginal. Por quê? Porque sob o custeio marginal, os custos fixos de $ 12 000 são sempre tratados como despesa do período, independentemente do nível de produção (e vendas).

Aqui está um resumo das diferenças no lucro operacional da Companhia Stassen durante o período de 2003-2005:

	2003	2004	2005
1. Lucro operacional sob o custeio por absorção	$ 16 800	$ 14 600	$ 26 700
2. Lucro operacional sob o custeio marginal	13 800	16 850	22 950
3. Diferença: (1) – (2)	3 000	(2 250)	3 750
4. Diferença como uma porcentagem do lucro operacional por absorção	17,9%	(15,4%)	14,0%

Essas diferenças porcentuais ilustram a razão de os administradores, cujo desempenho é medido pelo lucro apurado, ficarem preocupados entre a escolha do custeio variável e o custeio por absorção.

Por que os custeios variável e por absorção normalmente apuram valores diferentes de lucro? No geral, se o nível de unidade do estoque aumentar durante um período contábil, menos lucro operacional será relatado sob o custeio marginal do que sob o custeio por absorção. Porém, se o nível de estoque diminuir, mais lucro operacional será relatado sob o custeio marginal do que sob o custeio por absorção. A diferença no lucro apurado se deve somente a (1) mover os custos fixos de produção para os estoques com o aumento dos estoques e (b) mover os custos fixos de produção fora dos estoques com a sua redução.

A diferença entre o lucro operacional sob o custeio por absorção e o custeio marginal pode ser calculada pela Fórmula 1, concentrada nos custos fixos de produção no estoque inicial e no estoque final.

Fórmula 1

Lucro operacional sob custeio por absorção		Lucro operacional sob custeio variável		Custos fixos de produção no estoque final sob custeio por absorção		Custos fixos de produção no estoque inicial sob custeio por absorção
2003: $ 16 800	–	$ 13 800	=	($ 15 por unidade × 200 unidades)	–	($ 15 por unidade × 0 unidades)
		$ 3 000	=	$ 3 000		
2004: $ 14 600	–	$ 16 850	=	($ 15 por unidade × 50 unidades)	–	($ 15 por unidade × 200 unidades)
	–	$ 2 250	=	– $ 2 250		
2005: $ 26 700	–	$ 22 950	=	($ 15 por unidade × 300 unidades)	–	($ 15 por unidade × 50 unidades)
		$ 3 750	=	$ 3 750		

Os custos fixos de produção no estoque final são diferidos para um período futuro sob o custeio por absorção. Por exemplo, $ 3 000 em custos indiretos fixos de produção são deferidos, para 2004, no dia 31 de dezembro de 2003. Sob o custeio marginal, todos os $ 12 000 em custos fixos são tratados como despesa de 2003.

Uma fórmula alternativa que destaca o movimento de custos entre estoque e custo de produtos vendidos é:

Fórmula 2

Lucro operacional sob custeio por absorção		Lucro operacional sob custeio marginal		Custos fixos de produção no estoque em unidades produzidas sob custeio por absorção		Custos fixos de produção no custo de produtos vendidos sob custeio por absorção
2003: $ 16 800	–	$ 13 800	=	($ 15 por unidade × 800 unidades)	–	($ 15 por unidade × 600 unidades)
		$ 3 000	=	$ 3 000		
2004: $ 14 600	–	$ 16 850	=	($ 15 por unidade × 500 unidades)	–	($ 15 por unidade × 650 unidades)
	– $	2 250	=	– $ 2 250		
2005: $ 26 700	–	$ 22 950	=	($ 15 por unidade × 1 000 unidades)	–	($ 15 por unidade × 750 unidades)
		$ 3 750	=	$ 3 750		

Há cada vez mais pressão sobre os administradores para que reduzam os níveis de estoque. Algumas empresas estão conseguindo grandes reduções nos níveis de estoque usando políticas como a produção *just-in-time*; elas também estão se beneficiando da melhor troca de informações entre fornecedores e fabricantes sobre exatamente quando os materiais precisam ser entregues. Uma conseqüência é que as diferenças no lucro operacional entre o custeio por absorção e o variável para empresas com níveis baixos de estoque se tornam insignificantes em quantia. Olhando isso de forma extrema: se os administradores mantiverem níveis zero de estoque no início e no final de cada período contábil, não haverá nenhuma diferença entre o lucro operacional sob o custeio por absorção e o marginal.

EFEITO DE VENDAS E PRODUÇÃO SOBRE O LUCRO OPERACIONAL

Em função de uma margem de contribuição constante por unidade e custos fixos constantes, a mudança de período em período no lucro operacional sob o custeio marginal é dirigida somente pelas mudanças na quantidade de unidades realmente vendidas. Considere o lucro operacional sob o custeio marginal da Stassen em (a) 2004 *versus* 2003 e (b) 2005 *versus* 2004.

Lembre-se de que:

Margem de contribuição por unidade		Preço de venda		Custo variável de produção por unidade		Custo variável de marketing por unidade
	=		–		–	
	=	$ 100 por unidade	–	$ 20 por unidade	–	$ 19 por unidade
	=	$ 61 por unidade				

	Mudança no lucro operacional sob o custeio marginal	=	Margem de contribuição por unidade	×	Mudança na quantidade de unidades vendidas
(a)	2004 vs. 2003: $ 16 850 – $ 13 800	=	$ 61 por unidade	×	(650 unidades – 600 unidades)
	$ 3 050	=	$ 3 050		
(b)	2005 vs. 2004: $ 22 950 – $ 16 850	=	$ 61 por unidade	×	(750 unidades – 650 unidades)
	$ 6 100	=	$ 6 100		

Sob o custeio marginal, os administradores da Stassen não conseguem aumentar o lucro operacional ao 'produzir para o estoque'. Por que não? Porque, como você pode ver nos cálculos acima, *somente a quantidade de unidades vendidas define o lucro operacional.* Mais adiante neste capítulo, explicaremos que o custeio por absorção possibilita aos administradores aumentarem o lucro operacional ao aumentarem o nível por unidade de vendas, assim como ao produzirem mais unidades. O Quadro 9.3 compara as diferenças entre custeio marginal e por absorção.

Medidas do desempenho e custeio por absorção

Custeio por absorção é o método de custo do produto e avaliação de estoques exigido para relatórios externos na maioria dos países. Porém, muitas empresas usam o custeio marginal em relatórios internos para reduzir os incentivos indesejáveis de aumentar estoques que o custeio por absorção pode criar.

Aumento indesejável de estoques

O custeio por absorção possibilita aos administradores aumentar o lucro operacional em um período específico ao aumentar a produção — mesmo se não houver demanda de clientes para a produção adicional! Uma motivação para

Quadro 9.3 Efeitos comparativos no lucro de custeio marginal e de custeio por absorção.

Pergunta	Custeio marginal	Custeio por absorção	Comentário
Os custos fixos de produção são do produto?	Não	Sim	Pergunta teórica básica de quando esses custos devem ser contabilizados como despesas
Há variação no volume de produção?	Não	Sim	Escolha do nível do denominador afeta a medida do lucro operacional somente sob o custeio por absorção
Classificações entre os custos variáveis e fixos são feitas rotineiramente?	Sim	Não freqüentemente	Custeio por absorção pode ser facilmente modificado para obter subclassificações para custos variáveis e fixos, se desejado (por exemplo, veja o Quadro 9.1, Painel B)
Como mudanças nos níveis de estoque por unidade afetam o lucro operacional?[a]			Diferenças são atribuíveis no momento em que os custos fixos de produção são contabilizados como despesas
Produção = Vendas	Igual	Igual	
Produção > Vendas	Mais baixo[b]	Mais alto[c]	
Produção < Vendas	Mais alto	Mais baixo	
Quais são os efeitos sobre o relacionamento custo-volume-lucro (para um dado nível de custos fixos e uma dada margem de contribuição por unidade)?	Dirigido pelo nível por unidade	Dirigido por (a) nível de vendas por unidade de vendas, (b) nível por unidade de produção, e (c) nível escolhido do denominador	Benefício de controle administrativo: efeitos de mudanças no nível de produção sobre o lucro operacional são mais fáceis de compreender sob o custeio marginal

a *Supondo que em todas as variações de produção sejam dadas baixa como custos do período, que nenhuma mudança ocorra no estoque de produtos em processamento e que nenhuma mudança ocorra na taxa orçada do custo indireto fixo de produção entre os períodos contábeis.*
b *Ou seja, lucro operacional mais baixo do que sob custeio por absorção.*
c *Ou seja, lucro operacional mais alto do que sob o custeio marginal.*

essa medida pode ser a de que o bônus de um administrador esteja baseado no lucro operacional relatado no custeio por absorção. Suponha que os administradores da Stassen contem com essa vantagem. O Quadro 9.4 mostra como o lucro operacional no custeio por absorção, da Stassen, para 2004, é proporcional ao nível de produção. Esse quadro supõe que a todas as variações, incluindo as no volume de produção, sejam dadas baixa em *produtos vendidos* no final de cada ano. O estoque inicial de 200 unidades e as vendas de 650 unidades, em 2004, são inalterados do caso mostrado no Quadro 9 2.

O Quadro 9.4 mostra que a produção de apenas 450 unidades satisfaz as vendas de 650 unidades para 2004. O lucro operacional nesse nível de produção é de $ 13 850. Ao produzir mais de 450 unidades, comumente denominado *produzir para o estoque*, a Stassen aumenta o lucro operacional no custeio por absorção. Cada unidade no estoque final de 2004 aumentará o lucro operacional em $ 15. Por exemplo, se 800 unidades forem produzidas, o estoque final será de 350 unidades e o lucro operacional será de $ 19 100. Essa quantia é $ 5 250 mais do que o lucro operacional com um estoque final zero (350 unidades × $ 15 por unidade = $ 5 250). Sob o custeio por absorção, ao produzir 350 unidades para o estoque, $ 5 250 em custos indiretos fixos de produção são incluídos no estoque de produtos acabados e, portanto, não são contabilizados como despesas em 2004.

Os efeitos indesejáveis de produzir para o estoque podem ser muito grandes e ocorrer de várias maneiras. Por exemplo:

1. Um gerente de fábrica pode mudar o plano de produção para produzir produtos que absorvam quantia mais elevada de custos fixos, independentemente da demanda de clientes por esses produtos. A produção de itens que absorvam custos fixos mais baixos pode ser atrasada, resultando no fracasso de cumprir datas de entrega (o que pode resultar na perda de clientes).

2. Um administrador de fábrica pode aceitar um pedido específico para aumentar a produção, embora outra fábrica da mesma empresa seja mais adequada para lidar com esse pedido.

3. Para cumprir o alto volume na produção, um administrador pode postergar a manutenção para além do período contábil atual. Embora o lucro operacional nesse período possa aumentar como resultado, o lucro operacional futuro provavelmente diminuirá em valor devido ao aumento de reparos e equipamento menos eficiente.

Quadro 9.4 Efeito sobre o lucro operacional do custeio por absorção de níveis diferentes de produção: Companhia Stassen: Demonstração de resultados para a linha de produtos do telescópio para 2004 a vendas de 650 unidades.

Dados de unidades					
Estoque inicial	200	200	200	200	200
Produção	450	500	650	800	900
Produtos disponíveis para venda	650	700	850	1 000	1 100
Vendas	650	650	650	650	650
Estoque final	0	50	200	350	450
Demonstração de resultados					
Receitas	$ 65 000	$ 65 000	$65 000	$ 65 000	$ 65 000
Custo de produtos vendidos					
Estoque inicial	7 000	7 000	7 000	7 000	7 000
Custos variáveis de produção	9 000	10 000	13 000	16 000	18 000
Custos fixos de produção	6 750	7 500	9 750	12 000	13 500
Custo de produtos disponíveis para a venda	22 750	24 500	29 750	35 000	38 500
Deduzir o estoque final	0	(1 750)	(7 000)	(12 250)	(15 750)
Ajuste para variações de produção[a]	5 250 D	4 500 D	2 250 D	0	(1 500) F
Custo de produtos vendidos	28 000	27 250	25 000	22 750	21 250
Margem bruta	37 000	37 750	40 000	42 250	43 750
Custos operacionais (despesas)					
Custos de marketing	23 150	23 150	23 150	23 150	23 150
Ajuste para variações de marketing	0	0	0	0	0
Total de custos operacionais	23 150	23 150	23 150	23 150	23 150
Lucro operacional	$ 13 850	$ 14 600	$16 850	$ 19 100	$ 20 600

a *Variação no volume de produção:*
Custos fixos de produção por unidade × (Nível do denominador − Produção real de unidades produzidas)
$ 15 × (800 − 450) unidades = $ 15 × 350 = $ 5 250 D
$ 15 × (800 − 500) unidades = $ 15 × 300 = $ 4 500 D
$ 15 × (800 − 650) unidades = $ 15 × 150 = $ 2 250 D
$ 15 × (800 − 800) unidades = $ 15 × 0 = $ 0
$ 15 × (800 − 900) unidades = $ 15 × (100) = $ 1 500 F

O exemplo do Quadro 9.4 concentra-se apenas no ano de 2004. Um administrador da Stassen que aumentou os estoques finais de telescópios para 450 unidades em 2004, teria de aumentar os estoques finais de 2005 ainda mais para aumentar o lucro operacional daquele ano, ao produzir para o estoque. Há limites em quanto os níveis de estoque podem ser aumentados sobre o tempo (incluindo restrições físicas no espaço para armazenamento). Tais limites reduzem a probabilidade que alguns dos efeitos indesejáveis do custeio por absorção ocorram.

Propostas para a revisão da avaliação do desempenho

Os efeitos indesejáveis do custeio por absorção podem ser reduzidos de várias maneiras:

1. **Planejamento cuidadoso de orçamentos e estoques** para reduzir a liberdade da administração em aumentar em excesso o estoque. Por exemplo, os balanços mensais orçados têm estimativas da quantia de estoques em dólares. Se os estoques reais excederem as quantias em dólares, a administração poderá investigar aumentos no estoque.
2. **Mudar o sistema contábil.** Descontinuar o uso do custeio por absorção para relatórios internos; em vez disso, usar o custeio marginal. Essa mudança eliminará os incentivos dos administradores em produzir para o estoque porque todos os custos fixos de produção serão contabilizados como despesas.
3. **Incorporar uma cobrança por manter o estoque no sistema contábil interno.** Por exemplo, uma cobrança por manter estoque de 1 por cento ao mês poderia ser feita sobre o valor do investimento em estoque e por perda e obsolescência, ao avaliar o desempenho do administrador.
4. **Mudar o período usado para avaliar o desempenho.** Críticos do custeio por absorção dão exemplos em que administradores tomam medidas que maximizam o lucro trimestral ou anual à custa, em potencial, do lucro de longo prazo. Ao avaliar o desempenho sobre um período de três a cinco anos, os administradores estarão menos tentados a produzir para o estoque.
5. **Incluir variáveis não-financeiras, assim como financeiras, nas medidas usadas para avaliar o desempenho** (veja 'Conceitos em Ação'). Empresas estão, atualmente, usando medidas não-financeiras e físicas, como as mencionadas a seguir, para monitorar o desempenho dos administradores em áreas-chave:

    (a) $\dfrac{\text{Estoque final em unidades nesse período}}{\text{Estoque final em unidades no período passado}}$

    (b) $\dfrac{\text{Vendas em unidades nesse período}}{\text{Estoque final em unidades nesse período}}$

Qualquer aumento no estoque, no final do ano, seria sinalizado ao rastrear o comportamento mês a mês dessas duas medidas não-financeiras. Empresas que fabricam ou vendem vários produtos poderiam relatar essas duas medidas para cada um dos produtos que eles fabricam e vendem.

Custeio Variável

Alguns administradores consideram que mesmo o custeio marginal provoca uma quantia excessiva de custos do produto. Eles argumentam que apenas materiais diretos são "verdadeiramente variáveis". O **custeio variável** é um método de custeio em que apenas os custos de materiais diretos são incluídos como custos do produto. Todos os outros custos são considerados do período em que foram incorridos. Em especial, os custos variáveis de mão-de-obra direta e os custos variáveis indiretos são considerados custos do período e deduzidos como despesas do período.

O Quadro 9.5 é uma demonstração de resultado do custeio variável para a Companhia Stassen para 2003, 2004 e 2005. A margem de *contribuição do custo variável* é igual à receita menos todos os custos de materiais diretos dos produtos vendidos. Compare as quantias do lucro operacional relatadas no Quadro 9.5 com aquelas para o custeio por absorção e o custeio marginal:

	2003	2004	2005
Lucro operacional do custeio por absorção	$ 16 800	$ 14 600	$ 26 700
Lucro operacional do custeio marginal	13 800	16 850	22 950
Lucro operacional do custeio variável	12 000	18 200	20 700

Somente o custo de $ 11, de materiais diretos por unidade, é do produto sob o custeio variável, comparado com $ 35 por unidade para o custeio por absorção, e $ 20 por unidade para o custeio marginal. Quando a quantidade de produção excede as vendas, como em 2003 e 2005, o custeio variável resulta em quantia maior de despesas na demonstração de resultados do período atual. Os defensores do custeio variável dizem que ele proporciona menos incentivo de produzir para o estoque do que o custeio marginal ou, especialmente, o custeio por absorção.

Quadro 9.5 Custeio variável: Companhia Stassen: Demonstrações de resultados para a linha de produtos do telescópio para 2003, 2004 e 2005.

	2003	2004	2005
Receitas: $ 100 × 600; 650; 750 unidades	$ 60 000	$ 65 000	$ 75 000
Custo de materiais diretos dos produtos vendidos			
Estoque inicial: $ 11 × 0; 200; 50 unidades	0	2 200	550
Material direto: $ 11 × 800; 500; 1 000 unidades	8 800	5 500	11 000
Custos de produtos disponíveis para a venda	8 800	7 700	11 550
Deduzir estoque final: $ 11 × 200; 50; 300 unidades	(2 200)	(550)	(3 300)
Total do custo de materiais diretos dos produtos vendidos	6 600	7 150	8 250
Ajuste para variações	0	0	0
Total dos custos de materiais diretos	6 600	7 150	8 250
Contribuição do processamento[a]	53 400	57 850	66 750
Outros custos			
Produção[b]	19 200	16 500	21 000
Marketing[c]	22 200	23 150	25 050
Total de outros custos	41 400	39 650	46 050
Lucro operacional	$ 12 000	$ 18 200	$ 20 700

a *Contribuição do custo variável é igual às receitas, menos todos os custos de materiais diretos dos produtos vendidos.*
b *Custos fixos + (custo variável por unidade × unidades produzidas); $ 12 000 + ($ 4 + $ 5) × 800; 500; 1 000 unidades.*
c *Custos fixos + (custo variável por unidade × unidades vendidas); $ 10 800 + $ 19 × 600; 650; 750 unidades.*

COMPARAÇÃO RESUMIDA DE MÉTODOS DE CUSTEIO DO PRODUTO

O custeio marginal (incluindo o custeio variável, uma forma extrema de custeio) e o custeio por absorção podem ser combinados com o custeio real, normal ou padrão. O Quadro 9.6 compara o custeio do produto sob seis sistemas alternativos de custeio:

Custeio marginal	Custeio por absorção
Custeio real	Custeio real
Custeio normal	Custeio normal
Custeio-padrão	Custeio-padrão

O custeio marginal tem sido um assunto controvertido entre contadores — não por causa de discordância sobre a necessidade de delinear custos variáveis e fixos para o planejamento e controle interno, mas com relação aos relatórios externos (veja 'Pesquisas de práticas empresariais'). Os contadores que defendem o custeio marginal para os relatórios

Quadro 9.6 Comparação de sistemas alternativos de custeio do produto.

		Custeio real	Custeio normal	Custeio-padrão
Custeio por absorção	Custeio marginal	**Custos variáveis diretos**: Preços reais × Quantidade real de insumos consumidos	Preços reais × Quantidade real de insumos consumidos	Preços-padrão × Quantidade-padrão de insumos necessários para produção real alcançada
		Custos variáveis indiretos: Taxas reais indiretas variáveis × Quantidade real de bases de alocação de custo usada	Taxas orçadas indiretas variáveis × Quantidade real de bases de alocação de custo usada	Taxas-padrão indiretas variáveis × Quantidade-padrão de bases de alocação de custo necessária para produção real alcançada
		Custos diretos fixos: Preços reais × Quantidade real de insumos consumidos	Preços reais × Quantidade real de insumos consumidos	Preços-padrão × Quantidade-padrão de insumos permitidos para produção real alcançada
		Custos indiretos fixos: Taxas reais indiretas fixas × Quantidade real de bases de alocação de custo usada	Taxas orçadas indiretas fixas × Quantidade real de bases de alocação de custo usada	Taxas-padrão indiretas fixas × Quantidade-padrão de bases de alocação de custo necessária para produção real alcançada

Conceitos em ação

Melhorias na produção e a variação no volume de produção na Analog Devices

Analog Devices, Inc. (ADI) produz circuitos integrados e sistemas utilizados em discos rígidos de computadores, instrumentos médicos e produtos eletrônicos de consumo. Como descrevemos anteriormente, a melhora na produção — quantidade de bons moldes produzida em *wafer* de silício dividida pelo número total de moldes que poderia ser impresso e produzido no molde — é crítica para a entrega de produtos de alta qualidade a um custo baixo.

Para propósitos de relatórios internos, a ADI usa um sistema de custeio marginal. Custos fixos — compostos de custos indiretos fixos — são alocados para os produtos somente para propósitos de relatórios externos. O denominador usado para alocar custos-padrão indiretos fixos aos produtos é a capacidade de produção de máquina supondo operações eficientes — máquinas trabalhando seis horas por dia, digamos. No entanto, suponha que operar as máquinas apenas quatro horas por dia seja adequado para satisfazer a demanda atual. O resultado é uma variação desfavorável no volume de produção porque os custos indiretos fixos orçados excedem os custos indiretos alocados para a produção.

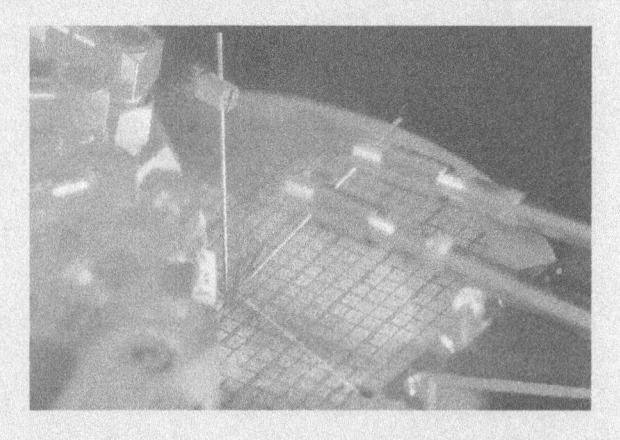

Como as melhoras na produção afetam a variação no volume de produção? Com a melhora na produção, as máquinas precisam ser operadas por até menos horas para produzir a quantidade real. Isso se deve ao fato de um menor número de placas de circuito precisar ser iniciado para obter a quantidade desejada de produto bom. Conseqüentemente, até custos menores indiretos fixos orçados são alocados para a produção, os custos no inventário diminuem e a variação desfavorável no volume de produção aumenta. Dar baixa na variação no volume de produção para o custo de produtos vendidos diminui as margens de lucro no curto prazo. Assim, melhorias na qualidade podem ter efeitos negativos no lucro operacional.

A avaliação do desempenho de planejadores de produção na ADI foi ponderada mais no sentido de satisfazer os pedidos de clientes do que em reduzir os níveis de estoque. Assim, mesmo com a melhora na produção, os planejadores estavam relutantes em reduzir o número de placas de circuito iniciado até terem a certeza de que o nível de produção continuaria alto. Não era desejável estar em uma posição em que não haveria estoque para satisfazer os pedidos de clientes. O aumento no estoque também melhorou o lucro operacional no curto prazo.

Comentando sobre as tensões e as trocas, Ray Stata, Presidente da ADI, avisou: "A não ser que a melhora na qualidade e outras medidas fundamentais do desempenho sejam elevadas para o mesmo nível de importância que o das medidas financeiras, quando conflitos surgirem, as considerações financeiras ganharão". No entanto, acreditando nos benefícios de longo prazo em relação à qualidade, a ADI continuou a melhorar a produção e desenvolveu medidas do desempenho para que planejadores de produção e gerentes de operações não produzissem o produto simplesmente para absorver mais custos indiretos fixos de estoque.

Fonte: Analog devices: The half-life system, Harvard Business School, caso nº 9-190-061, e discussões com a administração da empresa.

externos argumentam que a parte fixa dos custos é mais relacionada à capacidade de produção do que à produção real de unidades específicas. Assim, os custos fixos devem ser contabilizados como despesas e não como parte do produto.

Os contadores que apóiam o custeio por absorção argumentam que os produtos acabados deveriam carregar um componente de custo fixo. Por quê? Porque ambos os custos, variáveis e fixos, são necessários para a produção de bens. Portanto, os dois tipos de custo deveriam ser do produto, independentemente de modelos diferentes de comportamento.

Para relatórios externos para os acionistas, empresas em todo o mundo tendem a seguir o princípio contábil geralmente aceito de que todos os custos de produção são do produto. Para relatórios fiscais, nos Estados Unidos, todos os custos de produção mais alguns custos relacionados ao projeto do produto e custos administrativos (como custos legais) precisam ser incluídos como custos do produto.[1] Os custos administrativos precisam ser alocados entre os custos relacionados e não às atividades de produção (inventariáveis).

Uma questão-chave no custeio por absorção é a escolha do nível de capacidade usado para calcular o custo fixo de produção por unidade produzida. A segunda parte deste capítulo discute a questão.

---

1. *A Seção 1.471-11 do Código da Receita Federal dos EUA (Estoques de Indústrias) afirma que "os custos diretos e indiretos da produção precisam ser levados em conta no cálculo de custos de estoques conforme o método de 'absorção completa' do custeio do produto... Custos são considerados como sendo de produção contanto que sejam incidentes à, e necessários para, produção ou operações ou processos de produção. Os custos de produção incluem os custos diretos de produção e os custos indiretos fixos e variáveis". É útil examinar a lei de casos quando se estiver determinando as fronteiras precisas entre os custos do produto e do período.*

Pesquisas de práticas empresariais

O uso de custeio marginal por empresas

Pesquisas de práticas empresariais em muitos países mostram que aproximadamente de 30 a 50 por cento das empresas usam o custeio marginal no seu sistema contábil interno:

	Estados Unidos[a]	Canadá[a]	Austrália[b]	Japão[b]	Suécia[c]	Reino Unido[b]
Uso de custeio marginal	31%	48%	33%	31%	42%	52%
Uso de custeio por absorção	65	52	} 67	} 69	} 58	} 48
Outro	4	0				

Até o presente momento, pesquisas não examinaram o uso de custeio variável.

Muitas empresas que usam o custeio marginal para relatórios internos também usam o custeio por absorção para relatórios externos ou fiscais. Como empresas que usam o custeio marginal tratam os custos indiretos fixos (CIFs) nos seus sistemas de relatórios internos?

	Austrália[b]	Japão[b]	Reino Unido[b]
CIFs rateados para estoque de produto acabado/custo de produtos vendidos no final do período	41%	39%	25%
Usar o custeio marginal para custeio mensal e ajustar para custeio por absorção uma vez ao ano	11	8	4
Usar o custeio marginal e o custeio por absorção com sistemas duplos	23	33	31
Tratar o CIF como custo do período	25	3	35
Outro	0	17	5

O problema mais comum relatado por empresas que usam o custeio marginal é a dificuldade de classificar os custos em categorias fixas ou variáveis.

a. Adaptado de Inoue, *A comparative study*.
b. Adaptado de Blayney e Yokoyama, *A comparative analysis*.
c. Adaptado de Ask e Ax, *A survey of*.

Problema para auto-estudo

Suponha que no dia 1º de janeiro de 2003 a Stassen decida contratar outra empresa para pré-montar uma grande parte dos componentes de seus telescópios. A estrutura revisada do custo de produção durante o período de 2003 a 2005 é:

Custo variável por unidade produzida	
Custo do material direto	$ 30,50
Custo da mão-de-obra direta	2,00
Custo indireto de produção	1,00
Total do custo variável por unidade produzida	$ 33,50
Total de custos fixos de produção (todos indiretos)	$ 1 200

Sob a estrutura revisada de custos, uma porcentagem maior dos custos de produção da Stassen é variável no que diz respeito às unidades produzidas. O nível do denominador de produção usado para calcular o custo fixo orçado por unidade em 2003, 2004 e 2005 é de 800 unidades. Suponha que não haja nenhuma outra mudança dos dados básicos dos Quadros 9.1 e 9.2. Seguem informações resumidas pertencentes ao lucro operacional sob custeio por absorção e sob custeio variável com essa estrutura revisada de custo.

	2003	2004	2005
Lucro operacional sob custeio por absorção	$ 16 800	$ 18 650	$ 24 000
Lucro operacional sob custeio variável	16 500	18 875	23 625
Diferença	$ 300	$ (225)	$ 375

Para fazer:
1. Calcule o custo indireto fixo orçado por unidade em 2003, 2004 e 2005.
2. Explique a diferença entre o lucro operaional sob custeio por absorção e sob custeio variável em 2003, 2004 e 2005, concentrando-se nos custos fixos de produção no estoque inicial e final.
3. Por que essas diferenças são menores do que as do Quadro 9.2?

Solução:

1. Custo indireto fixo orçado por unidade $= \dfrac{\text{Custos indiretos fixos orçados}}{\text{Unidades orçadas de produção}}$

   $= \dfrac{\$ 1\,200}{800 \text{ unidades}}$

   $= \$ 1,50 \text{ por unidade}$

2. $\begin{pmatrix}\text{Lucro operacional}\\ \text{sob custeio} \\ \text{por absorção}\end{pmatrix} - \begin{pmatrix}\text{Lucro operacional}\\ \text{sob custeio} \\ \text{marginal}\end{pmatrix} = \begin{pmatrix}\text{Custos fixos de}\\ \text{produção no estoque} \\ \text{final sob custeio} \\ \text{por absorção}\end{pmatrix} - \begin{pmatrix}\text{Custo fixos de}\\ \text{produção no} \\ \text{estoque inicial sob} \\ \text{custeio por absorção}\end{pmatrix}$

   2003: $ 16 800 − $ 16 500 = ($ 1,50 por unidade × 200 unidades) − ($ 1,50 por unidade × 0 unidades)
   $ 300 = $ 300

   2004: $ 18 650 − $ 18 875 = ($ 1,50 por unidade × 50 unidades) − ($ 1,50 por unidade × 200 unidades)
   − $ 225 = − $ 225

   2005: $ 24 000 − $ 23 625 = ($ 1,50 por unidade × 300 unidades) − ($ 1,50 por unidade × 50 unidades)
   $ 375 = $ 375

3. A terceirização de grande parte da produção reduziu enormemente a magnitude dos custos fixos de produção. A redução, por sua vez, significa que as diferenças entre o custeio por absorção e o marginal são muito menores do que as dos Quadros 9.1 e 9.2.

Parte dois: conceitos de capacidade produtiva (nível do denominador) e análise da capacidade produtiva de custo fixo

Determinar o nível 'correto' de capacidade é uma das decisões mais estratégicas e difíceis que os administradores enfrentam. Ter capacidade em excesso para produzir, em relação à necessária para satisfazer a demanda, significa incorrer grandes custos de capacidade ociosa. Ter capacidade reduzida significa que a demanda de alguns clientes poderá não ser satisfeita. Esses clientes poderão buscar fornecedores e não voltar. Consideraremos, agora, questões que surgem com os custos de capacidade.

Conceitos alternativos da capacidade de produção e do nível do denominador para custeio por absorção

Os capítulos anteriores, especialmente os Capítulos 4, 5 e 8, destacaram como os sistemas de custeio normal e os de custeio-padrão relatam custos de forma oportuna e contínua durante todo o período contábil. A escolha do nível de capacidade usado para alocar custos fixos orçados para produtos pode afetar, e muito, o lucro operacional relatado por um sistema de custeio normal ou de custeio-padrão, bem como as informações de custos do produto disponíveis para administradores.

Considere a Companhia Bushells, que produz chá gelado em garrafas de 12 onças, na fábrica de Sidney, Austrália. Os custos fixos anuais da fábrica engarrafadora são de $ 5 400 000. Atualmente, a Bushells usa o custeio por absorção com um sistema de custeio-padrão para propósitos de relatórios externos, e ela calcula a taxa fixa orçada de produção com base em uma caixa (uma caixa tem 24 garrafas de 12 onças de chá gelado). Agora, nós examinaremos quatro níveis diferentes de capacidade usados como denominador para calcular a taxa orçada do custo indireto fixo de produção: capacidade teórica, capacidade prática, utilização da capacidade normal e utilização da capacidade do orçamento geral.

Capacidade teórica e capacidade prática

Nos negócios e na contabilidade, *capacidade* normalmente significa 'restrição', um 'limite superior'. A **capacidade teórica** é o nível de capacidade baseado na produção à plena eficiência o tempo todo. A Bushells pode produzir dez mil caixas de chá gelado por turno quando as linhas de engarrafamento estão operando na velocidade máxima. Supondo 360 dias ao ano, a capacidade teórica anual para três turnos de oito horas por dia é:

10 000 caixas por turno × 3 turnos por dia × 360 dias = 10 800 000 caixas

A capacidade é teórica no sentido de que ela não permite qualquer manutenção de fábrica, interrupção devido a quebras de garrafas nas linhas de envasilhamento ou qualquer outro fator. A capacidade teórica representa uma meta ideal de consumo de capacidade, sendo inalcançável no mundo real.

A **capacidade prática** é o nível de capacidade que reduz a capacidade teórica com interrupções operacionais inevitáveis, como o tempo de manutenção programada, desativações por feriados e outras. Suponha que a capacidade prática seja a taxa prática de produção de oito mil caixas por turno, em três turnos diários, 300 dias ao ano. A capacidade prática anual é:

8 000 caixas por turno × 3 turnos por dia × 300 dias = 7 200 000 caixas

A engenharia e os fatores de recursos humanos são importantes quando se estiver estimando a capacidade teórica ou a capacidade prática. Os engenheiros na fábrica da Bushells podem fornecer informações sobre a capacidade técnica de máquinas para o envasilhamento. Fatores de segurança humana, como o aumento no risco de ferimento quando a linha opera em velocidades mais altas, também devem ser considerados ao estimar a capacidade prática.

UTILIZAÇÃO DA CAPACIDADE NORMAL E UTILIZAÇÃO DA CAPACIDADE DO ORÇAMENTO GERAL

As capacidades teórica e prática medem os níveis de capacidade em termos do que uma fábrica pode *fornecer* — capacidade disponível. Em contrapartida, a utilização da capacidade normal e do orçamento geral medem os níveis de capacidade em termos da *demanda* pela produção da fábrica — a quantia de capacidade disponível que a fábrica espera usar, baseada na demanda por seus produtos. Em muitos casos, a demanda orçada está muito abaixo da capacidade disponível de produção.

A **utilização da capacidade normal** é o nível de utilização da capacidade que satisfaz a demanda média do consumidor sobre um período (digamos, de dois a três anos) que inclui fatores sazonais, cíclicos e de tendência. A **utilização da capacidade do orçamento geral** é o nível esperado de utilização da capacidade para o período orçamentário atual, em geral, de um ano. Esses dois níveis de utilização da capacidade podem diferir — por exemplo, quando uma indústria tem períodos cíclicos de demanda alta e baixa, ou quando a administração acredita que a produção orçada para o período vindouro não é representativa da demanda de longo prazo.

Considere o orçamento geral para 2004, da Bushells, baseado na produção de quatro milhões de caixas de chá por ano.[2] Apesar do nível de utilização da capacidade do orçamento geral, de quatro milhões de caixas para 2004, a administração acredita que nos próximos três anos o nível normal (médio) anual de produção será de cinco milhões de caixas. Eles entendem que o nível orçado de produção, para 2004, de quatro milhões de caixas, é baixo. Por quê? Porque um grande concorrente (Tea-Mania) reduziu bruscamente o preço de venda e investiu grandes quantias em publicidade. A Bushells espera que o preço inferior do concorrente e o apelo publicitário não sejam mantidos a longo prazo e que, em 2005, a produção e as vendas da Bushell sejam altas.

EFEITO SOBRE A TAXA ORÇADA DO CUSTO INDIRETO FIXO DE PRODUÇÃO

Agora, ilustramos como cada um desses quatro níveis do denominador afeta a taxa orçada do custo indireto fixo. A Bushells tem custos fixos orçados de $ 5 400 000, para 2004, quantia essa incorrida para proporcionar a capacidade de engarrafar o chá gelado. A soma inclui, entre outros custos, os de arrendamento pelo equipamento de engarrafamento e a compensação do administrador da fábrica. As taxas orçadas do custo indireto fixo, para 2004, para cada um dos quatro conceitos de nível da capacidade são:

Conceito de capacidade (1)	Custos indiretos fixos orçados por ano (2)	Nível orçado de capacidade (em caixas) (3)	Custo indireto fixo orçado por caixa (4) = (2) ÷ (3)
Capacidade teórica	$ 5 400 000	10 800 000	$ 0,50
Capacidade prática	5 400 000	7 200 000	0,75
Utilização da capacidade normal	5 400 000	5 000 000	1,08
Utilização da capacidade do orçamento geral	5 400 000	4 000 000	1,35

---

2. *A administração planeja operar em 2004 por 300 dias, a um turno de oito mil caixas por turno. Um segundo turno operará por 200 dias (nos meses mais quentes), à mesma velocidade de oito mil caixas por turno. A produção orçada para 2004 é de (300 dias × 8 000 caixas/dia) + (200 dias × 8 000 caixas/dia) = 4 000 000 de caixas.*

A taxa orçada do custo indireto fixo com base na utilização da capacidade do orçamento geral, de $ 1,35 por caixa, é 170 por cento mais alta do que a taxa de custo baseada na capacidade teórica de $ 0,50 por caixa. A grande diferença nas taxas de custo é devido à capacidade teórica ser muito maior do que a utilização da capacidade do orçamento geral.

O custo-padrão variável de produção é de $ 5,20 por caixa. O total do custo-padrão por caixa, com conceitos alternativos do nível de capacidade, é:

Conceito de capacidade do nível de denominador (1)	Custo variável por caixa (2)	Custo fixo por caixa (3)	Custo total por caixa (4) = (2) + (3)
Capacidade teórica	$ 5,20	$ 0,50	$ 5,70
Capacidade prática	5,20	0,75	5,95
Utilização da capacidade normal	5,20	1,08	6,28
Utilização da capacidade do orçamento geral	5,20	1,35	6,55

Escolhendo um nível de capacidade

Qual o nível de capacidade que uma empresa deve usar para calcular o custo fixo orçado por caixa? Não há nenhuma exigência para que as empresas usem o mesmo conceito para o nível da capacidade, digamos, para o planejamento e controle administrativo, relatórios externos aos acionistas e para fins de imposto de renda. Ao escolher um nível de capacidade, a administração considera vários fatores, incluindo (a) o efeito sobre o custeio do produto e a gestão da capacidade, (b) o efeito sobre as decisões de precificação, (c) o efeito sobre a avaliação do desempenho, (d) o efeito sobre as demonstrações financeiras, (e) exigências legais e (f) dificuldades na previsão de conceitos escolhidos do nível de capacidade. Agora, discutiremos cada fator.

Efeito sobre o custeio do produto e a gestão da capacidade

Dados de custos de um sistema de custeio normal ou um sistema de custeio-padrão são muitas vezes usados em decisões sobre precificação ou o *mix* do produto. Como ilustra o exemplo da Bushells, o uso da capacidade teórica resulta em um custo indireto fixo por caixa irreal e baixo, porque ele é baseado em um nível idealista e inalcançável de capacidade. A capacidade teórica é raramente usada para calcular o custo fixo de produção orçado por caixa, porque ele é significativamente diferente da capacidade real disponível a uma empresa.

Muitas empresas preferem a capacidade prática como denominador para calcular o custo fixo de produção orçado por caixa. A capacidade prática, no exemplo da Bushells, representa o número máximo de caixas (7 200 000) que a Bushells pretende produzir por ano, pelos $ 5 400 000 que ela gastará a cada ano. Se a Bushells tivesse planejado produzir menos caixas de chá gelado, digamos quatro milhões a cada ano, ela teria construído uma fábrica menor, e incorrido custos mais baixos.

A Bushells orça $ 0,75 em custo indireto fixo, por caixa, baseado nos $ 5 400 000 que custa para adquirir a capacidade para produzir 7 200 000 caixas. Essa capacidade de fábrica é adquirida muito antes de a Bushells usá-la e, mesmo, antes de saber quanto da capacidade que ela realmente usará. Ou seja, o custo fixo orçado de produção, de $ 0,75 por caixa, mede o *custo por caixa para proporcionar a capacidade*.

É esperado que a demanda pelo chá gelado da Bushells, em 2004, seja de quatro milhões de caixas, abaixo da capacidade prática. O custo para *proporcionar* a capacidade necessária para fazer quatro milhões de caixas ainda é de $ 0,75 por caixa. Isso se deve ao fato de a capacidade ser adquirida em 'blocos' e custar $ 5 400 000 ao ano para fazer 7 200 000 caixas. A capacidade e o seu custo são fixos *no curto prazo*; a capacidade proporcionada não pode ser reduzida para se igualar à capacidade necessária para 2004. Como resultado, nem toda a capacidade proporcionada a $ 0,75 por caixa será necessária ou usada em 2004. Ao usar a capacidade prática, os administradores podem subdividir o custo de recursos fornecidos em componentes usados e não usados. O custo para proporcionar a capacidade de $ 0,75 por caixa — recursos de produção que a Bushells usará — totaliza $ 3 000 000 ($ 0,75 por caixa × 4 000 000 de caixas). Os recursos de produção que a Bushells não usará são de $ 2 400 000 [$ 0,75 por caixa × (7 200 000 – 4 000 000)].

O uso da capacidade prática fixa o seu custo ao custo para fornecê-la, independentemente da demanda pela capacidade. Destacar o custo da capacidade adquirida, mas não usada, volta a atenção dos administradores para a gestão de capacidade ociosa, projetando produtos novos para preenchê-la, arrendar a capacidade ociosa para outros ou eliminá-la. Em contrapartida, o uso de qualquer um dos dois níveis de capacidade baseados na demanda pelo chá gelado da Bushells — a utilização da capacidade do orçamento geral ou a utilização da capacidade normal — esconde a quantia de capacidade ociosa. Se a Bushells tivesse usado o nível de capacidade do orçamento geral, ela teria calculado o custo fixo orçado por caixa a $ 1,35 ($ 5 400 000 ÷ 4 000 000 de caixas). Esse cálculo não usa dados sobre a capacidade prática, então ele não identifica separadamente o custo da capacidade ociosa. No entanto, observe que o custo de $ 1,35 por caixa inclui uma cobrança pela capacidade ociosa — o recurso fixo de produção, de $ 0,75, que seria usado para produzir cada caixa na capacidade prática, mais o custo da capacidade ociosa alocado para cada caixa, $ 0,60 por caixa ($ 2 400 000 ÷ 4 000 000 de caixas).

Sob a perspectiva do custeio do produto no longo prazo, qual o custo da capacidade que a Bushells deveria usar para fins de precificação ou para fazer *benchmarking* da estrutura de custo do seu produto frente aos concorrentes: $ 0,75 por caixa baseado na capacidade prática? Ou $ 1,35 por caixa, baseado na utilização da capacidade do orçamento geral? Provavelmente, $ 0,75 por caixa baseado na capacidade prática. Por quê? Porque $ 0,75 representa o custo orçado por caixa de somente a capacidade usada para produzir o produto excluindo, explicitamente, o custo de qualquer capacidade ociosa. Os clientes estarão dispostos a pagar um preço que cubra o custo da capacidade realmente usada, mas não estarão dispostos a pagar por capacidade não usada para produzir o produto. Os clientes esperam que a Bushells gerencie a sua capacidade ociosa ou arque com o seu custo, e não que ela os repasse a eles. Além do mais, se os concorrentes da Bushells gerenciarem a capacidade ociosa de forma mais eficaz, o custo da capacidade nas estruturas de custo dos concorrentes (o que orienta as decisões dos concorrentes sobre a precificação) provavelmente ficará próximo de $ 0,75 por caixa. Na próxima seção, mostramos como a utilização da capacidade normal ou do orçamento geral pode resultar no estabelecimento de preços não-competitivos.

Decisões sobre a precificação e a espiral declinante da demanda

A maneira mais fácil de compreender a *espiral declinante da demanda* é exemplificando. Suponha que a Bushells use a utilização da capacidade do orçamento geral de quatro milhões de caixas para o custeio do produto em 2004. O custo resultante é de $ 6,55 por caixa ($ 5,20 de custo variável por caixa + $ 1,35 de custos indiretos fixos por caixa). Suponha que em dezembro de 2003 um concorrente (Lipton Iced Tea) forneça a um grande cliente da Bushells (um cliente cuja demanda esperada é um milhão de caixas em 2004) o chá gelado a $ 6,25 por caixa. O administrador da Bushells, não querendo prejuízo na venda, e pretendendo recuperar todos os custos no longo prazo, se recusa a igualar o preço do concorrente e a venda é perdida. A conta perdida significa que os custos fixos orçados, de $ 5 400 000, serão rateados sobre o volume remanescente do orçamento geral de três milhões de caixas, a uma taxa de $ 1,80 por caixa ($ 5 400 000 ÷ 3 000 000 de caixas).

Suponha que ainda outro cliente da Bushells — também representando um milhão de caixas do volume orçado — receba uma cotação de um concorrente a $ 6,60 por caixa. O administrador da Bushells compara essa cotação com o custo revisado por unidade de $ 7,00 ($ 5,20 + $ 1,80), se recusa a igualar a concorrência, e a venda é perdida. A produção planejada encolheria para ainda mais dois milhões de unidades. O custo fixo orçado por unidade, para as dois milhões de caixas remanescentes, agora seria de $ 2,70 ($ 5 400 000 ÷ 2 000 000 de caixas). O efeito de ratear os custos fixos de produção sobre uma quantia que está encolhendo a utilização da capacidade do orçamento geral é:

Nível do denominador da utilização da capacidade do orçamento geral (1)	Custo fixo por caixa [$ 5 400 000 ÷(1)] (2)	Custo variável por caixa (3)	Custo total por caixa (4) = (2) + (3)
4 000 000	$ 1,35	$ 5,20	$ 6,55
3 000 000	1,80	5,20	7,00
2 000 000	2,70	5,20	7,90
1 000 000	5,40	5,20	10,60

A **espiral declinante da demanda** para uma empresa é a redução contínua na demanda por seus produtos, quando os preços de produtos de concorrentes não são igualados e (com a demanda caindo ainda mais) custos unitários cada vez mais altos resultantes da relutância em se igualar aos preços dos concorrentes.

O uso da capacidade prática como denominador para calcular o custo fixo orçado, por caixa, evitaria um cálculo novo dos custos por unidade quando os níveis esperados de demanda mudarem. Isso se deve ao fato de a taxa do custo fixo ser baseada na capacidade disponível em vez de na capacidade usada para satisfazer a demanda. Os administradores que usam os custos apurados por unidade de forma mecânica, para estabelecer preços, terão menos tendência a promover uma espiral declinante da demanda usando conceitos da capacidade prática em vez de conceitos de utilização da capacidade normal ou da capacidade do orçamento geral.

Efeito sobre a avaliação do desempenho

Considere como a escolha entre a utilização da capacidade normal, a do orçamento geral e a capacidade prática afeta a avaliação de um gerente de marketing. A utilização da capacidade normal é muitas vezes usada como base para planos de longo prazo e depende do período de tempo escolhido e das previsões feitas para cada ano. *No entanto, é uma média que não proporciona nenhum* feedback *significativo para o gerente de marketing para um ano específico.* A utilização da capacidade normal como referência para julgar o desempenho atual de um gerente de marketing é exemplo do uso equivocado de uma medida de longo prazo para fins de curto prazo. A utilização da capacidade do orçamento geral, em vez da utilização da capacidade normal ou prática, é a que deveria prevalecer na avaliação do desempenho de um gerente de marketing por ser, o orçamento geral, a principal ferramenta de planejamento e controle de curto prazo. Os administradores se sentem mais obrigados a atingir níveis especificados no orçamento geral, que deveriam ter sido cuidadosamente estabelecidos em relação ao máximo de oportunidades de vendas para o ano.

Quando há grandes diferenças entre a capacidade prática e a utilização da capacidade do orçamento geral, várias empresas (como a Texas Instruments) classificam parte da diferença como *capacidade ociosa planejada*. Uma razão é a da avaliação do desempenho. Considere o exemplo do chá gelado da Bushells. Os administradores encarregados do planejamento da capacidade normalmente não tomam decisões sobre precificação. A administração decidiu construir uma fábrica de chá gelado com uma capacidade prática de 7 200 000 caixas, focando na demanda sobre os próximos cinco anos. Mas os gerentes de marketing da Bushells, que são gerentes de nível médio, tomam decisões sobre precificação. Esses profissionais acreditam que devam ser responsabilizados somente pelos custos indiretos relativos à sua base de clientes, em 2004, de quatro milhões de caixas ($\frac{5}{9}$ da capacidade prática de 7 200 000 caixas). Usando os princípios da contabilidade por responsabilidade (veja o Capítulo 6), apenas $\frac{5}{9}$ dos custos fixos totais orçados ($ 5 400 000 × $\frac{5}{9}$ = $ 3 000 000) seriam atribuídos aos custos fixos de capacidade para satisfazer a demanda de 2004. Os $\frac{4}{9}$ restantes do numerador ($ 5 400 000 × $\frac{4}{9}$ = $ 2 400 000) seriam mostrados, separadamente, como custos da capacidade para satisfazer os aumentos da demanda no longo prazo, esperados para além de 2004.[3]

Efeito sobre as demonstrações financeiras

A magnitude da variação favorável/desfavorável no volume de produção sob o custeio por absorção será afetada pela escolha do denominador usado para calcular o custo fixo orçado por caixa. Suponha que a produção real da Bushells, para 2004, seja de 4 400 000 caixas de chá gelado. As vendas reais para 2004 são de 4 200 000 caixas. Suponha, também, que não haja estoque inicial para 2004 e nenhuma variação no preço, no dispêndio ou na eficiência nos custos de produção. Essas suposições significam que os custos indiretos fixos orçados e os custos indiretos fixos reais são, ambos, de $ 5 400 000. O preço médio de venda por caixa de chá gelado é de $ 8,00. Custos operacionais totalizam $ 2 810 000.

A variação no volume de produção foi apresentada no Capítulo 8.

$$\text{Variação no volume da produção} = \begin{pmatrix} \text{Custos indiretos} \\ \text{fixos orçados} \end{pmatrix} - \begin{pmatrix} \text{Custos indiretos fixos alocados usando o} \\ \text{custo orçado por unidade de produção} \\ \text{necessária para a quantidade real produzida} \end{pmatrix}$$

Os conceitos diferentes sobre o nível de capacidade podem ser usados para calcular a taxa orçada do custo indireto fixo por unidade. Usando os dados apresentados anteriormente, os diferentes conceitos do nível de capacidade resultarão em quantias diferentes da variação no volume de produção:

Variação no volume da produção = $ 5 400 000 − (4 400 000 caixas × $ 0,50 por caixa)
(capacidade teórica) = $ 5 400 000 − $ 2 200 000
= $ 3 200 000 ou $ 3 200 000 D

Variação no volume da produção = $ 5 400 000 − (4 400 000 caixas × $ 0,75 por caixa)
(capacidade prática) = $ 5 400 000 − $ 3 300 000
= $ 2 100 000 ou $ 2 100 000 D

Variação no volume da produção = $ 5 400 000 − (4 400 000 caixas × $ 1,08 por caixa)
(utilização da capacidade normal) = $ 5 400 000 − $ 4 752 000
= $ 648 000 ou $ 648 000 D

Variação no volume da produção = $ 5 400 000 − (4 400 000 caixas × $ 1,35 por caixa)
(utilização da capacidade do = $ 5 400 000 − $ 5 940 000
orçamento geral) = − $ 540 000 ou $ 540 000 F

A maneira como a Bushells lida com as variações no volume de produção, no final do período, determinará o efeito que elas terão sobre o lucro operacional da empresa. Agora, vamos discutir as três abordagens alternativas que a Bushells pode usar para lidar com a variação no volume de produção. Essas abordagens foram discutidas, pela primeira vez, no Capítulo 4.

1. *Abordagem da taxa de alocação ajustada*. Essa abordagem expressa todas as quantias no razão geral e subsidiários, novamente usando as taxas de custos reais em vez de orçadas. Considerando que os custos indiretos fixos reais são de $ 5 400 000 e a produção real é de 4 400 000 caixas, o custo indireto fixo recalculado é de $ 1,23 por caixa ($ 5 400 000 ÷ 4 400 000 caixas, arredondado para o centavo mais próximo). A abordagem da taxa de alocação ajustada resulta na escolha do nível de capacidade usado para calcular o custo indireto fixo orçado, por caixa, que não tem efeito sobre as demonstrações financeiras do final do período. Na prática, um sistema de custeio real é adotado no final do período.

---

3. *Para discussão adicional, veja T. Klammer,* Capacity measurement and improvement *(Chicago: Irwin, 1996). Essa pesquisa foi facilitada pela CAM-I, uma organização que promove práticas inovadoras de gestão de custos. A pesquisa da CAM-I sobre os custos da capacidade explora maneiras em que empresas podem identificar tipos diferentes de custos de capacidade, que podem ser reduzidos (ou eliminados) sem afetar a produção necessária para satisfazer a demanda dos clientes. Um exemplo é a melhora nos processos para eliminar, com êxito, os custos da capacidade mantida em antecipação, por causa da coordenação imperfeita com fornecedores e clientes.*

2. *Abordagem do rateio.* Os custos indiretos alocados a menor ou a maior são rateados entre (a) estoque final de produtos em processamento final, (b) estoque final de produtos acabados e (c) custo de produtos vendidos. O rateio expressa novamente os saldos finais de (a), (b) e (c) como eles teriam sido se as taxas reais, e não as orçadas de custos, tivessem sido usadas. A abordagem do rateio também resulta na escolha do nível de capacidade usado para calcular o custo indireto fixo orçado, por caixa, que não tem efeito sobre as demonstrações financeiras do final do período.

3. *Abordagem de dar baixa nas variações para o custo de produtos vendidos.* O Quadro 9.7 mostra como o uso dessa abordagem afeta o lucro operacional da Bushells para 2004. Lembre-se: a Bushells não tinha nenhum estoque inicial, produção de 4 400 000 caixas e vendas de 4 200 000 caixas. O estoque final em 31 de dezembro de 2004 é de 200 mil caixas. A utilização da capacidade do orçamento geral como denominador resulta na distribuição de quantia mais elevada do custo indireto fixo por caixa, para as 200 mil caixas no estoque final. Dessa forma, o lucro operacional é mais alto usando o conceito de utilização da capacidade do orçamento geral. As diferenças no lucro operacional para os quatro conceitos do nível do denominador, no Quadro 9.7, são devido a quantias diferentes de custos indiretos fixos sendo alocadas no final de 2004:

	Custos indiretos fixos em 31 de dezembro de 2004, estoque
Capacidade teórica	200 000 caixas × $ 0,50 por caixa = $ 100 000
Capacidade prática	200 000 caixas × 0,75 por caixa = 150 000
Utilização da capacidade normal	200 000 caixas × 1,08 por caixa = 216 000
Utilização da capacidade do orçamento geral	200 000 caixas × 1,35 por caixa = 270 000

No Quadro 9.7, a diferença de $ 54 000 ($ 3 820 000 – $ 3 766 000) no lucro operacional entre os conceitos de utilização da capacidade do orçamento geral e da capacidade normal se deve à diferença nos custos indiretos fixos no estoque de produtos acabados ($ 270 000 – $ 216 000).

Exigências legais

Para fins de declaração do imposto de renda nos Estados Unidos, a Receita Federal norte-americana (IRS) exige que empresas usem a capacidade prática para calcular o custo fixo orçado de produção por caixa. No final do ano, o rateio de quaisquer variações entre estoques e custo de produtos vendidos é necessário (a não ser que a variação seja insignificante em quantia) para calcular o lucro operacional da empresa.[4]

Dificuldades na escolha do conceito escolhido do nível do denominador

O conceito da capacidade prática mede a oferta disponível de capacidade. Geralmente, os administradores podem usar estudos de engenharia e considerações de recursos humanos (como a segurança do trabalhador) para obter uma estimativa confiável deste conceito para o período orçamentário. No entanto, é mais difícil estimar a utilização normal de forma confiável. Por exemplo, muitas empresas siderúrgicas dos EUA, nos anos 1980, acreditavam que estavam na fase declinante de um ciclo de demanda que teria uma fase ascendente dentro de dois ou três anos. Afinal de contas, o aço tinha sido um negócio cíclico, em que às retomadas de produção seguiam-se recaídas, fazendo com que a idéia de *utilização normal* parecesse razoável. Infelizmente, o ciclo de aço nos anos 1980 não teve retomada; algumas empresas e diversas fábricas fecharam. Alguns gerentes de marketing têm tendência a superestimar sua capacidade de ganhar de volta vendas e participação no mercado perdidas. A estimativa de demanda 'normal' pelo produto pode ser baseada em uma perspectiva excessivamente otimista. A utilização da capacidade do orçamento geral aborda apenas a utilização esperada da capacidade para o próximo ano. A utilização da capacidade do orçamento geral pode ser estimada de forma mais confiável do que a da capacidade normal.

Custos de capacidade e questões do nível do denominador

Vamos considerar vários outros fatores que afetam o planejamento e o controle dos custos da capacidade.

1. Os sistemas de custeio, como o custeio normal ou o custeio-padrão, não reconhecem a incerteza como os administradores a reconhecem. Uma quantia *única* em vez de uma gama de quantias possíveis é usada para o denominador quando, no custeio por absorção, é calculado o custo fixo orçado por unidade. Porém, os administradores enfrentam incerteza sobre a demanda e, mesmo, sobre a capacidade de fornecer. A fábrica da

---

4. *Nos Estados Unidos, a declaração do imposto de renda exige o uso da abordagem da taxa de alocação ajustada ou a abordagem do rateio. A Seção 1.471-11 do Código da Receita Federal dos EUA diz: "O uso correto do método de custo-padrão requer que um contribuinte tenha de realocar para os produtos no estoque final, uma parte rateada de qualquer variação líquida de custos indiretos negativos ou variação líquida de custos indiretos positivos".*

Bushells estimou uma capacidade prática de 7 200 000 caixas. A utilização estimada da capacidade do orçamento geral para 2004 é de quatro milhões de caixas. Essas estimativas são incertas. Os administradores reconhecem a incerteza nas suas decisões sobre planejamento da capacidade. A Bushells construiu sua fábrica atual com uma capacidade prática de 7 200 000 para proporcionar a capacidade de satisfazer possíveis aumentos de demanda. Mesmo esses aumentos não ocorrendo em dado período, seria errado concluir que toda a capacidade não-utilizada fosse recurso desperdiçado. *Os ganhos em satisfazer aumentos repentinos de demanda podem muito bem exigir capacidade ociosa em alguns períodos.*

2. A taxa do custo indireto fixo é baseada em um numerador — custos indiretos fixos orçados — e em um denominador — alguma medida da capacidade ou utilização da capacidade. Até agora, a nossa discussão tem enfatizado questões relativas à escolha do denominador. Questões desafiantes também ocorrem ao medir o numerador. Por exemplo, a desregulamentação da indústria de energia elétrica dos EUA resultou em muitas empresas de energia elétrica se tornarem não-rentáveis. Essa situação tem levado a reduções nos valores contábeis de usinas e equipamentos. As reduções nos valores contábeis reduzem o numerador por meio da depreciação usada para calcular o custo fixo da capacidade por quilowatt/hora de energia produzida.

3. Os custos de capacidade surgem nas partes de não-produção da cadeia de valores, assim como os custos de produção enfatizados neste capítulo. A Bushells pode adquirir uma frota de veículos capaz de distribuir a capacidade prática de sua fábrica de chá gelado. Quando a produção real estiver abaixo da capacidade prática, haverá questões de custo da capacidade ociosa com a função de distribuição, assim como a função de produção.

Como você viu no Capítulo 8, questões de custo da capacidade são proeminentes em muitas empresas do setor de serviços, como as linhas aéreas, hospitais, ferrovias e bancos, embora essas empresas não mantenham estoque e, portanto, não tenham questões relacionadas a custeio do estoque. Por exemplo, ao calcular o custo indireto fixo diário de uma paciente, no departamento de obstetrícia e ginecologia, um hospital precisa decidir qual denominador usar — capacidade prática, utilização normal ou utilização do orçamento geral. A decisão pode ocasionar implicações na gestão da capacidade, assim como na precificação e avaliação do desempenho.

4. Por questão de simplicidade e para focar nas principais idéias sobre a escolha de um denominador para calcular a taxa orçada do custo fixo de produção, o exemplo da Bushells supôs que todos os custos indiretos fixos de produção tivessem um único direcionador de custo: caixas produzidas de chá gelado. Como você viu no Capítulo 5, sistemas de custeio baseado em atividades têm grupos de custos indiretos múltiplos nos níveis de unidade de produção, lote, sustentação do produto e sustentação da instalação cada um com o seu próprio direcionador de custo. Ao calcular as taxas de custo da atividade (para *set ups* e manuseio de materiais, digamos), a administração precisa escolher um nível de capacidade para a quantidade do direcionador de custo

Quadro 9.7 Efeitos na demonstração de resultados do uso de conceitos alternativos do nível de capacidade: Companhia Bushells para 2004.

	Capacidade teórica	Capacidade prática	Utilização da capacidade normal	Utilização da capacidade do orçamento geral
Nível do denominador nos casos	10 800 000	7 200 000	5 000 000	4 000 000
Receitas[a]	$ 33 600 000	$ 33 600 000	$ 33 600 000	$ 33 600 000
Custo de produtos vendidos				
Estoque inicial	0	0	0	0
Custos variáveis[b]	22 880 000	22 880 000	22 880 000	22 880 000
Custos indiretos fixos[c]	2 200 000	3 300 000	4 752 000	5 940 000
Custo de produtos disponíveis para venda	25 080 000	26 180 000	27 632 000	28 820 000
Deduzir estoque final[d]	(1 140 000)	(1 190 000)	(1 256 000)	(1 310 000)
Total do CPV (a custos-padrão)	23 940 000	24 990 000	26 376 000	27 510 000
Ajuste para variações[e]	3 200 000 D	2 100 000 D	648 000 D	(540 000) F
Total do custo de produtos vendidos	27 140 000	27 090 000	27 024 000	26 970 000
Margem bruta	6 460 000	6 510 000	6 576 000	6 630 000
Custos operacionais	2 810 000	2 810 000	2 810 000	2 810 000
Lucro operacional	$ 3 650 000	$ 3 700 000	$ 3 766 000	$ 3 820 000

a $ 8,00 × 4 200 000 unidades = $ 33 600 000
b $ 5,20 × 4 400 000 unidades = $ 22 880 000
c *Custos fixos de gastos gerais de produção:*
   $ 0,50 × 4 400 000 unidades = $ 2 200 000
   $ 0,75 × 4 400 000 unidades = $ 3 300 000
   $ 1,08 × 4 400 000 unidades = $ 4 752 000
   $ 1,35 × 4 400 000 unidades = $ 5 940 000

d *Custos de estoque final:*
   ($ 5,20 + $ 0,50) × 200 000 unidades = $ 1 140 000
   ($ 5,20 + $ 0,75) × 200 000 unidades = $ 1 190 000
   ($ 5,20 + $ 1,08) × 200 000 unidades = $ 1 256 000
   ($ 5,20 + $ 1,35) × 200 000 unidades = $ 1 310 000

e *Veja texto para o cálculo da variação no volume de produção.*

(horas de *set ups* ou cargas transportadas). Ela deve usar a capacidade prática, a utilização da capacidade normal ou a utilização da capacidade do orçamento geral? Por todas as razões descritas no capítulo (como precificação e gestão da capacidade), a maioria dos proponentes do custeio baseado em atividade argumenta que a capacidade prática deva ser usada como o denominador para calcular as taxas de custo da atividade.

Problema para auto-estudo

Suponha que a Bushells esteja calculando o lucro operacional para 2006, cujos resultados são idênticos aos de 2004, mostrados no Quadro 9.7, exceto que a utilização da capacidade do orçamento geral para 2006 é de seis milhões em vez de quatro milhões de caixas. A produção de 2006 é de 4 400 000 caixas. Não há estoque inicial em 1º de janeiro de 2006, e não há variações além da acusada no volume de produção. A Bushells distribui essa variação para o custo de produtos vendidos. As vendas em 2006 são de 4 200 000 caixas.

Para fazer:

Como poderiam, os resultados da Companhia Bushells, no Quadro 9.7, ser diferentes se o ano fosse o de 2006 em vez de o de 2004? Mostre seus cálculos.

Solução

A única mudança nos resultados do Quadro 9.7 seria a do nível de utilização da capacidade do orçamento geral. A taxa orçada do custo indireto fixo para 2006 é:

$$\frac{\$ 5\ 400\ 000}{6\ 000\ 000 \text{ de caixas}} = \$ 0{,}90 \text{ por caixa}$$

O custo de produção por caixa é de $ 6,10 ($ 5,20 + $ 0,90). Então, a variação no volume de produção para 2006 é:

(6 000 000 de caixas − 4 400 000 caixas) × $ 0,90 por caixa = $ 1 440 000 ou $ 1 440 000 D

A demonstração de resultados para 2006 mostra:

Receitas: $ 8,00 por caixa × 4 200 000 caixas	$ 33 600 000
Custo de produtos vendidos	
Estoque inicial	0
Custos variáveis: $ 5,20 por caixa × 4 400 000 caixas	22 880 000
Custos fixos: $ 0,90 por caixa × 4 400 000 caixas	3 960 000
Custo de produtos disponíveis para venda	26 840 000
Deduzir estoque final: $ 6,10 por caixa × 200 000 caixas	(1 220 000)
Total do custo de produtos vendidos (a custos-padrão)	25 620 000
Ajuste para variações na produção	1 440 000 D
Total do custo de produtos vendidos	27 060 000
Margem bruta	6 540 000
Custos operacionais	2 810 000
Lucro operacional	$ 3 730 000

Quanto mais alto o nível do denominador usado para calcular o custo fixo orçado, por caixa, no orçamento geral para 2006, menos custos indiretos fixos são alocados ao estoque de produtos acabados em 2006 do que em 2004, em razão de níveis idênticos de vendas e produção, e supondo que a variação no volume de produção seja alocada no custo de produtos vendidos.

Pontos de decisão

Resumo

O seguinte formato de perguntas e respostas resume os objetivos de aprendizagem do capítulo. Cada decisão representa uma pergunta-chave relacionada a um objetivo de aprendizagem. As diretrizes são a resposta à pergunta.

Decisão	Diretrizes
1. Como o custeio marginal difere do custeio por absorção?	O custeio marginal e o custeio por absorção diferem em apenas um aspecto: como contabilizar os custos fixos. Sob o custeio marginal, os custos fixos de produção são excluídos dos custos do produto e são custos do período em que foram incorridos. Sob o custeio por absorção, os custos

| | | fixos são do produto e se tornam parte do custo de produtos vendidos no período em que as vendas ocorrem. |

2. Quais os formatos que as empresas usam quando elas preparam demonstrações de resultados sob o custeio marginal e o custeio por absorção?

A demonstração de resultados do custeio marginal é baseada no formato da margem de contribuição. A demonstração de resultados do custeio por absorção é baseada no formato da margem bruta.

3. Como o nível de vendas e o nível de produção afetam o lucro operacional sob o custeio marginal e o custeio por absorção?

Sob o custeio marginal, o lucro operacional é direcionado pelo nível por unidade de vendas. Sob o custeio por absorção, o lucro operacional é direcionado pelo nível por unidade de produção, assim como pelo nível por unidade de vendas.

4. Por que os administradores podem aumentar o estoque de produtos acabados se eles usarem o custeio por absorção?

Quando o custeio por absorção é usado, os administradores podem aumentar o lucro operacional atual ao produzirem mais unidades para o estoque. Produzir para o estoque absorve mais custos fixos de produção para o estoque e reduz os custos contabilizados como despesas no período. Críticos do custeio por absorção rotulam a manipulação do lucro como a principal conseqüência negativa de tratar os custos indiretos fixos como um custo do produto.

5. Como o custeio variável difere do custeio marginal e do custeio por absorção?

O custeio variável trata todos os custos, exceto os materiais diretos, como custos do período em que foram incorridos. O custeio variável resulta em uma quantia mais baixa de custos de produção do produto do que com o custeio marginal ou por absorção.

6. Quais são os vários níveis de capacidade que uma empresa pode usar para calcular a taxa orçada do custo fixo?

Níveis de capacidade podem ser medidos em termos do que uma fábrica pode proporcionar — capacidade teórica ou capacidade prática. A capacidade também pode ser medida em termos da demanda resultante da produção de uma fábrica — utilização da capacidade normal e utilização da capacidade do orçamento geral.

7. Quais são os principais fatores que os administradores consideram para escolher o nível de capacidade para calcular a taxa orçada do custo indireto fixo?

Os principais fatores que os administradores consideram ao escolher o nível de capacidade para calcular o custo fixo orçado por unidade são (a) o efeito sobre o custeio do produto e a gestão da capacidade, (b) o efeito sobre as decisões de precificação, (c) o efeito sobre a avaliação do desempenho, (d) o efeito sobre as demonstrações financeiras, (e) as exigências legais e (f) as dificuldades na previsão dos conceitos escolhidos do nível de capacidade.

8. Deveria uma empresa com custos fixos altos e capacidade ociosa aumentar os preços de venda para recuperar totalmente os seus custos?

Não, empresas com altos custos fixos e capacidade ociosa podem encontrar reduções contínuas e cada vez maiores na demanda se continuarem a aumentar os preços de venda para recuperar custos variáveis e fixos de uma base de vendas em declínio. Esse fenômeno é chamado de espiral declinante da demanda.

9. Como o nível de capacidade escolhido para calcular a taxa orçada do custo indireto fixo afeta a variação no volume de produção?

Quando o nível de capacidade escolhido exceder o nível real da produção, haverá uma variação desfavorável no volume da produção; quando o nível de capacidade escolhido for menor do que o nível real da produção, haverá uma variação favorável no volume da produção.

Anexo: Pontos de equilíbrio no custeio marginal e o custeio por absorção

O Capítulo 3 apresentou a análise de custo-volume-lucro. Se o custeio marginal for usado, o ponto de equilíbrio (onde o lucro operacional é $ 0) será calculado da maneira normal. Há apenas um ponto de equilíbrio nesse caso, e ele depende (1) dos custos fixos e (2) da margem de contribuição por unidade.

Anexo: Pontos de equilíbrio no custeio marginal e o custeio por absorção (Continuação)

A fórmula para calcular o ponto de equilíbrio sob o custeio marginal é um caso especial da fórmula mais geral para o lucro operacional meta do Capítulo 3:

Deixe Q = Número de unidades vendidas para obter o lucro operacional meta

Então, $Q = \dfrac{\text{Total dos custos fixos + Lucro operacional meta}}{\text{Margem de contribuição por unidade}}$

O ponto de equilíbrio ocorre quando o lucro operacional meta é $ 0. Na ilustração da Stassen para 2004:

$$Q = \dfrac{(\$\,12\,000 + \$\,10\,800) + \$\,0}{\$\,100 - (\$\,20 + \$\,19)} = \dfrac{\$\,22\,800}{\$\,61}$$

= 374 unidades (arredondadas para a unidade mais próxima)

Prova do ponto de equilíbrio

Receitas, $ 100 × 374 unidades	$ 37 400
Custos variáveis, $ 39 × 374 unidades	14 586
Margem de contribuição, $ 61 × 374 unidades	22 814
Custos fixos	22 800
Lucro operacional	$ 14

O lucro operacional não é $ 0 porque o número de unidades do ponto de equilíbrio é arredondado para cima de 373,77, ou seja, para 374.

Se o custeio por absorção for usado, o número necessário de unidades vendidas para obter o lucro operacional meta específico não será único devido ao número de variáveis envolvidas. A fórmula seguinte mostra os fatores que afetarão o lucro operacional meta sob o custeio por absorção:

$$Q = \dfrac{\begin{array}{c}\text{Total de} \\ \text{custos} \\ \text{fixos}\end{array} + \begin{array}{c}\text{Lucro} \\ \text{operacional} \\ \text{meta}\end{array} + \left[\begin{array}{c}\text{Taxa do custo} \\ \text{fixo de} \\ \text{produção}\end{array} \times \left(\begin{array}{c}\text{Vendas no ponto} \\ \text{de equilíbrio} \\ \text{em unidades}\end{array} - \begin{array}{c}\text{Unidades} \\ \text{produzidas}\end{array}\right)\right]}{\text{Margem de contribuição por unidade}}$$

Nesta fórmula, o numerador é a soma de três termos (da perspectiva dos dois sinais de "+"), comparado com dois termos no numerador da fórmula do custeio marginal expresso anteriormente. O termo adicional no numerador sob o custeio por absorção é:

$$\left[\begin{array}{c}\text{Taxa do custo} \\ \text{fixo de} \\ \text{produção}\end{array} \times \left(\begin{array}{c}\text{Vendas no ponto} \\ \text{de equilíbrio} \\ \text{em unidades}\end{array} - \begin{array}{c}\text{Unidades} \\ \text{produzidas}\end{array}\right)\right]$$

Esse termo reduz os custos fixos que precisam ser recuperados quando as unidades produzidas excedem a quantidade de vendas no ponto de equilíbrio. Quando a produção exceder a quantidade de vendas no ponto de equilíbrio, parte dos custos fixos, contabilizada com despesa sob o custeio marginal, não será contabilizada como despesa sob o custeio por absorção: em vez disso, ela será incluída no estoque de produtos acabados.

Para a Companhia Stassen, em 2004, o ponto de equilíbrio Q, sob o custeio por absorção para a produção de 500 unidades, é:

$$Q = \dfrac{(\$\,12\,000 + \$\,10\,800) + 0 + [\$\,15(Q - 500)]}{\$\,100 - (\$\,20 + \$\,19)}$$

$$= \dfrac{\$\,22\,800 + \$\,15Q - \$\,7\,500}{\$\,61}$$

$\$\,61Q = \$\,15\,300 + \$\,15Q$

$\$\,46Q = \$\,15\,300$

$Q = 333$ (arredondado para cima para a unidade mais próxima)

Prova do ponto de equilíbrio:

Receitas, $ 100 × 333 unidades		$ 33 300
Custo de produtos vendidos		
Custo de produtos vendidos pelo custo-padrão, $ 35 × 333 unidades	$ 11 655	
Variação no volume de produção, $ 15 × (800 – 500) unidades	4 500 D	16 155

Anexo: Pontos de equilíbrio no custeio marginal e o custeio por absorção — Continuação

Margem bruta		17 145
Custos operacionais		
Custos operacionais variáveis, $ 19 × 333 unidades	6 327	
Custos operacionais fixos	10 800	17 127
Lucro operacional		$ 18

O lucro operacional não é de $ 0 porque o número de unidades no ponto de equilíbrio é arredondado para cima, de 332,61 para 333.

O ponto de equilíbrio sob o custeio por absorção depende (1) do total de custos fixos, (2) da margem de contribuição por unidade, (3) do nível por unidade de produção e (4) do nível de capacidade escolhido como denominador para estabelecer a taxa do custo indireto fixo de produção. Para a Stassen, em 2004, a combinação de 333 unidades vendidas, 500 unidades produzidas e um nível do denominador de 800 unidades resultaria em um lucro operacional de $ 0. No entanto, observe que há muitas combinações desses quatro fatores que dariam um lucro operacional de $ 0. Por exemplo, uma combinação de 284 unidades vendidas, 650 unidades produzidas e um nível do denominador de 800 unidades também resulta em um lucro operacional de $ 0 sob o custeio por absorção.

Prova do ponto de equilíbrio:

Receitas, $ 100 × 284 unidades		$ 28 400
Custo de produtos vendidos		
Custo de produtos vendidos pelo custo-padrão, $ 35 × 284 unidades	$ 9 940	
Variação no volume de produção, $ 15 × (800 − 650) unidades	2 250 D	12 190
Margem bruta		16 210
Custos operacionais		
Custos operacionais variáveis, $ 19 × 284 unidades	5 396	
Custos operacionais fixos	10 800	16 196
Lucro operacional		$ 14

O lucro operacional não é $ 0 porque o número de unidades no ponto de equilíbrio é arredondado para cima, de 283,70 para 284.

Suponha que a produção real, em 2004, fosse igual ao nível do denominador, 800 unidades, e não houvesse nenhuma unidade vendida e nenhum custo operacional fixo. Todas as unidades produzidas seriam colocadas no estoque, fazendo com que todos os custos indiretos fixos de produção nele fossem incluídos. Não haveria nenhuma variação no volume da produção. A empresa poderia alcançar o ponto de equilíbrio sem nenhuma venda sequer! Em contrapartida, sob o custeio marginal, o prejuízo operacional seria igual aos custos fixos de produção, de $ 12 000.

Termos para aprender

Este capítulo e o Glossário no final do livro contêm definições de:

capacidade prática
capacidade teórica
custeio direto
custeio marginal
custeio por absorção

custeio variável
espiral declinante da demanda
utilização da capacidade do orçamento flexível
utilização da capacidade normal

Material de trabalho

Perguntas

9-1 As diferenças no lucro operacional entre o custeio marginal e o custeio por absorção são ocasionadas somente por causa da contabilização de custos fixos. Você concorda? Explique.

9-2 Por que o termo *custeio direto* é uma denominação errônea?

9-3 Fazem, as empresas de serviços ou comerciais, escolhas de custeio marginal *versus* custeio por absorção?

9-4 Explique a principal questão conceitual sob o custeio marginal e o custeio por absorção com relação ao momento adequado para o reconhecimento dos custos indiretos fixos de produção como despesas.

9-5 "Empresas que não fazem nenhuma distinção entre custos variável/fixo precisam usar o custeio por absorção, e aquelas que fazem a distinção precisam usar o custeio marginal." Você concorda? Explique.

9-6 O principal problema com o custeio marginal é que ele ignora a importância cada vez maior de custos fixos nas empresas. Você concorda? Por quê?

9-7 Dê um exemplo de como, sob o custeio por absorção, o lucro operacional poderia cair embora o nível de vendas por unidade aumente.

9-8 Quais são os fatores que afetam o ponto de equilíbrio sob (a) custeio marginal e (b) custeio por absorção?

9-9 Os críticos de custeio por absorção têm enfatizado cada vez mais o seu potencial em levar incentivos indesejáveis para os administradores. Dê um exemplo.

9-10 Cite duas maneiras para reduzir os aspectos negativos associados ao uso de custeio por absorção para avaliar o desempenho de um administrador de empresa.

9-11 Quais conceitos de capacidade do nível do denominador enfatizam o que uma fábrica pode proporcionar? Quais conceitos de capacidade no nível do denominador enfatizam o que os clientes demandam do que é produzido por uma empresa?

9-12 Descreva a espiral declinante da demanda e suas implicações nas decisões sobre precificação.

9-13 Difeririam entre si as demonstrações financeiras de uma empresa sempre que escolhas diferentes no início do período, com relação ao conceito da capacidade do nível de denominador, fossem feitas?

9-14 Qual é a exigência da Receita Federal dos EUA para efeito de declaração de imposto de renda com relação à escolha de um conceito de capacidade do nível do denominador?

9-15 "A diferença entre a capacidade prática e a utilização da capacidade do orçamento geral é a medida que melhor reflete a habilidade da administração em balancear custos em ter excesso e capacidade de menos." Você concorda? Explique.

Exercícios

9-16 Custeio variável e por absorção, explicando diferenças no lucro operacional. A Motores Nascar monta e vende veículos motorizados. Os dados relativos a abril e maio de 2003 são:

	Abril	Maio
Dados por unidade		
Estoque inicial	0	150
Produção	500	400
Vendas	350	520
Custos variáveis		
Custo por unidade produzida	$ 10 000	$ 10 000
Custo operacional por unidade vendida	3 000	3 000
Custos fixos		
Custos de produção	$ 2 000 000	$ 2 000 000
Custos operacionais	600 000	600 000

O preço de venda por veículo motorizado é de $ 24 000.

Para fazer:

1. Apresente demonstrações de resultados para a Motores Nascar em abril e maio de 2003 sob (a) custeio marginal e (b) custeio por absorção.
2. Prepare uma reconciliação numérica e a explicação da diferença entre o lucro operacional em cada mês sob o custeio por absorção e o custeio marginal.

Aplicação do Excel Para alunos que desejam praticar suas habilidades com planilhas, segue uma abordagem passo a passo para a criação de uma planilha Excel para resolver o problema.

Passo a passo

(Programe sua planilha para executar todos os cálculos necessários. Não insira os dados 'diretamente' para qualquer cálculo.)

1. No topo de uma planilha nova, crie uma seção de 'Dados originais' para os dados por unidade (adicione uma linha com um cálculo para o estoque final), preço de venda, dados dos custos variáveis e dados dos custos fixos para abril e maio, usando exatamente o mesmo formato que o mostrado para a Motores Nascar.

2. Pule duas linhas e crie uma seção 'Custos do produto', com linhas para 'Custos variáveis de produção', 'Custos fixos indiretos de produção para abril', 'Custos fixos indiretos de produção para maio', Total de custos do produto para abril', 'Total de custos do produto para maio', e colunas para 'Custeio variável' e 'Custeio por absorção'. Siga um formato parecido com o mostrado para a Companhia Stassen nas páginas 269-271. Use dados da seção de 'Dados originais' para calcular os custos do produto sob o custeio marginal e o custeio por absorção. (Dica: Sob o custeio por absorção, os custos fixos indiretos de produção alocados para cada unidade de produto devem refletir o total de custos fixos de produção, dividido pelo seu nível real, enquanto os custos do produto sob o custeio marginal devem refletir apenas os custos variáveis de produção.)

3. Pule duas linhas e crie uma seção chamada 'Problema 1' e uma subseção 'Painel A: Custeio variável'. Seguindo um formato parecido ao do Painel A, do Quadro 9.2, monte uma demonstração de resultados usando o formato da margem de contribuição ao criar linhas para 'Receitas', 'Estoque inicial', 'Custos variáveis de produção', 'Custo de produtos disponíveis para a venda', 'Custos variáveis de operação', 'Total de custos variáveis', 'Margem de contribuição', 'Custos fixos de produção', 'Custos fixos de operação', 'Total de custos fixos' e 'Lucro operacional'. Crie colunas para abril e maio. Complete a demonstração de resultados usando os dados que você criou nas Etapas 1 e 2.

4. Pule duas linhas e crie uma nova subseção: 'Painel B: Custeio por absorção'. Seguindo um formato parecido ao do Painel B, do Quadro 9.2, monte uma demonstração de resultados usando o formato da margem bruta ao criar linhas para 'Receitas', 'Estoque inicial', 'Custos variáveis de produção', 'Custos fixos de produção', 'Custo de produtos disponíveis para venda', 'Estoque final', 'Custo de produtos vendidos', 'Margem bruta', 'Custos variáveis de operação', 'Custos fixos de operação', 'Total de custos operacionais', e 'Lucro operacional'. Crie colunas para abril e maio. Complete a demonstração de resultados usando os dados que você criou nas Etapas 1 e 2.

5. *Verifique a precisão de sua planilha.* Vá até a seção 'Dados originais' e mude os custos fixos de produção para abril e maio de $ 2 000 000 para $ 2 500 000. Se você programou sua planilha corretamente, o lucro operacional sob o custeio por absorção, para abril, deve mudar para $ 1 500 000.

9-17 Custeio variável (continuação do Exercício 9-16). Os custos variáveis por unidade da Motores Nascar são:

	Abril	Maio
Materiais diretos	$ 6 700	$ 6 700
Mão-de-obra direta	1 500	1 500
Custos indiretos de produção	1 800	1 800

Para fazer:

1. Apresente demonstrações de resultados para a Motores Nascar, em abril e maio de 2003, sob o custeio variável.
2. Compare os resultados obtidos na Parte 1 com os da Parte 1 do Exercício 9-16.
3. Dê uma motivação para que a Motores Nascar adote o custeio variável.

9-18 Custeio marginal por absorção, explicando diferenças no lucro operacional. A Corporação Tela Grande fabrica e vende aparelhos de TV de 50 polegadas. Dados relativos a janeiro, fevereiro e março de 2003 são:

	Janeiro	Fevereiro	Março
Dados por unidade			
Estoque inicial	0	300	300
Produção	1 000	800	1 250
Vendas	700	800	1 500
Custos variáveis			
Custo por unidade produzida	$ 900	$ 900	$ 900
Custo operacional por unidade vendida	600	600	600
Custos fixos			
Custos de produção	$ 400 000	$ 400 000	$ 400 000
Custos operacionais	140 000	140 000	140 000

O preço de venda por unidade é de $ 2 500.

Para fazer:

1. Apresente demonstrações de resultado para a Tela Grande em janeiro, fevereiro e março de 2004 sob (a) custeio marginal e (b) custeio por absorção.
2. Explique as diferenças entre (a) e (b) para janeiro, fevereiro e março.

9-19 Custeio variável (continuação do Exercício 9-18). Os custos variáveis de produção por unidade da Corporação Tela Grande são:

	Janeiro	Fevereiro	Março
Materiais diretos	$ 500	$ 500	$ 500
Mão-de-obra direta	100	100	100
Custos indiretos de produção	300	300	300
	$ 900	$ 900	$ 900

Para fazer:

1. Apresente demonstrações de resultados para a Tela Grande em janeiro, fevereiro e março de 2004 sob o custeio variável.
2. Compare os resultados obtidos na Parte 1 com os da Parte 1 do Exercício 9-18.
3. Dê uma motivação para que a Tela Grande adote o custeio variável.

9-20 Custeio variável *versus* por absorção. A Companhia Zwatch fabrica relógios da moda, de qualidade e preço moderados. Como analista financeiro sênior da Zwatch foi solicitado a você que recomendasse um método de custeio do produto. O diretor financeiro da Zwatch usará a sua recomendação para elaborar a demonstração de resultados de 2004. Os dados abaixo são para o ano findo em 31 de dezembro de 2004:

Estoque inicial, 1º de janeiro de 2004	85 000 unidades
Estoque final, 31 de dezembro de 2004	34 500 unidades
Vendas de 2004	345 400 unidades
Preço de venda (ao distribuidor)	$ 22,00 por unidade
Custo variável por unidade, incluindo materiais diretos	$ 5,10 por unidade
Custo variável operacional por unidade vendida	$ 1,10 por unidade vendida
Custos indiretos fixos	$ 1 440 000
Horas-máquina do nível do denominador	6 000
Taxa-padrão de produção	50 unidades por hora-máquina
Custos fixos operacionais	$ 1 080 000

Suponha que os custos-padrão por unidade sejam os mesmos para unidades no estoque inicial e unidades produzidas durante o ano. Suponha, também, que não haja variações no preço, no dispêndio ou na eficiência.

Para fazer:

1. Prepare demonstrações de resultados sob o custeio marginal e por absorção para o ano findo em 31 de dezembro de 2004.
2. Qual é o lucro operacional da Zwatch sob cada método de custeio (em termos porcentuais)?
3. Explique a diferença no lucro operacional entre os dois métodos.
4. Qual método de custeio você recomendaria para o diretor financeiro? Por quê?

9-21 Custeio por absorção e marginal. (CMA) A Osawa, Inc., planejou e fabricou, em 2004 (o seu primeiro ano de operação), 200 mil unidades de seu único produto. O custo variável de produção foi de $ 20 por unidade produzida. O custo operacional variável foi de $ 10 por unidade vendida. Os custos fixos planejados e reais foram de $ 600 000. Os custos operacionais planejados e fixos, em 2004, totalizaram $ 400 000. A Osawa vendeu, em 2004, 120 mil unidades do produto a $ 40 a unidade.

Para fazer:

1. O lucro operacional para a Osawa, em 2004, usando o custeio por absorção, é (a) $ 440 000, (b) $ 200 000, (c) $ 600 000, (d) $ 840 000, (e) nenhum desses.
2. O lucro operacional para a Osawa, em 2004, usando o custeio marginal, é (a) $ 800 000, (b) $ 440 000, (c) $ 200 000, (d) $ 600 000, (e) nenhum desses.

9-22 Custeio por absorção e marginal. A Sonnenheim Bamberger é uma empresa farmacêutica alemã que produz um único medicamento — Mimic™ — para tratamento da alopecia masculina. A Sonnenheim começou a produção comercial do Mimic™ no dia 1º de janeiro de 2004. Os pacientes usam três pílulas por dia (365 dias no ano). Os analistas de marketing da Sonnenheim estimam que 50 mil pacientes usarão o Mimic™ em 2004. A produção em 2004 é de 54 750 000 unidades (pílulas). No entanto, no período, somente a 44 800 pacientes é receitado o Mimic™. Cada paciente tomou três pílulas por dia, em 365 dias no ano. O preço de venda médio, no atacado (o valor que a Sonnenheim recebe dos distribuidores), é de $ 1,20 por pílula. Os custos reais da Sonnenheim são esses:

Custo variável por unidade	
Custo *por pílula produzida*	
Materiais diretos	$ 0,05
Mão-de-obra direta	0,04

Custos indiretos de produção	0,11	
Custo de marketing *por pílula vendida*	0,07	
Custos fixos		
Custos de produção	$ 7 358 400	
P&D	4 905 600	
Marketing	19 622 400	

Para fazer:

1. Qual é o número de pílulas do Mimic™, realmente vendido em 2004, supondo que todos os pacientes tenham começado a usar o medicamento no dia 1º de janeiro, prosseguindo no uso até 31 de dezembro de 2004? Qual é o estoque final no dia 31 de dezembro de 2004?
2. Calcule o lucro operacional sob o custeio marginal e o custeio por absorção, da Sonnenheim Bamberger, para o ano findo em 31 de dezembro de 2004. A base de alocação para os custos fixos de produção sob o custeio por absorção é de $ 0,15 por unidade (pílula) produzida. Todos os custos fixos absorvidos a maior ou a menor são alocados no custo de produtos vendidos.
3. Explique as diferenças no lucro operacional da Parte 2.

9-23 Comparação de métodos de custeio real. A Companhia Fino vende seus aparelhos de barbear a $ 3 a unidade. A empresa usa um sistema de custeio real de primeiro a entrar, primeiro a sair. Uma nova taxa de custos indiretos fixos é calculada a cada ano ao dividir o custo indireto fixo real pelas unidades realmente produzidas. Os dados abaixo, simplificados, são relativos aos dois primeiros anos de operação:

	2003	2004
Vendas	1 000 unidades	1 200 unidades
Produção	1 400 unidades	1 000 unidades
Custos:		
Variáveis de produção	$ 700	$ 500
Fixos de produção	700	700
Variáveis de operação	1 000	1 200
Fixos de operação	400	400

Para fazer:

1. Prepare demonstrações de resultados baseadas no custeio marginal para cada um dos dois anos.
2. Prepare demonstrações de resultados baseadas no custeio por absorção para cada um dos dois anos.
3. Prepare uma reconciliação numérica e uma explicação da diferença entre o lucro operacional para cada ano sob custeio por absorção e custeio marginal.
4. Os críticos têm afirmado que um sistema contábil amplamente usado tem levado a aumentos indesejáveis dos níveis de estoque. (a) É mais provável que esses aumentos sejam motivados pelo custeio marginal ou pelo custeio por absorção? Por quê? (b) O que pode ser feito para impedir aumentos indesejáveis do estoque?

9-24 Gestão da capacidade, conceitos da capacidade do nível do denominador. Cada um dos seguintes itens é identificado por um número:

1. Deve ser usado para a avaliação do desempenho.
2. Mede o nível do denominador em termos da demanda pela produção.
3. Representa o nível esperado da utilização da capacidade para o próximo período orçamentário.
4. É baseado na produção à plena eficiência o tempo todo.
5. Leva em conta fatores sazonais, cíclicos e de tendência.
6. Mede o nível do denominador em termos do que uma fábrica pode proporcionar.
7. Representa um *benchmark* (referência) ideal.
8. Destaca o custo da capacidade adquirida mas não usada.
9. Esconde o custo da capacidade adquirida mas não usada.
10. Deve ser usado para fins de precificação de longo prazo.
11. Se usado como conceito da capacidade do denominador, evitaria a nova expressão dos custos por unidade quando os níveis esperados de demanda mudarem.

Para fazer: Combine cada um dos itens com um ou mais dos seguintes conceitos da capacidade do nível do denominador ao colocar a(s) letra(s) apropriada(s) ao lado de cada número:

   a. Capacidade teórica   **c.** Utilização da capacidade normal
   b. Capacidade prática   **d.** Utilização da capacidade do orçamento geral

9-25 Problema do nível do denominador. A Velas Souza fabrica o Souza 26, um iate de 26 pés, muito popular. A empresa se orgulha da alta qualidade com que produz seus iates no mercado há mais de 35 anos. Recentemente, a administração adotou o custeio por absorção e está avaliando qual conceito do denominador usar. O Souza 26 é vendido a um preço médio de $ 15 000. Os custos indiretos fixos orçados para 2004 estão estimados em $ 3 800 000. A Souza usa operadores de submontagem que fornecem componentes. Por uma questão de simplicidade, suponha que cada iate possa ser iniciado e concluído em um único turno. A seguir estão as opções do nível do denominador que a administração está considerando:

   a. Capacidade teórica — baseada em dois turnos, término de quatro barcos por turno, e ano de 360 dias — 2 × 4 × 360 = 2 880.
   b. Capacidade prática — capacidade teórica ajustada para inevitáveis interrupções ou quebras — 2 × 3 × 300 = 1 800.
   c. Utilização da capacidade normal — baseada na estimativa do departamento de marketing de mil unidades.
   d. Utilização da capacidade do orçamento geral — a bolsa de valores em alta e um número recorde de pessoas se aposentando no ano vindouro levou o departamento de marketing a emitir uma estimativa especial para 2004 de 1 200 unidades.

Para fazer:
1. Calcule as taxas orçadas do custo indireto fixo sob os quatro conceitos do nível do denominador.
2. Por que calcular custos fixos no nível do produto individual? Por que isso é feito apenas no custeio por absorção?
3. Por que a Velas Souza iria preferir usar uma das capacidades, a teórica ou a prática?
4. Sob um sistema de precificação com base no custo, qual é o aspecto negativo de um nível do denominador do orçamento geral? Qual pode ser o aspecto positivo?

9-26 Custeio marginal e por absorção, e pontos de equilíbrio (anexo do capítulo). A Morro Tinto, uma vinícola do norte do Rio Grande do Sul, fabrica um *cabernet premium* destinado principalmente a distribuidores. O vinho é vendido em caixas de uma dúzia de garrafas. No ano findo em 31 de dezembro de 2004, a Morro Tinto vendeu 242 400 caixas a um preço médio de venda de $ 94 a caixa. Abaixo, os dados da Morro Tinto para o ano findo em 31 de dezembro de 2004 (suponha custos por unidade constantes e nenhuma variação no preço, dispêndio ou eficiência):

Estoque inicial, 1º de janeiro de 2004	32 600 caixas
Estoque final, 31 de dezembro de 2004	24 800 caixas
Custos indiretos fixos	$ 3 753 600
Custos fixos de operação	$ 6 568 800
Custos variáveis	
Materiais diretos	
Uvas	$ 16 por caixa
Garrafas, rolhas e caixas	$ 10 por caixa
Mão-de-obra direta	
Engarrafamento	$ 6 por caixa
Fabricação	$ 14 por caixa
Envelhecimento	$ 2 por caixa

No dia 31 de dezembro de 2004, o custo por caixa para o estoque final é de $ 46 para o custeio variável e de $ 61 para o custeio por absorção.

Para fazer:
1. Calcule as caixas produzidas pela Morro Tinto em 2004.
2. Ache o ponto de equilíbrio (número de caixas) em 2004:
   a. Sob o custeio marginal.
   b. Sob o custeio por absorção.
3. É esperado que os preços das uvas aumentem 25 por cento em 2005. Supondo que todos os outros dados permaneçam iguais, calcule o número mínimo de caixas que a Morro Tinto precisa vender em 2005 para alcançar o ponto de equilíbrio:
   a. Sob o custeio marginal.
   b. Sob o custeio por absorção.

9-27 ABC e o uso da capacidade. A Companhia Zaynab Bibi identificou as seguintes atividades e direcionadores de custo para os seus custos indiretos de produção. A Zaynab calcula as taxas do custo da atividade com base na capacidade do direcionador de custo.

Atividade	Custos da atividade	Capacidade do direcionador de custo
Set up da máquina	$ 500 000	5 000 horas de *set ups*
Manuseio de materiais	200 000	100 000 libras de material

A Zaynab faz apenas dois produtos: Daska e Kothi. Durante 2004, a Daska necessitou de três mil horas de *set up* de máquina e o manuseio de 40 mil libras de materiais. A produção de Kothi necessitou de 1 500 horas de *set up* e o manuseio de 50 mil libras de materiais.

Para fazer:

1. Calcule os custos alocados para cada produto de cada atividade.
2. Calcule o custo de capacidade ociosa para cada atividade.

9-28 ABC e o uso da capacidade. O *controller* da Corporação Homero coletou os seguintes dados para duas atividades. Ele calcula as taxas do custo de atividades com base na capacidade do direcionador de custo.

Atividade	Direcionador de custo	Capacidade	Custo
Energia	Quilowat-hora	50 000 quilowat-hora	$ 200 000
Inspeção da qualidade	Número de inspeções	10 000 inspeções	300 000

A empresa fabrica dois produtos, Bauru e Marília. Para o ano que finda, o seguinte consumo de direcionadores de custo foi relatado:

Produto	Quilowat-hora	Inspeções de qualidade
Bauru	10 000	5 000
Marília	35 000	4 000

Para fazer:

1. Calcule os custos alocados para cada produto de cada atividade.
2. Calcule o custo da capacidade ociosa para cada atividade.

9-29 Comportamento de custos, custeio por atividade, uso da capacidade. A Companhia Saci e Cuca emprega cinco funcionários na atividade de processamento de faturas. Cada um dos funcionários recebe um salário anual fixo de $ 30 000. A produção anual orçada da atividade do processamento de faturas é de seis mil faturas por funcionário. Todos os outros custos na atividade de processamento de faturas são variáveis e orçados em $ 22 500 para o ano. Durante o ano, 26 mil faturas foram realmente processadas. Não há variações no preço, na eficiência ou no dispêndio para custos variáveis, e não há nenhuma variação no dispêndio para custos fixos.

Para fazer:

1. Calcule a taxa fixa, a variável e a total orçadas para a atividade de processamento de faturas.
2. Calcule, em unidades, a capacidade total disponível na atividade de processamento de faturas.
3. Para (a) custos fixos e (b) custos variáveis, calcule o custo da atividade fornecida, da capacidade usada e da capacidade ociosa, se houver, para a atividade de processamento de faturas. Há alguma diferença entre custos fixos e variáveis com respeito à capacidade ociosa? Explique.

Problemas

9-30 Custeio marginal *versus* custeio por absorção. A Companhia Marte usa um sistema de custeio por absorção com base nos custos-padrão. O total do custo variável de produção, incluindo o custo do material direto, é de $ 3 por unidade; a taxa-padrão de produção é de dez unidades por hora-máquina. O total de custos fixos indiretos orçados e reais é de $ 420 000. Os custos indiretos fixos são alocados a $ 7 por hora-máquina ($ 420 000 ÷ 60 000 horas-máquina do nível do denominador). O preço de venda é de $ 5 a unidade. O custo operacional variável, direcionado pelas unidades vendidas, é de $ 1 a unidade. Os custos operacionais fixos são de $ 120 000. O estoque inicial, em 2004, é de 30 mil unidades; o estoque final é de 40 mil unidades. As vendas, em 2004, são de 540 mil unidades. Os mesmos custos-padrão por unidade persistiram durante 2003 e 2004. Por uma questão de simplicidade, suponha que não haja nenhuma variação no preço, no dispêndio ou na eficiência.

Para fazer:

1. Prepare uma demonstração de resultados, para 2004, supondo que todos os custos indiretos alocados a maior ou a menor sejam apropriados no final do ano como ajuste para o *custo de produtos vendidos*.
2. O presidente ouviu falar de custeio marginal. Ele lhe pede para refazer a demonstração de 2004, em como iria ficar sob o custeio marginal.
3. Explique a diferença no lucro operacional calculado nas Questões 1 e 2.

4. Faça um gráfico mostrando como os custos indiretos fixos são contabilizados sob o custeio por absorção. Ou seja, haverá duas linhas: uma para os custos indiretos fixos orçados (iguais aos indiretos fixos reais de produção neste caso) e uma para os indiretos fixos alocados. Mostre como os custos indiretos alocados a maior ou a menor podem ser indicados no gráfico.
5. Os críticos têm afirmado que um sistema contábil amplamente usado tem levado a aumentos indesejáveis dos níveis de estoque. (a) É mais provável que esses aumentos sejam motivados pelo custeio variável ou pelo custeio por absorção? Por quê? (b) O que pode ser feito para impedir aumentos indesejáveis do estoque?

9-31 Ponto de equilíbrio sob o custeio por absorção (anexo do capítulo). Paute-se no Problema 9-30.

Para fazer:

1. Calcule o ponto de equilíbrio (em unidades) sob o custeio marginal.
2. Calcule o ponto de equilíbrio (em unidades) sob o custeio por absorção.
3. Suponha que a produção seja exatamente igual ao nível do denominador, porém nenhuma unidade é vendida. Os custos fixos de produção não são afetados. No entanto, suponha que todos os custos operacionais sejam evitados. Calcule o lucro operacional sob (a) custeio marginal e (b) custeio por absorção. Explique a diferença entre as suas respostas.

9-32 A Cia. Tudo Fixo em 2004 (R. Marple, adaptado). É final do ano de 2004. A Cia. Tudo Fixo iniciou suas operações em janeiro de 2003. A empresa tem esse nome por não ter nenhum custo variável. Todos os seus custos são fixos; eles não variam com a produção.

A Cia. Tudo Fixo está situada às margens de um rio e tem sua própria usina hidrelétrica para fornecer energia e calefação. A empresa fabrica um fertilizante com ar e água do rio e vende o produto por um preço que não deve mudar. Ela tem uma pequena equipe de funcionários, todos contratados por salário anual fixo. A produção da fábrica pode ser aumentada ou diminuída mediante ajuste de poucos controles.

Os seguintes dados são para as operações da Cia. Tudo Arrumado:

	2003	2004[a]
Vendas	10 000 toneladas	10 000 toneladas
Produção	20 000 toneladas	—
Preço de venda	$ 30 por tonelada	$ 30 por tonelada
Custos (todos fixos):		
Produção	$ 280 000	$ 280 000
Operações	$ 40 000	$ 40 000

[a] A partir de 1º de janeiro de 2004, a administração adotou a política de produzir apenas o necessário para preencher os pedidos de venda. Durante 2004, as vendas foram as mesmas que as de 2003 e foram atendidas totalmente pelo estoque no início de 2004.

Para fazer:

1. Prepare demonstrações de resultados com uma coluna para 2003, 2004 e uma para os dois anos juntos, usando (a) custeio marginal e (b) custeio por absorção.
2. Qual é o ponto de equilíbrio sob (a) custeio marginal e (b) custeio por absorção?
3. Quais seriam os custos de estoque carregados no balancete de 31 de dezembro de 2003 e de 2004 sob cada método?
4. Suponha que o desempenho do melhor gerente da empresa seja avaliado e premiado em grande parte com base no lucro operacional apurado. Qual método de custeio que o gerente preferiria? Por quê?

9-33 Comparação do custeio marginal e o custeio por absorção. Considere os seguintes dados:

Cia. Garcia
Demonstrações de resultados para o ano findo em 31 de dezembro de 2003

	Custeio marginal	Custeio por absorção
Receitas	$ 7 000 000	$ 7 000 000
Custo de produtos vendidos (no padrão)	3 660 000	4 575 000
Custos indiretos fixos	1 000 000	—
Variações na produção (todas desfavoráveis):		
Preço e eficiência de materiais diretos	50 000	50 000
Preço e eficiência de mão-de-obra direta	60 000	60 000
Dispêndio e eficiência de custos indiretos variáveis	30 000	30 000

Custos indiretos fixos:		
Dispêndio	100 000	100 000
Volume de produção	—	400 000
Total dos custos de marketing (todos fixos)	1 000 000	1 000 000
Total dos custos administrativos (todos fixos)	500 000	500 000
Total de custos	6 400 000	6 715 000
Lucro operacional	$ 600 000	$ 285 000

Os estoques, carregados a custos-padrão, foram:

	Custeio marginal	Custeio por absorção
31 de dezembro de 2002	$ 1 320 000	$ 1 650 000
31 de dezembro de 2003	60 000	75 000

Para fazer:

1. Tomás Garcia, presidente da Cia. Garcia, pede que você explique por que o lucro operacional para 2003 é menor que para 2002, embora as vendas tenham aumentado em 40 por cento sobre as do ano passado. O que você lhe dirá?
2. A que porcentagem do nível de capacidade a fábrica estava operando durante 2003?
3. Prepare uma reconciliação numérica e uma explicação da diferença entre o lucro operacional sob custeio marginal e o custeio por absorção.
4. Os críticos têm afirmado que um sistema contábil amplamente usado tem levado a aumentos indesejáveis dos níveis de estoque. (a) É mais provável que esses aumentos sejam motivados pelo custeio variável ou pelo custeio por absorção? Por quê? (b) O que pode ser feito para impedir aumentos indesejáveis do estoque?

9-34 Conceitos alternativos do nível do denominador (capacidade). Recentemente, a Pilsen da Sorte comprou uma cervejaria de uma empresa falida. A cervejaria, construída há apenas dois anos, fica em Uberaba, Minas Gerais. A indústria tem custos indiretos fixos orçados de $ 42 milhões ($ 3,5 milhões cada mês) em 2003. Paulo Vale, o *controller* da cervejaria, precisa decidir sobre qual conceito do nível de denominador (capacidade) usar no seu sistema de custeio por absorção para 2003. As opções disponíveis são:

a. Capacidade teórica para 2003: 600 barris/hora, 24 horas ao dia × 365 dias = 5 256 000 barris
b. Capacidade prática para 2003: 500 barris/hora, 20 horas ao dia × 350 dias = 3 500 000 barris
c. Utilização da capacidade normal para 2003: 400 barris/hora, 20 horas ao dia × 350 dias = 2 800 000 barris
d. Utilização da capacidade do orçamento geral para 2003 (taxas separadas calculadas para cada metade do ano)
   • Janeiro – Junho de 2003: 320 barris/hora, 20 horas ao dia × 175 dias = 1 120 000 barris
   • Julho – Dezembro de 2003: 480 barris/hora, 20 horas ao dia × 175 dias = 1 680 000 barris

Os custos variáveis padrão, por barril, são de $ 45 (materiais diretos variáveis, $ 32; mão-de-obra variável, $ 7). A cervejaria de Uberaba 'vende' sua produção para a divisão de vendas da Pilsen da Sorte a um preço orçado de $ 68 por barril.

Para fazer:

1. Calcule a taxa orçada dos custos indiretos fixos usando cada um dos quatro conceitos do nível do denominador para (a) cerveja produzida em março de 2003 e (b) cerveja produzida em setembro de 2003. Explique a causa das diferenças.
2. Explique por que os conceitos da capacidade teórica e da capacidade prática são diferentes.
3. Qual conceito do nível do denominador (capacidade) o gerente da cervejaria de Uberaba iria preferir quando a administração da Pilsen da Sorte fosse avaliar o seu desempenho durante 2003? Explique.

9-35 Efeitos do lucro operacional de conceitos alternativos do nível do denominador (capacidade) (continuação do Problema 9-34). Em 2003, a cervejaria de Uberaba da Pilsen da Sorte mostrou os seguintes resultados:

Estoque inicial, 1º de janeiro de 2003	0 barris
Produção	2 600 000 barris
Estoque final, 31 de dezembro de 2003	200 000 barris

A cervejaria de Uberaba teve custos reais de:

Custos variáveis	$ 120 380 000
Custos indiretos fixos	40 632 000

A divisão de vendas da Pilsen da Sorte comprou 2 400 000 barris em 2003 a uma taxa de $ 68 por barril.

Todas as variações de produção são apropriadas para o custo de produtos vendidos no período em que incorreram.

Para fazer:

1. Calcule o lucro operacional da cervejaria de Uberaba usando os conceitos do nível do denominador de (a) capacidade teórica, (b) capacidade prática e (c) utilização da capacidade normal. Explique qualquer diferença entre (a), (b) e (c).
2. Qual conceito do nível do denominador a Pilsen da Sorte preferiria para efeito de declaração de imposto de renda nos EUA? Explique.
3. Explique como a Receita Federal dos EUA poderia restringir a flexibilidade de uma empresa como a Pilsen da Sorte, que usa o custeio por absorção, para reduzir a sua renda tributável.

9-36 Espiral declinante da demanda. A Companhia Pismo fabrica sistemas óticos em minidiscos de um terabyte. A produção e as vendas mensais do ano em curso estão orçadas em dez mil unidades. O custo variável unitário de produção da Pismo é de $ 200, e os custos indiretos fixos mensais totalizam $ 1 000 000. A Pismo estabelece o preço de venda de seu produto ao adicionar uma margem de 100 por cento sobre o custo total unitário do produto. O custo total unitário do produto inclui o custo indireto variável e fixo unitários, com base na alocação completa do total de custos indiretos fixos para as unidades produzidas.

Para fazer:

1. Calcule o preço de venda orçado da Cia. Pismo.
2. Motivada pela concorrência, a Pismo teve que revisar a sua produção e vendas mensais orçadas para baixo, para oito mil unidades. Calcule o preço de venda orçado, revisado da Companhia Pismo.
3. Comente os resultados das Questões 1 e 2 acima.

9-37 Efeitos da escolha do nível do denominador (capacidade). A Companhia Wong instalou custos-padrão e orçamento flexível no dia 1º de janeiro de 2003. O presidente tem pensado em como os custos indiretos fixos devem ser alocados para os produtos. Horas-máquina foi escolhida como base de alocação. A incerteza remanescente é relativa ao nível do denominador (capacidade) para horas-máquina. Ele decide esperar os resultados do primeiro mês antes de fazer a escolha final de sobre qual nível do denominador (capacidade) usar daquele dia em diante.

Em janeiro de 2003, as unidades reais de produção tiveram um padrão de 70 mil horas-máquina utilizadas. Se a empresa usasse a capacidade prática como nível do denominador (capacidade), a variação no dispêndio de custos indiretos fixos seria de $ 10 000 desfavoráveis, e a variação no volume de produção seria de $ 36 000 desfavoráveis. Se a empresa usasse a capacidade normal como o nível do denominador (capacidade), a variação no volume de produção seria de $ 20 000 favoráveis. Os custos indiretos fixos orçados foram de $ 120 000 para o mês.

Para fazer:

1. Calcule o nível do denominador (capacidade) supondo que o conceito da utilização da capacidade normal seja escolhido.
2. Calcule o nível do denominador (capacidade) supondo que o conceito da capacidade prática seja escolhido.
3. Suponha que você seja o vice-presidente. Você quer maximizar o bônus para 2003, o qual depende do lucro operacional. Suponha que a variação no volume da produção seja somada ou deduzida do lucro operacional no final do ano. Qual o nível do denominador que você favoreceria? Por quê?

9-38 Nível do denominador, variação no volume de produção. A Eletrônica Nacional adquiriu ativos de fábrica com base nas previsões da demanda de longo prazo para os seus produtos. Os custos indiretos orçados para 2004 são de $ 10 500 000. Para cada uma das quatro capacidades alternativas do nível do denominador, a capacidade da Nacional é:

Capacidade do nível do denominador	Nível do denominador (em horas-máquina)
Capacidade teórica	2 100 000
Capacidade prática	1 500 000
Utilização da capacidade normal	1 312 500
Utilização da capacidade do orçamento geral	1 000 000

Para fazer:

1. Calcule a taxa orçada de custos indiretos fixos por hora-máquina para cada capacidade do nível do denominador.
2. Para a produção real de 2004 foram utilizadas 1 100 000 horas-máquinas orçadas. Calcule a variação no volume da produção sob cada uma das suposições de capacidade do nível do denominador.

9-39 Alocação de custos, espiral declinante da demanda. A Saúde Oeste (SO) opera uma rede de dez hospitais na região de Campo Grande. Há anos mantém, também, uma central de refeições, em Dourados, que fornece as refeições para os hospitais. A unidade de Dourados tem capacidade para servir 3 650 000 refeições por ano (dez mil refeições ao dia). Em 2004, ela orçou 2 920 000 (oito mil refeições ao dia), com base nas estimativas de demanda do *controller* de cada hospital. O custo variável orçado por refeição, em 2004, é de $ 3,80, o que inclui a entrega para o hospital. Os custos fixos orçados para 2004 são de $ 4 380 000.

Em julho de 2004, o novo presidente da SO não só anuncia que cada hospital deverá ser um centro de lucro como poderá comprar serviços de fora da SO, contanto que satisfaçam os requisitos de qualidade exigidos pela administração. O presidente usa como exemplo as refeições. Raul Laerte, chefe da unidade de Dourados, está longe de estar contente porque também ela deverá se tornar um centro de lucro (há anos ela vem apenas consumindo recursos). Laerte cobrou por refeição, em 2004, $ 5,30 de cada hospital — $ 3,80 de custo variável mais alocação de $ 1,50 em custos fixos orçados. Vários hospitais reclamaram sobre o custo de $ 5,30, assim como da qualidade da comida. De fato, o custo subiu de $ 4,90, em 2003, para $ 5,30, em 2004. Laerte defendeu o aumento, afirmando que ele precisava distribuir os mesmos custos fixos para um número menor de dias-paciente, em 2004. Em 2003 e início de 2004, a SO teve uma reportagem negativa na TV local, levando os médicos a indicar menos pacientes para os hospitais de propriedade da SO.

Em outubro de 2004, Laerte começou a preparar o orçamento de 2005, incluindo o custo novo a ser cobrado por refeição. Ele estimou que o total da demanda anual por refeições, em todos os dez hospitais da SO, seria de 2 550 000. Descobriu, posteriormente, que três dos dez hospitais usarão serviço concorrente de fornecimento, o que reduz a demanda orçada, para 2005, para dois milhões de refeições. Não é esperado que haja nenhuma mudança no total de custos fixos nem no variável, por refeição, em 2005.

Para fazer:

1. Como Laerte calculou o custo fixo orçado por refeição em 2004?
2. Que números alternativos para o custo por refeição Laerte poderia calcular para as refeições fornecidas aos hospitais da SO em 2005? Qual dos números de custos Laerte deveria usar? Por quê?
3. Quais os fatores que Laerte deveria considerar ao precificar as refeições que a sua unidade fornece para os hospitais da SO?

9-40 Alocação de custos, taxas orçadas, ética (continuação do Problema 9-39). A contagem real de refeições, usada em 2004, por todos os hospitais da SO, foi menor que as quantias orçadas que cada *controller* do hospital forneceu a Laerte no início de 2004. Ele suspeita de conluio por parte dos *controllers* dos hospitais e está preocupado que as quantidades orçadas de refeições para 2005, dos hospitais independentes, também acabem sendo muito otimistas sobre a demanda real.

Para fazer:

1. Por que os administradores dos hospitais independentes iriam pretender, deliberadamente, superestimar a demanda orçada por refeições em 2004?
2. Laerte decide consultar o *controller* da SO para expor a preocupação com relação aos *controllers* dos hospitais independentes estarem fazendo conluio sobre a demanda orçada de refeições. Quais provas o *controller* deveria procurar para investigar as preocupações de Laerte?
3. Quais medidas o *controller* deveria tomar para reduzir a possibilidade de os *controllers* dos hospitais independentes deliberadamente superestimarem a demanda por refeições em 2005?

Problema para aprendizagem em grupo

9-41 Custeio por absorção, marginal e variável. A fábrica de Waterloo, em Ontário, da Maple Leaf Motors, monta o veículo Ícaro. O custo-padrão por unidade em 2003 é:

Materiais diretos	$ 6 000
Mão-de-obra direta de produção	1 800
Custos indiretos variáveis	2 000
Custos indiretos fixos	?

A fábrica de Waterloo é altamente automatizada. A capacidade máxima de produção mensal é de quatro mil veículos. Os custos indiretos variáveis são alocados para os veículos com base no tempo de montagem. O tempo-padrão de montagem, por veículo, é de 20 horas. Os custos indiretos fixos, em 2003, são alocados com base no tempo-padrão de montagem para a utilização orçada da capacidade normal da fábrica. Em 2003, a utilização orçada da capacidade normal é de três mil veículos por mês. Os custos indiretos fixos mensais orçados são de $ 7 500 000.

No dia 1º de janeiro de 2003, o estoque inicial para os veículos Ícaro é zero. A produção real de unidades e os números de vendas para os primeiros três meses de 2003 são:

	Janeiro	**Fevereiro**	**Março**
Produção	3 200	2 400	3 800
Vendas	2 000	2 900	3 200

Suponha que não haja variações nos materiais diretos, na mão-de-obra direta e tampouco no dispêndio ou na eficiência de custos indiretos nos três primeiros meses de 2003.

Bret Hart, um dos vice-presidentes da Maple Leaf Motors, é o administrador da fábrica de Waterloo. Sua compensação inclui um bônus de 0,5 por cento do lucro operacional trimestral. O lucro operacional é calculado usando o custeio por absorção. A Maple Leaf Motors prepara, mensalmente, demonstrações de resultados do custeio por absorção, os quais incluem um ajuste para o custo de produtos vendidos para o total das variações de produção que ocorrem naquele mês.

A fábrica de Waterloo 'vende' cada Ícaro, para a subsidiária de marketing da Maple Leaf, por $ 16 000. Nenhum custo de marketing é incorrido pela fábrica de Waterloo.

Para fazer:

1. Calcule (a) o custo indireto fixo por unidade e (b) o custo unitário total de produção.
2. Calcule o lucro operacional mensal de janeiro, fevereiro e março sob o custeio por absorção. Qual o bônus pago a cada mês para Bret Hart?
3. Em quanto o uso do custeio marginal mudaria o bônus do Hart, a cada mês, se a mesma porcentagem de 0,5 por cento fosse aplicada ao lucro operacional do custeio marginal?
4. Explique as diferenças no bônus do Hart das Questões 2 e 3.
5. Em quanto o uso do custeio variável mudaria o bônus do Hart, a cada mês, se a mesma porcentagem de 0,5 por cento fosse aplicada ao lucro operacional do custeio variável?
6. Esboce diferentes abordagens que a Maple Leaf Motors poderia usar para reduzir o possível comportamento indesejável associado ao uso do custeio por absorção na fábrica de Waterloo.

capítulo 10

Determinando o comportamento dos custos

Objetivos de aprendizagem

1. Explicar as duas suposições freqüentemente usadas na estimativa do comportamento dos custos
2. Descrever as funções lineares de custo e os três tipos de comportamento dos custos
3. Entender as várias abordagens para a estimativa de custos
4. Esboçar as seis etapas na estimativa de uma função de custo com base nos dados passados e seu relacionamento
5. Descrever três critérios usados para avaliar e escolher os direcionadores de custos
6. Explicar e dar exemplos de funções de custo não-lineares
7. Distinguir o modelo de aprendizagem de tempo médio acumulado do modelo de aprendizagem de tempo
8. Estar ciente dos problemas de obtenção de dados ao realizar estimativas das funções de custo

Alguma vez você montou um aeromodelo? Se sim, você teve de ler e seguir as instruções, passo a passo, encaixar, colar e pintar cuidadosamente cada uma das peças. A somatória de todas as ações deve, provavelmente, ter demandado mais tempo do que você esperava. Mas se algum tempo depois você se aventurou a montar um outro aeromodelo, o processo certamente deve ter sido mais rápido do que o primeiro. Isso se deve ao fato de você ter adquirido experiência e habilidade. Embora não tenha registrado o tempo enquanto montava cada aeromodelo, você sabia que estava adquirindo eficiência e experiência. O mesmo acontece na Boeing com a produção em larga escala dos aviões. Administradores e operários aprendem a se tornar mais eficientes à medida que amadurecem na profissão. O 'efeito da curva de aprendizagem' leva a uma redução no custo variável por unidade, o que pode ser significativo quando esses custos são atribuídos aos produtos de elevado preço, como aviões comerciais.

Os administradores precisam saber como os custos se comportam para tomar decisões estratégicas e operacionais, como quais alternativas de projetos de produtos são mais rentáveis? Um componente deveria ser feito ou comprado? Qual efeito levará ao aumento de 20 por cento sobre o lucro operacional nas unidades vendidas? Por que a variação na eficiência dos custos indiretos variáveis é tão grande? Como os administradores deveriam escolher direcionadores de custos em um sistema de custeio baseado em atividades?

O conhecimento do comportamento dos custos é necessário para responder a essas perguntas. Este capítulo se concentrará em como determinar os padrões de comportamento dos custos — isto é, em entender como os custos mudam em relação às alterações nos níveis de atividade, na quantidade produzida e outras.

QUESTÕES GERAIS NA ESTIMATIVA DE FUNÇÕES DE CUSTOS

SUPOSIÇÕES BÁSICAS E EXEMPLOS DE FUNÇÕES DE CUSTOS

O comportamento dos custos é mais bem compreendido por meio das suas funções. A **função de custo** é uma descrição matemática de como um custo muda com as alterações no nível de uma atividade a ele relacionada. Exemplos de atividades são os ajustes (*set ups*) para as operações de produção e das máquinas. As funções de custos podem ser representadas em um gráfico, colocando o nível de uma atividade, como o número de lotes de produção ou de horas-máquina no eixo horizontal (chamado de eixo x), e o total de custos correspondentes aos — ou preferencialmente, dependentes dos — níveis daquela atividade no eixo vertical (chamado de eixo y).

As estimativas das funções de custos baseiam-se, freqüentemente, em duas premissas:

1. As variações no total de custos são explicadas pelas variações no nível de uma única atividade relacionada àqueles custos (o direcionador de custos).
2. O comportamento dos custos é aproximado por uma função de custo linear dentro da faixa relevante. Para uma **função de custo linear**, representada graficamente, o total de custos *versus* o nível de uma única atividade relacionada àquele custo é uma linha reta dentro da faixa relevante.

Usamos essas duas suposições, se não em todo, mas em grande parte deste capítulo. Nem todas as funções de custos são lineares e podem ser explicadas por uma única atividade. Seções posteriores discutirão as funções de custos que não contam com essas suposições.

Para ver o papel das funções de custos nas decisões comerciais, considere as negociações entre a Cannon Services e a World Wide Communications (WWC), relativas ao uso exclusivo de uma linha telefônica entre Nova York e Paris. A WWC oferece à Cannon três alternativas de estrutura de custos.

- *Alternativa 1*: $ 5 por minuto. O total de custos da Cannon varia pelo número de minutos usados, sendo o único fator cuja mudança altera o total de custos.

O Painel A, no Quadro 10.1, apresenta o *custo variável* para a Cannon Services. O total de custos (medido verticalmente ao longo do eixo y) muda proporcionalmente ao número de minutos usados (medido horizontalmente ao longo do eixo x) dentro da faixa relevante. (A faixa relevante, descrita no Capítulo 2, é a da atividade em que há relacionamento entre o total de custos e o nível de atividade). Sob a Alternativa 1, não há custo fixo. O total de custos simplesmente aumenta em $ 5 para cada minuto adicional usado. O Painel A ilustra o **coeficiente angular** de $ 5, o quanto o total de custos muda quando ocorre a mudança de uma única unidade no nível de atividade (um minuto no exemplo da Cannon) dentro da faixa relevante.

Podemos escrever a função de custo no Painel A, do Quadro 10.1, como:

$$y = \$\ 5X$$

em que X mede o número real de minutos usados (no eixo x), e y mede o total de custos dos minutos usados (no eixo y), calculados usando a função de custo. Por todo o capítulo, as letras maiúsculas, como X, se referem às observações reais, e as letras minúsculas, como y, representam as estimativas ou cálculos feitos usando a função de custo.

- *Alternativa 2*: $ 10 000 por mês. O total de custos será de $ 10 000 por mês, independentemente do número de minutos usados. (Utilizamos a mesma medida de atividade — número de minutos usados — para comparar os padrões de comportamento dos custos sob as três alternativas.) Com essa alternativa, o custo é fixo, não variável.

O Painel B, no Quadro 10.1, apresenta o *custo fixo* para a Cannon Services. O custo fixo, de $ 10 000, é denominado **constante**; é o componente do total de custos que, dentro da faixa relevante, não varia

Quadro 10.1 — Exemplos de funções de custos lineares.

PAINEL A: Custo variável — Coeficiente angular = custo variável de $ 5 por minuto usado

PAINEL B: Custo fixo — Constante ou coeficiente linear de $ 10 000

PAINEL C: Custo misto — Coeficiente angular = custo variável de $ 2 por minuto usado; Constante ou coeficiente linear de $ 3 000

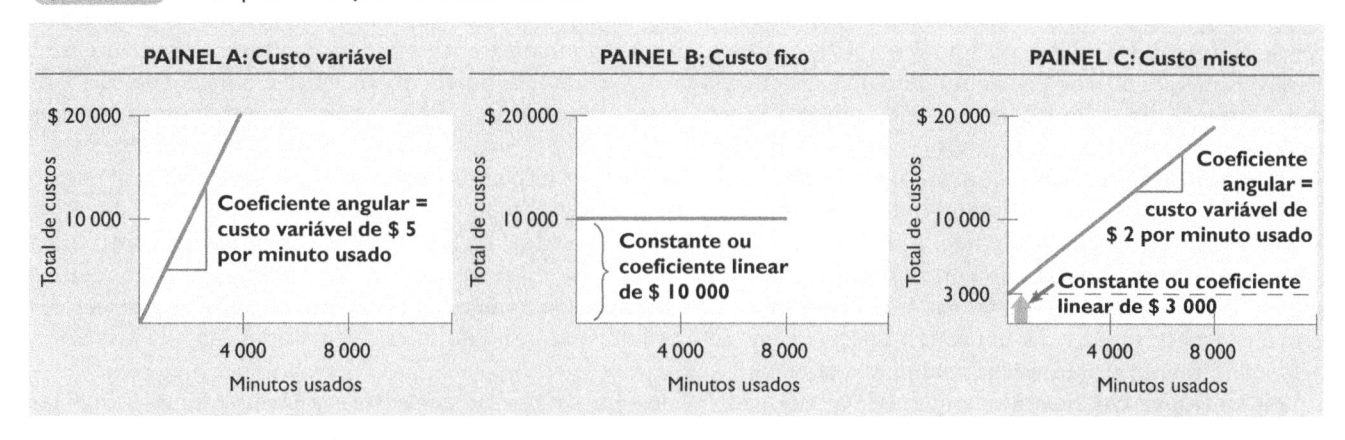

com as mudanças no nível da atividade. Sob a Alternativa 2, a constante é responsável por todos os custos, por não haver custo variável. Graficamente, o coeficiente da inclinação da função de custo é zero; a função de custo cruza o eixo *y* no valor da constante, e, por conseqüência, a *constante* também é chamada de **coeficiente linear**.

Podemos escrever a função de custo no Painel B como:

$$y = \$ 10\ 000$$

- *Alternativa 3*: $ 3 000 por mês, mais $ 2 por minuto usado. Este é um exemplo de um custo semivariável. O *custo semivariável* tem elementos fixos e variáveis. Sob essa alternativa, o custo tem um componente que é fixo, independentemente do número de minutos usados — um custo fixo de $ 3 000 por mês — e um outro componente que é variável no que diz respeito ao número de minutos usados — um custo variável de $ 2 por minuto usado.

O Painel C, no Quadro 10.1, apresenta o custo semivariável para a Cannon Services. Diferentemente dos gráficos das Alternativas 1 e 2, o Painel C tem um coeficiente linear de $ 3 000 e um coeficiente angular de $ 2.

Podemos escrever a função de custo no Painel C do Quadro 10.1 como:

$$y = \$ 3\ 000 + \$ 2X$$

No caso de custo semivariável, o total de custos na faixa relevante aumenta proporcionalmente ao número de minutos usados. Observe que o total de custos não varia estritamente em razão do número de minutos usados dentro da faixa relevante. Por exemplo, quando são usados quatro mil minutos, o total de custos é [$ 3 000 + ($ 2 por minuto × 4 000 minutos)] = $ 11 000, mas quando são usados oito mil minutos, o total de custos é [$ 3 000 + ($ 2 por minuto × 8 000 minutos)] = $ 19 000. Embora o número de minutos usados tenha dobrado, o total de custos aumentou em apenas 73 por cento aproximadamente [($ 19 000 – $ 11 000) ÷ $ 11 000].

Os administradores da Cannon precisam entender os padrões de comportamento dos custos nas três alternativas para poderem escolher o melhor negócio a ser feito com a WWC. Suponha que a Cannon espere usar, pelo menos, quatro mil minutos por mês. O seu custo para quatro mil minutos sob as três alternativas seria o seguinte: *Alternativa 1*, $ 20 000 ($ 5 por minuto × 4 000 minutos); *Alternativa 2*, $ 10 000; *Alternativa 3*, $ 11 000 [$ 3 000 + ($ 2 por minuto × 4 000 minutos)].

A Alternativa 2 é a de menor custo. Além disso, se a Cannon usasse mais de quatro mil minutos, as Alternativas 1 e 3 seriam até mais caras. Os administradores da Cannon deveriam, portanto, escolher a Alternativa 2.

Observe que os gráficos no Quadro 10.1 são lineares, isto é, eles aparecem como linhas retas. Como sabemos que esses gráficos são linhas retas não precisamos de muitos pontos para desenhá-los, necessitando, apenas, saber a constante ou o coeficiente linear (comumente designado como *a*) e o coeficiente angular (comumente designado como *b*). Para qualquer função de custo linear baseada em uma única atividade (nossas duas suposições), conhecer os valores de *a* e *b* é suficiente para descrever e representar graficamente todos os valores dentro da faixa relevante de minutos usados. Podemos escrever uma fórmula geral para essa função de custos linear como:

$$y = a + bX$$

Sob a Alternativa 1, *a* = $ 0 e *b* = $ 5 por minuto usado; sob a Alternativa 2, *a* = $ 10 000, *b* = $ 0 por minuto usado; e sob a Alternativa 3, *a* = $ 3 000, *b* = $ 2 por minuto usado. Para representar a função de custo semivariável no Painel C, traçamos uma linha começando do ponto $ 3 000 no eixo *y* inclinando-se a uma taxa de $ 2 por minuto usado.

BREVE REVISÃO DA CLASSIFICAÇÃO DOS CUSTOS

Vamos rever brevemente os três critérios do Capítulo 2 para a classificação de um custo em seus componentes variáveis e fixos.

Escolha do objeto de custo. Um item de custo específico pode ser variável no que diz respeito a um objeto de custo e fixo quanto a outro objeto de custo. Considere a Super Transporte, uma empresa de transporte para o aeroporto. Se a frota de vans que ela tem é o objeto de custo, os custos anuais de registro e licenciamento seriam custos variáveis no que diz respeito ao número de vans que ela possui. Porém, se uma van específica é o objeto de custo, os custos de registro e licenciamento para aquela van são custos fixos no que diz respeito aos quilômetros rodados durante um ano.

Horizonte de tempo. Se um custo é variável ou fixo no que diz respeito a uma atividade específica, depende do horizonte de tempo que está sendo considerado na situação de decisão. Quanto mais longo for o horizonte de tempo, e o resto permanecendo inalterado, é mais provável que o custo seja variável. Por exemplo, os custos de inspeção, na Boeing Company, são fixos no curto prazo no que diz respeito às horas de inspeção. Mas no longo prazo, o total de custos de inspeção da Boeing irá variar em razão das horas de inspeção requeridas: serão empregados mais inspetores em sendo necessárias mais horas de inspeção, e, se poucas horas de inspeção forem necessárias, alguns inspetores serão demitidos ou transferidos para outras tarefas.

Faixa relevante. Nunca se esqueça de que os padrões de comportamento dos custos variáveis e fixos são válidos para as funções de custo lineares apenas dentro da faixa relevante. Fora da faixa relevante, os padrões de comportamento dos custos variáveis e fixos mudam, fazendo com que se tornem não-lineares (não-linear significa que o gráfico não é uma linha reta). Por exemplo, o Quadro 10.2 representa o relacionamento de vários anos entre o total de custos de mão-de-obra direta e o número de válvulas produzidas a cada ano pela AMC, Inc., na fábrica de Cleveland. Neste caso, a não-linearidade fora da faixa relevante ocorre por causa da insuficiência da mão-de-obra, entre outras ineficiências. É essencial conhecer a faixa relevante apropriada para classificar adequadamente os custos.

ESTIMATIVA DE CUSTOS

O exemplo da Cannon Services/WWC ilustra as funções de custos variáveis, fixos e semivariáveis, usando as informações sobre as estruturas de custos *futuras* propostas pela Cannon à WWC. Entretanto, freqüentemente as funções de custos são estimadas a partir de dados *passados*. A **estimativa de custos** é a tentativa de medir a relação entre custos passados e o respectivo nível de atividade. Por exemplo, os administradores poderiam usar as estimativas de custos para entender o que faz com que os custos de marketing mudem de ano para ano (por exemplo, o número de carros vendidos e o número de novos modelos de carros introduzidos) e os componentes fixos e variáveis desses custos (veja 'Estudos de Práticas Empresariais'). Os administradores estão interessados em estimar as funções passadas de comportamento dos custos porque essas estimativas podem ajudá-los a fazer **previsões de custos** mais precisas. Previsões de custos melhores ajudam os gerentes a tomar decisões de planejamento e controle mais bem fundamentadas, como preparar o orçamento dos custos de marketing para o próximo ano. Mas as melhores decisões administrativas, previsões de custos e estimativas das suas funções dependem de quão corretamente são identificados os fatores que afetam os custos.

O CRITÉRIO DE CAUSA E EFEITO NA ESCOLHA DOS DIRECIONADORES DE CUSTOS

A questão mais importante na estimativa de uma função de custo é a de determinar se há relacionamento de causa e efeito entre o nível de uma atividade e os custos relacionados àquele nível de atividade. Sem a relação de causa e efeito, os administradores não serão capazes de estimar ou prever os custos e, conseqüentemente, terão dificuldades para administrá-los. A relação de causa e efeito pode surgir como resultado de:

Quadro 10.2 Linearidade dentro da faixa relevante para a AMC, Inc.

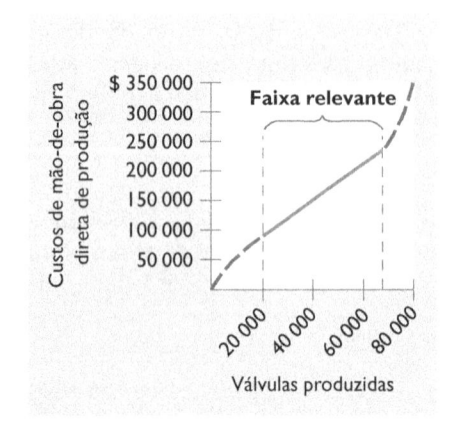

1. *A relação quantitativa física entre o nível da atividade e os custos.* Um exemplo de relação quantitativa física são as unidades de produção que, quando usadas como atividade, afetam os custos dos materiais diretos. A produção de mais unidades requer mais materiais diretos, o que resulta em um total de custo mais alto dos materiais diretos.
2. *Um acordo contratual.* Na Alternativa 1 do exemplo da Cannon Services descrito anteriormente, o número de minutos usados está especificado no contrato como o nível da atividade que afeta os custos das linhas telefônicas.
3. *Uma combinação de lógica e conhecimento das operações.* Um exemplo é o do número de peças usado como medida de atividade dos custos de pedido. É bem provável que um produto com muitas peças incorra custos de pedido mais altos do que um produto com poucas peças.

Cuidado para não interpretar uma correlação alta entre duas variáveis, significando que uma das variáveis é a causa da outra. Por exemplo, uma correlação alta entre duas variáveis, u e v, indica simplesmente que elas *se movimentam juntas*. É possível que u tenha causado v, v tenha causado u, ou ambas tenham sido afetadas por uma terceira variável, z, ou a correlação tenha se dado em razão de uma mudança aleatória. Nenhuma conclusão sobre causa e efeito é justificada apenas por correlações altas. Por exemplo, a produção mais alta geralmente resulta em custos mais altos dos materiais e da mão-de-obra. Os custos dos materiais e da mão-de-obra são altamente correlacionados, mas um não causa o outro.

Considere um outro exemplo. Nos últimos 36 anos, o índice da Bolsa de Valores de Nova York tem quase sempre subido durante o ano em que uma equipe do National Football League (como o San Francisco 49ers) tenha vencido a Super Bowl e, inversamente, caído no ano em que uma equipe do American Football League (como o Denver Broncos) venceu. Entretanto, não existe uma explicação plausível de causa e efeito para a correlação alta.

Apenas uma relação de causa e efeito (baseada em, digamos, uma relação quantitativa física, um contrato ou lógica) — não simplesmente uma correlação — estabelece uma relação economicamente plausível entre o nível de uma atividade e seus custos. A plausibilidade econômica é crítica porque proporciona ao analista a confiança de que a relação estimada aparecerá várias outras vezes em outros conjuntos de dados da mesma situação.

Lembre-se de que no Capítulo 2 referimo-nos à medida da atividade como critério de custo quando há relação de causa e efeito entre uma mudança no nível de uma atividade e outra no nível do total de custos. Pelo fato de a plausibilidade econômica ser essencial na estimativa dos custos, nós usamos os termos *nível da atividade* e *nível do direcionador de custo* com o mesmo sentido quando estimamos as funções de custos. Para identificar os direcionadores de custos com base em dados coletados em um período de tempo, use sempre um horizonte de tempo longo. Por quê? Porque, como ilustra o exemplo relativo aos custos de inspeções na Boeing Company, os custos podem ser fixos no

Pesquisas de práticas empresariais

Comparação internacional da classificação de custos pelas empresas

As organizações diferem na classificação dos custos. Um item de custo variável em uma organização pode ser um item de custo fixo em outra. Considere os custos de mão-de-obra. As empresas de construção civil geralmente classificam a mão-de-obra como custo variável. Essas empresas rapidamente ajustam a sua força de trabalho em resposta às mudanças na demanda para a construção civil. Em contrapartida, empresas de refinamento de petróleo geralmente classificam o custo de mão-de-obra como fixo. A força trabalhista é estável, mesmo quando ocorrem grandes mudanças no volume ou tipo de produtos de petróleo refinado.

Os estudos indicam diferenças substanciais na porcentagem das indústrias em vários países, classificando as categorias de custo individual como variável, fixo ou semivariável. Uma pequena porcentagem das empresas americanas e australianas considera o custo de mão-de-obra como fixo, comparativamente às empresas japonesas.

Categoria de Custo	Empresas americanas			Empresas japonesas			Empresas australianas		
	Variável	Semivariável	Fixo	Variável	Semivariável	Fixo	Variável	Semivariável	Fixo
Mão-de-obra de produção	86%	6%	8%	52%	5%	43%	70%	20%	10%
Mão-de-obra de ajustamento	60	25	15	44	6	50	45	33	22
Mão-de-obra de manuseio dos materiais	48	34	18	23	16	61	40	30	30
Mão-de-obra de controle da qualidade	34	36	30	13	12	75	21	27	52
Maquinaria	32	35	33	31	26	43	25	28	47
Energia	26	45	29	42	31	27	—	—	—
Ocupação do prédio	1	6	93	0	0	100	—	—	—
Depreciação	1	7	92	0	0	100	—	—	—

Fonte: Adaptado de NAA Tokyo Affiliate, *Management accounting in the advanced manufacturing*, e Joye e Blayney, *Cost and management accounting*.

curto prazo (durante esse tempo eles não têm direcionadores de custos) e variáveis e terem um direcionador de custo no longo prazo.

Métodos de estimativa dos custos

Os quatro métodos para a estimativa são
1. Método da engenharia industrial
2. Método de conferência
3. Método de análise contábil
4. Métodos de análise quantitativa

Esses métodos diferem quanto ao (a) valor de implementação, (b) às suposições que fazem e (c) às informações que fornecem sobre a precisão da função de custo estimada. Eles não são mutuamente excludentes. Muitas empresas usam uma combinação desses métodos.

Método da engenharia industrial

O **método da engenharia industrial**, também chamado de **método de mensuração do trabalho**, estima as funções de custos analisando o relacionamento entre as entradas e saídas em termos físicos. Considere um fabricante de carpetes que usa as entradas de algodão, lã, tinturas, mão-de-obra direta de produção, tempo de máquina e energia. A saída da produção são metros quadrados de carpete. Os estudos de tempos e movimentos analisam tempo e materiais requeridos para as várias operações para produzir o carpete. Por exemplo, um estudo de tempos e movimentos pode concluir que a produção de dez metros quadrados de carpete requer uma hora de mão-de-obra direta. Os padrões e orçamentos transformam essas medidas de entradas físicas em custos. O resultado é uma função de custo estimada que relaciona os custos de mão-de-obra direta ao direcionador de custo, metros quadrados de carpete produzido.

O método da engenharia industrial pode consumir muito tempo. Alguns contratos governamentais obrigam o seu uso. Muitas organizações acham oneroso e pouco prático analisar toda a sua estrutura de custos. Por exemplo, os vínculos físicos entre entradas e saídas são difíceis de especificar para itens de custo individuais, como P&D e propaganda.

Método de conferência

O **método de conferência** estima as funções de custos com base na análise e opiniões sobre os custos e seus direcionadores, coletados dos vários departamentos de uma empresa (compras, engenharia do processo, produção, relações com os funcionários e outros). O Cooperative Bank, no Reino Unido, tem um *departamento de estimativa de custos* que desenvolve as funções de custos para os seus produtos bancários de varejo (contas, cartões VISA, hipotecas e outros) com base em um consenso de estimativas do pessoal dos departamentos específicos.

O método de conferência encoraja a cooperação entre os departamentos, e o agrupamento de conhecimento dos especialistas de cada função da cadeia de valor lhe dá credibilidade. Pelo fato de o método de conferência não requerer análise detalhada dos dados, as funções e as estimativas de custos podem ser rapidamente desenvolvidas. No entanto, a ênfase nas opiniões, e não na estimativa sistemática, significa que a precisão das estimativas de custos depende em grande parte do cuidado e especialidade das pessoas que fornecem as entradas.[1]

Método de análise contábil

O **método de análise de contas** estima as funções de custos classificando as contas de custos, no razão auxiliar, como variável, fixo ou semivariável no que diz respeito ao nível de atividade identificado. Os administradores usam análises qualitativas, em vez de quantitativas, quando tomam decisões de classificação dos custos. A abordagem de análise das contas é amplamente usada.

Considere os custos de mão-de-obra indireta para uma pequena área de produção (ou célula) da Tapetes Elegantes, que usa máquinas de tecelagem automáticas, de última geração, para produzir carpetes para escritórios e residências. Esses custos incluem os salários pagos à mão-de-obra indireta para supervisão, manutenção, controle de qualidade e preparações. No período de 12 semanas, a Tapetes Elegantes operou as máquinas num total de 862 horas e incorreu custos de mão-de-obra indireta de $ 12 501. Usando a análise qualitativa, o administrador e o analista de custos determinam que os custos de mão-de-obra indireta são custos semivariáveis. Conforme as horas-máquina variam, um componente do custo (como o custo de supervisão) é fixo, ao passo que outro componente (como o custo de manutenção) é variável. O objetivo é usar a análise de contas para estimar uma função de custo linear para a mão-de-obra indireta, tendo o número de horas-máquina como direcionador de custo. O analista de custos usa a experiência e

---

1. *O método de conferência é descrito mais detalhadamente em W. Winchel,* Realistic cost estimating for manufacturing, *2. ed. (Dearborn, MI: Society for manufacturing engineers, 1989).*

julgamento para separar os custos de mão-de-obra indireta ($ 12 501) em custos fixos ($ 2 157) e custos variáveis ($ 10 344) com respeito ao número de horas-máquina usado. O custo variável por hora-máquina é de $ 10 344 ÷ 862 horas-máquina = $ 12 por hora-máquina. A equação linear de custo $y = a + bX$ neste exemplo é:

Custos de mão-de-obra indireta = $ 2 157 + ($ 12 por hora-máquina × nº de horas-máquina)

O custo de mão-de-obra indireta por hora-máquina é de $ 12 501 ÷ 862 horas-máquina = $ 14,50 por hora-máquina. A administração da Tapetes Elegantes pode usar a função de custo para estimar os custos de mão-de-obra indireta para trabalhar 950 horas-máquina e produzir carpetes no próximo período de 12 semanas. Os custos estimados são iguais a $ 2 157 + (950 horas-máquina × $ 12 por hora-máquina) = $ 13 557. Os custos de mão-de-obra indireta por hora-máquina caem para $ 13 557 ÷ 950 horas-máquina = $ 14,27 por hora-máquina, à medida que os custos fixos são distribuídos por um número maior de horas-máquina.

Para obter estimativas confiáveis dos componentes de custos fixos e variáveis, as organizações precisam certificar-se de que indivíduos que conheçam por completo as operações tomem as decisões de classificação dos custos. Suplementar o método de análise de contas com o método de conferência valoriza a sua credibilidade.

MÉTODOS DE ANÁLISE QUANTITATIVA

A análise quantitativa usa um método matemático formal para adequar as funções de custos às observações de dados passados. As Colunas 1 e 2 do Quadro 10.3 mostram a divisão do total de custos de mão-de-obra indireta da Tapetes Elegantes, de $ 12 501, e as 862 horas-máquina em dados semanais para o período mais recente de 12 semanas. Observe que os dados estão em pares — para cada semana há dados para os custos de mão-de-obra indireta e dados correspondentes para o número de horas-máquina. Por exemplo, a semana 12 mostra os custos de mão-de-obra indireta de $ 963 e 48 horas-máquina. A seção seguinte usa os dados do Quadro 10.3 para ilustrar como estimar uma função de custo usando a análise quantitativa.

ETAPAS NA ESTIMATIVA DE UMA FUNÇÃO DE CUSTOS USANDO A ANÁLISE QUANTITATIVA

Há seis etapas na estimativa de uma função de custo usando a análise quantitativa de dados passados. Uma etapa é a da escolha de um direcionador de custo, o que nem sempre é simples. Freqüentemente, o analista de custos, trabalhando com uma equipe gerencial, passará pelas seis etapas várias vezes, experimentando direcionadores de custos economicamente plausíveis para identificar um direcionador que se adeque melhor aos dados.

Etapa 1: **Escolher a variável dependente**. A escolha da **variável dependente** (o custo a ser previsto) dependerá da função de custo que está sendo estimada. No exemplo da Tapetes Elegantes, a variável dependente são custos de mão-de-obra indireta. A variável dependente incluirá todos os custos de mão-de-obra classificados como indiretos.

Etapa 2: **Identificar a variável independente ou direcionador de custo**. A **variável independente** (nível de atividade ou direcionador de custo) é o fator usado para prever a variável dependente (custos). Quando o custo é indireto, como no caso da Tapetes Elegantes, a variável independente é também chamada de base de alocação de custos. Embora esses termos sejam usados alternadamente, em geral usamos o termo *direcionadores de custo* para descrever a variável dependente.

Quadro 10.3 Custos semanais de mão-de-obra indireta de produção e horas-máquina para a Tapetes Elegantes.

Semana	Custos de mão-de-obra indireta (1)	Direcionador de custo: horas-máquina (2)
1	$ 1 190	68
2	1 211	88
3	1 004	62
4	917	72
5	770	60
6	1 456	96
7	1 180	78
8	710	46
9	1 316	82
10	1 032	94
11	752	68
12	963	48

Um direcionador de custo deve (a) ter uma relação *economicamente plausível* com a variável dependente e (b) ser mensurável. Plausibilidade econômica significa que a relação (descrevendo como as mudanças nos direcionadores de custos levam a mudanças nos custos que estão sendo considerados) é baseada em um vínculo físico, um contrato ou lógica, e tem um sentido econômico para o gerente das operações e para o contador gerencial. Todos os itens individuais incluídos na variável dependente devem ter o mesmo direcionador de custo. Algumas categorias de custo incluem mais que um item de custo e, às vezes, esses itens de custo diferentes não têm o mesmo direcionador. Quando não existe uma única relação, o analista de custos deve investigar a possibilidade de estimar mais que uma função de custo, uma para cada par da categoria de custo/direcionador de custo.

Como exemplo, considere vários tipos de benefícios pagos aos funcionários e os direcionadores de custos dos benefícios:

Benefício	Direcionador de custos
Saúde	Número de funcionários
Alimentação	Número de funcionários
Pensão	Salários dos funcionários
Seguro de vida	Salários dos funcionários

Os custos dos benefícios de saúde e alimentação podem ser combinados em um conjunto de custo porque ambos têm o mesmo direcionador — o número de funcionários. Os benefícios de pensão e seguro de vida têm um direcionador de custos diferente — os salários dos funcionários — e, portanto, não deveriam ser combinados com os benefícios de saúde e alimentação. Porém, os custos dos benefícios de pensão e seguro de vida devem ser combinados em um conjunto de custos separado. Esses custos podem ser estimados utilizando os salários dos funcionários que recebem esses benefícios como direcionador de custo.

Etapa 3: **Coletar dados da variável dependente e do critério de custo**. Esta é, geralmente, a etapa mais difícil da análise dos custos. Ela obtém dados dos documentos da empresa, de entrevistas com os administradores e mediante estudos especiais. Essas informações podem ser dadas em séries temporais ou em corte transversal. Os *dados em séries temporais* pertencem à mesma entidade (organização, fábrica, atividade e outros) durante períodos passados sucessivos. As observações semanais dos custos de mão-de-obra indireta e o número de horas-máquina, da Tapetes Elegantes, são exemplos de dados em séries temporais. O banco de dados ideal, neste caso, conteria várias observações para as empresas cujas operações não foram afetadas por mudança econômica ou tecnológica. Economia e tecnologia estáveis garantem que os dados coletados durante o período de estimativa representem a mesma relação básica entre o direcionador de custo e a variável dependente. Além disso, os períodos (por exemplo, diário, semanal ou mensal) usados para medir a variável dependente e o direcionador de custo deveriam ser consistentes por todas as observações.

Os *dados em corte transversal* pertencem a entidades diferentes durante o mesmo período. Por exemplo, os estudos de empréstimos processados e os custos de pessoal relacionados a 50 indivíduos em filiais similares de um banco, durante março de 2003, produziriam dados em corte transversal para aquele mês. Uma seção posterior, deste capítulo, descreve os problemas que surgem na coleta de dados.

Etapa 4: **Representação gráfica dos dados**. A relação geral entre o nível do direcionador de custo e os custos pode ser prontamente observado em uma representação gráfica dos dados. Além disso, o gráfico realça as observações extremas (observações fora do padrão geral) que analistas devem verificar. Houve algum erro no registro dos dados ou um evento raro, como greve dos funcionários, que faz com que essas observações não sejam representativas da relação normal entre o nível do direcionador de custos e os custos? O gráfico dos dados também mostra a linearidade e a faixa relevante da função de custo.

O Quadro 10.4 é a representação gráfica de dados semanais das Colunas 1 e 2 do Quadro 10.3. O gráfico fornece forte evidência de uma relação linear positiva entre o número de horas-máquina e os custos de mão-de-obra indireta (isto é, quando as horas-máquina aumentam, os custos de mão-de-obra indireta também aumentam). Parece não haver nenhuma observação extrema no Quadro 10.4. A faixa relevante é de 46 a 96 horas-máquina por semana (semanas 8 e 6, respectivamente).

Etapa 5: **Estimativa da função de custo**. Mostraremos duas maneiras de estimar a função de custo para os dados da Tapetes Elegantes. Uma usa o método máximo-mínimo, e a outra, a análise de regressão, as duas formas mais comuns da análise quantitativa. Mostramos esses métodos na Etapa 6.

Etapa 6: **Avaliação do critério de custo da função de custo estimada**. Nesta etapa, descrevemos os critérios para avaliar o direcionador de custo da função de custo estimada. Faremos isto depois de ilustrar o método máximo-mínimo e a análise de regressão.

MÉTODO MÁXIMO-MÍNIMO

O método mais simples da análise quantitativa é o **método máximo-mínimo**. Ele usa apenas o valor mais alto e mais baixo, observados, do direcionador de custo dentro da faixa relevante e os seus custos respectivos. A função de

Quadro 10.4 Representação gráfica semanal dos custos de mão-de-obra indireta de produção e horas-máquina para a Tapetes Elegantes.

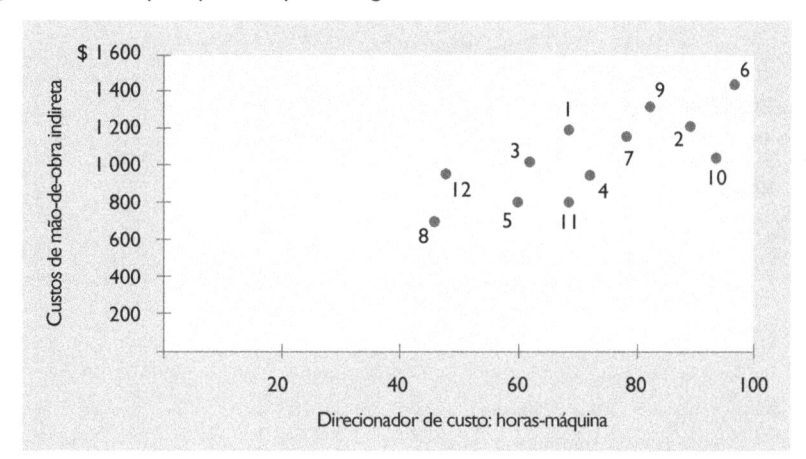

custo é estimada usando esses dois pontos para calcular o coeficiente angular e o coeficiente linear. Nós ilustramos o método máximo-mínimo usando os dados do Quadro 10.3.

	Custo de mão-de-obra indireta	Direcionador de custo: horas-máquina
Observação máxima do direcionador de custo (semana 6)	$ 1 456	96
Observação mínima do direcionador de custo (semana 8)	710	46
Diferença	$ 746	50

O coeficiente angular b é calculado como:

$$\text{Coeficiente da inclinação} = \frac{\text{Diferença entre custos associados com as observações máxima e mínima do direcionador de custo}}{\text{Diferença entre as observações máxima e mínima do direcionador de custo}}$$

$$= \$ 746 \div 50 \text{ horas-máquina} = \$ 14{,}92 \text{ por hora-máquina}$$

Para calcular a constante, podemos usar a observação máxima ou mínima do direcionador de custo. Ambos os cálculos resultam na mesma resposta porque a técnica soluciona duas equações lineares com duas incógnitas, o coeficiente angular e o coeficiente linear. Porque:

$$y = a + bX$$
$$a = y - bX$$

conseqüentemente, na observação máxima do direcionador de custo, a constante a é calculada como:

Constante = $ 1 456 – ($ 14,92 por hora-máquina × 96 horas-máquina) = $ 23,68

E a observação mínima do direcionador de custo,

Constante = $ 710 – ($ 14,92 por hora-máquina × 46 horas-máquina) = $ 23,68

Assim sendo, a estimativa de máxima-mínima da função de custo é:

$$y = a + bX$$
$$y = \$ 23{,}68 + (\$ 14{,}92 \text{ por hora-máquina} \times \text{número de horas-máquina})$$

A linha em negrito no Quadro 10.5 mostra a função de custo estimada usando o método máximo-mínimo (baseado nos dados do Quadro 10.3). A função de custo estimada é uma reta ligando as observações com os valores máximos e mínimos do direcionador de custo (horas-máquina). O coeficiente linear (a = $ 23,68), o ponto em que a extensão pontilhada da reta avermelhada se encontra com o eixo y, é o componente constante da equação que fornece a melhor aproximação linear de como um custo se comporta *dentro da faixa relevante* de 46 a 96 horas-máquina. O coeficiente linear não deve ser interpretado como uma estimativa dos custos fixos, da Tapetes Elegantes, se não houve operação de nenhuma máquina. Isso porque a operação das máquinas e o fechamento da fábrica — isto é, usar zero de horas-máquina — está fora da faixa relevante.

Suponha que os custos de mão-de-obra indireta, na semana, fossem de $ 1 280, em vez de $ 1 456, e que tenham sido usadas 96 horas-máquina. Neste caso, a observação máxima do direcionador de custo (96 horas-máquina na semana 6) não coincidirá com a nova observação máxima dos custos ($ 1 316 na semana 9). Como essa mudança afetaria o nosso cálculo pelo método máximo-mínimo? Como a relação de causa e efeito opera *do* direcionador de custos *para* os custos, em uma função de custo, escolhemos as observações máximas e mínimas do direcionador de

Quadro 10.5 Método máximo-mínimo para os custos semanais de mão-de-obra direta de produção e horas-máquina para a Tapetes Elegantes.

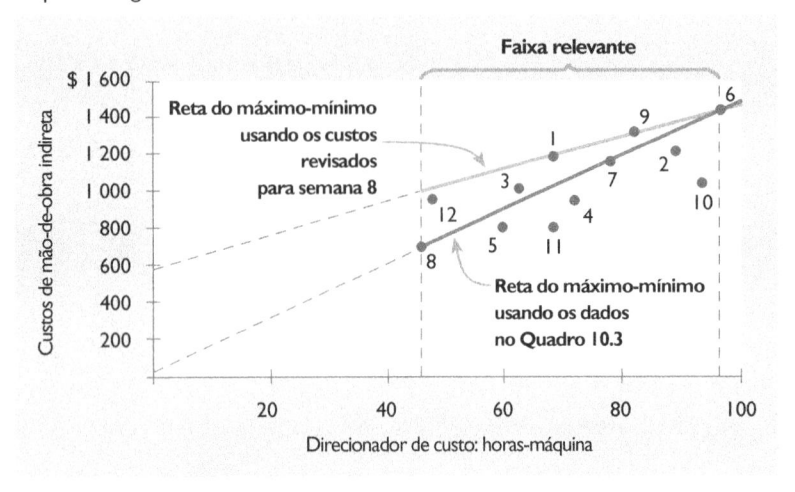

custo (o fator que faz com que os custos mudem). O método máximo-mínimo estimaria a nova função de custo usando ainda os dados das semanas 6 (alto) e 8 (baixo).

Há um certo perigo em depender de apenas duas observações para estimar uma função de custo. Suponha que por um contrato trabalhista garantir pagamentos mínimos na semana 8, os custos de mão-de-obra indireta de produção nessa semana inflem para $ 1 000, em vez de $ 710, ao serem usadas apenas 46 horas-máquina. A reta esverdeada no Quadro 10.5 mostra a função de custo que seria estimada por um método máximo-mínimo usando o custo revisado. Além dos dois pontos usados para desenhar a reta, todos os outros dados estão abaixo dela! Nesse caso, escolher as observações máximas e mínimas para as horas-máquina resultaria em uma função de custo estimada que descreveria, de forma inadequada, a relação linear entre o número de horas-máquina e os custos de mão-de-obra indireta de produção.

Algumas vezes, o método máximo-mínimo é modificado para que as duas observações escolhidas sejam representativas das razões alta e baixa. Os administradores usam essa modificação para evitar que observações extremas, que ocorrem dos eventos anormais, afetem a função de custo. A vantagem do método máximo-mínimo é a sua simplicidade; a desvantagem é a de que ele considera apenas duas observações ao estimar a função de custo.

Método da análise de regressão

O método da análise de regressão usa todos os dados disponíveis para estimar a função de custo. **Análise de regressão** é um método estatístico que mede a variação média na variável dependente associada a uma variação unitária em uma ou mais variáveis independentes. No exemplo da Tapetes Elegantes, a variável dependente é o total de custos de mão-de-obra indireta. A variável independente ou direcionador de custo é o número de horas-máquina. Uma análise de **regressão simples** estima a relação entre a variável dependente e uma variável independente. Análise de **regressão múltipla** estima a relação entre a variável dependente e duas ou mais variáveis independentes. A análise de regressão múltipla para a Tapetes Elegantes pode usar como variáveis independentes ou direcionadores de custos o número de horas-máquina e o número de lotes de produção.

Como são usados *softwares* para fazer os cálculos da análise de regressão, nossa discussão enfatiza como deveríamos interpretar e usar o resultado desses aplicativos. Apresentamos cálculos detalhados para a derivação da reta de regressão no anexo deste capítulo. Os programas comumente disponíveis (como o Excel) calculam quase todas as estatísticas a que nos referimos aqui. O Quadro 10.6 mostra a reta obtida usando a análise de regressão que melhor adequa aos dados nas Colunas 1 e 2 do Quadro 10.3. A função de custo estimada é:

$$y = \$\ 300{,}98 + \$\ 10{,}31X$$

A reta de regressão no Quadro 10.6 é derivada da técnica de mínimos quadrados. A reta de regressão minimiza a soma dos quadrados das diferenças verticais entre os pontos de dados (os vários pontos no gráfico) e a reta de regressão. A diferença vertical, denominada **resíduo**, mede a distância entre o custo real e o custo estimado para cada observação. O Quadro 10.6 mostra o resíduo para os dados da semana 1. A relação entre a observação e a reta de regressão é traçada perpendicularmente ao eixo horizontal ou eixo *x*. Quanto menores forem os resíduos, melhor será a adequação entre as observações de custo e os custos estimados. Um *bom ajuste de modelo* indica a força da relação entre o direcionador de custo e os custos. A reta de regressão no Quadro 10.6 se eleva da esquerda para a direita. A inclinação positiva dessa reta e os resíduos pequenos indicam que, na média, os custos de mão-de-obra indireta de produção aumentam na mesma proporção da de horas-máquina. As linhas pontilhadas verticais no Quadro 10.6 indicam a faixa relevante, a faixa dentro da qual a função de custo se aplica.

Quadro 10.6 Modelo de regressão para os custos mensais de mão-de-obra indireta de produção e horas-máquina para a Tapetes Elegantes.

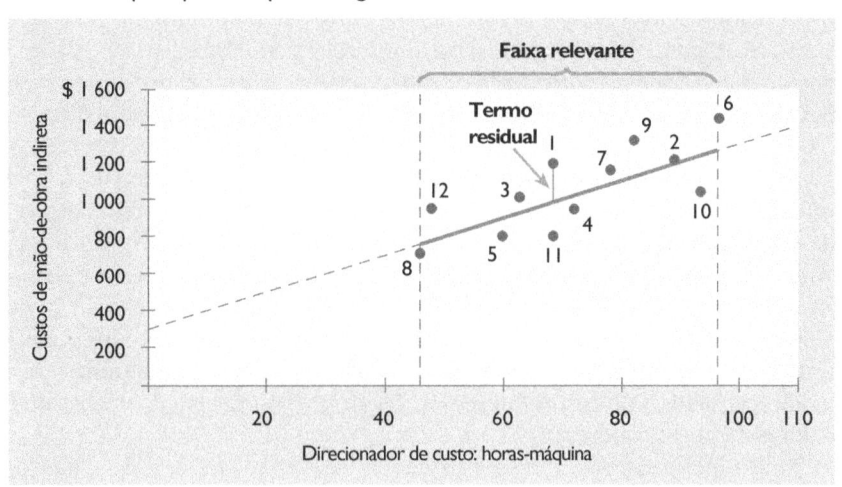

A estimativa do coeficiente angular *b* indica que os custos de mão-de-obra indireta variam em média $ 10,31 para cada hora-máquina usada dentro da faixa relevante. A administração pode usar a equação de regressão quando fizer o orçamento dos custos futuros de mão-de-obra indireta. Por exemplo, se fossem orçadas 90 horas-máquina para a semana vindoura, os custos previstos de mão-de-obra direta de produção seriam:

$$y = \$\ 300{,}98 + (\$\ 10{,}31 \text{ por hora-máquina} \times 90 \text{ horas-máquina}) = \$\ 1\ 228{,}88$$

O método de regressão é mais preciso do que o método máximo-mínimo porque a equação de regressão estima os custos usando informações de todas as observações, ao passo que a equação do máximo-mínimo usa informações de apenas duas. As imprecisões do método máximo-mínimo podem enganar os administradores. Considere a equação do máximo-mínimo na seção anterior, y = $ 23,68 + $ 14,92 por hora-máquina. Para 90 horas-máquina, o custo semanal previsto, baseado na equação do máximo-mínimo, é de $ 23,68 + ($ 14,92 por hora-máquina × 90 horas-máquina) = $ 1 366,48. Suponha que para sete semanas, do período de 12, a Tapetes Elegantes operou as suas máquina por 90 horas semanais. Suponha que os custos de mão-de-obra indireta para essas sete semanas sejam de $ 1 300. Baseado na previsão do máximo-mínimo de $ 1 366,48, a Tapetes Elegantes chegaria à conclusão de que teve um bom desempenho porque os custos reais são menores que os previstos. Porém, ao comparar o desempenho de $ 1 300 com a previsão mais precisa do modelo de regressão, de $ 1 228,88, teríamos uma história bastante diferente, levando, provavelmente, a Tapetes Elegantes a procurar meios de melhorar seu desempenho de custo.

A estimativa precisa dos custos ajuda os administradores a prever os custos futuros e a avaliar o sucesso das iniciativas de redução de custos. Suponha que o administrador da Tapetes Elegantes esteja interessado em avaliar se as decisões estratégicas recentes, que levaram às mudanças no processo de produção e resultaram nos dados do Quadro 10.3, reduziram os custos de mão-de-obra indireta, como supervisão, manutenção e controle da qualidade. Usando os dados sobre o número de horas-máquina utilizado e os custos de mão-de-obra indireta do processo anterior, o administrador estima a equação de regressão, y = $ 545,26 + ($ 15,86 por hora-máquina × número de horas-máquina). A constante ($ 300,98 *versus* $ 545,26) e o coeficiente angular ($ 10,31 *versus* $ 15,86) são ambos menores do que antes. Parece que o novo processo diminuiu os custos de mão-de-obra indireta de produção.

AVALIANDO OS DIRECIONADORES DE CUSTOS DA FUNÇÃO DE CUSTO ESTIMADA

Como pode uma empresa, ao estimar uma função de custo, determinar o melhor direcionador? Em muitos casos, a escolha de um direcionador de custo é auxiliada substancialmente pelo conhecimento das operações e da contabilidade de custos.

Para ver por que é necessário o conhecimento das operações, considere os custos de manutenção e reparo das máquinas de corte de metal, da Felix Corporação, uma fabricante de armários de aço. A Felix programa reparos e manutenção para intervalos de baixa produção, evitando desativar as máquinas em momentos de pico. A análise de dados mensais revelará custos de manutenção mais altos nos meses de baixa produção e mais baixos nos meses de produção alta. Alguém que não esteja familiarizado com as operações poderá concluir que há uma relação inversa entre produção e custos de manutenção. No entanto, a ligação entre as unidades de produção e os custos de manutenção é geralmente bem definida. Com o tempo, há uma relação de causa e efeito: quanto maior o nível de produção, maiores os custos de manutenção. Para estimar corretamente a relação, gerentes de operações e analistas reconhecem que os custos de manutenção tenderão a acentuar depois dos períodos de produção alta e, conseqüentemente, usarão a produção do período anterior como direcionador de custo.

Em outros casos, a escolha de um direcionador de custo é mais sutil e difícil. Considere novamente os custos de mão-de-obra indireta da Tapetes Elegantes. A administração acredita que o número de horas-máquina e de mão-de-obra direta de produção são direcionadores de custo plausíveis para os custos de mão-de-obra indireta. A administração não tem certeza de que o número de horas-máquina seja o melhor direcionador de custo. O Quadro 10.7 apresenta os dados semanais dos custos de mão-de-obra indireta e o de horas-máquina para o período mais recente, de 12 semanas, do Quadro 10.3, juntamente com os dados sobre o número de horas de mão-de-obra direta para o mesmo período.

Quais as diretrizes que os métodos de estimativa de custos proporcionam para a escolha entre os direcionadores de custos? O método da engenharia industrial depende da análise das relações físicas entre os direcionadores de custos e os custos, relações essas difíceis de especificar neste caso. O método de conferência e o de análise de contas usam avaliações subjetivas para escolher um direcionador de custo e para estimar os componentes fixos e variáveis da função de custo. Nesses casos, os administradores precisam contar com seu melhor julgamento. Eles não podem usar esses métodos para testar os direcionadores de custos alternativos. A principal vantagem dos métodos quantitativos é a de que eles são objetivos — um certo conjunto de dados e método de estimativa resulta em uma função de custo única — e podem ser usados para avaliar direcionadores de custos diferentes. Usamos a abordagem da análise de regressão para ilustrar como avaliar direcionadores de custos diferentes.

Primeiro, o analista de custos da Tapetes Elegantes insere os dados nas Colunas 1 e 3, do Quadro 10.7, em um computador e, usando o *software* estatístico, estima a seguinte equação de regressão dos custos de mão-de-obra indireta, com base no número de horas de mão-de-obra direta de produção:

$$y = \$\,744{,}67 + \$\,7{,}72X$$

O Quadro 10.8 mostra os pontos de dados obtidos para os custos de mão-de-obra indireta, baseados nas horas de mão-de-obra direta de produção e a reta de regressão que melhor encaixa os dados. O Quadro 10.6 mostra o gráfico correspondente quando o número de horas-máquina é o direcionador de custos. Para decidir qual direcionador de custo a Tapetes Elegantes deveria escolher, o analista compara a equação de regressão com horas-máquina e horas de mão-de-obra direta. Há três direcionadores usados para fazer essa avaliação:

1. *Plausibilidade econômica.* Ambos os direcionadores de custos são economicamente plausíveis. Entretanto, no ambiente de produção moderno e altamente automatizado da Tapetes Elegantes, os administradores familiarizados com as operações acreditam que os custos, como manutenção de máquinas, provavelmente estarão, futuramente, mais relacionados ao número de horas-máquina usado do que ao de horas de mão-de-obra direta de produção.

2. *Ajuste do modelo.* Compare os Quadros 10.6 e 10.8. As diferenças verticais entre os custos reais e os previstos são muito menores para a regressão com horas-máquina do que para a regressão das horas de mão-de-obra direta. O número de horas-máquina tem, portanto, uma relação mais forte — ou aderência — com os custos de mão-de-obra indireta.

3. *Significância da variável independente.* Mais uma vez, compare os Quadros 10.6 e 10.8. A reta de regressão das horas-máquina tem uma inclinação maior em relação à reta de regressão com horas de mão-de-obra direta. *Para a mesma (ou maior) dispersão das observações em torno da reta (ajuste do modelo)*, uma reta de regressão plana,

Quadro 10.7 Custos semanais de mão-de-obra indireta de produção, horas-máquina e horas de mão-de-obra direta para a Tapetes Elegantes.

Semana	Custos de mão-de-obra indireta (1)	Direcionador de custo: horas-máquina (2)	Direcionador de custo alternativo: horas de mão-de-obra direta (3)
1	$ 1 190	68	30
2	1 211	88	35
3	1 004	62	36
4	917	72	20
5	770	60	47
6	1 456	96	45
7	1 180	78	44
8	710	46	38
9	1 316	82	70
10	1 032	94	30
11	752	68	29
12	963	48	38

Quadro 10.8 Modelo de regressão para os custos semanais da mão-de-obra indireta de produção e horas de mão-de-obra direta para a Tapetes Elegantes.

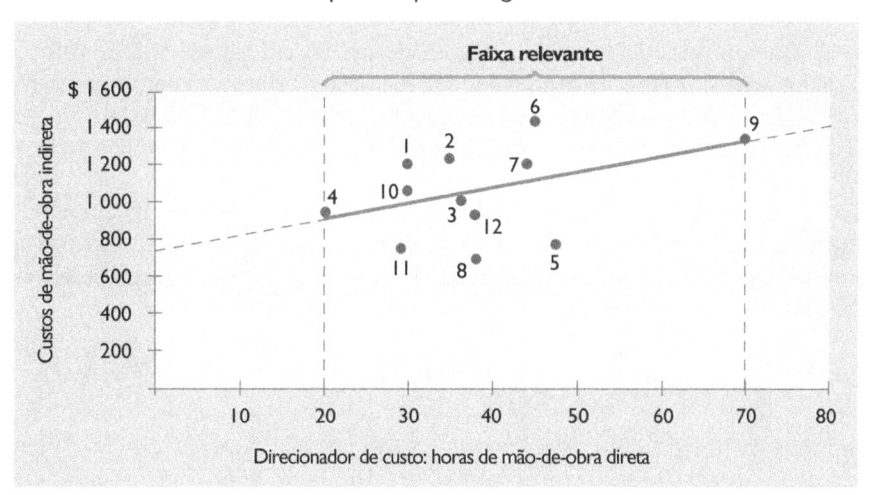

ou levemente inclinada, indica uma relação fraca entre o direcionador e os custos. No nosso exemplo, as variações nas horas de mão-de-obra direta parecem ter efeito pequeno sobre os seus custos.

A Tapetes Elegantes deveria preferir o número de horas-máquina em vez do número de horas de mão-de-obra direta como direcionador de custo e usar a função de custo $y = \$ 300,98 + (\$ 10,31$ por hora-máquina × número de horas-máquina) para prever custos futuros de mão-de-obra indireta.

Por que é importante escolher o direcionador de custo correto para estimar os custos de mão-de-obra indireta? Considere a seguinte decisão estratégica que a administração da Tapetes Elegantes precisa tomar. A empresa está pensando em introduzir um novo estilo de carpete. São esperadas vendas de 650 metros quadrados desse carpete a cada semana. A administração estima que serão necessárias 72 horas-máquina e 21 horas de mão-de-obra direta, por semana, para produzir os 650 metros quadrados necessários. Usando a equação de regressão com horas-máquina, a Tapetes Elegantes preveria custos de $y = \$ 300,98 + (\$ 10,31$ por hora-máquina × 72 horas-máquina) $= \$ 1\,043,30$. Se ela tivesse usado as horas de mão-de-obra direta como direcionador de custo, ela teria previsto incorretamente os custos de $\$ 744,67 + (\$ 7,72$ por hora de mão-de-obra × 21 horas de mão-de-obra) $= \$ 906,79$. Se a Tapetes Elegantes também escolher direcionadores de custos incorretos para outros custos indiretos e subestimá-los sistematicamente, ela concluirá que os custos de produção do novo estilo de carpete são baixos e fixos (fixos porque a linha de regressão está quase plana). Mas os custos reais, direcionados pelo número de horas-máquina usado e outros direcionadores de custos corretos, seriam mais altos. Ao deixar de identificar os direcionadores de custos apropriados, a administração seria erroneamente levada a pensar que o novo estilo de carpete é mais lucrativo do que realmente é. Ela pode decidir lançar um novo estilo de carpete, ao passo que, se tivesse identificado o direcionador de custo correto, ela poderia ter decidido pelo não-lançamento do novo carpete.

Estimar de modo incorreto a função de custo também teria repercussões para a gestão e controle dos custos. Suponha que o número de horas de mão-de-obra direta seja usado como direcionador de custos e que os custos reais de mão-de-obra indireta sejam de $\$ 970$. Os custos reais seriam então mais altos do que os previstos, de $\$ 906,79$. A administração se sentiria propensa a buscar meios para cortar custos. De fato, com base no direcionador de custo preferido, horas-máquina, a fábrica teria custos reais mais baixos do que os previstos, de $\$ 1\,043,30$ — um desempenho que a administração procuraria repetir, não mudar.

DIRECIONADORES DE CUSTOS E CUSTEIO BASEADO EM ATIVIDADES

Os sistemas de custeio com base em atividades (ABC) concentram-se nas atividades individuais — como o projeto do produto, a preparação das máquinas, o manuseio dos materiais, a distribuição e o atendimento ao cliente —, como objetos de custo fundamentais. Para implementar os sistemas ABC, os administradores precisam identificar um direcionador de custo para cada atividade. Por exemplo, usando os métodos descritos neste capítulo, o administrador precisa decidir se o número ou o peso dos volumes movimentados é o direcionador de custo de manuseio dos materiais.

Para, no nosso exemplo de manuseio dos materiais, escolher o direcionador e usá-lo para estimar a função de custo, o administrador coleta dados sobre custos e quantidades dos dois direcionadores em questão, por um período de tempo suficientemente longo. Por que um período longo? Porque no curto prazo, os custos de manuseio dos materiais podem ser fixos e, conseqüentemente, não variarão com as mudanças no nível do direcionador. Entretanto, no longo prazo, há uma relação clara de causa e efeito entre os custos de manuseio dos materiais e o direcionador de custo. Suponha que o número de volumes movimentados seja o direcionador dos custos de manuseio dos materiais.

Os aumentos no número de volumes movimentados requererão mais mão-de-obra de manuseio dos materiais e equipamentos; as diminuições resultarão em vendas de equipamentos e mão-de-obra sendo transferida para outras tarefas.

Os sistemas ABC permitem usar um grande número e variedade de direcionadores e conjunto de custos. Isso significa que os sistemas ABC exigem a estimativa de muitas funções de custos. Ao estimar a função para cada conjunto de custo, o administrador precisa prestar muita atenção à hierarquia de custos. Por exemplo, se um custo é um custo no nível do lote, como o de preparação, o administrador precisa considerar apenas os direcionadores de custo no nível do lote, como o número de horas de preparação.

Como indica a seção 'Conceitos em Ação', os administradores que implementam os sistemas ABC usam uma variedade de métodos — engenharia industrial, conferência e análise de regressão — para estimar os coeficientes angulares. Ao fazer essas escolhas, os administradores consideram o nível de detalhamento, precisão, viabilidade e os custos para estimar as funções de custos.

Não-linearidade e funções de custo

Até agora, apenas presumimos as funções de custo lineares. Na prática, as funções de custo nem sempre são lineares. Para ver uma função de custo não-linear, retorne ao Quadro 10.2, mas agora expandindo a faixa relevante para 0 a 80 mil válvulas produzidas (faixa relevante original de 20 mil a 65 mil). Você pode perceber que a função de

Conceitos em Ação

Custeio por atividade, critérios de custo e critérios de receitas

A estimativa de custo no custeio por atividade e outros sistemas mistura os vários métodos apresentados neste capítulo. Para determinar o custo de uma atividade, o sistema CPA geralmente depende de análises e opiniões de especialistas, obtidas do pessoal de operações (o método de conferência). Por exemplo, o pessoal do Departamento de Empréstimos no Cooperative Bank, no Reino Unido, estima subjetivamente os custos da atividade de processamento do empréstimo e do critério de custo dos custos de processamento do empréstimo — o número de empréstimos processados, um critério de custo em nível de lote, em vez da quantidade de empréstimos, um critério de custo em nível de unidade de produção — para derivar o custo de processamento de um empréstimo.

Os sistemas CPA algumas vezes utilizam relacionamentos de entrada-saída (o método de engenharia industrial) para identificar os critérios de custo e o custo de uma atividade. Por exemplo, a John Deere & Company utiliza métodos de mensuração do trabalho para identificar um critério de custo em nível de lote, o número de cargas-padrão movimentadas e o custo por carga movimentada dentro da sua fábrica de componentes.

A análise de regressão também é usada para escolher os critérios de custos das atividades. Considere como o fabricante de equipamentos pesados, Caterpillar, identifica o critério de custo para os custos de recebimento no seu sistema CPA. Três dos critérios de custos plausíveis são o peso das peças recebidas, o número de peças recebidas e o número de envios recebidos. O peso e o número de peças são critérios de custo em nível de unidade de produção, ao passo que o número de envios é um critério de custo em nível de lote. A Caterpillar utiliza o peso das peças como base para a atribuição de custos, isto porque uma análise de regressão mostrou que esse é o principal critério dos custos de recebimento de material.

A análise de regressão pode ser usada para identificar os critérios de receitas? Por exemplo, quando lançando novos produtos, quanto as empresas farmacêuticas deveriam gastar na contratação de representantes de vendas para visitarem os consultórios médicos, com propaganda na televisão e nos jornais de medicina? Utilizando a análise de regressão múltipla, empresas como a Novartis podem identificar quais das diversas formas de promoção do produto resultam em receitas e retornos mais altos. Para a indústria farmacêutica como um todo, as pesquisas mostram que os ganhos de receita com as visitas aos consultórios médicos e a propaganda nos jornais de medicina são maiores do que os ganhos de receita da propaganda na televisão.

Fonte: Baseado no Cooperative Bank, Harvard Business School, caso n. N9-195-196; *John Deere Component Works* (A), Harvard Business School, caso 9-187-107; S. Neshlin, "ROI analysis of pharmaceutical promotion", *Medical Marketing and Media*, 2001, e discussões com as empresas.

custo sobre a faixa expandida é representada graficamente por uma linha que é não uma reta. O total de custos de uma **função de custo não-linear**, baseado no nível de uma única atividade, representado graficamente, não é uma linha reta dentro da faixa relevante.

Considere um outro exemplo. Na propaganda, as economias de escala possibilitam que uma agência de publicidade dobre o número de propagandas por menos que o dobro dos custos. Mesmo os custos dos materiais diretos não são sempre custos variáveis lineares. Considere os descontos por quantidade nas compras dos materiais diretos. Como mostra o Quadro 10.9, Painel A, o total de custos de materiais diretos sobe. Porém, por causa dos descontos na quantidade, o total de custos dos materiais diretos sobe mais vagarosamente (como indicado pelo coeficiente angular), à medida que as unidades compradas aumentam. Essa função de custo tem b = $ 25 por unidade para 1 a 1 000 unidades compradas, b = $ 15 por unidade para 1 001 a 2 000 unidades compradas e b = $ 10 por unidade para 2 001 a 3 000 unidades compradas. O custo dos materiais diretos por unidade cai em cada quebra de preço — isto é, o custo por unidade diminui com os pedidos de compras maiores. Se considerar a faixa relevante como sendo de 1 a 3 000 unidades, a função de custo é não-linear — não é uma linha reta. Se, no entanto, a faixa relevante for definida mais estreitamente (isto é, de 1 a 1 000 unidades), a função de custo é linear.

As funções de custos em degraus também são exemplos de funções de custos não-lineares. Uma **função de custo em degraus** é uma função de custo em que o custo permanece o mesmo em várias faixas do nível da atividade, mas o custo aumenta em quantidades discretas — isto é, aumenta em degraus —, à medida que o nível de atividade muda de uma faixa para a próxima. O Painel B, no Quadro 10.9, mostra uma *função de custos variáveis em degraus* em que o custo permanece o mesmo em faixas *estreitas* do nível da atividade em cada faixa relevante. O Quadro 10.9, Painel B, apresenta a relação entre unidades de produção e custos de preparação. O padrão é uma função de custo em degraus porque, como descrevemos no Capítulo 5, no custeio baseado em atividades, os custos de preparação estão relacionados a cada lote de produção começado. Se considerar a faixa relevante como sendo de 0 a 6 000 unidades de produção, a função de custo é não-linear. Entretanto, como mostrado pela reta cinza-escura no Quadro 10.9, Painel B, os administradores geralmente aproximam os custos variáveis em degraus para uma função de custo variável contínua. O custo variável em degraus também ocorre quando entradas, como mão-de-obra de manuseio dos materiais, supervisão e mão-de-obra de engenharia do processo são adquiridas em quantidades discretas, mas usadas em quantidades fracionadas.

O Painel C, do Quadro 10.9, mostra uma função de custo fixa em degraus para a Metalúrgica CS, uma empresa que opera grandes fornos para endurecer peças de aço. Olhando nos Painéis C e B, você pode ver que a principal diferença entre uma função de custo variável e uma função de custo fixo em degraus é que a função de custo fixo permanece a mesma por uma amplitude *maior* da atividade, em cada faixa relevante. As fixas indicam o número de caldeiras usadas (cada caldeira custa $ 300 000). O custo aumenta de uma faixa para a próxima mais alta quando as horas necessárias exigem o uso de uma outra caldeira. A faixa relevante de 7 500 a 15 000 horas do tempo de caldeira indica que a empresa espera operar com duas caldeiras a um custo de $ 600 000. A administração considera o custo operacional das caldeiras como fixo dentro da faixa relevante da operação. Entretanto, se a faixa relevante for considerada como sendo de 0 a 22 500 horas, a função de custo é não-linear: o gráfico no Quadro 10.9, Painel C, não é uma única linha reta; são três retas separadas.

Quadro 10.9 Efeitos dos descontos por quantidades na inclinação da função de custo dos materiais diretos.

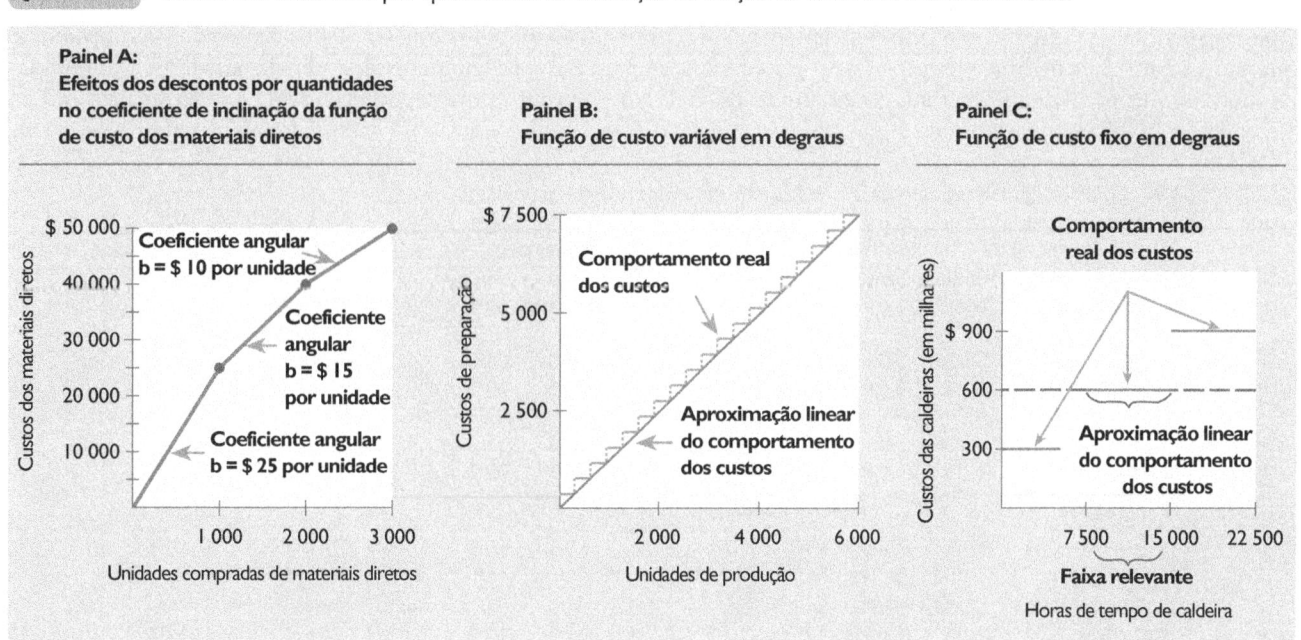

Painel A:
Efeitos dos descontos por quantidades no coeficiente de inclinação da função de custo dos materiais diretos

Painel B:
Função de custo variável em degraus

Painel C:
Função de custo fixo em degraus

Curvas de aprendizagem e funções de custos não-lineares

As funções de custos não-lineares também resultam das **curvas de aprendizagem**, que medem como as horas de mão-de-obra por unidade diminuem à medida que as unidades de produção aumentam, motivado pela aprendizagem e aperfeiçoamento dos trabalhadores nas suas respectivas funções. Os administradores usam as curvas de aprendizagem para prever como as horas ou o custo de mão-de-obra irão aumentar à medida que mais unidades vão sendo produzidas.

A indústria de montagem de aviões foi a primeira a documentar o efeito que a aprendizagem tem sobre a eficiência. No geral, à medida que os trabalhadores se tornam mais familiarizados com suas tarefas, a eficiência aumenta. Os administradores aprendem a melhorar a programação dos turnos de trabalho, e os operadores, a operar melhor os equipamentos. Como resultado do aperfeiçoamento e da eficiência, os custos por unidade caem à medida que a produtividade aumenta, e a função de custo por unidade se comporta de maneira não-linear. Essa maneira não-linear precisa ser considerada ao se estimar e prever custos unitários.

Os administradores estão agora estendendo a idéia da curva de aprendizagem para outras funções gerenciais da cadeia de valor, como marketing, distribuição e atendimento ao cliente, e para outros custos além dos de mão-de-obra. O termo *curva da experiência* descreve a aplicação mais ampla da curva de aprendizagem. Uma **curva da experiência** é uma função que mede o declínio no custo unitário em várias funções da cadeia de valor, como marketing, distribuição e outras, à medida que as unidades produzidas aumentam.

Agora, descreveremos dois modelos da curva de aprendizagem: o modelo de aprendizagem de tempo médio acumulado e o modelo de aprendizagem de tempo incremental.

Modelo de aprendizagem de tempo médio acumulado

No **modelo de aprendizagem de tempo médio acumulado**, o tempo médio acumulado por unidade declina por uma porcentagem constante toda vez que a quantidade acumulada de unidades produzidas dobra. O Quadro 10.10 ilustra esse modelo com uma curva de aprendizagem de 80 por cento. Os 80 por cento significam que quando a quantidade de unidades produzidas dobra de X para $2X$, o tempo médio acumulado *por unidade*, para as $2X$ unidades, é 80 por cento do tempo médio acumulado *por unidade* para X unidades. O tempo médio por unidade teve uma queda de 20 por cento (100% – 80%). O Quadro 10.10, Painel A, mostra o tempo médio acumulado por unidade como uma função das unidades produzidas. O Painel B mostra o total cumulativo de horas de mão-de-obra como uma função das unidades produzidas. Os dados do Quadro 10.10, e os detalhes de seus cálculos, são mostrados no Quadro 10.11. Observe que, à medida que o número de unidades produzidas dobra de 1 para 2, o tempo médio acumulado por unidade declina de cem horas para 80 por cento de cem horas, ou seja, 0,80 × 100 horas = 80 horas. Conforme o número de unidades dobra de 2 para 4, o tempo médio acumulado por unidade declina para 80 por cento de 80 horas = 64 horas. Para obter o total de tempo acumulado, multiplique o tempo médio acumulado por unidade pelo número acumulado de unidades produzidas. Por exemplo, para produzir quatro unidades acumuladas, seria necessário 256 horas de mão-de-obra (4 unidades × 64 horas de mão-de-obra de tempo médio acumulado por unidade).

Modelo de aprendizagem de tempo incremental

No **modelo de aprendizagem de tempo incremental**, o tempo incremental necessário para produzir a última unidade declina por uma porcentagem constante toda vez que a quantidade acumulada de unidades produzidas dobra. O Quadro 10.12 ilustra este modelo com uma curva de aprendizagem de 80 por cento. Os 80 por cento aqui significam que quando a quantidade de unidades produzidas é dobrada de X para $2X$, o tempo necessário para produzir a última unidade, quando são produzidas um total de $2X$ unidades, é de 80 por cento do tempo necessário para produzir a última

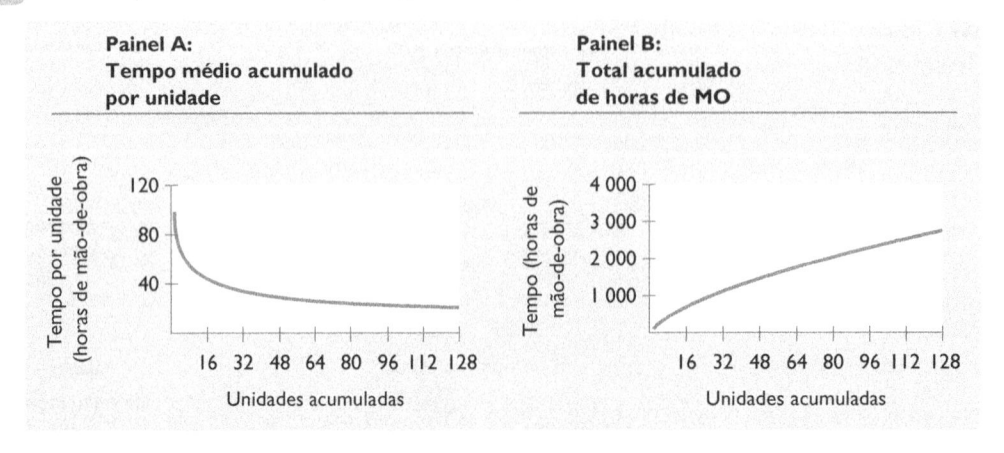

Quadro 10.10 Gráficos para o modelo de aprendizagem de tempo médio acumulado.

Quadro 10.11 Modelo de aprendizagem de tempo médio acumulado.

Número acumulado de unidades (1)	Tempo médio acumulado por unidade (y): horas de mão-de-obra (2)	Total de tempo acumulado: horas de mão-de-obra (3) = (1) × (2)	Tempo individual por unidade para X unidade: horas de mão-de-obra (4)
1	100,00	100,00	100,0
2	80,00 (100 × 0,8)	160,00	60,00
3	70,21	210,63	50,63
4	64,00 (80 × 0,8)	256,00	45,37
5	59,57	297,85	41,85
6	56,17	337,02	39,17
7	53,45	374,15	37,13
8	51,20 (64 × 0,8)	409,60	35,45
*	*	*	*
*	*	*	*
*	*	*	*
16	40,96 (51,2 × 0,8)	655,36	28,06

Observação: *A relação matemática subjacente ao modelo de aprendizagem de tempo médio acumulado é:*

$$y = aX^b$$

onde
- y = *Tempo médio acumulado (horas de mão-de-obra) por unidade*
- X = *Número acumulado de unidades produzidas*
- a = *Tempo (horas de mão-de-obra) necessário para produzir a primeira unidade*
- b = *Fator usado para calcular o tempo médio acumulado para produzir unidades*

O valor de b é calculado como:

$$b = \frac{Ln\ (\%\ da\ curva\ de\ aprendizagem\ no\ formato\ decimal)}{Em\ 2}$$

Para uma curva de aprendizagem de 80%:

$$b = \frac{Em\ 0,8}{Em\ 2} = \frac{-0,2231}{0,6931} = -0,3219$$

Como exemplo, quando X = 3, a = 100 e b = –0,3219

$$y = 100 \times 3^{-0,3219} = 70,21\ horas\ de\ mão\text{-}de\text{-}obra$$

O total de tempo acumulado quando X = 3 é de 70,21 × 3 = 210,63 horas de mão-de-obra.
Os tempos das unidades na Coluna 4 são calculados usando os dados na Coluna 3. Por exemplo, o tempo unitário para a terceira unidade é 50,63 horas de mão-de-obra (210,63 – 160,00).

unidade quando são produzidas um total de *X* unidades. O Quadro 10.12, Painel A, mostra o tempo médio acumulado por unidade como uma função das unidades acumuladas produzidas. O Painel B, no Quadro 10.12, mostra o total acumulado de horas de mão-de-obra como uma função das unidades produzidas. Os pontos de dados subjacentes no Quadro 10.12, e os detalhes de seus cálculos, são mostrados no Quadro 10.13. Observe que quando as unidades produzidas dobram de 2 para 4, o tempo para produzir a unidade 4 (a última, quando produzidas quatro unidades) é de 64 horas, o qual é 80 por cento das 80 horas necessárias para produzir a unidade 2 (a última, quando produzidas duas unidades). Obtemos o tempo total acumulado somando as unidades individuais na Coluna 2. Por exemplo, para produzir quatro unidades acumuladas seriam necessárias 314,21 horas de mão-de-obra (100,00 + 80,00 + 70,21 + 64,00).

O modelo de tempo incremental prevê um total de tempo acumulado mais alto para produzir duas ou mais unidades que o modelo de tempo médio acumulado, presumindo para ambos a mesma taxa de aprendizagem. Se compararmos os resultados do Quadro 10.11 com os resultados do Quadro 10.13, para produzir quatro unidades acumuladas, o modelo de aprendizagem de tempo incremental por unidade de 80 por cento prevê 314,21 horas de mão-de-obra *versus* 256,00 horas de mão-de-obra prevista pelo modelo de aprendizagem de tempo médio acumulado de 80 por cento. Isso porque, sob o modelo de aprendizagem de tempo médio acumulado, a *média de horas de mão-de-obra necessária para produzir todas as quatro unidades* é de 64 horas; a quantia de horas de mão-de-obra necessária para produzir a unidade 4 é muito menor do que 64 horas — é de 45,37 horas (veja Quadro 10.11). Sob o modelo de aprendizagem de tempo incremental, a quantia de horas de mão-de-obra necessária para produzir a unidade 4 é de 64 horas, e as horas de mão-de-obra necessárias para produzir as três primeiras unidades são mais do que 64 horas, portanto, o tempo médio necessário para produzir todas as quatro unidades é de mais 64 horas.

Qual dos dois modelos é preferível? A escolha deve ser feita caso a caso. Por exemplo, se em uma situação específica o comportamento do uso de mão-de-obra de produção, à medida que os níveis de produção aumentam, seguir um padrão como o previsto pelo modelo de aprendizagem de tempo médio acumulado, esse modelo deveria ser usado. Os engenheiros, administradores e operários são boas fontes de informação sobre quantidade e tipo de aprendizagem que realmente ocorre à medida que a produção aumenta. A apresentação gráfica dessas informações é útil na seleção do modelo apropriado.[2]

Estabelecendo preços, orçamentos e padrões

Como as empresas usam as curvas de aprendizagem? Considere os dados do Quadro 10.11 para o modelo de aprendizagem de tempo médio acumulado. Suponha que os custos variáveis, sujeitos aos efeitos de aprendizagem,

Quadro 10.12   Gráfico para o modelo de aprendizagem de tempo incremental.

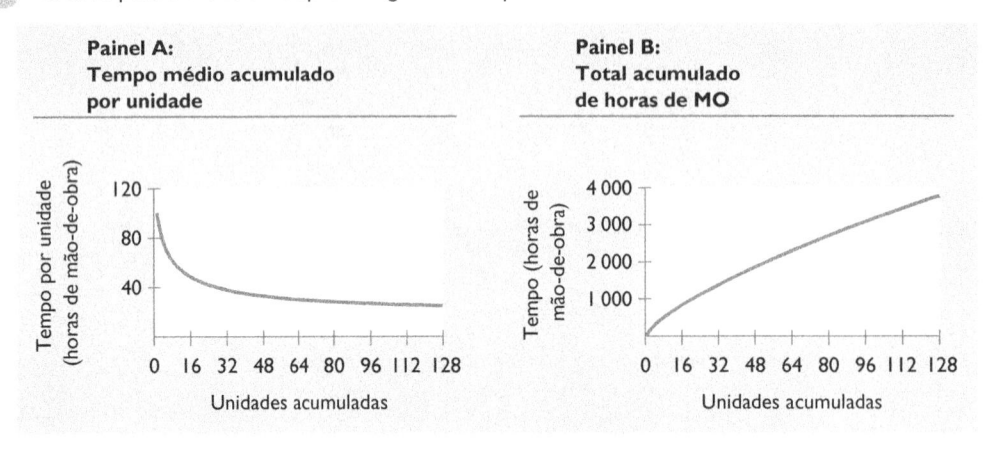

Painel A: Tempo médio acumulado por unidade

Painel B: Total acumulado de horas de MO

Quadro 10.13   Modelo de aprendizagem de tempo incremental.

Número acumulado de unidades (1)	Tempo por unidade (y): horas de mão-de-obra (2)	Total de tempo acumulado: horas de mão-de-obra (3)	Tempo médio acumulado por unidade: horas de mão-de-obra (4) = (3) ÷ (1)
1	100,00	100,00	100,00
2	80,00 (100 × 0,8)	180,00	90,00
3	70,21	250,21	83,40
4	64,00 (80 × 0,8)	314,21	78,55
5	59,57	373,78	74,76
6	56,17	429,95	71,66
7	53,45	483,40	69,06
8	51,20 (64 × 0,8)	534,60	66,82
*	*	*	*
*	*	*	*
*	*	*	*
16	40,96 (51,2 × 0,8)	892,00	55,75

Observação: *A relação matemática subjacente ao modelo de aprendizagem de tempo incremental é*

$$y = aX^b$$

onde
- y = *Tempo (horas de mão-de-obra) que leva para produzir a última unidade*
- X = *Número acumulado de unidades produzidas*
- a = *Tempo (horas de mão-de-obra) necessário para produzir a primeira unidade*
- b = *Fator usado para calcular o tempo incremental para produzir as unidades*

$$b = \frac{Ln\ (\%\ da\ curva\ de\ aprendizagem\ no\ formato\ decimal)}{Ln\ 2}$$

Para uma curva de aprendizagem de 80%

$$b = \frac{Ln\ 0,8}{Ln\ 2} = \frac{-0,2231}{0,6931} = 0,3219$$

Como exemplo, quando X = 3, a = 100, e b = 0,3219

$$y = 100 \times 3^{-0,3219} = 70,21\ horas\ de\ mão\text{-}de\text{-}obra$$

O total de tempo acumulado quando X = 3 é de 100 + 80 + 70,21 = 250,21 horas de mão-de-obra.

---

2. Para mais detalhes veja C. Bailey, Learning curve estimation of production costs and labor-hours using a free excel add-in, Management Accounting Quarterly, 2000.

consistam de mão-de-obra direta, a $ 20 por hora, e custos indiretos relacionados, a $ 30 por hora de mão-de-obra direta. Os administradores deveriam prever os custos mostrados no Quadro 10.14.

Esses dados mostram que os efeitos da curva de aprendizagem poderiam ter grande influência sobre as decisões. Por exemplo, uma empresa pode estabelecer um preço de venda extremamente baixo sobre o seu produto para gerar uma demanda alta. À medida que a produção da empresa aumenta para satisfazer a demanda crescente, o custo por unidade cai. A empresa 'conduz o produto pelas curvas de aprendizagem' à medida que ela estabelece uma participação de mercado mais alta. Embora a empresa tenha obtido lucro operacional baixo na primeira unidade vendida — ela pode, na realidade, ter perdido na venda daquela unidade —, ela obtém mais lucro por unidade à medida que a produção aumenta.

Como alternativa, sujeita às considerações legais e outras, a empresa pode estabelecer um preço baixo apenas nas oito unidades finais. Afinal de contas, a mão-de-obra e o custo indireto relacionado, por unidade, para essas oito unidades finais, são previstos como sendo de apenas $ 12 288 ($ 32 768 – $ 20 480). Nessas últimas oito unidades, o custo de $ 1 536 por unidade ($ 12 288 ÷ 8 unidades) é muito mais baixo do que o custo de $ 5 000 por unidade da primeira unidade produzida.

Muitas empresas incorporam os efeitos da curva de aprendizagem quando avaliam o desempenho. Por exemplo, a Nissan Motor Company espera que os seus operários aprendam e aperfeiçoem o trabalho e avalia o desempenho de acordo. Ela estabelece padrões de eficiência da mão-de-obra de montagem para os novos modelos de carros levando em consideração a aprendizagem que ocorrerá à medida que são produzidas mais unidades.

Os modelos de curvas de aprendizagem examinados nos Quadros 10.10 a 10.14 supõem que a aprendizagem é guiada por uma única variável (resultado da produção). Foram desenvolvidos outros modelos de aprendizagem (por empresas como a Analog Devices e Yokogowa Hewlett-Packard) que focam em como a qualidade — e não as horas de mão-de-obra de produção — mudará com o tempo, e não à medida que mais unidades são produzidas. Alguns estudos recentes sugerem que outros fatores além do volume de produção, como a rotatividade no trabalho e a organização dos operários em equipes, contribuem para a aprendizagem que melhora a qualidade.

QUESTÕES SOBRE A COLETA DE DADOS E AJUSTES

O banco de dados ideal para estimar as funções de custos quantitativamente tem duas características:

1. *O banco de dados deveria conter várias observações confiáveis do direcionador de custo (a variável independente) e os custos (a variável dependente).* Os erros em medir os custos e os direcionadores de custos são sérios. Eles resultam em estimativas imprecisas do efeito do direcionador de custo sobre os custos.

2. *O banco de dados deveria considerar, para o direcionador de custo, muitos valores que abrangem uma vasta faixa.* Usar apenas alguns valores próximos do direcionador de custo considera apenas um segmento muito pequeno da faixa relevante e reduz a confiança nas estimativas obtidas.

Infelizmente, os analistas de custos não têm a vantagem de trabalhar com um banco de dados que tenha ambas as características. Esta seção esboça alguns problemas com dados freqüentemente encontrados e as etapas que o analista pode seguir para superar esses problemas.

1. O período de tempo para medir a variável dependente (por exemplo, os custos do lubrificante das máquinas) não está de acordo com o período usado para medir o direcionador de custo. Esse problema freqüentemente surge quando os registros contábeis não são feitos pelo regime de competência. Considere uma função de custo tendo os custos de lubrificante das máquinas como a variável dependente e o número de horas-máquina como direcionador de custo. Suponha que o lubrificante seja comprado esporadicamente e armazenado para ser

Quadro 10.14 Prevendo os custos usando as curvas de aprendizagem.

Número acumulado de unidades	Tempo médio acumulado por unidade: horas de mão-de-obra[a]	Total de tempo acumulado: horas de mão-de-obra	Custos acumulados a $ 50 por hora de mão-de-obra	Adições aos custos acumulados
1	100,00	100,00	$ 5 000 (100,00 × $ 50)	$ 5 000
2	80,00	160,00	8 000 (160,00 × $ 50)	3 000
4	64,00	256,00	12 800 (256,00 × $ 50)	4 800
8	51,20	409,60	20 480 (409,60 × $ 50)	7 680
16	40,96	655,36	32 768 (655,36 × $ 50)	12 288

a *Baseado no modelo de aprendizagem do tempo médio acumulado. Veja Quadro 10.11 para os cálculos.*

usado mais tarde. Os registros mantidos em regime de caixa indicarão pouco consumo de lubrificantes em alguns meses e um grande consumo de lubrificante em outros. Esses registros apresentam um quadro obviamente impreciso do que realmente está acontecendo. O analista deveria usar o regime de competência para medir o consumo dos lubrificantes de máquinas para comportar melhor os custos com o direcionador de custo neste exemplo.

2. Os custos fixos são rateados com se fossem variáveis. Por exemplo, custos como depreciação, seguro ou aluguel podem ser rateados aos produtos para calcular o custo por unidade de produção. *O perigo está em considerar esses custos como variáveis e não como fixos. Eles parecem variáveis devido aos métodos usados de rateio.* Para evitar este problema, o analista deveria distinguir cuidadosamente entre custos fixos e variáveis, e não tratar os custos fixos rateados por unidade como variável.

3. Os dados não estão disponíveis para todas as observações ou eles não são uniformemente confiáveis. A falta de observações de custos geralmente surge da falha em registrar um custo ou da sua classificação incorreta. Por exemplo, os custos de marketing podem ser reduzidos porque os custos das visitas de vendas aos clientes podem ser incorretamente registrados como custos de atendimento ao cliente. Registrar os dados manualmente, em vez de eletronicamente, tende a resultar em uma porcentagem maior de falta de observações e de registros errados. Os erros também ocorrem quando os dados sobre direcionadores de custos vêm de fora do sistema contábil interno. Por exemplo, o *departamento de contabilidade* pode obter dados sobre as horas de testes para instrumentos médicos do *departamento de produção* e dados sobre o número de itens enviados para os clientes do *departamento de distribuição*. Esses departamentos podem não manter registros precisos. Para minimizar esses problemas, o analista de custo deveria elaborar relatórios de coletas de dados que rotineiramente obtêm os dados necessários e deveria investigar imediatamente ao identificar ausência de dados.

4. Os valores extremos das observações ocorrem de erros nos registros dos dados (por exemplo, uma vírgula colocada no lugar errado); de períodos não representativos (por exemplo, de um período em que ocorreu grave avaria de máquinas ou de outro em que um fornecedor internacional atrasou na entrega de materiais, reduzindo a produção); ou de observações fora da faixa relevante. Os analistas deveriam ajustar ou eliminar as observações incomuns antes de estimar uma função de custo.

5. Não há uma relação homogênea entre os itens de custo individuais no grupo de custo da variável dependente e o direcionador de custo. A relação homogênea ocorre quando cada atividade, cujos custos estão incluídos na variável dependente, tem o mesmo direcionador de custo. Neste caso, pode ser estimada uma função de custo única. Como vimos na Etapa 2, para estimar uma função de custo usando a análise quantitativa (p. 309), quando o direcionador de custo para cada atividade é diferente, funções de custos separadas devem ser estimadas para cada atividade, cada uma com seu próprio direcionador de custo.

6. A relação entre o direcionador e o custo não é estática. Isto é, o processo básico que gerou as observações não permaneceu constante no tempo. Por exemplo, a relação entre o número de horas-máquina e os custos indiretos provavelmente não será estável quando os dados cobrirem o período em que foi introduzida uma nova tecnologia. Um meio de observar se a relação é estática é separar a amostra em duas partes e estimar funções de custos diferentes — uma para o período antes de a tecnologia ter sido introduzida e outra para depois da inovação tecnológica. Se os coeficientes estimados para os dois períodos forem similares, o analista poderá agrupar os dados para estimar uma função de custo única. Quando viável, o agrupamento de dados fornece um conjunto de dados maior para a estimativa, o que aumenta a confiança nas previsões de custo que estão sendo feitas.

7. A inflação tem afetado os custos, o direcionador de custo, ou ambos. Por exemplo, a inflação pode fazer com que os custos mudem mesmo quando não há alteração no nível do direcionador de custo. Para estudar o relacionamento básico de causa e efeito entre o nível do direcionador e os custos, o analista deveria remover efeitos inflacionários dos dados, dividindo cada custo pelo índice de preço na data em que o custo foi registrado.

Em muitos casos, um analista de custo tem muito trabalho para reduzir o efeito desses problemas antes de estimar uma função de custo com base em dados passados.

PROBLEMA PARA AUTO-ESTUDO

A divisão de helicópteros da Aeroespacial está examinando os custos de montagem de helicópteros de sua fábrica em Marselha, na França. Ela recebeu um pedido inicial de oito novos helicópteros para levantamento topográfico. A Aeroespacial pode adotar um dos dois métodos de montagem dos helicópteros:

	Método de montagem mão-de-obra	Método intensivo de montagem de máquinas
Custo dos materiais diretos por helicóptero	$ 40 000	$ 36 000
Tempo de mão-de-obra direta de montagem para o primeiro helicóptero	2 000 horas de mão-de-obra	800 horas de mão-de-obra
Curva de aprendizagem para o tempo de mão-de-obra de montagem por helicóptero	85% do tempo médio aumentado[a]	90% do tempo incremental[b]
Custo de mão-de-obra direta de montagem	$ 30 por hora	$ 30 por hora
Custo indireto de produção relacionado ao equipamento	$ 12 por hora de mão-de-obra direta de montagem	$ 45 por hora de mão-de-obra direta de montagem
Custo indireto de produção relacionado ao manuseio dos materiais	50% do custo dos materiais diretos	50% do custo dos materiais diretos

a *Usando a fórmula (p. 319) para uma curva de aprendizagem de 85%,* $b = \dfrac{Em\ 0{,}85}{Em\ 2} = \dfrac{-0{,}1625}{0{,}6931} = -0{,}2345$

b *Usando a fórmula (p. 319) para uma curva de aprendizagem de 90%,* $b = \dfrac{Em\ 0{,}90}{Em\ 2} = \dfrac{-0{,}1053}{0{,}6931} = -0{,}1520$

Para fazer:

1. Quantas horas de mão-de-obra direta de montagem são necessárias para montar os oito primeiros helicópteros sob (a) o método intensivo em mão-de-obra e (b) o método intensivo em máquina?
2. Qual é o custo de montagem dos oito primeiros helicópteros sob (a) o método de mão-de-obra intensiva e (b) o método intensivo em máquina?

Solução

1a. O método de montagem intensiva em mão-de-obra, baseado em um modelo de aprendizagem de tempo médio acumulado de 85 por cento:

Número acumulado de unidades (1)	Tempo médio acumulado por unidade (y): horas de mão-de-obra (2)	Total de tempo acumulado: horas de mão-de-obra (3) = 1 × (2)	Tempo por unidade para X[a] unidade: horas de mão-de-obra (4)
1	2 000	2 000	2 000
2	1 700 (2 000 × 0,85)	3 400	1 400
3	1 546	4 638	1 238
4	1 445 (1 700 × 0,85)	5 780	1 142
5	1 371	6 855	1 075
6	1 314	7 884	1 029
7	1 267	8 869	985
8	1 228,25 (1 445 × 0,85)	9 826	957

O tempo médio acumulado por unidade para X[a] unidade na Coluna 2 é calculado como $y = aX^b$; veja Quadro 10.11. Por exemplo, quando X = 3, $y = 2\ 000 \times 3^{-0{,}2345} = 1{,}546$ horas de mão-de-obra.

1b. O método intensivo de montagem em máquina, baseado em um modelo de aprendizagem de tempo incremental de 90 por cento:

Número acumulado de unidades (1)	Tempo por unidade para a unidade X[a] (y): horas de mão-de-obra (2)	Total de tempo acumulado: horas de mão-de-obra (3)	Tempo médio acumulado por unidade: horas de mão-de-obra (4) = (3) ÷ (1)
1	800	800	800
2	720 (800 × 0,9)	1 520	760
3	677	2 197	732
4	648 (720 × 0,9)	2 845	711
5	626	3 471	694
6	609	4 080	680
7	595	4 675	668
8	583 (648 × 0,9)	5 258	657

O tempo por unidade para a X^a unidade na Coluna 2 é calculado como Y = aX^b; veja Quadro 10.13. Por exemplo, quando X = 3, y = 800 × 3$^{-0,1520}$ = 677 horas de mão-de-obra.

2. Os custos de montagem para os oito primeiros helicópteros são:

	Método intensivo de montagem em mão-de-obra	Método intensivo de montagem em máquina
Materiais diretos:		
8 helicópteros × $ 40 000 por helicóptero	$ 320 000	
8 helicópteros × $ 36 000 por helicóptero		$ 288 000
Mão-de-obra direta de montagem:		
9 826 horas × $ 30/h; 5 258 hs × $ 30/h	294 780	157 740
Custo de mão-de-obra direta:		
Relacionado ao equipamento:		
9 826 h × $ 12/h; 5 258 h × $ 45/h	117 912	236 610
Relacionado ao manuseio dos materiais:		
0,50 × $ 320 000; 0,50 × $ 288 000	160 000	144 000
Total de custos de montagem	$ 892 692	$ 826 350

Os custos de montagem do método intensivo em máquina são $ 66 342 mais baixos do que o método intensivo de mão-de-obra ($ 892 692 – $ 826 350).

Pontos de decisão

Resumo

O seguinte formato de perguntas e respostas resume os objetivos de aprendizagem do capítulo. Cada decisão representa uma pergunta-chave relacionada a um objetivo de aprendizagem. As diretrizes são a resposta à pergunta.

Decisão	Diretrizes
1. Quais suposições geralmente são feitas ao estimar uma função de custo?	As duas suposições freqüentemente feitas na estimativa do comportamento do custo são (a) as mudanças no total dos custos podem ser explicadas pelas mudanças no nível de uma única atividade e (b) o comportamento do custo pode ser explicado, aproximadamente, por uma função linear do nível da atividade dentro da faixa relevante.
2. O que é uma função de custo linear e que tipos de comportamento de custo ela pode representar?	Uma função de custo linear é uma função de custo em que, dentro da faixa relevante, o gráfico do total de custos baseado no nível de uma única atividade é uma linha reta. As funções de custo lineares podem ser descritas por uma constante, *a*, que representa a estimativa do componente do total de custo que, dentro da faixa relevante, não varia com as alterações no nível da atividade; e por um coeficiente angular *b*, que representa a estimativa da quantia pela qual o total de custo muda para cada alteração de unidade no nível da atividade dentro da faixa relevante. Os três tipos de funções de custos lineares são variável, fixo e semivariável (singular).
3. Quais são as abordagens que podem ser usadas para estimar uma função de custo?	Os quatro métodos para estimar as funções de custos são o método da engenharia industrial, o de conferência, o de análise contábil e o de análise quantitativa (o método máximo-mínimo e o método de análise de regressão). Se possível, o analista de custo deve aplicar mais de um método. Cada método serve como conferidor do outro.
4. Quais são as etapas para estimar uma função de custo com base numa análise de dados passados?	Há seis etapas para estimar uma função de custo com base em uma análise de dados passados: (a) escolher a variável dependente; (b) identificar o direcionador de custo; (c) coletar dados sobre a variável dependente e o direcionador de custo; (d) lançar os dados em gráfico; (e) estimar a função de custo; e (f) avaliar a função de custo estimada. Na maioria das situações, trabalhando com os gerentes de operações, o analista de custo terá

	de passar todas essas etapas várias vezes antes de identificar uma função de custo aceitável.
5. Como uma empresa deveria avaliar e escolher os direcionadores de custos?	Os três direcionadores para avaliar e escolher os direcionadores de custos são (a) plausibilidade econômica, (b) ajuste do modelo e (c) significância da variável independente.
6. O que é uma função de custo não-linear e como ela ocorre?	Uma função de custo não-linear é uma função de custo em que o gráfico do total de custos, baseado no nível de uma única atividade, não é uma linha reta dentro da faixa relevante. As funções de custos não-lineares podem ocorrer devido a descontos por quantidade, funções de custos em degraus e efeitos da curva de aprendizagem.
7. Quais são os tipos diferentes de modelos da curva de aprendizagem que uma empresa pode usar?	A curva de aprendizagem é um exemplo de função de custo não-linear. As horas de mão-de-obra por unidade declinam à medida que as unidades de produção aumentam. No modelo de aprendizagem de tempo médio acumulado, o tempo médio acumulado por unidade declina por uma porcentagem constante cada vez que a quantidade acumulada de unidades produzidas dobra. No modelo de tempo incremental, o tempo incremental (o tempo necessário para produzir a última unidade) declina por uma porcentagem constante toda vez que a quantidade acumulada de unidades produzidas dobra.
8. Quais são os problemas mais comuns, com relação a dados, que uma empresa precisa observar quando estiver estimando custos?	A tarefa mais difícil na estimativa de custos é coletar dados de alta qualidade e confiáveis sobre custos e o direcionador de custo. Os problemas comuns incluem a falta de dados, os valores extremos, as mudanças na tecnologia e as distorções que resultam da inflação.

Anexo: Análise de regressão

Este anexo descreve a estimativa da equação de regressão, várias estatísticas de regressão comumente usadas e como escolher entre as funções de custos estimadas pela análise de regressão. Nós usamos os dados da Tapetes Elegantes, apresentados no Quadro 10.3.

ESTIMANDO A RETA DE REGRESSÃO

A técnica dos mínimos quadrados para estimar a reta de regressão minimiza a soma dos quadrados dos desvios verticais dos pontos de dados para a reta de regressão estimada (também chamada de *termo residual* no Quadro 10.6). O objetivo é encontrar os valores de a e b na função de custo linear $y = a + bX$, onde y é o valor do custo *previsto*, diferente do valor do custo *observado*, denotado por Y. Queremos encontrar os valores numéricos de a e b que minimizam $\Sigma (Y - y)^2$, a soma dos quadrados dos desvios verticais entre Y e y. Geralmente, esses cálculos são feitos usando aplicativos como o Excel. Para os dados no nosso exemplo,[3] $a = \$ 300,98$ e $b = \$ 10,31$, portanto, a equação da reta de regressão é $y = \$ 300,98 + \$ 10,31X$.

---

3. *As fórmulas para a e b são:*

$$a = \frac{(\Sigma Y)(\Sigma X^2) - (\Sigma X)(\Sigma XY)}{n(\Sigma X^2) - (\Sigma X)(\Sigma X)} \quad e \quad b = \frac{n(\Sigma XY) - (\Sigma X)(\Sigma Y)}{n(\Sigma X^2) - (\Sigma X)(\Sigma X)}$$

onde, para os dados da Tapetes Elegantes no Quadro 10.3,
n = número de pontos de dados = 12
ΣX = soma dos valores dados de $X = 68 + 88 + ... + 48 = 862$
ΣX^2 = soma dos quadrados dos valores de $X = (68)^2 + (88)^2 + ... + (48)^2 = 4\ 624 + 7\ 744 + ... + 2\ 304 = 64\ 900$
ΣY = soma dos valores dados de $Y = 1\ 190 + 1\ 211 + ... + 963 = 12\ 501$
ΣXY = soma das quantias obtidas multiplicando cada um dos valores dados de X pelo valor observado associado de Y
$\quad = (68)(1\ 190) + (88)(1\ 211) = + ... + (48)(963)$
$\quad = 80\ 920 + 106\ 568 + ... + 46\ 224 = 928\ 716$

$$a = \frac{(12\ 501)(64\ 900) - (862)(928716)}{12(64\ 900) - (862)(862)} = \$ 300,98$$

$$b = \frac{12(928\ 716) - (862)(12\ 501)}{12(64\ 900) - (862)(862)} = \$ 10,31$$

Anexo: Análise de regressão

AJUSTE DO MODELO

A aderência mede a razão em que os valores previstos y, baseados no direcionador de custo X, se aproxima das observações *reais* de custo Y. O método da análise de regressão calcula uma medida de aderência, chamada de coeficiente de determinação. O **coeficiente de determinação r^2** mede a porcentagem de variação em Y explicado por X (a variável independente). Isto é, o coeficiente de determinação indica a proporção da variação de Y que é explicada pela variável independente X (onde $\bar{Y} = \Sigma Y \div n$). É mais conveniente expressar o coeficiente de determinação como 1 menos a proporção do total de variação que *não* é explicada pela variável independente — isto é, 1 menos a razão de variação não explicada pelo total de variação. A variação não explicada ocorreu devido a diferenças entre os valores reais Y e os valores previstos y, que, no exemplo da Tapetes Elegantes, é dada como:[4]

$$r^2 = 1 - \frac{\text{Variação não explicada}}{\text{Total da variação}} = 1 - \frac{\Sigma(Y-y)^2}{\Sigma(Y-\bar{Y})^2} = 1 - \frac{290\,824}{607\,699} = 0{,}52$$

Os cálculos indicam que r^2 aumenta à medida que os valores previstos y se aproximam mais das observações reais Y. A amplitude de r^2 é de 0 (significando nenhum poder explicativo) para 1 (significando poder explicativo total). Geralmente, um r^2 de 0,30, ou mais alto, passa no teste de ajuste do modelo. Não é conveniente depender exclusivamente do ajuste do modelo, o que pode levar à inclusão indiscriminada de variáveis independentes que aumentam o r^2, mas não têm plausibilidade econômica como direcionadores de custos. A aderência tem significado apenas se o relacionamento entre os direcionadores e os custos for economicamente plausível.

SIGNIFICÂNCIA DAS VARIÁVEIS INDEPENDENTES

Resultam as mudanças na variável independente economicamente plausível em mudanças significativas na variável dependente? Ou, de outro modo, o coeficiente de inclinação b, da reta de regressão, é estatisticamente significativo (isto é, diferente de $ 0)? Lembre-se, por exemplo, de que na regressão o número de horas-máquina e os custos de mão-de-obra indireta de produção, no exemplo da Tapetes Elegantes, b é estimado de uma amostra de 12 observações. O b estimado está sujeito a fatores aleatórios, assim como todas as estatísticas amostrais. Isto é, uma amostra de 12 pontos diferentes sem dúvida formaria uma estimativa diferente de b. O **erro-padrão do coeficiente estimado** indica quanto o valor estimado de b provavelmente será afetado pelos fatores aleatórios. A estatística t do coeficiente b mede quão grande é o valor do coeficiente estimado em relação ao seu erro-padrão. Com 12 observações e dois parâmetros, a e b, para serem estimados, um valor t crítico maior do que 2,228 sugere que o coeficiente b é significantemente diferente de $ 0.[5] Em outras palavras, há uma relação entre a variável independente e a variável dependente que não pode ser atribuída apenas a fatores aleatórios.

O Quadro 10.15 mostra um formato conveniente para resumir os resultados da regressão para o número de horas-máquina e os custos de mão-de-obra indireta de produção. O valor t para o coeficiente angular b é de $ 10,31 ÷ $ 3,12 = 3,30, o qual excede o valor t crítico, de 2,228. Assim sendo, o coeficiente da variável horas-máquina é significativamente diferente de $ 0 — isto é, a probabilidade é baixa (menos de 5 por cento) de que fatores aleatórios possam ter feito com que o coeficiente b fosse positivo. Alternativamente, podemos refazer a nossa conclusão em termos de um *intervalo de confiança*: Há uma probabilidade de menos de 5 por cento de que o valor verdadeiro do coeficiente das horas-máquina esteja fora do intervalo de $ 10,31 ± (2,228 × $ 3,12), ou $ 10,31 ± $ 6,95, ou de $ 3,36 para $ 17,26. Assim sendo, podemos concluir que as mudanças no número de horas-máquina afetam os custos de mão-de-obra indireta. Similarmente, usando os dados do Quadro 10.15, a estatística t para a constante a é de $ 300,98 ÷ $ 229,75 = 1,31, menor do que 2,228. O valor t indica que, dentro da faixa relevante, o termo da constante *não* é significativamente diferente de zero. A única estatística não abordada no Quadro 10.15, a estatística de Durbin-Watson, será vista na seção seguinte.

ANÁLISE DA VALIDADE DAS SUPOSIÇÕES DO MODELO

Análise de validade é o teste das suposições da análise de regressão. Se as suposições de (1) linearidade dentro da faixa relevante, (2) variação constante dos resíduos, (3) independência dos resíduos e (4) a normalidade dos resíduos é

---

4. *Do rodapé 3, $\Sigma Y = 12\,501$ e $\bar{Y} = 12\,501 \div 12 = 1\,041{,}75$.*
    $\Sigma (Y - \bar{Y})^2 = (1\,190 - 1\,041{,}75)^2 + (1\,211 - 1\,041{,}75)^2 + \ldots + (963 - 1\,041{,}75)^2 = 607\,699$
Cada valor de X gera um valor previsto de y. Por exemplo, na semana 1, y = $ 300,98 + ($ 10,31 × 68) = $ 1 002,06; na semana 2, y = $ 300,98 + ($ 10,31 × 88) = $ 1 208,26; e na semana 12, y = $ 300,98 + ($ 10,31 × 48) = $ 795,86.
    $\Sigma (Y - y)^2 = (1\,190 - 1\,002{,}06)^2 + (1\,211 - 1\,208{,}26)^2 + \ldots + (963 - 795{,}86)^2 = 290\,824$

5. *O valor t crítico, para inferir que um coeficiente b é significativamente diferente de 0, é uma função do número de graus de liberdade na análise de regressão. O número de graus de liberdade é calculado como o tamanho da amostra menos o número de parâmetros (neste exemplo, dois, a e b) estimados na regressão. O t crítico, de 2,00, presume 60 graus de liberdade. Quanto menor for o tamanho da amostra, maior será o valor t de corte. Para 10 graus de liberdade, o valor t crítico é de 2,228.*

Anexo: Análise de regressão

Quadro 10.15 — Resultados da regressão simples com os custos de mão-de-obra indireta de produção como variável dependente e horas-máquina como variável independente (direcionador de custo) para a Tapetes Elegantes.

Variável	Coeficiente (1)	Erro-Padrão (2)	Estatística t (3) = (1) ÷ (2)
Constante	$ 300,98	$ 229,75	1,31
Variável independente 1: Horas-máquina $r^2 = 0,52$; estatística Durbin-Watson = 2,05	$ 10,31	$ 3,12	3,30

válida, então os procedimentos de regressão simples fornecem estimativas confiáveis dos valores dos coeficientes. Esta seção proporciona uma breve visão geral da análise da validade das suposições do modelo. Quando essas suposições não são satisfeitas, são necessários procedimentos mais complexos de regressão para obter as melhores estimativas.[6]

1. *Linearidade dentro da faixa relevante.* Uma suposição comum — e que parece ser razoável em muitas aplicações gerenciais — é a de que existe uma relação linear entre a variável independente X e a variável dependente Y dentro da faixa relevante. No entanto, se for usado um modelo de regressão linear para estimar um relacionamento não-linear, as estimativas dos coeficientes serão imprecisas.

   Quando há apenas uma variável independente, a maneira mais fácil de verificar a linearidade é a de estudar os dados lançados em um diagrama de dispersão, uma etapa que costuma ser desprezada. O Quadro 10.6 apresenta um diagrama de dispersão para os custos de mão-de-obra indireta de produção e as variáveis das horas-máquina, da Tapetes Elegantes, mostrados no Quadro 10.3. O diagrama de dispersão revela que a linearidade parece ser uma suposição razoável para esses dados.

   Os modelos de curvas de aprendizagem, discutidos neste capítulo, são exemplos de funções de custos não-lineares. Os custos aumentam quando o nível de produção aumenta, porém, em quantidades menores do que ocorreria com uma função de custo linear. Neste caso, o analista deveria estimar uma função de custo não-linear que incorporasse os efeitos de aprendizagem.

2. *Variação constante dos resíduos.* A distância vertical entre o valor observado de Y e a estimativa na reta de regressão y é chamada de *resíduo* ou *erro*, $u = Y - y$. A suposição da variação constante significa que os resíduos não são afetados pelo nível do direcionador de custo. A suposição também significa que há uma dispersão uniforme dos pontos de dados sobre a reta de regressão. O diagrama de dispersão é a maneira mais fácil de verificar a constância da variância. Essa suposição é válida para o Painel A, mas não para o Painel B, do Quadro 10.16. A variação constante é também conhecida como *homoscedasticidade*. A violação desta suposição é chamada de *heteroscedasticidade*.

   Heteroscedasticidade não afeta a precisão das estimativas de regressão a e b. Entretanto, reduz a confiabilidade das estimativas dos erros-padrão e, conseqüentemente, afeta a precisão com que as inferências são feitas.

Quadro 10.16 — Suposição de variação constante dos resíduos.

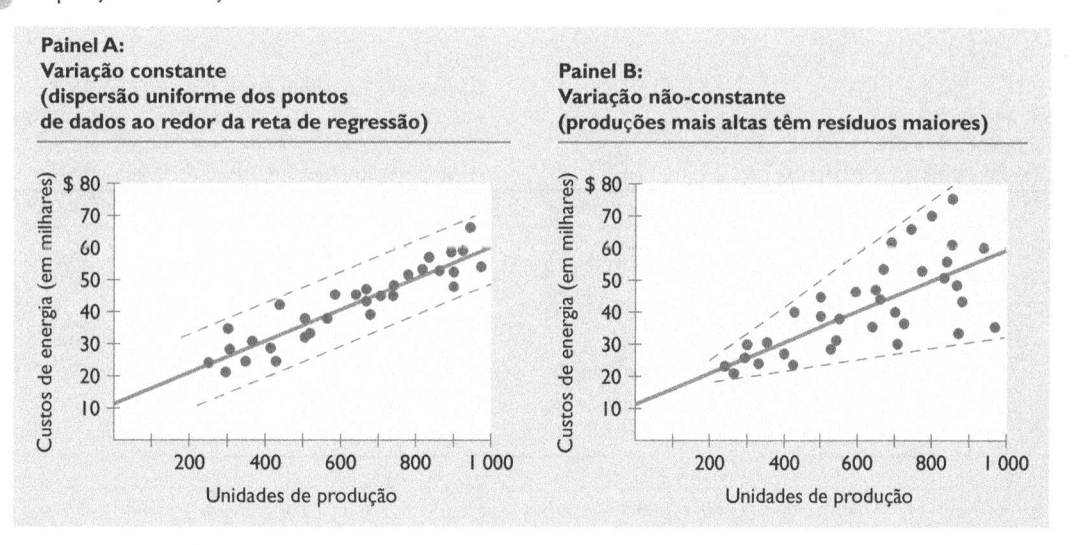

Painel A: Variação constante (dispersão uniforme dos pontos de dados ao redor da reta de regressão)

Painel B: Variação não-constante (produções mais altas têm resíduos maiores)

---

[6]. *Para detalhes veja, por exemplo, W. H. Greene,* Econometrics analysis, *4. ed., Upper Saddle River, NJ: Prentice Hall, 2000.*

Anexo: Análise de regressão

3. *Independência dos resíduos*. A suposição da independência dos resíduos significa que o resíduo, para qualquer observação, não está relacionado ao resíduo para uma outra observação. O problema da *correlação serial* dos residuais (também chamada de *autocorrelação*) ocorre quando há um padrão sistemático na seqüência dos resíduos de maneira que o resíduo da observação n transmite informações sobre os resíduos das observações $n + 1$, $n + 2$, e assim por diante. O diagrama de dispersão ajuda na identificação da autocorrelação. Não há autocorrelação no Painel A, mas há no Painel B, do Quadro 10.17. Observe o padrão sistemático dos resíduos no Painel B — resíduos positivos para quantidades extremas (alto e baixo) dos materiais diretos usados e resíduos negativos para quantidades intermediárias de materiais diretos usados. Não há este padrão no Painel A.

Assim como a variação inconstante dos resíduos, a correlação serial não afeta a precisão das estimativas de a e b. Entretanto, ela afeta os erros-padrão dos coeficientes, os quais, por sua vez, afetam a precisão com a qual as inferências sobre os parâmetros da população podem ser obtidas das estimativas de regressão.

A estatística de Durbin-Watson é uma medida da correlação serial nos resíduos. Para as amostras de 10 a 20 observações, a estatística Durbin-Watson na amplitude de 1,10 – 2,90 indica que os resíduos são independentes. A estatística Durbin-Watson para os resultados da regressão da Tapetes Elegantes, no Quadro 10.15, é de 2,05. Assim sendo, a suposição de independência dos resíduos é razoável para este modelo de regressão.

4. *Normalidade dos resíduos*. A suposição de normalidade dos resíduos significa que eles estão distribuídos normalmente ao redor da reta de regressão. Esta suposição é necessária para fazer inferências sobre y, a e b.

USANDO O RESULTADO DA REGRESSÃO PARA ESCOLHER OS DIRECIONADORES DE CUSTOS DAS FUNÇÕES DE CUSTOS

Considere as duas escolhas de direcionadores descritas neste capítulo para os custos de mão-de-obra indireta de produção (y):

$y = a + (b \times \text{Número de horas-máquina})$
$y = a + (b \times \text{Número de horas de mão-de-obra direta})$

Os Quadros 10.6 e 10.8 mostram os gráficos para as duas regressões. O Quadro 10.15 registra os resultados da regressão para a função de custo usando o número de horas-máquina como variável independente. O Quadro 10.18 apresenta os resultados da regressão para a função de custo usando as horas de mão-de-obra direta de produção como variável independente.

Com base no material apresentado neste anexo, qual regressão é melhor? O Quadro 10.19 compara essas duas funções de custos de maneira sistemática. Para vários direcionadores, a função de custo baseada nas horas-máquina é preferível à baseada nas horas de mão-de-obra direta. O critério da plausibilidade econômica é especialmente importante.

Não suponha sempre que qualquer uma das funções de custos irá satisfazer todos os critérios no Quadro 10.19. Um analista de custo precisa freqüentemente fazer uma escolha entre funções de custos 'imperfeitas', considerando que os dados de qualquer função de custo específica não satisfarão perfeitamente uma ou mais das suposições básicas da análise de regressão. Por exemplo, ambas as funções de custos no Quadro 10.19 são imperfeitas porque, como foi

Quadro 10.17 Suposição de independência dos resíduos.

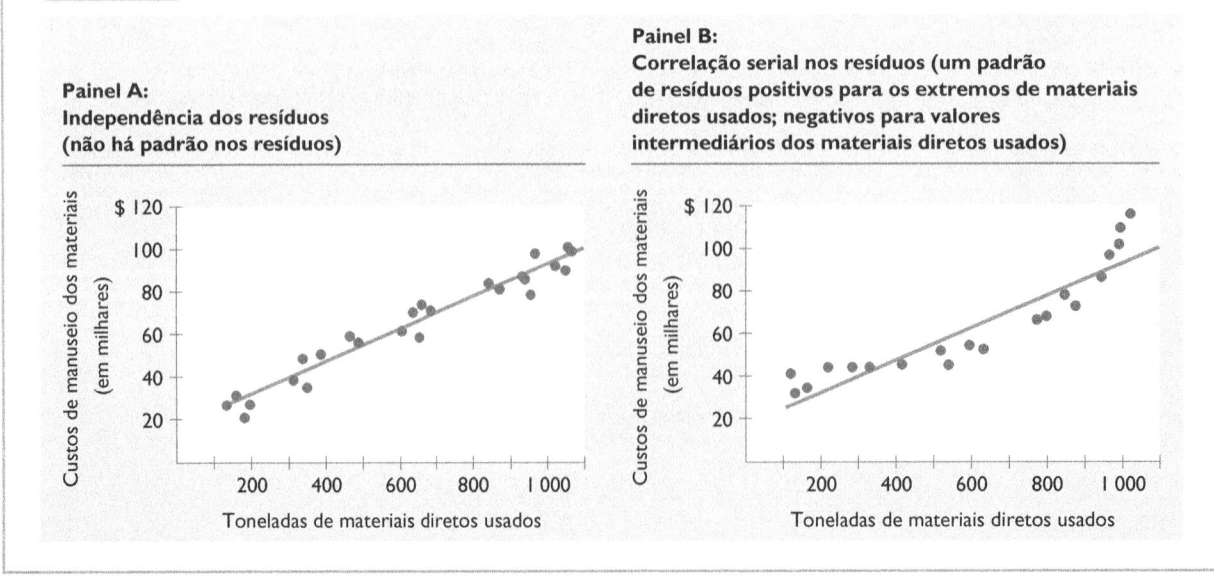

Painel A:
Independência dos resíduos
(não há padrão nos resíduos)

Painel B:
Correlação serial nos resíduos (um padrão de resíduos positivos para os extremos de materiais diretos usados; negativos para valores intermediários dos materiais diretos usados)

Anexo: Análise de regressão
Continuação

Quadro 10.18 Resultados da regressão simples com os custos de mão-de-obra indireta como dependente variável e as horas de mão-de-obra direta como dependente variável (direcionador de custo) para a Tapetes Elegantes.

Variável	Coeficiente (1)	Erro-padrão (2)	Valor t (3) = (1) ÷ (2)
Constante	$ 744,67	$ 217,61	3,42
Independente 1: horas de mão-de-obra direta	$ 7,72	$ 5,40	1,43

$r^2 = 0,17$; estatística Durbin-Watson = 2,26

Quadro 10.19 Comparação das funções alternativas de custos para os custos de mão-de-obra indireta estimados com a regressão simples para a Tapetes Elegantes.

Direcionador	Função de custo 1: horas-máquina como variável independente	Função de custo 2: horas de mão-de-obra direta como variável independente
Plausibilidade econômica	Uma relação positiva entre os custos de mão-de-obra indireta (mão-de-obra de apoio técnico) e horas-máquina é economicamente plausível no caso da Tapetes Elegantes, altamente automatizada.	Uma relação positiva entre os custos de mão-de-obra indireta e as horas de mão-de-obra direta é economicamente plausível, mas menos do que as horas-máquina no caso da Tapetes Elegantes, altamente automatizada, numa base semana-semana.
Ajuste do modelo[a]	$r^2 = 0,52$ Ajuste do modelo excelente.	$r^2 = 0,17$ Ajuste do modelo medíocre.
Significância da(s) variável(is) independente(s)	O valor t de 3,30 é significativo.	O valor t de 1,43 não é significativo.
Análise de validade das suposições do modelo	Gráfico de dados indica que as suposições de linearidade, variação constante, independência dos resíduos (estatística Durbin-Watson = 2,05) e normalidade dos resíduos se mantêm, mas as inferências tiradas de apenas 12 observações não são confiáveis.	Gráfico de dados indica que as suposições de linearidade, variação constante, independência dos resíduos (estatística Durbin-Watson = 2,26) e normalidade dos resíduos se mantêm, mas as inferências tiradas de apenas 12 observações não são confiáveis.

a *Se o número de observações disponíveis para estimar a regressão com horas-máquina diferir do número de observações disponíveis para estimar a regressão com horas de mão-de-obra direta, um r^2 ajustado pode ser calculado para considerar a diferença (em graus de liberdade). Programas como o Excel calculam e apresentam r^2 ajustado.*

dito na seção sobre a análise da validade das suposições do modelo, as inferências obtidas de apenas 12 observações não são confiáveis.

REGRESSÃO MÚLTIPLA E HIERARQUIAS DE CUSTOS

Em alguns casos, uma estimativa satisfatória de uma função de custo pode ser baseada em apenas uma variável independente, como o número de horas-máquina. Em muitos casos, no entanto, basear a estimativa em mais de uma variável independente (ou seja, múltipla regressão) é mais plausível economicamente e melhora a precisão. As equações mais amplamente usadas para expressar as relações entre duas ou mais variáveis independentes e uma variável dependente são lineares da forma:

$$Y = a + b_1 X_1 + b_2 X_2 + \ldots + u$$

onde

Y = Custo a ser previsto
$X_1, X_2 \ldots$ = Variáveis independentes nas quais a previsão se baseia
$a, b_1, b_2 \ldots$ = Coeficientes estimados do modelo de regressão.
u = Resíduo que inclui o efeito líquido de outros fatores que não estão no modelo, assim como os erros de medidas nas variáveis dependentes e independentes.

Anexo: Análise de regressão

Exemplo

Considere os dados da Tapetes Elegantes no Quadro 10.20. A análise ABC da empresa indica que os custos de mão-de-obra indireta incluem custos de preparação de equipamentos ao se iniciar novo lote de tapetes. A administração acredita que além do número de horas-máquina (um direcionador de custo em nível de unidade de produção), os custos de mão-de-obra indireta também são afetados pelo número de lotes de produção finalizado a cada semana (um direcioanor no nível de lote). A Tapetes Elegantes estima a relação entre duas variáveis independentes, número de horas-máquina e de lotes de produção de carpetes a cada semana e custos de mão-de-obra indireta.

O Quadro 10.21 apresenta os resultados para o seguinte modelo de regressão múltipla, usando os dados nas Colunas 1, 2 e 4 do Quadro 10.20:

$$y = \$ 42{,}58 + \$ 7{,}60 X_1 + \$ 37{,}77 X_2$$

onde X_1 é o número de horas-máquina e X_2 é o número de lotes de produção. É economicamente plausível que ambos, o número de horas-máquina e o de lotes de produção, ajudem a explicar as variações nos custos de mão-de-obra indireta da Tapetes Elegantes. O r^2 de 0,52 para a regressão simples, usando o número de horas-máquina (Quadro 10.16), aumenta para 0,72 com a regressão múltipla no Quadro 10.21. Os valores de t sugerem que os coeficientes da variável independente do número de horas-máquina e do de lotes de produção são significativamente diferentes de zero ($t = 2{,}74$ é o coeficiente para o número de horas-máquina e $t = 2{,}48$ é o coeficiente para o número de lotes de produção). O modelo de regressão múltipla no Quadro 10.21 satisfaz ambos, a plausibilidade econômica e os direcionadores estatísticos, e explica variações muito maiores (isto é, r^2 de 0,72 versus r^2 de 0,52) nos custos de mão-de-obra indireta do que o modelo de regressão simples, usando apenas as horas-máquina como variável independente. O número de horas-máquina e o número de lotes de produção são direcionadores de custos importantes dos custos de mão-de-obra indireta da Tapetes Elegantes.

No Quadro 10.21, os coeficientes angulares — $ 7,60 para o número de horas-máquina e $ 37,77 para o número de lotes de produção — medem a variação nos custos de mão-de-obra indireta associada à mudança de uma unidade em uma variável independente (presumindo que a outra variável independente seja mantida constante). Por exemplo, os custos de mão-de-obra indireta aumentam em $ 37,77 quando é acrescentado mais um lote de produção, presumindo que o número de horas-máquina seja mantido constante.

Uma abordagem alternativa criaria dois conjuntos de custos separados — um para os custos relacionados ao número de horas-máquina e outro para os relacionados ao número de lotes de produção. A Tapetes Elegantes estimaria, então, o relacionamento entre o direcionado e os custos em cada conjunto de custo. A tarefa difícil sob essa abordagem seria dividir adequadamente os custos de mão-de-obra indireta em dois conjuntos de custos.

Multicolinearidade

Uma consideração importante que assoma, com a regressão múltipla, é a multicolinearidade. Há **multicolinearidade** quando duas ou mais variáveis independentes estão altamente correlacionadas. Geralmente, os usuários da análise de regressão acreditam que um coeficiente de correlação maior do que 0,70 indica multicolinearidade entre variáveis independentes. A multicolinearidade aumenta os erros-padrão dos coeficientes das variáveis individuais. Isto é, variáveis econômica e estatisticamente significativas aparecerão como não sendo significativamente diferentes de zero.

Quadro 10.20 Custos semanais de mão-de-obra indireta, horas-máquina, horas de mão-de-obra direta e número de lotes de produção para a Tapetes Elegantes.

Semana	Custos de mão-de-obra indireta (1)	Horas-máquina (2)	Horas de mão-de-obra direta (3)	Número de lotes de produção (4)
1	$ 1 190	68	30	12
2	1 211	88	35	15
3	1 004	62	36	13
4	917	72	20	11
5	770	60	47	10
6	1 456	96	45	12
7	1 180	78	44	17
8	710	46	38	7
9	1 316	82	70	14
10	1 032	94	30	12
11	752	68	29	7
12	963	48	38	14

Anexo: Análise de regressão *(Continuação)*

Quadro 10.21 Resultados da regressão múltipla com os custos de mão-de-obra indireta e duas variáveis independentes ou direcionadores de custos (horas-máquina e lotes de produção) para a Tapetes Elegantes.

Variável	Coeficiente (1)	Erro-padrão (2)	Valor t (3) = (1) ÷ (2)
Constante	$ 42,58	$ 213,91	0,20
Variável independente 1:			
Horas-máquina	$ 7,60	$ 2,77	2,74
Variável independente 2:			
Número de lotes de produção	$ 37,77	$ 15,25	2,48

$r^2 = 0{,}72$; estatística Durbin-Watson = 2,49

Os coeficientes de correlação entre variáveis independentes possíveis para a Tapetes Elegantes no Quadro 10.20 são:

Combinação de pares de variáveis independentes	Coeficiente de correlação
Horas-máquina e horas de mão-de-obra direta	0,12
Horas-máquina e lotes de produção	0,40
Horas de mão-de-obra direta e lotes de produção	0,31

Esses resultados indicam que as regressões múltiplas, usando qualquer par de variáveis independentes no Quadro 10.21, provavelmente não encontrarão problemas de multicolinearidade.

Em havendo multicolinearidade, tente obter novos dados que não sofram de problemas de multicolinearidade. Não deixe de lado uma variável independente (direcionador de custo) que deveria ser incluída em um modelo por ela ser correlacionada com outra variável independente. A omissão dessa variável fará com que o coeficiente estimado da variável independente no modelo seja distorcido, distante do seu valor verdadeiro.

Termos para aprender

Este capítulo e o Glossário no final deste livro contêm definições de:

- análise de regressão
- análise de validades das suposições do modelo
- coeficiente angular
- coeficiente de determinação (r^2)
- coeficiente linear
- constante
- curva da experiência
- curva de aprendizagem
- custo semivariável
- erro-padrão do coeficiente estimado
- estimativa de custo
- função de custo
- função de custo em degraus
- função de custo linear
- função de custo não-linear
- método acumulado
- método de análise das contas
- método de conferência
- método de engenharia industrial
- método máximo-mínimo
- modelo de aprendizagem de tempo incremental
- modelo de aprendizagem de tempo médio acumulado
- multicolinearidade
- previsões de custos
- regressão múltipla
- regressão simples
- resíduo
- variável dependente
- variável independente

Material de trabalho

Perguntas

10-1 Quais as suposições freqüentemente feitas ao estimar uma função de custo?

10-2 Descreva três funções de custos lineares diferentes.

10-3 Qual a diferença entre uma função de custo linear e uma não-linear? Dê um exemplo de cada tipo de função de custo.

10-4 "Alta correlação entre duas variáveis significa que uma é a causa e a outra, o efeito." Você concorda? Explique.

10-5 Dê o nome de quatro abordagens para estimar uma função de custo.

10-6 Descreva o método de conferência para estimar uma função de custo. Quais são as duas vantagens desse método?

10-7 Descreva o método de análise das contas para estimar uma função de custo.

10-8 Quais são as seis etapas na estimativa de uma função de custo com base em dados históricos? Qual etapa é a mais difícil para o analista de custo?

10-9 Ao usar o método máximo-mínimo, você deve basear as observações altas e baixas na variável dependente ou no direcionador de custo?

10-10 Descreva três critérios para avaliar as funções de custos e escolher os direcionadores de custos.

10-11 Defina curva de aprendizagem. Faça um esboço dos dois modelos que podem ser usados quando se incorpora a aprendizagem na estimativa das funções de custos.

10-12 Discuta quatro problemas freqüentemente encontrados ao coletar dados sobre as variáveis incluídas em uma função de custo.

10-13 Quais são as quatro suposições básicas examinadas na análise da validade das suposições do modelo de regressão simples?

10-14 "Todas as variáveis independentes em uma função de custo, estimadas com a análise de regressão, são direcionadores de custos." Você concorda? Explique.

10-15 "Há multicolinearidade quando as variáveis dependente e independente são altamente correlacionadas." Você concorda? Explique.

Exercícios

10-16 Estimando uma função de custo. O *controller* da Companhia Ijiri quer que você estime uma função de custo em uma conta no razão geral denominada *manutenção*, a partir das duas observações seguintes:

Mês	Horas-máquina	Custos de manutenção incorridos
Janeiro	4 000	$ 3 000
Fevereiro	7 000	3 900

Para fazer:
1. Estime a função de custo para manutenção.
2. A constante na função de custo pode ser usada como estimativa dos custos fixos de manutenção por mês? Explique.

10-17 Identificando funções de custos variáveis, fixas e semivariáveis. A Corporação Pacífico opera agências de aluguel de carros em mais de 20 aeroportos. Os clientes podem optar por um dos três tipos de contratos ofertados, de um dia ou menos, para o aluguel de carros:

- Contrato 1: $ 50 por dia
- Contrato 2: $ 30 por dia mais $ 0,20 por quilômetro rodado
- Contrato 3: $ 1 por quilômetro rodado

Para fazer:
1. Faça gráficos separados para cada um dos três contratos, com os custos no eixo vertical e os quilômetros rodados no eixo horizontal.
2. Expresse cada contrato como uma função de custo linear na forma de $y = a + bX$.
3. Identifique cada contrato como uma função de custo variável, fixo e semivariável.

10-18 Vários padrões de comportamento dos custos (adaptado do CPA). Combine os gráficos com os dados de custo apresentados. Indique pela letra qual gráfico se encaixa melhor na situação.

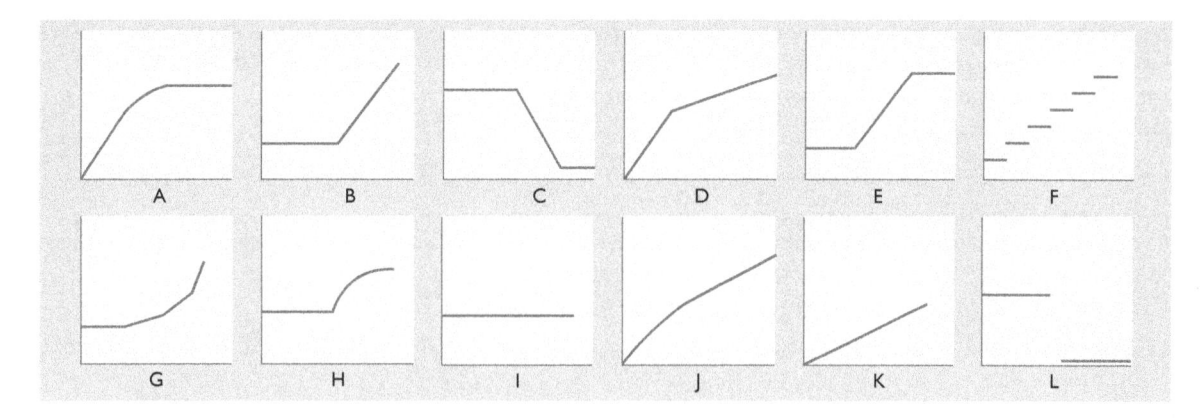

Os eixos verticais dos gráficos representam o total de custos, e os eixos horizontais representam as unidades produzidas durante um ano. Em cada caso, o ponto zero de unidades monetárias e produção está na interseção dos dois eixos. Os gráficos podem ser usados mais de uma vez.

1. Depreciação anual dos equipamentos, onde o montante de depreciação é calculado pelo método de horas-máquina.
2. Conta de eletricidade — um valor fixo, mais um custo variável após o uso de um certo número de quilowatts-hora, em que a quantidade usada de quilowatts-hora varia proporcionalmente com a quantidade de unidades produzidas.
3. Conta de água, que é calculada da seguinte maneira:

Primeiros 1 000 000 de litros ou menos	$ 1 000 de valor fixo
Próximos 10 000 litros	$ 0,003 por litro usado
Próximos 10 000 litros	$ 0,006 por litro usado
Próximos 10 000 litros	$ 0,009 por litro usado
Daí em diante	e daí em diante

    Os litros de água usados variam proporcionalmente com a produção.

4. Custo dos materiais diretos, em que o custo do material direto por unidade produzida declina com cada quilo de material usado (por exemplo, se for usado um quilo, o custo é de $ 10; se forem usados dois quilos, o custo é de $ 19,98; se forem usados três quilos, o custo é de $ 29,94), com um custo mínimo por unidade de $ 9,20.
5. Depreciação anual dos equipamentos, em que o montante é calculado pelo método de linha reta. Quando a tabela da depreciação foi preparada, foi antecipado que o fator obsolescência seria mais importante do que a utilização.
6. O aluguel da fábrica cedida pela prefeitura, cujo acordo define pagamento fixo, a menos que sejam trabalhadas 200 mil horas de mão-de-obra; neste caso o aluguel não é pago.
7. Salários do pessoal de manutenção, sendo necessária uma pessoa para cada mil horas-máquina ou menos (isto é, 0 – 1 000 horas requer uma pessoa, 1 001 – 2 000 horas requer duas pessoas, e assim por diante).
8. Custo dos materiais diretos usados (presuma que não haja descontos por quantidade).
9. Aluguel da fábrica cedida pelo Estado, cujo contrato define um aluguel de $ 100 000 a ser reduzido em $ 1 para cada hora de mão-de-obra direta trabalhada em excesso de 200 000 horas, mas uma taxa mínima de aluguel de $ 20 000 precisa ser paga.

10-19 Combinando gráficos com as descrições do comportamento de custos e de receitas (adaptado de D. Green). Abaixo temos uma série de gráficos.

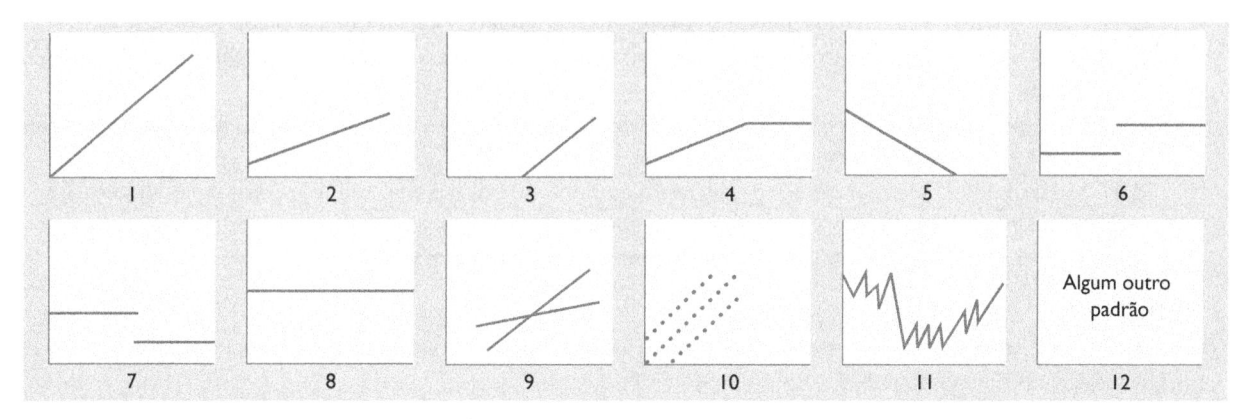

Se o eixo horizontal representa as unidades produzidas durante o ano e o eixo vertical representa o *total* de custos ou receitas, indique, pelo número, qual o gráfico que melhor retrata a situação descrita. Alguns gráficos podem ser usados mais de uma vez; alguns não se aplicam a nenhuma das situações.

- a. Custos dos materiais diretos
- b. Salários dos supervisores para um turno e dois turnos
- c. Um gráfico de custo-volume-lucro
- d. Custos semivariáveis — por exemplo, custo fixo de aluguel de um carro mais uma taxa variável por quilômetros rodados
- e. Depreciação da fábrica, calculada pelo método da linha reta
- f. Dados para uma taxa de custo variável, como o custo de mão-de-obra de produção de $ 14 por unidade produzida
- g. Plano de remuneração que paga aos administradores $ 0,10 por cada unidade produzida acima de algum nível de produção
- h. Despesa com juros sobre $ 2 milhões emprestados a uma taxa de juros fixa

10-20 Método da análise de contas. Lourenço opera uma empresa de lavagem de carros. Os carros que chegam são colocados em uma esteira rolante. Os carros são lavados à medida que as esteiras os levam da estação inicial para a estação final. Depois que o carro sai da esteira, ele é secado manualmente. Em seguida, os funcionários limpam e aspiram o interior do carro. Lourenço realizou 80 mil lavagens em 2004, registrando os seguintes custos para 2004.

Descrição da conta	Custos
Mão-de-obra de lavagem dos carros	$ 240 000
Sabão, panos e suprimentos	32 000
Água	28 000
Energia elétrica para movimentar as esteiras	72 000
Depreciação	64 000
Salários	46 000

Para fazer:

1. Classifique cada conta como variável ou fixa em relação ao número de carros lavados. Explique.
2. Lourenço espera lavar 90 mil carros em 2005. Use a classificação de custo que você desenvolveu na Parte 1 para estimar o total de custos para 2005. A depreciação é calculada pelo método de linha reta.

10-21 Método de análise de contas. A Gomes Ltda., uma fabricante de produtos plásticos, registrou os seguintes custos de produção e classificação da análise de contas para o ano findo em 31 de dezembro de 2004.

Conta	Classificação	Quantia
Materiais diretos	Todo variável	$ 300 000
Mão-de-obra direta de produção	Todo variável	225 000
Energia	Todo variável	37 500
Mão-de-obra de supervisão	20% variável	56 250
Mão-de-obra de manuseio dos materiais	50% variável	60 000
Mão-de-obra de manutenção	40% variável	75 000
Depreciação	0% variável	95 000
Aluguel, impostos territoriais e administração	0% variável	100 000

A Gomes Ltda. produziu 75 mil unidades em 2004. A administração da Gomes está estimando os custos para 2005 com base nos números de 2004. As informações adicionais disponíveis para 2005 são as seguintes.

- a. É esperado que os preços dos materiais diretos aumentem em 5 por cento em relação a 2004.
- b. Sob os termos do contrato trabalhista, é esperado que as taxas salariais de mão-de-obra direta aumentem 10 por cento em 2005 em relação a 2004.
- c. Não é esperado que tarifas de energia e taxas salariais para supervisão, manuseio dos materiais e manutenção mudem de 2004 para 2005.
- d. É esperado que os custos com a depreciação aumentem 5 por cento, e que os custos de aluguel, impostos territoriais e administração aumentem 7 por cento.
- e. A Gomes Ltda. espera produzir e vender 80 mil unidades em 2005.

Para fazer:

1. Prepare uma tabela de custos de produção variáveis, fixos e total para cada categoria de conta em 2005. Estime o total de custos de produção para 2005.

2. Calcule o total de custo de produção por unidade, da Gomes, em 2004, e estime o total de custos de produção por unidade para 2005.
3. Como você poderia obter melhores estimativas dos custos fixos e variáveis? Por que essas estimativas seriam úteis para a Gomes?

10-22 Estimando uma função de custo, método máximo-mínimo. Laura Dantas está examinando os custos da região sul para a Produtos Capitol, de atendimento ao cliente. A Produtos Capitol comercializa mais de 200 itens elétricos, vendidos com seis meses de garantia total. Quando um produto é devolvido pelo cliente, é preparado um relatório de serviço. Esse relatório envolve detalhes do problema, tempo e custo do reparo. Os dados semanais para o período mais recente de dez semanas são:

Semana	Custos do departamento de atendimento ao cliente	Número de relatórios de serviços
1	$ 13 845	201
2	20 624	276
3	12 941	122
4	18 452	386
5	14 843	274
6	21 890	436
7	16 831	321
8	21 429	328
9	18 267	243
10	16 832	161

Para fazer:
1. Faça um gráfico da relação entre os custos de atendimento ao cliente e o número de relatórios de serviço. É, essa relação, economicamente plausível?
2. Use o método máximo-mínimo para calcular a função de custo, relacionando os de atendimento ao cliente com o número de relatórios de serviço.
3. Quais variáveis, além do número de relatórios de serviços, podem ser os direcionadores dos custos mensais de atendimento ao cliente da Produtos Capitol?

10-23 Aproximação do custo linear. Teresa Marques, diretora administrativa do Grupo de Consultoria Fênix, está examinando como os custos indiretos se comportam relativamente às mudanças nas horas mensais de mão-de-obra profissional faturadas para os clientes. Presuma os seguintes dados históricos:

Total de custos indiretos	Horas de mão-de-obra profissional faturadas para os clientes
$ 340 000	3 000
400 000	4 000
435 000	5 000
477 000	6 000
529 000	7 000
587 000	8 000

Para fazer:
1. Determine a função de custo linear, relacionando o total de custo indireto às horas de mão-de-obra profissional, usando as observações representativas de quatro mil e sete mil horas. Faça um gráfico da função de custo linear. O componente constante da função de custo representa os custos indiretos fixos do Grupo de Consultoria Fênix? Por quê?
2. Qual seria o total previsto de custos indiretos para (a) cinco mil horas e (b) oito mil horas usando a função de custo estimada na Questão 1? Represente graficamente os custos previstos e os reais para cinco mil e oito mil horas.
3. Tereza teve a oferta de um serviço especial que teria elevado as horas de mão-de-obra de quatro mil para cinco mil horas. Suponha que Tereza, com base na função de custo linear, rejeitasse o serviço por ele ter trazido um aumento total na margem de contribuição de $ 38 000, antes de deduzir o aumento previsto no total de custos indiretos, $ 43 000. Qual é o total da margem de contribuição realmente perdida?

10-24 Custo-volume-lucro e análise de regressão. A Corporação Garvin produz uma bicicleta para crianças, modelo CT8. A Garvin costuma produzir as estruturas das bicicletas e, em 2002, fez 30 mil estruturas a um total de custos de $ 900 000. A Corporação Rainha ofereceu as estruturas a $ 28,50, sem limite de quantidade. A Garvin deve precisar de 36 mil estruturas a cada ano, durante os próximos dois anos.

Para fazer:

1. **a.** Qual é o custo médio de fabricação de uma estrutura de bicicleta em 2002? Como ele se compara ao ofertado pela Rainha?

   b. Pode, a Garvin, usar a resposta da Questão 1 para determinar o custo de produção de 36 mil estruturas de bicicleta? Explique.

2. O analista de custo da Garvin usa dados anuais passados para estimar a equação de regressão seguinte, com o total de custos de produção da estrutura da bicicleta como a variável dependente e a quantidade produzida como a variável independente

   $$y = \$ 432\,000 + \$ 15X$$

   Durante os anos usados para estimar a equação de regressão, a produção de estruturas de bicicletas variou de 28 mil para 36 mil. Usando a equação, estime quanto custaria para a Garvin fabricar 36 mil estruturas de bicicletas. Quanto mais (ou menos) oneroso é para ela fabricar as estruturas em vez de comprá-las da Rainha?

3. Qual outra informação você precisaria para poder confiar que a equação da Questão 2 prevê com precisão o custo de produção das estruturas de bicicletas?

10-25 Análise de regressão, empresa de serviço (adaptado do CMA). Roberto Machado é dono de uma empresa de buffet que prepara banquetes e festas. Para um coquetel-padrão o custo por pessoa é:

Alimentos e bebidas	$ 15
Mão-de-obra (0,5 hora × $ 10 por hora)	5
Custos indiretos (0,50 hora × $ 14 por hora)	7
Total de custo por pessoa	$ 27

Roberto está bastante confiante nas suas estimativas dos custos de bebidas, alimentos e mão-de-obra, mas não está muito certo com a estimativa dos custos indiretos. A estimativa dos custos indiretos foi baseada nos dados reais dos últimos 12 meses, apresentados abaixo. Esses dados indicam que os custos indiretos variam com as horas usadas de mão-de-obra direta. A estimativa de $ 14 foi determinada dividindo o total de custos indiretos para os 12 meses pelo total de horas de mão-de-obra.

Mês	Horas de mão-de-obra	Custos indiretos
Janeiro	2 500	$ 55 000
Fevereiro	2 700	59 000
Março	3 000	60 000
Abril	4 200	64 000
Maio	7 500	77 000
Junho	5 500	71 000
Julho	6 500	74 000
Agosto	4 500	67 000
Setembro	7 000	75 000
Outubro	4 500	68 000
Novembro	3 100	62 000
Dezembro	6 500	73 000
Total	57 500	$ 805 000

Roberto recentemente tomou conhecimento da análise de regressão. Ele estimou a seguinte equação de regressão, com os custos indiretos como variável dependente e as horas de mão-de-obra como variável independente.

$$y = \$ 48\,271 + \$ 3{,}93X$$

Para fazer:

1. Faça um gráfico com a relação entre os custos indiretos e horas de mão-de-obra. Desenhe uma reta de regressão e avalie-a usando os direcionadores de plausibilidade econômica, aderência e inclinação da reta de regressão.

2. Usando os dados da análise de regressão, qual é o custo variável por pessoa para um coquetel?

3. Foi pedido a Roberto que preparasse uma oferta de preço para um coquetel de 200 pessoas que acontecerá no mês que vem. Determine o preço mínimo que Roberto estaria disposto a submeter para compensar os custos variáveis.

Aplicação do Excel Para os alunos que desejam praticar suas habilidades com planilhas, segue uma abordagem passo a passo para trabalhar este problema.

Passo a passo

1. Na parte superior da planilha, crie uma seção de 'Dados originais' para os dados fornecidos para o *buffet* Roberto Machado. Crie colunas para 'Mês', 'Horas de mão-de-obra', 'Custos indiretos variáveis' no mesmo formato da tabela das horas de mão-de-obra e dos custos indiretos mensais, acima.
2. Pule duas linhas, crie uma seção 'Resultado da regressão'.
3. Pule mais duas linhas, crie uma seção de 'Diagrama de regressão'.
4. Estime a equação de regressão tendo os custos indiretos como variável dependente e as horas de mão-de-obra direta como variável independente, efetuando as seguintes etapas: (a) clique no menu ferramentas e escolha a opção 'Análise dos dados'; (b) na caixa de diálogo da 'Análise dos dados', clique em 'Regressão' e clique 'OK'; (c) clique na caixa de 'Amplitude da entrada y' para que o cursor fique nesta caixa, em seguida, use o mouse para destacar as células na coluna dos 'Custos indiretos'; (d) clique na caixa da 'Amplitude da entrada x' para que o cursor fique nesta caixa, em seguida use o mouse para realçar as células na coluna de 'Horas de mão-de-obra'; (e) sob a 'Opções de saída', selecione 'Amplitude de resultados' e clique para que o cursor fique nesta caixa, em seguida, use o mouse para selecionar a célula na seção de 'Resultado de regressão' que você criou na Etapa 2; (f) clique 'OK' para fechar a caixa de diálogo da regressão.
5. Após completar a Etapa 4, você terá uma variedade de estatísticas de regressão na seção 'Resultado de regressão'. Neste resultado há uma coluna, 'Coeficientes', e duas linhas, 'Constante' e 'Variável X 1'. O número na linha da constante e na coluna dos coeficientes é a sua estimativa da constante; o número na linha da variável X e na coluna dos coeficientes é a sua estimativa do coeficiente angular.
6. Use o auxiliar para gráficos para criar um gráfico de dispersão da relação entre os custos indiretos e as horas de mão-de-obra. Trace a reta de regressão por esses pontos fazendo o seguinte: (a) coloque a seta em um dos pontos de dados do gráfico e clique com o botão direito do mouse e escolha 'Acrescentar a reta de tendência', (b) na caixa de diálogo 'Acrescentar a reta de tendência', escolha 'Linear' e clique 'OK'.
7. Após completar a Etapa 6, o Excel desenhará a reta de regressão que você calculou pelos pontos de dados. Use o resultado da regressão para responder à Questão 1, e use o coeficiente angular que você calculou nas Etapas 4 e 5 para responder à Questão 2.

10-26 Análise de regressão, custeio baseado em atividades, escolhendo os direcionadores de custos. Julia Flamingo coletou os seguintes dados para identificar os direcionadores dos custos de distribuição da Corporação Saratoga. Os custos de distribuição incluem os custos para organizar os despachos e a movimentação das unidades embaladas. A Flamingo acha que pelo fato de o produto ser pesado, o número de unidades movimentadas afetará significativamente os custos de distribuição, mas ela não tem certeza.

Mês	Custos de distribuição	Número de unidades embaladas movimentadas	Número de despachos realizados
Janeiro	$ 28 000	51 000	200
Fevereiro	20 000	43 000	210
Março	17 000	28 000	185
Abril	32 000	67 000	315
Maio	40 000	73 000	335
Junho	24 000	54 000	225
Julho	22 000	37 000	190
Agosto	35 000	72 000	390
Setembro	42 000	71 000	280
Outubro	23 000	56 000	360
Novembro	33 000	52 000	380
Dezembro	22 000	45 000	270
Total	$ 338 000	649 000	3 340

A Flamingo estima as seguintes equações de regressão:

$$y = \$ 1\,349 + (\$ 0{,}496 \times \text{n}^{\text{o}} \text{ de unidades embaladas movimentadas})$$
$$y = \$ 10\,417 + (\$ 63{,}77 \times \text{n}^{\text{o}} \text{ de despachos realizados})$$

Para fazer:

1. Represente graficamente os dados mensais e as retas de regressão para cada uma das funções de custos seguintes:
   a. Custos de distribuição = $a + (b \times \text{n}^{\text{o}}$ de unidades embaladas movimentadas)
   b. Custos de distribuição = $a + (b \times \text{n}^{\text{o}}$ de despachos realizados)

Qual o melhor direcionador de custos para os custos de distribuição? Explique resumidamente.

2. A Flamingo prevê a movimentação de 40 mil unidades em 220 despachos no mês que vem. Usando a função de custo escolhida, qual o montante de custos de distribuição que a Flamingo deveria orçar?

10-27 Curva de aprendizagem, modelo de aprendizagem de tempo médio acumulado. A Global produz sistemas de radares. Ela acabou de completar a fabricação de seu sistema recém-projetado, RS-32. Foram usadas três mil horas de mão-de-obra direta (HMOD) para produzir essa única unidade. A Global acredita que um modelo de aprendizagem de tempo médio acumulado de 90 por cento de horas de mão-de-obra direta se aplica ao RS-32. (Uma curva de aprendizagem de 90 por cento significa que $b = 0,1520$.) Os custos variáveis para produzir o RS-32 são:

Custos dos materiais diretos	$ 80 000 por unidade do RS-32
Custos da mão-de-obra direta	$ 25 por HMOD
Custos indiretos variáveis	$ 15 por HMOD

Para fazer: Calcule o total de custos variáveis para produzir 2, 4 e 8 unidades.

10-28 Curva de aprendizagem, modelo de aprendizagem de tempo por unidade incremental. Suponha as mesmas informações para a Global, como no Exercício 10-27, exceto que ela usa um modelo de aprendizagem de tempo por unidade incremental como a base para prever as horas de mão-de-obra direta. (Uma curva de aprendizagem de 90 por cento significa que $b = 0,1520$.)

Para fazer:

1. Calcule o total de custos variáveis para a produção de 2, 3 e 4 unidades.
2. Se você resolveu o Problema 10-27, compare as suas previsões de custos nos dois exercícios para 2 e 4 unidades. Por que as previsões são diferentes?

Problemas

10-29 Método máximo-mínimo. Gustavo Córdoba, analista financeiro na Empresa JVR, está examinando o comportamento dos custos trimestrais de manutenção para fins orçamentários. Córdoba coletou os seguintes dados sobre as horas-máquina trabalhadas e os custos de manutenção para os últimos 12 trimestres:

Trimestre	Horas-máquina	Custos de manutenção
1	90 000	$ 185 000
2	110 000	220 000
3	100 000	200 000
4	120 000	240 000
5	85 000	170 000
6	105 000	215 000
7	95 000	195 000
8	115 000	235 000
9	95 000	190 000
10	115 000	225 000
11	105 000	180 000
12	125 000	250 000

Para fazer:

1. Estime a função de custo para os dados trimestrais usando o método máximo-mínimo.
2. Plote e comente sobre a função de custo estimada.
3. Córdoba prevê que a JVR operará as máquinas por 90 mil horas no trimestre 13. Calcule os custos de manutenção previstos para o trimestre 13 usando a função de custo estimada na Parte 1.

10-30 Método máximo-mínimo, análise de regressão (adaptado do CIMA). Ana Molina, gerente financeira do restaurante Casa Real, está verificando se há alguma relação entre a propaganda no jornal e as receitas de venda no restaurante. Ela obteve os seguintes dados mensais para os últimos dez meses:

Mês	Receitas	Custos com propaganda
Março	$ 50 000	$ 2 000
Abril	70 000	3 000
Maio	55 000	1 500
Junho	65 000	3 500
Julho	55 000	1 000
Agosto	65 000	2 000

Setembro	45 000	1 500
Outubro	80 000	4 000
Novembro	55 000	2 500
Dezembro	60 000	2 500

Eles estimaram a seguinte equação de regressão:

Receitas mensais = $ 39 502 + (8,723 × custos com propaganda)

Para fazer:

1. Represente graficamente a relação entre os custos com propaganda e as receitas.
2. Faça a reta de regressão e avalie-a usando os direcionadores de plausibilidade econômica, ajuste do modelo e inclinação da reta de regressão.
3. Use o método máximo-mínimo para calcular a função de custo, relacionando os custos com a propaganda e as receitas.
4. Usando (a) a equação de regressão e (b) a equação do máximo-mínimo, qual é o aumento em receitas para cada $ 1 000 gastos com propaganda dentro da faixa relevante? Qual método a Ana deveria usar para prever o efeito dos custos com propaganda nas receitas? Explique brevemente.

10-31 Análise de regressão, custeio baseado em atividades, escolhendo os direcionadores de custos. Laurindo Chaves, *controller* da Plásticos Roran, quer identificar os direcionadores de custos indiretos. Os custos indiretos de apoio consistem do quadro de pessoal especializado, responsável pelo funcionamento eficiente da empresa em todos os aspectos (preparação de máquinas, produção, manutenção e controle da qualidade) da fábrica de moldagem de plástico por injeção. Ao conversar com a equipe de apoio, Chaves teve a impressão de que ela gasta grande parte de seu tempo certificando-se de que os equipamentos estão sendo corretamente preparados e checando para que as primeiras unidades de produção em cada lote sejam de boa qualidade.

Ele coletou os seguintes dados para os últimos 12 meses:

Mês	Custos indiretos de apoio	Horas-máquina	Número de lotes
Janeiro	$ 84 000	2 250	309
Fevereiro	41 000	2 400	128
Março	63 000	2 850	249
Abril	44 000	2 100	159
Maio	44 000	2 700	216
Junho	48 000	2 250	174
Julho	66 000	3 800	264
Agosto	46 000	3 600	162
Setembro	33 000	1 850	147
Outubro	66 000	3 300	219
Novembro	81 000	3 750	303
Dezembro	57 000	2 000	106
Total	$ 673 000	32 850	2 436

Ele estimou as seguintes equações de regressão:

y = $ 28 089 + ($ 10,23 × horas-máquina)
y = $ 16 031 + ($ 197,30 × número de lotes)

onde y são custos indiretos de apoio.

Para fazer:

1. Represente graficamente os dados mensais e as retas de regressão para cada uma das funções de custos seguintes:
   a. Custos indiretos de apoio = $a + (b$ × horas-máquina)
   b. Custos indiretos de apoio = $a + (b$ × número de lotes)

   Qual o melhor direcionador de custo para os custos indiretos de apoio? Explique.

2. Chaves prevê 2 600 horas-máquina e 300 lotes para o próximo mês. Usando o direcionador de custo escolhido na Questão 1, qual o montante de custos indiretos de apoio que o Chaves deve orçar?

3. O Chaves acrescentou 20 por cento ao total de custos para determinar a meta de receitas (e conseqüentemente os preços). Espera-se que os custos, além dos custos indiretos de apoio, sejam iguais a $ 125 000 no próximo mês. Compare a meta de receitas obtidas se o direcionador de custo for (i) horas-máquina ou (ii) número de lotes. O que aconteceria se o Chaves escolhesse o direcionador de custo não escolhido, na Ques-

tão 1, para estabelecer as metas de receitas e os preços? Descreva quaisquer outras implicações da escolha do 'outro' direcionador de custo e função de custo.

10-32 Consideração do período de tempo na interpretação dos resultados de regressão. A Cia. Asa fabrica roupas para jovens adultos, com quatro períodos de pico para satisfazer a demanda, um para cada nova estação: primavera, verão, outono e inverno. Cada um dos períodos dura dois meses. Nos períodos fora do pico, a Asa programa a manutenção dos *equipamento*s e faz campanhas publicitárias para introduzir as novas tendências.

Ela queria estudar o padrão de comportamento dos custos de manutenção de equipamentos e a relação entre as vendas e os custos com propaganda. Usando os dados mensais e a análise de regressão linear, foram obtidos os seguintes resultados:

Custos de manutenção = $ 38 000 – ($ 1,20 por hora-máquina × número de horas-máquina)
Receita de vendas = $ 250 000 – (2,10 × custos com propaganda)

Para fazer: Interprete os resultados de regressão.

10-33 Estimativa de custo, curva de aprendizagem de tempo médio acumulado. A Cia. Nautilus, que tem contrato com a Marinha dos Estados Unidos, faz a montagem de embarcações militares. Como parte de seu programa de pesquisa, ela completou a montagem do primeiro de um modelo novo (PT 109) de embarcação. A Marinha está impressionada com o PT 109 e pediu que a Nautilus apresentasse uma proposta sobre o custo para produzir mais sete unidades desse modelo.

A Nautilus registrou as seguintes informações de custo para o primeiro PT 109 montado pela Nautilus:

Materiais diretos	$ 100 000
Mão-de-obra direta (10 000 HMO × $ 30)	300 000
Custos de ferramentaria[a]	50 000
Custos indiretos variáveis de produção[b]	200 000
Outros custos indiretos de produção[c]	75 000
	$ 725 000

a *A ferramentaria pode ser usada novamente sem custo extra, porque todos os seus custos foram atribuídos à primeira embarcação.*
b *Os custos indiretos variáveis de produção são proporcionais às horas de mão-de-obra direta; uma taxa de $ 20 por hora é usada para licitações.*
c *Outros custos indiretos de produção são alocados a uma taxa fixa de 25 por cento dos custos de mão-de-obra direta para licitações.*

A Nautilus usa um modelo de aprendizagem de tempo médio acumulado de 85 por cento para prever as horas de mão-de-obra direta nas operações de montagem. (Uma curva de aprendizagem de 85 por cento significa que $b = 0,2345$.)

Para fazer:
1. Calcule o total de custos previstos da produção de sete PT 109 para a Marinha. (A Nautilus manterá a primeira embarcação montada, com um custo de $ 725 000, como um modelo de demonstração para os clientes potenciais.)
2. Qual é a diferença em dinheiro entre (a) o total de custos previsto para a produção dos sete PT 109 na Questão 1, e (b) o total de custos previsto para a produção dos sete PT 109, supondo que não haja curva de aprendizagem para a mão-de-obra direta? Isto é, para (b), suponha uma função linear para as unidades produzidas e as horas de mão-de-obra direta.

10-34 Estimativa de custos, modelo de aprendizagem de tempo por unidade incremental. Suponha as mesmas informações para a Cia. Nautilus, do Problema 10-33, com exceção de que a Nautilus usa um modelo de aprendizagem de tempo incremental de 85 por cento como base para prever as horas de mão-de-obra direta nas operações de montagem. (Uma curva de aprendizagem de 85 por cento significa que $b = 0,2345$.)

Para fazer:
1. Prepare uma previsão do total de custos para a produção de sete PT 109 para a Marinha.
2. Se você solucionou a Questão 1 do Problema 10-33, compare as duas previsões de custos. Por que as previsões são diferentes?

10-35 Avaliando os modelos alternativos de regressão simples, empresas sem fins lucrativos (anexo do capítulo). Kátia Maldonado, assistente executiva do Reitor da Universidade do Sul, está preocupada com os custos indiretos verificados. As pressões de custo são grandes, portanto é muito importante controlar e reduzir os custos indiretos. Ela acredita que os custos indiretos incorridos são, em geral, em função do número de programas acadêmicos diferentes (incluindo graduações, pós-graduações e extensões) que a universidade oferece e o número de alunos matriculados. Ambos cresceram significativamente com o passar dos anos. Ela coletou os seguintes dados:

Ano	Custos indiretos (em milhares)	Número de programas acadêmicos	Número de alunos matriculados
1	$ 13 500	29	3 400
2	19 200	36	5 000
3	16 800	49	2 600
4	20 100	53	4 700
5	19 500	54	3 900
6	23 100	58	4 900
7	23 700	88	5 700
8	20 100	72	3 900
9	22 800	83	3 500
10	29 700	73	3 700
11	31 200	101	5 600
12	38 100	103	7 600

Para os dois modelos de regressão simples separados, ela encontrou os resultados seguintes:

Regressão 1: Custos indiretos = $a + (b \times$ nº de programas acadêmicos)

Variável	Coeficiente	Erro-padrão	Valor t
Constante	$ 7 127,75	$ 3 335,34	2,14
Variável independente 1:			
Nº de programas acadêmicos	$ 240,64	$ 47,33	5,08

$r^2 = 0,72$; estatística de Durbin-Watson = 1,81

Regressão 2: Custos indiretos = $a + (b \times$ nº de alunos matriculados)

Variável	Coeficiente	Erro-padrão	Valor t
Constante	$ 5 991,75	$ 5 067,88	1,18
Variável independente 1:			
Nº de alunos matriculados	$ 3,78	$ 1,07	3,53

$r^2 = 0,55$; estatística de Durbin-Watson = 0,77

Para fazer:

1. Represente graficamente a relação entre os custos indiretos e cada uma das seguintes variáveis: (a) número de programas acadêmicos e (b) número de alunos matriculados.
2. Avalie os dois modelos de regressão estimados pela Maldonado. Use o formato no Quadro 10.19.
3. Que informações relevantes as análises fornecem para o controle dos custos indiretos na Universidade?

10-36 Avaliando os modelos de regressão múltipla, empresa sem fins lucrativos (continuação do Problema 10-35) (anexo do capítulo).

Para fazer:

1. Dadas as suas respostas no Problema 10-35, deveria Kátia usar a análise de regressão múltipla para entender melhor os direcionadores de custos dos custos indiretos? Explique.
2. Kátia decidiu que a análise de regressão simples, no Problema 10-35, deveria ser ampliada para uma análise de regressão múltipla. Ela encontrou o seguinte resultado:

Regressão 3: Custos indiretos = $a + (b_1 \times$ nº de programas acadêmicos) + $(b_2 \times$ nº de alunos matriculados)

Variável	Coeficiente	Erro-padrão	Valor t
Constante	$ 2 779,62	$ 3 620,05	0,77
Variável independente 1:			
Nº de programas acadêmicos	$ 178,37	$ 51,54	3,46
Variável independente 2:			
Nº de alunos matriculados	$ 1,87	$ 0,92	2,03

$r^2 = 0,81$; estatística de Durbin-Watson = 1,84

O coeficiente de correlação entre o número de programas acadêmicos e o número de alunos é de 0,60. Use o formato do Quadro 10.19 para avaliar o modelo de regressão múltipla. (Presuma que haja linearidade, variação na constante e normalidade dos resíduos.) Kátia deveria escolher o modelo de regressão múltipla em vez dos dois modelos de regressão simples do Problema 10-35?

3. Como o Reitor da Universidade do Sul usa os resultados de regressão para administrar os custos indiretos?

10-37 Direcionadores de custos do departamento de compras, custeio baseado em atividades, análise de regressão simples (anexo do capítulo). A Fashion Flor opera uma cadeia de dez lojas de departamentos. Cada loja de departamento toma as suas próprias decisões de compra. Breno Souza, assistente do presidente da Fashion Flor, está interessado em entender melhor os direcionadores dos custos do *departamento de compras*. Por muitos anos, a Fashion Flor alocou os custos do *departamento de compras* para os produtos com base no valor monetário da mercadoria comprada. Um item de $ 100 recebe dez vezes mais custos indiretos associados com o departamento de compras do que um item de $ 10.

Souza recentemente participou de um seminário intitulado 'Direcionadores de custos na indústria varejista'. Em uma apresentação no seminário, um concorrente líder, que implantou o custeio baseado em atividades, relatou números de pedidos de compras e número de fornecedores como sendo os dois direcionadores de custos mais importantes do departamento de compras. O valor monetário da mercadoria comprada em cada pedido de compra foi considerado um direcionador de custo significativo. Souza entrevistou vários membros do departamento de compras na loja da Fashion Flor em Miami. Eles acreditavam que as conclusões do concorrente também se aplicavam ao seu departamento de compras.

Souza coletou os seguintes dados para o último ano nas dez lojas de departamento da Fashion Flor:

Loja de departamento	Custos do departamento de compras (CDC)	Valor da mercadoria comprada ($MC)	Número de pedidos de compras (N° de PC)	Número de fornecedores (N° de F)
Baltimore	$ 1 523 000	$ 68 315 000	4 357	132
Chicago	1 100 000	33 456 000	2 550	222
Los Angeles	547 000	121 160 000	1 433	11
Miami	2 049 000	119 566 000	5 944	190
Nova York	1 056 000	33 505 000	2 793	23
Fenix	529 000	29 854 000	1 327	33
Seattle	1 538 000	102 875 000	7 586	104
St. Louis	1 754 000	38 674 000	3 617	119
Toronto	1 612 000	139 312 000	1 707	208
Vancouver	1 257 000	130 944 000	4 731	201

Souza decidiu usar a análise de regressão simples para examinar se uma ou mais das três variáveis (as três últimas colunas na tabela) são direcionadores dos custos do departamento de compras. Os resultados resumidos para essas regressões são os seguintes:

Regressão 1: CDC = a + (b × $MC)

Variável	Coeficiente	Erro-padrão	Valor t
Constante	$ 1 039 061	$ 343 439	3,03
Variável independente 1: SMC	0,0031	0,0037	0,84

$r^2 = 0,02$; estatística de Durbin-Watson = 2,41

Regressão 2: CDC = a + (b × n° de PC)

Variável	Coeficiente	Erro-padrão	Valor t
Constante	$ 730 716	$ 265 419	2,75
Variável independente 1: n° de PC	$ 156,97	$ 64,69	2,43

$r^2 = 0,42$; estatística de Durbin-Watson = 1,98

Regressão 3: CDC = a + (b × n° de FR2)

Variável	Coeficiente	Erro-padrão	Valor t
Constante	$ 814 862	$ 247 821	3,29
Variável independente 1: n° de FR2	$ 3 875	$ 1 697	2,28

$r^2 = 0,39$; estatística de Durbin-Watson = 1,97

Para fazer:

1. Compare e avalie os três modelos de regressão simples estimados por Souza. Faça um gráfico de cada um. Use, também, o formato empregado no Quadro 10.19 para avaliar as informações obtidas.

2. Os resultados da regressão apóiam a apresentação do concorrente sobre os direcionadores de custo do departamento de compras? Qual desses direcionadores de custos você recomendaria na modelagem de um sistema ABC?

3. Como Souza poderá ter evidências adicionais sobre os direcionadores dos custos do departamento de compras em cada uma das lojas da Fashion Flor?

10-38 Direcionadores de custos do departamento de compras, análise de regressão múltipla (continuação do 10-37) (anexo do capítulo). Breno Souza decide que a análise de regressão simples, usada no Problema 10-37, seria ampliada para uma análise de regressão múltipla. Ele encontrou os seguintes resultados para várias regressões:

Regressão 4: CDC = $a + (b_1 \times$ nº de PC$) + (b_2 \times$ nº de F$)$

Variável	Coeficiente	Erro-padrão	Valor t
Constante	$ 485 384	$ 257 477	1,89
Variável independente 1: nº de PC	$ 123,22	$ 57,69	2,14
Variável independente 2: nº de F	$ 2 952	$ 1 476	2,00

$r^2 = 0,63$; estatística de Durbin-Watson = 1,90

Regressão 5: CDC = $a + (b_1 \times$ nº de PC$) + (b_2 \times$ nº de F$) + (b_3 \times$ \$MC$)$

Variável	Coeficiente	Erro-padrão	Valor t
Constante	$ 494 684	$ 310 205	1,59
Variável independente 1: nº de PC	$ 124,05	$ 63,49	1,95
Variável independente 2: nº de F	$ 2 984	$ 1 622	1,84
Variável independente 3: $MC	–0,0002	0,0030	–0,07

$r^2 = 0,63$; estatística de Durbin-Watson = 1,90

Os coeficientes de correlação entre os pares de variáveis são:

	CDC	$MC	Nº de PC
$MC	0,29		
Nº de PC	0,65	0,27	
Nº de F	0,63	0,34	0,29

Para fazer:

1. Avalie a Regressão 4 usando os critérios de plausibilidade econômica, ajuste do modelo, significância das variáveis independentes e análise das especificações. Compare a regressão com as Regressões 2 e 3 no Problema 10-37. Que modelo você recomendaria a Souza? Por quê?

2. Compare a Regressão 5 com a Regressão 4. Que modelo você recomendaria a Souza? Por quê?

3. Souza estimou os seguintes dados para a loja em Baltimore para o próximo ano: valor da mercadoria comprada, $ 75 000 000; número de pedidos de compras, 3 900; número de fornecedores, 110. Quanto o Souza deveria orçar de custos do departamento de compras para a loja de Baltimore, para o próximo ano?

4. Que dificuldades não surgem na análise de regressão simples, mas podem surgir na análise de regressão múltipla? Há evidência dessas dificuldades em alguma das regressões múltiplas apresentadas neste problema? Explique.

5. Dê dois exemplos de decisões em que os resultados de regressão relatados aqui (e no Problema 10-37) seriam relevantes.

10-39 Computação das regressões, ética (anexo do capítulo). A Engenharia Barueri fabrica motores elétricos pequenos. Os dados sobre a mão-de-obra de produção e as unidades produzidas para os últimos quatro trimestres são os seguintes:

Trimestre	Custos de mão-de-obra	Unidades produzidas
1	$ 176 000	9 000
2	174 000	10 000
3	165 000	9 000
4	205 000	12 000
Total	$ 720 000	40 000

O bônus pago a Pedro Cunha, gerente de produção, depende de como os custos de mão-de-obra, em um trimestre, se comparam à média de custos de mão-de-obra de produção nos quatro trimestres anteriores. No trimestre

5, recentemente concluído, a Engenharia Barueri produziu 12 mil motores e incorreu custos de mão-de-obra de $ 208 000. Cunha está muito feliz com os resultados. Durante os quatro trimestres anteriores, a média de custo de mão-de-obra por unidade foi de $ 18 ($ 720 000 ÷ 40 000 unidades), resultando em um *benchmark* para o trimestre 5 de $ 18 × 12 000 = $ 216 000. Enquanto Cunha pensava a respeito do seu bônus, Alice Bueno, a *controller*, entrou em sua sala e disse:

A: "Eu sinto muito não termos podido bater o benchmark *dos últimos quatro trimestres."*

P: "O que você quer dizer com não termos batido o benchmark*? Aqui estão os números. Eu acabei de calcular. Contra um* benchmark *de $ 216 000, nós atingimos $ 208 000."*

A: "Não, os cálculos não são feitos assim. Alguns dos custos de mão-de-obra são fixos e outros variam com a produção. Minha análise separa os componentes fixos dos variáveis e os cálculos mostram que o desempenho do trimestre 5 foi pior do que o dos quatro trimestres anteriores."

P: "Por favor, reveja os seus cálculos. Você pode relatar um benchmark *melhor! A sua análise da regressão está sujeita aos erros de estimativas. Você deveria fazer alguns ajustes para isso. Se não mostrarmos à administração que estamos reduzindo os custos de mão-de-obra, eles poderão fechar as portas por não acreditarem que sejamos competitivos. Tenho certeza de que ninguém nesta fábrica quer que isso aconteça."*

Para fazer:

1. Verifique, usando as fórmulas dadas no anexo do capítulo ou um *software* que desempenhe a análise de regressão, que a equação de regressão é dada por:

    y = $ 65 000 + ($ 11,50 × unidades produzidas)

    Com um $r^2 = 0,88$.

2. Qual o *benchmark* para o trimestre 5 que Alice Bueno havia calculado?
3. Por que há diferença entre o *benchmark* calculado por Pedro Cunha e o calculado na Questão 2? Qual *benchmark* você prefere? Explique a sua resposta.
4. Identifique as etapas que Alice Bueno deveria seguir na tentativa de resolver a situação criada pelos comentários de Pedro Cunha sobre ajustar o *benchmark*.

Problema para aprendizagem em grupo

10-40 Método máximo-mínimo, funções de regressão alternativas, ajustes na contabilidade por competência. Tomás Garcia, analista de custo da Embalagens Unidas, está examinando a relação entre o total de custos de apoio à engenharia e as horas-máquina. Esses custos têm dois componentes: (1) mão-de-obra, paga mensalmente e (2) materiais e peças, comprados de um fornecedor externo a cada três meses. Após intensa discussão com o gerente de operações, Garcia descobriu que os números de materiais e peças relatados nos registros mensais são baseados no pagamento de compra ou regime de contabilidade de caixa, e não baseados no consumo ou regime de competência. (Não foi necessário rever os custos de mão-de-obra.) Os custos relatados e reafirmados são os seguintes:

Mês	Mão-de-obra: custos relatados (1)	Materiais e peças: custos relatados (2)	Materiais e peças: custos revisados (3)	Total de apoio à engenharia: custos relatados (4) = (1) + (2)	Total de apoio à engenharia: custos revisados (5) = (1) + (3)	Horas-máquina (6)
Março	$ 347	$ 847	$ 182	$ 1 194	$ 529	30
Abril	521	0	411	521	932	63
Maio	398	0	268	398	666	49
Junho	355	961	228	1 316	583	38
Julho	473	0	348	473	821	57
Agosto	617	0	349	617	966	73
Setembro	245	821	125	1 066	370	19
Outubro	487	0	364	487	851	53
Novembro	431	0	290	431	721	42

Os resultados de regressão para os custos relatados de apoio à engenharia como variável dependente são:

Regressão 1: Custos relatados do apoio à engenharia = $a + (b \times \text{horas-máquina})$

Variável	Coeficiente	Erro-padrão	Valor *t*
Constante	$ 1 393,20	$ 305,68	4,56
Variável independente 1: horas-máquina	–$ 14,23	$ 6,15	–2,31

$r^2 = 0{,}43$; estatística de Durbin-Watson = 2,26

Os resultados de regressão para o total de custos revisados de apoio à engenharia como variável dependente são:

Regressão 2: Custos reafirmados de apoio à engenharia = $a + (b \times \text{horas-máquina})$

Variável	Coeficiente	Erro-padrão	Valor *t*
Constante	$ 176,38	$ 53,99	3,27
Variável independente 1: horas-máquina	–$ 11,44	$ 1,08	10,59

$r^2 = 0{,}94$; estatística de Durbin-Watson = 1,31

Para fazer:

1. Represente graficamente as funções de *custo relacionando* (i) os custos relatados para o total de apoio à engenharia às horas-máquina e (ii) os *custos revisados* para o total de apoio à engenharia às horas-máquina. Comente o gráfico.
2. Use o método máximo-mínimo para calcular as estimativas das funções de custos $y = a + bX$ para (a) os custos relatados de apoio à engenharia e horas-máquina e (b) os custos revisados de apoio à engenharia e horas-máquina.
3. Contraste e avalie a função de custo estimada com a regressão usando dados revisados para os materiais e peças com a função de custo estimada com a regressão usando os dados relatados nos registros da fábrica. Use o formato de comparação empregado no Quadro 10.19.
4. De todas as funções de custos estimadas nas Partes 2 e 3, qual você escolheria para representar melhor a relação entre os custos de apoio à engenharia e as horas-máquina? Por quê?
5. Quais problemas Garcia poderá encontrar quando estiver revisando os custos de materiais e peças com base no consumo ou pelo regime de competência?
6. Por que é importante para Garcia escolher a função de custo correta? Isto é, ilustre dois problemas em potencial que Garcia poderia encontrar escolhendo uma função de custo que não seja aquela que você escolheu na Parte 4.

capítulo 11
Tomadas de decisão e informações relevantes

Objetivos de aprendizagem

1. Usar, ao tomar decisões, o processo de decisão de cinco etapas
2. Diferenciar, em situações de decisão, custos e receitas relevantes dos irrelevantes
3. Distinguir fatores quantitativos e qualitativos nas tomadas de decisão
4. Estar ciente, na análise de custos relevantes, de dois problemas em potencial
5. Explicar o conceito de custo de oportunidade e por que ele é usado nas tomadas de decisão
6. Saber como escolher produtos a serem produzidos quando há restrições na capacidade
7. Discutir sobre o que os administradores de fatores precisam considerar ao adicionar ou descontinuar clientes e segmentos
8. Explicar a razão de o valor contábil dos equipamentos ser irrelevante nas decisões relativas à substituição de equipamentos
9. Explicar como ocorrem os conflitos entre o modelo de decisão usado por um administrador e o modelo de avaliação do desempenho usado para avaliar o profissional

Tomamos decisões todos os dias. Algumas são simples: o que preparar para comer no desjejum. Outras, nem tanto: se faremos ou não um estágio durante as férias, se faremos outros cursos no período de férias, se trabalharemos como voluntários num acampamento para jovens ou se iremos viajar. Ainda assim, todas têm algo em comum: o processo de decisão básico e lógico que envolve obter informações, considerar custos e benefícios futuros; fazer uma escolha, agir sobre ela e avaliar resultados. As organizações usam o mesmo processo para tomar decisões. O gerente de uma loja de conveniência 24 horas precisa, regularmente, tomar decisões sobre a escolha do espaço nas prateleiras, quais tipos de produtos comprar e como escalar melhor os funcionários para que a loja seja eficaz e rentável. Os custos de oportunidade, custos e receitas relevantes para cada opção devem ser considerados no processo de decisão.

Neste capítulo exploraremos o processo de tomada de decisão, concentrando-nos nas decisões específicas, em como aceitar ou rejeitar um pedido especial de uma única vez, fazer produtos interna ou externamente e substituir ou manter equipamentos. Veremos com cuidado a distinção entre itens *relevantes* e *irrelevantes* na tomada de decisões.

Informações e o processo de decisão

Os administradores geralmente seguem um *modelo de decisão* ao optar entre os diferentes cursos de ação. Um **modelo de decisão** é um método formal de escolha, freqüentemente envolvendo análises quantitativas e qualitativas. Os contadores gerenciais trabalham com os administradores analisando e apresentando dados relevantes no sentido de orientar as decisões.

Considere a decisão estratégica que a Home Appliances, fabricante de aspiradores de pó, está enfrentando: ela deveria reorganizar as operações de produção para reduzir os custos de mão-de-obra? Suponha haver apenas duas alternativas: 'reorganizar' ou 'não'.

A reorganização eliminará todo o manuseio dos materiais. A atual linha de produção usa 20 operários — 15 operam as máquinas e 5 manuseiam os materiais. Os cinco operários encarregados de manusear os materiais foram contratados de modo a permitir a dispensa sem pagamentos adicionais. Cada operário trabalha, anualmente, duas mil horas. O custo da reorganização (consistindo em grande parte do arrendamento dos equipamentos) está previsto em $ 90 000 ao ano. A saída de produção prevista não será afetada pela decisão. O preço de venda, de $ 250; o custo por unidade dos materiais diretos, de $ 50; os custos indiretos de produção, de $ 750 000, e os custos de marketing, de $ 2 000 000, também não serão afetados.

Os administradores usam o processo decisório de cinco etapas, descrito no Quadro 11.1, para tomar decisões do tipo 'reorganizar' ou 'não'. Observe nesse quadro a seqüência das etapas e como as cinco avaliam o desempenho para fornecer um *feedback* sobre as ações tomadas nas etapas anteriores. Essa etapa pode afetar as previsões futuras, o método de previsão em si, o modelo de decisão ou a implementação da decisão.

Conceito de relevância

Custos e receitas relevantes

Grande parte deste capítulo está concentrado na Etapa 3 do Quadro 11.1 e nos conceitos de custos e receitas relevantes ao escolher alternativas. **Custos relevantes** são os *custos futuros esperados* e **receitas relevantes** são as *receitas futuras esperadas*, que diferem entre os cursos de ação alternativos que estão sendo considerados. Certifique-se de que você entende que para que os custos e as receitas sejam relevantes, eles *precisam*:

a. *Ocorrer no futuro* — cada decisão lida com a seleção de um curso de ação baseado nos resultados futuros esperados.

b. *Diferir entre os cursos de ação alternativos* — custos e receitas que não diferem não são importantes e, conseqüentemente, não terão significado na decisão que está sendo tomada.

A questão é sempre: 'Que diferença fará uma ação'?

O Quadro 11.2 apresenta os dados financeiros essenciais para a escolha entre as alternativas de 'reorganizar' ou 'não' da Home Appliances. As duas primeiras colunas apresentam *todos os dados*, e as duas últimas, apenas os *dados relevantes* — os $ 640 000 e os $ 480 000 custos futuros esperados de mão-de-obra de produção, e os $ 90 000 de custos futuros esperados de reorganização, que diferem entre as duas alternativas. As receitas, materiais diretos, custos indiretos e itens de marketing podem ser ignorados porque não diferem entre as alternativas e são irrelevantes.

Observe que o custo passado de mão-de-obra de produção, de $ 14 a hora, e o total de custos passados, de $ 560 000 (20 operários × 2 000 horas por operário × $ 14 a hora), não aparecem no Quadro 11.2. *Embora possam ser uma base útil para fazer previsões informadas dos custos futuros esperados de mão-de-obra de $ 640 000 e $ 480 000, os dados históricos em si são custos passados irrelevantes nas tomadas de decisão*. Os custos passados são também chamados de **custos incorridos** por serem inevitáveis, não podendo ser mudados, não importando qual ação tenha sido tomada.

Os dados do Quadro 11.2 indicam que a reorganização das operações de produção aumentará o lucro operacional previsto em $ 70 000 a cada ano. Observe que, na análise, chegamos à mesma conclusão ao

Quadro 11.1 Processo decisório de cinco etapas para a Home Appliances.

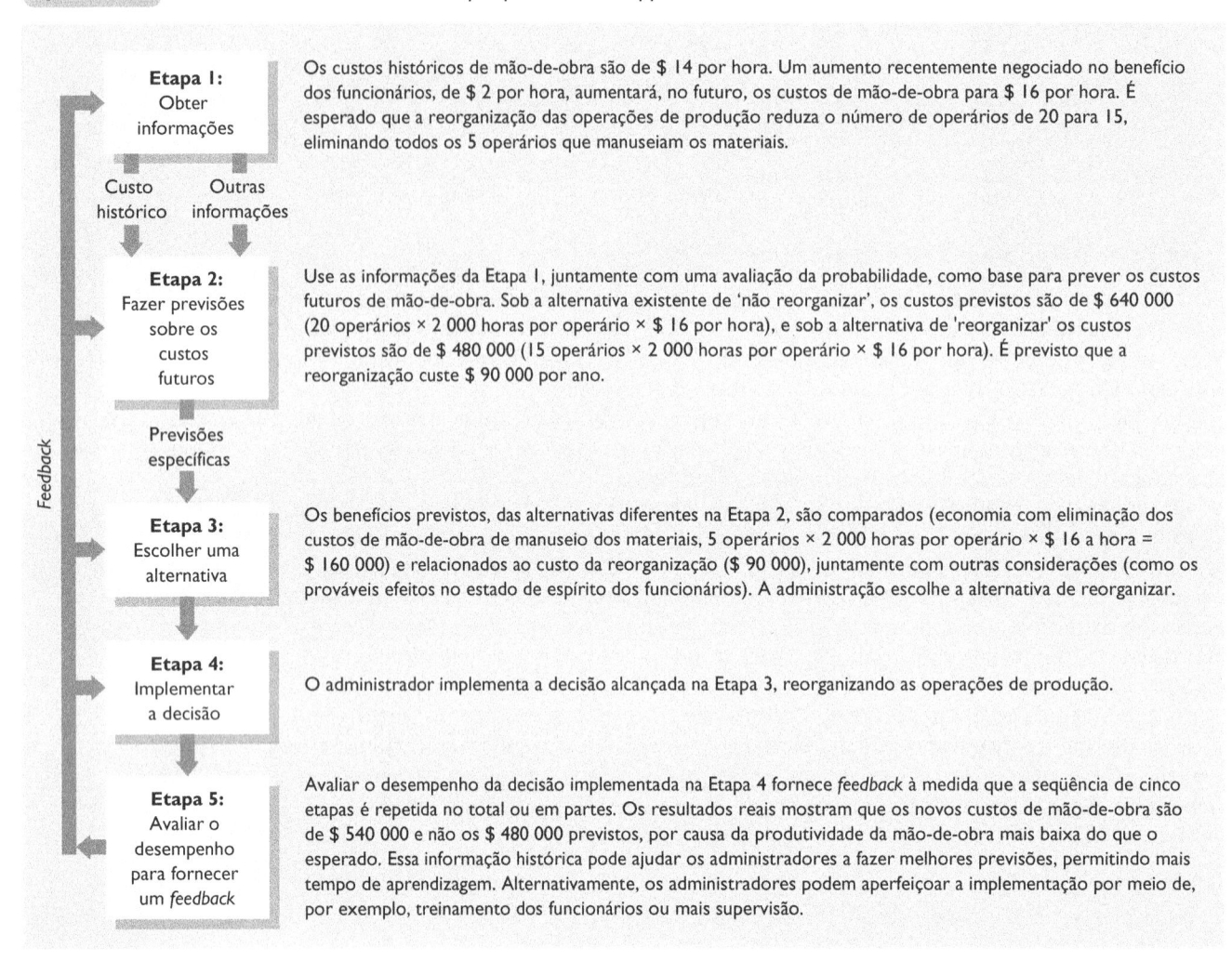

Etapa 1: Obter informações
Os custos históricos de mão-de-obra são de $ 14 por hora. Um aumento recentemente negociado no benefício dos funcionários, de $ 2 por hora, aumentará, no futuro, os custos de mão-de-obra para $ 16 por hora. É esperado que a reorganização das operações de produção reduza o número de operários de 20 para 15, eliminando todos os 5 operários que manuseiam os materiais.

Custo histórico / Outras informações

Etapa 2: Fazer previsões sobre os custos futuros
Use as informações da Etapa 1, juntamente com uma avaliação da probabilidade, como base para prever os custos futuros de mão-de-obra. Sob a alternativa existente de 'não reorganizar', os custos previstos são de $ 640 000 (20 operários × 2 000 horas por operário × $ 16 por hora), e sob a alternativa de 'reorganizar' os custos previstos são de $ 480 000 (15 operários × 2 000 horas por operário × $ 16 por hora). É previsto que a reorganização custe $ 90 000 por ano.

Previsões específicas

Etapa 3: Escolher uma alternativa
Os benefícios previstos, das alternativas diferentes na Etapa 2, são comparados (economia com eliminação dos custos de mão-de-obra de manuseio dos materiais, 5 operários × 2 000 horas por operário × $ 16 a hora = $ 160 000) e relacionados ao custo da reorganização ($ 90 000), juntamente com outras considerações (como os prováveis efeitos no estado de espírito dos funcionários). A administração escolhe a alternativa de reorganizar.

Etapa 4: Implementar a decisão
O administrador implementa a decisão alcançada na Etapa 3, reorganizando as operações de produção.

Etapa 5: Avaliar o desempenho para fornecer um feedback
Avaliar o desempenho da decisão implementada na Etapa 4 fornece *feedback* à medida que a seqüência de cinco etapas é repetida no total ou em partes. Os resultados reais mostram que os novos custos de mão-de-obra são de $ 540 000 e não os $ 480 000 previstos, por causa da produtividade da mão-de-obra mais baixa do que o esperado. Essa informação histórica pode ajudar os administradores a fazer melhores previsões, permitindo mais tempo de aprendizagem. Alternativamente, os administradores podem aperfeiçoar a implementação por meio de, por exemplo, treinamento dos funcionários ou mais supervisão.

Quadro 11.2 Determinando as receitas relevantes e os custos relevantes para a Home Appliances.

	Todos os dados		Dados relevantes	
	Alternativa 1: Não reorganizar	*Alternativa 2: Reorganizar*	*Alternativa 1: Não reorganizar*	*Alternativa 2: Reorganizar*
Receitas[a]	$ 6 250 000	$ 6 250 000	—	—
Custos:				
Materiais diretos[b]	1 250 000	1 250 000	—	—
Mão-de-obra direta	640 000[c]	480 000[d]	$ 640 000[c]	$ 480 000[d]
Custos indiretos	750 000	750 000	—	—
Marketing	2 000 000	2 000 000	—	—
Custos de reorganização	—	90 000	—	90 000
Total de custos	4 640 000	4 570 000	640 000	570 000
Lucro operacional	$ 1 610 000	$ 1 680 000	$ (640 000)	$ (570 000)

Diferença de $ 70 000   Diferença de $ 70 000

a *25 000 unidades × $ 250 por unidade = $ 6 250 000*
b *25 000 unidades × $ 50 por unidade = $ 1 250 000*
c *20 operários × 2 000 horas por operário × $ 16 por hora = $ 640 000*
d *15 operários × 2 000 horas por operário × $ 16 por hora = $ 480 000*

usarmos 'todos os dados' ou quando incluímos apenas os 'dados relevantes'. Ao confinar a análise em apenas dados relevantes, os administradores podem remover a desorganização dos dados irrelevantes potencialmente confusos. É especialmente útil focar os dados relevantes quando as informações necessárias para preparar uma demonstração de resultados detalhada não se encontram disponíveis. Entender quais custos são relevantes e quais são irrelevantes ajuda os administradores a obter apenas dados pertinentes e economizar tempo.

INFORMAÇÕES RELEVANTES QUALITATIVAS E QUANTITATIVAS

Dividimos os resultados das alternativas em duas categorias amplas: *quantitativos* e *qualitativos*. **Fatores quantitativos** são resultados medidos em termos numéricos. Alguns fatores quantitativos são financeiros e podem ser expressos em termos monetários. Exemplos incluem os custos dos materiais diretos, a mão-de-obra direta e marketing. Outros fatores quantitativos são não-financeiros e podem ser medidos numericamente, mas não expressos em termos monetários. Exemplos de fatores não-financeiros são, para uma empresa de produção, a redução no tempo de desenvolvimento de um novo produto e, para uma empresa aérea, a porcentagem de vôos que chegam no horário. **Fatores qualitativos** são resultados difíceis de medir com precisão em termos numéricos. O estado de espírito dos funcionários é um exemplo.

A análise dos custos relevantes geralmente enfatiza fatores quantitativos que podem ser expressos em termos financeiros. Mas pelo fato de os fatores qualitativos e quantitativos não-financeiros não poderem ser medidos em termos financeiros com facilidade isso não significa que eles não são importantes. Na realidade, os administradores precisam de vez em quando dar mais peso a esses fatores. Por exemplo, a Home Appliances pode querer considerar atentamente o efeito negativo no estado de espírito dos funcionários, com a dispensa dos operários que manuseiam os materiais, um fator qualitativo, antes de escolher a alternativa de 'reorganizar'. Raramente é fácil substituir avaliações financeiras e não-financeiras.

O Quadro 11.3 resume as características-chave das informações relevantes.

UMA ILUSTRAÇÃO DA RELEVÂNCIA: ESCOLHENDO OS NÍVEIS DE PRODUÇÃO

O conceito de relevância se aplica a todas as situações de decisão. Nesta e em várias seções seguintes, apresentamos algumas das situações de decisão. Começamos considerando as decisões que afetam os níveis de produção. Por exemplo, os administradores precisam escolher se lançam um novo produto ou tentam vender mais unidades de um já existente. Eles estão interessados no efeito que as mudanças nos níveis de produção terão sobre a empresa e o lucro operacional.

PEDIDOS ESPECIAIS DE UMA ÚNICA VEZ

Um tipo de decisão que afeta os níveis de produção é a aceitação ou rejeição de pedidos especiais quando há capacidade de produção ociosa e esses pedidos não têm implicações de longo prazo. Usamos o termo **pedido especial único** para descrever essas condições.

Exemplo 1: A Tecidos Finos fabrica toalhas de banho de qualidade na sua fábrica de Burlington, Carolina do Norte. A fábrica tem uma capacidade de produção de 48 mil toalhas por mês. A produção mensal atual é de 30 mil toalhas. As lojas de departamento são responsáveis por todo o volume de vendas. Os resultados esperados para agosto são mostrados no Quadro 11.4. (Essas quantias são previsões.) Supomos que todos os custos podem ser classificados como variáveis no que diz respeito a um único critério (unidades de produção) ou fixos. O custo de produção, de $ 12 a unidade, consiste de:

	Custo variável por unidade	Custo fixo por unidade	Total de custos
Materiais diretos	$ 6,00	—	$ 6,00
Mão-de-obra direta	0,50	$ 1,50	2,00
Custos indiretos	1,00	3,00	4,00
Custos de produção	$ 7,50	$ 4,50	$ 12,00

Quadro 11.3 Características-chave das informações relevantes.

- Custos passados (históricos) podem ser úteis como base para previsões. No entanto, os custos passados, em si, são sempre irrelevantes ao se tomar decisões.
- Alternativas diferentes podem ser comparadas examinando-se as diferenças no total esperado de receitas e custos futuros.
- Nem todas as receitas e custos futuros esperados são relevantes. Receitas e custos futuros esperados que não diferem entre as alternativas são irrelevantes e, conseqüentemente, podem ser eliminados da análise. A questão-chave é: 'que diferença farão eles?'.
- É preciso dar pesos adequados aos fatores qualitativos e quantitativos não-financeiros.

Quadro 11.4 Demonstração de resultados orçada para agosto; formato do custeio por absorção para a Tecidos Finos.

	Total	Por unidade
Receitas (30 000 toalhas × $ 20 por toalha)	$ 600 000	$ 20
Custo do produto vendido (custos de produção)	360 000	12
Custos de marketing	210 000	7
Custos plenos do produto	570 000	19
Lucro operacional	$ 30 000	$ 1

O custo de marketing, por unidade, é de $ 7 (sendo que $ 5 são variáveis). A Tecidos Finos não incorre custos de P&D, de projeto do produto, de distribuição ou custos de atendimento ao cliente.

Como resultado de uma greve na fábrica de seu fornecedor de toalhas, uma rede de hotéis cinco estrelas ofereceu-se para comprar cinco mil toalhas da Tecidos Finos, em agosto, a $ 11 a unidade. Não se antecipa vendas subseqüentes para a rede de hotéis. Os custos fixos estão ligados à capacidade de produção de 48 mil toalhas. Isto é, os custos fixos estão relacionados à capacidade de produção disponível, independentemente da usada. Se a Tecidos Finos aceitar o pedido especial, ela usará a capacidade ociosa para produzir as cinco mil toalhas e os custos fixos de produção não mudarão. Não serão necessários custos de marketing para o pedido especial de uma única vez de cinco mil unidades. Não é esperado que a aceitação desse pedido afete o preço de venda ou a quantidade de toalhas vendidas para os clientes regulares. Deveria a Tecidos Finos aceitar o pedido da cadeia de hotéis?

O Quadro 11.4 apresenta dados para esse exemplo com base no custeio por absorção. Nele, o custo de produção, de $ 12 por unidade, e o custo de marketing, de $ 7 por unidade, inclui custos fixos e variáveis. A soma de todos os custos (variáveis e fixos) em uma função comercial específica na cadeia de valor, como custos de produção ou de marketing, é denominada **custos da função comercial. Os custos plenos do produto**, neste caso $ 19 por unidade, são a soma de todos os custos fixos e variáveis em todas as funções comerciais na cadeia de valor (P&D, projeto, produção, marketing, distribuição e atendimento ao cliente). Para a Tecidos Finos, os custos plenos do produto consistem dos custos de produção e de marketing por serem essas as únicas funções comerciais. Não são necessários custos de marketing para o pedido especial, portanto o administrador da Tecidos Finos concentrar-se-á apenas nos custos de produção. Baseado no custo de produção por unidade, de $ 12 — maior do que o preço de $ 11 por unidade, oferecido pela cadeia de hotéis —, o administrador poderá rejeitar a oferta.

O Quadro 11.5 separa os custos de produção e de marketing em seus componentes de custos variáveis e fixos e apresenta dados no formato de uma demonstração de resultados da contribuição. As receitas e custos relevantes são as receitas futuras esperadas e os custos que diferem como resultado da aceitação do pedido especial — receitas de $ 55 000 ($ 11 por unidade × 5 000 unidades) e os custos variáveis de produção, de $ 37 500 ($ 7,50 por unidade × 5 000 unidades). Os custos fixos de produção e todos os de marketing (*incluindo os custos variáveis de marketing*) são irrelevantes neste caso. Isso porque esses custos não mudarão no total, independentemente de o pedido especial ser aceito ou não. A Tecidos Finos ganharia $ 17 500 adicionais (receitas relevantes, $ 55 000 —) custos relevantes, $ 37 500) de lucro operacional aceitando o pedido especial. Neste exemplo, comparar as quantias totais de 30 mil unidades *versus* 35 mil unidades do Quadro 11.5, ou focar apenas as quantias relevantes na coluna da diferença, evita uma implicação enganosa — a que resultaria da comparação do preço de venda, de $ 11 por unidade, contra os custos unitários de produção, de $ 12 (Quadro 11.4), que inclui custos fixos e variáveis de produção.

A suposição de não haver implicações estratégicas ou de longo prazo é crucial para nossa análise da decisão sobre o pedido especial de uma única vez. Suponha que a Tecidos Finos conclua que as lojas de departamentos (seus clientes regulares) exigirão um preço mais baixo se ela vender as toalhas para a cadeia de hotéis a $ 11 a unidade. Nesse caso, a receita dos clientes regulares se tornará relevante. Por quê? Porque as receitas futuras dos clientes regulares, se o pedido especial for aceito ou rejeitado, serão diferentes. A análise da receita relevante e do custo relevante do pedido da rede de hotéis cinco estrelas teria de ser modificada para considerar os benefícios no curto prazo com a aceitação do pedido e as conseqüências no longo prazo, sobre a rentabilidade, se os preços forem rebaixados para todos os clientes regulares.

PROBLEMAS EM POTENCIAL NA ANÁLISE DO CUSTO RELEVANTE

Dois problemas em potencial devem ser evitados na análise do custo relevante. Primeiro, cuidado com suposições generalizadas incorretas como as que todos os custos variáveis seriam relevantes e todos os fixos, irrelevantes. No exemplo da Tecidos Finos, o custo variável de marketing, de $ 5 por unidade, é irrelevante porque a Tecidos Finos não incorrerá nenhum custo adicional de marketing ao aceitar o pedido especial. Da mesma forma, custos fixos de produção podem ser relevantes. Considere novamente o exemplo da Tecidos Finos. A produção adicional de cinco mil toalhas por mês não afeta os custos fixos porque supomos que a faixa relevante seja de 30 mil a 48 mil toalhas por mês. Em alguns casos, a produção de cinco mil toalhas adicionais poderia aumentar os custos fixos. Suponha que a Tecidos Finos precisasse operar três turnos, a 16 mil toalhas por turno, para atingir a capacidade plena de 48 mil toalhas/mês. Aumentar a produção mensal de 30 para 35 mil iria requerer um terceiro turno parcial, porque dois turnos poderiam

Quadro 11.5 Decisão para pedido especial único: demonstração de resultados comparativa da contribuição.

	Sem o pedido especial de 30 mil unidades		Com o pedido especial de 35 mil unidades	Diferença: Montante relevante para 5 mil unidades
	Por unidade (1)	Total (2) = (1) × 30 000	Total (3)	Pedido especial (4)
Receitas	$ 20,00	$ 600 000	$ 655 000	$ 55 000 c
Custos variáveis				
Produção	7,50 a	225 000	262 500	37 500 d
Marketing	5,00	150 000	150 000	— e
Custos variáveis totais	12,50	375 000	412 500	37 500
Margem de contribuição	7,50	225 000	242 500	17 500
Custos fixos				
Produção	4,50 b	135 000	135 000	— f
Marketing	2,00	60 000	60 000	— f
Custos fixos totais	6,50	195 000	195 000	—
Lucro operacional	$ 1,00	$ 30 000	$ 47 500	$ 17 500

a *Custos variáveis de produção = matéria-prima, $ 6 + mão-de-obra direta, $ 0,50 + custos indiretos de fabricação, $ 1 = $ 7,50.*
b *Custos fixos de produção = mão-de-obra direta, $ 1,50 + custos indiretos de fabricação, $ 3 = $ 4,50.*
c *5 000 unidades × $ 11,00 por unidade = $ 55 000.*
d *5 000 unidades × $ 7,50 por unidade = $ 37 500.*
e *Não há ocorrência de custos variáveis de marketing para 5 000 unidades para pedido especial de uma única vez.*
f *Custos fixos de produção e de marketing também não serão afetados pelo pedido especial.*

produzir apenas 32 mil toalhas. O turno extra aumentaria os custos fixos de produção, tornando, assim, quaisquer custos fixos adicionais de produção relevantes para esta decisão.

Segundo, dados sobre custos por unidade podem, potencialmente, levar os administradores a cometer equívocos de duas maneiras:

1. *Quando custos irrelevantes são incluídos.* Considere os $ 4,50 em custos fixos de mão-de-obra direta e custos indiretos de produção incluídos nos $ 12 por unidade de custo, na decisão sobre o pedido especial único (veja os Quadros 11.4 e 11.5). O custo de $ 4,50 por unidade é irrelevante, dado as suposições no nosso exemplo, devendo, então, ser excluído.

2. *Quando os mesmos custos por unidade são usados em níveis diferentes de produção.* No geral, use custos totais em vez de custos por unidade. Depois, se desejado, os custos totais podem ser tratados como unidades. No Quadro, o total de custos fixos permanece $ 135 000 mesmo se a Tecidos Finos aceitar o pedido especial e produzir as 35 mil toalhas. Incluir o custo fixo de $ 4,50 por unidade, como custo do pedido especial, levaria a uma conclusão equivocada de que o total de custos fixos de produção aumentaria para $ 157 500 ($ 4,50 por toalha × 35 000 toalhas).

A melhor maneira de evitar esses dois problemas em potencial é se ater (a) a receitas e custos totais (em vez de na receita e custo por unidade) e (b) ao conceito de relevância. Exija sempre que cada item incluído na análise seja o *total* de receitas futuras esperadas e o *total* de custos futuros esperados que diferem entre as alternativas.

Decisões sobre fabricação própria *versus* terceirização e fazer *versus* comprar

Agora aplicaremos o conceito de relevância a uma outra decisão estratégica: se uma empresa deve fazer a peça ou comprá-la de um fornecedor. Novamente, vamos supor que haja capacidade ociosa.

Terceirização e instalações ociosas

A **terceirização** é a compra de bens e serviços de fornecedores externos em vez de **fabricação própria**, ou seja, a produção dos mesmos bens ou o fornecimento dos mesmos serviços realizados internamente. Por exemplo, a Kodak prefere fabricar os seus próprios filmes (fabricação própria), mas prefere que a IBM faça o seu processamento de dados (terceirização). A Toyota depende de fornecedores externos para algumas peças e componentes, mas escolhe fabricar outras peças internamente.

Decisões sobre se um produtor de bens ou serviços fabricará ou terceirizará são chamadas de **decisões de fazer ou comprar**. Às vezes, fatores qualitativos ditam a decisão administrativa de fazer ou comprar. Por exemplo, a Dell Computer compra o *chip* Pentium dos seus computadores pessoais da Intel, porque a Dell não detém conhecimento e tecnologia para fazer ela mesma o *chip*. A Coca-Cola não terceiriza a produção de seu concentrado para manter em segredo a sua fórmula. Pesquisas indicam que empresas consideram como fatores mais importantes na decisão de fazer ou comprar como sendo a qualidade, a confiabilidade dos fornecedores e o custo.

Exemplo 2: *A Companhia El Cerrito fabrica termostatos — que consistem de relés, chaves, válvulas — para uso residencial e industrial. A El Cerrito fabrica as suas próprias chaves. As Colunas 1 e 2 da tabela a seguir mostram os custos atuais para a HDS, a chave destinada a trabalho pesado, com base em uma análise de várias de suas atividades:*

	Custos atuais totais da produção de dez mil unidades em 25 lotes	Custo atual por unidade (2) = (1) ÷ 10 000	Custos totais esperados da produção de dez mil unidades em 50 lotes no próximo ano (3)	Custo esperado por unidade (4) = (3) ÷ 10 000
Materiais diretos	$ 80 000	$ 8,00	$ 80 000	$ 8,00
Mão-de-obra direta	10 000	1,00	10 000	1,00
Custos indiretos variáveis de produção para energia e instalação	40 000	4,00	40 000	4,00
Custos mistos (variáveis e fixos) indiretos para manuseio de materiais e preparação	17 500	1,75	20 000	2,00
Custos indiretos fixos de produção do aluguel da fábrica, seguro e administração	30 000	3,00	30 000	3,00
Total dos custos de produção	$ 177 500	$ 17,75	$ 180 000	$ 18,00

As atividades de manuseio de materiais e preparações ocorrem toda vez que um lote de HDS é fabricado. A El Cerrito produz as dez mil unidades de HDS em 25 lotes, com 400 unidades em cada lote. O número de lotes é o direcionador desse gasto. O total de custos de manuseio de materiais e de preparações é igual aos custos fixos de $ 5 000 por lote [$ 5 000 + (25 lotes × $ 500 por lote) = $ 17 500]. A El Cerrito inicia a produção somente após receber um pedido. Os clientes da empresa querem reduzir os níveis de estoque e a estão pressionando no sentido de fornecer termostatos em lotes de tamanhos menores. A El Cerrito antecipa a produção de dez mil unidades de HDS no próximo ano em 50 lotes de 200 unidades por lote. Por meio de contínua melhoria, a empresa espera reduzir o custo variável de manuseio de materiais e preparações para $ 300 por lote. Nenhuma outra mudança no custo variável por unidade ou nos custos fixos é antecipada.

Um outro fabricante oferece vender dez mil unidades de HDS para a El Cerrito, no próximo ano, por $ 16 a unidade, com a programação de entregas que a El Cerrito desejar. Suponha que os fatores financeiros predominem na decisão de fazer ou comprar. A El Cerrito deve fazer ou comprar as HDSs?

As Colunas 3 e 4 da tabela acima indicam os custos totais e por unidade esperados, na produção de dez mil unidades de HDS no próximo ano. Não se espera nenhuma mudança nos custos de materiais diretos, custos de mão-de-obra direta e custos indiretos variáveis de produção, que variam com as unidades produzidas, porque a El Cerrito planeja continuar a produzir dez mil unidades no próximo ano no mesmo custo variável por unidade que o deste ano. É esperado que haja aumento nos custos de manuseio de materiais e de preparações, mesmo não havendo nenhuma mudança no total da quantidade produzida. Isso se deve ao fato de que esses custos irão variar com o número de lotes e não com o de unidades produzidas. O total esperado em custos de manuseios de materiais e de preparações é de $ 20 000 [$ 5 000 + (50 lotes × o custo por lote de $ 300)]. A El Cerrito espera que os custos indiretos fixos permaneçam os mesmos deste ano. O custo esperado de produção, por unidade, para o próximo ano, é de $ 18. Parece que a empresa deve comprar as HDSs porque o custo esperado, de $ 18 por unidade, para fazer a peça, é mais do que os $ 16 por unidade para comprá-la. Mas muitas vezes uma decisão de comprar ou fazer não é óbvia. Para tomar a decisão, a administração precisa responder à pergunta: 'Qual é a diferença nos custos relevantes entre as alternativas?'

Para o momento, suponha (a) a capacidade usada agora para fazer a HDS se tornará ociosa no próximo ano se a HDS for comprada e (b) os $ 30 000 de custos indiretos fixos continuarão a ser incorridos no ano que vem, independentemente da decisão tomada. Suponha que os $ 5 000 em salários fixos para apoiar o manuseio de materiais e as preparações não sejam incorridos se a produção da HDS for totalmente fechada para o próximo ano. O Quadro 11.6 apresenta os cálculos do custo relevante. A El Cerrito economizará $ 10 000 se fizer a HDS em vez de comprá-la do fornecedor externo. Fazer a HDS é a alternativa preferida.

Observe como os conceitos-chave da relevância apresentados no Quadro 11.3 se aplicam aqui:

1. Dados de custos atuais no Exemplo 2, Colunas 1 e 2, não têm nenhum papel na análise do Quadro 11.6, porque a decisão de fazer ou comprar no próximo ano implica custos passados e, portanto, irrelevantes. Eles só auxiliam na previsão de custos futuros.

Quadro 11.6 Itens relevantes (incrementais) para a decisão de fazer ou comprar a HDS na Companhia El Cerrito.

Itens relevantes	Total de custos relevantes		Custo relevante por unidade	
	Fazer	Comprar	Fazer	Comprar
Compras externas de peças		$ 160 000		$ 16
Materiais diretos	$ 80 000		$ 8	
Mão-de-obra direta	10 000		1	
Custos indiretos variáveis	40 000		4	
Custos indiretos mistos (variáveis e fixos) de manuseio de materiais e preparações	20 000		2	
Total de custos relevantes[a]	$ 150 000	$ 160 000	$ 15	$ 16
Diferença a favor de fazer a HDS	$10 000		$ 1	

a *Adicionalmente, os $ 30 000 em aluguel, seguro e custos de administração da fábrica poderiam ser inclusos sob ambas as alternativas. Mas esses custos são irrelevantes para a decisão.*

2. O Quadro 11.6 mostra $ 20 000 em custos futuros de manuseio de materiais e preparações sob a alternativa de fazer, mas não sob a alternativa de comprar. Por quê? Porque comprar a HDS em vez de fabricá-la economizará $ 20 000 em custos variáveis futuros por lote e custos fixos evitáveis. Os $ 20 000 representam custos futuros que diferem entre as alternativas e, portanto, são relevantes para a decisão de fazer ou comprar.

3. O Quadro 11.6 exclui os $ 30 000 em aluguel de fábrica, seguro e custos administrativos sob ambas as alternativas. Por quê? Porque esses custos futuros não diferirão entre as alternativas e, portanto, são irrelevantes.

Um termo comum na tomada de decisão é o *custo incremental*. O **custo incremental** é o custo total adicional incorrido para uma atividade. No Quadro 11.6, o custo incremental para fazer a HDS é o custo total adicional de $ 150 000 que a El Cerrito incorrerá se decidir fazer a HDS. Os $ 30 000 de custos indiretos fixos não são um custo incremental porque a El Cerrito incorrerá esses custos fabricando ou não a HDS. Da mesma forma, o custo incremental para comprar HDS de um fornecedor externo é o custo total adicional de $ 160 000 que a El Cerrito incorrerá se decidir comprar a HDS. O **custo diferencial** é a diferença no custo total entre as duas alternativas. No Quadro 11.6, o custo diferencial entre as alternativas de fazer e comprar a HDS é de $ 10 000 ($ 160 000 – $ 150 000). Observe que, na prática, às vezes o *custo incremental* e o *diferencial* são usados de forma intercambiável. Quando se defrontar com esses termos, certifique-se de saber o que significam.

Definimos *receita incremental* e *receita diferencial* de forma similar ao custo incremental e diferencial. **Receita incremental** é a receita total adicional de uma atividade. **Receita diferencial** é a diferença na receita total entre as duas alternativas.

O uso de recursos que teriam sido ociosos pode aumentar a rentabilidade ou diminuir a não-rentabilidade. Considere a Engenharia Beijing, na qual o *China Daily* observou que os trabalhadores estavam "ocupados produzindo máquinas elétricas pulverizadoras de reboco", embora o custo por unidade, de 1 230 yuan, excedia o preço de venda de 985 yuan, resultando em uma perda de 245 yuan por pulverizador. Mesmo assim, para satisfazer a demanda de mercado, a fábrica continuou a produzir os pulverizadores. Os custos fixos de equipamento e mão-de-obra eram de 759 yuan por pulverizador. No curto prazo, a produção de pulverizadores, mesmo a um prejuízo, na verdade reduziu o prejuízo operacional (de 759 para 245 yuan por pulverizador).

FATORES ESTRATÉGICOS E QUALITATIVOS

Fatores estratégicos e qualitativos afetam as decisões sobre terceirização. Por exemplo, a El Cerrito pode preferir fabricar a HDS internamente para reter controle sobre o desenho, a qualidade, a confiabilidade e os prazos de entrega das chaves que ela usa nos termostatos. Porém, apesar das vantagens de custo documentadas no Quadro 11.6, a El Cerrito pode preferir terceirizar, tornar-se uma organização menor e mais ágil, e focar áreas de competência básica — a fabricação e a venda de termostatos. Como exemplo de foco, empresas de publicidade como a J. Walter Thompson desenvolvem apenas os aspectos criativos e de planejamento da publicidade (competência básica) e terceirizam as atividades de produção como filmagens, fotografias e ilustrações.

A terceirização não é isenta de riscos. Em função da acentuada dependência da empresa dos respectivos fornecedores, ela passa a ficar à mercê de aumentos nos preços e de vacilos na qualidade e no desempenho irregular das entregas. Para minimizar esses riscos, as empresas geralmente firmam contratos de longo prazo especificando custos, qualidade e prazos de entrega com seus fornecedores. Administradores inteligentes estabelecem parceria e alianças estreitas com poucos fornecedores-chave. A Toyota chega ao ponto de enviar os próprios engenheiros para melhorar processos de fornecedores. Fornecedores de empresas como a Ford, Hyundai, Panasonic e Sony pesquisaram e desenvolveram produtos inovadores, cumpriram com aumentos na demanda, mantiveram a qualidade e as entregas pontuais e baixaram custos — medidas que as próprias empresas não teriam tido competência para realizar. O 'Conceitos em Ação' descreve como a Volkswagen terceirizou toda a fabricação de seus caminhões e ônibus na fábrica de Resende, Brasil.

CUSTOS DE OPORTUNIDADE, TERCEIRIZAÇÃO E RESTRIÇÕES DE CAPACIDADE

Os cálculos, no Quadro 11.6, supuseram que a capacidade atualmente usada para fazer a HDS permanecerá ociosa se a El Cerrito comprar peças de fabricante externo. No entanto, em geral, a capacidade liberada pode ser usada para propósitos mais rentáveis. A escolha então não é fazer ou comprar, mas como utilizar melhor a capacidade de produção disponível.

Exemplo 3: Suponha que a El Cerrito compre a HDS do fornecedor externo. O melhor uso da capacidade disponível da El Cerrito é o de produzir cinco mil unidades de RS, uma chave normal, para a Corporação Terra. João Marques, contador na El Cerrito, estima as seguintes receitas e custos futuros se a RS for fabricada e vendida:

CONCEITOS EM AÇÃO

VW leva a terceirização ao limite

A fábrica de caminhões e ônibus da Volkswagen em Resende, Brasil, é uma fábrica virtual: a VW terceirizou totalmente a produção adotando uma equipe de fornecedores-parceiros cuidadosamente selecionada em uma experiência radical em operações de produção. Em Resende, a VW foi transformada de fabricante a empreiteiro geral, supervisionando as operações de montagem realizadas por sete fornecedores de componentes, de origem como a alemã, americana, brasileira e japonesa sem que nenhum funcionário da VW precise apertar um parafuso sequer. Somente 200, do total de mil trabalhadores, são realmente funcionários da VW.

Quando estava projetando a fábrica de Resende, a VW pediu aos fornecedores que dessem um lance pela oportunidade de serem donos de um dos sete principais módulos, necessários para a fabricação de um veículo, como eixos e freios ou motor e transmissão. Os fornecedores investiram $ 50 milhões para construir, equipar e estocar suas instalações. O contrato da VW com os fornecedores envolve períodos de 10 a 15 anos, com a condição de que os fornecedores alcancem metas específicas de custo e desempenho, mantendo tecnologias de ponta.

A fábrica é dividida em sete zonas, demarcadas por listras amarelas no piso. Dentro dos limites de sua zona, cada fornecedor monta o seu componente a partir de subcomponentes originados de 400 fornecedores menores. Em paralelo com a montagem de subcomponentes, a montagem final ocorre enquanto o chassi (a plataforma do veículo) passa pelas respectivas zonas e cada empresa adiciona o seu componente, até que um veículo VW chegue ao final da linha de montagem. Ao longo de todo o processo, acompanhando cada veículo, há um único funcionário da VW — um artesão mestre designado para acompanhar o veículo e resolver problemas *in loco*. Os fornecedores são pagos por cada veículo, finalizado, que passar pela inspeção final.

Apesar de representar sete empresas diferentes, os fornecedores operam como uma equipe rigidamente integrada, vestindo os mesmos uniformes e recebendo o mesmo pagamento. A linha de montagem é multifuncional, com representantes de cada fornecedor se reunindo a cada manhã para planejar a produção do dia, e, a cada noite, para endereçar questões e resolver problemas. Cada fornecedor tem a visibilidade de todo o processo de produção, o que estimula idéias quanto à simplificação, agilização e mudanças no produto e no processo.

A especialização e o conhecimento do componente de cada fornecedor, junto com a interação estreita entre fornecedores, melhora a qualidade e a eficiência. Localizar as montagens dos principais componentes e a montagem final num único espaço melhora o fluxo de produção e reduz o tempo total de montagem. Também simplifica a logística e reduz custos de manuseio de materiais, controle de produção, engenharia de produção e coordenação.

Embora a fábrica tenha feito alguns ajustes, que tornam suas operações mais convencionais, os resultados preliminares parecem promissores. Resende emprega 1 500 trabalhadores, comparativamente aos 2 500 de outra fábrica da VW. O tempo de montagem de um caminhão foi reduzido de 52 para 35 horas. Essas melhorias possibilitaram que a VW obtivesse, rapidamente, no Brasil, uma fatia de 20 por cento nos mercados de caminhões e ônibus.

Fonte: D. J. Schemo, Is VW's new plant lean, or just mean? *The New York Times*, 19 nov. 1996; J. Friedland, VW Puts Suppliers on Production Line. *The Wall Street Journal*, 15 fev. 1996; L. Goering, Revolution at plant X. *Chicago Tribune*, 13 abr. 1997; D. Sedgwick, Just what does an automaker make? *Automotive News International*, 1º set. 2000; Mercedes and VW fight from factory floor up. *Gazeta Mercantil Online*, 4 abr. 2001.

Receitas incrementais futuras		$ 80 000
Custos incrementais futuros		
Materiais diretos	$ 30 000	
Mão-de-obra direta	5 000	
Custos indiretos variáveis (energia, utilidades)	15 000	
Custos indiretos de manuseio de materiais e preparações	5 000	
Total de custos incrementais futuros		55 000
Lucro incremental futuro operacional		$ 25 000

Devido a restrições na capacidade, a El Cerrito pode fazer HDS ou RS, mas não os dois. Qual das três alternativas a seguir a El Cerrito deveria escolher?

1. *Fazer HDS e não fazer RS*
2. *Comprar HDS e não fazer RS*
3. *Comprar HDS e fazer RS*

O Quadro 11.7, Painel A, resume a abordagem do 'total das alternativas' — custos e receitas futuros para *todas* as alternativas. A Alternativa 3, comprando HDS e usando a capacidade disponível para fazer e vender RS, é a alternativa preferida. Os custos incrementais futuros para comprar HDS de um fornecedor externo ($ 160 000) são maiores do que os custos incrementais futuros para fazer HDS internamente ($ 150 000). Mas a El Cerrito pode usar a capacidade liberada com a compra de HDS para ganhar $ 25 000 em lucro operacional (receitas futuras adicionais de $ 80 000 menos custos futuros adicionais de $ 55 000) ao fazer e vender RS para a Terra. Os *custos relevantes líquidos* de comprar HDS e fazer e vender RS são de $ 160 000 – $ 25 000 = $ 135 000.

Decidir usar um recurso de uma forma, em particular, faz com que o administrador desista da oportunidade de usar o recurso de formas alternativas. A oportunidade perdida é um custo que o administrador precisa levar em consideração quando tomar uma decisão. O **custo da oportunidade** é a contribuição para a renda que é perdida, ou rejeitada, por não usar um recurso limitado na sua segunda melhor alternativa de uso. Por exemplo, para um pretendente ao MBA, o custo (relevante) de freqüentar a faculdade não se reduz apenas ao custo da escola, dos livros, de moradia e alimentação, mas, também, ao custo da renda perdida (custo da oportunidade) por escolher estudar em vez de trabalhar. Presumivelmente, os benefícios futuros estimados ao obter o MBA (por exemplo, uma carreira que paga melhor) excederão os custos havidos.

O Quadro 11.7, Painel B, mostra a abordagem do custo da oportunidade para analisar as alternativas enfrentadas pela El Cerrito. Ao usar a abordagem do custo da oportunidade, concentre-se nos custos de fazer ou comprar HDS.

Considere a Alternativa 1, fazer HDS e não fazer RS, e pergunte: 'Quais os custos totais para fazer HDS sob essa alternativa?' Certamente, a El Cerrito incorrerá $ 150 000 em custos incrementais para fazer HDS. Mas seria esse o

Quadro 11.7 A abordagem do total das alternativas e a abordagem do custo da oportunidade para decisões de fazer ou comprar na El Cerrito.

	Alternativas para a El Cerrito		
Itens relevantes	1. Fazer HDS e não fazer RS	2. Comprar HDS e não fazer RS	3. Comprar HDS e fazer RS
PAINEL A: ABORDAGEM DO TOTAL DAS ALTERNATIVAS PARA DECISÕES DE FAZER OU COMPRAR			
Total de custos futuros incrementais para fazer/comprar HDS (do Quadro 11.6)	$ 150 000	$ 160 000	$ 160 000
Deduzir excesso de receitas futuras sobre custos futuros do RS	0	0	(25 000)
Total de custos relevantes sob a abordagem do total das alternativas	$ 150 000	$ 160 000	$ 135 000
PAINEL B: ABORDAGEM DO CUSTO DA OPORTUNIDADE PARA DECISÕES DE FAZER OU COMPRAR			
Total de custos futuros incrementais para fazer/comprar HDS (do Quadro 11.6)	$ 150 000	$ 160 000	$ 160 000
Custo da oportunidade: Contribuição de lucro perdido devido à capacidade não usada para fazer RS a próxima melhor alternativa	25 000	25 000	0
Total de custos relevantes sob a abordagem do custo da oportunidade	$ 175 000	$ 185 000	$ 160 000

Observe que as diferenças em custos cruzando as colunas nos Painéis A e B são as mesmas — o custo da Alternativa 3 é $ 15 000 menor que o custo da Alternativa 1, e $ 25 000 menor que o custo da Alternativa 2.

custo total? Não, porque ao decidir usar recursos limitados de produção para fazer HDS, a El Cerrito desistirá da oportunidade de ganhar $ 25 000 por não usar esses recursos. Portanto, os custos relevantes de fazer HDS são os custos incrementais de $ 150 000 *mais* o custo da oportunidade de $ 25 000.

A seguir, considere a Alternativa 2, comprar HDS e não fazer RS. O custo incremental para comprar HDS será de $ 160 000. Mas há também o custo da oportunidade, de $ 25 000, como resultado da decisão de não fazer RS.

Finalmente, considere a Alternativa 3, comprar HDS e fazer RS. O custo incremental para comprar HDS será de $ 160 000. O custo da oportunidade é zero. Por quê? Porque ao escolher esta alternativa, a El Cerrito não abdicará do lucro que ela pode ganhar ao fazer e vender RS.

O Painel B leva a administração para a mesma conclusão do Painel A — comprar HDS e fazer RS é a alternativa preferida.

Os Painéis A e B, do Quadro 11.7, descrevem duas abordagens consistentes para tomadas de decisão com restrições de capacidade. A abordagem do total das alternativas, no Painel A, inclui todos os custos e receitas incrementais futuros. Por exemplo, sob a Alternativa 3, o lucro futuro adicional das operações de *usar capacidade para fazer e vender RS* é subtraído do custo incremental futuro de comprar HDS. A análise do custo da oportunidade, no Painel B, toma uma abordagem oposta. Ela foca a HDS. *Quando a capacidade não é usada para fazer e vender RS*, o lucro futuro abdicado das operações é adicionado como custo da oportunidade de fazer ou comprar HDS, como nas Alternativas 1 e 2. (Observe, quando o RS é fabricado, como na Alternativa 3, não há *custo da oportunidade por não fazer RS*.) Assim, enquanto o Painel A *subtrai* $ 25 000 sob a Alternativa 3, o Painel B *adiciona* $ 25 000 sob a Alternativa 1 e também sob a Alternativa 2. O Painel B destaca a idéia de que, quando a capacidade é restrita, as receitas e os custos relevantes de qualquer alternativa são iguais às receitas e custos incrementais futuros mais o custo da oportunidade. No entanto, quando mais de duas alternativas estão sendo consideradas simultaneamente, em geral é mais fácil usar a abordagem do total das alternativas.

Custos da oportunidade não são incorporados nos registros formais da contabilidade financeira. Por quê? Porque a manutenção de registros históricos é limitada às transações envolvendo alternativas *realmente selecionadas*, em vez de alternativas rejeitadas. Alternativas rejeitadas não produzem transações e, portanto, não são registradas. Se a El Cerrito fizer a HDS ela não fará a RS e não registrará qualquer lançamento contábil para RS. Porém, o custo da oportunidade de fazer HDS — igual ao lucro operacional abdicado pela El Cerrito por não fazer RS — é uma entrada crucial na decisão de fazer ou comprar. Considere novamente o Quadro 11.7, Painel B. Com base somente nos custos incrementais sistematicamente registrados no sistema contábil, é menos oneroso para a El Cerrito fazer a HDS em vez de comprar. Reconhecer o custo da oportunidade, de $ 25 000, leva a uma conclusão diferente: a de que é preferível comprar HDS.

Suponha que a El Cerrito tenha capacidade suficiente para fazer RS mesmo fazendo a HDS. Nesse caso, a El Cerrito tem uma quarta alternativa, fazer HDS e RS. Para essa alternativa, o custo da oportunidade para fazer HDS é de $ 0, porque a El Cerrito não abdica do lucro operacional de $ 25 000 ao fazer RS, mesmo escolhendo fabricar a HDS. Os custos relevantes são de $ 150 000 (custos incrementais de $ 150 000 mais o custo da oportunidade de $ 0). Observa-se que, sob essas condições, a El Cerrito preferiria fazer a HDS em vez de comprá-la e também fazer o RS.

Além das considerações quantitativas, a decisão final sobre fazer ou comprar deve considerar fatores estratégicos e qualitativos também. Se a El Cerrito decidir comprar HDS de um fornecedor externo, ela deve considerar fatores como a reputação do fornecedor com relação à qualidade e entregas pontuais. A El Cerrito também iria querer considerar as conseqüências de vender RS para a Terra, se esta usar RS para produzir termostatos que possam competir com a El Cerrito.

CUSTOS FINANCEIROS DE MANTER ESTOQUE

Para ver um outro exemplo de custo da oportunidade, considere os seguintes dados para a El Cerrito.

Requisitos anuais estimados de HDS para o próximo ano	10 000 unidades
Custo unitário quando cada compra é de 1 000 unidades	$ 16,00
Custo unitário quando cada compra é igual a, ou acima de, 10 000 unidades; $ 16 menos 1% de desconto	$ 15,84
Custo de um pedido de compra	$ 100,00

Alternativas sob consideração:
  A. Fazer 10 compras de 1 000 unidades cada durante o próximo ano
  B. Fazer 1 compra de 10 000 unidades no início do próximo ano

Investimento médio em estoque:	
A. (1 000 unidades × $ 16,00 por unidade) ÷ 2ª	$ 8 000
B. (10 000 unidades × $ 15,84 por unidade) ÷ 2ª	$ 79 200
Taxa de juros anual para investimento em letras do Tesouro	6%

a *O exemplo supõe que compras de HDS serão consumidas uniformemente durante todo o ano. O investimento médio em estoque durante o ano é o custo do estoque quando uma compra é recebida, mais o custo do estoque logo antes de a próxima compra ser entregue (no nosso exemplo, zero), dividido por 2.*

Conceitos em ação

A American Airlines, a Internet e os custos de oportunidade

Quais são os custos relevantes da American Airlines para transportar um cliente, ida e volta, de Dallas a São Francisco, saindo na sexta-feira, 31 de maio de 2002, com retorno na segunda-feira, 3 de junho? Os custos incrementais são muito baixos — principalmente os custos de alimentação de, digamos, $ 20 — porque os outros custos são fixos — o avião, pilotos, agentes de passagens e carregadores de bagagem. A pergunta é: 'Quais são os custos principais?' Para determinar os custos da oportunidade, a American Airlines precisa avaliar de qual lucro ela abdicou ao vender um assento para um cliente específico. O lucro abdicado depende de se o vôo está lotado — significando que a aeronave está operando à capacidade plena. Normalmente, a American cobraria $ 400 pela passagem de ida e volta. Se tiver assentos disponíveis, o custo da oportunidade será de $ 0. Se o vôo estiver lotado, o custo da oportunidade será de $ 380 ($ 400 – $ 20), o lucro que a American obteria ao vender o mesmo assento para um outro cliente. O custo relevante é de $ 400 — custo incremental de $ 20 mais da oportunidade de $ 380.

Se um cliente liga para comprar a passagem no início de maio de 2002, a American calcula os custos relevantes como sendo de $ 400 porque ela espera que o vôo esteja lotado. Mas, e se na quarta-feira, 29 de maio, a American descobrir que o vôo não lotou? O custo relevante para cada assento remanescente será de apenas o custo incremental de $ 20 e a American poderá reduzir seus preços bem abaixo dos $ 400 — para, digamos, $ 100 — e ainda obter lucro. Esperar até o último minuto e reconhecer que os custos de oportunidade são de $ 0 permite que a American reduza seus preços drasticamente na esperança de atrair mais clientes e ainda lucrar.

A Internet torna possível a oportunidade de a American avisar os clientes em potencial, de forma barata e rápida, sobre as tarifas reduzidas. Usando o que é chamado de tecnologia do 'empurrão', a American anuncia informações sobre todos os vôos em que há assentos disponíveis para assinantes que se matriculam gratuitamente no *home page* da American Airlines, www.aa.com. Toda quarta-feira pela manhã, um *e-mail* é enviado para cada assinante indicando as cidades de saída e de chegada para as quais há assentos disponíveis e tarifas mais baixas são praticadas — freqüentemente em torno de $ 100. O requisito? A viagem precisa começar na sexta-feira ou no sábado e terminar antes da outra segunda-feira. Ao esperar até a quarta-feira para anunciar as tarifas, a American estará certa de haver assentos disponíveis e de que os custos da oportunidade para as tarifas ofertadas são, portanto, zero. A Internet permite que informações sejam rapidamente disseminadas para um grupo grande de pessoas e, virtualmente, a nenhum custo. O serviço de tarifas baixas por assinatura da American Airlines é um bom exemplo de como uma empresa que tem boa compreensão de custos relevantes pode se aproveitar de uma estrutura de custo variável baixo, usando a Internet.

A El Cerrito pagará à vista pela HDS que comprar. Qual alternativa de compra é mais econômica para a El Cerrito? A tabela a seguir apresenta as duas alternativas.

	Alternativa A: Fazer dez compras de mil unidades cada durante o ano (1)	Alternativa B: Fazer uma compra de dez mil unidades cada no início do ano (2)	Diferença (3) = (1) – (2)
Custos anuais dos pedidos de compras (10 pedidos de compras/ano; $ 100/pedido de compra; 1 pedido de compra/ano; $ 100/pedido de compra	$ 1 000	$ 100	$ 900
Custos anuais de compra (10 000 unidades/ano; $ 16,00/unidade; 10 000 unidades/ano; $ 15,84/unidade	160 000	158 400	1 600
Renda anual de juros que poderia ser obtida se investimento em estoque fosse investido em letras do Tesouro a 6% (custo da oportunidade) (0,06 ano $ 8 000; 0,06 ano $ 79 200)	480	4 752	(4 272)
Custos relevantes	$ 161 480	$ 163 252	$ (1 772)

O custo de oportunidade por manter estoque é a renda abdicada ao parar dinheiro em estoques e não investi-lo em outro item. O custo de oportunidade não seria registrado no sistema contábil porque, uma vez que a alternativa de investir dinheiro em outro item for rejeitada, não haverá transações relativas a essa alternativa a registrar. A Coluna 3 indica que, consistente com a tendência de manter estoques menores, comprando quantidades menores de mil unidades durante o ano, é preferível a comprar todas as dez mil unidades no início do ano. Por quê? Porque o custo mais baixo de oportunidade para manter estoques menores excede os custos mais altos de compra e de pedido. Se o custo de oportunidade de dinheiro parado em estoque fosse maior que 6 por cento ao ano, ou se outros benefícios incrementais por manter estoques mais baixos fossem considerados — como custos mais baixos de seguro, manuseio de materiais, armazenagem, obsolescência e quebras —, fazer dez compras seria ainda mais preferível.

DECISÕES SOBRE O *MIX* DE PRODUTOS SOB RESTRIÇÕES DE CAPACIDADE

Agora examinaremos como o conceito de relevância se aplica a **decisões sobre o *mix* de produtos** — as decisões de uma empresa sobre quais produtos vender e em que quantidades. Essas decisões normalmente têm apenas um foco de curto prazo porque o nível de capacidade pode ser expandido no longo prazo. Por exemplo, a BMW, fabricante alemã de automóveis, precisa adaptar continuamente o *mix* de seus diferentes modelos de carro (por exemplo, 325i, 525i, e 740i) às oscilações de curto prazo nos custos de materiais, preços de venda e demanda. Para determinar o *mix* de produtos, uma empresa maximiza o lucro operacional em razão de restrições enfrentadas pela empresa, como capacidade e demanda. Nesta seção, supomos que com a ocorrência de mudanças no curto prazo, no *mix* de produtos, os únicos custos que mudam são os variáveis relativos ao número de unidades produzidas (e vendidas). Sob essa suposição, a análise de margens de contribuição de produtos individuais proporciona discernimento no *mix* de produtos que maximiza o lucro operacional.

Exemplo 4: A Recreação Motorizada monta motores de jet-ski e de lancha na sua fábrica de Angra dos Reis, RJ.

	Motor de jet-ski	Motor de lancha
Preço de venda	$ 800	$ 1 000
Custo variável unitário	560	625
Margem de contribuição unitária	$ 240	$ 375
Porcentagem da margem de contribuição ($ 240 ÷ $ 800; $ 375 ÷ $ 1 000)	30%	37,5%

*Suponha que apenas 600 horas-máquina diárias estejam disponíveis para a montagem dos motores. No curto prazo, não é possível obter capacidade adicional. A Recreação Motorizada pode tanto vender motores quanto produzir. O recurso de restrição são horas-máquina. Para produzir um motor de jet-ski leva duas horas-máquina, e cinco horas-máquina para produzir um motor de lancha. Qual o **mix** de produtos que a Recreação Motorizada deveria escolher para maximizar o lucro operacional?*

Em termos de margem de contribuição unitária e porcentagem de margem de contribuição, os motores de lancha são mais rentáveis que os de jet-ski. No entanto, o produto que a Recreação Motorizada deve produzir e vender não é necessariamente o produto com a margem de contribuição unitária individual ou a porcentagem de margem de contribuição mais alta. No geral, os administradores devem escolher o produto com a *margem de contribuição por unidade mais alta do recurso (fator) de restrição* — esse é o recurso que restringe ou limita a produção ou a venda de produtos.

	Motor de jet-ski	Motor de lancha
Margem de contribuição unitária	$ 240	$ 375
Horas-máquina necessárias para produzir uma unidade	2 horas-máquina	5 horas-máquina
Margem de contribuição por hora-máquina		
$ 240 por unidade ÷ 2 horas-máquina por unidade	$ 120/hora-máquina	
$ 375 por unidade ÷ 5 horas-máquina por unidade		$ 75/hora-máquina
Total da margem de contribuição para 600 horas-máquina		
$ 120 por hora-máquina × 600 horas-máquina	$ 72 000	
$ 75 por hora-máquina × 600 horas-máquina		$ 45 000

A produção de motores de jet-ski contribui com mais margem por hora-máquina, que é o recurso de restrição neste exemplo. Portanto, a escolha de produzir e vender motores de jet-ski maximiza o *total* da margem de contribuição e lucro operacional. Outras restrições em ambientes de produção podem ser a disponibilidade de materiais diretos, componentes ou mão-de-obra qualificada, assim como fatores financeiros e de vendas. Em uma loja de departamentos, o recurso de restrição pode ser metros lineares de espaço para *display*. Independentemente do recurso específico de restrição, foque sempre em maximizar o *total* da margem de contribuição ao escolher produtos que ofereçam a margem de contribuição mais alta por unidade do recurso de restrição.

Em muitos casos, um fabricante ou varejista tem o desafio de tentar maximizar o lucro total operacional para uma variedade de produtos, cada um deles com mais de um recurso de restrição. Algumas restrições podem requerer que um fabricante ou varejista estoque quantidades mínimas de produtos, mesmo que esses produtos não sejam muito rentáveis. Por exemplo, os supermercados precisam estocar produtos menos rentáveis porque os clientes estarão dispostos a comprar em um supermercado somente se a vasta gama de produtos por eles pretendida for ofertada pelo supermercado. Para determinar as programações de produção mais rentáveis e o *mix* de produtos mais rentável, você precisa determinar qual é a margem máxima de contribuição total em face das muitas restrições. Técnicas de otimização, como a de programação linear discutida no anexo a este capítulo, ajudam a resolver os problemas mais complexos.

Rentabilidade do cliente, custeio baseado em atividades e custos relevantes

As empresas precisam não apenas fazer escolhas quanto a quais e quanto de cada produto produzir; muitas vezes elas precisam tomar decisões sobre adicionar ou descontinuar uma linha de produtos ou segmento de negócios. Da mesma forma, se o objeto de custo for um cliente, empresas precisam tomar decisões sobre adicionar ou descontinuar clientes (análogo a uma linha de produto) ou uma filial (análogo a um segmento de negócios). Ilustramos a análise da receita relevante e do custo relevante para tais decisões usando clientes em vez de produtos como objeto de custo.

> **Exemplo 5:** A Aliança Leste, o escritório de vendas da Móveis Aliança, uma atacadista especializada em móveis, fornece móveis para três varejistas locais: Verde, Branco e Azul. O Quadro 11.8 apresenta receitas e custos esperados da Aliança Leste, por cliente, para o ano vindouro. Informações sobre os custos da Aliança Leste para diferentes atividades em vários níveis da hierarquia de custos são:
>
> 1. Custos de mão-de-obra para manuseio de móveis variam em relação ao número de unidades despachadas.
> 2. A Aliança Leste estoca móveis para cada cliente em áreas diferentes do armazém. Por questão de simplicidade, suponha que o equipamento de manuseio de móveis em dada área e custos de depreciação sobre esse equipamento sejam identificados em contas de clientes individuais. Qualquer equipamento não usado permanece ocioso. O equipamento tem um valor de venda zero.
> 3. A Aliança Leste apropria o aluguel para a conta de cada cliente com base no espaço de armazém reservado para aquele cliente.
> 4. Custos de marketing variam com o número de visitas de vendas feitas aos clientes.
> 5. Custos de pedidos de vendas variam com o número de pedidos recebidos de cliente; custos de entrega-processamento variam com o número de despachos feitos.
> 6. A Aliança Leste apropria custos fixos administrativos gerais aos clientes, com base nas receitas do cliente.
> 7. A Aliança Móveis apropria os custos fixos dos escritórios corporativos com base nos metros quadrados de área de cada escritório de vendas. A Aliança Leste apropria esses custos aos clientes, com base nas receitas dos clientes.
>
> Nas seções a seguir, consideraremos as seguintes decisões. A Aliança Leste deveria descontinuar a conta do Azul? Deveria adicionar um quarto cliente, o Cinza? Deveria a Móveis Aliança fechar a Aliança Leste? Deveria ela abrir um outro escritório de vendas, a Aliança Sul, cujas receitas e custos fossem idênticos aos da Aliança Leste?

Análise da receita relevante e do custo relevante em descontinuar um cliente

O Quadro 11.8 indica um prejuízo de $ 32 000 na conta do Azul. O administrador da Aliança Leste acredita que a razão do prejuízo é que o Azul faz muitos pedidos de volume baixo, resultando em altos custos de pedidos de vendas, processamento de entregas, manuseio de móveis e marketing. A Aliança Leste está considerando várias medidas em relação à conta do Azul: reduzir os custos de apoio ao Azul ao se tornar mais eficiente, cortar alguns dos serviços que ela oferece a ele, pedir ao Azul que reduza o número de pedidos, cobrar preços mais altos ou descontinuar a conta dele. A análise a seguir foca o efeito dos lucros operacionais ao descontinuar a conta do Azul.

Para determinar o que fazer, a Aliança Leste precisa responder à pergunta: 'Quais são as receitas e os custos relevantes?' Informações sobre o efeito de descontinuar a conta do Azul:

1. Descontinuar a conta do Azul economizará nos custos de produtos vendidos, mão-de-obra para manuseio de móveis, apoio ao marketing, pedidos de vendas e processamento de entregas incorridas nessa conta.

Quadro 11.8 Análise da rentabilidade do cliente para a Aliança Leste.

	Cliente			
	Verde	Branco	Azul	Total
Receitas	$ 500 000	$ 300 000	$ 400 000	$ 1 200 000
Custo de produtos vendidos	370 000	220 000	330 000	920 000
Mão-de-obra de manuseio de móveis	41 000	18 000	33 000	92 000
Equipamento para manuseio de móveis, um custo ao qual é dado baixa como depreciação	12 000	4 000	9 000	25 000
Aluguel	14 000	8 000	14 000	36 000
Apoio de marketing	11 000	9 000	10 000	30 000
Pedido de vendas e processamento de entregas	13 000	7 000	12 000	32 000
Administrativas gerais	20 000	12 000	16 000	48 000
Custos alocados do escritório corporativo	10 000	6 000	8 000	24 000
Total de custos	491 000	284 000	432 000	1 207 000
Lucro operacional	$ 9 000	$ 16 000	$ (32 000)	$ (7 000)

2. Ao descontinuar a conta do Azul, o espaço de armazenagem e o equipamento para manuseio de materiais, atualmente em uso, tornar-se-ão ociosos.
3. Descontinuar a conta do Azul não terá nenhum efeito sobre os custos fixos administrativos gerais ou custos do escritório corporativo.

O Quadro 11.9, Coluna 1, apresenta a análise de receitas e de custos relevantes, usando dados da coluna do Azul do Quadro 11.8. O lucro operacional da Aliança Leste será $ 15 000 mais baixo se ela descontinuar a conta do Azul — a economia em custos por descontinuar a conta do Azul, $ 385 000, não será suficiente para compensar a perda de $ 400 000 em receitas —, o que faz a Aliança manter essa conta.

Observe, a depreciação é um custo passado e, portanto, irrelevante; custos de aluguel, administrativos gerais e do escritório corporativo são irrelevantes porque são custos futuros que não mudarão no caso de a conta Azul ser descontinuada. Tenha muito cuidado com os custos indiretos apropriados como custos do escritório corporativo. Ignore sempre as quantias apropriadas para o escritório de vendas e clientes individuais. A pergunta que se deve fazer para decidir se os custos do escritório corporativo são relevantes é: 'Os custos totais esperados do escritório corporativo diminuirão como resultado da descontinuidade da conta do Azul?' No nosso exemplo, não, o que faz esses custos irrelevantes. Se os *custos totais esperados do escritório corporativo* diminuíssem ao descontinuar a conta do Azul, a economia seria relevante mesmo se a *quantia alocada à Aliança Leste não tivesse mudado*.

Agora, suponha que a Aliança descontinue a conta do Azul e possa arrendar o espaço extra do armazém para a Corporação Sanches, a $ 20 000 por ano. O custo de oportunidade da Aliança seria de $ 20 000 por continuar a usar o armazém para servir o cliente Azul. A Aliança ganharia $ 5 000 ao descontinuar a conta do Azul ($ 20 000 da receita do arrendamento menos o lucro operacional perdido, de $ 15 000). Antes de chegar a uma decisão, a Aliança precisa examinar se o Azul pode tornar-se mais rentável para que o fornecimento de produtos gere mais que os $ 20 000 do arrendamento para a Sanches. A Aliança também precisa considerar fatores estratégicos como o efeito da decisão sobre a sua reputação em desenvolver relacionamentos de negócios estáveis e duradouros com os clientes.

ANÁLISE DA RECEITA E DO CUSTO RELEVANTES PARA ADICIONAR UM CLIENTE

Suponha que além de Verde, Branco e Azul, a Aliança Leste esteja avaliando a rentabilidade de um quarto cliente, o Cinza. A Aliança já está incorrendo custos anuais de $ 36 000 pelo aluguel do armazém e de $ 48 000 em custos administrativos gerais. Esses custos, juntamente com os custos *totais reais* do escritório corporativo, não mudarão se o Cinza for adicionado como cliente. O Cinza é um cliente com um perfil muito parecido com o do Azul. Suponha que a Aliança preveja receitas e custos de fazer negócios com o Cinza como sendo iguais às receitas e os custos descritos sob a coluna do Azul do Quadro 11.8. Em especial, a Aliança teria que adquirir equipamento de manuseio de móveis para a conta do Cinza, no valor de $ 9 000, com vida útil de um ano e valor de venda zero. Deveria a Aliança adicionar o Cinza como cliente?

O Quadro 11.9, Coluna 2, mostra que as receitas incrementais excedem os custos incrementais em $ 6 000. A Aliança preferiria adicionar o Cinza como cliente. Custos de aluguel, administrativos gerais e do escritório corporativo são irrelevantes em razão de esses custos não mudarem se o Cinza for adicionado como cliente. No entanto, o custo de equipamento novo para dar suporte ao pedido do Cinza (no qual é dado baixa como depreciação de $ 9 000 no Quadro 11.9, Coluna 2) é relevante. Isso se deve ao fato de que esse custo pode ser evitado se a Aliança decidir não fazer

Quadro 11.9 Análise de receita relevante e custo relevante para descontinuar a conta do Azul e adicionar a conta do Cinza.

	(Prejuízo nas receitas) e economias em custos de descontinuar a conta do Azul (1)	Receitas incrementais e (custos incrementais) de adicionar a conta do Cinza (2)
Receitas	$ (400 000)	$ 400 000
Custo de produtos vendidos	330 000	(330 000)
Mão-de-obra do manuseio de móveis	33 000	(33 000)
Equipamento para manuseio de móveis no qual é dado baixa como depreciação	0	(9 000)
Aluguel	0	0
Apoio ao marketing	10 000	(10 000)
Pedido de vendas e processamento de entrega	12 000	(12 000)
Administrativos gerais	0	0
Custos do escritório corporativo	0	0
Custos totais	385 000	(394 000)
Efeito sobre lucro (prejuízo) operacional	$ (15 000)	$ 6 000

negócios com o Cinza. Observe aqui a distinção crítica: *O custo de depreciação é irrelevante para decidir se deve descontinuar o Azul como cliente por ser a depreciação um custo passado, mas o custo da compra de equipamento novo, no qual será dado baixa como depreciação, no futuro é relevante para decidir se deve adicionar o Cinza como cliente novo.*

ANÁLISE DA RECEITA E DO CUSTO RELEVANTES PARA DESCONTINUAR OU ADICIONAR FILIAIS OU SEGMENTOS

Empresas enfrentam periodicamente decisões sobre descontinuar ou adicionar filiais ou segmentos de negócios. Por exemplo, dado o prejuízo esperado, de $ 7 000, da Aliança Leste (veja o Quadro 11.8), deveria ela ser fechada? Suponha que fechar a Aliança Leste não tenha nenhum efeito sobre o total dos custos do escritório corporativo.

O Quadro 11.10, Coluna 1, apresenta a análise da receita relevante e do custo relevante usando os dados da coluna *Total* no Quadro 11.8. As perdas na receita, de $ 1 200 000, excederão a economia em custos de $ 1 158 000, levando a uma redução no lucro operacional de $ 42 000. A Aliança Leste não deve ser fechada. As principais razões são a de que o fechamento da Aliança Leste não economizará o custo de depreciação, de $ 25 000, que é um custo passado, nem os custos totais reais do escritório corporativo. Os custos do escritório corporativo, apropriados para vários escritórios de vendas, mudarão, mas não serão reduzidos no seu total. Os $ 24 000 que não são mais apropriados para a Aliança Leste serão apropriados para outros escritórios de vendas. Portanto, os $ 24 000 em custos apropriados do escritório corporativo não devem ser incluídos como economias esperadas em custos decorrentes do fechamento da Aliança Leste.

Agora, suponha que a Móveis Aliança tenha a oportunidade de abrir um outro escritório de vendas, a Aliança Sul, cujas receitas e custos fossem idênticos aos da Aliança Leste, incluindo um custo de $ 25 000 para adquirir equipamento de manuseio de móveis com uma vida útil de um ano e valor de venda zero. A abertura desse escritório não terá nenhum efeito sobre o total dos custos do escritório corporativo. Deveria, a Móveis Aliança, abrir a Aliança Sul? O Quadro 11.10, Coluna 2, indica que deveria porque a abertura da Aliança Sul aumentaria o lucro operacional em $ 17 000. Como antes, o custo de equipamento novo (no qual é dado baixa como depreciação) é irrelevante. Mas aqui, o ponto é ignorar os custos apropriados do escritório corporativo e focar seus custos totais reais. Tais custos não mudarão se a Aliança Sul for aberta, o que os torna irrelevantes.

IRRELEVÂNCIA DE CUSTOS PASSADOS E DECISÕES SOBRE A REPOSIÇÃO DE EQUIPAMENTO

Vamos aplicar o conceito de relevância às decisões sobre a reposição de equipamento. Enfatizamos a idéia de que todos os custos passados e, em especial, o **valor contábil** — o custo original menos a depreciação acumulada — do equipamento existente, são irrelevantes.

Exemplo 6: *A Companhia Toledo está considerando a reposição de uma máquina cortadora de metal por um modelo mais novo. A máquina nova é mais eficiente que a velha, mas tem vida útil menor. Receitas de peças para aeronaves ($ 1,1 milhão por ano) não serão afetadas pela decisão sobre a reposição. Aqui estão os dados sobre a máquina existente (velha) e a máquina de reposição (nova):*

Quadro 11.10 Análise de receita relevante e custo relevante para fechar a Aliança Leste e abrir a Aliança Sul.

	(Prejuízo nas receitas) e economias em custos de fechar a Aliança Leste (1)	Receitas incrementais e (custos incrementais) de abrir a Aliança Sul (2)
Receitas	$(1 200 000)	$ 1 200 000
Custo de produtos vendidos	920 000	(920 000)
Mão-de-obra do manuseio de móveis	92 000	(92 000)
Equipamento para manuseio de móveis, no qual é dado baixa como depreciação	0	(25 000)
Aluguel	36 000	(36 000)
Apoio ao marketing	30 000	(30 000)
Pedido de vendas e processamento de entrega	32 000	(32 000)
Administrativos gerais	48 000	(48 000)
Custos do escritório corporativo	0	0
Custos totais	1 158 000	(1 183 000)
Efeito sobre lucro (prejuízo) operacional	$ (42 000)	$ 17 000

	Máquina velha	Máquina nova
Custo original	$ 1 000 000	$ 600 000
Vida útil	5 anos	2 anos
Idade atual	3 anos	0 anos
Vida útil remanescente	2 anos	2 anos
Depreciação acumulada	$ 600 000	Ainda não adquirida
Valor contábil	$ 400 000	Ainda não adquirida
Valor de venda atual (em dinheiro)	$ 40 000	Ainda não adquirida
Valor de venda final (daqui dois anos)	$ 0	$ 0
Custos operacionais anuais (manutenção, energia, reparos, líquidos refrigerantes etc.)	$ 800 000	$ 460 000

A Corporação Toledo usa a depreciação em linha reta. Para focar o que é relevante, ignoramos o valor de tempo do dinheiro e impostos.[1] Deveria a Toledo substituir a máquina velha?

O Quadro 11.11 apresenta uma comparação das duas máquinas. Considere a razão de cada um dos quatro itens na decisão sobre a reposição de equipamento da Toledo ser relevante ou irrelevante:

1. *Valor contábil da máquina velha, de $ 400 000.* Irrelevante, porque é um custo passado (histórico). Todos os custos passados 'não têm mais retorno'. Nada pode mudar o que já foi gasto ou o que já ocorreu.
2. *Valor de venda atual da máquina velha, de $ 40 000.* Relevante, porque é um benefício futuro esperado, que somente ocorrerá se a máquina for substituída.
3. *Ganho ou prejuízo sobre a venda, de $ 360 000.* Essa é a diferença entre as quantias nos Itens 1 e 2. É uma combinação sem sentido que oblitera a distinção entre o valor contábil irrelevante e o valor de venda relevante. Cada um deve ser considerado separadamente, como foi feito nos Itens 1 e 2.
4. *Custo da máquina nova, de $ 600 000.* Relevante, porque é um custo futuro esperado que somente ocorrerá se a máquina for comprada.

O Quadro 11.11 deve esclarecer as quatro afirmações. A Coluna 3, no Quadro 11.11, mostra que o valor contábil da máquina velha não é diferente entre as alternativas e poderia ser ignorado para propósitos de tomada de decisão. Não importa o momento de dar baixa — se uma cobrança de soma global no ano atual ou cobranças de depreciação sobre os próximos dois anos —, a quantia continua sendo de $ 400 000, independentemente da alternativa escolhida, porque é um custo passado ou histórico. Em contrapartida, o custo de $ 600 000 para a máquina nova é relevante porque ele pode ser evitado ao se decidir por não substituí-la. Observe que o lucro operacional decorrente da reposição é $ 120 000 mais alto para os dois anos juntos.

Para proporcionar mais exatidão, o Quadro se concentra apenas nos itens relevantes. Observe que a mesma resposta — lucro operacional mais alto, de $ 120 000, ao substituir a máquina — é obtida embora o valor contábil seja

Quadro 11.11 Comparação de custos: Reposição de maquinaria, itens relevantes e irrelevantes para a Companhia Toledo.

	Dois anos juntos		
	Manter (1)	Substituir (2)	Diferença (3) = (1) − (2)
Receitas	$ 2 200 000	$ 2 200 000	—
Custos operacionais			
Custos operacionais em dinheiro	1 600 000	920 000	$ 680 000
Valor contábil da máquina velha			
Baixa periódica como depreciação ou	400 000	—	
Baixa com soma global	—	400 000 [a]	—
Valor de venda atual da máquina velha	—	(40 000) [a]	40 000
Custo da máquina nova, baixa periódica como depreciação	—	600 000	(600 000)
Total de custos operacionais	2 000 000	1 880 000	120 000
Lucro operacional	$ 200 000	$ 320 000	$ (120 000)

a Em uma demonstração formal de resultados, esses dois itens seriam combinados como um 'prejuízo decorrente da venda da máquina' de $ 360 000.

1. Veja o Capítulo 7 do volume 2 para uma discussão sobre as considerações do valor de tempo do dinheiro e dos impostos na decisão sobre investimento de capital.

omitido dos cálculos. Os únicos itens relevantes são os custos operacionais em dinheiro, o valor de venda da máquina velha e o custo da máquina nova, representado como depreciação no Quadro 11.12.[2]

DECISÕES E AVALIAÇÃO DO DESEMPENHO

Considere nosso exemplo sobre a reposição de equipamento à luz da seqüência de cinco etapas no Quadro 11.1.

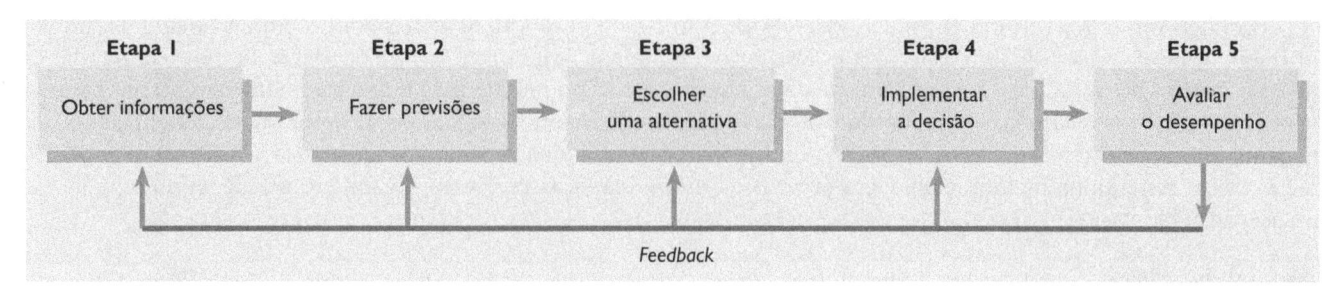

Etapa 1	Etapa 2	Etapa 3	Etapa 4	Etapa 5
Obter informações	Fazer previsões	Escolher uma alternativa	Implementar a decisão	Avaliar o desempenho

Feedback

A análise do modelo de decisão (Etapa 3), apresentada nos Quadros 11.11 e 11.12, dita a reposição em vez de manter a máquina. No entanto, no mundo real, o administrador substituiria? Um fator importante nas decisões sobre reposição é a percepção do administrador de se o modelo de decisão é consistente com a avaliação do seu desempenho (o modelo da avaliação do desempenho na Etapa 5).

Da perspectiva de suas próprias carreiras, não é nenhuma surpresa que os administradores tendam a favorecer a alternativa que faz com que o seu desempenho pareça melhor. Se o modelo da avaliação do desempenho conflitar com o modelo de decisão, o modelo da avaliação do desempenho muitas vezes prevalecerá na influência sobre a decisão do administrador. Por exemplo, se a promoção ou o bônus do administrador da Toledo depender do seu desempenho no primeiro ano do lucro operacional sob a contabilidade com base no exercício, a tentação do administrador em *não* substituir será irresistível. Por quê? Porque o modelo da contabilidade com base no exercício para a medida do desempenho mostrará um lucro operacional mais alto se a máquina velha for mantida, do que se ela for substituída (como mostra a tabela a seguir):

Resultados do primeiro ano: contabilidade com base no exercício

	Manter		Substituir	
Receitas		$ 1 100 000		$ 1 100 000
Custos operacionais				
Custos operacionais em dinheiro	$ 800 000		$ 460 000	
Depreciação	200 000		300 000	
Prejuízo da venda	—		360 000	
Total de custos operacionais		1 000 000		1 120 000
Lucro (prejuízo) operacional		$ 100 000		$ (20 000)

Mesmo se as metas da administração englobarem o período de dois anos (consistente com o modelo de decisão), o administrador se concentrará nos resultados do primeiro ano se a sua avaliação basear-se em medidas de curto prazo, como o lucro operacional do primeiro ano.

Na prática, a solução do conflito entre o modelo de decisão e o da avaliação do desempenho é, com freqüência, um problema frustrante. Na teoria, resolver a dificuldade parece óbvio — desenhar modelos consistentes. Considere nosso exemplo de reposição. Efeitos ano a ano sobre o lucro operacional decorrentes da reposição podem ser orçados para o

Quadro 11.12 Comparação de custos: Reposição de maquinaria, somente itens relevantes, para a Companhia Toledo.

	Dois anos juntos		
	Manter (1)	Substituir (2)	Diferença (3) = (1) − (2)
Custos operacionais em dinheiro	$ 1 600 000	$ 920 000	$ 680 000
Valor de venda atual da máquina velha	—	(40 000)	40 000
Máquina nova, baixa periódica como depreciação	—	600 000	(600 000)
Total de custos relevantes	1 600 000	1 480 000	$ 120 000

---

2. *Outras aplicações de receitas e custos relevantes aparecem no Capítulo 12, para decisões sobre precificação; no Capítulo 3 do volume 2, para decisões sobre vender o processamento adicional; no Capítulo 5 do volume 2, para gestão da qualidade, custos de tempo e teoria das restrições; no Capítulo 6 do volume 2, para compras e produção just-in-time e avaliação de fornecedores; no Capítulo 7 do volume 2, para orçamentos de capital; e no Capítulo 8 do volume 2, para preços de transferência.*

período de planejamento de dois anos. O administrador seria avaliado sob o entendimento de que se esperaria que o primeiro ano fosse ruim e o ano seguinte, muito melhor.

A dificuldade prática é que sistemas contábeis raramente rastreiam cada decisão separadamente. A avaliação do desempenho focaliza centros de responsabilidade para um período específico, e não projetos ou itens individuais de equipamento. Assim, os impactos de muitas decisões diferentes são combinados em um único relatório de desempenho. A administração, por meio de sistema de relatórios, raramente está a par das alternativas desejáveis não escolhidas por seus subordinados.

Considere um outro conflito entre o modelo de decisão e o da avaliação de desempenho. Suponha que um administrador compre uma máquina específica e descubra, logo depois, que outra melhor poderia ter sido comprada. O modelo de decisão pode sugerir a substituição da que acaba de ser comprada pela máquina melhor, mas fará o administrador isso? Provavelmente, não. Por quê? Porque substituir a máquina logo após a compra pode refletir de forma negativa na capacidade e no desempenho do administrador. Se os superiores do administrador não tiverem conhecimento sobre a máquina melhor, ele poderá preferir manter a máquina recém-comprada em vez de alertá-los sobre a máquina melhor.

Problema para auto-estudo

Valter Luiz é o administrador da divisão de desenvolvimento de engenharia da Produtos Costa Dourada Ltda. Luiz acaba de receber uma proposta assinada por todos os seus dez engenheiros para substituir as estações de trabalho por computadores pessoais em rede. Luiz não está muito entusiasmado com a proposta.

Os dados sobre a estação de trabalho e os PCs em rede são:

	Estações de trabalho	PCs em rede
Custo original	$ 300 000	$ 135 000
Vida útil	5 anos	3 anos
Idade atual	2 anos	0 anos
Vida útil remanescente	3 anos	3 anos
Depreciação acumulada	$ 120 000	Ainda não adquirido
Valor contábil atual	$ 180 000	Ainda não adquirido
Valor de venda atual (em dinheiro)	$ 95 000	Ainda não adquirido
Valor de venda final (em dinheiro daqui a três anos)	$ 0	$ 0
Custos operacionais anuais em dinheiro relativos aos PCs	$ 40 000	$ 10 000
Receitas anuais	$ 1 000 000	$ 1 000 000
Custos operacionais anuais não relativos aos PCs	$ 880 000	$ 880 000

O bônus anual do Luiz inclui um componente com base no lucro operacional da divisão. Ele tem uma possibilidade de promoção no próximo ano que o faria vice-presidente do grupo da Produtos Costa Dourada.

Para fazer:

1. Compare os custos das opções da estação de trabalho e dos PCs em rede. Considere os resultados cumulativos para os três anos, ignorando o valor de tempo do dinheiro e os tributos.
2. Por que o Luiz pode estar relutante em comprar os PCs em rede?

Solução:

1. A tabela a seguir considera todos os itens de custo ao comparar custos futuros da estação de trabalho e os PCs em rede:

Todos os itens	Três anos juntos		
	Estações de trabalho (1)	PCs em rede (2)	Diferença (3) = (1) − (2)
Receitas	$ 3 000 000	$ 3 000 000	—
Custos operacionais			
Custos operacionais não relativos aos PCs	2 640 000	2 640 000	—
Custos operacionais em dinheiro relativos aos PCs	120 000	30 000	$ 90 000
Valor contábil das estações de trabalho			
Baixa periódica como depreciação ou	180 000	—	
Baixa total	—	180 000	—
Valor de venda atual das estações de trabalho	—	(95 000)	95 000
PCs em rede, baixa periódica como depreciação	—	135 000	(135 000)
Total de custos operacionais	2 940 000	2 890 000	50 000
Lucro operacional	$ 60 000	$ 110 000	$ (50 000)

No entanto, a análise poderia focar somente os itens da tabela anterior que difiram entre as alternativas.

Itens relevantes	Três anos juntos		
	Estações de trabalho	PCs em rede	Diferença
Custos operacionais em dinheiro relativos aos PCs	$ 120 000	$ 30 000	$ 90 000
Valor de venda atual das estações de trabalho	—	(95 000)	95 000
PCs em rede, baixa periódica como depreciação	—	135 000	(135 000)
Total de custos relevantes	$ 120 000	$ 70 000	$ 50 000

A análise sugere que é de custo eficaz substituir as estações de trabalho com os PCs em rede.

2. O lucro operacional com a contabilidade com base no exercício para o primeiro ano sob as alternativas de 'manter as estações de trabalho' versus 'comprar os PCs em rede' são:

	Manter estações de trabalho		Comprar PCs em rede	
Receitas		$ 1 000 000		$ 1 000 000
Custos operacionais				
Custos operacionais não-relativos aos PCs	$ 880 000		$ 880 000	
Custos operacionais em dinheiro relativos aos PCs	40 000		10 000	
Depreciação	60 000		45 000	
Prejuízo da venda das estações	—		85 000 [a]	
Total de custos operacionais		980 000		1 020 000
Lucro operacional		$ 20 000		$ (20 000)

a $ 85 000 = Valor contábil das estações de trabalho, $ 180 000 – Preço de venda atual, $ 95 000.

Luiz ficaria muito menos satisfeito com o prejuízo operacional esperado, de $ 20 000, caso os PCS fossem comprados, do que com o lucro operacional esperado, de $ 20 000, caso as estações de trabalho fossem mantidas. A decisão eliminaria o componente de seu bônus com base no lucro operacional. Ele também poderá perceber o prejuízo operacional de $ 20 000 como algo que reduza suas chances de ser promovido a vice-presidente do grupo.

Pontos de decisão

Resumo

O seguinte formato de perguntas e respostas resume os objetivos de aprendizagem do capítulo. Cada decisão representa uma pergunta-chave relacionada a um objetivo de aprendizagem. As diretrizes são a resposta à pergunta.

Decisão	Diretrizes
1. Qual é o processo de cinco etapas que pode ser usado para tomar decisões?	O processo de decisão de cinco etapas é (a) obter informações, (b) fazer previsões, (c) escolher uma alternativa, (d) implementar a decisão e (e) avaliar o desempenho para proporcionar *feedback*.
2. Quando uma receita ou um custo é relevante para uma decisão em particular?	Para ser relevante em uma decisão em particular, uma receita ou um custo precisa satisfazer dois critérios: (a) é preciso que seja uma receita futura esperada ou um custo futuro esperado e (b) é preciso diferir entre os cursos alternativos de ação.
3. Tanto fatores quantitativos quanto qualitativos devem ser considerados nas tomadas de decisão?	Sim, os resultados de medidas alternativas podem ser quantitativos e qualitativos. Resultados quantitativos são medidos em termos numéricos. Alguns resultados quantitativos podem ser expressos em termos financeiros, outros não. Fatores qualitativos, como a moral dos funcionários, são difíceis de ser medidos, em termos numéricos, com precisão. É preciso considerar tanto os fatores quantitativos quanto os qualitativos na tomada de decisões.
4. Quais potenciais problemas devem ser evitados na análise de custos relevantes?	Dois problemas potenciais a ser evitados na análise de custos relevantes são (a) fazer suposições gerais incorretas — como a de que todos os custos variáveis são relevantes e todos os custos fixos são irrelevantes —, e (b) perder de vista os totais finais, focando, em vez disso, as quantias por unidade.

5. O que é um custo de oportunidade e por que ele deve ser incluído na tomada de decisão?	Custo de oportunidade é a contribuição para a renda que é abdicada ou rejeitada ao não usar um recurso limitado como segunda melhor alternativa. O custo de oportunidade é incluído na tomada de decisão por representar a melhor alternativa de uso de recursos por parte de uma organização.
6. Quando os recursos são restritos, como um administrador deve escolher qual dos produtos múltiplos produzir e vender?	Sob essas condições, os administradores devem escolher o produto que render a margem de contribuição mais alta por unidade do recurso (fator) de restrição, ou de limitação.
7. Ao decidir descontinuar ou adicionar clientes, filiais ou segmentos, como os administradores devem levar em consideração os custos alocados indiretos?	Administradores devem ignorar os custos apropriados como indiretos ao tomarem decisões sobre descontinuar ou adicionar clientes, filiais e segmentos. Em vez disso, devem focar em como os custos totais diferem entre as alternativas.
8. É o valor contábil havido, de equipamento, relevante em decisões sobre a reposição de equipamento?	O valor contábil havido, de equipamento, é um custo passado ou histórico e, portanto, irrelevante em decisões sobre a reposição de equipamento.
9. Como pode ocorrer conflitos entre os modelos de decisão e de avaliação do desempenho usados para avaliar o administrador?	A administração enfrenta um desafio persistente — ou seja, certificando-se de que o modelo de avaliação do desempenho de administradores subordinados seja consistente com o modelo de decisão. Uma inconsistência comum é dizer aos gerentes subordinados para tomarem uma perspectiva de anos múltiplos nas suas tomadas de decisão, mas depois avaliar o seu desempenho somente na base do lucro das operações do ano atual.

Anexo: Programação linear

No exemplo deste capítulo, relativo às atividades da Recreação Motorizada, suponha que os motores para jet-ski e para lanchas precisem ser testados por equipamentos sofisticados antes de serem despachados para os clientes. As horas-máquina disponíveis para os testes são limitadas. Os dados de produção são:

Departamento	Capacidade diária disponível em horas	Uso da capacidade em horas por unidade de produto		Máxima produção diária em unidades	
		Motor de jet-ski	Motor de lancha	Motor de jet-ski	Motor de lancha
Montagem	600 horas-máquina	2,0 horas-máquina	5,0 horas-máquina	300[a] motores de jet-ski	120 motores de lancha
Testes	120 horas de testes	1,0 hora-máquina	0,5 hora-máquina	120 motores de jet-ski	240 motores de lancha

a Por exemplo, 600 horas-máquina ÷ 2,0 horas-máquina por motor de jet-ski = 300, o número máximo de motores que o departamento de montagem pode produzir trabalhando exclusivamente nos motores de jet-ski

O Quadro 11.13 resume esses e outros dados relevantes. Além disso, como resultado de falta de material para motores de lanchas, a Recreação Motorizada não pode produzir mais que 110 motores/dia. Quantos motores, respectivamente, a Recreação Motorizada deve produzir e vender diariamente para maximizar o lucro operacional?

Como há restrições múltiplas, a técnica denominada *programação linear* pode ser usada para determinar o número de motores que a Recreação Motorizada deve produzir. Modelos de PL supõem que todos os custos sejam variáveis ou fixos com respeito a um único critério (unidades de produção). Como veremos, os modelos de PL também exigem que certas outras suposições lineares sejam mantidas. Quando essas suposições falharem, outros modelos de decisão deverão ser considerados.[3]

3. Outros modelos de decisão são descritos em G. Eppen, F. Gould, C. Schmidt, J. Moore e L. Weatherford, Introductory management science: decision modeling with spreadsheets, 5. ed. Upper Saddle River, NJ: Prentice Hall, 1998; e S. Nahmias, Production and operations analysis, 4. ed. New York: McGraw-Hill/Irwin, 2001.

Anexo: Programação linear
Continuação

Quadro 11.13 Dados operacionais para a Recreação Motorizada.

	Capacidade do departamento (por dia) em unidades de produto		Preço de venda	Custo variável unitário	Margem de contribuição unitária
	Montagem	Testes			
Somente motores de jet-ski	300	120	$ 800	$ 560	$ 240
Somente motores de lancha	120	240	$ 1 000	$ 625	$ 375

ETAPAS PARA RESOLVER UM PROBLEMA DE PL

Usamos os dados do Quadro 11.13 para ilustrar as três etapas envolvidas na solução de um problema de PL. Durante o estudo, S é igual ao número de unidades de motores de jet-ski produzido e B é igual ao número de unidades de motores de lancha produzido.

Etapa 1: **Determine a função objetiva.** A **função objetiva** de um programa linear expressa o objetivo ou meta a ser maximizado (digamos, lucro operacional) ou minimizado (digamos, custos operacionais). No nosso exemplo, o objetivo é o de encontrar a combinação de motores que maximize a margem de contribuição total. Custos fixos permanecem iguais, independentemente da decisão do *mix* de produtos, e são irrelevantes. A função linear expressando o objetivo para a margem de contribuição total (CTM) é:

$$CTM = \$ 240S + \$ 375B$$

Etapa 2: **Especificar as restrições.** Uma **restrição** é uma desigualdade ou igualdade matemática que precisa ser satisfeita pelas variáveis em um modelo matemático. As seguintes desigualdades lineares expressam os relacionamentos no nosso exemplo:

Restrição do Departamento de Montagem	$2S + 5B \leq 600$
Restrição do Departamento de Testes	$1S + 0{,}5B \leq 120$
Restrição da falta de materiais para motores de lanchas	$B \leq 110$
Produção negativa é impossível	$S \geq 0$ e $B \geq 0$

As três linhas sólidas no gráfico do Quadro 11.14 mostram as restrições havidas para montagem e testes e a restrição da falta de materiais.[4] As alternativas viáveis, ou tecnicamente possíveis, são as combinações de quantidades de motores de jet-ski e de lancha que satisfazem todos os recursos ou fatores de restrição. A 'área de soluções viáveis' sombreada no Quadro 11.14 mostra os limites das combinações de produtos viáveis.

Etapa 3: **Calcular a solução otimizada.** A **programação linear** é uma técnica de otimização usada para maximizar a *função objetiva* quando há *restrições* múltiplas. Apresentamos duas abordagens para encontrar a solução ótima usando PL: a abordagem de ensaio e erros e a abordagem gráfica. Essas abordagens são fáceis de usar no nosso exemplo porque existem apenas duas variáveis na função objetiva e um número pequeno de restrições. A compreensão dessas abordagens proporciona discernimento para a PL. Na maioria das aplicações de PL no mundo real, os administradores usam *softwares* para calcular a solução ótima.[5]

Abordagem da tentativa e erro. A solução ótima pode ser encontrada por meio da tentativa e erro, ao trabalhar com coordenadas dos cantos da área de soluções viáveis.

Primeiro, escolha qualquer conjunto de pontos de canto e calcule a margem de contribuição total. Cinco pontos de canto aparecem no Quadro 11.14. É útil usar equações simultâneas para obter as coordenadas exatas no gráfico. Para ilustrar, o ponto de canto ($S = 75$, $B = 90$) pode ser derivado ao resolver as duas desigualdades de restrição pertinentes como equações simultâneas:

---

4. *Como exemplo de como as linhas são graficamente representadas no Quadro 11-14, use sinais de igual em vez de sinais de desigual, e suponha que para o departamento de montagem, B = 0; então, S = 300 (600 horas-máquina ÷ 2 horas-máquina por motor de jet-ski). Suponha que S = 0; então, B = 120 (600 horas-máquina ÷ 5 horas-máquina por motor de lancha). Conecte esses dois pontos com uma linha reta.*

5. *Embora as abordagens de tentativa e erro e gráfica possam ser úteis para duas e, possivelmente, para três variáveis, elas não são práticas quando há muitas variáveis. Os* softwares *dependem do método simplex. O método simplex é um procedimento iterativo passo a passo para determinar a solução ótima para um problema de PL. Ele começa com uma solução específica viável, testando-a por meio da substituição para ver se o resultado pode ser melhorado. As substituições continuam até não haver mais melhoria possível e a solução ótima é obtida.*

Anexo: Programação linear

Quadro 11.14 Programação linear: solução gráfica para a Recreação Motorizada.

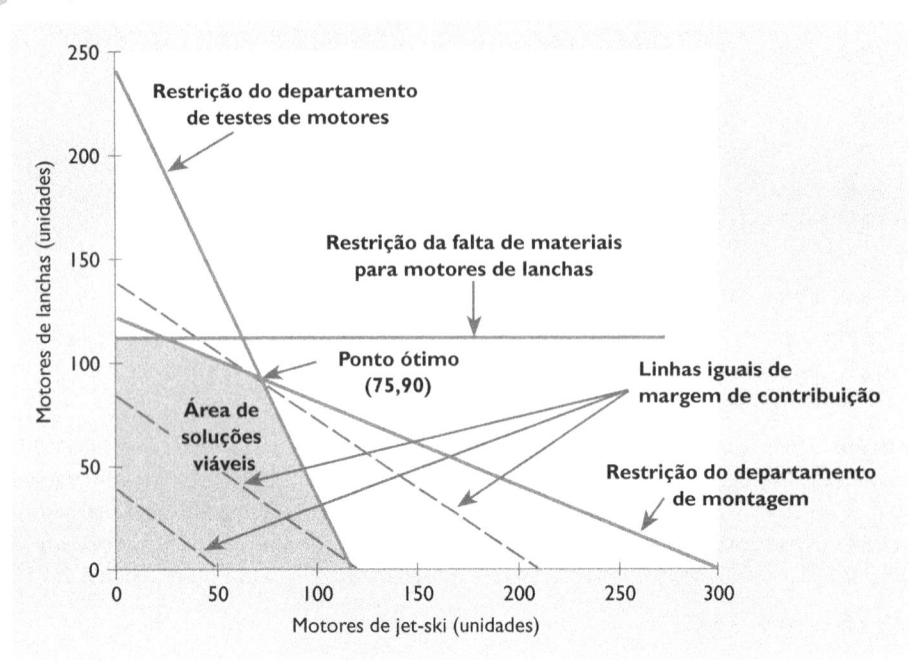

$$2S + 5B = 600 \quad (1)$$
$$1S + 0,5B = 120 \quad (2)$$

Multiplicando (2) por 2,0: $\quad 2S + 1B = 240 \quad (3)$

Subtraindo (3) de (1): $\quad\quad\quad\quad 4B = 360$

Portanto, $\quad\quad\quad\quad B = 360 \div 4 = 90$

Substituindo por B em (2): $\quad 1S + 0,5(90) = 120$
$$S = 120 - 45 = 75$$

Dado que $S = 75$ motores de jet-ski e $B = 90$ motores de lancha, o CMT = (\$ 240 por motor de jet-ski × 75 motores de jet-ski) + (\$ 375 por motor de lancha × 90 motores de lancha) = \$ 51 750.

Segundo, vá de ponto para ponto e calcule a margem de contribuição total em cada um.

Tentativa	Ponto (S, B)	Motores de jet-ski (S)	Motores de lancha (B)	Margem de contribuição total		
1	(0, 0)	0	0	\$ 240(0) +	\$ 375(0)	= \$ 0
2	(0, 110)	0	110	\$ 240(0) +	\$ 375(110)	= \$ 41 250
3	(25, 110)	25	110	\$ 240(25) +	\$ 375(110)	= \$ 47 250
4	(75, 90)	75	90	\$ 240(75) +	\$ 375(90)	= \$ 51 750 [a]
5	(120, 0)	120	0	\$ 240(120) +	\$ 375(0)	= \$ 28 800

a A solução ótima.

O *mix* de produto ótimo é o *mix* que rende a contribuição total mais alta: 75 motores de jet-ski e 90 motores de lancha. Para compreender a solução, considere o que acontece quando se vai do ponto (25, 110) para (75, 90). A Recreação Motorizada abdica de \$ 7 500 [\$ 375 × (110 − 90)] em margem de contribuição dos motores de lancha enquanto obtém \$ 12 000 [\$ 240 × (75 − 25)] em margem de contribuição de motores de jet-ski. Isso resulta em um aumento líquido na margem de contribuição de \$ 4 500 (\$ 12 000 − \$ 7 500), de \$ 47 250 para \$ 51 750.

Abordagem gráfica.

Considere todas as combinações possíveis que produzirão a mesma margem de contribuição total de, digamos, \$ 12 000. Ou seja:

$$\$ 240S + \$ 375B = \$ 12 000$$

Anexo: Programação linear
Continuação

Esse conjunto de $ 12 000 em margens de contribuição, é uma linha reta pontilhada passando por [$S = 50$ ($ 12 000 ÷ $ 240); $B = 0$] e [$S = 0$, $B = 32$($ 12 000 ÷ $ 375)] no Quadro 11.14. Outras margens de contribuição totais iguais podem ser representadas por linhas paralelas a essa. No Quadro 11.14, mostramos três linhas pontilhadas. Linhas desenhadas mais afastadas da origem representam mais vendas de ambos os produtos e quantias mais altas de margens de contribuição iguais.

A linha ótima é aquela mais afastada da origem, mas que ainda passa por um ponto na área de soluções viáveis. Essa linha representa a margem de contribuição total mais alta. A solução ótima — o número de motores de jet-ski e de motores de lancha que irá maximizar a função objetiva, a margem de contribuição total — é o ponto de canto ($S = 75$, $B = 90$). A solução se tornará mais aparente se você colocar uma régua sobre o gráfico e movimentá-la para fora do ponto de origem, em paralelo com a linha de $ 12 000. Mova a régua tão longe quanto possível da origem — ou seja, aumente a margem de contribuição total — sem deixar a área de soluções viáveis. No geral, a solução ótima em um problema de maximização se encontra no canto em que a linha pontilhada cruza um ponto extremo da área de soluções viáveis. Mover a régua ainda mais para fora a coloca fora dessa região.

ANÁLISE DE SENSIBILIDADE

Quais são as implicações de incerteza sobre os coeficientes contábeis ou técnicos usados na função objetivo (como a margem de contribuição unitária de motores de jet-ski ou motores de lancha) ou as restrições (como o número de horas-máquina para fazer um motor de jet-ski ou um motor de lancha)? Considere como uma mudança na margem de contribuição de motores de jet-ski, de $ 240 para $ 300 por unidade, afetaria a solução ótima. Suponha que a margem de contribuição para motores de lancha permaneça inalterada a $ 375 por unidade. A função objetivo revisada será:

$$\text{CMT} = \$ 300S + \$ 375B$$

Usando a abordagem de tentativa e erro para calcular a margem de contribuição total para cada um dos cinco pontos descritos na tabela anterior, a solução ótima ainda é ($S = 75$, $B = 90$). E se a margem de contribuição dos motores de jet-ski cair para $ 160? A solução ótima permanece a mesma ($S = 75$, $B = 90$). Assim, grandes mudanças na margem de contribuição por unidade de motores de jet-ski não têm nenhum efeito sobre a solução ótima nesse caso. Isso se deve ao fato de que, embora as inclinações das linhas de margens de contribuição iguais, do Quadro 11.14, mudem com a alteração nas margens de contribuição dos motores de jet-ski, de $ 240 para $ 300 e $ 160 por unidade, o ponto mais afastado em que as linhas de margens de contribuição iguais cruzam a área de soluções viáveis ainda é ($S = 75$, $B = 90$).

TERMOS PARA APRENDER

Este capítulo e o Glossário no final deste livro contêm definições de:

custo da oportunidade
custo diferencial
custo incremental
custos das funções de negócios
custos passados
custos plenos do produto
custos relevantes
decisões de fazer ou comprar
decisões do *mix* de produto
fabricação própria
fatores qualitativos

fatores quantitativos
função objetivo
modelo de decisão
pedido de uma única vez
programação linear (PL)
receita diferencial
receita incremental
receitas relevantes
restrição
terceirização
valor contábil

MATERIAL DE TRABALHO

PERGUNTAS

11-1 Esboce a seqüência de cinco etapas em um processo de decisão.

11-2 Defina *custos relevantes*. Por que os custos históricos são irrelevantes?

11-3 "Todos os custos futuros são relevantes." Você concorda? Por quê?

11-4 Compare fatores quantitativos e qualitativos nas tomadas de decisão.

11-5 Descreva dois problemas em potencial que devem ser evitados na análise do custo relevante.

11-6 "Custos variáveis são sempre relevantes e custos fixos são sempre irrelevantes." Você concorda? Por quê?

11-7 "Uma peça componente deve ser comprada quando o preço de compra for menor do que o custo unitário total de produção." Você concorda? Por quê?

11-8 Defina *custo de oportunidade*.

11-9 "Administradores devem sempre comprar estoques em quantidades que resultem no custo unitário de compra mais baixo." Você concorda? Por quê?

11-10 "A administração deve sempre maximizar as vendas do produto com margem de contribuição unitária mais alta." Você concorda? Por quê?

11-11 "Uma filial ou segmento do negócio que mostra um lucro operacional negativo deve ser fechado." Você concorda? Explique resumidamente.

11-12 "Custo dado baixa como depreciação sobre o equipamento já comprado é sempre irrelevante." Você concorda? Por quê?

11-13 "Administradores irão sempre escolher a alternativa que maximiza o lucro operacional ou que minimiza os custos no modelo de decisão." Você concorda? Por quê?

11-14 Descreva as cinco etapas na solução de um problema de programação linear.

11-15 Como pode ser determinada a solução ótima de um problema de programação linear?

Exercícios

11-16 Venda de ativos. Responda às seguintes perguntas.

1. Uma empresa tem um estoque de mil peças sortidas para uma linha de mísseis que foi descontinuada. O custo do estoque é de $ 80 000. As peças podem ser (a) reusinadas por um total de custos adicionais de $ 30 000 e depois revendidas a $ 35 000, ou (b) vendidas como sucata por $ 2 000. Qual das medidas é a mais rentável? Mostre seus cálculos.

2. Um caminhão, custando $ 100 000 e sem seguro, sofre um acidente no seu primeiro dia de uso. Ele pode ser (a) vendido por $ 10 000 em dinheiro e substituído por um caminhão similar custando $ 102 000, ou (b) reconstruído por $ 85 000 e assim ficar novo quanto às características operacionais e de aparência. Qual das medidas é a menos onerosa? Mostre seus cálculos.

11-17 O computador tombado (W. A. Paton). Um funcionário do *departamento de contabilidade* de uma empresa transportava um computador de uma sala para outra. Ao chegar a uma escadaria ele escorregou. O computador caiu escada abaixo fazendo enorme barulho, ficando totalmente destruído. Ouvindo a barulheira, o administrador do escritório saiu correndo e ficou branco quando viu o que acontecera. "Alguém me diga rapidamente", gritou o administrador, "se aquele era um dos nossos itens totalmente depreciados". Uma checagem dos registros contábeis mostrou que o computador destruído era, de fato, um dos itens que recebera baixa. "Graças a Deus!", exclamou o administrador.

Para fazer: Explique e comente o ponto desta história.

11-18 Escolha múltipla (CPA). Escolha a melhor resposta.

1. A Companhia Valdo fabrica chinelos e os vende a $ 10 o par. O custo variável de produção é de $ 4,50 o par, e o custo fixo alocado é de $ 1,50 o par. Ela tem bastante capacidade ociosa disponível para aceitar um pedido especial de uma única vez para 20 mil pares de chinelos, a $ 6 o par. A Valdo não incorrerá quaisquer custos de marketing como resultado do pedido especial. Qual seria o efeito sobre o lucro operacional se o pedido especial pudesse ser aceito sem afetar as vendas normais? (a) $ 0, (b) aumento de $ 30 000, (c) aumento de $ 90 000 ou (d) aumento de $ 120 000.

2. A Cia. Rena fabrica a Peça 498 para uso na sua linha de produção. O custo unitário de produção de 20 mil unidades da Peça 498 é:

Materiais diretos	$ 6
Mão-de-obra direta	30
Custos indiretos variáveis	12
Custos indiretos fixos apropriados	16
Total do custo unitário	$ 64

A Cia. Reta ofereceu vender as 20 mil unidades da Peça 498, para a Rena, a $ 60 a unidade. A Rena optará por comprar a peça se houver uma economia global de, no mínimo, $ 25 000. Se a Rena aceitar a oferta, $ 9 por unidade dos custos indiretos fixos apropriados serão eliminados. Além disso, a Rena determinou que as instalações liberadas poderiam ser usadas para economizar custos relevantes na produção da Peça 575. Para a empresa alcançar uma economia global de $ 25 000, a quantia de custos relevantes que teriam de ser economizados ao usar as instalações liberadas na produção da Peça 575 seria (a) $ 80 000, (b) $ 85 000, (c) $ 125 000 ou (d) $ 140 000.

11-19 Pedido especial, custeio baseado em atividades (CMA, adaptado). A Cia. Prêmio Mais fabrica medalhas para competições esportivas e outros concursos, com capacidade de produção de dez mil medalhas/mês. A produção e vendas atuais são de 7 500 medalhas/mês. Normalmente, a empresa cobra $ 150 por medalha. As informações de custos para o nível atual de atividade são:

Custos variáveis que variam com o número de unidades produzidas	
Materiais diretos	$ 262 500
Mão-de-obra direta	300 000
Custos variáveis (para ajustamentos, manuseio de materiais, controle da qualidade e outros) que variam com o número de lotes, 150 lotes × $ 500 por lote	75 000
Custos fixos de produção	275 000
Custos fixos de marketing	175 000
Custos totais	$ 1 087 500

A Prêmio Mais acaba de receber um pedido especial de uma única vez de 2 500 medalhas a $ 100 a medalha. Aceitar o pedido especial não afetaria os negócios normais da empresa. A Prêmio Mais faz medalhas para os seus clientes em lotes de 50 medalhas (150 lotes × 50 medalhas por lote = 7 500 medalhas). O pedido especial requer que a Prêmio Mais faça as medalhas em 25 lotes de cem cada.

Para fazer:

1. A Prêmio Mais deveria aceitar esse pedido especial? Mostre os seus cálculos.
2. Suponha que a capacidade da fábrica fosse de apenas nove mil em vez de dez mil medalhas/mês. O pedido especial precisa ser totalmente aceito ou totalmente rejeitado. Deveria a Prêmio Mais aceitar o pedido especial? Mostre os seus cálculos.
3. Como na Questão 1, suponha que a capacidade mensal seja de dez mil medalhas. A Prêmio Mais está preocupada com o fato de que, se ela aceitar o pedido especial, os clientes da empresa irão exigir imediatamente um desconto de $ 10, no preço, no mês em que o pedido especial estiver sendo atendido, argumentando que os custos de capacidade da Prêmio Mais estariam sendo distribuídos entre mais unidades, possibilitando-lhes o benefício de custos mais baixos. Deveria a Prêmio Mais aceitar o pedido especial sob essas condições? Mostre os seus cálculos.

11-20 Fazer *versus* comprar, custeio baseado em atividades. A Corporação Severino fabrica *modems* celulares. Ela fabrica as suas próprias placas de circuito impresso para *modems* celulares (CMCB), uma peça importante do *modem* celular. Ela relata as seguintes informações de custos de fabricação de CMCBs em 2003, e os custos esperados em 2004:

	Custos atuais em 2003	Custos esperados em 2004
Custos variáveis de produção		
Custo de material direto por CMCB	$ 180	$ 170
Custo de mão-de-obra direta por CMCB	50	45
Custo variável por lote para ajustamentos, manuseio de materiais, e controle da qualidade	1 600	1 500
Custo fixo de produção		
Custos fixos indiretos que podem ser evitados se as CMCBs não forem fabricadas	320 000	320 000
Custos fixos indiretos de produção de depreciação da fábrica, seguro, custos administrativos que não podem ser evitados mesmo se as CMCBs não forem fabricadas	800 000	800 000

A Severino fabricou oito mil CMCBs, em 2003, em 40 lotes de 200 cada. Em 2004, a Severino antecipa necessitar de dez mil CMCBs, em 80 lotes de 125 cada.

A Corporação Macro ofereceu fornecer à Severino CMCBs a $ 300 a unidade, com o prazo de entrega que a Severino desejasse.

Para fazer:

1. Calcule o custo unitário total esperado de produção para fazer as CMCBs em 2004.
2. Suponha que a capacidade atualmente usada para fabricar as CMCBs fique ociosa caso a Severino as compre da Macro. Com base somente nas considerações financeiras, deveria a Severino fazer ou comprar as CMCBs da Macro? Mostre os seus cálculos.
3. Agora, suponha que se a Severino comprar as CMCBs da Macro, a melhor alternativa de uso da capacidade atualmente empregada para as CMCBs seja a de fazer e vender placas de circuitos impressos especiais (CB3s) para a Corporação Essex. A Severino estima as seguintes receitas e custos incrementais das CB3s:

Total de receitas incrementais futuras esperadas	$ 2 000 000
Total de custos incrementais futuros esperados	$ 2 150 000

Com base somente nas considerações financeiras, deveria a Severino fazer ou comprar as CMCBs da Macro? Mostre os seus cálculos.

11-21 Decisões sobre estoque, custos de oportunidade. A Gramadão, uma fabricante de cortadores de grama, prevê que será necessário comprar 240 mil velas de motor no ano vindouro. Dessas, 20 mil serão necessárias a cada mês. Um fornecedor cota o preço de $ 8 por vela, com a opção de um desconto especial: caso todas as 240 mil velas sejam compradas no início do ano, haverá um desconto de 5 por cento sobre o preço de $ 8. A Gramadão pode investir o seu dinheiro a 8 por cento ao ano. Custa $ 200 para a Gramadão efetuar cada pedido de compra.

Para fazer:

1. Qual é o custo de oportunidade da receita financeira, abdicada, ao comprar todas as 240 mil unidades no início do ano em vez de 12 compras mensais de 20 mil unidades por pedido?
2. Seria esse custo de oportunidade registrado normalmente no sistema contábil? Por quê?
3. Deveria, a Gramadão, comprar as 240 mil unidades no início do ano, ou 20 mil unidades a cada mês? Mostre os seus cálculos.

11-22 Custos relevantes, margem de contribuição, ênfase no produto. A Vagabundo da Praia serve refeições rápidas para viagem. Suzana Seixas, a proprietária, está decidindo quanto espaço de geladeira destinar para quatro bebidas diferentes. Os dados pertinentes sobre as quatro bebidas são:

	Refrigerante	Limonada	Ponche	Suco de laranja natural
Preço de venda por caixa	$ 18,00	$ 19,20	$ 26,40	$ 38,40
Custo variável por caixa	$ 13,50	$ 15,20	$ 20,10	$ 30,20
Caixas vendidas por metro de espaço de prateleira por dia	25	24	4	5

Seixas tem um máximo de quatro metros de espaço frontal de prateleira para destinar às quatro bebidas. Ela quer um mínimo de 30 cm e um máximo de dois metros de espaço frontal de prateleira para cada bebida.

Para fazer:

1. Calcule a margem de contribuição para cada tipo de bebida.
2. Uma funcionária da Seixas recomenda que ela maximize o espaço de prateleira destinado às bebidas com margem de contribuição maior por caixa. Avalie essa recomendação.
3. Que alocação de espaço de prateleira você recomendaria para a Vagabundo da Praia para as quatro bebidas? Mostre os seus cálculos.

11-23 Escolha do produto rentável. A Corpo de Aço Ltda. produz dois tipos básicos de equipamento de halterofilismo, o Modelo 9 e o Modelo 14. Os dados pertinentes são:

	Por unidade	
	Modelo 9	Modelo 14
Preço de venda	$ 100,00	$ 70,00
Custos		
Materiais diretos	28,00	13,00
Mão-de-obra direta	15,00	25,00
Custos indiretos variáveis*	25,00	12,50
Custos indiretos fixos*	10,00	5,00
Marketing (todos variáveis)	14,00	10,00
Custo total	92,00	65,50
Lucro operacional	$ 8,00	$ 4,50

Apropriados com base em horas-máquina.

O halterofilismo está tão em voga que é possível vender o Modelo 9 ou o Modelo 14 o suficiente para manter a fábrica operando a capacidade plena. Ambos os produtos são processados nos mesmos departamentos de produção.

Para fazer: Quais produtos devem ser produzidos? Dê sua resposta resumidamente.

Aplicação do Excel Para alunos que desejam praticar as suas habilidades com planilhas, segue uma abordagem passo a passo para a criação de uma planilha Excel para resolver esse problema.

Passo a passo

1. Abra uma planilha nova. No topo, crie uma seção de 'Dados originais' para os dados fornecidos pela Corpo de Aço. Crie linhas para os dados unitários sobre preço de venda, custos e lucro operacional usando exatamente o mesmo formato apresentado pela Corpo de Aço, acima.

(Programe sua planilha para executar todos os cálculos necessários. Não insira dados 'diretamente' para qualquer quantia, como margem de contribuição, e operações necessárias de somar, subtrair, multiplicar ou dividir.)

2. Pule duas linhas e crie uma seção 'Análise do *mix* de produtos'. Crie colunas para o Modelo 9 e o Modelo 14 e linhas para 'Preço de venda', 'Custo variável unitário', 'Margem de contribuição unitária', 'Uso relativo de horas-máquina por unidade de produto' e 'Margem de contribuição por hora-máquina'. Use dados da seção de 'Dados originais' para entrar o preço de venda e para calcular o custo variável unitário e a margem de contribuição unitária de cada modelo.

3. Na linha 'Uso relativo de horas-máquina por unidade de produto', insira o uso *relativo* de horas-máquina por unidade de produto para os Modelos 9 e 14, respectivamente. (*Dica:* custos indiretos fixos e variáveis de produção são apropriados com base nas horas-máquina, e o custo indireto fixo e variável de produção, por unidade, para o Modelo 9, é duas vezes mais alto do que para o Modelo 14.)

4. Insira os cálculos da margem de contribuição por hora-máquina para os Modelos 9 e 14 ao multiplicar a margem de contribuição por unidade pelo uso relativo de horas-máquina por unidade de produto.

5. *Verifique a precisão de sua planilha.* Vá até a seção de 'Dados originais' e mude o preço de venda do Modelo 14 de $ 70 para $ 69 por unidade. Se você programou a sua planilha corretamente, a margem de contribuição por hora-máquina, para o Modelo 14, deve mudar para $ 17.

11-24 Qual base fechar, análise do custo relevante, custos de oportunidade. O Departamento de Defesa dos EUA tem a difícil tarefa de decidir quais bases militares fechar. Obviamente, fatores militares e políticos pesam, mas a economia nos custos também é um fator importante. Considere duas bases da Marinha localizadas na Costa Oeste — uma em Alameda, Califórnia, e a outra em Everett, Washington. A Marinha decidiu que ela precisa de apenas uma dessas bases de forma permanente, portanto, uma precisa ser fechada. A decisão de sobre qual das bases fechar será tomada somente com base nas considerações de custo. As seguintes informações estão disponíveis:

a. A base de Alameda foi construída a um custo de $ 100 milhões, em terras que pertencem à Marinha, portanto a Marinha não paga nada pelo uso da propriedade. Os custos operacionais da base são de $ 400 milhões por ano. Se a base for fechada, o terreno será vendido a empreiteiros por $ 500 milhões.

b. A base de Everett foi construída a um custo de $ 150 milhões, em terras de particulares arrendadas pela Marinha. A Marinha pode escolher arrendar as terras, permanentemente, pagando $ 3 milhões ao ano. Se decidir manter a base de Everett aberta, a Marinha planeja investir $ 60 milhões em uma letra de renda fixa que, a 5 por cento de juros, renderá os $ 3 milhões necessários para pagar o arrendamento. O terreno e os prédios reverterão imediatamente ao proprietário em a base sendo fechada. Os custos operacionais da base, excluindo os pagamentos pelo arrendamento, são de $ 300 milhões ao ano.

c. Se a base de Alameda for fechada, a Marinha terá que transferir parte do pessoal para a instalação de Everett. Como resultado, os custos operacionais anuais em Everett aumentarão $ 100 milhões ao ano. Se a instalação de Everett for fechada, nenhum custo adicional será incorrido para operar a base de Alameda.

Para fazer: A bancada da Califórnia, no Congresso, argumenta que é mais barato fechar a base de Everett por duas razões: (1) Economizaria $ 100 milhões ao ano em custos adicionais, necessários para operar a base de Everett e (2) economizaria o pagamento do arrendamento de $ 3 milhões ao ano. (Lembre-se de que a base de Alameda não requer nenhum pagamento em dinheiro pelo uso das terras porque estas são de propriedade da Marinha.) Você concorda com os argumentos e conclusões da delegação da Califórnia? Na sua resposta, identifique e explique todos os custos que você considera relevantes e irrelevantes na decisão sobre o fechamento da base.

11-25 Fechando e abrindo lojas. A Corporação Sanches opera duas lojas de conveniência, uma em Santos e a outra no Guarujá. O lucro operacional para cada loja, em 2004, é:

	Loja de Santos	Loja do Guarujá
Receitas	$ 1 070 000	$ 860 000
Custos operacionais		
Custo de produtos vendidos	750 000	660 000
Aluguel (renovável a cada ano)	90 000	75 000
Custos de mão-de-obra (pago por hora)	42 000	42 000
Depreciação do equipamento	25 000	22 000
Utilidades (energia, luz)	43 000	46 000
Custos indiretos corporativos alocados	50 000	40 000
Total dos custos operacionais	$ 1 000 000	$ 885 000
Lucro (prejuízo) operacional	$ 70 000	$ (25 000)

O equipamento tem um valor de venda de zero. Em uma reunião da administração, Maria Lopes, a contadora gerencial na Corporação Sanches, faz o seguinte comentário: "A Sanches pode aumentar a sua rentabilidade ao fechar a loja do Guarujá ou ao investir em mais uma loja".

Para fazer:

1. Ao fechar a loja do Guarujá, a Sanches pode reduzir os custos globais indiretos corporativos em $ 44 000. Calcule o lucro operacional da Sanches se ela fechar a loja do Guarujá. Estará correta a declaração da Maria Lopes sobre o efeito do fechamento da loja do Guarujá? Explique.

2. Calcule o lucro operacional da Sanches se ela mantiver a loja do Guarujá aberta e se abrir uma outra com receitas e custos idênticos à do Guarujá (incluindo um custo de $ 22 000 para adquirir equipamento com vida útil de um ano e valor de venda zero). Abrir a loja aumentará os custos indiretos corporativos em $ 4 000. Estará correta a declaração de Maria Lopes sobre a inauguração de outra loja como a do Guarujá? Explique.

11-26 Escolhendo clientes. A Gráfica Ipiranga opera uma prensa tipográfica com capacidade mensal de duas mil horas-máquina. A Ipiranga tem dois clientes principais, a Corporação Pereira e a Corporação Oliveira. Dados sobre cada cliente para o mês de janeiro são:

	Corporação Pereira	Corporação Oliveira	Total
Receitas	$ 120 000	$ 80 000	$ 200 000
Custos variáveis	42 000	48 000	90 000
Margem de contribuição	78 000	32 000	110 000
Custos fixos (apropriados)	60 000	40 000	100 000
Lucro operacional	$ 18 000	$ (8 000)	$ 10 000
Horas-máquina necessárias	1 500 horas	500 horas	2 000 horas

A Corporação Oliveira indica que ela quer que a Ipiranga faça trabalhos *adicionais*, de gráfica, no valor de $ 80 000, durante o mês de fevereiro. Esses trabalhos são idênticos aos negócios que a Ipiranga fez para a Oliveira, em janeiro, em termos de custos variáveis e horas-máquina necessárias. A Ipiranga antecipa que os negócios da Corporação Pereira, em fevereiro, serão os mesmos que os de janeiro. A Ipiranga pode escolher aceitar o volume dos negócios da Pereira e da Oliveira, para fevereiro, quanto a capacidade permitir. Suponha que o total de horas-máquina e custos fixos para fevereiro seja o mesmo que em janeiro.

Para fazer: Qual medida a Ipiranga deveria tomar para maximizar o lucro operacional? Mostre os seus cálculos.

11-27 Relevância dos custos de equipamento. Hoje mesmo, a Companhia Lava-Carro pagou e instalou uma máquina especial para polir carros em uma de suas várias instalações. É o primeiro dia do ano fiscal da empresa. A máquina custa $ 20 000. Os custos operacionais anuais totalizam $ 15 000. A máquina terá uma vida útil de quatro anos e valor de venda final zero.

Após a máquina ter sido usada por apenas um dia, um vendedor oferece outra, diferente, que faz o mesmo serviço com custos operacionais anuais de $ 9 000. A máquina nova custará, instalada, $ 24 000. A máquina a ser substituída pode ser vendida por apenas $ 10 000, deduzidos $ 2 000 de custo de remoção. A máquina nova, como a anterior, terá vida útil de quatro anos e valor de venda zero, no final.

As receitas serão de $ 150 000 ao ano e outros custos em dinheiro serão de $ 110 000 ao ano, independentemente da decisão.

Por questão de simplicidade, ignore o imposto de renda e o valor de tempo do dinheiro.

Para fazer:

1. **a.** Prepare uma demonstração de entradas e saídas de caixa para cada um dos quatro anos sob cada alternativa. Qual é a diferença cumulativa no fluxo de caixa para os quatro anos?

b. Prepare demonstrações de resultado do exercício para cada um dos quatro anos sob cada alternativa. Suponha depreciação em linha reta. Qual é a diferença cumulativa no lucro operacional para os quatro anos?

c. Quais os itens irrelevantes nas suas apresentações nas Partes a e b? Por que são irrelevantes?

2. Suponha que o custo da máquina anterior fosse de $ 1 milhão em vez de $ 20 000. Mesmo assim, a máquina anterior pode ser vendida por apenas $ 10 000, deduzidos $ 2 000 de custo de remoção. Mudariam as diferenças líquidas nas Partes 1a e 1b? Explique.

3. Há algum conflito entre o modelo de decisão e os incentivos ao administrador que acaba de comprar uma máquina e está considerando substituí-la um dia depois?

11-28 Atualização *versus* reposição de equipamento (A. Spero, adaptado). A Corporação Pacífica faz abajures de aço, de mesa, e está considerando atualizar a linha de produção existente ou substituí-la. O equipamento de produção foi comprado há dois anos, por $ 600 000. Ele tem vida útil esperada de cinco anos, valor de venda final de $ 0 e é depreciado com base na linha reta, a uma taxa de $ 120 000 ao ano. O equipamento tem valor contábil atual de $ 360 000 e valor de venda atual de $ 90 000. A tabela a seguir apresenta os custos esperados sob as alternativas de atualização e reposição:

	Atualização	Reposição
Custos esperados do equipamento de uma só vez	$ 300 000	$ 750 000
Custo variável de produção por abajur	$ 12	$ 9
Produção e vendas esperadas de abajures por ano	60 000 unidades	60 000 unidades
Preço de venda dos abajures	$ 25	$ 25

A vida útil esperada após a máquina ser atualizada ou substituída é de três anos, e o valor de venda final esperado é de $ 0. Se a máquina for atualizada, os $ 300 000 seriam adicionados ao valor contábil atual de $ 360 000 e depreciados em linha reta. O equipamento novo, se comprado, também será depreciado em linha reta.

Para uma questão de simplicidade, ignore o imposto de renda e o valor de tempo do dinheiro.

Para fazer:

1. A Pacífica deveria atualizar sua linha de produção ou substituí-la? Mostre os seus cálculos.

2. a. Agora, suponha que o dispêndio de capital necessário para substituir a linha de produção seja desconhecido. Todos os outros dados são como informado anteriormente. Qual é o preço máximo que a Pacífica estaria disposta a pagar pela linha nova para preferir substituir a linha existente em vez de atualizá-la?

   b. Suponha que o dispêndio de capital necessário para substituir a linha de produção seja de $ 750 000. Agora, suponha que seja desconhecida a quantidade esperada de produção e vendas. Para qual quantidade de produção e vendas a Pacífica iria preferir (i) substituir a linha, ou (ii) atualizar a linha?

3. Considere novamente as informações básicas dadas neste exercício. Suponha que João Costa, administrador da Corporação Pacífica, seja avaliado sobre o lucro operacional. O lucro operacional do ano vindouro é crucial para o bônus de Costa. Qual das alternativas Costa escolheria? Explique.

PROBLEMAS

11-29 Abordagem da contribuição, custos relevantes. A Air Frisco arrendou uma única aeronave a jato que ela opera entre São Francisco e as Ilhas Fiji. Somente assentos de classe econômica estão disponíveis. Um analista coletou as seguintes informações:

Capacidade de assentos por avião	360 passageiros
Número médio de passageiros por vôo	200 passageiros
Tarifa média de ida	$ 500
Custos variáveis de combustível	$ 14 000 por vôo
Custos de serviço de comida e bebida (nenhuma cobrança do passageiro)	$ 20 por passageiro
Comissão para agentes de viagem paga pela Air Frisco (todas as passagens são reservadas por agentes de viagem)	8% da tarifa
Custos fixos anuais de arrendamento alocados para cada vôo	$ 53 000 por vôo
Custos fixos de serviços terrestres (manutenção, check-in, manuseio de bagagem) alocados para cada vôo	$ 7 000 por vôo
Salários fixos da tripulação alocados para cada vôo	$ 4 000 por vôo

Por questão de simplicidade, suponha que os custos de combustível não sejam afetados pelo número real de passageiros em um vôo.

Para fazer:

1. Calcule a margem de contribuição total que a Air Frisco obtém em cada vôo de ida entre São Francisco e Fiji.

2. O *departamento de pesquisa de marketing* da Air Frisco indica que reduzir a tarifa média de ida para $ 480 aumentaria o número de passageiros por vôo para 212. Com base somente nas considerações financeiras, deveria a Air Frisco reduzir sua tarifa? Mostre os seus cálculos.

3. A Travel International, uma operadora, aborda a Air Frisco sobre a possibilidade de fazer um charter de seu avião. Os termos do charter são: (a) para cada vôo de ida, a Travel International pagará $ 74 500 para a Air Frisco, incluindo sua tripulação e equipe terrestre; (b) a Travel International pagará os custos de combustível e (c) a Travel International pagará os custos de alimentos. Com base somente nas considerações financeiras, deveria a Air Frisco aceitar a oferta da Travel International? Mostre os seus cálculos. Quais os outros fatores que a Air Frisco deveria considerar ao decidir sobre a proposta da Travel International?

11-30 Custos relevantes, custo de oportunidade. Leandro Mendes, gerente geral da *Software* Brasília, precisa decidir quando lançar a nova versão de planilhas da Brasília, a PlaniFácil 2.0. O desenvolvimento da PlaniFácil está completo, porém os disquetes, CDs e manuais do usuário ainda não foram produzidos. O produto poderá ser lançado em 1º de julho de 2003.

O problema principal é o de que a Brasília tem um estoque ainda grande da versão anterior, a PlaniFácil 1.0. Mendes sabe que uma vez lançada a PlaniFácil 2.0, não será possível vender o excedente da PlaniFácil 1.0 e questiona se, em vez de simplesmente jogá-lo fora, não seria melhor estender a sua venda durante os próximos três meses e lançar a PlaniFácil 2.0 no dia 1º de outubro de 2003, quando o estoque da PlaniFácil 1.0 terá sido totalmente vendido.

As seguintes informações estão disponíveis.

	PlaniFácil 1.0	PlaniFácil 2.0
Preço de venda	$ 150	$ 185
Custo variável por unidade de disquetes, CDs e manuais do usuário	20	25
Custo de desenvolvimento por unidade	65	95
Custo de marketing e administrativo por unidade	35	40
Custo total por unidade	120	160
Lucro operacional por unidade	$ 30	$ 25

O custo unitário de desenvolvimento para cada produto se iguala ao total de custos para desenvolver o *software*, dividido pelas vendas antecipadas de unidades sobre a vida do produto. Os custos de marketing e administrativos são custos fixos, em 2003, incorridos para dar suporte a todas as atividades de marketing e administrativas da *Software* Brasília. Os custos de marketing e administrativos são alocados para produtos com base nas receitas orçadas de cada produto. Os custo unitário acima supõe que a PlaniFácil 2.0 seja lançada em 1º de outubro de 2003.

Para fazer:

1. Com base somente nas considerações financeiras, a Mendes deveria lançar a PlaniFácil 2.0 no dia 1º de julho de 2003 ou esperar até 1º de outubro de 2003? Mostre os seus cálculos, identificando claramente receitas e custos relevantes e irrelevantes.

2. Quais outros fatores Leandro Mendes poderia considerar para tomar essa decisão?

11-31 Custos de oportunidade (H. Schaefer). A Corporação Lobo está trabalhando a plena capacidade, produzindo dez mil unidades de um produto especial, a Rosabo. O custo unitário de produção da Rosabo é:

Materiais diretos	$ 2
Mão-de-obra direta	3
Custos indiretos	5
Total do custo de produção	$ 10

O custo unitário indireto é baseado no custo unitário variável, de $ 2, e custos fixos de $ 30 000 (à capacidade plena de dez mil unidades). Os custos de marketing, todos variáveis, são de $ 4 por unidade, e o preço de venda é de $ 20.

Um cliente, a Cia. Vitória, solicitou à Lobo a produção de duas mil unidades de Laranjabo, uma variação da Rosabo. A Cia.Vitória ofereceu pagar à Lobo $ 15 por uma unidade de Laranjabo, e a metade do custo de marketing por unidade.

Para fazer:

1. Qual é, para a Lobo, o custo de oportunidade na produção de duas mil unidades de Laranjabo? (Suponha que nenhuma hora extra seja trabalhada.)

2. A Corporação Tigre ofereceu produzir duas mil unidades de Rosabo para a Lobo, para que ela pudesse aceitar a oferta da Vitória. Ou seja, se a Lobo aceitar a oferta da Tigre, a Lobo fabricaria oito mil unidades de Rosabo

e duas mil unidades de Laranjabo e compraria duas mil unidades da Rosabo da Tigre. A Tigre cobraria da Lobo $ 14 por unidade para fabricar a Rosabo. Com base somente nas considerações financeiras, deveria a Lobo aceitar a oferta da Tigre? Mostre os seus cálculos.

3. Suponha que a Lobo tenha trabalhado menos que sua capacidade plena, produzindo oito mil unidades de Rosabo no momento em que a oferta da Vitória foi feita. Calcule o preço mínimo que a Lobo deveria aceitar pela Laranjabo sob essas condições. (Ignore o preço de venda anterior de $ 15.)

11-32 *Mix* **do produto, custos relevantes** (N. Melumad, adaptado). A Engenharia Peralta faz ferramentas de corte para operações de metaloplastia. Ela faz dois tipos de ferramentas: a R3, uma ferramenta de corte normal, e a HP6, uma ferramenta de corte de alta precisão. A R3 é fabricada em uma máquina comum, mas a HP6 requer seja trabalhada na máquina comum e em outra, de alta precisão. As seguintes informações estão disponíveis.

	R3	HP6
Preço de venda	$ 100	$ 150
Custo unitário variável de produção	$ 60	$ 100
Custo unitário variável de marketing por unidade	$ 15	$ 35
Total de custos indiretos fixos orçados	$ 350 000	$ 550 000
Horas necessárias para produzir uma unidade na máquina comum	1,0	0,5

Informações adicionais incluem:

a. A Peralta enfrenta uma restrição de capacidade sobre a máquina comum de 50 mil horas/ano.
b. A capacidade da máquina de alta precisão não é uma restrição.
c. Dos $ 550 000 em custos indiretos fixos orçados da HP6, $ 300 000 são para o pagamento do arrendamento da máquina de alta precisão. Esse custo é totalmente cobrado da HP6 porque a máquina é usada exclusivamente para produzi-la. O acordo de arrendamento da máquina de alta precisão pode ser cancelado a qualquer momento, sem penalidade.
d. Todos os outros custos indiretos são fixos e não podem ser alterados.

Para fazer:

1. Qual o *mix* de produtos — ou seja, quantas unidades de R3 e de HP6 — que maximizaria o lucro operacional da Peralta?
2. Suponha que a Peralta possa aumentar a capacidade anual das máquinas comuns em 15 mil horas-máquina a um custo de $ 150 000. Deveria a Peralta aumentar a capacidade das máquinas comuns em 15 mil horas-máquina? Em quanto isso virá a aumentar o lucro operacional da Peralta? Mostre os seus cálculos.
3. Suponha que a capacidade das máquinas comuns tenha sido aumentada para 65 mil horas. A Peralta foi abordada pela Corporação Veiga para fornecer 20 mil unidades de uma outra ferramenta de corte, a S3, por $ 120 a unidade. A Peralta precisa aceitar o pedido por todas as 20 mil unidades ou rejeitá-lo por completo. A S3 é exatamente igual à R3, exceto que os custos variáveis de produção são de $ 70 por unidade. (Leva uma hora para produzir uma unidade de S3 na máquina comum e os custos variáveis de marketing totalizam $ 15 por unidade.) Qual o *mix* de produtos que a Peralta deveria escolher para maximizar o seu lucro operacional? Mostre os seus cálculos.

11-33 Descontinuar uma linha de produtos, vendendo mais unidades. A Divisão Norte da Corporação Ganso fabrica e vende mesas e camas. As seguintes informações sobre receitas e custos estimados do sistema de custeio baseado em atividades, da divisão, estão disponíveis para 2002.

	4 000 mesas	5 000 camas	Total
Receitas ($ 125 × 4 000); $ 200 × 5 000)	$ 500 000	$ 1 000 000	$ 1 500 000
Custos variáveis de materiais diretos e mão-de-obra direta ($ 75 × 4 000; $ 105 × 5 000)	300 000	525 000	825 000
Depreciação sobre o equipamento usado exclusivamente por cada linha de produto	42 000	58 000	100 000
Custos de marketing e distribuição			
$ 40 000 (fixos) + $ 750 por carga × 40 cargas	70 000		205 000
$ 60 000 (fixos) + $ 750 por carga × 100 cargas		135 000	
Custos fixos administrativos gerais da divisão alocados para as linhas de produto com base nas receitas	110 000	220 000	330 000
Custos alocados do escritório corporativo para as linhas de produto com base nas receitas	50 000	110 000	150 000
Total de custos	572 000	1 038 000	1 610 000
Lucro (prejuízo) operacional	$ (72 000)	$ (38 000)	$ (110 000)

Informações adicionais incluem:

a. No dia 1º de janeiro de 2002, o equipamento tem valor contábil de $ 100 000 e valor de venda zero. Qualquer equipamento não utilizado permanecerá ocioso.

b. Os custos fixos de marketing e de distribuição de uma linha de produtos podem ser evitados se a linha for descontinuada.

c. Os custos fixos administrativos gerais da divisão e do escritório corporativo não mudarão se as vendas das linhas individuais de produtos forem aumentadas ou diminuídas, ou se linhas de produtos forem adicionadas ou eliminadas.

Para fazer:

1. Com base somente nas considerações financeiras, deveria a Divisão do Norte descontinuar a linha de produtos das mesas, supondo que as instalações liberadas permaneçam ociosas? Mostre os seus cálculos.

2. Qual seria o efeito sobre o lucro operacional da Divisão do Norte se ela fosse vender mais quatro mil mesas? Suponha que para fazer isso a divisão teria de adquirir equipamento adicional a um custo de $ 42 000 com um vida útil de um ano e valor de venda final zero. Suponha também que os custos fixos de marketing e de distribuição não mudem, mas que o número de cargas dobre. Mostre os seus cálculos.

11-34 Descontinuar ou adicionar uma divisão (continuação do 11-33). Refira-se às informações apresentadas no Problema 11-33.

Para fazer:

1. Dado o prejuízo operacional esperado de $ 110 000 da Divisão do Norte, deveria a Corporação Ganso fechá-la? Suponha que o fechamento da Divisão do Norte não tenha nenhum efeito sobre os custos do escritório corporativo, mas que levará a uma economia de todos os custos administrativos gerais da divisão. Mostre os seus cálculos.

2. Suponha que o administrador — responsável pela decisão de fechar ou não a Divisão do Norte — será avaliado em 2002 com base no lucro operacional da Divisão do Norte, após alocar os custos do escritório corporativo. Irá, o administrador, preferir fechar a divisão? Mostre os seus cálculos. O modelo de decisão é consistente com o modelo de avaliação do desempenho? Explique.

3. Suponha que a Ganso tenha oportunidade de abrir uma outra divisão, a Divisão do Sul, cujas receitas e custos devam ser idênticos às receitas e aos custos da Divisão do Norte (incluindo o custo de $ 100 000 para adquirir equipamento com vida útil de um ano e valor de venda final zero). A abertura da nova divisão não terá nenhum efeito sobre os custos do escritório corporativo. Deveria a Ganso abrir a Divisão do Sul? Mostre os seus cálculos.

11-35 Fazer ou comprar, nível desconhecido de volume (A. Atkinson). A Engenharia Orós fabrica motores pequenos, vendidos a fabricantes que os instalam em equipamentos como cortadores de grama. Atualmente, a empresa fabrica todas as peças usadas nesses motores mas está considerando a proposta de um fornecedor externo, que deseja fornecer os conjuntos de partida usados nos motores.

Atualmente, os conjuntos de partida são fabricados na Divisão 3 da Engenharia Orós. Os custos a eles relativos para os últimos 12 meses são:

Materiais diretos	$ 200 000
Mão-de-obra direta	150 000
Custos indiretos de produção	400 000
Total	$ 750 000

Durante o ano passado, a Divisão 3 fabricou 150 mil conjuntos de partida. O custo médio para cada conjunto de partida é de $ 5 ($ 750 000 ÷ 150 000).

Uma análise mais detalhada dos custos indiretos revelou as seguintes informações. Do total de custos indiretos, somente 25 por cento é considerado variável. Da parte fixa, $ 150 000 é apropriação de custos indiretos que permaneceria inalterada para a empresa como um todo se a produção dos conjuntos de partida fosse descontinuada. Pode-se evitar $ 100 000 adicionais em custos indiretos fixos se a produção das montagens de motores de arranque for descontinuada. O saldo dos custos indiretos fixos, de $ 50 000/ano, é o salário do gerente da divisão. Se a produção dos conjuntos de partida for descontinuada, o gerente da Divisão 3 será transferido para a Divisão 2 com o mesmo salário. Essa mudança permitirá que a empresa economize o salário de $ 40 000 que teria de ser pago para atrair alguém de fora para ocupar o posto.

Para fazer:

1. A Eletrônica Teixeira, um fornecedor confiável, ofereceu fornecer as unidades do conjunto de partida a $ 4 por unidade. Como esse preço é menor do que o custo médio atual, de $ 5 por unidade, o vice-presidente de

produção está ansioso em aceitar a oferta. Com base somente nas considerações financeiras, deveria a oferta externa ser aceita? Mostre os seus cálculos. (*Dica:* A saída de produção do ano vindouro pode ser diferente da saída de produção do ano passado.)

2. Como mudaria — se mudasse — a sua resposta para a Questão 1 se a empresa pudesse usar o espaço liberado na fábrica para armazenagem e, fazendo isso, evitar $ 50 000 em cobranças de armazenamento externo, atualmente incorridas? Por que essa informação é ou não relevante?

11-36 Fazer *versus* comprar, custeio baseado em atividade, custos de oportunidade (N. Melumad e S. Reichelstein, adaptado). A Companhia Az produz bicicletas. A produção esperada deste ano é de dez mil unidades. Atualmente, a Az fabrica correntes para bicicletas. O contador gerencial da Az relata os seguintes custos para fabricar as dez mil correntes:

	Custo por unidade	Custos para as dez mil unidades
Materiais diretos	$ 4,00	$ 40 000
Mão-de-obra direta	2,00	20 000
Custos indiretos variáveis (energia e equipamentos)	1,50	15 000
Inspeção, ajustamentos, manuseio de materiais		2 000
Aluguel de máquinas		3 000
Custos fixos apropriados de administração da fábrica, impostos, e seguro		30 000
Total de custos		$ 110 000

Az recebeu proposta de um fornecedor externo para fornecer qualquer quantidade de correntes que a Az precisasse, a $ 8,20 por corrente. As seguintes informações adicionais estão disponíveis:

a. Custos de inspeção, ajustamento e manuseio de materiais variam com o número de lotes produzidos. A Az produz correntes em lotes de mil unidades e estima produzi as dez mil unidades em dez lotes.

b. A Az aluga uma máquina usada para fazer as correntes. Comprando todas as correntes do fornecedor externo, ela não precisará pagar para locar a máquina.

Para fazer:

1. Supondo que a Az compre as correntes do fornecedor externo, a instalação em que são produzidas permanecerá ociosa. Com base somente nas considerações financeiras, deveria a Az aceitar a oferta do fornecedor externo pelo volume antecipado de produção (e vendas) de dez mil unidades? Mostre os seus cálculos.

2. Para essa pergunta, e supondo que as correntes fossem compradas externamente, as instalações usadas para produzi-las poderão servir para melhorar as bicicletas, adicionando refletores e paralamas. Como conseqüência, o preço de venda das bicicletas será aumentado em $ 20. O custo unitário variável da melhoria seria de $ 18, e os custos de ferramentas adicionais, de $ 16 000, seriam incorridos. Com base somente nas considerações financeiras, supondo que dez mil unidades sejam produzidas (e vendidas), deveria a Az fazer ou comprar as correntes? Mostre os seus cálculos.

3. O gerente de vendas da Az está preocupado com a possibilidade de a estimativa de dez mil unidades ser alta e acredita que apenas 6 200 unidades serão vendidas. A produção será diminuída, liberando mais espaço de trabalho. Esse espaço pode ser usado para adicionar paralamas e refletores mesmo a Az comprando ou fazendo internamente as correntes. Com a produção menor, a Az produzirá as correntes em oito lotes de 775 unidades cada. Com base somente nas considerações financeiras, deveria a Az comprar as correntes do fornecedor externo? Mostre os seus cálculos.

11-37 Escolha múltipla, problema abrangente sobre custos relevantes. A seguir estão os custos unitários de produção e de marketing, de uma caneta refinada, da Cia. Classe, no nível de produção de 20 mil unidades/mês:

Custo de produção	
Materiais diretos	$ 1,00
Mão-de-obra direta	1,20
Custo variável indireto	0,80
Custo fixo indireto	0,50
Custo de marketing	
Variável	1,50
Fixo	0,90

Para fazer:

As situações a seguir se referem apenas aos dados acima; não há nenhuma *ligação* entre as situações. A não ser que afirmado de forma diferente, suponha um preço de venda normal, de $ 6 por unidade. Escolha a melhor resposta para cada pergunta. Mostre os seus cálculos.

1. Para um estoque de dez mil unidades da caneta da Cia. Classe apresentado no balancete, o custo unitário apropriado é (a) $ 3,00, (b) $ 3,50, (c) $ 5,00, (d) $ 2,20, ou (e) $ 5,90.

2. A caneta é normalmente produzida e vendida no volume de 240 mil unidades por ano (uma média de 20 mil por mês). O preço de venda é de $ 6 por unidade, com receitas anuais totais de $ 1 440 000. Os custos totais são de $ 1 416 000 e o lucro operacional, de $ 24 000 ou $ 0,10 por unidade. A pesquisa de marketing estima que as vendas poderiam ser aumentadas em 10 por cento se os preços fossem reduzidos para $ 5,80. Supondo que os modelos inferidos de comportamento de custos se mantenham, a medida, se tomada:

    a. Reduziria o lucro operacional em $ 7 200.
    b. Reduziria o lucro operacional em $ 0,20 por unidade ($ 48 000), mas aumentaria esse lucro em 10 por cento das receitas ($ 144 000), assim obtendo aumento líquido de $ 96 000.
    c. Reduziria o custo unitário fixo em 10 por cento, ou $ 0,14, por unidade, e, assim, reduziria o lucro operacional em $ 0,06 ($ 0,20 – $ 0,14) por unidade.
    d. Aumentaria as vendas para 264 mil unidades, o que, ao preço de $ 5,80, geraria receitas totais de $ 1 531 200, com custos unitários de $ 5,90 para 264 mil unidades, o que totalizaria $ 1 557 600 e resultaria em um prejuízo operacional de $ 26 400.
    e. Nenhuma das alternativas acima.

3. Um contrato com o governo, de cinco mil unidades das canetas, prevê cobrir todos os custos de produção mais uma margem fixa de $ 1 000. Nenhum custo variável de marketing é incorrido com esse contrato. Você é solicitado a comparar as duas alternativas seguintes:

Vendas/mês para	Alternativa A	Alternativa B
Clientes regulares	15 000 unidades	15 000 unidades
Governo	0 unidades	5 000 unidades

    O lucro operacional sob a Alternativa B é maior do que sob a Alternativa A em (a) $ 1 000, (b) $ 2 500, (c) $ 3 500, (d) $ 300 ou (e) nenhuma das alternativas acima.

4. Suponha os mesmos dados que na Parte 3 com relação ao contrato com o governo, exceto que as duas alternativas a serem comparadas são:

Vendas/mês para	Alternativa A	Alternativa B
Clientes regulares	20 000 unidades	15 000 unidades
Governo	0 unidades	5 000 unidades

    O lucro operacional, sob a Alternativa B, com relação a sob a Alternativa A, é (a) $ 4 000 menor, (b) $ 3 000 maior, (c) $ 6 500 menor, (d) $ 500 maior ou (e) nenhuma das alternativas acima.

5. A empresa quer entrar em um mercado estrangeiro em que a concorrência no preço é severa. A empresa busca um pedido especial de uma única vez, de dez mil unidades, com base em um preço unitário mínimo. Ela espera que os custos de despacho para esse pedido totalizem apenas $ 0,75 por unidade, mas os custos fixos para obter o contrato serão de $ 4 000. A empresa não incorre nenhum custo variável de marketing além dos custos de despacho. Os negócios domésticos não serão afetados. O preço de venda para o ponto de equilíbrio é de (a) $ 3,50, (b) $ 4,15, (c) $ 4,25, (d) $ 3,00 ou (e) $ 5,00.

6. A empresa tem um estoque de mil unidades de canetas que precisam imediatamente ser vendidas a preços reduzidos. Se não, o estoque não terá nenhum valor. O custo unitário relevante para estabelecer o preço de venda mínimo é de (a) $ 4,50, (b) $ 4,00, (c) $ 3,00, (d) $ 5,90 ou (e) $ 1,50.

7. Uma proposta é recebida em que um fornecedor externo fará e despachará as canetas da Cia. Classe diretamente para os clientes, à medida que os pedidos de vendas sejam encaminhados. Os custos fixos de marketing da Classe não serão afetados, mas seus custos variáveis de marketing serão cortados em 20 por cento. A fábrica da Classe ficará ociosa, mas os custos indiretos fixos de produção continuarão a 50 por cento dos níveis atuais. Quanto por unidade a empresa seria capaz de pagar ao fornecedor sem reduzir o lucro operacional? (a) $ 4,75, (b) $ 3,95, (c) $ 2,95, (d) $ 5,35 ou (e) nenhuma das alternativas.

11-38 Fazer ou comprar (continuação do 11-37). Suponha que, como na Questão 7, do Problema 11-37, uma proposta é recebida de um fornecedor externo que fará e despachará as canetas diretamente para os clientes da Companhia Classe ao serem encaminhados os pedidos de vendas. Se a oferta do fornecedor for aceita, as instalações atuais da fábrica serão usadas para fazer uma caneta nova, cujos custos por unidade serão:

Custo variável de produção	$ 5,00
Custo fixo de produção	1,00
Custo variável de marketing	2,00
Custo fixo de marketing	0,50

O total de custos indiretos fixos ficará inalterado em relação ao nível original dado no início do Problema 11-37. Os custos fixos de marketing para as canetas novas são superiores aos custos fixos de marketing incorridos para comercializar as canetas, no início do Problema 11-37. A caneta nova será vendida por $ 9. O lucro operacional mínimo desejado para as duas canetas juntas é de $ 50 000 ao ano.

Para fazer: Qual é o custo unitário máximo de compra que a Companhia Classe estaria disposta a pagar para terceirizar a produção das canetas?

11-39 Plano de produção ótima, fabricante de computadores (anexo do capítulo). A Tecnologia de Informação Ltda. monta e vende dois produtos: impressoras e computadores de mesa. Os clientes podem comprar (a) um computador ou (b) um computador mais uma impressora. As impressoras *não* são vendidas sem um computador. O resultado é que a quantidade de impressoras vendidas é igual ou menor que a quantidade de computadores vendidos. As margens de contribuição são de $ 200 por impressora e $ 100 por computador.

Cada impressora requer seis horas de montagem na linha de produção 1 e dez horas de montagem na linha de produção 2. Cada computador requer quatro horas de montagem somente na linha de produção 1. (Muitos dos componentes para o computador são pré-montados por fornecedores externos.) A linha de produção 1 tem 24 horas de montagem disponíveis por dia. A linha de produção 2 tem 20 horas de montagem disponíveis por dia.

Deixe X representar as unidades de impressoras e Y representar as unidades de computadores. O gerente de produção precisa decidir sobre o *mix* ótimo de impressoras e computadores a produzir.

Para fazer:

1. Formule o problema do gerente de produção em formato de PL.
2. Calcule a combinação de impressoras e computadores que maximizará o lucro operacional da Tecnologia de Informação. Use as abordagens de tentativa e erro e gráfica. Mostre o seu trabalho.

11-40 *Mix* ótimo de produtos (CMA, adaptado, anexo do capítulo). A Bela Souza Ltda. vende duas marcas populares de bolachas, Bela Delícia e Bela Chocolate. Ambas as bolachas passam pelo processo de mistura e de cozimento, mas a Bela Delícia também é imersa em chocolate pelo processo de imersão.

Miguel Salles, vice-presidente de vendas, acredita que a Bela Souza pode vender toda a sua produção diária de Bela Delícia e de Bela Chocolate. Ambas as bolachas são produzidas em lotes de 300 unidades. Os tempos dos lotes (em minutos) para a produção de cada tipo de bolacha e os minutos disponíveis por dia são:

	Mistura	Cozimento	Imersão
Bela Delícia (em minutos)	30	10	20
Bela Chocolate (em minutos)	15	15	0
Minutos disponíveis por dia	600	300	320

Dados sobre receitas e custos para cada tipo de bolacha são:

	Bela Delícia	Bela Chocolate
Receita por lote	$ 525	$ 335
Custo variável por lote	175	85
Custos fixos mensais (apropriados para cada produto)	20 350	16 550

Para fazer:

1. Formule a decisão enfrentada por Miguel Salles como um modelo de PL. Use D para representar a quantidade da Bela Delícias produzidas e vendidas e C para representar a quantidade da Bela Chocolates produzidas e vendidas.
2. Calcule as quantidades ótimas de Bela Delícia e de Bela Chocolate que a Bela Souza deveria produzir e vender.

11-41 Fazer *versus* comprar, ética (CMA, adaptado). Linda Freitas, contadora gerencial da Corporação Peixes, está avaliando se um componente MTR 2000 deveria continuar a ser fabricado pela Peixes ou comprado da Cia. Marés. A Marés submeteu uma oferta para fabricar e fornecer as 32 mil unidades de MTR-2000 que a Peixes precisará, para 2002, a um preço de venda de $ 17,30.

Linda coletou as seguintes informações com relação aos custos da Peixes para fabricar 30 mil unidades de MTR-2000 em 2001.

Materiais diretos	$ 195 000
Mão-de-obra direta	120 000
Aluguel de espaço de fábrica	84 000
Arrendamento de equipamento	36 000
Custos indiretos	225 000
Total de custos de produção	$ 660 000

Linda também coletou as seguintes informações relativas à produção do MTR-2000:

- Preços de materiais diretos usados na produção de MTR-2000 devem aumentar 8 por cento em 2002.
- O contrato de mão-de-obra direta de produção da Peixes pede um aumento de 5 por cento em 2002.
- A Peixes pode desfazer o acordo do aluguel de espaço da fábrica sem nenhuma penalidade. Ela não terá necessidade do espaço se o MTR-2000 não for fabricado.
- O arrendamento de equipamento pode ser cancelado ao pagar $ 6 000.
- Quarenta por cento dos outros custos indiretos de produção são considerados variáveis. Os custos indiretos variáveis mudam em proporção ao número de unidades produzidas. O componente fixo dos outros custos indiretos de produção deve permanecer igual se o MTR-2000 for fabricado ou não.

João Pontes, administrador da fábrica da Corporação Peixes, indica para Linda que o desempenho atual da fábrica pode ser significativamente melhorado, e que os aumentos em custos que ela está supondo provavelmente não ocorrerão. Assim, a análise deve ser feita supondo que os custos serão consideravelmente abaixo dos níveis atuais. Linda sabe que Pontes está preocupado em relação à terceirização do MTR-2000 porque significará que alguns de seus bons amigos terão de ser demitidos.

Linda acha improvável que a fábrica alcance os custos mais baixos descritos por Pontes. Ela está muito confiante sobre a precisão das informações coletadas, mas também está infeliz com a demissão de funcionários.

Para fazer:

1. Com base somente nas considerações financeiras que Linda obteve, a Peixes deve fazer o MTR-2000 ou comprá-lo em 2002? Mostre os seus cálculos.
2. Quais os outros fatores que a Peixes deve considerar antes de tomar uma decisão?
3. O que Linda Freitas deveria fazer em resposta aos comentários do João Pontes?

PROBLEMA PARA APRENDIZAGEM EM GRUPO

11-42 Mix ótimo de produtos (CMA, adaptado). O departamento de plásticos da OmniSport fabrica, anualmente, cinco mil pares de patins, fazendo uso pleno da capacidade de máquinas. O preço de venda e o custo unitário total associados aos patins da OmniSport são:

Preço de venda por par de patins		$ 98
Custo por par de patins		
Materiais diretos	$ 20	
Custo operacional variável da máquina ($ 16 por hora-máquina)	24	
Custo indireto de produção	18	
Custos de marketing e administrativos	21	83
Lucro operacional por par de patins		$ 15

A OmniSport acredita que poderia vender anualmente oito mil pares de patins se tivesse bastante capacidade de produção. A Colcott, Inc. propôs fornecer até seis mil pares de patins ao ano, ao preço de $ 75 o par, entregues na instalação da OmniSport.

Jack Petrone, gerente de produção da OmniSport, sugeriu que a empresa poderia fazer melhor uso de seu *departamento de plásticos* ao fabricar tirantes para pranchas. Petrone acredita que a OmniSport poderia vender, anualmente, até 12 mil tirantes para pranchas. A estimativa do Petrone sobre o preço de venda e o custo total por unidade para fabricar 12 mil tirantes para pranchas é:

Preço de venda por tirante de prancha		$ 60
Custo por tirante para prancha		
Materiais diretos	$ 20	
Custo operacional variável de máquina ($ 16 por hora-máquina)	8	
Custos indiretos	6	
Custos de marketing e administrativos	10	44
Lucro operacional por tirante para prancha		$ 16

Outras informações pertinentes às operações da OmniSport incluem:

- No *departamento de plásticos*, a OmniSport usa horas-máquina como base de apropriação para os custos indiretos de produção. O componente de custos indiretos fixos de produção desses custos, para toda a fábrica, para o ano em curso, é de $ 30 000, apropriados ao *departamento de plásticos*. Esses custos não serão afetados pela decisão do *mix* de produtos.
- O custo variável de marketing e administrativo, por unidade, para os vários produtos, são:

Produção de patins *in-line*	$ 9
Patins *in-line* comprados	4
Tirantes fabricados para pranchas	8

Os custos fixos de marketing e administrativos, de $ 60 000, não são afetados pela decisão do *mix* de produtos.

Para fazer: Calcule a quantidade de cada produto que a OmniSport deveria fabricar e/ou comprar para maximizar o lucro opeacional. Mostre os seus cálculos.

capítulo 12

DECISÕES DE PRECIFICAÇÃO E GESTÃO DOS CUSTOS

Objetivos de aprendizagem

1. Discutir as três principais influências sobre decisões de preços
2. Distinguir entre decisões de precificação de curto prazo e de longo prazo
3. Precificar os produtos usando a abordagem do custeio-meta
4. Aplicar os conceitos de custos incorridos e custos comprometidos
5. Precificar os produtos usando a abordagem do custo-mais margem
6. Usar o orçamento e custeio do ciclo de vida ao tomar decisões de precificação
7. Descrever duas práticas de precificação em que os fatores que não são relacionados a custo são importantes ao estabelecer preços
8. Explicar os efeitos das leis antitruste na precificação

Que preço você pagaria para voltar no tempo? Esta é apenas uma das questões que os administradores da Grand Canyon Railway tentam responder ao estabelecer preços nas passagens dos passeios em um trem clássico restaurado. O trem percorre um trajeto que vai da estação histórica de Williams, Arizona, a South Rim, no Grand Canyon, e volta, dando aos passageiros a oportunidade de experimentar como teria sido viajar pelo Canyon por volta do início do século XX.

O trem oferece três categorias de serviços: econômica, um com serviço de bar melhorado e primeira classe. O preço de cada um dos serviços considera demandas de clientes, concorrência, e, é claro, custos. A ferrovia tem custos fixos consideráveis, incluindo a restauração do trem, a manutenção dos trilhos e vagões, o centro de reservas e combustível, entre outros. Os administradores sabem que se estabelecerem um preço muito alto, assentos vazios serão traduzidos em perda de receitas.

As decisões de precificação são decisões administrativas sobre o que cobrar pelos produtos e serviços. São decisões estratégicas que afetam a quantidade produzida e vendida e, conseqüentemente, receitas e custos. Para maximizar o lucro operacional, as empresas devem produzir e vender unidades contanto que a receita de uma unidade adicional exceda o custo de sua produção. Os custos dos produtos, no entanto, são calculados de maneira diversa para períodos de tempo e contextos diferentes. Para obter os custos de um produto, você precisa entender os modelos de comportamento dos custos, os critérios de custos e o conceito de relevância introduzido no Capítulo 11. Este capítulo descreve como os administradores avaliam a demanda em função de preços diferentes, administram os custos pela cadeia de valor e tratam do ciclo de vida do produto para obter rentabilidade.

As principais influências nas decisões de precificação

Clientes, concorrentes e custos

O preço de um produto ou serviço depende da oferta e procura. As três influências que incidem sobre a oferta e procura são: os clientes, os concorrentes e os custos.

Clientes — Os clientes influenciam o preço à medida que promovem a demanda por um produto ou serviço. As empresas precisam sempre avaliar as decisões de precificação a partir da ótica dos clientes, pois preços excessivamente altos podem fazer com que rejeitem o produto/serviço pelo de um concorrente ou, mesmo, substituto.

Concorrentes — Nenhuma empresa opera em um vácuo precisando estar sempre alerta quanto a ações de concorrentes. Em um extremo, produtos alternativos ou substitutos podem afetar a demanda e forçar uma empresa a baixar preços. No outro extremo, a empresa livre de concorrência pode operar praticando preços mais altos. Em havendo concorrência, o conhecimento da tecnologia aplicada pelo concorrente, da capacidade instalada e da política operacional permite que uma empresa estime os custos de seus concorrentes — informações valiosas no estabelecimento de seus próprios preços.

Pelo fato de a concorrência transpor fronteiras internacionais, as decisões de custo e precificação também são afetadas por flutuações nas taxas de câmbio entre moedas de países diferentes. Por exemplo, com o iene se desvalorizando perante o dólar americano, os produtos japoneses tornar-se-ão mais acessíveis aos consumidores americanos e, conseqüentemente, mais competitivos no mercado norte-americano.

Custos — Custos influenciam preços por afetarem a oferta. Quanto mais baixo for o custo de produção de um produto em relação ao preço pago pelo cliente, maior será a capacidade de fornecimento por parte da empresa. Administradores que entendem o custo de produção de suas empresas estabelecem preços atrativos para os clientes, maximizando o lucro operacional de suas empresas. Ao calcular os custos relevantes em uma decisão de precificação, o administrador precisa considerar os custos relevantes em todas as funções econômicas da cadeia de valor, do P&D ao atendimento ao cliente.

Estudos sobre como os administradores tomam as decisões de precificação revelam que as empresas avaliam clientes, concorrentes e custos de maneira diferente. Empresas que vendem produtos similares (*commodities*) como trigo, arroz e soja em mercados altamente competitivos não têm controle sobre o estabelecimento de preços, precisando aceitar o preço determinado pelo mercado, composto por empresas participantes. Informações sobre custos auxiliam a empresa na decisão sobre níveis de produção no sentido de maximizar o seu lucro operacional. Em mercados menos competitivos, como o de câmeras e telefones celulares, os produtos são diferenciados e todos os três fatores afetam os preços; o valor que os clientes atribuem e os preços cobrados pelos produtos afetam a demanda, e os custos de produção e de entrega influenciam o fornecimento. Conforme diminui a concorrência, o principal fator que afeta as decisões de precificação é a disposição dos clientes em pagar e não os custos ou a concorrência.

Horizonte de tempo das decisões de precificação

As decisões de precificação de curto prazo envolvem um período de tempo de menos de um ano e incluem decisões como (a) a precificação de um único *pedido especial* sem implicações no longo prazo e (b) ajustar um *mix* de produtos e volume de produção em um mercado competitivo.

As decisões de precificação de longo prazo envolvem um período de tempo de um ano ou mais e a precificação de um produto em um mercado principal, com certo espaço para o estabelecimento de preços. As duas principais diferenças que afetam a precificação no longo prazo *versus* curto prazo são: os custos freqüentemente irrelevantes em decisões de precificação de curto prazo — como custos fixos que não podem ser mudados — são geralmente relevantes no longo prazo por serem passíveis de alteração;

as margens de lucro nas decisões de precificação no longo prazo são geralmente estabelecidas visando obter retorno razoável sobre o investimento. A precificação no curto prazo é mais oportunista — os preços são rebaixados quando a demanda é fraca e aumentados quando a demanda é forte.

CUSTEIO E PRECIFICAÇÃO PARA CURTO PRAZO

Exemplo: A Corporação Nacional de Chás (CNC) opera uma fábrica com capacidade mensal de produção de um milhão de caixas de chá gelado (240 latas por caixa). A produção e as vendas atuais são de 600 mil caixas/mês. O preço de venda é de $ 90 por caixa. Os custos de P&D, de projeto e processos do produto e de atendimento ao cliente são insignificantes. Todos os custos variáveis são pertinentes às unidades de produção (caixas) e as unidades de produção são iguais às unidades de vendas. Os custos variável e fixo por caixa, baseados numa quantidade de produção de 600 mil caixas por mês, são:

	Custo variável por caixa	Custo fixo por caixa	Custo variável e fixo por caixa
Custos de produção			
Custos dos materiais diretos	$ 7	—	$ 7
Custos de embalagem	18	—	18
Custos de mão-de-obra direta	4	—	4
Custos indiretos	6	$ 13	19
Custos de produção	35	$ 13	48
Custos de marketing	5	16	21
Custos de distribuição	9	8	17
Custo total do produto	$ 49	$ 37	$ 86

A Chá Calico (CC) pediu à CNC que fizesse uma oferta para o fornecimento de 250 mil caixas/mês pelos próximos quatro meses. Depois desse período, a CC irá produzir e vender o seu próprio chá. É improvável que a CC faça pedidos futuros para a CNC. A aceitação ou rejeição desse pedido não afetará as receitas das lojas da CNC — nem as unidades vendidas e nem o preço de venda.

Os custos variáveis de produção do chá gelado, para a CC, são idênticos aos custos variáveis de produção da CNC. Mesmo fazendo as 250 mil caixas adicionais de chá, ela incorreria o mesmo total de custos indiretos fixos de produção, $ 7 800 000 por mês. A CNC incorreria $ 300 000 adicionais nos custos indiretos fixos de produção — $ 100 000 em custos de compras de materiais e $ 200 000 em custos de mudança do processo. Não serão necessários custos adicionais para P&D, projeto, marketing ou atendimento ao cliente. A CNC sabe que um preço acima de $ 45 por caixa provavelmente não seja competitivo porque um de seus concorrentes, com uma instalação altamente eficiente, tem capacidade ociosa bastante grande e está ávido por ganhar o contrato da CC. Qual preço por caixa a CNC deveria oferecer para o contrato de 250 mil caixas?

CUSTOS RELEVANTES PARA PRECIFICAR UM PEDIDO ESPECIAL

O Quadro 12.1 apresenta uma análise dos custos relevantes mensais, usando os conceitos desenvolvidos no Capítulo 11. Os custos relevantes incluem todos os de produção que mudarão, no total, com a aceitação do pedido especial: *todos os custos diretos e indiretos de produção mais os custos de compra de materiais e de mudança do processo relacionados ao pedido especial*. Os custos fixos indiretos de produção *existentes* são irrelevantes porque eles não mudarão se o pedido especial for aceito. Porém, os custos *adicionais* de compra de material e mudança do processo, de $ 300 000 por mês para o pedido especial, serão relevantes porque eles serão incorridos apenas se o pedido especial for aceito. Nenhum dos custos não relacionados à fabricação será afetado com a aceitação do pedido especial, portanto eles são irrelevantes.

O Quadro 12.1 mostra o total de custos incrementais para o pedido especial de 250 mil caixas, de $ 9 050 000, ou $ 36,20 por caixa. Assim sendo, aceitar qualquer oferta acima de $ 36,20 por caixa melhorará sua rentabilidade no curto prazo. Por exemplo, uma oferta bem-sucedida, de $ 40 por caixa, aumentará o lucro operacional mensal da CNC em $ 950 000 [($ 40 por caixa – $ 36,20 por caixa) × 250 000 caixas].

Observe novamente como o custo unitário pode ser enganoso. A tabela acima demonstra o total de custo de produção de $ 48 por caixa. Esse custo pode sugerir, erroneamente, que uma oferta de $ 40 por caixa, para o pedido especial da CC, resultará na perda de $ 8 por caixa para a CNC. Por que essa conclusão estaria errada? Porque o total de custos de produção por caixa inclui $ 13 de custo fixo que não será incorrido no pedido especial de 250 mil caixas. Esses custos são irrelevantes para a oferta do pedido especial.

FATORES ESTRATÉGICOS E OUTROS FATORES NA PRECIFICAÇÃO DE UM PEDIDO ESPECIAL

Os dados de custos, embora sejam informações necessárias na decisão da CNC sobre o preço a oferecer, não são as únicas variáveis para a decisão. A CNC precisa ser estratégica e considerar as prováveis ofertas dos concorrentes. Se a CNC souber dos planos de seu rival, de oferecer $ 39 por caixa, ela deverá oferecer $ 38 por caixa, em vez de $ 40. Esse

Quadro 12.1 Custos mensais relevantes para a CNC: o pedido especial de 250 mil caixas no curto prazo.

Materiais diretos (250 000 caixas × $ 7 por caixa)		$ 1 750 000
Embalagem (250 000 caixas × $ 18 por caixa)		4 500 000
Mão-de-obra direta (250 000 caixas × $ 4 por caixa)		1 000 000
Custos indiretos variáveis (250 000 × $ 6 por caixa)		1 500 000
Custos indiretos fixos incrementais		
Compra de materiais	$ 100 000	
Mudança do processo	200 000	
Total dos custos indiretos fixos incrementais		300 000
Total de custos relevantes		$ 9 050 000
Custo relevante por caixa: $ 9 050 000 ÷ 250 000 caixas = $ 36,20		

preço mais baixo aumentará o lucro operacional em $ 450 000 [($ 38 por caixa – $ 36,20 por caixa) × 250 000 caixas]. A estratégia da CNC é a de oferecer o preço mais alto acima de $ 36,20 e, ao mesmo tempo, permanecer abaixo das ofertas dos concorrentes.

Agora, suponha que a CNC acredite que a CC venderá o chá gelado comprado no mercado de atuação da CNC a um preço mais baixo do que o por ela praticado. Suponha também que os clientes não terão preferência quanto à marca ou ao sabor para nenhum dos chás (os chás são, afinal de contas, idênticos) e tomarão as decisões de compra baseadas apenas no preço. Se a CNC tiver de baixar seus preços nesse mercado apenas para competir com a CC, deverão os custos relevantes na decisão de oferta incluir a perda de receitas sobre as vendas para alguns clientes? Sim, se o fornecimento de chá para a CC fizer com que a CNC cobre preços mais baixos do que os que ela teria cobrado. A CNC deveria oferecer um preço que cobrisse, pelo menos, o custo incremental de $ 36,20 por caixa e as receitas perdidas sobre as vendas existentes, caso os preços fossem rebaixados. Mas, e se a CC conseguir comprar o chá de um outro fornecedor pelo mesmo preço baixo que ela compraria da CNC e, como resultado, pudesse forçar a CNC a baixar os preços para alguns de seus clientes? Nesse caso, a perda da CNC em receitas, dos clientes regulares, não deverá ser considerada relevante para a decisão de oferta. Isso porque as receitas seriam perdidas se a CNC ganhasse ou não a licitação e, portanto, são irrelevantes para a decisão de precificação.

O nosso exemplo da CNC presume que (a) ela tenha capacidade ociosa e (b) um concorrente com uma instalação eficiente e capacidade ociosa de bom tamanho também irá fazer a oferta para o pedido da CC. É por isso que a nossa decisão de precificação no curto prazo foca na identificação do preço mínimo para a CNC, visando alcançar o equilíbrio no pedido da CC. Em outros casos, as empresas experimentam uma forte demanda no curto prazo e têm capacidade limitada. Nesses casos, as empresas aumentarão os preços estrategicamente no curto prazo tanto quanto o mercado agüentar. Observamos os preços altos no curto prazo no caso de produtos novos — por exemplo, microprocessadores, *chips* de computadores e *softwares*.

CUSTEIO E PRECIFICAÇÃO PARA LONGO PRAZO

As decisões de precificação são respostas às condições de oferta e procura no curto prazo. Mas elas não podem formar a base para um relacionamento de longo prazo com os clientes. A precificação de longo prazo é uma decisão estratégica. Os compradores — sejam eles alguém comprando uma caixa de cereais, a Bechtel Corporation comprando uma frota de tratores ou a General Foods Corporation comprando serviços de auditoria — preferem preços estáveis e previsíveis para um período longo de tempo. Um preço estável reduz a necessidade de monitorar continuamente os preços dos fornecedores, melhora o planejamento e constrói relacionamentos de longo prazo entre o comprador e o vendedor. Mas para cobrar um preço estável e obter o retorno desejado no longo prazo ao fornecer os seus produtos, uma empresa precisa conhecer e administrar os seus custos.

CALCULANDO OS CUSTOS DOS PRODUTOS

Considere a Astel Computer Corporation. A Astel fabrica duas marcas de computadores pessoais (PCs): Deskpoint e Provalue. O Deskpoint é o produto *top* de linha da Astel, um PC baseado em *chips* Pentium 4. Nossa análise concentra-se na precificação do Provalue, uma máquina baseada num *chip* Pentium menos potente.

O custo de produção do Provalue é calculado usando o custeio baseado em atividades (ABC), descrito no Capítulo 5. A Astel tem três categorias de custos diretos — materiais diretos, mão-de-obra direta e custos diretos de equipamento — e três categorias de grupos de custos indiretos — pedidos e recebimento, teste e inspeção e retrabalho — no seu sistema contábil. A Astel trata os custos de equipamento como um custo direto do Provalue porque ele é fabricado em máquinas totalmente dedicadas à sua produção.[1] A tabela seguinte resume os grupos de custos das atividades, o

---

1. *Se o Deskpoint e o Provalue compartilhassem as mesmas máquinas, poderíamos alocar os custos de equipamento com base nas horas-máquina orçadas usadas para fabricar o Provalue e tratar esse custo como um custo fixo indireto. A análise básica seria exatamente como a descrita neste capítulo, exceto que os custos de equipamento apareceriam como indiretos e não como custos fixos diretos.*

Atividade de produção	Descrição da atividade	Direcionador de custo	Custo unitário do direcionador de custo
Pedidos e recebimento	Fazendo pedidos e recebendo os componentes	Número de pedidos	$ 80 por pedido
Teste e inspeção	Testando os componentes e o produto final	Horas de teste	$ 2 por hora de teste
Retrabalho	Corrigindo e consertando os erros e defeitos	Horas de retrabalho	$ 40 por hora de retrabalho

direcionador de custo para cada atividade e o custo unitário de cada direcionador de custo para cada grupo de custo indireto de produção.

A Astel usa um período de tempo de longo prazo para precificar o Provalue. Durante esse período, a administração da Astel considera:

1. Os custos de materiais diretos variando conforme as unidades do Provalue são produzidas.
2. Os custos de mão-de-obra direta variando com as horas de mão-de-obra direta de produção empregadas.
3. Os custos de pedidos e recebimentos, teste, inspeção e retrabalho variando em conformidade com os respectivos direcionadores de custo.

Por exemplo, os custos de pedidos e recebimentos variam com o número de pedidos. Os membros da equipe, responsáveis por fazer os pedidos, podem ser transferidos ou demitidos, no longo prazo, se houver a necessidade de fazer poucos pedidos; ou o número de membros da equipe pode aumentar, no longo prazo, para processar mais pedidos. Os custos diretos de equipamento, como as cobranças de aluguel, não variam com as horas-máquina durante esse período de tempo, portanto eles são, no longo prazo, fixos.

A Astel não tem estoque inicial ou final do Provalue, em 2004, e fabrica e vende 150 mil unidades durante o ano. Como a empresa calcula os custos de produção do Provalue? Ela usa as seguintes informações, que indicam os recursos usados para produzir o Provalue, em 2004:

1. O custo de material direto, por unidade, do Provalue, é de $ 460.
2. As horas de mão-de-obra direta necessárias para fabricar o Provalue são iguais a 480 mil (3,20 horas de mão-de-obra direta de produção por unidade do Provalue × 150 000 unidades), a um custo de $ 20 por hora de mão-de-obra direta.
3. Os custos fixos diretos das máquinas usadas exclusivamente para a produção do Provalue totalizam $ 11 400 000, representando uma capacidade de 300 mil horas-máquina, a um custo de $ 38 por hora. Cada unidade do Provalue requer duas horas-máquina. Assim, toda a capacidade do equipamento é usada para fabricar o Provalue (2 horas-máquina por unidade × 150 000 unidades = 300 000 horas-máquina).
4. O número de pedidos feitos para a compra de componentes para a produção do Provalue é de 22 500, a um custo de $ 80 por pedido. (Presumimos que o Provalue tenha 450 componentes recebidos de fornecedores diferentes e que são feitos 50 pedidos para cada componente.)
5. O número de horas de teste usado para o Provalue é de 4 500 000 (150 mil unidades do Provalue são testadas por 30 horas por unidade), a um custo de $ 2 por hora de teste.
6. O número de unidades do Provalue retrabalhadas durante o ano é de 12 mil (8 por cento das 150 mil unidades produzidas). Cada uma dessas unidades requer 2,5 horas de retrabalho para um total de 30 mil horas (12 000 unidades × 2,5 horas por unidade), a uma taxa de $ 40 por hora de retrabalho.

O Quadro 12.2 indica o total de custos de produção do Provalue de $ 102 milhões, e o custo unitário de $ 680. A produção é, no entanto, apenas uma função do negócio na cadeia de valor. Para estabelecer os preços no longo prazo, a Astel calcula o *custo total* para produzir e vender o Provalue.

Para as funções que não são de produção na cadeia de valor, a Astel identifica os custos diretos e escolhe os direcionadores e conjuntos de custos para os custos indiretos que medem os relacionamentos de causa e efeito. A Astel aloca os custos para o Provalue baseada na quantidade de unidades de direcionador de custos que ele usa. O Quadro 12.3 resume o lucro operacional do Provalue, para 2004, com base em uma análise do custo baseado em atividades em todas as funções da cadeia de valor. (Para ser breve, não foram fornecidos cálculos de apoio para as funções que não são de produção na cadeia de valor.) A Astel obtém $ 15 milhões do Provalue ou $ 100 por unidade vendida em 2004.

ABORDAGENS ALTERNATIVAS DE PRECIFICAÇÃO NO LONGO PRAZO

Como as empresas usam as informações de custo dos produtos para tomarem as decisões de longo prazo?
Os dois pontos de partida diferentes para as decisões de precificação são:

Quadro 12.2 Custos de produção do Provalue para 2004 usando o custeio baseado em atividades.

	Total de custos de produção para 150 mil unidades (1)	Custo unitário de produção (2) = (1) ÷ 150 000
Custos diretos de produção		
Custos dos materiais diretos (150 000 unidades × $ 460 por unidade)	$ 69 000 000	$ 460
Custos de mão-de-obra direta (480 000 horas × $ 20 por hora)	9 600 000	64
Custos diretos de equipamento (300 000 horas-máquina × $ 38/hora-máquina)	11 400 000	76
Custos diretos	90 000 000	600
Custos indiretos		
Custos de pedidos e recebimento (22 500 pedidos × $ 80 por pedido)	1 800 000	12
Custos de teste e inspeção (4 500 000 horas × $ 2 por hora)	9 000 000	60
Custos de retrabalho (30 000 horas × $ 40 por hora)	1 200 000	8
Custos indiretos	12 000 000	80
Total de custos de produção	$ 102 000 000	$ 680

Quadro 12.3 Rentabilidade do Provalue em 2004 usando o custeio baseado em atividades na cadeia de valor.

	Quantias totais para 150 mil unidades (1)	Por unidade (2) = (1) ÷ 150 000
Receitas	$ 150 000 000	$ 1 000
Custo dos produtos vendidos[a] (Quadro. 12.2)		
Custos dos materiais diretos	69 000 000	460
Custos de mão-de-obra direta	9 600 000	64
Custos diretos de equipamento	11 400 000	76
Custos indiretos de produção	12 000 000	80
Custo dos produtos vendidos	102 000 000	680
Custos operacionais		
Custos de P&D	5 400 000	36
Custos de projetos dos produtos e processos	6 000 000	40
Custos de marketing	15 000 000	100
Custos de distribuição	3 600 000	24
Custos de atendimento ao cliente	3 000 000	20
Custos operacionais	33 000 000	220
Total de custo do produto	135 000 000	900
Lucro operacional	$ 15 000 000	$ 100

a *Custo dos produtos vendidos = Total de custos de produção, porque não há estoque inicial ou final do Provalue em 2004.*

1. Baseados no mercado.
2. Baseados no custo, também chamado de custo-mais margem.

A abordagem baseada no mercado para a precificação começa com a pergunta: Em razão do que os nossos clientes querem e em como os concorrentes reagirão ao que fazemos, qual preço deveríamos cobrar? A abordagem do custo-mais margem para a precificação começa perguntando: Em razão do que nos custa para fazer o produto, qual preço deveríamos cobrar para que recuperássemos os nossos custos e alcançássemos o retorno exigido sobre o investimento?

As empresas que operam em mercados competitivos (por exemplo, *commodities*, como petróleo e gás natural) usam a abordagem baseada no mercado. Os itens produzidos ou serviços fornecidos por uma empresa são bastante similares aos de outras. Nesses mercados, as empresas precisam aceitar os preços por eles estabelecidos.

Nas indústrias em que há diferenciação de produtos (por exemplo, automóveis, consultoria administrativa e serviços legais), são usadas abordagens baseadas no mercado ou no custo, como ponto de partida para as decisões de precificação. Algumas empresas vêem primeiro os custos para depois considerarem os clientes ou concorrentes — abordagem baseada no custo. Outras começam considerando os clientes e concorrentes e depois vêem os custos — abordagem baseada no mercado. Ambas as abordagens consideram os clientes, os concorrentes e os custos, diferindo apenas o *ponto de partida*. Tenha sempre em mente as forças de mercado, independentemente de qual técnica de precificação é usada. Considere primeiro a abordagem baseada no mercado.

Custeio-meta para a precificação-meta

Um modo de determinar preço com base no mercado envolve estabelecer metas. Um **preço-meta** é o estimado para um produto ou serviço que clientes em potencial pagarão. Essa estimativa é baseada na aceitação, por parte do cliente, do valor de um produto e em como os concorrentes precificarão seus produtos. O débito de vendas de uma empresa e a área de marketing, por meio de contato e interação com os clientes, são, geralmente, as melhores áreas para identificar as necessidades dos clientes e os valores para eles aceitáveis de um produto. As empresas também conduzem estudos de pesquisa de mercado sobre as características do produto que os clientes desejam e os preços que eles estão dispostos a pagar. Apreender o que os clientes valorizam é um aspecto-chave na relação empresa-cliente.

Uma empresa tem menos acesso aos seus concorrentes. Para avaliar a ação da concorrência, uma empresa precisa conhecer tecnologias, produtos, custos e condições financeiras de seus concorrentes. Por exemplo, conhecer as tecnologias e produtos dos concorrentes ajuda uma empresa a (a) avaliar quão diferenciados os seus produtos serão no mercado e (b) determinar os preços que poderá cobrar como resultado de ele ser diferenciado. Onde uma empresa obtém informações sobre os seus concorrentes? Geralmente de clientes, fornecedores e funcionários dos concorrentes. Uma outra fonte de informações é a da *engenharia reversa* — isto é, desmontar e analisar os produtos dos concorrentes a partir do modo como foi projetado e dos materiais empregados na sua fabricação, bem como conhecer a tecnologia usada por eles. Muitas empresas, incluindo Ford, General Motors e PPG Industries, têm departamentos cuja função principal é analisar os concorrentes nesses quesitos.

O preço-meta, calculado usando informações de clientes e concorrentes, forma a base para a obtenção do custo-meta. O *custo-meta unitário* é o preço-meta menos o *lucro-meta unitário das operações*. **Lucro-meta unitário das operações** é o lucro operacional que uma empresa almeja alcançar, por unidade, de um produto ou serviço vendido. **Custo-meta unitário** é o custo de um produto ou serviço, estimado no longo prazo, que possibilita que a empresa alcance seu lucro-meta das operações ao vender no preço-meta.[2]

Quais os custos relevantes que deveríamos incluir nos cálculos do custo-meta? Incluímos *todos* os custos futuros — variáveis e fixos — porque, no longo prazo, os preços e receitas de uma empresa precisam recuperar todos os seus custos. Se todos os custos não forem recuperados, a melhor alternativa da empresa será fechar as portas — uma ação que resulta na abdicação de todas as receitas futuras e em economizar todos os custos futuros, sejam fixos ou variáveis.

O custo-meta unitário é geralmente mais baixo do que o *custo total unitário do produto*. O custo-meta unitário é simplesmente isto — uma meta —, algo que a empresa precisa almejar. Para alcançar o custo-meta unitário e a renda-meta unitária das operações, a empresa precisa reduzir o custo de produção de seus produtos. O custeio-meta é usado em diferentes indústrias pelo mundo todo. Como exemplos de empresas que usam a precificação-meta e o custeio-meta temos a DaimlerChrysler, Ford, General Motors, Toyota e Daihatsu, na indústria automobilística; a Matsushita, Panasonic e Sharp na indústria eletrônica, e a Compaq e a Toshiba na indústria de computadores pessoais.

Implementando a precificação-meta e o custeio-meta

Há quatro etapas no desenvolvimento dos preços-meta e dos custos-meta. Ilustramos essas etapas usando o nosso exemplo do Provalue.

Etapa 1: **Desenvolver um produto que satisfaça as necessidades dos clientes em potencial**. A Astel planeja modificar o Provalue. A pesquisa de mercado da Astel indica que os clientes não valorizam as características extras do Provalue — como funções especiais de áudio e melhorias no projeto que possibilitam que o PC opere e realize cálculos mais rapidamente. Eles querem que a Astel redesenhe o Provalue para um PC sem muitas sofisticações e o venda a um preço bem mais baixo.

Etapa 2: **Escolher um preço-meta**. A Astel espera que seus concorrentes baixem em 15 por cento os preços dos PCs que competem com o Provalue. A administração da Astel quer responder agressivamente reduzindo 20 por cento o preço do Provalue — de $ 1 000 para $ 800 a unidade. Com esse preço, o gerente de marketing da Astel prevê um aumento nas vendas anuais de 150 mil para 200 mil unidades.

Etapa 3: **Derivar um custo-meta unitário, subtraindo o lucro-meta unitário das operações do preço-meta**. A administração da Astel quer um lucro-meta das operações de 10 por cento sobre as receitas de vendas.

Total de receitas-meta	= $ 800 por unidade × 200 000 unidades = $ 160 000 000
Total de lucro-meta das operações (10%)	= 0,10 × $ 160 000 000 = $ 16 000 000
Lucro-meta unitário das operações	= $ 16 000 000 ÷ 200 000 unidades = $ 80 por unidade
Custo-meta unitário	= Preço-meta – Lucro-meta unitário das operações
	= $ 800 por unidade – $ 80 por unidade = $ 720 por unidade
Total de custos totais atuais do Provalue	= $ 135 000 000 (do Quadro 12.3)
Custos totais atuais por unidade do Provalue	= $ 135 000 000 ÷ 150 000 unidades = $ 900 por unidade

---

2. *Para uma discussão mais detalhada do custeio-meta, veja S. Ansari, J. Bell e The CAM-I Target Cost Core Group,* Target costing: the next frontier in strategic cost management *(Homewood, IL: Irwin, 1996).*

O custo-meta unitário de Provalue, de $ 720, está bem abaixo do seu custo unitário atual de $ 900. O objetivo da Astel é reduzir seu custo unitário em $ 180. Os esforços para a redução de custos precisam se estender para todas as etapas da cadeia de valor — do P&D ao atendimento ao cliente —, incluindo buscar preços mais baixos com fornecedores de materiais e componentes.

Etapa 4: **Realizar a engenharia de valor para alcançar o custo-meta.** A **engenharia de valor** é uma avaliação sistemática de todos os aspectos das funções de negócios da cadeia de valor, com o objetivo de reduzir os custos e, ao mesmo tempo, satisfazer as necessidades dos clientes. Como descrevemos a seguir, a engenharia de valor pode resultar em melhorias nos projetos do produto, mudanças nas especificações dos materiais ou modificações nos métodos de produção.

Engenharia de valor, custos incorridos e custos comprometidos

Os administradores que estão implementando a engenharia de valor acham difícil distinguir as atividades que adicionam valor de custos das atividades que não adicionam valor na produção de um produto ou serviço. Um **custo que adiciona valor** é um custo que, se eliminado, reduziria o valor percebido e real ou de uso (proveito) que os clientes obtêm do produto ou serviço. Exemplos são os custos das características e atributos específicos do produto desejado pelos clientes, como rapidez de resposta, memória adequada, *software* incluído, imagens claras no monitor e atendimento imediato ao cliente. Um **custo que não adiciona valor** é um custo que, se eliminado, não reduziria o valor percebido ou real ou de uso (proveito) que os clientes obtêm do produto ou serviço. É um custo que o cliente não está disposto a pagar. Como exemplos de custos que não adicionam valor temos os de retrabalho ou de conserto do produto.

As atividades e seus custos nem sempre se encaixam perfeitamente nas categorias de valor adicionado ou de valor não adicionado. Alguns custos, como os de manuseio dos materiais e inspeção, se encaixam numa área cinzenta por incluírem aspectos do valor adicionado e de valor não adicionado. Apesar dessas áreas problemáticas, as tentativas de distinguir os custos que adicionam ou não valor proporcionam uma estrutura geral útil para a engenharia de valor.

No exemplo do Provalue, os custos de materiais diretos, mão-de-obra direta de produção e custos diretos de equipamento são custos que adicionam valor. Os custos de pedidos, recebimento, teste e inspeção estão na área cinzenta — os clientes percebem partes, mas nem todos esses custos são necessários para adicionar valor. Os custos de retrabalho, incluindo os de entrega dos produtos retrabalhados, são custos que não adicionam valor.

A engenharia de valor procura reduzir os custos que não adicionam valor reduzindo a quantidade de direcionadores de custos das atividades que não adicionam valor. Por exemplo, para reduzir os custos de retrabalho, a Astel precisa reduzir as horas de retrabalho. A engenharia de valor também procura reduzir os custos de valor adicionado alcançando maior eficiência nas atividades que adicionam valor. Por exemplo, para reduzir os custos de mão-de-obra direta de produção, a Astel precisa reduzir as horas de mão-de-obra direta necessárias para fabricar o Provalue. Mas como a Astel deveria reduzir as horas de retrabalho e as horas de mão-de-obra direta?

A Astel precisa distinguir quando os custos são incorridos e quando são comprometidos. O **custo incorrido** descreve quando um recurso é consumido (ou o benefício é abdicado) para satisfazer um objetivo específico. Os sistemas de custeio enfatizam o custo incorrido. Por exemplo, o sistema de custeio da Astel reconhece os custos de materiais diretos do produto à medida que cada unidade é montada e vendida. Mas o custo unitário dos materiais diretos é *comprometido* ou *projetado* muito antes de os projetistas escolherem os componentes que irão compor o Provalue. **Custos comprometidos (ou custos projetados)** são aqueles que ainda não foram incorridos mas, com base nas decisões que já foram tomadas, serão incorridos no futuro.

Por que é necessário distinguir quando os custos são comprometidos de quando são incorridos? Porque é difícil alterar ou reduzir custos que já foram comprometidos. Se a Astel tiver problemas de qualidade durante a produção, sua habilidade em melhorar a qualidade e reduzir refugos será limitada pelo projeto do produto. Os custos de refugo e retrabalho são incorridos durante a produção, mas eles podem ter sido comprometidos muito antes, na cadeia de valor, em razão de um projeto defeituoso. Similarmente, na indústria de *software*, os custos de desenvolvimento do *software* são freqüentemente embutidos nos estágios de projeto e análise. Os erros que aparecem durante a codificação e testes, que implicam altos custos e são de difícil reparo, são, freqüentemente, conseqüência de projetos ruins.

Aqui estão alguns exemplos de como as decisões de projeto do Provalue afetam os custos que adicionam ou não valor às várias funções da cadeia de valor:

1. Desenhar o Provalue de modo que várias partes se encaixem, em vez de serem soldadas, diminui as horas de mão-de-obra direta de produção que adicionam valor e os custos relacionados.

2. Simplificar o desenho do Provalue e usar menos componentes diminui os custos de pedidos e recebimento e, também, os de testes e inspeção.

3. Desenhar o Provalue para que ele seja mais leve e menor reduz os custos de distribuição e embalagem que adicionam valor.

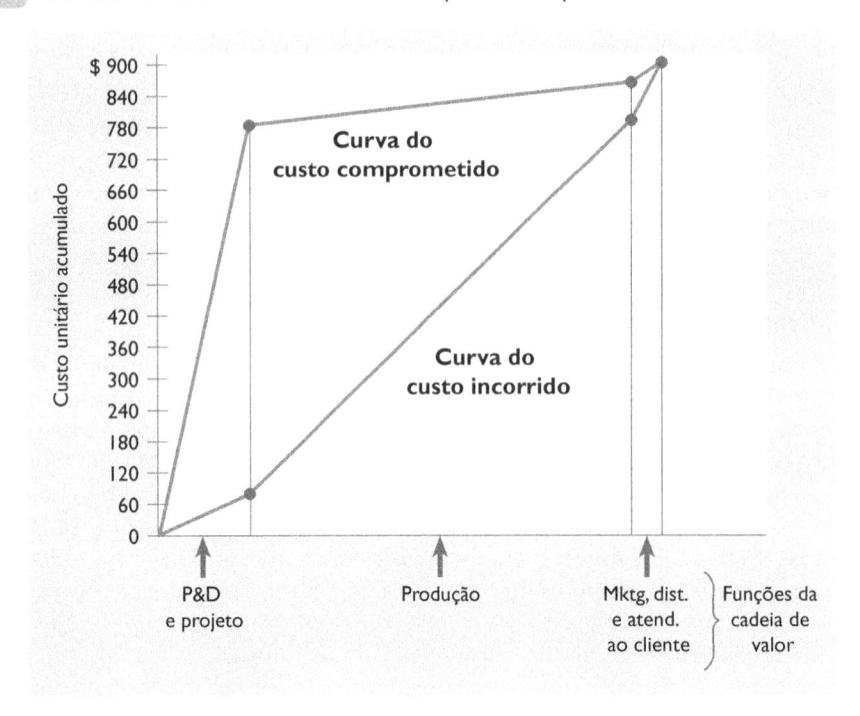

Quadro 12.4 Modelo de custo incorrido e custos comprometidos para o Provalue.

[Gráfico: Custo unitário acumulado (eixo vertical, $0 a $900) versus Funções da cadeia de valor (P&D e projeto; Produção; Mktg, dist. e atend. ao cliente). A Curva do custo comprometido sobe rapidamente até cerca de $780 em P&D e projeto, atingindo $900 ao final. A Curva do custo incorrido sobe gradualmente de aproximadamente $76 em P&D e projeto até $900 ao final.]

4. Desenhar o Provalue para reduzir os consertos e os custos relacionados com trabalho nos estabelecimentos dos clientes reduz os custos de atendimento ao cliente, os quais não adicionam valor.

O Quadro 12.4 ilustra como a curva de custos comprometidos e a de custos incorridos podem parecer no caso do Provalue. A curva inferior, representando graficamente o custo incorrido, usa as informações do Quadro 12.3 para representar graficamente o custo cumulativo unitário incorrido nas diferentes funções de negócios da cadeia de valor. A curva superior representa como os custos cumulativos são comprometidos. (Os números específicos adjacentes a essa curva são suposições.) O total de custos unitários cumulativos, para ambas as curvas, é de $ 900. *Entretanto, o gráfico enfatiza a ampla divergência entre o tempo em que os custos foram comprometidos e quando eles são incorridos.* Por exemplo, uma vez que o produto é projetado e as operações de produzir, comercializar, distribuir e apoiar o produto são determinadas, mais de 86 por cento ($ 780 ÷ $ 900) do custo unitário do Provalue é comprometido. Custos como os de materiais diretos, mão-de-obra direta e muitos de produção, marketing, distribuição e atendimento ao cliente são todos comprometidos no final do estágio de projeto, quando apenas 8 por cento ($ 76 ÷ $ 900) do custo unitário é realmente incorrido.

Para reduzir os custos, a Astel concentra-se no estágio de projeto. A empresa organiza uma equipe de engenharia multifuncional de valor consistida de gerentes de marketing, projetistas de produtos, engenheiros de produção, gerentes de compras, fornecedores e contadores gerenciais. A equipe avalia o impacto das inovações e modificações no projeto em todas as funções da cadeia de valor. Para interagir sabiamente com os membros da equipe, o contador gerencial precisa desenvolver sólida compreensão dos aspectos técnicos e de negócios de toda a cadeia de valor. O objetivo é estimar as economias de custos e explicar as implicações de custo das escolhas alternativas de projeto para a equipe.

Não pense que os custos sejam sempre comprometidos no estágio de projeto. Em algumas empresas, como de advocacia e de consultoria, os custos são comprometidos e incorridos quase que ao mesmo tempo. Se eles não foram comprometidos antes, a redução de custo pode ser alcançada bem na hora em que os custos são incorridos. Nesses casos, os custos são minimizados por meio da melhoria na eficiência das operações e da produtividade, em vez de num melhor projeto de produto.

ALCANÇANDO O CUSTO-META UNITÁRIO PARA O PROVALUE

A engenharia de valores tem, freqüentemente, implicações estratégicas. Por exemplo, a engenharia de valores leva a Astel a considerar descontinuar o Provalue e substituí-lo com a introdução do Provalue II, que é uma máquina de elevada qualidade, altamente confiável, sem características supérfluas e que satisfaz as expectativas de preço dos clientes. O Provalue II tem poucos componentes e é mais fácil de fabricar e testar. Em vez das 150 mil unidades do Provalue fabricadas e vendidas em 2004, a Astel espera fazer e vender 200 mil unidades do Provalue II em 2005. As tabelas seguintes usam uma abordagem por atividade para comparar as quantidades de direcionadores de custo e taxas para o Provalue e o Provalue II.

Categoria de custo	Direcionador de custo	Provalue (Quadro 12.2)		Provalue II		Explanação dos direcionadores de custo e custos para o Provalue II
		Quantidade de direcionador de custo para 150 mil unidades	Custo unitário do direcionador de custo	Quantidade de direcionador de custo para 200 mil unidades	Custo unitário de direcionador de custo	
CUSTOS DIRETOS						
Materiais diretos	Unidades produzidas	150 000	$ 460	200 000	$ 385	O desenho do Provalue II usará um painel de circuito impresso principal simplificado e poucos componentes.
Mão-de-obra direta de produção	Horas de mão-de-obra direta de produção	480 000	20	530 000	20	O Provalue II necessitará de 2,65 horas de mão-de-obra direta por unidade, comparado com as 3,20 horas de mão-de-obra direta por unidade do Provalue. O total de horas de mão-de-obra direta para o Provalue II é igual a 530 mil (2,65 horas de mão-de-obra × 200 000 unidades).
Equipamentos diretos	Horas-máquina	300 000	38	300 000	38	O novo desenho precisará de 1,5 hora-máquina por unidade do Provalue II, comparado com as duas horas-máquina por unidade do Provalue. A Astel usará todas as 300 mil horas-máquina de capacidade disponível para produzir as 200 mil unidades do Provalue II (1,5 hora-máquina × 200 000 unidades = 300 000 horas-máquina).
CUSTOS INDIRETOS DE PRODUÇÃO						
Pedidos	Número de pedidos	22 500	80	21 250	80	A Astel fará 50 pedidos para cada um dos 425 componentes no Provalue II. O total de pedidos para o Provalue II será de 21 250 (425 × 50).
Teste	Horas de teste	4 500 000	2	3 000 000	2	O Provalue II é fácil de testar e necessitará de 15 horas de teste por unidade. O total de horas de teste para o Provalue II será de três milhões (15 × 200 000 unidades).
Retrabalho	Horas de retrabalho	30 000	40	32 500	40	O Provalue II terá uma taxa de retrabalho mais baixa de 6,5 por cento porque ele é mais fácil de fabricar. O total de unidades retrabalhadas será de 13 mil (6,5% × 200 000). Ele levará 2,5 horas de retrabalho por unidade, para um total de 32 500 horas (13 000 × 2,5).

Observe como a engenharia de valor reduz os custos que adicionam valor (ao projetar o Provalue II, que usa menos materiais diretos e menos horas de mão-de-obra direta) e custos que não adicionam valor (simplificando o desenho do Provalue II para reduzir as horas de retrabalho). Para simplificar, supomos que a engenharia de valor não reduzirá o custo de $ 80 por pedido, o custo de $ 2 por hora de teste ou o custo de $ 40 por hora de retrabalho. Ao tornar essas atividades mais eficientes, a engenharia de valor pode também reduzir os custos com a redução dessas taxas dos direcionadores de custos.

O único total de custos que a engenharia de valores não pode reduzir é o total de custos fixos de equipamento. Se a Astel usar ou não todas as 300 mil horas de capacidade disponível para a produção do Provalue II, ela incorrerá custos de equipamento de $ 11 400 000 (300 000 horas-máquina × $ 38 por hora-máquina). Mas a Astel usa a engenharia de valor para reduzir para 1,5 hora por unidade as horas-máquina necessárias para fazer o Provalue II. Essa redução permite que a Astel use a capacidade disponível de máquina para fazer e vender mais unidades do Provalue II (200 mil unidades *versus* 150 mil unidades para o Provalue), reduzindo assim o custo de equipamento por unidade.

O Quadro 12.5 apresenta os custos-meta de produção do Provalue II, usando os dados para quantidade e taxa do direcionador de custo das colunas do Provalue II na tabela anterior. Para comparação, o Quadro 12.5 também mostra o custo unitário de produção do Provalue do Quadro 12.2. É esperado que o novo projeto reduza o custo unitário de produção em $ 140 (de $ 680 para $ 540), na quantidade esperada de vendas de 200 mil unidades. Usando uma análise similar à usada na produção, a Astel estima o efeito esperado do novo projeto sobre os custos nas outras funções de negócios na cadeia de valor. O Quadro 12.6 mostra que o total de custo unitário estimado do produto é igual a $ 720 — o custo-meta unitário para o Provalue II. Os objetivos da Astel são vender o Provalue II no preço-meta, alcançar o custo-meta e obter o lucro-meta operacional.[3]

Para alcançar os custos-meta, muitas empresas combinam os métodos *kaizen*, ou *melhoria contínua*, que objetivam melhorar a produtividade e eliminar os desperdícios, com a engenharia de valor e projetos melhores. Depois que os custos reais são conhecidos, as empresas comparam os custos reais e os custos-meta para desenvolver melhorias que podem ser aplicadas aos esforços subseqüentes de custeio-meta.

A menos que sejam administrados adequadamente, a engenharia de valor e o custeio-meta podem ter efeitos indesejáveis:

- A equipe multifuncional pode adicionar muitos atributos, como um microprocessador mais rápido ou mais memória, desejados pelos clientes, apenas para acomodar os desejos diferentes dos membros da equipe.
- Um produto pode ficar em desenvolvimento por muito tempo, conforme a freqüência com que os projetos alternativos são avaliados.
- Conflitos organizacionais poderão surgir quando a responsabilidade pelos cortes de custos recai desigualmente sobre as diferentes funções de negócios na cadeia de valor da empresa, por exemplo, mais sobre a produção do que sobre o marketing.

Para evitar essas armadilhas, os esforços do custeio-meta devem sempre (a) focar o cliente, (b) prestar atenção às programações e (c) construir uma cultura de trabalho em equipe e cooperação entre as funções de negócios.

Quadro 12.5 Custos-meta de produção do Provalue II para 2005.

	PROVALUE II		PROVALUE
	Custos estimados de produção para 200 mil unidades (1)	Custo unitário estimado de produção (2) = (1) ÷ 200 000	Custo unitário de produção (Q. 12.2, Col. 2) (3)
Custos diretos de produção			
Custos dos materiais diretos			
(200 000 unidades × $ 385 por unidade)	$ 77 000 000	$ 385,00	$ 460,00
Custos de mão-de-obra direta de produção			
(530 000 horas × $ 20 por hora)	10 600 000	53,00	64,00
Custos diretos de equipamento			
(300 000 horas-máquina × $ 38/horas-máquina)	11 400 000	57,00	76,00
Custos diretos de produção	99 000 000	495,00	600,00
Custos indiretos de produção			
Custos de pedidos e recebimento			
(21 250 pedidos × $ 80 por pedido)	1 700 000	8,50	12,00
Custos de teste e inspeção (3 000 000 de horas × $ 2 por hora)	6 000 000	30,00	60,00
	1 300 000	6,50	8,00
Custos de retrabalho (32 500 horas × $ 40 por hora)	9 000 000	45,00	80,00
Custos indiretos de produção	$108 000 000	$ 540,00	$ 680,00
Total de custos de produção			

---

3. Para mais detalhes, veja R. Cooper e R. Slagmulder, Target costing and value engineering *(Portland, OR: Productivity Press, 1997).*

Quadro 12.6 Rentabilidade-meta do produto do Provalue II para 2005.

	Total de custos estimados para as 200 mil unidades (1)	Total de custo unitário estimado (2) = (1) ÷ 200 000
Receitas	$ 160 000 000	$ 800
Custo dos produtos vendidos[a] (Quadro 12.5)		
Custos dos materiais diretos	77 000 000	385
Custos de mão-de-obra direta de produção	10 600 000	53
Custos diretos de equipamento	11 400 000	57
Custos indiretos de produção	9 000 000	45
Custo dos produtos vendidos	108 000 000	540
Custos operacionais		
Custos de P&D	4 000 000	20
Custos de projetos dos produtos e processos	6 000 000	30
Custos de marketing	18 000 000	90
Custos de distribuição	4 400 000	22
Custos de atendimento ao cliente	3 600 000	18
Custos operacionais	36 000 000	180
Total de custo do produto	144 000 000	720
Lucro operacional	$ 16 000 000	$ 80

a *Custo dos produtos vendidos = Total de custos de produção, porque não há estoque inicial ou final do Provalue II em 2005.*

Modelo de precificação do custo mais margem

Em vez de usar a abordagem baseada no mercado externo para as decisões de precificação de longo prazo, às vezes os administradores usam uma abordagem baseada no custo. A fórmula geral para estabelecer um preço baseado no custo adiciona um componente de margem sobre o custo:

Base de custo	$	X
Margem de lucro		Y
Preço de venda proposto	$	$X + Y$

Os administradores usam a fórmula de preços do custo mais margem apenas como ponto de partida para as decisões de precificação. A margem de lucro raramente é um número rigoroso. Em vez disso, ele é flexível dependendo do comportamento dos clientes e concorrentes. A margem é essencialmente determinada pelo mercado.[4]

Taxa-meta de retorno sobre o investimento na abordagem do custo mais margem

Considere uma fórmula de precificação baseada no custo que a Astel poderia usar. Suponha que os engenheiros da Astel redesenharam o Provalue, resultando no Provalue II, e que a Astel use uma margem bruta de 12 por cento sobre o custo unitário total do produto no desenvolvimento do preço de venda proposto.

Base de custo (total de custo unitário do Provalue II, Q. 12.6)	$ 720,00
Margem de 12% (0,12 × $ 720)	86,40
Preço de venda proposto	$ 806,40

Como a margem percentual de 12 por cento é determinada? Um dos meios é escolher uma *taxa-meta de retorno sobre o investimento*. A **taxa-meta de retorno sobre o investimento** é o lucro-meta operacional anual que uma empresa almeja alcançar, dividido pelo capital investido. O capital investido pode ser definido de muitas maneiras. Neste capítulo, definimos capital investido como o total de ativos — isto é, ativos de longo prazo mais ativos circulantes. Suponha que a taxa-meta de retorno sobre o investimento (antes dos impostos) da Astel seja de 18 por cento, e o investimento de capital do Provalue II seja de $ 96 milhões. O lucro-meta operacional anual para o Provalue II é:

Capital investido	$ 96 000 000
Taxa-meta de retorno sobre o investimento	18%
Lucro-meta operacional anual (0,18 × $ 96 000 000)	$ 17 280 000
Lucro-meta operacional unitário do Provalue II ($ 17 280 000 ÷ 200 000 unidades)	$ 86,40

4. *Em muitos países as exceções são a precificação da energia elétrica e do gás natural, nos quais os preços são estabelecidos com base nos custos mais um retorno sobre o capital investido. O Capítulo 2 do volume 2 discute o uso dos custos para estabelecer os preços na indústria de defesa. Nessas situações, em que os produtos não estão sujeitos às forças competitivas, as técnicas de contabilidade dos custos substituem os mercados como base para o estabelecimento dos preços.*

Esse cálculo indica que a Astel precisa obter um lucro-meta operacional de $ 86,40 sobre cada unidade do Provalue II. Qual margem bruta os $ 86,40 representam? Expressa como uma porcentagem do total de custo unitário do produto de $ 720, a remarcação para cima é de 12 por cento ($ 86,40 ÷ $ 720).

Não confunda a taxa-meta de retorno sobre o investimento de 18 por cento com a porcentagem da margem bruta de 12 por cento.

- A taxa-meta de retorno sobre o investimento de 18 por cento expressa o lucro operacional anual esperado da Astel como uma porcentagem do investimento.
- A margem bruta de 12 por cento expressa o lucro operacional unitário como uma porcentagem do custo total unitário do produto.

A Astel primeiro calcula a taxa-meta de retorno sobre o investimento e depois determina a porcentagem de margem bruta sobre o custo.

MÉTODOS ALTERNATIVOS DO CUSTO MAIS MARGEM

As empresas às vezes acham difícil determinar a quantia específica de capital investido para produzir um produto específico. Isto porque, para calcular a quantia específica de capital investido, é necessário saber, por exemplo, as alocações dos investimentos em equipamentos e prédios para produzir os produtos específicos — uma tarefa difícil e algumas vezes arbitrária. Algumas empresas preferem usar bases alternativas de custos e porcentagens de margem bruta que ainda obtenham um retorno sobre o capital investido, mas não necessitam de cálculos explícitos do capital investido para estabelecer o preço.

Ilustramos essas alternativas usando o exemplo da Astel. O Quadro 12.7 separa o custo unitário para cada função de negócio da cadeia de valor em seus componentes de custo variável e fixo (sem fornecer detalhes desses cálculos). A tabela seguinte ilustra algumas bases alternativas de custo para o Provalue II, usando as porcentagens presumidas de margem bruta.

Base de custo	Custo unitário estimado (1)	Porcentagem da margem (2)	Margem e valor em $ (3) = (1) × (2)	Preço de venda proposto (4) = (1) + (3)
Custo variável de produção	$ 483,00	65%	$ 313,95	$ 796,95
Custo variável do produto	547,00	45	246,15	793,15
Custo de produção	540,00	50	270,00	810,00
Custo total do produto	720,00	12	86,40	806,40

As bases diferentes de custos e as porcentagens de margens fornecem quatro preços de vendas muito próximos um do outro. Na prática, uma empresa escolherá uma base de custo que ela considere confiável e uma margem percentual que seja baseada na sua experiência em precificar os produtos, a fim de recuperar os seus custos e obter o retorno exigido sobre o investimento. Por exemplo, uma empresa pode escolher o custo total do produto como base se ela não estiver segura sobre a distinção entre custos variáveis e fixos.

As margens brutas na tabela anterior variam bastante, de um percentual de 65 por cento sobre o custo variável de produção para um percentual de 12 por cento sobre o custo total do produto. Por que essa grande variação? Porque as bases de custos que incluem poucos custos têm uma margem percentual mais alta para compensar os custos excluídos da base. A porcentagem precisa de margem bruta também depende da quantidade de competidores no mercado. As margens brutas e as margens de lucros tendem a ser mais baixas em mercados mais competitivos.

Quadro 12.7 Estrutura estimada de custo do Provalue II para 2005.

Função de negócio	Custo unitário variável estimado	Custo unitário fixo estimado[a]	Custo unitário da função de negócio
P&D	$ 8	$ 12	$ 20
Projeto do produto/processo	10	20	30
Produção	483	57	540
Marketing	25	65	90
Distribuição	15	10	25
Atendimento ao cliente	6	9	15
Total	$ 547	$ 173	$ 720
	↑	↑	↑
	Custo unitário variável do produto	Custo unitário fixo do produto	Custo unitário total do produto

a *Baseado na produção anual orçada de 200 mil unidades.*

Estudos indicam que a maioria dos administradores usa o custo total do produto para as decisões de precificação baseadas nos custos (veja 'Pesquisas de Práticas Empresariais') — isto é, eles incluem os custos fixos e variáveis ao calcular os custos unitários. Os administradores citam as seguintes vantagens para incluir o custo unitário fixo na base de custo para as decisões de precificação:

1. *Recuperação completa de todos os custos do produto.* Para as decisões de precificação de longo prazo, o custo total do produto informa aos administradores o custo mínimo que eles precisam recuperar para continuar operando. O uso do custo variável como base não dá aos administradores essa informação. Há, então, a tentação de promover cortes excessivos de preços, no longo prazo, enquanto proporcionarem uma margem de contribuição positiva. O corte de preço no longo prazo, no entanto, resultará em perdas se as receitas forem menores que o custo total do produto no longo prazo.

2. *Estabilidade de preços.* Os administradores acreditam que basear os preços no custo total do produto promove a estabilidade de preços, isso porque ele limita a habilidade dos vendedores em diminuir preços. Os administradores preferem a estabilidade de preços porque ela facilita a previsão e o planejamento.

3. *Simplicidade.* Uma fórmula do custo total para a precificação não exige uma análise detalhada dos padrões de comportamento dos custos para separá-los em componentes fixos e variáveis para cada produto. Muitos custos — por exemplo, teste, inspeção e ajustes (*set ups*) — têm componentes de custos fixos e variáveis. Determinar o custo variável de cada atividade e produto não é tarefa fácil de executar.

Sempre há problemas em incluir o custo unitário fixo na base de custo para a precificação. A alocação dos custos fixos aos produtos pode ser arbitrária. Calcular o custo unitário fixo também requer um denominador que, provavelmente, seja apenas uma estimativa da capacidade ou unidades esperadas das vendas futuras. Os erros nessas estimativas farão com que o custo unitário total real do produto seja diferente da quantia estimada.

MODELO DE PRECIFICAÇÃO CUSTO MAIS E PRECIFICAÇÃO-META

Os preços de venda calculados sob a precificação custo mais margem são preços *prospectivos*. Suponha que o projeto inicial da Astel resulte em um custo de $ 750 para o Provalue II. Presumindo uma margem bruta de 12 por cento, a Astel estabelece um preço prospectivo de $ 840 [$ 750 + (0,12 × $ 750)]. No mercado competitivo de computadores pessoais, as reações dos clientes e concorrentes a esse preço podem forçar a Astel a reduzir a margem percentual e a baixar o preço para, digamos, $ 800. A Astel talvez queira então redesenhar o Provalue II para reduzir o custo para $ 720 a unidade, como no nosso exemplo, e alcançar uma margem próxima de 12 por cento, mantendo, ao mesmo tempo, o preço em $ 800. O projeto eventual e o preço de custo mais margem escolhido precisam equilibrar a substitutibilidade entre os custos, as margens de lucro e as reações dos clientes.

A abordagem da precificação-meta reduz a necessidade de analisar as margens de lucro, preços propostos, as reações dos clientes e as modificações no projeto. A abordagem da precificação-meta determina as características do produto e o preço-meta com base nas preferências dos clientes e nas respostas esperadas dos concorrentes. As considerações do mercado e o preço-meta servem então para concentrar e motivar os administradores a reduzir custos, bem como alcançar o custo-meta e o lucro-meta operacional. Às vezes o custo-meta não é alcançado. Os administradores precisam então reprojetar o produto ou trabalhar com uma margem de lucro menor.

As empresas que oferecem produtos e serviços específicos — contadores e consultores administrativos, por exemplo — geralmente usam a precificação custo mais margem. As empresas de serviços profissionais estabelecem os preços baseados nas taxas horárias dos sócios, administradores e associados. Esses preços são, no entanto, reduzidos nas situações competitivas. As empresas de serviços profissionais também assumem uma perspectiva de longo prazo, em relação ao cliente, ao decidirem preços. Os contadores públicos certificados, por exemplo, às vezes cobram do cliente um preço baixo inicial e um preço posterior mais alto.

PESQUISAS DE PRÁTICAS EMPRESARIAIS

Diferenças nas práticas de precificação e métodos de gestão de custos em vários países

Estudos sobre executivos financeiros nas maiores indústrias em vários países indicam similaridades e diferenças nas práticas de precificação ao redor do mundo. O uso da precificação baseada nos custos parece ser mais prevalente nos Estados Unidos do que na Irlanda, Japão e Reino Unido. Os dados do estudo japonês indicam que as práticas de precificação-meta baseadas no mercado variam consideravelmente entre as indústrias. Embora a maioria das empresas japonesas nas operações do tipo montagem (por exemplo, eletrônicos e automóveis) use o custeio-meta para a precificação, este é bem menos prevalente nas indústrias japonesas do tipo processamento (por exemplo, produtos químicos, petróleo e aço).

Continua

Classificação dos fatores usados primariamente como ponto de partida para precificar os produtos (1 é o mais importante):

	Estados Unidos	Japão	Irlanda	Reino Unido
Baseado no mercado	2	1	1	1
Baseado no custo	1	2	2	2

Comparado com os outros países estudados, as empresas japonesas usam a engenharia de valor mais freqüentemente e envolvem os projetistas mais freqüentemente quando estimam custos.

Uso da engenharia de valor e projetistas na gestão de custos:

	Austrália	Japão	Reino Unido
Porcentagem de indústrias que usam a engenharia de valor ou análise para a redução de custos	24%	58%	29%
Porcentagem de empresas nas quais os projetistas estão envolvidos nas estimativas de custos	25%	46%	32%

Quando os custos são usados para as decisões de precificação, o padrão é consistente — a totalidade das empresas ao redor do mundo usa os custos totais do produto em vez dos variáveis.

Classificação dos métodos de custo usados nas decisões de precificação (1 é o mais importante):

	Estados Unidos	Reino Unido	Irlanda
Baseado nos custos totais do produto	1	1	1
Baseado nos custos variáveis do produto	2	2	2

Fonte: Adaptado do *Management Accounting Research Group*, Investigation; Balyney e Yokoyama, Comparative analysis; Grant Thornton, Survey; Cornick, Cooper e Wilson, *How do companies*; Mills e Sweeting, *Pricing decisions*; e Drury, Braund, Osborne e Tayles, *A survey*.

ORÇAMENTO E CUSTEIO DO CICLO DE VIDA DO PRODUTO

As empresas às vezes precisam considerar como custear e precificar um produto durante vários anos do seu ciclo de vida. O **ciclo de vida do produto** se estende do P&D inicial sobre um produto até que o atendimento e o apoio ao cliente não sejam mais oferecidos. Para os automóveis, esse período de tempo pode ser de 12 a 15 anos. Para os produtos farmacêuticos, o período de tempo pode ser de 15 a 20 anos.

Ao usar o **orçamento do ciclo de vida,** os administradores estimam as receitas e os custos individuais da cadeia de valor atribuíveis a cada produto, do P&D inicial ao atendimento ao cliente e o apoio final. O **custeio do ciclo de vida** rastreia e acumula os custos individuais da cadeia de valor atribuíveis a cada produto, do P&D inicial ao atendimento ao cliente e apoio final.

ORÇAMENTO DO CICLO DE VIDA E DECISÕES DE PRECIFICAÇÃO

Os custos orçados do ciclo de vida podem fornecer as informações necessárias para avaliar estrategicamente as decisões de precificação. Considere a Insite Ltda., uma empresa de *software* para computadores, que está desenvolvendo um novo pacote contábil, 'Razão Geral'. Suponha as seguintes quantias orçadas para o Razão Geral por um período de seis anos do ciclo de vida do produto:

Anos 1 e 2	
Custos de P&D	$ 240 000
Custos de desenho	160 000

Anos 3 a 6	Custos de ajustes uma única vez	Custo variável por *software*
Custos de produção	$ 100 000	$ 25
Custos de marketing	70 000	24
Custos de distribuição	50 000	16
Custos de atendimento ao cliente	80 000	30

Para ser rentável, a Insite precisa gerar receitas para recuperar os custos de todas as seis funções de negócios juntas e, especialmente, os altos custos de produção não relacionados. O Quadro 12.8 apresenta o orçamento do ciclo de vida para o Razão Geral para três combinações alternativas de preço de venda/quantidade de venda.

Várias características tornam o orçamento do ciclo de vida particularmente importante:

1. Os custos de produção não relacionados são grandes. Os custos de produção por produto são comumente visíveis na maioria dos sistemas contábeis. Entretanto, os custos de produto para produto associados com a P&D, projeto, marketing, distribuição e atendimento ao cliente são menos visíveis. Quando os custos de produção não relacionados são significativos, como no exemplo do Razão Geral, é essencial para a precificação-meta, custeio-meta, engenharia de valor e gestão de custo identificar esses custos por produto.

2. O período de desenvolvimento para o P&D e projeto é longo e oneroso. No exemplo do Razão Geral, o tempo de P&D e projeto durou dois anos, constituindo mais de 30 por cento do total de custos para cada uma das três combinações de preço de venda e quantidade prevista de vendas. Quando é incorrida uma grande porcentagem do total de custos do ciclo de vida antes de a produção começar e antes de as receitas serem obtidas, a empresa precisa de previsões de receita e custo precisas para o produto. Ela usa essa informação para decidir se começa ou não as onerosas atividades de P&D e projeto.

3. Muitos custos são embutidos nos estágios de P&D e projeto — mesmo se os custos de P&D e projeto em si forem pequenos. No nosso exemplo do Razão Geral, um *software* contábil precariamente projetado, de difícil instalação e uso, resultaria em custos mais altos de marketing, distribuição e atendimento ao cliente. Esses custos seriam ainda mais altos se o produto não cumprisse os níveis de desempenho da qualidade prometidos. Uma receita do ciclo de vida e orçamento de custo evita que os relacionamentos entre os custos das funções de negócios passem desapercebidos nas tomadas de decisões. O orçamento do ciclo de vida realça os custos por meio do ciclo de vida do produto e facilita a engenharia de valor no estágio de projeto, antes que os custos sejam comprometidos. As quantias apresentadas no Quadro 12.8 são o resultado da engenharia de valor.

A Insite decide vender o *software* Razão Geral por $ 480 a unidade porque esse preço maximiza o lucro operacional do ciclo de vida. O Quadro 12.8 presume que o preço de venda por pacote seja o mesmo durante todo o ciclo de vida. Por motivos estratégicos, no entanto, a Insite pode decidir desnatar o mercado — cobrar um preço alto dos clientes

Quadro 12.8 Receitas e custos orçados do ciclo de vida para o *software* Razão Geral da Insite Ltda.[a]

	Combinações alternativas de preço de venda/ Quantidade de venda		
	A	B	C
Preço de venda por pacote	$ 400	$ 480	$ 600
Quantidade de venda em unidades	5 000	4 000	2 500
Receitas do ciclo de vida			
($ 400 × 5 000; $ 480 × 4 000; $ 600 × 2 500)	$ 2 000 000	$ 1 920 000	$ 1 500 000
Custos do ciclo de vida			
Custos de P&D	240 000	240 000	240 000
Custos de desenho do produto/processo	160 000	160 000	160 000
Custos de produção			
$ 100 000 + ($ 25 × 5 000); $ 100 000 + ($ 25 × 4 000); $ 100 000 + ($ 25 × 2 500)	225 000	200 000	162 500
Custos de marketing			
$ 70 000 + ($ 24 × 5 000); $ 70 000 + ($ 24 × 4 000); $ 70 000 + ($ 24 × 2 500)	190 000	166 000	130 000
Custos de distribuição			
$ 50 000 + ($ 16 × 5 000); $ 50 000 + ($ 16 × 4 000); $ 50 000 + ($ 16 × 2 500)	130 000	114 000	90 000
Custos de atendimento ao cliente			
$ 80 000 + ($ 30 × 5 000); $ 80 000 + ($ 30 × 4 000); $ 80 000 + ($ 30 × 2 500)	230 000	200 000	155 000
Total de custos do ciclo de vida	1 175 000	1 080 000	937 500
Lucro operacional do ciclo de vida	$ 825 000	$ 840 000	$ 562 500

a *Este quadro não considera o valor de tempo do dinheiro ao calcular receitas e custos do ciclo de vida. O Capítulo 7 do volume 2 resume como esse fator importante pode ser incorporado nesses cálculos.*

ansiosos em testar o Razão Geral assim que é lançado (da mesma maneira que você tiraria a nata do leite), baixando posteriormente os preços. O orçamento do ciclo de vida incorporará essa estratégia.

A maioria dos sistemas contábeis, incluindo as demonstrações financeiras emitidas sob os princípios contábeis geralmente aceitos, relata os resultados com base no calendário civil — mensal, trimestral e anualmente. Em contrapartida, o relatório do ciclo de vida do produto não se concentra no calendário. Desenvolver relatórios do ciclo de vida para cada um dos produtos da empresa requer o rastreamento dos custos e receitas de produto em produto durante vários períodos do calendário. Quando os custos das funções de negócios da cadeia de valor são rastreados por todo o ciclo de vida, a magnitude total desses custos para cada produto individual pode ser calculada e analisada. Comparar os custos reais incorridos com os orçamentos do ciclo de vida fornece *feedback* e aprendizado que podem ser aplicados aos produtos subseqüentes.

Usos do orçamento e custeio do ciclo de vida

O orçamento do ciclo de vida está intimamente relacionado à precificação-meta e custeio-meta. Considere a indústria automobilística. Os produtos têm ciclos de vida longos, e grande parte do total de custos do ciclo de vida é comprometido no estágio de projeto. As decisões de projeto afetam os custos por vários anos. Empresas como a DaimlerChrysler, Ford, General Motors, Nissan e Toyota determinam os preços e os custos-meta para os modelos de carros usando os orçamentos do ciclo de vida que estimam as receitas e custos por um período de tempo de vários anos.

A gestão dos custos ambientais proporciona um outro exemplo do custeio do ciclo de vida e engenharia de valor. As leis ambientais introduziram padrões ambientais mais rígidos, impondo exigências severas de limpeza e introduzindo penalidades severas para a poluição do ar e a contaminação da terra abaixo da superfície e do lençol freático. Os custos ambientais são geralmente embutidos no estágio de projeto do produto e processo. Para evitar riscos ambientais, indústrias como refinaria de petróleo e processamento de produtos químicos fazem a engenharia de valor e projetam produtos e processos de fabricação que evitem e reduzam a poluição durante o ciclo de vida do produto. Os fabricantes de computadores *laptop* — por exemplo, Compaq e Apple — introduziram onerosos programas de reciclagem para se certificar de que as baterias de níquel-cádmio, que podem causar danos ao solo, sejam eliminadas de maneira ambientalmente segura.

Uma noção diferente dos custos do ciclo de vida é a dos custos do ciclo de vida do consumidor. Os **custos do ciclo de vida do consumidor** estão concentrados no total de custos incorridos por um cliente para adquirir e usar um produto ou serviço até que ele seja substituído. Os custos do ciclo de vida do consumidor para um carro incluem o custo do carro em si mais os custos de operar e manter o carro menos o valor de venda do carro. Os custos do ciclo de vida do consumidor podem ser um dado importante na decisão de precificação. Por exemplo, a meta da Ford é a de desenhar carros que exijam o mínimo de manutenção por cem mil milhas. A Ford espera cobrar um preço mais alto e/ou obter uma participação maior no mercado com a venda de carros destinados a satisfazer essas metas. De modo similar, os fabricantes de máquinas de lavar, secadoras e lava-louças cobram um preço mais alto pelos modelos que economizam energia e têm custos de manutenção baixos.

Considerações além das decisões de custos e precificação

Em alguns casos, o custo *não* é o principal fator no estabelecimento de preços. Considere os preços que as empresas aéreas cobram por uma viagem de ida e volta, de São Francisco à Cleveland. Uma passagem na classe econômica, com 21 dias de antecipação e com o passageiro permanecendo em Cleveland durante um sábado à noite, custa $ 350. Com o passageiro retornando sem permanecer um sábado à noite, custará $ 1 600. Pode a diferença de preço ser explicada pela diferença no *custo* da empresa aérea nas viagens de ida e volta? Não; custa a mesma quantia para a empresa aérea transportar o passageiro de São Francisco para Cleveland e voltar, permanecendo ele ou não em Cleveland no sábado à noite. Para explicar a diferença no preço, precisamos reconhecer o potencial para a discriminação de preço.

Discriminação de preço é a prática de cobrar de clientes diferentes preços diferentes pelo mesmo produto ou serviço. Como funciona a discriminação de preço no exemplo da empresa aérea? A demanda por passagens aéreas vem de duas fontes principais: negociantes e turistas. Os negociantes precisam viajar para promover negócios, o que faz com que os preços assumam importância secundária na escolha. Em a importância sendo secundária, a mudança de preço é denominada *demanda inelástica*. As empresas aéreas podem obter lucro operacional mais elevado cobrando de negociantes preços mais altos, por terem pouco efeito na demanda por viagens aéreas. E também geralmente os negociantes viajam, concluem o trabalho e voltam para casa na mesma semana.

Os turistas, em geral, não precisam retornar para casa durante a semana e também preferem passar os finais de semana nos seus destinos. Como eles mesmos pagam pelas passagens, o preço é item relevante no momento da escolha — com o preço sendo relevante a demanda é denominada elástica. É rentável para as empresas cobrar preços mais baixos para estimular a demanda entre os turistas.

Como as empresas aéreas conseguem manter preços altos para os negociantes e baixos para os turistas? A exigência da permanência num sábado à noite discrimina os dois segmentos de clientes. As diferenças de preço existem mesmo que não haja diferença no custo em servir esses dois segmentos.

O que aconteceria se as condições comerciais se enfraquecessem a ponto de tornar os negociantes mais sensíveis ao preço? As empresas aéreas precisariam baixar os preços por eles pagos. No final de 2001, para estimular a viagem a negócios, algumas empresas aéreas começaram a oferecer preços com descontos em certas rotas, sem exigir a permanência no sábado à noite.

Além da discriminação de preço, as decisões de precificação precisam também considerar outras situações que não as de custo, como as restrições da capacidade. A **precificação da hora de pico** é a prática de cobrar um preço mais alto pelo mesmo produto ou serviço quando a demanda alcança o limite da capacidade de oferta do produto ou serviço. Os preços cobrados durante períodos de demandas altas representam o que os clientes estão dispostos a pagar pelo produto ou serviço. Esses preços são mais altos do que os cobrados quando há folga ou quando há excesso de capacidade disponível. A precificação da hora de pico ocorre nas indústrias telefônicas, de telecomunicações, hoteleira, de aluguel de carros e de utilidade elétrica. Considere as taxas diárias de aluguel cobradas pela Avis Corporation, em novembro de 2001, para os carros de tamanho médio alugados no Aeroporto de Boston:

De segunda a quinta-feira $ 69 por dia
De sexta a domingo $ 22 por dia

Os custos diários reais da Avis, para alugar um carro, são os mesmos se este for alugado em um dia ou no final de semana. Por que a diferença nos preços? Uma explicação é a de que há uma demanda maior por carros nos dias de semana devido a atividades comerciais. Enfrentando esses limites de capacidade, a Avis cobra preços da hora de pico em níveis suportáveis para o mercado.

Uma segunda explicação é a de que as taxas de aluguel são uma forma de discriminação de preços. Nos dias de semana, a demanda por carros é em grande parte ocasionada pelos negociantes, que precisam alugar carros para transitar entre os locais de negócios, sendo insensíveis aos preços. As taxas de aluguel mais elevadas nos dias de semana são rentáveis por terem pouco efeito sobre a demanda. A demanda nos finais de semana é ocasionada pelos turistas, que são sensíveis ao preço. As taxas mais baixas estimulam a demanda por eles ocasionada, aumentando o lucro operacional da Avis. Sob qualquer uma das explicações, as decisões de precificação não são motivadas pelo custo.

Um outro exemplo além do de custos que afetam os preços, ocorre quando o mesmo produto é vendido em países diferentes. Considere os *softwares*, livros e medicamentos produzidos em um país e vendidos internacionalmente. Os preços cobrados em cada país variam muito mais do que os de entrega do produto. Essas diferenças de preços ocorrem devido a diferenças no poder de compra dos consumidores nos diferentes países e às restrições governamentais que podem limitar os preços a ser cobrados.

EFEITOS DAS LEIS ANTITRUSTE SOBRE A PRECIFICAÇÃO

Considerações legais afetam as decisões de precificação. As empresas nem sempre são livres para cobrar o que quiserem. Por exemplo, sob a Lei de Robinson-Patman, um fabricante não pode discriminar o preço entre dois clientes se a intenção for diminuir ou evitar a concorrência. As três características principais da lei de discriminação de preços são:

1. Elas se aplicam aos fabricantes e não aos fornecedores de serviços.
2. A discriminação de preços é permitida se as diferenças nos preços puderem ser justificadas pelas diferenças nos custos.
3. A discriminação de preços é ilegal apenas se ela tiver a intenção de destruir a concorrência.

A discriminação de preços pelas empresas aéreas e de aluguel de carros descrita anteriormente é legal por serem essas empresas de serviços e por suas práticas não atrapalharem a concorrência.

Para agir de acordo com as leis americanas antitruste, como a Lei de Sherman (Sherman Act), a Lei de Clayton (Clayton Act), a Lei Federal da Comissão de Comércio (The Federal Trade Commission Act) e a Lei de Robinson-Patman (Robinson-Patman Act), a precificação não pode ser predatória.[5] Uma empresa se envolve na prática da **precificação predatória** quando ela, deliberadamente, fixa os preços abaixo de seus custos na tentativa de anular a concorrência e restringir o fornecimento, para depois aumentar os preços em vez da demanda.[6]

A Suprema Corte dos EUA estabeleceu as seguintes condições para provar que ocorreu a precificação predatória:

1. A empresa predatória cobra um preço abaixo da medida apropriada de seus custos, e

---

5. *Discussões sobre a Lei de Sherman e a Lei de Clayton estão em A. Barkman e J. Jolley, Cost Defenses for Antitrust Cases,* Management Accounting, 67 (nº 10): 37-40.
6. *Para mais detalhes, veja W. Viscusi, J. Vernon e J. Harrington,* Economics of regulation and antitrust. *Cambridge, Ma: MIT Press, 2ª ed., 1995; e J. L. Goldstein, Single Firm Predatory Pricing in Antitrust Law: The Rose Acre Recoupment Test and the Search for an Appropriate Judicial Standard.* Columbia Law Review, *91, 1991: 1557-1592.*

2. A empresa predatória tem uma perspectiva razoável de recuperação, no futuro, por meio de uma maior participação no mercado ou de preços mais altos, do dinheiro que ela perdeu precificando abaixo do custo.

A Suprema Corte não especificou 'medida apropriada de custos'.[7]

A maioria dos tribunais dos Estados Unidos definiu 'medida apropriada de custos' como o custo marginal de curto prazo ou a média de custos variáveis.[8] No caso *Adjustor's Replace-a-Car vs Agency Rent-a-Car*,[9] Adjuster's (o reclamante) clamou ter sido forçado a se retirar dos mercados de Austin e San Antonio, Texas, porque a Agency se envolveu em precificação predatória. Para provar o que afirmara, a Adjustor atentou para 'a perda líquida operacional' na demonstração de resultados da Agency, calculada após alocar os custos indiretos da matriz da Agency. O juiz, no entanto, decidiu que a Agency não havia se envolvido em precificação predatória porque o preço que ela cobrava pelo aluguel de carro nunca ficou abaixo do da média de seus custos variáveis.

Seria conveniente que as empresas que se preocupam em operar observando as leis antitruste, tivessem sistemas contábeis que incorporassem os seguintes procedimentos:

1. Coletar os dados e manter registros detalhados dos custos variáveis para todas as funções de negócios na cadeia de valor.
2. Rever, de antemão, todos os preços propostos abaixo dos custos variáveis, presumindo que ocorrerão reclamações de intenções predatórias.

A decisão da Suprema Corte no caso do *Brooke Group vs Brown & Williamson Tobacco (BWT)* aumentou a dificuldade de provar a precificação predatória. A Corte decidiu que a precificação abaixo da média dos custos variáveis não é predatória se a empresa não tiver uma chance razoável de, mais adiante, aumentar os preços ou a participação no mercado para recuperar as suas perdas.[10] O réu, BWT, um fabricante de cigarros, vendia cigarros de 'marca registrada' e detinha 12 por cento do mercado de cigarros. A introdução dos cigarros genéricos ameaçou a participação da BWT no mercado. A BWT respondeu com o lançamento da sua própria versão de genéricos com preço abaixo da média dos custos variáveis, dificultando, assim, a permanência dos fabricantes de cigarros genéricos nos negócios. A Corte Suprema decidiu que a ação da BWT foi uma resposta competitiva, e não uma precificação predatória. Isso porque, dada a pequena participação de 12 por cento da BWT no mercado e a concorrência havida, não haveria a possibilidade de ela mais tarde cobrar um preço capaz de gerar monopólio, visando recuperar suas perdas.

Muito relacionado à precificação predatória está o *dumping*. Sob as leis americanas, o **dumping** ocorre quando uma empresa não americana vende um produto nos Estados Unidos a um preço abaixo do valor de mercado do país em que é produzido, prejudicando ou ameaçando materialmente uma indústria norte-americana. Se for provado o *dumping*, um tributo *antidumping* poderá ser imposto sob as leis de tarifas norte-americanas, igual à quantia em que o preço estrangeiro excede o dos Estados Unidos. Casos relacionados ao *dumping* ocorreram nas indústrias de cimento, computadores, aço, semicondutores e suéteres. Em 2001, a Comissão Internacional de Comércio dos Estados Unidos decidiu que as empresas da Argentina e da África do Sul haviam vendido aço laminado a quente abaixo do preço do mercado norte-americano. A comissão estabeleceu tarifas *antidumping* sobre os preços cobrados por essas empresas.

A Organização Mundial do Comércio (OMC) está tendo um papel crescente na resolução de disputas comerciais entre os países membros. A OMC é uma organização mundial, criada com o objetivo de promover e regulamentar as práticas comerciais entre os países, baixando tributos de importação e tarifas. Em agosto de 2000, um painel da instituição descobriu que as leis *antidumping* da OMC anulam as leis *antidumping* dos Estados Unidos. Em contrapartida às leis norte-americanas, as leis da OMC não permitem danos triplos e exigem a descoberta de danos materiais para a indústria antes que qualquer tarifa *antidumping* possa ser tributada.[11]

Uma outra violação das leis *antitruste* é a precificação combinada. A **precificação combinada** ocorre quando empresas conspiram nas decisões de precificação e produção para alcançar um preço acima do competitivo e restringir o comércio. Em 1996, o Departamento de Justiça multou a Archer-Daniels-Midland (ADM) em $ 100 milhões, por precificação combinada do ácido cítrico e lisina. Em 2000, a ADM também foi multada pela Comissão Européia. Em 1999, o Departamento de Justiça determinou $ 862 milhões em multas por precificação combinada a cinco fabricantes

---

7. Brooke Group v. Brown & Williamson Tobacco, *113 S CT. 1993*; T. J. Trujillo, *Predatory Pricing Standards Under Recent Supreme Court Decisions and Their Failure to Recognize Strategic Behavior as a Barrier to Entry*, Iowa Journal of Corporation Law. *1994: 809-831*.
8. *Uma exceção é McGahee vs Northern Propane Gás Co. 858 F. 1487 2^a ed., 1988 em que o Tribunal do Décimo Primeiro Circuito manteve que os preços abaixo da média do total de custos constituem evidência de intenção predatória. Para mais discussões, veja P. Areeda e D. Turner, Predatory Pricing and Related Practices Under Section 2 of Sherman Act*, Harvard Law Review, 88, 1975: 697-733. *Para uma visão geral da lei do caso, veja W. Viscusi, J. Vernon e J. Harrington*, Economics of regulation and antitrust. *Cambridge, MA: MIT Press, 2e ed., 1995. Veja também a seção de Legal Developments, no* Journal of Marketing, *para os resumos dos casos nos tribunais*.
9. Adjustor's Replace-a-Car, Inc. v. Agency Rent-a-Car, 735. 884, 2^a ed., 1984.
10. Brooke Group *v*. Brown & Williamson Tobbaco, *113 S. Ct. (1993)*.
11. *Veja Bagley, C.,* Managers and the legal environment: strategies for the 21st century, *4^a ed. (Cincinnati, OH: Southwestern Publishing, 2002)*.

CONCEITOS EM AÇÃO

Precificação e a Internet

A Internet oferece muitas oportunidades para a criação de estratégias de precificação criativas. O exemplo das empresas aéreas, no Capítulo 11, ilustra as vantagens que a Internet proporciona para transmitir rapidamente as informações aos compradores e para concluir as transações eficientemente quando os custos são amplamente fixos e há capacidade não utilizada que precisa ser rapidamente esgotada, evitando perdas. Há uma situação similar nas empresas telefônicas internacionais com excesso temporário de capacidade que queiram vender. Empresas como a Band-X combinam as que necessitam da capacidade com aquelas que as têm em excesso.

Para as decisões de precificação no longo prazo, empresas como a Dell Computer personalizam os produtos e preços para os clientes individuais. A Dell estabelece o preço para as diferentes configurações de seus computadores (memória, espaço no disco rígido, tamanho do monitor etc.) e permite que os clientes escolham as configurações que eles querem. A CISCO System, um fornecedor de equipamentos de telecomunicações, também personaliza os produtos e preços. A ferramenta de precificação e pedido, baseada na Web, da CISCO, também checa os pedidos dos clientes por precisão. Se um cliente pede um produto que seja incorretamente configurado, o sistema acusa a discrepância e sugere configurações alternativas.

Sites de busca, como o Yahoo!, praticam a precificação personalizada. Se um usuário busca um *site* na Web sobre esqui, será mostrado a ele uma lista de *sites* sobre o assunto, acompanhada de propaganda de produtos relacionados ao esporte. A Yahoo! cobra dos anunciantes 50 por cento a mais por mostrar as propagandas para os consumidores-meta por se revelarem mais interessados e, portanto, prováveis compradores dos produtos anunciados.

A Internet também tem criado oportunidades para que compradores e vendedores se reúnam para uma transação comercial, denominada trocas de negócio-para-negócio (B2B). Por um lado, o fluxo livre de informações e o grande número de compradores e vendedores sugerem que essas trocas terão preços competitivos. Porém, os fornecedores poderiam se envolver em 'ações coordenadas', ou combinadas, para manter os preços altos. Os reguladores governamentais estão de olho nas trocas B2B para as violações da *antitruste*. Ainda não foi prestada nenhuma queixa sobre a precificação combinada.

Fonte: C. Bagley, *Managers and the legal environment: Strategies for the 21st century.* Southwestern Publishing, Cincinatti: 4ª ed., 2002; C. Shapiro e H. Varian, *Information rules.* Harvard Business School Press, Boston: 2000; e discussões com empresas.

---

de vitaminas: Hoffman La Roche, BASF, EISAID, Daiichi Pharmaceuticals e Takeda Chemical Industries. A precificação combinada é também uma preocupação nos mercados eletrônicos, baseados na Internet, que operam em indústrias de produtos químicos, plásticos e eletrônicos. (Veja 'Conceitos em Ação').

PROBLEMA PARA AUTO-ESTUDO

Considere o exemplo da Astel Computer. O gerente de marketing da Astel percebe que é necessário uma redução maior no preço para vender as 200 mil unidades do Provalue II. Para manter a rentabilidade-meta de $ 16 milhões, ou $ 80 por unidade do Provalue II (as mesmas quantias mostradas no Quadro 12.6), a Astel precisará reduzir os custos do Provalue II em $ 6 milhões, ou $ 30 por unidade. A Astel almeja uma redução de $ 4 milhões, ou $ 20 por unidade, nos custos de produção, e $ 2 milhões, ou $ 10 por unidade, nos custos de marketing, distribuição e atendimento ao cliente. A equipe multifuncional destinada a cumprir essa tarefa propõe as seguintes mudanças para a produção do Provalue II:

1. Comprar mais componentes submontados que combinem as funções realizadas pelos componentes individuais. Essa mudança não afetará a qualidade ou o desempenho do Provalue II, mas reduzirá os custos dos materiais diretos de $ 385 para $ 375 por unidade.
2. Reengenharia do modo como os pedidos e recebimentos são feitos para reduzir os custos unitários de pedidos e recebimento de $ 80 para $ 60. Usando os componentes submontados, reduzirá de 425 para 400 o número de componentes do Provalue II comprados. Como no exemplo do capítulo, a Astel fará 50 pedidos por ano para cada componente.
3. Reduzir a mão-de-obra e a energia necessária por hora de teste. Essa ação diminuirá os custos de teste e inspeção de $ 2 para $ 1,70 por hora de teste. Sob a nova proposta, cada unidade do Provalue II será testada por 14 horas, resultando na redução de uma hora.

4. Desenvolver novos procedimentos de retrabalho que reduzirão os custos de $ 40 para $ 32 a hora. É esperado que 13 mil unidades (6,5 por cento de 200 mil) do Provalue II sejam retrabalhadas e que levará 2,5 horas para retrabalhar cada unidade.

Nenhuma mudança foi proposta nos custos unitários de mão-de-obra direta de produção e no total dos custos de equipamento.

Para fazer:

Alcançará a Astel com as mudanças propostas a redução almejada de $ 4 milhões, ou $ 20 por unidade, nos custos de produção? Mostre os seus cálculos.

Solução

O Quadro 12.9 apresenta os custos de produção para o Provalue II baseado nas mudanças propostas. Os custos de produção declinarão $ 108 milhões, ou $ 540 por unidade (Quadro 12.5), para $ 104 milhões, ou $ 520 por unidade (Quadro12.9), e alcançará a redução-meta de $ 4 milhões, ou $ 20 por unidade.

Pontos de decisão

Resumo

O seguinte formato de perguntas e respostas resume os objetivos de aprendizagem do capítulo. Cada decisão representa uma pergunta-chave relacionada a um objetivo de aprendizagem. As diretrizes são a resposta àquela pergunta.

Decisão	Diretrizes
1. Quais são as três principais influências nas decisões de precificação?	Clientes, concorrentes e custos influenciam os preços por influenciarem a oferta e a procura — clientes e concorrentes afetam a procura, e custos afetam a oferta.
2. Como as decisões de precificação de curto prazo diferem das decisões de precificação de longo prazo?	As decisões de precificação no curto prazo focam um período de menos de um ano e não têm implicações de longo prazo. As decisões de precificação de longo prazo focam um período de tempo de um ano ou mais. O período de tempo apropriado para uma decisão sobre a precificação dita quais os custos que são relevantes, quais são administrados e o lucro que precisa ser obtido.
3. Como as empresas precificam os produtos usando o custeio-meta?	Uma abordagem à precificação no longo prazo é a de usar o preço-meta. Preço-meta é o preço estimado que os clientes em potencial estão dispostos a pagar por um produto ou serviço. O lucro-meta unitário operacional é subtraído do preço-meta para determinar o custo-meta unitário. O cus-

Quadro 12.9 Custo-meta de produção do Provalue II para 2005 baseado nas mudanças propostas.

	Custos estimados de produção para 200 mil unidades (1)	Custo unitário estimado de produção (2) = (1) ÷ 200 000
Custos diretos de produção		
Custos dos materiais diretos (200 000 unidades × $ 375 por unidade)	$ 75 000 000	$ 375,00
Custos de mão-de-obra direta de produção (530 000 horas × $ 20 por hora)	10 600 000	53,00
Custos diretos de equipamento (300 000 horas-máquina × $ 38/hora-máquina)	11 400 000	57,00
Custos diretos de produção	97 000 000	485,00
Custos indiretos de produção		
Custos de pedidos e recebimento (20 000[a] pedidos × $ 60 por pedido)	1 200 000	6,00
Custos de teste e inspeção (2 800 000[b] × $ 1,70 por hora)	4 760 000	23,80
Custos de retrabalho (32 500[c] horas × $ 32 por hora)	1 040 000	5,20
Custos indiretos de produção	7 000 000	35,00
Total de custos de produção	$ 104 000 000	$ 520,00

a. 400 componentes × 50 pedidos por componente = 20 000 pedidos.
b. 200 000 unidades × 14 horas de teste por unidade = 2 800 000 horas de teste.
c. 13 000 unidades × 2,5 horas de retrabalho por unidade = 32 500 horas de retrabalho.

to-meta unitário é o custo estimado de longo prazo de um produto ou serviço que, quando vendido, possibilita à empresa alcançar o lucro-meta unitário operacional. O desafio para a organização é o de fazer as melhorias necessárias dos custos por meio dos métodos de engenharia de valor para alcançar o custo-meta.

4. Por que é importante distinguir custo incorrido de custos comprometidos?

Custo incorrido descreve quando um recurso é sacrificado. Custos comprometidos são custos ainda não incorridos mas que, com base nas decisões já tomadas, serão incorridos no futuro. Para reduzir os custos, técnicas como engenharia de valores são mais eficazes *antes* que os custos sejam comprometidos.

5. Como as empresas precificam os produtos usando a abordagem do custo mais margem?

A abordagem do custo mais margem para a precificação acrescenta um componente margem bruta a uma base de custo como o ponto de partida para as decisões de precificação. Muitos custos diferentes, como o custo total do produto ou de produção, podem servir como base de custo na aplicação da fórmula do custo mais margem. Os preços são então modificados com base nas reações dos clientes e nas respostas dos concorrentes. Assim sendo, o tamanho do 'mais' é determinado pelo mercado.

6. O que é orçamento do ciclo de vida e custeio do ciclo de vida e quando as empresas deveriam usá-los?

O orçamento do ciclo de vida estima e o custeio do ciclo de vida rastreia e acumula os custos (e receitas) atribuíveis a um produto, do custo inicial P&D ao final de atendimento e apoio ao cliente. Os conceitos de ciclos de vida são particularmente importantes quando (a) os custos de não produção são grandes, (b) uma porcentagem alta do total de custos do ciclo de vida é incorrida antes de a produção começar e antes de obter qualquer receita e (c) uma fração alta dos custos do ciclo de vida é comprometida nos estágios de P&D e projeto.

7. Em que consiste a discriminação de preços e a precificação da hora de pico?

Discriminação de preços é cobrar de alguns clientes, em vez de outros, um preço mais alto por certo produto ou serviço. Precificação da hora de pico é cobrar um preço mais alto pelo mesmo produto ou serviço quando a demanda se aproxima dos limites físicos de capacidade. Sob a discriminação de preços e a precificação da hora de pico, os preços diferem entre os segmentos, embora o custo para fornecer o produto ou serviço seja aproximadamente o mesmo.

8. Como as leis *antitruste* afetam a precificação?

Para agir de acordo com as leis *antitruste*, uma empresa não pode se envolver em precificação predatória, *dumping* ou precificação combinada, que reduz a concorrência, impondo desvantagem competitiva às outras empresas ocasionando prejuízo aos consumidores.

Termos para aprender

O capítulo e o Glossário no final do livro contêm definições de:

ciclo de vida do produto
custeio do ciclo de vida
custo incorrido
custo-meta unitário
custo que adiciona valor
custo que não adiciona valor
custos comprometidos
custos do ciclo de vida do consumidor
discriminação de preços
dumping

engenharia de valor
lucro-meta unitário operacional
orçamento do ciclo de vida
precificação combinada
precificação da hora de pico
precificação predatória
preço-meta
taxa-meta de retorno sobre o investimento

Material de trabalho

12-1 Quais são as principais influências nas decisões de precificação?

12-2 "Custos relevantes para as decisões de precificação são os custos totais do produto." Você concorda? Explique.

12-3 Dê dois exemplos de decisões de precificação no curto prazo.

12-4 Como o custeio baseado em atividades é útil para as decisões de precificação?

12-5 Descreva duas abordagens alternativas para as decisões de precificação no longo prazo.

12-6 O que é *custo-meta unitário*?

12-7 Descreva a engenharia de valor e seu papel no custeio-meta.

12-8 Dê dois exemplos de custo que adiciona valor e dois exemplos de custo que não adiciona valor.

12-9 "Não é importante para uma empresa distinguir entre custo incorrido e custos comprometidos." Você concorda? Explique.

12-10 O que é *precificação do custo mais margem*?

12-11 Descreva três métodos alternativos da precificação do custo mais margem.

12-12 Dê dois exemplos em que a diferença nos custos dos dois produtos ou serviço é muito menor do que a de preços.

12-13 O que é *orçamento do ciclo de vida*?

12-14 Quais são os três benefícios em usar um formato de relatório de desempenho com base no ciclo de vida do produto?

12-15 Defina *precificação predatória, 'dumping'* e *precificação combinada*.

Exercícios

12-16 Abordagem do custo relevante às decisões de precificação, pedido especial. Os dados financeiros seguintes se aplicam a uma fábrica de fitas de vídeo da Empresa Dill, para outubro de 2003:

	Custo orçado de produção por fita de vídeo
Material direto	$ 1,50
Mão-de-obra direta	0,80
Custos indiretos variáveis	0,70
Custos indiretos fixos	1,00
Total de custos de produção	$ 4,00

Os custos indiretos de produção variam com o número de unidades produzidas. Os custos indiretos fixos, de $ 1 por fita, são baseados nos custos indiretos fixos orçados de $ 150 000/mês, e na produção orçada de 150 mil fitas/mês. A Dill vende cada fita a $ 5.

Os custos de marketing têm dois componentes:
- Custos variáveis de marketing (comissões de vendas) de 5 por cento das receitas
- Custos fixos mensais de $ 65 000

Em outubro de 2003, Lisa Matos, vendedora da Dill, pediu ao presidente permissão para vender mil fitas, a $ 3,80 a unidade, para um cliente não usual da empresa. O presidente recusou o pedido especial porque o preço de venda estava abaixo do custo total de produção orçado.

Para fazer:
1. Qual teria sido o efeito no lucro operacional mensal na aceitação do pedido?
2. Comente a conclusão do presidente ao considerar o 'abaixo do custo total de produção' para rejeitar o pedido especial.
3. Quais outros fatores o presidente deveria considerar antes de aceitar ou rejeitar o pedido especial?

12-17 Abordagem do custo relevante às decisões de precificação de curto prazo. A Cia. São Carlos é uma empresa de eletrônicos com oito linhas de produtos. Os dados do lucro para um dos produtos (XT-107), para junho de 2004, são:

Receitas, 200 000 unidades a um preço médio de $ 100		$ 20 000 000
Custos variáveis		
Materiais diretos a $ 35 a unidade	$ 7 000 000	
Mão-de-obra direta a $ 10 por unidade	2 000 000	
Custos indiretos variáveis a $ 5 por unidade	1 000 000	
Comissões de vendas a 15% das receitas	3 000 000	
Outros custos variáveis a $ 5 por unidade	1 000 000	
Total de custos variáveis		14 000 000
Margem de contribuição		6 000 000
Custos fixos		5 000 000
Lucro operacional		$ 1 000 000

A Abrão Ltda., uma empresa de instrumentos, está tendo problemas com o seu fornecedor predileto dos componentes do XT-107. Esse fornecedor está em greve há três semanas. A Abrão procura a representante de vendas, Sara Homes, da Cia. São Carlos, solicitando o fornecimento de três mil unidades do XT-107 ao preço de $ 80 a unidade. Sara informa ao gerente de produtos do XT-107, Jaime Silva, que ela aceitaria, se o pedido especial fosse aceito, uma comissão direta de $ 6 000 em vez de os 15 por cento da receita usualmente pagos. A São Carlos tem capacidade de produzir 300 mil unidades do XT-107 por mês, mas a demanda não tem excedido 200 mil unidades em qualquer um dos meses no último ano.

Para fazer:

1. Se o pedido de três mil unidades, da Abrão, for aceito, de quanto será o aumento ou queda no lucro operacional? (Suponha a mesma estrutura de custo que a de junho de 2004.)
2. Jaime avalia a possibilidade de vir a aceitar o pedido especial de três mil unidades. Ele teme o precedente que pode ser estabelecido pelo corte no preço e diz: "O preço está abaixo do nosso custo total unitário. Acho que deveríamos cotar um preço total ou a Abrão sempre esperará um tratamento diferenciado se continuarmos fazendo negócios com eles". Você concorda com Jaime? Explique.

12-18 Precificação de curto prazo, restrições na capacidade. A Boutique de Produtos Químicos faz um produto químico especializado, o Bolzene, a partir do Pyrone, um material especialmente importado. Para fazer um quilo do Bolzene é preciso 1,5 quilo de Pyrone. O Bolzene tem uma margem de contribuição de $ 6 por quilo. A Boutique acabou de receber um pedido para fabricar três mil quilos de Seltium, que também requer o Pyrone como matéria-prima. Um analista da Boutique calcula os seguintes custos para fazer um quilo de Seltium:

Pyrone (2 kg × $ 4 por kg)	$ 8
Mão-de-obra direta	4
Custos indiretos variáveis	3
Custos indiretos fixos alocados	5
Total de custos de produção	$ 20

A Boutique tem capacidade ociosa disponível para fazer o Seltium.

Para fazer:

1. Suponha que a Boutique tenha Pyrone disponível para fazer o Seltium. Qual é o preço mínimo por quilo que a Boutique deveria cobrar para fabricar o Seltium?
2. Suponha, agora, que o Pyrone esteja em falta. O Pyrone usado para produzir o Seltium reduzirá a produção do Bolzene que a Boutique pode fazer e vender. Qual é o preço mínimo por quilo que a Boutique deveria cobrar para produzir o Seltium?

12-19 Custos que adicionam ou não valor. A Oficina Marino conserta e dá assistência para máquinas-ferramentas. Um resumo de seus custos (por atividade) para 2004 é o seguinte:

a.	Materiais e mão-de-obra para dar assistência às máquinas	$ 800 000
b.	Custos de retrabalho	75 000
c.	Custos de expedição causados pelos atrasos nos serviços	60 000
d.	Custos de manuseio dos materiais	50 000
e.	Custos de compra de materiais e inspeção	35 000
f.	Manutenção preventiva dos equipamentos	15 000
g.	Manutenção de quebra dos equipamentos	55 000

Para fazer:

1. Classifique cada custo como: que adiciona valor e que não adiciona valor, ou na área cinzenta entre eles.

2. Para qualquer custo classificado na área cinzenta, presuma que 65 por cento adiciona valor e que 35 por cento não adiciona valor. Quanto do total dos sete custos adiciona e quanto não adiciona valor?

3. A Marino está considerando as seguintes mudanças: (a) introdução de programas de melhoria da qualidade cujo efeito líquido é reduzir os custos de retrabalho e expedição em 75 por cento e os custos de material e mão-de-obra para dar assistência às máquinas em 5 por cento; (b) trabalhar com os fornecedores para reduzir custos de compras de materiais e de inspeção em 20 por cento e os custos de manuseio dos materiais em 25 por cento e (c) aumentar os custos de manutenção preventiva em 50 por cento para reduzir os custos de manutenção de quebras em 40 por cento. Calcule o efeito do programa (a), (b) e (c) sobre os custos que adicionam e não adicionam valor e o total de custos. Comente brevemente.

12-20 Lucro-meta operacional, custos de valor adicionado, empresa de serviços. A Carrasco Associados desenvolve projetos de arquitetura em conformidade com o código de segurança predial local. A demonstração de resultados para 2004 é:

Receitas	$ 680 000
Salários da equipe de profissionais (8 000 horas × $ 50 por hora)	400 000
Viagens	18 000
Custos administrativos e de apoio	160 000
Total de custos	$ 578 000
Lucro operacional	$ 102 000

A seguir, a porcentagem de tempo gasta pela equipe profissional nas várias atividades:

Fazendo cálculos e preparando os projetos	75%
Checando os cálculos e os projetos	4
Corrigindo os erros encontrados nos projetos (não faturado para os clientes)	7
Fazendo mudanças em resposta aos pedidos dos clientes (faturado para os clientes)	6
Corrigindo os próprios erros a respeito dos códigos de construção (não faturado para os clientes)	8
Total	100%

Suponha que os custos administrativos e de apoio variem com os custos de mão-de-obra profissional.

Para fazer: Considere cada parte independentemente.

1. Quanto do total de custos em 2004 adicionam ou não valor, ou na área cinzenta entre eles? Explique sua resposta brevemente. Quais as medidas que a Carrasco pode tomar para reduzir seus custos?

2. Suponha que a Carrasco possa eliminar todos os erros para que não precise gastar tempo fazendo correções e, como resultado, reduzir proporcionalmente os custos de mão-de-obra profissional. Calcule o lucro operacional da Carrasco.

3. Agora, suponha que a Carrasco possa ter o volume de trabalho que ela conseguir realizar, mas sem adicionar mais profissionais. Suponha que a Carrasco possa eliminar todos os erros para que não precise gastar mais tempo. Suponha que a Carrasco possa usar o tempo economizado para, proporcionalmente, aumentar as receitas. Suponha que os custos de viagem permaneçam em $ 18 000. Calcule o lucro operacional da Carrasco.

12-21 Preços-meta, custos-meta, custeio baseado em atividades. A Azulejos Snap é um modesto distribuidor de azulejos de mármore. A Snap identifica as três principais atividades e grupos de custos como de pedido, recebimento/armazenagem e despacho e registra os seguintes detalhes para 2003:

Atividade	Direcionador de custo	Quantidade de direcionador de custo	Custo unitário do direcionador de custo
1. Fazendo e pagando os pedidos de azulejos de mármore	Número de pedidos	500	$ 50 por pedido
2. Recebimento e armazenagem	Cargas movimentadas	4 000	$ 30 por carga
3. Envio dos azulejos de mármore para os varejistas	Número de despachos	1 500	$ 40 por envio

A Snap compra 250 mil azulejos de mármore a um custo médio de $ 3 por azulejo e os vende para os varejistas a um preço médio de $ 4 por azulejo. Suponha que a Snap não tenha custos fixos.

Para fazer:

1. Calcule o lucro operacional para 2003.

2. Para 2004, os varejistas estão exigindo um desconto de 5 por cento no preço de 2003. Os fornecedores da Snap estão dispostos a conceder apenas 4 por cento de desconto. A Snap espera vender a mesma quantidade de azulejos de mármore, em 2004, vendida em 2003. Se todas as outras informações de custos e direcionadores permanecerem os mesmos, calcule o lucro operacional da Snap para 2004.

3. Suponha, também, que a Snap decida fazer mudanças nas práticas de pedidos e recebimento/armazenagem. Ao fazer pedidos no longo prazo com os seus principais fornecedores, a Snap espera reduzir em 200 o número de pedidos e em $ 25 o custo por pedido. Ao redesenhar o *layout* do armazém e reconfigurar os engradados em que os azulejos são movimentados, a Snap espera reduzir o número de cargas movimentadas para 3 125 e o custo por carga movimentada em $ 28. Alcançará a Snap o lucro-meta operacional de $ 0,30 por azulejo em 2004? Mostre os seus cálculos.

12-22 Custos-meta, efeito das mudanças no projeto do produto sobre os custos. A Instrumentos Médicos usa um sistema de custeio de produção com uma categoria de custo direto (materiais diretos) e três categorias de custo indireto:

a. Custos de ajustes (*set ups*), pedido de produção e manuseio dos materiais que variam com o número de lotes.
b. Custos de operações de produção que variam com as horas-máquina.
c. Custos da engenharia que variam com o número de mudanças feitas.

Em resposta às pressões da concorrência, no final de 2003, a Instrumentos Médicos empregou técnicas de engenharia de valor para reduzir os custos de produção. As informações reais para 2003 e 2004 são:

	2003	2004
Custo de ajustes (*set ups*), pedido de produção e manuseio dos materiais por lote	$ 8 000	$ 7 500
Total do custo operacional por hora-máquina	$ 55	$ 50
Custo por mudança na engenharia	$ 12 000	$ 10 000

A administração da Instrumentos Médicos quer avaliar se a engenharia de valor teve sucesso na redução do custo-meta unitário de produção de um de seus produtos, o HJ6, em 10 por cento. Os resultados reais para 2003 e 2004 para o HJ6 são:

	Resultados reais para 2003	Resultados reais para 2004
Unidades do HJ6 produzidas	3 500	4 000
Custo unitário do material direto do HJ6	$ 1 200	$ 1 100
Número total de lotes necessários para produzir o HJ6	70	80
Total de horas-máquina necessárias para produzir o HJ6	21 000	22 000
Número de mudanças feitas na engenharia	14	10

Para fazer:

1. Calcule o custo unitário de produção do HJ6 em 2003.
2. Calcule o custo unitário de produção do HJ6 em 2004.
3. Terá a Instrumentos Médicos alcançado o custo-meta unitário de produção para o HJ6 em 2004? Explique.
4. Explique como a Instrumentos Médicos reduziu o custo unitário de produção do HJ6 em 2004.

12-23 Precificação com o uso do custo mais margem baseado no retorno-meta sobre o investimento. João Macedo é sócio-administrativo de uma empresa que acabou de construir um motel de 60 quartos. Macedo antecipa que alugará os quartos 16 mil noites (ou 16 mil quartos/noite) no próximo ano. Todos os quartos são similares e serão alugados pelo mesmo preço. Macedo estima os seguintes custos operacionais para o próximo ano:

Custos variáveis operacionais	$ 3 por noite por quarto
Custos fixos	
Salários e ordenados	$ 175 000
Manutenção do prédio e piscina	37 000
Outros custos operacionais e administrativos	140 000
Total de custos fixos	$ 352 000

O capital investido no motel é de $ 960 000. O retorno-meta sobre o investimento é de 25 por cento. Macedo espera que a demanda pelos quartos seja uniforme durante o ano. Ele planeja precificar os quartos no total do custo mais uma margem de lucro para obter um retorno-meta sobre o investimento.

Para fazer:

1. Qual o preço, por noite, que Macedo deve cobrar por cada quarto? Qual é a margem de lucro como porcentagem do custo total de um quarto por noite?
2. A pesquisa de mercado de Macedo indica que se o preço de um quarto por noite, determinado na Questão 1, for reduzido em 10 por cento, o número esperado de quartos por noite que Macedo poderia alugar aumentará em 10 por cento. Deveria Macedo reduzir os preços em 10 por cento? Mostre os seus cálculos.

12-24 Custo mais margem e precificação-meta (adaptado de S. Sridhar). A Mundo Aquático Ltda. produzirá e venderá 15 mil unidades de uma balsa, a RF17, em 2004. O custo unitário total é de $ 200. A Mundo Aquático obtém, em 2004, um retorno de 20 por cento sobre o investimento de $ 1 800 000.

Para fazer:

1. Calcule o preço de venda e a porcentagem, em 2004, da margem de lucro sobre o custo total unitário do RF17.
2. Se o preço de venda na Questão 1 representar uma margem de 40 por cento sobre o custo variável unitário, calcule o custo variável unitário do RF17 em 2004.
3. Calcule o lucro operacional da Mundo Aquático caso tivesse aumentado o preço de venda para $ 230. A esse preço, a Mundo Aquático poderia ter vendido 13 500 unidades do RF17. Suponha que não tenha havido mudanças no total de custos fixos. Deveria a Mundo Aquático aumentar o preço de venda do RF17 para $ 230?
4. Em resposta às pressões da concorrência, a Mundo Aquático precisa reduzir o preço do RF17 para $ 210, em 2005, para poder alcançar as vendas de 15 mil unidades. Ela planeja reduzir o seu investimento para $ 1 650 000. Em pretendendo manter um retorno de 20 por cento sobre o investimento, qual é o custo-meta unitário em 2005?

12-25 Custeio do ciclo de vida do produto, custeio baseado em atividades. A Produtos Destino fabrica relógios digitais e está preparando o orçamento do ciclo de vida para um novo relógio, o MX3. O desenvolvimento do novo relógio é para breve. As estimativas para o MX3 são as seguintes:

Unidades do ciclo de vida produzidas e vendidas		400 000
Preço de venda por relógio	$	40
Custos do ciclo de vida		
Custos de P&D e projeto	$	1 000 000
Produção		
Custo variável por relógio	$	15
Custo variável por lote	$	600
Relógios por lote		500
Custos fixos	$	1 800 000
Marketing		
Custo variável por relógio	$	3,20
Custos fixos	$	1 000 000
Distribuição		
Custo variável por lote	$	280
Relógios por lote		160
Custos fixos	$	720 000
Custo de atendimento ao cliente por relógio	$	1,50

Ignore o valor de tempo do dinheiro.

Para fazer:

1. Calcule o lucro operacional orçado do ciclo de vida para cada novo relógio.
2. Qual porcentagem do total de custos orçados do ciclo de vida do produto será *incorrida* até o final dos estágios de P&D e projeto?
3. Uma análise revela que 80 por cento do total de custos orçados do ciclo de vida do novo relógio serão *comprometidos* no estágio de P&D e projeto. Quais são as implicações para administrar os custos do MX3?
4. O Departamento de Pesquisa de Mercado da Destino estima que reduzir o preço do MX3, em $ 3, aumentará as vendas do ciclo de vida em 10 por cento. Se as vendas por unidade aumentarem 10 por cento, a Destino planejará aumentar os tamanhos dos lotes de produção e distribuição em também 10 por cento. Suponha que todos os custos variáveis por relógio, variáveis por lote e fixos permanecerão os mesmos. Deveria a Destino reduzir o preço do MX3 em $ 3? Mostre os seus cálculos.

12-26 Considerações além do custo na precificação. Os exemplos de preços cobrados pela AT&T para telefonemas a longa distância, dentro dos Estados Unidos, em diferentes horários do dia e da semana, são:

Período de pico (8:00 às 17:00, de segunda a sexta)	$ 0,30
Noites (17:00 às 23:00, de segunda a sexta)	$ 0,25
Noites e finais de semana	$ 0,16

Para fazer:

1. Há diferença nos custos incrementais por minuto para os telefonemas da AT&T em horários de pico comparativamente aos feitos em outros horários do dia?
2. Por que você acha que a AT&T cobra diferentes preços por minuto para os telefonemas feitos durante o horário de pico comparativamente aos feitos em outros horários do dia?

Problemas

12-27 Abordagem do custo relevante para as decisões de precificação. A Estrela D'Oeste enlata pêssegos para venda a distribuidores de alimentos. Todos os custos são classificados como de produção ou de marketing. A Estrela D'Oeste prepara orçamentos mensais. A demonstração de resultados orçada pelo custeio por absorção, para março de 2004, é a seguinte:

Receitas (1 000 engradados × $ 100 por engradado)	$ 100 000
Custo dos produtos vendidos	60 000
Margem bruta	40 000
Custos de marketing	30 000
Lucro operacional	$ 10 000

Porcentagem normal de remarcação para cima:
$ 40 000 ÷ $ 60 000 = 66,7% do custo de absorção

Os custos mensais são classificados como fixos ou variáveis (com respeito ao número de engradados produzidos para os custos de produção e com respeito ao número de engradados vendidos para os custos de marketing):

	Fixo	Variável
Produção	$ 20 000	$ 40 000
Marketing	16 000	14 000

A Estrela D'Oeste tem capacidade para enlatar 1 500 engradados por mês. A faixa relevante, em que os custos fixos mensais permanecerão fixos, vai de 500 a 1 500 engradados/mês.

Para fazer:

1. Calcule a porcentagem de margem de lucro, baseada no total de custos variáveis.
2. Suponha que um novo cliente procure a Estrela D'Oeste para comprar 200 engradados, a $ 55 o engradado à vista. O cliente não necessita de esforços adicionais de marketing. Serão necessários $ 2 000 de custos adicionais de produção (para a embalagem especial). A Estrela D'Oeste acredita que esse seja um pedido especial de uma única vez, porque o cliente estará encerrando suas atividades em seis semanas. Ela está relutante em aceitar o pedido especial porque o preço, de $ 55 por engradado, está abaixo do custo de absorção, de $ 60 por engradado. Você concorda com esse raciocínio? Explique.
3. Suponha que o novo cliente decida manter suas atividades. Como isso afetaria sua disposição em aceitar a oferta de $ 55 por engradado? Explique.

12-28 Precificação do custo mais margem baseada no mercado. A Califórnia Temps, uma grande empreiteira de mão-de-obra, fornece mão-de-obra para empresas de construção. Para 2004, a Califórnia Temps orçou o fornecimento de 80 mil horas de mão-de-obra. Os custos variáveis são de $ 12 a hora, e os fixos, de $ 240 000. Rogério Magno, gerente geral, propôs uma abordagem do custo mais margem para a precificação da mão-de-obra com base no custo total mais 20 por cento.

Para fazer:

1. Calcule o preço por hora que a Califórnia Temps deveria cobrar baseada na proposta de Rogério.
2. O gerente de marketing forneceu as seguintes informações sobre os níveis de demanda a preços diferentes:

Preço por hora	Demanda (horas)
$ 16	120 000
17	100 000
18	80 000
19	70 000
20	60 000

A Califórnia Temps pode satisfazer qualquer uma dessas demandas. Os custos fixos permanecerão inalterados para todos os níveis de demanda. Com base nas informações adicionais, calcule o preço por hora que a Califórnia Temps deveria cobrar.

3. Comente suas respostas às Questões 1 e 2. Por que elas são as mesmas ou diferentes?

12-29 Precificação com base no custo mais margem e baseada no mercado (adaptado do CMA). Os Laboratórios Best Test avaliam a reação de materiais submetidos ao aumento extremo de temperatura. Grande parte do crescimento inicial da empresa foi atribuída aos contratos governamentais. Atualmente, o crescimento advém da diversificação e expansão nos mercados comerciais. Os testes ambientais na Best Test agora incluem:

Teste de calor	(HTT)
Teste de turbulência do ar	(ATT)
Teste de estresse	(SST)
Teste da condição ártica	(ACT)
Teste aquático	(AQT)

No momento, todos os custos operacionais orçados são coletados em um grupo único de custos indiretos. Todas as horas de teste, estimadas, também são coletadas em um grupo único. É usada uma taxa, por hora de teste, para todos os cinco tipos de teste, adicionada a uma margem de 45 por cento para recuperar os custos administrativos, impostos e o lucro no preço de venda.

Ricardo Sala, *controller* da Best Test, acredita que haja variação suficiente nos procedimentos de teste e estrutura de custo para estabelecer taxas separadas de custeio e faturamento. Ele também acredita que a estrutura de taxa inflexível, usada atualmente, é inadequada para o ambiente competitivo de hoje. Após analisar os dados a seguir elencados, ele recomendou novas taxas para o próximo ano fiscal da Best Test.

O total de custos orçados para o laboratório de teste é:

Grupo de mão-de-obra de teste (10 funcionários)	$ 420 000
Supervisão	72 000
Depreciação dos equipamentos	178 460
Aquecimento	170 000
Energia elétrica	124 000
Água	74 000
Ajuste (*set up*)	58 000
Materiais indiretos	104 000
Suprimentos para operações	62 000
Total de custos do laboratório de teste	$ 1 262 460
Total de horas estimadas de teste	106 000

Ricardo determinou o uso de recursos por cada tipo de teste na tabela seguinte:

	HTT	ATT	SST	ACT	AQT
Funcionários do grupo de mão-de-obra de teste	3	2	2	1	2
Supervisão	40%	15%	15%	15%	15%
Depreciação	$ 48 230	$ 22 000	$ 39 230	$ 32 000	$ 37 000
Aquecimento	50%	5%	5%	30%	10%
Energia elétrica	30%	10%	10%	40%	10%
Água	—	—	20%	20%	60%
Ajuste (*set up*)	20%	15%	30%	15%	20%
Materiais indiretos	15%	15%	30%	20%	20%
Suprimentos para operações	10%	10%	25%	20%	35%
Horas de teste	29 680	12 720	27 560	22 260	13 780
Taxas horárias de faturamento dos concorrentes	$ 17,50	$ 19,00	$ 15,50	$ 16,00	$ 20,00

Para fazer:

1. Calcule o custo/hora e a taxa de faturamento/hora do grupo único para os Laboratórios Best Test.
2. Calcule as cinco taxas separadas de faturamento/hora para os Laboratórios Best Test.
3. Discuta qual o efeito que o novo método de custo mais margem terá sobre a estrutura de preço para cada um dos cinco tipos de teste. Dadas as taxas de faturamento/hora dos concorrentes, como a Best Test poderia modificar o seu preço?
4. No geral, identifique pelo menos três outros fatores internos ou externos que influenciam a estrutura de precificação.

12-30 Custos do produto, custeio baseado em atividades. A Força Executiva (FE) fabrica e vende computadores e periféricos para várias lojas de varejo, em nível nacional. José Carvalho é o gerente da divisão de impressora. As duas impressoras que mais vendem são a P-41 e a P-63.

O custo de produção de cada impressora é calculado usando o sistema de custeio baseado em atividades. A FE tem uma categoria de custo direto de produção (materiais diretos) e os cinco grupos seguintes de custo indireto de produção:

Grupo de custo indireto de produção	Quantidade da base de alocação	Taxa de alocação
1. Manuseio dos materiais	Número de peças	$ 1,20 por peça
2. Administração da montagem	Horas do tempo de montagem	$ 40 por hora de montagem
3. Inserção na máquina de peças	Número de peças inseridas na máquina	$ 0,70 por peça inserida na máquina
4. Inserção manual de peças	Número de peças inseridas manualmente	$ 2,10 por peça inserida manualmente
5. Teste de qualidade	Horas de tempo de teste de qualidade	$ 25 por hora de teste

As características da P-41 e da P-63 são as seguintes:

	P-41	P-63
Custos dos materiais diretos	$ 407,50	$ 292,10
Número de peças	85 peças	46 peças
Horas de montagem	3,2 horas	1,9 hora
Número de peças inseridas na máquina	49 peças	31 peças
Número de peças inseridas manualmente	36 peças	15 peças
Horas de teste de qualidade	1,4 hora	1,1 hora

Para fazer: Qual é o custo de produção da P-41? E da P-63?

Aplicação do Excel. Para os alunos que desejam praticar suas habilidades com planilhas, segue uma abordagem passo a passo para criar uma planilha no Excel para solucionar este problema.

Passo a passo

1. Abra uma nova planilha. No topo, crie uma seção de 'Dados originais' para os dados fornecidos pela Força Executiva. Crie linhas para os grupos de custo indiretos de produção de 'Manuseio de materiais, administração da montagem, peças inseridas na máquina e peças inseridas manualmente' e 'Teste da qualidade', e crie uma coluna para a taxa de alocação no mesmo formato apresentado pela Força Executiva.

2. Pule duas linhas e insira os dados sobre as características do produto, criando colunas para cada um dos produtos (P-41 e P-63) e linhas para 'Custos dos materiais diretos, número de peças, horas de montagem, número de peças inseridas à máquina e número de peças inseridas manualmente' e 'Teste da qualidade' no mesmo formato apresentado pela Força Executiva.

(Programe sua planilha para resolver todos os cálculos necessários. Não insira manualmente qualquer quantia — como o custo de manuseio dos materiais — que exija operações de adição, subtração, multiplicação ou divisão.)

3. Pule duas linhas e crie uma seção 'Cálculos dos custos de produção'. Crie colunas para cada um dos produtos (P-41 e P-63) e linhas para cada uma das categorias de custo incluindo: 'Materiais diretos, manuseio dos materiais, administração da montagem, peças inseridas na máquina e peças inseridas manualmente' e 'Teste da qualidade'. Insira os cálculos para esses custos usando os dados da seção de 'Dados originais'.

4. Inclua os cálculos para o total de custos *indiretos* de produção (isto é, excluindo o custo do material direto) e o total de custos de produção do produto em linhas separadas nesta seção.

5. *Verifique a precisão da sua planilha.* Volte para a seção de 'Dados originais' e mude a taxa de alocação para o grupo de custo de manuseio dos materiais, de $ 1,20 para $ 1,50 a peça. Se você programou sua planilha corretamente, o total de custos de produção da P-41 deve mudar para $ 807,90.

12-31 Custo-meta, custeio baseado em atividades (continuação do 12-30). Suponha todas as informações no Problema 12-30. Um concorrente estrangeiro introduziu produtos bastante similares à P-41 e à P-63. Com os preços de venda deles anunciado, João estima que o clone da P-41 tenha um custo de produção de aproximadamente $ 680, e o clone da P-63 tenha um custo de produção de aproximadamente $ 390. Ele convocou uma reunião com os projetistas e a equipe de produção. Todos concordaram em usar os valores de $ 680 e $ 390 como custos-meta para as versões redesenhadas da P-41 e da P-63, respectivamente. Os projetistas examinam meios alternativos de projetar impressoras com desempenho comparável mas de custo inferior. Eles apresentaram os seguintes projetos revistos para a P-41 e a P-63 (chamados de P-41 REV e P-63 REV, respectivamente).

	P-41 REV	P-63 REV
Custos dos materiais diretos	$ 381,20	$ 263,10
Número de peças	71 peças	39 peças
Horas de montagem	2,1 horas	1,6 hora
Número de peças inseridas na máquina	59 peças	29 peças
Número de peças inseridas manualmente	12 peças	10 peças
Horas de teste de qualidade	1,2 hora	0,9 hora

Para fazer:

1. Qual é o custo-meta unitário?
2. Usando o sistema de custeio baseado em atividades, salientado no Problema 12-30, calcule os custos de produção da P-41 REV e da P-63 REV. Como esses custos se comparam com os custos-meta unitários de $ 680 e $ 390?
3. Explique as diferenças entre a P-41 e a P-41 REV e entre a P-63 e a P-63 REV.
4. Suponha, agora, que João Carvalho tenha obtido uma grande redução de custos em uma atividade. Como resultado, a taxa de alocação na atividade de administração da montagem será reduzida de $ 40 para $ 28 por hora de montagem. Como a redução no custo da atividade afetará os custos de produção da P-41 REV e da P-63 REV? Comente os resultados.

12-32 Preços-meta, custos-meta, engenharia de valor, custo incorrido, custos comprometidos, custeio baseado em atividades. A Eletrônica Sávio fabrica um toca-fitas, o CE-100, com 80 componentes. A Sávio vende sete mil unidades/mês a $ 70 cada. Os custos de produção do CE-100 são de $ 45 a unidade, ou $ 315 000 por mês. Os custos mensais de produção incorridos são:

Custos dos materiais diretos	$ 182 000
Custos da mão-de-obra direta	28 000
Custos de equipamento (fixos)	31 500
Custos de teste	35 000
Custos de retrabalho	14 000
Custos de pedidos	3 360
Custos de engenharia (fixos)	21 140
Total de custos de produção	$ 315 000

A administração da Sávio identifica os grupos de custo, os direcionadores de custo para cada atividade e o custo unitário do direcionador de custo para cada grupo de custo indireto como segue:

Atividade de produção	Descrição da atividade	Direcionador de custo	Custo unitário do direcionador de custo
1. Custos de equipamento	Componentes do equipamento	Horas-máquina de capacidade	$ 4,50 por hora-máquina
2. Custos de testes	Componentes de teste e produto final (cada unidade do CE100 é testada individualmente)	Horas de teste	$ 2 por hora de teste
3. Custos de retrabalho	Correção e conserto dos erros e defeitos	Unidades do CE100 retrabalhadas	$ 20 por unidade
4. Custos de pedidos	Pedidos de componentes	Número de pedidos	$ 21 por pedido
5. Custos de engenharia	Projeto e administração dos produtos e processos	Capacidade das horas de engenharia	$ 35 por hora de engenharia

A administração da Sávio vê os custos dos materiais diretos e os custos de mão-de-obra direta de produção como variáveis no que diz respeito às unidades de CE100 produzidas. Por um período de longo prazo, cada um dos custos indiretos descritos na tabela anterior varia, como descrito, com os direcionadores de custos escolhidos.

As informações adicionais seguintes descrevem o projeto existente:

a. Tempo de teste e inspeção por unidade é de 2,5 horas.
b. 10% dos CE100 produzidos são retrabalhados.
c. A Sávio faz dois pedidos por fornecedor de componentes a cada mês. Cada componente é fornecido por um fornecedor diferente.
d. Atualmente, leva uma hora para produzir cada unidade do CE100.

Em resposta às pressões da concorrência, a Sávio precisa reduzir seu preço para $ 62 a unidade e seus custos em $ 8 por unidade. Não são antecipadas vendas adicionais. No entanto, a Sávio corre o risco de perder vendas significativas caso não reduza seus preços. Foi pedido que a produção reduzisse os custos em $ 6 por unidade. É esperado que as melhorias na eficiência da produção resultem em uma economia líquida de $ 1,50 por toca-fitas, o que não é suficiente. O engenheiro-chefe propôs um novo projeto modular que reduz o número de componentes para 50 e também simplifica o teste. O toca-fitas recém-desenhado, chamado de 'Novo CE100', substituirá o CE100.

Os efeitos esperados do novo projeto são os seguintes:

a. É esperado que os custos dos materiais diretos para o Novo CE100 baixem para $ 2,20 por unidade.
b. É esperado que os custos da mão-de-obra direta de produção, para o Novo CE100, baixem em $ 0,50 por unidade.
c. É esperado que o tempo de equipamento necessário para produzir o Novo CE100 seja menos de 20 por cento; a capacidade das horas-máquina não será reduzida.
d. É esperado que o tempo necessário para o teste do Novo CE100 seja abaixo de 20 por cento.
e. É esperado que o retrabalho do Novo CE100 caia para 4 por cento.
f. A capacidade das horas de engenharia permanecerá a mesma.

Suponha que o custo unitário de cada direcionador de custo para o CE100 continue a ser aplicado para o Novo CE100.

Para fazer:

1. Calcule o custo unitário de produção do Novo CE100 da Sávio.
2. Alcançará o novo projeto as metas de redução de custo unitário estabelecidas para os custos de produção do Novo CE100? Mostre seus cálculos.
3. O problema descreve duas estratégias para reduzir os custos: (a) melhorar a eficiência na produção e (b) modificar o projeto. Qual estratégia tem um impacto maior nos custos da Sávio? Por quê? Explique brevemente.

12-33 **Precificação do custo mais margem** (adaptado do CMA). A Empresa Hale é especializada no acondicionamento de medicamentos em potes. O Hospital Memorial Wyant pediu à Hale que apresentasse orçamento para um milhão de doses de medicamentos, baseado no custo total, mais uma margem de retorno sobre o custo de, no máximo, 9 por cento depois de pagos os impostos. O Wyant define os custos considerando como todos os custos variáveis para desempenhar o serviço uma quantia razoável de custos indiretos fixos e custos administrativos incrementais. O Hospital irá fornecer todos os materiais de embalagem e insumos. O Wyant indicou que qualquer oferta acima de $ 0,07 por dose será rejeitada.

Ronaldo Vale, diretor de contabilidade de custos da Companhia Hale, obteve as seguintes informações antes do preparo da oferta:

Custo de mão-de-obra variável direta	$ 16,00/hora de mão-de-obra direta
Custos indiretos variáveis	$ 9,00/hora de mão-de-obra direta
Custos indiretos fixos	$ 30,00/hora de mão-de-obra direta
Custos administrativos incrementais	$ 5 000 para o pedido
Taxa de produção	1 000 doses/hora de mão-de-obra direta

A Companhia Hale está sujeita a uma alíquota de imposto de renda de 40 por cento.

Para fazer:

1. Calcule o preço mínimo por dose que a Hale deveria ofertar para o serviço do Wyant, sem mudar o seu lucro líquido.
2. Calcule o preço de oferta por dose, da Hale, usando o direcionador do custo total e o retorno máximo permitido especificado pela Wyant.
3. Sem considerar sua resposta na Questão 2, suponha que o preço por dose calculado pela Hale, usando o direcionador do custo mais margem especificado pelo Wyant, seja mais alto do que oferta máxima, de $ 0,07 por dose, determinado pela Wyant. Discuta os fatores que a Hale deveria considerar antes de decidir se submete ou não a oferta no preço máximo de $ 0,07 a dose.

12-34 **Custeio do ciclo de vida do produto, *mix* de produtos.** A Sistemas de Suporte Decisão (SSD) está examinando as políticas de rentabilidade e precificação de três de seus recentes *softwares* de engenharia:

- EE-46: para engenheiros elétricos
- ME-83: para engenheiros mecânicos
- IE-17: para engenheiros industriais

Os detalhes resumidos de cada *software* durante os seus dois anos, do princípio ao fim das vidas dos produtos, são os seguintes:

		Número de Unidades Vendidas	
Pacote	Preço de Venda	Ano 1	Ano 2
EE-46	$ 250	2 000	8 000
ME-83	300	2 000	3 000
IE-17	200	5 000	3 000

Suponha que não haja estoque no final do ano 2.

A SSD está decidindo quais linhas de produtos deve enfatizar. Nos últimos dois anos, a rentabilidade tem sido medíocre. A SSD está especialmente preocupada com o aumento nos custos de P&D. Um analista atentou para o fato de ter havido grandes esforços para reduzir os custos de P&D em um dos seus *softwares* mais recentes (IE-17). Nancy Sales, gerente do *software* de engenharia, obteve as seguintes informações da receita e de custo do ciclo de vida para os *softwares* EE-46, ME-83 e IE-17.

	EE-46		ME-83		IE-17	
	Ano 1	Ano 2	Ano 1	Ano 2	Ano 1	Ano 2
Receitas	$ 500 000	$ 2 000 000	$ 600 000	$ 900 000	$ 1 000 000	$ 600 000
Custos						
P&D	700 000	0	450 000	0	240 000	0
Desenho do produto	185 000	15 000	110 000	10 000	80 000	16 000
Produção	75 000	225 000	105 000	105 000	143 000	65 000
Marketing	140 000	360 000	120 000	150 000	240 000	208 000
Distribuição	15 000	60 000	24 000	36 000	60 000	36 000
Atendimento ao cliente	50 000	325 000	45 000	105 000	220 000	388 000

Para fazer:

1. Como a demonstração de resultados do ciclo de vida do produto difere de uma demonstração de resultados convencional? Quais os benefícios de usar o formato de relatório do ciclo de vida do produto?
2. Apresente uma demonstração de resultados do ciclo de vida do produto para cada *software*. Qual o *software* mais e menos rentável? Ignore o valor de tempo do dinheiro.
3. Como os três *softwares* diferem nas suas estruturas de custo (a porcentagem do total de custos em cada categoria de custo)?

12-35 Considerações além dos custos na precificação. Em um anúncio de jornal, de São Francisco, três redes de hotéis publicaram suas tarifas diárias para o fim de semana e para os dias da semana de várias cidades na Califórnia.

		Taxa diária	
Hotel	Cidade	Fim de semana	Dia da semana
Westin	Palo Alto	$ 149	$ 319
Westin	Santa Clara	89	239
Sheraton	São Francisco (aeroporto)	109	219
Sheraton	Sunnyvale	89	209
Four Points	Pleasanton	75	169
Four Points	Sunnyvale	89	209

As tarifas do final de semana exigem estadia na sexta e no sábado à noite.

Para fazer:

1. Explique as razões de os hotéis cobrarem tarifas mais baixas para as noites de sexta e sábado.
2. No mesmo anúncio, dois hotéis publicaram suas tarifas para Anaheim (onde a Disneylândia está localizada), e um terceiro hotel publicou sua tarifa para o Fisherman's Wharf, em São Francisco (uma atração turística popular). Interessante foi o fato de que as tarifas dos fins de semana nesses três casos eram as mesmas que as dos dias da semana. Explique como essa situação difere da Questão 1.

12-36 Precificação de empresas aéreas, considerações além dos custos na precificação. A Air Américo, pronta para introduzir um vôo diário de ida e volta de Nova York para Los Angeles, está avaliando como deveria precificar suas passagens de ida e volta.

O grupo de pesquisa de mercado da Air Américo segmenta o mercado em negociantes e turistas. Ela forneceu as seguintes informações sobre o efeito de dois preços diferentes no número esperado de assentos a serem vendidos e o custo variável por passagem, incluindo a comissão paga ao agente de viagens.

		Número esperado de assentos a serem vendidos	
Preço cobrado	Custo variável por passagem	Negociantes	Turistas
$ 500	$ 80	200	100
2 000	180	190	20

Os turistas iniciam suas viagens durante a semana, gastam pelo menos um fim de semana nos seus destinos e retornam na semana seguinte ou depois. Aqueles que viajam a negócios geralmente iniciam e retornam das suas viagens dentro da mesma semana. Suponha que os custos de combustível para a viagem de ida e volta sejam custos fixos, de $ 24 000, e que os custos fixos alocados para o vôo de ida e volta relativos a arrendamento da aeronave, serviços de terra e salários da tripulação de vôo totalizem $ 188 000.

Para fazer:

1. Se você pudesse cobrar preços diferentes para os negociantes e os turistas, você cobraria? Mostre seus cálculos.
2. Explique o fator principal (ou fatores) para a resposta da Questão 1.
3. Como a Air Américo poderá implementar a discriminação de preço? Isto é, qual plano a empresa aérea poderia formular para que negociantes e turistas pagassem o preço desejado pela empresa aérea?

12-37 Ética e precificação. A Barton Ltda. está elaborando uma proposta a ser submetida, relativa um pedido de mancal de esferas. Gregório Lázaro, *controller* da divisão de mancais da Barton, pediu a Jonas Frota, analista de custo, que preparasse a proposta. Para determinar o preço, a política da Barton é aplicar uma margem de lucro de 10 por cento sobre os custos totais do produto. Lázaro diz a Frota que ele aprecia imensamente as vitórias nas licitações e que o preço a ser calculado deve ser competitivo.

Frota prepara os seguintes custos para a licitação:

Materiais diretos		$ 40 000
Mão-de-obra direta		10 000
Custos indiretos		
Administração do projeto e peças	$ 4 000	
Pedido de produção	5 000	
Ajustes (*set ups*)	5 500	
Manuseio dos materiais	6 500	
Gerais e administrativos	9 000	
Total de custos indiretos		30 000
Custos totais do produto		$ 80 000

Todos os custos diretos e 30 por cento dos indiretos são custos incrementais do pedido.

Lázaro revê os números e diz: "Seus custos estão muito altos. Você alocou muitos custos indiretos para esse serviço. Você sabe que nossos custos indiretos fixos não mudarão se ganharmos o pedido. Retrabalhe seus números. Você precisa baixar os custos".

Frota revê seus números. Ele sabe que Lázaro quer ganhar o pedido porque as receitas adicionais renderiam um bônus maior para Lázaro e para a gerência da divisão. Ele sabe também que em não apresentando uma oferta mais baixa, irá chatear Lázaro.

Para fazer:

1. Usando a política de precificação da Barton e com base nas estimativas de Frota, calcule o preço que a Barton deveria oferecer para o pedido dos mancais de esfera.
2. Calcule os custos incrementais do pedido de mancais de esferas. Por que você acha que a Barton usa os custos totais do produto em vez dos custos incrementais nas decisões de precificação?
3. Avalie se a sugestão de Lázaro para Frota, de baixar os valores dos custos, é antiética. Seria antiético da parte de Frota mudar sua análise para que um custo mais baixo possa ser obtido? Quais etapas Frota deveria cumprir para resolver essa situação?

PROBLEMA PARA APRENDIZAGEM EM GRUPO

12-38 Preços-meta, custos-meta, engenharia de valor. A Avery Ltda. fabrica peças de componentes. Um produto, o Tvez, tem vendas anuais de 50 mil unidades, a $ 40,60 a unidade. A Avery inclui todos os custos de P&D e projeto no custo de engenharia e não tem custos de marketing, distribuição e atendimento ao cliente.

Os custos do Tvez, incluindo o fixo de longo prazo de capacidade da máquina, dedicada ao Tvez, são:

Custos dos materiais diretos (variáveis)	$ 850 000
Custos de mão-de-obra direta (variáveis)	300 000
Custos diretos de equipamento (fixos, 50 000 horas × $ 3/hora)	150 000

A administração da Avery identifica os seguintes grupos de custos de atividades, direcionadores de custos para cada atividade e o custo unitário de cada direcionador de custo:

Atividade	Direcionador de custo	Custo unitário do direcionador de custo
Ajuste (*set up*)	Horas de ajuste (*set up*)	$ 25 por hora de ajuste (*set up*)
Teste	Horas de teste	$ 2 por hora de teste
Engenharia	Complexidade do produto e processo	Custos atribuídos aos produtos por um estudo especial

Em um horizonte de longo prazo, a administração vê os custos indiretos como variáveis no que diz respeito aos direcionadores de custos escolhidos. Por exemplo, os custos de ajuste (*set up*) variam com o número de horas necessárias. Dados adicionais para o Tvez são:

Tamanho do lote de produção	500 unidades
Tempo de ajuste (*set up*) por lote	12 horas
Tempo de teste e inspeção por unidade do produto produzido	2,5 horas
Custos de engenharia incorridos no Tvez	$ 170 000

Enfrentando as pressões da concorrência, a Avery quer reduzir o preço do Tvez para $ 34,80, bem abaixo do seu preço atual de $ 40,60. A redução no preço permitirá que o Avery mantenha suas vendas atuais. Se a Avery não reduzir o preço, ela perderá vendas. O desafio para a Avery é reduzir o custo do Tvez. Os engenheiros da Avery têm proposto melhorias no projeto do produto e processo para o 'Novo Tvez', em substituição ao atual.

Os efeitos esperados do novo projeto em relação ao anterior são os seguintes:

a. É esperado que os custos dos materiais diretos para o Novo Tvez diminuam em $ 3,00 por unidade.
b. É esperado que os custos de mão-de-obra direta de produção para o Novo Tvez diminuam em $ 0,75 por unidade.
c. O Novo Tvez precisará de seis horas para cada ajuste (*set up*).
d. É esperado que o tempo necessário para testar cada unidade do Novo Tvez seja reduzido em 0,5 hora.
e. Os custos de engenharia serão inalterados.

Suponha que os tamanhos dos lotes para o Novo Tvez sejam os mesmos do atual. Se a Avery precisar de recursos adicionais para implementar o novo projeto, ela poderá adquiri-los nas quantidades necessárias. Suponha, também, que o custo unitário de cada direcionador de custo do Novo Tvez é o mesmo que o do atual.

Para fazer:

1. Calcule o custo unitário total para o Tvez usando o custeio baseado em atividades.
2. Qual é a porcentagem de remarcação para cima sobre o custo total por unidade para o Tvez?
3. Qual é o custo-meta unitário da Avery para o Novo Tvez se for mantida a mesma porcentagem de margem bruta sobre o custo total do que a mantida no Tvez?
4. Alcançará o projeto do Novo Tvez o custo-meta calculado na Questão 3? Explique.
5. Qual preço a Avery cobrará para o Novo Tvez se for usada a mesma margem percentual sobre o custo unitário total para o Novo Tvez que a mantida para o Tvez?

capítulo 13

Estratégia, *Balanced Scorcard* e análise estratégica da rentabilidade

Objetivos de aprendizagem

1. Reconhecer qual de duas estratégias genéricas uma empresa está utilizando
2. Identificar do que é composta a reengenharia
3. Apresentar as quatro perspectivas do *balanced scorecard*
4. Analisar as mudanças no lucro operacional para avaliar a estratégia
5. Distinguir custos estruturados de custos discricionários
6. Identificar a capacidade ociosa e como administrá-la

Um placar atualizado é o modo-padrão para acompanhar o desempenho em jogos, eventos esportivos e até concursos de beleza. Mas agora muitas organizações estão começando a acompanhar o desempenho corporativo. O McDonald's, o maior restaurante de fast-food do mundo, acompanha o desempenho ao longo de três dimensões: financeira, satisfação do cliente e satisfação do funcionário. Ao fornecer aos gerentes das lojas apenas essas três categorias de desempenho, a empresa está direcionando esforços para as áreas de maior importância estratégica. E não basta o bom desempenho em uma só área. Os gerentes precisam estar concentrados em todas as três áreas de forma apropriada e equilibrada para bem direcionar seus esforços. Para alguns, pode parecer um jogo, mas vamos encarar a verdade: se por diversão ou lucro, todos querem jogar para ganhar.

Este capítulo destaca como informações da contabilidade gerencial são úteis na implementação e avaliação da estratégia de uma organização. A estratégia direciona as operações de uma empresa e guia as decisões dos gerentes no curto e longo prazos. Descreveremos a abordagem do *balanced scorecard* para a implementação de estratégia e como analisar o lucro operacional para propósitos de avaliação da estratégia. Também mostraremos de que forma as informações da contabilidade gerencial ajudam iniciativas estratégicas como a melhoria na produtividade, a reengenharia e o *downsizing*.

O QUE É ESTRATÉGIA?

A *estratégia* especifica como uma organização combina suas próprias capacidades com as oportunidades existentes no mercado para realizar seus objetivos. Ao formular sua estratégia, uma organização precisa compreender totalmente o setor em que opera. A análise do setor aborda cinco forças: (1) concorrentes, (2) entrantes em potencial no mercado, (3) produtos equivalentes, (4) poder de barganha dos clientes e (5) poder de barganha dos fornecedores de recursos.[1] O efeito conjunto dessas forças molda o potencial de lucro de uma empresa. No geral, o potencial de lucro diminui com a maior concorrência, entrantes em potencial mais fortes, produtos similares, clientes e fornecedores mais exigentes.

Para ilustrar as cinco forças, vamos considerar a Chipset Ltda., um fabricante de dispositivos de circuitos integrados lineares (DCIs) usados em *modem* e em redes de comunicação. A Chipset produz um único produto especializado, o CX1, um *microchip* padrão de alto desempenho que pode ser usado em múltiplas aplicações, exigindo processamento instantâneo de dados em tempo real. O CX1 foi projetado com a ativa participação de clientes.

Concorrentes. O Chipset tem amplas oportunidades de crescimento — e muitos concorrentes pequenos. Nesse setor, as empresas têm custos fixos elevados. Há pressão constante no uso da capacidade plena e ainda mais pressão sobre os preços de venda. Reduzir os preços é essencial para o crescimento por permitir que os DCIs sejam incorporados ao *modem* do mercado de massa. O CX1 é conhecido como tendo características superiores em relação aos produtos concorrentes; mesmo assim, a concorrência é severa em relação ao preço, às entregas pontuais e à qualidade. A qualidade é importante porque uma falha no DCI interrompe a rede de comunicação.

Entrantes em potencial no mercado. O setor não é atraente para novos entrantes em potencial. A concorrência mantém margens de lucro baixas e é preciso muito capital para estabelecer uma nova fábrica. As empresas que já fabricam DCIs estão mais adiantadas na curva de aprendizagem e sabem como reduzir custos, com a vantagem do estreito relacionamento com os clientes.

Produtos equivalentes. A Chipset emprega uma tecnologia que permite que os seus clientes usem o CX1 como necessário para melhor atender às suas necessidades. O projeto flexível do CX1 e o fato de ele ser muito integrado aos produtos finais dos clientes da Chipset reduzem o risco de produtos equivalentes ou de novas tecnologias substituírem o CX1 no decorrer dos próximos anos. O risco é ainda mais reduzido se a Chipset melhorar continuamente o projeto e os processos do CX1 para reduzir os custos de produção.

Poder de barganha dos clientes. Os clientes têm poder de barganha em razão de comprarem grandes quantidades do produto, podendo, também, obter *microchips* de outros fornecedores. Os contratos assinados são importantes para a Chipset, e os clientes, reconhecendo isso, negociam firmemente para manter baixos os preços dos *microships*.

Poder de barganha dos fornecedores de recursos. A Chipset compra de seus fornecedores materiais de alta qualidade como placas de circuito, pinos de conexão e embalagens plásticas ou de cerâmica. Ela usa, também, engenheiros, técnicos e mão-de-obra altamente qualificados. Fornecedores de materiais e funcionários têm algum poder de barganha para exigir preços e salários mais altos.

Em resumo, a forte concorrência e o poder de barganha de clientes e fornecedores impõem uma pressão significativa sobre os preços. A Chipset está considerando responder a esses desafios adotando uma de duas estratégias básicas: a *diferenciação do produto* ou a *liderança nos custos*.

---

1. *M. Porter,* Competitive strategy. *New York: Free Press, 1980; M. Porter,* Competitive advantage. *New York: Free Press, 1985; M. Porter. What is strategy.* Harvard Business Review, *nov./dez. 1996.*

Diferenciação do produto é a habilidade de uma organização em oferecer produtos ou serviços percebidos por seus clientes como sendo superiores e singulares em relação aos de seus concorrentes. A Hewlett-Packard teve sucesso em diferenciar seus produtos na indústria eletrônica, assim como a Merck, na indústria farmacêutica, e a Coca-Cola, na de refrigerantes. Por meio do P&D de produtos inovadores, da cuidadosa manutenção de suas marcas e de abastecer rapidamente o mercado com seus produtos, essas empresas têm sido capazes de proporcionar produtos melhores e diferenciados. A diferenciação aumenta a lealdade à marca e aos preços que os clientes estão dispostos a pagar.

Liderança em custos é a habilidade de uma organização em alcançar custos mais baixos em relação aos concorrentes mediante melhorias na produtividade e na eficiência, eliminação de desperdício e rígidos controles de custos. Alguns líderes em custos em seus respectivos setores são a Home Depot (material de construção), Texas Instruments (produtos eletrônicos de consumo) e Emerson Electric (motores elétricos). Todas essas empresas fornecem produtos e serviços similares — não diferenciados — aos de seus concorrentes, mas a um custo mais baixo para o cliente. Preços de venda mais baixos, em vez de produtos ou serviços singulares, proporcionam uma vantagem competitiva a esses líderes em termos de custos.

Qual estratégia a Chipset deveria seguir? O CX1 já é um tanto diferenciado do da concorrência. Diferenciar ainda mais o CX1 aumenta o custo, mas permite que a Chipset cobre um preço mais alto. Porém, a redução do custo do CX1 permitirá que a empresa reduza o preço, impulsionando o crescimento. A tecnologia do CX1 permite aos clientes da Chipset alcançar níveis de desempenho diferentes alterando simplesmente o número de unidades de CX1 nos seus produtos. Essa solução é mais eficaz em custo do que projetar novos *microchips* especiais para aplicações diferentes. Os clientes querem que a Chipset mantenha o projeto atual do CX1, mas que reduza o seu preço. A equipe de engenharia da Chipset também é mais qualificada para fazer melhorias de produto e de processo do que para desenvolver produtos e tecnologias novos. A Chipset conclui que deveria seguir uma estratégia de liderança em custo. É claro que uma liderança bem-sucedida em custos também aumentará a participação de mercado da Chipset e ajudará a empresa a crescer. O próximo desafio da Chipset é a implementação efetiva da estratégia de liderança em custo.

Implementação da estratégia e o *balanced scorecard* (BSC)

O contador gerencial projeta relatórios para ajudar os gerentes a acompanhar a implementação da estratégia. Muitas organizações introduziram a abordagem do *balanced scorecard* para gerenciar a implementação de suas estratégias.

Balanced scorecard

O ***balanced scorecard*** traduz a missão e a estratégia de uma organização em um conjunto de indicadores de desempenho que proporcionam uma estrutura para a implementação da estratégia.[2] O *balanced scorecard* não se preocupa apenas em alcançar objetivos financeiros. Ele também realça objetivos não-financeiros que uma organização precisa alcançar para cumprir seus objetivos financeiros. O placar mede o desempenho de uma organização em quatro perspectivas: (1) financeira, (2) cliente, (3) processos internos e (4) aprendizagem e crescimento. A estratégia da empresa influencia os indicadores usados para acompanhar o desempenho em cada uma das perspectivas.

Ele é denominado *balanced scorecard* por equilibrar o uso de indicadores financeiros e não-financeiros para avaliar o desempenho no curto e no longo prazos em um único relatório. O *balanced scorecard* reduz a ênfase dos gerentes no desempenho financeiro de curto prazo, como os lucros trimestrais. Isso se deve ao fato de que os indicadores não-financeiros e operacionais, como a qualidade do produto e a satisfação do cliente, medem mudanças que uma empresa está efetuando para longo prazo. Os benefícios financeiros dessas mudanças podem não aparecer de imediato nos ganhos de curto prazo, mas uma forte melhoria nos indicadores não-financeiros é um indicador da criação de valor econômico no futuro. Por exemplo, o aumento na satisfação do cliente, como medido em pesquisas de clientes e compras repetidas, é sinal de vendas e lucros mais altos no futuro. Ao equilibrar o *mix* de indicadores financeiros e não-financeiros, o *balanced scorecard* amplia a atenção da administração para o desempenho de curto e de longo prazos.

Ilustramos as quatro perspectivas do *balanced scorecard* utilizando o exemplo da Chipset. Para compreender os indicadores que a Chipset usa para monitorar o progresso sob cada perspectiva, precisamos reconhecer os passos que ela planeja empreender para adiantar sua estratégia de liderança em custo: melhorar a qualidade e fazer a reengenharia dos processos. Como resultado dessas ações, a Chipset espera reduzir os custos e a estrutura, reduzindo a capacidade em excesso à necessária para o crescimento futuro. No entanto, ela não quer cortar pessoal a ponto de afetar o moral dos funcionários e prejudicar o crescimento futuro.

Melhoria na qualidade e a reengenharia na Chipset

Para melhorar a qualidade — ou seja, reduzir defeitos e melhorar o rendimento no seu processo de produção — a Chipset precisa obter dados em tempo real sobre parâmetros do processo de produção, como temperatura e pressão, e

---

2. *Veja R. S. Kaplan e D. P. Norton,* The balanced scorecard. *Harvard Business School Press, 1996.*

implementar métodos mais eficazes de controle do processo. A meta é manter os parâmetros do processo dentro de faixas rígidas. A Chipset também precisa treinar seus funcionários nas técnicas de gestão da qualidade para ajudá-los a identificar as causas dos defeitos e como preveni-los. Após esse treinamento, a Chipset precisa levar os funcionários a ter iniciativa própria no sentido de decidir por medidas que melhorarão a qualidade, como a manutenção de parâmetros do processo dentro das faixas rígidas.

Um segundo elemento da estratégia da Chipset para reduzir custos é o da reengenharia do processo de entrega de pedidos. A **reengenharia** é a reestruturação dos processos na melhoria das medidas críticas do desempenho como custo, qualidade, serviço, velocidade e satisfação do cliente.[3] Para ilustrar a reengenharia, considere o sistema de entrega de pedidos da Chipset em 2002. Quando a Chipset recebe um pedido de compra de um cliente, uma cópia é enviada para a produção, onde um programador de produção começa o planejamento para a produção dos itens pedidos. Freqüentemente, há uma longa espera antes de a produção começar. Após completar a produção, os *chips* CX1 são enviados para o *departamento de despachos*, que compara as quantidades de CX1 a serem despachadas com os pedidos de compras dos clientes. Muitas vezes, os *chips* CX1, completados, são mantidos em estoque até que um caminhão esteja disponível para levá-los até o cliente. Se a quantidade despachada não estiver de acordo com o número de *chips* requisitado pelo cliente, um despacho especial será programado. Os documentos de transporte são enviados para o *departamento de faturamento* para ser faturado. Uma equipe do *departamento contábil* acompanha os pagamentos dos clientes.

As muitas transferências de *chips* CX1 e/ou informações a respeito deles entre os departamentos (vendas, produção, despacho, fatura e contábil) para atender ao pedido de um cliente, deixaram o processo lento e criaram atrasos. Além disso, não há um único responsável por cada pedido. Uma equipe multifuncional dos vários departamentos redesenhou o processo de entrega de pedidos para 2003. A meta é tornar toda a organização mais concentrada no cliente e reduzir atrasos ao eliminar o número de transferências interdepartamentais. Sob o sistema novo, o gerente de relacionamento com o cliente será responsável por cada cliente e seus pedidos. A Chipset e seus clientes entrarão em contratos de longo prazo especificando quantidades e preços. O gerente de relacionamento trabalhará de perto com o cliente e a produção para especificar programações de entrega do CX1 com um mês de antecedência. A programação de pedidos dos clientes será enviada eletronicamente para a produção. Os *chips* acabados serão despachados diretamente da fábrica para os estabelecimentos dos clientes. Cada despacho liberará automaticamente uma fatura que será enviada eletronicamente para o cliente que, por sua vez, também eletronicamente transferirá fundos para o banco da Chipset. Experiências de muitas empresas, como a AT&T, Banca di América e di Itália, Cigna Insurance, Ford Motor, Hewlett-Packard e Siemens Nixdorf indicam que os benefícios da reengenharia são significativos quando atravessam as linhas funcionais para centrar-se em um processo do negócio por inteiro (como no exemplo da Chipset). A reengenharia somente da atividade de despacho ou de faturamento da Chipset, em vez de todo o processo de entrega de pedidos, não seria particularmente benéfica. Esforços bem-sucedidos de reengenharia envolvem mudança de papéis e de responsabilidades, eliminando atividades e tarefas desnecessárias, usando a tecnologia da informação e desenvolvendo as habilidades dos funcionários. O *balanced scorecard* da Chipset, para 2003, precisa acompanhar o progresso da Chipset na reengenharia do processo de entrega de pedidos de todas as perspectivas: financeira e não-financeira.

AS QUATRO PERSPECTIVAS DO *BALANCED SCORECARD*

O Quadro 13.1 apresenta o *balanced scorecard* da Chipset. Ele destaca as quatro perspectivas do desempenho: financeira, cliente, processo interno do negócio e aprendizagem e crescimento. No início de 2003, a empresa especifica os objetivos, ações, iniciativas e medidas que precisa tomar para alcançar os objetivos e o desempenho-meta (as quatro primeiras colunas do Quadro 13.1). Os níveis de desempenho-meta para medidas não-financeiras são baseados em referências com concorrentes. Eles indicam os níveis de desempenho necessários para satisfazer as necessidades dos clientes, competir eficazmente e alcançar metas financeiras. A quinta coluna, que descreve o desempenho real, é completada no final de 2003. Essa coluna mostra quão bem a Chipset se saiu em relação ao desempenho-meta.

Perspectiva financeira. Avalia a rentabilidade da estratégia. Como a redução de custos em relação aos concorrentes e o crescimento nas vendas são as iniciativas estratégicas-chave da Chipset, a perspectiva financeira concentra-se no lucro operacional e no retorno sobre o capital resultante da redução de custos e da venda de mais unidades de CX1.

Perspectiva do cliente. Identifica os segmentos de mercado almejados e mede o sucesso da empresa nesses segmentos. Para monitorar seus objetivos de crescimento, a Chipset usa indicadores como participação no mercado no segmento de redes de comunicação, número de clientes novos e satisfação do cliente.

---

3. *Veja M. Hammer e J. Champy*, Reengineering the corporation: A manifesto for business revolution. *New York: Harper, 1993; E. Ruhli, C. Treichler e S. Schmidt. From Business Reengineering to Management Reengineering — A European Study.* Management International Review. *1995: 361-371; G. Hall, J. Rosenthal e J. Wade. How to Make Reengineering Really Work.* Harvard Business Review. *Nov./dez. 1993: 119-131.*

Perspectiva do processo interno do negócio. Concentra-se nas operações internas que contribuem para criar valor para clientes e aumentar o valor para os acionistas. A Chipset determina metas de melhoria nos processos internos do negócio após fazer *benchmarking* com seus principais concorrentes. No Capítulo 12, consideramos existir fontes diferentes de análise de custo dos concorrentes — demonstrações financeiras publicadas, preços, clientes, fornecedores, ex-funcionários, peritos do setor e análise financeira. Além disso, a Chipset também desmonta os produtos dos concorrentes para compará-los aos seus próprios produtos e projetos. Essa atividade ajuda a Chipset a estimar os custos dos concorrentes. A perspectiva do processo interno do negócio é composta de três subprocessos:

1. *O processo de inovação*: a criação de produtos, serviços e processos que irão satisfazer as necessidades dos clientes. A Chipset está buscando reduzir custos e promover crescimento ao melhorar a tecnologia de produção.
2. *O processo das operações*: a produção e a entrega de produtos e serviços existentes que irão satisfazer as necessidades dos clientes. As iniciativas estratégicas da Chipset são (a) melhorar a qualidade da produção, (b) reduzir o tempo de entrega aos clientes e (c) cumprir as datas de entrega especificadas.
3. *Processo de pós-venda*: proporcionar serviço e apoio ao cliente após a venda de um produto ou serviço. Embora os clientes não necessitem de muito serviço pós-venda, a Chipset monitora quão rápida e precisamente está respondendo às solicitações de serviço dos clientes.

Perspectiva de aprendizagem e crescimento. Identifica as capacidades em que a organização precisa se sobressair para obter processos internos superiores que criem valor para clientes e acionistas. A perspectiva de aprendizagem e crescimento da Chipset enfatiza três capacidades: (1) capacidade de funcionários, medida a partir dos níveis de ensino e de qualificação dos mesmos; (2) capacidade do sistema de informações, medida por meio da porcentagem de processos de produção com *feedback* em tempo real e (3) motivação, medida por meio da satisfação de funcionários e a porcentagem de funcionários de produção e de vendas (funcionários de linha) autorizada a gerenciar processos.

As setas no Quadro 13.1 indicam as ligações de causa e efeito — como ganhos na perspectiva de aprendizagem e crescimento levam a melhorias nos processos internos que, por sua vez, levam maior satisfação ao cliente e participação no mercado e, finalmente, a um desempenho financeiro superior. Observe como o BSC descreve elementos da implementação da estratégia da Chipset. *Empowerment* de funcionários, treinamento e sistemas de informação melhoram a satisfação dos funcionários e levam a melhoras nos processos de produção e do negócio que, por sua vez, melhoram a qualidade e reduzem o tempo de entrega. O resultado é um aumento na satisfação do cliente e uma maior participação no mercado. Essas iniciativas levaram ao sucesso na perspectiva financeira. A Chipset obteve um lucro operacional significativo pela sua estratégia de liderança nos custos, o que também levou ao crescimento.

ALINHANDO O *BALANCED SCORECARD* À ESTRATÉGIA

Estratégias diferentes pedem diferentes *scorecards*. Suponha que a Visilog, uma outra empresa no ramo de *microchips*, siga uma estratégia de diferenciação do produto ao projetar *chips* especiais medidos para modem e redes de comunicação. A Visilog projeta seu *balanced scorecard* de acordo com sua estratégia. Por exemplo, na perspectiva financeira, a Visilog avalia quanto de seu lucro operacional vem dos preços *premium* dos seus produtos. Na perspectiva do cliente, a Visilog mede a porcentagem de suas receitas proveniente de produtos e clientes novos. Na perspectiva dos processos internos, ela mede o desenvolvimento de capacidades de produção avançada para *chips* especiais. Na perspectiva da aprendizagem e crescimento, a Visilog mede o tempo de desenvolvimento de produtos novos. É claro que a Visilog usa alguns dos indicadores descritos no *balanced scorecard* do Quadro 13.1. Por exemplo, crescimento de receitas, classificações de satisfação do cliente, tempo de entrega do pedido, entregas pontuais, porcentagem de funcionários que gerenciam processos e classificações de satisfação dos funcionários são, todos, indicadores importantes sob a estratégia de diferenciação do produto. A questão é alinhar o *balanced scorecard* com a estratégia da empresa.[4] O Quadro 13.2 apresenta algumas medidas comuns encontradas nos BSCs de empresas.

IMPLEMENTAR O *BALANCED SCORECARD*

Implementar um *balanced scorecard* exige compromisso e liderança da administração. Na Chipset, a equipe de elaboração do placar equilibrado (chefiada pelo vice-presidente de planejamento estratégico) conduziu entrevistas com gerentes seniores, investigou executivos sobre clientes, concorrentes e desenvolvimento tecnológico e buscou propostas para objetivos do *balanced scorecard* para as quatro perspectivas, após o que a equipe se reuniu para desenvolver uma lista priorizada de objetivos.

Em uma reunião com todos os gerentes seniores, a equipe buscou obter um consenso sobre os objetivos do BSC e estabelecer ligações de causa e efeito entre os objetivos escolhidos. A equipe sênior foi então dividida em quatro

---

4. *Por questão de simplicidade, apresentamos o* balanced scorecard *no contexto de empresas que seguiram uma estratégia de liderança em custo ou diferenciação do produto. É claro que uma empresa pode ter alguns produtos para os quais a liderança em custo é crítica e outros para os quais a diferenciação do produto é importante. Aí a empresa desenvolverá BSCs separados para implementar as diferentes estratégias dos produtos. Em outros contextos, a diferenciação do produto pode ser de importância primária, mas alguma liderança em custo terá de ser alcançada. Os indicadores do* balanced scorecard *seriam, então, ligados em termos de causa e efeito, de acordo com a estratégia.*

Quadro 13.1 O *balanced scorecard* para a Chipset Ltda. para 2003.

Objetivos	Medidas	Iniciativas	Desempenho-meta	Desempenho real
Perspectiva financeira				
Aumentar o valor do acionista	Lucro operacional de ganhos da produtividade	Gerenciar custos e capacidade ociosa	$ 2 000 000	$ 2 100 000
	Lucro operacional do crescimento	Construir fortes laços com os clientes	$ 3 000 000	$ 3 420 000
	Crescimento das receitas	Construir fortes laços com os clientes	6%	6,48%[a]
Perspectiva do cliente				
Aumentar a participação no mercado	Participação no mercado no segmento de redes de comunicação	Identificar necessidades futuras de clientes	6%	7%
Aumentar a satisfação do cliente	Clientes novos	Identificar novos segmentos de clientes-alvo	1	1[b]
	Pesquisa de satisfação do cliente	Aumentar o foco no cliente na organização	90% dos clientes estão nas duas classificações mais altas	87% dos clientes estão nas duas classificações mais altas
Perspectiva dos processos internos				
Melhorar qualidade de produção e produtividade	Produtividade	Identificar causas de problemas e melhorar a qualidade	78%	79,3%
Reduzir tempo de entrega aos clientes	Tempo de entrega do pedido	Reengenharia do processo de entrega do pedido	30 dias	30 dias
Cumprir as datas de entrega especificadas	Entregas pontuais	Reengenharia do processo de entrega do pedido	92%	90%
Melhorar processos	Número de melhorias significativas nos processos de produção e de negócios	Organizar equipes de P&D/produção e vendas para modificar os processos	5	5
Melhorar capacidade de produção	Porcentagem de processos com controles avançados	Organizar equipes de P&D/produção para implementar controles avançados	75%	75%
Perspectiva da aprendizagem e crescimento				
Alinhar metas de funcionários e da organização	Pesquisa de satisfação do funcionário	Programa de sugestões e participação dos funcionários para desenvolver trabalho em equipe	80% dos funcionários estão nas duas classificações mais altas	88% dos funcionários estão nas duas classificações mais altas
Desenvolver habilidades nos processos	Porcentagem de funcionários treinados nos processos e na gestão da qualidade	Programas de treinamento para funcionários	90%	92%
Outorgar autoridade à equipe de trabalho	Porcentagem de funcionários de linha outorgados a gerenciar processos	Ter supervisores agindo como *coaches* em vez de tomadores de decisão	85%	90%
Realçar capacidades do sistema de informações	Porcentagem de processos de produção com *feedback* em tempo real	Melhorar a coleta de dados *on* e *off-line*	80%	80%

a *(Receitas em 2003 – Receitas em 2002) ÷ Receitas em 2002 = ($ 28 750 000 – $ 27 000 000) ÷ $ 27 000 000 = 6,48%.*
b *Número de clientes aumentou de sete para oito em 2003.*

grupos, cada um sendo responsável por uma das perspectivas. Além disso, representantes de um nível gerencial abaixo e gerentes de funções-chave foram incluídos em cada grupo para ampliar a base de informações. Os grupos identificaram indicadores para cada objetivo e as fontes de informações para cada indicador. Os grupos então se

Quadro 13.2 — Indicadores freqüentemente citados para *balanced scorecard*.

Perspectiva financeira

Lucro operacioal, crescimento de receitas, receitas de novos produtos, margem bruta, reduções de custos em áreas-chave, valor econômico adicionado[a] (EVA®), retorno sobre o investimento[a]

Perspectiva do cliente

Participação no mercado, satisfação do cliente, porcentagem de retenção do cliente, tempo para atender às necessidades dos clientes, número de reclamações de clientes

Perspectiva dos processos internos

Processo de inovação: capacidades de produção, número de produtos ou serviços novos, tempos de desenvolvimento de produtos novos e número novo de patentes
Processo de operações: rendimento, índices de defeitos, tempo de entrega do produto aos clientes, porcentagem de entregas pontuais, tempo médio de fabricação dos pedidos, tempo de preparação, paradas não programadas
Processo de pós-venda: tempo de substituição ou reparo de produtos defeituosos, horas de treinamento de clientes para o uso do produto

Perspectiva da aprendizagem e crescimento

Níveis de ensino e de qualificação de funcionários, notas de satisfação de funcionários, índices de giro de funcionários, disponibilidade do sistema de informações, porcentagem de processos com controles avançados, porcentagem de sugestões de funcionários implementadas, porcentagem de remuneração com base nos incentivos individuais e de equipe.

[a] Essas medidas são descritas no Capítulo 9 do volume 2.

reuniram para finalizar os objetivos, os indicadores, as metas e as ações para alcançar as metas do BSC. O *balanced scorecard* final foi comunicado e usado para avaliar o desempenho de gerentes em toda a empresa.

CARACTERÍSTICAS DE UM BOM *BALANCED SCORECARD*

Um *balanced scorecard* bem projetado tem várias características:

1. Ele conta a história da estratégia de uma empresa, articulando uma seqüência de relacionamentos de causa e efeito — as ligações entre as várias perspectivas que descrevem como a estratégia será implementada. Cada indicador no *balanced scorecard* faz parte de uma corrente de relações de causa e efeito, da formulação da estratégia até os resultados financeiros.

2. Ele ajuda a comunicar a estratégia a todos os membros da organização ao traduzi-la em um conjunto coerente e interligado de metas operacionais compreensíveis e mensuráveis. Guiados pelo BSC, gerentes e funcionários tomam medidas e decisões para implementar a estratégia da empresa. Para focar essas medidas, algumas empresas como a Móbil e o Citigroup levaram o desenvolvimento de BSCs para os níveis de divisão e de departamento.

3. Em empresas com fins lucrativos, o *balanced scorecard* coloca uma forte ênfase nos objetivos e nas medidas financeiras. Às vezes, os administradores tendem a se concentrar excessivamente na inovação, qualidade e satisfação do cliente como fins em si, mesmo não levando a retornos tangíveis. O *balanced scorecard* enfatiza as medidas não-financeiras como parte de um programa para alcançar desempenho financeiro futuro. Quando medidas do desempenho financeiro e não-financeiro são corretamente interligadas, a maioria, se não todas, das medidas não-financeiras serve como indicadores do desempenho financeiro futuro. No exemplo da Chipset, as melhorias em fatores não-financeiros têm de fato levado a melhorias nos fatores financeiros.

4. O *balanced scorecard* limita o número de medidas, identificando apenas as que são mais críticas. O propósito é o de concentrar a atenção dos administradores naquelas que mais afetam a implementação da estratégia.

5. O *balanced scorecard* destaca as falhas de determinadas decisões ao considerar conjuntamente as medidas operacionais e financeiras. Por exemplo, uma empresa cuja estratégia é a inovação e a diferenciação do produto poderia conseguir um desempenho financeiro superior no curto prazo ao reduzir os gastos em P&D. Um bom *balanced scorecard* sinalizaria que o desempenho financeiro no curto prazo pode ter sido alcançado ao tomar decisões que prejudicaram o desempenho financeiro futuro, porque os indicadores líderes daquele desempenho, os gastos e a produção de P&D foram reduzidos.

ARMADILHAS NA IMPLEMENTAÇÃO DE UM *BALANCED SCORECARD*

Armadilhas que devem ser evitadas na implementação de um *balanced scorecard* incluem:

1. Não suponha que as ligações de causa e efeito sejam precisas. Elas são apenas hipóteses. Com o tempo, uma empresa precisa reunir provas da força e da velocidade das ligações entre as medidas financeiras e não-finan-

ceiras. Com experiência, as organizações devem alterar seus BSCs para incluir objetivos e medidas não-financeiros, os melhores indicadores de tendências do desempenho financeiro (um indicador de resultado). Compreender que o BSC evolui com o tempo ajuda a evitar a tentativa improdutiva de projetar o BSC 'perfeito' logo no início.

2. Não procure obter melhorias em todas as medidas o tempo todo. Poderá ser necessário fazer trocas entre as várias metas estratégicas. Por exemplo, busque qualidade e desempenho pontual, mas não além do ponto em que melhorias adicionais nesses objetivos possam ser inconsistentes com a maximização dos lucros no longo prazo.

3. Não use apenas medidas objetivas no *balanced scorecard*. O *balanced scorecard* da Chipset inclui medidas objetivas (como o lucro operacional da liderança nos custos, participação no mercado e produtividade) e subjetivas (como classificação de satisfação dos clientes e dos funcionários). No entanto, ao usar indicadores subjetivos, a administração precisa ter o cuidado de equilibrar os benefícios das informações mais ricas que essas medidas proporcionam com a imprecisão e o potencial de manipulação.

4. Não esqueça de considerar custos e benefícios de iniciativas como gastos em tecnologia da informação e P&D antes de incluir esses objetivos no *balanced scorecard*. Caso contrário, a administração poderá concentrar a organização em medidas que não resultarão em benefícios financeiros globais no longo prazo.

5. Não ignore medidas não-financeiras quando avaliar gerentes e funcionários. Os gerentes tendem a se concentrar naquilo em que o seu desempenho é avaliado. Excluir medidas não-financeiras quando avaliar o desempenho reduzirá o significado e a importância que os gerentes dão a essas medidas (veja 'Pesquisas de Práticas Empresariais').

6. Não use um excesso de medidas. Isso apenas bagunça o *balanced scorecard* e tira a atenção dos indicadores que são importantes para a implementação da estratégia.

AVALIANDO O SUCESSO DE UMA ESTRATÉGIA

Para avaliar quão bem-sucedida foi a implementação de sua estratégia, a Chipset compara as colunas do desempenho-meta e real de seu *balanced scorecard* no Quadro 13.1. A Chipset cumpriu a maioria das metas estabelecidas com base no *benchmarking* de concorrentes. Cumprir essas metas sugere que as iniciativas estratégicas, que a empresa identificou e mediu em relação à aprendizagem e ao crescimento, resultaram em melhorias nos processos internos, nos indicadores de clientes e no desempenho financeiro. As medidas financeiras mostram que a Chipset obteve as economias em custos e o crescimento-meta. Observe que as medidas financeiras isolam fontes específicas de mudanças no lucro operacional em vez de mudanças agregadas.

Algumas empresas podem ficar tentadas em medir o sucesso de suas estratégias por meio de variações nos lucros operacionais de um ano para outro. Essa abordagem não é adequada, pois o lucro operacional pode aumentar simplesmente porque mercados inteiros estão se expandindo, e não porque a estratégia específica de uma empresa teve êxito. Além disso, mudanças no lucro operacional podem ser causadas por fatores além da estratégia. Por exemplo, uma empresa como a Chipset, que escolheu uma estratégia de liderança em custo, pode descobrir que o aumento no lucro operacional resultou incidentalmente, digamos, de algum grau de diferenciação do produto. Administradores e contadores precisam avaliar o sucesso de uma estratégia ao ligar as fontes dos aumentos no lucro operacional à estratégia.

Para avaliar o sucesso de sua estratégia, uma empresa pode subdividir mudanças no lucro operacional em componentes que podem ser identificados com diferenciação do produto, liderança em custo e crescimento. Por que crescimento? Porque a liderança em custo ou a diferenciação do produto, bem-sucedidos, geralmente aumenta a participação no mercado e ajuda a empresa a crescer. Subdividir a mudança no lucro operacional para avaliar o sucesso da estratégia de uma empresa é conceitualmente similar à análise de variações, discutida nos Capítulos 7 e 8, embora possa diferir em alguns detalhes. Uma diferença é a comparação do desempenho operacional real sobre dois períodos diferentes em vez de comparar números reais e orçados no mesmo período de tempo. Uma empresa é bem-sucedida na implementação de sua estratégia quando as quantidades dos componentes da diferenciação do produto, liderança em custos e crescimento nas mudanças no lucro operacional se alinham intimamente com a estratégia.

ANÁLISE ESTRATÉGICA DO LUCRO OPERACIONAL

A ilustração a seguir explica como subdividir a mudança no lucro operacional de um ano para outro em componentes que descrevem quão bem-sucedida a empresa tem sido em relação à liderança em custo, diferenciação do produto e crescimento.[5]

---

5. *Para outros detalhes, veja R. Banker, S. Datar e R. Kaplan, Productivity Measurement and Management Accounting.* Journal of Accounting, Auditing and Finance. *1989: 528-554.*

> ## PESQUISAS DE PRÁTICAS EMPRESARIAIS
>
> ### Ampliando o indicador do desempenho usando o *balanced scorecard*[a]
>
> Uma pesquisa[a] em cem grandes empresas dos EUA indica que 60 por cento usam alguma variação do *balanced scorecard*. Desses, mais de 80 por cento estão usando, ou planejando usar, o BSC ou variações do mesmo para propósitos de remuneração variável.
>
> Como mostra a tabela a seguir, empresas que adotam o placar citam a ampliação das medidas do desempenho como sendo a razão mais importante para sua adoção.
>
> | Razão | Porcentagem citando como altamente importante |
> |---|---|
> | Combina medidas operacionais e financeiras | 88% |
> | Minimiza a dependência de uma única medida | 67% |
> | Mostra se a melhoria em uma área afeta adversamente uma outra | 35% |
>
> Pesquisas[b] também indicam que o *balanced scorecard* ajuda no desenho de indicadores do desempenho que comunicam a estratégia e na identificação de medidas-chave do desempenho financeiro. Apesar da ampliação de medidas do desempenho, as empresas continuam a atribuir mais peso aos resultados financeiros na avaliação do desempenho.
>
> | Categoria de indicador do desempenho | Peso médio relativo |
> |---|---|
> | Perspectiva financeira | 55% |
> | Perspectiva do cliente | 19% |
> | Perspectiva do processo interno | 12% |
> | Perspectiva da aprendizagem e crescimento | 14% |
>
> Os resultados da pesquisa indicam alguns problemas e desafios na implementação do *balanced scorecard*, que são: (1) dificuldade em avaliar a importância relativa de indicadores diferentes, (2) problemas em medir e quantificar dados qualitativos importantes, (3) falta de clareza resultando de um número grande de medidas, e (4) tempo e despesa necessários para projetar e manter o BSC. Apesar desses desafios, a pesquisa indica que executivos acham-no eficaz e útil. *Balanced scorecards* também estão sendo implementados em outros países no mundo todo — por exemplo, Canadá, Finlândia, Portugal e Escandinávia.[c]
>
> a Adaptado de *CompScan Report*, Towers Perrin.
> b Frigo, *2001 CMG Survey*.
> c Ax e Bjornenak, *The building*; Malmi, *Balanced scorecard* e Rodrigues e Sousa, *The use of*.

A Chipset apresenta os seguintes dados para 2002 e 2003:

		2002	2003
1.	Unidades de CX1 produzidas e vendidas	1 000 000	1 150 000
2.	Preço de venda	$ 27	$ 25
3.	Materiais diretos (centímetros quadrados de placas de circuitos)	3 000 000	2 900 000
4.	Custo de material direto por centímetro quadrado	$ 1,40	$ 1,50
5.	Capacidade de processamento (em centímetros quadrados de placas de circuito)	3 750 000	3 500 000
6.	Custos de conversão	$ 16 050 000	$ 15 225 000
7.	Custo de conversão por unidade de capacidade (Fila 6 ÷ Fila 5)	$ 4,28	$ 4,35
8.	P&D de funcionários	40	39
9.	Custos de P&D	$ 4 000 000	$ 3 900 000
10.	Custo de P&D por funcionário (Fila 9 ÷ Fila 8)	$ 100 000	$ 100 000

A Chipset fornece as seguintes informações adicionais.

1. *Custos de conversão* são todos os custos de produção além dos custos de materiais diretos. Os custos de conversão para cada ano dependem da capacidade de produção definida em termos de centímetros quadrados de placas de circuito processadas. Tais custos não variam com a quantidade real de placas de circuito processadas. (Como os custos de mão-de-obra direta são pequenos e ligados à capacidade, a Chipset os inclui em outros custos de produção, como parte dos custos de conversão em vez de como uma categoria separada de custo.) Para reduzir os custos de conversão, a administração teria de reduzir a capacidade ao vender alguns dos equipamentos de produção e redistribuir o pessoal de produção para outras tarefas ou demiti-los.

2. No início de cada ano, a administração usa de discernimento para determinar a quantidade de trabalho de P&D a ser realizado. A quantidade de trabalho de P&D independe da quantidade real de CX1 produzida e vendida ou de placas de silicone processadas.

3. Os custos de vendas e marketing da Chipset são pequenos em relação a outros custos e, portanto, incluídos nas outras categorias de custo. A Chipset tem menos de dez clientes, cada um comprando aproximadamente as mesmas quantidades de CX1. Devido à natureza altamente técnica do produto, a Chipset usa uma abordagem de equipe multifuncional para as atividades de marketing e vendas. Os engenheiros de P&D trabalham de perto com os clientes para compreender suas necessidades em relação às atualizações do CX1. Uma vez assinado um contrato de fornecimento de *chips*, o gerente de relacionamento com o cliente localizado na área de produção é responsável por assegurar que, embora os custos de marketing e vendas sejam pequenos, toda a organização da Chipset permanece concentrada em aumentar a satisfação do cliente e a participação no mercado. (O 'Problema para Auto-Estudo', no final deste capítulo, descreve uma situação em que custos de marketing, vendas e atendimento ao cliente são significativos.)

4. A estrutura de ativos da Chipset não é significativamente diferente em 2002 e 2003. O lucro operacional para cada ano é:

	2002	2003
Receitas		
($ 27 por unidade × 1 000 000 unidades; $ 25 por unidade × 1 150 000 unidades)	$ 27 000 000	$ 28 750 000
Custos		
Custos de materiais diretos		
($ 1,40/cm^2 × 3 000 000 cm^2; $ 1,50/cm^2 × 2 900 000 cm^2)	4 200 000	4 350 000
Custos de conversão		
($ 4,28/cm^2 × 3 750 000 cm^2; $ 4,35/cm^2 × 3 500 000 cm^2)	16 050 000	15 225 000
Custos de P&D	4 000 000	3 900 000
Total de custos	24 250 000	23 475 000
Lucro operacional	$ 2 750 000	$ 5 275 000
Aumento no lucro operacional		$ 2 525 000

Nossa meta é avaliar quanto do aumento em $ 2 525 000 no lucro operacional foi ocasionado pela implementação bem-sucedida da estratégia de liderança nos custos da empresa. Para fazer isso, analisamos três componentes principais: crescimento, recuperação do preço e produtividade.

O **componente do crescimento** mede a mudança no lucro operacional atribuível somente à mudança na quantidade de produção vendida entre 2002 e 2003. Os cálculos para o componente do crescimento são semelhantes à variação no volume de vendas introduzida no Capítulo 7.

O **componente da recuperação do preço** mede a mudança no lucro operacional atribuível somente às mudanças nos preços de entradas e saídas (recursos e produção) da Chipset entre 2002 e 2003. Os cálculos para o componente da recuperação do preço são semelhantes à variação no preço de venda e às variâncias no preço e no dispêndio para materiais, mão-de-obra e custos indiretos, introduzidas nos Capítulos 7 e 8. O componente da recuperação do preço mede a mudança no preço da saída comparado com as mudanças nos preços de entrada. Uma empresa que busca uma estratégia de diferenciação do produto com êxito será capaz de aumentar seu preço da saída mais rapidamente do que o aumento nos preços de entradas, aumentando as margens de lucro e o lucro operacional: ela mostrará um grande componente de recuperação do preço positivo.

O **componente da produtividade** mede a mudança nos custos atribuíveis a uma mudança na quantidade de entradas (recursos) consumidas em 2003, em relação à quantidade de entradas consumidas em 2002 para produzir a saída de 2003. Os cálculos para o componente da produtividade são semelhantes às variações na eficiência introduzidas nos Capítulos 7 e 8. O componente da produtividade mede a quantia pela qual o lucro operacional aumenta ao consumir entradas de modo produtivo para reduzir custos. Uma empresa que tem buscado uma estratégia de liderança em custos com êxito será capaz de produzir uma dada quantia de saída com menos entradas (recursos): ela mostrará um grande componente de produtividade positivo. Em razão da estratégia da Chipset de liderança em custos, esperamos que o aumento no lucro operacional seja atribuível aos componentes da produtividade e do crescimento, mas não da recuperação do preço. Agora, examinaremos esses três componentes em detalhes.

COMPONENTE DO CRESCIMENTO

O componente do crescimento mede o aumento nas receitas menos o aumento nos custos da venda de mais unidades de CX1 em 2003 (1 150 mil unidades) do que em 2002 (um milhão de unidades), supondo que mais nada tenha mudado. Ou seja, esse cálculo supõe que os preços de venda, os preços das entradas (recursos), eficiência e capacidade, de 2002, são os mesmos em 2003.

Efeito da receita no crescimento

$$\text{Efeito das receitas no componente do crescimento} = \left(\text{Unidades reais de produção vendidas em 2003} - \text{Unidades reais de produção vendidas em 2002} \right) \times \text{Preço de venda em 2002}$$

$$= (1\ 150\ 000\ \text{unidades} - 1\ 000\ 000\ \text{de unidades}) \times \$\ 27\ \text{por unidade}$$
$$= \$\ 4\ 050\ 000\ \text{F}$$

Esse componente é favorável (F) porque ele aumenta o lucro operacional. Reduções no lucro operacional são desfavoráveis (D).

Mantivemos o preço de 2002 do CX1 inalterado, concentrando-nos somente no aumento na produção vendida entre 2002 e 2003. Isso se deve ao fato de o objetivo do efeito da receita do componente do crescimento ser o de isolar o aumento nas receitas entre 2002 e 2003 devido, somente, à mudança na quantidade vendida, *supondo* que o preço de venda de 2002 continue o mesmo em 2003.

EFEITO DO CUSTO NO CRESCIMENTO

É claro que, para vender mais em 2003, é preciso de mais entradas (recursos). O efeito do custo do crescimento mede a quantia pela qual os custos em 2003 teriam aumentado (1) se a relação entre entradas (recursos) e saídas, de 2002, se mantivesse em 2003 e (2) se os preços das entradas (recursos) em 2002 continuassem iguais em 2003.

$$\begin{matrix}\text{Efeito do custo} \\ \text{no componente} \\ \text{do crescimento}\end{matrix} = \left(\begin{matrix}\text{Unidades reais de entradas ou capacidades} \\ \text{que teriam sido consumidas para produzir} \\ \text{a saída de 2003 supondo a mesma relação} \\ \text{de entradas/saídas que a de 2002}\end{matrix} - \begin{matrix}\text{Unidades reais de} \\ \text{entradas ou capacidade} \\ \text{para produzir a saída} \\ \text{de 2002}\end{matrix}\right) \times \begin{matrix}\text{Preço das} \\ \text{entradas} \\ \text{em 2002}\end{matrix}$$

Usamos relações de entradas/saídas e preços das entradas, de 2002, porque a meta é isolar o aumento nos custos ocasionado somente pelo crescimento nas unidades de CX1 vendidas entre 2002 e 2003. As unidades reais de entradas ou capacidade para produzir a saída de 2002 são dadas nos dados básicos para a Chipset. Segue uma breve explicação dos cálculos individuais para as unidades reais de entrada ou capacidades consumidas para produzir a saída de 2003, supondo a mesma relação de entradas e saídas de 2002.

Materiais diretos. Para produzir 1 150 mil unidades de CX1 em 2003, comparado com as um milhão de unidades produzidas em 2002 (15 por cento a mais), a Chipset precisaria de um aumento proporcional nos três milhões de centímetros quadrados de materiais diretos consumidos em 2002. Ou seja, a quantidade necessária de materiais diretos é igual a 3 450 mil centímetros quadrados (3 000 000 × 1 150 000/1 000 000).

Custos de conversão. Nosso exemplo supõe que os custos de conversão sejam fixos em qualquer nível de capacidade. A Chipset tem capacidade de produção para processar 3 750 mil centímetros quadrados de placas de circuito, em 2002, a um custo de $ 16 050 000. Para produzir o volume de 2003, de 1 150 mil unidades de CX1, em 2002, supondo a mesma relação de entradas e saídas de 2002, a Chipset teria de processar 3 450 mil centímetros quadrados de placas de circuito como calculado no parágrafo anterior. Ela já tem capacidade para processar 3 750 mil centímetros quadrados de placas de circuito. Portanto, a Chipset não precisaria de capacidade adicional.

Custos de P&D. Os custos de P&D são fixos a não ser que a administração decida mudar o nível de custos. Os custos de P&D não mudariam em 2002 se a Chipset tivesse de produzir e vender o volume mais elevado de 2003 em 2002. Os custos de P&D são adequados para dar suporte à produção mais elevada de CX1; eles não dependem da quantidade de CX1 produzida nem de placas de circuito processados.

O efeito do custo no componente do crescimento é:

Custos de materiais diretos	(3 450 000 cm² – 3 000 000 cm²) × $ 1,40/cm² =	$ 630 000 D
Custos de conversão	(3 750 000 cm² – 3 750 000 cm²) × $ 4,28/cm² =	0
Custos de P&D	(40 funcionários – 40 funcionários) × $ 100 000/func. =	0
Total do efeito do custo no componente do crescimento		$ 630 000 D

Em resumo, o aumento líquido no lucro operacional como resultado do crescimento é:

Efeito da receita do componente do crescimento	$ 4 050 000 F
Efeito do custo do componente do crescimento	630 000 D
Aumento no lucro operacional devido ao componente do crescimento	$ 3 420 000 F

COMPONENTE DA RECUPERAÇÃO DO PREÇO

O componente da recuperação do preço do lucro operacional mede as alterações nas receitas e nos custos para produzir as 1 150 mil unidades de CX1 de 2003 ocasionadas somente pelas mudanças no preço de CX1 e nos preços das entradas necessárias para fazer o CX1 entre 2002 e 2003, supondo que a relação de 2002 entre entradas e saídas de 2002 seja mantida em 2003.

Efeito da receita na recuperação do preço

$$\begin{matrix}\text{Efeito da receita} \\ \text{no componente de} \\ \text{recuperação do preço}\end{matrix} = \left(\begin{matrix}\text{Preço de} \\ \text{venda em} \\ 2003\end{matrix} - \begin{matrix}\text{Preço de} \\ \text{venda em} \\ 2002\end{matrix}\right) \times \begin{matrix}\text{Unidades reais} \\ \text{vendidas em 2003}\end{matrix}$$

$$= (\$ \ 25 \text{ por unidade} - \$ \ 27 \text{ por unidade}) \times 1 \ 150 \ 000 \text{ unidades}$$
$$= \$ \ 2 \ 300 \ 000 \ D$$

O cálculo relata as mudanças nos preços no CX1 entre 2002 e 2003. Por quê? Porque o objetivo do efeito da receita na recuperação do preço é isolar a mudança nas receitas entre 2002 e 2003 que se deve somente à mudança nos preços de venda.

Efeito do custo na recuperação do preço

$$\begin{pmatrix} \text{Efeito do custo no} \\ \text{componente da} \\ \text{recuperação do preço} \end{pmatrix} = \begin{pmatrix} \text{Preço da} \\ \text{entrada} \\ \text{de 2003} \end{pmatrix} - \begin{pmatrix} \text{Preço da} \\ \text{entrada} \\ \text{de 2002} \end{pmatrix} \times \begin{pmatrix} \text{Unidades reais de entradas ou capacidade que teriam} \\ \text{sido consumidas para produzir a saída de 2003 supondo} \\ \text{a mesma relação de entradas e saídas havidas em 2002} \end{pmatrix}$$

Custos de materiais diretos	($ 1,50 por cm² – $ 1,40 por cm²) × 3 450 000 cm²	=	$ 345 000 D
Custos de conversão	($ 4,35 por cm² – $ 4,28 por cm²) × 3 750 000 cm²	=	262 500 D
Custos de P&D	($ 100 000/func. – $ 100 000/func.) × 40 func.	=	0
Total do efeito do custo no componente da recuperação do preço			$ 607 500 D

Observe que a quantidade de entradas necessárias para produzir a saída de 2003 (usando a relação entre entradas e saídas de 2002) já foi determinada quando calculado o efeito do custo do crescimento. O cálculo relata a mudança nos custos ocasionada somente pela alteração nos preços das entradas entre 2002 e 2003.[6]

Em resumo, a redução líquida no lucro operacional atribuível à recuperação do preço (medida pela mudança nos preços de venda em relação à mudança nos preços de entrada) é:

Efeito da receita no componente da recuperação do preço	$ 2 300 000 D
Efeito do custo no componente da recuperação do preço	607 500 D
Redução no lucro operacional devido ao componente da recuperação do preço	$ 2 907 500 D

A análise da recuperação do preço indica que, mesmo com os preços das entradas aumentando, a Chipset não conseguiu passar esses aumentos para os seus clientes por meio de preços mais altos do CX1.

Componente da produtividade

O componente da produtividade do lucro operacional usa os preços de entrada de 2003 para medir a redução dos custos como resultado de um menor consumo de entradas, um melhor *mix* de entradas e/ou menos capacidade para produzir a saída de 2003, comparado com as entradas e a capacidade consumidas com base na relação de entradas e saídas havidas em 2002.

$$\begin{pmatrix} \text{Componente da} \\ \text{produtividade} \end{pmatrix} = \begin{pmatrix} \text{Unidades reais de} \\ \text{entradas ou capacidade} \\ \text{consumidas para produzir} \\ \text{a saída de 2003} \end{pmatrix} - \begin{pmatrix} \text{Unidades reais de entradas ou capacidade} \\ \text{que teriam sido consumidas para} \\ \text{produzir a saída de 2003 supondo a} \\ \text{mesma relação de entradas} \\ \text{e saídas havidas em 2002} \end{pmatrix} \times \begin{pmatrix} \text{Preço das} \\ \text{entradas} \\ \text{em 2003} \end{pmatrix}$$

Os cálculos usam os preços e a saída de 2003. Isso se deve ao fato de o componente da produtividade isolar a mudança nos custos entre 2002 e 2003 ocasionadas somente pela mudança nas quantidades, no *mix* e/ou nas capacidades de entradas.[7]

As unidades reais de capacidade consumidas para produzir a saída de 2003, supondo a mesma relação entre entradas e saídas de 2002, já foram calculadas para o componente do crescimento. As unidades reais de entradas ou capacidade para produzir a saída de 2003 são apresentadas nos dados básicos para a Chipset.

O componente da produtividade de mudanças nos custos é:

Custos de materiais diretos	(2 900 000 cm² – 3 450 000 cm²) × $ 1,50/cm²	=	$ 825 000 F
Custos de conversão	(3 500 000 cm² – 3 750 000 cm²) × $ 4,35/cm²	=	1 087 500 F
Custos de P&D	(39 func. – 40 func.) × $ 100 000 func.	=	100 000 F
Aumento no lucro operacional devido ao componente da produtividade	$		2 012 500 F

---

6. *Não tente encontrar paralelos rígidos entre os cálculos feitos aqui e aqueles para variações nos Capítulos 7 e 8. Por exemplo, o cálculo do componente da recuperação do preço pega a diferença nos preços de entradas e a multiplica pela quantidade real de entradas consumidas em 2003, supondo a mesma relação de entradas e saídas de 2002. Nos Capítulos 7 e 8, multiplicamos a diferença entre os preços de entradas reais e orçadas pela quantidade real de entradas consumidas em 2003. Os cálculos deste capítulo são baseados na função da produção de 2002, e não de 2003. Por quê? Porque a Chipset quer isolar o efeito sobre o lucro operacional somente das mudanças nos preços das entradas.*

7. *Observe que o cálculo do componente da produtividade usa preços reais das entradas de 2003, enquanto sua contraparte, a variação na eficiência nos Capítulos 7 e 8, usa os preços orçados. (Na prática, os preços orçados correspondem aos preços de 2002.) Os preços de 2003 são usados no cálculo da produtividade porque a Chipset quer que seus gerentes escolham quantidades de entradas para minimizar os custos em 2003 com base nos preços atuais prevalecentes. Se os preços de 2002 tivessem sido usados no cálculo da produtividade, os administradores escolheriam quantidades de entradas com base em preços de entradas irrelevantes, de um ano atrás. O uso de preços orçados nos Capítulos 7 e 8 não cria um problema parecido. Por quê? Porque, diferentemente dos preços de 2002 que descrevem o que aconteceu há um ano, os preços orçados representam preços esperados para o período atual. Além disso, os preços orçados podem ser alterados, se necessário, para deixá-los em linha com preços reais do período atual.*

Comentamos, resumidamente, a respeito dos itens individuais do componente da produtividade.

Materiais diretos. Nos níveis de qualidade de 2002, a Chipset teria precisado de 3 450 mil (3 000 000 × 1 150 000/ 1 000 000) centímetros quadrados de placas de circuito para produzir 1 150 mil unidades de CX1 em 2003. Como resultado das melhorias na qualidade e no rendimento, a Chipset processa 2 900 mil centímetros quadrados de placas de circuito em 2003.

Custos de conversão. São custos fixos que mudam somente se a administração tomar medidas para alterar a capacidade de produção. Devido aos processos de reengenharia e melhorias na qualidade, a Chipset precisa processar apenas 2 900 mil centímetros de placas de circuito para produzir 1 150 mil unidades de CX1 em 2003. Em 2002, a Chipset tinha capacidade de processar 3 750 mil centímetros de placas de circuito. Para reduzir os custos, a administração da Chipset diminui a capacidade para um nível de processamento de apenas 3 500 mil centímetros de placas de circuito ao vender equipamento defasado e ao dispensar alguns trabalhadores.

Custos de P&D. Esses também são custos fixos que mudam somente se a administração tomar medidas para reduzir o número de funcionários em P&D. A Chipset terminou o ano de 2003 com 39 engenheiros de pesquisa, mas ela havia começado o ano com 40 engenheiros. A administração da Chipset não substituiu um engenheiro que havia pedido demissão.

O componente da produtividade indica que a Chipset foi capaz de aumentar o lucro operacional ao melhorar a qualidade e a produtividade, eliminar capacidade e reduzir custos. O anexo a este capítulo examina mudanças em fatores parciais e totais da produtividade entre 2002 e 2003, e descreve como o contador gerencial pode obter uma melhor compreensão da estratégia de liderança nos custos. Observe que o componente da produtividade relata exclusivamente os custos, portanto não há nenhum efeito da receita para esse componente.

O Quadro 13.3 resume os componentes do crescimento, da recuperação do preço e da produtividade das mudanças no lucro operacional. Em um nível básico, empresas que têm tido êxito na liderança em custos mostrarão grandes componentes favoráveis em produtividade e crescimento, e as que têm diferenciado os seus produtos com êxito mostrarão grandes componentes favoráveis na recuperação do preço e crescimento. No caso da Chipset, a produtividade contribuiu $ 2 012 500 para o aumento no lucro operacional e o crescimento contribuiu $ 3 420 000. O lucro operacional foi prejudicado porque a Chipset não conseguiu passar adiante os aumentos nos preços das entradas. Se a Chipset tivesse sido capaz de diferenciar o seu produto, os efeitos de recuperação do preço poderiam ter sido menos desfavoráveis ou, muito provavelmente, até favoráveis.

ANÁLISE ADICIONAL DOS COMPONENTES DO CRESCIMENTO, DA RECUPERAÇÃO DO PREÇO E DA PRODUTIVIDADE

Como em toda análise de variação e lucro, o analista examinará com mais detalhes as fontes do lucro operacional. No exemplo da Chipset, o crescimento pode ter sido ajudado por um aumento no tamanho do mercado industrial do setor. Portanto, ao menos parte do aumento no lucro operacional pode ser atribuível a condições econômicas favoráveis, em vez de qualquer implementação bem-sucedida de estratégia. Parte do crescimento da Chipset também pode ter se originado de uma decisão gerencial de aproveitar dos ganhos em produtividade para reduzir preços. Nesse caso, o aumento no lucro operacional proveniente da liderança em custos é igual ao ganho na produtividade mais qualquer aumento no lucro operacional pelo crescimento na participação de mercado atribuível a melhorias na produtividade menos qualquer redução no lucro operacional proveniente de uma decisão estratégica de reduzir preços.

Para ilustrar essas idéias, considere novamente o exemplo da Chipset e as seguintes informações adicionais.

- Em 2003, a taxa de crescimento do mercado no setor é de 10 por cento. Das 150 mil (1 150 000 – 1 000 000) unidades do CX1 vendidas a mais entre 2002 e 2003, cem mil (0,10 × 1 000 000) unidades são devidas a um

Quadro 13.3 Análise estratégica da rentabilidade.

	Demonstração de resultados do exercício 2002 (1)	Efeitos de receitas e custos no componente de crescimento em 2003 (2)	Efeitos de receitas e custos no componente da recuperação do preço em 2003 (3)	Efeito do custo no componente da produtividade em 2003 (4)	Demonstração de resultados do exercício 2003 (5) = (1)+(2)+(3)+(4)
Receitas	$ 27 000 000	$ 4 050 000 F	$ 2 300 000 D	—	$ 28 750 000
Custos	24 250 000	630 000 D	607 500 D	$ 2 012 500 F	23 475 000
Lucro das operações	$ 2 750 000	$ 3 420 000 F	$ 2 907 500 D	$ 2 012 500 F	$ 5 275 000

$ 2 525 000 F
Mudança no lucro operacional

aumento na abrangência do mercado (do qual a Chipset deveria ter se beneficiado independentemente de seus ganhos em produtividade), e as 50 mil unidades remanescentes são devidas ao aumento na participação de mercado.

- Durante 2003, a Chipset prova um declínio de $ 1,35 ou 5 por cento, no preço do CX1 (0,05 × $ 27 = $ 1,35). Aproveitando-se dos ganhos na produtividade, a administração reduz o preço do CX1 em mais $ 0,65, o que leva ao aumento em 50 mil unidades na participação de mercado. (Lembre-se de que a redução total no preço de CX1 é de $ 2 [$ 1,35 + $ 0,65].)

O efeito do fator da abrangência do mercado, no setor, sobre o lucro operacional (em vez de qualquer medida estratégica específica) é

Aumento no lucro operacional devido ao crescimento da abrangência do mercado no setor

$$\$\ 3\ 420\ 000\ (\text{Quadro 13.3, Coluna 2}) \times \frac{100\ 000}{150\ 000} \qquad \$\ 2\ 280\ 000\ F$$

Na falta de um produto diferenciado, a Chipset prova um declínio de $ 1,35 nos preços da saída, mesmo enquanto os preços das entradas aumentam.

O efeito da diferenciação do produto sobre o lucro operacional é:

Redução no lucro operacional devido a um declínio no preço de venda do CX1 (além da redução estratégica no preço incluída como parte do componente de liderança em custos) $ 1,35 × 1 150 000	$ 1 552 500 D
Aumento nos preços de entradas (efeito do custo na recuperação do preço)	607 500 D
Redução no lucro operacional devido à diferenciação do produto	$ 2 160 000 D

O efeito da liderança em custos sobre o lucro operacional é:

Componente da produtividade	$ 2 012 500 F
Efeito da decisão estratégica para reduzir preço ($ 0,65/unidade × 1 150 000 unidades)	747 500 D
Crescimento na participação no mercado devido à melhoria na produtividade e a decisão estratégica de reduzir preços $ 3 420 000 (Quadro 13.3, Coluna 2) × $\frac{50\ 000\ \text{unidades}}{150\ 000\ \text{unidades}}$	1 140 000 F
Aumento no lucro operacional devido à liderança em custos	$ 2 405 000 F

Um resumo da mudança no lucro operacional entre 2002 e 2003 segue:

Mudança devido ao tamanho do mercado no setor	$ 2 280 000 F
Mudança devido à diferenciação do produto	2 160 000 D
Mudança devido à liderança nos custos	2 405 000 F
Mudança no lucro operacional	$ 2 525 000 F

Sob suposições diferentes sobre como a mudança no preço de venda afeta a quantidade de CX1 vendida, o analista atribuirá quantias diferentes a estratégias diferentes. O ponto que precisa ser compreendido aqui é que, consistente com a estratégia de liderança em custo, os ganhos na produtividade de $ 2 012 500 que a Chipset obteve em 2003 representam grande parte dos aumentos no lucro operacional em 2003. O 'Problema para Auto-Estudo' descreve a análise dos componentes do crescimento, da recuperação do preço e da produtividade para uma empresa que segue uma estratégia de diferenciação do produto. O 'Conceitos em Ação' descreve os problemas de empresas *ponto-com* que enfatizaram o crescimento e que não obtiveram liderança em custos ou diferenciação do produto.

REDUÇÃO DA ESTRUTURA E A GESTÃO DA CAPACIDADE

Como vimos na abordagem sobre o componente da produtividade, os custos fixos estão ligados à capacidade. Diferentemente dos custos variáveis, os custos fixos não mudam automaticamente com as mudanças no nível de atividade (como placas de circuito iniciados na produção e custos indiretos de produção). Então, como é que os administradores conseguem reduzir os custos fixos relacionados com a capacidade? Ao medir e gerenciar a capacidade ociosa. **Capacidade ociosa** é a quantidade de capacidade de produção disponível além da capacidade produtiva empregada para satisfazer a demanda dos consumidores no presente. Para compreender a capacidade ociosa é necessário distinguir *custos projetados* de *custos discricionários*.

Custos projetados resultam de uma relação de causa e efeito entre o direcionador de custo — saída — e os recursos (diretos ou indiretos) usados para produzir aquela saída. No exemplo da Chipset, os custos de materiais diretos são *custos diretos projetados*. Custos de conversão são um exemplo de *custos indiretos projetados*. Considere o ano de 2003. A produção de 1 150 mil unidades de CX1 e a eficiência com que as entradas são convertidas em saída resultam em 2 900 mil centímetros quadrados de placas de circuito sendo iniciados na produção. Os recursos de produção dos

> ## Conceitos em ação
>
> ### Escolhas de empresas *ponto-com*: crescimento *versus* rentabilidade
>
> A vantagem competitiva vem da diferenciação do produto ou da liderança em custos. A implementação bem-sucedida dessas estratégias ajuda uma empresa a ser rentável e crescer. Durante a sua expansão, muitas empresas *ponto-com* buscaram uma estratégia de crescimento de curto prazo para ganharem reconhecimento e participação no mercado com a meta de, mais tarde, traduzir tal crescimento em preços mais altos (via diferenciação do produto) ou reduzir custos (via liderança em custos). Os fracassos mais espetaculares de empresas *ponto-com* ocorreram nas que seguiram o modelo de 'crescer rapidamente' mas depois fracassaram em diferenciar os seus produtos ou reduzir custos.
>
> Um dos exemplos é o da Webvan. Na Webvan, os clientes faziam compras de supermercado *on-line* e ela entregava as compras nas casas dos clientes. Os benefícios para os clientes consistia em eles evitarem os transtornos de dirigir, estacionar e ficar em filas no supermercado. O modelo da Webvan foi idealizado para que ela crescesse rapidamente. O *The New York Times* observou que 'muito antes de eliminar os problemas do seu centro de distribuição inicial, de cem mil metros quadrados, em Oakland, Califórnia, a Webvan começou um programa de três anos para replicar instalações em 26 cidades no País todo, a um custo de $ 35 milhões cada'. A Webvan também gastou muito em marketing para estabelecer a sua marca. Os desafios operacionais de um negócio *on-line* de produtos de supermercados são imensos. A Webvan nunca gerou nem de perto o volume em vendas esperado. As margens baixas do varejo de supermercados, estoques perecíveis e grandes quantidades de capacidade ociosa levaram a prejuízos enormes. Em julho de 2001, a Webvan pediu falência, tendo consumido quase todos os $ 1,2 bilhões de seu capital investido.
>
> A Webvan não conseguia se tornar rentável porque a sua estrutura de custos era mais pesada do que a das lojas com as quais competia. Os custos mais baixos devido ao aumento na produtividade ou economias de escala não se materializaram. Apesar do reconhecimento da marca, a Webvan não tinha um componente favorável de recuperação do lucro operacional porque os clientes não estavam dispostos a pagar um preço substancialmente mais alto pela conveniência de compras *on-line* de produtos de supermercados. Sem uma vantagem de diferenciação de custo ou de produto, o componente no crescimento do lucro operacional era desfavorável porque os custos excediam as receitas. Quanto mais a Webvan vendia, mais dinheiro perdia, levando à sua eventual falência. O sucesso no longo prazo depende de conquistar liderança em custo ou diferenciação do produto, o que a Webvan nunca conseguiu.
>
> Fonte: *New York Times.* 10 e 21 jul. 2001; *The Wall Street Journal.* 9 ago. 1999; e registros 10K, para 2000, da Webvan.

custos de conversão usados para produzir 1 150 mil unidades de CX1 totalizam $ 12 615 000 ($ 4,35 por cm^2 × 2 900 000 cm^2), supondo que o custo dos recursos usados aumente proporcionalmente com o número de centímetros quadrados de placas de circuito processados. É claro que os custos de conversão são mais altos ($ 15 225 000) em razão de serem relativos à capacidade de produção para processar 3 500 mil centímetros quadrados de placas de circuito ($ 4,35 por cm^2 × 3 500 000 cm^2 = $ 15 225 000). Embora esses custos sejam fixos no curto prazo, há, sobre o longo prazo, uma relação de causa e efeito entre a produção e a capacidade de produção necessária (e respectivos custos de conversão precisos). Assim, os custos projetados podem ser variáveis ou fixos no curto prazo.

Os **custos discricionários** têm duas características importantes a considerar: (1) eles surgem de decisões periódicas (normalmente anuais) com relação à quantia máxima a ser incorrida e (2) eles não têm nenhum relacionamento mensurável de causa e efeito entre a saída e os recursos usados. Muitas vezes há uma defasagem entre o momento de aquisição do recurso e sua utilização. Exemplos de custos discricionários incluem publicidade, treinamento executivo, P&D, saúde e custos de departamentos de assessoria corporativa: jurídicos, recursos humanos e relações públicas. O aspecto mais notável de custos discricionários é o de que os administradores raramente estão confiantes de que as quantias 'corretas' estão sendo gastas. O fundador da Lever Brothers, uma empresa internacional de produtos de consumo, observou uma vez: "A metade do dinheiro que eu gasto em publicidade é jogado fora; o problema é que eu não sei qual metade!" No exemplo da Chipset, os custos com P&D são custos discricionários porque não há nenhuma relação mensurável de causa e efeito entre a saída de 1 150 mil unidades produzidas e os recursos de P&D necessários ou usados.[8]

---

8. *Gerentes também descrevem alguns custos como custos de infra-estrutura — os que advêm da propriedade, fábrica e equipamento e uma organização funcional. Exemplos são: depreciação, arrendamentos de longo prazo e aquisição de capacidades técnicas de longo prazo. Esses custos são geralmente fixos porque são comprometidos e adquiridos antes de serem usados. Custos de infra-estrutura podem ser projetados ou discricionários. Por exemplo, o custo indireto de produção incorrido, na Chipset, para adquirir capacidade de produção, é um custo de infra-estrutura que é um exemplo de custo projetado. No longo prazo, há uma relação de causa e efeito entre a saída e os custos indiretos de produção necessários para produzir aquela saída. O custo de P&D incorrido para adquirir capacidade técnica é um custo de infra-estrutura, exemplo de um custo discricionário. Não há nenhuma relação mensurável de causa e efeito entre a saída e o custo incorrido em P&D.*

Relação entre entradas e saídas

Custos projetados diferem de custos discricionários de duas maneiras: o tipo de processo e o nível de incerteza representados em um custo. Custos projetados pertencem a processos detalhados, fisicamente observáveis e repetitivos, como atividades de produção ou de atendimento ao cliente. Custos discricionários são associados a processos como publicidade, relações públicas e treinamento gerencial, às vezes denominados *caixas pretas*, por serem menos precisos em termos da relação entre a saída produzida e os recursos usados.

Incerteza se refere à possibilidade de uma quantia real vir a se desviar de uma quantia esperada. Quanto mais alto o nível de incerteza sobre a relação entre saídas e recursos usados, menos provável é a ocorrência de uma relação de causa e efeito, levando o custo a ser classificado como discricionário. Os custos de P&D terão um efeito incerto sobre a saída devido à natureza da tarefa — não há como prever, ao iniciar o processo, se o esforço de P&D vai ser bem-sucedido — e porque outros fatores como as condições globais do mercado, investimentos em P&D dos concorrentes e lançamentos de produtos novos também afetam o nível de saída. Em contrapartida, há um nível baixo de incerteza em relação ao efeito que os recursos usados na conversão na produção têm sobre a saída, porque a natureza da tarefa — o uso de mais recursos de conversão de produção resulta em mais saída — e outros fatores não afetam essa relação. O Quadro 13.4 resume essas distinções-chave entre custos projetados e discricionários.

Identificando capacidade ociosa para custos indiretos projetados e discricionários

Como a distinção entre custos projetados e discricionários ajuda um gerente a compreender e a gerenciar a capacidade ociosa? Na verdade, os diferentes tipos de custo têm relações muito diferentes com a capacidade. Primeiro, considere os custos de conversão projetados. A administração da Chipset indica que a capacidade de produção pode ser aumentada ou reduzida em incrementos para processar 250 mil centímetros quadrados de placas de circuito. Aumentar ou reduzir capacidade leva tempo. Custos de conversão mudam em degraus, como mostra o Quadro 13.5. Em cada nível, os custos de conversão são fixos. Por exemplo, os custos de conversão são fixos a $ 13 050 000 se a Chipset quiser capacidade bastante para processar entre 2 750 001 e três milhões de centímetros quadrados de placas de circuito. Se a Chipset quiser processar mais que três milhões, digamos, 3 100 mil, ela precisará aumentar sua capacidade para 3 250 mil centímetros quadrados, um aumento de 250 mil centímetros quadrados de capacidade a um custo de $ 1 087 500.

No início de 2003, a Chipset tem capacidade para processar 3 750 mil centímetros quadrados de placas de circuito. Melhorias na qualidade e na produtividade feitas durante 2003 capacitam a Chipset a produzir 1 150 mil unidades de CX1 ao processar 2 900 mil centímetros quadrados de placas de circuito. A Chipset calcula sua capacidade ociosa de produção como sendo de 850 mil (3 750 000 – 2 900 000) centímetros quadrados de capacidade de processamento de placas de circuito no início de 2003, o que corresponde a custos de conversão de $ 3 697 500 ($ 4,35 por cm² × 850 000 cm²). Como mostra o Quadro 13.5, a capacidade ociosa de $ 3 697 500 pode ser calculada como $ 16 312 500 (custos indiretos de produção para processar 3 750 000 cm² de placas de circuito) menos $ 12 615 000 ($ 4,35 por cm² × 2 900 000, os recursos de produção usados para processar 2 900 000 cm² de placas de circuito).

A ausência de uma relação de causa e efeito faz com que seja difícil identificar capacidade ociosa para custos discricionários. A administração não consegue determinar os recursos de P&D usados para a saída real produzida, para comparar com a capacidade de P&D. E sem uma medida da capacidade usada, não é possível calcular a capacidade ociosa (como é possível fazer para custos de conversão projetados).

A gestão da capacidade ociosa

Quais medidas a administração da Chipset pode tomar ao identificar capacidade ociosa? No geral, ela tem duas opções: tentar eliminar a capacidade ociosa ou tentar aumentar a produção utilizando a capacidade ociosa.

Nos últimos anos, muitas empresas *reduziram a estrutura* na tentativa de eliminar a capacidade ociosa. A **redução da estrutura** (*downsizing*) é uma abordagem integrada de configuração de processos, produtos e pessoas para combinar os custos com as atividades que precisam ser realizadas para operar de forma eficiente e eficaz no presente e no

---

Quadro 13.4 Diferenças entre custos projetados e discricionários.

	Custos projetados	Custos discricionários
Processo ou atividade	**a.** Detalhado e fisicamente observável	**a.** Caixa preta (conhecimento do processo é vago ou não disponível)
	b. Repetitivo	**b.** Não-repetitivo ou não-rotineiro
Nível de incerteza	Moderado ou pequeno (por exemplo, ambientes de despacho ou produção)	Grande (por exemplo, ambientes e P&D ou de publicidade)

Fonte: *Este quadro é uma modificação de um outro, sugerido por H. Itami.*

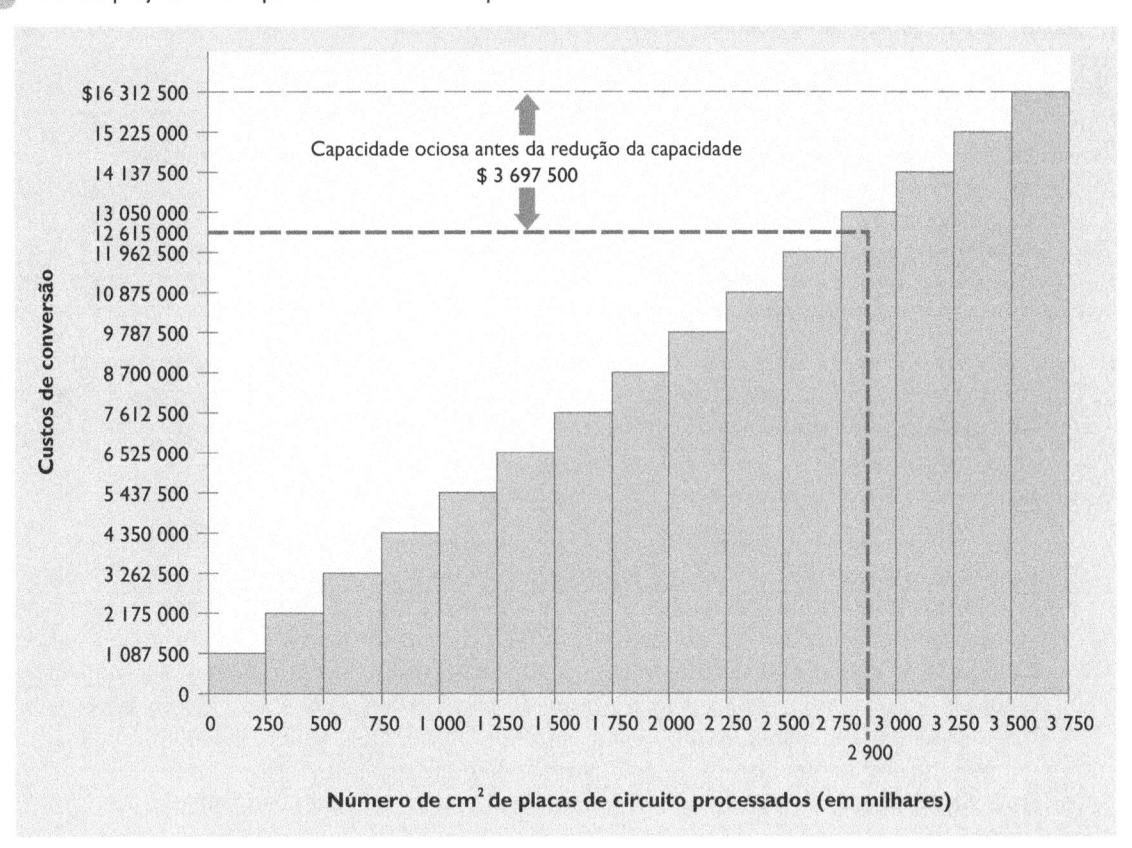

Quadro 13.5 Custos projetados e capacidade ociosa na Chipset Ltda. em 2003.

[Gráfico de barras mostrando Custos de conversão no eixo vertical (variando de 0 a $16 312 500 em incrementos de $1 087 500) versus Número de cm² de placas de circuito processados (em milhares) no eixo horizontal (de 0 a 3 750 em incrementos de 250). A capacidade ociosa antes da redução da capacidade é de $3 697 500, indicada no ponto 2 900.]

futuro. Empresas como AT&T, Delta Airlines, General Motors, IBM e Scott Paper reduziram a estrutura para concentrar-se nos negócios principais e instituíram mudanças organizacionais para aumentar a eficiência, reduzir custos e melhorar a qualidade. No entanto, a redução da estrutura muitas vezes representa corte no quadro de funcionários, o que pode ter efeito adverso sobre o moral deles e a cultura da empresa. A redução da estrutura é mais bem-feita no contexto de uma estratégia global da empresa e ao reter colaboradores com melhor qualificação para gerenciamento, liderança e técnica, além de experiência.

Considere as opções da Chipset em relação à sua capacidade ociosa de produção. Como ela precisa processar 2 900 mil centímetros quadrados de placas de circuito em 2003, ela poderia reduzir a capacidade para três milhões de centímetros quadrados (lembre-se, a capacidade de produção pode ser aumentada ou reduzida apenas em incrementos de 250 mil cm²), resultando em uma economia em custos de $ 3 262 500 [(3 750 000 cm² − 3 000 000 cm²) × $ 4,35 por cm²]. No entanto, a estratégia da Chipset não é apenas reduzir custos, mas também aumentar o seu negócio. No início de 2003, a Chipset reduz sua capacidade de produção em apenas 250 mil centímetros quadrados — de 3 750 000 centímetros quadrados para 3 500 mil centímetros quadrados —, economizando $ 1 087 500 ($ 4,35 por cm² × 250 000 cm²). Ela retém alguma capacidade ociosa para garantir crescimento futuro. Ao evitar maiores reduções na capacidade, ela também mantém o moral de sua equipe de trabalho. O sucesso dessa estratégia dependerá de a Chipset conseguir o crescimento futuro que projetou.

Como é difícil identificar capacidade ociosa para custos discricionários, gerenciá-la também é difícil. A administração da Chipset usa o julgamento e a discrição para reduzir os custos de P&D em $ 100 000, em 2003. Seu objetivo é reduzir custos de P&D sem afetar significativamente a saída da atividade de P&D. Maiores reduções em P&D poderiam prejudicar o negócio ao diminuir a velocidade de melhorias necessárias em produtos e processos. A Chipset precisa equilibrar a necessidade de reduções em custos sem comprometer qualidade, melhoria contínua e crescimento futuro. Não equilibrar esses fatores levou o Conselho Administrativo da Delta Airlines, em 1997, a substituir o presidente executivo da empresa. Mesmo que cortes agressivos nos custos tivessem restaurado a rentabilidade da Delta, o Conselho achou que aqueles cortes haviam comprometido a satisfação do cliente, uma chave para o sucesso e o crescimento futuro da empresa.

Problema para auto-estudo

Seguindo uma estratégia de diferenciação do produto, a Westwood Co. fabrica uma coifa de cozinha de luxo, a KE8. Aqui estão os dados da Westwood para 2002 e 2003.

	2002	2003
1. Unidades de KE8 produzidas e vendidas	40 000	42 000
2. Preço de venda	$ 100	$ 110
3. Materiais diretos (pés quadrados)	120 000	123 000
4. Custos em materiais diretos por pé quadrado	$ 10	$ 11
5. Capacidade de produção para a KE8	50 000 unidades	50 000 unidades
6. Custos de conversão	$ 1 000 000	$ 1 100 000
7. Custos de conversão por unidade de capacidade (Fila 6 ÷ Fila 5)	$ 20	$ 22
8. Capacidade de venda e atendimento ao cliente	30 clientes	29 clientes
9. Custos de venda e atendimento ao cliente	$ 720 000	$ 725 000
10. Custo de venda e atendimento por cliente (Fila 9 ÷ Fila 8)	$ 24 000	$ 25 000

Em 2003, a Westwood não produziu nenhuma unidade defeituosa e reduziu o consumo de material direto por unidade do KE8. Os custos de conversão em cada ano estão atrelados à capacidade de produção. Os custos de venda e de atendimento ao cliente estão relacionados ao número de clientes que as funções de vendas e de atendimento estão projetadas a apoiar. A Westwood conta com 23 clientes em 2002, e 25 em 2003.

Para fazer:

1. Descreva resumidamente os elementos que você incluiria no *balanced scorecard* da Westwood.
2. Calcule os componentes de crescimento, recuperação do preço e produtividade que explicam a mudança no lucro operacional de 2002 para 2003.
3. Suponha que, durante 2003, o mercado para coifas de cozinha de luxo tenha aumentado 3 por cento em termos do número de unidades e que todos os aumentos na participação no mercado (ou seja, aumentos no número de unidades vendidas acima de 3 por cento) sejam devidos à estratégia de diferenciação do produto da Westwood. Calcule quanto da mudança no lucro operacional, de 2002 a 2003, se deve ao fator de abrangência do mercado no setor, na liderança em custos e à diferenciação do produto.
4. Quão bem-sucedida foi a Westwood na implementação de sua estratégia? Explique.

Solução

1. O *balanced scorecard* deve descrever a estratégia de diferenciação do produto da Westwood. Os elementos que devem ser incluídos no *balanced scorecard* são:
- *Perspectiva financeira*: aumento no lucro operacional (margens mais altas na KE8 e crescimento)
- *Perspectiva do cliente*: participação de mercado no mercado de luxo e satisfação do cliente
- *Perspectiva de processos internos*: qualidade de produção, tempo de entrega do pedido, entregas pontuais e atributos adicionados ao produto novo
- *Perspectiva da aprendizagem e crescimento*: tempo de desenvolvimento de produtos novos e melhorias nos processos de produção

2. O lucro operacional para cada ano é:

	2002	2003
Receitas		
($ 100 por unidade × 40 000 unidades; $ 110 por unidade × 42 000 unidades)	$ 4 000 000	$ 4 620 000
Custos		
Custos de materiais diretos		
($ 10 por pé² × 120 000 pé²; $ 11 por pé² × 123 000 pés²)	1 200 000	1 353 000
Custos de conversão		
($ 20 por unidade × 50 000 unidades; $ 22 por unidade × 50 000 unidades)	1 000 000	1 100 000
Custos de vendas e atendimento ao cliente		
($ 24 000 por cliente × 30 clientes; $ 25 000 por cliente × 29 clientes)	720 000	725 000
Total de custos	2 920 000	3 178 000
Lucro operacional	$ 1 080 000	$ 1 422 000
Mudança no lucro operacional		$ 362 000 F

Componente do crescimento

$$\text{Efeito das receitas no componente do crescimento} = \left(\begin{array}{c} \text{Unidades reais de produção} \\ \text{vendidas em 2003} \end{array} - \begin{array}{c} \text{Unidades reais de produção} \\ \text{vendidas em 2002} \end{array} \right) \times \begin{array}{c} \text{Preço de venda} \\ \text{em 2002} \end{array}$$

$$= (42\ 000\ \text{unidades} - 40\ 000\ \text{unidades}) \times \$\ 100\ \text{por unidade}$$
$$= \$\ 200\ 000\ \text{F}$$

$$\begin{pmatrix} \text{Efeito do custo} \\ \text{no componente} \\ \text{do crescimento} \end{pmatrix} = \begin{pmatrix} \text{Unidades reais de entradas ou capacidade} \\ \text{que teriam sido consumidas para produzir} \\ \text{a saída de 2003 supondo a mesma} \\ \text{relação de entradas/saídas havidas em 2002} \end{pmatrix} - \begin{pmatrix} \text{Unidades reais de entradas} \\ \text{ou capacidade para} \\ \text{produzir a saída} \\ \text{de 2002} \end{pmatrix} \times \begin{pmatrix} \text{Preço de} \\ \text{entradas} \\ \text{em 2002} \end{pmatrix}$$

Os custos em materiais diretos, necessários em 2003 para produzir 42 mil unidades em vez das 40 mil produzidas em 2002, supondo que a relação de entradas e saídas se mantivesse em 2003, podem ser calculados assim:

1. A quantidade de materiais diretos consumidos por unidade em 2002 é:

   120 000 pés^2 ÷ 40 000 unidades = 3 pés^2 por unidade

2. A quantidade de materiais diretos consumidos em 2003, supondo a relação de entradas e saídas de 2002, é:

   3 pés^2 por unidade × 42 000 unidades = 126 000 pés^2

Os custos de conversão e os custos de atendimento ao cliente não mudarão por já existir capacidade bastante em 2002 para suportar as saídas e os clientes de 2003.

O efeito do custo no componente de crescimento é:

Custos de materiais diretos	(126 000 pés^2 – 120 000 pés^2) × $ 10 por pé^2 =	$ 60 000 D
Custos de conversão	(50 000 unidades – 50 000 unidades) × $ 20 por un. =	0
Custos de vendas e atendimento ao cliente	(30 clientes – 30 clientes) × $ 250 000 por cliente =	0
Efeito do custo no componente do crescimento		$ 60 000 D

Em resumo, o aumento líquido no lucro operacional como resultado no componente do crescimento é:

Efeito da receita no componente do crescimento	$ 200 000 F
Efeito do custo no componente do crescimento	60 000 D
Aumento no lucro operacional devido ao componente do crescimento	$ 140 000 F

COMPONENTE DA RECUPERAÇÃO DO PREÇO

$$\begin{pmatrix} \text{Efeito da receita} \\ \text{no componente de} \\ \text{recuperação do preço} \end{pmatrix} = \begin{pmatrix} \text{Preço de} \\ \text{venda em} \\ 2003 \end{pmatrix} - \begin{pmatrix} \text{Preço de} \\ \text{venda em} \\ 2002 \end{pmatrix} \times \begin{pmatrix} \text{Unidades reais} \\ \text{vendidas em 2003} \end{pmatrix}$$

= ($ 110 por unidade – $ 100 por unidade) × 42 000 unidades
= 420 000 F

$$\begin{pmatrix} \text{Efeito do custo no} \\ \text{componente da} \\ \text{recuperação do preço} \end{pmatrix} = \begin{pmatrix} \text{Preço da} \\ \text{entrada} \\ \text{de 2003} \end{pmatrix} - \begin{pmatrix} \text{Preço da} \\ \text{entrada} \\ \text{de 2002} \end{pmatrix} \times \begin{pmatrix} \text{Unidades reais de entradas ou capacidade} \\ \text{que teriam sido consumidas para produzir} \\ \text{a saída de 2003, supondo a mesma relação de} \\ \text{entradas e saídas existente em 2002} \end{pmatrix}$$

Custos de materiais diretos	($ 11 por pé^2 – $ 10 por pé^2) × 126 000 pés^2 =	$ 126 000 D
Custos de conversão	($ 22 por unidade – $ 20 por unidade) × 50 000 un. =	100 000 D
Custos de vendas e atendimento ao cliente	($ 25 000 por cli. – $ 24 000 por cli.) × 30 clientes =	30 000 D
Total do efeito do custo no componente da recuperação do preço		$ 256 000 D

Em resumo, o aumento líquido no lucro operacional como resultado do componente da recuperação do preço é:

Efeito da receita no componente da recuperação do preço	$ 420 000 F
Efeito do custo no componente da recuperação do preço	256 000 D
Aumento no lucro operacional devido ao componente da recuperação do preço	$ 164 000 F

COMPONENTE DA PRODUTIVIDADE

$$\begin{pmatrix} \text{Componente da} \\ \text{produtividade} \end{pmatrix} = \begin{pmatrix} \text{Unidades reais de} \\ \text{entradas ou capacidade} \\ \text{consumidas para} \\ \text{produzir a saída de 2003} \end{pmatrix} - \begin{pmatrix} \text{Unidades reais de entradas ou capacidade} \\ \text{que teriam sido consumidas para produzir} \\ \text{a saída de 2003 supondo a mesma relação} \\ \text{de entradas e saídas havidas em 2002} \end{pmatrix} \times \begin{pmatrix} \text{Preço das} \\ \text{entradas} \\ \text{em 2003} \end{pmatrix}$$

O componente da produtividade das mudanças nos custos é:

Custos de materiais diretos	(123 000 pés^2 – 126 000 pés^2) × $ 11 por pé^2 =	$ 33 000 F
Custos de conversão	(50 000 unidades – 50 000 unidades) × $ 20 por un. =	0
Custos de vendas e atendimento ao cliente	(29 clientes – 30 clientes) × $ 25 000/cliente =	25 000 F
Aumento no lucro operacional devido ao componente da produtividade		$ 58 000 F

Um resumo da mudança no lucro operacional entre 2002 e 2003 segue:

	Demonstração de resultado do exercício 2002 (1)	Efeitos de receitas e custos no componente de crescimento em 2003 (2)	Efeitos de receitas e custos no componente da recuperação do preço em 2003 (3)	Efeito do custo no componente da produtividade em 2003 (4)	Demonstração de resultados do exercício 2003 (5) = (1)+(2)+(3)+(4)
Receitas	$ 4 000 000	$ 200 000 F	$ 420 000 F	—	$ 4 620 000
Custos	2 920 000	60 000 D	256 000 D	$ 58 000 F	3 178 000
Lucro operacional	$ 1 080 000	$ 140 000 F	$ 164 000 F	$ 58 000 F	$ 1 442 000

$ 362 000 F
Mudança no lucro operacional

3. *Efeito do fator de abrangência do mercado no setor sobre o lucro operacional*

    Do aumento em vendas de 40 mil para 42 mil unidades, 3 por cento, ou 1 200 unidades (0,03 × 40 000) se deve ao crescimento na abrangência do mercado, e 800 unidades (2 000 – 1 200) se deve a um aumento na participação de mercado. O aumento no lucro operacional da Westwood pelo fator da abrangência do mercado no setor e não pelas medidas estratégicas específicas é:

    $ 140 000 (Coluna 2 da tabela acima) × $\frac{1\ 200}{2\ 000}$ 84 000 F

    Efeito da diferenciação do produto sobre o lucro operacional

    Aumento no preço de venda da KE8 (efeito da receita no componente de recuperação do preço) $ 420 000 F
    Aumento nos preços de entradas (efeito do custo no componente de recuperação do preço)   256 000 D
    Crescimento na participação no mercado devido à diferenciação do produto

    $ 140 000 (Coluna 2 da tabela acima) × $\frac{800}{2\ 000}$ 56 000 F

    Aumento no lucro operacional devido à diferenciação do produto $ 220 000 F

    Efeito da liderança nos custos sobre o lucro operacional

    Componente da produtividade $ 58 000 F

    Um resumo da mudança no lucro operacional de 2002 para 2003 segue:

    Mudança devido ao fator de abrangência do mercado no setor $ 84 000 F
    Mudança devido à diferenciação do produto   220 000 F
    Mudança devido à liderança nos custos   58 000 F
    Mudança no lucro operacional $ 362 000 F

4. A análise do lucro operacional indica que uma quantia significativa do aumento no lucro operacional resultou da implementação bem-sucedida da Westwood de sua estratégia de diferenciação do produto. A empresa foi capaz de continuar a cobrar um preço *premium* pela KE8 e aumentar a participação de mercado. A Westwood também foi capaz de obter um lucro operacional adicional pela melhora na sua produtividade.

Pontos de decisão

Resumo

O seguinte formato de perguntas e respostas resume os objetivos de aprendizagem do capítulo. Cada decisão representa uma pergunta-chave relacionada a um objetivo de aprendizagem. As diretrizes são a resposta à pergunta.

Decisão	Diretrizes
1. Quais são as duas estratégias genéricas que uma empresa pode usar?	Duas estratégias genéricas são a diferenciação do produto e a liderança em custos. A diferenciação do produto é oferecer produtos e serviços percebidos por clientes como sendo superiores e singulares. Liderança em custos é obter custos baixos em relação aos concorrentes.

2. O que é reengenharia?	Reengenharia é a reestruturação de processos do negócio, como o de entrega do pedido, para melhorar medidas críticas do desempenho como custo, qualidade e satisfação do cliente.
3. Como uma organização pode traduzir sua estratégia em um conjunto de indicadores do desempenho?	Ela pode realizar isso por meio do desenvolvimento de um *balanced scorecard* que proporciona a estrutura para um sistema de gestão e mensuração estratégica. O *balanced scorecard* mede o desempenho em quatro perspectivas: (1) financeira, (2) cliente, (3) processos internos e (4) aprendizagem e crescimento.
4. Como uma empresa analisa mudanças no lucro operacional para avaliar o sucesso de sua estratégia?	Para avaliar o sucesso de sua estratégia, uma empresa pode subdividir a mudança no lucro operacional em componentes do crescimento, da recuperação do preço e produtividade. O componente do crescimento mede a mudança em receitas e custos da venda de mais ou menos unidades, supondo nenhuma mudança nos preços, nas eficiências ou capacidades. O componente da recuperação do preço mede mudanças em receitas e custos como resultado somente de mudanças nos preços de saídas e entradas. O componente da produtividade mede a redução nos custos do uso de menos entradas e da redução da capacidade. Uma empresa é considerada bem-sucedida na implementação de sua estratégia quando mudanças no lucro operacional se alinham de perto com aquela estratégia.
5. Como uma empresa distingue custos projetados de custos discricionários?	Custos projetados resultam de uma relação de causa e efeito entre a saída e os recursos necessários para produzir a saída. Custos discricionários surgem de decisões periódicas (normalmente anuais) em relação à quantia máxima a ser incorrida e não são atrelados a uma relação de causa e efeito entre entradas e saídas.
6. Uma empresa consegue identificar capacidade ociosa? Se sim, como a capacidade ociosa pode ser gerenciada?	Identificar a capacidade ociosa é mais fácil para custos projetados do que para custos discricionários. A redução da estrutura é uma abordagem para a gestão da capacidade ociosa por meio da combinação de custos às atividades que precisam ser realizadas.

Anexo: Medida da produtividade

A **produtividade** mede a relação entre entradas reais consumidas (quantidades e custos) e saída real produzida. Quanto mais baixas as entradas para dada quantidade de saída ou quanto mais alta a saída para dada quantidade de entradas, mais alta a produtividade. Medir melhorias na produtividade no tempo realça as relações específicas entre entradas e saídas que contribuem para a liderança em custos.

MEDIDAS DA PRODUTIVIDADE PARCIAL

A **produtividade parcial**, a medida de produtividade mais freqüentemente usada, compara a quantidade de saída produzida com a quantidade de uma entrada individual consumida. Na sua forma mais comum, a produtividade parcial é expressa como um quociente:

$$\text{Produtividade parcial} = \frac{\text{Quantidade de saída produzida}}{\text{Quantidade de entradas consumidas}}$$

Quanto mais alta a proporção, maior a produtividade.

Considere a produtividade em materiais diretos na Chipset em 2003.

$$\text{Produtividade parcial de materiais diretos} = \frac{\text{Quantidade de unidades de CX1 produzidas durante 2003}}{\text{Quantidade de materiais diretos usados para produzir CX1 em 2003}}$$

$$= \frac{1\,150\,000 \text{ unidades de CX1}}{2\,900\,000 \text{ cm}^2 \text{ de materiais diretos}}$$

$$= 0,400 \text{ unidades de CX1 por cm}^2 \text{ de materiais diretos}$$

Anexo: Medida da produtividade
Continuação

Observe que a produtividade parcial de materiais diretos ignora as outras entradas, a capacidade de conversão da produção e P&D da Chipset. Medidas parciais de produtividade são mais significativas quando feitas comparações que examinam mudanças na produtividade no tempo, entre instalações diferentes ou relativas a um *benchmark* (referência). O Quadro 13.6 apresenta medidas de produtividade parcial para as entradas da Chipset em 2003, e as entradas comparáveis de 2002 consumidas para produzir a saída de 2003, usando as informações dos cálculos no componente da produtividade na p. 437. Essas medidas comparam as entradas reais consumidas em 2003 para produzir 1 150 mil unidades de CX1 com as usadas em 2003 se a relação entre entradas e saídas de 2002 se mantivesse em 2003.

AVALIANDO MUDANÇAS NAS PRODUTIVIDADES PARCIAIS

É preciso distinguir os efeitos da produtividade parcial de componentes do custo variável e do custo fixo. Isso se deve ao fato de os elementos de custo variável — como materiais diretos — resultarem automaticamente em melhoria na produtividade ao usar menos recursos de entradas. Em 2003, melhorias na produtividade de materiais diretos, na Chipset, resultaram em 2 900 mil centímetros quadrados de materiais diretos adquiridos e consumidos, em vez de 3 450 mil centímetros quadrados, necessários para produzir 1 150 mil unidades de saída, no nível de produtividade de 2002. Para elementos de custos fixos, como os de conversão, o uso de menos recursos disponíveis da capacidade fixa não levará automaticamente à redução do custo desses recursos. Para melhorar a produtividade parcial nesses casos, a administração precisa demitir trabalhadores ou reduzir capacidade. Muitas vezes, essas medidas são mais difíceis de implementar, e, como mostra o Quadro 13.6, resultam em ganhos menores de produtividade parcial para categorias de custos fixos do que para categorias de custos variáveis.

Considere a produtividade parcial para a capacidade de conversão da produção. Nos níveis de produtividade de 2002, a Chipset teria que iniciar 3 450 mil centímetros quadrados de placas de circuito na produção para fabricar 1 150 mil unidades, com capacidade de processar 3 750 mil centímetros quadrados. Melhorias na eficiência resultam na Chipset tendo que processar 2 900 mil centímetros quadrados em 2003. A redução nos centímetros quadrados de placas de circuito processados não leva automaticamente a uma redução na capacidade de conversão. A produtividade parcial aumenta porque os gerentes da Chipset demitem trabalhadores e reduzem a capacidade de conversão para 3 500 mil centímetros quadrados de capacidade de processamento.

Uma vantagem de medidas de produtividade parcial é a de que elas relatam uma única entrada. Como resultado, elas são simples de calcular e facilmente compreendidas pelo pessoal de operação. Administradores e operadores examinam esses números para compreender as razões básicas para as mudanças na produtividade de um período para outro. Por exemplo, os gerentes da Chipset avaliarão se índices mais baixos de defeitos (o que levou a administração a reduzir capacidade e aumentar a produtividade parcial da conversão de 2002 a 2003) foram causados pelo melhor treinamento dos trabalhadores, menor giro de mão-de-obra, melhores incentivos, métodos melhorados ou substituição de materiais por mão-de-obra. Isolar os fatores relevantes ajuda a Chipset a implementar e a sustentar tais práticas no futuro. A Chipset pode, então, estabelecer metas para os ganhos na produtividade na conversão de produção e monitorar melhorias planejadas na produtividade.

Mesmo com todas as vantagens, as medidas de produtividade parcial também apresentam desvantagens. Como a produtividade parcial relata somente uma entrada por vez, em vez de todas simultaneamente, os administradores não conseguem avaliar o efeito de substituições de entradas sobre a produtividade global. Suponha que a produtividade parcial para a capacidade de conversão aumente de um período para outro, enquanto a produtividade parcial de materiais diretos diminui. Medidas de produtividade parcial não conseguem avaliar se o aumento na produtividade

Quadro 13.6 Comparando as produtividades parciais da Chipset em 2002 e 2003.

Entrada (1)	Produtividade parcial em 2003 (2)	Produtividade parcial comparável com base nas relações entre entradas e saídas de 2002 (3)	Mudança percentual de 2002 a 2003 (4)
Materiais diretos	$\dfrac{1\ 150\ 000}{2\ 900\ 000} = 0{,}400$	$\dfrac{1\ 150\ 000}{3\ 450\ 000} = 0{,}333$	$\dfrac{0{,}400 - 0{,}333}{0{,}333} = 20{,}0\%$
Capacidade de conversão da produção	$\dfrac{1\ 150\ 000}{3\ 500\ 000} = 0{,}329$	$\dfrac{1\ 150\ 000}{3\ 750\ 000} = 0{,}307$	$\dfrac{0{,}329 - 0{,}307}{0{,}307} = 7{,}1\%$
P&D	$\dfrac{1\ 150\ 000}{39} = 29\ 487$	$\dfrac{1\ 150\ 000}{40} = 28\ 750$	$\dfrac{29\ 487 - 28\ 750}{28\ 750} = 2{,}6\%$

Anexo: Medida da produtividade
Continuação

parcial da conversão compensa a redução na produtividade parcial de materiais diretos. A produtividade do fator total (PFT), ou produtividade total, é uma medida da produtividade que considera todas as entradas simultaneamente.

Produtividade do fator total

A **produtividade do fator total (PFT)** é o quociente da quantidade de saída produzida e dos custos de todas as entradas usadas com base nos preços do período atual.

$$\text{Produtividade do fator total} = \frac{\text{Quantidade da saída produzida}}{\text{Custo de todas as entradas consumidas}}$$

A PFT considera todas as entradas simultaneamente, e as trocas entre as entradas, com base nos preços atuais das entradas. Não pense em todas as medidas de produtividade como medidas físicas, sem conteúdo financeiro — quantas unidades de saída são produzidas por unidade de entrada. A PFT está intimamente atrelada à minimização do custo total — um objetivo financeiro.

Calculando e comparando a produtividade do fator total

Primeiro, calculamos a PFT da Chipset, em 2003, usando preços de 2003 e 1 150 mil unidades de saída (com base nas informações da primeira parte dos cálculos no componente da produtividade na p. 437).

$$\text{Produtividade do fator total para 2003 usando preços de 2003} = \frac{\text{Quantidade de saída produzida em 2003}}{\text{Custo de entradas consumidas em 2003 com base nos preços de 2003}}$$

$$= \frac{1\ 150\ 000}{(2\ 900\ 000 \times \$\ 1{,}50) + (3\ 500\ 000 \times \$\ 4{,}35) + (39 \times \$\ 100\ 000)}$$

$$= \frac{1\ 150\ 000}{\$\ 23\ 475\ 000}$$

= 0,048988 unidades de saída por unidade monetária ou real de custo de entradas

A PFT de 2003 de 0,048988 unidades de CX1 por real de custo de entradas não é especialmente útil em si. Precisamos de algo com o que comparar a PFT. Uma alternativa é comparar as PFTs de empresas similares em 2003. No entanto, muitas vezes é difícil encontrar empresas similares e obter dados comparáveis precisos. Portanto, empresas normalmente comparam os próprios PFTs no tempo. No exemplo da Chipset, usamos como *benchmark* a PFT calculada usando as entradas consumidas em 2002 para produzir 1 150 mil unidades de CX1, aos preços de 2003 (ou seja, usamos os custos da segunda parte dos cálculos do componente da produtividade da p. 437). Por que usamos os preços de 2003? Porque usar os preços do ano em curso, em ambos os cálculos, controla as diferenças nos preços de entradas e foca a análise nos ajustes que o gerente efetuou nas quantidades de entradas em resposta às mudanças nos preços.

$$\text{PFT de }\textit{Benchmark} = \frac{\text{Quantidade de saída produzida em 2003}}{\text{Custo de entradas usadas em 2002 para produzir a de 2003}}$$

$$= \frac{1\ 150\ 000}{(3\ 450\ 000 \times \$\ 1{,}50) + (3\ 750\ 000 \times \$\ 4{,}35) + (40 \times \$\ 100\ 000)}$$

$$= \frac{1\ 150\ 000}{\$\ 25\ 487\ 500}$$

= 0,045120 unidades de saída por real de custo de entradas

Usando preços de 2003, a PFT aumenta 8,6 por cento [(0,048988 − 0,045120) ÷ 0,045120 = 0,086 ou 8,6 por cento] de 2002 para 2003. Observe que o aumento de 8,6 por cento na PFT também é igual ao ganho de $ 2 012 500 (Quadro 13.3, Coluna 4) dividido pelos $ 23 475 000 em custos reais incorridos em 2003 (Quadro 13.3, Coluna 5). A produtividade do fator total aumentou porque a Chipset produziu mais saída por real de custos de entradas em 2003 em relação a 2002, usando em ambos os anos os preços de 2003. O ganho em PFT ocorre porque a Chipset aumenta as produtividades parciais de entradas individuais e, condizente com sua estratégia, busca a combinação menos cara de entradas para produzir o CX1. Observe que aumentos em PFT não podem ser devidos às diferenças nos preços de entrada porque nós usamos os preços de 2003 tanto para as entradas que a Chipset teria consumido em 2002 para produzir 1 150 mil unidades de CX1 quanto as realmente consumidas em 2003.

Usando medidas de produtividade parcial e do fator total

Uma das principais vantagens da PFT é a de que ela mede a produtividade conjunta de todas as entradas consumidas para produzir a saída e, explicitamente, considera ganhos pelo uso de menos entradas físicas, assim como a troca

Anexo: Medida da produtividade (Continuação)

entre entradas. Administradores podem analisar esses números para compreender as razões pelas mudanças em PFT. Os gerentes da Chipset avaliarão se a PFT aumentou de 2002 para 2003 devido a melhores práticas da gestão de recursos humanos, melhor qualidade de materiais ou métodos melhorados de produção. A Chipset adotará as práticas mais bem-sucedidas e usará medidas de PFT para implementar e avaliar a estratégia ao estabelecer metas e monitorar tendências.

Embora as medidas de PFT sejam abrangentes, o pessoal de operações acha as medidas financeiras de PFT mais difíceis de compreender e menos úteis do que as medidas físicas da produtividade parcial na realização de suas tarefas. Medidas físicas da produtividade parcial da mão-de-obra de produção, por exemplo, proporcionam *feedback* direto para os trabalhadores sobre a saída produzida por hora de mão-de-obra trabalhada, ao focar em fatores sob o controle dos trabalhadores. A produtividade parcial da mão-de-obra de produção também tem a vantagem de poder ser facilmente comparada entre períodos por usar entradas físicas em vez de entradas ponderadas pelos preços de diferentes períodos. Portanto, trabalhadores muitas vezes preferem atrelar bônus aos ganhos na produtividade parcial da mão-de-obra de produção. Infelizmente, essa situação cria incentivos para os trabalhadores substituírem materiais (e capital) por mão-de-obra, o que melhora sua medida de produtividade enquanto, possivelmente, diminui a produtividade global da empresa, medida pela PFT. Para superar os possíveis problemas de incentivo por meio de medidas de produtividade parcial, algumas empresas — por exemplo, TRW, Eaton e Whirlpool — ajustam os bônus com base na produtividade parcial da mão-de-obra de produção para efeito de outros fatores, como investimentos em equipamentos novos e níveis mais altos de sucata. Ou seja, elas combinam a produtividade parcial com medidas tipo PFT.

Muitas empresas, como a Behlen Manufacturing, um fabricante de aço, e Motorola, um fabricante de *microchips*, usam a produtividade parcial e a produtividade do fator total para avaliar o desempenho. *Medidas de produtividade parcial e PFT funcionam melhor juntas porque os pontos fortes de um compensam os pontos fracos do outro.*

Termos para aprender

Este capítulo e o Glossário no final do livro contêm definições de:

balanced scorecard
capacidade ociosa
componente da produtividade
componente da recuperação do preço
componente do crescimento
custos discricionários
custos projetados

diferenciação do produto
liderança em custo
produtividade
produtividade do fator total (PFT)
produtividade parcial
redução da estrutura
reengenharia

Material de trabalho

Perguntas

13-1 Defina *estratégia*.

13-2 Descreva as cinco forças-chave a considerar ao analisar um setor.

13-3 Descreva duas estratégias genéricas.

13-4 Quais são as quatro perspectivas-chave no *balanced scorecard*?

13-5 O que é *reengenharia*?

13-6 Descreva três características de um bom *balanced scorecard*.

13-7 Quais são três armadilhas a serem evitadas quando da implantação de um *balanced scorecard*?

13-8 Descreva três componentes-chave para fazer uma análise estratégica do lucro operacional.

13-9 Por que um analista poderia incorporar o fator do tamanho do mercado no setor e os inter-relacionamentos entre os componentes do crescimento, da recuperação do preço e da produtividade em uma análise estratégica do lucro operacional?

13-10 Como um custo projetado difere de um custo discricionário?

13-11 "A distinção entre custos projetados e custos discricionários é irrelevante quando se estiver identificando capacidade ociosa." Você concorda? Comente resumidamente.

13-12 O que é *redução da estrutura*?

13-13 O que é uma medida de produtividade parcial?

13-14 O que é *produtividade do fator total*?

13-15 "Nós já estamos medindo a produtividade do fator total. Medir as produtividades parciais não teria nenhum valor." Você concorda? Comente resumidamente.

Exercícios

13-16 *Balanced scorecard*. A Corporação La Quinta fabrica caixas de papelão corrugado. Ela compete e planeja crescer produzindo caixas de alta qualidade a um custo baixo e entregando pontualmente aos clientes. Há muitos outros fabricantes que produzem caixas similares. A La Quinta acredita que a melhoria contínua no processo de podução e ter funcionários satisfeitos sejam fatores essenciais para a implementação de sua estratégia em 2004.

Para fazer:

1. A estratégia da La Quinta, para 2004, é uma estratégia de diferenciação do produto ou de liderança nos custos? Explique resumidamente.
2. Indique duas medidas que você esperaria encontrar sob cada perspectiva no *balanced scorecard* da La Quinta para 2004. Explique resumidamente sua resposta.

13-17 Análise dos componentes do crescimento, da recuperação do preço e da produtividade (continuação do 13-16). Uma análise das mudanças no lucro operacional da La Quinta entre 2003 e 2004 revelou o seguinte:

Lucro operacional para 2003	$ 1 600 000
Mais o componente do crescimento	60 000
Menos o componente da recuperação do preço	(50 000)
Mais o componente da produtividade	180 000
Lucro operacional para 2004	$ 1 790 000

O tamanho do mercado, no setor, para caixas corrugadas, não cresceu em 2004; os preços das entradas não mudaram e a La Quinta reduziu os preços de suas caixas.

Para fazer:

1. O ganho no lucro operacional da La Quinta em 2004 terá sido consistente com a estratégia que você identificou na Questão 1 do Exercício 13-16?
2. Explique o componente da produtividade. No geral, ele representa economias apenas nos custos variáveis, nos custos fixos ou em ambos, custos variáveis e fixos?

13-18 *Balanced scorecard*. Segue uma listagem em ordem aleatória de perspectivas, objetivos estratégicos e medidas do desempenho para o *balanced scorecard*.

Perspectivas

Processos internos
Cliente
Aprendizagem e crescimento
Financeira

Objetivos estratégicos

Conquistar novos clientes	Lançar produtos novos
Aumentar o valor do acionista	Minimizar a taxa de erro por fatura
Retorno sobre vendas	
Melhorar a qualidade da produção	
Desenvolver clientes rentáveis	
Aumentar produtos proprietários	
Aumentar a capacidade do sistema de informação	
Ter entregas pontuais dos fornecedores	
Lucro por vendedor	
Aumentar o lucro gerado por cada vendedor	

Indicadores de desempenho

Porcentagem de unidades de produto com defeito
Retorno sobre os ativos
Número de patentes
Rotação dos funcionários
Lucro líquido
Rentabilidade por cliente
Porcentagem de processos com *feedback* em tempo real
Retorno sobre vendas
Média de horas de treinamento relacionadas ao trabalho por funcionário
Retorno sobre o patrimônio líquido
Porcentagem de entregas pontuais por fornecedores
Custo do produto por unidade
Ter entregas pontuais dos fornecedores
Porcentagem de faturas sem erros
Custo do cliente por unidade
Lucro por ação
Número de clientes novos
Porcentagem de clientes retidos

Para fazer: Para cada perspectiva, escolha os objetivos estratégicos da lista que melhor se relacionam com ela. Para cada objetivo estratégico, escolha os indicadores do desempenho mais apropriados da lista.

13-19 Componentes do crescimento, da recuperação do preço e da produtividade. A Companhia de Camisetas Oceano vende uma variedade de camisetas, apresentando os seguintes dados para os dois primeiros anos de operação, 2003 e 2004. Por questão de simplicidade, suponha que todos os custos de compra e venda estejam incluídos no custo médio por camiseta e que cada cliente compre uma camiseta.

	2003	2004
Número de camisetas compradas	20 000	30 000
Número de camisetas perdidas	400	300
Número de camisetas vendidas	19 600	29 700
Preço médio de venda	$ 15	$ 14
Custo médio por camiseta	$ 10	$ 9
Capacidade administrativa em termos do número de clientes que pode ser atendido	40 000	36 000
Custos administrativos	$ 80 000	$ 68 400
Custo administrativo por cliente	$ 2	$ 1,90

Os custos administrativos dependem do número de clientes que a Oceano tem capacidade para atender, e não o número real de clientes atendidos.

Para fazer:

1. Calcule os componentes do crescimento, da recuperação do preço e da produtividade das mudanças no lucro operacional entre 2003 e 2004.
2. Comente sobre seus resultados na Parte 1.

13-20 Estratégia, *balanced scorecard*. A Corporação Menezes fabrica uma máquina especial, a D4H, usada na indústria têxtil. A Menezes projetou a máquina D4H, para 2003, para ser diferente da de seus concorrentes. No geral, ela tem sido reconhecida como uma máquina superior. A Menezes apresenta os seguintes dados para 2002 e 2003.

	2002	2003
1. Unidades de D4H produzidas e vendidas	200	210
2. Preço de venda	$ 40 000	$ 42 000
3. Materiais diretos (quilos)	300 000	310 000
4. Custo de material direto por quilo	$ 8	$ 8,50
5. Capacidade de produção em unidades de D4H	250	250
6. Total de custos de conversão	$ 2 000 000	$ 2 025 000
7. Custo de conversão por unidade de capacidade	$ 8 000	$ 8 100
8. Capacidade de vendas e atendimento ao cliente	100 clientes	95 clientes

9. Total de custos de vendas e atendimento ao cliente	$	1 000 000	$	940 500
10. Custo de vendas e atendimento ao cliente por cliente	$	10 000	$	9 900
11. Equipe de projeto		12		12
12. Total de custos do projeto	$	1 200 000	$	1 212 000
13. Custo do projeto por funcionário	$	100 000	$	101 000

Apesar de não produzir nenhuma máquina defeituosa a Menezes quer, em 2003, reduzir o consumo de materiais diretos por máquina D4H. Custos de conversão em cada ano dependem da capacidade de produção definida em termos de unidades de D4H que podem ser produzidas, e não das unidades realmente produzidas. Os custos de vendas e atendimento ao cliente dependem do número de clientes que a Menezes consegue atender, e não do número real de clientes atendidos. A Menezes tem 75 clientes em 2002 e 80 clientes em 2003. No início de cada ano, a administração determina, para o ano, o número de pessoas para a equipe de projeto. A equipe de projeto e os seus custos não têm nenhuma relação direta com a quantidade de D4H produzida ou o número de clientes atendidos.

Para fazer:

1. A estratégia da Menezes é de diferenciação do produto ou de liderança nos custos? Explique de maneira resumida.
2. Descreva resumidamente os elementos-chave que você incluiria no *balanced scorecard* da Menezes e as razões para fazer isso.

13-21 Análise estratégica do lucro operacional (continuação do 13-20). Refira-se ao Exercício 13-20.

Para fazer:

1. Calcule o lucro operacional da Corporação Menezes em 2002 e 2003.
2. Calcule os componentes do crescimento, da recuperação do preço e da produtividade que expliquem a mudança no lucro operacional de 2002 para 2003.
3. Comente sobre sua resposta à Questão 1. O que é indicado por esses componentes?

13-22 Análise dos componentes do crescimento, da recuperação do preço e da produtividade (continuação do 13-21). Suponha que, durante 2003, o mercado para a D4H tenha crescido 3 por cento. Todos os aumentos na participação de mercado (ou seja, aumentos nas vendas superiores aos 3 por cento) se devem à estratégia de diferenciação do produto da Menezes.

Para fazer: Calcule quanto da mudança no lucro operacional de 2002 para 2003 se deve ao fator da abrangência do mercado no setor, à liderança em custo e à diferenciação do produto. Quão bem-sucedida tem sido a Menezes na implementação de sua estratégia? Explique.

13-23 Identificando e gerenciando capacidade ociosa (continuação do 13-20). Refira-se às informações da Corporação Menezes do Exercício 13-20.

Para fazer:

1. Onde possível, calcule a quantia e o custo da capacidade ociosa para (a) produção, (b) vendas e atendimento ao cliente e (c) projeto, no início de 2003 com base na produção de 2003. Se você não pôde calcular a quantia e o custo da capacidade ociosa, indique a razão.
2. Suponha que a Menezes consiga adicionar ou reduzir sua capacidade de produção em incrementos de 30 unidades. Qual é a quantidade máxima de custos que a Menezes poderia economizar em 2003 ao reduzir a estrutura de sua capacidade de produção?
3. Na verdade, a Menezes não elimina nenhuma capacidade de produção ociosa. Por que a Menezes não pode reduzir sua estrutura?

13-24 Estratégia, *balanced scorecard*, empresa de serviço. A Corporação Siqueira é uma pequena empresa de consultoria em sistemas de informação, especializada em ajudar empresas a implementar *software* de gestão de vendas. O mercado para os produtos da Siqueira é muito competitivo. Para tanto, ela precisa proporcionar um serviço de qualidade a custo baixo. A Siqueira fatura para os clientes em termos de unidades de trabalho efetuado, o que depende do amplitude e da complexidade do sistema de gestão de vendas. A empresa apresenta os seguintes dados para 2002 e 2003.

		2002		2003
1. Unidades de trabalho efetuado		60		70
2. Preço de venda	$	50 000	$	48 000
3. Horas de mão-de-obra de implementação de *software*		30 000		32 000
4. Custo por hora de mão-de-obra de implementação de *software*	$	60	$	63

5. Capacidade de suporte na implementação de *software* (em unidades de trabalho)	90	90
6. Total de custos do suporte de implementação do *software*	$ 360 000	$ 369 000
7. Custo da capacidade de suporte para implementação do *software* por unidade de trabalho	$ 4 000	$ 4 100
8. Número de funcionários fazendo desenvolvimento de *software*	3	3
9. Total de custos do desenvolvimento de *software*	$ 375 000	$ 390 000
10. Custo do desenvolvimento de *software* por funcionário	$ 125 000	$ 130 000

Os custos por hora da mão-de-obra de implementação do *software* são custos variáveis. Os custos do suporte para a implementação do *software*, para cada ano, dependem da capacidade de suporte para implementação do *software* (definido em termos de unidades de trabalho) que a Siqueira escolher manter a cada ano. Eles não variam com as unidades reais de trabalho efetuado naquele ano. No início de cada ano, a administração usa um critério para determinar o número de funcionários para o desenvolvimento de *software*. A equipe e os custos para o desenvolvimento de *software* não têm nenhuma relação direta com o número de unidades de trabalho efetuado.

Para fazer:

1. A estratégia da Corporação Siqueira é uma estratégia de diferenciação do produto ou de liderança no custo? Explique resumidamente.
2. Descreva os elementos-chave que você incluiria no *balanced scorecard* da Siqueira e dê suas razões para fazer o mesmo.

13-25 Análise estratégica do lucro operacional (continuação do 13-24). Refira-se às informações do Exercício 13-24.

Para fazer:

1. Calcule o lucro operacional da Corporação Siqueira em 2002 e 2003.
2. Calcule os componentes do crescimento, da recuperação do preço e da produtividade que explicam a mudança no lucro operacional de 2002 para 2003.
3. Comente sobre sua resposta à Questão 2. O que é indicado por esses componentes?

13-26 Análise dos componentes do crescimento, da recuperação do preço e da produtividade (continuação do 13-25). Suponha que, durante 2003, o mercado para a implementação de *software* para a gestão de vendas tenha crescido 5 por cento e que a Siqueira tenha provado um declínio de 1 por cento nos preços de venda. Suponha que quaisquer declínios adicionais no preço de venda e aumentos na participação de mercado sejam escolhas estratégicas da administração da Siqueira para implementar sua estratégia de liderança em custos.

Para fazer: Calcule quanto da mudança no lucro operacional de 2002 para 2003 se deve ao fator de abrangência do mercado no setor, à liderança no custo e à diferenciação do produto. Quão bem-sucedida tem sido a Siqueira na implementação de sua estratégia? Explique.

13-27 Identificando e gerenciando capacidade ociosa (continuação do 13-24). Refira-se às informações da Corporação Siqueira do Exercício 13-24.

Para fazer:

1. Onde possível, calcule a quantia e o custo da capacidade ociosa para (a) suporte para a implementação de *software* e (b) desenvolvimento de *software* no início de 2003 com base nas unidades de trabalho efetuado em 2003. Se você não pôde calcular a quantia e o custo da capacidade ociosa, indique a razão.
2. Suponha que a Siqueira consiga adicionar ou reduzir sua capacidade de suporte para a implementação de *software* em incrementos de 15 unidades. Qual é a quantidade máxima de custos que a Siqueira poderia economizar em 2003 ao reduzir a estrutura de sua capacidade de suporte para a implementação de *software*?
3. Na verdade, a Siqueira não elimina nenhuma de sua capacidade ociosa de suporte para a implementação de *software*. Por que a Siqueira poderia não reduzir sua estrutura?

Problemas

13-28 Balanced scorecard (R. Kaplan, adaptado). A Caltex Ltda. refina gasolina e usa a própria rede de postos para vendê-la. Com base em pesquisas de mercado, a Caltex determina que 60 por cento do mercado global de gasolina consiste em 'clientes que valorizam serviços', indivíduos de renda média e alta, dispostos a pagar um preço mais elevado caso os postos possam proporcionar atendimento diferenciado ao cliente, como uma instalação limpa, uma loja de conveniências, funcionários amigáveis, atendimento rápido, possibilidade de pagar com cartão de crédito e combustível aditivado. Os 40 por cento remanescentes do mercado global são de 'compradores que buscam preço', que procuram comprar a gasolina mais barata disponível. A estratégia da Caltex é focar os

60 por cento dos clientes que buscam serviços. O *balanced scorecard* da Caltex, para 2004, está descrito a seguir. Por questão de brevidade, as iniciativas tomadas sob cada objetivo foram omitidas.

Objetivos	Indicadores	Desempenho-meta	Desempenho real
Perspectiva financeira			
Aumentar o valor para o acionista	Mudanças no lucro operacional da recuperação do preço	$ 90 000 000	$ 95 000 000
	Mudanças no lucro operacional do crescimento	$ 65 000 000	$ 67 000 000
Perspectiva do cliente			
Aumentar a participação de mercado	Participação de mercado no mercado global para gasolina	10%	9,8%
Perspectiva dos processos internos			
Melhorar a qualidade da gasolina	Índice de qualidade	94 pontos	95 pontos
Melhorar o desempenho da refinaria	Índice de confiabilidade da refinaria (%)	91%	91%
Assegurar a disponibilidade de gasolina	Índice de disponibilidade do produto (%)	99%	100%
Perspectiva da aprendizagem e crescimento			
Aumentar a capacidade do processo de refinaria	Porcentagem de processos da refinaria com controles avançados	88%	90%

Para fazer:

1. A Caltex teve êxito na implementação de sua estratégia em 2004? Explique sua resposta.
2. Você teria incluído algum indicador de satisfação do funcionário e de treinamento dele na perspectiva de aprendizagem e crescimento? Esses objetivos são críticos para a implementação da estratégia da Caltex? Por que sim ou por que não? Explique resumidamente.
3. Explique como a Caltex não obteve sua meta de participação no mercado, mas superou as metas financeiras. 'Participação no mercado global da gasolina' é uma medida correta de participação no mercado? Explique resumidamente.
4. Você concorda com a decisão da Caltex em não incluir medidas de mudanças no lucro operacional provenientes de melhorias na produtividade, na perspectiva dos processos internos e na perspectiva do cliente? Por que sim ou por que não? Explique resumidamente.
5. Você concorda com a decisão da Caltex em não incluir indicadores de mudanças no lucro operacional provenientes de melhorias na produtividade, na perspectiva financeira do *balanced scorecard*? Explique resumidamente.

13-29 *Balanced scorecard.* A Corporação Leo produz, em uma fábrica altamente automatizada, vários tipos de impressoras coloridas a laser, com custos fixos elevados. O mercado para impressoras a laser é competitivo. As diversas impressoras coloridas a laser, do mercado, são comparáveis em termos de atributos e preço. A Leo acredita que satisfazer os clientes com produtos de alta qualidade a custos baixos seja a chave para alcançar a meta de rentabilidade. Para 2004, a Leo pretende melhorar a qualidade e reduzir custos, melhorando o rendimento e reduzindo os defeitos nas operações de produção. A Leo pretende treinar os trabalhadores e outorgar poder para que possam conduzir o processo de produção. Atualmente, uma quantia significativa da capacidade da Leo é usada para produzir produtos com defeito e que não podem ser vendidos. A Leo espera que rendimentos mais altos reduzam a capacidade de que necessita na produção. Ela não antecipa que a melhora na produção leve automaticamente a custos mais baixos por ter custos fixos elevados. Para reduzir os custos unitários fixos, a Leo poderia demitir funcionários e vender equipamento ou usar a capacidade para produzir e vender mais de seus produtos atuais ou aprimorá-los.

O *balanced scorecard* da Leo (iniciativas omitidas), para o ano contábil de 2004, está a seguir.

Objetivos	Indicadores	Desempenho-meta	Desempenho real
Perspectiva financeira			
Aumentar o valor para o acionista	Mudanças no lucro operacional da produtividade	$ 1 000 000	$ 400 000
	Mudanças no lucro operacional do crescimento	$ 1 500 000	$ 600 000
Perspectiva do cliente			
Aumentar a participação de mercado	Participação no mercado de impressoras coloridas a laser	5%	4,6%
Perspectiva do processo interno do negócio			
Melhorar a qualidade da produção	Rendimento	82%	85%
Reduzir o tempo de entrega aos clientes	Tempo para entrega do pedido	25 dias	22 dias
Perspectiva da aprendizagem e crescimento			
Desenvolver habilidades do processo	Porcentagem de funcionários treinados no processo e na gestão da qualidade	90%	92%
Realçar as capacidades do sistema de informações	Porcentagem de processos de produção com *feedback* em tempo real	85%	87%

Para fazer:

1. A Leo teve êxito na implementação de sua estratégia em 2004? Explique.
2. O *balanced scorecard* da Leo é útil em ajudar a empresa a compreender por que ela não alcançou sua meta de participação no mercado em 2004? Se for, explique por quê. Se não for, explique quais outras medidas você poderia adicionar sob a perspectiva do cliente e por quê.
3. Você teria incluído alguma medida de satisfação do funcionário na perspectiva de aprendizagem e crescimento e de desenvolvimento de produtos novos na perspectiva dos processos internos? Ou seja, você acha que a satisfação do funcionário e o desenvolvimento de produtos novos são essenciais para a Leo na implementação de sua estratégia? Por que sim ou por que não? Explique resumidamente.
4. Quais problemas, se houver algum, você vê para que a Leo melhore a qualidade e reduza significativamente a estrutura para eliminar capacidade ociosa?

13-30 Análise estratégica do lucro operacional. A Cia. Yolanda vende roupas femininas. Sua estratégia é a de oferecer uma ampla seleção de roupas e excelente atendimento ao cliente, e cobrar um preço *premium*. Por questão de simplicidade, suponha que cada cliente compre uma peça de roupa. A Cia. Yolanda apresenta os seguintes dados para 2004 e 2005.

		2004	2005
1.	Peças de roupa compradas e vendidas	40 000	40 000
2.	Preço de venda médio	$ 60	$ 59
3.	Custo médio por peça de roupa	$ 40	$ 41
4.	Capacidade de vendas e atendimento ao cliente	51 000 clientes	43 000 clientes
5.	Custos de vendas e atendimento ao cliente	$ 357 000	$ 296 700
6.	Custos de vendas e atendimento ao cliente (Linha 5 ÷ Linha 4)	$ 7 por cliente	$ 6,90 por cliente
7.	Capacidade de compras e administrativa	980	850
8.	Custos de compra e administrativos	$ 245 000	$ 204 000
9.	Custo da capacidade de compras e administrativa por modelo	$ 250 por modelo	$ 240 por modelo

O total dos custos de vendas e atendimento ao cliente depende do número de clientes para o qual a Yolanda criou capacidade, e não o número real de clientes que a Yolanda atende. O total de custos de compras e administrativos depende da capacidade de compras e administrativa que a Yolanda criou (definido em termos do número de modelos de roupa que a Yolanda consegue comprar e administrar). Custos de compras e administrativos não dependem do número real de modelos de roupas compradas. A Yolanda comprou 930 modelos em 2004 e 820 modelos em 2005. No início de 2005, a Yolanda planejou aumentar o lucro operacional em 10 por cento sobre o lucro operacional de 2004.

Para fazer:

1. É a estratégia da Yolanda uma estratégia de diferenciação do produto ou de liderança em custo? Explique.
2. Calcule o lucro operacional da Yolanda para 2004 e 2005.
3. Calcule os componentes do crescimento, da recuperação do preço e da produtividade das mudanças no lucro operacional entre 2004 e 2005.
4. A análise estratégica do lucro operacional indica que a Yolanda foi bem-sucedida na implementação de sua estratégia em 2005? Explique.

Aplicação do Excel. Para alunos que desejam praticar suas habilidades com planilhas, segue uma abordagem passo a passo para a criação de uma planilha Excel para resolver esse problema.

Passo a passo

1. Abra uma planilha nova. No topo, crie uma seção de 'Dados originais' para os dados fornecidos pela Companhia Yolanda usando exatamente o mesmo formato apresentado na página 448.

(Programe sua planilha para executar todos os cálculos necessários. Não insira dados manualmente para qualquer quantia, como lucro operacional, que necessitem de operações de somar, subtrair, multiplicar ou dividir.)

2. Pule duas linhas e crie uma demonstração de resultados com colunas para 2004 e 2005 e linhas para 'Receitas, Custos de materiais diretos, Custos de vendas e atendimento ao cliente, Custos de compras e administrativos, Custos totais' e 'Lucro operacional'. Use os dados da seção de 'Dados originais' para calcular receitas, custos e lucro operacional para 2004 e 2005.

3. Pule duas linhas e crie uma seção de 'Efeitos da receita e do custo do crescimento' com uma linha para 'Efeito da receita do crescimento' e quatro linhas para cada uma das quatro categorias diferentes de custo, 'Custos de materiais diretos, Custos de vendas e atendimento ao cliente, Custos de compras e administrativos' e uma linha para o total do efeito do custo do crescimento. Usando os dados da seção de 'Dados originais', insira os cálculos para o efeito da receita no crescimento, o efeito do custo no crescimento para cada uma das quatro categorias diferentes (materiais diretos, atendimento ao cliente, e compras e administrativos) e o total do efeito do custo no crescimento.

4. Pule duas linhas e crie uma seção de 'Efeitos de receita e custo na recuperação do preço', exatamente no mesmo formato que na Questão 3. Usando os dados da seção de 'Dados originais', insira cálculos para o efeito da receita na recuperação do preço, o efeito do custo na recuperação do preço para cada uma das quatro categorias diferentes de custo e o total do efeito do custo na recuperação do preço.

5. Pule duas linhas e crie uma seção de 'Efeito do custo na produtividade' exatamente no mesmo formato que nas Partes 3 e 4, sem a fila para receitas. Usando os dados da sua seção de 'Dados originais', insira os cálculos para o efeito de custo na produtividade para cada uma das quatro categorias de custo e o total do efeito do custo na produtividade.

6. Pule duas linhas e crie uma seção de 'Análise estratégica da rentabilidade' exatamente no mesmo formato apresentado no Quadro 13.3. Use os dados de sua demonstração de resultados e dos três componentes de crescimento calculados nas Questões 3 a 5 para completar esta seção. Não insira os dados manualmente para a coluna das quantias da demonstração de resultados em 2005. Esta coluna deve simplesmente refletir a soma das quantias da demonstração de resultados em 2004 e os componentes do crescimento, na recuperação do preço e na produtividade como no Quadro 13.3. Se você programou sua planilha corretamente, as receitas, os custos e o lucro operacional desta coluna devem ser os mesmos que as quantias para 2005 na sua demonstração de resultados.

13-31 Análise dos componentes do crescimento, da recuperação do preço e da produtividade. A Winchester Co. fabrica rolamentos especiais. Em 2005, ela planeja crescer e aumentar o lucro operacional ao capitalizar na sua reputação como fabricante de um produto superior ao de seus concorrentes. Uma análise das mudanças no lucro operacional entre 2004 e 2005 revela o seguinte:

Lucro operacional para 2004	$ 3 450 000
Mais o componente do crescimento	300 000
Mais o componente da recuperação do preço	400 000
Mais o componente da produtividade	350 000
Lucro operacional para 2005	$ 4 500 000

A análise adicional desses componentes revela que se o crescimento nas vendas da Winchester tivesse acompanhado o crescimento do mercado, o componente do crescimento em 2005 teria sido de $ 750 000. Todas as reduções na participação no mercado (ou seja, aumentos em vendas inferiores ao crescimento do mercado) são atribuíveis à falta de diferenciação do produto da Winchester.

Para fazer:

1. É a estratégia de 2005, da Winchester, uma estratégia de diferenciação do produto ou de liderança em custo? Explique resumidamente.
2. Dê uma explicação resumida de por que os componentes do crescimento, da recuperação do preço e da produtividade são favoráveis.
3. O ganho no lucro operacional da Winchester, em 2005, foi consistente com a estratégia que você identificou na Questão 1? Explique resumidamente.

13-32 Custos projetados e discricionários de custos indiretos, capacidade ociosa, reparos e manutenção. A Corporação Rolando fabrica engrenagens em tornos. Em 2004, os tornos da Rolando operaram por 80 mil horas. Rolando empregava quatro trabalhadores na área de reparos e manutenção para consertar máquinas que haviam quebrado ou que estavam operando inadequadamente. Em 2004, a cada um deles foi pago um salário anual fixo de $ 40 000 por 250 dias de trabalho, oito horas por dia. Em 2004, os trabalhadores passaram seis mil horas fazendo reparos e manutenção.

Para fazer:

1. Você acha que os custos de reparos e manutenção da Rolando são custos projetados ou custos discricionários? Explique sua resposta.
2. Suponha que os custos de reparos e manutenção sejam custos projetados. Calcule o custo da capacidade ociosa de reparo e manutenção em 2004. Dê uma razão para a Rolando querer e não reduzir a estrutura de capacidade de reparos e manutenção. Explique sua resposta resumidamente.
3. Suponha que os custos de reparos e manutenção sejam custos discricionários. Qual é o custo da capacidade ociosa em reparos e manutenção em 2004? Explique sua resposta resumidamente.

13-33 Custos projetados e discricionários de custos indiretos, capacidade ociosa e *help-desk*. A Cabo Diverso, um grande operador de TV a cabo, tinha 750 mil assinantes em 2002, empregando cinco *atendentes de help-desk* para responder perguntas e registrar problemas relatados por clientes. Em 2002, cada atendente trabalhou oito horas por dia, durante 250 dias, a um salário anual fixo de $ 36 000. A Cabo Diverso recebeu 45 mil ligações telefônicas de seus clientes em 2002. Cada ligação durou uma média de dez minutos.

Para fazer:

1. Você acha que os custos do *help-desk* são custos projetados ou discricionários? Explique sua resposta.
2. Onde possível, calcule o custo da capacidade ociosa do balcão de atendimento ao cliente em 2002, sob cada uma das seguintes suposições: (a) os custos do *help-desk* são custos projetados, e (b) os custos do *help-desk* são custos discricionários. Se você não conseguiu calcular a quantidade e o custo da capacidade ociosa, indique a razão.
3. Suponha que a Cabo Diverso tenha tido 900 mil assinantes em 2003, e que a porcentagem de ligações telefônicas recebidas para o total de assinantes, em 2002, se mantivesse em 2003. A capacidade do *help-desk* foi a mesma que em 2002. Onde possível, calcule o custo da capacidade ociosa do *help-desk*, em 2003, sob cada uma das seguintes suposições: (a) os custos do *help-desk* são custos projetados, e (b) os custos do *help-desk* são custos discricionários. Se você não conseguiu calcular a quantidade e o custo da capacidade ociosa, indique a razão.

13-34 Medida da produtividade parcial (anexo do capítulo). A Corporação Brotas fabrica pequenas peças de aço. A administração da Brotas tem alguma habilidade em substituir materiais diretos por mão-de-obra direta de produção. Se os trabalhadores cortarem o aço cuidadosamente, a Brotas pode fabricar mais peças de chapa de aço, o que irá demandar mais horas de mão-de-obra direta de produção. Porém, a Brotas pode usar menos horas de mão-de-obra direta de produção se estiver disposta a tolerar uma quantidade maior de desperdício de materiais diretos. Ela opera em um mercado muito competitivo. Sua estratégia é produzir um produto de qualidade a um custo baixo, e não produz nenhum produto defeituoso. A Brotas relata os seguintes dados para os últimos dois anos de operação:

	2004	2005
Unidades de produção	375 000	525 000
Materiais diretos consumidos, em quilos	450 000	610 000
Custo de material direto por quilo	$ 1,20	$ 1,25
Horas de mão-de-obra direta de produção usadas	7 500	9 500
Salários por hora	$ 20	$ 25
Capacidade de produção em unidades de produção	600 000	582 000
Custos fixos relativos à capacidade de produção	$ 1 038 000	$ 1 018 500
Custo fixo de produção por unidade de capacidade	$ 1,73	$ 1,75

Para fazer:

1. Calcule as taxas de produtividade parcial para 2005. Compare-as com as taxas de produtividade parcial de 2004, com base na saída produzida em 2005.
2. Com base somente nas taxas de produtividade parcial, você conseguiria concluir se, e em quanto, a produtividade melhorou ao todo, em 2005, em comparação com 2004? Explique.
3. Como a administração da Corporação Brotas poderia usar a análise da produtividade parcial?

13-35 Produtividade do fator total (continuação do 13-34). Refira-se às informações no Problema 13-34.

Para fazer:

1. Calcule a produtividade do fator total (PFT) da Corporação Brotas em 2005.
2. Compare o desempenho em PFT da Corporação Brotas, em 2005, em relação a 2004.
3. O que a PFT lhe diz que as medidas da produtividade parcial não lhe dizem?

13-36 Placar equilibrado, ética. João Oliveira, gerente de divisão da Divisão de Produtos do Lar, uma fabricante de lava-louças, tinha acabado de ver o *balanced scorecard* para a sua divisão para 2004. Ele requisitou a presença de Patrícia Conde, contadora gerencial da divisão, para uma reunião, ocasião em que concluiu: "Eu acho que os números de satisfação do funcionário e satisfação do cliente estão muito baixos. Esses números são baseados em uma amostra aleatória de avaliações subjetivas feitas por gerentes individuais e representantes de clientes. A minha própria experiência indica que estamos fazendo um bom trabalho em ambas as dimensões. Até fazermos uma pesquisa formal com funcionários e clientes em algum momento do próximo ano, acredito estarmos prestando um desserviço a nós mesmos e a esta empresa ao relatar números tão baixos para a satisfação do funcionário e do cliente. Esses números serão vexamosos na reunião de gerentes de divisão no mês que vem. Precisamos aumentá-los".

Patrícia sabe que os números de satisfação do funcionário e do cliente são subjetivos, mas o procedimento por ela usado é idêntico aos usados no passado. Dos comentários solicitados por ela, resultaram números que representam a insatisfação dos funcionários com as últimas regras de trabalho e a insatisfação dos clientes com as entregas tardias. Ela também sabe que esses problemas serão corrigidos com o tempo.

Para fazer:

1. Você acha que a Divisão de Produtos do Lar deve incluir indicadores subjetivos de satisfação do funcionário e de satisfação do cliente no seu *balanced scorecard*? Explique.
2. O que Patrícia Conde deveria fazer?

Problema para aprendizagem em grupo

13-37 Redução de estrutura (CMA, adaptado). A Corporação Murilo atualmente subsidia serviços de refeitório para os seus 200 funcionários, mas os está revendo porque medidas de cortes em custos são necessárias em toda a organização para poder manter os preços de seus produtos competitivos. Duas alternativas estão sendo avaliadas: reduzir a estrutura da equipe do refeitório e oferecer um cardápio reduzido ou contratar um fornecedor externo.

O funcionamento do refeitório requer quatro funcionários recebendo um salário-base anual conjunto de $ 110 000 mais benefícios adicionais, totalizando 25 por cento do salário. O refeitório opera 250 dias ao ano e os custos de equipamento e manutenção totalizam uma média anual de $ 30 000. As vendas diárias incluem cem pratos a $ 4,00 cada, 80 sanduíches ou saladas a um preço médio de $ 3,00 cada, mais $ 200 adicionais em bebidas e sobremesas. O custo de todos os suprimentos do refeitório totaliza 60 por cento das receitas.

O plano para a redução da estrutura operacional prevê manter dois dos funcionários, cujos salários-base anuais totalizam $ 65 000. Um dos pratos seria suprimido do cardápio e os preços dos itens remanescentes seriam ligeiramente aumentados. Com esse arranjo, a Murilo espera vendas diárias de 150 sanduíches ou saladas a um preço médio mais elevado, de $ 3,60. A receita adicional em bebidas e sobremesas deve aumentar para $ 230 por dia. Devido à eliminação do prato, o custo de todos os suprimentos do refeitório deverá diminuir para 50 por cento das receitas. Todas as outras condições operacionais permanecerão iguais. A Murilo está disposta a continuar a subsidiar essa operação reduzida, mas não gastará mais que 20 por cento do subsídio atual.

Uma proposta foi encaminhada pela Alimentos Vilma, um fornecedor externo disposto a oferecer serviços de refeitório. A Vilma propôs pagar $ 1 000 por mês para a Murilo pelo uso do refeitório e equipamentos, cujos custos de reparos caberia à Murilo cobrir. Além disso, a Vilma pagaria para a Murilo 4 por cento de todas as receitas recebidas acima do ponto de equilíbrio, que seria efetuado no final do ano. Todos os outros custos incorridos pela Vilma para fornecer os serviços de refeitório são variáveis e totalizam 75 por cento das receitas. Ela planeja cobrar $ 5,00 por prato e o preço médio para sanduíche ou salada seria de $ 4,00. Todas as outras vendas diárias devem totalizar, em média, $ 300. A empresa espera vendas diárias de 66 pratos e 94 sanduíches ou saladas.

Para fazer:

1. Determine se o plano para a redução da estrutura operacional seria aceitável para a Corporação Murilo. Mostre seus cálculos.
2. A proposta da Vilma Alimentos é mais vantajosa para a Corporação Murilo do que o plano de redução da estrutura? Mostre seus cálculos.

capítulo

14 CUSTEIO POR PROCESSO

Objetivos de aprendizagem

1. Identificar as situações nas quais sistemas de custeio por processo são apropriados
2. Descrever as cinco etapas no custeio por processo
3. Calcular as unidades equivalentes e compreender como usá-las
4. Preparar lançamentos de diário para sistemas de custeio por processo
5. Usar o método da média ponderada do custeio por processo
6. Usar o método do primeiro a entrar, primeiro a sair (PEPS) do custeio por processo
7. Incorporar custos-padrão em um custeio por processo
8. Aplicar métodos do custeio por processo em casos com custos recebidos em transferência

Manga com laranja, morango com melancia e limonada rosa: alguns dos sucos naturais que os '*experts* do suco' da Nantucket Nectars criam todos os dias. Por quase 16 horas diárias, ingredientes crus de vários sabores são misturados e engarrafados ao longo de uma esteira com sistema cronometrado. Independentemente do sabor do suco, o processo de produção é o mesmo, dependendo de uma série exata de etapas-padrão de produção. Na maior engarrafadora da Nantucket, 400 mil garrafas de suco são produzidas diariamente.

Como cada garrafa de suco é quase idêntica às outras, um sistema de custeio por processo é usado pela fábrica para calcular o custo por garrafa. Essas informações são úteis para os gestores de fábrica, já que eles controlam os custos das operações diárias e planejam o lançamento de novas misturas de suco na programação da produção. Vários pontos de controle em todo o processo de engarrafamento não apenas ajudam os gestores a garantir um máximo de qualidade no produto final, mas também durante a produção ajudam a identificar possíveis problemas, como níveis incorretos de acidez que exigem que a série toda de produção seja desprezada, ou rótulos errados que exigem uma parada na produção até que o equipamento que os afixa seja ajustado ou reparado. Tais ineficiências introduzem custos que, diferentemente das bebidas doces produzidas, deixam um gosto amargo nos lucros.

Até agora, nosso estudo sobre custeio do produto tem enfatizado o custeio por ordem. O objeto de custo em um sistema do serviço constitui um produto ou serviço perfeitamente identificável. Neste capítulo e no Capítulo 4 do volume 2, consideramos produtos os produtos químicos, os farmacêuticos e os semicondutores. Empresas que produzem tais produtos usam o custeio por processo, em que cada processo individual forma a base do sistema de custeio.

Os sistemas de custeio descritos nos Capítulos 4 e 5 servem a três funções: (a) determinar os custos de produtos ou serviços que auxiliam nas decisões de planejamento como precificação e *mix* de produtos, (b) valorizar o estoque e o custo de produtos vendidos para relatórios externos e (c) gerenciar custos e a avaliação do desempenho. Enquanto examinamos o custeio por processo neste capítulo, enfatizaremos as duas primeiras funções, preocupando-nos apenas incidentalmente com a terceira função — gestão de custos e avaliação de desempenhos — discutida nos outros capítulos (veja, por exemplo, Capítulos 6, 7 e 8). As idéias neles descritas também se aplicam aos sistemas de custeio por processo.

Ilustrando o custeio por processo

Em um *sistema de custeio por processo,* o custo unitário de um produto ou serviço é obtido ao atribuir custos totais para muitas unidades idênticas ou similares. Em um ambiente de custeio por processo, cada unidade recebe as mesmas quantias, ou similares, de custos de materiais diretos, custos de mão-de-obra direta de produção e custos indiretos de produção. Os custos unitários são então calculados ao dividir os custos totais incorridos pelo número de unidades de saída de produção do processo de produção.

A principal diferença entre o custeio por processo e o custeio por ordem é a *extensão de médias* usadas para calcular os custos unitários de produtos ou serviços. Em um sistema de custeio por ordem, serviços individuais usam quantidades diferentes de recursos de produção; seria incorreto custear cada serviço usando o mesmo custo médio de produção. Em contrapartida, quando unidades idênticas ou similares de produtos ou serviços são produzidas em massa em vez de processadas como serviços individuais, o custeio por processo é usado para calcular um custo médio de produção para todas as unidades produzidas (veja 'Pesquisas de Práticas Empresariais').

Considere a seguinte ilustração sobre o custeio por processo.

> ***Exemplo:*** *A Defesa Global Ltda. fabrica milhares de componentes para mísseis e equipamentos militares. Esses componentes são montados no* departamento de montagem*. Depois de completadas, as unidades são transferidas para o* departamento de testes*. Focamos o processo do* departamento de montagem *para um componente, o DG-19. Todas as unidades são idênticas e satisfazem um rígido conjunto de especificações de desempenho. O sistema de custeio por processo para o DG-19 tem uma única categoria de custos diretos — materiais diretos — e uma única categoria de custos indiretos — custos de conversão. Os custos de conversão são todos custos de produção que não são de materiais diretos e incluem mão-de-obra de produção, energia, depreciação da fábrica e assim por diante. Materiais diretos são adicionados no início do processo, na montagem. Custos de conversão são adicionados por igual durante a montagem.*

O diagrama a seguir representa esses fatos:

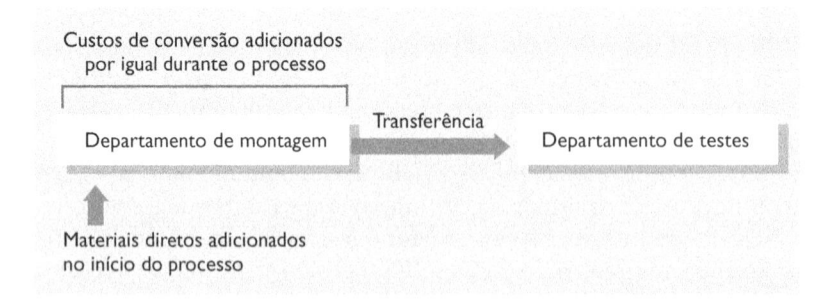

```
        Custos de conversão adicionados
          por igual durante o processo
        ┌──────────────────────────┐
                                        Transferência
        Departamento de montagem  ─────────────────▶  Departamento de testes
                    ▲
                    │
        Materiais diretos adicionados
          no início do processo
```

Os sistemas de custeio por processo separam os custos em categorias de acordo com a introdução dos mesmos no processo. Muitas vezes, como no nosso exemplo da Defesa Global, apenas duas classificações de custos — materiais diretos e custos de conversão — são necessárias para distribuir os custos aos produtos. Por que apenas duas? Porque *todos* os materiais diretos são adicionados ao processo de uma só vez e *todos* os custos de conversão são geralmente adicionados ao processo por igual no tempo. No entanto, se dois materiais diretos diferentes fossem adicionados ao processo em pontos diferentes no tempo, seria preciso ter duas categorias diferentes de materiais diretos para distribuir esses custos aos produtos. Da mesma forma, se a mão-de-obra de produção fosse adicionada ao processo em um momento diferente de quando os outros custos de conversão fossem adicionados, uma categoria adi-

> ### Pesquisas de práticas empresariais
>
> **Custeio por processo em indústrias diferentes**
>
> Uma pesquisa de práticas da contabilidade de custos em empresas australianas de produção indica o uso muito difundido de sistemas de custeio por processo para o custeio do produto em uma variedade de indústrias. As porcentagens relatadas excedem 100 por cento porque várias empresas pesquisadas usam mais de um sistema de custeio do produto.
>
> | Primário | Alimentícia | Têxtil | Metal | Química | Refinamento |
> |---|---|---|---|---|---|
> | Custeio por processo | 96% | 91% | 92% | 75% | 100% |
> | Custeio por ordem | 4 | 18 | 25 | 25 | 25 |
> | Outro | — | — | 8 | 12 | — |
>
> | | Impressão e publicação | Móveis e acessórios | Equipamentos e computadores | Eletrônica |
> |---|---|---|---|---|
> | Custeio por processo | 20% | 38% | 43% | 55% |
> | Custeio por ordem | 73 | 63 | 65 | 58 |
> | Outro | 13 | — | 9 | 10 |
>
> Os dados da pesquisa indicam que o uso do custeio por processo varia consideravelmente entre as indústrias. O custeio por processo é amplamente usado em indústrias de produção em massa que fabricam produtos homogêneos como alimentícios, têxteis, metais primários, químicos e refinamento. Em contrapartida, enquanto nos movimentamos ao longo do espectro para indústrias que produzem muitos e diferentes produtos, o custeio por ordem é favorecido sobre o custeio por processo, por exemplo, nos setores de impressão e publicação, móveis e acessórios, equipamentos, computadores e eletrônica.
>
> *Fonte:* Adaptado de Joye e Blayney, *Cost and management accounting practices.*

cional de custos — custos de mão-de-obra direta de produção — seria necessária para distribuir esses custos separadamente dos produtos.

Usaremos a produção do componente DG-19 no *departamento de montagem* para ilustrar o custeio por processo em três casos, começando com o caso mais simples e introduzindo complexidades em casos subseqüentes:

- *Caso 1* — Custeio por processo com estoque inicial e final de produtos em processo de zero, de DG-19 (todas as unidades são iniciadas e totalmente completadas dentro do período contábil). *Esse caso apresenta os conceitos mais básicos de custeio por processo e ilustra a característica de média de custos.*
- *Caso 2* — Custeio por processo com estoque inicial de produtos em processo de zero, mas com algum estoque final de produtos em processo, de DG-19 (algumas unidades de DG-19 iniciadas durante o período contábil não estão completadas no final do período). *Esse caso introduz o conceito de unidades equivalentes.*
- *Caso 3* — Custeio por processo com algum estoque inicial e final de produtos em processo, de DG-19. *Esse caso adiciona mais complexidades e descreve o efeito suposições de fluxos de caixa de média ponderada e de primeiro a entrar, primeiro a sair (PEPS) sobre o custo de unidades completadas e o custo do estoque de produtos em processo.*

Caso 1: custeio por processo com estoque inicial e final zero de produtos em processo

No dia 1º de janeiro de 2004, não havia nenhum estoque inicial de unidades de DG-19 no *departamento de montagem*. Durante janeiro de 2004, a Defesa Global iniciou, completou a montagem de, e transferiu para o departamento de testes 400 unidades.

Dados para o *departamento de montagem* para janeiro de 2004 são:

Unidades físicas para janeiro de 2004	
Produtos em processo, estoque inicial (1º de janeiro)	0 unidades
Iniciadas em janeiro	400 unidades
Completadas e transferidas durante janeiro	400 unidades
Produtos em processo, estoque final (31 de janeiro)	0 unidades

Custos totais para janeiro de 2004	
Custos de materiais diretos adicionados durante janeiro	$ 32 000
Custos de conversão adicionados durante janeiro	24 000
Total de custos do departamento de montagem adicionado durante janeiro	$ 56 000

A Defesa Global registra os custos de materiais diretos e de conversão no departamento de montagem como custos incorridos. Em média, o custo de montagem por unidade de DG-19 é $ 56 000 ÷ 400 unidades = $ 140 por unidade, como mostrado a seguir:

Custo de material direto por unidade ($ 32 000 ÷ 400 unidades)	$ 80
Custo de conversão por unidade ($ 24 000 ÷ 400 unidades)	$ 60
Custo do departamento de montagem por unidade	$ 140

Esse caso mostra que em um sistema de custeio por processo, os custos médios por unidade são calculados ao dividir os custos totais em um dado período contábil pelo total de unidades produzidas naquele período. Como cada unidade é idêntica, supomos que todas as unidades recebam o mesmo montante de materiais diretos e custos de conversão. Essa abordagem se aplica quando uma empresa produz um produto ou serviço homogêneo, mas não tem nenhuma unidade incompleta quando cada período contábil terminar. Essa situação é comum em organizações do setor de serviço. Por exemplo, um banco pode adotar essa abordagem de custeio por processo para calcular o custo unitário de processar cem mil depósitos feitos por clientes em um mês, cada depósito similar ao outro.

CASO 2: CUSTEIO POR PROCESSO COM ESTOQUE INICIAL ZERO, MAS ALGUM ESTOQUE FINAL DE PRODUTOS EM PROCESSO

Em fevereiro de 2004, a Defesa Global inicia a produção de 400 unidades adicionais de DG-19. Como todas as unidades iniciadas em janeiro foram totalmente montadas, não há nenhum estoque inicial de unidades parcialmente completadas no *departamento de montagem* no dia 1º de fevereiro. Alguns clientes atrasaram os seus pedidos fazendo com que nem todas as unidades iniciadas em fevereiro fossem completadas até o final do mês. Apenas 175 unidades foram completadas e transferidas para o *departamento de testes*.

Dados para o *departamento de montagem* para fevereiro de 2004 são:

Unidades físicas para fevereiro de 2004	
Produtos em processo, estoque inicial (1º de fevereiro)	0 unidades
Iniciadas durante fevereiro	400 unidades
Completadas e transferidas	175 unidades
Produtos em processo, estoque final (29 de fevereiro)	225 unidades

As 225 unidades parcialmente montadas a partir de 29 de fevereiro de 2004 estão totalmente processadas com respeito aos materiais diretos. Isso se deve ao fato de que todos os materiais diretos no *departamento de montagem* são adicionados no início do processo de montagem. No entanto, os custos de conversão são adicionados homogeneamente durante a montagem. Com base no trabalho completado em relação ao total de trabalho necessário para completar as unidades de DG-19 ainda em processo, um supervisor do *departamento de montagem* estima que, da perspectiva de custos de conversão, as unidades parcialmente montadas estejam, em média, 60 por cento completadas.

Custos totais para janeiro de 2004	
Custos de materiais diretos adicionados durante fevereiro	$ 32 000
Custos de conversão adicionados durante fevereiro	18 600
Total de custos do departamento de montagem adicionados durante fevereiro	$ 50 600

A acurácia da estimativa de completude em relação aos custos de conversão depende do cuidado, da habilidade e da experiência da pessoa que fizer a estimativa e a natureza do processo de conversão. Estimar o grau de completude é normalmente mais fácil para custos de materiais diretos do que para custos de conversão. Isso se deve ao fato de que a quantidade de materiais diretos necessária para uma unidade completa e a quantidade de materiais diretos para uma unidade parcialmente completada podem ser medidas com mais precisão. Em contrapartida, a seqüência de conversão normalmente consiste de um número de operações básicas para um número especificado de horas, dias ou semanas para várias etapas em montagem, testes e assim por diante. O grau de completude para os custos de conversão depende de qual proporção do total de custos de conversão necessária para completar uma unidade ou um lote de produção tem sido destinada às unidades ainda em processo. Essa estimativa é mais difícil de fazer com precisão. Devido a essas dificuldades, supervisores de departamentos e gestores de linha — os indivíduos mais familiarizados com o processo — muitas vezes fazem essas estimativas. Mesmo assim, em algumas indústrias como a de semicondutores, nenhuma estimativa exata é possível, ou, como na indústria têxtil, vastas quantidades no processo fazem com que a tarefa de fazer estimativas seja cara. Nesses casos, todos os produtos em processo em todos os departamentos são presumidos como sendo completados até um certo nível em relação aos custos de conversão (por exemplo, um terço, metade, ou dois terços completados).

O ponto importante a ser compreendido aqui é o de que uma unidade parcialmente completada não é a mesma coisa que uma unidade totalmente completada. Enfrentando algumas unidades totalmente montadas e algumas unidades parcialmente montadas, a Defesa Global calcula em cinco etapas (1) o custo das unidades totalmente montadas em fevereiro de 2004 e (2) o custo das unidades parcialmente completadas — ainda em processo — no final daquele mês:

- *Etapa 1* — Resumir o fluxo de unidades físicas de produção.
- *Etapa 2* — Calcular a produção em termos de unidades equivalentes.
- *Etapa 3* — Calcular o custo das unidades equivalentes.
- *Etapa 4* — Resumir os custos totais a serem contabilizados.
- *Etapa 5* — Atribuir os custos totais para as unidades completadas e para as unidades no estoque final de produtos em processo.

UNIDADES FÍSICAS E UNIDADES EQUIVALENTES (ETAPAS 1 E 2)

A Etapa 1 rastreia as unidades físicas de produção — o número de unidades de produção, sejam elas completas ou incompletas. De onde elas vieram? Para onde elas foram? A coluna para unidades físicas do Quadro 14.1 rastreia de onde as unidades físicas vieram (400 unidades iniciadas) e para onde foram (175 unidades completadas e transferidas, e 225 unidades no estoque final).

A Etapa 2 mede a produção para fevereiro (175 unidades totalmente montadas mais 225 parcialmente montadas). Como todas as 400 unidades físicas não estão uniformemente completadas, a produção na Etapa 2 é calculada em *unidades equivalentes*, e não em unidades físicas.

Para ver o que queremos dizer por unidades equivalentes, vamos dizer que, durante um mês, 50 unidades físicas tenham sido iniciadas, mas não completadas até o final do mês. As 50 unidades no estoque final são estimadas como estando 70 por cento completadas com respeito aos custos de conversão. Vamos olhá-las da perspectiva dos custos de conversão incorridos para que as unidades estivessem 70 por cento acabadas. Se direcionarmos todos os custos de conversão representados nos 70 por cento no processamento das unidades totalmente completadas, quantas unidades poderiam estar 100 por cento completadas até o final do mês? Resposta: 35 unidades. Por quê? Porque 70 por cento dos custos de conversão incorridos em 50 unidades incompletas poderiam ter sido incorridos para fazer 35 (0,70 × 50) unidades completadas até o final do mês. Ou seja, se toda a entrada de custo de conversão nas 50 unidades em estoque fosse usada para completar unidades de saída, a empresa teria sido capaz de processar 35 unidades completadas (também chamadas de *unidades equivalentes*).

Unidades equivalentes é uma quantia derivada de unidades de produção que (a) toma a quantidade de cada entrada (fator de produção) em unidades completadas ou em unidades incompletas de produtos em processo e (b) converte a quantidade de entrada na quantidade de unidades de produção completadas que poderiam ser feitas com aquela quantidade de entrada. Observe que unidades equivalentes são calculadas separadamente para cada insumo (categoria de custo). Este capítulo foca em cálculos de unidades equivalentes em ambientes de produção. Conceitos de unidades equivalentes também são encontrados em ambientes que não de produção. Por exemplo, universidades convertem as matrículas de alunos de meio período em 'equivalentes de tempo integral'.

Quadro 14.1 — Etapas 1 e 2: Resuma a produção em unidades físicas e calcule as unidades equivalentes — Departamento de montagem da Defesa Global Ltda. para fevereiro de 2004.

		(Etapa 2) Unidades equivalentes	
Fluxo da produção	(Etapa 1) Unidades físicas	Materiais diretos	Custos de conversão
Produtos em processo, inicial	0		
Iniciados durante período atual	400		
A ser contabilizado	400		
Completadas e transferidas durante o período atual	175	175	175
Produto em processo, final[a]	225		
(225 × 100%; 225 × 60%)		225	135
Contabilizado	400		
Trabalho feito somente no período atual		400	310

a *Nível de completude nesse departamento: materiais diretos, 100%; custos de conversão, 60%.*

Quando você estiver calculando unidades equivalentes na Etapa 2, foque as quantidades. Desconsidere quantias em unidades monetárias até depois de as unidades equivalentes serem calculadas. No exemplo da Defesa Global, todas as 400 unidades físicas — as 175 unidades totalmente montadas e as 225 unidades parcialmente completadas — estão 100 por cento completadas com respeito aos materiais diretos porque todos eles são adicionados ao *departamento de montagem* no início do processo. Portanto, o Quadro 14.1 mostra a produção como sendo de 400 unidades *equivalentes* para materiais diretos: 175 unidades equivalentes para as 175 unidades físicas montadas e transferidas adiante, e 225 unidades equivalentes para as 225 unidades físicas no estoque final de produtos em processo, porque todas as unidades, completadas e incompletas, estão 100 por cento completadas em relação aos materiais diretos.

As 175 unidades totalmente montadas estão completamente processadas em relação aos custos de conversão. As unidades parcialmente montadas no estoque final de produtos em processo estão 60 por cento completadas (na média). Portanto, os custos de conversão nas 225 unidades parcialmente montadas são *equivalentes* aos custos de conversão em 135 (60 por cento de 225) unidades totalmente montadas. Assim, o Quadro 14.1 mostra a produção como 310 *unidades equivalentes* em relação aos custos de conversão: 175 unidades equivalentes para as 175 unidades físicas montadas e transferidas adiante e 135 unidades equivalentes para as 225 unidades físicas no estoque final de produtos em processo.

CÁLCULO DOS CUSTOS DO PRODUTO (ETAPAS 3, 4 E 5)

O Quadro 14.2 mostra as Etapas 3, 4 e 5. Juntas, elas são chamadas de o *registro do custo da produção*. A Etapa 3 calcula os custos das unidades equivalentes ao dividir a soma dos custos de materiais diretos e os custos de conversão adicionados durante fevereiro, pela quantidade relativa de unidades equivalentes de processo realizado em fevereiro (como calculado no Quadro 14.1).

Para ver a importância em usar unidades equivalentes nos cálculos de custos por unidade, compare os custos para janeiro e fevereiro de 2004. O total de custos de conversão de $ 18 600 para as 400 unidades processadas em fevereiro é menor que os custos de conversão de $ 24 000 para as 400 unidades processadas em janeiro. No entanto, os custos de conversão para montar totalmente uma unidade são de $ 60 em janeiro e fevereiro. O total dos custos de conversão é menor em fevereiro porque menos unidades equivalentes de trabalho de custos de conversão foram completadas em fevereiro (310) do que em janeiro (400). O uso de unidades físicas em vez de unidades equivalentes no cálculo por unidade teria levado à conclusão equivocada de que os custos de conversão por unidade diminuíram de $ 60 em janeiro para $ 46,50 ($ 18 600 ÷ 400 unidades) em fevereiro. Esse custeio incorreto poderia ter levado a Defesa Global, por exemplo, a reduzir o preço do DG-19, quando, na verdade, os custos não diminuíram.

A Etapa 4, no Quadro 14.2, resume os custos totais a serem contabilizados. Como o saldo inicial do estoque de produtos em processo é zero, o total de custos a ser contabilizado (ou seja, o total de cobranças ou débitos para produtos em processo — conta da montagem) consiste apenas dos custos adicionados durante fevereiro: materiais diretos de $ 32 000 e custos de conversão de $ 18 600, para um total de $ 50 600.

A Etapa 5, no Quadro 14.2, aloca esses custos para unidades completadas e transferidas e para as unidades ainda em processo no final de fevereiro de 2004. *A idéia é ligar quantias em unidades monetárias às unidades equivalentes de produção para materiais diretos e custos de conversão de (a) unidades completadas e (b) estoque final de produtos em processo, como calculado no Quadro 14.1, Etapa 2. As unidades equivalentes de produção para cada entrada são multiplicadas pelo custo por*

Quadro 14.2 Etapas 3, 4 e 5: Calcular custos de unidades equivalentes, resumir os custos totais a serem contabilizados e atribuir custos para unidades completadas e para unidades no estoque final de produtos em processo — Departamento de montagem da Defesa Global Ltda. para fevereiro de 2004.

		Total dos custos de produção	Materiais diretos	Custos de conversão
(Etapa 3)	Custos adicionados durante fevereiro	$ 50 600	$ 32 000	$ 18 600
	Dividido pelas unidades equivalentes de processo realizado no período atual (Quadro 14.1)		÷ 400	÷ 310
	Custo por unidade equivalente		$ 80	$ 60
(Etapa 4)	Total de custos a contabilizar	$ 50 600		
(Etapa 5)	Atribuição de custos:	$ 24 500	(175[a] × $ 80)	+ (175[a] × $ 60)
	Completadas e transferidas adiante (175 unidades)			
	Produtos em processo, final (225 unidades)			
	Materiais diretos	18 000	225[b] × $ 80	
	Custos de conversão	8 100		135[b] × $ 60
	Total de produtos em processo	26 100		
	Total de custos contabilizados	$ 50 600		

a Unidades equivalentes completadas e transferidas adiante do Quadro 14.1, Etapa 2.
b Unidades equivalentes no estoque final de produtos em processo do Quadro 14.1, Etapa 2.

unidade equivalente, como calculado na Etapa 3 do Quadro 14.2. Por exemplo, os custos alocados para as 225 unidades físicas no estoque final de produtos em processo são:

Custos de materiais diretos de 225 unidades equivalentes (Quadro 14.1, Etapa 2) × custo de $ 80 por unidade equivalente de materiais diretos, calculado na Etapa 3	$ 18 000
Custos de conversão de 135 unidades equivalentes (Quadro 14.1, Etapa 2) × custo de $ 60 por unidade equivalente de custos de conversão calculado na Etapa 3	8 100
Custo total do estoque final de produtos em processo	$ 26 100

Observe também que o total de custo a ser contabilizado de $ 50 600 (Etapa 4) é igual ao total de custo contabilizado (Etapa 5).

Lançamentos de diário

Lançamentos de diário em sistemas de custeio por processo são parecidos aos lançamentos feitos em sistemas de custeio por ordem com relação aos materiais diretos e custos de conversão. A principal diferença é a de que, no custeio por processo, há uma conta de produtos em processo para cada processo — no nosso exemplo, produtos em processo —, montagem e produtos em processo — testes. A Defesa Global compra materiais diretos como necessários. Esses materiais são entregues diretamente ao *departamento de montagem*. Usando valores do Quadro 14.2, os lançamentos de diário, resumidos, para fevereiro, são:

1. Produtos em Processo — Montagem 32 000
    Controle de Contas a Pagar 32 000
   Para registrar materiais diretos comprados e consumidos
   na produção durante fevereiro.

2. Produtos em Processo — Montagem 18 600
    Várias contas 18 600
   Para registrar custos de conversão do departamento de montagem
   para fevereiro; exemplos incluem energia, suprimentos de produção,
   toda a mão-de-obra de produção e depreciação de fábrica

3. Produtos em Processo — Testes 24 500
    Produtos em Processo — Montagem 24 500
   Para registrar o custo de produtos acabados e transferidos de montagem
   para testes durante fevereiro.

O Quadro 14.3 mostra uma estrutura geral para o fluxo de custos por meio de razonetes. Observe como o lançamento 3, de $ 24 500, segue a transferência física de produtos do *departamento de montagem* para o *departamento de testes*. O razonete, produtos em processo — montagem, mostra o saldo final de fevereiro de 2004, de $ 26 100, que é o saldo inicial de produtos em processo —, montagem em março de 2004.

Quadro 14.3 Fluxo de custos em um sistema de custeio por processo — Departamento de montagem da Defesa Global Ltda. para fevereiro de 2004.

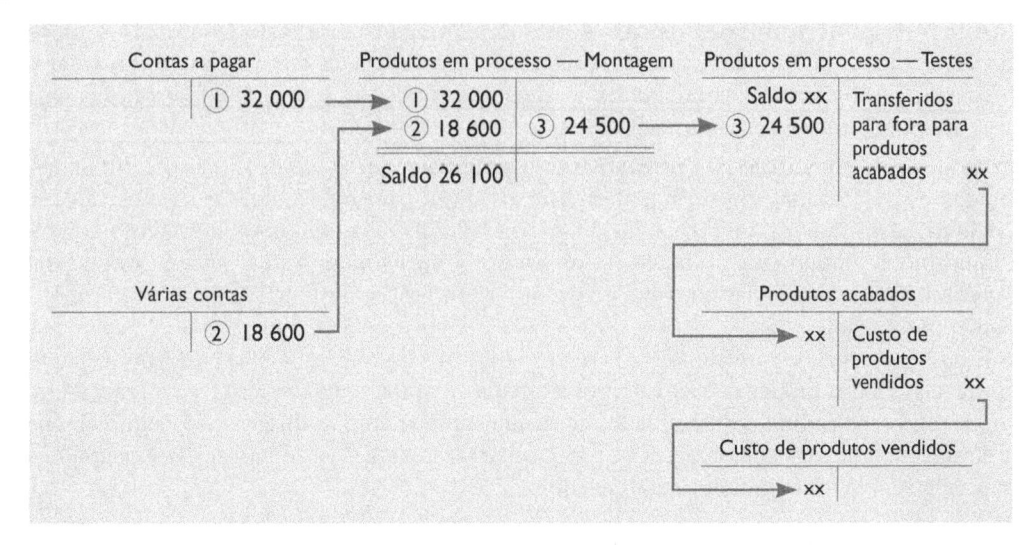

Caso 3: custeio por processo com algum estoque inicial e final de produtos em processo

No início de março de 2004, a Defesa Global tinha 225 unidades de DG-19 parcialmente montadas no *departamento de montagem*. Ela começou a produção de mais 275 unidades em março de 2004. Dados para o *departamento de montagem* para março são:

Unidades físicas para março de 2004	
Produtos em processo, estoque inicial (1º de março)	225 unidades
Materiais diretos (100% completos)	
Custos de conversão (60% completos)	
Iniciadas durante o mês de março	275 unidades
Completadas e transferidas adiante durante março	400 unidades
Produtos em processo, estoque final (31 de março)	100 unidades
Materiais diretos (100% completos)	
Custos de conversão (50% completos)	

Total de custos para março de 2004		
Produtos em processo, estoque inicial		
Materiais diretos (225 unidades equivalentes × $ 80 por unidade)	$ 18 000	
Custos de conversão (135 unidades equivalentes × $ 60 por unidade)	8 100	$ 26 100
Custos de materiais diretos adicionados durante março		19 800
Custos de conversão adicionados durante março		16 380
Total de custos a contabilizar		$ 62 280

A Defesa Global agora tem unidades incompletas tanto no estoque inicial de produtos em processo quanto no estoque final de produtos em processo para março de 2004. Usamos as cinco etapas descritas anteriormente para calcular (1) o custo de unidades completadas e transferidas adiante e (2) o custo do estoque final de produtos em processo. Para atribuir custos para cada uma dessas categorias, no entanto, precisamos escolher um método de fluxo do custo do estoque. Primeiro, descrevemos a abordagem de cinco etapas para o método da média ponderada e, depois, para o método do primeiro a entrar, primeiro a sair. Os diferentes métodos de fluxo de custos produzem quantias diferentes para o custo de unidades completadas e para produtos em processo final porque os custos por unidade de entradas tendem a mudar de um período para outro.

Método da média ponderada

O **método da média ponderada do custeio por processo** calcula o custo da unidade equivalente de todo o *processo realizado até o período* (independentemente do período contábil no qual foi feito) e atribui esse custo às unidades equivalentes acabadas e transferidas adiante do processo e para unidades equivalentes no estoque final de produtos em processo. O custo da média ponderada é o total de todos os custos entrando na conta de produtos em processo (sejam eles de produtos em processo inicial ou de processo realizado durante o período) dividido pelo total de unidades equivalentes de processo realizado até o período. Agora, descrevemos o método da média ponderada usando o procedimento de cinco etapas apresentado no Caso 2.

Etapa 1: **Resumir o fluxo de unidades físicas**. A coluna de unidades físicas do Quadro 14.4 mostra de onde as unidades vieram — 225 unidades do estoque inicial e 275 iniciadas durante o período atual — e para onde elas foram — 400 unidades completadas e transferidas adiante e cem unidades no estoque final. Esses dados para março foram revelados acima.

Etapa 2: **Calcular a saída em termos de unidades equivalentes**. Como vimos no Caso 2, unidades parcialmente montadas estão acabadas em termos de materiais diretos porque materiais diretos são introduzidos no início do processo. Para custos de conversão, as unidades físicas totalmente montadas e transferidas adiante são, logicamente, totalmente acabadas. O supervisor do *departamento de montagem* estima que as unidades físicas parcialmente montadas na conta de produtos em processo no dia 31 de março estejam 50 por cento acabadas (na média).

As colunas de unidades equivalentes no Quadro 14.4 mostram as unidades equivalentes de processo realizado até o período: unidades equivalentes acabadas e transferidas adiante e unidades equivalentes em produtos em processo final (500 unidades equivalentes de materiais diretos e 450 equivalentes de custos de conversão). As unidades equivalentes de processo realizado até o período *também* são iguais às equivalentes de processo realizado no período atual, porque:

Quadro 14.4 Etapas 1 e 2: Resumir a produção em unidades físicas e calcular as unidades equivalentes — método da média ponderada do custeio por processo — Departamento de montagem da Defesa Global Ltda. para março de 2004.

Fluxo da produção	(Etapa 1) Unidades físicas (dadas na p. 460)	(Etapa 2) Unidades equivalentes	
		Materiais diretos	Custos de conversão
Produtos em processo, inicial	225		
Iniciados durante período atual	275		
A ser contabilizado	500		
Completadas e transferidas adiante durante o período atual	400	400	400
Produto em processo, final[a]	100		
(100 × 100%; 100 × 50%)		100	50
Contabilizado	500		
Processo realizado até o período		500	450

a *Grau de completude nesse departamento: materiais diretos, 100%; custos de conversão, 50%.*

Unidades equivalentes em produtos em processo inicial + Unidades equivalentes de processo realizado no período atual = Unidades equivalentes acabadas e transferidas para fora no período atual + Unidades equivalentes em produtos em processo final

O cálculo das unidades equivalentes no método da média ponderada está preocupado somente com o total de unidades equivalentes de *processo realizado até o período*, independentemente de (1) o processo ter sido realizado durante o período anterior e seja parte de produtos em processo inicial ou (2) o processo ter sido realizado durante o período atual. Ou seja, o método da média ponderada *incorpora* unidades equivalentes ao estoque inicial (processo realizado antes de março) com as unidades equivalentes de processo realizado no período atual (março). *Assim, o estágio de completude de produtos em processo inicial do período atual é irrelevante e não é usado no cálculo.*

Etapa 3: **Calcular os custos das unidades equivalentes**. O Quadro 14.5, Etapa 3, mostra o cálculo dos custos das unidades equivalentes para materiais diretos e custos de conversão. O custo da média ponderada por unidade equivalente é obtido ao dividir a soma dos custos para produtos em processo inicial mais os custos para o processo realizado no período atual pelo total de unidades equivalentes de processo realizado até o período. Quando estiver calculando o custo de conversão da média ponderada por unidade equivalente no Quadro 14.5, por exemplo, dividimos o total dos custos de conversão, $ 24 480 (produtos em processo inicial, $ 8 100, mais o processo realizado no período atual, $ 16 380), pelo total de unidades equivalentes, 450 (unidades equivalentes dos custos de conversão em produtos em processo inicial e no processo realizado no período atual), para obter um custo de média ponderada por unidade equivalente de $ 54,40.

Etapa 4: **Resumir os custos totais a serem contabilizados**. Os custos totais a serem contabilizados em março de 2004 estão descritos nos dados para o exemplo na página 460: produtos em processo inicial $ 26 100 (materiais diretos, $ 18 000, mais custos de conversão, $ 8 100), mais os custos adicionados em março, $ 36 180 (materiais diretos, $ 19 800, mais custos de conversão, $ 16 380). O total desses custos é $ 62 280.

Etapa 5: **Atribuir custos para unidades completadas e para unidades em produtos em processo final**. Essa etapa custeia todo o processo realizado até o período: (1) o custo de unidades completadas e transferidas do processo e (2) o custo de produtos em processo final. A Etapa 5, no Quadro 14.5, pega as unidades equivalentes acabadas e transferidas adiante e as unidades equivalentes em produtos em processo calculadas no Quadro 14.4, Etapa 2, e afixa a elas quantias em unidades monetárias. Essas quantias são o custo de média ponderada por unidade equivalente para materiais diretos e o custo de média ponderada por unidade equivalente para custos de conversão calculados na Etapa 3. Por exemplo, os custos totais das cem unidades físicas em produtos em processo final são:

Materiais diretos:
100 unidades equivalentes × custo de média
ponderada por unidade equivalente de $ 75,60 $ 7 560
Custos de conversão:
50 unidades equivalentes × custo de média
ponderada por unidade equivalente de $ 54,40   2 720
Total de custos de produtos em processo final $ 10 280

Quadro 14.5	Etapas 3, 4 e 5: Calcular custos de unidades equivalentes, resumir os custos totais a serem contabilizados e atribuir custos para unidades completadas e para unidades no estoque final de produtos em processo — método da média ponderada do custeio por processo — Departamento de montagem da Defesa Global Ltda. para março de 2004.

		Total dos custos de produção	Materiais diretos	Custos de conversão
(Etapa 3)	Produtos em processo, inicial (dado, p. 460)	$ 26 100	$ 18 000	$ 8 100
	Custos adicionados durante o período (p. 460)	36 180	19 800	16 380
	Custos incorridos até o período		$ 37 800	$ 24 480
	Dividido pelas unidades equivalentes de processo realizado até o período (Quadro 14.4)		÷ 500	÷ 450
	Custo por unidade equivalente de trabalho efetuado até o período		$ 75,60	$ 54,40
(Etapa 4)	Total de custos para contabilizar	$ 62 280		
(Etapa 5)	Atribuição de custos:			
	Acabadas e transferidas adiante (400 unidades)	$ 52 000	(400^a × $ 75,60) +	(400^a × $ 54,40)
	Produtos em processo, final (100 unidades)			
	Materiais diretos	7 560	100^b × $ 75,60	50^b × $ 54,40
	Custos de conversão	2 720		
	Total de produtos em processo	10 280		
	Total de custos contabilizados	$ 62 280		

a *Unidades equivalentes acabadas e transferidas adiante do Quadro 14.4, Etapa 2.*
b *Unidades equivalentes no estoque final de produtos em processo do Quadro 14.4, Etapa 2.*

A tabela a seguir resume os custos totais a serem contabilizados ($ 62 280) e como são contabilizados no Quadro 14.5. As setas indicam que os custos de unidades completadas e transferidas adiante e em produtos em processo final são calculados usando o total de custos de média ponderada obtidos após incorporar os custos de produtos em processo inicial e custos adicionados no período atual.

Custos contabilizados calculados		Custos a serem contabilizados pelo custo de média ponderada	
Produtos em processo inicial	$ 26 100	▶ Completados e transferidos adiante	$ 52 000
Custos adicionados no período atual	36 180	▶ Produtos em processo final	10 280
Total de custos a serem contabilizados	$ 62 280	Total de custos contabilizados	$ 62 280

Antes de prosseguir, reveja os Quadros 14.4 e 14.5 para checar sua compreensão do método de média ponderada. Observe: o Quadro 14.4 lida somente com unidades físicas e equivalentes, e não custos. O Quadro 14.5 mostra as quantias de custos.

Usando as quantias do Quadro 14.5, os lançamentos de diário resumidos sob o método de média ponderada para março de 2004 na Defesa Global são:

1. Produtos em Processo — Montagem   19 800
       Controle de Contas a Pagar   19 800

   Para registrar materiais diretos comprados e consumidos na produção durante março.

2. Produtos em Processo — Montagem   16 380
       Várias contas   16 380

   Para registrar custos de conversão do departamento de montagem para março; exemplos incluem energia, suprimentos de produção, toda a mão-de-obra de produção e depreciação de fábrica

3. Produtos em Processo — Testes   52 000
       Produtos em Processo — Montagem   52 000

   Para registrar o custo de produtos acabados e transferidos de montagem para testes durante março

O razonete produtos em processo — montagem, sob o método da média ponderada, mostra:

Produtos em processo — Montagem

Estoque inicial, 1º de março	26 100	(3) Completadas e transferidas para fora para Produtos em Processo — Testes	52 000
(1) Materiais diretos	19 800		
(2) Custos de conversão	16 380		
Estoque final, 31 de março	10 280		

MÉTODO DO PRIMEIRO A ENTRAR, PRIMEIRO A SAIR

O **método do primeiro a entrar, primeiro a sair (PEPS) do custeio por processo** (a) distribui o custo das unidades equivalentes do período contábil *anterior* no estoque inicial de produtos em processo para as primeiras unidades completadas e transferidas adiante do processo e (b) distribui o custo de unidades equivalentes trabalhadas durante o período *atual*, para, primeiro, completar o estoque inicial, depois para as novas unidades iniciadas e acabadas e, finalmente, para unidades em estoque final de produtos em processo. O método PEPS supõe que as primeiras unidades equivalentes em produtos em processo são completadas primeiro.

Uma característica distinta do método PEPS do custeio por processo é a de que processo realizado no estoque inicial antes do período atual é mantido separado do processo realizado no período atual. Custos incorridos no período atual e unidades produzidas no período atual são usados para calcular os custos por unidade equivalente de processo realizado no período atual. Em contrapartida, os cálculos para unidades equivalentes e custo por unidade equivalente sob o método de média ponderada incorporam as unidades e os custos no estoque inicial às unidades e aos custos de processo realizado no período atual.

Agora, descrevemos o método PEPS usando o procedimento de cinco etapas apresentado no Caso 2.

Etapa 1: **Resumir o fluxo de unidades físicas**. O Quadro 14.6, Etapa 1, rastreia o fluxo de unidades físicas de produção. As observações que seguem ajudam a explicar o cálculo de unidades físicas sob o método PEPS para a Defesa Global.

- As primeiras unidades físicas presumidas como sendo acabadas e transferidas adiante durante o período são 225 unidades do estoque inicial de produtos em processo.

- Os dados de março na página 460 indicam que 400 unidades físicas foram acabadas durante março. O método PEPS supõe que as primeiras 225 dessas unidades foram do estoque inicial; assim, 175 (400 − 225) das 275 unidades físicas iniciadas devem ter sido acabadas durante março.

- O estoque final de produtos em processo consiste de cem unidades físicas — as 275 unidades físicas iniciadas menos as 175 destas unidades completadas.

- As unidades físicas 'a serem contabilizadas' se igualam às unidades físicas 'contabilizadas' (500 unidades).

Etapa 2: **Calcular a saída em termos de unidades equivalentes**. O Quadro 14.6 também apresenta as cálculos para a Etapa 2 sob o método PEPS. *Os cálculos de unidades equivalentes para cada categoria de custos focam as unidades equivalentes de processo realizado somente no período atual (março).*

Sob o método PEPS, as unidades equivalentes de processo, realizado em março no estoque inicial de produtos em processo, são iguais às 225 unidades físicas vezes *a porcentagem de processo a ser realizado em março para completar essas unidades*: 0 por cento para materiais diretos, porque produtos em processo inicial estão 100 por cento acabados com respeito aos materiais diretos, e 40 por cento para custos de conversão, porque produtos em processo estão 60 por cento acabados com respeito aos custos de conversão. Os resultados são 0 (0% × 225) unidades equivalentes de trabalho para materiais diretos e 90 (40% × 225) unidades equivalentes de trabalho para os custos de conversão.

As unidades equivalentes de processo, realizado sobre as 175 unidades físicas iniciadas e acabadas, são iguais às 175 unidades × 100% para ambos os materiais diretos e os custos de conversão porque todo o processo, nessas unidades, é efetuado no período atual.

As unidades equivalentes de processo realizado nas cem unidades de produtos em processo final são iguais às cem unidades físicas vezes 100 por cento para materiais diretos (porque todos os materiais diretos para essas unidades são adicionados no período atual) e 50 por cento para os custos de conversão (porque 50 por cento do processo de custos de conversão nessas unidades é realizado no período atual).

Etapa 3: **Calcular custos de unidades equivalentes**. O Quadro 14.7 mostra o cálculo da Etapa 3 de custos de unidades equivalentes para *processo realizado no período atual* apenas para materiais diretos e custos de conversão. Por exemplo, o custo de conversão por unidade equivalente, de $ 52, é obtido ao dividir os custos de conversão do período atual, de $ 16 380, pelas unidades equivalentes dos custos de conversão do período atual, de $ 315.

Quadro 14.6 Etapas 1 e 2: Resumir a produção em unidades físicas e calcular as unidades equivalentes — Método PEPS do custeio por processo — Departamento de montagem da Defesa Global Ltda. para março de 2004.

		(Etapa 2) Unidades equivalentes	
Fluxo da produção	(Etapa 1) Unidades físicas	Materiais diretos	Custos de conversão
Produtos em processo, inicial (dado, p. 460)	225	(trabalho realizado antes do período atual)	
Iniciadas durante período atual (dado, p. 460)	275		
A ser contabilizado	500		
Acabadas e transferidas adiante durante o período atual			
De produtos em processo inicial[a]	225		
[225 × (100% – 100%); 225 × (100% – 60%)]		0	90
Iniciadas e acabadas	175[b]		
(175 × 100%, 175 × 100%)		175	175
Produtos em processo, final[c] (dado, p. 460)	100		
(100 × 100%; 100 × 50%)		100	50
Contabilizado	500		
Processo realizado somente no período atual		275	315

a *Grau de completude nesse departamento: materiais diretos, 100%; custos de conversão, 60%.*
b *400 unidades físicas acabadas e transferidas adiante menos 225 unidades físicas acabadas e transferidas adiante do estoque inicial de produtos em processo.*
c *Grau de completude nesse departamento: materiais diretos, 100%; custos de conversão, 50%.*

Etapa 4: **Resumir os custos totais a serem contabilizados**. A coluna do total de custos no Quadro 14.7 apresenta a Etapa 4 e resume o total de custos a serem contabilizados em março de 2004 (produtos em processo inicial e custos adicionados no período atual), de $ 62 280, como descrito nos dados para o exemplo (p. 460).

Etapa 5: **Atribuir custos para unidades completadas e para unidades em produtos em processo final**. O Quadro 14.7 mostra a atribuição de custos sob o método PEPS. Os custos de processo realizado no período atual são distribuídos (1) primeiro ao trabalho adicional efetuado para completar produtos em processo inicial, depois (2) ao processo realizado em unidades iniciadas e completadas durante o período atual e, finalmente, (3) aos produtos em processo final. *A Etapa 5 pega cada uma das unidades equivalentes calculadas no Quadro 14.6, Etapa 2, e afixa a elas quantias em unidades monetárias (usando os cálculos de custo por unidade equivalente na Etapa 3).* A meta é determinar o custo total de todas as unidades completadas do estoque inicial e do trabalho iniciado e acabado no período atual, e os custos de trabalho em produtos em processo final efetuado no período atual.

Das 400 unidades completadas, 225 são do estoque inicial e 175 são iniciadas e completadas durante março. O método PEPS começa distribuindo os custos do estoque inicial de produtos em processo, de $ 26 100, para as primeiras unidades completadas e transferidas adiante. Como vimos na Etapa 2, 90 unidades equivalentes adicionais de custos de conversão são necessárias para completar essas unidades no período atual. O custo de conversão do período atual por unidade equivalente é de $ 52, então $ 4 680 (90 unidades equivalentes × $ 52 por unidade equivalente) dos custos adicionais são incorridos para acabar o estoque inicial. O total de custos de produção para as unidades em estoque inicial é de $ 26 100 + $ 4 680 = $ 30 780. As 175 unidades iniciadas e acabadas no período atual consistem de 175 unidades equivalentes de materiais diretos e de 175 unidades equivalentes de custos de conversão. Essas unidades são custeadas pelo custo por unidade equivalente no período atual (materiais diretos, $ 72, e custos de conversão, $ 52) para um custo total de produção de $ 21 700 [(175 unidades equivalentes × $ 72 por unidade) + (175 unidades equivalentes × $ 52 por unidade)].

Sob PEPS, o estoque final de produtos em processo vem de unidades iniciadas mas não totalmente acabadas durante o período atual. Os custos totais das cem unidades físicas parcialmente montadas em estoque de produtos em processo final são:

Materiais diretos:	
100 unidades equivalentes × $ 72 de custo por unidade equivalente em março	$ 7 200
Custos de conversão:	
50 unidades equivalentes × $ 52 de custo por unidade equivalente em março	2 600
Total do custo de produtos em processo no dia 31 de março	$ 9 800

A tabela a seguir resume os custos totais a serem contabilizados e os custos contabilizados de $ 6 280 no Quadro 14.7. Observe que sob o método PEPS, as camadas de produtos em processo inicial e custos adicionados no período

Quadro 14.7 — Etapas 3, 4 e 5: Calcular custos de unidades equivalentes, resumir os custos totais a serem contabilizados e atribuir custos para unidades completadas e para unidades no estoque final de produtos em processo — método PEPS de custeio por processo — Departamento de montagem da Defesa Global Ltda. para março de 2004.

	Total dos custos de produção	Materiais diretos	Custos de conversão
(Etapa 3) Produtos em processo, inicial (dado, p. 460)	$ 26 100	(custos de trabalho realizado antes do período atual)	
Custos adicionados no período atual (p. 460)	36 180	$ 19 800	$ 16 380
Dividido pelas unidades equivalentes de trabalho efetuado no período atual (Quadro 14.6)		÷ 275	÷ 315
Custo por unidade equivalente de trabalho efetuado no período atual		$ 72	$ 52
(Etapa 4) Total de custos para contabilizar	$ 62 280		
(Etapa 5) Atribuição de custos:			
Acabadas e transferidas adiante (400 unidades)			
Produtos em processo, inicial (225 unidades)	$ 26 100		
Materiais diretos adicionados no período atual	0	$0^a \times \$72$	
Custos de conversão adicionados no período atual	4 680		$90^a \times \$52$
Total de estoque inicial	30 780		
Iniciadas e completadas (175 unidades)	21 700	$(175^b \times \$72) + (175^b \times \$52)$	
Total de custos de unidades completadas e transferidas adiante	52 480		
Produtos em processo, final (100 unidades)			
Materiais diretos	7 200	$100^c \times \$72$	
Custos de conversão	2 600		$50^c \times \$52$
Total de produtos em processo, final	9 800		
Total de custos contabilizados	$ 62 280		

a *Unidades equivalentes usadas para completar produtos em processo inicial do Quadro 14.6, Etapa 2.*
b *Unidades equivalentes iniciadas e acabadas do Quadro 14.6, Etapa 2.*
c *Unidades equivalentes no estoque final de produtos em processo do Quadro 14.6, Etapa 2.*

atual são mantidas separadas. As setas indicam para onde os custos em cada camada vão — ou seja, para unidades completadas e transferidas adiante ou para produtos em processo final. Certifique-se de incluir os custos de produtos em processo inicial ($ 26 100) quando estiver calculando os custos de unidades completadas do estoque inicial.

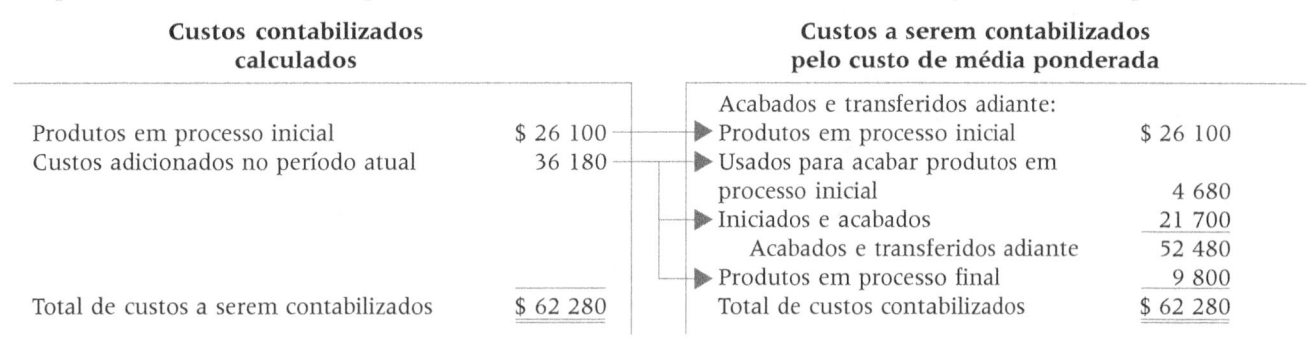

Custos contabilizados calculados		Custos a serem contabilizados pelo custo de média ponderada	
		Acabados e transferidos adiante:	
Produtos em processo inicial	$ 26 100	Produtos em processo inicial	$ 26 100
Custos adicionados no período atual	36 180	Usados para acabar produtos em processo inicial	4 680
		Iniciados e acabados	21 700
		Acabados e transferidos adiante	52 480
		Produtos em processo final	9 800
Total de custos a serem contabilizados	$ 62 280	Total de custos contabilizados	$ 62 280

Antes de proceder, reveja os Quadros 14.6 e 14.7 para checar sua compreensão do método PEPS. Observação: o Quadro 14.6 lida somente com unidades físicas e equivalentes, e não com custos. O Quadro 14.7 mostra as quantias de custos.

Os lançamentos de diário sob o método PEPS são idênticos aos lançamentos de diário sob o método da média ponderada exceto por uma diferença. O lançamento para registrar o custo de produtos acabados e transferidos adiante seria de $ 52 480 sob o método PEPS, em vez de $ 52 000 sob o método da média ponderada.

É muito raro encontrar uma aplicação pura de PEPS no custeio por processo. Isso se deve ao fato de o PEPS ser aplicado dentro de um departamento para compilar o custo de unidades *transferidas*, mas por uma questão prática, as unidades *transferidas para dentro* durante um dado período normalmente são carregadas a um custo médio único por unidade. Por exemplo, o custo médio de unidades transferidas do *departamento de montagem* é de $ 52 480 ÷ 400 unidades = $ 131,20 por unidade de DG-19. O *departamento de montagem* usa PEPS para distinguir entre lotes mensais de produção. No entanto, o departamento subseqüente — testes — custeia essas unidades (que consistem de custos incorridos em fevereiro e março) a um custo médio por unidade ($ 131,20 neste Quadro). Se as médias não fossem feitas, a tentativa de rastrear custos, com base puramente no método PEPS, por meio de uma série de processos, seria extremamente trabalhosa. Como resultado, o método PEPS deveria, na verdade, ser chamado de método PEPS *modificado* ou *departamental*.

COMPARAÇÃO DOS MÉTODOS DA MÉDIA PONDERADA E PEPS

Aqui está o resumo dos custos alocados para unidades completadas e para unidades ainda em processo sob os métodos de custeio por processo da média ponderada e PEPS no nosso exemplo para março de 2004:

	Média ponderada (do Quadro 14.5)	PEPS (do Quadro 14.7)	Diferença
Custo de unidades completadas e transferidas adiante	$ 52 000	$ 52 480	+$ 480
Produtos em processo, final	10 280	9,800	–$ 480
Total de custos contabilizados	$ 62 280	$ 62 280	

O estoque final da média ponderada é mais alto do que o estoque final do PEPS em $ 480, ou 4,9 por cento ($ 480 ÷ $ 9 800 = 0,49 ou 4,9%). Essa seria uma diferença significativa quando agregada sobre os muitos milhares de produtos que a Defesa Global produz. O método da média ponderada, no nosso exemplo, resulta em um custo mais baixo de produtos vendidos e, assim, em um lucro operacional mais alto e impostos de renda mais altos do que o método PEPS. Para ver porque, lembre-se dos dados na página 460, de que o custo de materiais diretos por unidade equivalente no estoque inicial de produtos em processo é de $ 80, e o custo de conversão por unidade equivalente no estoque inicial de produtos em processo é de $ 60. Esses custos são mais elevados, respectivamente, do que os $ 72 em custo de materiais diretos e o custo de conversão de $ 52 por unidade equivalente de processo realizado durante o período atual. Esses custos poderiam ser mais baixos devido a um declínio nos preços de materiais diretos e entradas de custos de conversão, e/ou eles poderiam ser mais baixos como resultado de a Defesa Global se tornar mais eficiente nos seus processos ao usar uma quantia inferior de insumos por unidade de saída.

Para o departamento de montagem, PEPS supõe que (a) todas as unidades de custos mais elevados do período anterior em produtos em processo inicial são as primeiras a serem acabadas e transferidas e (b) o estoque de produtos em processo final consiste de apenas as unidades do período atual de custo inferior. No entanto, o método da média ponderada atenua o custo por unidade equivalente ao supor que (a) mais das unidades de custo inferior são acabadas e transferidas adiante e (b) algumas das unidades de custo mais alto são direcionadas a produtos em processo final. O declínio no custo por unidade equivalente do período atual resulta em um custo inferior de unidades completadas e transferidas, e um estoque mais alto de produtos em processo final sob o método da média ponderada comparado com o método PEPS.

O custo de unidades completadas e, portanto, o lucro operacional, pode diferir materialmente entre os métodos da média ponderada e PEPS quando (1) o custo de materiais diretos ou de conversão por unidade varia significativamente de um período para o próximo e (2) os níveis de estoque físico de produtos em processo forem grandes em relação ao número total de unidades transferidas adiante do processo. Enquanto empresas buscam contratos de compras de longo prazo que reduzam as diferenças em custos por unidade de um período para o próximo e também os níveis de estoque, a diferença no custo de unidades completadas sob os métodos da média ponderada e PEPS diminuirá.[1]

Administradores usam informações dos sistemas de custeio por processo para ajudá-los na precificação e nas decisões sobre o *mix* de produtos, e para fornecê-los com *feedback* sobre o seu desempenho. PEPS proporciona aos administradores informações sobre mudanças nos custos por unidade de um período para o próximo. Eles podem usar essas informações para ajustar preços (por exemplo, com base no custo de materiais diretos, de $ 72, e no custo de conversão, de $ 52, para março) e para avaliar o desempenho no período atual comparado com um orçamento ou com relação ao desempenho no período anterior. Ao focar no processo realizado e os custos de processo realizado durante o período atual, o método PEPS proporciona informações úteis para fins de planejamento e controle.

O método da média ponderada incorpora custos por unidade de períodos contábeis diferentes, obscurecendo comparações de um período para outro. Por exemplo, o método da média ponderada levaria os administradores da Defesa Global a tomarem decisões com base nos custos de $ 75,60 em materiais diretos e $ 54,40 em custos de conversão, em vez de nos custos de $ 72 e $ 52 que prevaleciam em março. No entanto, as vantagens do método da média ponderada

---

1. *Por exemplo, suponha que o estoque inicial de produtos em processo para março fosse de 125 unidades físicas (em vez de 225) e que os custos por unidade equivalente de processo realizado no período atual (março) fossem de $ 75 para materiais diretos e de $ 55 para custos de conversão. Suponha que todos os outros dados para março fossem os mesmos que no nosso exemplo. Nesse caso, o custo de unidades completadas e transferidas adiante seria de $ 52 833 sob o método da média ponderada e de $ 53 000 sob o método PEPS. O estoque final de produtos em processo seria de $ 10 417 sob o método da média ponderada e de $ 10 250 sob o método PEPS (cálculos não mostrados). Essas diferenças são muito menores do que no exemplo do capítulo. O estoque final da média ponderada é mais alto do que o estoque final com PEPS em apenas $ 167 ($ 10 417 –$ 10 250) ou 1,6 por cento ($ 167 ÷ $ 10 250 = 0,016 ou 1,6%), comparado com os 4,9 por cento mais elevados no exemplo do capítulo.*

consistem na simplicidade de cálculo e no relato de um custo médio por unidade mais representativo quando os preços de entradas flutuam marcadamente de mês em mês.

Como está relacionado o custeio baseado em atividades com o custeio por processo? Cada processo — montagem, testes, e assim por diante — pode ser considerado uma atividade (produção) diferente. No entanto, nenhuma atividade adicional precisa ser identificada dentro de cada processo. Isso se deve ao fato de que os produtos são homogêneos e usam recursos de cada processo de forma uniforme.

Método do custeio-padrão do custeio por processo

Esta seção supõe que você já tenha estudado os Capítulos 7 e 8. Se este não for o caso, pule para a seção: Custos Recebidos em Transferência no Custeio por Processo.

Empresas que usam sistemas de custeio por processo produzem massas de unidades de saída idênticas ou similares. O estabelecimento de padrões para quantidades de insumos necessários para produzir a saída pode ser fácil de compreender nesses tipos de empresas. Custos-padrão por unidade de insumo podem então ser distribuídos para padrões de quantidades de entradas para desenvolver o custo-padrão por unidade de saída.

Os métodos da média ponderada e PEPS se tornam muito complicados quando usados em indústrias de processos que produzem uma grande variedade de produtos similares. Por exemplo, uma siderúrgica produtora de bobinas de aço usa várias ligas de aço e produz chapas de vários tamanhos e acabamentos. Os itens de materiais diretos e as operações realizadas são poucos, mas usados em várias combinações, eles rendem uma ampla variedade de produtos. Nesses casos, se o procedimento amplo de médias do custeio por processo real fosse usado, isso resultaria em custos imprecisos para cada produto. Da mesma forma, condições complexas são freqüentemente encontradas, por exemplo, em fábricas que produzem produtos de borracha, têxteis, cerâmicas, tintas e produtos alimentícios embalados. O método do custeio-padrão do custeio por processo é especialmente útil nessas situações.

Sob o método do custeio-padrão, equipes de engenheiros de projeto e de processo, pessoal de operações e contadores gerenciais trabalham juntas para determinar custos-padrão ou de unidades equivalentes *separados* com base nas diferentes especificações técnicas de processamento para cada produto. A identificação de custos-padrão para cada produto supera a desvantagem de custear todos os produtos a um único valor médio, como no custeio real.

Cálculos sob o custeio-padrão

Voltamos para o *departamento de montagem* da Defesa Global Ltda., mas desta vez distribuímos custos-padrão ao processo. Suponha que os mesmos custos-padrão se apliquem em fevereiro e março de 2004:

Materiais diretos	$	74 por unidade
Custos de conversão		54 por unidade
Total de custos-padrão de podução	$	128 por unidade

Dados para o *departamento de montagem* são:

Unidades físicas para março de 2004

Produtos em processo, estoque inicial (1º de março)	225 unidades
Materiais diretos (100% completas)	
Custos de conversão (60% completas)	
Iniciadas durante março	275 unidades
Acabadas e transferidas adiante durante março	400 unidades
Produtos em processo, estoque final (31 de março)	100 unidades
Materiais diretos (100% completas)	
Custos de conversão (50% completas)	

Total de custos para março de 2004

Produtos em processo, estoque inicial a custos-padrão		
Materiais diretos: 225 unidades equivalentes × $ 74 por unidade	$ 16 650	
Custos de conversão: 135 unidades equivalentes × $ 54 por unidade	7 290	$ 23 940
Custos de materiais diretos adicionados durante março		19 800
Custos de conversão adicionados durante março		16 380

Ilustramos o método do custeio-padrão do custeio por processo usando o procedimento de cinco etapas apresentado anteriormente.

O Quadro 14.8 a seguir apresenta as Etapas 1 e 2. Essas etapas são idênticas às descritas para o método PEPS no Quadro 14.6. O processo realizado no período atual totaliza materiais diretos (225 unidades equivalentes) mais custos de conversão (315 unidades equivalentes).

O Quadro 14.9 a seguir descreve as Etapas 3, 4 e 5. Na Etapa 3, o cálculo de custos de unidades equivalentes é mais fácil sob o método do custeio-padrão do que sob o método da média ponderada ou do método PEPS. Os custos por unidade equivalente são os custos-padrão: materiais diretos, $ 74, e custos de conversão, $ 54. Os custos de unidades equivalentes não precisam ser calculados da mesma maneira que para os métodos da média ponderada e do PEPS.

O total de custos a ser contabilizado no Quadro 14.9, Etapa 4 (ou seja, o total de débitos para produtos em processo — montagem), difere do total de débitos para produtos em processo — montagem sob os métodos da média ponderada e PEPS com base no custo real. Isso se deve ao fato de que, como em todos os sistemas de custeio-padrão, os débitos para a conta de produtos em processo são custos-padrão, em vez de custos reais. Esses custos-padrão totalizam $ 61 300 no Quadro 14.9.

O Quadro 14.9, Etapa 5, distribui o total de custos para unidades completadas e transferidas, e para unidades no estoque final de produtos em processo, como no método PEPS. A Etapa 5 afixa quantias de custo-padrão às unidades equivalentes calculadas no Quadro 14.8. Esses custos são distribuídos (a) primeiro para acabar o estoque inicial de produtos em processo, (b) depois para iniciar e acabar novas unidades e (c) finalmente para iniciar unidades novas que estão no estoque final de produtos em processo. Observe como o total de custos, de $ 61 300, contabilizado na Etapa 5 do Quadro 14.9, é igual ao total a ser contabilizado.

Contabilizando as variações

Sistemas de custeio por processo usando custos-padrão normalmente acumulam custos reais incorridos separadamente das contas de estoque. A seguir está um exemplo. Os custos reais são registrados nos dois primeiros lançamentos. Lembre-se de que a Defesa Global compra materiais diretos quando necessário, e esses materiais são entregues diretamente ao *departamento de montagem*. O total de variações é registrado nos próximos dois lançamentos. O lançamento final transfere para fora os produtos acabados pelos custos-padrão.

1. Controle de materiais diretos do departamento de montagem (a custos reais)   19 800
    Controle de contas a pagar   19 800

   Para registrar materiais diretos comprados e consumidos na produção durante março. Esta conta de controle de custos é debitada com custos reais e imediatamente creditada com custos-padrão distribuídos para as unidades processadas (lançamento 3 abaixo)

2. Controle de custos de conversão do departamento de montagem (a custos reais)   16 380
    Várias contas   16 380

   Para registrar custos de conversão do departamento de montagem para março

Lançamentos 3, 4 e 5 usam quantias de custo-padrão do Quadro 14.9.

3. Produtos em processo — Montagem (a custos-padrão)   20 350
    Variações em materiais diretos   550
    Controle de materiais diretos do departamento de montagem   19 800

   Para registrar o consumo real de materiais diretos e o total de variações nos materiais diretos.

4. Produtos em processo — Montagem (a custos-padrão)   17 010
    Variações nos custos de conversão   630
    Controle de custos de conversão do departamento de montagem   16 380

   Para registrar custos reais de conversão e o total de variação nos custos de conversão.

5. Produtos em processo — Testes (a custos-padrão)   51 200
    Produtos em processo — Montagem (a custos-padrão)   51 200

   Para registrar os custos de produtos acabados e transferidos adiante pelo custo-padrão de Montagem para Testes.

Variações surgem sob o método do custeio-padrão, como nos Lançamentos 3 e 4. Isso se deve ao fato de que os custos-padrão distribuídos para produtos com base no processo realizado no período atual não se igualam aos custos reais incorridos no período atual. Variações podem ser medidas e analisadas em poucos ou grandes detalhes para fins de planejamento e controle, como descrito nos Capítulos 7 e 8. O Quadro 14.10 mostra como os custos-padrão fluem pelas contas.

Quadro 14.8 — Etapas 1 e 2: Resumir a produção em unidades físicas e calcular as unidades equivalentes — uso de custos-padrão no custeio por processo — Departamento de montagem da Defesa Global Ltda. para março de 2004.

Fluxo da produção	(Etapa 1) Unidades físicas	(Etapa 2) Unidades equivalentes — Materiais diretos	(Etapa 2) Unidades equivalentes — Custos de conversão
Produtos em processo, inicial (dado, p. 460)	225		
Iniciados durante período atual (dado, p. 460)	275		
A ser contabilizado	500		
Acabadas e transferidas adiante durante o período atual			
De produtos em processo, inicial[a]	225		
[225 × (100% − 100%); 225 × (100% − 60%)]		0	90
Iniciadas e acabadas	175[b]		
(175 × 100%; 175 × 100%)		175	175
Produtos em processo, final[c] (dado, p. 460)	100		
(100 × 100%; 100 × 50%)		100	50
Contabilizado	500		
Processo realizado somente no período atual		275	315

a *Grau de completude nesse departamento: materiais diretos, 100%; custos de conversão, 60%.*
b *400 unidades físicas acabadas e transferidas adiante menos 225 unidades físicas acabadas e transferidas adiante do estoque inicial de produtos em processo.*
c *Grau de completude nesse departamento: materiais diretos, 100%; custos de conversão, 50%.*

Quadro 14.9 — Etapas 3, 4 e 5: Calcular custos de unidades equivalentes, resumir os custos totais a serem contabilizados e atribuir custos para unidades completadas e para unidades no estoque final de produtos em processo — uso de custos-padrão no custeio por processo — Departamento de montagem da Defesa Global Ltda. para março de 2004.

	Total dos custos de produção	Materiais diretos	Custos de conversão
(Etapa 3) Custo-padrão por unidade equivalente (dado, p. 460)		$ 74	$ 54
Produtos em processo, inicial (dado, p. 467)			
Materiais diretos, 225 × $ 74; Custos de conversão, 135 × $ 54	$ 23 940		
Custos adicionados no período atual a custos-padrão			
Materiais diretos, 275 × $ 74; Custos de conversão, 315 × $ 54	37 360	20 350	17 010
(Etapa 4) Custos para contabilizar	$ 61 300		
(Etapa 5) Atribuição de custos a custos-padrão:			
Acabadas e transferidas adiante (400 unidades)			
Produtos em processo, inicial (225 unidades)	$ 23 940		
Materiais diretos adicionados no período atual	0	0[a] × $ 74	
Custos de conversão adicionados no período atual	4 860		90[a] × $ 54
Total de estoque inicial	28 800		
Iniciadas e completadas (175 unidades)	22 400	(175[b] × $ 74) +	(175[b] × $ 54)
Total de custos de unidades completadas e transferidas adiante	51 200		
Produtos em processo, final (100 unidades)			
Materiais diretos	7 400	100[c] × $ 74	
Custos de conversão	2 700		50[c] × $ 54
Total de produtos em processo, final	10 100		
Total de custos contabilizados	$ 61 300		
Resumo de variações para desempenho atual			
Custos adicionados no período atual a custos-padrão (veja Etapa 3 acima)		$ 20 350	$ 17 010
Custos reais incorridos (dado, p. 460)		19 800	16 380
Variação		$ 550 F	$ 630 F

a *Unidades equivalentes usadas para completar produtos em processo inicial do Quadro 14.8, Etapa 2.*
b *Unidades equivalentes iniciadas e acabadas do Quadro 14.8, Etapa 2.*
c *Unidades equivalentes no estoque final de produtos em processo do Quadro 14.8, Etapa 2.*

Quadro 14.10 Fluxo de custos-padrão em um sistema de custeio por processo — Departamento de montagem da Defesa Global Ltda. para março de 2004.

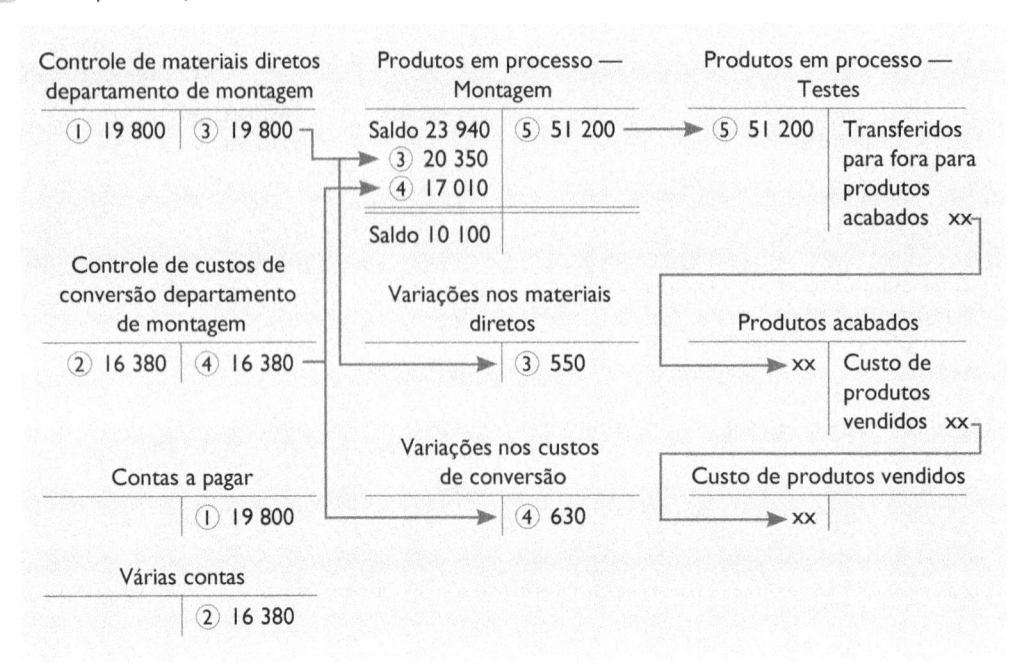

Controle de materiais diretos departamento de montagem		Produtos em processo — Montagem		Produtos em processo — Testes	
① 19 800	③ 19 800	Saldo 23 940	⑤ 51 200	⑤ 51 200	Transferidos para fora para produtos acabados xx
		③ 20 350			
		④ 17 010			
		Saldo 10 100			

Controle de custos de conversão departamento de montagem		Variações nos materiais diretos		Produtos acabados	
② 16 380	④ 16 380	③ 550		xx	Custo de produtos vendidos xx

Contas a pagar		Variações nos custos de conversão		Custo de produtos vendidos	
	① 19 800	④ 630		xx	

Várias contas	
	② 16 380

CUSTOS RECEBIDOS EM TRANSFERÊNCIA NO CUSTEIO POR PROCESSO

Muitos sistemas de custeio por processo têm dois ou mais departamentos ou processos no ciclo de produção. Enquanto unidades se movem de departamento para departamento, os custos relacionados também são transferidos por meio de lançamentos de diário mensais. Se os custos-padrão forem usados, contabilizar tais transferências é simples. No entanto, se o método da média ponderada ou o método PEPS for usado, a contabilidade pode se tornar mais complexa. Agora, estendemos nosso exemplo da Defesa Global Ltda. para o departamento de testes. Enquanto o processo de montagem é completado, o departamento de montagem da Defesa Global transfere unidades de DG-19 imediatamente para o seu departamento de testes. Aqui, as unidades recebem materiais diretos adicionais no *final* do processo, como caixas e outros materiais de embalagem para preparar as unidades para o despacho. Custos de conversão são adicionados uniformemente durante o processo do departamento de testes. Enquanto as unidades são acabadas em testes, elas são imediatamente transferidas para produtos acabados.

O diagrama a seguir representa esses fatos graficamente:

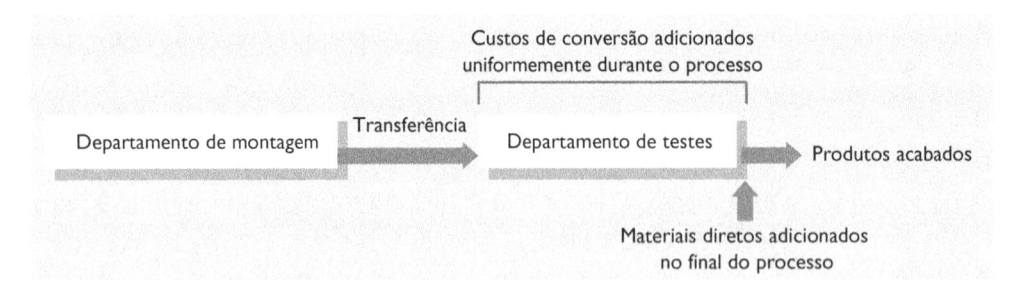

Departamento de montagem → Transferência → Departamento de testes → Produtos acabados

Custos de conversão adicionados uniformemente durante o processo

Materiais diretos adicionados no final do processo

Dados para o departamento de testes para março de 2004 são:

Unidades físicas para março de 2004

Produtos em processo, estoque inicial (1º de março)	240 unidades
Custos recebidos em transferência (100% completas)	
Materiais diretos (0% completa)	
Custos de conversão (5/8 ou 62,5% completas)	
Transferidas para dentro durante março	400 unidades
Acabadas durante março	440 unidades
Produtos em processo, estoque final (31 de março)	200 unidades
Custos recebidos em transferência (100% completas)	
Materiais diretos (0% completa)	
Custos de conversão (80% completas)	

Total de custos para março de 2004

Produtos em processo, estoque inicial[2]		
Custos recebidos em transferência (240 unidades equivalentes × $ 140 por unidade equivalente)	$ 33 600	
Materiais diretos	0	
Custos de conversão: 150 unidades equivalentes × $ 120 por unidade equivalente	18 000	$ 51 600
Custos recebidos em transferência durante março		
Média ponderada (do Quadro 14.5)		52 000
PEPS (do Quadro 14.7)		52 480
Custos de materiais diretos adicionados durante março		13 200
Custos de conversão adicionados durante março		48 600

Custos recebidos em transferência (também chamados de **custos do departamento anterior**) são os custos incorridos em departamentos anteriores, transportados como custo do produto quando o produto se move para um processo subseqüente no ciclo de produção. Ou seja, enquanto as unidades se movem de um departamento para o próximo, seus custos são transferidos com eles. Cálculos dos custos do departamento de testes consistem de custos recebidos em transferência, assim como os de materiais diretos e de conversão adicionados em testes.

Custos recebidos em transferência são tratados como se fossem um tipo separado de material direto adicionado no início do processo. Quando departamentos sucessivos são envolvidos, unidades transferidas de um departamento tornam-se todas — ou parte — dos materiais diretos do próximo departamento; no entanto, eles são chamados de custos recebidos em transferência, e não custos de materiais diretos.

CUSTOS RECEBIDOS EM TRANSFERÊNCIA E O MÉTODO DA MÉDIA PONDERADA

Para examinar o método do custeio por processo da média ponderada com custos recebidos em transferência, usamos o procedimento de cinco etapas descrito anteriormente para distribuir os custos do departamento de testes para as unidades completadas e transferidas adiante, e para unidades em produtos em processo final.

O Quadro 14.11 mostra as Etapas 1 e 2. Os cálculos são os mesmos que os de unidades equivalentes sob o método da média ponderada para o departamento de montagem no Quadro 14.4, mas aqui também transferimos custos para dentro como se fosse uma outra entrada. As unidades, é claro, são totalmente acabadas quanto aos custos recebidos em transferência transportados do processo anterior. Observe que os custos de materiais diretos têm um grau zero de completude em estoques iniciais e finais de produtos em processo porque, em testes, os materiais diretos são introduzidos no *final* do processo.

O Quadro 14.12 descreve as Etapas 3, 4 e 5 para o método da média ponderada. Produtos em processo inicial e processo realizado no período atual são combinados para fins de cálculo de custos de unidades equivalentes para custos recebidos em transferência, custos de materiais diretos e custos de conversão.

Quadro 14.11 Etapas 1 e 2: Resumir a produção em unidades físicas e calcular as unidades equivalentes — método da média ponderada do custeio por processo — Departamento de testes da Defesa Global Ltda. para março de 2004.

	(Etapa 1) Unidades físicas (dadas na p. 470)	(Etapa 2) Unidades equivalentes		
Fluxo da produção		Custos recebidos em transferência	Materiais diretos	Custos de conversão
Produtos em processo, inicial	240			
Transferido para dentro durante período atual	400			
A ser contabilizado	640			
Acabadas e transferidas adiante durante o período atual	440	440	440	440
Produtos em processo, final[a]	200			
(200 × 100%; 200 × 0%; 200 × 80%)		200	0	160
Contabilizado	640			
Processo realizado até o período		640	440	600

a *Grau de completude neste departamento: custos recebidos em transferência, 100%; materiais diretos, 0%; custos de conversão, 80%.*

---

2. *O estoque inicial de produtos em processo é o mesmo sob os métodos de estoque da média ponderada e PEPS porque supomos que os custos por unidade equivalente sejam os mesmos em janeiro e fevereiro. Se o custo por unidade equivalente tivesse sido diferente nos dois meses, o estoque de produtos em processamento no final de fevereiro (início de março) seria custeado diferentemente sob os métodos da média ponderada e PEPS. Se esse fosse o caso, a abordagem básica para o custeio por processo com custos recebidos em transferência ainda seria a mesma que descrevemos nesta seção. Somente os saldos iniciais de produtos em processo seriam diferentes.*

Quadro 14.12 Etapas 3, 4 e 5: calcular custos de unidades equivalentes, resumir os custos totais a serem contabilizados e atribuir custos para unidades completadas e para unidades no estoque final de produtos em processo — método da média ponderada do custeio por processo — Departamento de testes da Defesa Global Ltda. para março de 2004.

		Total dos custos de produção	Custos recebidos em transferência	Materiais diretos	Custos de conversão
(Etapa 3)	Produtos em processo, inicial (dado, p. 470)	$ 51 600	$ 33 600	$ 0	$ 18 000
	Custos adicionados no período atual	113 800	52 000	13 200	48 600
	Custos incorridos até o período		$ 85 600	$ 13 200	$ 66 600
	Dividido pelas unidades equivalentes de trabalho efetuado até o período (Quadro 14.11)		÷ 640	÷ 440	÷ 600
	Custos de unidades de equipamento de processo efetuado até o período		$ 133,75	$ 30	$ 111
(Etapa 4)	Custos totais para contabilizar	$ 165 400			
(Etapa 5)	Atribuição de custos:				
	Acabadas e transferidas adiante (440 unidades)	$ 120 890	(440ª × 133,75) + (440ª × $ 30) + (440ª × $ 111)		
	Produtos em processo final (200 unidades)				
	Custos recebidos em transferência	26 750	200ᵇ × $ 133,75		
	Materiais diretos	0		0ᵇ × $ 30	
	Custos de conversão	17 760			160ᵇ × $ 111
	Total de produtos em processo, final	44 510			
	Total de custos contabilizados	$ 165 400			

a *Unidades equivalentes acabadas e transferidas para fora do Quadro 14.11, Etapa 2.*
b *Unidades equivalentes em produtos em processo final do Quadro 14.11, Etapa 2.*

O lançamento de diário para a transferência de testes para produtos acabados (veja o Quadro 14.12) é mostrado no início desta página.

    Controle de produtos acabados   120 890
        Produtos em processo — testes   120 890

Para registrar o custo de produtos acabados e transferidos de testes para produtos acabados.

Lançamentos na conta de produtos em processo — Testes (veja o Quadro 14.12) são:

Produtos em processo — Testes			
Estoque inicial, 1º de março	51 600	Transferido adiante	120 890
Custos recebidos em transferência	52 000		
Materiais diretos	13 200		
Custos de conversão	48 600		
Estoque final, 31 de março	44 510		

CUSTOS RECEBIDOS EM TRANSFERÊNCIA E O MÉTODO PEPS

Para examinar o método PEPS de custeio por processo com custos recebidos em transferência, novamente usamos o procedimento de cinco etapas. O Quadro 14.13 mostra as Etapas 1 e 2. Além de considerar os custos recebidos em transferência, os cálculos de unidades equivalentes são os mesmos que sob o método PEPS para o departamento de montagem, mostrados no Quadro 14.6.

O Quadro 14.14 descreve as Etapas 3, 4 e 5. O custo por unidade equivalente para o período atual na Etapa 3 é calculado somente com base nos custos recebidos em transferência e o processo realizado no período atual. Nas Etapas 4 e 5, os custos totais a serem contabilizados, de $ 165 880, sob o método PEPS, diferem das quantias correspondentes sob o método da média ponderada, de $ 165 400. Isso se deve ao fato de custos diferentes de unidades completadas transferidas para dentro do departamento de montagem sob os dois métodos — $ 52 480 sob PEPS e $ 52 000 sob a média ponderada.

O lançamento de diário para a transferência de testes para produtos acabados (veja o Quadro 14.14) é:

    Controle de produtos acabados   122 360
        Produtos em processo — Testes   122 360

Para registrar o custo de produtos acabados e transferidos de testes para produtos acabados.

Lançamentos na conta de produtos em processo — Testes (veja o Quadro 14.14) são:

Quadro 14.13 Etapas 1 e 2: Resumir a produção em unidades físicas e calcular as unidades equivalentes — método PEPS do custeio por processo — Departamento de testes da Defesa Global Ltda. para março de 2004.

Fluxo da produção	(Etapa 1) Unidades físicas	(Etapa 2) Unidades equivalentes		
		Custos recebidos em transferência	Materiais diretos	Custos de conversão
Produtos em processo, inicial (dado, p. 470)	240	(trabalho realizado antes do período atual)		
Transferido para dentro durante período atual (dado, p. 470)	400			
A ser contabilizado	640			
Acabadas e transferidas adiante durante o período atual:				
De produtos em processo inicial[a]	240			
[240 × (100% − 100%); 240 × (100 − 0%); 240 × (100% − 62,5%)]		0	240	90
Iniciadas e acabadas	200[b]			
(200 × 100%; 200 × 100%; 200 × 100%)		200	200	200
Produtos em processo, final[c] (dado, p. 470)	200			
(200 × 100%; 200 × 0%; 200 × 80%)		200	0	160
Contabilizado	640			
Processo realizado somente no período atual		400	440	450

a *Grau de completude neste departamento: custos recebidos em transferência, 100%; materiais diretos, 0%; custos de conversão, 62,5%.*
b *440 unidades físicas acabadas e transferidas adiante menos 240 unidades físicas acabadas e transferidas adiante do estoque inicial de produtos em processo.*
c *Grau de completude neste departamento: custos recebidos em transferência, 100%; materiais diretos, 0%; custos de conversão, 80%*

Quadro 14.14 Etapas 3, 4 e 5: Calcular custos de unidades equivalentes, resumir os custos totais a serem contabilizados e atribuir custos para unidades completadas e para unidades no estoque final de produtos em processo — método PEPS do custeio por processo — Departamento de testes da Defesa Global Ltda. para março de 2004.

		Total dos custos de produção	Custos recebidos em transferência	Materiais diretos	Custos de conversão
	Produtos em processo, inicial (dado, p. 470)	$ 51 600	(custos de trabalho realizado antes do período atual)		
(Etapa 3)	Custos adicionados no período atual (dado, p. 470)	114 280	$ 52 480	$ 13 200	$ 48 600
	Dividido pelas unidades equivalentes de processo realizado no período atual (Quadro 14.13)		÷ 400	÷ 440	÷ 450
	Custo por unidade equivalente de processo realizado no período atual		$ 131,20	$ 30	$ 108
(Etapa 4)	Custos totais para contabilizar	$ 165 880			
(Etapa 5)	Atribuição de custos:				
	Acabadas e transferidas adiante (440 unidades)				
	Produtos em processo inicial (240 unidades)	$ 51 600			
	Custos recebidos em transferência adicionados no período atual	0	0[a] × $ 131,20		
	Materiais diretos adicionados no período atual	7 200		240[a] × $ 30	
	Custos de conversão adicionados no período atual	9 720			90[a] × $ 108
	Total do estoque inicial	68 520			
	Iniciadas e completadas (200 unidades)	53 840	(200[b] × 131,20) + (200[b] × $ 30) + (200[b] × $ 108)		
	Total de custos de unidades completadas e transferidas adiante	122 360			
	Produtos em processo, final (200 unidades)				
	Custos recebidos em transferência	26 240	200[c] × $ 131,20		
	Materiais diretos	0		0[c] × $ 30	
	Custos de conversão	17 280			160[c] × $ 108
	Total de produtos em processo, final	43 520			
	Total de custos contabilizados	$ 165 880			

a *Unidades equivalentes usadas para acabar produtos em processo inicial do Quadro 14.13, Etapa 2.*
b *Unidades equivalentes iniciadas e acabadas do Quadro 14.13, Etapa 2.*
c *Unidades equivalentes em produtos em processo final do Quadro 14.13, Etapa 2.*

Produtos em processo — Testes			
Estoque inicial, 1º de março	51 600	Transferido adiante	122 360
Custos recebidos em transferência	52 480		
Materiais diretos	13 200		
Custos de conversão	48 600		
Estoque final, 31 de março	43 520		

Lembre-se de que, em uma série de transferências interdepartamentais, cada departamento é considerado de forma separada e distinta para propósitos de custos. Todos os custos transferidos durante um determinado período contábil recebem a mesma unidade de custos, como descrito quando discutimos o método PEPS, quando os departamentos anteriores utilizaram os métodos PEPS ou o custo médio ponderado.

Pontos a lembrar sobre custos recebidos em transferência

Aqui estão alguns pontos que devem ser lembrados quando se estiver contabilizando custos recebidos em transferência:

1. Certifique-se de incluir nos seus cálculos custos recebidos em transferência de departamentos anteriores.
2. Quando calcular custos a serem transferidos com base em PEPS, não se esqueça dos custos alocados no período anterior para unidades em processo no início do período atual, agora incluídos nas unidades transferidas. Por exemplo, não se esqueça dos $ 51 600 no Quadro 14.14.

Conceitos em ação

Custeio híbrido para produtos sob encomenda na Levi Strauss

A Levi Strauss, a empresa que inventou a calça jeans há mais de um século, agora é capaz de produzir, sob encomenda, calças jeans feitas individualmente, por meio de tecnologia controlada por computadores. Um projetista de computação gráfica em Boston, Sung Park, veio para a Levi Strauss com a idéia. Ele percebeu que o modelo para uma peça de roupa é simplesmente um enorme gráfico computadorizado, exceto que as linhas da imagem gráfica são cortadas em vez de desenhadas. Ele também percebeu que, enquanto os tamanhos para as calças jeans masculinas são bastante fáceis de compreender — com base em dimensões simples de cintura e costura interna —, os tamanhos paras as calças jeans femininas são muito mais complicados — uma função não apenas de cintura e costura interna, mas também de quadril e a variação na diferença entre os tamanhos de cintura e quadril. Suas amigas reclamavam da frustração que sentiam por não conseguir encontrar calças jeans que se encaixassem bem nos seus corpos.

Hoje, há várias lojas da Levi Strauss nas quais as mulheres — e os homens — conseguem comprar calças jeans de corte sob encomenda. O processo funciona basicamente da seguinte maneira: o cliente escolhe um tecido e um vendedor toma as medidas do cliente inserindo-as em um computador — em algumas lojas, o cliente pode entrar em uma cabine que escaneia o corpo e registra as medidas. Os dados são então enviados por *modem* para a fábrica da empresa, no Texas, onde um robô corta as peças encomendadas, finalizando o processo com a montagem das peças por funcionários que as costuram. As calças jeans de corte sob encomenda custam apenas aproximadamente $ 10 a mais do que as compradas diretamente na loja.

Historicamente, os custos associados com produtos feitos individualmente sob encomenda têm, em geral, caído no âmbito de custeio por ordem. A Levi Strauss usa um sistema de custeio híbrido — custeio por ordem para o tecido que os clientes escolherem, mas custeio por processo para contabilizar os custos de conversão. Embora cada calça seja cortada diferentemente, o custo do corte e da costura de cada calça é o mesmo. O custo para fazer cada calça jeans é calculado ao acumular todos os custos de conversão, dividido pelo número de jeans feitos.

A combinação de fabricação sob encomenda (customização) com certas características de produção em massa é chamada de *produção em massa sob encomenda*. Ela é a conseqüência da digitalização de informações que clientes individuais indicam como sendo importantes para eles. Vários produtos que as empresas agora são capazes de produzir sob encomenda, dentro de um ambiente de produção em massa (por exemplo, computadores pessoais, janelas, bicicletas), ainda requerem muita intervenção humana e de custeio de serviço de materiais. Mas com os sistemas de produção se tornando flexíveis o custeio por processo é usado para contabilizar os custos de conversão padronizados.

Fonte: Copley News Service, 14/2/00; Boston Globe, 4/1/95, e relatórios anuais da Levi Strauss.

3. Custos por unidade podem flutuar entre os períodos. Portanto, unidades transferidas podem conter lotes acumulados a custos por unidade diferentes. Por exemplo, as 400 unidades transferidas para dentro, a $ 52 480, no Quadro 14.14, usando o método PEPS, consistem de unidades que têm custos por unidade diferentes de materiais diretos e custos de conversão quando essas unidades foram trabalhadas no departamento de montagem (veja o Quadro 14.7). No entanto, lembre-se de que quando essas unidades são transferidas para o departamento de testes, elas são custeadas a *um* custo médio por unidade de $ 131,20 ($ 52 480 ÷ 400 unidades), como no Quadro 14.14.

4. Unidades podem ser medidas em denominações diferentes e em departamentos diferentes. Considere cada departamento separadamente. Por exemplo, custos por unidade podem ser baseados em quilos no primeiro departamento e em litros no segundo. Assim, enquanto as unidades são recebidas no segundo departamento, as medidas precisam ser convertidas para litros.

SISTEMAS DE CUSTEIO HÍBRIDO

Sistemas de custeio do produto nem sempre se encaixam perfeitamente em categorias de custeio por ordem ou custeio por processo. Considere a Ford Motor Company, que fabrica automóveis em fluxo contínuo (apropriado para o custeio por processo), mas que também fabrica unidades individuais sob encomenda com combinação especial de tamanho de motor, transmissão, sistema de som etc. (os quais requerem custeio por ordem).

Um **sistema de custeio híbrido** mistura características de sistemas de custeio por ordem e de custeio por processo. Sistemas de custeio por ordem e de custeio por processo são mais bem vistos para fins de série contínua:

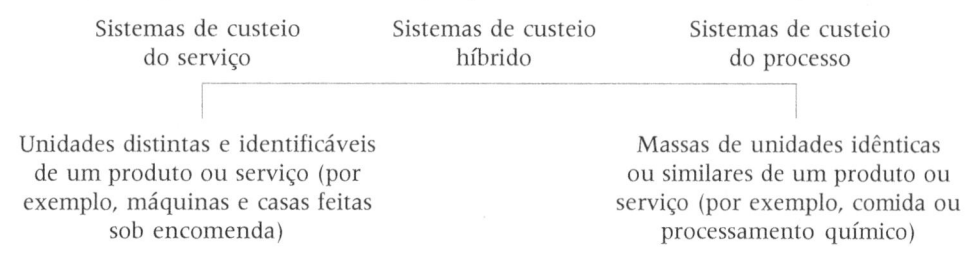

Sistemas de custeio do serviço	Sistemas de custeio híbrido	Sistemas de custeio do processo
Unidades distintas e identificáveis de um produto ou serviço (por exemplo, máquinas e casas feitas sob encomenda)		Massas de unidades idênticas ou similares de um produto ou serviço (por exemplo, comida ou processamento químico)

Sistemas de custeio do produto muitas vezes precisam ser projetados para se adequarem às características específicas de sistemas diferentes de produção. Muitos sistemas de produção são híbridos — eles têm algumas características de produção sob encomenda e outras características de produção em massa. Fabricantes de uma variedade relativamente ampla de produtos padronizados muito relacionados (por exemplo, televisores, lava-louças e máquinas de lavar) tendem a usar um sistema de custeio híbrido. O 'Conceitos em Ação' descreve um sistema de custeio híbrido. O anexo a este capítulo explica o *custeio das operações*, um tipo comum de sistema de custeio híbrido.

PROBLEMA PARA AUTO-ESTUDO

A Química Aliança opera um processo de termo-montagem como o segundo de três processos na sua fábrica de plásticos. Os materiais diretos no termo-montagem são adicionados no final do processo. Custos de conversão são adicionados uniformemente durante o processo. Os seguintes dados pertencem ao departamento de termo-montagem para junho de 2004:

Produtos em processo, estoque inicial	50 000 unidades
Custos recebidos em transferência (100% completas)	
Materiais diretos (0% completa)	
Custos de conversão (80% completas)	
Transferidas para dentro durante período atual	200 000 unidades
Acabadas e transferidas adiante durante período atual	210 000 unidades
Produtos em processo, estoque final	? unidades
Custos recebidos em transferência (100% completas)	
Materiais diretos (0% completa)	
Custos de conversão (40% completas)	

Para fazer: Calcular as unidades equivalentes sob (1) o método da média ponderada e (2) o método PEPS.

SOLUÇÃO

1. O método da média ponderada usa unidades equivalentes do processo realizado até o período para calcular custos de unidades equivalentes. Os cálculos seguem:

	(Etapa 1) Unidades físicas	(Etapa 2) Unidades equivalentes		
Fluxo da produção		Custos recebidos em transferência	Materiais diretos	Custos de conversão
Produtos em processo, inicial	50 000			
Transferido para dentro durante período atual	200 000			
A ser contabilizado	250 000			
Acabadas e transferidas adiante durante o período atual:	210 000	210 000	210 000	210 000
Produtos em processo, final[a]	40 000[b]			
(40 000 × 100%; 40 000 × 0%; 40 000 × 40%)		40 000	0	16 000
Contabilizado	250 000			
Processo realizado até o período		250 000	210 000	226 000

a *Grau de completude neste departamento: custos recebidos em transferência, 100%; materiais diretos, 0%; custos de conversão, 40%.*
b *250 000 unidades físicas a serem contabilizadas menos 210 000 unidades físicas completadas e transferidas adiante.*

2. O método PEPS usa unidades equivalentes de processo realizado no período atual somente para calcular os custos de unidades equivalentes. Os cálculos seguem:

	(Etapa 1) Unidades físicas	(Etapa 2) Unidades equivalentes		
Fluxo da produção		Custos recebidos em transferência	Materiais diretos	Custos de conversão
Produtos em processo, inicial (dado)	50 000			
Transferido para dentro no período atual (dado)	200 000			
A ser contabilizado	250 000			
Acabadas e transferidas adiante durante período atual:				
De produtos em processo inicial[a]	50 000			
[50 000 × (100% − 100%); 50 000 × (100% − 0%); 50 000 × (100% − 80%)]		0	50 000	10 000
Iniciadas e completadas	160 000[b]			
(160 000 × 100%; 160 000 × 100%; 160 000 × 100%)		160 000	160 000	160 000
Produtos em processo, final[c]	40 000			
(40 000 × 100%; 40 000 × 0%; 40 000 × 40%)		40 000	0	16 000
Contabilizados	$ 250 000			
Processo realizado somente no período atual		200 000	210 000	186 000

a *Grau de completude nesse departamento: custos transferidos adiante, 100%; materiais diretos, 0%; custos de conversão, 80%.*
b *210 000 unidades físicas acabadas e transferidas adiante menos 50 000 unidades físicas acabadas e transferidas adiante do estoque inicial de produtos em processo.*
c *Grau de completude nesse departamento: custos transferidos adiante, 100%; materiais diretos, 0%; custos de conversão, 40%.*

Pontos de decisão

Resumo

O seguinte formato de perguntas e respostas resume os objetivos de aprendizagem do capítulo. Cada decisão representa uma pergunta-chave relacionada a um objetivo de aprendizagem. As diretrizes são a resposta à pergunta.

Decisão	Diretrizes
1. Sob quais condições é usado um sistema de custeio por processo?	Um sistema de custeio por processo é usado para determinar o custo de um produto ou serviço quando massas de unidades idênticas ou similares são produzidas. As indústrias que usam um sistema de custeio por processo são as de alimentos, têxteis e de refinamento de petróleo.

2. Quais são as cinco etapas em um sistema de custeio por processo para atribuir custos para as unidades completadas e para as unidades em produtos em processo final?

As cinco etapas em um sistema de custeio por processo são (a) resumir o fluxo de unidades físicas de produção, (b) calcular a produção em termos de unidades equivalentes, (c) calcular os custos de unidades equivalentes, (d) resumir o total de custos a ser contabilizado e (e) atribuir custos totais para as unidades completadas e para as unidades em produtos em processo final.

3. O que são unidades equivalentes e por que é necessário calculá-las?

Unidades equivalentes é um montante derivado de unidades de produção que (a) toma quantidade de cada entrada (fator de produção) em unidades completadas ou em unidades incompletas em produtos em processo e (b) converte a quantidade de entrada em quantidades de unidades de produção completadas que poderiam ser feitas com a quantidade de insumos. Cálculos de unidades equivalentes são necessários quando todas as unidades físicas de produção não estão uniformemente completadas durante um período contábil.

4. Os lançamentos de diário em sistemas de custeio por processo são similares aos lançamentos de diário em sistemas de custeio por ordem?

Lançamentos de diário em um sistema de custeio por processo são similares aos lançamentos de diário em um sistema de custeio por ordem. A principal diferença é que em um sistema de custeio por processo, há uma conta separada de produtos em processo para cada departamento.

5. O que é o método da média ponderada no custeio por processo?

O método da média ponderada calcula os custos por unidade ao dividir os custos totais incorridos até o período pelo total de unidades equivalentes completadas até o período, e atribui esse custo médio às unidades completadas e às unidades no estoque final de produtos em processo, com base nos custos incorridos durante o período e às unidades equivalentes de processo realizado no período atual.

6. O que é o método do primeiro a entrar, primeiro a sair do custeio por processo?

O método do primeiro a entrar, primeiro a sair (PEPS) calcula os custos por unidade com base nos custos incorridos durante o período e as unidades equivalentes de processo realizado no período atual. Ele distribui os custos do estoque inicial de produtos em processo para as primeiras unidades completadas e atribui os custos das unidades equivalentes processadas durante o período atual primeiro, para acabar o estoque inicial, depois para as novas unidades iniciadas e completadas e, finalmente, para as unidades no estoque final de produtos em processo.

7. Como o método do custeio-padrão simplifica o custeio por processo?

Sob esse método, os custos-padrão servem como custo por unidade equivalente ao atribuir custos para as unidades completadas e para unidades no estoque final de produtos em processo.

8. Como são aplicados os métodos da média ponderada e PEPS do custeio por processo aos custos recebidos em transferência?

O método da média ponderada do custeio por processo calcula os custos por unidade recebidos em transferência ao dividir o total de custos recebidos em transferência até o período, pelo total de unidades equivalentes completadas recebidas em transferência até o período, atribui esse custo médio às unidades completadas e às unidades no estoque final de produtos em processo. O método PEPS do custeio por processo calcula custos por unidade recebidos em transferência com base nos custos recebidos em transferência durante o período e unidades equivalentes de custos recebidos em transferência de processo realizado no período atual. O método PEPS atribui custos recebidos em transferência em produtos em processo inicial para unidades completadas e os custos recebidos em transferência durante o período atual primeiro para acabar o estoque inicial (se necessário), depois para unidades novas iniciadas e completadas e, finalmente, para unidades no estoque final de produtos em processo.

Anexo: Custeio das operações

Este anexo descreve o custeio das operações e o ilustra por meio de um exemplo usando cálculos e lançamentos de diário.

VISÃO GERAL DE SISTEMAS DE CUSTEIO DAS OPERAÇÕES

Uma **operação** é um método ou técnica padronizada desempenhada repetidamente, muitas vezes em diferentes materiais, resultando em diferentes produtos acabados. Operações múltiplas normalmente são conduzidas dentro de um departamento. Por exemplo, um fabricante de ternos pode ter uma operação de corte e uma de fazer barras dentro de um único departamento. No entanto, o termo *operação* é usado livremente com freqüência. Ele pode ser sinônimo para um departamento ou processo. Por exemplo, algumas empresas podem denominar o seu departamento de acabamento de processo de acabamento ou operação de acabamento.

Um **sistema de custeio das operações** é um sistema de custeio híbrido aplicado a lotes de produtos similares, porém não idênticos. Cada lote de produtos é, muitas vezes, uma variação de um único projeto e procede por uma seqüência de operações, mas cada lote não passa necessariamente pelas mesmas operações que outros lotes. Dentro de cada operação, todas as unidades de produto são tratadas exatamente da mesma forma, usando quantidades idênticas dos recursos da operação. *Lotes* também são denominados *séries de produção*.

Considere uma empresa que confecciona ternos. A administração pode escolher um único projeto básico para cada terno a ser feito. Dependendo das especificações, cada lote de ternos varia um pouco dos outros lotes. Um lote pode usar lã; outro lote, algodão. Um lote pode requerer costura especial à mão; outro lote, costura à máquina. Outros produtos fabricados em lotes são semicondutores, têxteis e calçados.

Um sistema de custeio das operações usa ordens de serviço que especificam os materiais diretos necessários e operações passo a passo. Os custos do produto são compilados para cada ordem de serviço. Materiais diretos singulares para diferentes requisições de trabalho são especificamente identificados com a ordem de serviço apropriada, como em sistemas de custeio por ordem. Cada unidade usa um montante idêntico de custos de conversão para uma dada operação. Para cada operação, um único custo médio de conversão por unidade é calculado, como no custeio por processo, ao dividir o total de custos de conversão por todas as unidades que passam por aquela operação. O custo médio de conversão é atribuído para cada unidade que passar por uma dada operação. Nossos exemplos no capítulo supõem apenas duas categorias de custos, materiais diretos e custos de conversão, mas o custeio das operações pode ter mais do que apenas duas categorias de custos. Os custos em cada categoria são identificados com ordens de serviço específicas usando como apropriado métodos de custeio por ordem ou de custeio por processo.

Administradores acham o custeio das operações útil na gestão de custos por focar o controle de processos físicos ou operações de um dado sistema de produção. Por exemplo, na produção de roupas, os administradores estão preocupados com o desperdício de tecido, a quantidade de camadas de tecido que pode ser cortada de uma vez etc. O custeio das operações mede, em termos financeiros, quão bem os administradores têm controlado os processos físicos.

ILUSTRAÇÃO DE UM SISTEMA DE CUSTEIO DAS OPERAÇÕES

A Baltimore Company, um fabricante de roupas, produz duas linhas de blazer para lojas de departamentos. Blazers de lã usam materiais de melhor qualidade e passam por mais operações do que os de poliéster. Informações sobre operações para a ordem de serviço número 423, para 50 blazers de lã, e da ordem de serviço número 424, para cem blazers de poliéster, seguem:

	Ordem 423	Ordem 424
Materiais diretos	Lã	Poliéster
	Forro completo de cetim	Forro parcial de raiom
	Botões de osso	Botões de plástico
Operações		
1. Cortar tecido	Usa	Usa
2. Verificar bordas	Usa	Não usa
3. Costurar corpo	Usa	Usa
4. Verificar emendas	Usa	Não usa
5. Costurar colarinho e lapela à máquina	Não usa	Usa
6. Costurar colarinho e lapela à mão	Usa	Não usa

Dados de custos para essas ordens de serviço, iniciado e acabado em março de 2003, seguem:

Anexo: Custeio das operações

Continuação

	Ordem 423	Ordem 424
Número de blazers	50	100
Custos de materiais diretos	$ 6 000	$ 3 000
Custos de conversão alocados:		
Operação 1	580	1 160
Operação 2	400	—
Operação 3	1 900	3 800
Operação 4	500	—
Operação 5	—	875
Operação 6	700	—
Total de custos de produção	$ 10 080	$ 8 835

Como no custeio por processo, supõe-se que todas as unidades de produto em qualquer ordem de serviço consumam montantes idênticos de custos de conversão de uma operação em particular. O sistema de custeio das operações da Baltimore usa uma taxa orçada para calcular os custos de conversão de cada operação. A taxa orçada para a Operação 1 (quantias presumidas) é de:

$$\text{Taxa orçada do custo de conversão da Operação 1 em 2003} = \frac{\text{Custos orçados de conversão para a Operação 1 em 2003}}{\text{Unidades orçadas de produtos para a Operação 1 em 2003}}$$

$$= \frac{\$ 232\,000}{20\,000 \text{ unidades}}$$

$$= \$ 11{,}60 \text{ por unidade}$$

Os custos orçados de conversão da Operação 1 incluem mão-de-obra, energia, reparos, suprimentos, depreciação e outros custos indiretos dessa operação. Se algumas unidades não tiverem sido completadas (então todas as unidades na Operação 1 não receberam as mesmas quantias de custos de conversão), a taxa do custo de conversão é calculada dividindo-se os custos orçados de conversão pelas *unidades equivalentes* de custos de conversão, como no custeio por processo.

Enquanto produtos são fabricados, os custos de conversão são alocados às ordens de serviço processadas na Operação 1, multiplicando-se o custo de conversão por unidade, de $ 11,60, pelo número de unidades de produto processado. Os custos de conversão da Operação 1, para 50 blazers de lã (ordem de serviço 423), são de $ 11,60 por blaser × 50 blazers = $ 580; e para os blazers de poliéster (ordem de serviço 424), eles são de $ 11,60 por blaser × 100 blazers = $ 1 160. Se a ordem de serviço 424 fosse composta de 75 blazers, seus custos totais na Operação 1 seriam de $ 870 ($ 11,60 por blaser × 75 blazers). Quando unidades equivalentes são usadas para calcular a taxa de custo de conversão, os custos são alocados para as ordens de serviço multiplicando-se o custo de conversão por unidade equivalente pelo número de unidades equivalentes na ordem de serviço. Os custos de materiais diretos de $ 6 000 para os 50 blazers de lã (ordem de serviço 423) e de $ 3 000 para os cem blazers de poliéster (ordem de serviço 424) são especificamente identificados com cada ordem, como em um sistema de custeio por ordem. Supõe-se que os custos da operação por unidade sejam os mesmos, independentemente da ordem de serviço, mas os custos de materiais diretos variam entre as ordens porque os materiais para cada ordem de serviço variam.

LANÇAMENTOS DE DIÁRIO

Os custos reais de conversão para a Operação 1, em março de 2003 — presumidos como sendo de $ 24 400, dos quais $ 580 são da ordem de serviço 423 e $ 1 160 são da ordem de serviço 424 —, são lançados em uma conta de controle de custos de conversão:

1. Controle de custos de conversão   24 400
    Várias contas (como controle de salários a pagar e depreciação acumulada)   24 400

Lançamentos de diário resumidos para a atribuição de custos aos blazers de poliéster (ordem de serviço 424) seguem. Os lançamentos para os blazers de lã seriam similares. Dos $ 3 000 em materiais diretos para a ordem 424, $ 2 975 são consumidos na Operação 1. O lançamento de diário para registrar o consumo de materiais diretos para os cem blazers de poliéster em março é:

2. Produtos em processo, Operação 1   2 975
    Controle de estoque de materiais   2 975

Anexo: Custeio das operações

Continuação

O lançamento de diário para registrar a alocação de custos de conversão aos produtos usa a taxa orçada de $ 11,60 por blazer vezes os cem blazers de poliéster processados, ou $ 1 160:

3. Produtos em processo, Operação 1   1 160
       Custos de conversão alocados   1 160

O lançamento de diário para registrar a transferência dos cem blazers de poliéster, da Operação 1 para a Operação 3 (blazers de poliéster não passam pela Operação 2), é:

4. Produtos em processo, Operação 3   4 135
       Produtos em processo, Operação 1   4 135

Após o lançamento, a conta de produtos em processo, Operação 1, é:

Produtos em processo, Operação 1

(2) Materiais diretos	2 975	(4) Transferidas para a Operação 3	4 135
(3) Custos de conversão alocados	1 160		

Os custos dos blazers são transferidos pelas operações nas quais os blazers são trabalhados e, depois, para produtos acabados da maneira normal. Os custos são adicionados durante o ano todo na conta de controle de custos de conversão e na conta de custos de conversão alocados. Qualquer alocação a mais ou a menos dos custos de conversão é excluída da mesma forma que os custos indiretos de produção alocados a mais ou a menos em um sistema de custeio por ordem.

Termos para aprender

Este capítulo e o Glossário no final do livro contêm definições de:

custos do departamento anterior
custos recebidos em transferência
do custeio por processo
método da média ponderada do custeio por processo
método do primeiro a entrar, primeiro a sair (PEPS)

operação
sistema de custeio das operações
sistema de custeio híbrido
unidades equivalentes

Material para avaliação

Questões

14-1 Cite três exemplos de indústrias que geralmente usam sistemas de custeio por processo.

14-2 No custeio por processo, por que os custos são muitas vezes divididos em duas principais classificações?

14-3 Explique unidades equivalentes. Por que os cálculos de unidades equivalentes são necessários no custeio por processo?

14-4 Quais problemas podem surgir em estimar o grau de completude de uma lâmina para aeronave em uma oficina mecânica?

14-5 Cite as cinco etapas-chave no custeio por processo quando unidades equivalentes são calculadas.

14-6 Cite os três métodos de estoque comumente associados ao custeio por processo.

14-7 Descreva a característica distinta de cálculos de média ponderada na atribuição de custos para unidades completadas e para unidades em produtos em processo final.

14-8 Descreva a característica distinta de cálculos PEPS na atribuição de custos para unidades completadas e para unidades em produtos em processo final.

14-9 Por que o método PEPS deveria ser denominado método PEPS modificado ou departamental?

14-10 Identifique uma das grandes vantagens do método PEPS para propósitos de planejamento e controle.

14-11 Identifique a principal diferença entre lançamentos de diário no custeio por processo e no custeio por ordem.

14-12 "Métodos de custeio-padrão são especialmente aplicáveis às situações de custeio por processo." Você concorda? Por quê?

14-13 Por que o contador deveria distinguir entre custos recebidos em transferência e custos adicionais de materiais diretos para cada departamento subseqüente em um sistema de custeio por processo?

14-14 "Custos recebidos em transferência são os incorridos no período contábil anterior." Você concorda? Explique.

14-15 "Não há qualquer motivo para eu ficar ansioso sobre a escolha entre os métodos da média ponderada e PEPS para o sistema de custeio por processo. Eu tenho contratos de longo prazo com os meus fornecedores de materiais a preços fixos." Cite as condições sob as quais você (a) concordaria e (b) discordaria da declaração feita por um *controller* de fábrica. Explique.

Exercícios

14-16 Unidades equivalentes, estoque inicial zero. A Eletrônica Internacional fabrica *microchips* em grandes quantidades. Cada *microchip* passa por montagem e testes. O total de custos de montagem durante janeiro de 2004 foi de:

Materiais diretos consumidos	$ 720 000
Custos de conversão	760 000
Total de custos de produção	$ 1 480 000

Para fazer:

1. Suponha que não havia nenhum estoque inicial no dia 1º de janeiro de 2004. Durante janeiro, dez mil *microchips* foram colocados em produção e todos foram totalmente acabados no final do mês. Qual é o custo unitário de um *microchip* montado em janeiro?
2. Suponha que durante fevereiro, dez mil *microchips* sejam colocados em produção. Suponha também que os mesmos custos totais de montagem para janeiro também sejam incorridos em fevereiro, mas apenas nove mil *microchips* sejam totalmente acabados no final do mês. Todos os materiais diretos foram adicionados aos mil *microchips* remanescentes. No entanto, na média, os mil *microchips* remanescentes estão apenas 50 por cento acabados quanto aos custos de conversão. (a) Quais são as unidades equivalentes para materiais diretos e custos de conversão e os respectivos custos de unidades equivalentes para fevereiro? (b) Qual é o custo por unidade de um *microchip* montado em fevereiro de 2004?
3. Explique a diferença nas suas respostas para as Questões 1 e 2.

14-17 Lançamentos de diário (continuação do 14-16). Refere-se à Questão 2 do Exercício 14-16.

Para fazer: Prepare lançamentos de diário resumidos para o consumo de materiais diretos e o incurso de custos de conversão. Além disso, prepare um lançamento de diário para transferir adiante o custo de produtos acabados. Mostre os lançamentos na conta de produtos em processo.

14-18 Estoque inicial zero, materiais introduzidos no meio do processo. A Química Valsa tem um departamento de mistura e um departamento de refinamento. Seu sistema de custeio por processo no departamento de mistura tem duas categorias de custos de materiais diretos (Químico P e Químico Q) e um grupo de custos de conversão. Os seguintes dados pertencem ao departamento de mistura para julho de 2004:

Unidades	
Produtos em processo, 1º de julho	0
Unidades iniciadas	50 000
Acabadas e transferidas para o departamento de refinamento	35 000
Custos	
Químico P	$ 250 000
Químico Q	70 000
Custos de conversão	135 000

O Químico P é introduzido no início das operações no departamento de mistura, e o Químico Q é adicionado quando o produto está três quartos acabado no departamento de mistura. Os custos de conversão são adicionados uniformemente durante o processo. Os produtos em processo final no departamento de mistura estão dois terços acabados.

Para fazer:

1. Calcule as unidades equivalentes no departamento de mistura, para julho de 2004, para cada categoria de custo.

2. Calcule (a) o custo de produtos acabados e transferidos para o departamento de refinamento durante julho e (b) o custo de produtos em processamento a partir de 31 de julho de 2004.

14-19 Método da média ponderada, unidades equivalentes. Considere os seguintes dados para a *divisão de montagem de satélites* da Aerospatiale:

A *divisão de montagem de satélites* usa o método da média ponderada do custeio por processo.

	Unidades físicas (satélites)	Materiais diretos	Custos de conversão
Produtos em processo, inicial (1º de maio)[a]	8	$ 4 933 600	$ 910 400
Iniciadas em maio de 2004	50		
Completadas em maio de 2004	46		
Produtos em processo, final (31 de maio)[b]	12		
Custos adicionados durante maio de 2004		$ 32 200 000	$ 13 920 000

a *Grau de completude: materiais diretos, 90%; custos de conversão, 40%.*
b *Grau de completude: materiais diretos, 60%; custos de conversão, 30%.*

Para fazer: Calcule as unidades equivalentes para materiais diretos e custos de conversão. Mostre as unidades físicas na primeira coluna de sua tabela.

14-20 Método da média ponderada, distribuindo custos (continuação do 14-19).

Para fazer: Para os dados no Exercício 14-19, calcule o custo por unidade equivalente para materiais diretos e custos de conversão, resuma os custos totais a serem contabilizados e atribua esses custos às unidades completadas e transferidas adiante e para unidades em produtos em processo final.

14-21 Método PEPS, unidades equivalentes. Refere-se às informações no Exercício 14-19. Suponha que a divisão de montagem de satélites use o método PEPS de custeio por processo em vez do método da média ponderada.

Para fazer: Calcular as unidades equivalentes para materiais diretos e custos de conversão. Mostre as unidades físicas na primeira coluna de sua tabela.

14-22 Método PEPS, distribuindo custos (continuação do 14-21).

Para fazer: Para os dados no Exercício 14-19, use o método PEPS para calcular o custo unitário equivalente para materiais diretos e custos de conversão, resuma os custos totais a serem contabilizados e distribua-os entre unidades completadas e transferidas adiante e para unidades em produtos em processo final.

14-23 Método do custeio-padrão, distribuindo custos. Refere-se às informações no Exercício 14-19. Suponha que a divisão de montagem de satélites use o método do custeio-padrão de custeio por processo. Suponha também que a divisão de montagem de satélites determine os custos-padrão, de $ 695 000 por unidade, equivalente para materiais diretos, e de $ 295 000 por unidade equivalente para os custos de conversão tanto para produtos em processo inicial quanto para processo realizado no período atual.

Para fazer:

1. Calcule as unidades equivalentes para materiais diretos e custos de conversão. Mostre as unidades físicas na primeira coluna de sua tabela.
2. Resuma os custos totais a serem contabilizados e atribua-os às unidades completadas e transferidas adiante e para unidades em produtos em processo final.
3. Calcule o total de variações nos custos de materiais diretos e de conversão, para maio de 2004.

14-24 Método da média ponderada, atribuindo custos. A Catham Company produz um produto químico para tratamento de água em um único departamento de processamento. Os materiais diretos são adicionados no início do processo. Os custos de conversão são adicionados uniformemente durante o processo. A Catham usa o método da média ponderada de custeio por processo. As seguintes informações estão disponíveis para julho de 2004.

	Unidades físicas	Unidades equivalentes Materiais diretos	Custos de conversão
Produtos em processo, 1º de julho	10 000 [a]	10 000	7 000
Iniciadas durante julho	40 000		
Completadas e transferidas adiante durante julho	34 000	34 000	34 000
Produtos em processo, 31 de julho	16 000 [b]	16 000	8 000

a *Grau de completude: materiais diretos, 100%; custos de conversão, 70%.*
b *Grau de completude: materiais diretos, 100%; custos de conversão, 50%.*

Total de custos para julho de 2004

Produtos em processo, inicial		
Materiais diretos	$ 60 000	
Custos de conversão	70 000	$ 130 000
Materiais diretos adicionados durante julho		280 000
Custos de conversão adicionados durante julho		371 000
Total de custos a ser contabilizado		$ 781 000

Para fazer:

1. Calcule o custo unitário equivalente para materiais diretos e custos de conversão.
2. Resuma os custos totais a serem contabilizados e atribua esses custos às unidades completadas (e transferidas adiante) e para unidades em produtos em processo final.

14-25 Método PEPS, distribuindo custos.

Para fazer: Faça o Exercício 14-24 usando o método PEPS. Observe que primeiro você terá de calcular as unidades equivalentes de processo realizado no período atual (para materiais diretos e custos de conversão) para completar produtos em processo inicial, para iniciar e completar unidades novas e para produzir o estoque final de produtos em processo.

14-26 Método de custeio-padrão, atribuindo custos. Refere-se às informações no Exercício 14-24. Suponha que a Cato determine custos-padrão de $ 6,50 por unidade equivalente para materiais diretos e de $ 10,30 por unidade equivalente de custos de conversão para produtos em processo inicial e processo realizado no período atual.

Para fazer:

1. Faça o Exercício 14-24 usando custeio-padrão. Observe que primeiro você terá de calcular as unidades equivalentes de processo realizado no período atual (para materiais diretos e custos de conversão) para acabar produtos em processo inicial, para iniciar e completar unidades novas e para produzir o estoque final de produtos em processo.
2. Calcule o total de variações em materiais diretos e custos de conversão para julho de 2004.

14-27 Custos recebidos em transferência, método da média ponderada. A Química Hideo produz um solvente industrial em dois departamentos: mistura e cozimento. Essa pergunta está voltada ao departamento de cozimento. Durante junho de 2004, 90 toneladas de solvente foram acabadas e transferidas adiante do departamento de cozimento. Os materiais diretos são adicionados no final do processo. Os custos de conversão são adicionados uniformemente durante o processo. A Hideo usa o método da média ponderada de custeio por processo. As seguintes informações estão disponíveis para junho de 2004.

		Unidades equivalentes (toneladas)		
	Unidades físicas	Custos recebidos em transferência	Materiais diretos	Custos de conversão
Produtos em processo, 1º de junho[a]	40	40	0	30
Recebidos em transferência durante junho	80			
Completadas e transferidas adiante durante julho	90	90	90	90
Produtos em processo, 30 de junho[b]	30	30	0	15

a *Grau de completude: custos recebidos em transferência, 100%; materiais diretos, 0%; custos de conversão, 75%.*
b *Grau de completude: custos recebidos em transferência, 100%; materiais diretos, 0%; custos de conversão, 50%.*

Total de custos para junho de 2004

Produtos em processo, inicial		
Custos recebidos em transferência	$ 40 000	
Materiais diretos	0	
Custos de conversão	18 000	$ 58 000
Custos recebidos em transferência adicionados durante junho		87 200
Materiais diretos adicionados durante junho		36 000
Custos de conversão adicionados durante junho		49 725
Total de custos a ser contabilizado		$ 230 925

Para fazer:

1. Calcular o custo unitário equivalente para custos recebidos em transferência, materiais diretos e custos de conversão.

2. Resuma os custos totais a serem contabilizados e atribua esses custos para unidades completadas (e transferidas adiante) e para unidades em produtos em processo final.

14-28 Custos recebidos em transferência, método PEPS. Refere-se às informações no Exercício 14-27. Suponha que a Hideo use o método PEPS em vez do método da média ponderada em todos os seus departamentos. As únicas mudanças sob o método PEPS são que os custos totais transferidos para dentro de produtos em processo inicial são de $ 39 200, e que os custos recebidos em transferência adicionados durante junho são de $ 85 600.

Para fazer: Faça o Exercício 14-27 usando o método PEPS. Observe que primeiro você terá de calcular as unidades equivalentes de processo realizado no período atual (para custos recebidos em transferência, materiais diretos e custos de conversão) para completar produtos em processo inicial, para iniciar e completar unidades novas e para produzir o estoque final de produtos em processo.

14-29 Custeio das operações (anexo do capítulo). A Feather Light Shoe Company fabrica dois tipos de sapatos masculinos: o de estilo e o comum. O de estilo é feito de couro e o comum usa materiais sintéticos. As três operações — corte, costura e embalagem — são comuns para ambos os tipos, mas apenas o de estilo passa por uma operação de revestimento interno. As taxas de custos de conversão para 2004 são:

	Corte	Costura	Revestimento	Embalagem
Taxa por unidade (par)	$ 10	$ 15	$ 8	$ 2

Detalhes de duas ordens de serviço processadas em agosto são:

	Ordem 815	Ordem 831
Número de unidades (pares)	1 000	5 000
Custos de materiais diretos	$ 30 000	$ 50 000
Estilo	de estilo	comum

Para fazer: Calcule os custos totais e o custo total unitário da ordem número 815 e da ordem número 831.

PROBLEMAS

14-30 Método da média ponderada. A Defesa Global Ltda. é um fabricante de equipamentos militares. Sua fábrica, em Santa Fé, fabrica o míssil interceptador sob contrato com o governo dos EUA e países aliados. Todos os interceptadores passam por um processo idêntico de produção. Todo esforço é feito para assegurar que todos os interceptadores sejam idênticos e satisfaçam muitas e rigorosas especificações de desempenho. O sistema de custeio por processo na fábrica de Santa Fé tem uma única categoria de custos diretos (materiais diretos) e uma única categoria de custos indiretos (custos de conversão). Cada interceptador passa por dois departamentos: o de montagem e o de testes. Os materiais diretos são adicionados no *início* do processo e os custos de conversão adicionados uniformemente *durante* o processo, ambos no departamento de montagem. Quando o departamento de montagem termina o trabalho em cada interceptador, ele imediatamente é transferido para testes.

A Defesa Global usa o método da média ponderada do custeio por processo. Dados para o departamento de montagem para outubro de 2004 são:

	Unidades físicas (mísseis)	Materiais diretos	Custos de conversão
Produtos em processo, 1º de outubro[a]	20	$ 460 000	$ 120 000
Iniciadas durante outubro de 2004	80		
Completadas durante outubro de 2004	90		
Produtos em processo, 31 de outubro[b]	10		
Custos adicionados durante outubro de 2004		$ 2 000 000	$ 935 000

[a] Grau de completude: materiais diretos, ?%; custos de conversão, 60%.
[b] Grau de completude: materiais diretos, ?%; custos de conversão, 70%.

Para fazer:
1. Para cada elemento de custo, calcular as unidades equivalentes no departamento de montagem. Mostre as unidades físicas na primeira coluna de sua tabela.
2. Para cada elemento de custo, calcular os custos unitários equivalentes.
3. Resuma os custos totais de outubro de 2004 para o departamento de montagem e atribua esses custos para as unidades completadas e transferidas adiante, e para as unidades em produtos em processo final.

Aplicação do Excel. Para aqueles alunos que desejam praticar suas habilidades com planilhas, segue uma abordagem passo a passo para a criação de uma planilha no Excel para resolver esse problema.

Passo a passo

1. Abra uma planilha nova. No topo, crie uma seção de 'Dados originais' para os dados do departamento de montagem fornecidos pela Defesa Global. Insira os dados sobre 'Unidades físicas, materiais diretos' e 'Custos de conversão' exatamente no mesmo formato que o apresentado acima.

(Programe sua planilha para executar todos os cálculos necessários. Não insira quaisquer montantes à mão, como custos de unidades equivalentes, que necessitem de operações de somar, subtrair, multiplicar ou dividir.)

2. Pule duas linhas e crie uma seção 'Problema 1' usando exatamente o mesmo formato do Quadro 14.4. Crie colunas para 'Unidades físicas, unidades equivalentes de materiais diretos' e 'Unidades equivalentes de custos de conversão' e linhas para cada um dos itens no Quadro 14.4 (por exemplo, primeira fila, 'Produtos em processo, inicial' e a última linha 'Processo realizado até o período'). Use os dados da seção de 'Dados originais' para completar esta seção.

3. Pule duas linhas e crie uma seção 'Problema 2' no mesmo formato da Etapa 3 do Quadro 14.5. Crie colunas para 'Custos totais de produção', 'Materiais diretos' e 'Custos de conversão'.

4. A seguir, insira um cálculo para o 'Custo por unidade equivalente de processo realizado até o período' para 'Materiais diretos' e 'Custos de conversão'.

5. Pule duas linhas e crie uma seção 'Problema 3' no mesmo formato das Etapas 4 e 5 do Quadro 14.5 (usando colunas para 'Custos totais de produção', 'Materiais diretos' e 'Custos de conversão', criados na Etapa 3).

6. Use os dados que você criou nas Etapas de 1 a 4 para completar sua seção 'Problema 3'.

7. *Verifique a acurácia de sua planilha*: Vá até sua seção de 'Dados originais' e mude os custos de materiais diretos para outubro de $ 2 000 000 para $ 2 500 000. Se você programou sua planilha corretamente, o custo unitário equivalente de processo realizado até o período para materiais diretos, no Problema 2, deverá mudar para $ 29 600.

14-31 Lançamentos de diário (continuação do 14-30).

Para fazer: Prepare um conjunto resumido de lançamentos de diário para todas as transações de outubro de 2004, afetando produtos em processo — montagem. Crie um razonete para produtos em processo — montagem — e faça os lançamentos.

14-32 Método PEPS (continuação do 14-30 e 14-31).

Para fazer: Faça o Problema 14-30 usando o método PEPS de custeio por processo. Explique quaisquer diferenças entre os custos unitários equivalentes no departamento de montagem sob o método da média ponderada e o método PEPS.

14-33 Custos recebidos em transferência, método da média ponderada (relativo do 14-30 ao 14-32). A Defesa Global Ltda., como você já sabe, fabrica o míssil interceptador na sua fábrica em Santa Fé. Ela tem dois departamentos: o departamento de montagem e o de testes. Este problema foca o departamento de testes. (Os Problemas 14-30 ao 14-32 focaram o departamento de montagem.) Os materiais diretos são adicionados quando o processo do departamento de testes está 90 por cento completado. Os custos de conversão são adicionados uniformemente durante o processo do departamento de testes. Quando o departamento de montagem termina o seu processo, cada unidade é imediatamente transferida para testes. Quando cada unidade é acabada em testes, ela é imediatamente transferida para produtos acabados.

A Defesa Global usa o método da média ponderada do custeio por processo. Dados para o departamento de testes para outubro de 2004 são:

	Unidades físicas (mísseis)	Custos recebidos em transferência	Materiais diretos	Custos de conversão
Produtos em processo, 1º de outubro[a]	30	$ 985 800	$ 0	$ 331 800
Recebidas em transferência em outubro de 2004	?			
Completadas durante outubro de 2004	105			
Produtos em processo, 31 de outubro[b]	15			
Custos adicionados durante outubro de 2004		$ 3 192 866	$ 3 885 000	$ 1 581 000

a *Grau de completude: custos recebidos em transferência, ?%; materiais diretos, ?%; custos de conversão, 70%.*
b *Grau de completude: custos recebidos em transferência, ?%; materiais diretos, ?%; custos de conversão, 60%.*

Para fazer:

1. Qual é a porcentagem de completude para (a) custos recebidos em transferência e materiais diretos no estoque inicial de produtos em processo e (b) custos recebidos em transferência e materiais diretos no estoque final de produtos em processo?

2. Para cada categoria de custo, calcule as unidades equivalentes no departamento de testes. Mostre as unidades físicas na primeira coluna de sua tabela.

3. Para cada categoria de custo, calcule o custo unitário equivalente, resuma os custos totais do departamento de testes para outubro de 2004 e atribua esses custos para unidades completadas (e transferidas adiante) e para unidades no estoque final de produtos em processo.
4. Prepare lançamentos de diário das transferências de outubro do departamento de montagem para o departamento de testes e do departamento de testes para o de produtos acabados.

14-34 Custos recebidos em transferência, método PEPS (continuação do 14-33).

Para fazer: Usando o método PEPS de custeio por processo, responda as questões do Problema 14-33. Sob o método PEPS, os custos recebidos em transferência para produtos em processo inicial no departamento de testes, no dia 1º de outubro, são de $ 980 060, e os custos recebidos em transferência durante outubro são de $ 3 188 000. Todos os outros dados permanecem inalterados.

14-35 Método da média ponderada. A Star Toys fabrica brinquedos de madeira e os compra como material direto para o departamento de formação da fábrica de Madison. Os brinquedos são transferidos para o departamento de acabamento, onde são moldados à mão, e metal é adicionado a eles. O sistema de custeio por processo na Star Toys tem uma única categoria de custos diretos (materiais diretos) e indiretos (custos de conversão). Os materiais diretos são adicionados quando o processo no departamento de formação está 10 por cento completado. Os custos de conversão são adicionados uniformemente durante o processo do departamento de formação.

A Star Toys usa o método da média ponderada do custeio por processo. Considere os dados a seguir para o departamento de formação em abril de 2004:

	Unidades físicas (brinquedos)	Materiais diretos	Custos de conversão
Produtos em processo, 1º de abril[a]	300	$ 7 500	$ 2 125
Iniciadas durante abril de 2004	2 200		
Completadas durante abril de 2004	2 000		
Produtos em processo, 31 de abril[b]	500		
Custos adicionados durante abril de 2004		$ 70 000	$ 42 500

a *Grau de completude: materiais diretos, 100%; custos de conversão, 40%.*
b *Grau de completude: materiais diretos, 100%; custos de conversão, 25%.*

Para fazer: Resuma os custos totais de abril de 2004 para o departamento de formação e distribua esses custos para as unidades completadas (e transferidas adiante) e para as unidades em produtos em processo final.

14-36 Lançamentos de diário (continuação do 14-35).

Para fazer: Prepare um conjunto resumido de lançamentos de diário para todas as transações de abril de 2004 que afetem produtos em processo — formação. Crie um razonete para produtos em processo — formação e faça os lançamentos.

14-37 Método PEPS (continuação do 14-35).

Para fazer: Faça o Problema 14-35 usando o método PEPS e três casas decimais para os custos unitários. Se você fez o Problema 14-35 (o original), explique quaisquer diferenças entre o custo de processo acabado e transferido adiante, e o custo de produtos em processo final, no departamento de formação, sob o método da média ponderada e o método PEPS.

14-38 Custos recebidos em transferência, método da média ponderada (relativo do 14-35 ao 14-37). A Star Toys, como você já sabe, fabrica brinquedos de madeira na sua fábrica, em Madison. Ela tem dois departamentos: o de formação e o de acabamento. (Os Problemas 14-35 ao 14-37 focaram o departamento de formação.) Agora, considere o departamento de acabamento, o qual processa os brinquedos formados por meio de moldagem à mão e da adição de metal. Todos os materiais diretos adicionais são vinculados quando o processo do departamento de acabamento está 80 por cento completado. Os custos de conversão são adicionados uniformemente durante as operações de acabamento. Quando o departamento de acabamento termina o seu processo em cada brinquedo, o mesmo é imediatamente transferido para produtos acabados.

A Star Toys usa o método da média ponderada do custeio por processo. A seguir está um resumo das operações de abril de 2004 do departamento de acabamento:

	Unidades físicas (mísseis)	Custos recebidos em transferência	Materiais diretos	Custos de conversão
Produtos em processo, 1º de abril[a]	500	$ 17 750	$ 0	$ 7 250
Recebidos em transferência em abril de 2004	2 000			
Completadas durante abril de 2004	2 100			
Produtos em processo, 30 de abril[b]	400			
Custos adicionados durante abril de 2004		$ 104 000	$ 23 100	$ 38 400

a *Grau de completude: custos recebidos em transferência, 100%; materiais diretos, 0%; custos de conversão, 60%.*
b *Grau de completude: custos recebidos em transferência, 100%; materiais diretos, 0%; custos de conversão, 30%.*

Para fazer:

1. Resuma os custos totais do departamento de acabamento para abril de 2004 e atribua esses custos para unidades completadas (e transferidas adiante) e para unidades em produtos em processo final.
2. Prepare lançamentos de diário para as transferências de abril do departamento de formação para o de acabamento e do departamento de acabamento para produtos acabados.

14-39 Custos recebidos em transferência, método PEPS (continuação do 14-38).

Para fazer:

1. Usando o método PEPS de custeio por processo, responda as questões do Problema 14-38. Sob o método PEPS, os custos recebidos em transferência para produtos em processo inicial no departamento de formação, no dia 1º de abril, são de $ 17 520, e os custos recebidos em transferência durante abril são de $ 103 566. Todos os outros dados permanecem inalterados.
2. Se você fez o Problema 14-38, explique quaisquer diferenças entre o custo de processo realizado e transferido adiante e o custo de produtos em processo final, do departamento de formação, sob o método da média ponderada e o método PEPS.

14-40 Custos recebidos em transferência, métodos da média ponderada e PEPS. A Elma Chips Ltda. fabrica comidas de conveniência, incluindo batatas fritas e *chips* de milho. A produção dos *chips* de milho ocorre em quatro departamentos: limpeza, mistura, cozimento, secagem e embalagem. Considere o departamento de secagem e embalagem, no qual os materiais diretos (embalagens) são adicionados no final do processo. Os custos de conversão são adicionados uniformemente durante o processo. Os registros contábeis de uma fábrica da Elma Chips fornecem as seguintes informações para os *chips* de milho do seu departamento de secagem e embalagem durante um período semanal (semana 37):

	Unidades físicas (caixas)	Custos recebidos em transferência	Materiais diretos	Custos de conversão
Produtos em processo, inicial[a]	1 250	$ 29 000	$ 0	$ 9 060
Recebidos em transferência durante semana 37 do departamento de cozimento	5 000			
Completadas durante semana 37	5 250			
Produtos em processo, semana 37[b]	1 000			
Custos adicionados durante semana 37		$ 96 000	$ 25 200	$ 38 400

a *Grau de completude: custos recebidos em transferência, 100%; materiais diretos, ?%; custos de conversão, 80%.*
b *Grau de completude: custos recebidos em transferência, 100%; materiais diretos, ?%; custos de conversão, 40%.*

Para fazer:

1. Usando o método da média ponderada, resuma os custos totais do departamento de secagem e embalagem para a semana 37 e atribua esses custos para unidades completadas (e transferidas adiante) e para unidades no estoque final de produtos em processo.
2. Suponha que o método PEPS seja usado para o departamento de secagem e embalagem. Sob PEPS, os custos recebidos em transferência para o estoque inicial de produtos em processo na semana 37 são de $ 28 920, e os custos recebidos em transferência durante a semana 37 do departamento de cozimento são de $ 94 000. Todos os outros dados permanecem inalterados. Resuma os custos totais do departamento de secagem e embalagem para a semana 37, e atribua esses custos para as unidades completadas e transferidas adiante, e para as unidades no estoque final de produtos em processo usando o método PEPS.

14-41 Custeio-padrão com produtos em processo inicial e final. A Victoria Corporation usa o método do custeio-padrão para seu sistema de custeio por processo. Custos-padrão para o processo de cozimento são de $ 6 por unidade equivalente para materiais diretos e de $ 3 por unidade equivalente para custos de conversão. Todos os materiais diretos são introduzidos no início do processo, e os custos de conversão são adicionados uniformemente durante o processo. O resumo das operações para maio de 2004 inclui os seguintes dados para o processo de cozimento.

Estoques de produtos em processo:
   1º de maio, 3 000 unidades[a]
     (materiais diretos, $ 18 000; custos de conversão, $ 5 400)
   31 de maio, 5 000 unidades[b]
   Unidades iniciadas em maio, 20 000
Unidades completadas e transferidas adiante do cozimento em maio: 18 000

Custos reais adicionais incorridos para cozimento durante maio:
Materiais diretos, $ 125 000
Custos de conversão, $ 57 000

a *Grau de completude: materiais diretos, 100%; custos de conversão, 60%.*
b *Grau de completude: materiais diretos, 100%; custos de conversão, 50%.*

Para fazer:

1. Calcule o total de custos-padrão de unidades transferidas adiante em maio, e o total de custos padrão do estoque de produtos em processo no dia 31 de maio.
2. Calcule o total de variações em maio para materiais diretos e custos de conversão.

14-42 Custeio das operações, unidades equivalentes (anexo do capítulo, CMA, adaptado). A Greg Industries fabrica cadeiras de plástico moldado. Os três modelos de cadeira moldada, variações do mesmo desenho, são o Padrão, o Luxo e o Executivo. A empresa usa um sistema de custeio-padrão.

A Greg tem operações de extrusão, moldagem, recorte e acabamento. Placas de plástico são produzidas pela operação de extrusão. Durante a operação de moldagem, as placas de plástico são moldadas em assentos, e os pés, colocados. O modelo Padrão é vendido após esta operação. Durante a operação de recorte, os braços são adicionados aos modelos Luxo e Executivo, e as bordas das cadeiras são arredondadas. Apenas o modelo Executivo entra na operação de acabamento, na qual o estofamento é adicionado. Todas as unidades produzidas percorrem as mesmas etapas dentro de cada operação.

As unidades de produção e os custos de materiais diretos incorridos para maio são como a seguir:

	Unidades produzidas	Materiais de extrusão	Materiais de moldagem	Materiais de recorte	Materiais de acabamento
Modelo Padrão	6 000	$ 72 000	$ 24 000	$ 0	$ 0
Modelo Luxo	3 000	36 000	12 000	9 000	0
Modelo Executivo	2 000	24 000	8 000	6 000	12 000
	11 000	$ 132 000	$ 44 000	$ 15 000	$ 12 000

O total de custos de conversão para o mês de maio é:

	Operação de extrusão	Operação de modelagem	Operação de recorte	Operação de acabamento
Total de custos de conversão	$ 269 500	$ 132 000	$ 69 000	$ 42 000

Para fazer:

1. Para cada produto produzido pela Greg Industries durante o mês de maio, determine (a) o custo por unidade e (b) o custo total. Apóie a sua resposta com os cálculos apropriados.
2. Agora, considere as seguintes informações para junho. Todos os custos unitários, em junho, são idênticos aos custos por unidade, em maio, calculados na Parte 1(a). No final de junho, mil unidades do modelo Luxo ficaram em produtos em processo. Essas unidades estavam 100 por cento acabadas quanto aos custos de materiais e 60 por cento acabadas quanto à operação de recorte. Determine o custo do estoque final de produtos em processo para o modelo Luxo no final de junho.

14-43 Cálculos de unidades equivalentes, *benchmarking*, ética. Margaret Major é *controller* corporativa da Ternos e Cia. que, ao todo, tem 20 fábricas que confeccionam ternos para lojas de varejo. Cada fábrica usa um sistema de custeio por processo. No final de cada mês, cada administrador de fábrica apresenta um relatório de produção e de custo da produção. O relatório de produção inclui a estimativa do administrador da fábrica quanto à porcentagem de completude do estoque final de produtos em processo com relação aos materiais diretos e custos de conversão. A *controller* usa essas estimativas para calcular as unidades equivalentes de processo realizado em cada fábrica, e o custo por unidade equivalente de processo realizado para materiais diretos e custos de conversão em cada mês. As fábricas são classificadas de 1 a 20 em termos de (a) custo unitário equivalente de materiais diretos e (b) custo unitário equivalente de custos de conversão. As três fábricas mais bem classificadas em cada categoria recebem um bônus e um artigo no jornal da empresa é escrito sobre elas como sendo as melhores de sua classe.

Margaret tem estado contente com o sucesso de seu programa de *benchmarking*. No entanto, ela acaba de receber algumas cartas não assinadas afirmando que dois dos administradores de fábrica têm manipulado as estimativas mensais sobre a porcentagem de término na tentativa de obter o *status* de melhores na classe.

Para fazer:

1. Como e por que os administradores de fábrica poderiam 'manipular' as estimativas mensais da porcentagem de término?

2. A primeira reação de Margaret é contatar cada *controller* de fábrica e discutir o problema levantado pelas cartas não assinadas. Será esta uma boa idéia?
3. Suponha que a principal responsabilidade do *controller* da fábrica quanto à prestação de contas seja com o administrador da fábrica, e que cada *controller* recebe a ligação de Margaret mencionada na Parte 2. Qual é a responsabilidade ética de cada *controller* de fábrica (a) quanto à Major e (b) quanto à Ternos e Cia., com relação às informações sobre unidades equivalentes que cada fábrica fornece?
4. Como a Major poderia obter algum esclarecimento sobre se os números de unidades equivalentes proporcionados por fábricas específicas estão sendo manipulados?

Problema para aprendizagem em grupo

14-44 Custos recebidos em transferência, custos de unidades equivalentes, trabalhando de trás para a frente. A Plásticos Lennox tem dois processos: extrusão e termo-montagem. Considere os dados de junho de 2004 para as unidades físicas no processo de termo-montagem: produtos em processo inicial, 15 mil unidades; transferidos para dentro do departamento de extrusão durante junho, nove mil unidades; produtos em processo final, cinco mil. Materiais diretos são adicionados quando o processo no departamento de termo-montagem está 80 por cento acabado. Os custos de conversão são adicionados uniformemente durante o processo. A Plásticos Lennox usa o método PEPS de custeio por processo. As seguintes informações estão disponíveis:

	Custos recebidos em transferência	Materiais diretos	Custos de conversão
Produtos em processo, inicial	$ 90 000	—	$ 45 000
Porcentagem de completude de produtos em processo inicial	100%	—	60%
Custos adicionados no período atual	$ 58 500	$ 57 000	$ 57 200
Custo por unidade equivalente de trabalho efetuado no período atual	$ 6,50	$ 3	$ 5,20

Para fazer:
1. Para cada categoria de custo, calcular as unidades equivalentes de processo realizado no período atual.
2. Para cada categoria de custo, calcular separadamente as unidades equivalentes de processo realizado para completar o estoque inicial de produtos em processo, para iniciar e acabar unidades novas e para produzir produtos em processo final.
3. Para cada categoria de custos, calcular a porcentagem de completude do estoque final de produtos em processo.
4. Resuma os custos totais a ser contabilizados e atribua esses custos às unidades completadas (e transferidas adiante) e às unidades em produtos em processo final.

apêndice A

NOTAS SOBRE JUROS COMPOSTOS E TABELAS DE JUROS

Juros são o custo de usar o dinheiro. É a *taxa de aluguel* por fundos consumidos por empréstimo, semelhante à paga pela locação de um prédio ou equipamentos. Quando os fundos são usados por um período de tempo, é necessário reconhecer os juros como sendo *o custo* por usar os fundos por empréstimo ('alugados'). Esse requisito se aplica mesmo se os fundos representarem capital próprio e se os juros não acarretarem desembolso de caixa. Por que os juros precisam ser considerados? Porque a escolha de dada alternativa compromete automaticamente os recursos que seriam investidos em alguma outra.

Mesmo quando projetos de curto prazo são considerados, a questão dos juros é significativa, assumindo proporções maiores quando planos de longo prazo são estudados. A taxa de juros tem um impacto bastante significativo para influenciar decisões em relação a empréstimos e a investimentos de recursos. Por exemplo, $ 100 000 investidos agora e aplicados a 8 por cento ao ano por dez anos representarão $ 215 900; a 20 por cento ao ano, os $ 100 000 representarão $ 619 200.

TABELAS DE JUROS

Muitos programas de computador e calculadoras hoje disponíveis lidam com cálculos envolvendo o valor do dinheiro no tempo. Observando as quatro tabelas básicas a seguir você terá como calcular juros.

TABELA 1 — VALOR FUTURO DE $ 1

A Tabela 1 mostra quanto $ 1 investido agora acumulará em dado período a uma taxa de juros compostos, por período. Considere investir $ 1 000, agora, por três anos, a 8 por cento de juros compostos. Uma representação de como esses $ 1 000 acumularão para $ 1 259,70 é demonstrada a seguir:

Ano	Juros por ano	Juros cumulativos chamados de juros compostos	Total no final do ano
0	$ —	$ —	$ 1 000,00
1	80,00 (0,08 × $ 1 000)	80,00	1 080,00
2	86,40 (0,08 × $ 1 080)	166,40	1 166,40
3	93,30 (0,08 × $ 1 166,40)	259,70	1 259,70

Esta representação é uma série de cálculos que poderiam ser demonstrados como a seguir, onde S é a quantia futura e os subscritos 1, 2 e 3 indicam os períodos.

$S_1 = \$\ 1\ 000(1,08)^1 = \$\ 1\ 080$
$S_2 = \$\ 1\ 080(1,08) = \$\ 1\ 000(1,08)^2 = \$\ 1\ 166,40$
$S_3 = \$\ 1\ 166,40 \times (1,08) = \$\ 1\ 000(1,08)^3 = \$\ 1\ 259,70$

A fórmula para o 'valor de 1', muitas vezes denominada 'valor futuro de $ 1', pode ser escrita:

$S = P(1 + r)^n$
$S = \$\ 1\ 000(1 + 0,08)^3 = \$\ 1\ 259,70$

S é o valor futuro; P é o valor presente, $ 1 000 nesse caso; r é a taxa de juros; e n é o número de períodos de tempo.

Felizmente, tabelas fazem com que cálculos-chave estejam prontamente disponíveis. Uma facilidade em escolher a tabela *correta* minimizará os cálculos. Cheque a veracidade da resposta acima usando a Tabela 1.

Tabela 2 — Valor presente de $ 1

No exemplo anterior, se $ 1 000 compostos a 8 por cento por ano acumularão $ 1 259,70, em três anos, $ 1 000 deve ser o valor presente, de $ 1 259,70, devido ao final de três anos. A fórmula para o valor presente pode ser derivada revertendo o processo de *acumulação* (encontrando o valor futuro) que acabamos de fazer.

Se $\quad S = P(1+r)n$
então $\quad P = \dfrac{S}{(1+r)^n}$

$\quad P = \dfrac{\$\ 1\ 259,70}{(1,08)^3} = \$\ 1\ 000$

Use a Tabela 2 para checar esse cálculo.

Quando acumulamos, avançamos ou rolamos para a frente no tempo. A diferença entre nossa quantia original e nossa quantia acumulada é denominada *juros compostos*. Quando descontamos, retrocedemos ou rolamos para trás no tempo. A diferença entre a quantia futura e o valor presente é denominada *desconto composto*. Observe a seguinte fórmula (onde $P = \$\ 1\ 000$):

Juros compostos $= P[(1+r)^n - 1] = \$\ 259,70$

Desconto composto $= \left[S\ 1 - \dfrac{1}{(1+r)^n} \right] = \$\ 259,70$

Tabela 3 — Valor de anuidade de $ 1

Uma *anuidade* (comum) é uma série de valores iguais a serem pagos (ou recebidos) no final de períodos sucessivos de igual tamanho. Suponha que $ 1 000 sejam investidos no final de cada três anos a 8 por cento:

Final do ano			Quantia
1º pagamento	$ 1 000,00 →	$ 1 080,00 →	$ 1 166,40, que é $ 1 000(1,08)²
2º pagamento		$ 1 000,00 →	1 080,00, que é $ 1 000(1,08)¹
3º pagamento			1 000,00
Acumulado (valor futuro)			$ 3 246,40

A aritmética acima pode ser expressa algebricamente como o valor de uma anuidade comum de $ 1 000 por três anos = $ 1 000$(1 + r)^2$ + $ 1 000$(1 + r)^1$ + $ 1 000.

Podemos desenvolver a fórmula geral para S_n, o valor de uma anuidade comum de $ 1, usando o exemplo acima como base:

1. $\quad S_n = 1 + (1+r)^1 + (1+r)^2$
2. Substitua: $\quad S_n = 1 + (1,08)^1 + (1,08)^2$
3. Multiplique (2) por $(1+r)$: $\quad (1,08)S_n = (1,08)^1 + (1,08)^2 + (1,08)^3$
4. Subtraia (2) de (3): $\quad 1,08 S_n - S_n = (1,08)^3 - 1$

   Observe que todos os termos no lado direito são removidos, exceto $(1,08)^3$ na equação (3) e 1 na equação (2).

5. Fator (4): $\quad S_n(1,08 - 1) = (1,08)^3 - 1$
6. Divida (5) por $(1,08 - 1)$: $\quad S_n = \dfrac{(1,08)^3 - 1}{1,08 - 1} = \dfrac{(1,08)^3 - 1}{0,08}$
7. A fórmula geral para o valor de uma anuidade comum de $ 1 se torna: $\quad S_n = \dfrac{(1+r)^n - 1}{r}\quad$ ou $\quad \dfrac{\text{Juros compostos}}{\text{Taxa}}$

Essa fórmula é a base para a Tabela 3. Veja a Tabela 3 ou use a fórmula em si para checar os cálculos.

Tabela 4 — Valor presente de uma anuidade comum de $ 1

Usando o mesmo exemplo da Tabela 3, podemos mostrar como a fórmula P_n, *o valor presente de uma anuidade comum*, é elaborada:

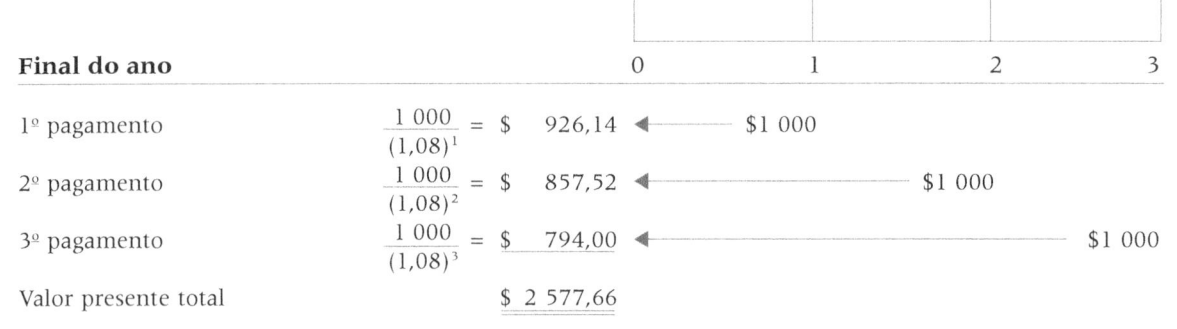

Final do ano		0	1	2	3
1º pagamento	$\dfrac{1\,000}{(1,08)^1} = \$\ 926,14$		$1\,000		
2º pagamento	$\dfrac{1\,000}{(1,08)^2} = \$\ 857,52$			$1\,000	
3º pagamento	$\dfrac{1\,000}{(1,08)^3} = \$\ 794,00$				$1\,000
Valor presente total	$\$\ 2\,577,66$				

Em geral, o valor presente de uma anuidade comum de $ 1 pode ser expresso como:

1. $\quad P_n = \dfrac{1}{1+r} + \dfrac{1}{(1+r)^2} + \dfrac{1}{(1+r)^3}$
2. Substitua: $\quad P_n = \dfrac{1}{1,08} + \dfrac{1}{(1,08)^2} + \dfrac{1}{(1,08)^3}$
3. Multiplique por $\dfrac{1}{1,08}$: $\quad P_n \dfrac{1}{1,08} + \dfrac{1}{(1,08)^2} + \dfrac{1}{(1,08)^3} + \dfrac{1}{(1,08)^4}$
4. Subtraia (3) do (2): $\quad P_n - P_n \dfrac{1}{1,08} = \dfrac{1}{1,08} - \dfrac{1}{(1,08)^4}$
5. Fator: $\quad P_n\left(1 - \dfrac{1}{1,08}\right) = \dfrac{1}{1,08}\left[1 - \dfrac{1}{(1,08)^3}\right]$
6. ou $\quad P_n\left(\dfrac{0,08}{1,08}\right) = \dfrac{1}{1,08}\left[1 - \dfrac{1}{(1,08)^3}\right]$
7. Multiplique por $\dfrac{1,08}{0,08}$: $\quad P_n = \dfrac{1}{0,08}\left[1 - \dfrac{1}{(1,08)^3}\right]$

A fórmula geral para o valor presente de uma anuidade de $ 1,00 é:

$$P_n = \dfrac{1}{r}\left[1 - \dfrac{1}{(1+r)^n}\right] = \dfrac{\text{Desconto composto}}{\text{Taxa}}$$

Resolvendo,

$$P_n = \dfrac{0,2062}{0,08} = 2,577$$

A fórmula é a base para a Tabela 4. Cheque a resposta na tabela. As tabelas de valores presentes — Tabelas 2 e 4 — são usadas com mais freqüência em orçamentos de capital.

As tabelas para anuidades não são essenciais. Com as Tabelas 1 e 2 os juros compostos e descontos compostos podem ser prontamente calculados. É simplesmente uma questão de dividir um deles pela taxa para obter valores equivalentes àqueles mostrados nas Tabelas 3 e 4.

Tabela 1 Juros compostos de $ 1,00 (O valor futuro de $ 1,00)

$S = P(1 + r)^n$. Nesta tabela, $P = $ 1,00$

Períodos	2%	4%	6%	8%	10%	12%	14%	16%	18%	20%	22%	24%	26%	28%	30%	32%	40%	Períodos
1	1,020	1,040	1,060	1,080	1,100	1,120	1,140	1,160	1,180	1,200	1,220	1,240	1,260	1,280	1,300	1,320	1,400	1
2	1,040	1,082	1,124	1,166	1,210	1,254	1,300	1,346	1,392	1,440	1,488	1,538	1,588	1,638	1,690	1,742	1,960	2
3	1,061	1,125	1,191	1,260	1,331	1,405	1,482	1,561	1,643	1,728	1,816	1,907	2,000	2,097	2,197	2,300	2,744	3
4	1,082	1,170	1,262	1,360	1,464	1,574	1,689	1,811	1,939	2,074	2,215	2,364	2,520	2,684	2,856	3,036	3,842	4
5	1,104	1,217	1,338	1,469	1,611	1,762	1,925	2,100	2,288	2,488	2,703	2,932	3,176	3,436	3,713	4,007	5,378	5
6	1,126	1,265	1,419	1,587	1,772	1,974	2,195	2,436	2,700	2,986	3,297	3,635	4,002	4,398	4,827	5,290	7,530	6
7	1,149	1,316	1,504	1,714	1,949	2,211	2,502	2,826	3,185	3,583	4,023	4,508	5,042	5,629	6,275	6,983	10,541	7
8	1,172	1,369	1,594	1,851	2,144	2,476	2,853	3,278	3,759	4,300	4,908	5,590	6,353	7,206	8,157	9,217	14,758	8
9	1,195	1,423	1,689	1,999	2,358	2,773	3,252	3,803	4,435	5,160	5,987	6,931	8,005	9,223	10,604	12,166	20,661	9
10	1,219	1,480	1,791	2,159	2,594	3,106	3,707	4,411	5,234	6,192	7,305	8,594	10,086	11,806	13,786	16,060	28,925	10
11	1,243	1,539	1,898	2,332	2,853	3,479	4,226	5,117	6,176	7,430	8,912	10,657	12,708	15,112	17,922	21,199	40,496	11
12	1,268	1,601	2,012	2,518	3,138	3,896	4,818	5,936	7,288	8,916	10,872	13,215	16,012	19,343	23,298	27,983	56,694	12
13	1,294	1,665	2,133	2,720	3,452	4,363	5,492	6,886	8,599	10,699	13,264	16,386	20,175	24,759	30,288	36,937	79,371	13
14	1,319	1,732	2,261	2,937	3,797	4,887	6,261	7,988	10,147	12,839	16,182	20,319	25,421	31,691	39,374	48,757	111,120	14
15	1,346	1,801	2,397	3,172	4,177	5,474	7,138	9,266	11,974	15,407	19,742	25,196	32,030	40,565	51,186	64,359	155,568	15
16	1,373	1,873	2,540	3,426	4,595	6,130	8,137	10,748	14,129	18,488	24,086	31,243	40,358	51,923	66,542	84,954	217,795	16
17	1,400	1,948	2,693	3,700	5,054	6,866	9,276	12,468	16,672	22,186	29,384	38,741	50,851	66,461	86,504	112,139	304,913	17
18	1,428	2,026	2,854	3,996	5,560	7,690	10,575	14,463	19,673	26,623	35,849	48,039	64,072	85,071	112,455	148,024	426,879	18
19	1,457	2,107	3,026	4,316	6,116	8,613	12,056	16,777	23,214	31,948	43,736	59,568	80,731	108,890	146,192	195,391	597,630	19
20	1,486	2,191	3,207	4,661	6,727	9,646	13,743	19,461	27,393	38,338	53,358	73,864	101,721	139,380	190,050	257,916	836,683	20
21	1,516	2,279	3,400	5,034	7,400	10,804	15,668	22,574	32,324	46,005	65,096	91,592	128,169	178,406	247,065	340,449	1171,356	21
22	1,546	2,370	3,604	5,437	8,140	12,100	17,861	26,186	38,142	55,206	79,418	113,574	161,492	228,360	321,184	449,393	1639,898	22
23	1,577	2,465	3,820	5,871	8,954	13,552	20,362	30,376	45,008	66,247	96,889	140,831	203,480	292,300	417,539	593,199	2295,857	23
24	1,608	2,563	4,049	6,341	9,850	15,179	23,212	35,236	53,109	79,497	118,205	174,631	256,385	374,144	542,801	783,023	3214,200	24
25	1,641	2,666	4,292	6,848	10,835	17,000	26,462	40,874	62,669	95,396	144,210	216,542	323,045	478,905	705,641	1033,590	4499,880	25
26	1,673	2,772	4,549	7,396	11,918	19,040	30,167	47,414	73,949	114,475	175,936	268,512	407,037	612,998	917,333	1364,339	6299,831	26
27	1,707	2,883	4,822	7,988	13,110	21,325	34,390	55,000	87,260	137,371	214,642	332,955	512,867	784,638	1192,533	1800,927	8819,764	27
28	1,741	2,999	5,112	8,627	14,421	23,884	39,204	63,800	102,967	164,845	261,864	412,864	646,212	1004,336	1550,293	2377,224	12347,670	28
29	1,776	3,119	5,418	9,317	15,863	26,750	44,693	74,009	121,501	197,814	319,474	511,952	814,228	1285,550	2015,381	3137,935	17286,737	29
30	1,811	3,243	5,743	10,063	17,449	29,960	50,950	85,850	143,371	237,376	389,758	634,820	1025,927	1645,505	2619,996	4142,075	24201,432	30
35	2,000	3,946	7,686	14,785	28,102	52,800	98,100	180,314	327,997	590,668	1053,402	1861,054	3258,135	5653,911	9727,860	16599,217	130161,112	35
40	2,208	4,801	10,286	21,725	45,259	93,051	188,884	378,721	750,378	1469,772	2847,038	5455,913	10347,175	19426,689	36118,865	66520,767	700037,697	40

Tabela 2 — Valor presente de $ 1,00

$$P = \frac{S}{(1+r)^n}$$

Nesta tabela, $S = \$ 1,00$

Períodos	2%	4%	6%	8%	10%	12%	14%	16%	18%	20%	22%	24%	26%	28%	30%	32%	40%	Períodos
1	0,980	0,962	0,943	0,926	0,909	0,893	0,877	0,862	0,847	0,833	0,820	0,806	0,794	0,781	0,769	0,758	0,714	1
2	0,961	0,925	0,890	0,857	0,826	0,797	0,769	0,743	0,718	0,694	0,672	0,650	0,630	0,610	0,592	0,574	0,510	2
3	0,942	0,889	0,840	0,794	0,751	0,712	0,675	0,641	0,609	0,579	0,551	0,524	0,500	0,477	0,455	0,435	0,364	3
4	0,924	0,855	0,792	0,735	0,683	0,636	0,592	0,552	0,516	0,482	0,451	0,423	0,397	0,373	0,350	0,329	0,260	4
5	0,906	0,822	0,747	0,681	0,621	0,567	0,519	0,476	0,437	0,402	0,370	0,341	0,315	0,291	0,269	0,250	0,186	5
6	0,888	0,790	0,705	0,630	0,564	0,507	0,456	0,410	0,370	0,335	0,303	0,275	0,250	0,227	0,207	0,189	0,133	6
7	0,871	0,760	0,665	0,583	0,513	0,452	0,400	0,354	0,314	0,279	0,249	0,222	0,198	0,178	0,159	0,143	0,095	7
8	0,853	0,731	0,627	0,540	0,467	0,404	0,351	0,305	0,266	0,233	0,204	0,179	0,157	0,139	0,123	0,108	0,068	8
9	0,837	0,703	0,592	0,500	0,424	0,361	0,308	0,263	0,225	0,194	0,167	0,144	0,125	0,108	0,094	0,082	0,048	9
10	0,820	0,676	0,558	0,463	0,386	0,322	0,270	0,227	0,191	0,162	0,137	0,116	0,099	0,085	0,073	0,062	0,035	10
11	0,804	0,650	0,527	0,429	0,350	0,287	0,237	0,195	0,162	0,135	0,112	0,094	0,079	0,066	0,056	0,047	0,025	11
12	0,788	0,625	0,497	0,397	0,319	0,257	0,208	0,168	0,137	0,112	0,092	0,076	0,062	0,052	0,043	0,036	0,018	12
13	0,773	0,601	0,469	0,368	0,290	0,229	0,182	0,145	0,116	0,093	0,075	0,061	0,050	0,040	0,033	0,027	0,013	13
14	0,758	0,577	0,442	0,340	0,263	0,205	0,160	0,125	0,099	0,078	0,062	0,049	0,039	0,032	0,025	0,021	0,009	14
15	0,743	0,555	0,417	0,315	0,239	0,183	0,140	0,108	0,084	0,065	0,051	0,040	0,031	0,025	0,020	0,016	0,006	15
16	0,728	0,534	0,394	0,292	0,218	0,163	0,123	0,093	0,071	0,054	0,042	0,032	0,025	0,019	0,015	0,012	0,005	16
17	0,714	0,513	0,371	0,270	0,198	0,146	0,108	0,080	0,060	0,045	0,034	0,026	0,020	0,015	0,012	0,009	0,003	17
18	0,700	0,494	0,350	0,250	0,180	0,130	0,095	0,069	0,051	0,038	0,028	0,021	0,016	0,012	0,009	0,007	0,002	18
19	0,686	0,475	0,331	0,232	0,164	0,116	0,083	0,060	0,043	0,031	0,023	0,017	0,012	0,009	0,007	0,005	0,002	19
20	0,673	0,456	0,312	0,215	0,149	0,104	0,073	0,051	0,037	0,026	0,019	0,014	0,010	0,007	0,005	0,004	0,001	20
21	0,660	0,439	0,294	0,199	0,135	0,093	0,064	0,044	0,031	0,022	0,015	0,011	0,008	0,006	0,004	0,003	0,001	21
22	0,647	0,422	0,278	0,184	0,123	0,083	0,056	0,038	0,026	0,018	0,013	0,009	0,006	0,004	0,003	0,002	0,001	22
23	0,634	0,406	0,262	0,170	0,112	0,074	0,049	0,033	0,022	0,015	0,010	0,007	0,005	0,003	0,002	0,002	0,000	23
24	0,622	0,390	0,247	0,158	0,102	0,066	0,043	0,028	0,019	0,013	0,008	0,006	0,004	0,003	0,002	0,001	0,000	24
25	0,610	0,375	0,233	0,146	0,092	0,059	0,038	0,024	0,016	0,010	0,007	0,005	0,003	0,002	0,001	0,001	0,000	25
26	0,598	0,361	0,220	0,135	0,084	0,053	0,033	0,021	0,014	0,009	0,006	0,004	0,002	0,002	0,001	0,001	0,000	26
27	0,586	0,347	0,207	0,125	0,076	0,047	0,029	0,018	0,011	0,007	0,005	0,003	0,002	0,001	0,001	0,001	0,000	27
28	0,574	0,333	0,196	0,116	0,069	0,042	0,026	0,016	0,010	0,006	0,004	0,002	0,002	0,001	0,001	0,000	0,000	28
29	0,563	0,321	0,185	0,107	0,063	0,037	0,022	0,014	0,008	0,005	0,003	0,002	0,001	0,001	0,000	0,000	0,000	29
30	0,552	0,308	0,174	0,099	0,057	0,033	0,020	0,012	0,007	0,004	0,003	0,002	0,001	0,001	0,000	0,000	0,000	30
35	0,500	0,253	0,130	0,068	0,036	0,019	0,010	0,006	0,003	0,002	0,001	0,001	0,000	0,000	0,000	0,000	0,000	35
40	0,453	0,208	0,097	0,046	0,022	0,011	0,005	0,003	0,001	0,001	0,000	0,000	0,000	0,000	0,000	0,000	0,000	40

Tabela 3 — Juros de valor de anuidade de $1,00 em atraso* (Valor futuro de anuidade)

$$S_n = \frac{(1+r)^n - 1}{r}$$

Períodos	2%	4%	6%	8%	10%	12%	14%	16%	18%	20%	22%	24%	26%	28%	30%	32%	40%	Períodos
1	1,000	1,000	1,000	1,000	1,000	1,000	1,000	1,000	1,000	1,000	1,000	1,000	1,000	1,000	1,000	1,000	1,000	1
2	2,020	2,040	2,060	2,080	2,100	2,120	2,140	2,160	2,180	2,200	2,220	2,240	2,260	2,280	2,300	2,320	2,400	2
3	3,060	3,122	3,184	3,246	3,310	3,374	3,440	3,506	3,572	3,640	3,708	3,778	3,848	3,918	3,990	4,062	4,360	3
4	4,122	4,246	4,375	4,506	4,641	4,779	4,921	5,066	5,215	5,368	5,524	5,684	5,848	6,016	6,187	6,362	7,104	4
5	5,204	5,416	5,637	5,867	6,105	6,353	6,610	6,877	7,154	7,442	7,740	8,048	8,368	8,700	9,043	9,398	10,946	5
6	6,308	6,633	6,975	7,336	7,716	8,115	8,536	8,977	9,442	9,930	10,442	10,980	11,544	12,136	12,756	13,406	16,324	6
7	7,434	7,898	8,394	8,923	9,487	10,089	10,730	11,414	12,142	12,916	13,740	14,615	15,546	16,534	17,583	18,696	23,853	7
8	8,583	9,214	9,897	10,637	11,436	12,300	13,233	14,240	15,327	16,499	17,762	19,123	20,588	22,163	23,858	25,678	34,395	8
9	9,755	10,583	11,491	12,488	13,579	14,776	16,085	17,519	19,086	20,799	22,670	24,712	26,940	29,369	32,015	34,895	49,153	9
10	10,950	12,006	13,181	14,487	15,937	17,549	19,337	21,321	23,521	25,959	28,657	31,643	34,945	38,593	42,619	47,062	69,814	10
11	12,169	13,486	14,972	16,645	18,531	20,655	23,045	25,733	28,755	32,150	35,962	40,238	45,031	50,398	56,405	63,122	98,739	11
12	13,412	15,026	16,870	18,977	21,384	24,133	27,271	30,850	34,931	39,581	44,874	50,895	57,739	65,510	74,327	84,320	139,235	12
13	14,680	16,627	18,882	21,495	24,523	28,029	32,089	36,786	42,219	48,497	55,746	64,110	73,751	84,853	97,625	112,303	195,929	13
14	15,974	18,292	21,015	24,215	27,975	32,393	37,581	43,672	50,818	59,196	69,010	80,496	93,926	109,612	127,913	149,240	275,300	14
15	17,293	20,024	23,276	27,152	31,772	37,280	43,842	51,660	60,965	72,035	85,192	100,815	119,347	141,303	167,286	197,997	386,420	15
16	18,639	21,825	25,673	30,324	35,950	42,753	50,980	60,925	72,939	87,442	104,935	126,011	151,377	181,868	218,472	262,356	541,988	16
17	20,012	23,698	28,213	33,750	40,545	48,884	59,118	71,673	87,068	105,931	129,020	157,253	191,735	233,791	285,014	347,309	759,784	17
18	21,412	25,645	30,906	37,450	45,599	55,750	68,394	84,141	103,740	128,117	158,405	195,994	242,585	300,252	371,518	459,449	1064,697	18
19	22,841	27,671	33,760	41,446	51,159	63,440	78,969	98,603	123,414	154,740	194,254	244,033	306,658	385,323	483,973	607,472	1491,576	19
20	24,297	29,778	36,786	45,762	57,275	72,052	91,025	115,380	146,628	186,688	237,989	303,601	387,389	494,213	630,165	802,863	2089,206	20
21	25,783	31,969	39,993	50,423	64,002	81,699	104,768	134,841	174,021	225,026	291,347	377,465	489,110	633,593	820,215	1060,779	2925,889	21
22	27,299	34,248	43,392	55,457	71,403	92,503	120,436	157,415	206,345	271,031	356,443	469,056	617,278	811,999	1067,280	1401,229	4097,245	22
23	28,845	36,618	46,996	60,893	79,543	104,603	138,297	183,601	244,487	326,237	435,861	582,630	778,771	1040,358	1388,464	1850,622	5737,142	23
24	30,422	39,083	50,816	66,765	88,497	118,155	158,659	213,978	289,494	392,484	532,750	723,461	982,251	1332,659	1806,003	2443,821	8032,999	24
25	32,030	41,646	54,865	73,106	98,347	133,334	181,871	249,214	342,603	471,981	650,955	898,092	1238,636	1706,803	2348,803	3226,844	11247,199	25
26	33,671	44,312	59,156	79,954	109,182	150,334	208,333	290,088	405,272	567,377	795,165	1114,634	1561,682	2185,708	3054,444	4260,434	15747,079	26
27	35,344	47,084	63,706	87,351	121,100	169,374	238,499	337,502	479,221	681,853	971,102	1383,146	1968,719	2798,706	3971,778	5624,772	22046,910	27
28	37,051	49,968	68,528	95,339	134,210	190,699	272,889	392,503	566,481	819,223	1185,744	1716,101	2481,586	3583,344	5164,311	7425,699	30866,674	28
29	38,792	52,966	73,640	103,966	148,631	214,583	312,094	456,303	669,447	984,068	1447,608	2128,965	3127,798	4587,680	6714,604	9802,923	43214,343	29
30	40,568	56,085	79,058	113,263	164,494	241,333	356,787	530,312	790,948	1181,882	1767,081	2640,916	3942,026	5873,231	8729,985	12940,859	60501,081	30
35	49,994	73,652	111,435	172,317	271,024	431,663	693,573	1120,713	1816,652	2948,341	4783,645	7750,225	12527,442	20188,966	32422,868	51869,427	325400,279	35
40	60,402	95,026	154,762	259,057	442,593	767,091	1342,025	2360,757	4163,213	7343,858	12936,535	22728,803	39792,982	69377,460	120392,883	207874,272	1750091,741	40

* Pagamentos (ou recebimentos) no final de cada período.

Tabela 4 — Valor presente de anuidade de $ 1,00 em atraso*

$$P_n = \frac{1}{r}\left[1 - \frac{1}{(1+r)^n}\right]$$

Períodos	2%	4%	6%	8%	10%	12%	14%	16%	18%	20%	22%	24%	26%	28%	30%	32%	40%	Períodos
1	0,980	0,962	0,943	0,926	0,909	0,893	0,877	0,862	0,847	0,833	0,820	0,806	0,794	0,781	0,769	0,758	0,714	1
2	1,942	1,886	1,833	1,783	1,736	1,690	1,647	1,605	1,566	1,528	1,492	1,457	1,424	1,392	1,361	1,331	1,224	2
3	2,884	2,775	2,673	2,577	2,487	2,402	2,322	2,246	2,174	2,106	2,042	1,981	1,923	1,868	1,816	1,766	1,589	3
4	3,808	3,630	3,465	3,312	3,170	3,037	2,914	2,798	2,690	2,589	2,494	2,404	2,320	2,241	2,166	2,096	1,849	4
5	4,713	4,452	4,212	3,993	3,791	3,605	3,433	3,274	3,127	2,991	2,864	2,745	2,635	2,532	2,436	2,345	2,035	5
6	5,601	5,242	4,917	4,623	4,355	4,111	3,889	3,685	3,498	3,326	3,167	3,020	2,885	2,759	2,643	2,534	2,168	6
7	6,472	6,002	5,582	5,206	4,868	4,564	4,288	4,039	3,812	3,605	3,416	3,242	3,083	2,937	2,802	2,677	2,263	7
8	7,325	6,733	6,210	5,747	5,335	4,968	4,639	4,344	4,078	3,837	3,619	3,421	3,241	3,076	2,925	2,786	2,331	8
9	8,162	7,435	6,802	6,247	5,759	5,328	4,946	4,607	4,303	4,031	3,786	3,566	3,366	3,184	3,019	2,868	2,379	9
10	8,983	8,111	7,360	6,710	6,145	5,650	5,216	4,833	4,494	4,192	3,923	3,682	3,465	3,269	3,092	2,930	2,414	10
11	9,787	8,760	7,887	7,139	6,495	5,938	5,453	5,029	4,656	4,327	4,035	3,776	3,543	3,335	3,147	2,978	2,438	11
12	10,575	9,385	8,384	7,536	6,814	6,194	5,660	5,197	4,793	4,439	4,127	3,851	3,606	3,387	3,190	3,013	2,456	12
13	11,348	9,986	8,853	7,904	7,103	6,424	5,842	5,342	4,910	4,533	4,203	3,912	3,656	3,427	3,223	3,040	2,469	13
14	12,106	10,563	9,295	8,244	7,367	6,628	6,002	5,468	5,008	4,611	4,265	3,962	3,695	3,459	3,249	3,061	2,478	14
15	12,849	11,118	9,712	8,559	7,606	6,811	6,142	5,575	5,092	4,675	4,315	4,001	3,726	3,483	3,268	3,076	2,484	15
16	13,578	11,652	10,106	8,851	7,824	6,974	6,265	5,668	5,162	4,730	4,357	4,033	3,751	3,503	3,283	3,088	2,489	16
17	14,292	12,166	10,477	9,122	8,022	7,120	6,373	5,749	5,222	4,775	4,391	4,059	3,771	3,518	3,295	3,097	2,492	17
18	14,992	12,659	10,828	9,372	8,201	7,250	6,467	5,818	5,273	4,812	4,419	4,080	3,786	3,529	3,304	3,104	2,494	18
19	15,678	13,134	11,158	9,604	8,365	7,366	6,550	5,877	5,316	4,843	4,442	4,097	3,799	3,539	3,311	3,109	2,496	19
20	16,351	13,590	11,470	9,818	8,514	7,469	6,623	5,929	5,353	4,870	4,460	4,110	3,808	3,546	3,316	3,113	2,497	20
21	17,011	14,029	11,764	10,017	8,649	7,562	6,687	5,973	5,384	4,891	4,476	4,121	3,816	3,551	3,320	3,116	2,498	21
22	17,658	14,451	12,042	10,201	8,772	7,645	6,743	6,011	5,410	4,909	4,488	4,130	3,822	3,556	3,323	3,118	2,498	22
23	18,292	14,857	12,303	10,371	8,883	7,718	6,792	6,044	5,432	4,925	4,499	4,137	3,827	3,559	3,325	3,120	2,499	23
24	18,914	15,247	12,550	10,529	8,985	7,784	6,835	6,073	5,451	4,937	4,507	4,143	3,831	3,562	3,327	3,121	2,499	24
25	19,523	15,622	12,783	10,675	9,077	7,843	6,873	6,097	5,467	4,948	4,514	4,147	3,834	3,564	3,329	3,122	2,499	25
26	20,121	15,983	13,003	10,810	9,161	7,896	6,906	6,118	5,480	4,956	4,520	4,151	3,837	3,566	3,330	3,123	2,500	26
27	20,707	16,330	13,211	10,935	9,237	7,943	6,935	6,136	5,492	4,964	4,524	4,154	3,839	3,567	3,331	3,123	2,500	27
28	21,281	16,663	13,406	11,051	9,307	7,984	6,961	6,152	5,502	4,970	4,528	4,157	3,840	3,568	3,331	3,124	2,500	28
29	21,844	16,984	13,591	11,158	9,370	8,022	6,983	6,166	5,510	4,975	4,531	4,159	3,841	3,569	3,332	3,124	2,500	29
30	22,396	17,292	13,765	11,258	9,427	8,055	7,003	6,177	5,517	4,979	4,534	4,160	3,842	3,569	3,332	3,124	2,500	30
35	24,999	18,665	14,498	11,655	9,644	8,176	7,070	6,215	5,539	4,992	4,541	4,164	3,845	3,571	3,333	3,125	2,500	35
40	27,355	19,793	15,046	11,925	9,779	8,244	7,105	6,233	5,548	4,997	4,544	4,166	3,846	3,571	3,333	3,125	2,500	40

* Pagamentos (ou recebimentos) no final de cada período.

Glossário

Abordagem da taxa ajustada de alocação. Ajusta todos os lançamentos de custos indiretos no razão geral e nos razões subsidiários, usando taxas de custos reais em vez de taxas de custos orçados.

Abordagem do custo–benefício. Abordagem para a tomada de decisão e a alocação de recursos com base em uma comparação dos benefícios e dos custos esperados por alcançar as metas da empresa.

Abrandamento dos custos. Uma abordagem do custeio que usa médias amplas para distribuir uniformemente o custo de recursos para objetos de custo (como produtos ou serviços), quando produtos ou serviços individuais de fato usam tais recursos de forma não uniforme.

Acúmulo de custos. Coleta de dados de custos organizada por meio de um sistema contábil.

Alavancagem operacional. Os efeitos que os custos fixos têm sobre o lucro operacional quando ocorrem mudanças nas unidades vendidas e, portanto, na margem de contribuição.

Alocação de custos. A distribuição de custos indiretos para um objeto de custos em particular.

Alocação de receitas. A alocação de receitas relacionadas a um objeto de receita em particular, mas que não podem ser apropriadas diretamente a ele de forma economicamente viável (custo eficaz).

Análise da especificação. Um teste das suposições da análise de regressão.

Análise da rentabilidade do cliente. O relatório e a análise de receitas obtidos de clientes, e os custos incorridos para a obtenção dessas receitas.

Análise da sensibilidade. Uma técnica 'e se' que os administradores usam para examinar como um resultado mudará se os dados originais previstos não forem alcançados ou se uma suposição básica mudar.

Análise de custo-volume-lucro (CVL). Examina o comportamento de receitas totais, custos totais e o lucro operacional enquanto ocorrem mudanças no nível de produção, no preço de venda, no custo variável por unidade e/ou nos custos fixos de um produto.

Análise de regressão. Método estatístico que mede a quantidade média de alteração na variável dependente associada a uma alteração unitária em uma ou mais variáveis independentes.

Assessores de gerência. Assessores que fornecem conselhos e auxílio aos gerentes de linha.

Atendimento ao cliente. Proporcionar suporte pós-venda aos clientes.

Atividade. Um evento, tarefa ou unidade de trabalho com um propósito específico.

Atribuição de custos. Termo geral que engloba (1) o rastreamento de custos acumulados que têm relacionamento com um objeto de custo e (2) a alocação de custos acumulados que têm relacionamento indireto com um objeto de custo.

Autonomia. O grau de liberdade para tomar decisões.

Balanced scorecard. Uma estrutura para a implementação de estratégia ao traduzir a missão e a estratégia de uma organização em um conjunto de medidas de desempenho.

Base de alocação de custos. Um fator que realiza de maneira sistemática um custo (ou grupo de custos) indireto a um objeto de custeio.

Base de aplicação de custos. A base de aplicação de custos incide quando o objeto de custos é um serviço, produto ou cliente.

Benchmarking. O processo contínuo de comparar os níveis de desempenho na produção de bens e serviços e na execução de atividades, com os melhores níveis de desempenho.

Cadeia de suprimentos. Descreve o fluxo de produtos, serviços e informações das fontes iniciais de materiais e serviços até a entrega dos produtos aos consumidores, independentemente de essas atividades ocorrerem na mesma ou em outras organizações.

Cadeia de valores. A seqüência de funções do negócio em que é adicionada utilidade aos produtos ou serviços de uma empresa.

Capacidade ociosa. O montante de capacidade produtiva disponível acima da capacidade produtiva empregada para satisfazer a demanda de consumo no período atual.

Capacidade prática. O nível de capacidade que reduz a capacidade teórica mediante interrupções inevitáveis da operação como manutenção programada, paradas para feriados e assim por diante.

Capacidade teórica. O nível de capacidade com base na produção; a eficiência plena o tempo todo.

Células de produção. Um agrupamento de todos os diferentes tipos de equipamentos usados para fazer um dado produto.

Centro de custos. Centro de responsabilidade em que o administrador é responsável somente pelos custos.

Centro de investimento. Centro de responsabilidade em que o administrador é responsável por investimentos, receitas e custos.

Centro de lucros. Centro de responsabilidade em que o administrador é responsável por receitas e custos.

Centro de receitas. Centro de responsabilidade em que o administrador é responsável somente por receitas.

Centro de responsabilidade. Parte, segmento ou subunidade de uma organização cujo administrador é responsável por um conjunto específico de atividades.

Certificado na Gestão Financeira (CFM). Certifica que o portador cumpriu com os critérios de admissão e demonstrou competência e conhecimento técnico na gestão financeira exigidos pelo Instituto de Contadores Gerenciais.

Ciclo de autoliquidação. O movimento de caixa para estoques, para duplicatas a receber e de volta para o caixa.

Ciclo de vida do produto. Período de tempo do P&D inicial de um produto até quando o atendimento e o suporte ao cliente não são mais oferecidos a ele.

Coeficiente da inclinação. Termo coeficiente em um modelo de estimação de custos que indica a alteração no custo total quando ocorre uma mudança unitária no nível de atividade dentro do intervalo relevante.

Coeficiente de determinação (r^2). Mede a porcentagem de variação em uma variável dependente explicada por uma ou mais variáveis independentes.

Componente da produtividade. A mudança em custos atribuível a uma alteração na quantidade de insumos consumidos no período atual em relação aos que teriam sido consumidos no período anterior para produzir o volume de produtos do período atual.

Componente da recuperação de preço. Mudança no lucro operacional atribuível somente às alterações nos preços de compra de insumos e venda de produtos acabados entre um período e o seguinte.

Componente de crescimento. Mudança no lucro operacional atribuível somente à alteração na quantidade de produtos vendidos entre um período e o seguinte.

Conformidade com a qualidade. Refere-se ao desempenho de um produto ou serviço com relação ao seu projeto e especificações.

Congruência de metas. Ocorre quando indivíduos e grupos trabalham voltados à realização das metas da organização. Os administradores que melhor trabalham tomam medidas que se alinham com as metas globais da administração geral.

Conselho de Normas da Contabilidade de Custos (CASB). Agência do governo dos EUA com autoridade e exclusividade para fazer, colocar em vigor, alterar e rescindir normas e interpretações na área de contabilidade de custos, elaboradas para obter uniformidade e consistência em relação à mensuração, distribuição e alocação de custos para contratos dentro dos Estados Unidos.

Constante. O componente do custo total que, dentro da faixa relevante, não varia com as mudanças no nível da atividade. Também chamado de *interceptor*.

Contabilidade de custos. Mede e relata informações financeiras e não financeiras relativas ao custo de aquisição ou consumo de recursos em uma organização. Ela fornece informações para a contabilidade gerencial e para a contabilidade financeira.

Contabilidade financeira. Mede e registra transações de negócios e fornece demonstrações financeiras baseadas em princípios contábeis geralmente aceitos. Foca relatórios para usuários externos.

Contabilidade gerencial. Mede e relata informações financeiras e não financeiras que ajudam os administradores a tomar decisões que satisfaçam as metas de uma organização. Foca os relatórios internos.

Contabilidade por responsabilidade. Um sistema que mede os planos (pelos orçamentos) e ações (pelos resultados reais) de cada centro de responsabilidade.

Contador Gerencial Certificado (CMA). Certifica que o portador cumpriu com os critérios de admissão e demonstrou competência e conhecimento técnico na contabilidade gerencial exigidos pelo Instituto de Contadores Gerenciais.

Contribuição do processamento. Receitas menos o custo de materiais diretos dos produtos vendidos.

Controlabilidade. Grau de influência que um gerente específico tem sobre custos, receitas e itens relacionados pelos quais é responsável.

Controle. Tomar medidas que implementem as decisões de planejamento e decidir como avaliar o desempenho e qual *feedback* proporcionar para ajudar nas tomadas de decisões futuras.

Controller. O executivo-financeiro responsável pela contabilidade gerencial e financeira. Também denominado *diretor de contabilidade*.

Curva de aprendizagem. Função que mede como as horas de mão-de-obra por unidade diminuem com o aumento das unidades produzidas porque os trabalhadores estão aprendendo e desempenhando melhor suas atividades.

Curva de experiência. Função que mede o declínio no custo unitário em várias funções da cadeia de valor como produção, marketing, distribuição e assim por diante, com o aumento na quantidade de unidades produzidas.

Custeio a maior do produto. Um produto consome um nível baixo de recursos mas é apresentado como tendo alto custo unitário.

Custeio a menor do produto. Um produto consome um nível alto de recursos mas é apresentado como tendo baixo custo unitário.

Custeio atual. Um método de custeio que rastreia os custos diretos para um objeto de custo ao usar as taxas reais de custos diretos, vezes a quantidade real de elementos de custos diretos, e que aloca os custos indiretos com base nas taxas reais, vezes a quantidade real das bases de alocação de custos.

Custeio baseado em atividades (ABC). Abordagem para o custeio que foca as atividades individuais como os objetos de custo fundamentais. Ela usa os custos dessas atividades como base para distribuir os custos para outros objetos de custo, como produtos ou serviços.

Custeio do ciclo de vida. Sistema que rastreia e acumula os custos individuais na cadeia de valor atribuíveis a cada produto, de seu P&D inicial até o atendimento e suporte de seu último cliente.

Custeio normal. Um método de custeio que rastreia custos diretos para um objeto de custo ao usar as taxas reais de custos diretos, vezes a quantidade real dos insumos, e aloca os custos indiretos com base nas taxas de custos indiretos orçados, vezes a quantidade real das bases de alocação de custos.

Custeio-padrão. Método de custeio que rastreia custos diretos para a saída produzida ao multiplicar os preços ou as taxas padrão pelas quantidades padrão de entradas permitidas para a saída real produzida, e aloca os custos indiretos com base nas taxas indiretas padrão vezes a quantidade padrão das bases de alocação permitidas para a saída real produzida.

Custeio por absorção. Método de custeio do estoque em que todos os custos variáveis e fixos de produção são incluídos como custos inventariáveis.

Custeio retrocedido. Sistema de custeio que omite registrar alguns ou todos os lançamentos diários relativos ao ciclo de compra de material direto à venda de produtos acabados.

Custeio supervariável. Veja *custeio variável*.

Custeio variável. Método de custeio do estoque em que somente custos variáveis de materiais diretos são incluídos como custos do produto. Também chamado de *custeio supervariável*.

Custo artificial. Veja *custo recíproco completo*.

Custo controlável. Qualquer custo sujeito à influência de um gerente de um centro de responsabilidade por determinado período.

Custo de oportunidade. A contribuição ao resultado, abdicada ou rejeitada por não usar um recurso limitado no seu melhor uso alternativo.

Custo de oportunidade do capital. Veja *taxa mínima de retorno estabelecida*.

Custo de produtos fabricados. Custo de produtos produzidos até o término do ciclo de produção independentemente de eles serem iniciados antes ou durante o período contábil atual.

Custo de reposição. Avaliação de ativos com base no custo para comprá-los hoje, de modo que seja idêntico ao ativo atualmente possuído, ou o custo de comprar um ativo que proporcione serviços como o atualmente possuído caso um ativo idêntico não possa ser comprado.

Custo do capital. Veja *taxa mínima de retorno (TMR)*.

Custo do produto. Soma dos custos atribuídos a um produto para um propósito específico.

Custo fixo. Custo que permanece inalterado no total por um dado período de tempo, apesar de mudanças no nível relativo de atividade ou volume total.

Custo incremental. Custo adicional total incorrido para uma atividade.

Custo médio. Veja *custo unitário*.

Custo misto. Um custo que tem elementos fixos e variáveis. Também chamado de *custo semivariável*.

Custo orçado da melhoria contínua. Custo orçado, progressivamente reduzido sobre períodos sucessivos.

Custo permissível. Custo que as partes envolvidas em um contrato concordam em incluir nos custos a serem reembolsados.

Custo que adiciona valor. Um custo que, se eliminado, reduziria o valor, a utilidade real ou percebida que os clientes obtêm do uso do produto ou serviço.

Custo que não adiciona valor. Um custo que, se eliminado, não reduziria o valor, a utilidade real ou percebida que os clientes obtêm do uso do produto ou serviço.

Custo real. Custo incorrido (um custo histórico) em comparação a um custo orçado ou previsto.

Custo recíproco completo. Os custos específicos de um departamento de apoio, mais quaisquer alocações de custos interdepartamentais. Também chamado de *custo artificial* de um departamento de apoio.

Custo semivariável. Veja *custo misto*.

Custo unitário. Custo calculado ao dividir o total de custos pelo número relativo às unidades. Também chamado de *custo médio*.

Custo. Recurso sacrificado ou abdicado para alcançar um objetivo específico.

Custo-meta unitário. Custo estimado, de longo prazo, por unidade, de um produto ou serviço que permite que a empresa alcance o seu lucro-meta operacional unitário ao vender pelo preço-meta. O custo-meta unitário é obtido ao subtrair o lucro-meta das operações por unidade do preço-meta.

Custo-padrão. Um custo cuidadosamente determinado de uma unidade de produto.

Custo variável. Custo que muda no total em proporção às mudanças no nível relativo de atividade ou volume total.

Custos comuns. Os custos para operar uma instalação, atividade ou objeto de custo parecido, compartilhados por dois ou mais usuários.

Custos conjuntos. Custos de um processo produtivo que proporcionam simultaneamente múltiplos produtos.

Custos da falta de estoque. Custos resultantes de uma empresa ficar sem um item em particular para o qual há demanda. A empresa precisa agir para satisfazer a demanda ou sofrer os custos por não satisfazê-la.

Custos da função do negócio. A soma de todos os custos (variáveis e fixos) em uma certa função do negócio na cadeia de valor.

Custos da qualidade (CDQ). Custos incorridos para prevenir ou que surgem como resultado da fabricação de um produto de baixa qualidade.

Custos de apoio ao produto. Os custos de atividades assumidas para apoiar produtos individuais independentemente da quantidade de unidades ou lotes produzidos.

Custos de apoio ao serviço. Os custos de atividades executadas para apoiar serviços individuais.

Custos de apoio às instalações. Os custos de atividades que não podem ser rastreados para produtos ou serviços individuais, mas que apóiam a organização como um todo.

Custos de aquisição. O custo de produtos adquiridos de fornecedores incluindo os custos de frete ou transporte.

Custos de avaliação. Custos incorridos para detectar qual das unidades individuais de produto não está em conformidade com as especificações.

Custos de conversão. Todos os custos de fabricação exceto os de materiais diretos.

Custos de estocar. Custos para manter em estoque produtos para a venda.

Custos de falhas externas. Custos incorridos em um produto defeituoso após o mesmo ter sido enviado aos clientes.

Custos de falhas internas. Custos incorridos em um produto defeituoso antes de o mesmo ser enviado aos clientes.

Custos de mão-de-obra direta. Inclui a remuneração de toda a mão-de-obra de produção que pode ser rastreada para o objeto de custo (produtos em processo e, depois, produtos acabados) de modo economicamente viável.

Custos de materiais diretos. Custos de aquisição de todos os materiais que eventualmente se tornem parte do objeto de custo (produtos em processo e, depois, produtos acabados) e que podem ser rastreados para o objeto de custo de modo economicamente viável.

Custos de pedidos. Os custos de preparar, emitir e pagar pedidos de compras, bem como receber e inspecionar os itens incluídos nos pedidos.

Custos de prevenção. Custos incorridos para evitar a produção de produtos que não estão em conformidade com as especificações.

Custos diretos de um objeto de custo. Custos relativos ao objeto de custo em particular e que podem ser rastreados para aquele objeto de modo economicamente (eficaz no custo) viável.

Custos discricionários. Surgem de decisões periódicas (normalmente anuais) em relação à quantia máxima a ser incorrida e que não têm nenhum relacionamento mensurável de causa e efeito entre produtos fabricados e recursos consumidos.

Custos do ciclo de vida do cliente. Foca nos custos totais incorridos por um cliente para adquirir e usar um produto ou serviço até ser substituído.

Custos do período (despesas). Todos os custos na demonstração de resultados exceto o custo de produtos vendidos.

Custos do produto. Todos os custos de um produto considerados como ativos quando incorridos e que depois se tornam custos de produtos vendidos quando o produto é vendido.

Custos do produto em nível de unidades. Os custos de atividades desempenhadas em cada unidade individual de produto ou serviço.

Custos dos departamentos anteriores. Veja *custos transferidos*.

Custos em nível de lotes. Os custos de atividades relacionados a um grupo de unidades de produtos ou serviços, em vez de a cada unidade individual de produto ou serviço.

Custos embutidos (comprometidos). Custos que ainda não foram incorridos mas que, com base nas decisões já tomadas, serão incorridos no futuro (também denominados custos devidos a projeto/design).

Custos históricos (irrecuperáveis). Custos passados irrelevantes porque, a despeito da medida tomada, eles não podem ser mudados.

Custos imputados. Custos reconhecidos em certas situações que normalmente não o são em sistemas de contabilidade financeira.

Custos indiretos absorvidos a maior. Veja *custos indiretos alocados a maior*.

Custos indiretos absorvidos a menor. Veja *custos indiretos alocados a menor*.

Custos indiretos alocados a maior. A quantia alocada de custos indiretos em um período contábil é maior do que a quantia real (incorrida) naquele período. Também chamados de *custos indiretos aplicados a maior* e *custos indiretos absorvidos a maior*.

Custos indiretos alocados a menor. A quantia alocada de custos indiretos em um período contábil é menor do que a quantia real (incorrida) naquele período. Também chamados de *custos indiretos aplicados a menor* ou *custos indiretos absorvidos a menor*.

Custos indiretos aplicados a maior. Veja *custos indiretos alocados a maior*.

Custos indiretos aplicados a menor. Veja *custos indiretos alocados a menor*.

Custos indiretos de fábrica. Veja *custos indiretos de fabricação*.

Custos indiretos de fabricação. Todos os custos de fabricação relativos ao objeto de custo (produtos em processo e, depois, produtos acabados), mas que não podem ser rastreados para aquele objeto de custo de forma economicamente viável. Também chamados de *custos indiretos da fábrica*.

Custos indiretos de fabricação alocados. Custos indiretos de fabricação alocados para um trabalho, produto ou serviço com base na taxa orçada, multiplicada pela quantidade real da base de alocação de custos usada. Também denominados *custos indiretos de fabricação aplicados*.

Custos indiretos de fabricação aplicados. Veja *custos indiretos de fabricação alocados*.

Custos indiretos de um objeto de custo. Custos relacionados ao objeto de custo em particular, mas que não podem ser rastreados para aquele objeto de forma economicamente viável (eficaz no custo).

Custos plenos do produto. A soma de todos os custos variáveis e fixos em todas as funções do negócio na cadeia de valor (P&D, desenho, produção, marketing, distribuição e atendimento ao cliente).

Custos primários. Todos os custos diretos de fabricação.

Custos projetados. Custos que resultam de um relacionamento de causa e efeito entre o direcionador de custo, o produto/objeto de custo e os recursos (diretos ou indiretos) usados para produzi-los.

Custos relevantes. Custos futuros esperados que diferem entre cursos alternativos de ação quando considerados.

Custos separáveis. Todos os custos (fabricação, marketing, distribuição etc.) incorridos após um ponto de separação, que podem ser distribuídos para cada um dos produtos específicos identificados nesse ponto.

Custos transferidos. Custos incorridos em etapas de produção ocorridas em departamentos anteriores, apropriados como custos do produto quando esses passam para um processo subseqüente no ciclo de produção. Também chamados de *custos do departamento anterior*.

Decisões de fazer ou comprar. Decisões sobre se um produtor de bens ou serviços os produzirá internamente na empresa ou se os terceirizará (se comprará os bens ou serviços de fornecedores externos).

Decisões do *mix* de produtos. Decisões sobre quais produtos e em que quantidades vender.

Demonstração de resultados da contribuição. Demonstração de resultados que agrupa os custos em variáveis e fixos para realçar a margem de contribuição.

Demonstrações *pro forma*. *Demonstrações financeiras orçadas.*

Departamento de apoio. Departamento que fornece os serviços que auxiliam outros departamentos internos (departamentos de operação e outros departamentos de suporte) na empresa. Também denominado *departamento de serviço*.

Departamento de operação. Um departamento que adiciona valor diretamente ao produto ou serviço. Também denominado *departamento de produção* em empresas industriais.

Departamento de produção. Veja *departamento de operação*.

Departamento de serviço. Veja *departamento de apoio*.

Descentralização. A liberdade para gerentes, em níveis inferiores da organização, tomarem decisões.

Descontos de preços. A redução dos preços de venda abaixo dos preços listados para encorajar aumentos nas compras de clientes.

Desempenho pontual. Situações em que o produto ou serviço é pontualmente entregue no momento para o qual foi programado.

Diagrama de causa e efeito. Diagrama que identifica as causas potenciais de defeitos. As quatro categorias de causas potenciais para falhas são os fatores humanos, os de métodos e desenho, os relacionados ao equipamento e os fatores de materiais e componentes. Também denominado *diagrama espinha de peixe*.

Diagrama Pareto. Gráfico que indica a freqüência em que cada tipo de defeito ocorre, classificado do mais para o menos freqüente.

Diferenciação de produtos. A habilidade de uma organização em oferecer produtos ou serviços percebidos por seus clientes como sendo superiores e singulares em relação aos produtos e serviços de seus concorrentes.

Diferencial na receita. Diferença na receita total entre duas alternativas.

Diferencial no custo. Diferença no custo total entre duas alternativas.

Direcionador de custos. Uma variável, como o nível de atividade ou volume, que causa efeitos nos custos sobre um dado período de tempo.

Direcionador de escolha. Objetivo que pode ser quantificado em um modelo de decisão.

Direcionador de receitas. Uma variável, como volume, que causa efeito nas receitas.

Direcionador de tempo. Qualquer fator em que uma mudança causa uma alteração na velocidade de uma atividade.

Diretor financeiro (CFO). Executivo responsável por supervisionar as operações financeiras de uma organização.

Discriminação de preços. Prática de cobrar de clientes preços diferentes pelo mesmo produto ou serviço.

Distribuição. A entrega de produtos ou serviços aos clientes.

Distribuição da probabilidade. Descreve a probabilidade de que cada um dos conjuntos de eventos mutuamente excludentes e coletivamente exaustivos ocorrerá.

Documento-fonte. Um registro original que apóia lançamentos nos diários em um sistema contábil.

Dumping. Sob as leis dos EUA ele ocorre quando uma empresa estrangeira vende um produto nos EUA a um preço abaixo do valor de mercado no país em que o mesmo é produzido, e esse preço mais baixo prejudica ou ameaça prejudicar, materialmente, uma indústria norte-americana.

Eficácia. O grau em que um objetivo ou meta predeterminados são satisfeitos.

Eficiência. A quantidade relativa de recursos consumidos para alcançar um dado nível de produção.

Empresas do setor de comércio. Empresas que compram e depois vendem produtos tangíveis sem alterar sua forma básica.

Empresas do setor de serviços. Empresas que fornecem serviços ou produtos intangíveis aos seus clientes.

Empresas do setor industrial. Empresas que compram materiais e componentes e os convertem em vários produtos acabados.

Engenharia de valor. Avaliação sistemática de todos os aspectos das funções do negócio da cadeia de valor, com o objetivo de reduzir custos enquanto satisfaz as necessidades dos clientes.

Erro-padrão do coeficiente estimado. Estatística de regressão que indica em quanto o valor estimado do coeficiente provavelmente será afetado por fatores aleatórios.

Esforço. Empenho voltado à realização de uma meta.

Espiral declinante da demanda. Contexto de preços em que eles são aumentados para distribuir os custos da capacidade sobre um número menor de unidades produzidas. A redução contínua na demanda por produtos, que ocorre quando os preços dos produtos concorrentes não são iguais; a demanda cai cada vez mais e os custos mais altos das unidades provocam uma relutância cada vez maior em igualar aos preços dos concorrentes.

Estimação de custos. A tentativa de medir um relacionamento com base nos dados de custos passados a um nível relativo de uma atividade.

Estoque de materiais diretos. Materiais diretos em estoque e esperando para ser usados no processo de fabricação.

Estoque de produtos acabados. Produtos totalmente acabados, mas ainda não vendidos.

Estoque de produtos em processo. Produtos parcialmente trabalhados, mas ainda não totalmente acabados. Também denominado *produtos em fabricação*.

Estoque de segurança. Estoque mantido em todos os momentos, independentemente da quantidade de estoque pedido usando o modelo LEL.

Estratégia. Especifica como uma organização combina as próprias capacidades com as oportunidades no mercado para alcançar os seus objetivos.

Estrutura da organização. O arranjo das linhas de responsabilidade dentro de uma organização.

Evento. Uma possível ocorrência relevante em um modelo de decisão.

Faixa relevante. Nível ou volume normal de atividade no qual há um relacionamento específico entre o volume de atividade e o custo em questão.

Fatores qualitativos. Resultados difíceis de medir com precisão em termos numéricos.

Fatores quantitativos. Resultados medidos em termos numéricos.

Feedback. Envolve administradores examinando o desempenho passado e explorando sistematicamente maneiras de tomar decisões futuras com base em melhores informações.

Folga orçamentária. A prática de subestimar receitas orçadas ou superestimar custos orçados para fazer com que as metas orçadas sejam mais fáceis de alcançar.

Folha de custos do serviço. Veja *registro do custo do serviço*.

Função de custo. Descrição matemática de como um custo se altera com mudanças no nível de uma atividade a ele relacionada.

Função de custo linear. Função de custo na qual o gráfico de custos totais *versus* o nível de uma única atividade relativa àquele custo é uma linha reta dentro da amplitude relevante.

Função de custo não-linear. Função de custo em que o gráfico de custos totais com base no nível de uma única atividade não é uma linha reta dentro da faixa relevante.

Função do custo em degrau. Uma função de custo em que o custo permanece o mesmo dentro de vários intervalos no nível de atividade, mas aumenta em quantias discretas (ou seja, aumenta em degraus) enquanto o nível de atividade muda de um intervalo para o seguinte.

Função do objetivo. Expressa o objetivo a ser maximizado (por exemplo, lucro operacional), ou minimizado (por exemplo, custos operacionais), em um modelo de decisão (por exemplo, um modelo de programação linear).

Gargalo. Uma operação onde o trabalho a ser desempenhado se aproxima, ou excede, à capacidade disponível para desempenhá-la.

Gerentes de linha. Gerentes diretamente responsáveis por alcançar as metas da organização.

Gestão baseada em atividades (ABM). Decisões administrativas que usam as informações do custeio baseado em atividades para satisfazer os clientes e melhorar a rentabilidade.

Gestão de custos. As abordagens e as atividades de gerentes nas decisões de controle e planejamento no longo e curto prazos que aumentam o valor para clientes e reduzem os custos de produtos e serviços.

Gestão do estoque. As atividades de planejamento, coordenação e controle relativas ao fluxo de estoque para dentro e para fora de uma organização.

Gestão estratégica de custos. Descreve a gestão de custos que foca especificamente questões estratégicas.

Gestão por exceção. Prática de concentrar esforços em áreas que não estão operando como o esperado, dando menos atenção para aquelas que estão operando satisfatoriamente.

Gráfico VP. Mostra como mudanças na quantidade de unidades vendidas afetam o lucro operacional.

Grau de alavancagem operacional. Margem de contribuição dividida pelo lucro operacional em qualquer nível de vendas.

Grupo de custos. Um agrupamento de itens individuais de custos.

Grupo de custos homogêneo. Grupo de custos em que todos os custos têm o mesmo (ou similar) relacionamento de causa e efeito ou de benefícios recebidos com a base de alocação de custos.

Hierarquia de custos. A categorização de custos em diferentes grupos com base em tipos diferentes de direcionadores ou bases de alocação de custos, ou graus diferentes de dificuldade em determinar os relacionamentos de causa e efeito (ou benefícios recebidos).

Hierarquia do custo do cliente. Hierarquia que categoriza os custos relativos a clientes em diferentes grupos com base em tipos diferentes de direcionadores ou bases de alocação de custos ou diferentes graus de dificuldade em determinar os relacionamentos de causa e efeito ou os benefícios recebidos.

Incerteza. A possibilidade de uma quantia real vir a ser diferente de uma quantia esperada.

Incorrência de custos. Descreve quando um recurso é consumido (ou um benefício é abdicado) para satisfazer um objetivo específico.

Índice da margem de contribuição. Veja *porcentagem da margem de contribuição*.

Inflação. O declínio geral no poder de compra da unidade monetária.

Instituto de Contadores Gerenciais (IMA). Uma organização de contadores profissionais. É a maior associação de contadores gerenciais nos Estados Unidos.

Interceptador. Veja *constante*.

Investimento. Recursos ou ativos usados para gerar renda.

Liderança em custo. A habilidade de uma organização em conseguir custos mais baixos em relação aos concorrentes por meio de melhorias na produtividade e na eficiência, eliminação do desperdício e controle rígido de custos.

Lote econômico de compra (LEC). Modelo de decisão que calcula a quantidade ótima de insumos/produtos a pedir, sob um conjunto de suposições.

Lucro líquido. Lucro operacional mais receitas não operacionais (como a receita de juros) menos os custos/despesas não operacionais (como o custo de juros) menos o imposto de renda.

Lucro operacional. O total de receitas das operações menos o custo de produtos vendidos e as despesas operacionais (excluindo despesas de juros e imposto de renda).

Lucro-meta operacional unitário. O lucro operacional que uma empresa objetiva ganha por unidade de um produto ou serviço vendido.

Mapa de controle. Gráfico de uma série de observações sucessivas de uma etapa, procedimento ou operação em particular, em intervalos regulares de tempo. Cada observação é graficamente representada em relação a limites especificados que representam aqueles dentro dos quais é esperado que as observações caiam.

Margem de contribuição. Total de receitas menos o total de custos variáveis.

Margem de contribuição unitária. Diferença entre o preço de venda e o custo unitário variável.

Margem de segurança. Quantidade de receitas orçadas acima e abaixo das receitas do ponto de equilíbrio.

Marketing. Promoção e venda de produtos ou serviços para clientes ou clientes em potencial.

Mercado perfeitamente competitivo. Quando há um produto homogêneo com preços de compra iguais aos preços de venda e nenhum comprador ou vendedor individual pode afetar aqueles preços por meio de suas próprias ações.

Método da engenharia industrial. Abordagem para a estimação de custos que analisa o relacionamento entre entradas de insumos e saídas de produtos em termos físicos. Também chamado de *método da medida de trabalho*.

Método da média ponderada no custeio por processo. Método do custeio por processo que atribui o custo unitário equivalente do trabalho efetuado até o momento (independentemente de quando foi efetuado) para as unidades equivalentes acabadas e transferidas para estoque de produtos acabados e para as unidades equivalentes no estoque final de produtos em processo.

Método da medida do trabalho. Veja *método da engenharia industrial*.

Método da medida física. Método que aloca custos conjuntos a produtos conjuntos com base no seu peso, volume ou outra medida relativa, no ponto de separação da fabricação desses produtos durante o período contábil.

Método da taxa interna de retorno (TIR). Método de FCD do orçamento de capital que calcula a taxa de desconto pelo qual o valor presente de entradas de caixa esperados de um projeto se iguala ao valor presente das saídas de caixa esperadas.

Método de alocação de custos de taxa dupla. Método de alocação que classifica os custos em cada grupo em dois (um grupo de custos variáveis e um grupo de custos fixos), com cada um deles usando uma base diferente de alocação de custos.

Método de alocação de custos de taxa única. Um método de alocação que aloca custos em cada grupo para objetos de custo usando a mesma taxa por unidade da base de alocação única.

Método de alocação de custos incrementais. Método que classifica os usuários individuais de um objeto de custo na ordem dos mais responsáveis pelos custos em comum, e depois usa essa classificação para alocar custos entre tais usuários.

Método de alocação de receitas incrementais. Método que classifica os produtos individuais de um pacote de acordo com os critérios determinados pela administração (por exemplo, vendas), e depois usa a classificação para alocar as receitas conjuntas para os produtos individuais.

Método de alocação direta. Método de alocação de custos que aloca os custos de cada departamento de suporte diretamente para os departamentos de operação. Também denominado *método direto*.

Método de alocação seqüencial. Método de alocação de custos que permite o reconhecimento parcial dos serviços fornecidos por departamentos de apoio para outros departamentos de apoio.

Método de alocação única de custos. Método que usa as informações pertencentes a cada usuário de um objeto de custos como uma entidade separada para determinar os pesos de alocação de custos.

Método de alocação única de receitas. Método que usa informações específicas do produto sobre os produtos em pacotes como pesos para a alocação das receitas conjuntas aos produtos individuais.

Método de análise contábil. Abordagem para a estimativa de custos que classifica contas de custos no razão subsidiário como variável, fixo ou misto com respeito ao nível identificado de atividade. A análise qualitativa é usada, em vez da quantitativa, na tomada de decisões sobre classificações de custos.

Método de apropriação recíproca. Método de alocação de custos que explicitamente inclui os serviços mútuos fornecidos entre todos os departamentos de apoio.

Método de conferência. Abordagem para a estimativa de custos com base na análise e opiniões sobre custos e os seus critérios colhidos de vários departamentos de uma empresa (compras, engenharia do processo, produção, relações com funcionários e assim por diante).

Método direto. Veja *método de alocação direta*.

Método do NRV da porcentagem da margem bruta constante. Método que aloca os custos conjuntos para produtos conjuntos de tal forma que a porcentagem geral da margem bruta é idêntica para os produtos individuais.

Método do primeiro a entrar, primeiro a sair (PEPS) no custeio por processo. Distribui o custo das unidades equivalentes no estoque inicial de produtos em processo do período contábil anterior para as primeiras unidades acabadas e transferidas para estoque de produtos acabados, e distribui o custo das unidades equivalentes trabalhadas durante o período atual primeiro para completar o estoque inicial, depois para unidades novas iniciadas e acabadas e, finalmente, para unidades no estoque final de produtos em processo.

Método do valor de venda no ponto de separação. Método que aloca custos conjuntos para produtos conjuntos com base no total relativo do valor de venda no ponto de separação da produção total desses produtos durante o período contábil.

Método do valor presente líquido (VPL). O método de FCD do orçamento de capital que calcula o ganho ou a perda monetária esperada de um projeto ao descontar todas as entradas e saídas futuras de caixa esperadas até o presente momento, usando a taxa exigida de retorno.

Método do valor realizável líquido (VRL). Método que aloca custos conjuntos para produtos conjuntos com base no valor de venda final menos os custos separáveis da produção total dos produtos conjuntos durante o período contábil.

Método máximo-mínimo. Método usado para estimar uma função de custo que usa apenas os valores mais altos e mais baixos observados do direcionador de custo dentro da faixa relevante e seus respectivos custos.

Métodos de fluxos de caixa descontados (FCD). Métodos do orçamento de capital que consideram todas as futuras entradas e saídas esperadas de caixa de um projeto, como se elas ocorressem em um único momento no tempo.

***Mix* de vendas.** Quantidades de vários produtos ou serviços que constituem o total de unidades de venda.

Modelo de aprendizagem de tempo médio cumulativo. Modelo de curva de aprendizagem em que o tempo médio cumulativo por unidade diminui por uma porcentagem constante cada vez que a quantidade acumulada de unidades produzidas dobra.

Modelo de aprendizagem do tempo da unidade incremental. Modelo de curva de aprendizagem em que o tempo da unidade incremental necessário para produzir a última unidade diminui por uma porcentagem constante cada vez que a quantidade acumulada de unidades produzidas dobra.

Modelo de decisão. Método formal para fazer uma escolha, muitas vezes envolvendo análises quantitativas e qualitativas.

Modelos de planejamento financeiro. Representações matemáticas dos relacionamentos entre atividades operacionais, financeiras e outros fatores que afetam o orçamento geral.

Motivação. O desejo de alcançar um objetivo escolhido (o aspecto de congruência de objetivos) em combinação com a busca resultante por aquela meta (o aspecto do esforço).

Multicolinearidade. Ocorre quando duas ou mais variáveis independentes em um modelo de regressão múltipla estão altamente correlacionadas uma com a outra.

Nível do denominador. O denominador do cálculo da taxa orçada de custos indiretos fixos.

Nível do denominador de produção. O denominador do cálculo da taxa orçada de custos indiretos fixos de fabricação.

Objeto de custo. Qualquer coisa para a qual uma medida de custo é desejável.

Objeto de receitas. Qualquer coisa para a qual uma medida separada de receitas é desejada.

Operação. Um método ou técnica-padrão desempenhado repetitivamente, muitas vezes com materiais diferentes, resultando em produtos acabados diferentes.

Orçamento. Expressão quantitativa de um plano de ação proposto pela administração para um período específico e que é um auxílio na coordenação do que precisa ser feito para implementar aquele plano.

Orçamento contínuo. Veja *orçamento rolante*.

Orçamento de caixa. Programação de recebimentos e desembolsos esperados de caixa.

Orçamento de capital. A tomada de decisões de planejamento de longo prazo para investimento em projetos.

Orçamento do ciclo de vida. Orçamento que estima as receitas e os custos individuais da cadeia de valores atribuíveis a cada produto, de seu P&D inicial, até o atendimento e suporte de seu último cliente.

Orçamento estático. Orçamento baseado no nível de produção planejado no início do período orçamentário.

Orçamento financeiro. Parte do orçamento geral que aborda o impacto de operações e desembolsos planejados de capital sobre o caixa. Consiste no orçamento de dispêndios de capital, o orçamento de caixa, o balancete orçado e a demonstração de fluxos de caixa orçados.

Orçamento flexível. Orçamento elaborado usando receitas e custos orçados com base no nível real de produção no período orçamentário.

Orçamento geral. A expressão dos planos operacionais e financeiros para um período especificado (normalmente um ano) e que consiste de um conjunto de demonstrações financeiras orçadas. Também denominado *demonstrações pro forma*.

Orçamento operacional. Demonstração de resultados orçados e suas tabelas orçamentárias de apoio.

Orçamento por atividade (ABB). Abordagem para o orçamento que discute o custo orçado de atividades necessárias para produzir e vender produtos e serviços.

Orçamento rolante. Orçamento ou plano sempre disponíveis para um período especificado futuro, ao adicionar um período (mês, trimestre ou ano) no futuro quando o período que finda é eliminado. Também denominado *orçamento contínuo*.

Orçamentos kaizen. Abordagem orçamentária que incorpora explicitamente a melhoria contínua durante o período orçamentário nos números do orçamento.

Orientando a atenção. Auxilia os gerentes a focar as oportunidades e problemas do papel da contabilidade gerencial.

Padrão. Um preço, custo ou quantidade cuidadosamente predeterminado. Normalmente é expresso em base unitária.

Pedido especial de uma única vez. Encomendas que não têm nenhuma implicação de longo prazo.

Pesquisa e desenvolvimento. Geração e desenvolvimento de idéias relacionadas a produtos, serviços ou processos novos.

Planejamento. Escolher objetivos organizacionais, prever resultados sob várias alternativas de alcançá-los, comunicar as metas e como alcançá-las na organização como um todo.

Planejamento de requisição de materiais (MRP). Um sistema em que se fabrica produtos acabados para o estoque com base nas previsões de demanda.

Ponto de equilíbrio. Quantidade de produtos vendidos em que o total de receitas é igual ao total de custos, ou seja, em que o lucro operacional é zero.

Ponto de gatilho. Refere-se a um estágio no ciclo que compreende da compra de materiais diretos até a venda de produtos acabados em que os lançamentos no diário são feitos no sistema contábil.

Ponto de inspeção. Estágio do ciclo de produção em que os produtos são examinados para determinar se eles são unidades aceitáveis ou inaceitáveis.

Ponto de reabastecimento. O nível em quantidade do estoque disponível que ativa um pedido novo.

Ponto de separação. Ponto em um processo de produção conjunta em que dois ou mais produtos tornam-se identificáveis separadamente.

Porcentagem da margem bruta. Margem bruta dividida pelas receitas.

Porcentagem da margem de contribuição. Margem de contribuição unitária dividida pelo preço de venda. Também denominada *índice da margem de contribuição*.

Prazo de restituição de investimento (*pay back*). Método do orçamento de capital que mede o tempo que levará para recuperar o investimento inicial líquido em um projeto, na forma de fluxos de caixa futuros esperados.

Precificação da hora do pico. A prática de cobrar um preço mais alto pelo mesmo produto ou serviço quando a demanda por ele se aproxima do limite físico da capacidade de produzir aquele produto ou serviço.

Precificação de acordo. Empresas conspiram nas decisões de precificação e produção para conseguir um preço acima do competitivo e assim restringir o comércio.

Precificação dupla. Abordagem para preços de transferência usando dois métodos distintos de preços de transferência para transferência de uma subunidade para outra.

Precificação predatória. Uma empresa deliberadamente precifica abaixo dos seus custos na tentativa de empurrar os concorrentes para fora e restringir a oferta, para depois aumentar os preços em vez de aumentar a demanda.

Preço de transferência. O preço que uma subunidade (departamento ou divisão) cobra por um produto ou serviço fornecido para outra subunidade da mesma organização.

Preço-meta. Preço estimado para um produto ou serviço que os clientes em potencial pagarão.

Preço-padrão. Um preço cuidadosamente determinado que uma empresa espera pagar por uma unidade de produto adquirido.

Prêmio por horas extras. Valor pago aos trabalhadores (para a mão-de-obra direta e indireta) *acima* de seus salários pela jornada normal.

Previsões de custos. Previsões sobre custos futuros.

Probabilidade. A chance de que um evento ocorrerá.

Produção. Adquirindo, coordenando e montando recursos para produzir um produto ou entregar um serviço.

Produção enxuta. Veja *produção just-in-time (JIT)*.

Produção interna. Processo de produzir produtos ou fornecer serviços dentro da organização em vez de comprar esses mesmos produtos ou serviços de fornecedores externos.

Produção *just-in-time* (JIT). Sistema de produção dirigido pela demanda em que cada componente em uma linha de produção é produzido assim que, e somente quando, necessário para a próxima etapa da linha de produção. Também denominada *produção enxuta*.

Produtividade. Mede o relacionamento entre os recursos de produção reais consumidos (quantidades e custos) e a quantidade real produzida; quanto menor forem as quantidades consumidas para dada quantia produzida, ou quanto maior forem as saídas para uma dada quantia de entradas, mais alta será a produtividade.

Produtividade do fator total (PFT). O índice da quantidade de produtos fabricados para os custos de todos os recursos consumidos, com base nos preços do período atual.

Produtividade parcial. Mede a quantidade de produtos fabricados dividida pela quantidade usada de insumos individuais.

Produto. Qualquer bem que tenha valor de venda positivo (ou uma saída que permita que uma organização evite o incurso de custos).

Produto agrupado. Um pacote de dois ou mais produtos (ou serviços) que é vendido por um preço único, mas cujos componentes individuais também podem ser vendidos como itens separados pelos seus próprios preços 'únicos'.

Produto intermediário. Produto transferido de uma para outra subunidade de uma organização. Ele pode ser trabalhado adicionalmente pela subunidade de recebimento ou vendido para um cliente externo.

Produto principal. Produto de um processo de produção conjunta com alto valor de venda, comparado com os valores de venda de todos os outros produtos do processo de produção conjunta.

Produtos conjuntos. Dois ou mais produtos com valores de venda altos comparado aos valores de venda de outros produtos obtidos por um processo de produção conjunta.

Produtos em progresso. Veja *estoque de produtos em processo.*

Programação linear (PL). Técnica de otimização usada para maximizar uma função objetiva (por exemplo, a margem de contribuição de um *mix* de produtos) quando há restrições múltiplas.

Projeto de produtos, serviços ou processos. A engenharia e o planejamento detalhado de produtos, serviços ou processos.

Qualidade do desenho. Refere-se em quanto as características de um produto ou serviço satisfazem as necessidades e desejos de clientes.

Quantidade-padrão. Uma quantidade cuidadosamente determinada de material/insumo necessário para uma unidade de produto.

Rastreamento de custos. Descreve a distribuição de custos diretos para o objeto de custo específico.

Rastreamento seqüencial. Uma abordagem em um método de custeio do produto em que o registro dos lançamentos no diário ocorre na mesma ordem das compras reais e da evolução da produção.

Rateio. Distribuição dos custos indiretos alocados a menor e a maior entre estoque final de produtos em processo, estoque de produtos acabados e custo de produtos vendidos.

Receita incremental. Receita total adicional de uma atividade.

Receitas. Fluxos de entrada de ativos (normalmente caixa ou contas a receber) recebidos por produtos ou serviços fornecidos aos clientes.

Receitas relevantes. Receitas futuras esperadas que diferem entre cursos alternativos de ação sendo considerados.

Redução da estrutura (*downsizing*). Uma abordagem integrada da configuração de processos, produtos e pessoas para combinar os custos com as atividades que precisam ser desempenhadas, a fim de operar de forma mais eficaz e mais eficiente no presente e no futuro.

Reengenharia. O repensar e redesenhar fundamental de processos de negócios para obter melhorias em medidas críticas do desempenho, como custo, qualidade, serviço, velocidade e satisfação do cliente.

Refugo. O material que sobra quando se faz um produto.

Registro de requisição de materiais. Documento-fonte que contém informações sobre o custo de materiais diretos usados em uma ordem específica de produção e em um departamento específico.

Registro de tempo de mão-de-obra. Documento-fonte que contém informações sobre o tempo de mão-de-obra usado em um serviço e em departamento específicos.

Registro do custo do serviço. Documento-fonte que registra e acumula todos os custos distribuídos para uma ordem de produção específica, começando quando o trabalho se inicia. Também denominado *folha de custos do serviço por ordem de produção.*

Regressão múltipla. Modelo de regressão que estima o relacionamento entre a variável dependente e duas ou mais variáveis independentes.

Regressão simples. Um modelo de regressão que estima o relacionamento entre a variável dependente e uma variável independente.

Renda residual (RR). Uma medida contábil de renda menos uma quantia em dólares de retorno mínimo exigido sobre uma medida contábil de investimento.

Restrição. Uma desigualdade ou igualdade matemática que precisa ser satisfeita pelas variáveis em um modelo matemático.

Resultados. Resultados econômicos previstos das várias combinações possíveis de medidas e eventos em um modelo de decisão.

Retorno sobre o investimento (ROI). Uma medida contábil de lucro dividida por uma medida contábil de investimento. Veja também *taxa de retorno contábil.*

Retrabalho. Unidades de produção que não satisfazem os padrões exigidos pelos clientes para unidades acabadas, subseqüentemente reparadas e vendidas como unidades acabadas aceitáveis.

Risco moral. Descreve situações em que um funcionário prefere exercer menos esforço (ou relatar informações distorcidas) ao fazer o trabalho (ou relatar informações precisas) desejado pelo proprietário porque o esforço do funcionário (ou a validade das informações relatadas) não pode ser monitorado ou imposto.

Score keeping. O papel de um contador gerencial atuando na obtenção de dados e apresentar resultados para todos os níveis da gerência, descrevendo como a organização está se saindo.

Serviço. Uma unidade — ou unidades múltiplas — de um produto ou serviço distinto.

Sistema de controle administrativo. Meio de coletar e usar informações para ajudar e coordenar as decisões de planejamento e controle em toda a organização e guiar o comportamento de seus gerentes e funcionários.

Sistema de custeio híbrido. Sistema de custeio que mistura características de sistemas de custeio por ordem de serviço e sistemas de custeio por processo.

Sistema de custeio operacional. Um sistema de custeio híbrido aplicado a lotes de produtos similares, mas não idênticos. Muitas vezes, cada lote de produtos é uma variação de um único projeto que passa por uma seqüência de operações não passando, cada lote, necessariamente, pelas mesmas operações que os demais. Dentro de cada operação, todas as unidades de produto usam quantias idênticas dos recursos da operação.

Sistema de custeio por ordem de serviço. Sistema de custeio em que o objeto de custo é uma unidade ou unidades múltiplas, de um produto ou serviço distinto, chamado de ordem de serviço.

Sistema de custeio por processo. Sistema de custeio em que o objeto de custo são massas de unidades idênticas ou similares, de um produto ou serviço.

Sistema de custeio refinado. Sistema de custeio que reduz o uso de médias amplas para distribuir o custo de recursos para os objetos de custo (trabalhos, produtos ou serviços) e que proporciona uma medida melhor dos custos dos recursos de custos indiretos usados por diferentes objetos de custos — não importa quão diferentemente usem esses recursos.

Solução de problemas. Análise comparativa para o papel de tomadas de decisão de um contador gerencial.

Subprodutos. Produtos oriundos de um processo conjunto de fabricação, com valor baixo de venda comparado ao de venda do produto principal ou dos produtos conjuntos.

Subsídio cruzado do custo do produto. Resultado do sistema de custeio em que um produto custeado a menor (a maior) resulta em, ao menos, um outro produto a ser custeado a maior (a menor) na organização.

Sucata normal. Perda inerente a um processo específico de produção que ocorre mesmo sob condições eficientes de operação.

Sucata anormal. Perda que não surgiria sob condições operacionais eficientes; ela não é inerente a um processo específico de produção.

Sucateamento. Unidades de produção que não satisfazem os padrões exigidos pelos clientes, descartadas ou vendidas a preços reduzidos.

Tabela de decisões. Resumo das medidas, eventos, resultados e probabilidades de eventos alternativos em uma decisão.

Taxa de desconto. Veja *taxa mínima de retorno (TMR)*.

Taxa de retorno contábil. Divide uma medida da contabilidade de competência da renda média anual de um projeto por uma medida de contabilidade de competência de seu investimento. Também chamada de *taxa de retorno contábil* ou *retorno sobre o investimento (ROI)*.

Taxa de retorno nominal. Consiste de três complementos: (a) um elemento livre de risco quando não há inflação esperada, (b) um elemento de risco do negócio e (c) um elemento da inflação.

Taxa de retorno real. A taxa de retorno exigida para cobrir o risco do investimento (sem inflação). Ela tem um elemento livre de risco e um elemento de risco do negócio.

Taxa do custo indireto. Total de custos indiretos em um grupo de custos dividido pela quantidade total da base de alocação de custos para aquele grupo de custos.

Taxa-meta de retorno sobre o investimento. O lucro-meta anual das operações que uma organização objetiva atingir dividido pelo capital investido.

Taxa mínima de retorno (TMR). A taxa mínima anual aceitável de retorno sobre um investimento. Também denominada *taxa de desconto, taxa mínima de retorno estabelecida, custo de capital* ou *custo de oportunidade do capital*.

Taxa mínima de retorno estabelecida. Veja *taxa mínima de retorno (TMR)*.

Taxa orçada de custos indiretos. Custo indireto anual orçado em um grupo de custos, dividido pela quantidade anual orçada da base de alocação de custos.

Tempo de avanço de produção. Tempo entre o momento em que um pedido é recebido pela fábrica até o momento em que ele se torna um produto acabado. Também denominado *tempo do ciclo de produção*.

Tempo de avanço do pedido de compra. O tempo entre a concretização do pedido e a sua entrega.

Tempo de resposta ao cliente. Tempo do momento em que um cliente concretiza um pedido por um produto ou serviço até o momento em que o produto ou serviço é entregue ao cliente.

Tempo do ciclo de produção. Veja *tempo de avanço de produção*.

Tempo médio de espera. O tempo médio de espera até o pedido ser preparado e processado.

Tempo parado. Salários pagos por tempo improdutivo causado pela falta de pedidos, quebras de máquina, falta de materiais, má-programação etc.

Teoria das restrições (TDR). Descreve métodos para maximizar o lucro operacional quando se enfrenta algumas operações com e sem gargalos.

Terceirização. O processo de comprar bens e serviços de fornecedores externos em vez de produzir os mesmos produtos ou proporcionar os mesmos serviços dentro da organização.

Termo residual. A diferença ou distância vertical entre o custo real e o estimado para cada observação em um modelo de regressão.

Tomadas de decisão disfuncionais. Veja *tomadas de decisão subótimas*.

Tomadas de decisão incongruentes. Veja *tomadas de decisão subótimas*.

Tomadas de decisão subótimas. Decisões em que o benefício para uma subunidade é mais do que compensado pelos custos ou perda de benefícios para a organização como um todo. Também denominada *tomada de decisão incongruente* ou *tomada de decisão disfuncional*.

Unidade composta. Unidade hipotética com pesos baseados no *mix* de unidades individuais.

Unidades equivalentes. Quantia derivada de unidades produzidas que (a) pega a quantidade de cada entrada (fator de produção) em unidades acabadas ou em unidades inacabadas de produtos em processo e (b) converte a quantidade de entrada na quantia de unidades acabadas de saída que poderiam ser feitas com aquela quantidade.

Utilização da capacidade do orçamento geral. O nível esperado de utilização da capacidade para o período orçamentário atual (um ano).

Utilização da capacidade normal. O nível de utilização da capacidade que satisfaz a demanda média dos clientes sobre um período (digamos, dois ou três anos) que inclui fatores sazonais, cíclicos e de tendências.

Valor contábil. O custo original menos a depreciação acumulada de um ativo.

Valor do dinheiro no tempo. Leva em conta que um dólar (ou qualquer outra unidade monetária) recebido hoje vale mais do que um dólar recebido em qualquer momento no futuro.

Valor econômico adicionado (EVA®). Lucro operacional pós-impostos menos a média ponderada (pós-impostos) do custo de capital multiplicado pelo total de ativos menos os passivos circulantes não onerosos.

Valor esperado. Média ponderada dos resultados de uma decisão com a probabilidade de cada resultado servindo como peso. Também denominado *valor monetário esperado*.

Valor monetário esperado. Veja *valor esperado*.

Variação. A diferença entre uma quantia com base no resultado real e a quantia orçada correspondente.

Variação da quantidade de vendas. A diferença entre (1) a margem de contribuição orçada com base no número real de unidades vendidas de todos os produtos pelo *mix* orçado e (2) a margem de contribuição no orçamento estático (baseada nas unidades orçadas de todos os produtos a serem vendidos pelo *mix* orçado).

Variação desfavorável. Variação que tem o efeito de reduzir o lucro operacional em relação à quantia orçada. Denotada com D.

Variação favorável. Uma variação que tem o efeito de aumentar o lucro operacional em relação à quantia orçada. Denotada com F.

Variação na eficiência de custos indiretos. A diferença entre a quantidade real da base de alocação de custos indiretos variáveis usada e a quantia orçada da base de alocação de custos que deveria ter sido usada para calcular o valor real, multiplicada pelos custos indiretos variáveis orçados por unidade da base de alocação de custos.

Variação na eficiência. A diferença entre a quantidade real de materiais e insumos consumidos e a quantidade orçada de materiais que deveria ter sido usada para produzir a quantidade real, multiplicada pelo preço orçado. Também denominada *variação no consumo*.

Variação na participação no mercado. A diferença na margem de contribuição orçada causada somente pelo fato de a participação real no mercado ser diferente da participação orçada no mercado.

Variação na taxa. Veja *variação no preço*.

Variação no consumo. Veja *variação na eficiência*.

Variação no dispêndio de custos indiretos fixos. Igual à variação no orçamento flexível de custos indiretos fixos. A diferença entre os custos indiretos reais e fixos e os custos indiretos fixos no orçamento flexível.

Variação no *mix* de materiais diretos. A diferença entre (1) o custo orçado para o *mix* da quantidade total real de materiais diretos consumidos e (2) os custos do *mix* orçado da quantidade total real de materiais diretos consumidos.

Variação no *mix* de vendas. A diferença entre (1) a margem de contribuição orçada para o *mix* real de vendas e (2) a margem de contribuição orçada para o *mix* orçado de vendas.

Variação no nível do denominador. Veja *variação no volume de produção*.

Variação no orçamento estático. Diferença entre um resultado real e a quantia orçada correspondente no orçamento estático.

Variação no orçamento flexível de custos indiretos fixos. A diferença entre os custos reais e fixos de custos indiretos e os custos indiretos fixos no orçamento flexível.

Variação no orçamento flexível de custos indiretos variáveis. A diferença entre os custos indiretos reais variáveis e os custos indiretos variáveis do orçamento flexível.

Variação no orçamento flexível. A diferença entre um resultado real e a quantia correspondente no orçamento flexível com base no nível real de produção no período do orçamento.

Variação no preço. A diferença entre o preço real e o preço orçado multiplicada pela quantidade real de insumos/materiais. Também denominada *variação no preço dos insumos* ou *variação na taxa*.

Variação no preço de venda. A diferença entre o preço de venda real e o preço de venda orçado multiplicado pelas unidades reais vendidas.

Variação no preço dos insumos. Veja *variação no preço*.

Variação no rendimento de materiais diretos. A diferença entre (1) os custos orçados de materiais diretos com base na quantidade total real de materiais diretos consumidos e (2) o custo no orçamento flexível de materiais diretos com base na quantidade total orçada de materiais diretos estimados e a quantidade real produzida.

Variação no total de custos indiretos. A soma da variação no orçamento flexível e a variação no volume de produção.

Variação no volume de produção. A diferença entre custos indiretos fixos orçados e custos indiretos alocados com base na quantidade real produzida. Também denominada *variação no nível do denominador* e *variação nos custos indiretos no nível de produção*.

Variação no volume de vendas. A diferença entre uma quantia do orçamento flexível e a quantia correspondente do orçamento estático.

Variação nos custos indiretos em nível de produção. Veja *variação no volume de produção*.

Variação nos custos indiretos variáveis. A diferença entre o custo indireto real variável por unidade e o custo indireto orçado variável por unidade da base de alocação de custos, multiplicada pela quantidade real da base de alocação de custos indiretos variáveis usados para a quantidade real produzida.

Variável dependente. O custo a ser previsto.

Variável independente. Nível de atividade ou direcionador de custo usado para prever a variável dependente (custo) em um modelo de previsão de custo.

ÍNDICE

Lançamentos que aparecem em nota de rodapé são indicados por um n em itálico após o número da página.

A

Abordagem custo-benefício, 11, 485
Abordagem da taxa de alocação ajustada, 106, 286
Abordagem da tentativa e erro, programação linear, 367-369
Abordagem de dar baixa no custo dos produtos vendidos, 107, 286
Abordagem do custo da oportunidade, decisões de fazer ou comprar, 355
Abordagem do rateio, 106-107, 286
Abordagem do total das alternativas, decisões de fazer ou comprar, 355
Abordagem gráfica, programação linear, 368
Acúmulo de custos, 26
Administração de orçamentos, 168
Administração estratégica do custo, 4
Administração por exceção, 204
Agências do governo, contratos com, 40
Ajuste do modelo, 314, 316-326
Ajustes do final do período
    abordagem da taxa de alocação ajustada, 106
    abordagem de dar baixa no custo dos produtos vendidos, 107
    abordagem do rateio, 106-107
    custos indiretos orçados e, 105-109
    escolha entre as abordagens, 108
Alavancagem operacional, 65
Alternativas de precificação no longo prazo, 388-389
Análise CVL nas organizações de serviços e sem fins lucrativos, 68-69
Análise CVL. *Veja* Análise de custo-volume-lucro (CVL)
Análise da receita relevante
    adicionar um cliente, 360-361
    descontinuar ou adicionar filiais ou segmentos, 361
    descontinuar um cliente, 359-360
Análise da sensibilidade
    fluxos de caixa, 187
    incerteza e, 63
    programação linear e, 369
Análise da validade, 326-328
Análise da variação
    análise de 4, 3, 2 e 1 variações
    custeio baseado em atividade e, 251-254

custos indiretos fixos de fabricação, 246
custos indiretos variáveis de fabricação, 246
decisões de controle e, 250
Análise de 1 variação, 247
Análise de 2 variações, 247
Análise de 3 variações, 247
Análise de 4 variações, 246
Análise de custos indiretos, 247-248
Análise de custo-volume-lucro (CVL)
    análise de planilhas, dos relacionamentos, 64
    análise de sensibilidade e, 63
    critérios de custos múltiplos e, 69
    efeitos do *mix* de vendas sobre o resultado, 66-68
    incerteza e, 63
    margem de contribuição *versus* margem bruta, 69-70
    método gráfico, 59
    nas organizações de serviço, 68
    nas organizações sem fins lucrativos, 68
    para tomadas de decisão, 62
    planejamento de custo e, 63-66
    ponto de equilíbrio e, 58-62
    sobre, 55-58
Análise de regressão, 312-313, 316, 325-331
Análise de regressão múltipla, 312, 329-330
Análise de regressão simples, 312, 329
Análise de variação integrada, 255
Análise do custo relevante
    adicionar cliente, 360-361
    descontinuar cliente, 359-360
    descontinuar ou adicionar filiais ou segmentos, 361
    problemas em potencial, 350-351
Análise do orçamento flexível, 239-240
Análise estratégica, 426-427
Análise quantitativa
    estimativa de uma função de custos usando a, 309-314
    método máximo-mínimo, 310-312
    métodos de análise quantitativa, 309
Atividade, 131
Ativos
    ativos circulantes, 4

ativos intangíveis, 5,
ativos permanentes, 4
Ativos circulantes, 4
Ativos intangíveis
sobre, 4
Ativos permanentes, 4
Austrália
alocação de custo corporativo, 488
alocação usada para os custos indiretos de fabricação, 92
classificações de custos, 307
custeio por processo, 455
práticas orçamentárias, 169
Autocorrelação, 328

B

B2B (bolsas *business to business*), 430
Balanced scorecard
alinhando com a estratégia, 423
ampliando o indicador do desempenho, 427
armadilhas na implementação, 425-426
exemplo de, 424
implementando, 423-425
indicadores freqüentemente citados de, 425
perspectivas de, 422, 424
sobre, 421
Balanço
balanço orçado, 187
exemplos de, 184
Balanço orçado, 187
Base de aplicação de custos, 90. *Veja também* Bases de alocação de custos
Bases de alocação de custos
definição de, 90
exemplo de, 485
para os custos indiretos de fabricação, 92
Beckloff, Mark, 25
Benchmarking
análise de variações, 220
definição de, 220
melhoria contínua e, 10
Benefícios recebidos, como critério nas decisões de alocação de custos, 484
Bolsas *business to business* (B2B), 430
Brooke Group *versus* Brown & Williamson Tobacco, 429
Buscas, e precificação personalizada, 430

C

Cadeia de suprimentos, 9
custos do produto e, 483
sobre, 8

Caixas pretas, 434
Canadá
custeio baseado em atividades, 142
Capacidade
capacidade ociosa, 432, 434-435
capacidade prática, 282
capacidade teórica, 281-282
Capacidade de assumir, como critério em decisões de alocação de custos, 484
Capacidade de produção e o nível do denominador, para custeio por absorção, 281-282
Capacidade prática, 281-282
Capacidade teórica, 281-282
Capacidades, construindo recursos e, 4
Causa e efeito
como critério em decisões sobre alocação de custo, 484
o critério na escolha dos diretores de custos, 306-307
Centro de custo, 180
Centro de investimentos, 180
Centro de lucro, 180
Centro de receitas, 180
Centros de responsabilidade
definição de, 179
grupo de custos, 90
Certified in Financial Management (CFM), 15
Certified Management Accountant (CMA), 15
Cha, Andrew, 96
Chief accounting officer, 14
Chief executive officer (CEO), 14
Chief operating officer (COO), 14
Ciclo de autoliquidação, 185
Ciclo de vida do produto, 398
Classificações de custos, pelas empresas, 307
Clientes
decisões de precificação, 385
Código da Receita Federal
abordagem da taxa de alocação ajustada, 285*n*
abordagem do rateio, 286*n*
capacidade prática, 287
Coeficiente angular, 304
Coeficiente de determinação, 326
Coleta de dados e ajustes, 321-322
Competência, 15
Componente da recuperação do preço, 428, 429-432
Componente do crescimento, 428, 431-432
Computadores. *Veja* Tecnologia da informação; Software
Computer-integrated manufacturing (CIM), 4
Comunicação, 168
Concorrentes
decisões de precificação e, 386
estratégia e, 420
Confidencialidade, 16
Conjunto de custos indiretos, 130, 132, 135
Constante, definição de, 304

Contabilidade de custos, 2
Contabilidade financeira, 2
Contabilidade gerencial
    acentuando valor dos, 8-10
    princípios-chave, 10, 14
    sobre, 2
Contabilidade por responsabilidade
    definição de, 180
    ênfase em informações e no comportamento, 181
    orçamentos e, 179-180
Contadores gerenciais
    a função do administrador gerencial na implementação da estratégia, 5-9
    decisões estratégicas e, 3-5
    estratégias de *e-business*, 12-13
    estrutura organizacional e, 13-14
    solução de problemas, registro e direção, 7
Contas T, para fluxo de custos de produção, 36
Controlabilidade, 180-181
Controle
    contadores gerenciais e, 5-7
    definição de, 6
    obtendo informação para, 41
Controle de contas, 99
Controller, 13
Coordenação, 168
Correlação serial, 328
Corte Suprema, e decisões sobre precificação, 428-429
Crescimento *versus* rentabilidade, 461
Critério de decisão, 72
Critérios de custos
    critério de causa e efeito na escolha, 306-307
    custeio baseado em atividades, 315, 316
    múltiplos, 68-69
    plausibilidade econômica, 314
    significância da variável independente, 314
    usando o resultado da regressão para escolher os direcionadores de custos das funções de custos, 328-329
Critérios de custos múltiplos, 68-69
Curvas de aprendizagem e funções de custo não-lineares e, 318-321
Curvas de experiência, 318
Custeio
    custeio direto, 272
    custeio do ciclo de vida, 398
    custeio por absorção (*Veja* Custeio por absorção)
    custeio por atividade (ABC) (*Veja* Custeio baseado em atividade [ABC])
    custeio por ordem serviço (*Veja* Custeio por ordem de serviço)
    custeio variável, 277-278
    custeio-padrão (*Veja* Custeio-padrão)
    custeio real
        comparação resumida de métodos de custeio do produto, 278
    definição de, 91
    custeio variável (*Veja* Custeio variável)
    precificação para o curto prazo e, 386-387
    precificação para o longo prazo e, 387-389
    orçamento e custeio do ciclo de vida e, 400
Custeio a maior do produto, 127
Custeio a menor do produto, 127
Custeio baseado em atividade (ABC)
    análise da variação e, 251-252
    bases de alocação de custos em, 132-133
    critérios de custos e, 316
    critérios de receitas e, 316
    e-varejo e, 143
    implementando, 141
    no setor comercial, 141, 144
    no setor de serviço, 152, 155
    no setor industrial, 133-139
    orçamentos flexíveis e, 218
    práticas empresariais, 142
    sistemas de custeio por departamento e, 140
    sobre, 131-134
    usando os sistemas ABC para melhorar a gestão de custos e a rentabilidade, 139-141
Custeio direto, 272
Custeio do ciclo de vida, 398
Custeio do estoque de produtos
    comparação resumida de métodos, 278-279
    custeio marginal e custeio por absorção, 269
    custeio variável, 277-278
    diferenças no lucro operacional, 272-275
    medidas do desempenho e custeio por absorção, 275-277
Custeio do produto e a gestão da capacidade, 283-284
Custeio e precificação de longo prazo, 387-389
Custeio e precificação para curto prazo, 386-388
Custeio híbrido, 475
    custeio marginal comparado ao, 273
    definição de, 270
    efeitos comparativos no lucro de custeio marginal, 275
    lucro operacional e, 276
    medidas do desempenho e, 275-276
    pontos de equilíbrio em, 289-290
    revisão da avaliação do desempenho, 277
    sobre, 269-272
Custeio marginal
    custeio por absorção comparado com, 272-273
    definição de, 270
    exemplo de, 279
    medidas do desempenho e custeio por absorção, 275
    pontos de equilíbrio em, 289-291
    práticas empresariais, 280
    sobre, 269-272
Custeio-meta
    implementando, 390-391
    para preço meta, 390-392

Custeio normal, comparação resumida de métodos de custeio do produto, 278
Custeio-padrão
    comparação resumida de métodos de custeio do produto, 278
    custeio por processo
        cálculos, 467-468
        contabilizando as variações, 468
        definição de, 238
        sobre, 467
Custeio por absorção
    conceitos alternativos da capacidade de produção e do nível do denominador para, 281-282
Custeio por ordem de serviço
    abordagem geral ao, 91-92
    custeio normal, 98-99
    custos indiretos orçados e ajustes do final do período, 105-109
    custos que não são de fabricação e custeio da ordem, 105
    exemplo de precificação e ganhos de eficiência do, 96
    grupos múltiplos de custos indiretos, 108
    na indústria, 91-97
    papel da tecnologia em, 95-97
    período de tempo usado para calcular as taxas de custos indiretos, 97-98
    razão geral e razões subsidiárias, 99-105
    um exemplo do setor de serviço, 108-109
    visão geral do custeio por ordem de produção, 94
Custeio real
    comparação resumida de métodos de custeio do produto, 278
    definição de, 91
Custeio variável, 277-278
    com algum estoque inicial e final de produtos em processo, 460
    com estoque inicial zero
        e algum estoque final de produtos em processo, 456-459
        e estoque final de produtos em processo, 456
    comparação dos métodos da média ponderada e PEPS, 466-467
    custos recebidos em transferência, 470-474
    ilustrando, 454-455
    lançamentos diários em, 459
    método da média ponderada, 460-463, 466-467
    método do custeio-padrão de, 467-470
    na Austrália, 455
    no setor comercial, 91
    no setor de serviço, 91
    no setor industrial, 91
Custo controlável, 180
Custo da oportunidade, 355-356
Custo de produtos industrializados, 40
Custo diferencial, 353
Custo do produto
    para propósitos diferentes, 40
    calculando, 387-388, 458-459
    com custeio baseado em atividade, 136
    com grupo de custo único de gastos gerais, 139
    definição de, 40

Custo incorrido, 391
Custo incremental, 353
Custo-meta por unidade
    alcançando, 392-394
    definição de, 390
Custo orçado com melhoria contínua, 216-217
Custo que não adiciona valor, 391
Custo real, 26
Custos
    classificação de, 305-306
    classificações alternativas de, 41
    custo controlável, 180
    custo de oportunidade, 355-358
    custo incremental, 353
    custo misto, 305
    custo que adiciona valor, 391
    custo que não adiciona valor, 391
    custo real, 26
    custos corporativos, 486
    custos da divisão, 486
    custos da função do produto, 350
    custos da mão-de-obra direta, 34
    custos de conversão, 38
    custos de infra-estrutura, 462n
    custos de materiais diretos, 34
    custos de produtos (*Veja* Custos de produção)
    custos de sustentação da empresa, 134
    custos de sustentação do produto, 133
    custos diretos
        de um objeto de custo, 26-27
        exemplos em combinações, 32
        fatores que afetam as classificações, 27
    custos discricionários, 462
    custos do ciclo de vida do consumidor, 400
    custos do período, 35
    custos em nível de lote, 133
    custos fixos
    custos indiretos (*Veja* Custos indiretos)
    custos indiretos absorvidos a menor (a maior), 105
    custos indiretos alocados a maior, 105
    custos indiretos aplicados a menor (a maior), 105
    custos indiretos de fabricação, 34
    custos indiretos de um objeto de custo, 27
    custos indiretos fixos, 237-238
    custos indiretos variáveis, 237
    custos inventariáveis, 34
    custos no nível de unidade de produção, 133
    custos passados, irrelevância de, 361-363
    custos plenos do produto, 350
    custos primários, 37
    custos relevantes (*Veja* Custos relevantes)
    custos semivariáveis, 305
    custos variáveis, 28-32
    custos-padrão, 209

decisões de precificação e, 385-386
definição de, 26
direcionador de custo, 321-322
eficiência e, 9-10
exemplos de custos em combinações, 32
indiretos de um objeto de custo, 27
materialidade de, 27
medindo, 38-41
métodos alternativos de cálculo, 13, 15
na cadeia de valores, 9
normas federais para, 484*n*
razões para as empresas distinguirem entre custos variáveis e custos fixos, 30
    exemplos de custos em combinações, 32
    padrões de comportamento de custos, 28-32
relacionamentos entre os tipos de custos, 32
tecnologia disponível para a coleta de informações e, 28

Custos corporativos
    alocando para divisões e produtos, 486-489
    categorias de, 486
    implementando alocações, 489
    práticas de alocação global, 488
    razões para alocar para divisões, 488

Custos da administração corporativa, 486
Custos da capacidade, e questões do nível do denominador, 286-288
Custos da função do produto, 350
Custos da gestão de recursos humanos, 486, 489
Custos da mão-de-obra direta, 34
Custos de apoio à instalação, 144
Custos de clientes em nível de lotes, 491
Custos de conversão
    crescimento e, 457
    definição de, 38, 455
    produtividade e, 459
Custos de divisões, 486
Custos de infra-estrutura, 462*n*
Custos de mão-de-obra direta de fabricação, 34
    medindo, 38
Custos de materiais diretos, 34
Custos de produção
    fluxo de, 40-43
    recapitulação dos custos inventariáveis e dos, 35-38
    sobre, 34
Custos de suporte, alocando, 488
Custos de sustentação do serviços, 133
Custos de unidades equivalentes
    método PEPS do custeio por processo, 464
    no método da média ponderada no custeio por processo, 462
Custos diretos
    de um objeto de custo, 26-27
    exemplos de custos em combinações, 32
    fatores que afetam as classificações, 27
Custos discricionários
    custos indiretos projetados, 434
    identificando capacidade ociosa para, 434
    sobre, 433

Custos do ciclo de vida do consumidor, 400
Custos do departamento anterior, 471
Custos do período
    relacionamento entre custos inventariáveis e, 37
    definição de, 35
Custos do tesouro, 486
Custos embutidos no desenho, 392
Custos fixos
    exemplos de custos em combinações, 32
    padrões de comportamento de custos, 28-32
    razões para as empresas distinguirem entre custos variáveis e custos fixos, 30
Custos futuros esperados, 347-349
Custos históricos, 348
Custos indiretos
    alocação de custos e, 482, 486
    análise de custos indiretos, 247
    custeio da ordem e, 105-108
    custos indiretos absorvidos a menor (a mais), 105
    custos indiretos alocados a maior, 105
    custos indiretos aplicados a menor (a maior), 105
    custos indiretos orçados, 105-109
    de um objeto de custo, 27
    exemplos de custos em combinações, 32
    fatores que afetam as classificações, 27
    lançamentos no diário para, 248-249
    planejamento dos CIFS variáveis e fixos, 237
    taxas orçadas de alocação de custos indiretos fixos, 241-242
    taxas orçadas de alocação dos custos indiretos variáveis, 238-239
Custos indiretos absorvidos a maior, 105
Custos indiretos absorvidos a menor, 105
Custos indiretos alocados a maior, 105
Custos indiretos alocados a menor, 105
Custos indiretos aplicados a menor, 105
Custos indiretos aplicados a menor, 105
Custos indiretos de fabriação alocados, 103
Custos indiretos de fabricação aplicados, 103
Custos indiretos de fabricação, 34
Custos indiretos fixos de produção, 247
Custos indiretos fixos, 237-238, 246, 253
Custos indiretos projetados, 461
Custos indiretos variáveis, 237, 246
Custos indiretos variáveis de produção, 247
Custos indiretos variáveis de *set up*, 252-253
Custos médios, 32-33. *Veja também* Custos por unidade
Custos mistos, 305
Custos no nível de lote, 133, 218-219
Custos no nível de unidade de produção, 133
Custos-padrão
    ampla aplicabilidade de, 218

definição de, 209
lançamentos contábeis usando, 217-218
tecnologia da informação e, 218
uso difundido de, 210
Custos passados, irrelevância de, 361-363
Custos plenos do produto, 350, 423
Custos por unidade
custos totais e, 32-34
sobre, 32
tomadas de decisão e, 37-38
Custos primários, 37
Custos projetados
custos discricionários, 433-434
identificando capacidade ociosa para, 434
sobre, 432-433
Custos que adiciona valor, 391
Custos que não são de fabricação e custeio da ordem, 105
Custos recebidos em transferência
definição de, 471
método da média ponderada no custeio por processo e, 471-472
método PEPS do custeio por processo e, 473-474
no custeio por processo, 470
pontos para lembrar, 474-475
Custos relevantes
determinando, 34
para precificar um pedido especial, 386
sobre, 347-349
Custos semivariáveis, 305
Custos totais
custos por unidade e, 32-33
para contabilizar
no método da média ponderada do custeio por processo, 462
no método PEPS do custeio por processo, 464
Custos variáveis
de produto, 396
distinguindo de custos fixos, 30
estruturas alternativas de custos variáveis, 63-66
exemplos de custos em combinações, 32
modelos de comportamento de custos, 27-31
Custos variáveis de produção, 396
Custos variáveis diretos, 278
Custos variáveis indiretos, 278

D

Dados em séries temporais, 310
Decisões de anúncio, 62
Decisões de fazer *versus* comprar, 351-355
Decisões de redução de custos, 139
Decisões do *mix* de produtos
sob restrições de capacidade, 358
Decisões sobre a precificação
alcançando o custo-meta unitário para o Provalue, 392-395
as principais influências sobre, 385
considerações além da decisões de custos, 400
custeio e precificação para curto prazo, 386
custeio e precificação para longo prazo, 387-389
custeio-meta para precificação-meta, 390-391
efeitos das leis antitruste sobre, 401
espiral declinante da demanda, 284
horizonte de tempo de, 385
orçamento e custeio do ciclo de vida do produto, 399-400
precificação de custo mais margem, 395-398
Decisões sobre a reposição de equipamento, 361-363
Demanda inelástica, 400
Demonstração de resultado da contribuição, 57
Demonstração de resultado orçado, 176, 186, 350
Demonstrações de lucros e perdas
custeio marginal comparado com custeio por absorção, 270-274
custos de capacidade do nível do denominador, 286-287
demonstração de resultados orçados, 176, 186
enfatizando a margem bruta, 69, 70
enfatizando a margem de contribuição, 69, 70
exemplos de, 36
Demonstrações financeiras
custos inventariáveis e custos do período, 33-35
relatórios externos conforme o GAAP, 40
Demonstrações *pro forma*, 166
Descontos de preços, 491
Desempenho
balanced scorecard e, 454
custeio por absorção e, 275-277
decisões e, 363-364
estrutura para a avaliação, 167
financeiras e não-financeiras, 217, 250
medidas de
modelo de decisão e, 74
obter informações para, 41
Desenho
de operações, 28
na cadeia de valores, 9
processos de, 128
Desenhos de operações, 28
Diferenciação do produto, 447
Direção da atenção, 7
Direcionador de receitas
custeio por atividade e, 316
definição de, 56
Diretor financeiro (CFO), 13
Discriminação de preços, 400
Distribuição de probabilidade, 73
Divisões
alocando custos corporativos para, 486
divisões operacionais. *Veja* Divisões
Documentos de registro, 93, 95
Dois objetos de custo importantes: produtos e departamentos, 90

Dumping, 429
Dye, Dan, 25

E

Efeito de receitas
    de crescimento, 456
    de recuperação do preço, 457
Efeito do custo de crescimento, 456
Efeito do custo de recuperação do preço, 457-458
Efeitos do *mix* de vendas sobre o resultado, 66-68
Eficácia, 214
Eficiência, 214
Elaborando orçamentos
    aspectos humanos de, 181-182
    considerações comportamentais, 12
    contabilidade por responsabilidade e, 179-180
    orçamentos e custeio do ciclo de vida, 398-399
    orçamentos kaizen, 177
    orçamentos por atividade, 178-179
    práticas orçamentárias no mundo todo, 169
Electronic Data Interchange (EDI), 95-96
Empresas comerciais
    custeio por ordem de serviço em, 90
    custeio por processo em, 90
    estoque e, 34
    margem de contribuição *versus* margem bruta, 69-70
    sobre, 33
Empresas do setor de serviços
    análise CVL nas organizações de serviços e sem fins lucrativos, 68-69
    estoque e, 34
    sistema de custeio por processo em, 90
    variações do custeio normal: um exemplo do setor de serviço, 90, 108-109
    variações nos custos indiretos, 251
Empresas industriais
    classificações comumente utilizadas de custos de produção, 34
    custeio do produto, 269-281
    custeio por ordem de serviço em, 90, 91-97
    custos de produção, 35
    demonstração de resultados, 36
    implementando o custeio baseado em atividade na Platina, 134-139
    margem de contribuição *versus* margem bruta, 69-70
    razão geral e razões subsidiários, 99-105
    sistema de custeio normal por ordem na fabricação, 99-105
    sistema de custeio por processo em, 90
Engenharia de valor, 391
Erro-padrão do coeficiente estimado, 326
Espiral declinante da demanda, 284
Estados Unidos
    alocação de custos corporativos, 488
    alocação de custos usada para os custos indiretos de fabricação, 92
    classificações de custos, 307
    custeio baseado em atividade, 142
    custeio marginal, 280
    custos-padrão, 209
    Departamento de Defesa, 373-374
    práticas de precificação, 397-398
    práticas orçamentárias, 169
Estatística Durbin-Watson, 326, 328
Estimando a reta de regressão, 325
Estimativa de custos
    análise da validade das suposições do modelo, 326-328
    métodos de, 308-309
    sobre, 306
Estoque de materiais diretos, 34
Estoque de produtos acabados, 34
Estoque de produtos em processo, 455-461
Estoques
    aumento indesejável de, 275-277
    empresas do setor de serviço e, 33
    estoque de materiais diretos, 34
    estoque de produtos em processamento, 34
    estoques de produtos acabados, 34
    impacto de estoques, 214
    tipos de, 34
Estratégia
    avaliando o sucesso de uma, 426
    balanced scorecard e, 421-426
    desenvolvendo uma estratégia, 3
    planejamento estratégico e implementação de planos, 167
    sobre, 420
Estratégias de *e-business* e o contador gerencial, 12-13
Estratégias revolucionárias, 13
Estrutura da organização
    contador gerencial e, 13-14
    e responsabilidade, 179
    relações hierárquicas do CFO e do *controller* corporativo, 14
Estruturas alternativas de custo fixo/custo variável, 63-65
Etapas no desenvolvimento de um orçamento operacional, 170-171
E-varejo, custeio baseado em atividades e, 143
Evento, definição de, 73
Excelência operacional, 13
Experimentação racional, 13

F

Fabricação própria *versus* terceirização, 351-354
Faixa relevante
    da classificação de custos, 305
    linearidade, 306
    sobre, 31
Fatores críticos de sucesso, 9-10

Feedback
orçamentos e, 180
sobre, 5
First, Tom, 482
Foco no cliente, 8
Folga orçamentária, 181-182
Fornecedores de recursos, poder de barganha de, 420
Fornecedores de Serviços de Aplicativos, 30-31
FRx Forecaster, 177
Função de custo em degraus, 317
Função de custos fixos em degraus, 317
Função de custos variáveis em degrau, 317
Função objetiva, 367, 368
Funcionários
moral durante redução do quadro, 464
motivando, 168
Funções de custo
análise de regressão de, 312-313
avaliando os direcionadores de custos das, 313-315
comparação das funções alternativas, 329
definição de, 304
etapas na estimativa de uma função de custos usando as, 309-314
não-linearidade e, 316-317
questões de ajustes, 321-322
questões de coleta de dados, 321-322
suposições básicas, 304-305
usando o resultado da regressão para escolher os direcionadores de custos das, 328
Funções de custo linear, 304, 305
Funções de custo não-linear, e curvas de aprendizagem, 318-321

G

Gerência de linha, 13
Gerentes
alocação de custos e, 483
cadeia de suprimentos e, 9
motivando, 168, 483
princípios contábeis geralmente aceitos (PCGA) e, 2
Gestão baseada em atividade (ABM), 139-141
Gestão da capacidade, 283-284, 432-435
Gestão da equipe, 15
Gestão de custos
estrutura para, 41-42
sistemas contábeis e, 3
usando os sistemas ABC para melhorar a gestão de custos e a rentabilidade, 139-141
Gráfico de custo-volume-lucro, 60, 61, 64
Gráfico LV, 60, 61, 64
Grau de alavancagem operacional, 65
Grupos de custos
conjunto homogêneo de custo, 130, 488

conjuntos de custos indiretos, 130, 132, 135
definição de, 90
grupos de custos de atividades, 485
Grupos de custos de atividades, 485
Grupos de custos homogêneos, 140, 488
Grupos múltiplos de custos indiretos, 108

H

Heteroscedasticidade, 327
Hierarquia de custos
foco na, 220
regressão múltipla e, 329-330
sobre, 133-134
Holanda,
custeio baseado em atividade, 142
práticas orçamentárias no mundo do todo, 169
Homoscedasticidade, 327
Horizonte de tempo
custos e, 306
das decisões de precificação, 385-386
efeito de, 65-67

I

Identificação dos custos diretos, 130
Incerteza
definição de, 434
lidando com, 72-75
planejamento de custo e CVL, 63-64
Independência dos resíduos, 328
Informações e o processo de decisão, 347
Informações relevantes, 349
Informações relevantes qualitativas, 349
Informações relevantes quantitativas, 349
Inovação, 10
Instituto de Contadores Gerenciais (IMA)
diretrizes éticas, 14, 15-17
sobre, 14
Integridade, 16
Internet. *Veja também* World Wide Web
crescimento *versus* rentabilidade, escolhas de empresas ponto.com, 433
custos de oportunidade e, 357
e-varejo com custeio por atividade, 143
Fornecedores de Serviços de Aplicativos (ASPS), 30-31
precificação e, 430
rentabilidade do cliente e, 493
vantagens de, 4
Irlanda
bases de alocação de custos usados para os custos indiretos de fabricação, 92

custeio baseado em atividade, 142
custos-padrão, 210
práticas de precificação, 397

J
Japão
   bases de alocação de custos usadas para os custos indiretos de fabricação, 92
   classificações de custos, 307
   como critério em decisões de alocação de custos, 484
   custeio marginal, 280
   custos-padrão, 210
   engenharia de valor, 398
   práticas de precificação, 397
   práticas orçamentárias no mundo todo, 169

Kroc, Ray, 480

L
Lançamentos diários
   em sistemas de custeio das operações, 479-480
   para custos indiretos, 248-250
   para variações, 248-250
   usando custos-padrão, 217-218
Lei do Ar Limpo, 400
Lei. *Veja* Leis antitruste e precificação
Leis antitruste, e precificação, 401-429
Liderança em custos, 421
Linearidade dentro da amplitude relevante, 327
Linha de receitas totais, 59
Linha dos custos totais, 59
Lucro das operações
   análise estratégica de, 426-431
   custeio marginal e, 271-275
   custeio por absorção e, 275
   definição de, 478
   efeito de vendas e produção, 274-275
Lucro líquido, 56
Lucro líquido alvo e imposto de renda, 61-63. *Veja também* Tributação
Lucro-meta das operações por unidade, 390
Lucro operacional
   definição de, 35
   ilustração de, 478-479
   lançamentos no diário em, 479-480
   sobre, 478
Lucro operacional alvo, 59

M
Margem bruta
   versus margem de contribuição, 69-70
Margem de contribuição
   definição de, 57
   versus margem bruta, 69-70
Margem de contribuição unitária, 57
Margem de segurança, 63
Marketing, 9
Materiais diretos
   crescimento e, 428
   produtividade e, 431
Média ponderada da margem de contribuição unitária, 68
Médias gerais, 127
Medidas financeiras do desempenho
   sobre, 217
   variações nos custos indiretos, 251
Medidas não-financeiras do desempenho
   custos indiretos e, 251
   sobre, 217
Melhoria contínua, 10, 216, 394
Melhoria na produtividade, 213
Melhoria na qualidade, 421
Melhoria. *Veja* Melhoria contínua, Melhoria da qualidade, Melhoria na produtividade
Mercado, entrantes em potencial no, 420
Método da engenharia industrial, 308
Método da equação, ponto de equilíbrio, 58
Método da margem de contribuição, ponto de equilíbrio, 58-59
Método da média ponderada no custeio por processo
   comparado com o método do primeiro a entrar, primeiro a sair (PEPS) no custeio por processo, 467
   custos recebidos em transferência e, 471
Método da mensuração do trabalho, estimação de custos, 308. *Veja também* Método da engenharia industrial, estimação de custos
   sobre, 460-463
Método de análise da conta, 308-309
Método de conferência, 308
Método do primeiro a entrar, primeiro a sair (PEPS) no custeio por processo
   custos recebidos em transferência, 472-473
   método da média ponderada, 466-467
   sobre, 463
Método gráfico, 59
Método máximo-mínimo, 310-312
Métodos alternativos do custo mais margem, 396
Mix de vendas, 66-68
Modelo de aprendizagem de tempo incremental, 318-320
Modelo de aprendizagem do tempo acumulado, 318
Modelo de planejamento financeiro por computador, 176-177
Modelos de decisão
   avaliação do desempenho e, 74
   definição de, 347
   papel de, 7-74

Modelos de decisões e incerteza, 73
Modelos de planejamento financeiro, 176-177
Motivando gerentes e funcionários, 168
Multicolinearidade, 330-331

N

Não-linearidade, e funções de custos, 316-317
Níveis de capacidade
    conceitos alternativos da capacidade de produção e do nível do denominador para custeio por absorção, 281-282
    efeito sobre custeio do produto e gestão da capacidade, 283-284
    escolhendo, 283-287
Níveis de produção, escolhendo por relevância, 349-352
Nível do denominador, 241-242, 286-288
Normalidade dos resíduos, 328
Nova Zelândia
    custeio baseado em atividade, 142
Novos fundamentos, 13

O

Objetividade, 16
Objetos de custos
    calcular o custo de produtos, serviços e outros, 41
    centros de responsabilidade, 90
    custos diretos de, 26-27
    custos indiretos de, 26-27, 89
    definição de, 26
    departamentos, 90
    escolha do, 306
    exemplos de, 26
    produtos, 90

Operação, definição de, 478
Orçamento contínuo, 169-170
Orçamento de compras de materiais diretos, 173
Orçamento de consumo de materiais diretos, 173
Orçamento de custos de fabricação, 174
Orçamento de estoques finais, 174-175
Orçamento de mão-de-obra direta, 174
Orçamento de produção (em unidades), 172-173
Orçamento de receitas, 172
Orçamento estático, 204. *Veja também* Orçamento geral
Orçamento flexível
    custeio baseado em atividade e, 218
    elaboração de um, 205-206
    foco na hierarquia, 220
    sobre, 204
Orçamento geral, 165, 170. *Veja também* Orçamento estático
Orçamento kaizen, 177, 394
Orçamento por atividade, 178-179

Orçamentos
    administração de, 168
    curvas de aprendizagem e, 321
    etapas no desenvolvimento de um orçamento operacional, 170-176
    feedback, 180
    orçamento contínuo, 169-170
    orçamento de caixa, 184-185
    orçamento estático, 204
    orçamento financeiro, 171
    orçamento flexível, 204, 205, 219
    orçamento geral, 166, 170
    período de tempo de, 168
    preparação, 185-187
    prepare o orçamento de custos indiretos de fabricação, 174
    prepare o orçamento de custos não relacionados com a fabricação (despesa), 175
    prepare o orçamento de produção (em unidades), 172-173
    prepare o orçamento de receitas, 172
    sobre, 166
    vantagens de, 166
Orçamentos de caixa, 184-185
Orçamentos do ciclo de vida, 398-400
Orçamentos do custo de produtos vendidos, 175
Orçamentos financeiros, 171
Organização Mundial do Comércio, 429
Organização na aprendizagem, 215-216
Organizações contábeis profissionais, 14

P

Padrão
    curvas de aprendizagem e, 320
    definição de, 209
Padrões de comportamento de custos, 28-32
Padrões de Conduta Ética para Contadores Gerenciais, 15-16
Patrimônio, como critério nas decisões sobre alocação de custos, 484
Pedidos especiais
    custos relevantes para precificação, 386-387
    fatores estratégicos e outros fatores na precificação, 386-387
    pedido especial único, 349-350
Pedidos especiais de uma única vez, 349-350
Perspectiva de aprendizagem e crescimento, *balanced scorecard*, 423-427
Perspectiva do cliente, *balanced scorecard*, 422, 424-427
Perspectiva do processo interno do negócio, *balanced scorecard*, 423-425, 427
Perspectiva financeira do *balanced scorecard*, 422, 424-427
Pesquisa e desenvolvimento (P&D)
    custos
        capitalizando, 484n
        como custos discricionários, 433
        crescimento e, 429

na cadeia de valores, 8-9
Planejamento
  contador gerencial e, 5-7
  decisões de projeto, 139-140
  definição de, 5
  dos CIFS variáveis e fixos, 237
  modelos de planejamento financeiro por computador, 176-177
  obter informações para, 41
Planejamento de custos e CVL, 63-66
Planejamento e controle, 5-7
Planejamento estratégico e implementação de planos, 167. *Veja também* Orçamentos
Planos, implementação de, 167
Plausibilidade econômica, 314
Poder de barganha, 420
Pontos de equilíbrio
  método da equação, 58
  método da margem de contribuição, 58-59
  método do gráfico, 59
  no custeio marginal, 289-290
  no custeio por absorção, 289-290
  sobre, 57-58
Porcentagem da margem bruta, 70
Porcentagem da margem de contribuição, 58
Práticas globais
  alocação de custos corporativos, 488
  bases de alocação de custos usadas para os custos indiretos de fabricação, 92
  classificação de custos, 307
  custeio baseado em atividade, 142
  custeio marginal, 280
  custos-padrão, 210
  métodos de custos usados nas decisões de precificação, 398
  orçamentos, 168
  precificação, 397
Práticas internacionais. *Veja* Práticas globais
Precificação da hora de pico, 401
Precificação de conluio, 429
Precificação do custo mais margem, 395-396
Precificação personalizada, 430
Precificação predatória, 428
Precificação
  alternativas de precificação de longo prazo, 388-389
  custeio para curto prazo e, 386-387
  estratégias na Internet, 430
  leis antitruste e, 428-429
  precificação da hora de pico, 401
  precificação predatória, 428
  preço de conluio, 429
Preço de venda
  decisões, 63
Preço-padrão, 209
Preços
  curvas de aprendizagem e, 320

  custeio-meta para, 390-391
  definição de, 390
  implementando, 416-417
  padrão, 209
  precificação custo mais e, 390-391
  preço-meta, 390
Preços orçados e quantidades orçadas de recursos, obtenção, 209
Preços prospectivos, 397
Prêmio por horas extras, 39
Prepare o orçamento de custos não relacionados com a fabricação (despesa), 175
Previsões de custos, 306
Princípios contábeis geralmente aceitos (GAAP)
  demonstrações financeiras para relatórios externos, 40
Probabilidade, 73
Processos de projeto, 128
Produção. *Veja também* Produção *just-in-time (JIT)*
  cadeia de suprimentos, 9
  efeito de vendas e produção sobre o lucro operacional, 274-275
  relação entre entradas e saídas, 434
  relacionando custos de lotes a, 218-219
Produção e distribuição, 128
Produção *just-in-time (JIT)*
  sobre, 4
Produtividade do fator total
  calculando e comparando, 441-442
  sobre, 441
  usando medidas, 441
Produtividade
  componente de produtividade, 428, 430-431
  custos de conversão e, 431
  custos de P&D e, 431
  definição de, 439
  materiais diretos e, 431
  medidas da, 439-442
  produtividade do fator total (PFT), 441-442
  produtividade parcial, 439-442
Produtividade parcial
  avaliando mudanças em, 440
  definição de, 439
  medidas de, 439-442
  usando medidas, 441
Produtos
  alocando custos corporativos para, 486-489
  calculando custo de, 41
  dois objetos de custo, 90
  endossos de celebridades de, 496
  produtos sob encomenda, 474
Produtos equivalentes, 420
Produtos sob encomenda, 474
Programa de qualidade total (TQM), 10
Programação linear
  abordagem da tentativa e erro, 367-369
  abordagem gráfica, 368-369

etapas para resolver um problema, 367
sobre, 366-367

Q

Qualidade
Programa de Qualidade Total (TQM), 10
Quantidades orçadas de recursos, obtendo, 209
Questões ambientais
leis, 400
Questões de ética profissional. *Veja* Questões éticas
Questões éticas
desafios típicos, 15
diretrizes, 15
sobre, 14
Questões sobre a coleta de dados e ajustes, 321-322

R

Rastreamento de custos, 26
Razão geral e razões subsidiárias, 99-105
Razão geral. *Veja também* Lançamentos diários
sistema de custeio por ordem na fabricação sob o custeio normal, 100-101
Razões subsidiários, 99-105
Receita diferencial, 353
Receita incremental, 353
Receitas futuras esperadas, 347-349
Receitas
definição de, 35
receita diferencial, 353
Recursos, construindo, 4
Redução de estrutura, 434
Reengenharia, 421-422
Registro de tempo de mão-de-obra, 95
Registro do custeio de ordem de produção, 93, 95
Regulamentos comerciais, 429
Reino Unido
alocação de custos corporativos, 488
bases de alocação de custos usadas para os custos indiretos de fabricação, 92
classificações de custos, 307
custeio baseado em atividades, 142
custeio marginal, 280
custos-padrão, 210
Departamento de Defesa, 373
diferenças nas práticas de precificação e métodos de gestão de custos em vários países, 397-398
práticas de precificação, 397-398
práticas orçamentárias, 169
Relevância, 347-352
Rentabilidade do cliente, 359-361

Resíduo, 312
Resíduos
independência dos, 328
normalidade dos, 328
variações constante dos, 327
Responsabilidade, e controlabilidade, 180-181
Restrições, 367, 368
Restrições de capacidade
custos de oportunidade, terceirização, e, 354
decisões sobre o *mix* de produtos sob, 358
Resultado
efeitos do *mix* de vendas sobre, 66-68
lucro operacional
análise estratégica do, 426-427
custeio por absorção e, 271-276
definição de, 35
efeito de vendas e produção, 274-275
usando o custeio baseado em atividade, 136-140
versus crescimento, 433
Retorno sobre o investimento (ROI)
taxa-meta de, 395-396
Risco e retorno, 66

S

Scott, Tom, 482
Segurança, margem de, 63
Serviço ao cliente, na cadeia de valores, 9
Serviços, calculando o custo de, 41
Significância da variável independente, 314
Sistemas de custeio
alocação de custos e, 485-489
aprimorando, 130-131
comparando os sistemas de custeio, 138
na empresa platina, 128-130
sistemas de custeio por ordem de serviço, 90
sistemas de custeio por processo, 90-91
sobre, 89-90
Sistemas de custeio aprimorado, 130-131
Sistemas de custeio de departamentos, 140
Sistemas de custeio por ordem de serviço, 90-91
Software. *Veja também* Tecnologia de informação
Fornecedores de Serviços de Aplicativos, 30
modelos de planejamento financeiro por computador, 176
Solução de problemas, 7
Stata, Ray, 279
Subsídios cruzados no custeio dos produtos, 127-128
Suécia
custeio marginal, 280
custos-padrão, 210
Sung Park, 474

T

Tabela do custo de produção, 36
Taxa orçada de custos indiretos, 98
Taxa orçada do custo indireto fixo de produção, 282
Taxa-meta de retorno sobre o investimento, 395-396
Taxas de custos das atividades, para os conjuntos de custos indiretos, 135
Taxas de custos indiretos
    calculando, 93
    período de tempo usado para calcular, 97
Taxas orçadas de alocação de custos indiretos fixos, 241-242
Taxas orçadas de alocação de custos indiretos variáveis, 238
Taxas orçadas de custos indiretos variáveis de fabricação, 238-239
Tecnologia. *Veja também* Tecnologia da informação
    disponível para a coleta de informações, 28
    papel da, 95-96Tecnologia da informação. *Veja também* Software
Tecnologia da informação. *Veja também* Software
    custeio-padrão e, 228
    do custeio por ordem de produção, 96
    software
        modelos de planejamento financeiro por computador, 176-177
        Fornecedores de Serviços Aplicativos, 30
Terceirização
    definição de, 351-352
    exemplo de, 354
    fatores estratégicos e qualitativos, 353-354
    restrições de capacidade e, 354-358
    versus fabricação interna, 351-354
Terminologia
    análise de custo-volume-lucro (CVL), 55-56
    benefícios em definir termos contábeis, 39-40
    custos, 26
Tomadas de decisão. *Veja também* Decisões sobre a precificação
    analisando informações relevantes, 41
    avaliação do desempenho e, 363-364
    conceito da relevância, 347-349
    contabilidade gerencial, 2-5
    critérios para decisões sobre alocação de custos, 484-485
    custos de oportunidade, terceirização, e restrições de capacidade, 354
    custos unitários e, 32-33
    decisões boas e resultados bons, 75
    decisões de projeto, 139-140
    decisões sobre a precificação e o espiral declinante da demanda, 284
    decisões sobre a precificação e o *mix* do produtos, 40, 139
    decisões sobre melhoria do processo, 139
    decisões sobre o *mix* de produtos sob restrições de capacidade, 358
    decisões sobre reduções de custos, 139
    fabricação própria *versus* terceirização, 351-354
    informações e, 347
    irrelevância de custos passados, 361-363
    planejamento e gestão de atividades, 140
    processo decisório de cinco etapas, 348
    rentabilidade do cliente, 359-361
    reposição de equipamento, 361-363
    temas-chave, 8
    usando análise CVL para tomadas de decisão, 62-63
Tributação
    capacidade prática, 287
    capacidade teórica, 287n
    distribuindo custos
        no método da média ponderada do custeio por processo, 460
        no método do primeiro a entrar, primeiro a sair (PEPS) no custeio por processo, 463-466
    lucro líquido alvo e imposto de renda, 61-62

U

Um sistema de custeio normal
    por ordem na fabricação, 99-105
    sobre, 98
    variações de, 108-109
Unidades em produtos em processo final
    distribuindo custos
        no método da média ponderada do custeio por processo, 460
        no método do primeiro a entrar, primeiro a sair (PEPS) no custeio por processo, 463-466
Unidades equivalentes
    definição de, 457
    no método da média ponderada do custeio por processo, 460
    no método do primeiro a entrar, primeiro a sair (PEPS) no custeio por processo, 463-464
    unidades físicas e, 455-457
Unidades físicas de produção
    unidades equivalentes e, 457-458
    método da média ponderada do custeio por processo, 460
    método do primeiro a entrar, primeiro a sair (PEPS) no custeio por processo, 463
Uniformização dos custos, 127
Utilização
    capacidade do orçamento geral, 282, 284-285
    capacidade normal, 282, 284-285
Utilização da capacidade do orçamento geral, 282, 284-285
Utilização da capacidade normal, 282, 284-285

V

Valor contábil, 361-363
Valor esperado, 74
Valor monetário esperado, 74
Variação constante dos resíduos, 327-328
Variação desfavorável, 205

Variação favorável, 205
Variação na taxa, 211
Variação no consumo, 211
Variação no dispêndio de custos indiretos fixos, 242
Variação no dispêndio dos custos indiretos variáveis, 240-241
Variação no nível do denominador, 243. *Veja também* Variação no volume de produção
Variação no orçamento flexível
    custos indiretos fixos de ajustes *set up*, 253-254
    custos indiretos variáveis *set up*, 252-253
    definição de, 207
    sobre, 208, 242
    variações no volume de vendas e, 206-207
Variação no orçamento flexível de custos indiretos fixos, 242
Variação no orçamento flexível dos custos indiretos variáveis, 239-240
Variação no preço
    calculando, 211
    definição de, 211
    orçamento flexível e, 219-220
    para custos diretos, 209-213
Variação no preço de recursos, 211
Variação no preço de venda, 208
Variação no total de custos indiretos, 247
Variação no volume de produção, 243-244
Variação no volume de vendas
    definição de, 207
    sobre, 207-208
    variações no orçamento flexível e, 206-207
Variação nos custos indiretos variáveis, 238-241
Variações. *Veja também* Variações na eficiência, Variações no custo indireto, 215, 216
    benchmarking, 220
    causas múltiplas de, 215-216
    etapas na elaboração de um orçamento flexível, 205-207
    feedback e, 180
    impacto dos estoques sobre, 214
    lançamentos no diário para, 248-250
    medidas de desempenho usando, 214
    quando investigar, 216-217
    resumo de, 213-214
    sobre, 204
    usos administrativos de, 214-215
    variação de um orçamento estático, 205
    variação desfavorável, 205
    variação favorável, 205
    variação no volume de produção, 243-244
    variação no volume de vendas, 206, 207
    variações no preço, 209-210, 219-220
Variações de orçamentos estáticos, 205
Variações na eficiência
    cálculo de, 212
    comparando com melhorias na produtividade, 213
    definição de, 211
    para custos diretos, 209-213
    variação na eficiência dos custos indiretos variáveis, 239, 240-241
Variações na eficiência dos custos indiretos variáveis, 239, 240-241
Variações no custo indireto
    análise integrada de, 244-247
    desempenho financeiro e não financeiro, 250
    em ambiente fora da fábrica e serviços, 251
    variações nos custos indiretos fixos, 242
    variações nos custos indiretos variáveis, 238-239
Variável dependente, 309
Variável independente, 309

W

Welch, Jack, 168
World Wide Web. *Veja também* Internet.
    crescimento *versus* rentabilidade, escolhas de empresas ponto.com, 433
    e-varejo com custeio baseado em atividade, 143
    orçamentos com, 177
    rentabilidade do cliente e, 493
    vantagens de, 4